咸阳帝都记

（修订版）

陕西历史博物馆 编
王学理 著

陕西新华出版
三秦出版社

图书在版编目（CIP）数据

咸阳帝都记 / 陕西历史博物馆编；王学理著 . -- 2 版（修订版）. -- 西安：三秦出版社，2024.4
ISBN 978-7-5518-3131-4

Ⅰ . ①咸… Ⅱ . ①陕… ②王… Ⅲ . ①城址（历史地理）—咸阳（历史地名）—考古发现 Ⅳ . ① K878.04

中国国家版本馆 CIP 数据核字（2024）第 082926 号

咸阳帝都记（修订版）

陕西历史博物馆　编
王学理　著

出版发行	三秦出版社
社　　址	西安市雁塔区曲江新区登高路 1388 号
电　　话	（029）81205236
邮政编码	710061
印　　刷	陕西隆昌印刷有限公司
开　　本	787mm × 1092mm　1/16
印　　张	47.5
插　　页	4
字　　数	955 千字
版　　次	2024 年 4 月第 2 版
	2024 年 4 月第 1 次印刷
标准书号	ISBN　978-7-5518-3131-4
定　　价	168.00 元

网　　址 **http://www.sqcbs.cn**

1.秦宫一号遗址（冀阙的西阙）

2.冀阙复原透视图（杨泓勋绘）

秦宫殿遗址出土的壁画残块

1.安邑下官钟

2.半斗鼎

3.错金银铜鼎

4.彩绘陶壶

5.铜錞于

6.铜俑头

7.陈爰金饼

1.彩绘骑马俑

2.铜构件

3.雁足铜灯

4.修武府温杯

1.高奴禾石铜权

2.铜诏版

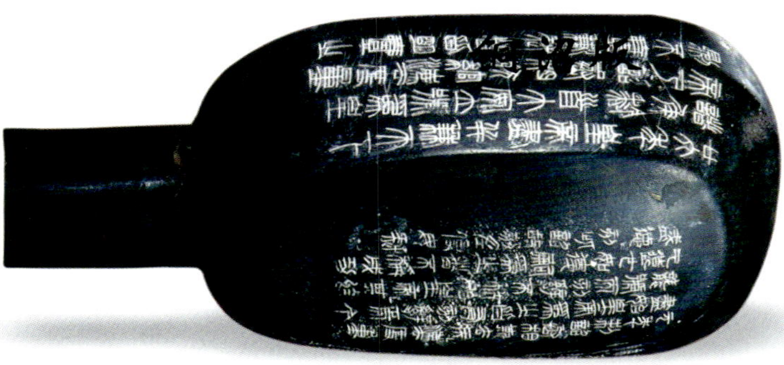

3.两诏铜量

4.青铜龙构件

1.阿房宫前殿夯土基址断面

3.羊头铜辖

2.虎形铜辖

4.瓦当

5.高足玉杯

1.秦始皇陵

2.秦俑头

3.秦俑一号坑

4.将军俑

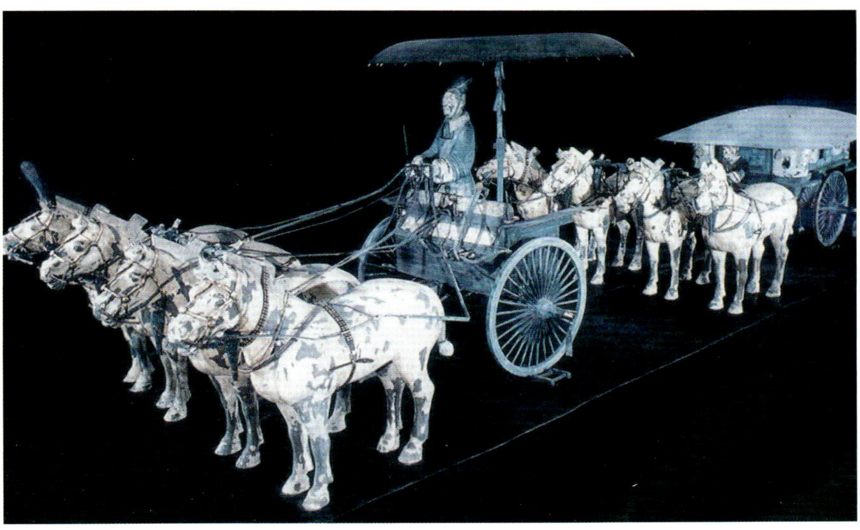

5.彩绘铜车马

1.铜天鹅

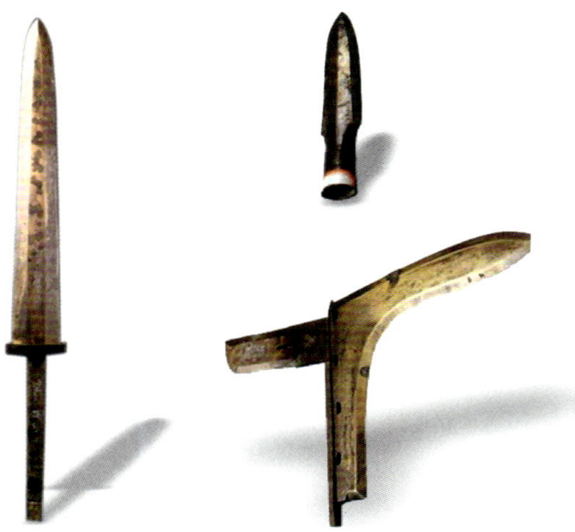

2.青铜铍与戟

3.彩绘铜盾

4.杜虎符

序

朱士光

本书作者王学理研究员，近年来与我们同为陕西省文史研究馆馆员，是通过多次交往相识相知的挚友；深知他是我国秦汉考古学界的资深专家，曾长期在关中，特别是咸阳、西安地区从事考古发掘与研究工作；还曾出任陕西省考古研究所秦汉研究室主任，曾先后参加并主持秦都咸阳、秦始皇陵园与兵马俑、汉景帝阳陵等大型考古项目。他因长期主持陕西省域内之秦汉考古发掘与研究工作，从而取得了值得称赞的丰硕成果。据知，截至目前他已出版学术专著 34 部，发表学术论文 250 余篇，总字数达 2200 多万字。其中如《秦始皇陵研究》《秦俑专题研究》《秦物质文化通览》《秦文化》《汉都长安城建史》《西安城市史·秦都咸阳卷》《汉都长安的卫星城与陵邑文化》《汉景帝与阳陵》等在考古历史文化学术界，均受到重视并被转引。

在此，我特别要提的是王学理研究员对秦都咸阳的考古与研究。他 1960 年毕业于西北大学历史系，有扎实的考古专业知识，又 40 余年来坚持参与田野调查和遗址发掘，并结合深入搜检爬梳与勘验论证相关史籍文献，在此渊博坚实之学术研究工作的基础上，自当对这座在中外历史上发挥过重大作用、居于重要地位的都城产生系统的、多方面的深切认识，以及发自心灵深处难以割舍的学术情结。所以早在近 40 年前的 1985 年就撰写出版了《秦都咸阳》这部我国学术界关于秦都咸阳的第一部学术专著。之后，随着对秦都咸阳考古发掘资料与实物的不断增多与研究思考的进一步深入，于 1999 年又出版了一部史料更丰富、学术观点更深刻的新著《咸阳帝都记》。然而他并未以此为满足，自 1999 年以来，尽管他已年逾六旬，本可安度晚年，但仍然鼓足余勇，对之奋力投入新一轮的修订工作。又历时 25 年，至 2024 年年初推出了该书之修订本（即本书稿）。如将本书与 1999 年版的原书作一简要直观的比较，修订本一见即可看出部头大为厚重，字数明显有所增加，内容更加宏富充实。而更为重要的是，作者对咸阳作为我国第一座统一大帝国都城进行研究与撰述之新颖独特的学术观点，在作为修订本的本书中体现得更为深邃精辟。关于这方面的具体内容，作者在本书第十五章《追寻咸阳的历史脚步》之第二节《作者对几个基本观点的再申述》中，专门对之作了简要而明晰的阐述。读者诸君不妨在通读本书后对之特别加以关注，必将大有收益。

综观全书，还有如下几个特点需要着重加以指出：其一是作者以全球的国际视野，在书中列述了人类文明早期阶段之欧洲、亚洲、非洲与中美洲主要古国之都城，从中突显中华第一帝都咸阳与它们之异同及自身的特点；其二是作者从全中华的宽阔视角，在书中列述了先秦时期中华大地上文明初期并立的齐、燕、韩、赵、魏、楚等诸侯国之都城概况，从中揭示出中华第一帝都咸阳与它们间之相互影响及各自之特色；其三是作者以长历史时段之恢宏胸襟，浓墨重彩地对中华第一帝都咸阳的前世今生进行了充分翔实的论述，对其城市规划思想、布局特点、功能作用及其作为帝都时期之政治、经济、文化活动更是作了全面详尽的陈述。作者正是立根于上述三个独特的学术视角，又凭借长期从事秦都咸阳之考古发掘，掌握了大量现场第一手实物资料，还通过对我中华文明史深入研究，深刻体认到咸阳作为我国五千年悠久发展历史上第一个统一王朝的首都所曾发挥过的重大的积极作用，因而执着坚韧地对咸阳帝都进行长期的研究撰述，一而再、再而三地撰写出版了《秦都咸阳》《咸阳帝都记》及最新的这本《咸阳帝都记》（修订版），可说是倾尽毕生之心血，成就为当代研究、撰述、宣传中华第一帝都咸阳的集大成者。

咸阳作为我国历史上首个统一王朝秦帝国的都城，本就誉满全国，甚至溢出国外。笔者还在幼年时就曾在江南的一座省会城市——南昌，听到一些市民闲暇时哼唱的戏曲中常有“先进咸阳，为皇上；后进咸阳，岁岁来朝贡”等戏文。可见咸阳在民间影响与知名度之广泛、盛大。近多年来，笔者作为曾长期关注并参与中国古都及其发展史研究的学者之一，也阅读过一些有关古都咸阳的学术论著。近日在有幸通览了王学理研究员这部《咸阳帝都记》之修订本书稿后，不得不深为作者新颖独特的学术见解与坚忍执着的探研精神，以及大气而又细腻的论述笔触而叹服。深感这是一部近年来有关中国古都研究，特别是关于中华第一帝都咸阳的研究的力作。因而不揣浅陋，欣然应命为之作序，希望借之能对读者诸君在阅读这部全面深入认识中华第一帝都咸阳的必读专著时有所助益；并进而推动我国古都学研究获得更为壮阔的发展，使中国古都学这门古老而又正蓬勃发展的学科，能在当今中华民族伟大复兴的宏伟事业中发挥其应有的作用。

2024 年 3 月 18 日

于西安南郊望秦书屋

目　录

绪 论

“咸阳”被确立为秦的都城之日，距今已过去了2370个年头（公元前350年～2020年）。中国历史上，那风雷激荡的战国中期偏后的年代，秦国的都城本来在雍城（今陕西凤翔区），为什么偏要在这荒原上建起自己的政治中心？由此而起，秦国从弱转强、由小变大，奋六世余烈，一统天下，在世界的东方建立起赫赫巍巍的秦帝国，可与西方的亚历山大帝国匹敌！

那么，当我们在揭示秦都咸阳那段建都史时，还可以放眼世界，无妨撷取与它几近同龄的其他都会，从城制与布局上作一介绍，也许有助于认识它们形成的普遍规律与各自的特殊性。

公元前40世纪至10世纪内，在世界范围内，随着青铜时代的奴隶制社会阶段的到来，城市作为文明的聚集点一经出现，就在人类历史进程中别成系统，独立发展，多彩多姿，因各地地理环境与功能性质的不同而先后分别出现过城堡、城邦、港口、商业、中心等侧重点不同的城市类型。由于阶级的出现、国家的形成，特别是距今2500年左右，我们可以看到这样一幅壮丽的图景：在欧、亚、非大陆上，分布着众多大大小小的城市，或临水滨，或沿大道，有若点点繁星。但它们都随着政治、经济、军事或交通等的形势发生着变化，从世界上出现第一座城市起，就在时间长河里起伏明灭。我们所见所说的，从大范围着眼，只是限定在一定时间内的面貌，因为这个现实既不能反映过去，也不能说明将来。但就一个具体城市而言，其现状却是历史的延续和发展。这种理论的认识，在于说明城市同任何事物一样，作为物质文化与部分精神文化的载体，也是变化着的。首都作为政治、经济、文化、军事的中心，在众多的城市中必然是带有综合性质的都会，居于领导地位。人们也只有通过对都城史、城制的研究，才能更具体地认识这个国家物质文化的面貌。

一、环视域外古国

（一）人类文明早期阶段的希腊

新石器时代晚期，在希腊沃洛斯市出现的迪米尼文化（Dimini Culture），年代在公元前 4000 年 ~ 前 2800 年。建于小丘上的村落，周围建有石砌围墙，高约 2 米，厚 0.8 米。这种长宽均约百米的圆形防御设施，就使整个村落形成一座城堡。其最里圈的围墙尤为坚固厚实，中央庭院内筑有一座典型的麦加伦型的厅房建筑。大厅长 11 米，内宽 6 米，门廊有两根圆柱，厅内有方柱和炉灶。迪米尼的这种城堡建筑被认为是迈锡尼文明（Mycenaean Civilization）的卫城和麦加伦厅房的前驱，其带螺旋纹图案的彩陶也被人们看作是希腊史前彩陶的杰作。（绪图 1）

绪图 1　希腊雅典卫城遗址

作为世界五大文明发祥地之一的希腊，远在公元前2000年就出现了以克里特岛和迈锡尼城（Mycenae）为中心的“爱琴文明”。公元前8世纪至前6世纪，在希腊本土及其周围的岛屿、小亚细亚一带形成了200多个奴隶制城邦，如底比斯、达尔斐、米利都、爱非斯、卡尔息斯、雅典、斯巴达、亚哥斯、科林斯和麦加拉等。其中的雅典（Athens）不但在希波战争（公元前499年~前449年）中曾是“提洛同盟”（即“雅典海上同盟”）的盟主，也为争夺海上霸权同斯巴达在伯罗奔尼撒鏖战27年之久（公元前431年~前404年），而且以雅典为中心的城市建筑艺术在公元前5世纪~前2世纪曾取得辉煌的成就。

雅典城址东西长7500米，南北宽5000米。城中心是卫城，卫城北有市场，城西北是墓地。（绪图1）其大型建筑莫过于神庙，在长方形的殿堂周围环以柱廊，整体浑厚庄重为它的主要特色。雅典卫城上的帕特农神庙（公元前447年~前432年），长70米，宽31米，居高临下，供奉雅典娜女神。46根高大的大理石圆柱竖直地分布四面，组成多立安柱式柱廊。神庙的正侧边之比正是2∶1，其高仅以庙里高可12米的雅典娜神像就可见一斑！雕塑艺术大师菲狄亚斯用木雕刻像体，再镶嵌以黄金和象牙，就使得这位智慧和庇护女神既庄重静穆又富丽豪华。通过精湛的艺术成就，人们也不难看出雅典在整个希腊世界的优越地位。城区的主要建筑，如雅典时期的神殿、剧场、广场、住宅区、仓库，罗马时代的市场、图书馆、圆形剧场等，宏伟气魄，都代表着很高的建筑水平。

（二）两河流域文明的巅峰之作：巴比伦

公元前4300年左右，随着美索不达米亚南部原始社会解体、国家产生，两河流域下游的苏美尔（Sumer）进入欧贝德时期（约公元前4300年~前3500年）。灌溉农业发达，有了广泛的贸易，以神庙为中心出现了初期的城镇，重要城市一般也起源于聚落。这里，成了人类最早文明的诞生地之一。

巴比伦（Babylon）位于今伊拉克首都巴格达之南约90公里处，占地约100平方公里。自公元前18世纪起，汉谟拉比以巴比伦城邦之王统一两河流域，建立了巴比伦第一王朝，以此为都，直至公元前12世纪加喜特巴比伦王朝灭亡。新巴比伦国王尼布甲尼撒二世（公元前605年~前562年），曾扩大规模建设都城。公元前539年之后，巴比伦成为波斯帝国的行政首都，可惜遭到了大流士一世军队毁灭性的破坏。虽然在公元前331年成为马其顿王亚历山大大帝建立的地跨欧、亚、非三洲大帝国的首都，但这座城市毕竟成了它发展史上的强弩之末，随着大帝之死而渐趋荒废。复原的尼布甲尼撒所建的巴比伦城是这样的：幼发拉底河从城中穿过，河东区是主要宫殿和神庙，河西区也有几处神庙、码头和仓库。

城由套合的内、外城构成，又各有两重城垣，外砖内土，而外墙外侧有护城河。外城周长 17.7 公里，每隔 40 余米就建造一座坚固挺拔的塔楼。河东岸长方形的内城中，北端有“夏宫”。外城北正门（伊丝塔尔门）附近是“南宫”“北宫”和旧宫。主神马尔杜克神庙和高达 91 米的塔庙位于内城中心，可俯瞰城内外、河上下，把远近美丽的自然景物尽收眼底。城内的街道呈方格形布局，纵横交错，宽阔笔直；其主干道是南北向的“游行大街”，沿内城东墙向南延伸，其两侧建筑物林立，气宇轩昂。母神宁玛赫庙和女战神伊丝塔尔庙，则位于游行大街之东、伊丝塔尔门内。南宫是王宫，其东北角有被称为“世界七大奇迹”之一的“空中花园”［又称“悬苑”，是尼布甲尼撒为爱妃米底公主安美依迪丝（Amyitis）所建］。从已修复的建筑和出土的珍贵文物看，无怪乎希腊著名的历史学家希罗多德盛赞巴比伦的“壮丽超过世界上的任何城市”。（绪图 2）

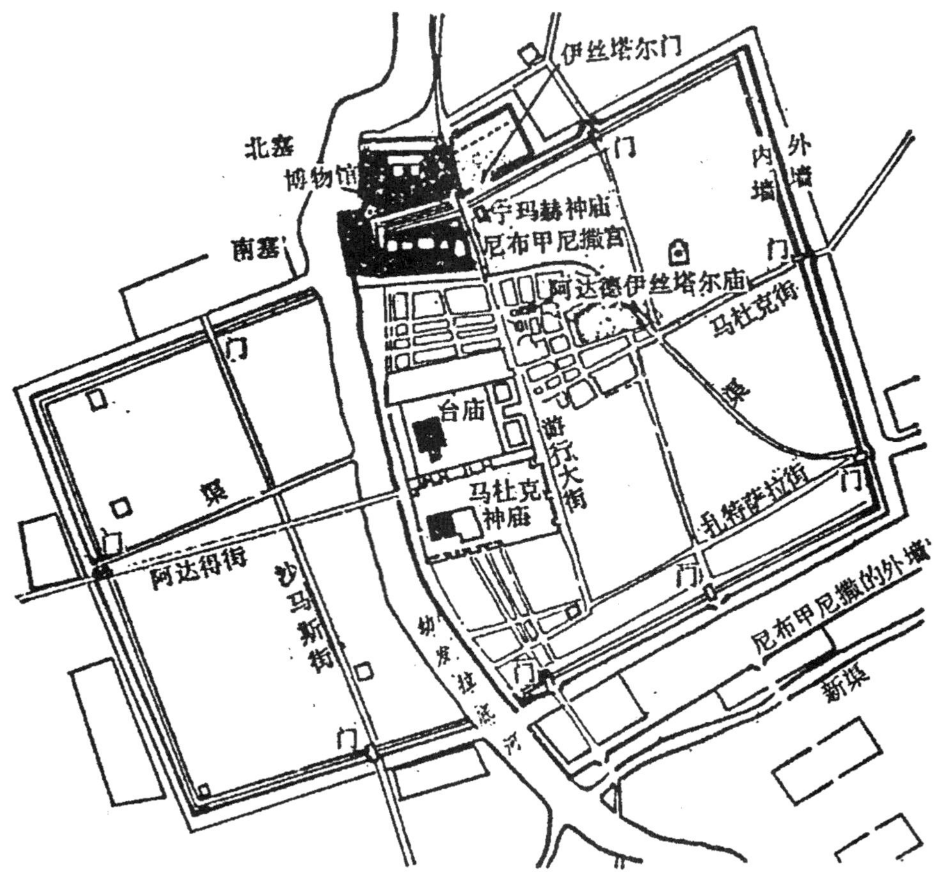

绪图 2　巴比伦城平面示意图

尼尼微（Nineveh）是古代西亚亚述帝国的都城，位于伊拉克摩苏尔市底格里斯河东岸。始建于西拿基立王时（公元前 705 年～前 681 年），公元前 612 年毁于米底和巴比伦联军之手。城址形状不规则，占地 7.5 平方公里，城墙全长 12 公里，有内外两重，内高外低。外墙有雉堞，间有城塔；内墙为土坯高墙。有城门 15 个，门前均有一对石兽保护。城内发现西拿基立的西南宫和阿苏尔巴尼帕（公元前 668 年～前 627 年在位）的北宫。西南宫面积 180 米 ×190 米，内有 200 多块浮雕石板和许多铭文泥板，主要宫门前都有一对带翅的人面雄狮或公牛。北宫南侧有文字神那布神庙和护城女神伊丝塔尔神庙，出土的《国王猎狮图》浮雕石板、萨尔贡一世（公元前 30 世纪后半叶）青铜像尤为珍贵。在奈比尤奴斯还发现了武器库。（绪图 3）

绪图 3　重建后的尼尼微城一角

2003 年 3 月美国发动对伊拉克的战争，4 月 11 日，伊拉克国家博物馆被洗劫，馆藏 17 万件文物不翼而飞，使世界震惊。十几年来，炮火轰鸣、局势动荡，两河流域的乌尔遗址、乌鲁克遗址、埃利都遗址、尼普尔遗址、巴比伦遗址、尼尼微遗址、尼姆路德遗址等等，特别是世界历史上的第一个帝国首都阿卡德遗址，都遭到了摧残。

（三）埃及“百门的底比斯”

尼罗河的灌溉，孕育了古埃及的文明。古王国时代的首都孟菲斯城虽以“白墙”闻名，但除了仅存的少数庙堂外，其他则无所见。96 座金字塔，作为法老的陵墓举世闻名，显示着土石工程的杰出成就。

底比斯（Thebes，今埃及开罗南 700 公里的卢克索镇）是古埃及帝国全盛时期中王国时代（第 11、12 王朝，约公元前 2133 年 ~ 前 1991 年）和新王国时代（第 18 ~ 20 王朝，约公元前 1570 年 ~ 前 1085 年）的都城，时当埃及有文字记载的历史的开端，被希腊人称为“百门的底比斯”。（绪图 4）但可惜除神庙和墓地外，市街、王宫和住宅遗迹无存。

绪图 4　埃及“百门之都”底比斯

底比斯城区占据了尼罗河的东西两岸，面积达 15.5 平方公里。河东岸的卡纳克有神庙建筑，其主殿面积5000平方米，系由134根巨型圆形石柱支撑，中堂的大柱有12根，高可21米，由此不难看出它气势非凡。而凯尔奈克神庙则是现存最大的神庙之一。河西岸是历代君主的墓地，据查，这里有古墓500多座。西南是有王陵64座的“国王陵墓谷”和有王后陵70座的“王后陵墓谷”。哈特谢普苏特王后墓长达21.3米，比起我国晚它1000年的秦景公大墓来，并不逊色。

第18王朝的阿肯那顿国王（约公元前1379年~前1362年）曾一度沿尼罗河向下迁都于泰勒阿马尔奈（Tellel-Amarna，今开罗南287公里处）。这个南北长13.5公里、东西宽5公里的夹水城市，其神庙、宫殿、苑园、陵墓等划区设置，既整齐又壮观。在出土的泥版文书上，不但用楔形文字记录有王国的活动档案，还留下了同亚洲王公们交往的史实。

崛起于巴尔干半岛的马其顿王国，在国王腓力二世之子亚历山大即位之后，于公元前332年征服了埃及，在尼罗河三角洲的西北端建立了亚历山大（Alexander）城，是为古埃及托勒密王朝（公元前305年~前30年）的首都，随后尽管埃及已并入罗马帝国的版图，但亚历山大城作为行省的首府，一直延续到了公元7世纪。它不仅是地中海地区经济文化的中心，也是古代欧洲与东方贸易的中心和文化交流的枢纽。城内的亚历山大图书馆收藏颇丰，光目录就多达120巨册。城外法罗斯岛上防波堤南端那被誉为“世界七大奇迹”之一的灯塔，高可120米，尽管已毁于1375年的地震之中，但便利50公里以外航船行进的历史作用似乎还能唤起人们对那花岗石镜的反光和熊熊不息的盆火的追思。

（四）印度城邦之最华氏城

南亚次大陆西北部的印度，也是世界四大文明古国之一。早在公元前2000年左右，今巴基斯坦的印度河流域就形成了一个东西宽1550公里、南北长1100公里的“哈拉巴文化”范围，它有几十座城镇形成一个个“城邦”。

从摩亨佐·达罗（Mohenjo-daro，在信德省）和哈拉巴（Harappa，在旁遮普省）两座城市遗址的发掘可知，由砖墙砌筑的卫城和下城（居民区）占地面积就达85万平方米，城周长都在4.8公里以上。自公元前14世纪开始，雅利安人从西北方侵入，到公元前6世纪在恒河和印度河流域就形成了20个左右的城市国家，其中主要的有16个大国。因为他们长期割据争霸，古代印度史上便把公元前6世纪至前4世纪这段时间称为“列国时代”。

恒河流域出现的名都有摩揭陀国的首都王舍城（Rajgir）、居萨罗国首都舍卫城（Sravasti）、迦尸国首都波罗奈城（Baranasi）、跋衹首都吠舍厘城（Vaishali）。它们都已同今斯里兰卡、缅甸、西亚等地进行海外贸易。（绪图5）

绪图 5　印度王舍城等遗址

诸国中以摩揭陀最为强大，当把首都从王舍城迁到了水陆交通要冲的华氏城（Pataliputra）之后，接着又统一了恒河流域。孔雀王朝（公元前 324 年 ~ 前 187 年）在阿育王（约公元前 273 年 ~ 前 232 年）征服南印度之后达到了极盛时期，首都华氏城不仅是帝国的统治中心，建筑规模壮观，仅城墙上的塔楼就有 570 个，城门也有 64 座，而且城内的工商业也很发达，有专管手工业、商业、商务条例、商品经济、外侨接待和生死登记的 6 个管理局。手工业按行业住各街坊，组织有同业公会。还有一条从首都分别通往西北边境和东方的“皇路”，主要是用来从事内陆和海外贸易的通道。

呾叉始罗（Taxila，今巴基斯坦的拉瓦尔品第西北 35 公里处）在公元前 6 世纪作为犍陀罗国的都城，成为佛教的胜地，以犍陀罗艺术享名于世。公元前 4 世纪末已成为南亚次大陆西北部最大的城市，城址呈不规则长方形，长约 1400 米，宽约 1100 米。从城墙、街道、佛塔、僧院等遗存上，反映了它具有延伸至孔雀王朝、大夏、塞人、安息人、贵霜帝国统治时期（1 世纪～3 世纪）的长久历史，而大量的文物则表明它同希腊艺术的交往关系和佛教艺术的特色。

（五）条条道路通罗马

绪图 6　罗马城建筑、斗兽场与城市平面图

罗马城（Rome）是古代罗马共和国（公元前510年废除王政，建立共和）中晚期的都城，为古代世界最大的城市之一。最早起于农业村落，公元前6世纪初建城、中叶砌砖。公元前378年，城市扩大规模，城区包括了周围7座山丘。城西邻台伯河，南北长约6200米，东西宽约3500米，呈不规则形状。市场占据全城的中心位置，城内还有神庙、要塞、商业区及广场等。随着罗马统治地中海区域的形势，罗马城也迅速扩大，市区向北延伸。（绪图6）

历经扩建增修，公元270 ~ 275年，罗马皇帝新筑城墙16公里，较原先大了近两倍，达到了鼎盛时期，有城门30座、神庙420座、大剧场9个。建筑风格以公元前3世纪为分界线，此前是带有古意大利人传统的屋舍形式，此后又多受希腊的影响，广泛地采用柱廊、雕刻殿堂，即是表现之一。现存的主要的建筑遗迹有：罗马广场——呈长方形（38米 ×21米），东有“圣道”通达城门，周围有多座神庙、大会堂、讲演台、纪念柱、凯旋门等；引水道——公元前312年建造，自东郊引水入城，长16公里，公元前114年又建成地上水道，全长86.6公里。

纪元后的建筑遗迹有帕拉蒂诺皇宫、圆形大剧场、万神殿、皇帝广场群、浴室、斗兽场（绪图6）、图书馆等，其中的图拉真纪念柱高达38.7米，环绕柱体作螺旋状的浮雕带长190米，刻画人物2500余个。还有几条宽阔的标准化极高的大道，如通往南北的“阿皮乌大道”“弗拉米尼大道”及通往波河的大道。

（六）波斯帝国的残迹苏珊城

兴起于伊朗高原的波斯帝国（汉史称“安息”）到大流士（Darius）一世（公元前522年 ~ 前485年）时，版图地跨亚、非、欧三洲，囊括了伊朗高原中亚的大部分、印度西北的一部分、整个西亚（包含小亚细亚滨海的希腊城邦）、埃及，以及欧洲的色雷斯部分和爱琴海上的一些岛屿。有西达爱琴海、东至印度边境的两条大道，横穿今小亚细亚半岛、两河流域和伊朗高原，从而使首都同帝国的主要地区连为一气。

在广袤的帝国版图上建立了苏萨（Susa，今伊朗迪兹富勒）、爱克巴坦那（Ecbatana）、巴比伦（Babylon）、波斯波利斯（Persepolis，位于今伊朗设拉子城东北约42公里处）等4个都城。

强大的波斯帝国向希腊发动战争，前后持续了半个世纪之久。但是，随着马其顿王亚历山大率军的入侵、大流士三世的败亡，波斯帝国也最后崩溃了。经兵燹之灾，苏萨留下来的只是埃兰王城（公元前3000年末曾是埃兰的都城）、大流士一世的王宫、城堡和贫民区等 4 处废墟而已。

波斯波利斯中王宫于 1622 年经意大利人发现之后，历经研究与 19 世纪末的发掘，我们才对这座都城有了初步的了解：它坐落在坡地上，东邻拉赫马特山的峭壁，其他三面围城。王宫建在城内高 12 米的石台基上，宫城东有高达 18 米的“四方之门”。大会厅是最大的建筑，位于城市中部西侧，中央大厅边长 59 米。大流一世王宫坐落在大会厅之间。东侧是觐见厅（“百柱厅”）。城西南角是两座王宫，东南角为宝库和营房。这些建筑物全用整齐的暗灰色巨大石块建成，表面饰以大理石，其门楼、大厅、石柱、台阶均以浮雕和石像装饰。建筑体量庞大雄伟，如大会厅与门厅用高 21 米的 72 根石柱支撑；觐见厅用 100 根石柱支撑。浮雕内容为表现国王、侍从的形象及进贡场面，柱顶石雕则系双牛、吼狮、怪兽等。

（七）安息王国的新旧两尼萨

当我国还处在战国时代（公元前 475 年 ~ 前 221 年）的末期之际，在欧亚文明古国的边缘地带，则有一些小国的都城在刚刚兴起。它们只有在以后的年代里才度过了自己的辉煌。

中亚古代安息王国（公元前 247 年 ~ 224 年）位于里海东南，地当今伊朗东北部和土库曼斯坦南部一带。它是大夏贵族阿尔萨息率领帕提亚游牧部落起义、杀死塞流古帝国派驻的总督之后，于公元前 247 年建立的政权。在随后的年代，即公元前 2 至前 1 世纪达到了安息帝国繁荣的顶点，其势力向南扩展到两河流域，向北占有南高加索和小亚的一部分，领土约 200 万平方公里，同其东方的汉王朝、西方的罗马并存，是欧亚大陆上的三大强国。因为安息帝国控制着丝绸之路及中介贸易，因而城市的商业和对外贸易极其发达。

安息王都是随其国土的扩大而渐次西移的，计有尼萨（今土库曼斯坦首都阿什哈巴德西北的巴吉尔村，为公元前 3 世纪中期之都）、百牢门（在今达姆干。《汉书》作“番兜城”，《后汉书》作“和椟城”。为公元前 2 世纪之都）、爱克斯坦那（公元前 1 世纪之都）、泰西封（在底格里斯河东岸，为公元前 1 世纪中期安息王之都。公元前 226 年波斯人推翻安息王国，建立萨珊王朝，仍定都于此）。

尼萨在城市发展中逐渐形成了前后两部分，旧尼萨在北，占地 0.14 平方公里，筑有厚约 10 米的土坯城墙，是安息王的住地（绪图 7）。城内建筑分南北两部分，南部为宫殿、庙宇的集中地，其中有方形大殿和圆形大殿各一座，有高达 12 米的四棱砖柱，内置高于人体的男女彩塑，这里属于神殿。城的北部，有一座改建的王室仓库，面积约 3600 平方米，另有若干王陵。新尼萨位于旧尼萨之南，有土坯城墙、筑望楼。城内南部耸立一城堡，城门附近是安息贵族墓地。城外四面建有房舍，并有一道长 6 公里的草泥外城墙围护着。

绪图 7　安息王国的尼萨的土坯城墙

（八）中美洲的文化之母

当咸阳以其显赫的地位在影响着中华大地的时候，太平洋彼岸的美洲大陆那块神秘的绿洲上，也早已兴起了长久以来鲜为人知的城市文明。公元前 20 世纪初，当今墨西哥、危地马拉和洪都拉斯等国家中，由古代印第安人创造的印第安人文化可持续到 16 世纪——被西班牙人所征服和摧毁的那个时代。

当然，在这时间长河里也因为时代和地域的关系，曾出现过奥尔梅克文化、玛雅文化、特奥蒂瓦坎文化、萨波特克文化及托克特克文化等类型。

奥尔梅克（Olmec）文化极盛于公元前 1200 年 ~ 前 300 年，是中美洲最古老的文化，成为古代印第安人文化之源头，故而被视作这一地区的“文化之母”。城市建筑较为集中地反映了这一文化的特色，如在广阔的土冈上设立祭祀中心，以巨型玄武岩石雕刻葬礼石柱、祭坛、人头像和石棺，上面多刻有象形文字和数字。拉本塔遗址占地 5 平方公里，主要建筑年代在公元前 800 年 ~ 前 400 年，最大的金字塔式台庙底部长 120 米，宽 70 米，高 32 米。最大的人头石雕高达 2.5 米，重达 20 多吨。石像的脸庞扁阔，眼皮沉重、眼球突出，鼻翼宽扁而鼻孔大，嘴唇厚，嘴角下垂，比例匀称，具有蒙古利亚人种和尼格罗人种的特征。雕像常作张嘴露齿的姿态，使人联想到奥尔梅克人崇拜美洲虎而模仿其嘴，很可能同宗教崇拜祭祀有关（绪图 8）。最大的石碑，估计重 50 吨。

绪图 8　玛雅人建立的金字塔与奥尔梅克巨头像

印第安族玛雅人约在公元前2500年，已经形成了自己的文明，主要分布在墨西哥南部、危地马拉、伯利兹、洪都拉斯和萨尔瓦多西部。玛雅人于公元前 1000 年时就已过着定居的农业生活，公元前 400 年左右就建立起奴隶制国家。公元前后形成城邦，到 8 世纪达到繁盛的顶点，已有城市 100 多座。15 世纪衰落，最后被西班牙殖民者毁灭。玛雅人的城市建筑工程发达，其壮丽的宫殿可同欧洲最大的宫殿相媲美。金字塔式的台庙、官署、广场、球场和记事石柱等，都具有极为博大的气魄（绪图 8）。

危地马拉的提卡尔城（Tikal），城区面积达 50 平方公里，中心是祭祀和行政中心。金字塔式台庙、宫殿、广场、卫城构成建筑群。4 号金字塔台庙高达 75 米，一点儿也不比埃及的金字塔逊色。玛雅人的建筑装饰极其华丽多彩，正面的蛇面神有似中国商代的饕餮纹，其壁画艺术也兼有中国、埃及和印度的风格。公元前创造的象形文字符号有 800 多种、词汇 3 万条。其太阳历、20 进位计数法和对“0”的使用，都远远地走在世界同期国家的前列。

蒙特阿尔万（Monte Albán）在墨西哥南部城市瓦哈卡郊外，是萨波特克文化的宗教崇拜中心，建于公元前5世纪，兴盛于10至15世纪。其中心广场南北长约320米，东西宽220米，周围建有神庙、球场和天象台。

特奥蒂瓦坎（Teotihuacan）在墨西哥城东北约50公里处，以“神都”闻名于世，大概形成于公元前2世纪，直至8世纪毁于外族的入侵。在全盛时期，它的城市方圆可达到21平方公里，城区建筑群呈棋盘式的格局。城中的南北大道长2.5公里、宽40米，两侧分布着100多个金字塔形的神庙、宫殿、贵族及平民住宅等主要建筑。另外，还有一些手工业工场。据知，有陶器和石器作坊400多处。大道的南端是城堡，北边广场上台阶式的太阳金字塔和月亮金字塔遥遥相对。现存的太阳金字塔塔基每边的长度是205米，高65米，有台阶236级；月亮金字塔塔基跨度是150米 ×120米，高43米，可惜塔顶的神庙已荡然无存。估计城市人口最多可达到10万人，贵族住城中心，外围住商人和农民。

综上可知，印第安人以其高度的智慧创造并发展了自己独特的文化。作为城市建筑，在这里是没有内外城之别的，也就是说没有“城”和“郭”，这同我国《梁书·诸夷传》对扶桑国“作板屋，无城郭”的记载是相符的。

二、干戈乱浮云下的诸侯国都

（一）中华文明初期的城市萌芽

中华文明篇章被掀开，城市的产生便顺理成章。原始部落的一个个居民点——氏族公社的聚落，随着中心邑聚的形成，不再是单纯地为了防御。如果还拥有专供住在聚邑内的统治者享有的手工业，有市场和商贸活动，再有统治和管理机构，它就可能成为一座城市。此时，都、鄙分开，城、乡对立。西安半坡、临潼姜寨等仰韶文化的村落遗址都有宽、深各5～6米的土沟围绕着。作为一种防御性的设施，出现在距今6700年之前的东方大地之上，我们不妨把它视作是城墙的早期形态。河南巩义市双槐树遗址，是距今5300年前后古国时代的一处都邑遗址。由三重环壕组成严密的防御设施，是权力中心进步的标示。

当然，随着夯筑技术的采用，由地下之“沟”升为地上之“墙”，就宣告了“城”诞生的信息。郑州西山遗址已经发现了仰韶文化晚期的古城，其绝对年代距今已是5000年了；陕西神木县石峁遗址，有了中国龙山晚期到夏早期、规模最大的城址。“皇城台”修建于龙山中期或略晚（距今4300年左右），有可能为黄帝部族所居[①]；山西襄汾陶寺文化遗址（约

① 沈长云：《华夏族、周族起源与石峁遗址的发现和探究》，《历史研究》2018年第2期。

公元前 2300 年 ~ 前 1900 年），从城墙、宫殿、王级大贵族墓葬、观象与祭祀建筑、大型仓储等方面看，不仅揭示出中国史前最大的城址，而且展示出一个上古时期都邑聚落要素最全的标本，对探寻“尧都平阳”甚有价值；河南登封王城岗遗址（告成镇），先后有两座小城和一座大城并存，略早于公元前 2000 年，附近曾出土有战国时期的“阳城”陶文，可能同禹的父亲鲧“作城”有关，而兴建年代略晚于小城的大城有可能就是禹都之“阳城”；湖北省天门市的石家河文化，年代距今 4800 ~ 4200 年，分布在长江中游的湖北及豫西南和湘北一带，最北处可扩展至黄河南岸的郑洛地区，是承袭屈家岭文化演变而来，发现有青铜铜块、玉器、祭祀遗迹、类似于文字的刻画符号和城址，表明它已经进入文明时代；二里头文化，时代为距今 3800 年（一期）~ 3500 年（四期），考古学界公认其为夏代中晚期的都城。从以上文化遗址的例证可以看出，中华大地的原始文化末期由北到南，广泛地进入到一个新的历史时期，正处在新王国产生的前夜。

随着私有制的出现，氏族部落解体，而国家的形成，自然也就有了国都的选定。夏、商、周三代的都邑之制，已从“传说时代”都邑基础上臻于完备。西周都镐，分封诸侯 200 余国，又各自有都。公元前 770 年，平王东迁，见载的诸侯大国就有 170 多个。但由于大国争霸，战争频仍，许多诸侯国相继灭亡，其国夷为废墟。进入战国时期（公元前 475 年 ~ 前 221 年），华夏大地仅剩下齐、楚、燕、韩、赵、魏、秦等 7 个大国和一些中小诸侯国。

（二）齐国：甚富而实临淄城

姜尚（系伯夷的后裔，因其祖先曾助禹治水被封在吕地，故姓又从“吕”）因辅佐周武王灭商有功，被封在齐，都营丘（今山东淄博市临淄北）。后，胡公静徙都薄姑（今博兴县），齐献公“率营丘人袭攻杀胡公而自立”，于献公元年“都治临淄”（今淄博市临淄区西部和北部）。

临淄先后作为姜齐和田齐的国都，自公元前 9 世纪中叶，历经春秋战国时期，到公元前 221 年秦灭齐为止，时间长达 630 多年。

因为临淄城处于淄水冲积扇的前缘地带，东西分别有临淄河与系水经过，南傍牛山和稷山，北当黄河三角洲的南端，东北面对莱州湾，既有优越的地理形胜，又富渔盐矿产之利，因此，很快就发展成齐国政治、经济、文化的大都会，在当时的东方有重大的影响。经勘探试掘知，临淄故城的平面略呈长方形，分为大小两城，而小城又是套嵌在大城的西南隅。大城的东垣墙有多处曲折，南北二城垣平行则呈西北 / 东南向倾斜，南北长 4.5 公里、东西宽约 4 公里，城周长 14158 米；小城南北长大于东西，周长 7275 米，城垣基宽 30 米左右，整个临淄城占地60平方公里。文献记载，临淄城有门13座，已探明的有11座，门道宽度多在10米以上。城内10条交通干道虽纵横交错，但同城门对直（绪图9）。城内的供排水和城防系统也有周到的安排。小城是君主、贵族的聚集地。以“桓公台”为主，多有高台建筑基址，当是齐国的宫殿区。附近还发现铸造“齐法化”铜币的作坊遗址。大城是平民居住与活动之区，所见也有冶铁和其他手工业作坊遗址。大城内的南北两端分布着春秋时期墓群和车马坑多处，城周围也有大量的墓冢存在，如“二王冢”“四王冢”“三士冢”等。从临淄故城的遗存看，人们不难想象它当年享名诸侯的雄姿。纵横家苏秦对其繁华和富有曾作过绘声绘色的描述：“临淄之中七万户……临淄甚富而实，其民无不吹竽、鼓瑟、

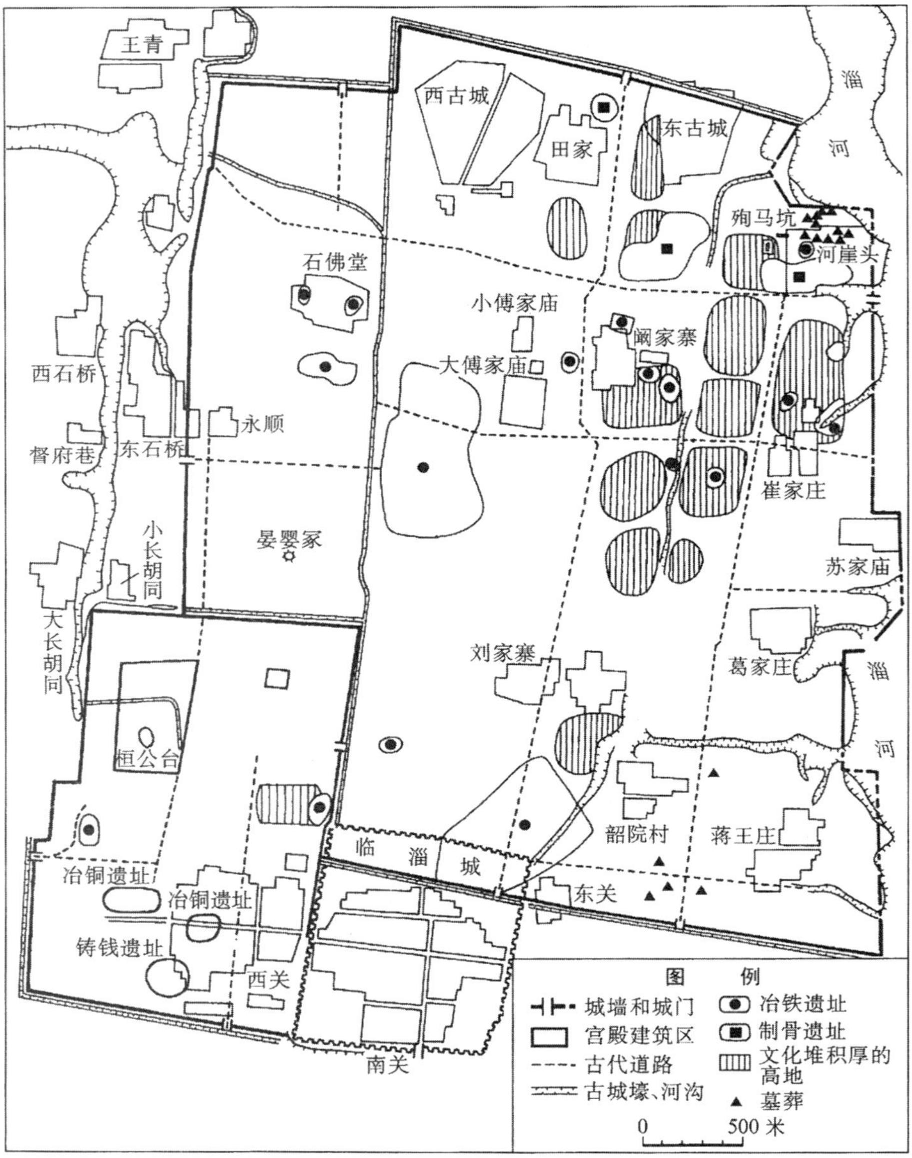

绪图9　临淄齐国故城遗址平面图

弹琴、击筑……临淄之途，车毂击，人肩摩，连衽成帷，举袂成幕，挥汗成雨，家殷人足，志高气扬。”（《史记·苏秦列传》）

（三）燕国：壮士别都易水寒

燕国在周初的版图还只局限在今河北省的北部和辽宁省的西部，到了东周时代至秦统一前（公元前 770 年 ~ 前 221 年）就扩张到了北方草原和辽东一带。

燕的祖先是辅助周武王灭商的召公奭，他同周公一样，留住在京都，并没有就国，而是由他的长子做第一代燕侯。

最初的国都设在蓟（约今北京市外城的西北部），燕桓侯（即“燕桓公”，公元前 697 年 ~ 前 691 年在位）曾徙都临易（今河北雄县）。战国晚期，政治上有作为的燕昭王（公元前 311 年 ~ 前 279 年）又在今河北易县的武阳营筑了新都。相对蓟城而言，武阳就称“下都”。（绪图 10）

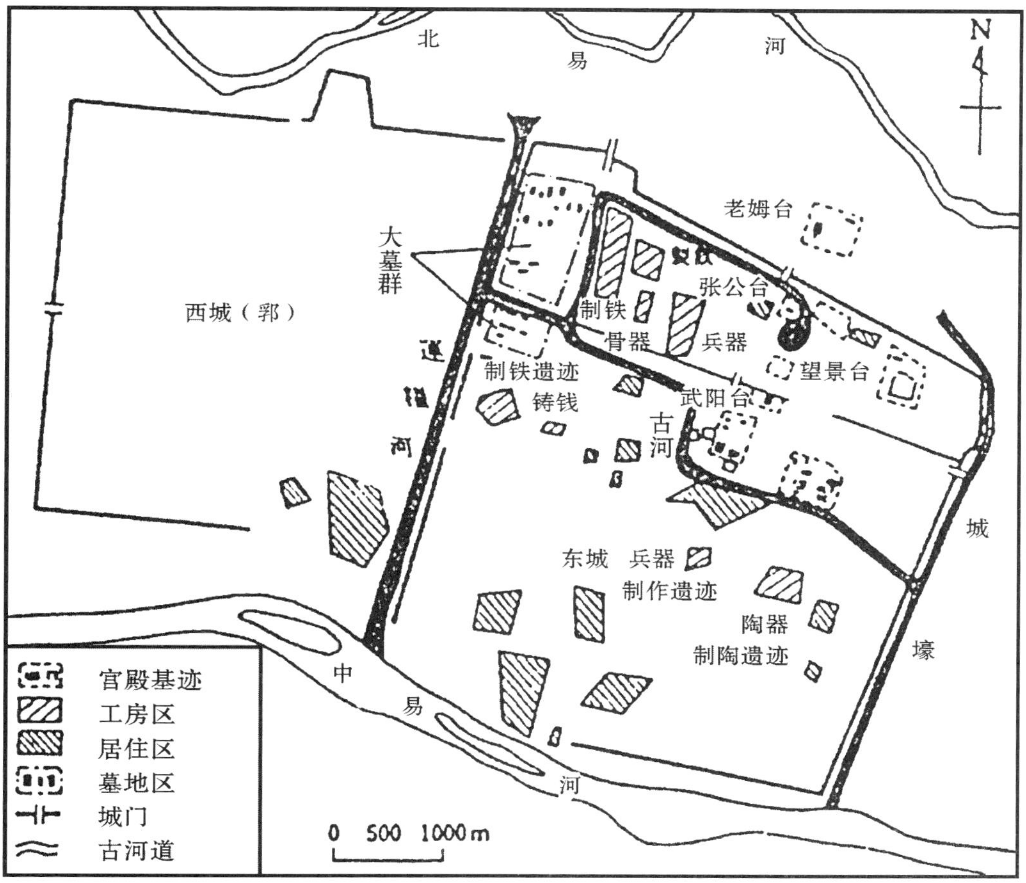

绪图 10　燕下都

燕下都故城处于北易水和中易水之间，西长约8公里，南北宽约4公里。城垣土筑，经夯打，宽10米。中有一道“运粮河”及其左侧的墙纵贯南北，把燕下都分成东西两个梯形的小城，使它从平面上构成了磬折的形式。东城是内城，在其北部1/4处又有一道东西长4460米的隔墙隔出一个小区来。在北隔墙的两侧和北城垣外，北从“老姥台”南到“武阳台”，之间留有多处建筑遗存，而在“武阳台”的周围又分布着一些建筑群。其中的“武阳台”高可11米，面积达上万平方米，是燕王的宫殿基址，当为宫殿区的主体。其他如“张公台”就是历史上有名的置黄金招贤纳士的“黄金台”。显而易见，此东城就是都城设计上规划的宫殿区。内城的西部和南部是冶铁、铸钱、制骨和兵器等手工业作坊区。西北隅则是以“虚粮冢”和“九女台”两大封土为明显标志的贵族墓区。地面保存封土堆的还有23座，其中最大者基部55米，高可11米。不用说，此间也当是燕王的长眠之地。由东城规划明确、供水系统完善（如从古“运粮河”引水入城后分成南北二渠，使之同小区的南北二垣墙平行，既供水又防御）、城防设施严密（隔墙及北城垣上有高台建筑）可见，显然它是战国中期建成的一座完整的城堡。而西城（即“外城”）的文化遗存甚少，仅见两处建筑遗址和一些墓葬，有可能是出自战争防御而于战国末期增修的附郭。燕下都南北临易水，西北侧包以群山，东南面向平原，既是上都蓟通齐、赵的咽喉要道，又是燕国南向的门户。其位置重要、商业发达、人口众多的情景，虽时过2000多载悠悠岁月，至今仍给人留下对“风萧萧兮易水寒，壮士一去兮不复还”悲歌壮士的追思。

（四）韩国：大小相并郑韩城

韩国原作为晋国的“六卿”之一，早先是封在韩原（今山西芮城县）并以此为邑的，称“韩武子”。

以诈称霸，代有传人。春秋晚期，韩、赵、魏势力增强，遂有控制晋室的趋向。战国初年，韩、赵助晋灭智伯分其地，韩宣子迁都于州（河南沁阳市东南、温县东北）。当时，韩虽已占据了今山西省的南部、河南省的西北部，已试图向河南中部发展以扩大地盘，但从战略目标考虑，就暂时放弃了这种追求，便积极从内部参与分裂、削落晋国的活动。于是，韩景侯（公元前408年~前400年在位）又将都邑迁回一度作为晋都的平阳（今山西临汾市）。

公元前403年，韩、赵、魏三家分晋，周威烈王正式任命他们为诸侯。次年，韩国正式建立，为图谋中原便定都阳翟（今河南省禹州市）。公元前375年，韩哀侯兼并郑国，据郑都有之。郑（今河南新郑市）之为都，先后经历了郑、韩两国，从公元前770年郑武公建都到公元前 230 年秦灭韩，共计 540 年时间。

郑韩故城位于今河南省新郑市双洎水（古名“洧水”）和黄水之间，基本呈平行四边形。城中有一南北向隔墙，使之成为东西两城相并的格局，同燕下都颇有相似之处（绪图 11）。城东西最长处 5000 米，南北最宽处 4500 米。西城是内城，属宫殿和官署建筑集中的“皇城”。在卜城中还套筑了一座“宫城”，东西长 500 米，南北宽 320 米。地面上除过很多高台建筑遗迹，如高 8 米的“梳妆台”，还发现有冷藏肉食的半地穴式建筑。东城称外城，也即是郭城，其面积大于西城近乎一倍，可能是韩国时期增修的新城，为铸铜、冶铁、制骨、作陶、琢玉等手工业作坊集中之区。仓城的冶铁遗址面积达 40000 平方米，白庙范村也发现了残废的青铜兵器窖藏，可修复的在 200 件以上，90% 的刻铸纪年和工官名的铭文，多属于秦灭韩前夕的桓王和韩王安时期。这些都不难使人想象当年流行“天下宝剑韩为众”的话绝非虚语。春秋时期的贵族墓多集中在隔墙南端的两侧，春秋战国时期的平民墓则多分布在城外。

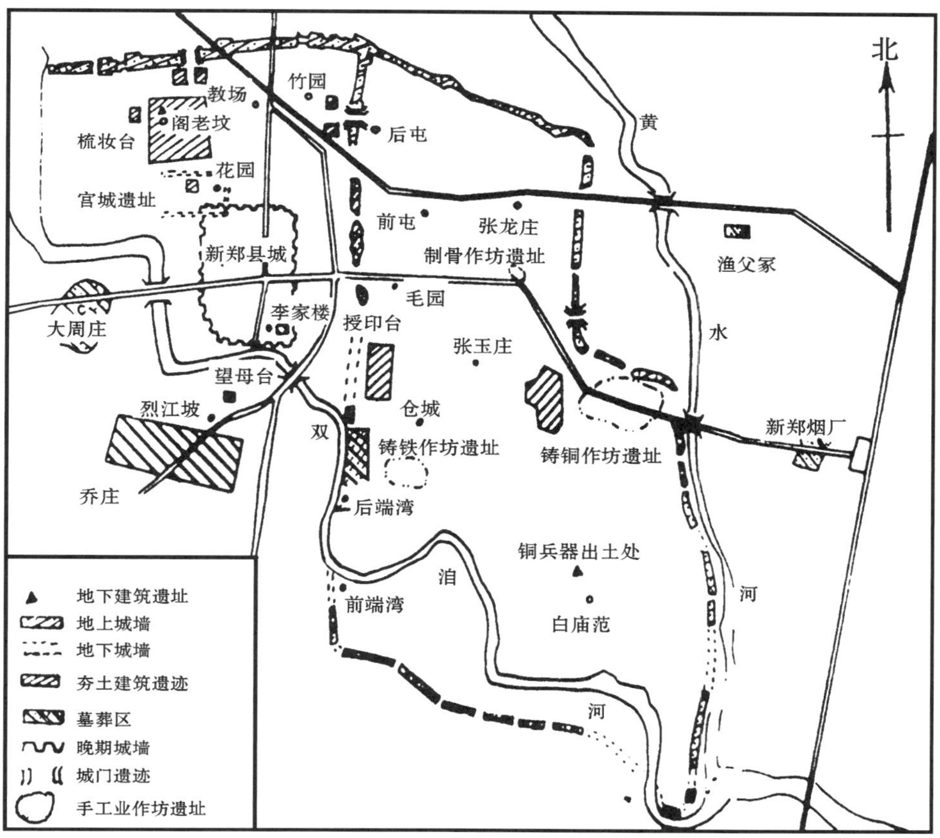

绪图 11　郑韩故城

（五）赵国：品字形状邯郸城

赵是东夷族嬴姓伯益之后，与秦同祖。在周灭商之后，因迁居赵地，故姓赵。后因周幽王无道，赵氏去周事晋。战国时期，赵作为晋室的“六卿”之一，势力已相当强大。公元前 458 年，赵襄子建都晋阳（今山西太原市东南）。公元前 425 年，又迁都中牟（今河南鹤壁市西）。公元前 386 年，赵烈侯才定都邯郸（今河北邯郸市）。

邯郸故城包括赵王城和大北城两个由西南同东北相对的城址（绪图 12）。曲尺形的赵王城被“丁”字形隔墙分成东、西、北三部分，近似一个“品”字形，每个小城的长宽都在千米左右，总面积 505 万平方米。墙残高仍有 8 米，城内有龙台、南北将台等十几处夯土台基。其中以龙台最大，高可 9 米，长宽都在 260 米以上，这表明赵王城是宫殿建筑区；大北城除西北垣为斜边走向外，基本为南北的长方形，南北长约 4800 米，东西宽约 3200 米，墙基宽 20 米左右，是铸铁、制陶和石器、骨器等手工业集中的区域（绪图 12）。王陵位于城外西北的邯山区和永年区境，市民墓区则在西北的近郊。

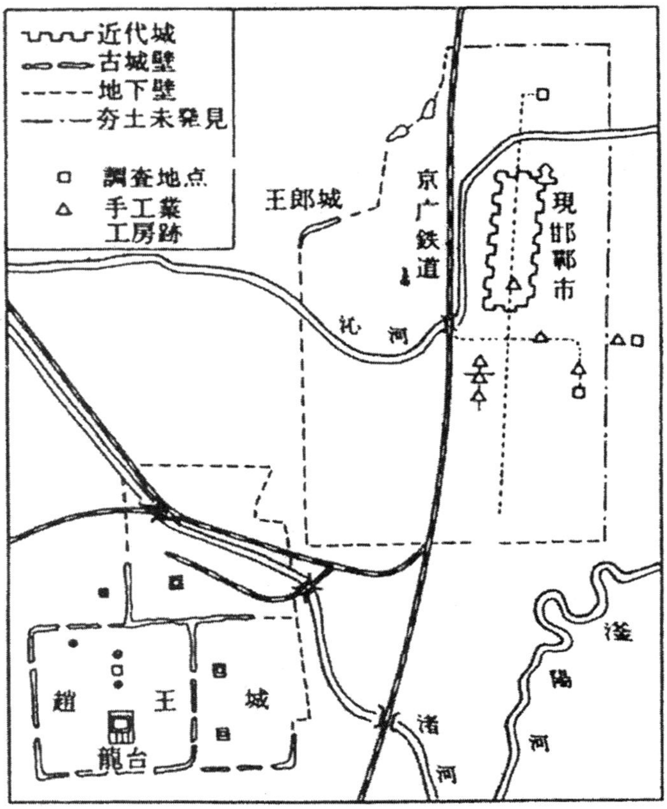

绪图 12　邯郸赵故城遗迹图

从整体布局看，邯郸故城规模宏大，赵王城为宫城，大北城为外郭城，形制与性质近似于齐临淄，其建筑基址体积之大、保存之完整也是东周时期列国都城遗址中无可比拟的。而精美的遗物都是高度文化和精湛技艺的结晶。人口集中、商业发达，邯郸城被当时誉为“万家之都”是实不为过的。（绪图 12）

（六）魏国：都城从安邑到大梁的东徙之路

魏国本系周文王庶子毕公高的后裔毕万在自己邑地上建立的，初都魏邑。魏悼子徙治霍（今山西霍州）。公元前 394 年，魏武侯选择了地理条件较为优越的安邑（今山西夏县西北），筑城营建新都。公元前 364 年，魏惠王为了向东发展，又把政治中心移到了大梁（今河南开封市西北）。这时，安邑作为“陪都”仍在发挥着重要作用。秦汉时为河东郡治所。

除了大梁城址因黄河泛滥淤积而被掩埋之外，其他的魏都差不多都有了考古的证实。据《史记·魏世家》的《正义》与《索隐》记，魏邑“在陕州芮城县北五里”。经山西省考古研究所同志的调查，它是版筑的夯土城，作方形，周长约 4500 米，墙基部宽 13 ~ 15 米，残高仍有 3 ~ 6 米。

春秋战国时期的安邑故城，在今山西运城市夏县西北。在禹王乡的禹王村、庙后辛庄、郭里村一带，有禹王城遗址。现存大城、中城、小城和禹王台四部分。小城在大城的中央，中城在大城的西南部。大城筑于战国时期，中城建筑年代比大城略晚。禹王台又称禹王庙、青台，建在一座高 9 米的夯土台上，南北长 70 米，东西宽 65 米。禹王庙始建于唐代，历代修缮，毁于战争。

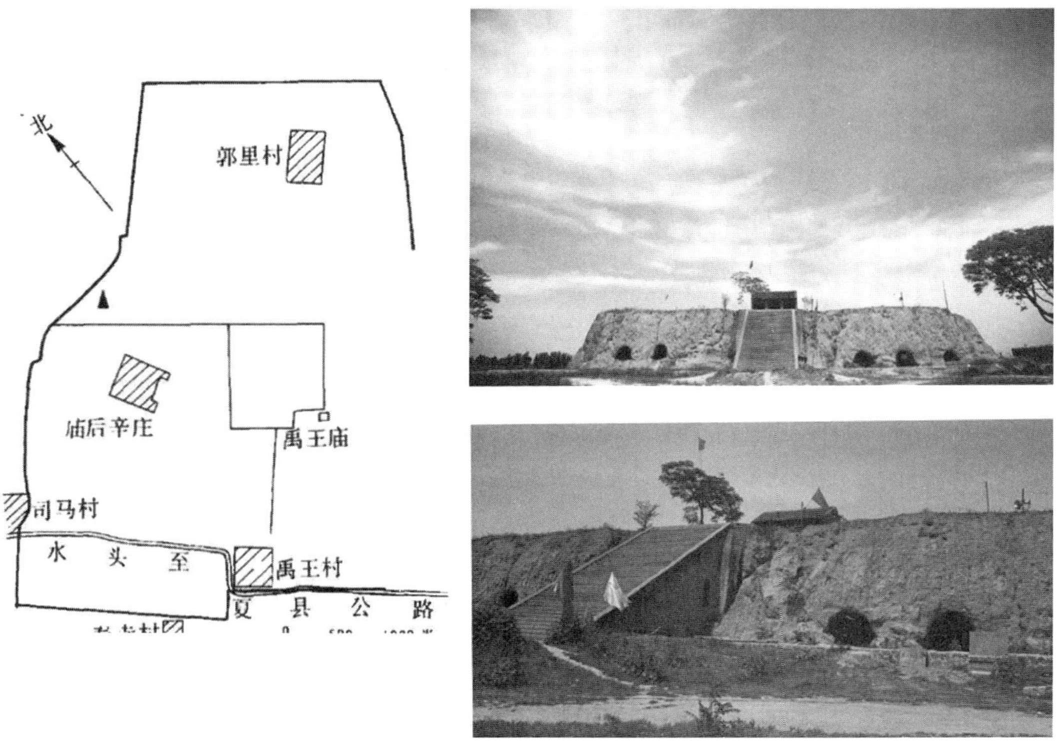

绪图 13　安邑城平面图与禹王城（夏县）

大城形状如梯形，总面积 13 平方公里。四面城墙皆版筑夯打而成，残高 2 ~ 5 米。东墙长1530米，西墙长约4980米，南墙长3565米，北墙长2100米，随地形起伏而曲折，外侧有护城壕。文化堆积一般厚2米左右。城北部有战国时代的灰坑和灰层。城中部偏东的庙后辛庄以北，调查发现了一处战国中晚期的手工业作坊，文化遗物有锛、锄、镢、斧等器具的陶范，平首布陶范及陶罐、陶盆、铁锛等。小城是正方形，北垣西伸和南垣南折分别接大城墙，周长3公里，可能是“宫城”，多出土战国时期、汉代文物①。（绪图13）

（七）楚国：都城频繁迁徙中的不朽郢城

商末，鬻熊曾为周文王之师，率其部族也参加过武王伐纣之战，受封为“楚子”，立国于今陕西商洛商州、丹凤一带。② 其子熊丽率族沿丹水向下游迁至河南淅川县老城马镫镇一带。周成王时，“封熊绎（熊丽孙）于楚蛮，封以子男之田，姓芈氏，居丹阳”（《史记·楚世家》），统治着今豫西南和鄂北一带。其国都不但沿袭商县丹阳的旧称，而且也是地在丹水之阳。不过，这个新都地当今河南淅川县李官桥下寺。这里丹江与淅川汇合，在下寺东北数公里处已发现了古城的线索。丹阳作为楚国早期的都城，存在时间可以说同西周时代相始终，整整跨过了近400年。东周时代至秦统一前（公元前770年～前221年），楚国曾多次迁都，计有：

春秋初年，楚文王（公元前689年～前677年）为求得发展，便把国都从丹阳迁到农业条件优越，又能扼守中原、连接长江要道的郢（今湖北江陵县北5公里处）；

公元前504年，楚昭王败于“柏举之战”被吴军攻陷郢都，自己又吃尽了逃亡之苦，现在再次面对吴军的水陆并进，“楚国大惕，惧之”，为避免失郢悲剧的重演，便急急忙忙迁都到了大洪山和国渠山之中的鄀（又称“鄀郢”，在今湖北宜城市东南90里处），不久，又由鄀返郢；

公元前278年，秦将白起攻陷郢都，楚顷襄王就东迁于陈（也称“郢陈”，今河南淮阳）；

---

① 磨占雄：《禹王城研究的新成果》，“中国考古”网2011年9月27日；乔云飞：《山西夏县禹王城历史研究》，《文物世界》2013年第1期。

② 今陕西商洛商州区、丹凤县周围有山曰“楚山”，有水名“楚水”（或“荆水”）。商县城东南约7公里的丹江南岸紫荆村发掘一处文化内涵相当丰富的遗址，也有早商陶文的发现。对木炭标本做放射性碳素测定，距今4000年左右。“紫荆”一名当同鬻熊受封“楚子”、立国商县有关。诚如是，正如有的学者指出的那样：“‘紫荆’又作‘子荆’，是‘荆子’的倒装语，意为楚乃子男之国。”（王开文）另外，周原出土的H11：83号卜甲有3行11字，文作“楚子来告”。据考证，属于鬻熊到岐阳见周文王的卜辞（顾铁符）。由此可以看出，芈姓族早在商代末年就由始居地楚丘（今河南滑县东）经6次播迁，到达陕西大荔的荆山，后又立国于商县，都曰“丹阳”。那么，这条交通大道的利用，对商县一带的开发也是有积极作用的。

公元前 241 年，以楚考烈王为纵长的各国合纵伐秦失败，为避开秦的威胁，把国都又从郢陈迁到了寿春（今安徽寿县）。

频繁的迁都，正是楚国势力消长和盛衰变化的反映，它同楚国的政治、军事形势密切相关。进入战国时期，楚所迁之都的鄀、陈、寿春都属流亡政府的歇脚地，带有临时性质，其规模和历史作用都远远比不上郢都。

郢，因在纪山之南，又称“纪郢”，后世则连称为“纪南城”。如果从公元前 689 年楚文王“始都郢”算起，到公元前 278 年白起“拔郢”，前后绵延了 411 年，先后有 20 个楚国国君在这里执政，是楚国政治、经济、文化的中心。

绪图 14　楚都示意图组图

文王初城的规模较小，春秋晚期或春秋之际的城址略呈东北—西南向的横长方形。郢城垣土筑，由墙身和内外护坡构成。东墙长 3706 米，南墙长 4502 米，西墙长 3751 米，北墙长 3547 米，周长 15506 米，总面积达 16 平方公里。墙的宽度 10 ~ 14 米，地面残高 4 ~ 7.5 米。城门 7 座，其中有水门两处。城四周围以护城河，宽在 40 ~ 80 米。米河和新桥河从北方南下，分别穿过北、南二墙，在城中汇合成龙桥河，又出东墙流入长湖。城有夯土台墓100余处，以东南部最为集中，是为宫殿区。东侧台基分布整齐，竟有10个成一线排列，也有宫墙和“御沟”的发现。城西南部为冶铸作坊区，城东北部的龙河两岸则是制瓦和陶器手工业区。城郊四面都有守备的军防遗址。居民区集中在城西和城北。墓葬在城周围，北有纪山和川店两个墓区，西有八岭山墓区，南有拍马山墓区，东有雨台山、孙山和观音土当3个墓区。其中的八岭山和纪山一带可能是国君和王室的墓地。（绪图14）整个郢都布局有一定的规律，其建筑宏伟，“列肆”铺陈，当年的繁盛正如东汉人桓谭所描述的那样：“楚之郢都，车毂击，民肩摩，市路相排突，号为朝衣鲜而暮衣敝。”（《桓谭新论》。

由前文评介的几座都城遗址观察，大致可以看出一些共同点，其中揭示给我们的有如下一些认识：

第一，东周时期，列国之都曾先后多次迁都，但其中必有一处或几处是最重要的，在其国家的政治生活中具有重大作用和产生过深远的影响。

第二，在形制上多是二城相并或斜式相依，两城相比必是一大一小。按古人“内为之城，城外为之郭”（《管子·度地》）的说法，小城就是常说的“内城”，大城就是“外郭城”，因而战国时期的都城多是“郭附于城”的状态。

第三，在性质上，小城住有君主、贵族和官署，并掌握着他们所需要的手工业作坊。今见之夯土台基多是当年作为高台建筑的宫殿遗址。大城里则住一般官吏、私营手工业者、平民和农民，商业活动也多于此进行。这种城与郭的区别，正是“筑城以卫君，造郭以守民”（《吴越春秋》）的功能要求在城市设计思想中的体现。

第四，虽有君主贵族同平民百姓住区的分离，有“前朝后市”的大体规划，也有“仕者近宫，不仕与耕者近门，工贾近市”（《管子·大匡》）的安排，但从整体布局上看，还没有把宫殿区、平民区、手工业作坊区、商业集市区、墓葬区、苑囿等构成城市主要内容的诸因素作整齐划一的布置。同后来唐长安城、明清北京城的规范化、礼制化比起来，在建设上带有很多的自然主义和堆砌性。这，当然是中国城市建设史上阶段性的一种反映。

第五，国都是一国的政治中枢，因此，统一国家对“择天下之中而立国”（《吕氏春秋·慎势》）以便统治四方是极为重视的。而东周时期的周天子只是名义上的“共主”而已，在诸侯割据的情势下，各自的国都也多有迁徙。迁都必然涉及选址，或是从国家开拓的前途着眼，就需要更多地借助交通方便和地理位置便当；或是从军事目的考虑，更需着重其防卫的功能；或是为战争形势所迫，则要易地而安；……当然，一般说来国都作为首府，是一个国家政治、经济和文化的中心，城市的设计者是不能不考虑这些综合因素的。

时代特征无疑也是历史的烙印。而秦都咸阳在这些异彩纷呈的列国都城中除过共性之外，则带有更多的特殊性。

三、秦都咸阳从“兴”到“废”的历程

公元前 350 年，也就是战国时代中期偏晚的一段时间，秦的新都咸阳便从渭河下游的黄土地上诞生了。它从秦孝公起，经过秦国七代国君长达 144 年（公元前 350 年 ~ 前 206 年）的惨淡经营和扩展充实，特别是在公元前 221 年秦始皇以武力并灭六国、结束了中国封建割据的局面、建立起中央集权的统一的多民族的封建国家之后，由秦国的都城一跃而成为秦王朝的首府，可说是在前进历程上的一次大变化。它规模之宏大、宫殿建筑之巍峨、立体交通之发达，在国外的早期都城中是少见的，也是中国先秦时期的国都无法比拟的。即以城市所特有的那种豪华景象而言，不仅商业发达、手工业规模大、水平高，而且城市人口数量多、成分复杂，人事活动频仍，也极富戏剧色彩。有多少政治家、外交家、军事家、思想家、艺术家都以咸阳的秦廷为舞台，或出谋划策，或领命率军，叱咤风云，演出一幕幕威武雄壮的活剧。首都咸阳热闹之隆盛，的的确确是战国时期商品经济急剧发展下的任何一个城市所望尘莫及的。咸阳，这座秦帝国的都城，作为“天下辐辏”的中心，达到了它自己繁荣发达的顶点，不愧为当时世界东方的一颗明珠。同样，它作为我国历史上著名的古都之一，其独特的历史地位、作用和影响，是永远光耀史册的。

咸阳在它存在的一个半世纪里，经历了从战国时期的秦国到统一天下的秦帝国这两个时期。它从“兴”到“废”的全过程，可以划分为 4 个阶段。

（一）初创期（公元前 350 年 ~ 前 383 年）

从秦孝公十二年到二十四年的 12 年期间，秦孝公同商鞅对内忙于变法、完成一系列政治改革，对外则通过修好楚、韩关系，与赵、齐结盟，配合军事进攻向魏国收回河西地。所以，出自便于变法、摆脱旧势力的束缚，既不能留在临魏前线的临时都城栎阳，也不能返回旧都雍城，就择地咸阳，辟以为都，只能先建造冀阙宫庭及宫垣而无暇他顾，连秦孝公的陵墓也是追随献公葬到栎阳以东去。不可否认的是，渭水北岸的咸阳地带却为以后这座城市的发展奠定了基础。

（二）发展期（公元前 337 年 ~ 前 247 年）

从秦惠文王元年起，终于庄襄王之世，历经五王 90 年的时间，秦国已发展成为一个“带甲百余万，车千乘，骑万匹，虎贲之士、跿跔科头贯颐奋戟者，至不可胜计”（《史记 · 张

仪列传》）的军事大国。其国力则凭借着“西有巴蜀汉中之利，北有胡貉代马之用，南有巫山黔中之限，东有殽函之固”这“沃野千里，蓄积饶多，地势形便”的有利条件(《战国策·苏秦始将连横说秦惠王章》)，使咸阳也同步地发展成当时中国的一大都会。在这一阶段，咸阳的建设呈现了三大特点，即：第一，城市建设已纳入了统一的总体规划之中，把宫殿建筑、手工业作坊、商业市肆及居民区、王陵及市民墓区等构成城市的主要因素，都组织在一个合理的布局中来；第二，首都范围急剧扩大，完全突破了局促于渭北一隅的狭小范围，跨过渭河向周都丰镐之侧的广阔地域发展；第三，政治重心也随之有了向渭河南岸主要宫殿转移的趋势。

（三）鼎盛期（公元前 246 年～前 210 年）

嬴政 13 岁为秦王，39 岁统一中国称“始皇帝”，50 岁病死在出巡途中。他在位 37 年间，“奋六世之余烈，振长策而御宇内，吞二周而亡诸侯，履至尊而制六合，执棰拊以鞭笞天下，威振四海”（贾谊:《新书·过秦论》)。其胆识和功业正如自诩的那样：“自上古以来未尝有，五帝所不及。”（《史记·秦始皇本纪》）其实他不知道，也不可能知道，在国外还有一个可与之匹敌的人，那就是马其顿国王，后来创建了东起印度河、西至巴尔干半岛、南抵尼罗河第一瀑布、北达多瑙河下游南岸的，地跨欧、亚、非三洲的亚历山大帝国的亚历山大大帝（公元前 356 ～前 323 年）。可惜的是那位只活了 33 岁的英雄一死，他的帝国即行分裂为三，首都巴比伦也遭到了残毁。而秦始皇统一六国后的帝国版图却奠定了中华的基本框架。同时，秦始皇对首都咸阳的建设也取得了极其光辉的成就。他的重视表现在：一是在统一战争期间曾“徙天下豪富于咸阳十二万户……秦每破诸侯，写放其宫室，作之咸阳北阪上，南临渭”，给予实际的充实；二是调整规划，向南向东扩大发展，使“诸庙及章台、上林，皆在渭南”，“作信宫渭南，已更命信宫为极庙，象天极。自极庙道通郦山。作甘泉前殿，筑甬道，自咸阳属之”，“营作朝宫渭南上林苑中”，还驱使“隐宫徒刑者七十余万人，乃分作阿房宫，或作丽山”，从而形成“自雍门以东，至泾渭，殿屋复道周阁相属”“令咸阳之旁二百里内宫观二百七十，复道、甬道相连”的宏大局面。(《史记·秦始皇本纪》）此时的咸阳作为秦帝国的首府，已有了市中区、近郊和远郊的划分，达到了它繁荣昌盛的顶点。

（四）衰败期（公元前 209 年～前 206 年）

秦始皇死后，赵高、秦二世阴谋集团在政治上倒行逆施，首都咸阳处在腥风血雨之中，在市政建设上当然不会有什么建树。项羽在农民反秦的浪潮中领兵进入咸阳，掳走宫女，掠去财富，一把火竟把这座都城烧成瓦砾遍地、焦土累累的废墟。而这一急剧的变化，使得秦朝灭亡，而此时，距离秦二世执政，时间才不过3年。

咸阳从“筑冀阙，秦徙都之”（《史记·秦本纪》）到“渭水贯都以象天汉，横桥南渡以法牵牛”（《三辅黄图》），应该说是战国时期列国都城中的后起之秀，既是诸都建筑精华的集中表现，也是千百万劳动人民辛勤劳动和高度智慧的结晶。从时间上讲，则是它自身经过了自北而南、由小到大的发展历程。在那一个半世纪里，秦的政治指挥中心是随这座城市规模的变化而发生位移的，如秦孝公时完全处于渭北；惠文王到庄襄王期间，因政治、外交、祭祀等大事内容的不同，时在渭北，时在渭南；而秦始皇时，他的主要活动则已转到了渭南。咸阳处于内史之地，其地域范围约为今咸阳市渭城区、秦都区一部分，西安市的西郊、北郊和东郊。因此，提到秦都咸阳绝不可狭隘地理解为今咸阳市东那一块地方，因为“咸阳”的得名固然原是秦孝公时专指渭河以北那“山水俱阳”的狭小地域，而在惠文王以后它就不能涵盖首都的实际地理界限了。这一点连司马迁也早就认识到，晋人皇甫谧在《帝王世纪》里也说：“长安，故咸阳也。”不过这时的长安只是咸阳在渭南的一个乡，足知咸阳大于长安。后来，汉高祖六年改咸阳为新城县，七年时并入长安，反过来长安又包括了咸阳。所以，两地较近，既合二为一，又一分为二，随势而变。当然，“咸阳”已是秦的首都之名早已按其环境地理的特点命定，以后谁也不会想到、也没有必要再去改名。而时势已变、名号沿袭的情况，在历史上也本不为怪。所以，我们只能把“咸阳”二字看作是历史的符号而已。从地缘意义上讲，秦都咸阳是周都丰镐的后继，又是汉都长安的前身。我们切不可囿于字面的地名硬同今之咸阳重合，因为这既不符合历史的真实，而且还会模糊都城史研究者的视野。

一个楼宇重重、财富集中的咸阳城，在地平线上永远地消失了。它那峥嵘的岁月，也只是在历史文献上留下了一道浅浅的印痕。长期以来，虽然也极力从“二川溶溶，流入宫墙。五步一楼，十步一阁。廊腰缦回，檐牙高啄。各抱地势，钩心斗角……长桥卧波，未云何龙？复道行空，不霁何虹”这绘声绘色的诗句中，联想当年阿房宫、骊山陵墓到渭河北岸的咸阳宫等建筑连属的雄姿，呈现在人们脑际的却仅仅是一片朦胧的欣羡。固然《阿房宫赋》这一伟大诗篇属于不朽的名作，它却不可作为研究咸阳的信史资料。因为在咸阳、阿房宫遭毁后时隔1031年，唐诗人杜牧是不可能见到的。他出自对唐敬宗刚即位就大兴土木建造宫室、穷奢极欲、沉湎于声色之中的不满，就借赋讽谏朝廷接受秦亡的教训，希望其幡然悔改。实属想象之作，当然同历史的真实相去甚远。今天——在咸阳故都开展考古调查发掘近40个春秋之后，在这一考古项目中，我作为大部分工作的参加者与研究者，运用大量考古资料，再结合爬梳并辩证了的典籍文献，在11年前出版的《秦都咸阳》（1985年）一书的基础上作了大的修改补充，再深入地探索咸阳故都的历史，向学术界呈上《咸阳帝都记》（1999年），也许对恢复秦咸阳的面貌比前跨进了一步。20年后的现在，随着考古材料的增加、对问题认识的深化，再次修订《咸阳帝都记》一书，我想：对使世界认识西安、咸阳的过去，又使今日的西安、咸阳走向未来的世界，也许略有裨益。

四、本书取名与内容安排的意向

（一）咸阳从“王都”到“帝都”

从公元前350年商鞅变法，秦孝公定都咸阳，到公元前221年秦始皇统一六国、建立秦帝国，经过了129年。在这一时段里，秦始皇之前的六代秦君称王，不变的咸阳可称为“王都”。而秦始皇为秦君的前段仍以咸阳为都，称帝之后当以“帝都”称之。虽然都城范围扩大，由北而南跨越渭河，但不影响都址的存在。如果从发展史角度看最后的结果，那么，秦咸阳的“王都”可视之为“帝都”的前期阶段，而“帝都”就成为秦帝国的历史性标识。

秦始皇“奋六世之余烈”，是在其先人长期以咸阳为都的基础上，将咸阳作为军事指挥中心，尔后随之有城市改建、增建及文化设施的继承与发展。从时段看，前“六世”时间长，以贯彻“农战政策”为轴线，重在赋予“军事文化”浓烈的内涵。秦始皇从22岁加冕到50岁辞世，在位的时间虽短，只有11年（30岁～50岁，即公元前221年～前210年），但在政权、国防、文化等方面的建设却取得了前无古人、影响后人的卓越成就。中央设“三公九卿”，地方行“郡县制”，为历朝历代中央集权制树立了标杆。统一度量衡、“车同轨，书同文字”，北筑长城、南戍五岭，均被世人所称颂。（《史记·秦始皇本纪》）这些均将在本书中，从不同的角度有所展现。

（二）重新修订与坚持的指导思想

我1985年出版的《秦都咸阳》，是学术界研究秦都城的第一部专著，具有“填补空白”的作用。10年后随着考古资料的增多与认识的深化，又陆续出版了《咸阳帝都记》等多部研究秦咸阳的专著与普及读物，其中很多学术创见与观点已得到学术界的公认。截至2024年，时间又过去近25年，这次再次修订，力图重申并细论以下的学术见解：

第一，从都城起建、范围、形制、内容、规模到人文历史演变，由宏观到细部，充分运用历史文献和考古资料，通过“二重证法”详细辩证勘验，从而更加明确秦都咸阳的考古学与历史学基本框架和观点。

第二，尽管过去首次提出秦咸阳“宫自为城”、不曾有外郭城的观点，也明确指出城建发展是跨越渭河由北而南，形成“渭北区”与“渭南新区”两大块，而且历史地出现南北向仅有朦胧的一条轴线。整个大咸阳具有帝都构成要素的几大板块，呈散点布局，但其对中国都城的成熟过程与肇始作用，还应给予强调。

第三，对秦咸阳基本构成的诸多因素，从概念、解义到具体的时空关系，仍需进一步阐述。

第一章

秦都咸阳在社会改革中兴起

秦人早期的历史很带有几分传奇的色彩。其远祖起源于今山东到河南东南部的东夷族，属凤鸟氏的后裔。公元前21世纪，原分属两个近亲氏族的皋陶（即大业）和大费辅佐大禹治水有功，均受虞舜封赏授职。皋陶作士，偃姓，但早卒。大费又辅佐舜帝，管理鸟兽的驯化。因成就被封在费（今山东鱼台县西南），人称伯翳（或伯益），还赐姓嬴氏。伯益出任中原地区部落联盟的最高首领，但帝禹一死，禹子启改变“禅让”制为“家天下”，就杀了功臣伯益。

公元前16世纪，夏桀“残贼海内，赋敛无度，万民甚苦”（《韩诗外传》卷十），伯益的玄孙费昌去夏归商，为汤御。这时，东夷的嬴姓国也随汤追剿夏的残军，西进到了黄河中游的伊、洛河、汾水及渭水流域。入居关中的东夷人就是分布在“豳岐之间”的“畎夷”。

公元前11世纪的晚商时期，因西北边防不宁、四夷侵叛，费昌后裔中潏受命，在西戎为商守卫边陲之地——“西垂”。

由于后来中潏之子蜚廉、孙子恶来都助纣为虐，结怨于诸侯，于是周文王（西伯昌）兴兵伐犬戎和须密（今甘肃灵台西）后又击溃了保卫商境的中潏之军，并把他们逐之于甘肃东南一带。公元1057年，武王伐纣，恶来被杀，戍守北疆的蜚廉也自杀了，其降服的军民被废去姓氏，沦为周的种族奴隶。在周公镇压纣子武庚叛乱时，再次严厉打击了参与反周的嬴姓诸国，他们或灭国，或被迁徙。

蜚廉另一个儿子名叫“季胜”，却走了同其父兄完全不同的政治道路，可说是“亲周派”。儿子孟增得到周成王的宠信，安住在“皋狼”（今山西方山县西南南村堡）[①]，外号也成了“宅皋狼”。宅皋狼的孙子造父擅长御车术，曾幸于周穆王。这位喜欢旅游而浪漫的周天子西

① 《史记》正义引《地理志》云：“西河郡皋狼县也。”

巡狩，到达“西王母之邦”（昆仑山西三千里），接着因徐偃王的反叛又回銮，“长驱归周，一日千里以救乱”。造父有功，封赵城（今山西洪洞），称赵氏。

蜚廉还有一个儿子名叫“恶来革”，但早死。他的儿子女妨虽未参与政治斗争，也未参与反周的叛乱，却因生父有“恶来”的重字，又处境孤立无援，便投靠到受周王宠幸的造父族这边来，冒姓起“赵氏”。

女防和子孙都居住在赵城，受到荫护，但毕竟是寄人篱下，时刻想着挣脱这精神上的羁绊，便有了西移的行动。传至五世非子时，终于同父亲大骆到达犬丘（今陕西兴平市）[①]，住了下来。

“非子居犬丘”是秦人命运的转折点，后来竟扮演了一段历史主宰的角色。犬丘距周都不远，非子“好马及畜，善养息之”的消息很快被周孝王闻知。于是，“召使主马于汧渭之间，马大蕃息”，并“分土为附庸，邑之秦（今甘肃天水、清水一带），使复续嬴氏祀，号曰秦嬴”。周宣王时，秦仲为大夫，死于讨伐西戎的战争中。秦仲有子五人，因伐戎取胜，宣王“复予秦仲后及其先大骆地犬丘并有之”（《史记·秦本纪》），还封庄公为西垂大夫，居西犬丘（今甘肃礼县）。秦人不但在甘肃东部站稳了脚跟，总算有了一块发展自己势力的根据地，而且同周相处已有相当长的时间，受到周文化的熏陶，大大提高了政治管理水平与人员的素质。

西周末年，政治腐败，幽王被犬戎杀死于骊山之下。即位的平王为避戎寇，东迁雒邑。秦襄公带兵护送平王，勤王有功，封为诸侯，还被赐以“岐西之地”。平王对秦襄公许诺：“戎无道，侵夺我岐、丰之地。秦能攻逐戎，即有其地。”（《史记·秦本纪》）

周平王对秦襄公盟誓、封爵，于是秦正式成了诸侯国。

① 王学理：《东西两犬丘与秦人入陇》，载《王学理秦汉考古文选》，三秦出版社，2008年。

第一节　襄公始国，关中安邦

一、徘徊陇右，接受周文化

秦人同殷人、周人一样，曾多次搬迁自己的政治中心。其原因不是外族的威胁，不是遭受战争，也不是外部某些因素的干预，而是随其内部经济发展和政治形势的变化而采取的积极性措施。

大约在夏末、商末、先周和周初，秦人先后分四批入驻今甘肃省的东部。被迫为奴的这些嬴姓部族一开始还是过着游牧流动的生活，最早散居在天水、甘谷一带，随后遍及西和、礼县、清水、秦安、张家川等县。后世流传的秦州（今天水市）、秦城、秦安、秦亭、秦谷、秦水、秦川等地的命名，当同秦人早期生活于渭水上游及其支流葫芦河、牛头河、嘉陵江的支流西汉水等沟谷有关。

20 世纪 50 年代和 90 年代初，对甘肃东部的考古调查表明：在天水地区发现了数百处西周时期的秦文化遗址。特别是对甘谷县毛家坪和天水市董家坪秦遗址的发掘，获得了西周早期延续到战国中晚期秦文化的物证。[①] 若从其文化内涵中包含周文化的因素（陶器形态等）的融合过程上溯，秦人祖先中潏于商代末期“在西戎，保西垂”（《史记·秦本纪》）的记载是可以信从的。天水地区土壤肥沃、水美草丰、气候温和，秦人已转向农业经济兼畜牧的相对稳定的定居生活。尤其在礼县的盐官、永兴一带，黄土台塬发育、临近水源、卤滩草丰，具有宜农宜牧（马）的良好条件。到西周中期（约公元前 10 世纪中叶 ~ 前 9 世纪中叶），甘肃东部的秦族已经形成了两个秦君常住的活动中心：一处是受周孝王封赏“分土为附庸”，非子作邑而居的“秦”（今清水县东北、张家川回族自治区南）。[按：对于早秦（陇东时期）的都邑，过去认为还有“犬丘”和“西垂”两地，经过长期以来多位学者的辩证已被否定。其间往往把陕西兴平的“犬丘”和甘肃礼县的“西犬丘”混在一起。

《史记·秦本纪》：“非子居犬丘，好马及畜，善养息之。犬丘人言之周孝王……”《集解》：“徐广曰：‘今槐里也。’”《正义》：“《括地志》云：‘犬丘故城，一名槐里，亦曰废丘。

① 甘肃省博物馆：《甘肃西汉水流域考古调查简报》，《考古》1959 年第 3 期；甘肃省博物馆（张学正）：《甘肃古文化遗存》，《考古学报》1960 年第 2 期；赵化成：《寻找秦文化渊源的新线索》，《文博》1987 年第 1 期。

在雍州始平县东南十里。'《地理志》云：'扶风槐里县，周曰犬丘，懿王都之。秦更名废丘。高祖三年更名槐里也。'" 周懿王迁都的犬丘在今陕西兴平东南十里的阜寨附近。王国维在其《观堂集林》中据《水经·漾水注》指出"西犬丘"的地望，当是汉代的陇西西县（即今甘肃西和县、礼县东北一带）。非子在汧渭之间主持养马，不可能在周的腹地（犬丘），这是显而易见的。另外，申侯对周孝王说中潏"保西垂"的"西垂"，应当说的是包括"西犬丘"在内的周之西部边陲。因为秦人早期同戎人杂居，长期被诸侯当作戎人看待，大有鄙夷的意思，连申侯自己都称"戎胥轩"。能"保西垂"，使一方平安，足见其不仅仅是保自己那块邑地了。所以说"西垂"的广义应该是一个大的地域概念。但具体而言，"西垂"则同"西犬丘"实是一地］另一处是庄公与太子襄公所居的"西犬丘"（今礼县盐关堡东南的西汉水两岸），还修建了"秦川宫"（董说：《七国考》）。虽说是两处，实际上政治中心逐渐转移到西犬丘。那么，秦从西汉水迁到渭河（古称秦川）北岸广阔的台地上，从而为发展奠定了根基。

不知是西汉水与渭水上源水土哺育的原因，还是秦人本能地早熟，使之从政治上找自己的出路。非子以勤谨的态度与些许政绩，博得信任，周王竟"分土为附庸。邑之秦，使复续嬴氏祀，号曰秦嬴"，还决定非子为大骆嫡子。这时，申侯向周王声明："先郦山之女，为戎胥轩妻，生中潏，以亲故归周，保西垂"，继而说自己的"女为大骆妻，生子成为适（嫡）"，可以说是"申骆重婚，西戎皆服"。当然，非子虽不是大骆正妻所生，又为庶子，但因有周孝王做政治后台，还是"邑之秦，使复续嬴氏祀，号曰秦嬴。亦不废申侯之女子为骆适者"。(《史记·秦本纪》) 周王当和事佬，使非子邑秦、成为长，"以和西戎"。

随着秦人与周王廷接触的增多，非子一支秦人也极力汲取周文化的营养，但同时也付出了血的代价。周厉王无道，诸侯或叛，西戎反王室，还杀了犬丘的大骆之族。为报血仇，作为周宣王大夫的秦仲，在诛伐西戎时，也为戎人所杀。秦仲有子五人，宣王之命，率兵七千，经过苦战，终于破戎复地，立下赫赫战功。秦人最早的一件青铜器——不其簋就记载了这段可歌可泣的历史。（图 1-1）最早由古文字学家陈梦家先生在其《殷墟卜辞综述》中指出，不其簋属于秦人的青铜礼器。① 不其，据李学勤先生考订就是后来的秦庄公。不其随伯父"伯氏"（应为秦仲之兄）在"西俞"（今天水市西南一带）战胜猃狁。伯氏回京献俘，不其留下继续追击戎人，多有斩获。因此，此器的制作年代大约在秦仲后期，或

① 传世的不其簋盖，现收藏于中国历史博物馆。盖铭著录，见郭沫若：《两周金文辞大系图录考释》，科学出版社，1957 年；容庚：《商周彝器通考》，哈佛燕京学社，1941 年。出土的不其簋，见滕县博物馆万树瀛：《滕县后荆沟出土不其簋等青铜器群》，《文物》1981 年第 9 期。

即公元前 825 年。

不其簋

器身是1980年山东滕县出土，
器盖原出土于甘肃，现收藏
于国家博物馆

不其簋铭文

盖与身为对铭，长达
151个籀文字体

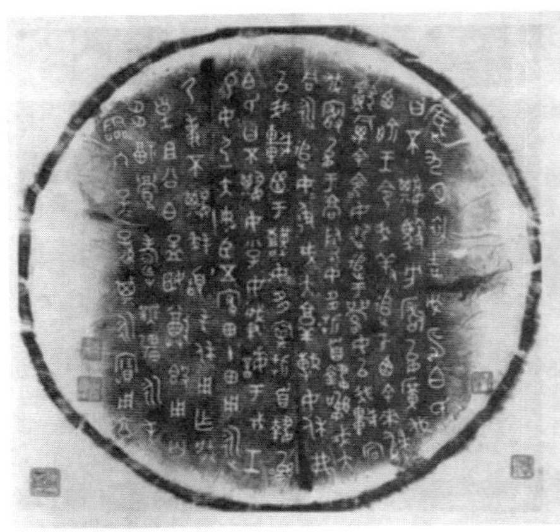

图 1–1　不其簋及铭文

不其簋是秦人学周文化的一件物证。尽管器身在当时滕县出土时，盖非原盖，可谓是“张冠李戴”；但同历博之盖相扣，也算得上是“合浦还珠”了。器形椭圆，盖呈浅盘状，顶有捉手；器侧有兽形附耳，垂珥，圈足下有三兽足。身饰瓦棱纹、窃曲纹，顶为蟠龙纹，圈足系重环纹。通高 26 厘米、腹径 13 厘米、盖径 23.2 厘米。盖与身为对铭，长达 151 个籀文字体。从铭文体例、器形风格看，周秦无别，正是秦人亦步亦趋地向周人学习。

甘肃礼县秦公墓地的确认，石破天惊地揭开了认识秦人立国前后的历史与文化面貌的铁幕。这处“西垂墓地”位于永兴乡大堡子山，近年由于盗墓猖獗而遭到严重破坏，大部分珍贵文物已走私国外。经钻探知，有一“中”字形墓和 3 座大墓坑（其中“目”字形 1、曲尺形 2），另有 9 座中小型的墓。同大堡山相对的赵坪（位于西汉水南岸）又发现秦墓 3 座，出土有青铜器、陶器。

图 1–2　秦公壶及铭文

散失的秦公文物计有：上海博物馆从香港回收有四鼎二簋[①]，美国纽约拉利（James Lally）行存“秦公壶”1 对[②]（图 1–2），礼县公安局缴获的秦公鼎、簋 10 余件，礼县出土而由上海博物馆帮助修复的壶 1 件，香港坊肆商有百余件秦公器，还有法国私人收购有作鸱枭、虎形等棺饰的金箔片 44 件。除上述铜器有铭文之外，据说上海博物馆新近又收有同形、同纹而无铭的铜簋 1 件，大概也属礼县的秦公墓中之物。对于这些数量大，形制、纹饰与铭文存有差异的秦公器，从“秦”字的写法上有“𥡦”和“𥢑”的区别来看，多数学者疑其非一人之作。具体属主的争议也颇大，以金箔而定为秦仲和庄公者，固然符合“越早越好”的主观愿望，也能先声夺人，但不为真正的学者所接受。有据“秦公壶”定为秦庄公者，有据两组秦公器定为襄公、文公二世的[③]，还有定为宪公者。不过，从盗掘一空仅钻探的坑形看，“中”字形墓（通长 87 米，墓室面积 12 米 ×11 米，深 11 米，

① 1993 年年底，在香港的文物市场出现了一批有铭文“秦公”的青铜器，还有一些与之相同但无铭文的青铜器。这批青铜器群，是盗墓贼从甘肃礼县大堡子山秦公墓地盗掘，走私运出卖到美、法等国的。上海博物馆馆长马承源在香港把有铭文的四鼎二簋抢救出，收藏在馆。鼎中最大者高 47 厘米、口径 42.3 厘米，腹内铸铭二行六字，作“秦公乍铸用鼎”；最小的鼎高 24.2 厘米、口径 24.2 厘米。一簋高 23.5 厘米、口径 18.8 厘米，器盖有对铭各五字，作“秦公乍宝簋”。这批铜器的研究成果见《上海博物馆集刊》第 7 期（1996.9）。

② 李学勤、艾兰：《最新出现的秦公壶》，《中国文物报》1994 年第 30 期。

③ 白光琦：《秦公壶应为东周初期器》，《考古与文物》1995 年第 4 期。李朝远：《新出秦公器铭文与籀文》，《考古与文物》1997 年第 5 期。

有殉人 6 具）和两座曲尺形车马坑（深 7 米，最长边 3.7 米，残存马骨）是确定无疑的。但在这里不能把“目”字坑也看作车马坑，因为没有 1 座主墓附 3 个车马坑的例证，况且竖穴土坑墓，坑形就是“目”字形（通长 110 米，宽 10 米，深 9 米多）。既有两座秦公墓，也符合《秦纪》中襄、文二公“葬西垂”的记载。事实上因为秦庄公生前只是“西垂大夫”，不是诸侯，不得称“公”。“庄公”只是对他的追尊之号，故而说他不是这批秦公器的属主。秦宪公“居西新邑”，葬“西山大麓，号曰秦陵山”（或曰“衙”），即“陈仓西北之山，即西山”[①]，况且他活了 22 岁，其中当政的 12 年又是多事之秋，也应排除他作器入西垂的可能性。所以，在西垂墓地上埋葬的除过秦人其他未称公的先祖外，还应有立国后的秦襄公和秦文公。把这批秦公器断定为此二公墓中的随葬礼器，看来是可从的。

这些古朴敦厚、精美绝伦的青铜器、金玉器、铁器，既渗透出秦人“立国”早期在金属铸造和手工制作上有着相当成熟的技术信息，又作为一件件高贵的艺术品反映了秦人华丽堂皇的审美情趣，也表现出一种善于开拓进取的精神。而这些文物，既有周文化的影子，也蕴含着秦文化的底蕴。尽管襄、文二公早已离开陇右的沟谷，但还是不停地反顾着老祖宗创业的这一块胜地。

二、心怀关中，剑指陇山之东

秦襄公立国，绝不满足长期生活着的陇右沟谷，既有周平王的立誓，想的绝不是区区的“岐西之地”，而放眼的当然是逐戎、取岐丰，进而占有关中。

（一）何为“关中”

关中优越的自然条件正符合秦人立国的要求。在这里，还是让我们先看看古代人对所谓“关中”的认识，或许会有助于今天人更好理解“关中”与秦襄公以后国策的制定，也包括总体与局部、目前与将来、改革与发展等一系列相对而又相关的辩证关系。

首先，说一下古人对“关中”形胜的认识：

《战国策・秦策四》载，黄歇对秦昭王说：“王襟以山东之险，带以河曲之利，韩必为关中之候。”这是“关中”最早的文献记载，时间约当战国晚期。《史记・项羽本纪》：“人或说项王曰：‘关中阻山河四塞，地肥饶，可都以霸。’”《集解》引徐广曰：“东函谷，南武关，西散关，北萧关。”《资治通鉴》的胡三省注则作：“西有陇关，东有函谷关，南有武关，北有临晋关，西南有散关。”但晋潘岳《关中记》则认为东自函关，西至陇关，二

① 田仁孝、雷兴山：《宝鸡市益门村二号春秋墓发掘简报》，《文物》1993 年第 10 期。

关之间谓之“关中”。至于关中只局限在两关之间的，却还有函谷关和散关的说法。由此可见，对“关中”虽有两关、四关，甚至五关的解释，却都反映出“关中”实有广、狭两种含义。实际上，通常说的“关中”指的还是四关之间的广阔地域。所以，在战国时期还流行着一种笼统的比喻，就是秦为“四塞之国”。《战国策·齐策四》注：“四面有山关之固，故曰四塞之国也。”

其次，再看一下守“中”的“关”有哪些：

1. 函谷关：在东

函谷关是中国早期关中内外交通的必经之地，兵家攻防的重点，至为重要，但关址前后随形势有所变化。作为秦的东大门，设在今河南灵宝市北 15 公里处的王垛村。东有弘农河，西接函谷道，地当崤山与潼津之间，从稠桑原的裂缝（“函谷”）穿过，长达 15 公里，宽不过数米，“车不方轨，马不并鞍”，其深险如函，故而取名“函谷关”①。

2. 大散关：在西南

大散关是关中的西大门。地属西周散国的初封地，位于今陕西省宝鸡市西南 52 里的秦岭岭脊北坡大散岭上。有两山夹峙，处秦岭之分水岭。“陈仓道”（亦称“故道”）从中通过，是扼秦、蜀交通之要隘。在观音堂南 2.5 公里的南坡平台上，关址犹存。

3. 萧关：在西北

六盘山山脉北自宁夏固原西南，经甘肃镇原、平凉、张家川、静宁、秦安、清水等市、县，直抵陕西陇县、宝鸡，呈南北走向。六盘山之东，与之平行的是位于陕北的白于山支脉分水岭和子午岭。在这两大山岭之间，夹的是泾水及其支流的峡谷，而其中作为泾河上源的支流以马莲河为最远。那么，萧关（一名鄣关）设置一处在马莲河上游，当今甘肃环县城北二里的长城上。由这里向东南沿泾水河谷即是通往关中腹地的大道；向南则由秦“回中道”达陇县，再沿汧、渭而下。另一处在宁夏固原市原州区南到泾源县瓦亭之间，关址当在“瓦亭峡”。这里处在六盘山东麓的边缘，当“弹筝峡”的北口。群峰拱环，深谷险阻，易守难攻，具有独特的军事优势。② 由甘肃平凉市至陇县、宝鸡一段的六盘山南段别称“陇

① 汉武帝元鼎三年（公元前 114 年），把函谷关东移三百里，设置在今河南新安县东北，人称之为新函谷关（《元和郡县图志 · 河南府》）。后因黄河河道下切、水位降低，形成河滩。东汉末年，大约是董卓胁迫汉献帝迁都长安时，由于旧函谷关已无险可凭，就把关防设在华阴的“桃林之塞”。这里是渭河与黄河的交汇处，北是风陵渡，南有两条河，关因潼水而取名“潼关”。潼关从此取代了函谷关的军事地位，其关址当今陕西潼关县城北约 10 公里的寺角营村北。后在原北端和黄河南岸边开出一条东西通道，西南距今县城 15 公里，即今港口乡黄河南岸的港口。紧靠商岭的麒麟山，中通一径，形势也异常险要。

② 王学理主编：《秦物质文化通览》（上、下），科学出版社，2015 年。

山”（又名“陇坻”“陇阪”），山势险峻，岭高谷深，通向困难，《三秦记》说“其阪九回，上者七日乃越”，向为陕、甘的要冲，故于此设有陇关（又名“大震关”）。

4. 武关：在东南

武关在今陕西商南县湘河一带，[①]扼古代秦、楚交通大道——“武关道”的咽喉，战略地位非常重要。

综上所言，陕西地形狭长，南有秦巴大山阻隔，北有山原纵深，东界大河悠长，形成抵御外敌的天然屏障。在鄂尔多斯台地的南沿，从秦岭到北山之间、从韩城—潼关的黄河一线到宝鸡市陈仓区硖石沟之间，是下沉的地堑式构造盆地。这里经过黄土沉积和渭河及其支流冲积而成两万平方公里的“渭河盆地”（也称“关中盆地”“关中平原”），是个物产丰饶之区。而进出盆地的几条孔道不仅只有四关，在盆地边缘还有陇关、蒲阪关、峣关、牧护关、金锁关等。当然，作为时人，所谓的关中对秦襄公来说，并不陌生。把四关作为军事防守或进攻的设施，他也是异常清楚的。

因为关中是秦国的本土，秦人发展的根据地，又是秦王朝的首都所在，所以汉晋以来山东人把关中又称为“秦中”（《史记·高祖本纪》）。

（二）关中形胜引人羡

关中形势险阻，四塞固守，是一处完整而广大的要地。从军事学的观点看，这里之所以早被人们称为“天府”，正如苏秦对惠王说的那样：秦地“西有巴、蜀、汉中之利，北有胡貉代马之用，南有巫山、黔中之限，东有郩、函之固。田肥美，民殷富，战车万乘，奋击百万，沃野千里，蓄积饶多，地势形便，此所谓天府，天下之雄国”（《战国策·秦策一》）。

公元前202年，汉高祖在洛阳，娄敬劝他定都关中时说：“夫秦地被山带河，四塞以为固，卒然有急，百万之众可具。因秦之故，资甚美膏腴之地，此所谓天府。”（《汉书·娄敬传》）问之于张良，张良也说：“关中左崤函，右陇蜀，沃野千里。南有巴蜀之饶，北有胡苑之利，阻三面而固守，独以一面东制诸侯……此所谓金城千里，天府之国。”颜师古注：“财富所聚谓之府，言关中之地物产饶多，可备赡给，故称天府也。”（《汉书·张良传》）

---

① 战国时，秦国设武关于今河南淅川西北荆紫关（即荆子关）之西，地当今陕西商南县东南的丹江北岸。《史记·秦始皇本纪》记公元前219年东巡郡县后“上自南郡由武关归”。《集解》引文颖曰：“武关在析（县）西百七十里弘农界。”楚析邑在淅川县老城东30里的马蹬镇，这里有古城遗址的发现，西距荆子关120里，再向西50里就是商南县湘河一带。正因为武关在秦、楚交界处的秦国一方，秦昭王八年（公元前299年）才能把楚怀王骗至武关，后劫持到咸阳。六朝时迁武关于今丹凤县南80余里的竹林关附近。唐贞观七年（公元633年），又将武关移置到今丹凤县东南70里的武关街。而后人多将唐武关误以为秦汉武关。

公元前287年，韩、赵、魏、燕、齐五国联合攻秦，军屯成皋、荥阳之间，西望函谷，不战自退。而以后秦国多次东出函谷关攻伐诸侯，以至于秦始皇统一六国。种种史实，同样无疑地支持了“金城千里、天府之国”这一结论。

（三）关中是一块物产富饶的宝地

因为关中土壤肥沃，物产丰富，人们早就把它称为“陆海”。

据《汉书·地理志》记载，关中“有户、杜竹林，南山檀柘，号称陆海，为九州膏腴”。颜师古注：“言其地高陆而饶物产，如海之无所不出，故云陆海。”《汉书·东方朔传》：“去三河之地，止灞、浐以西，都泾、渭之南，此所谓天下陆海之地。”战国时编定的古史资料《禹贡》一书，托名夏禹划分九州，为了“任土作贡”，以“土宜”和肥力为据，对土壤作了分类和特性的记述。说“黑水西河惟雍州”，尽管“黑水”不能确指①，若将“西河”（黄河）对应“弱水既西”句看，今甘肃张掖河以东和陕西关中、陕北都属于雍州的范围。关中已有“泾属渭汭，漆沮既从，沣水攸同，荆岐既旅，终南、惇物至于鸟鼠，原隰底绩至于猪野”等山水原隰的自然地理优势，再加上性质柔和、土质疏松、非水溶性团粒结构良好、又肥沃又便耕作的黄土条件，“厥土惟黄壤，厥田惟上上”就成了九州土壤肥力中的第一等。在“以农立国”的古代中国，关中有丰稔多样的农副产品可以提供，周人兴于此，秦踵其后，当是秦襄公羡慕已久的“天下陆海之地”。

三、秦人出陇，向关中腹地挺进

公元前770年，周平王东迁洛阳，秦襄公（公元前777年～前766年）以兵护送，因有功封为诸侯。秦国正式立国，秦襄公作为开国之君，终于离开陇右沟谷，越过陇阪，进入到今陕西境内。

周平王最初对秦襄公的承诺是：你能赶走戎人，就可以有“岐西之地”。但后来，秦人在同戎人搏杀中便沿着汧水、渭水向关中平原腹地运动，多次搬迁秦国的政治中心。那么，多次播迁的这些都城就成了秦国落脚咸阳之前择都的印迹。而且在这些故都留下的物质遗存，都成了今天我们探索“秦人·秦文化·秦人精神”不可或缺的宝贵资料。（图1–3）

①《书·禹贡》：“华阳黑水惟梁州。”又：“黑水西河惟雍州。”又：“导黑水至于三危，入于南海。”黑水所在，众说不一。《辞源》收集的说法有5种：a.即今怒江上游；b.即今澜沧江；c.在今甘肃省，源于祁连山，经张掖市北流合于弱水的黑河（原称“甘州河”，有源自内蒙古南部的黑河水注入）d.今陕西省无定河西上游；e.今黑龙江，在金之前称黑水。

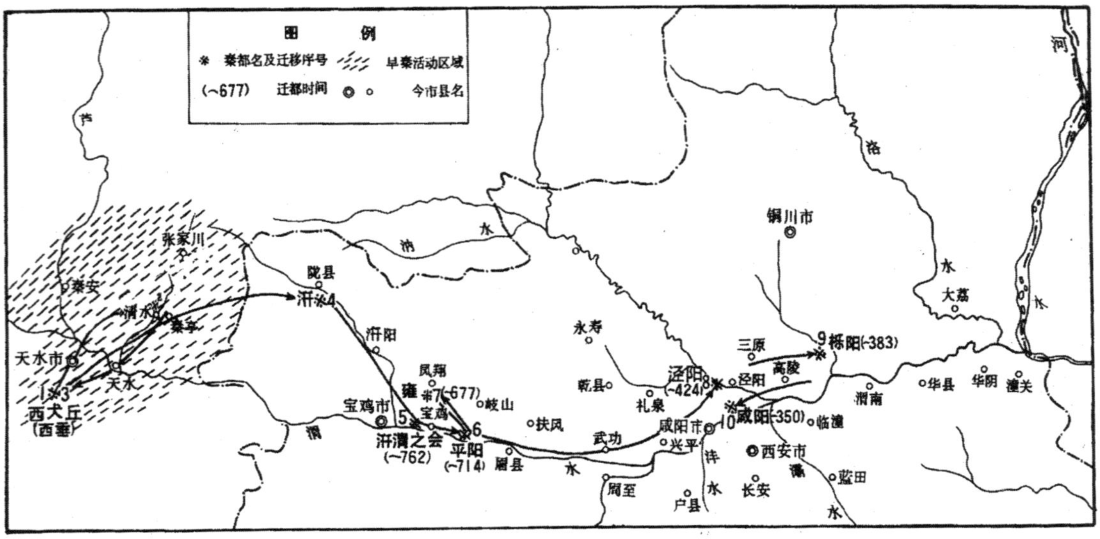

图 1–3　秦人都城迁徙路线图

（一）秦国在关中建立的第一都：汧

秦襄公二年（公元前 776 年）“徙都汧”，立都 14 年（公元前 776 年 ~ 前 762 年）。

汧城在今陕西陇县东南汧水右岸的磨儿塬上，正当汧河与川口河的交汇处。[①] 考古工作者在陇县东南 10 里的边家庄西汧河南岸台地上发现了春秋早期的秦国墓地，从 1977 年、1982 年、1986 年和 1989 年几次清理的 33 座墓中，出土青铜礼器的墓就有 11 座。而这占总数 1/3 的铜礼器贵族墓中，有五鼎四簋的大夫级墓 8 座，三鼎二簋的士级墓 3 座。青铜礼器的基本组合是鼎、簋、壶、盘、盉、甗。

在秦墓地东南 3 里的磨儿塬，经尚志儒、赵丛苍等调查，城故址东濒汧河，南临川口河。在东南的台地断崖还可看见部分夯土墙，其中东墙南段保存有百米，南墙东段还保留约 200 米，东南角残高 1 ~ 2 米，城的其他部分不清。[②]（图 1–4）

① 《史记 · 秦本纪》襄公二年（公元前 776 年）《正义》引《括地志》云：“故汧城在陇州汧源县东南三里。《帝王世纪》云：‘秦襄公二年徙都汧’，即此城。”清康熙五十三年（1714 年）修《陇州志》：“襄公，庄公子，二年徙都汧城，在陇州汧源县。”《隋书 · 地理志 · 扶风郡》：“汧源，西魏置陇东郡及汧阴县，后改县曰杜阳，后周又曰汧阴。开皇三年（583 年），郡废，五年（585 年）县改曰汧源。”《陇州志》（康熙本）、《陇州续志》（乾隆三十年）载，汧源一名沿用至元代延祐四年（1317 年），遂“省汧源县入陇州”。民国二年（1913 年）撤陇州，始设陇县。名称在沿革，实际上州县址也有变化。西魏在县城兼设陇州，《陇州续志》引《通志》曰：“西魏所置在今州东南八里，北周明帝二年（558 年）移州及汧阴县于今所。”可知今陇县县城原是北周时州县的治所，《括地志》所言的陇州汧源县也即此，但所谓汧城在“县东南三里”的话与考古调查的结果不符。

② 参见王学理主编：《秦物质文化史》，三秦出版社，1994 年。

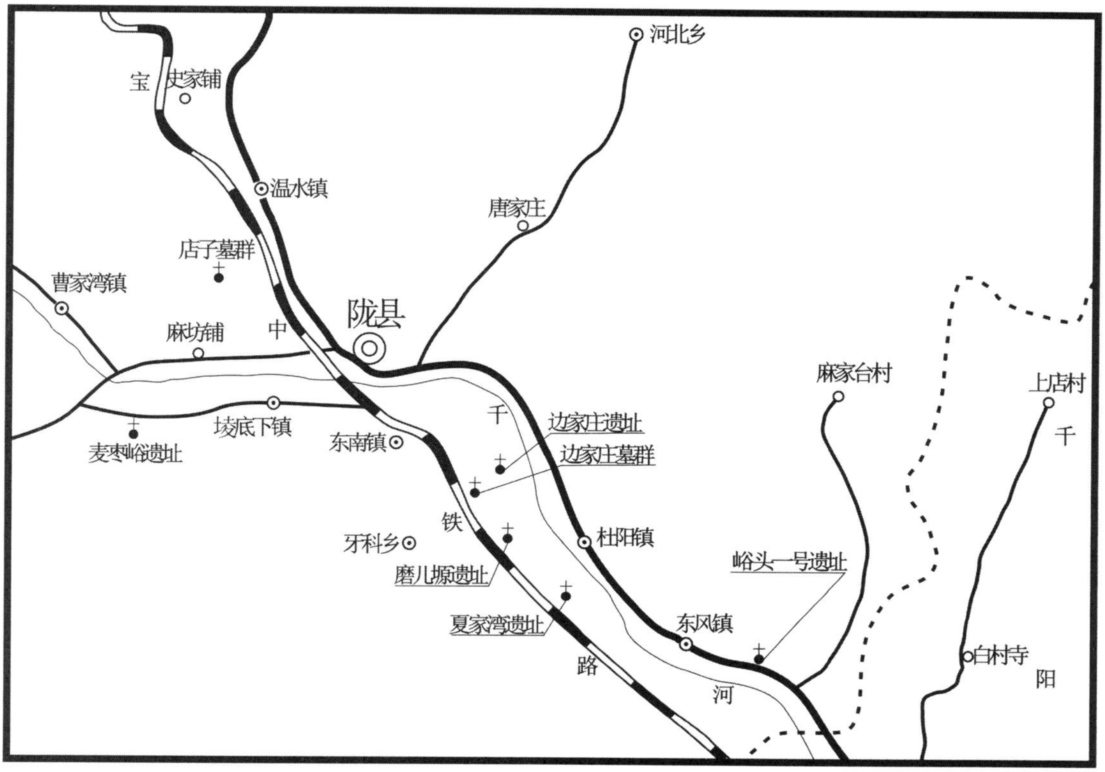

图 1–4　陇县边家庄地形图

从边家村秦墓地出土器物分析，多数属于春秋早期（如青铜器形成鼎、簋、壶、盘献、盉的器物组合；纹饰为窃曲纹、重环纹、瓦纹、鸟纹及蟠螭纹），少数墓可到春秋中期。足见汧城在秦文公迁都“汧渭之会”后，至德公迁雍之间，仍起着后方墓地及沟通陇东和关中枢纽的作用。

（二）秦国第二都：汧渭之会

秦文公四年（公元前 762 年）卜居“汧渭之会”，在这里立都 48 年（公元前 762 年 ~ 前 714 年）。

“汧渭之会”并非城邑的名称，实指汧、渭两水交汇的地方。因为没有专称，历史学家就以地域范围相称，并载之于史册。顾名思义，这地方就是今宝鸡市东汧河入渭处的两岸三地（汧河两岸，渭河南岸）之三角地带。以陈仓故城[①]作为政治中心，东及河口的汧河东岸陈家崖，西到渭河北岸的戴家沟与刘家沟之间的贾村塬南坡地[②]。（图 1–5）

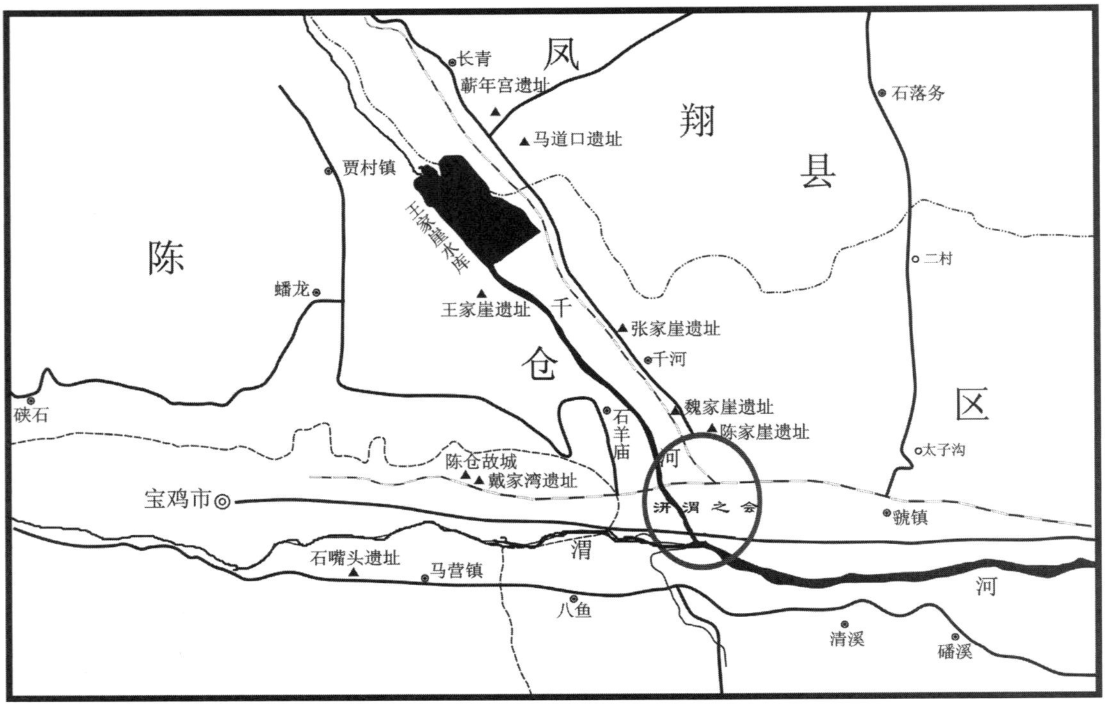

图 1–5　汧渭之会位置图

秦文公营邑的政治中心陈仓城在陈仓山阳坡地带，多有春秋秦墓与文物（大喇叭口陶罐）的发现。这里距有丰富秦遗址的陈家崖有相当一段路程，但这同当时秦、戎的斗争形势有关。前者是指挥中心，后者是夺取岐西之地的前哨阵地。

① 《史记·秦本纪》："文公元年（公元前 765 年），居西垂宫。三年，文公以兵七百人东猎。四年，至汧渭之会……乃卜居之，占曰吉，即营邑之。"汧、渭交汇处在今宝鸡汧河乡西、宝鸡市卧龙寺东。正当渭河之北、汧河以西的贾村塬南缘有秦陈仓故址，《元和郡县志》载：陈仓"有上下二城相连，上城是秦文公筑，下城是郝昭筑"。从秦文公三年"东猎"、四年"营邑"、十六年"以兵伐戎"、十九年得"陈宝"、"于陈仓北阪城祠之"知，在"汧渭之会"营邑只能是陈仓上城。显然《括地志》是把汧县故城误作了秦文公"卜居"之邑。

② 在汧河西岸的贾村塬下面阶地上，五星、王家崖、肖村、闵家崖、仝家沟、三星的秦遗址南北相接，但面积都在 5 万平方米以下；汧河东岸的陈家崖遗址北起宝鸡陈仓区千河镇陈家崖，南到冯家嘴，西至魏家崖，东西长 500 米、南北宽 400 米，面积大约 20 万平方米。遗址上多见槽形板瓦、筒瓦和半瓦当等建筑遗物及夯土遗迹，还能采集到陶范、秦式鬲足、陶盂。在春秋早期的灰坑中还发现背面有细斜绳纹与抹光弦纹带交错的筒瓦。自陈家崖遗址向西，跨越汧河，到戴家沟与刘家沟之间的贾村塬南坡地带，多有文物遗迹。这就很自然地形成了一个完整的文化圈。

在汧渭之会，秦国有多处祭祀地。秦文公作“鄜畤”，祭自己的祖宗神白帝；作“陈宝祠”，把夜间划过星空而坠地的陨石，当作神物祭祀，显然有鼓舞秦人斗志的政治用意。

（三）秦国第三都：平阳

秦宪公二年（公元前714年）徙居平阳，立都37年（公元前714年~前677年）。

《史记·秦本纪》：“宁（宪）公二年（公元前714年），公徒居平阳……武公……居平阳封宫。”平阳封宫在平阳，一直沿用到汉代。《正义》：“《帝王世纪》云：‘秦宁公都平阳。’按：岐山县有阳平乡，乡内有平阳聚。《括地志》云：‘平阳故城在岐州岐山县西四十六里，秦宁公徙都之处。’”

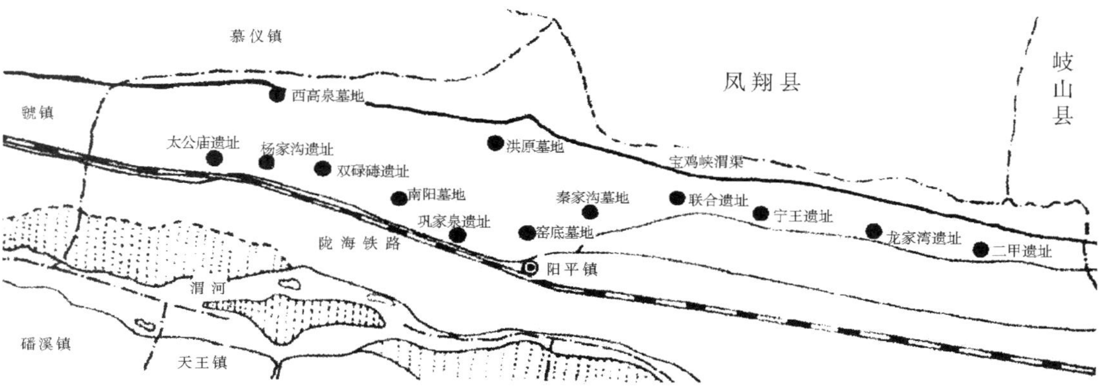

图1–6　平阳遗迹分布图

平阳故城在今宝鸡市陈仓区阳平镇太公庙村一带。1978年1月下旬，当时的宝鸡县杨家沟乡太公庙村出土窖藏铜器，其中有秦武公初即位（约公元前697年后）时的铜编钟5件、编镈3件，均有铭文，同组连文通篇计135字。① 铭文作：“秦公曰：我先祖受天命，赏宅受或（国）。剌剌邵（昭）文公、静公、宪公不豖（坠）于上，邵合皇天，吕（以）虩事（蛮）方。”从中可知，既是文公、静公、宪公三位秦君前后相继，那么，窖藏秦公钟和秦公镈即属于公室的重器，又距60年代发掘过的秦家沟秦墓不远，这就使人联想到秦君墓地近都的历史传统。② 2013年4月至12月，陕西省考古研究院在太公庙村附近再次进行了考古调查勘探，竟发现了秦公大墓和车马坑，以及疑似陵园的兆沟设施遗迹。其中最大的一座墓呈“中”字形，墓道向东西两侧延伸，形制与凤翔秦公一号大墓基本一致。这座“中”字形大墓总长约106米，其中墓室宽20米，长46米，深10多米。在大墓东

① 卢连成、杨满仓：《陕西宝鸡县太公庙村发现秦公钟、秦公镈》，《文物》1987年第11期。
② 王学理主编：《秦物质文化通览》（上下），科学出版社，2015年。

南侧还探出“凸”字形车马坑 1 个，全长 72.5 米，其中主体坑长 54.5 米，宽 20 米。由多年来在阳平镇秦家沟、西高泉、南阳村、洪原村春秋早期秦墓资料可知，这一带就有秦公陵园的存在。由此可以断定，秦的平阳城就应在附近。（图 1–6）

（四）秦国第四都：雍

雍城是秦国历史上极为重要的都城。德公元年（公元前 677 年）“卜居雍”。雍都自德公元年“初居雍城大郑宫”起，至献公二年（公元前 383 年），历时 294 年。如果按秦孝公十二年（公元前 350 年）“筑冀阙宫庭于咸阳，秦自雍徙都之”（《史记 · 商君列传》）算起，那雍城作为秦都的时间就长达 327 年。

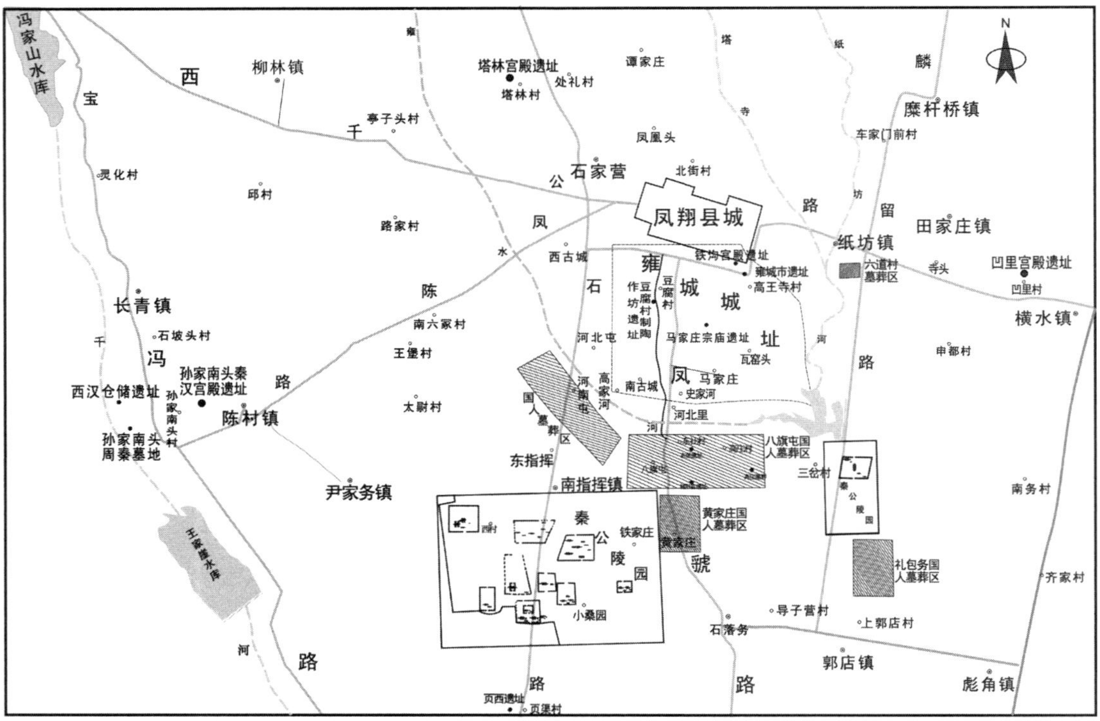

图 1–7　雍城平面布局示意图

雍都遗址在今陕西凤翔区城南，陕西省考古研究所自 1959 年下半年开始，就展开了正式的考古工作。经过 70 年的调查、发掘，对城市范围及其布局、宫殿及礼制建筑、王

陵陵区、国人墓地、制陶作坊、雍山祭天等遗址均有了重大的发现与明晰的认识[①]。（图 1–7）

秦雍城坐北朝南，城址南临雍水，北入今凤翔区城南墙内 150 米，东起塔寺河，西至西古城村东 500 米处，基本呈长方形。东西长 3480 米，南北宽 3130 米，总面积 11 平方公里。

城内外有大规模的宫殿建筑 23 处，其中有名的“朝寝”（早期的宫寝“大郑宫”在瓦窑头，后在马家庄）、宗庙（位于雍城中部，位于马家庄）、“凌阴”（在姚家岗）、市场等六七处在城内。在雍城北部的铁沟、凤尾村、翟家寺有多处战国时期建筑遗址，是有名的“铁沟—高王寺宫区”；城外的建筑遗址更多，“棫阳宫”和“年宫”（在雍城南郊的东社、南古城及史家河范围内）、橐泉宫和蕲年宫（在孙家南头堡子壕）、血池祭祀遗址（在柳林镇血池村）等已被发现或发掘。

雍城南郊的雍岭原（也称凤翔塬）上是以大型兆沟围成的独立的秦公陵园区。至 1996 年，在陵区共探出陵园 14 座。每座陵园外周同样围以中型兆沟。而每一座陵园内有“中”字形大墓一座或数座，并附以车马坑。有些大墓本身又以小型的兆沟围着墓室。大墓共发现 22 座（其中“中”字形的 18 座，“甲”字形的 3 座，刀形的 1 座），经发掘的一号大墓东西长可 300 米、深 24 米，墓主秦景公的骨殖仅有零星残存，而殉人却达 166 位。雍城的平民墓地则分布在雍水两岸。

手工业作坊遗址，一般分布在雍城四周的内侧。史家河、马家庄等地多有青铜作坊线索，史家河、东社、高庄是炼铁的地方，制陶作坊有好几处。豆腐村的建筑用陶作坊规模较大，总面积有 3.3 万平方米。发掘遗物 2000 多件，主要有方砖、各形板瓦、筒瓦、瓦当、陶俑等。

（五）秦国第五都：泾阳

秦灵公元年（公元前 424 年）“居泾阳”，地当今泾阳县境[②]。

《史记・秦始皇本纪》：肃灵公“居泾阳，享国十年”。之所以秦灵公“居泾阳”，王国维在《观堂集林・秦都邑考》中说：“厉共公以后，秦方东略。灵公之时，又拓地于东北，

---

① 《史记・秦本纪》：“德公元年（公元前 677 年），初居雍城大郑宫。以牺三百牢祠鄜畤。卜居雍。”《括地志》：“岐州雍县南七里故雍城，秦德公大郑宫城也。”
对雍都的考古调查，最早是 1933 年，由国立北平研究院史学研究所、国立中央研究院历史语言研究所开始进行。1959 年，陕西省考古研究所凤翔考古队成立，野外勘查、试掘时有发现。1976 年，陕西省文管会、省考古研究所联合组建雍城考古队，经过十多年大量的工作，取得了很大的成就。

② 泾水在毕原北麓，水北即为泾阳之地。这里地势平坦、农业发达，属周之近畿，春秋时期为秦所有。而在秦国势力一度衰弱的情况下，晋军两次渡过黄河西进到泾阳。面对魏国的军事威胁，秦灵公为了反击方便起见，把军事指挥中心从雍都迁到了泾阳，距双方争战的河西一线较近。也正因为灵公居泾阳完全是出自军事的需要，所以也没有着意建设秦泾阳城，所以存留的资料就很少。

与三晋争霸，故自雍东徙泾阳。泾阳者，当泾水之委，决非汉安定郡之泾阳也。”

作者1985年出版《秦都咸阳》一书时，专门调查了“谷口宫”。在泾阳县西北口镇街西南、冶峪河东岸的二级台地上，发现一处秦汉建筑遗址，南北长900米，东西宽700米，文化层堆积2米多。北部一段夯墙残长120米，基宽2.4米，残高3.3米。地下埋有排水的陶管道，地面多见板瓦、筒瓦、云纹瓦当、“宫”字瓦当、几何纹铺地方砖等遗物。（图1–8）

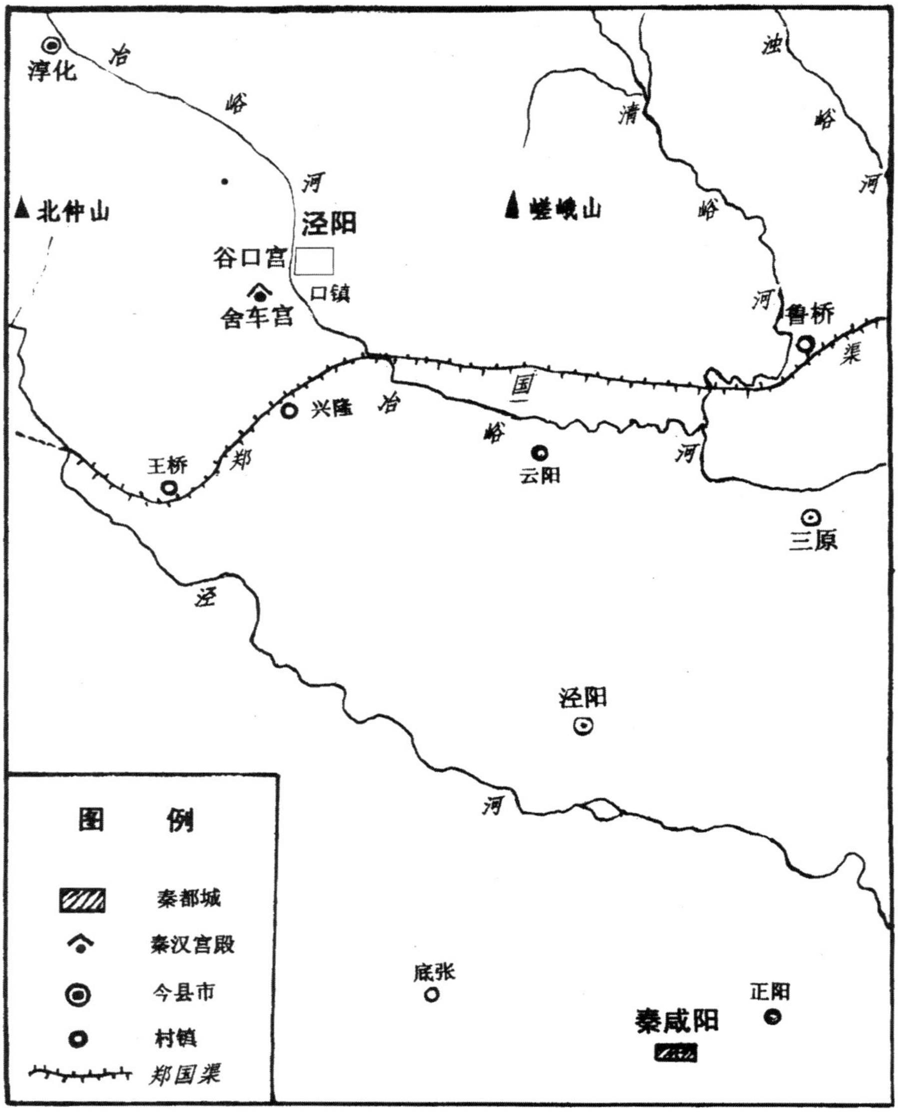

图1–8　秦泾阳位置示意图

范雎对秦昭王分析秦国的地理形势时，曾说：“北有甘泉、谷口，南带泾渭，右陇蜀，左关阪。”（《战国策·秦策三》）由此可见甘泉、谷口是北边军防的重地，因而立宫本身也是双重功能的反映。谷口宫是秦灵公设立的，“享国十年”，也绝非是避难或其他原因的“安居”，而是把这里作为军事前沿的指挥部，完全是与雍都安全、和晋国争夺“河西地”有关。①

（六）秦国第六都：栎阳

秦献公二年（公元前383年）“城栎阳”（《史记·秦本纪》），十一年（公元前374年）“县栎阳”（《史记·六国年表》）。经勘探，栎阳故城在今阎良区东南武屯乡关庄、玉宝屯一带②。在此居留了33年（公元前383年～前350年）。

经考古钻探，秦汉栎阳城共有3座：

陕西省文物管理委员会曾作过短期勘探，确定的栎阳城是南北长2232米、东西宽1801米的长方形，随后发表了简报③。此材料不符合实际，故不能采用。

3座城址情况是：

1980～1981年，中国社会科学院考古研究所栎阳发掘队进行了较大规模的勘探和部分发掘，确定了栎阳城遗址仅有南垣和西垣的残迹。东垣和北垣可能毁于汉白渠的水患。复原后，其形制应是一座东西长约2500米、南北宽约1600米的长方形，同《长安志》所记“东西五里，南北三里”大致接近。发现东西向干道6条，南北向干道7条，城门3座，秦汉时期的建筑、手工业作坊遗址9处及南墙和西墙④。（图1–9）

① 在秦、晋两国对河西地的争夺战中，如果说康公尚能保持穆公时余威的话，那么共公之后就走上了下坡路。桓公二十六年（公元前578年），晋第一次率诸侯军队攻打秦，战于麻隧（今陕西泾阳县北），秦军败退，晋军渡过泾河，一直打到侯丽（今陕西礼泉县东）。（《左传》成公十三年）景公十八年（公元前559年），晋军第二次带领诸侯军队伐秦。秦军节节败退，晋军竟渡过泾河而打到了棫林（今陕西凤翔区东北）。这里距雍城不是太远。秦都岌岌可危，秦人在没有军事较量能力的情况下采取于泾河上游投毒的非常手段，使晋军多死，又加之诸侯军内部不和，晋军只得退还，这才使秦雍都躲开了陷落的厄运。（《左传》襄公十四年）

既然秦晋的争夺战，是在关中平原的北缘展开的，又是发生在秦的本土，无疑把雍都推到了被攻击的战程之内。那么，灵公把指挥中心拉出都城既是对宗庙安全的考虑，屯居泾阳自然也是新增的一道外围防线。根据政治与军事形势，技高一筹的灵公“居泾阳”时，选址也不可能脱离交战的这一通道。

② 《括地志》：“栎阳故城一名万年城。在雍州栎阳县东北二十五里，秦献公之城栎阳，即此也。”唐栎阳县即今陕西临潼区渭河北的栎阳街道，原系后魏之广阳县，隋名万年，唐改称栎阳，元省县，地名仍旧。秦栎阳故城经查知在武屯乡关庄、玉宝屯一带，西南距栎阳镇二十余里，石川河绕经城的北部和东部，向南入渭。

③ 田醒农、雒忠如：《秦都栎阳遗址初步勘探记》，《文物》1966年第1期。

④ 中国社会科学院考古研究所栎阳发掘队：《秦汉栎阳城遗址的勘探和试掘》，《考古学报》1985年第3期。

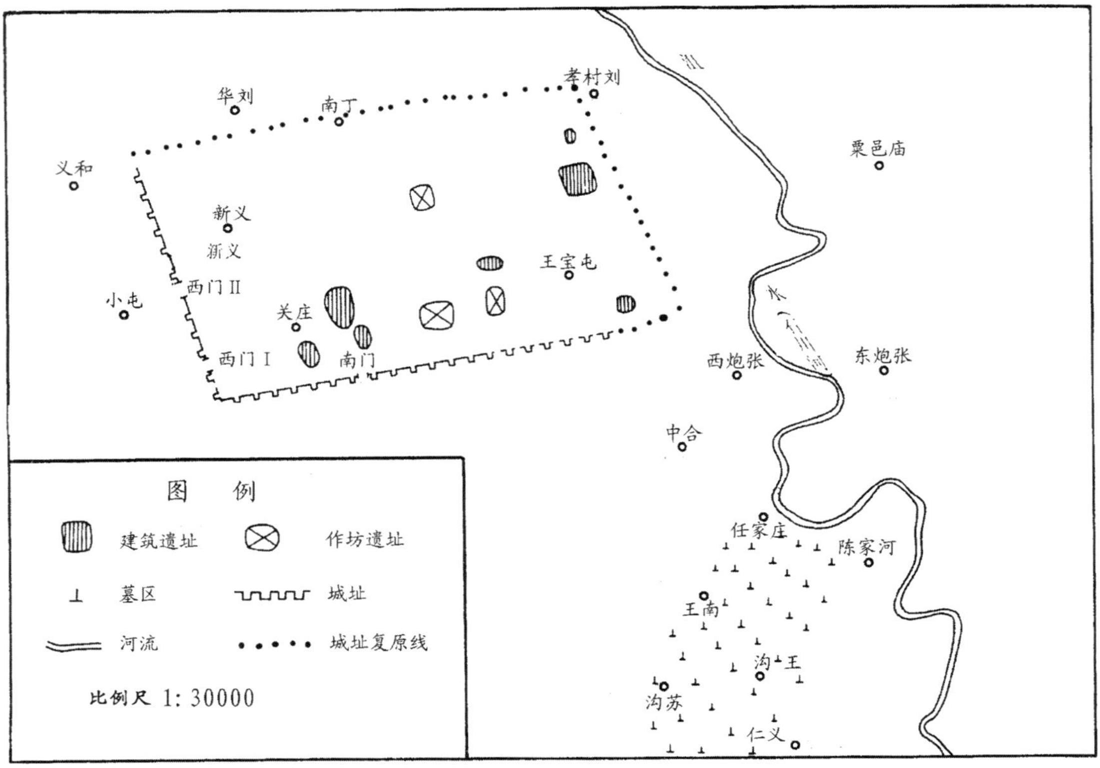

图 1–9　栎阳城平面示意图

2013 年 4 月，中国社会科学院考古研究所与西安市文物保护考古研究院联合组成阿房宫与上林苑考古队，重启了秦汉栎阳城的考古工作。通过勘探和发掘，肯定了 1980 ~ 1981 年的探测成果，将其编为“一号古城”，但城址是南北约 2430 米，东西至少 1900 米。东墙、北墙未找到。

另外新发现了两座城址，分别编为“二号古城”和“三号古城”。

“二号古城”：在一号古城遗址东北御宝屯一带，有一条东西向墙基，向东延伸至石川河边北折后被石川河冲断，又向西延伸。经勘探，墙基东西长约 3100 米，西墙向北延伸到石川河南岸后被冲毁无存，墙基南北长约 3800 米。解剖时，在墙基中出土有五铢钱，环城南路也被新莽时期的墓葬破坏。

“三号古城”：二号古城西墙向西约 1500 米处，出土的动物纹瓦当、槽型板瓦，不仅与凤翔秦雍城遗址的同类遗物形制大体相近，且前后时代基本衔接，又首次出土了清晰的“栎阳”陶文，可见其建筑上限不早于战国中期。到了西汉早期，该城已遭到破坏。从时间范围看，这同文献所载的秦建都栎阳时间基本相合。

3座古城遗址的时代是：

一号古城：汉初到汉代中期。

二号古城：西汉中期到新莽或者东汉早期。

三号古城：战国时商鞅变法发生地的秦栎阳城遗址。

秦汉栎阳城遗址分布范围较大，通过勘探与试掘，目前已基本确定栎阳城遗址的四至范围。其东界在今石川河以东，西距二号古城东南角约1700米。遗址南界边缘大体位于武屯街道的任家村、王北村、任赵村、三合村、耿东村、耿西村一带，距一号古城南墙约1500米。西界大体位于武屯街道耿西村，新兴街道槐树村、仁和村、屈家村、张大夫村、官路村一带，向北至石川河，距一号古城西墙约2600米。北界边缘大体位于康桥镇的槐园、菩萨坡一带，距二号古城北墙约1000米。由石川河在这一地的区位看，秦汉栎阳城遗址可分为河西、河东与河北三区，面积合计约36.51平方公里。

（七）秦国第七都：咸阳

秦孝公十二年（公元前350年）“筑冀阙，徙都之”，至秦子婴元年（公元前206年），从秦国之都变秦帝国首府，计立都144年。

秦都咸阳考古从1959年开始，至今过去70年，由于社会运动和人事关系，多有停顿。但在都城范围之内的文物考古收获却颇丰，学术研究成果也是满满当当，在后文中作者将陆续展开。

四、秦人逐戎，实有关中

西周末年，统治阶级内部危机四伏，处于宗周附近的以猃狁为首的戎、狄等少数部族也乘虚而入。西戎的一部分武装力量不但占据了周人早期的岐周之地（今陕西岐山、扶风一带的周原），而且还在宗周所在的丰地称起丰王来。（《史记·秦本纪》）由于周幽王以“善谀好利”的虢石父为卿，早已引起国人的不满，现在又废申后、去太子，就更加激起申后父亲申侯（周宣王改封元舅申伯于河南南阳盆地，建立申国）的愤怒。西夷犬戎受到申侯的约请，会同缯国（也作曾，或鄫，在今河南方城县一带）起兵，把周幽王杀死在骊山之下，占据了骊山一带。

戎人摧毁了宗周，还“居于泾渭之间，侵暴中国”（《汉书·匈奴传》）。这时，咸阳地区也不可避免地沦陷于戎人之手。（图1–10）

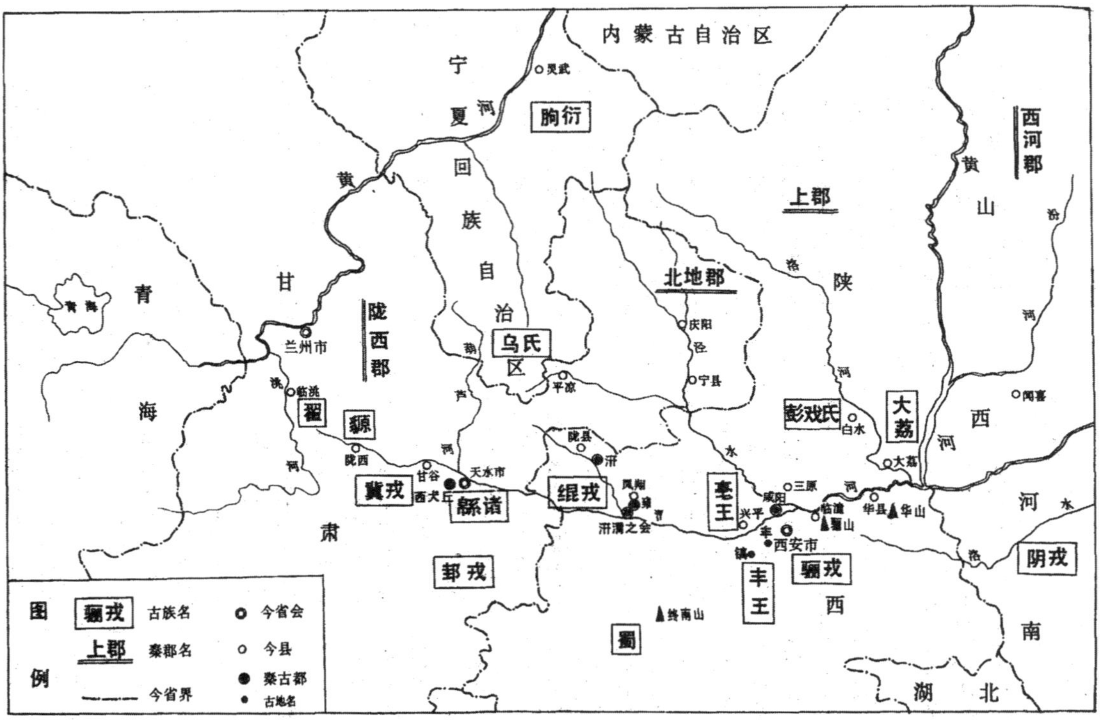

图 1–10　秦人立国过程中的戎人分布示意图

宗周灭亡，平王东迁洛邑。秦襄公因为护驾有功，封为诸侯，周王还赏赐给他岐西之地。这时的关中中部和东部在名义上虽然还属于东周所有，实际上却是在诸戎的控制之下。羸弱的东周王廷鞭长莫及，对戎奈何不得，对秦也管不了。于是，在“以夷制戎”的方针指导下，周平王对秦襄公作了如此的许诺：“戎无道，侵夺我岐、丰之地。秦能攻逐戎，即有其地。”（《史记·秦本纪》）尽管平王对秦襄公的封赏不是“授国授民授疆土”般的兑现，无异于一张空头支票。但毕竟在那种形势下，也算得上是万全之策。一方的周王是求安宁，还能落个顺水人情；另一方的秦襄公巴不得尽快离开西土，有了借口，更觉得是求之不得的好差使。

嬴秦为了发展自己，不得不先迈出第一步，就是展开艰苦的伐戎之战。据《史记·秦本纪》载，秦人开拓国土的对戎战争主要有：

秦襄公十二年（公元前 766 年），“伐戎而至岐”；

秦文公三年（公元前 763 年），“以兵七百人东猎。四年，至汧、渭之会……即营邑之”。十六年（公元前 750 年），“以兵伐戎，戎败走。于是文公遂收周余民有之，地至岐，岐以东献之周”；

秦宪公二年（公元前714年），“遣兵伐荡社。三年，与亳战，亳王奔戎，遂灭荡社[①]……十二年（公元前704年），伐荡氏取之”；

秦武公元年（公元前697年），“伐彭戏氏，至华山下”。十年（公元前687年）“伐邽、冀戎，初县之”。十一年，“初县杜、郑。灭小虢”。

经过四世80年对关中丰、亳、彭戏氏三戎和陇东之戎的扫荡，不但夺回被犬戎侵占的岐以西之地，控制了关中西部地区，并且秦的势力已东及华山一带。至此，秦人取得了关内周地的大部分，咸阳当然也从戎人之手转到了秦的实际控制之下。

第二节　商鞅变法与定都咸阳

一、秦献公雄心勃勃

（一）秦献公的远虑

秦灵公于公元前415年去世，公子连不能继承王位，只有出走河西，过起流浪生活。秦国迎立了灵公的叔父悼子为简公，从此相继传承的是惠公、出子。但这个只有4岁的出子（出公）在第二年（公元前385年）就被庶长菌改杀死，连他母后一块沉尸于深渊。这时，公子连被迎回而立，是为献公。

在外流浪30年的秦献公虽苦，但也增长了才干和见识。他从秦都迁徙的史实中看出，春秋初期秦人越过陇阪后，奴隶制的生产关系已逐步确立，作为擅长游牧、驭马、驾车的武装集团，在驱逐戎人的战争胜利中，由关中腹地不停地挪动着自己的政治中心。但自秦

① 《史记·殷本纪》太史公言：殷契为子姓，之后以氏封国者不少，其中有“北殷氏”。《索隐》：“北殷氏盖秦宁（宪）公所伐亳王，汤之后也。”《史记·秦本纪》把徙居平阳和伐荡社事记作“宁公”，据宝鸡太公庙出土秦公钟铭文知，应为“宪公”。《索隐》：“西戎之君号曰亳王，盖成汤之胤，其邑曰荡社。徐广一作‘汤杜’，言汤邑在杜县之界，故曰汤杜也。”又《正义》引《括地志》云：“‘雍州三原县有汤陵。又有汤台，在始平县（今兴平市）西北八里。’按其国盖在三原、始平之界矣。”实际上，北殷氏以国而姓，都在杜（今长安区杜城），周灭商后，迁于今三原、兴平间。顾颉刚在其《史林杂识·秦与西戎》一文中说：“汤都于亳，或汤之子孙有散在四戎者，或西戎有以‘汤’为标识者，故有汤社、汤台、汤陵于其地而其自号曰‘亳’。其部族所居，或为渭南之杜，或为渭北、泾东之三原，或为泾西之兴平，莫能详也。”郭沫若据《小盂鼎》“从商”一语，认为“商当指北殷，亦即秦宁（宪）公所灭之荡社亳王。其地近戎，盖殷为周所灭，其遗民之一部分逃窜于西北者，是为北殷民奉汤之祀，而不臣服于周，且串诱戎人与周为难也”（《两周金文辞大系》）。

襄公“始国”，经历文公、宪公三世所建的都邑均设在汧、渭河谷的台地之上。虽然易于持守，却难以进一步发展。从德公“卜居”雍都之后，这儿地势开阔、土壤肥沃、交通便利，又是郑井古国所在[①]的周畿故地，自此国力强盛，遂有称霸西戎、子孙饮马于河之举，也博得周天子的致贺。进入战国初年，秦国封建主义因素出现，在并灭诸戎之后，也有了安定的大后方，但要实现问鼎中原、南下荆楚的话，那处于关中西部的雍都就难以胜任指挥中心的历史使命。于是先迁都于泾阳，作短暂的停留之后，继而搬到栎阳这“北却戎翟，东通三晋”的伐魏前线，但同样不是持久发展、开疆扩土之都。在栎阳只有先行政治改革、增强军事实力，再谋划秦国新的出路。

（二）内治外向的作为

秦献公（名隰、连）是从奴隶主上层统治集团里冒出来的改革者。他看到秦国政治腐败，“往者数易君，君臣乖乱，故晋复强，夺秦河西地”，心有不甘，决计改革图强。早在公元前384年，他一上台，就颁布了“止从死”的法令，废除了自武公以来实行长达294年的人殉制度。次年，迁都到泾渭中心、交通便利、经济发达“亦多大贾”、又便于伐魏的军事前沿地带栎阳。还实施了有利于手工业、商业发展的“初行为市”（设立市场，允许商品出售），“为户籍相伍”（按五家为“伍”的军事单位编制户口，使军政合一）等法令。又推广县制，集权于国君。

初步改革收到了显著的效果，国力增强，对魏的军事斗争也有所进展。公元前366年起，为收复河西地，曾主动出击，于洛阴（今陕西大荔西南）、合阳初战告捷。（《史记·六国年表》）隔了一年之后，秦过黄河，在魏地又取得石门（今山西运城西南）大捷，“斩首”六万，使关东诸侯震惊，连那徒具“天子”虚名的周显王也给予祝贺，并赐以“伯”的称号。（《史记·秦本纪》）由于秦国的军事进攻，魏惠王为摆脱秦、赵、韩三国对都城安邑（今山西省夏县西北）的威胁，更为了魏国向中原发展的战略考虑，于公元前364年徙都到大梁（今河南开封市）。（《竹书纪年》）公元前362年，秦与魏战于少梁（今陕西韩城南），俘虏了魏将公叔痤（《史记》的《秦本纪》《六国年表》《赵世家》），收回庞城（即繁庞，

① 据尚志儒研究，周室封建后的井方在穆王时，称“奠井”。其都邑也就是金文中的“下淢”、“淢”（长由盉等）、“䣙林”（𢦏簋）。这里建有周王室的行宫、太室、庙寝，穆王还建有“郑宫”。周宣王封郑桓公于此，直至周室东迁，都为郑国的都邑。据考古资料及文献研究，这里作为西周时代郑、井两个诸侯方国的都邑，地当今凤翔区田家庄乡古棫山南麓的西劝读村一带（《郑、棫林之故地及其源流探讨》），载《古文字研究》第13辑，中华书局，1986年；尚志儒：《奠井国铜器及其史迹之研究》，载《中国考古学研究论集——纪念夏鼐先生考古五十周年》，三秦出版社，1987年。

《史记·魏世家》)。

迫于军事形势，魏国在洛河东岸筑起一条防秦的西长城，[按：(《史记·秦本纪》：孝公元年(公元前361年)“魏筑长城，自郑滨洛，以北有上郡”。“郑”即今陕西华阴。“洛”，指洛水。《正义》：“魏西界与秦相接，南自华州郑县，西北过渭水，滨洛水东岸，向北有上郡鄜州之地，皆筑长城以界秦境。”鄜州即今陕西富县。“上郡”则有两说，一是魏国河西地上的郡名；一是秦国的上郡，治肤施(今榆林市东南的鱼河堡)，为秦昭王三十五年(公元前272年)所设立。以筑城时间与当时形势而言，自然以魏筑长城的时间为准。据《竹书纪年》是魏惠王“十二年(公元前358年)，龙贾帅师筑长城于西边”。而《史记·魏世家》作十九年(公元前351年)。但因为《秦本纪》是在孝公元年记述当时形势的，已看到魏国新败后筑长城的事实，所以建筑西长城的起始时间应以公元前361年为准。

经调查，魏长城南起今陕西华阴市西南(战国时期魏国的阴晋邑)，北渡渭河，沿洛水左岸而上，在大荔县西北许原的长城村曲而东北，经澄县、合阳两县，抵韩城城南黄河之滨。今华阴市西关村还有同长城相连的烽火台夯土基址。华山北麓朝元洞至凤箱城一段有6公里，地面上的长城遗迹存留12处，最长处700米，最高的地方还有18米。大荔县境内自城东的高城村起，经县西的埝城村、东长城村、西长城村、党川堡、长城沟，北登许原，再到洛河岸边的长城村，断断续续都是长城遗迹。自澄县起，魏长城分为两支，一支向东到韩城的黄河岸边，一支向北到富县。前者经合阳到韩城一段地面上，也有多处长城遗迹，一些地名也同长城有关。参见李遇春:《陕西华阴、大荔魏长城勘查记》,《考古》1980年第6期；史念海:《黄河中游战国及秦时诸长城遗迹的探索》,《陕西师范大学学报》(哲学社会科学版)1978年第2期；陈孟东、刘合心:《魏国西长城调查》,《人文杂志》1983年第6期。

“文化大革命”中，我被下放到韩城农村劳动，随后安排到县公安局。因为工作关系，经常循城过往，以后又做过重点踏查。这条魏长城遗迹，在马陵庄之东有南北两条，一条在东少梁原上，西起涺河，东到黄河岸；另一条自韩城南15公里的芝川镇城南村和城北村之间通过，东起流经黄河滩的涺水，向西经过马陵庄、辛庄、北龙亭、阿池，到龙亭乡西的城后村一线，长约20里。城墙夯筑，夯层清晰，平均夯层厚8厘米，残高5米，基宽8米左右。由西城后村南向西南，过金水河、太峪河，南下经澄县东南的城墙头，继续南下，过醍醐镇、乌泥村。西南行，直接洛河边的长城村。

另一条是抵达上郡的魏长城，同澄县到韩城的魏长城是什么关系呢？瓯燕、叶万松二位先生对魏长城研究后认为，从时间上魏筑长城可分为前后两段："最早所筑的长城，应起自今华阴，往北渡渭河后滨洛河，经大荔、蒲城、白水、澄城，趋向西北，达富县……至于澄城以东直抵韩城黄河岸边的长城当是魏在河西最后所筑的长城。"(《"上郡塞"与"堑洛"长城辨》，《考古与文物》1997 年第 2 期）他们这一见解是可从的，需要补充的是：第一，魏惠王在河西地上遭遇秦献公的军事打击，意识到秦国势力增长给自己带来的威胁，为确保河西郡及上郡地，就在公元前 361 年沿黄河东岸修建了"自郑滨洛，以北有上郡"的长城。有的学者据延安、绥德等地残存的长城遗迹，认为魏长城由雕阴（今陕西富县北）北续，经延安、绥德，抵佳县的黄河西岸。(张维华:《中国长城建置考》；罗哲文:《长城》)但绥德段的长城距秦昭王长城较近，其时代尚需甄别。故而有的学者主张该长城经靖边、榆林，东北至河曲一带，秦昭王修的长城即是对其北段的沿用（李文信:《中国北部长城沿革考》)。第二，少梁是魏国在河西的战略要地，秦、魏几经争夺，战斗相当激烈。魏文侯在六年（公元前 440 年）和八年（公元前 438 年）曾两次"城少梁"。魏惠王九年（公元前 361 年）"与秦战少梁，虏我太子"，十七年（公元前 353 年），"与秦战元里，秦取我少梁"(《史记·六国年表》)。大约是公元前 330 年或稍后，魏才最后失去了少梁。这里有条史料可作证明，即：在秦惠文王十年（公元前 328 年），秦"围蒲阳，降之。仪因言秦复与魏，而使公子繇质于魏。……魏因入上郡、少梁，谢秦惠王。惠王乃以张仪为相，更名少梁曰夏阳"(《史记·张仪列传》)。因此，魏在失去少梁之后，为保魏长城南段数县，就在澄县原长城上向东接筑到东少梁的长城]（图 1-11）而且在固阳（今合阳地）设立深沟壁垒的要塞，进行防守。①

①《史记 · 魏世家》记载惠王十九年（公元前351 年）"筑长城，塞固阳"。《正义》引《括地志》:"'榍阳县，汉旧县也，在银州银城县界。'按：魏筑长城，自郑滨洛，北达银州，至胜州固阳县为塞也。固阳有连山，东至黄河，西南至夏、会等州。榍音固矣。"

在此，固阳有两说：一在今陕西米脂、佳县的唐银州（治所榆林东南）；一在今内蒙古包头市和托克托县一带黄河南岸的隋唐胜州。其实，魏筑长城时，陕北依然是魏地，用不着建立城塞防秦。至于内蒙古的那个固阳，距秦、魏边境太远，更谈不上防秦。可见以上两说均不足凭信。所谓"筑长城，塞固阳"是魏国设防的两个措施，当在河西地上。有学者已辨明"固阳"本是"合阳"之误。因为战国时，合阳在今合阳县东南东王乡莘里、莘野两村。(《水经注 · 河水》)这里黄河河道窄而稳定，一直是重要渡口。因此，魏在失去少梁之后就力保合阳，深沟壁垒加强设防。

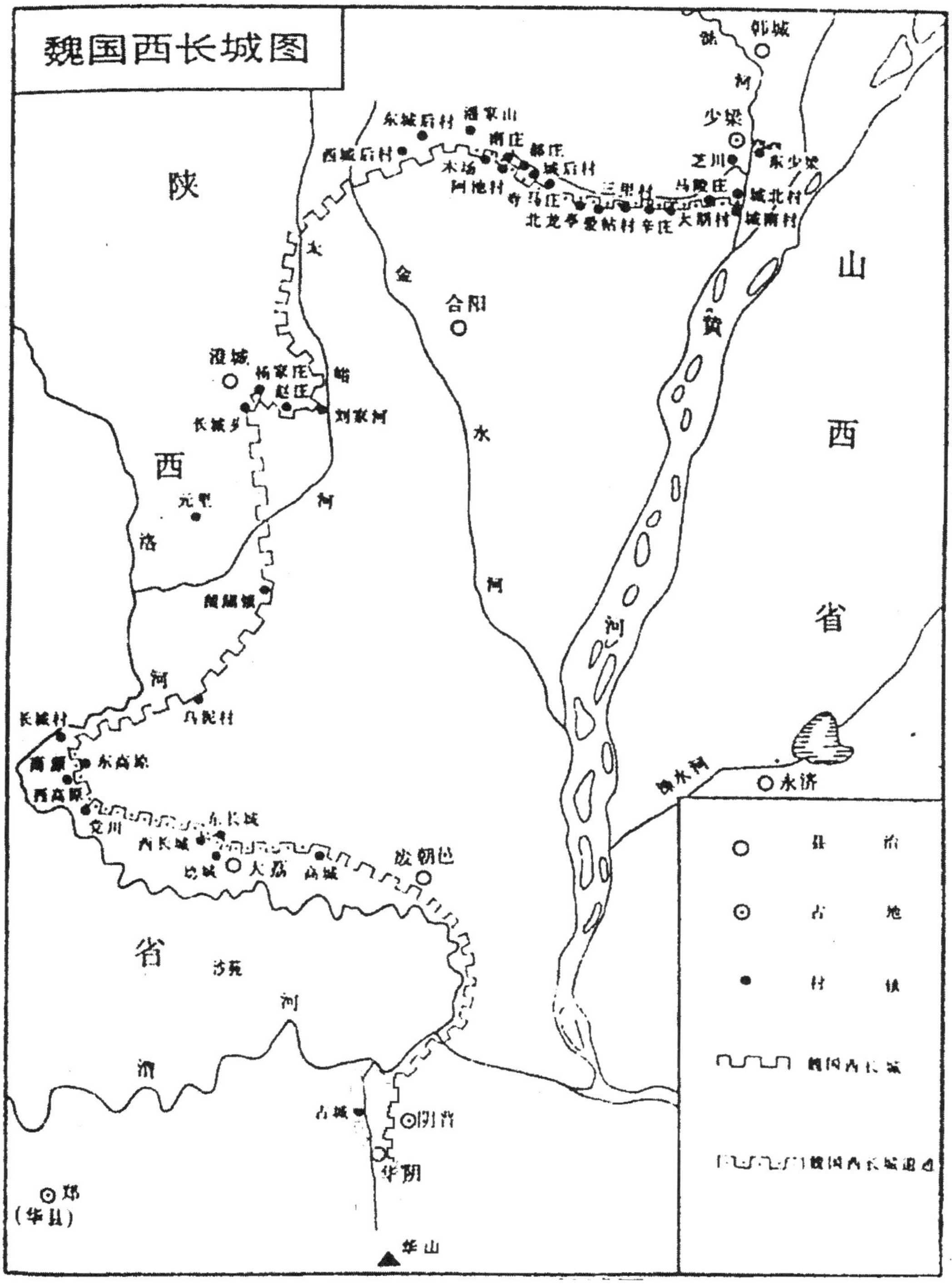
魏国西长城图
韩城
少梁
东城后村
西城后村
南庄
都庄
木场
城后村
芝川
东少梁
河池村
三里村
马陵庄
城北村
辛庄
大荫村
城南村
陕
西
省
山
西
省
合阳
澄城
杨家庄
赵庄
刘家河
长城乡
金
水
河
黄
河
洛
河
渭
河
沙苑
长城村
大荔
永济
古城
阴晋
华阴
郑
（华县）
华山

图 1–11　魏国西长城图

正当秦国数挫魏师之际，秦献公就与世长辞了，壮志未酬，强国大计只有交给年仅21岁的太子渠梁。这位血气方刚的青年国君，就是历史上有名的秦孝公（公元前361年～前338年）。

二、秦孝公的政治改革与定都咸阳

（一）社会变革大潮中的秦国处境

春秋末年到战国初期，铁制农具已经出现[①]，牛耕得以推广[②]，水利灌溉扩展，社会生产效率大大提高。由于大量开辟荒地，私田的数量不断增加，在土地私有制发展的同时，以"井田制"为标志的奴隶制开始动摇，不同于奴隶身份的"隐民""私属徒""宾萌"和"族属"的出现正反映了封建制关系正在形成。因为奴隶制的生产关系在没有根本改变的情况下，它就成为生产力进一步发展的桎梏，阶级矛盾日益尖锐，在齐、梁、沈、陈、卫、郑、晋、楚、鲁、秦等国，都发生过民众逃亡流徙的"民溃"事件、工匠（工奴）或役人暴动。作为自由民阶级的"国人"（国都内的平民和一些贵族），其地位下降以致沦为奴隶，这时也起而反对旧贵族的统治。各国新兴的势力，利用被压迫阶级和阶层的反抗斗争，经过长时间同奴隶主贵族集团的浴血奋战，结束了传统的奴隶世袭制，先后建立起新兴地主阶

---

① 关于用铁的最早记载是西周时期，《诗·秦风》有"驷驖孔阜"的句子，是形容驾车四马的颜色如铁，故而把金属的"铁"写成"驖"。《诗·大雅·公刘》有"取厉取锻"之句。《尚书·费誓》记载周成王时鲁国伐淮夷，徐戎誓师说："备乃弓矢，锻乃戈矛，砺乃锋刃，无敢不善。"这些都反映了先周以来人们已经掌握了铁的锻造工艺。《国语·齐语》记载管仲建议齐桓公"美金以铸剑戟，试诸狗马；恶金以铸鉏夷斤斸，试诸壤土"。"美金"指作兵器的青铜；"恶金"指铁，用来铸造辟土的农具。春秋中叶齐灵公时的叔夷钟有"造戜徒四千"的铭文，郭沫若主编的《中国史稿》认为"戜"就是"铁"的初文，说明齐灵公时已有大批采铁冶炼的官徒了。《左传》昭公二十九年（公元前513年）载："冬，晋赵鞅、荀寅帅师城汝滨，遂赋晋国一鼓铁，以铸刑鼎。"晋国用铁铸刑鼎，当是铸铁的最早记载。

我国出土最早的铁器是河北藁城和北京平谷刘家河两地的商代铁刃铜钺。铁刃是陨铁锻成的。在江苏六合程桥、湖南长沙龙洞坡、常德德山等地的春秋墓或遗址中，已经发现了用木炭火使铁矿石发生固态还原而成的"块炼铁"，既有铁、铁条，也有铁削（匕首）、铁锸、铁锛等物件。经原北京钢铁学院《中国冶金史》研究室测定，程桥东周墓出土的铁条是早期的块炼铁，而铁丸则是"目前鉴定过的最早的生铁"。洛阳水泥制品厂出土公元前5世纪的铁锛和铁铲，经金相鉴定，发现是生铁铸造的，其中铁铲还经过退火处理，获得了展性铸铁。春秋末期，经人工冶炼的铁器一登上生产舞台，就被用来制造农具。对春秋至战国初期的吴、楚和三晋出土的46件铁器进行统计，其中铲、锛、锄、镢、铧等农具18件，占总数的39.1%。

秦国是我国最早用铁的国家之一。《诗·秦风·驷驖》就是赞颂秦襄公的诗篇。1992年在宝鸡市益门村秦墓出土金柄铁剑3件，通长27.4厘米，金环首铁刀13件，通长22厘米。

② 孔丘有学生冉伯牛名耕，司马耕字子牛。晋国有力士名牛子耕。牛与耕相连，并用作人名，说明以牛耕田受到人们的重视。

级政权。

各国新兴地主阶级统治的国家，为了巩固他们的政权、铲除旧日奴隶主贵族的势力和经济特权，相继都进行了一系列政治改革，即所谓“变法”。尽管这些变法运动带有很大的妥协性，有的甚至失败，但符合历史发展和人民根本利益的某些革新措施，总算多少获得了一点成就，从而也出现过一个时期的繁荣景象。像魏文侯（公元前 445 年～前 396 年）用李悝（又作李克）为相变法，废除奴隶主贵族的世袭禄位制，“尽地力之教”（《汉书·食货志》）发展生产，创“平籴法”把农民固着在土地上，还任用吴起、西门豹、乐羊等人或统兵或治理一方，使魏国成为战国初年最强盛的国家；齐威王（公元前 356 年～前 320 年）以邹忌为相，发展生产，整饬吏治，使得“齐国大治”“田野辟，民人给”（《史记·田敬仲完世家》）；吴起在楚国以令尹的身份变法，从政治上和经济上沉重地打击了奴隶主贵族，裁免冗官，富国强兵，也曾“南收扬粤，北并陈、蔡”（《战国策·秦策三》），公元前 381 年出兵攻魏救赵，竟越过黄河，长驱直入河北地区。①

春秋战国期间，各国相互攻伐，旨在兼并土地，掠取劳力和封建租税，②从而形成了强凌弱、众暴寡的政治局面。战争的冲击波也同样波及了封闭在关中的秦国的门扉。但秦国的社会改革远远迟于中原各国，如秦简公七年（公元前 408 年），开始向私田征收租税，实行“初租禾”（《史记·六国年表》），它表明对新兴地主阶级私有土地的承认，但比起鲁国的“初税亩”来已整整晚了 166 年。在“初租禾”之后 30 年（即公元前 378 年）才“初行为市”（《史记·秦始皇本纪》）。但从根本上讲，奴隶主的土地所有制未变，仍居支配地位。世卿世禄制度的存在，使奴隶主贵族仍然控制着国家的政权，连国君的废立也完全由“庶长”们裁决。母后和宦官专权，数易国启，政局动荡，内乱迭起，③给人民带来了不安和痛苦。

战国初年，秦国在军事上也处于劣势。秦厉公二十六年（公元前 451 年），秦的左庶

① 《史记·赵世家》：“（赵敬侯）六年，借兵于楚伐魏，取棘蒲（今河北赵县）。”《战国策·齐策五》记苏秦说齐闵王：“……楚人救赵而伐魏，战于州西，出梁门，军舍林中，马饮于大河。”

② 《墨子·公孟》：“广辟土地，籍税伪（賕）材（财）。

③ 公元前 428 年，秦怀公被从晋国迎回来继位，但仅经过 4 年就受到庶长鼂与大臣的围攻，被逼自杀。接着又拥立了怀公的孙子为君，是为灵公。灵公在位 10 年，死后，子师隰（即公子连）不得立，于是在争位的内乱中出奔魏国。大臣们从晋国迎来了怀公的另一个孙子悼子，扶上台，这就是简公。当师隰出奔 28 年后（即公元前 380 年），秦国又拥立了年龄不到两周岁的出子（或称“出公”）为国君，政权实际完全落入了母后及宦官之手。据《吕氏春秋·当赏篇》记述：“群贤不说（悦）自匿，百姓郁怨非上。”这时，庶长改（即菌改）就迎回师隰，“杀出子及其母，沈之渊旁”（《史记·秦本纪》），从此秦国才有了新的转机。

长取得蜀国的南郑，并筑城（《史记・六国年表》），但只过了10年（即公元前44年），南郑就反叛了，而当政的秦躁公却奈何不得。（《史记》的《秦本纪》与《六国年表》）。秦厉公十六年（公元前461年）攻伐大荔戎“取其王城”之后，大荔戎残部逃往河陇，关中再无戎寇。尽管对于占据洛水和无定河之间黄土高原上的义渠戎，秦厉公于三十三年（公元前444年）主动地进行军事进攻，并俘虏了义渠王（《史记·秦本纪》），但只安定了15年，躁公十三年（公元前430年）义渠戎就反扑过来，一直打到了渭南，引起雍都朝野的震惊。[①]

对秦国的直接威胁，还要算经过变法、强盛起来的东邻魏国。真如芒刺在背、骨鲠在喉。秦灵公六年（公元前419年），魏在河西筑起少梁城（今陕西韩城市南少梁村），秦虽反击，仍是得而复失。（《史记・六国年表》）公元前413年（秦简公二年）起，魏国出兵攻秦郑县（今陕西华阴），魏公子击围繁庞（今陕西韩城市东南）逐虏百姓，吴起率军攻克临晋（原名王城，秦于公元前461年灭大荔戎，因“筑高垒以临晋”，故名。在今陕西大荔东）、元里（今陕西澄城县南），并占领了洛阴（今大荔县西）、合阳（今陕西合阳县东南）两城。魏国在洛河以东、南至临晋、华阴以东的占领区设立了河西郡，治设在临晋。魏文侯以名将吴起任郡守“以拒秦韩”（《史记・孙子吴起列传》）。

秦国失去了“河西地”这大片领土以及作为天然屏障的黄河防线，被迫退守洛河一线。秦简公七年（公元前408年），秦在河西岸作“堑洛”的军事防卫工程，并筑重泉城（今陕西蒲城县东南钤铒镇），屯驻重兵，防御魏国。（《史记》的《秦本纪》《六国年表》）从“堑洛”遗迹知，它是利用洛河右岸的地形，上夯筑城墙、下堑削外侧的洛河岸，相对地加大城的高度，从而形成一条秦长城。秦长城南自华阴东南的小张村起，东北行，过渭河，沿右岸向西北，经大荔沙苑，到蒲城北城南，直北，两过洛河，傍岸右西北行，过白水西北，止黄龙山。在今华阴市华阴庙东城子，大荔县党川村、高原村、长城村，蒲城县南黎起、晋城、蔡邓乡，白水县方山塞、田家河等地，都有城的遗迹。显然，这条边城是秦国丧失河西地后自划的东界。（图1–12）

① 《史记・秦本纪》:“（躁公）十三年，义渠来伐，至渭南。”《六国年表》作“渭阳”，《后汉书・西羌传》作“渭阴”。原来义渠戎在战国初年占据着洛河流域和无定河之间的广大地区，虽然在公元前444年遭到秦厉公的打击，戎王被俘，不得不向北退去，同秦修好。但在秦厉公之后，又乘魏强秦弱的军争间隙向南侵袭，所以《汉书・西羌传》有“泾北有义渠之戎”的记载。也正因为义渠戎的势力已达渭北高原的南缘，而沿洛河向南攻至今渭南是完全可能的。“渭南”即“渭阴”，两处记载一致，可见“渭阳”系传抄致误。

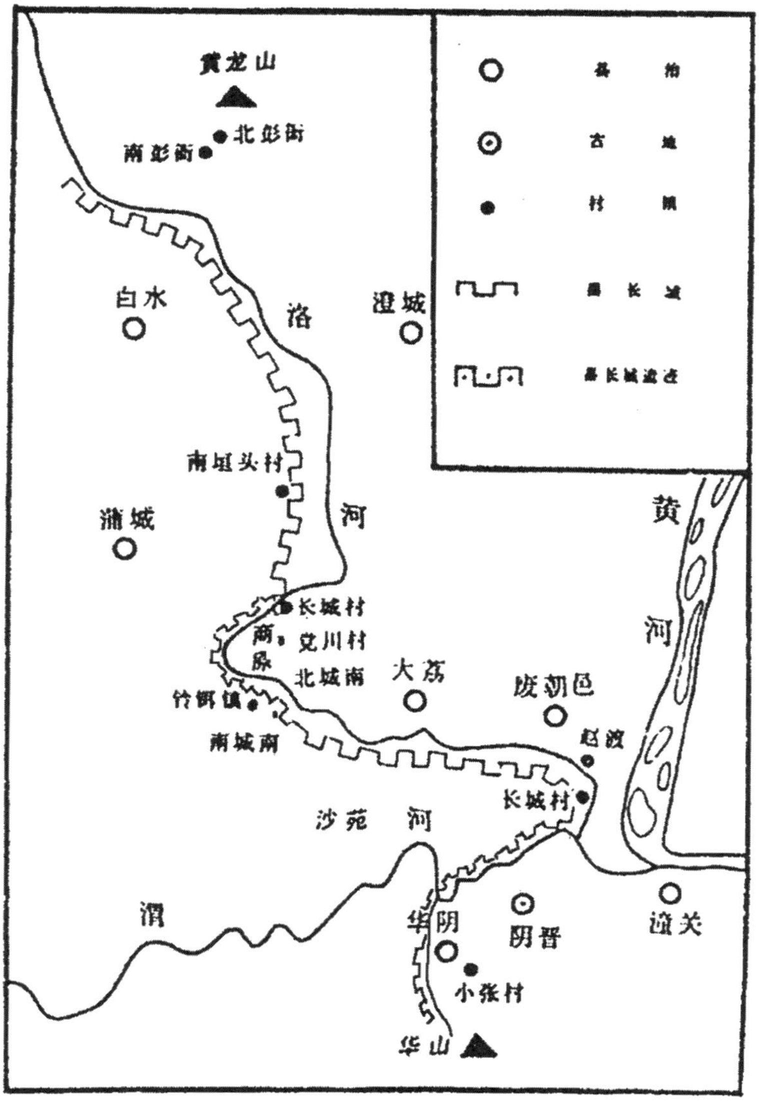

图 1–12　洛河下游秦长城

（二）求贤令与商鞅入秦

尽管秦献公生前的政治改革曾收到一定成效，自厉公以来积弱的局面有所改变，但由于奴隶制的生产关系未解除，奴隶主贵族的政治势力和经济实力还顽固地盘踞在各个领域，秦国还没有从根本上摆脱内外困难的处境——河西地仍在魏国之手，一旦魏兵西出长城，冲决秦国的洛水防线，就会直逼泾渭地区，不但新都栎阳难保，就是旧都雍也将岌岌可危。

于是，秦孝公登基的头一年（公元前 361 年）就下了“求贤令”，说：“宾客群臣有能出奇计强秦者，吾且尊官，与之分土。”（《史记·秦本纪》）“少好刑名之学”的商鞅（原名卫鞅，又名公孙鞅，约生于公元前390年，死于前338年），当时是29岁的才思敏捷的青年人，听说秦孝公礼贤下士，就带着李悝的《法经》，从魏国来到了秦国。

在栎阳，由秦孝公宠臣景监引见，商鞅先后3次谈话，分别用“帝道”“王道”“霸道”来试探孝公的态度。前两次“语事良久，孝公时时睡，弗听”。商鞅夸夸其谈，孝公直打瞌睡。气得孝公直怨景监。只有第三次谈到霸道，才引起孝公的兴趣，“不自知膝之前于席也，语数日不厌”。古人席地而坐，各自一张。孝公唯恐听不明白，不停地把席往商鞅跟前拉。对话投机，竟“数日不厌”。

秦孝公接受了商鞅的变法主张，唯恐身边的大臣非议。为取得朝臣的支持，就召开了一次公开的听证会，即廷议。“廷议制”是秦国的优良传统。这次辩论激烈，又富含哲理，因为司马迁用词严密，甚有故事性，所以我就照录《史记·商君列传》的原文，稍加调整于下：

商鞅劝孝公曰：“疑行无名，疑事无功。且夫有高人之行者，固见非于世；有独知之虑者，必见敖于民。愚者闇于成事，知者见于未萌。民不可与虑始而可与乐成。论至德者不和于俗，成大功者不谋于众。是以圣人苟可以强国，不法其故；苟可以利民，不循其礼。”

孝公曰：“善。”

甘龙曰：“不然。圣人不易民而教，知者不变法而治。因民而教，不劳而成功；缘法而治者，吏习而民安之。”

卫鞅曰：“龙之所言，世俗之言也。常人安于故俗，学者溺于所闻。以此两者居官守法可也，非所与论于法之外也。三代不同礼而王，五伯不同法而霸。智者作法，愚者制焉；贤者更礼，不肖者拘焉。”

杜挚曰：“利不百，不变法；功不十，不易器。法古无过，循礼无邪。”

卫鞅曰：“治世不一道，便国不法古。故汤武不循古而王，夏殷不易礼而亡。反古者不可非，而循礼者不足多。”

孝公曰：“善。”

经过这场辩论，明确是非。秦孝公坚定了变法的决心，以卫鞅为左庶长（秦爵第十级，相当于国卿），并颁布了变法之令。

（三）商鞅变法的主要内容

有了秦孝公的信任和支持，经过3年的舆论和组织准备，由国家颁布法令，改革户籍组织，奖励军功，实行“连坐法”，打破了僵化的思想状态和习惯势力，秦国萎靡不振的社会面貌为之一新。公元前352年，商鞅由左庶长升任大良造（秦爵第十六级，相当于相国）。他率军东渡黄河，围降了魏的别都安邑（今山西夏县北）。次年又攻下魏的西长城要塞固阳，从而缓和了东境的军事压力，转而向内，大刀阔斧地进行第二次改革。

秦孝公十二年（公元前350年），秦孝公把国都从栎阳迁到了咸阳，使商鞅把变法运动推向纵深发展。

秦国在咸阳发布的一系列政令和措施，都带有根本的性质。根据《史记·秦本纪》和《史记·商君列传》记载，主要内容包括经济和政治两方面，具体条目是：

▲“为田开阡陌封疆”，即在田间修建南北与东西相交的道路（阡陌），树立田界的标志（封），并连接以矮墙（疆）。

▲田制规正了，国家依田亩收取租税，按壮丁征收军赋，从而做到“赋税平”。

▲“集小乡、邑、聚为县，置令、丞”，消除奴隶主贵族的割据势力，集权于中央。

▲“平斗桶权衡丈尺”，即由国家颁布标准器，统一度量衡制度。

▲“令民父子兄弟同室内息者为禁”，“民有二男以上不分异者，倍其赋”。既革除社会陋习，建立新风尚，又按丁男确立家庭单位收取人头税，有利于耕战政策的推行。

▲“令民为什伍，而相牧司连坐”。重新编制户口，以“五家为保，十保相连”，相互监督，建立起中国最早的“连保制度”。

▲奖军功，戒私斗。“有军功者，各以率受上爵；为私斗者，各以轻重被刑大小”。

▲发展农业生产，限制商人，奖勤罚懒。规定“僇力本业，耕织致粟帛多者复其身。事末利及怠而贫者，举以为收孥”。即对从事商业与懒而贫的人及其妻子，一率没收为官奴婢。

▲对“宗室非有军功论，不得为属籍。明尊卑爵秩等级，各以差次名田宅，臣妾衣服以家次”。即限制宗室特权，实行以军功大小为准的新等级制。体现出“有功者显荣，无功者虽富无所芬华”。

▲徙都咸阳，彻底摆脱奴隶主贵族盘踞的老巢——雍城之干扰。

（四）深化改革的效果

商鞅变法前后达12年，开始并不顺利，犯禁的人达千数之多。连太子都犯了法，害得其师傅公子虔、公孙贾都受了刑罚。在秦都咸阳过了4年，公子虔再次犯法，商鞅按刑法削了他的鼻子。经过10年的雷厉风行，政治改革就收到了显著效果：“秦民大悦，道不拾遗，山无盗贼，家给人足。民勇于公战，怯于私斗，乡邑大治。”（《史记·商君列传》）。

秦国的军事力量因商鞅变法的胜利而大大加强，诸侯国也不得不对这个崛起于西土的强国刮目相看。公元前343年（秦孝公十九年）“天子致伯”，给秦孝公还送来祭祖的肉。第二年，各诸侯国都来祝贺（“诸侯毕贺”）。秦国还派公子少官带军队参加了逢泽（今河南开封市南）的诸侯集会，并朝见了周天子。接着，在公元前339年（秦孝公二十三年）商鞅率军攻魏，俘虏了魏将公子卬，还迫使魏国交还了一部分西河郡地。魏国也不得不把自己的政治重心从安邑最后撤到了大梁。[①]

卓有成效的变法，把商鞅推到了政治前台。咸阳期的文物遗留，记载下了他的这段业绩。见于著录的传世品有量器“商鞅铜方升”[②]，兵器“商鞅戟”[③]、“商鞅矛镦”和“商鞅殳镦”[④]。1995年，在咸阳塔儿坡秦墓地的27063号墓里又出土了一件“商鞅殳镦”，铭刻“十九年大良造庶长鞅之造殳犛郑”等14个字[⑤]。商鞅封邑的城址，位于陕西丹凤县城西2.5公里处的古城村。经陕西省考古研究所的探测与发掘，发现战国中期的城墙一段，残长1000余米，出土大量的建筑文物和陶器。完整的“商”字瓦当和戳印“商”字陶文的筒瓦，就是秦孝公二十二年（公元前340年）卫鞅因功而封商邑的有力证据。[⑥]

商鞅变法主要是以首都咸阳为司令台的；对外战争的胜利，国威的增强，也是以首都咸阳为出发点的。徙都咸阳，是商鞅第二次变法的内容之一，也可说是秦国政治形势、社会面貌发生根本变化的转折点。

（五）迁都咸阳的战略考虑与地理选择

1. 迁到咸阳的时间问题

《史记·秦本纪》载：“十二年，作为咸阳，筑冀阙，秦徙都之。”《史记·秦始皇本纪》

① 魏国的首都原在安邑（今山西省夏县西北禹王村，有城址发现），魏惠王为了巩固自己的东部地区，同时夺取宋国的土地，以便同楚、齐争锋，就于魏惠王六年（公元前364年）徙治大梁（今河南省开封市）。这时的安邑只是作为别都（也可说是陪都）而存在，是对付秦国的军事前哨和指挥中心。后因商鞅变法而强盛起来的秦国，在多次战争中挫败魏国，魏国不得不于公元前339年撤去安邑这个据点。所以《史记·魏世家》称作“安邑近秦，于是徙治大梁”。《商君列传》也说“魏遂去安邑，徒都大梁”。详辨参见王学理：《魏徙大梁与秦陷安邑》，《文博》1984年第3期。

② 商鞅方升，现存上海博物馆。

③ 罗振玉：《三代吉金文存》图20.21，中华书局，1983年；罗振玉：《贞松堂集古遗文》图12.6，北京图书馆出版社，2003年；容庚：《秦金文录》图41，1931年。

④ 矛镦1件，收录在罗振玉《三代吉金文存》图20.60；殳镦两件，见于省吾：《双剑誃古器物图录》图49，1940年。

⑤ 咸阳市文物考古研究所：《塔儿坡秦墓》，三秦出版社，1998年。

⑥ 陕西省考古研究所等：《丹凤古城楚墓》，三秦出版社，2006年。

秦世系孝公条则是："其十三年，始都咸阳。"这两条引文的时间不同，也未明载徙自何处。而只有《史记·商君列传》说，商鞅"居三年，作为筑冀阙宫庭于咸阳，秦自雍徙都之"。"居三年"，是从商鞅将兵围降魏都安邑时算起，秦孝公十二年（公元前350年）开始动工筑冀阙宫庭，建设新都。"十三年"就正式把国都迁到了咸阳。秦献公都栎阳，孝公也应是在栎阳继位的，迁都理当由栎阳而来。但《商君列传》"自雍徙都之"，何故？原来秦献公为收复河西地而把指挥中心由泾阳搬到临魏的前线后部——栎阳，并作了初步改革。因此，无论泾阳或栎阳，都是属临时性质。雍城情况则与此不同，那里是秦人立国后发展壮大的根据地，既是先王宫殿和陵寝的所在，也是祀天的中心，［按：《史记·封禅书》："雍州积高，神明之隩。"说明人们很早就认为这里是立祭天帝的好地方。自秦德公迁都雍之后，"雍之诸祠自此兴"，如：密畤，宣公作，祭青帝；吴阳上畤，灵公作，祭黄帝；下畤，灵公作，祭炎帝。凤翔南原至今仍称"三畤原"，就是因秦的三畤而得名。实际上，早在秦文公卜居汧渭之会立"鄜畤"之前，这里原先还有"雍旁"的吴阳武畤和"雍东"的好畤，大概属秦人早期的祭祀之处。因武畤和好畤早已"皆废无祠"，才另立"鄜畤"祀白帝，在汧渭之间（在此之前秦人还立过西畤于西垂，祀白帝。不但地远，而且早已废弃），距雍不远。所以，祭白、青、黄、炎（赤）四帝的四都集中在雍都及其附近。以后献公作的"畦畤"远在栎阳（由"天雨金"，以为得金瑞）。即使到了汉代，仍承认雍地的四畤。汉高祖又立"北畤"祠黑帝。至此，凑够"五帝"，就祠之不绝。像汉武帝也曾"至雍，郊见五帝"］宗庙重器仍留雍都，所以把徙都咸阳说成"自雍"，是有道理的。晚此100多年（公元前238年），嬴政的加冠典礼仍要到雍城去举行，就足以说明雍都政治地位的重要。

雍地五畤表

畤　名	祭　祀　对　象	立　畤　人	地　点
密畤	青　帝	秦宣公	三畤原
吴阳上畤	黄　帝	秦灵公	三畤原
吴阳下畤	赤（炎）帝	秦灵公	三畤原
鄜畤	白　帝	秦文公	汧渭之间
北畤	黑　帝	汉高祖	雍地

雍都有根深蒂固的基础，栎阳具有国防意义。为何又要在咸阳营筑新都，且不是择地渭南，而是放在渭北？

2. 选择渭北的战略考虑

本来渭南优于渭北是显而易见的。《诗》有"滮池北流，浸彼稻田"（《小雅·白华》）之句，是说居于丰、镐和渭水之间的"滮池"北流，灌溉着那里的稻田，实属稻粱丰稔的反映。

文王“既伐于崇，作邑于丰”，武王“镐京辟雍，自西自东，自南自北，无思不服”（《大雅·文王有声》）。沣河在远古时期就是一条有名的益河，“丰水东注，维禹之绩”被认为是禹导流的功劳。先有崇侯虎在水边建立崇国的都城，后有周文王灭崇在沣水西滨作了丰京，武王又在水东修了镐京。至今在丰镐之地又多有周代宫室建筑的遗迹存留，沣西的客省庄、马王村，沣东的斗门镇，分别是当时的宗庙与政治中心。这里当时水流充沛、林木茂密，确实是一块美丽而富饶的地区，汉代“丰、镐之间，号为土膏，其价亩一金”（《汉书·东方朔传》）。这一块宝贵的地方被认为是“九州之上腴”“天地之奥区”（班固：《西都赋》）。再从进可攻、退可守的军事目的考虑，渭河南的战略地位更是不容忽视的。周文王为实施翦商计划，灭崇后从岐迁丰；项王入关，在咸阳未敢停留，即屯兵霸上；周亚夫等兵守长安时，屯兵在霸上、细柳和棘门；……这些例子都说明：渭河南更具备立国建都的条件。那么，秦孝公选都址时并没取“文王作丰，武王理镐”（《书传》）之地，而是定了渭北的咸阳。这是为什么？原因之一就是周王室东迁之后，丰镐残破不堪，几乎成了一片废墟。对孝公说来，没有力量也没有必要恢复这个烂摊子。而重要的，更深层的原因，我以为还是同当时的政治形势和国际环境有关。

“咸阳”一名最早载于《史记·商君列传》，但取名应早于秦孝公定都（公元前350年）。清修《咸阳县志》（乾隆十六年臧应桐本）有“南临渭水，北倚九嵕，左挟崤函，右控陇蜀”的句子。实际上，此话不只说得很笼统，而且概念也不清。因为从关中地域讲，确实是“左挟崤函，右控陇蜀”的，但南北以渭水和九嵕山为限说咸阳，就极不恰切了。我国古代人把山的南坡、河的北岸这些最早接受阳光又日照时间长的地方称作“阳”，如“阳坡”“向阳”，地名如“泾阳”“汧阳”“洛阳”等。与“阳”相对者为“阴”，如地名“华阴”“汉阴”“江阴”等。而咸阳位于山南水北，有着“山水俱阳”的地理特点。渭水在南比较明确，那么“山”指哪儿？

说到“山”之阳，向来有三说：一指“北山”（《元和郡县志》）。因为此间没有紧靠山之南麓，故而所指含混，难以为据。又一说是指“九嵕山”，辛氏《三秦记》：“咸阳，秦所都。在九嵕山南、渭水北，山水俱阳，故名咸阳。”再一说是“北阪”，《史记·吕不韦列传·索隐》：“咸训皆。其地在渭水之北，北阪之南。水北曰阳，山南亦曰阳，皆在二者之阳也。”后两说究竟孰是孰非，确须辩证。九嵕山（俗称“笔架山”）在今礼泉县北，向东延伸于泾阳、三原一带北部，高峰则有北仲山、嵯峨山等。但这些山都距咸阳较远，最近者距离也在32公里以上，既无险可凭，那么说“阳”实则无意义。此说显然属于宋人借唐昭陵盛名，有“附骥”之嫌。退而言之，就是“北山”也有广义和狭义的区别。前者，即是上面说到诸县北部桥山山脉的泛称；若是后者，既没有山，高地唯见“咸阳原”了。《尔雅・释地》：“广平曰原。”但这指的是广阔平坦的地方，“原野”“原隰”都是从这一意义引申出来的，《诗・小雅・常棣》有“脊令在原，兄弟急难”。而咸阳原的“原”应该指的是高平宽敞的地方，属于黄土地带由于水流切割作用而形成的独有的一种地质地貌，所以有时也写作“塬”。靠近今咸阳渭城区的这个原，也称作“北阪”。如果我们换个角度看，就会发现人们在原下往上望去，陵谷起伏有如山立，其南坡不正是“阳”吗？至此，我们再回头来看唐人司马贞以“渭水之北，北阪之南”解释“咸阳”（《史记・吕不韦列传・索隐》），就觉得是有道理的见解。所以，“山南之阳”，实际是指咸阳原之南坡。那么，长期误称的“山南水北”，在这里应该换成“阪南水北”才名实相符。

图 1–13　“秦”字和“咸”字陶文 (2)

咸阳原地处渭河北岸，是泾、渭两条大川的分水岭，所以又名“洪渎原”。西接兴平市北的“始平原”（一名“黄山”“北邙崖”），东到高陵区西南马家乡，东西长 32.1 公里，南北宽 15 ～ 13.5 公里，总面积 350 平方公里。在西周（公元前 1070 年 ~ 前 771 年）①、春秋（公元前 770 年 ~ 前 476 年）时称“毕陌”“毕原”。秦称“咸阳北阪”，大约专指今咸阳市东渭城湾到杨家湾之间的北原，又称“池阳原”。汉武帝改名“渭城北阪”，汉世又统称“长平阪”。咸阳原上西自兴平市南位乡、东至高陵区马家湾乡，埋着西汉 9 位皇帝及袝葬的皇后陵墓，其中的长陵、安陵、阳陵、茂陵和平陵附近设有守陵的陵邑，故别称“五陵原”。后赵石勒曾于此建石安县，遂名“石安原”。“洪渎原”是隋唐时期的称呼，此后统称“毕原”，也称“咸阳原”或“北原”。至于区域性的称呼，还有“长陵阪”（长陵附近）、“康陵阪”（康陵附近）、“姜原”（平陵南）、“鹿苑原”（长陵以东）、“睦城阪”（泾

① 李仲操：《西周年代》，文物出版社，1991 年。

河南东）等名字。不过，把“咸阳”作为地名，以至很方便地移作秦国都名，应该说是在战国中期（秦国变法完成）以后的事了。在今咸阳市渭城区东 20 里的长陵车站附近，东至窑店镇一带，历年多出土带“咸”“咸阳”一类印文的陶器，其时代早不过战国中期以前，说明早期的秦都咸阳就在这一区域之内。（图 1–13）1973 年 11 月，我在测绘咸阳宫城时，于牛羊村南夯土墙基上找到北朝与秦地层的打破关系，出土有后赵时的“石安”印文砖瓦和北周“永通万国”货币，这就很清楚地反映出咸阳原一带的历史变迁。（图 1–14）

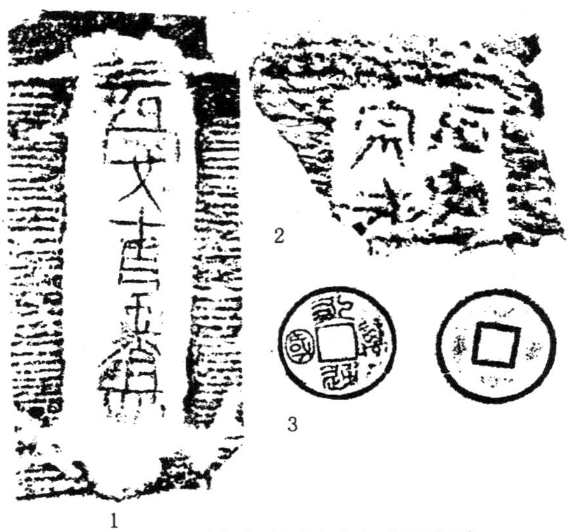

后赵“石安”陶文与北周货币

1. 砖文：“石安曹五亭（?）” 2. 瓦文：“石安宗土”

3. 北周静帝铸币“永通万国”

图 1–14　后赵“石安”陶文与北周货币

3. 咸阳历史悠久、环境优越、人文鼎盛

逝川如斯，陵谷为夷。古代咸阳的地貌同我们今日看到的情形有着显著的不同，而且东西部差别很大。西段最清楚的变化，就是这一带由于渭水的侧蚀，河岸崩塌，北侧地面逐渐减少，而南侧不停地让出河漫滩。即以长兴村、滩毛村到店上村为例，我目睹 30 年间的变化，农田没入渭水岂止千米之数！据测评，秦汉时代的渭河流经偏南，大约还在今西安市草滩的南侧。[①] 另外，渭河北岸的二道原，即今咸阳原的南缘台地上，由渭城区东

① 《三辅黄图》记汉“长安城北出西头第一门曰横门……门外有桥曰横桥”。又引《三辅旧事》：“秦造横桥，汉承秦制。”横桥在汉时称渭桥，也就是以后常说的“中渭桥”，其位置据《汉书 · 文帝纪》苏林注：“在长安北三里。”

汉长安故城位于今西安市西北郊，其横门遗址在今六村堡乡曹家村之西。那么，由此北去三里（苏林系三国时魏人，其所载里程按东汉晚期 1 里合今 433.56 米）即 1300.68 米，就是秦汉时期的渭河南岸。

到正阳乡的杨家湾一线，过去仅仅在任家嘴、石桥、胡家沟、聂家沟、柏家嘴等处有新石器时代遗址的发现，见有陶盆、陶罐、陶钵和尖底瓶等仰韶文化的遗物。但遗址面积不大，文化层堆积较薄、内涵也单纯。说明在渭北的西段没有小溪、泉流的存在，西南面那滚滚东去的渭河在当时的条件下还未能给原始人类提供饮用和捕捞鱼类的便利。因此，在这一狭长靠原的区域里只能存在一些稀疏的晚期的居民点而已。

但渭北东段如柏家嘴遗址在传说汉高祖戚夫人冢的东南，二道原上，东西长约 150 米，南北宽 70 米左右，文化层厚 1 米左右，仰韶文化层上叠压着客省庄二期文化，能采集的遗物就有陶盆、陶缸、陶罐、尖底瓶及陶环等残片。遗址东部原下的渭河电厂区原是一处低洼的下湿之地，有湖泊的存在，1972 年在杨家湾村南打井时于地下 6 米深处还发现鱼骨、船板等。秦始皇引渭水入兰池，就近筑兰池宫，把这里变成风景秀丽的游览区。那么，杨家嘴的原始聚落之所以能拥有相当的时空，就是赖以生存的水源问题早已解决。可见渭河北岸的东段，包括咸阳原上下在内，确是一个树茂草丰、鸟兽出没的地带。在秦人建都咸阳之前相当长的时间里，这里多为一片葱茏的林莽所覆盖，无怪荀况在秦昭王时来到咸阳后，就曾极力称赞“山林川谷美，天材之利多”（《荀子·强国》），发表了一通感慨。

“咸阳”的名称固然是秦时起用的，但早在西周初年这里就因成为周的乡邑而兴盛起来。① 据说，周的季历（王季）在商王文丁时灭了商的方国程，其子姬昌（也就是后来的周文王）在建立丰都之前，曾经由周原迁徙于“程”（《逸周书·大荒解》及《书序》），建立了“程邑”（《括地志》），并以程为都。汉惠帝的安陵邑就设在程邑的故址上。（《太平寰宇记》《陕西通志》）程即是“郢”，《通鉴地理通释》：“郢故城在雍州咸阳东二十一里，周之郢邑也。”地当今咸阳市东渭城区韩家湾乡的白庙村一带。文王时，周族力量逐渐强大，对商王朝采取进攻的态势，消灭了商在西方的方国之后，把他们迁到程邑来，《竹书纪年》：“（帝辛）三十三年，密人降于周师，遂迁于程。”史佚伐纣有功，周武王六年封其于王季程都故地，称“程伯”，或曰程伯国。周文王的第十五子姬高是随同周武王灭商、辅佐周武王的元老重臣，封于毕，建立毕国②，因以为姓，称毕公高。毕国版图包括了今

① 在咸阳市东渭城区有多处周代遗址的发现。秦代北阪宫殿遗址集中的牛羊村西部，即窑店镇附近，发现的西周遗址，东西长约 80 米，文化层堆积厚约 1 米，见有陶鬲、陶盆等残片。

② 《左传》僖公 24 年：“富辰谏曰：‘……昔周公吊二叔之不咸，故封建亲戚以蕃屏周，管、蔡、郕、霍、鲁、卫、毛、聃、郜、雍、曹、滕、毕、原、丰、郇，文之昭也。邘、晋、应、韩，武之穆也。’”毕是 20 个封国之一，伯婴父障鬲有“伯婴父作毕姬障鬲”的铭文，说明毕为姬姓国，同《书·毕命》《史记·周本纪》《史记·魏世家》记姬高封毕是一致的。毕公在周康王时曾治理东郊。其后嗣绝封，贬为庶人，或在中国，或在夷狄。后人毕万事晋献公有功，为大夫，封于魏。

咸阳市秦都区北部和渭城区的大部，也正因为毕国包括了程邑在内，才在“程”前冠上“毕”而成了“毕程”。因毕而遂有“毕郢”（《孟子·离娄下》）、“毕陌”、“毕原”[①]等诸种称谓。周人虽盛赞“周原膴膴，堇荼如饴”（《诗·大雅·绵》），但从翦商的目标需要考虑，不能不向渭河下游发展。他们看到程居于渭河之滨，不但土壤肥沃，而且地理位置适中，远在周原之上，就有了从王季都程开始的一系列活动。而这些，都对于咸阳地区的开发起了很重要的作用。

4. 同栎阳相比，咸阳的优胜，再结合秦国的长远目标和眼前利益，大概是作了这样的考虑

第一，就当时军事斗争形势而言，魏是战国初期的强国之一，是秦国向东发展的直接障碍，而且占有秦的河西之地，隔水同秦对峙。秦献公徙治栎阳的目的，在于“东伐”。但随着秦进魏退的变化，双方争锋的焦点已由河西地移到函谷关以东。原处于第一防线偏后的栎阳，其战略地位就不再像原来那样重要，其所在位置当然也就不能完全适应变化了的要求。于是，服从于军事斗争目标的这一都城已完成其临时性的任务。而咸阳则与之相反，前有泾渭交汇、环绕东壁，形成天然屏障；后有广阔平原赖以资助；守在中央，居高临下的黄土台塬，确实具备“据河山之固，东向以制诸侯”的战略条件。

第二，按地理条件论，栎阳地势高，距渭河又远，无险可凭，况且东近“泽卤之地”，生产、生活条件都不甚理想。而咸阳位于关中平原的中心地带，恰在沣、渭交会以西的大三角地带[②]。这里有着大片的良田沃土，早为人们所开发利用，是个农产丰富的“奥区”。“南山檀柘”（《汉书·地理志》）、“有条有梅”（《诗·秦风·终南》），是诗人们对终南山能提供丰富的山货和林产品的赞语。那么，咸阳依仗这衣食之源的优越地位，就更加有利于秦国基地的稳固。

第三，由交通状况看，咸阳濒临渭水，是南北两岸东西并行的大道交叉处：由渭北的

---

① 清人孙星衍有《毕原毕陌考》一文认为“毕原”在渭水南，“毕陌”在渭水北。对此，有待商榷。但他认定周文王、武王、周公葬渭南，秦文王、武王葬渭北，是对的。两毕一在“镐东南杜中”（见《史记·周本纪》），一在渭北，即今咸阳原（见《史记·秦本纪·集解》引《皇览》）。实际上，两毕并存，并无正误。在西安市西南“杜中”的毕原是周王陵墓区的所在，《史记·周本纪》说武王“上祭于毕”，“周公葬毕”，即此地。从西安西南杜城村，到长安区韦曲街道之间出土唐墓志上知，毕原即在这一带，如1980年秋，南郊三爻村发掘的崔纮墓志中，就有“葬于万年县之毕原”的铭文。而郭杜镇周围的原地，为寻找周王陵墓区提供了线索。

② 《诗·大雅·文王有声》：“沣水攸同，唯禹之绩。”据清人胡渭《禹贡锥指》考证：在古代，不仅沣水东流，而且涝、滈、潏、灞诸水也注入沣水东流。而今灞河是在泾水入渭处才注入渭河。汉代，沣水独自北流，于今咸阳市东南入渭。北魏时，沣水是在咸阳市西南的短阴山下入渭的。

一条古道，可东出临晋关（又称蒲津关，魏置，在今陕西大荔县东黄河西岸），渡河可东至蒲阪（今山西运城西南蒲州镇），直抵魏的腹地；由渭南的一条古道，东出崤函关隘（东自崤山，西到潼津，通函谷，关址位于今河南灵宝西南），便可同诸侯争锋中原。同时，渭河又具漕运之利，顺流而下可直入黄河，早在春秋时代就用作漕运。[①] 所以，咸阳正当水陆津梁，形势险要，有进退战守的军事作用和立国守成的政治作用，无疑是符合建都条件的。

第四，从变法实际考虑，雍都是宗族奴隶主集团盘踞的老巢，迁都咸阳就可摆脱旧势力的包围，避免干涉与阻挠，便于新法的迅速推行。

具体到今长陵车站东到窑店镇一带的地理位置，就更能体现秦孝公、商鞅的要求。因为这里的地形是由渭河台地、黄土台塬和介于两者之间的二道原组成。东自泾渭交汇处后退，向西到了柏家嘴，最佳的地势就出现在眼前：从这里开始，直至渭城湾，东西长达10公里，由原底至当时渭河岸则宽达6公里多，都是河川台地。地面坦荡宽阔，临水宜农，且有舟楫之利。台塬标高450 ~ 500米，只有在窑店一带才“让”出了南北宽达1500米、东西长约9000米（窑店镇~刘家沟）的二道原（标高400 ~ 420米）。这块“北陵”之地，背阪面川，泾渭环带，就是理想的建都之处。

1.“重威”意识的开端

《史记·秦本纪》载，秦孝公十二年（公元前350年）“作为咸阳，筑冀阙，秦徙都之”。《史记·商君列传》也载：“作为筑冀阙宫庭于咸阳，秦自雍徙都之。”

秦孝公为使商鞅变法再从深层展开，就把修建“冀阙”列为迁都的首项工程。筑“冀阙”，既是定都的标志，又是为这座历史名城举行的奠基礼。作为秦咸阳先期工程和国君权威的标识，“冀阙宫庭”的营建，其政治作用和历史意义在秦孝公和商鞅的潜意识中是绝对重要的。商鞅也曾经向赵良炫耀说，自己“大筑冀阙，营如鲁卫”。所谓“大筑”，就不是一般性的“小筑”。其体量大，涉及的工程量也大，其所处的位置必然也是显著的。

孝公定都咸阳，为什么要从“筑冀阙”开始呢？“阙”在都城建设上居于怎样的位置呢？阙最早出现在周代，《诗·郑风·子衿》就有“纵我不往，子宁不来，挑兮达兮，在城阙兮”的句子。因为阙位于城门之前，这种城阙也就被认为是城门楼，自然也就成了城门建筑的

① 《史记·秦本纪》载：秦穆公十年（公元前650年），“晋旱，来请粟。……以船漕车转，自雍相望至绛”。历史上称这一救援活动为“泛舟之役”。渭水量大而平稳，适宜漕运，历代不绝。但也因季节性而水位落差较大，所以过河就形成“冬自桥梁夏自舟”的状况。近多年来，由于生态失去平衡，水量骤减，以至夏季可涉足而过，几近断流。

代称。《穀梁传》桓公三年也有“礼，送女，父不下堂，母不出祭门，诸母兄弟不出阙门”的话。

春秋战国时期，阙的形式也有了多样的变化。因是立于城门和宫门外的一对多层建筑物，故而就有了“城阙”（又称“门阙”）、“宫阙”的称呼。① 同时，阙的等级制色彩也越来越浓。它始称“象魏”，因为在此处公布法令、告示于民，便于观瞻，所以有把阙直呼为“观”或“门观”的。(《说文解字》) 晋崔豹《古今注》给阙下的定义是“阙，观也。古每门树两观于其前，所以标表宫门也。其上可居，登之则可远观，故谓之观。人臣将至此，则思其所阙多少，故谓之阙。其上皆丹垩，其下皆画云气仙灵、奇禽怪兽，以昭示四方焉。”由于君主常于此出列教令，臣下也常在这里上朝或待诏，又是出入城或宫的必经之道，不但设阙于“门两旁，中央阙然为道”（《释名·释宫室》），还扩大其建筑体量与形制，以别君臣之尊卑，警示入朝的臣下到达帝王的宫禁之地当恭敬严肃。显然，从位置、形制、作用来看，阙无不是君权威仪的象征物。至于秦孝公所筑的“冀阙”，又作何解释呢？［按：“冀阙”名称的由来，还有以下几种说法：

一说是记事于阙。唐司马贞说：“冀阙，即魏阙也。冀，记也。”张守节也说：“刘伯庄云：‘冀，犹记事。阙，即象魏也’”（《史记·秦本纪·正义》）。所以《左传》庄公二十一年杜预就确指：“阙，象魏也。”

又一说是以古冀州之地而名阙。宋程大昌《雍录》：“案《史记》：‘孝公十一年，卫鞅围安邑，降之；十二年作冀阙。’冀者，冀州也，安邑即冀州之邑也。冀之为州，尧、舜、禹皆尝都焉。今孝公已得冀州而作冀阙，其必放古阙存者而创立此名也。”明董说的《七国考》也力主此说。

还有一种解释是：冀读魏，阙高巍然，故名之为“魏阙”（《吕氏春秋·审为》、孙诒让《周礼正义》）。

以上三说，各有其合理的部分，但也具有其片面性。实际上，阙在原先是公布政府文告法令——“象”的地方。《周礼·天官冢宰》：“正月之吉，始和，布治于邦国都鄙，乃县治象之法于象魏，使万民观治象，挟日而敛之。”郑司农曰：“象魏，阙也。”《吕氏春秋·审为》载：“中山公子牟谓詹子曰：‘身在江海之上，心居乎魏阙之下，奈何？’”可见象魏（也

① 起初，阙、观不分。阙，一名“观”。《三辅黄图》载：“阙，观也。周置两观以表宫门，其上可居，登之可以远观，故谓之观。人臣将朝至此，则思其所阙。”
最早的阙是建在都城之门、宫门之外，到了汉代，从汉景帝陵园起，陵城四门高起三出阙，是为“陵阙”。此后连祠庙、宅第之前也设有阙，成了社会地位和身份的标志。

称象阙)、魏阙之称早已有之，与阙之称“冀”无涉。至于“孝公已得冀州”之说，是不符合历史事实的，因为在筑冀阙的前3年，升任大良造的商鞅曾率军攻降过魏的旧都安邑，但并不等于得到冀州。合理的解释应该是：孝公、商鞅把阙看作是王权和胜利的象征，在变法图强取得初步成效的情况下营筑新都，就有了记功于实用、雪耻于争锋的寓意，而两座雄伟的阙台建筑居高临下，巍然阙如，就称之为“冀阙”。再把“冀阙”同附属的宫殿建筑合并而称之，就成“冀阙宫庭”了]《史记·商君列传·索隐》：“冀阙，即魏阙也。冀，记也。出列教令，当记于此门阙。”看来，这是较为接近孝公原旨的一种说法，因为他迁都咸阳首先是从“筑冀阙”开始的，不仅用这一庄严场所宣布一系列改革法令，而且重要的用意就是向世人宣示他政治改革的决心。

西汉初年，萧何大修未央宫，受到高祖刘邦的责怪。他的回答很直接，说：“天子以四海为家，非壮丽无以重威，且无令后世有以加也。”(《史记·高祖本纪》)“重威”，就是要君主具有威严的仪表、威武的风度、威慑臣民的作为。那么，商鞅大筑冀阙就在于树立秦孝公变法图强、万民敬畏的形象。可见“重威”的意识，商鞅是先人一步。

2. 冀阙遗址的发现与定性

“冀阙”在哪里？从“大筑”入手，我们向咸阳原上最显著的建筑基址奔去。

(1)试掘的成效

1961年11月，在陕西省考古研究所渭水考古队对咸阳原普遍考古调查的基础上，吴梓林队长和我选定了窑店镇牛羊村北那座高大的夯土堆。当地人曾怀疑是一座古墓，我们二人经过勘查后就在顶部的西北角开了探方进行试掘。当出土物陆续在我们手铲下剥离出来时，那令人激动的画面至今仍历历在目：

坚硬平整的红褐色地面大片大片展现在眼前时，这不是“木衣绨绣，土被朱紫”吗？

二方连续的几何纹壁画残块出土了，这不是对秦代绘画的大突破吗？它预示着将以考古发现填补中国美术史的空白！

一些铜建筑构件，虽然经过大火多有烧结，但精美的图案仍在昭示当年的光辉！

一方大的倾水池出现，连接着陶质拐头，给世人展现了这座建筑的排水系统。

……

咸阳原上的这第一掘，终于确认了这是一处重要的宫殿建筑基址，给予的编号是“咸阳第6号宫殿建筑遗址”。时隔12年之后，即1974年，又由我和“咸阳考古工作站”的多位同行正式作了发掘，改名为“秦咸阳第一号宫殿遗址”(图1–15)。当时，我们对这一建筑外延部分展开探测，除过发现一座“宫城”及其内外多处宫殿建筑遗址外，正发掘的一号宫殿遗址向东跨过牛羊沟，还有一个建筑与之相对。可惜早年取土已成平地。我用大平板测量仪绘出了总平面图，再经建筑历史复原，才使我们看清楚一个双阙建筑的本来面貌（图 1–16）。当前发掘的一号建筑遗址不过是双阙之一的“西阙”罢了。

图 1–15　秦咸阳一号宫殿遗址

图 1–16　冀阙（1 号建筑）复原图（杨鸿勋图）

（2）断定冀阙的根据

第一，体量大，仅存的西阙台残高 6 米，是诸宫殿遗址中最高最大的一座。坐落在咸阳原南缘，目标最为显著。居高临下，俯视渭川、面对秦岭，广阔平原尽收眼底。足以展现孝公定都咸阳、雄霸天下的宏图大略。

第二，地盘大，对称结构的两观形式，是定性冀阙的有力证据。完整的冀阙遗址是一个地跨牛羊沟、东西向展开、两端各由夯土筑起 3 层的高台建筑。面阔约 130 米，南北纵深 40 米。经复原的西阙台，高达 17 米左右。由于北部中心内收，在平面上形成“凹”字形。现在的牛羊沟原来是一条南北向的坡道（“御道”），冀阙宫庭的主体建筑以它为中轴线，东西各有高起的阙台建筑对峙，二者之间在上层有“飞阁”（复道）相连，从而形成二元构图的两观形式[①]。庞大巍峨的建筑体量、重叠繁重的高台宫室、凌空干云的飞阁复道，雄踞北陵（咸阳原）之地。又有宽阔的“御道”由原下拾级而上。观居两旁、中央阙然为道的这一高大建筑，是“冀阙”的最好诠释。

第三，发掘取样，经碳 14 测定，此建筑的绝对年代是公元前 340 年。出土的包含物中有战国时期的葵纹和云纹瓦当及排水管道（只见圆筒不见五角形的），但又伴出各式云纹瓦当和陶文，从而确定了这一组建筑的相对年代是：始造于战国中期，沿用于秦统一之后，毁于秦末大火。

第四，位于宫城前部，居于八大宫殿建筑遗址之首，这正是“冀阙宫庭”完整版的再现。

（六）冀阙雄姿

考古发掘的“西阙”，是冀阙现存的唯一标本。从建筑外形、结构、体量到考古复原，一座宏伟峥嵘的秦建筑横空出世，使人莫不惊讶它的奇妙。现在，还是让我们先从苦涩的考古说起吧！

西阙作为一个大型的夯土台，底盘东西长 60 米，南北宽 45 米，现存高 6 米。由底到顶分 3 层依台建屋。

底层：围绕台基，南侧西段有 5 个单室坐北朝南地一线排开，编号由东往西排为 8 ~ 12 室；北侧中部有两个单室相邻，坐南面北，自西而东分别是 6 室、7 室。门前出檐设廊，形成甬道。再围绕底层建回廊一周，便于底层各间往来。（图 1–17）

① 杨鸿勋：《建筑考古学论文集 · 秦咸阳宫第一号遗址复原问题的初步探讨》，文物出版社，1987 年。

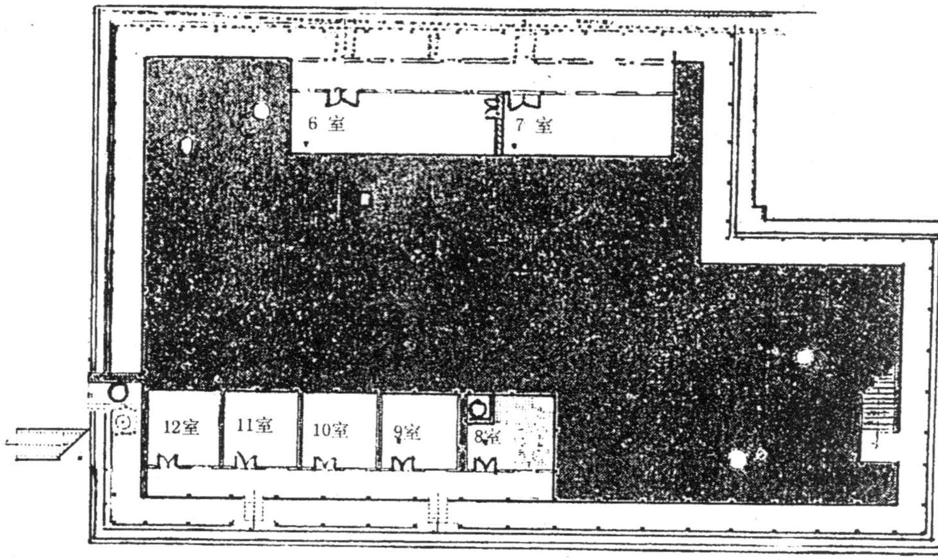

图 1–17　西阙遗址（一号宫殿）底层复原平面图

中层：正中是主体居室（1 室），平面近方形，东西长 13.4 米，南北宽 12 米。南北壁各有两门，分别可达“露台”（在南底层五室之上）和“榭”（14 室，在北底层 2 室之上）。东壁留一门，通“曲阁”（2 室），可沿“阁道”东向东阙；主室东南另辟卧室（3 室），西侧有卧室（4 室）和盥洗室（5 室）。（图 1–18）

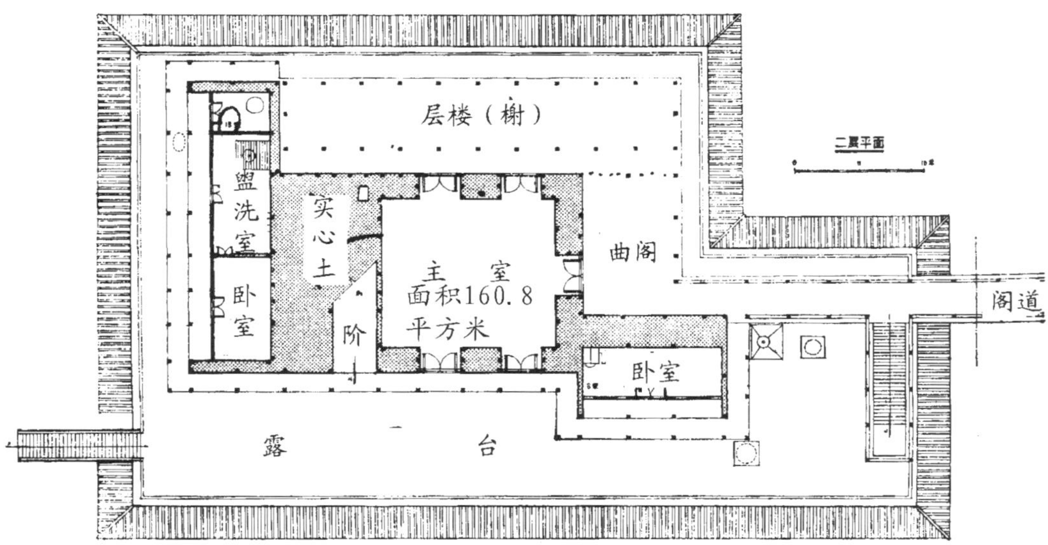

图 1–18　西阙遗址中层探测图

上层：主室外，西南方有坡道（陛）可登主室之上的楼阁，这当是阙楼的最高层了。

各室内地面平整、光滑、坚硬而呈暗红色，大概是《三辅黄图》上所谓的“土被朱紫”。墙壁上多有黑色“壁带”及墨绘几何纹图案，或是彩色壁画。室内不但设置有冷藏食品的竖井和取暖的壁炉，还有一套由倾水池、引水陶管和渗井组成的供水、排水系统，很符合古代的室内卫生要求。

西阙楼整体结构特殊、空间组织多变，而居室、卧室和设有栏杆与平座的榭、曲阁及四望的楼阁，排列灵活，显示着一种勃发向上的建筑风格。[①] 把不同用途的室、台、榭、廊、道有机地、灵活地安排在一个多层次的高台建筑物内，结合为一个整体，又使通风、采光、供排水等设施得到合理的运用，无论从空间到平面，其布局之自由灵活，在中国建筑史上都具有重要意义。

三、更筑“冀阙宫庭”之城

1973 年 11 月至次年 4 月，秦都咸阳考古工作站围绕“冀阙宫庭”作大面积钻探。由我亲手操作大平板测量仪，把宫城测绘在图纸上，（图 1–19）但很长一段时间里，并没有引起人们对它性质、作用、历史地位的注意。

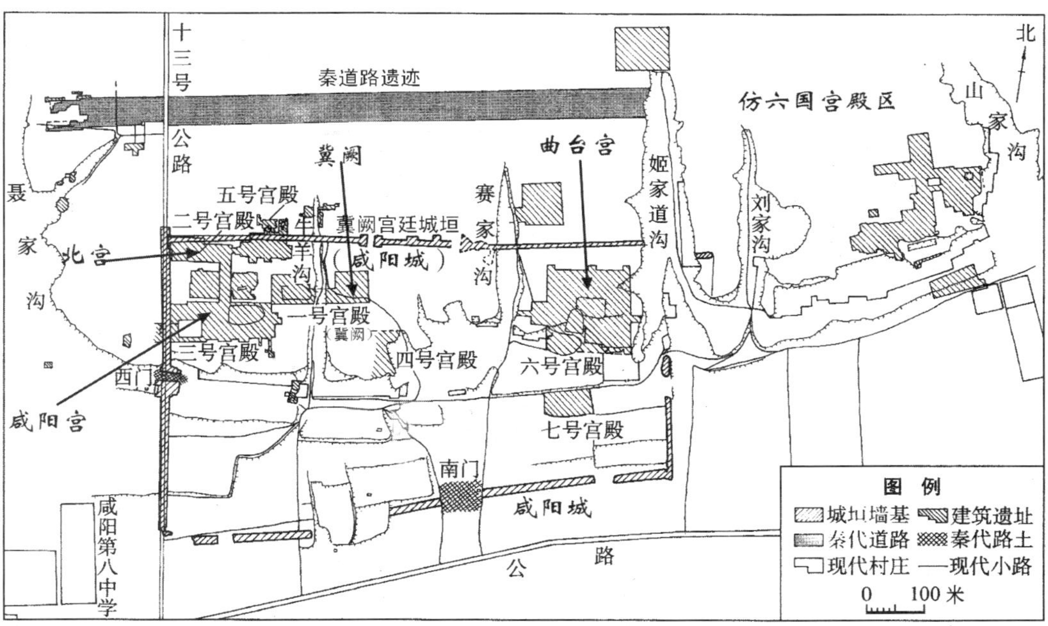

图 1–19　北阪宫殿建筑区（王学理测绘）

① 刘庆柱、陈国英：《秦都咸阳第一号宫殿建筑遗址发掘简报》，《文物》1976 年第 11 期。

探测出的宫城呈长方形，西墙紧压在窑店去韩家湾的十三号公路上，东墙在姬家道，南北两道墙分别位于牛羊村的原下和原上。在宫墙之内分布着 8 处大型宫殿建筑遗址，其中的“冀阙”位于城北部偏西处，（图 1–20）西南有三号宫殿遗址，西北方包括了二号宫殿遗址的南中部，城东北部的姬家道西则是高 6 米的咸阳宫别殿遗址。城南半部在原下，地势较为开阔平坦，发现多处路土和小面积夯土。此道城墙的东墙和南墙的基部保存较差，断断续续，但走向明确。南墙长 902 米，北墙残长 843 米，西墙长 576 米，东墙 426 米，估计全城周长 2747 米。墙基宽 5.5 ~ 7.6 米，距地表深 1.4 ~ 2.2 米。经试掘知，在墙基中夹杂有战国时期的瓦砾和鬲、釜、盆、罐等生活陶器残片，说明此道夯土墙和“冀阙”建筑属于同一时代，也许比“冀阙”时间稍晚一点。

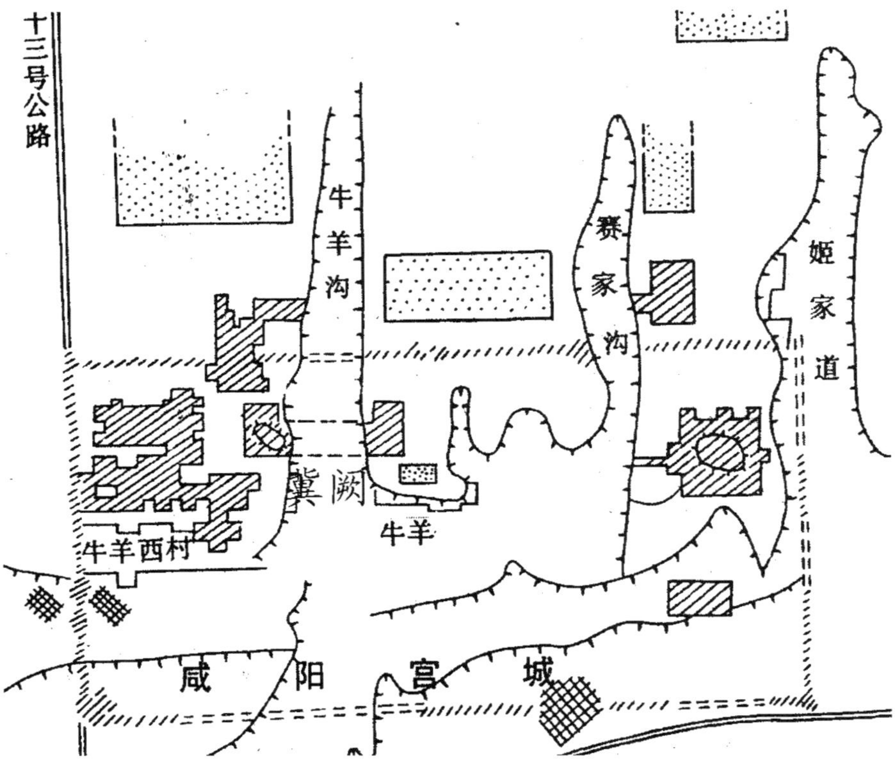

图 1–20　咸阳宫城与冀阙遗址探测图（王学理测绘）

《水经注》渭水条：“渭水又东北迳渭城南。文颖以为故咸阳也，秦孝公之所居离宫也。……至孝公作咸阳，筑冀阙，而徙都之，故《西京赋》曰：‘秦里其朔，实为咸阳。’”薛综注：“里，居也；朔，北也。秦地居其北，是曰咸阳”。从冀阙宫庭的城内布局看，宫廷建筑位于城的北半部，居高临下，当是秦公及诸王处理政务的朝寝之区；南半部在原下，是大道和一般性建筑。因为城的范围不太大，作为宫城的作用和性质也较为明显。此城持续时间长，咸阳再无郭城的发现，从这个意义上讲，它作为“故咸阳”的早期之城完全可以成立。

四、棘门——庄重的南大门

“棘”与“冀”同音。棘门是冀阙宫庭城的正南门，出城的大道就是“棘门大道”。北穿冀阙中道，南下与东西大道成丁字相接。可东向蒲关，西去陇右。

棘门的确认，我是有文献记载为据的。《史记·绛侯周勃世家·正义》引孟康说棘门是“秦时宫也”，但未明确是哪座宫殿之门。《括地志》说：“棘门在渭北十余里，秦王门名也。”只有《长安志》和《读史方舆纪要》均以唐宋咸阳城作基点，说“今咸阳东北十八里有棘门”，这才有了地点可寻。

唐宋咸阳城约在今咸阳市东任家咀附近。按唐大里计（1 里 =531 米），棘门在其“东北十八里”，约合 9558 米，正在今牛羊村附近。经考古探测知，冀阙宫庭建筑（一号宫殿选址）呈两观相对形式，中间阙然为道，有干道直通宫城南门。这里应当就是冀门的所在。

棘门既是秦的宫门，到了西汉就成了地名，对保卫首都长安城则具有极为重要的军事意义。《史记·孝文本纪》载：后六年（公元前 158 年）派“河内守周亚夫为将军，居细柳（今咸阳市西南钓台街道办两寺渡[①]）；宗正刘礼为将军，居霸上（今西安市东灞河东岸的桥梓口）；祝兹侯（徐悍）军棘门，以备胡。”由此可见，秦孝公与商鞅筑冀阙宫庭选址具有先见之明。

五、咸阳早期的城市居民与户口编制

商鞅“令民为什伍”，即五家编制为一个基层单位——“伍”，两伍编为一“什”。其长曰“伍老（或曰“伍长”“伍伯”）”、“什长”。[②] 按军队组织编制户籍的作用在于：一是在地方上“相牧司连坐”，实行“连坐法”。五家担保，十家相连，要什伍之内各家相互监督，随时告发“奸邪”（对告者行赏，对知而不举者处“腰斩”的极刑；对隐匿者除诛其身外，还要没收妻子为奴），以确保社会秩序的安定。二是由于“卒伍政定于里，军旅政定于郊”（《管子·小匡》）。兵、民组织对口的结果，便于什伍赴战，适应快速征

① 咸阳市秦都区钓台街道办西张村原名“西帐村”，据说是周亚夫坐帐的地方。这一带属汉上林苑范围，有建筑遗物，曾采集到“上林”文字瓦当。

② 《管子·立政》：“十家为什，五家为伍。什伍皆为长焉。”伍长也称“伍老”，《韩非子·外储说右下》：“王因使人问之，何里为之，訾其里正与伍老屯二甲。”

兵和军中同伍人相保的需要。

咸阳市民的户籍，同样是以一个壮男为主组成的家庭单位。为实现按人口征收赋税，商鞅变法还规定：“民有二男以上不分异者，倍其赋。”迁都咸阳后，再次“令民父子兄弟同室内息者为禁”（《史记·商君列传》）。当然，这种禁令对改造“聚族而居”的落后习俗，也具有一定的积极意义。

第二章

咸阳在秦统一事业中扩大

商鞅变法之后，秦国土地私有制已经确立，生产力得以解放。“农战政策”推动社会经济飞速发展。在这个时候，冲决函关的限制，秦王已经有了问鼎中原的梦想与追求。随着对外战争的胜利展开，都城咸阳在秦孝公奠定的基础上，经过惠文王、武王、昭王、孝文王和庄襄王五世近百年时间的营建，规模急剧扩大，已经越过渭河向南、向东发展。宫殿台观、阙庙苑囿分布在渭河两岸，星罗棋布，蔚为壮观。实际上，秦王朝的政治中心自昭王以来，便发生着逐渐南移的倾向。

如果说公元前350年秦孝公“筑冀阙宫庭”只是形成首都咸阳雏形的话，那么，秦惠文王“取岐雍巨材，新作宫室，南临渭，北逾泾，至于离宫三百”①，就是在原有基础上作了新的开拓。由此可见，惠文、悼武对咸阳的建设，也成了蜀守张若治成都的蓝本。②

昭襄王对国都的建设有着新的建树，他的功绩表现在：一是在渭河上架设横桥，便利了南北的往返；二是放弃渭北王陵区，在渭南另辟“芷阳陵区”；三是又在近郊和远郊修建了很多离宫别馆，把咸阳国都统辖范围推到了一个更大的地域去；四是对秦国内治外拓，卓有成效，其磁石般的吸引力，使得其他诸侯国的人才大量西向入秦。

---

①《三辅黄图・序》：“惠文王初都咸阳，取岐雍巨材，新作宫室。南临渭，北逾泾，至于离宫三百。复起阿房，未成而亡。”《汉书・五行志》也说：“先是文惠王初都咸阳，广大宫室，南临渭，北临泾……秦遂不改，至于离宫三百，复起阿房，未成而亡。”上述记载有误：惠文王不是“初都咸阳”，而是“扩筑咸阳，增多宫室”；阿房宫不是“复起”而是“初作”；秦惠文王从来不称“文惠王”。

②《水经注・江水》：“秦惠王二十七年（公元前311年），遣张仪与司马错等灭蜀。……仪筑成都以象咸阳。”看来时间有误。因为根据《史记・秦本纪》和《张仪列传》载，张仪和司马错伐蜀是秦惠文王更元九年（公元前316年）。俟后秦惠文王二十七年，张仪正在燕国游说，待“仪归报，未至咸阳而秦惠王卒，武王立”（《史记・张仪列传》《战国策・齐策二》）。因为武王为太子时就不喜欢张仪，所以这时张仪就设计逃离秦国去了魏国。故修成都之事只能是以秦惠文王更元九年（公元前316年）为准。

秦昭襄王以来，咸阳地跨渭河南北。“咸阳”原来取意“山南水北俱阳”的名称，在这个时候，再也不能概括发展变化了的地理特点。秦始皇之前，秦都咸阳的布局是：作为国家的政治重心仍然以渭北为主，而寝庙和皇家苑囿则分列于渭南的东西两区，诸多宫殿建筑都是以渭水为东西轴线，向南北伸展开来。

到了秦始皇时代，国都规模增大，内容增多，在布局上甚具浪漫色彩，这就是《三辅黄图》说的：“始皇兼天下，都咸阳，因北陵营殿，端门四达，以则紫宫象帝居。渭水贯都以象天汉，横桥南渡以法牵牛。”沿着北原高亢的地势（“因北陵”），营造屋宇，殿门①朝四个方向展开，处于中心的正殿是按“天帝常居”的“紫宫”规划的。滔滔东去的渭水穿过都市，恰似银河亘空，划过无垠的星野。而横桥飞架南北，把两岸铺陈的宫观、阙庙、苑囿连接起来，真如在浩瀚无际的苍穹里飞来“鹊桥”，便利着牛郎织女的团聚。这种布局和空间结构，确确实实是被秦始皇织进那美丽的神话之中了。咸阳雄伟壮观的规模，充分地显示着帝国的威力，实际也是王权意识在都城建设上的具体反映。

秦王嬴政执政后，集中权力，发动大规模的统一战争，削平群雄，于公元前221年建立了中央集权的郡县制秦帝国。咸阳，从秦国之都变成了帝国的首府，成了全中国政治、经济、文化、交通的中心。规模增大，其壮丽繁华的景象，达到了空前的程度。修建阿房宫、郦山陵墓两大工程，竟动员了七十二万人作业不休。秦始皇从咸阳出发，五次巡行天下，大驾卤簿，前呼后拥，好不气魄！连当时服役于此的刘邦看到咸阳的宏伟、秦始皇的威仪，也不禁发出“大丈夫当如此”的喟然长叹。②

第一节　咸阳日趋繁荣的社会背景

公元前338年，秦孝公死后，即位的秦惠文王，就是在商鞅变法初期触犯禁令的那位太子驷。他在被夺爵削职的宗族贵戚和犯法受罚人的包围之下，受着复仇情绪和报复思想的煽动，出自君权集中的考虑，无情地逮捕了元老重臣商鞅，并把他处以车裂的极刑，还残酷地杀害了他的全家。

商鞅虽死，但秦法未改。军功爵制下的生产关系既经确定，生产力得以解放，秦国的

① 《汉书·周勃传》师古注：“端门，殿之正门。”
② 《汉书·高帝纪》：“高祖常繇咸阳，纵观秦皇帝，喟然太息，曰：‘嗟呼，大丈夫当如此矣！’”

经济随之就有了长足的发展。

一、秦国经济实力的迅速发展

（一）农业生产

1. 宽松的农业政策、有效的组织管理

商鞅变法时“为田开阡陌封疆”（《史记·秦始皇本纪》），取消了奴隶制土地占有制的标志，实行军功赏田和“授田”制，使土地从国有制迅速向私有制转化。随着对外战争的不断，国家按赐爵等级给予“田宅”“臣妾”，使获爵者和服役者得到了土地与劳动者，并进而成为地主，新的剥削关系也由之确立。农户通过“授田”得到份地，成为私产。国家还令百姓“任其所耕，不限多少”（《文献通考》），只向他们收取租税，并令“民得买卖”（《汉书·食货志》）。承认土地私有，就从根本上废除了奴隶制土地占有制，从而确立起地主阶级的土地私有制。推行重农抑商政策，强调“国之所以兴者，农战也”“尊农战之士”（《商君书·农战》），制订使“耕织致粟帛多者复其身，事末利及怠而贫者举以为收孥”（《史记·商君列传》）的政策，有奖有罚，从而大大激发了获得土地的农民生产的积极性。秦昭王鉴于“三晋地狭人贫，秦地广人寡”的状况，除原先商鞅颁发《垦草令》中20条鼓励人民垦荒、发展生产的措施外，还采纳了招徕“三晋之人，利其田宅，复三代（即“三世”）无知兵事，务本于内，而使秦人应敌于外”（《文献通考·田赋》）的建议，使其改变奴隶身份，这既增加了秦国农业劳动力的投入，又削弱了三晋的生产力和战斗力。

本来，秦国早就采用了“以牛田，水通粮”（《战国策·赵策》载赵豹语），显然，牛耕的效率比耦耕提高好几倍。秦国还比较早地把铁用来制作农具[①]，遂使更多地开辟荒地和深耕细作成为可能。

由于秦统治者有着“重农”的思想及相应的农业政策，从长期实践积累的经验中也能

① 秦国用铁制造农业生产工具，不但时间早，而且使用也较为普遍。《诗经·秦风》有“驷驖孔阜”的句子，是以铁来比喻马的颜色。周人已经“取厉取锻”（《诗经·大雅·公刘》），学会使用锻铁。秦继周，改用铸铁制造工具，在春秋战国的秦墓中多有出土。如凤翔秦景公大墓中就出土有10多件铁铲、铁锸和铁削，其制作时间当在入葬的时间（公元前537年）之前。高庄的46座秦墓中就出土了铁器56件，其中仅起土的工具——铁锸就有7件。这些情况说明，秦自春秋晚期起，农具就渐次以铁质为主了。据王学理《秦始皇陵研究》一书记述，1970年冬在始皇陵园内城北门外，发现大铁铧1件，通长25厘米，有豁土的脊长5厘米、高1厘米。在秦俑坑、食官遗址、寝殿建筑遗址、居赀役人墓地、上焦村秦墓、马厩坑，出土铁锸46件、铁铲5件、铁锛20件、铁锤10多个，还有铁斧、刮刀、削、锛、錾、抬钩多件。此外，在西安半坡、咸阳、朝邑、蓝田、凤翔、宝鸡等地，也有战国秦铁农工工具的出土，其中农具、手工工具的种类齐全，基本满足了农业和手工业生产的需要。

反映出农业生产技术的提高。《吕氏春秋》一书中收有《上农》《任地》《辩土》和《审时》4篇论文，是公认的中国较早出现的总结农业的调研成果。其中除过《上农》是讲农业政策外，其他3篇都是论述从播种到收获的一整套农业生产的经验和技术知识的。强调“重农”，规定不害农时禁令，主张“农攻粟，工攻器，贾攻货”，(《上农》)显然是对商鞅“困末作而利本事”政策的一种修正，从中也不难看出秦国经济发展、国力增强的动因。

秦国重视发展农业生产，把对农业的组织管理纳入法制化的轨道。《商君书》中多处强调耕战政策同富国强兵的关系，并通过赏刑的办法来推行。云梦竹简《秦律》中的《田律》《厩苑律》《仓律》《徭律》《效律》《司空律》等，就是对农业全面管理的多种经济法规。在施行上，要求明确、办法具体，对各级官吏和生产者是有奖有惩的。“雨为澍，及秀粟，辄以书言澍稼、秀粟及垦田暘无稼者顷数。稼已生后而雨，亦辄言雨少多，所利顷数。旱及暴风雨，水潦、螽虫、群它物伤稼者，亦辄言其顷数。近县令轻足行其书，远县令邮行之，尽八月□□之。”(《田律》)对于下雨与否、庄稼生长情况、影响农作物的各种灾害等，都要及时用书面形式报告，表现了秦朝廷对农情的重视。尽量挖掘劳动潜力，创造耕作条件，不违农时，都要管理官吏极力做到。《司空律》规定：“居赀赎债者归田农，种时、治苗时各二旬。”意为对以劳役抵债的人，在播种和禾苗管理季节，可各给20天假。借用官府的铁农具，如有因破旧而用坏的，可用文书上报消耗，“受勿责”是收下原物而用不着赔偿。(《厩苑律》)对耕牛的饲养，每年内定期评比，满年要大考核，由“最”（优）、“殿”（后）而奖罚。对养牛成绩佳者，“赐田啬夫壶酒、束脯，为皂者除一更，赐牛长日三旬”，即赏给田啬夫酒一壶、干肉十条，赏给牛长资劳30天，还免除养牛人一次更役（30天）；但对评为劣等的，则要“谇田啬夫，罚冗皂者二月”，即申斥田啬夫，罚养牛人资劳两个月。

2.一些大型水利灌溉工程的完成，对大面积提高粮食产量、取得巨大的经济效益、增强秦国国力，具有特别重要的意义

▲都江堰

秦昭王时（公元前306年~前251年），蜀守李冰看到岷江从上游丛山中夹带来的砂石一进入成都平原，便随流速的减缓而堆积于河道，遇雨季则泛滥成灾，遇淡季又枯水干旱。于是，同儿子二郎察看地形，总结经验，发动群众，着手治理岷江。他在灌县一段的岷江鸡心滩脊上用卵石筑堤（即“分鱼嘴”），把来水分成“内江”（在东侧）和“外江”（在西侧）两支。再在内江的玉垒山嘴处凿开一条渠道（“宝瓶口”），其左侧开出若干支渠以引水灌田，右侧筑起可分流洪水的“飞砂堰”作为溢洪道。因为两江并用，交替疏浚，再同江边截水的“杩槎”设施（活动的竹木三脚架同装卵石的竹篓配合）配套，从而调节水量，保障了农田灌溉和防治洪水，使多种效益一体化。这就是历史上有名的都江堰工程。（图 2–1）

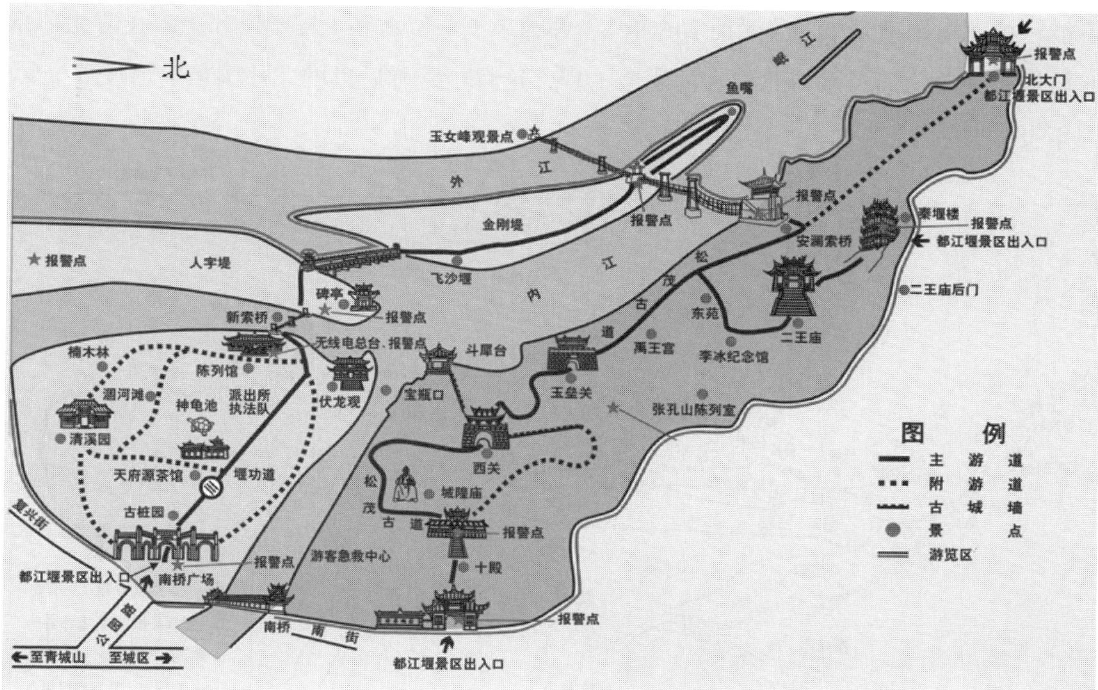

图 2–1　都江堰地区图（旅游图改制）

都江堰工程的完成，使“溉田畴之渠以万亿计”（《史记·河渠书》），使成都平原 300 多万亩土地摆脱了长期以来的水旱困扰，变成肥沃良田，做到了“水旱从人，不知饥馑，时无荒年”“沃野千里”的“天府”之国（常璩:《华阳国志·蜀志》）。至今还存于那里的“二王庙”，享受着按时祭祀，就表达着历代人民对李冰这位“为官一任，造福一方”、办实事、干好事的伟大的水利专家的崇敬之意。[1]

▲郑国渠

古代渭河南岸的丰镐地区，河流纵横，水量充沛，农业早已发达。《诗经·小雅·白华》

① 1974 年 3 月和 1975 年 1 月，先后在都江堰渠首的外江里发现两尊石雕人像，前者是李冰像，身上题铭作：“建宁元年闰月戊申朔廿五都水掾尹龙长陈壹造三神石人珎万世焉。”后者是一持锸的劳动者形象。“建宁元年”是公元 168 年，可知李冰像刻于东汉末年的灵帝时。“都水掾”和“长”都系水利工程维修与管理的专职官吏。《华阳国志·蜀志》载：“于玉女房下自涉郫作三石人，立三水中，与江身要（腰），水竭不至足，盛不没肩。”那么，此持锸石像可能是“三神石人”中的一个，系当时立的“水则”。参见文物编辑委员会编：《文物考古工作三十年》，文物出版社，1979 年。

就有“滮池（在渭水和丰镐之间）北流，浸彼稻田”的句子。但泾、渭以北的广大地域虽然地势平坦，却未能灌溉而要等雨下种，况且东部的今蒲城县西南又有大片的“泽卤之地”不能种植。秦始皇元年（公元前 246 年），韩国来了一位水利工程学家郑国，在渭北旱原开始施行一项沟通泾水与北洛水的凿渠工程，这就是著称后世的“郑国渠”（《史记·六国年表》）。

（取自《郑国渠》）

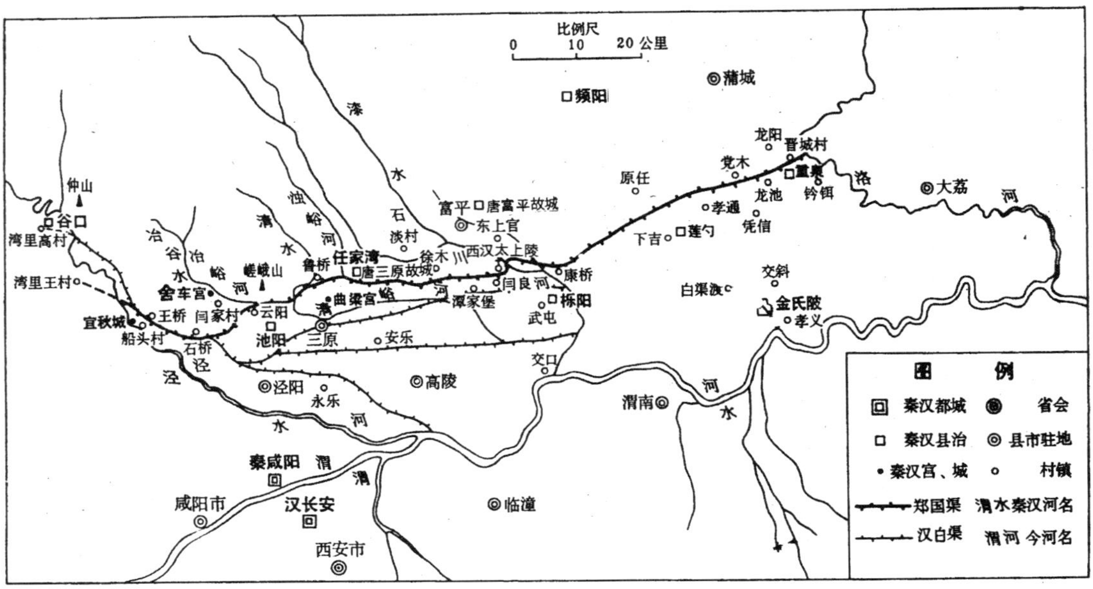

图 2-2 郑国渠示意图

《史记·河渠书》载：郑国渠“凿泾水自中山（在今陕西泾阳县西北），西抵瓠口为渠，并北山，东注洛，三百余里。欲以溉田……用注填阏之水，溉泽卤之地四万余顷”。所谓“瓠口”，即古焦获泽（也作“焦护泽”“焦穫泽”。地在泾阳县西北）。所言“北山”，指的是泾阳县的北仲山，三原县北的嵯峨山，富平县北的将军山、频山，蒲城县北的尧山、金粟山。在这里，我们结合《水经注》中对郑国渠流经的具体地名记载及考古调查材料，可以确认：引水的渠口在今泾阳县西北王桥镇船头村西北、礼泉县北屯乡湾里王村东南之间的泾河东岸。渠口宽 15 ~ 20 米、深 7 米，渠堤自西北向东南延伸，高 3 ~ 5 米。总干渠向东，经王桥、石桥，东北经马家堡至云阳镇西北。后沿嵯峨山南麓向东，与冶峪河河道重合。东至清峪河入冶峪河口，东北流经三原县北鲁桥镇南。向东，在楼底坡与自北而南的浊峪河重合，直至康家堡。继续向东，今泾惠一支渠到闫良镇北的一段，仍是郑国渠的故道。沿原南东流，绕原头在姚河附近横绝石川河（沮水），于中合村、马家堡一线向东又横绝温泉河（漆水），东过西安市阎良区康桥镇。东北向，经蒲城县南卤泊滩，在县东南的龙阳镇晋城（秦重泉县）北入洛河。全长 126.03 公里。（图 2-2）［按：对于郑国渠渠首引水方式，有两种考古调查后的说法：一种是《人民日报》（1986 年 7 月 3 日）、《中国文物报》（1986 年 8 月 22 日）和《农业考古》（1987 年第 2 期）发表的，说“发现拦河大坝 2300 多米，坝底宽 100 多米，顶宽 10 ~ 20 米，离地面残高 5 ~ 6 米”。并说坝体“由 60% 黄沙土、30% 黑红土、10% 细砾石混合堆积而成”，是“未作夯砸的土坝”。大坝内侧（北部）的“三角形地带为蓄水区，是我国已发现的最早的水库”。很明显，这一说法认为郑国渠是通过在泾河上筑坝建库蓄水而引水的。另一种是《文博》载文（1989 年第 1 期），说陕西省泾惠渠管理局组织水利专家在古瓠口地带，即泾河大湾道附近，发现渠口断面两处，间隔百米，高程一致。还在引水口东南发现长 500 余米、高 7 米左右的古渠道遗迹一处。其结论是“郑国渠是无坝自流引水”，并通过分析认为“筑坝建库蓄水”不能成立。因为《史记》记载是“凿泾水”为渠，而非“拦”或“截”。“用注填阏之水溉泽卤之地”并不是塘库中的清水。且见“土坝”而没有溢洪道和渠道输水设施（将水库水引入渠道），是不符合建库蓄水工程的要求的。还有如库区范围小，难以蓄洪和防淤，对“土坝”质量和“水库”淤积的论证不足等。

对这两种说法，我以为前者所谓筑堤蓄水再引流是行不通的。因为在滔滔不绝的泾水上修筑拦河大坝谈何容易？这在古代是绝对办不到的。如此推断不符合“凿泾”“填阏”的文献记载。如果这样做了，泥沙淤库之患也在所难免。这样一个明显的起码道理，具有治水经验的郑国是绝对不会犯错的。所以，开渠自流是必然的引水方式。

在探讨郑国渠沿途的经地时，文献依据是《水经注》，这无疑是对的。但对文献理解的偏差、对古今地理变化缺乏历史性的了解，结论就会与事实出入很大。孙达人以为“自沮水以东，郑国渠在下段首先经过了今天富平县美原镇南面当时名叫当道城之南附近的地方，至少其中一部分渠道即为频水”（《郑国渠的布线及变迁考》，载《周秦汉唐文化研究》第一辑，三秦出版社，2002 年）。首先，频水自东北向西南流，中下游今分别称之为温泉河、苇子河，郑国渠不可能逆流而上；其次，“美原镇南面当时名叫当道城之南附近的地方”，海拔 486 米，远远高于渠口（445 米），比郑国渠横绝沮水处高了 60 多米，在没有提水升高的古代，郑国渠怎么会爬高呢？所以，孙达人的看法有违常识，是绝对不能成立的］

郑国渠之所以成为世界水利工程史上的壮举，就在于设计科学，内容配套。它由引水渠、总干渠、支渠和“横绝”等主要工程项目组成。首先，渠口选在峡谷之口，使引水渠同泾水主流形成适当的夹角，并“立石囷壅水”，加快了流速。干渠紧傍“北山”，就能有效而最大限度地控制南侧的全部灌区，扩大了灌溉面积。其次，测量精确，选线合理。测知渠口的海拔高程是445米，然后沿430米到入洛处365米间的二级阶地上自西而东迳流，平均坡降6.4‰，这就保证了各支渠自流引水、均匀浇灌。沿途接纳了北山南下的诸流（冶峪、清峪、浊峪、漆、沮等水），采用“横绝”工程措施，增加了干渠的总水量，又合理地利用泾水这“泥河”的特点，淤漫盐碱地、改变土壤，增加了产量。郑国渠建成，经济效益是极为显著的，灌溉“四万顷土地”（合今276.4万亩①），亩产量达到“一锺”（合今251斤/亩②），每年可获得谷子7亿斤左右，正如伟大的史学家司马迁说的：“于是关中为沃野，无凶年，秦以富强，卒并诸侯。”时隔40多年，楚汉相争，萧何“转漕关中，给食不乏”，把粮食运到荥阳前线，有力地支持刘邦取得了战争胜利，被推为首功，（《史记·萧相国世家》）足见郑国渠的作用。今之泾惠渠及其支渠的某些渠道，依然沿用着郑国渠的故道。

正因为耕战政策的贯彻和一系列先进生产措施的施行，秦国农业得到迅速的发展。粮食作物有黍（糜子、黄米）、粟（又称稷，即谷子）、麦、稻和菽（大豆），即所谓“五谷”。如加上荅（小豆），就成为“六谷”。过去渭北地区的农作物是以粟、麦为主。郑国渠开凿之后，泾渭地区灌溉条件改善，才促使农业丰收，产量增加，不仅改善了人民的生活状况，也使国家有了更多的粮食储备。

云梦秦简《仓律》说，首都咸阳的太仓“一积”（一个仓库单位）可盛粮“十万石”，栎阳仓“一积”盛“二万石”。即使一般的仓库，“一积”也能盛“万石”粮。粮多，草也多，咸阳的“刍稿”（饲牲畜的干草，主要是禾秆类）仓库是“二万一积”，也远较地方的大。

① 秦制：“六尺为步”（《史记·秦始皇本纪》）、“二百四十步为一亩”（《太平御览》750引《一行算法》）。据测定，1秦尺=0.231米，那么，折算如下：

1. 秦亩=（6×0.231米）^{2}×240=461.0391平方米

2. 合今亩为461.039平方米÷666.67=0.691亩

4万顷合今亩数为：4000000×0.691亩=2764000亩

②《左传》昭公三年：“釜十为锺。”杜预注：“六斛四斗。”据商鞅方升测知，秦一斛为20100毫升，今一升为1000毫升。则秦1锺=20100毫升×6.4÷1000毫升=12864(升)。这实际是一秦亩（合今0.691亩）谷子的产量，合今亩产为128.64升÷0.691=1.86石。

据知，1市石谷子重约135斤，亩产折为衡制为135斤×1.86=251.1斤/亩。

从农业科研部门获知，1949年关中平原（含灌区）的产量是146.55斤/亩，1996年高达698.32斤/亩。但这是各种粮食的综合产量，如果是谷子的单产量，数字还要下降。但无论如何总可说明郑国渠浇灌后，使谷的产量提高，大大地超过了1949年之前的产量。

这些粮草仓库有着严格的管理制度，不但有高起的墙垣，而且禁绝烟火和闲杂人员接近。咸阳的太仓，还由职掌京师的内史派有重兵把守。（秦简《内史杂》）

由于农业丰收，秦国社会上也出现了“民殷富”、“蓄积饶多”（《战国策·秦策》苏秦语）、“庶人之富者，累巨万”（《汉书·食货志》）的新局面。《史记·货殖列传》说：“关中之地于天下三分之一，而人众不过什三，然量其富什居其六。”此估计当否，值得探讨。因为汉初要从山东漕转粮食供应京师，岁输数十万石，武帝时最多达六百万石。那么，秦国时期是否进粮？从陈留（今河南陈留县）敖仓（荥阳西北山上）漕粮大概是可以肯定的。但秦国粮草饶多也是不可否认的事实。再加上巴蜀地区的粮食通过秦岭和巴山中的“千里栈道”，源源运入关中，就使得秦国“仓粟多”、“富十倍天下”（《史记·高祖本纪》），为“倾邻国而雄诸侯”（《汉书·食货志》）准备了物质前提。

（二）手工业制造

出自耕战对武器装备、生产工具，以及统治阶级和一般人民衣食住行的需要，从实用的前提出发，秦国异常重视手工业的发展和管理，因而就能做出门类齐全、技术精进、质量上乘的产品。

青铜铸造是门传统的手工业，秦国开始据有西周故地，收有“周遗民”并掌握了青铜制造技术。但因辖地小，铜材来源受限而并没能造出西周那种厚重硕大、纹饰繁缛、器形多样而精美的青铜重器。即使有一些礼、乐器，也是数量极少，制作上并未摆脱西周之遗风。所以，他首先把有限的铜材用来制作数量最多、器形最小的戈、矛、镞、削一类兵器。其次才是供少数贵族用的铜容器和生活用器、工具等，如鼎、簠、壶、钫、甗、盘、匜、豆、鬲、盆、蒜头壶、带钩等。凤翔发现的铜釭，作为建筑的构件，体量硕大、图案华美，应该说是一种特例。至于车马器、装饰品，数量却是极少的。

在秦孝公之后，战争的需要刺激了军工生产。兵器制造由国家统一掌握，从中央到郡县一级的政府都拥有相当数量和规模的官营手工业作坊，按三级（督造者、主造者和造者）监造制，遵照国家颁发的标准（“程”）进行生产。秦有“十三年少府工檐”铜矛、太原检选有始皇五年相邦吕不韦少府戈。由铭文知，作为中央九卿之一的“少府”不但是全国手工业的最高领导机构，而且设立有手工作坊从事兵器和其他军需用品的生产。

少府的属官是中校署，“掌舟车、杂兵仗、厩牧”（《通典·职官九》）。“寺工”则是专为王室主造兵器和车马器的内官。秦始皇陵兵马俑坑出土有20多件“寺工”兵器（戈、矛、戟、铍等）和车马器。这些军工产品虽然藏于武库，但武库也能造兵器。制造兵器的手工业作坊设在中央的见有雍、栎阳、咸阳，设在郡的有上郡、河东郡、蜀郡、陇西郡、上党郡。库冶地点也非一处，像咸阳就有“武库”“北库”，上郡就有漆（今陕西葭县）、高奴（今延川县）、图等。秦俑一号坑东五探方（T1、2、10.19、20）、二号坑试掘方和三号坑共出土青铜兵器41924件，其中青铜箭镞占大多数。戈、矛、戟、铍、殳、剑、吴钩（“金钩”，即弯刀）一类长兵器和护体的短兵器及弩机只有536件，占总数的1.28%，但种类齐全，囊括了当时冷兵器中的远射、长兵和短兵这三大门类。其造型规正，冶铸和外加工技术，也是高超的。剑的铜含量是71% ~ 76.32%，锡的含量是18.02% ~ 22.13%，二者的比例接近3:1，大体符合《考工记》“三分其金而锡居一，谓之大刃之齐”的配比要求。青铜戈、矛的光洁度达到9 ~ 10。三棱铜镞的三个棱都呈微凸的弧形，其横截面作等边三角形，用精度0.01毫米的外径千分尺较量，数量最多的Ⅰc式镞三边误差为（6.5%~8.5%）~（8.5%~33.5%）。① 至于秦始皇陵西侧出土的两乘驷马铜车，虽则只有原物的二分之一，但制作精细、接合严密，通过铸造成型，再经锉、磨、冲、凿、钻等手法，采用镶嵌、拉拔、焊接、套接、插接、铆接、活铰连接、销钉固定等机械技术，把423种计3700个零部件组合成一体（其中一号车201种1828件，2号车221种1872件），表施彩绘，华丽鲜明，堪称彩绘铜铸艺术的佳作。用事实有力地说明：秦的青铜制造业服从耕战的需要，其制作技术有了高度的发展。

战国末期，秦国已重视采矿和冶铁业。官府中专门设立了“左采铁”“右采铁”的职位（见云梦竹简《秦律》）。司马迁的四世祖父司马昌曾做过秦的“铁官”。但是，秦国产铁地少而矿床贫，又多呈鸡窝状分布。在秦都咸阳的冀阙宫庭遗址上发掘出环首铁钉30个、三角活铰链6个，还有几件铁刀和铁环，但都是小件。只有西安半坡战国秦墓出土的24件铁器比较特殊，其中除过锄、板片和凿各1件，铁带钩就有21件，最长的达到16.8厘米。铁锄是锻打锤成薄片、折合锻接而成。而始皇陵园出土的都是实用的工具，如起土的铁锸30件、铁铲5件、铁锛头20个、木工用的铁斧20件，还有铁凿、刮刀和削等，硬料加工工具有铁锤10个，锍、扒钩、抬钩近40件，还有铁拴板等。② 秦简中也有百姓向政府“叚（假）铁器”的律文，正说明铁器还不普遍，所以才把有限的铁用来制造农具和手工工具。用铁做佩饰的带钩正是因铁的数量少而显得珍贵，还没有到代替铜器的时候。也因此，秦的冶铁铸造主要还是由国家控制着，而且只能在官府手工业作坊中进行。直到军事占领魏、

① 王学理：《秦俑专题研究》，三秦出版社，1994年。

② 王学理：《秦陵彩绘铜车马》，陕西人民出版社，1988年；又《秦始皇陵研究》，上海人民出版社，1994年。

赵等国的产铁地之后，情况才发生了根本性的改变。

同铜器制造业、冶铁铸造业并称“三大支柱产业”的制陶业，因为同国计民生直接关联，又多是就地取材，就显得特别普遍而活跃。中央官营制陶工场，除过生产供皇室使用的生活陶器外，为适应城市宫殿和陵墓建筑的需要，大规模的生产内容是建筑用陶。在秦都咸阳和始皇陵园就发现有大量的砖、瓦、瓦当、下水管道、漏斗、井圈等文物和窑群遗址。秦俑3个坑，用条砖230350块，墁铺地面9537.65平方米，可见用量之大。而7000多个陶武士俑和636匹陶马的制作，则是一种由雕塑、焙烧和彩绘一套连续工艺组成的特殊劳作，其烧成温度950℃～1050℃，均已烧结，表明了对陶土与砂的配比、焙烧中两次收缩的火候掌握，都是成功的。至于民营制陶业，其产品多是人民日常生活用陶器。秦都咸阳遗址出土的陶器上多盖有“咸亭”“□里”印戳，亭、里、工名连贯，标明它是某市署管辖下某里某人的产品，具有广告的作用。在始皇陵区见“丽亭”“丽市”“焦亭”陶器。“杜亭”当在今西安市南的秦杜县。但在渭北也发现“杜亭”陶器。同样，在始皇陵又发现有“咸亭”的陶器。这说明它作为一种商品，销售不仅限于本地，而是可以易地交换的。

其他如金银细工、玉器雕琢、漆器制造、丝麻纺织等手工业门类，在有秦一代都有长足的发展。冀阙宫庭遗址的一处窖穴中曾出土一包已经炭化了的衣服，均是平纹的丝绸织品，计有锦、绮、绢等种。其中单衣、夹衣、丝绵衣和包袱分别由平纹绢、丝绵、绢地锁绣、锦、麻布做成。虽然原来的颜色已经看不出来，但以轭菱纹作为主体纹样，间以动植物、几何纹作二方连续图案却是富丽堂皇的，表明织、染、绣的技术很高。秦俑武士所着为革铠，《秦律》中又常见赀甲盾的条文，可知甲的数量是巨大的。秦政府专门设有皮革制作工场，“官府臧皮革，数炀风之”（《效律》），表明制铠的原料也是专供。

（三）商业活动

春秋早期的秦国，随着交换的发生已经有了商业贸易的活动。在秦墓中多次发现以海贝与石贝随葬[①]，显然“用作装饰”是说不通的。“贝”属于早期的货币形态，在社会商品流通过程中充当着价值尺度的身份，对于死者无疑是一种拥有财富的反映。凤翔雍都秦市遗址的探出，是秦国设市贸易的最好说明。秦穆公曾允许“贾人”贩盐，并向他们征税，

① 1963～1964年，在宝鸡阳平镇秦家沟秦墓中发现海贝3枚、石贝4枚，参见屈鸿钧：《陕西宝鸡阳平镇秦家沟村秦墓发掘记》，《考古》1965年第7期。1976年，陕西凤翔八旗屯秦墓中，出土海贝38枚、石贝5枚，参见吴镇烽、尚志儒：《陕西凤翔八旗屯秦国墓葬发掘简报》，《文物资料丛刊》（3），1980年。1986年，在陇县边家庄五号墓出土石贝290枚，见刘军社：《陕西陇县边家庄五号春秋墓发掘简报》，《文物》1988年第11期。

于国于民于商都有好处。栎阳“北却戎翟，东通三晋”的地理位置，也多“大贾”（《史记·货殖列传》）。“栎市”陶文的发现，同“初行为市”记载相一致，正是战国时期秦国商业活跃的表现。

商鞅变法时虽推行重农抑商政策，但并非禁绝一切合法的商业活动。他说“农、商、官三者，国之常官（职）也。农辟地，商致物，官法（治）民”（《商君书·弱民》）。这表明他已明确地认识到了商业是国民经济不可缺少的活动，起着沟通有无的作用。在分析金（货币）与粟（粮食）的矛盾运动时，他认为“粟生而金死，粟死而金生。……金一两生于竟（境）内，粟十二石死于竟外，粟十二石生于竟内，金一两死于竟外”（《商君书·去强》）。他只强调财富的增加有赖于发展农业生产，却忽视了手工业生产和商品流通对生产的促进作用，因而制定的抑商政策（如“使商无得粜，农无得籴”、“重关市之赋”、使商人服徭役至“商劳”、“食贵，籴食不利”等），主张“市利尽归于农”，(《商君书》的《垦令》《外内》)，就大大地打击了商人，限制了商业的发展。

秦国经过商鞅变法，农业、手工业发展起来了，同时也促进了商品经济的发展和商品交换的活跃。

农民以家庭为单位的个体经济的发展，已经“农有余粟，女有余布”，为互通有无的商业活动提供了剩余产品。而《商君书·垦令》中有“以商之口数使商，令之厮、舆、徒、重（童）者必当名”的规定，即商人厮养的仆役按名籍服徭役，足见私营商业生产规模之大。《史记·货殖列传》说“燕、秦千树栗”“渭川千亩竹”之家，是富同“千户侯”封君的。《汉书·地理志》也说“户杜竹林，南山檀柘，号称陆海”。这些农副产品直接出售或经过再加工，推上市场，才真正变成了财富。

咸阳、栎阳、成都及其他通都大邑，依仗着具有相当规模的商品生产，辟有市场，进行专门的商贸活动。就连小地方也有集市的存在。金属铸币的广泛使用，在商品交换中充分发挥了它作为支付手段的功能。

战国时期，进入交换领域的商品只能是剩余的农、牧产品和手工业制品。它包括粮食、家畜、家禽、蔬菜及各种陶器、木器、漆器、铁器和纺织品等。

二、秦国新兴地主阶级政权的巩固

（一）地主阶级官僚体制的建立

商鞅变法确立了秦国新兴地主阶级的政治统治。其封建主义政权，实际是在以后的年代里逐渐完善和强化的。

“秦无所谓封建诸侯之制度也，但有武功封爵之法”（马非百：《秦集史》）。秦孝公时，商鞅制定的爵位有二十级，其爵秩由小到大依次为：一曰“公士”，二曰“上造”，三曰“簪袅”，四曰“不更”，五曰“大夫”，六曰“官大夫”，七曰“公大夫”，八曰“公乘”，九曰“五大夫”，十曰“左庶长”，十一曰“右庶长”，十二曰“左更”，十三曰“中更”，十四曰“右更”，十五曰“少上造”，十六曰“大良造”（即“大上造”），十七曰“驷车庶长”，十八曰“大庶长”，十九曰“关内侯”，二十曰“彻侯”（又名“通侯”或“列侯”）。（《商君书·境内》《汉书·百官公卿表》）。秦的爵制实行的是军功爵，并不是商鞅变法时一次完善的，就连爵位名称也不是自成一系地形成的。但是，官秩仍被纳入爵等的行次之中，就使得官职往往同爵位不分。特别是十六级大良造以上的爵名往往还被借作官名，因而就出现了两爵相叠的现象。即便是军吏的阶级，从中同样也有着明确的反映。这时，秦国最高的官职是大庶长、大良造。传世的商鞅铜器有4件，即：公元前349年“十三年大良造鞅戟”、公元前346年的“十六年雍矛镦”、公元前344年“十八年商鞅方升”和公元前343年的“十九年商鞅镦”。其中的十六年和十九年两器铭文中，都是大良造与庶长连称。由秦早期官职在前、爵位在后的铭例可知，孝公十年（公元前352年）前的“大良造”是官名，与之相连的“庶长”则是爵称。

秦始皇统一六国之后，建立了一套中央集权的郡县制国家机器，为历代所遵循。其中央政权组织形式采取的是皇帝之下的“三公九卿”制，即：丞相、太尉和御史大夫，分管着全国的行政、军事和监察，三权并立，统一由皇帝节制；九卿则是中央政府的高级官职，分管皇室各方面的具体工作。这一政权组织的模式，实际是商鞅变法后的秦国逐步形成并臻于完善的，遂使地主阶级政权日益稳固。

秦惠文王前四年（公元前334年）有“相邦樛斿戈”（《贞松》12.9），十年又任命张仪为“相”。（《史记·六国年表》）实际上，相的全称是“相邦”。[按：传世的四年相邦樛斿戈，据尚志儒从戈铭排列、戈形演变、监造制度方面比较，以为“四年”系秦惠文王的前元四年（即公元前334年）。此看法是可从的，再从惠文王四年封宗邑瓦书的“大良造庶长游”刻铭看，他就是樛斿。至于同年同人的官名两称（相邦、大良造），那只能认为时间有先后。因此，我以为刻瓦书在先，铸樛斿戈在后。

秦设相至迟在惠文王四年（公元前334年），自此起至秦王政十年（公元前237年）免吕不韦相位，“相邦”之称历时98年未变。出土的“相邦”兵器为我们提供了比文献记载更可靠的证据，因为它不存在后世避讳之嫌。如见有：1.四年相邦樛斿戈（秦惠文王前元四年，即公元前 334 年）；2. 十三年相邦义戈（惠文王十三年，即公元前 325 年）；3. 十四年相邦冉戈（昭襄王十四年，即公元前 293 年）；4. 廿年相邦冉戈（昭襄王廿年，即公元前 287 年）；5. 三十一年相邦冉戈（昭襄王三十一年，即公元前 276 年）；6. 三年相邦吕不韦矛（秦王政三年，即公元前 244 年）；7. 三年相邦吕不韦寺工戟之戈头（秦王政三年，即公元前 244 年，出自秦俑坑）；8. 同 7；9. 四年相邦吕不韦寺工戈（同 7）；10. 同 9；11. 同 9；12. 五年相邦吕不韦寺工戈（秦王政五年，即公元前 242 年，同 7）；13. 五年相邦吕不韦少府戈；14. 五年相邦吕不韦诏吏戈；15. 同 14；16. 七年相邦吕不韦寺工戈；17. 八年相邦吕不韦诏吏戈；18. 九年相邦吕不韦蜀守戈。

“相邦”在文献记载中也写作“相国”。《史记·赵世家》载赵武灵王传国于少子何，“肥义为相国”。《资治通鉴》胡注引应劭曰：“相国之官始此，秦、汉因之。”《史记》记有“相国应侯”（《范雎蔡泽列传》）、“相国吕不韦”（《秦本纪》）等，《吕氏春秋·无义》称“樗里相国”等。其实，《汉书·高帝纪》注引荀悦的话就已揭示了汉人改史的秘密，曰：“讳邦，字季。邦之字曰国。”师古曰：“邦之字曰国者，臣下所避以相代也。”汉代为避刘邦之讳，改“邦”为“国”，从出土兵器刻铭有“相邦”“丞相”而无“相国”也可得到反证］秦武王二年（公元前 309 年）“初置丞相”，令樗里疾和甘茂分别担任左右丞相（《史记·秦本纪》）。相邦的地位在国君之下，是制定基本国策的决策者与实施的掌握者，为百官之长，其权力之大无出其右者。相邦和丞相为两职，相邦为长，丞相为副。丞相乃相邦的副手，① 两丞相并列，却是右尊于左的。秦相集军政大权于一身，不仅为最高的行政长官，也是军事统帅。商鞅、樗里疾、甘茂、向寿、魏冉等，都曾率兵作战。直到统一六国之后，相权才略有变化。

秦国军权完全操持于秦王之手，不在王下另设统管军事的最高武官。出兵时，临时命将，“凡兴士被甲，用兵五十人以上，必会王符，乃敢行之”（《新郪虎符》铭），事毕即

① 秦武王在相邦之外，初置丞相，就分为左右，其任甘茂为右丞相也得到考古的证明，如 1979 年，在四川青川县出土的“更修田律”木牍，文曰：“二年十一月己酉朔日，王命丞相戊、内史匽，民臂（僻）更修为田律。”“丞相戊”即甘茂。西安北郊出土的秦封泥就有“丞相□印”、“左丞相印”和“右丞相印”。丞相地位、权力和职责都低于相邦，对国事没有决断权而要听从相邦的。所以应劭说：“丞者，承也。相者，助也。”从字义上，“丞”作“佐”（《广韵》）、“副”、“贰”（《正韵》）讲。至于秦武王设立丞相的理由，没有书载，但从《史记·张仪列传》及《战国策·齐策二》看，武王做太子时就不喜欢张仪，即位后群臣又攻击张仪“无信，左右卖国以取容”，加之张仪作为相邦是权倾朝野的，其相权之大无形中对王权构成威胁，因此在“张仪惧诛”而离秦去齐的情况下，才设立丞相代行相邦的职权。马非百先生在《秦集史》中说秦“以权力集中于右丞相”。右丞相是可以升任或代理相邦的，如魏冉称“丞相”（《六国年表》），也称“相邦”（兵器铭）；吕不韦由右丞相升任相邦。

解除兵权，仍居原官。孝公时，最高的军官是“大将”，其次才是“国尉”（《商君书·境内》）。秦昭王任命魏冉为“将军”，此后“将军”才成为固定的官职。白起由左更“迁为国尉”，再“为大良造”。（《史记·白起列传》）后去掉大良造，国尉才算是最高武官。特别是秦始皇十年（公元前 237 年）“以尉缭为秦国尉”后，国尉的地位明显提高，但充其量也不过是秦王的谋士而已。①

秦昭王时，已有了“御史”一职，（《史记·廉颇蔺相如列传》）只是跟随国王的记事官。秦始皇时才正式加“大夫”头衔，成了“御史大夫”。因为同皇帝接近，掌管文书，转承命制，无形中就成了“贰于丞相”的“副丞相”。

见载的一些秦国官职，还有郎中令（《战国策·韩策三》）、谒者（《史记·范雎蔡泽列传》）、卫尉（《史记·秦始皇本纪》）、少府、佐弋（引同上）、廷尉（《史记·李斯列传》）、内史（《史记·秦本纪》）、尚书（《战国策·秦策五》）等。这些都为统一以后设置官僚体系奠定了基础。

地方行政系统逐渐形成郡、县两级制。县下依次是乡和里。起先郡只设立在边境，其郡守常以武官充任。县有令（长），下设丞和尉，分管民政及军事。

秦国从中央到地方，建立起一套统治机构，从而支持了秦国中央集权制的形成。直到秦始皇统一中国之后，才正式建立起一套中央集权制的郡县制国家制度。

（二）形成一套完备的法律制度

为维护秦国新兴地主阶级的利益、保障封建主义的生产关系，自商鞅变法开始就非常重视用法律的强制手段推行新法。当时，商鞅把入秦时带来的魏国李悝编著的《法经》六篇（包括《盗法》《贼法》《囚法》《捕法》《杂法》《具法》）“改法为律”，成为《六律》。此后，根据统治阶级的意志，又不断推出新的法律，形成一套完备的法律制度。秦律过去散见于文献记载，而且零碎。但是 1975 年湖北云梦睡虎地秦墓法律竹简的出土，就使我们对秦律制度、其律令内容及治狱案例，均获得了明晰而透彻的印象。（图 2–3）从立法过程结合秦国由弱转强、由贫而富、从小到大、社会安定、百姓质朴、百吏肃然、朝廷听决百事不留的实情看（《荀子·强国》），就不难发现秦国法律在维护中央集权统治方面发挥着重要的作用。

① 从秦国到秦朝，确有“国尉”一职。是否有“掌武事”的太尉，并列“三公”，历来有怀疑。秦统一后议帝号、琅琊刻石等重大活动，只有丞相、御史大夫，独不见太尉。况且历次战争中，统军的是丞相、将军、庶长、大良造、左更、五大夫或客卿，并无太尉。可见太尉并不是常设的官职。

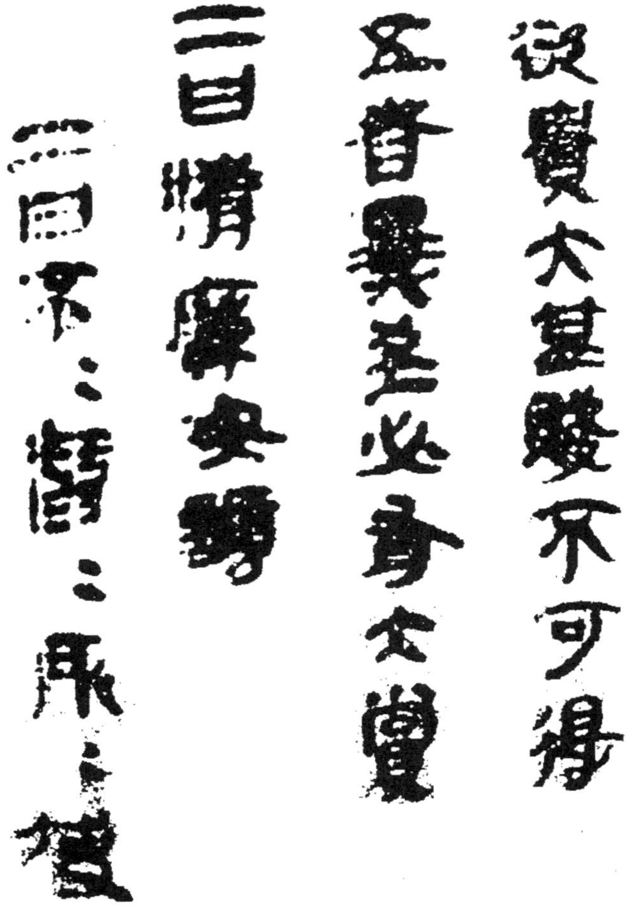

图 2–3　湖北云梦秦简文（部分）

秦律从大的方面表现出两种形式，一是律令条文及其对刑律的解释、治狱爰书程式（有关审案准则、文书程式）、法规和文告，二是刑罚名称。云梦秦律简文包括《田律》（关于农田水利、山林保护）、《厩苑律》（牛马饲养）、《仓律》（对国家粮食的贮存、保管和发放）、《金布律》（货币流通、市场交换）、《关市律》（关市收税）、《工律》（关于官营手工业）、《工人程》（官营手工业的生产定额）、《均工》（手工业劳动者调度）、《徭律》（关于徭役征发、工程兴建、管理）、《司空律》（司空管理工程的职务）、《军爵律》（关于军功爵）、《置吏律》（任用官吏）、《效律》（关于核验直属朝廷的都官及县等官府物资财产）、《传食律》（关于驿传供给出差人饭食的定量）、《行书》（关于传送文书）、《内史杂》（关于内史掌治京师的各种职务）、《尉杂》（关于廷尉）、《属邦》（关于少数民族地区）、《除吏律》（任用官吏）、《游士律》（对游说之士）、《除弟子律》（任用弟子）、《中劳律》（从军劳绩）、《藏律》（府藏皮革）、《公车司马猎律》（关于君主卫队射猎）、《牛养课》（考核牛羊饲养）、《傅律》（关于傅籍——对成年男子的登记）、《敦表律》（关于边防）、《戍律》、《捕盗律》、《厩律》、《赍律》等30余种。散见于文献记载的关于官吏、宗室、庶民、盗贼、军法的法律条文还有很多。总而言之，秦法内容已涉及到刑法、民法、行政法、诉讼法、军法等方面。律条显得苛冗细繁，使人动辄得咎。

至于刑罚，其名称之多就反映出施刑的残酷性，如死刑就有腰斩、枭首、弃市、磔、剖腹、戮尸、生戮、定杀、坑、凿颠、抽胁、镬烹、车裂、体解、绞、赐死等；连坐而族刑者，从灭家、灭宗、灭族到灭里，夷三族、七族、九族，甚至到十族；施肉刑时，有髌、黥、刖、斩左趾、劓、宫、笞、榜掠、矐、具五刑、髡钳、鋈足的不同；徒刑，判罪犯为城旦舂、鬼薪白粲、隶臣妾、司寇、候等；还有一些刑罚虽不伤害身体，也是一种刑事处分，如髡（剃头）、耐（剃两鬓）、完（剃须）、迁、收（收录）、系、赀（交罚金或以徭戍顶替）、废（废除职务或身份）、谇（申斥）、连坐、逐、赎、居赀赎债、免、削籍（开除国籍）、倍赋等。[①]对罪犯用刑时，可以是单刑，也可几刑并用。

严刑峻法为贪暴之吏、不逞之徒“擢进”提供契机。刑戮妄加，罪非其人，苦了百姓！

（三）有一支强大的军队

商鞅变法后，秦国“内务耕稼，外劝战死之赏罚”（《史记·秦本纪》），以郡县为单位在全国实行普遍征兵制。获得土地的农民是军队的主要成分，“斗食”以下的小官吏、贬谪的官吏、赘婿、商人都得服兵役，就连“隶臣”“工隶臣”这些判刑较轻的社会罪犯也能从军。通过军功而晋爵升级，其结果使秦国“全民皆兵”，从而保证了充分的兵源。

秦献公十年（公元前375年）“户籍相伍”，商鞅又“令民为什伍”，都是按“伍”的军事单位编制户籍。随之是对适龄青年“傅籍”（登记），如秦始皇十六年（公元前231年）“初令男子书年”（《史记·秦始皇本纪》），即云梦秦简《编年记》里的“自占年”。从十五岁“始傅”到六十岁“免老”，其间45年都是丁男的服役期。从有人一生4次入

① 马非百：《秦集史·法律志》，中华书局，1982年；刘海年：《秦律刑罚考析》，载《云梦秦简研究》，中华书局，1981年。

伍当兵的情况可知，秦的兵役形式有预备役、现役和后备役的不同。[①]

早在秦襄公时，秦国就建立了正规武装部队。秦穆公又“作三军，设三帅”，以大国的编制组建了正规军。至迟在战国早期偏后一段时间，秦国就完全确立了正规化的常备军。其中央军直接归朝廷掌握，统属着野战、边防和京都禁卫三部分军队，士卒称为“锐士”（或“奋戟”），是一支强大精锐、装备良好的武装力量。而地方军由各郡、县尉统帅，对征发来的“傅籍”之男进行严格的军事训练，称之为“材官蹶张之士”。他们组成武装部队，平时担当地方的安全警卫，随时接受中央调遣或补充入中央军。

秦军在战国末期，已经形成陆军和水军两大军种。陆军成立的时间长，主要活动在广阔的北中国，其数量多，作战频率高，属于军队的主力，可分为步、弩、车、骑四个兵种。秦俑坑有七千左右陶质兵马俑和战车，选取“阵”（一号坑）、“营”（二号坑）、“战”（四号坑）、“幕”（三号坑）等几个有代表性的部队生活场景，既表现了军威，又反映了多兵种协同作战的实情。至于水军，那是后来为适应自巴蜀灭楚而建立的，其士兵称为“楼船之士”。

秦国兵强马壮，“虎贲之士百余万，车千乘，骑万匹”（《史记·张仪列传》）。士卒勇武，“虎挚之士，跿跔科头，贯颐奋戟者，至不可胜计也。秦马之良，戎兵之众，探前趹后，蹄间三寻者，不可称数也。山东之卒，被甲冒胄以会战，秦人捐甲徒裎以趋敌，左挈人头，右挟生虏。夫秦卒之与山东之卒也，犹孟贲之与怯夫也；以重力相压，犹乌获之与婴儿也；夫战孟贲、乌获之士，以攻不服之弱国，无以异于堕千钧之重，集于鸟卵之上，必无幸矣”（《战国策·韩策一》）。秦的水军在黄河和长江上，都掌握着主动权，“乘夏水，浮轻舟，强弩在前，锬戈在后。决荥口，魏无大梁；决白马之口，魏无外黄、济阳；决宿胥之口，魏无虚、顿丘。陆攻则击河内，水攻则灭大梁”（《战国策·燕策二》）。“秦西有巴蜀，大船积粟，起于汶山，浮江以下，至楚三千余里。舫船载卒，一舫载五十人与三月之食，下水而浮，一日而行三百余里”，“乘夏水而下江，五日而至郢（楚都）”。（《史记·张仪列传》）

① 云梦秦简《编年记》记喜的事迹有秦昭王四十五年（公元前262年）“喜产”，始皇元年（公元前246年）“喜傅”。其间虽是17个年头，但如果他生于前一个年底，又是后一个年初著名籍，就同“十五受兵”（《后汉书·班超传》班昭语）的说法相合。《汉旧仪》说：“无爵为士伍，年六十乃免老。”说明秦人服兵役的年龄是15岁至60岁。喜曾分别于秦始皇三年、四年、十三年和十五年4次入伍。可见秦朝丁男在一生中要当两次兵，计两年（一次当“正卒”，守卫首都一年；一次当“戍卒”，戍守边疆一年），在郡县当“更卒”一月。（《汉书·食货志》）这些只是文献上的规定，在实行中却是另一回事。15岁“傅籍”并非当兵的现役年龄，具有预备役的性质。当然，他有随时被征入伍的可能性，像公元前260年的秦、赵长平大战中，“年十五以上悉发”（《文献通考·兵考一》）。服役之后，国家根据军事需要还可再次征发后备役。

“司马错率巴蜀众十万，大舶船万艘，米六百万斛，浮江伐楚”（《华阳国志》3、《初学记》25）。秦军是一支进攻性、机动性极强的劲旅。其战士勇猛、组织严密、战斗力强，因此能在多次战争中取得攻战必克的效果。

军队是有组织的武装集团，作为国家机器的组成部分，对政治的支持作用极大。因此，秦国君主直接掌握军权，是不假于人的。军队的调动、县卒的征发，凡在五十人以上者，将帅都要以国君的虎符为凭信。否则，不受命，也不敢“擅发”。作为国君命令的信物——虎符，铜铸，由脊腹中分做两半，各自铸有相同的命令。当国君命将时，就将左半符交给统兵的主将，右半符留给自己。以后只有“合符”，主师才敢服从调遣。秦符实物有惠文君时的“杜符”、昭王时的“新郪符”、秦始皇时的“阳陵符”，驻守地分别是“杜”（今西安市南山门口村）、“新郪”（今安徽太和县北）和“阳陵”（今河南许昌市北）。[按：杜虎符于1975年出土于西安市南山门口乡北沈家桥村东500米的南关道。此地高隆，多见周、秦时期陶鬲、釜残片。在北沈家桥村东南1公里的长安县韦村乡首帕张堡村西，1962年春出土红夹砂陶釜1件，内装先秦“半两”铜钱1000多枚，釜底有“杜市”戳记。在手帕张堡村北、北沈家桥东南，有村名“杜城”，即秦武公十一年（公元前687年）设立的杜县。《长安县志》（清康熙七年修订本）载：“下杜城在城南十五里，春秋时为杜伯国，秦为杜县，汉宣帝葬杜之东南为杜陵，更名此为下杜城。”据传杜伯墓在杜城西南的沈水北岸。今沈家桥一带既是先秦杜县的中心地带，同杜符上“左在杜”铭文相契合，正表明杜符是颁发给驻军杜县统帅的。

杜符铜制，作走虎形，昂首，尾端卷曲，背面有槽，颈上有一小孔，身侧错金字九行，计四十字。铭作：“兵甲之符，右才（在）君，左才（在）杜。凡兴士被甲，用兵五十人以上，必会君符，乃敢行之。燔队（隧）史（事）虽母（毋）会符，行殹（也）。”通长4.4厘米、厚0.7厘米、高9.5厘米。

新郪虎符著录于《小校经阁金文拓本》、《秦金文录》及《历代牌符录》中。原物藏法国巴黎陈氏所。据台湾故宫博物院侯锦郎先生《新郪虎符的再现》一文（刊《故宫季刊》第10卷第1期，1976年）记述，他1973年冬在巴黎一次中国古艺术品拍卖中见到新郪虎符：“原器为模铸，作伏虎状，前后脚平蹲，虎头自然前伸，耳上竖，两眼前视，虎尾上卷。由鼻尖至尾弯处长八点八厘米，由后脚至耳尖之高为三点二厘米，由后脚至背部之高为二点二厘米，净重九十五克。符铭作‘甲兵之符，右才（在）王，左才（在）新妻郪。凡兴士被甲，用兵五十人以上，必会王符，乃敢行之。燔队（隧）史（事）虽母（毋）会符，行殴（也）’。”

阳陵虎符著录同前，相传出于山东峄县，现存中国历史博物馆。铭作“甲兵之符，右才（在）皇帝，左才（在）阳陵”]（图 2–4）

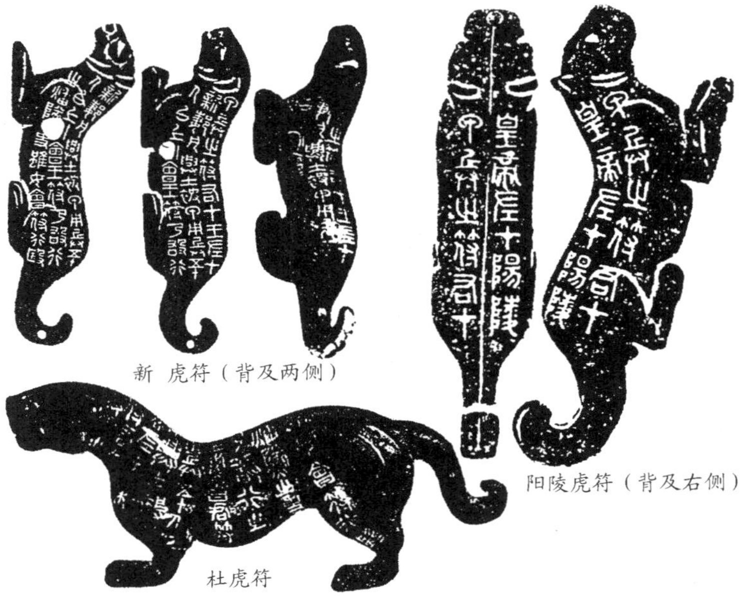

图 2–4　秦虎符

秦军的装备是在提高士兵作战素质的前提下别有讲究的。虽然在战国时期铁兵器已经登上战争舞台，一些诸侯国也能够制造出精良的钢铁兵器武装自己的队伍。如楚之“宛之钜铁施，钻如蜂虿，轻利剽遬，卒如熛风”（《史记・礼书》），秦昭王也赞叹：“吾闻楚之铁剑利而倡优拙。”（《史记・范雎蔡泽列传》）“天下之宝剑韩为众”（《史记・苏秦列传・索隐》引《太康地记》），同“强弓劲弩皆自韩出”（《战国策・韩策一》）一样，足见韩国兵器之精良；即使如中山国这样的小国，其战士也能用铁杖来作战。而秦国把有限的铁资源用来制作农工工具，却能把原来使用着的铜兵器经过进一步研制，提高使用性能，从而发展到了青铜兵器制造的顶峰。秦兵器的生产只能由中央和一些郡的官营作坊制造，民间是不允许私铸的。秦的青铜兵器，差不多囊括了当时盛行的兵器种类，如远射程兵器是弓、弩、箭相配套的，长兵器有戈、戟、矛、铍，短兵器有剑。制作规正、坚利实用是其根本的特点。其他如军服装备合体、利于战斗动作的发挥，运载工具类的战车坚实耐用又整齐划一，也都是非常突出的。

三、秦国对外战争的胜利展开

咸阳作为军事指挥中心，对在战争中取得一系列胜利具有重大作用。同时，秦的全民赴战行动，反过来对都城的建设也产生着深远的影响。在此，有必要阐述一下重大战争，从中不难看出秦统治者坐拥咸阳的指挥艺术及咸阳人力、物力的支援。

（一）收复河西地，控制关中

经受政治磨炼而成熟起来的秦惠文王（一曰惠文君），坐拥咸阳，集权于君、安定内部之后[①]，就为收复河西地而向魏国开战。当魏惠文、齐威王与诸侯在徐州“相王”（相会而彼此承认称王），苏秦又得到燕、赵的支持，约六国为“纵长”的第二年，即秦惠文王五年（公元前333年），秦派大良造公孙衍率军在雕阴（今陕西富县北）打败魏军。次年，魏献阴晋（今陕西华阴）求和，阴晋遂改名“宁秦”。七年（公元前331年），公子卬再次在雕阴同魏激战，俘获魏将龙贾，斩首八万（《史记·秦本纪》，但《魏世家》作四万五千人）。魏国被迫于秦惠文王八年（公元前330年）献出占领的秦河西之地。九年（公元前329年），秦军东渡黄河，向魏攻取汾阴（今山西万荣县西北）、皮氏（今河津市西）、焦（今曲沃县附近）和曲沃（今曲沃县）。次年，相邦张仪和公子桑率军又渡河攻占了蒲阳（今永济市北）。魏国受秦的攻击，连连败退，只有再献纳河西北段的上郡十五县[②]。

秦国从此全部占有河西之地，实现了历代秦君的夙愿。东线控制了黄河天险，摒诸侯于函谷关之外；南隔秦岭，同楚、巴、蜀为邻，实有“关中”。这时，秦国在政治、经济和军事上都处于一个十分有利的战略位置。

（二）惠文君称“王”与打败五国联军

军事上的胜利，使秦惠文君志得意满，既归还了魏地曲沃和焦，改“少梁”曰“夏阳”，还出师万人同齐、燕、魏等大国为赵肃侯“会葬”，抖尽了威风。并在齐、魏、楚早已改“侯”称“王”之后，于十三年（公元前325年）也正式称王。这表明他要冲出关中，把兼并的目标瞄准了东方诸国。近期攻击的对象，仍然选定的是魏国。

更元元年（秦惠文王十四年，公元前324年），秦惠文王命相邦张仪率军攻取魏的陕

① 秦惠文王做太子时，孝公用商鞅变法，“天子致伯，诸侯毕贺”。秦惠文王受命率戎狄九十二国（《后汉书·西羌传》）和公子少官率师会诸侯、朝见周显王，参加所谓“逢泽之会”。19岁即位后，他同所有心地偏狭的政治家一样，为了集权，就不惜残酷地迫害元老重臣、无情地杀了商鞅全家。他为以后伐楚而结好蜀王，也谢绝了苏秦“称帝而治”的游说。

② 史念海说：“魏国的上郡其实就是黄河以西的地方。魏国的上郡于秦时，南已无阴晋（今陕西华县），而北又无少梁（今陕西韩城市南）。现在这一带只有几个县，和所谓十五个县的数目不符。古今形势各异，设邑置县不能都是前后一律的。”（史念海：《黄河中游战国及秦时诸长城遗迹的探索》，《陕西师范大学学报》（哲学社会科学版）1978年第2期）

（魏邑，一作“焦邑”，今河南三门峡市西，旧陕县），“出其人”（《史记·秦本纪》），并在上郡建筑关塞，即所谓“上郡塞”（《史记·张仪列传》）。更元三年（公元前322年），出兵攻取魏的曲沃（魏邑，今河南灵宝东北）和平周（魏邑，今山西吴石县境）。

更元六年（公元前319年），秦出兵攻取了韩的鄢。次年，在函谷关击败由魏相公孙衍（张仪得秦惠文王的信任为相，公孙衍再次去魏）策划，楚怀王为纵长的五国伐秦联军（赵、燕、韩、楚、魏）。更元八年（公元前317年），秦派庶长樗里疾率军在修鱼（今河南原阳县西）打败三晋联军，于浊泽（魏邑，今河南禹州东北）俘虏了韩将鲠、申差，击败赵公子渴、韩太子奂军，总共斩首八万二千。秦国声威大振，倾动诸侯，也使公孙衍的“五国伐秦”之举终告失败。

（三）取巴蜀，胜义渠，败楚丹阳

秦在东方取胜后，就掉头西向。一是更元九年（公元前316年）派司马错伐蜀，经石牛道，大战葭萌关，杀蜀王、灭巴蜀，取得了富庶丰饶的巴蜀盆地。巴蜀入秦，公子通为蜀侯，陈壮任相，张若任郡守。二是公元前315年对义渠戎作战，取二十五城。

秦在安定后方之后，又挥师攻击三晋。公元前316年，取赵中都（今山西平遥县西北）、西阳（今河南光山县西南）。次年，败韩，取石章。更元十一年（公元前314年），秦派樗里疾攻降了魏的焦和曲沃。还在岸门一战打败韩军，斩首万人，韩送太子奂入秦为人质求和。更元十二年（公元前313年），秦出兵攻赵，取蔺（今山西离石西），俘获主将赵庄、副将豹。

张仪用计拆散齐、楚联盟。楚怀王因未得到许诺的商（今陕西丹凤县西北）、于（今河南西峡县地）间的六百里土地，负气攻秦。公元前312年，楚派大将屈匄率军同魏章率领的秦军在丹阳（今河南淅川县丹江之北）激战。秦、韩军夹击，楚军大败，斩首八万，俘获楚将屈匄、裨将逢丑等70余人，取上蔡。再大败反扑而来的楚军于蓝田，进而攻取楚汉中地六百里，设置了汉中郡。使巴、蜀同秦的本土连接起来，从而奠定了强盛的大后方基地。

（四）拔宜阳，攻方城，囚楚怀王

公元前311年秦惠文王死，即位的是秦武王。他想“车通三川，窥周室”，图谋向中原扩展。于武王三年（公元前308年）派左丞相甘茂、庶长封攻韩的大县宜阳（今河南宜阳县）。次年“拔宜阳，斩首六万”（《史记·秦本纪》），渡过河又设置了武遂（韩邑，今山西垣曲县东南）。从此，秦国打开了走向中原的通道。

秦武王“有力，好戏”，在攻取韩的宜阳之后，亲到周王城，同大力士孟说“举龙文之鼎”比力戏耍，不料鼎坠，绝膑而死。真的应了“窥周室，死不恨矣”的前言。（《史记·秦本纪》）

武王的异母弟嬴则（又名稷）即位，是为昭襄王。因为诸弟争立君位，宣太后擅权，秦昭王初年朝廷内乱不已，秦国无暇东顾。虽说是“闭关十五年，不敢窥兵于山东”（《史记·范雎蔡泽列传》），但也经历了一些同楚结盟又兵戎相见、对三晋夺城掠地的战争。像昭王四年（公元前 303 年），齐、韩、魏伐楚，秦派客卿通率兵救助，攻取了魏的蒲城（今山西永济北）、晋阳和封陵（今山西芮城西南风陵渡）与韩的武遂。公元前 302 年，由于为质于秦的楚太子横杀死了秦大夫而逃归，秦、楚以此结怨。次年楚受齐、韩、魏攻击，兵败垂沙，大将唐蔑（唐昧）被杀，而秦昭王不但坐视不救，还派其弟华阳君芈戎、庶长奂领兵进攻楚的方城（楚国北境的长城，位于今河南方城县至邓州间），接着第三年又大败楚军，杀死楚将景缺及二万人，攻取了新城（又作襄城，今河南襄城县）。八年（公元前 299 年），秦使将军芈戎率军再次攻打楚国，占取了新市（今湖北京山东北）等八城。随之，书诈楚怀王到武关，并劫持其至咸阳，以“割巫、黔中之地”相要挟。九年，秦昭王见楚立顷襄王，大怒，发兵出武关，攻楚，斩首五万，取析（今河南西峡县境）等十五城。(《史记·楚世家》、云梦秦简《编年记》) 楚怀王被囚禁，逃走又被捉回，竟于公元前 296 年死在秦国。秦、楚关系彻底断绝。

秦昭王十二年（公元前 295 年），秦以魏冉为相代替楼缓。秦主动给楚国粮食五万石，也同齐结好，就开始进攻三晋了。

（五）伐三晋，破合纵，参与攻齐

十三年（公元前 294 年），秦派向寿攻韩，取武始（今河北武安南）。白起率军攻取韩的新城（今河南伊川西南），并攻伊阙（今河南洛阳市龙门）。

十四年（公元前 293 年），韩派公孙喜率周、魏联军实施军事报复。秦找到借口，就派左更白起大战伊阙，败韩、魏联军，斩首二十四万，虏公孙喜，拔五城。(《史记·秦本纪》、《编年记》) 白起也因功升为国尉。随之又渡河取安邑以东到乾河地，(《史记·白起列传》) 初置河东郡 (《水经注·涑水》)。

十五年（公元前 292 年），大良造白起攻魏的垣（今山西垣曲县南），后又归还。

十六年（公元前 291 年），左更司马错取魏的轵（今河南济源东南）及垣。白起攻韩，取得了原属楚后归韩、以冶铁著名的中原重镇——宛（今河南南阳市）。

十八年（公元前 289 年），魏冉为将，与白起、客卿错率秦军攻魏，重新占垣，取蒲阪等大小六十一城。

经受秦的一系列沉重打击，魏、韩求和。魏割让河东四百里地，韩献武遂二百里（今山西省垣曲县东南、黄河以北的地区），使秦的版图向中原大大地推进了一步。

关东各诸侯国为了自保，受苏秦鼓动，于公元前287年（秦昭王二十年）组成以赵奉阳君李兑为主帅的伐秦联军——韩、赵、魏、燕、齐。但由于五国内部各有打算（如齐想攻宋，燕在伐齐，韩、魏又新败），不能协力，兵到成皋（韩邑，今河南荥阳西）而散。秦国反而乘机向外出击，攻取了魏的新垣、曲阳（位于太行山之南）。并向旧都安邑进攻，次年司马错全力进攻魏的河内地，魏国无力对抗，只有献出河内和安邑城。[①]同年，秦打败韩兵于夏山。(《史记》的《六国年表》、《韩世家》及秦简《编年记》)

三晋对齐灭宋感到威胁，就向燕靠拢，图谋伐齐。秦昭王二十二年（公元前285年），派大将蒙骜首先向齐进攻，取得河东九城，改设为县。次年，秦除派御史起贾至魏策划伐齐(《战国纵横家书》十七）而外，还派尉斯离率军参加了在燕将乐毅指挥下的五国伐齐联军。在济西打败齐军，乐毅率军入临淄，"尽取齐宝，烧其宫室宗庙"。联军共占齐国七十余城，"不下者，独唯聊、莒、即墨，其余皆属燕"(《史记·燕世家》)，齐滑王出逃莒，也被齐相淖齿所杀。

齐国惨败，已无力同秦对抗。秦转而向三晋和楚进攻。秦昭王二十四年(公元前283年)，秦军攻取魏的林(今河南新郑市东北)、安城(今郑州市东北原武)，逼近魏都大梁，因有燕、赵援救而引去。随后两年，秦军伐赵，取兹氏(今山西汾阳)等二城及离石(今山西离石)。[②]

（六）拔鄢郢，攻三晋，消灭义渠

因为楚怀王死于秦，顷襄王欲联系诸侯合纵攻秦。秦在败齐和三晋之后，即转而攻楚。此次军事行动，是以夺取楚的郢都（今湖北江陵北之纪南城）为战略目标的。部署上兵分两路：由白起率领主攻部队走陆路，由司马错率领侧翼部队走水路。秦昭王二十七年（公元前280年），先派司马错率军从陇西出发，经由巴蜀之地补充兵力和给养后，带兵十万、大船舶万艘、米六百万斛，沿涪陵江攻入楚的黔中郡，迫楚割上庸（今湖北竹山县西南）、汉北地，并继续向巫、筰地区进攻(《史记》的《秦本纪》《楚世家》《六国年表》《司马错列传》)。秦派另一支部队，再次攻取楚的邓（今河南邓州）。这些都大大牵制了

① 云梦秦简《编年记》载秦昭王"廿年，攻安邑"，未说结果。而《史记·秦本纪》和《六国年表》都记作昭王二十一年（公元前286年）"魏献安邑"。实际上并不矛盾，因为在二十年司马错向魏的河内发起进攻已触及安邑，二十一年魏国就献出了包括安邑在内的河内地。详见王学理：《魏徙大梁与秦陷安邑》，《文博》1984年第3期。

② 《史记·秦本纪》记秦昭王二十五年伐赵"拔二城"。秦简《编年记》"廿五年，攻兹氏"，可知兹氏是二城之一。《史记》的《六国年表》和《赵世家》记载秦昭王廿六年"拔赵石城"。云梦秦简《编年记》记此年"攻离石"。《史记·周本纪》记此年苏厉对周君说："秦破韩、魏，扑师武，北取赵蔺、离石者，皆白起也。"《资治通鉴·周纪四》胡三省注指出石城就是离石。

楚的力量并给以消耗。次年，由大良造白起率大军出武关，南下攻郢都西北仅百余公里的重要门户——鄢（今湖北宜城市西南）。白起对鄢久攻不下，就决西山的鄢水（一名长谷水，即今之蛮河）灌城，死百姓数十万，“城东皆臭”（《水经注·沔水》），楚军也损失数十万众。秦占据鄢城，迁入经大赦的罪人。接着，白起于秦昭王二十九年（公元前 278 年）攻取了楚都的外围据点安陆（今湖北安陆市、云梦一带）、竟陵（今湖北潜江市西北），随即很快攻破楚都郢，并纵火烧了楚先王的夷陵。次年，蜀守张若率军向南攻占了巫郡、黔中郡。拓土直至洞庭湖，秦就以郢为中心，新建了南郡。白起因功封“武安君”。

白起拔郢的第二年，楚国尽管夺回黔中十五邑，但无补楚的衰弱。此时，秦国又调兵东向三晋。昭王三十二年（公元前 275 年），相国魏冉与白起率兵攻魏，拔两城，兵临魏都大梁城下，并打败韩国的救兵，斩首四万级，占领了启封（即开封，今河南开封附近）。魏献出温地求和。次年，秦攻取了魏的蔡（今河南上蔡西南）、中阳（今河南中牟西）等四城，斩首四万。三十四年（公元前 273 年），秦派魏冉、白起、胡伤率军攻赵、魏联军以救韩，大战于华阳（今河南新郑市北），斩首十三万，占华阳。又与赵将贾偃战，沉其卒二万人于黄河中，占领魏的卷、长社（今河南长葛西），魏献出南阳（今河南获嘉县）求和。第二年，秦设立南阳郡（治设宛）。此后略魏地之战还有三十九年（公元前 268 年）的五大夫绾伐魏，拔怀（今河南武陟西南）；四十一年（公元前 266 年）夏取邢丘（今河南温县东）。

昭王三十五年（公元前 272 年），秦宣太后诱杀义渠王于甘泉宫。秦遂起兵灭义渠戎，据地始置陇西、北地和上郡。（《后汉书·西羌传》）这对秦以后全力进攻东方赖以巩固的后方，意义重大。

（七）蚕食韩土，大战长平

韩为秦的近邻，但国力衰弱，秦就采取蚕食的办法。秦昭王四十二年（公元前 265 年），攻取少曲（今河南济源东北）、高平（今济源西南）。四十三年（公元前 264 年），白起攻取陉城（今山西新绛县东北）及汾水旁五城（有作九城），斩首五万级。四十四年，白起率军攻太行山以南地区。四十五年（公元前 262 年），派五大夫贲攻取野王（今河南沁阳），断绝了韩国本土同上党郡的通道，使韩不得不“假道于魏”（《史记·魏世家》信陵君语）。四十六年（公元前 261 年），白起攻取缑氏（今河南偃师东南）、蔺（即北蔺邑、蔺阳邑，今山西离石西）。

秦昭王四十七年（公元前 260 年），秦国派左庶长王龁进攻韩的上党。上党降赵，秦因而攻赵。赵派老将廉颇驻守长平（今山西高平市），拒秦。秦以反间计使昏庸的赵孝成王撤换了廉颇，换上狂妄骄横、只会纸上谈兵的赵括为主帅。秦国即以白起为上将军、王龁为尉裨将，以诱敌、设伏、断绝粮道、穿插截击、围困等多种战术，射杀了赵括，坑杀了四十万降卒。(《史记》的《秦本纪》《白起列传》)［按：长平之战遗址位于山西太行山南部的高平市西北丹河两岸，两千年来有关战争遗物和死伤遗骸多有暴露。1997 年 7 月 15 日，我随《中国皇帝》电视片摄制组经过高平市，曾到唐庄乡谷口村采访。这里有清光绪年间修建的“骷髅庙”，供奉着赵括及其夫人的塑像。据《重修骷髅庙碑记》知，早在唐代“明皇幸”（唐潞州治今山西长治市），见头颅似山，骸骨成丘，触目伤心。……建庙，颜其额曰‘骷髅庙’，易其谷曰‘省冤谷’（又注：原名‘杀谷’）。”秦坑杀赵卒四十万于长平是一桩触目惊心的历史事件，世人尽知，连这处山谷也号称“杀谷”。由于是先杀后埋的乱葬坑，距地表不深，所以遗物、遗骸时有露出。唐明皇建庙以抚孤魂，诗人李贺在《长平箭头歌》中有“漆灰骨末丹水砂，凄凄古血生铜花。白翎金竿雨中尽，直余三脊残狼牙。……虫栖雁病芦笋红，回风送客吹阴火”之句，景象惨然可怖。明人刘基也在其《长平戈头歌》中有“长平战骨烟尘飘，岁久遗戈金不销。野人耕地初拾得，土花渍出珊瑚色”之句。现在的一些地名似乎还保留着对那段辛酸历史的回顾，如有的村叫“长平”“三军”“企甲院”“谷口”“箭头”，这些地方近年也有战国时期文物的出土，如三棱铜镞、铜戈、戟、赵国和燕国的刀币、秦“半两”铜钱、“安阳”布、带钩、铁簪等。

山西省考古研究所会同晋城、高平两市于 1995 年 10 月，对高平市西北约 7 公里的永录乡永录村周围作过调查，发现尸骨坑 10 余处。对发掘一号坑部分头骨统计，推测其中埋葬的个体有 130 多个。经鉴定死者全为男性，年龄以 30 岁左右的最多，比例占三分之一以上；20 岁以下的甚少，而 45 岁以上的占有相当比例。无一具完整的骨骼，从箭痕、刃痕、砸痕及骨折情况看，系被杀（射杀、斩杀、击杀等）后乱埋的。因此说，《史记》所言的“坑杀”，实际是杀而后坑埋之(《长平之战遗址永录 1 号尸骨坑发掘简报》,《文物》1996 年第 6 期)］白起拟用“长平大战”后的有利形势一举灭赵，于昭王四十八年在攻占上党的同时，兵分三路，一军由王龁统领攻赵的武安皮牢（今山西翼城东北），另一军由司马梗统率北定太原，而自己率主力留上党，准备进攻赵都邯郸。但秦昭王派五大夫王陵替代了白起，在四十九年（公元前 258 年）攻邯郸，战事失利，又换上王龁代将。秦昭王五十年（公元前 257 年），范雎设计逼杀白起，举荐同党郑安平为将军与王龁率兵攻邯郸，但受到城内赵军和城外魏公子无忌、楚春申君所率援军的夹击而失败，王龁败逃，郑安平带两万人降赵。次年，范雎也因河东守王稽通敌和郑安平降敌而同王稽被处死。

从白起死到秦昭王去世前的一段时间内，秦国对外用兵只是小有胜利。五十一年（公元前256年），将军摎攻韩，取阳城（今河南登封市东南），斩首四万。攻赵，得二十余县，因楚、韩、魏救赵，秦罢归。摎攻西周，灭周赧王，得邑三十六城、人口三万，西周灭亡。五十三年（公元前254年），将军摎伐魏，取吴城（即虞城）。

（八）灭东周，地接三晋

秦庄襄王元年（公元前249年），相邦吕不韦率军灭东周。蒙骜率大军攻韩，取得军事要地成皋（今河南荥阳汜水）和荥阳（今荥阳）二城，初置三川郡，使秦的东界推进到魏都大梁附近。庄襄王二年（公元前248年），蒙骜攻取赵之太原，魏国的高都（今山西晋城）、汲（今河南省卫辉市西南），赵的榆次（今山西榆次）、新城（今河南商丘市西南）、狼孟等三十七城。次年，王龁又攻取韩之上党，建太原郡。至此，秦地已东到赵国的西界。

到了战国末年，秦国经过长期推行耕战政策，无论在经济力量或是军事力量上，都堪称强国。统一战争形势的发展，也对秦国变得越来越有利。而首都咸阳，在这些重大的政治活动中又起着发号施令的作用。

第二节　嬴政的统一及对六国文化财富的接纳

一、咸阳是统一之战的司令台

（一）相邦吕不韦与秦国的上层政治

公元前247年夏，秦庄襄王死，即秦王位的是他儿子、年仅十三岁的嬴政（也名赵政，即公元前221年以后改称的“秦始皇”）。因为“王年少，初即位，委国事大臣”（《史记·秦始皇本纪》《汉书·五行志》），也就是说秦国的实际大权操纵在号称“仲父”的相邦文信侯吕不韦的手里。[1]吕不韦曾为秦国的统一做了不少努力，也为统一后的政治路线等问题

① 传世的“文信”圜钱有十余数，皆不详其出土地。中华人民共和国成立后在洛阳、咸阳、西安有此种钱及钱范出土计5枚，使问题渐趋明朗。在咸阳三普的34号汉墓中出土“文信”钱1枚，方孔，无郭，穿四角向外各有一曲尺文，钱径2.4厘米。河南洛阳金村出土的“文信”钱径2.5厘米、穿径0.64厘米，重4.2克。1955年洛阳西工河南县城遗址出土“文信”钱残石范1件。这些足证此钱确为秦文信侯吕不韦在其封地所铸，流通时间在公元前249年～前237年的12年间，即秦庄襄王元年受封相国为文信侯“食河南、洛阳十万户”到秦始皇十年“坐嫪毒免”。所谓“四角曲文”经洛阳学者辨认，为古文“行”字，字文连读，即“文信行”，取“德行高尚的文信侯赐予民众流通使用的钱币”之义。参考蔡运章等：《洛阳钱币发现与研究》，中华书局，1998年。

描绘出蓝图。他的揽权直到秦始皇十年（公元前 237 年）坐罪嫪毐之乱免相为止。

吕不韦在秦王政时的任相期间，对外的主攻目标仍是三晋。二年（公元前 245 年），派麃公率军攻取魏的卷（今河南原阳县西），斩首三万。三年，蒙骜攻韩，取十三城。又攻魏的畼、有诡两城，于下年取得。五年（公元前 242 年），将军蒙骜攻占魏的酸枣（今河南延津县西南）、燕、虚（今河南封丘县北）、长平（今山西高平西北）、雍丘（今河南杞县）、山阳（今河南焦作市东南）等二十城，初置东郡。第二年，在挫败韩、魏、赵、卫、楚五国联军的同时，灭卫（魏的附庸小国）占朝歌（今河南淇县）。七年（公元前 240 年），秦出兵攻取了赵的龙、孤、庆都，在还兵的路上又攻下魏的汲（今河南省卫辉市西南）。九年（公元前 238 年），秦将杨端和又攻占了魏的垣（今山西垣曲县东南）、蒲阳（今山西隰县）和衍氏（今河南郑州市北）。(《史记·秦本纪》)

商人出身的吕不韦，把投机的本领用在政治上，居然权倾朝野，富到“家僮万人”。如果说他在秦国的建树，还值得称道的话，那么另一位大阴人（宦者）嫪毐的得势却近于荒唐，是应该诅咒的。嫪毐利用帝太后的宠爱，封为长信侯，不但占有山阳地（今河南修武西北、太行山东南），还以太原郡为“毐国”。有“家僮数千人，诸客求宦为嫪毐舍人千余人”。“宫室、车马、衣服、苑囿、驰猎”的阔绰自不消说，而权势竟大到事无大小“皆决于嫪毐”的地步。(《史记》的《秦始皇本纪》《吕不韦列传》) 在咸阳秦廷，吕不韦和嫪毐两人各树山头，形成两大势力集团，争权夺利，钩心斗角，以致搅动了秦国的政治界。面对“仲父”和“假父”，从执法的大官到御车的小吏，在选择自己的政治靠山时，都忧心忡忡，陷于为难的境地。不知所从地说：“与嫪氏乎？与吕氏乎？”(《战国策·魏策四》)。表面上是吕、嫪两大集团的争斗，实际上反映了秦国在政治上存在着以吕不韦为代表的大臣同嫪毐为代表的太后派之间的斗争。从根本上着眼，都关系着秦国的前途。

秦王政九年（公元前 238 年），正当他年纪 22 岁。按秦国的习惯到了“王冠，带剑”亲政的时候。4 月，秦王嬴政由咸阳到祖庙所在的旧都雍行过加冕礼后，留宿蕲年宫。这时，荒唐淫乱的嫪毐盗用王的御玺和太后的玺印，征发了近县和首都的警卫部队及亲信党羽，向雍进发，准备围攻蕲年宫，加害秦王政。秦王政得到情报，即命令昌平君、昌文君率军堵截。两军激战于咸阳，王军取胜，斩首数百。接着，又捕获嫪毐，处以车裂的重刑，并灭其宗族。还把参与作乱的卫尉竭、内史肆、佐弋竭、中大夫令齐等 20 人“枭首”，对嫪毐的“舍人”（即宾客）也分别判罪。因此案有牵连的四千家被免除爵位，并流放到房陵（今湖北房县）。次年，吕不韦因被指控放纵嫪毐而获罪，免除相位；十一年（公元前 236 年），出居河南食邑；接着十二年（公元前 235 年）又被迁往蜀郡，途中饮鸩自杀。秦王政还因吕不韦门下宾客偷办丧事，把吕不韦全家籍没为官奴。至此，秦王嬴政就完全消灭了吕不韦和嫪毐两大集团，集中了秦国的全部权力。

（二）秦王政的统一之战

在秦王政亲理政务之后，从十一年（公元前 236 年）至二十六年（公元前 221 年），前后经过 15 年，以首都咸阳作为军事指挥中心，接连对外用兵。其间还亲临前线，作实地考察①，对统一战争的形势及发展实施明确部署和指挥。特别是自十七年（公元前 230 年）灭韩国之后，秦国以雷霆万钧之力，摧枯拉朽，仅用了 10 年工夫，就次第削平六国，统一了中国。（图 2-5）

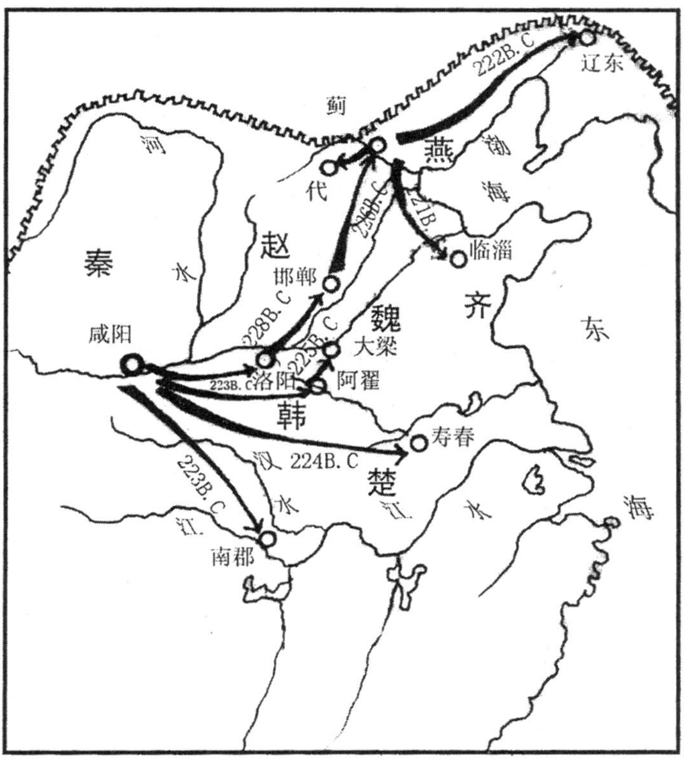

图 2-5　秦统一六国进军路线图

秦王政首先派兵进攻赵国，初试锋芒。十一年（公元前 236 年），派两路大军东进，王翦一路攻取了赵的阏与（今山西和顺县）、橑阳（山西左权县），桓齮、杨端和一路攻

① 据《史记 · 秦始皇本纪》载："十三年（公元前 234 年）……王之河南。"十九年（公元前 228 年）"王之邯郸……从太原、上郡归。"二十四年（公元前 223 年）"秦王游至郢、陈"。

取了赵的河间六城及邺（今河北磁县东）。然后，两路军合并，“斗食”以下的军士中，挑选十分之二的精锐，由王翦、桓齮率领攻下赵的安阳（今河南安阳）。十三年（公元前234年）桓齮率兵攻占赵的平阳（今河北磁县东）、武城（今山东夏津西北）两城，杀赵将扈辄，斩首十万。十四年（公元前233年），桓齮率军出上党，攻占赵的宜安（今河北藁城西南）。由于赵国的守边名将李牧驰援，在肥（今河北藁城西南）同秦军激战，秦虽取得宜安，但李牧打败了齮，歼灭秦军十万，桓齮逃燕，这就是有名的“宜安之战”（也称“肥之战”）。十五年，秦军又兵分两路分别进攻邺和太原，因赵将李牧的反击，才退兵。

秦四次攻赵，虽未能消灭赵国，却给以重创。秦王政利用政治形势，再选新的攻击点，于是将矛头指向韩国。秦王政十六年（公元前231年），在全国登记适龄青年（“令男子书年”），置“丽邑”安排好修陵事宜，[①]也接纳了韩国献出的南阳地，于次年就派内史腾率大军攻韩，俘获韩王安，迁之于南郡歧山。秦消灭韩国，建立颍川郡（《史记》的《秦始皇本纪》《编年记》）。

秦王政十八年(公元前229年)，秦军兵分两路攻赵，大将王翦率上党郡兵，直捣井陉(今河北井陉县西)；杨端和将河内兵与羌瘣围邯郸。由于赵将李牧和司马尚抗秦，所以邯郸久攻不下。次年，赵王迁听信了接受秦人贿赂的宠臣郭开的谗言，处死李牧、司马尚之后，经过三个月，邯郸就失守，自己也当了俘虏，落得流放房陵的可悲下场。秦建立起邯郸郡。只有赵公子嘉率族人数百人逃到代郡，自立为代王，负隅顽抗。(《史记》的《秦始皇本纪》《赵世家》《李牧列传》,《淮南子·泰族训》)。

公元前228年秦灭赵之后，兵屯中山，计划攻燕。次年，燕太子丹派刺客荆轲作为使者，带着勇士秦舞阳作为助手，携带秦国逃将樊于期（即桓齮）的头颅，连同燕国督亢（今河北涿州市、固安县、新城等地）的地图，来到咸阳，在咸阳宫借献图欲行刺秦王。秦王政大怒，于二十一年（公元前226年）派王翦率大军攻燕，攻下燕都蓟城。燕王喜逃到了辽东。

① 有些史书上说丽邑是魏国献给秦国的，这实际是对《史记》“魏献地于秦，秦置丽邑”（《秦始皇本纪》）一语的误解。“魏献地”同“秦置丽邑”是两码事，都是发生在秦王政十六年，所以断句应分开。同样的例子，还有《左传》庄公二十八年（公元前666年）载“晋伐骊戎”，杜注：“骊戎在京兆新丰县，其君姬姓，其爵男也。”实际上，在晋献公之前，秦国早已占有关中的东部地区，如秦武公元年（公元前697年）“伐彭戏氏，至于华山下”，十年（公元前688年）已在这里设立了郑县（今陕西华县城北），所以晋献公不可能越过秦的郑县到今之临潼伐骊戎。据顾颉刚先生研究：“骊戎之国当今山西南部……在晋都之东析城、王屋一带……故晋献得而伐之。”（《史林杂识·骊戎不在骊山》）
秦始皇于十六年设丽邑是出自既要全力赴战，又要不误陵墓工程的考虑。此说详见王学理：《秦始皇陵研究》，上海人民出版社，1994年。

二十五年（公元前222年），秦将王贲率军追击辽东，虏燕王喜，终于灭了燕国，建立辽东郡。（《史记》之《秦始皇本纪》《燕世家》《刺客列传》）秦军在回师的路上攻代，虏代王嘉，建了代郡，彻底灭赵。秦王政二十二年（公元前225年），秦派王贲攻魏国大梁城。王贲引黄河水淹大梁，经三月，城坏，魏王假出降，魏亡。秦在魏的东部建立砀郡，并杀魏王假及诸公子。（《史记》之《秦始皇本纪》《魏世家》，《水经注·睢水》）

秦王政二十三年（公元前224年），年轻的秦将李信率军二十万攻楚，七都尉被杀，败归。秦始皇又改派大将王翦带六十万大军伐楚，楚国也倾全国兵力以应。双方激战于蕲（今安徽宿州市东南）南，楚军大败，楚将项燕被杀。接着，秦军又攻取了楚旧都陈（今河南淮阳）以南到平舆（今河南平舆）。王翦、蒙武乘胜追杀，至二十四年（公元前223年）攻克楚都寿春（今湖北寿县），俘虏了楚王负刍。次年又平定楚的江南地，设立九江郡和长沙郡。攻入越地，原降服于楚的越君也向秦投降，秦设立会稽郡。至此，楚亡。（《史记》之《秦始皇本纪》《楚世家》《王翦列传》，秦简《编年记》）

秦挥戈南下，于二十六年（公元前221年）攻入齐都临淄，齐亡。秦在齐地建立齐郡和琅邪郡。昏庸腐朽的齐王建及其佞臣、齐相后胜被俘，迁于共的松柏之间，饿死（《史记》之《秦始皇本纪》《田齐世家》）。

至此，秦王政通过十年战争（公元前230年～前221年），势如破竹，逐次消灭了韩、赵、魏、燕、楚、齐六国，结束了长期的诸侯割据、战乱连年、百姓死难的局面，建立起中国历史上第一个中央集权的郡县制帝国——秦朝。他也成了秦始皇帝。秦都咸阳作为统一之战的司令台，随着秦国有利的政治、军事形势的发展而步入辉煌。

二、咸阳的繁荣

（一）一份《谏逐客书》的作用

秦始皇“续六世之余烈，振长策而御宇内，吞二周而亡诸侯，履至尊而制六合，执棰拊以鞭笞天下，威振四海”（贾谊:《过秦论》）。在他冀取周鼎、削平群雄的统一战争过程中，各国各地的物质财富和精神财富通过各种渠道源源不断地汇集到咸阳，大大地丰富了咸阳的物质文化内容，也给思想界注入了新的血液，从而激发了政治、外交、城市建设的活跃。

秦始皇在解决了吕不韦、嫪毐两大势力集团之后，心里并未得到多少宽慰。因为嫪毐同太后淫乱产子的宫闱秽事只瞒得秦王政一人，这无疑是一桩奇耻大辱，使他难堪。他镇压了嫪毐武装叛乱，“囊扑两弟”、把太后迁出咸阳，犹不解恨，偏偏韩国派出郑国借修渠施展“疲秦之计”又暴露了出来，还涉及曾是吕不韦舍人的李斯……这令人心烦的事一件接着一件。恰在这时，秦宗室大臣纷纷借机进言，异口同声地说：来自各诸侯国的人，表面上看是在为秦国做事，实际上是各为其主。秦王政这时出于激愤，就下了个“非秦者去，为客者逐”的“逐客令”。作为楚国上蔡人的李斯当然也在被逐之列，他无可奈何地上了一份《谏逐客书》之后，就离开咸阳，悻悻地东去。

李斯在这份谏书中列举了一些来自“异国”而“不出于秦”但为秦所用的物品，确使我们研究秦国这一段历史的人长了见识。诸如“昆山之玉”“随、和之宝”“明月之珠”“太阿之剑”“纤离之马”“翠凤之旗”“灵鼍之鼓”“夜光之璧”“犀象之器”“骏良駃騠”“江南金锡”“西蜀丹青”“宛珠之簪”“傅玑之珥”“阿缟之衣”“锦绣之饰”等等。其内容包括了礼仪和装饰性的珠宝（和阗玉①、随侯珠、和氏璧②、夜明珠③、夜光璧、宛

① “昆山”是昆仑山的简称，位于今新疆、西藏之间，西接帕米尔高原，东入青海。《史记·李斯列传·正义》：“昆冈在于阗国东北四百里，其冈出玉。”地处今新疆西南的和阗一带，而汉代西域国于阗（又名“于寘”）治西城（又作“西城山”，在今新疆和田县境），可见昆冈在“东北四百里”之说不准确。和阗产玉久负盛誉，至迟在商代晚期就进入中原地区，其质纯色白，“羊脂玉”即其精品，也因含不同的微量元素而呈现出黄、绿、青、墨等色调。至今仍在开采。

② “随侯之珠”与“和氏之璧”合称“随和之宝”，其价之高不可估量，《淮南子·览冥训》曾说：“譬如随侯之珠、和氏之璧，得之者富，失之者贫。”高诱注：“隋侯，汉东之国，姬姓诸侯也。隋侯见大蛇伤断，以药敷之。后，蛇于江中衔大珠以报之，因曰‘隋侯之珠’。盖明月珠也。楚人卞和得美玉璞于荆山之下，以献武王。王以示玉人，玉人以为石，刖其左足。文王即位，复献之。以为石，刖其右足。抱璞不释，而泣血。及成王即位，又献之。成王曰：‘先君轻刖而重剖石。’遂剖观之，果得美玉，以为璧。盖纯白夜光。”

“隋侯珠”是传说中的宝珠，神话色彩过浓，不足为信。而“和氏璧”在《韩非子·和氏》、《新序·杂事》、《淮南子·修务训》及《汉书·邹阳传》、《后汉书·孔融传》、《后汉书·陈元传》直至后来的《太平御览》对卞和三献楚王的王世各记不同，令人无所适从。但若从隋珠、和璧的故事中剔除杂物，应该是真实的，李斯援引作例也是有所依的。早在秦昭王二十七年（公元前280年）就曾许愿以十五城的代价换取赵惠文得到的“楚和氏璧”，尽管蔺相如“完璧归赵”，但后来毕竟为秦所有。由此可见，史载和氏之璧事并非虚设。

③ “明月之珠”就是古人常说的“明月珠”（《史记·龟策列传》、《七国考》引鲁连子、《裴氏广州记》），也叫“夜明珠”（王嘉《拾遗记》、《史记·田敬仲完世家》）、“夜光珠”（《太平御览》引《三秦记》）。但它绝不是能够夜间发光的珍珠，因为珍珠是水中无脊椎动物分泌黏液的凝结物，是不会自行发光的。看来这个“明月珠”同后边的“夜光之璧”一样，是一种磷光型宝石。其中排除金刚石（我国在西晋时，才从天竺进口。而今山东、辽宁、贵州发现的金刚石矿床，还是近几十年的事），很可能是我国自产的萤石或特殊的水晶，其经过白天自然光的照射，内部特殊的微量杂质元素或离子的外层电子就会发生跃进，由能量低的基态跃入能量高的激发态。到夜间，当电子分阶段再返回基态时，就把原来获得的能量以相当的可见光的形式释放出来。这种光学效应特好的珠和璧，自然是一种很珍贵的宝石作品。英国李约瑟（Joseph Needham）博士在其巨著《中国科学技术史》第七章中记载着一种绿萤石的“夜光璧”，经过加热或摩擦，会在黑暗中发出很强的磷光和荧光，可在6英寸（合15.24厘米）内看书。1982年11月，在广东钨矿山发现了一种含强磷光的萤石，到晚上隔3米仍能看到它发出美丽的光泽。（《北京晚报》1983年6月6日）

珠簪、傅玑珥[①]等）、衣服（齐、鲁的丝织品[②]）、车马（翠凤旗、灵鼍鼓[③]、快马）、佩剑（吴越利剑[④]）和紧俏矿藏（江南的铜锡[⑤]、巴蜀的丹青[⑥]）等五类，其名贵就在于稀有、精巧、富丽，为秦所缺而取自于当时边远的北方草原、东南沿海、江南水乡、西域异邦。尽管这些物品多属于秦统治阶级的玩好，但它们在秦地的出现反映了当时商业贸易与交通事业的发达，表现出秦国能在诸侯割据的形势下通过各种渠道同各地加强联系的本领。

不要说“此数宝者，秦不生一”，就连献策出计、使秦富强的客卿士子也都是些“外来户”。这是李斯举例讽谏的又一个内容：由余、百里奚、蹇叔、丕豹、公孙支、商鞅、张仪、范雎等人，是你先人请来的，有些则是慕你们“礼贤下士”的大名而投奔来的。而个人建功立业的结果，使你秦国得利。若不是你先人海纳百川地吸引和重用人才，你们秦

① 玑也是珠。以宛珠作插发之簪，用玑作耳饰。

② 丝织品中细而白的生绢名曰“缟”，质地轻薄，故有“强弩之极，矢不能穿鲁缟”（《史记·韩安国传》）的比喻。古代齐鲁地出产细缯有名。

③ 用扬子鳄皮蒙的鼓称作“鼍（tuó）鼓”。

④“太阿”也作“泰阿”，是楚国请吴、越的铸剑名匠干将和欧冶子，铸造的三柄名剑之一，其他两柄称作“龙渊”“工布”。楚王以泰阿剑指挥作战，打败了晋、郑军队。（《越绝书·越绝外传记宝剑》）以后“太阿”成了宝剑的通称，如形容韩国剑的锋利作“龙渊、太阿，皆陆断马牛，水击鹄雁”（《战国策·韩策一》）。

⑤ 中国的考古资料表明：古代的采矿、冶炼、铸造业是分地进行的。秦国虽然有铜矿，但不能满足社会对铜的需求，像秦始皇陵兵马俑坑目前出土的数万件兵器，都系青铜制品。1980 年在陵侧发掘的两乘驷马彩绘铜偶车，就重达 2302 公斤。在凤翔、咸阳、临潼零口等秦遗址都有巨型建筑铜构件的发现。至于铸造货币、乐器、宫廷和社会用铜量就更大了。而这种原料的大部分，秦国不能不仰仗于“进口”。在湖北大冶铜绿山发现春秋到西汉时期的矿冶遗址，其矿井深 40 ~ 50 米，留有春秋和战国时期的各种采矿工具及生活用具。矿井旁有几座春秋时期的炼铜竖炉，光炉渣的总量就在 40 万吨左右。此外，在湖北江陵、河南新郑等地的东周城址或其附近都有铸铜遗址的发现。可见李斯在《谏逐客书》中说秦国取“江南金锡”是有根据的，此处的所谓“金”实际指的是铜。

⑥“丹青”一般指丹砂与青雘（huò）两种可制颜料的矿石。丹砂也叫“朱砂”，以湖南所产的“辰砂”最为名贵。丹是红色，雘也是红色，二者连用实是两种颜色，正如《汉书·司马相如传》所注：“丹沙，今之朱沙也；青雘，今之空青也。”

“丹青”作为颜料对一个国家而言，是不足挂齿的。既然李斯以此说明“物不产于秦，可宝者多”的道理，可见用量绝不是小数目。作什么用？我以为作涂料是其用途之一。除宫廷建筑内绘壁画、“土被朱紫”作“丹地”外，陵墓涂朱，其用量确是很大的。但更值得注意的是用丹砂制作水银。根据测知的秦始皇陵的强汞范围 1200 平方米，我在《秦始皇陵研究》一书中推算出内储水银百吨左右，约需要 115.93 吨丹砂来提炼。

用巨量丹砂，除过陕西的旬阳等地外，西南的四川彭水、綦江和酉阳就是一个产丹砂的三角区。与彭水不远的贵州铜仁，德江、思南、桐梓等县生产水银的历史也颇为悠久。那么，“巴蜀寡妇清，其先得丹穴，而擅其利数世，家亦不赀”（《史记·货殖列传》），受到秦始皇的嘉奖、为筑“女怀清台”的举动就可以理解了。

国恐怕还要停留在敲盆罐（演奏乐器："击瓮、叩缶、弹筝"）、拍屁股（跳舞："搏髀"）、一个调门地哼哼（唱歌："歌呼呜呜"）那种"真秦之声"的原始阶段，哪里还能享受到文化交流而引起清新、活跃、自由的《郑》《卫》《桑间》《昭》《虞》《武》《象》等"异国之乐"呢？如果重视"色乐珠玉"而轻视"人民"（即客卿）的话，那实际是"藉寇兵而赍盗粮"，国家能没有危险？（《史记·李斯列传》）

言辞恳切、说理透彻、例举浅近的一份《谏逐客书》，的的确确打动了秦王政。他派人赶到丽邑（今陕西临潼东），追回李斯，官复原位，还免杀水利学家郑国，收回逐客令。这挽救了在秦的客卿，也保障了以后秦的统一事业。

（二）多方面获取六国的财富

"财富"的内容，既表现为"物"，又包含着"人"，还有"经验成果"。那么，秦国是怎么获取这些财富的呢？

1. 古代战争的目的之一，在很大的程度上是掠夺土地、人民和财产。秦国历代对外用兵，从诸侯国都取得了哪些"宝物"，在今天是不得而知的。但作为财富集中地的首都咸阳，以及关中地区，从考古发掘所见诸侯国的文化遗物，给我们提供了回答这一问题的线索。

（1）魏国器物

魏国的货币见有铜铸的圆跨布"安邑二釿"、"梁奇釿全（百）当釿（锊）"和"梁正尚（币）全（百）当釿（锊）"3种各1枚（均于咸阳市东长陵火车站出土①）及"漆垣一釿""半釿"两种圜钱（富县出土）。（图2-6）铜器有"安邑下官钟"1件、"中敃食鼎"1件、"平"鼎1件、"半斗"鼎1件、素鼎5件，温酒器的"修武府"耳杯1件、提炼炉2件、铜钫4件（以上系咸阳塔儿坡秦遗址出土②）、"荀邑"鼎、"下官"素面鼎（以上为旬邑

① 咸阳滩毛村南的制陶作坊遗址，是我1961～1963年参与发掘的，1962年在长陵车站沙坑中我又清理了第二批铜器窖藏。1964年，写成简报《秦都咸阳古城遗址发现的窑址和铜器》，发北京，《考古》编辑部已发排，不巧"文化大革命"来临，一搁就是十年。陕西省考古研究所已合并到陕西省博物馆、文管会去。1974年，此稿得以先发。但文章署名变成了"陕西省博物馆、文管会勘查小组"，但该出土时间并不存在"省博物馆、文管会"的勘查，这署名是与事实相矛盾的。这种矛盾深深地打上了时代烙印。

② 据报道，这批铜器于1966年4月出土于塔儿坡，计有24件。当咸阳市博物馆派员赶到取土现场时，出土情况已非原貌。简报资料见咸阳市博物馆：《陕西咸阳塔儿坡出土的铜器》，《文物》1975年第6期。据他们估计，是一处墓葬。
但我根据这群器物无组合关系，附近有夯土迹象，加之文献记载中秦宫的位置，以为这是被破坏了的秦"雍门宫"遗址。参见王学理：《雍门宫室今安在？塔儿坡前寻踪迹》，《中国社会科学报》2011年12月15日第12版。

县马栏农场转角村出土[①])、“信安君”鼎(武功县浮沱村出土[②])(见彩版三)。

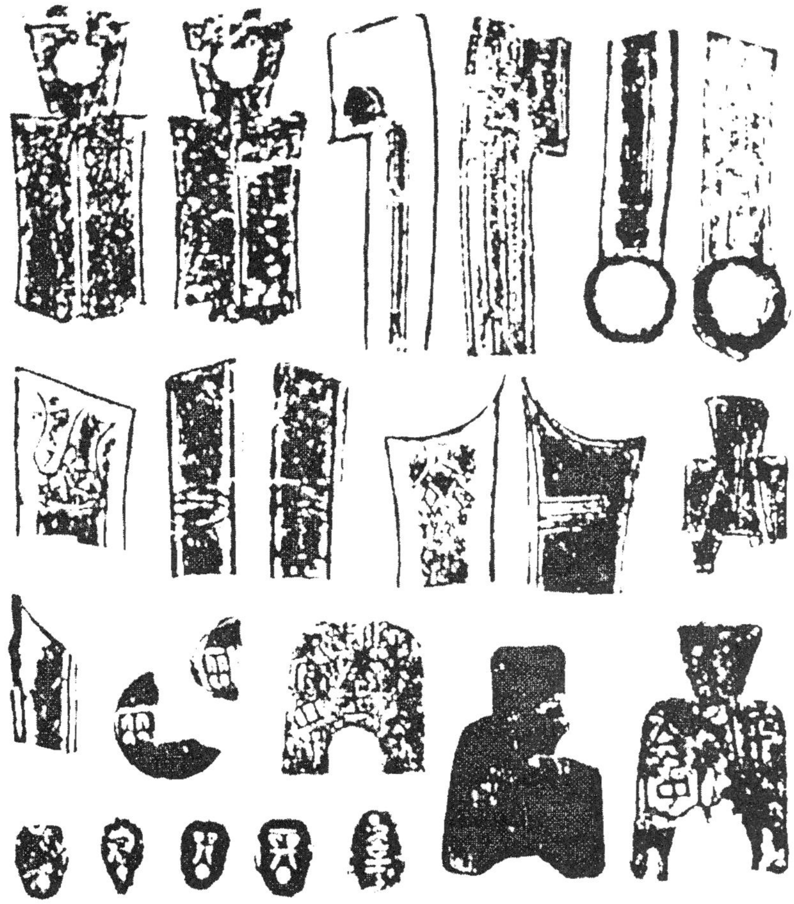

图 2-6　沙坑出土诸侯国货币

“安邑”原系魏国的都城，武侯二年(公元前394年)所筑，魏惠王六年(公元前364年)徙治大梁。“安邑二釿”铜布币和“安邑下官”铜钟当铸造于迁都之前的安邑。秦孝公十年(公元前352年)，“卫鞅为大良造，将兵围魏安邑，降之”(《史记·秦本纪》)。是否有魏器入秦的发生？可认为有此可能。秦昭王二十一年(公元前286年)，派出司马错攻魏的河西地，魏昭王被迫献出安邑。“秦出其人”，于是一批魏国的宝器也就随之入秦，被带到

① 卢建国：《陕西铜川发现战国铜器》，《文物》1985年第5期。

② 罗昊：《武功县出土平安君鼎》，《考古与文物》1981年第2期。罗昊认为此铜鼎同上海、泌阳的平安君鼎相同，是卫国孝襄侯时期平安君之物。但经裘锡圭、黄盛璋诸先生考证，应属于魏信安君鼎，参见《考古与文物》1982年第2期。

了咸阳。信安君鼎被考定为魏安釐王十二年（公元前 265 年）私官所造，入秦时间当再晚一些。

秦人按照秦国的量制，对缴获的魏器重新校量，再刻上自重和容量。

旬邑之北原为魏之上郡，秦惠文王十年（公元前 328 年）“魏纳上郡十五县”（《史记》之《秦本纪》《魏世家》《六国年表》）。入秦的魏人，携鼎随之，刻上了“旬邑”铭记，后作随葬放进了石室墓。

（2）韩国器物

战国晚期的一种小型方足布是通行于三晋的货币形式，也多铸有地名。秦咸阳遗址出土的一枚平首方肩方足小布，面文不清，背文三道，文曰“宅阳”，显然是战国时期韩国的铸币（长陵火车站出土，为咸阳博物馆收藏，已调拨给安徽博物馆）。

（3）齐国器物

货币有“齐去（法）化（货）”刀币 3 枚（残）（长陵火车站沙坑窖藏出土）、“賹（ài）四化”圜钱 1 枚（秦俑坑出土）、“賹益化”圜钱 2 枚（长安区韦曲街道首帕张村窖藏）。（图 2–7）

图 2–7　齐币

“齐法货”是齐 6 种刀币中最多、铸造时间较晚的一种铜货币。齐国的“賹化”圜钱是战国末年齐襄王复国后铸造的铜币，其之所以出土于秦俑坑，当同征发“天下徒”修治丽山陵墓有关。在居赀役人墓地就有齐邑“博昌”的瓦文。此钱也许是役夫携入的，当然并不排除秦人将之作为战利品的可能性。

（4）燕国器物

燕国的货币有“明”刀和尖首刀两种 3 枚（残）（长陵火车站窖藏出土），兵器则见燕王职青铜剑一柄（洛川县严庄村出土）。

尖首刀属燕国早期的铸币，后演变出“明”刀。咸阳出土的这枚“明”刀燕币，因仅存身部，已不知其背部属弧形抑或磬折，但从造型轻薄和边缘挺直的情况推断，当是晚出的磬折一类。在咸阳等秦地出土的燕币，同出土的其他国家货币一样，都不具备流通的作用。而是同燕昭王职剑一样，或被作为战利品而带回秦国，或留咸阳，或赏赐给武将佩带。

（5）楚国器物

1962年，在长陵车站沙坑的窖藏器物中有铜贝（又名“蚁鼻钱”“鬼脸钱”）124枚、“殊布当忻（qí）”布币1枚。1927年，窑店乡路家坡发现“陈爯（chēng）”金币8枚。另外，陕西省博物馆收藏有“仲盖碁”铜簠1件。[①]（图2-8）

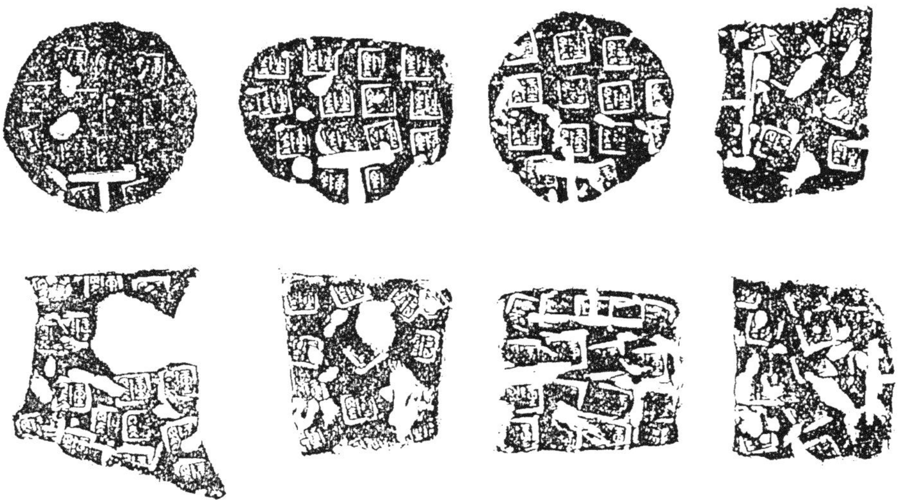

图2-8　楚陈爯金饼

蚁鼻钱是楚国铸行的一种铜贝化小钱。窖藏铜贝作上窄下宽、面突背平的形状，面上模铸阴文，见有“[illegible]”“[illegible]”“[illegible]”“[illegible]”4种。经我实测，最大的长2.1厘米、宽1.3厘米，重2.9 ~ 3.6克；最小的长1.3厘米、宽0.7厘米，重0.6克。

楚国的金币是一种称量货币，有版状和圆饼两类。路家坡的楚金币作圆饼和瓦状，前者重249 ~ 250克，后者重230 ~ 265克，含金量在95% ~ 96%，表面钤印“陈爯”二字。每块钤打阴文方印数不等，少则10个，多达17个[②]。

“陈”（今河南淮阳）是楚顷襄王为躲避秦国的攻打，于公元前279年由郢（今湖北）迁都到阳城（今河南信阳市）暂住后再迁之地。“陈爯”金币，即都陈之后铸行的货币。秦楚两国多有历史性交往，时有战争发生，致有楚器入秦之事。

① 仲盖碁（qí）铜簠系陕西省博物馆藏品。该器通体饰蟠虺纹，铭作：“仲盖碁作想（？）妃鬻。其万年子子孙孙永宝用之。”《青铜器图释》一书定为战国时期，根据器形和书体，可断定为楚器。

② 咸阳市博物馆：《咸阳市近年发现的一批秦汉遗物》，《考古》1973年第3期。

（6）吴国器物

吴国的“吴王孙无土”铜鼎，是秦雍都高王寺铜器窖藏里出土的唯一一件春秋时期吴器。本来吴地偏处东南，去秦甚远，似乎没有什么往来，但据《史记·秦本纪》记载，秦哀公三十一年（公元前 506 年），吴攻陷楚都郢，楚昭王奔随（今湖北随县），“楚大夫申包胥来告急，七日不食，日夜哭泣。于是，秦乃发五百乘救楚，败吴师。吴师归，楚昭王乃得复入郢”。这种救楚的军事行动是秦国子蒲、子虎率兵长驱直入楚境，挫败吴师而凯旋。那么，吴王孙无土自用的这种“脰（厨）鼎”大概是作为战利品得之于吴人之手而被带回秦国的。此铜器窖藏里除过 3 件铜鼎外，还有镶嵌射宴纹铜壶和球形铜敦各 2 件，带盖铜豆、铜匜、圆铜甗和提梁铜盉各 1 件。这 12 件铜器中，好些具有吴、楚之风。因而为研究秦同楚、吴的关系提供了新的资料。

（7）中山国器物

凤翔区高庄野狐一号战国晚期墓中发现了一件中山国的铜鼎，刻有中山国王■“十四■”（公元前 309 年或 308 年）纪年铭文。公元前 296 年，赵灭中山国，此器很可能是一个名叫胜的中山国王族在东方五国（齐、韩、魏、赵、宋）攻秦时，投奔秦国带来的。[①]（图 2-9）

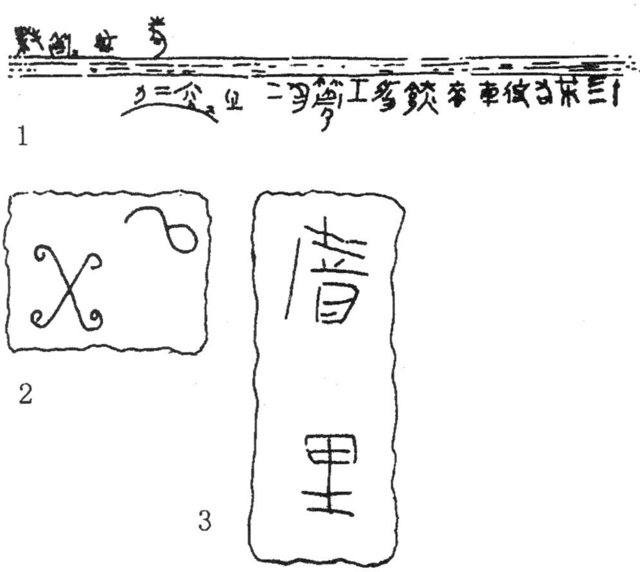

图 2-9　中山国铜鼎铭文

① 尚志儒：《凤翔区高庄战国秦墓发掘简报》，《文物》1980 年第 9 期。又同期李学勤：《秦国文物的新认识》。

（8）东周王室器物

西安南郊神禾塬的夏太后墓中，曾出土铭刻“五十九”的车马器，这是秦昭王五十一年（公元前256年）从周赧王处得来之物。

九鼎作为国家政权的象征物，自“禹收九牧之金”铸成后，就代表着九州（《史记·武帝本纪》），历代相传。成汤迁于商邑，周武王迁都雒邑。战国时期，列强争霸，觊觎鼎代，楚子伐陆浑戎时曾至洛问鼎，但鼎最终还是落到了秦人的手中。《史记·秦本纪》载：秦昭王五十二年（公元前255年）“周民东亡，其器九鼎入秦”。唐人张守节《正义》说：“秦昭王取九鼎，其一飞入泗水，余八入于秦中。”的确，秦始皇于二十八年（公元前219年）东巡时经过彭城（今江苏徐州市），曾“斋戒祷祠，欲出周鼎泗水。使千人没水求之，弗得。”在以后项羽西屠咸阳、烧秦位宫室时，八鼎也就不知去向。［按：夏铸九鼎，确有其事。但记载颇为歧异，陷于不可解释的矛盾之中。第一，入秦与否，说法不一。《秦本纪》载：“周民东亡，九鼎入秦。”而《史记·封禅书》和《汉书·郊祀志》都作“宋太丘社亡，而鼎没于泗水彭城下”。第二，入秦鼎数有九鼎和八鼎的不同。像张守节《正义》就说：“秦昭王取九鼎，其一飞入泗水中，余八入于秦中。”以后确有秦始皇泗水捞鼎的举动。第三，鼎亡时间记载不一。《秦本纪》作秦昭王五十二年（公元前255年），其前一年是周的末代之君赧王五十九年献城降秦的时间。而张守节却注作周赧王十九年（公元前296年）。第四，鼎没地点矛盾。既然九鼎存放在雒邑，何能“鼎没于泗水彭城下”？而张守节还说是“飞入泗水”，尽乎于神奇！

我以为周鼎入秦是确定无疑的事实，文献记载仍以《史记·秦本纪》为准。可确认的根据有两条：其一，秦昭王在公元前256年灭周，赧王死后，随之取鼎入秦，同“宋太丘社亡”无关，鼎“飞”之事更不会发生。连太史公在写《封禅书》时都作“周之九鼎入于秦，或曰宋太丘社亡而鼎没于泗水彭城下”，留有余地。显然，这话的前半句是肯定发生过的事实，后半句则是当时一种说法，录以备考，因为毕竟有后来捞鼎之事。汉人新垣平曾上书文帝，说什么“周鼎亡在泗水中，今河溢通泗，臣望东北汾阴直有金宝气”。虽然欺诈，可见泗水有鼎却是流传已广、尽人皆知的。其二，商亡后九鼎未必全部归周。周武王伐纣克殷，纣的庶兄微子启曾“持其祭器造于军门”。周成王时，镇压了纣子武庚的叛乱，封微子为“宋公”，建立宋国，列春秋十二诸侯国之一。其都城虽在商之旧都宋城（今河南商丘南），国境则奄有今河南省东部及山东、安徽、江苏三省之间。微子的忠诚、武王的仁义，留一鼎使武庚、禄父“以续殷祀”绝对是有可能的。泗水（又称“泗水河”）源自山东泗水县，经曲阜、鱼台、江苏徐州（古彭城），至洪泽湖附近入淮。宋的太丘又名“犬丘”，《左传》襄公元年（公元前 572 年）：“郑子然侵宋，取犬丘。”此地在今河南永城西北三十里，距古彭城有 200 多里路程。该地社亡同政权象征的鼎亡，不应有什么联系，两件大事同时发生只能说是时间上的巧合。至于一鼎没于宋国的“泗水彭城下”，当别有缘故］

咸阳市任家咀 1984 年曾清理过一座战国中期的殉人秦墓，出土的铜鼎、甗、敦、钫、壶，计 10 件，多属三晋之物。墓主显然是一位参加过对晋作战且取胜的将领。[①]

此外，临潼区博物馆收藏的一件战国铜鼎，盖铭作“公朱左自（官）”，腹外横刻“十一年十一月乙巳朔左自冶大夫杕（？）冶嘉（？）铸贞鼎（？），容一斛”。从铭文字体看，这件铜鼎也当是六国的器物。（图 2–10）陕西历史博物馆还收藏一件“私官鼎”，也是战国中期的诸国之器。[②]

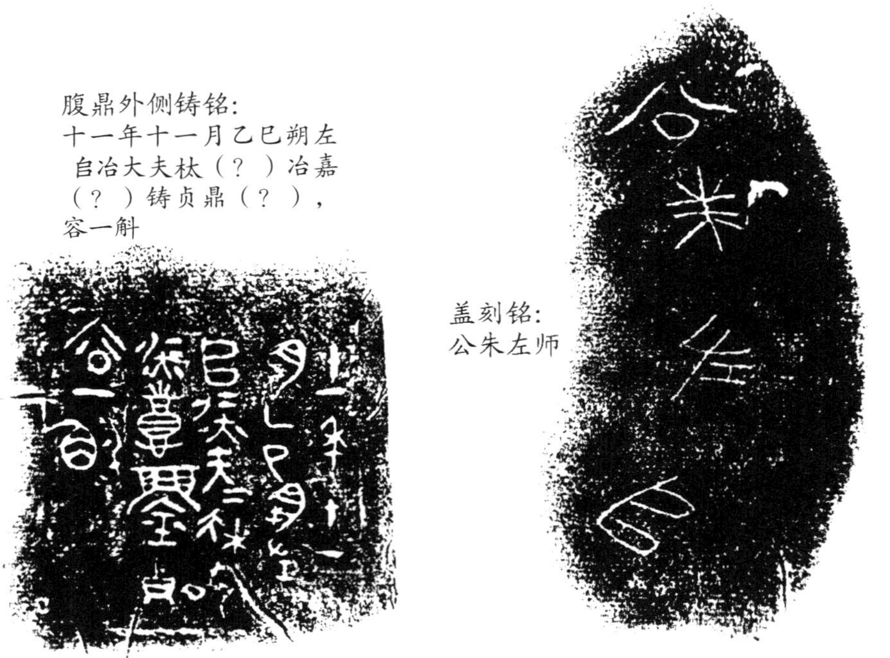

图 2–10　公朱鼎铭文

在富县，还出土有斜肩弧足空首布，钱文有“武”“武安”“卢氏”“三川釿”等地名。

① 咸阳市博物馆：《咸阳任家嘴殉人秦墓清理简报》，《考古与文物》1986 年第 6 期。

② “公朱左自（官）鼎”，参见临潼县文化馆丁耀祖：《临潼县附近出土秦代铜器》，《文物》1965 年第 7 期。“私官飤鼎”，参见朱捷元：《介绍陕西省博物馆收藏的几件战国时期的秦器》，《文物》1966 年第 1 期。考释参考朱德熙、裘锡圭：《战国铜器铭文中的食官》，《文物》1973 年第 12 期。

2.多方网罗、搜集六国的人力资源，来为秦国的政治、外交、军事、经济、文化、城市建设和陵墓工程服务。

坚持贯彻“任人唯贤”的人才路线，具备“礼贤下士”的诚恳态度，实行释疑信任的作风，使关东的宾客士子在一种强大的诱惑力驱动下看到施展抱负的希望，他们或只身闯荡、或互相延荐，自愿投奔到秦国来建功立业。秦国也通过强制的手段，从占领地区迁徙大量人口充实到关中，其中以劳动者层为最多。秦统一全国之后，则是以劳役的形式征发人民从事大型工程。

秦国重用的外来人才，大致可分为下列四类：

第一类：各层次的士人（既有纵横的“游说之士”，也有“通古达今”的“博士”等）、学子、宾客、客卿等“诸侯人”。

秦国在春秋时期接纳的外来人士有由余、蹇叔、百里奚、丕豹、公孙枝、白乙丙、西乞术、孟明视、内史廖等；战国时期则有商鞅、张仪、公孙衍、司马错、乐池、魏章、甘茂、陈轸、楼缓、寿烛、蒙武、胡伤、王龁、司马梗、张唐、范雎、蔡泽、客卿灶、客卿通、将军摎（jiū）、吕不韦、蒙骜、王齮、茅焦、尉缭、桓齮、李斯、李信、王绾、冯劫、蒙恬等，还有更多的一些人。他们中有很多是出身微贱的“布衣”，却能通过实绩而封侯拜相。秦穆公因由余、百里奚、蹇叔、丕豹、公孙枝的襄助，才得灭国十二，开地千里，遂霸西戎；孝公用商鞅变法，才使秦国走上富国强兵之路；惠文王用张仪、司马错，方能北收上郡、南取汉中、西并巴蜀、拔三川、制鄢郢、散合纵；昭王用范雎，远交近攻，蚕食诸侯，奠定了秦统一天下的基础；秦王政又能文用尉缭、李斯，武用王翦、蒙骜，离间各国君臣，攻城略地，横扫六合，才完成统一大业。正是招贤纳士的结果，才使秦国由弱转强，由小变大，走向胜利。

第二类：身怀技艺的工匠、工程专家和术士。

商鞅变法，发布《垦草令》，招徕三晋之人。如果说秦务农的人群中也不乏个别工艺人才，但毕竟发挥不了太大的作用的话，那么之后情况就有了变化，像秦简中就有“工师”带徒教“新工”、有技艺的工匠不得改行的律文（《均工》①）。秦始皇陵墓工程就有来自郧阳（今湖北郧县）、高阳（今河北高阳县）、宜阳（今河南宜阳县）、新城（今河南商

① 云梦秦简《均工》：“工师善教之，故工一岁而成，新工二岁而成”“隶臣有巧可以为工者，勿以为人仆、养”。

丘市境内）等地的工匠。[1]秦始皇起云明台，就曾“穷四方之珍木，搜天下之巧工”（《太平御览》卷178引《拾遗记》）。陵墓西侧出土的两乘精美绝伦的彩绘铜车马，固然是秦中央官府手工业的产品，但其复杂的工艺作风从“失蜡法”铸件、焊接到机械加工，同中山王墓、蔡侯墓、曾侯乙墓的铜器相比，具有异曲同工之妙，能说没有关东能工巧匠的参与？

郑国固然是韩国派来执行“疲秦”之计的，但作为水利工程专家，最终修成“郑国渠”使秦获益。“以医名闻天下”的郑人扁鹊，在秦武王时来咸阳，为小儿病科治疗，有利于新一代人才的健康成长。

第三类：充实京师的徙民。

在秦实施徙民政策的过程中，大规模地迁移到秦本土的移民活动有两次：

秦始皇二十六年（公元前221年），“徙天下豪富于咸阳十二万户”（《史记·秦始皇本纪》）。正因为是“豪富”之家，人口必多，最少每户按五口算，总共就有60万人之多。

秦始皇三十五年（公元前212年），“徙三万家丽邑，五万家云阳，皆复不事十岁”（《史记·秦始皇本纪》）。这次8万户约40万人被安置在始皇陵区和直道的起点区，还给予免除十年徭役负担（“复”）的优厚待遇。

秦始皇把百万徙民安排在以首都咸阳为中心的内史之地，既消除了原居地的对抗势力，又繁荣了京师，所以就出现了“富商大贾……尽诸田”的局面。

另外，还把有影响的人物，以徙民的形式迁出本土，入秦之后则给予重用。秦王政十九年（公元前228年），秦灭赵，把赵将马服君赵奢的孙子马兴迁到了咸阳，居然让他当上了右内史。[2]

第四类：联姻而来的诸侯国之女及媵臣、婢侍、女乐人等。

秦公、秦王多娶诸侯国之女为妻者，如：孝公娶韩女，生樗里疾（《史记·樗里子列传》）。

惠文王先后有两后：先聚魏女，称“魏夫人”，生武王（《史礼·六国年表》），武王尊其为“惠文后”，但其因支持季君（庶长壮）夺权“不得良死”；另一位是楚女“芈八子”，生昭王，号“宣太后”。（《史记》之《秦本纪》《穰侯列传》）。

武王娶魏女为后，无子。因参与庶长壮与诸公子之乱，被逐，归魏。（《史记》之《秦本纪》《六国年表》《穰侯列传》）。

昭襄王娶楚女，为“叶阳后”（《史记·六国年表》）。

---

① 见秦始皇陵区砖瓦上的印戳，参考王学理：《秦始皇陵研究》第一章第76页，上海人民出版社，1994年。

② 马非百：《秦集史》引《广韵》上声卷三马第三十五。

孝文王为“安国君”时，娶楚女为“爱姬”。为太子时，立为“正夫人”，称“华阳夫人”。孝文王立，“华阳夫人为王后”。另有夏姬，生异人（即子楚，后为庄襄王）。

庄襄王早年为人质于赵国时，娶富豪家女，在邯郸生嬴政。庄襄王立，赵姬为王后。政立为王，尊为太后。

结亲虽然只是少数统治者的个人婚事，算不上是对外来人才的重用，也并不是沿用诸侯的主流。但这一政治行为毕竟对当时的政治活动产生过一定的作用和影响，因此也是不容忽视的现象。诸侯国女来秦，毕竟也带来自己本国的文化。“郑、魏之女充后宫”，“随俗雅化、佳冶窈窕赵女立于侧”，改变着秦人的成分和习俗。即以声乐而论，就出现了“弃击瓮叩缶而就《郑》《卫》，退弹筝而取《昭》《虞》”的新气象。(《史记·李斯列传》)当然，随之而来的也有某些负面影响。像嫪毐这样淫乱的丑类、如赵高那样的流氓才子，都曾在秦的政治舞台上喧嚣一时，真可说是历史的不幸！

3. 学习经验，充实自己；博采众长，不拘一格。这在秦统一初期之前的好长一段历史时期中，可说是一个优秀的传统。

秦人初期的文化是接受羌戎影响的，西周到春秋前期则更多地吸收周文化。随之，是对关东文化的全方位选择。商鞅“大筑冀阙，营如鲁卫”（《史记·商君列传》)，“秦每破诸侯，写放其宫室，作之咸阳北阪上，南临渭”(《史记·秦始皇本纪》)，就是最明显的例子。

第三节　咸阳范围的扩大

一、国都地域的拓展

（一）“首都”的概念

咸阳作为秦国的首府，人口集中，经济繁荣，交通发达，国事频繁，同战国时期其他国家的首都一样，无论在政治、经济、文化、交通上，都是本国最重要的国是中心。这种情况固然与西方一些国家的首都纯属政治中心（如美国首都华盛顿，澳大利亚首都堪培拉等）有所区别，但与中国古代都城的性质相一致。除过这共性的一面之外，其较具特色的另一面就是：随秦国由小到大、从弱转强的变化，随时间进程的推移，作为都城，要素的充实、规模范围的扩大之趋势，却是快速的、迅猛的、生机勃发的。

对于首都，理性的认识是绝不能把它看作一座孤立的城。因为它必须要有一定的地域范围，作为赖以支持的基础。那么，它就很自然地由“里”同“外”两大部分组成，即所谓城与郊（先秦时期称之为“国”和“野”）。郊，相对地有近郊和远郊的区别，其界限也颇难严格划出。也正因为以都城为中心，逐渐向外扩展，形成一圈圈同心圆，所以有学者把这形象地称为“首都圈”。圈内的近郊区在行政上归首都直辖，远郊则属于另一大行政系统的外围区。像渭河南北的地域都是首都咸阳的直辖区，而远郊区在统一后的秦帝国时期就属于内史的辖地。

在这里，我们要明确的不单是“首都”的概念，而且还要有“首都圈”也是在由小到大地变化着的认识。

（二）咸阳扩大的历史轨迹

商鞅变法，迁都咸阳，筑“冀阙宫庭”于今咸阳原的一隅。以此为基点，在随后百多年的发展中，以秦惠文王、昭襄王和始皇等三代君主时的变化为最大。

《汉书·五行志》：“先是文惠王初都咸阳，广大宫室，南临渭，北临泾，……秦遂不改，至于离宫三百，复起阿房，未成而亡。”《三辅黄图·序》也有近似的话：“惠文王初都咸阳，取岐雍巨材，新作宫室。南临渭，北逾泾，至于离宫三百。复起阿房，未成而亡。”这里我们剔除“灾异”“报应”的成分，从中不难看到咸阳的土木工程建设和地域的扩大，确实是从惠文王开始的，一直到秦亡而不改。咸阳固然是秦孝公定都的，班固未尝不知，传抄也不曾致误，但用词“初都”恰切，妙不可言。

秦惠文王“广大宫室”已不仅是“南临渭”，实际已经逾渭而初奠基业了。章台宫、长安宫具有相当规模，而且已成为在外交上显示秦国威仪的场所。[①] 上林苑中也有宫殿，正处于初创的阶段。[②]（图 2–11）

昭襄王时，除过大力充实渭河南岸的宫殿建筑，如兴乐宫、六英宫外，还在渭河上架设了横桥，使之同渭北的咸阳宫连接起来。在渭河南岸的广阔地域，向西延伸，继续修造离宫别馆（如棫阳宫、长杨宫、高泉宫等），向东到芷阳地界选定了“东陵墓区”。

① 章台宫是渭南的一处主要朝宫，苏秦曾对楚威王说：“今乃欲西面而事秦，则诸侯莫不西面而朝于章台之下矣。”（《史记·苏秦列传》）楚怀王也确实朝过章台。（《史记·秦本纪》）长安宫虽说是离宫，但其范围很大，主要宫殿很可能还是在距渭河不太远的地方。

② 《史记·秦始皇本纪》：“三十五年……乃营作朝宫渭南上林苑中。”《三辅黄图》：“阿房宫亦曰阿城。惠文王造，宫未成而亡，始皇广其宫。”

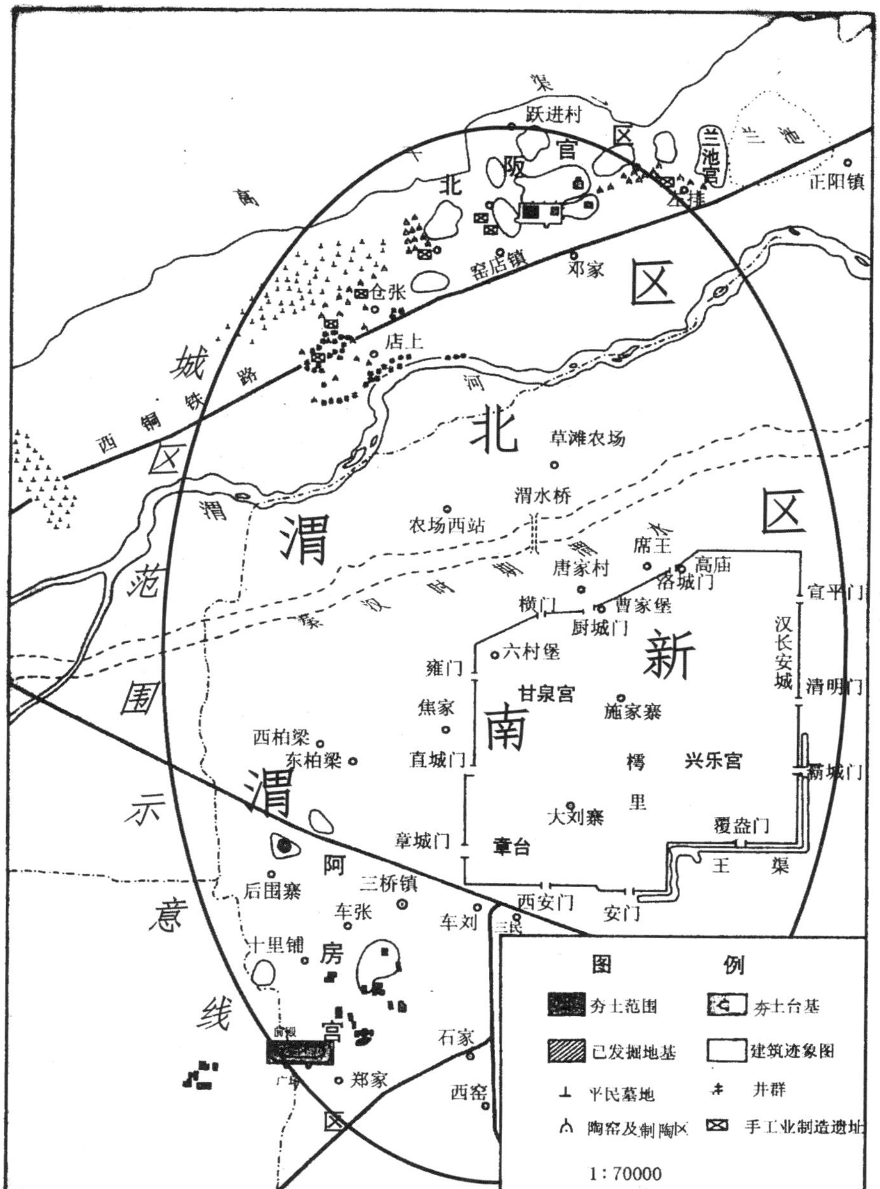

图 2–11 秦都咸阳城区示意图

秦始皇统一六国之后，“咸阳之旁二百里内，宫观二百七十，复道甬道相连”（《史记·秦始皇本纪》）。关中宫殿三百，“北至九嵕、甘泉，南至长杨、五柞，东至河，西至汧渭之交，东西八百里，离宫别馆相望属也。木衣绨绣，土被朱紫，宫人不徙，穷年忘归，犹不能遍也”（《史记》正义引《庙记》）。

随着咸阳范围的扩大、渭南礼制建筑的兴起，政治重心也发生了偏转。国家庆典、礼宾、朝觐、犒赏、议事等一些大的活动，惠文王之前多在渭北诸宫进行，昭王时则跨有南北，到秦始皇之后则主要在渭河南岸的诸宫了。

如果说秦孝公定都取名时，“山南水北”还能概括“咸阳”这一地理特征的话，那么在首都地跨渭水两岸的情况下，此一名称就不尽恰切了。当然，作为历史遗留下的这一符号性称谓也就无须更改而只能沿用之。

二、首都形制

（一）早期咸阳的位置、范围

公元前 221 年，秦始皇统一六国。咸阳作为首都，并没有另选新址，而只是按原来规划所形成的定制加以充实和扩大。所以，现在我们探讨它的具体位置、范围和布局才有条件。《汉书·五行志》载秦惠文王时的咸阳是“南临渭，北临泾”。《水经注·渭水》载成国故渠在这一地段自西向东的流经是“又东迳惠帝安陵南，陵北有安陵县故城。……渠侧有杜邮亭。又东迳渭城北。……又东迳长陵南”[①]。

“渭城”即秦咸阳[②]。据前引文献知，其方位在泾河南汉成国渠右侧、渭河之北，西有秦之杜邮亭，东临汉高祖长陵。

下面结合考古材料来考述其四界：

经调查知，成国故渠在咸阳原二道塬（渭河二级阶地）的北部，其遗迹在今渭高干渠南侧约 200 米，沿 420 ~ 435 米等高线，自西而东横陈。咸阳原上从黄家沟至刘家沟一带的秦遗址确实分布在成国渠之南侧。

今之渭河在秦汉时期偏南一线。秦岭新构造运动、渭河南岸相对抬升及渭南支流的顶托作用，使渭河向北移动。在今咸阳市以东，渭河向北侧蚀的结果，使这段河床呈西南—东北向地平行北移，在南侧则让出越来越宽的河漫滩。

由秦昭王造又经秦始皇扩建的渭河桥，原名“横桥”。后来汉建长安城于渭河南，其北城西起第一门正北对横桥，所以取名“横门”[③]。据《汉书·文帝纪》苏林注：渭桥“在长安北三里”。显然是指桥头所在的渭河南岸到横门的最短距离。“三里”（汉）确不算长，有意思的是汉成帝建始三年（公元前 30 年）七月，住在渭水边上的小女子陈持弓听说发

① 王国维校：《水经注校》，上海人民出版社，1984 年。

②《汉书·地理志》：“渭城，故咸阳。高帝元年更名新城，七年罢，属长安。武帝元鼎三年更名渭城。”

③ 横门，又称横城门、光门，王莽改名朔都门左幽亭。

洪水，受惊后一口气向南跑进横门，闯入未央宫，(《汉书·成帝纪》) 可见秦汉时渭河距长安城是很近的。

汉长安城横门遗址在今西安市西北六村堡乡相小堡村西侧，其门外有一条南北向、长千多米的秦汉大道遗迹。据《三辅旧事》引《三辅黄图》及《括地志》，横桥跨度“南北三百八十步”。那么，秦汉时期渭河北岸距汉长安城的距离是“三百八十步”（秦）与“三里”（三国魏）之和。经折算，约 1827.36 米①。

据知，今咸阳市东乡窑店镇南、东龙村东 150 米处有一条深埋地下 1.4 米的南北向大道，路土厚约 30 厘米，宽 50 米，此间北同秦冀阙宫庭遗址、南同汉横门在一条南北线上。经测量，村南的渭河北岸，距汉长安故城横门遗址的南北直线距离是 6200 米。这就是说，秦咸阳南临的渭河在近 200 年内迅速向北移了 4372.64 米。② 再就我从 20 世纪 60 年代以来的多次考古调查而言，在这一斜行的北岸地带，由西南的长兴村往东行，可以看到滩毛村到店上村之间的河岸地层是：战国至秦的文化层堆积，厚度平均在 2 米左右。东北行，秦文化层厚度逐次减薄，包含物的密度也随之降低。西隆村以东接近原生土，而汉代遗物渐渐增多。1961 年至 1963 年，经我们发掘的滩毛村南的制陶手工业区，因河北岸崩陷，井圈、陶器随之露出。至 1972 年我从韩城调回西安后再重访咸阳故地时，原来的发掘区已沦入河底，去足下已百米矣！由此可见，早期咸阳“临渭”的南界，其西段在今滩毛一带向南突入 4 公里，是否全有文物遗迹，尚不可知；其东段在大寨村、邓家村一线的南北宽 1800 米的地带，今天所见确属空白。至于向南延伸的原来宽在 4000 多米的地面上有无战国到秦的建筑，恐怕永远也是一个难解之谜。

秦昭王大将白起死于杜邮亭，这个有具体里程的故地当是确定秦咸阳西界的重要根据。《史记·白起列传》：“武安君既行，出咸阳西门十里，至杜邮。……秦王乃使使者赐

① 秦是“六尺为步”，一尺合今 23.1 厘米。桥长 380 步 =0.231 米 ×380×6=52668 米。苏林是三国时魏人，东汉一里合今 433.56 米，其所言“三里”合今 1300.68 米。

② 1973 年，为恢复秦都咸阳的考古发掘作资料准备，我对今咸阳市以东直至灞河入渭处这一段渭河作了实地勘查，并到咸阳、渭南及三门峡库区的有关水文部门查询了有关记录资料，重点走访了汉长安北的高龄老人。据河边的老人讲，在他父子口授相传中知道：距今一百五六十年前的清道光年间（公元 1821 ～ 1850 年），在桂家花园附近，有“木桥墩”露出水面，4 根一排，每排的南北间距六七米，桥宽可容两辆大车。桂家花园在今西安市未央区汉城街道办高庙村北二里多路，汉长安故城的洛城门外，此桥必是唐贞观十年（公元 636 年）在秦渭桥旧址东十里修的中渭桥遗址。桂家花园村北对咸阳市窑店镇的左所村，因渭河的北移，该村在百多年来向后退（即距南岸越来越远），搬迁了 4 次。这些情况都说明渭河的迅速北移是近世的事，究其原因当同大地构造变化及自然生态环境的失衡有关。

之剑，自裁。”[①]《索隐》：“杜邮，今在咸阳城中。”《旧唐书·地理志》也有咸阳“移治杜邮”的记载。《太平寰宇记》：武德“六年，又移于便桥西北百步官路北杜邮亭，在县西南三十八步”。《咸阳县志》：“明洪武四年县丞孔文郁移治今所。杜邮馆在县东五里。”今咸阳市东郊任家嘴北3530工厂院内有封土堆高6米、底径19米，传为白起墓[②]。任家嘴附近即是秦杜邮亭，由此东去“十里”（汉）合今4175.3米[③]，可知咸阳西界当在长兴村附近。这同地下文物遗迹分布的情况是吻合的，因为长兴村以西绝不见秦文化地层。

汉高祖刘邦与吕后合葬的长陵位于今咸阳市渭城区窑店街办怡魏村南。两大冢，帝西后东，间距280米。长陵南正对咸阳原边的三义村，村西侧到刘家沟有秦宫殿建筑基址，迤逦而西，属于北阪宫区；三义村东侧是柏家嘴村，除过一些零星建筑夯土和遗物外，连同今杨家湾这一低洼地带，就成了秦咸阳东郊的风景区——兰池。

由前述可知，文献记载只给我们提供了早期咸阳中心区的相对位置，而考古资料才给我们揭示了它的大致范围。随着渭河“西南—东北”的流向，早期咸阳占据了渭河一级阶地及二级阶地（二道原）平行而呈斜行的狭长地带，这决定了咸阳形制的地理特点。东西跨度虽大，但两端南北展开的距离不等，如西界北起黄家沟，南越长兴村、滩毛村，南段已陷入河底，估计宽在6000米以上；东界南北较短，仅在三义村附近的二道原上下，长不过150米。其南北两边呈平行的“ʃʃ”形，即：北线西起黄家沟村原边东行，在胡家沟北折，到毛王沟沿成国渠故道南侧东北行，至山家沟以北；南线起自滩毛以南渭河中心，东行，在西隆村呈南北走向，过辉堵村（即“灰堆”），穿窑店镇，再沿牛羊村南至山家沟。在这个东西宽6600米、南北长200～6000米的范围内，即是早期咸阳的中心区。其间分布着各种类型的战国、秦代的建筑基址、手工业作坊遗迹、窖藏，出土了大量的文化遗物，成为研究秦都咸阳的凭借。在这一“秦都文化带”的两侧，大体就成了农业和野市区。

早期咸阳遗迹和遗物的分布及其内容的差别，也给我们揭示了咸阳渭北的六大分区布局，（图2–12）这就是：

---

① 杜邮距咸阳的里程，记载有三。除《白起列传》作“十里”外，尚有“七里”和“十七里”的不同。《史记·樗里子甘茂列传》：“甘罗曰：‘应侯欲攻赵，武安君难之，去咸阳七里而立死于杜邮。’”《水经注·渭水》：“渭水北有杜邮亭，去咸阳十七里，今名孝里亭，中有白起祠。”根据实地考古调查，结合文字学，“七里”之“七”字在秦汉时当同“十”形近而误；故“十七里”之“七”字必属衍入者。

② 据《咸阳文物志》记述：白起墓封土呈圆形，底径19米，高6米，有夯筑垣墙，东辟门。20世纪70年代初，已作清理，“墓道、墓室为砖券，出土铁剑等物”。墓室既是砖券，封土又呈圆形，显然属于汉墓形式。但传说是白起之墓，有可能为汉代人重新掩埋的！

③ 1汉里=417.53米，参见陈梦家：《亩制与里制》，《考古》1966年第1期。

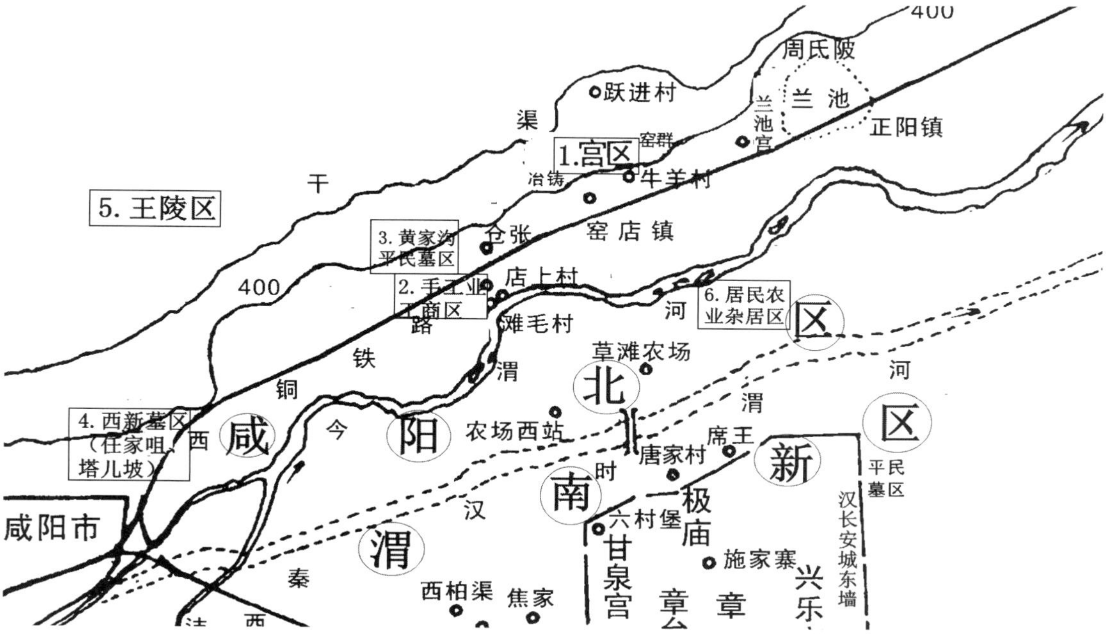

图 2–12　秦咸阳渭北六区示意图

1. “宫城区”——东北分区：以北阪宫区为中心及中央官府控制的手工业作坊区；

2. “工商区”——西南分区：由制作日用陶器的民营作坊、其他手工业工场和市民、商业组成；

3. “黄家沟平民墓区”——在宫城西侧和居民区北端；

4. “西部墓区”——黄家沟平民墓区再向西推进，由任家咀、塔儿坡两个墓地构成；

5. “王陵区”——西北为早期；

6. “居民与农业的杂居区”——位于工商区东、宫城区南的临渭地域。

如果把上面六区再简化合并，就成了东南部属“阳区”，西北部属“阴区”。

（二）统一后大咸阳的平面布局

秦始皇统一六国之后，首都范围急剧扩大。据《史记·秦始皇本纪》引《庙记》：“咸阳北至九嵕、甘泉，南至鄠、杜，东至河，西至汧渭之交，东西八百里，南北四百里，离宫别馆，联望相属。”《长安志》引文竟具体到“始皇表河以为秦东门，表汧以为秦西门”的地步。显然，当时人把秦内史在关中的地方都当作咸阳来看待。实际上，它划定的范围在东西两侧已经超出了咸阳远郊的地域。以黄河与汧河作为京都之东西二门，其间相去八百里。不要说在中国，就是在全球范围内从古到今也不曾有。其实在这里的“表”是作标识之义讲，同后面将讲到的阿房宫“表南山之巅以为阙”的“表”字一样，具有象征的意义。所以，这个“东门”和“西门”也就不是实际存在的门。况且这两个所谓的门也不是对首都咸阳说的，而是就统一天下以前的秦国而言，强调它有如关梁一般重要，仍是秦人气度的一种表现。

《三辅黄图》载：“咸阳故城自秦孝公至始皇帝、胡亥，并都此城。始皇兼天下，都咸阳，因北陵营殿，端门四达，以则紫宫象帝居。渭水贯都以象天汉，横桥南渡以法牵牛。”[①]这段文献资料说明了以下两个问题：

第一，秦都咸阳的形成史，上起孝公，下讫胡亥，简明扼要地勾勒出秦都咸阳的兴废史迹；

第二，秦始皇在统一六国过程中，除继续在先王宫区并营造新殿之外，还把首都的建设放在一个总体规划的指导下来实施，避免随意“堆砌”带来的凌乱感，从而形成了“渭水贯都”的规模。

秦始皇心地博大、一统天下，其改造首都的指导思想，首先是取法于天象。同时，从总体布局上赋予美感，甚具浪漫情调：沿着咸阳原这高亢的地势（“因北陵”），营造屋宇，殿门向四个方向伸展形成一个中心，正如天帝常居的“紫宫”[②]；滔滔东去的渭水穿过城市，恰似银河亘空，划破无垠的星野；而“横桥”飞架，把南北的阙庙宫观连接起来，正像在满天星斗的苍穹里飞来的“鹊桥”，才使得牛郎织女终于团聚。

首都范围扩大了，渭水成了“市中河”。但我们并没有发现一座能把渭河两岸众多宫殿建筑包围起来的咸阳大城，更没有见到北起咸阳原宫区以北，越渭河，南到西安草滩农场以南，西自咸阳路家坡、东至杨家湾，大可290平方公里的“秦咸阳宫遗址”。[③]所以，我认为“渭水贯都”之“都”，未必就是都城。而是帝国首府的都市圈。

① 据孙星衍、庄吉校定本，见《从书集成》。

② 这里的“紫宫”是“三垣”之一的星宿名称，系紫微宫（也称“紫微垣”）的简称。它位于北斗（西方称“大熊座”）的东北，共有15颗星，以北极星（即“小熊座a星”）为中枢，东西分列，呈现出一种屏藩的形状。不过，古人观测天象除过因农事季节需要外，还赋予了它神秘的色彩，使之同占星术联系在一起，即把地上的人事关系天象化，反过来，天象的变化则预示着人事的变动和吉凶。这就是早已流行着的“天人相应说”。《晋书·天文志》：“紫宫，大帝之座也，天子之常居也。”说明主宰整个宇宙的是天上的“天帝”或“上帝”，居紫宫；主宰人间的则是地上的天之骄子——君主，居京都。咸阳作为“天子之都”，就是始皇统一天下后，用“以则紫宫，象帝居”的指导思想建设的。

③ 秦都咸阳考古工作站在《秦都咸阳第一号宫殿建筑遗址简报》（《文物》1976年第11期）中，画了一幅“推测秦咸阳宫范围”图，地跨渭河南北，其南界几乎接近汉长安城北墙。“宫大于城”，显然是不合理的。

从文献记载，到考古资料，二者辩证地结合，需全面研究。本人的结论最早就在《秦都咸阳》一书中写出来，[①] 现在仍坚持这一观点。这就是：秦都咸阳是个有范围、有朦胧轴线、有宫城而无郭城更不存在跨渭的大城；在布局上，宫殿、寺府、手工业区、商业区、居民区及墓葬等古都组成要素均呈散点的交错型；政治中枢随时间进程在转移，但中心建筑也处在未确定的状态。而这一状况，是秦国在特定历史条件下形成的。[按：城市发展史，包括广义和狭义两个范畴。前者是从城市的形成、发展到消亡而言；后者是专从一个具体的城市从"兴"到"废"的历程而说。显然有大和小、长和短的区别。在城市发展的历史长河中，城市的性质、地位、作用、规模等，因地理环境，特别是历史条件的不同，甚而有很大的不同，即以中国城市的规划布局而论，就可以作为一个甚或多个专题来研究。其中单以国都的布局而简言之，即可看出，根据统治阶级的设计要求，分为两个阶段：在奴隶社会里，君主居"国"，卿大夫居"邑"——都，广大奴隶住"野"。这时，城的主要作用在于防御广大奴隶进攻和战争防卫，因此，它成为奴隶主势力盘踞的堡垒。城市的设计则要体现"筑城以卫君，造郭以守民"（《吴越春秋》）的要求；在封建时代，随着战争方式、武器的进步，城防的作用更为加强，中央集权的思想在城市布局上有着充分的体现，如战国的都城多是大、小两城，小者是城，大者属郭。如果说汉代长安城还基本上遵循着"左祖右社，前朝后市"（《考工记》）这一规范的话，那么隋、唐长安城就完全变成了另一种情况。大建筑设计家宇文恺因事先有着整体规划，把皇城和外郭城置于宫城之南，东、西两市分列在皇城前方之两翼，坊里整齐如棋盘，城门、道路的分布有了轴线关系，这就充分表现了皇帝至高无上、南面称王，臣民诚惶诚恐、俯首听命的统治者思想。及至明、清时代的北京城，更是典型化了的都城，其完备规整的程度，可说是登上了城市规划史的顶峰]

秦都咸阳是战国都城到汉、唐长安城的过渡类型，既有同时代都城的特点（如宫殿、作坊、市、墓制等有特定的区域），又有在特定的历史环境中形成的特殊性。孝公时期，商鞅"筑冀阙宫庭"只是为了适应变法的需要，在大的方面有地理选择的考虑，却无总体的城市建设设想；惠～庄时期，都市发展虽有趋向性，但带有随意性；而秦始皇时代，在战争年月，戎马倥偬，无暇顾及都市的总体规划，但统一天下后，天下太平了，他觉得"德兼三皇，功过五帝"，尊荣至上，建立"帝王之都"，营造"朝宫"的计划就自然而然地提到议事日程上来。可是，他一方面既不能改变历史的遗留，不能百废俱兴；另一方面也无须迁都，只有在原有的基础上作扩建、充实的工程。但很可惜的是，咸阳的"阿房朝宫"

① 王学理：《秦都咸阳》，陕西人民出版社，1985 年。

还不曾落成，咸阳都城的总体设想还顾不上完全实施的时候，秦朝就在短期内灭亡了。

我们考虑到秦都咸阳的形成特点，在研究这一城市史时，就会认识到“秦都咸阳”和“咸阳都城”是两个既有联系、又有区别的不同概念，就不会在渭北一个小而又小的地段上探讨秦咸阳的布局。历史地、辩证地、全面地考察这座城市的诸问题，才是有益的。

咸阳作为秦帝国的首都，范围确实很大。其市中区至少包括了今西安市北郊、西郊和咸阳市东窑店镇之间渭河两岸的广阔地域。渭北区以长兴到三义为东、西区间，北起咸阳原的二道原腹部，往南跨越渭河，至阿房、汉城、灞西一线，构成市中区。这期间，还有个政治中枢所在的“城”与“近郊”的区别；至于远郊区则延伸得颇远，西北到今咸阳市东郊的塔儿坡、市北的“公陵”，东南可达今韩峪乡秦芷阳故地。南北长 19 公里，东西斜跨约 63 公里。（图 2–13）

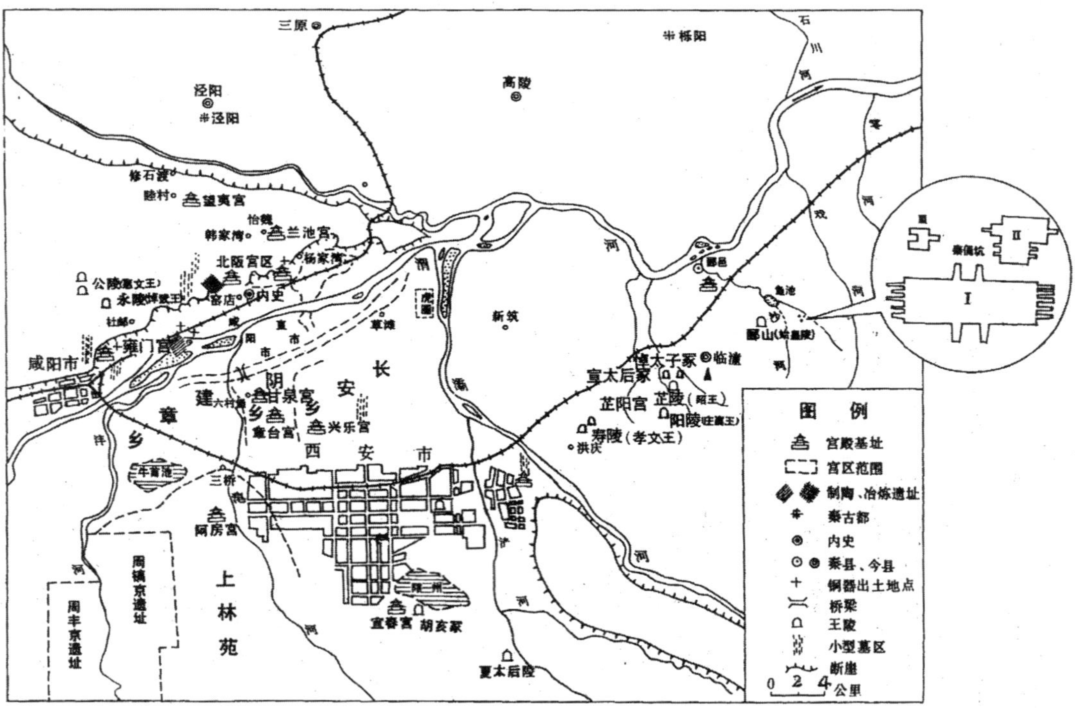

图 2–13　秦都咸阳布局示意图（王学理标示）

俯瞰咸阳规划的景观，渭北是冀阙宫城、仿六国宫殿、手工业作坊及商贸的集中地，渭南则系诸庙、苑囿、陵寝的分布区。朝宫阙观地处中北部，离宫别馆则环绕首都中心区由近及远地散布，陵墓划区置于市郊一隅。

下面让我们具体看看秦都咸阳的布局及其所处地理位置的特点。

1. 七大宫廷建筑中心

这是朝典、祠天、正寝和后宫的所在。

（1）由宫城卫护的“冀阙宫庭”建筑群

以商鞅建造的“冀阙宫庭”为中心，形成一个群体的宫阙建筑群。今咸阳市窑店镇东北牛羊村的高台建筑，呈规正、对称、两观的形式。突兀、挺拔，雄踞原边，更显宏伟、博大的气魄。其余建筑遗址密布其两侧和后部，形式迥别。从战国到秦末，经过多次扩充、改建，使之完善、持久，并以“宫城”环护，是其构成特点。长期以来，为人民称道的“咸阳都城”很可能就是就这座宫城的扩大而言的。

“冀阙宫庭”建筑群居高临下，背依“北陵”（北阪，即咸阳原），泾水环带，南有泱泱渭水东去，两岸平畴沃野、终南叠嶂，尽收眼底。地势险要、风光独具，奠基自始，秦业兴盛，这不能说不是孝公、商鞅高人一等的选择。

（2）“咸阳宫”建筑群

受天帝居“紫宫”的法天意识支配，秦始皇增修咸阳宫要“帝居”，因“北陵营殿”，使“端门四达”。咸阳宫位居“冀阙宫庭”之侧，并与之连通，受“宫城”环护。晚于“冀阙宫庭”而后来居上，成为渭北诸宫之首。

（3）仿作之诸侯宫室建筑群

散布于咸阳原上，同咸阳北区的其他宫殿杂处，一字排开。西起聂家沟，经牛羊村—姬家道的“咸阳宫城”、刘家沟、山家沟、张陈村，到三义村，北至塬巅的怡魏村，多有秦建筑基址的分布，形制各别，原来是“殿屋复道，周阁相属”，组成如网如织的经络体系。

（4）双子星座的章台、兴乐宫群

位于咸阳南区的中南部，今长安故城均有两座汉宫遗址，而西汉就在此基础上建造未央宫和长乐宫。当时，通过横桥直接同渭北的咸阳宫发生联系。

（5）极庙（信宫）建筑群

规模宏大，甬道四出，连接着渭北诸宫、郦山和甘泉宫。位当兴乐宫西北。

（6）甘泉宫（南宫）建筑群

甘泉前殿是甘泉宫中诸建筑之首，有甬道直通渭北区咸阳。南宫是相对渭北诸宫而言，成为汉桂宫的基础。

（7）阿房宫区建筑群

是秦都诸宫中之后出者，地处渭南新区的西南部，在上林苑中。“表南山之巅以为阙，络樊川以为池”(《三辅黄图》)是拟议中的建宫设想。阿房宫前殿基址宏大，文物时有出土，不难想象当年“上可坐万人”的设想。“阿房宫前殿”工程并未完成，仅具夯土基础与台基上三面围墙及“前殿阿房”，但“阿房宫”范围广大，上林苑中的战国以来的宫殿台阁建筑都应包括在内。所以，有学者仅凭“阿房宫前殿”夯土基址来概括“阿房宫”是欠妥的。若把战国以来的秦宫殿台阁遗址，说成是上林苑的建筑，使“部分”同“全部”对立，显然也是概念上的混淆。

咸阳除过上述的七大宫殿建筑群之外，还有很多离宫别馆、行宫信宿性质的宫殿建筑，散布在泾水之南、渭河两岸的近郊。有些宫殿择地而建，以景取胜，如：兰池水色澄碧，回肠曲折，悠然入渭，兰池宫掩映于万绿丛中，风景如画；宜春苑中水波涟漪，万花簇拥宜春宫；望夷宫居高临泾，危楼耸峙，望断烽烟；雍门宫华盖宝顶，金碧辉煌，出类拔萃。渭水之南，地域平阔，殿屋重重，星罗棋布，而曲台、六英、华阳、长安、芷阳、凌台、清台点缀其间，附以苑林清流，更具一番诗情画意。

2. 手工业生产区

多分布在渭北区的北部和西南部。由中央、市府和民营的手工业行业组成，已发现冶铜、铸铁、建材、制陶、琢玉、骨器等作坊遗址。因为生产目的、服务对象和性质不同，其分布地区、产品内容和组织规模也大不一样。

在牛羊村秦宫城附近主要分布着中央官署掌握的手工业作坊，直接为皇室服务。其东侧的刘家沟到柏家嘴一带陶窑密集，是制作宫廷砖瓦等建筑材料的生产区。宫城西侧的聂家沟附近是一处烧制砖、瓦，铸铜，冶铁的大型手工业作坊区。胡家沟一带，也分布着大量生产砖瓦的作坊遗址。总之，生产建筑用陶的作坊集中在自黄家沟至柏家嘴的塬边一线，光陶窑遗址就见到100余座。而西部的黄家沟南则是玉制品的加工地。至于金属制品，如宫廷用具、兵器等的加工，未必与冶炼同地，长陵车站一带很可能是一处机械加工的作坊区。

官府管辖的手工业和民办的手工业以生产人民日常用品为主，主要集中在渭北区的西部和西南部。今长陵车站、滩毛村、店上村一带，水井和排水管道密集，其南侧灰土堆积较厚，出土大量陶器，并有窑址发现。长陵车站一带是金属制品加工地，滩毛村南侧是规模很大的制陶作坊区。

渭南区的手工业主要分布在周围的市郊，如丽山、杜县等地。杜地生产日常陶器，作为民窑，其产品已运销到渭北。作为中央官署手工业，其规模和技术堪称一流，其集中地有两处，一是在西南的阿房宫区，另一处是在东南的始皇陵区。秦始皇陵西侧窑址集中，属中央官署管辖的制陶业，为陵墓生产建筑用陶。陵墓周围还有很多分散的陶窑，主要生产生活用陶，制作了7000件左右的陶俑、陶马和铺地砖，其规模宏大，气势夺人。但生产场地至今还未找到。

陶器同广大吏民的生活攸关，使用普及而量大，故生产作坊的设立不限一处一地。像官府和居民集中地，多有设坊建窑的，或集中或分散，形式多种。在芷阳、丽邑等地多有陶窑及陶器的发现。

3.商业区、市场与居民区

城市居民的主要成分是手工业者和商贩劳动者，其集聚地在渭北区的西部和西南部，南区的东部。阿房宫和丽山陵墓区则更多是服役劳动者。

农业劳动者散居于市中区近门的地方，在市郊则相应地要稠密一些。

手工业作坊区多半是市民居住地，其附近多有“市”的设立，也就形成商业与之杂处的地域。见载的“咸阳市”“直市”“平市”可能散布于北阪宫殿与渭河间地。渭南也有“宫市”的存在。丽山附近在“焦亭”下设立市场。

4.陵墓区

在规划上王陵已远离市中，设区于郊，同战国以前王墓近都的情况相区别。咸阳王陵区有二，一处是渭北区西北郊的“毕陌陵区”，另一处是渭南区东郊的“芷阳陵区”（即“东陵”）。秦始皇陵园则从“东陵”独立出来，自成一处“丽山陵园”。

平民墓地（包括低爵位官吏）主要安排在渭北的西北郊，有“黄家沟—嫣王墓地”；西郊则有任家嘴上下两处墓地。渭南墓地早期多在尤家庄一带，之后扩至东郊。白鹿原西北坡一带的秦墓以半坡最为集中。

5.连接各区的纽带

首都多处宫殿建筑、陵园寝庙及一些重要设施（仓、廪、府、库、市），都被四通八达的地面道路连接成为一个整体。而横桥是沟通渭河南北两区的枢纽，其两端相接的大道则是市中区的主干道。

主要宫殿和陵庙间以阁道、甬道或复道相连，自然形成南北二区，再由横桥贯通，中间是专供秦始皇使用的“御道”，其两侧是南北往来的民道。

三、“内史”之地

（一）咸阳四邻的县邑

秦都咸阳周边同7个县相接，其北与池阳（今泾阳县南部、泾水之北，治今县城西北

二里）为邻。（图 2–14）

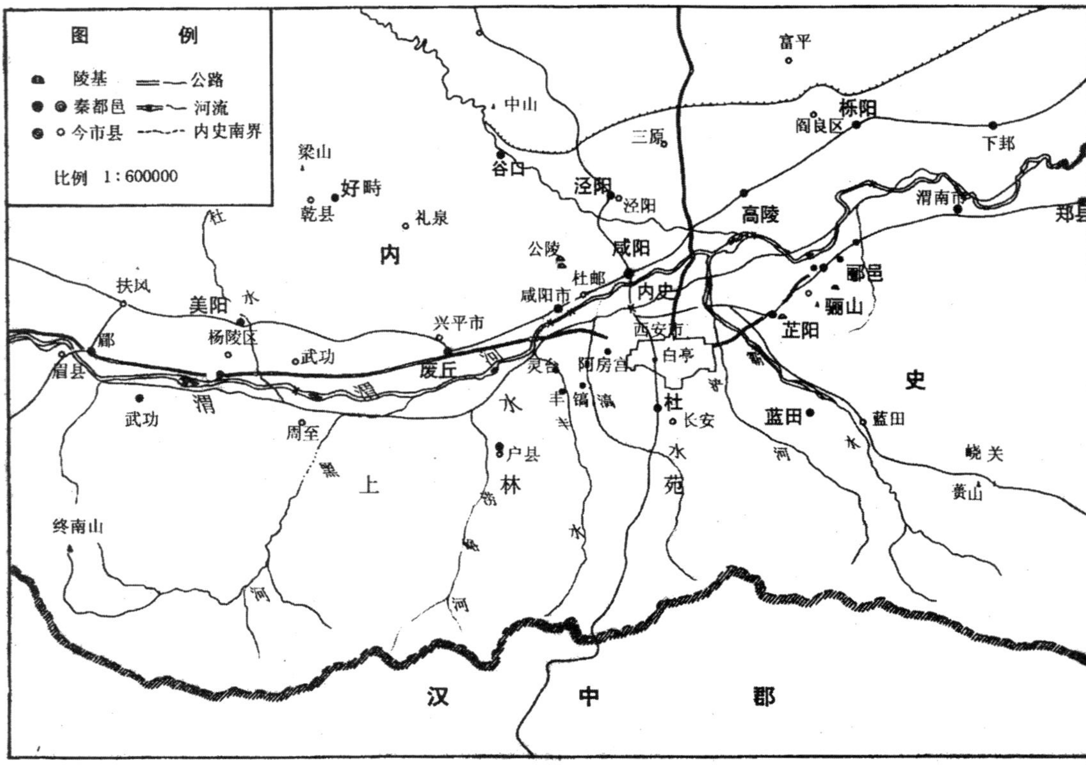

图 2–14　邻近的内史诸县

弋阳：在东北，距首都最近，即今高陵县西南部和咸阳市东北，南临渭水汉景帝筑陵，后改名阳陵县。①

高陵：在弋阳南，秦孝公十二年置县，今高陵县西南为秦县治所在。

芷阳：在东侧，占今西安市灞河到临潼县骊山之间地，秦昭襄王因芷阳宫置县，治在今西安市临潼区韩峪街道办事处油王村附近。

杜县：在南，在今西安市南郊，长安区北部。秦武公置县，治设西安市西南 15 里的杜城村。

鄠县：在西南，占有今西安市西南丰镐以西的渭河南岸到秦岭北之间的广大地域。秦

① 公元前 153 年，汉景帝在秦弋阳县修筑寿陵，就取名“阳陵”，并置阳陵邑。1990 年 5 月，我作为陕西省考古研究所秦汉研究室主任率领汉陵考古队，对阳陵正式开展陵园考古，发现地下从葬坑、陪葬墓区及地面建筑遗址多处。当时，我们据《汉书 · 高惠高后文功臣表》载傅宽封阳陵景侯，认为阳陵系秦时名，汉沿用之。实际上，秦之阳陵是东陵中秦庄襄王与帝太后合葬的陵名，同汉改弋阳为阳陵无关。

孝公置县，治设今鄠邑区北1里处。

废丘：为首都咸阳的西临，占今兴平市地，治设市东南佐村附近。[①]

（二）内史

《三辅黄图》："秦并天下，置内史以领关中。""内史"作为行政区划的单位，是秦始皇统一全国之后才于京师之地设立的。固然和郡同级，但不平行，而是直属中央，因此不能在郡数之内计算。所以，颜师古说："京师，天子所都畿内也。秦并天下，改立郡县，而京畿所统，特号内史，言其在内，以别于诸郡守也。"（《汉书·地理志》注）秦始皇"分天下为卅六郡"（《史记·秦始皇本纪》），之后随着边境开发和郡治调整，全国郡数多达46个[②]。而秦内史管辖的地域范围还比西汉"三辅"之地（京兆尹、左冯翊、右扶风）要大（即多出今商州、洛南一带的商鞅十五邑，潼关至灵宝之间地），东起秦函谷关，西达陇县、大散关一线，北界关中盆地的北缘（北山），南抵秦岭，东南伸及武关。辖县42个，治设咸阳。

因为畿内不设郡守，"内史"也成了一种官职。他虽未列入中央的三公、九卿之内，但因执掌京畿重地，同中央有着直接和方便的联系。内史除过主管内史事务外，也多与闻军国大计，权柄很重，非一般郡守所能比。

在这里值得一提的是：在内史之地，还有一些相对独立的封君宗邑，[按："宗邑"，《左传》庄公二十八年："曲沃，君之宗也……宗邑无主，则民不威。"杜注："曲沃，桓叔所封，先君宗庙所在。"《左传》襄公二十七年："成请老于崔，崔子许之，偃与无咎弗予，曰：'崔，宗邑也，必在宗主。'"杜注："宗邑，宗庙所在。"《左传》哀公十四年："（宋桓）魋先谋公，请以鞍易薄。公曰：'不可。薄，宗邑也。'"可见"宗邑"就是宗庙所在之邑。

宗邑原本是奴隶主各级大宗建立的宗庙之地，是宗法制的产物。但在商鞅变法时已经实行郡县制的秦国，竟由国君给功臣封邑，而且可以世袭（"子子孙孙以为宗邑"）。这究竟是何性质？

① 废丘，周名犬丘，懿王曾自镐迁都于此。周末为少数部族占领，秦伐犬戎取其地，因久废成墟，就改名废丘。地当今兴平市东南的阜寨、南佐村一带。据说，此地存有秦废丘城址。调查知，在南佐村东有古遗址200万平方米，采集所见有西周泥质灰陶绳纹盆、罐，秦汉时期的绳纹板瓦、筒瓦等。

② 秦之郡数，历来说法不一，计有三十六郡（《史记·秦始皇本纪》《汉书·地理志》《史记集解》）、四十郡（《晋书·地理志》）、四十二郡（全祖望：《汉书地理志稽疑》）、四十八郡（王国维：《观堂集林·秦郡考》）、四十六郡（谭其骧：《秦郡新考》，《浙江学报》2卷1期）5种。其中王国维考证详细，但也有欠当之处，谭其骧于王氏四十八郡中舍去陶郡、博阳、胶西、城阳四郡，另加常山、衡山二郡，并以河内易河间，定为四十六郡。辨审精当，其说后来居上。

西周赐采是“授民授疆土”的，如康王时的《大盂鼎》铭记周天子一次赐盂“邦司四白（伯），人鬲自驭至于庶人六百又五十又九夫；锡尸（夷）司王臣十又三白（伯），人鬲千又五十夫”，计不同身份的奴隶1709人。夷王时的《敔簋》铭记周王对追御南淮夷有功的敔赐“于敔五十田，于早五十田”。一田百亩，两处共有百“田”，即一万亩。春秋时诸侯兼并小国，扩大领土，因此卿大夫的封邑难得有个确定的界限。战国时，“封君”的邑数有多寡，邑的大小也有区别。但秦国的“封君”在自己的封邑之内，只有征收赋税的权利，这就是《史记·货殖列传》说的：“封者食租税，……朝觐聘享出其中”。《汉书·食货志》也载：汉初“自天子以至封君汤沐邑，皆各为私奉养，不领于天子之经费。”师古曰：“言各收其所赋税以自供，不入国朝之仓廪府库也。”可见在战国以来，虽普遍地推行了封建的郡县制，同时还有封君、封邑的存在。但名称虽旧，实则性质已经变化］**如孝公封“商君”（商鞅）十五邑**［按：梦斋封泥有“商丞之印”。陕西省考古研究所于1996年对丹凤县商城作了调查，见《中国文物报》1997年8月10日报道。

商鞅封邑所在的今陕西丹凤县（龙驹寨）原为楚邑。公元前632年，子西为“商公”（《左传》文公十年），控制着丹江上游地区。后来秦国与楚争锋，于孝公十一年（公元前351年）“城商塞”；二十二年（公元前347年）封卫鞅于“商于十五邑”，“为列侯，号商君”。《史记·商君列传·集解》引徐广曰：“弘农商县也。”《清一统志》：“故城在今商州东八十五里。”商州曾称商县，今改商州区，“其东八十五里”，正是今丹凤县西。经调查知，商鞅邑城位于距丹凤县西2公里的西河乡古城村，坐落在丹江北岸的二级台地上，北依蟒岭，西临老君河，东靠山梁。东墙长1000余米，基宽8米，其他三面未见墙迹，不知是否利用山水地势作防御。城址中出土战国中晚期筒瓦、板瓦及鬲、釜、豆、盆、罐等陶器。可贵的是有“商”字瓦当的发现，瓦上也有“商”字戳印。在城墙外、东南的土岗上钻探出楚人墓地，东西长100米，南北宽约50米，发现墓葬100余座，排列有序。经发掘的72座墓葬全作长方形竖穴坑，多为单人仰身直肢葬式，头东脚西。单棺多有头箱，个别的有边箱。随葬品以成双的鼎、敦、壶、豆等陶器为基本组合。近半数墓随葬铜剑、戈、镞，个别的有车马器。墓葬年代为战国中期早段。由此看出，楚墓在前，秦城在后，从而使文献记载得到考古的印证］**惠文王在杜县内取丰邱滈水间一部分土地作为右庶长寿烛的“宗邑”**。［按：陕西师范大学图书馆收藏一件秦惠文王前四年（公元前334年）给右庶长歜（即寿烛）封地作“宗邑”的瓦书，据说1948年（又说在“抗日战争期间”）出土于户县界的沣河沙中，为段绍嘉先生所得。瓦书陶质，作长方板状，长24厘米、宽6.5

厘米、厚 0.5 ~ 1 厘米，正背两面刻字，内填朱红色。文作：

“四年，周天子使卿夫＝（大夫）辰来致文武之酢（胙），冬十壹月辛酉，大良造庶长游出命曰：‘取杜才（在）沣邱到潏水以为右庶长歜宗邑。’乃为瓦书，卑司御不更顝封之，曰：‘子＝孙＝以为宗邑。’顝以四年冬十壹月癸酉封之，自桑障之封以东北到于桑匽之。”（瓦书正面刻文）

“封一里，廿辑。

大田佐敖童曰未、史曰初。

卜蛰，史羁手（秩）、司御心、志是霾（埋）封。”（瓦书背面刻文）

从 117 个瓦文中知，秦惠文王前四年，周显王派卿大夫辰给秦国送来祭祀过文王、武王宗庙的祭肉。这使秦国深感荣耀，也恰值此时，秦的大良造庶长游在冬十一月辛酉日下命令：“在杜县划出沣邱到潏水间的一段土地作为右庶长歜的宗邑。”于是制作了这件瓦书，差遣司御不更顝到现场划定疆界，说：“子子孙孙，就以此为宗邑。”顝以癸酉日划定的宗邑疆界是：南起丰丘的桑障，再向东一里，北至潏水边的桑匽为界。宗邑内有廿个聚落。参加这次宗邑划界的人员有：在下级小吏司御（享四级爵）的主持下，由司御心担任记录，其他人是主管农业的小吏敖童未、文书史初、卜人蛰、从事刻写的史羁。最后把瓦书埋在封埒之下。

这件战国秦封宗邑瓦书铭文最早由西北大学陈直老师释文并考证（见《考古论丛·秦陶券与秦陵文物·秦右庶长歜封邑陶券》,《西北大学学报》1957 年第 1 期），以后又在其《史记新证》和《汉书新证》里多次引证。而时过 27 年后，陕西师范大学郭子直教授写出《战国秦封宗邑瓦书铭文新释》一文，提交中国古文字学会并在 1984 年西安举行的年会学术讨论会上，首次出示了瓦文拓本，随后被收入大会论文集中（见《古文字研究》第 14 辑，中华书局，1986 年 6 月）。此后后学之论，都是在前两位明师创论的基础上，重述、补考而已。所见各有补益，非一人之明也］（图 2-15）另外，还有昭襄王封的泾阳君（公子市）、高陵君（公子悝）[①]；庄襄王以吕不韦为相，吕不韦号“文信侯”，食蓝田十二县；始皇封其弟成蟜为“长安君”[②]。

① 《史记·秦本纪》：昭襄王“十六年……封公子市宛，公子悝邓”。《索隐》：“悝号高陵君，初封于彭，昭襄王弟也。”其地可能在今高陵区古彭城堰故址。1956 年在陇县板桥沟出土有昭襄王十五年（公元前 292 年）铜鼎，文作“十五年高陵君丞■，工师游，工□，一斗五升，大半”。

② 据《史记·秦始皇本纪》载：“八年（公元前 239 年），王弟长安君成蟜将军击赵，反，死屯留。军吏皆斩死，迁其民于临洮。”

图 2-15　秦封宗邑瓦书铭文拓片

第三章

“渭水贯都”的规模

有关秦都咸阳城建的文献记载，确如凤毛麟角或语焉不详。尽管是笼统的描述，或细节的赞美，但通过集零拾散、综合爬梳的结果，我们就不难勾勒出这座久已湮没了的城市的轮廓。且看：

“诸庙及章台、上林皆在渭南……自雍门以东，至泾、渭，殿屋复道、周阁相属。”

“作信宫渭南，已更命信宫为极庙，象天极。自极庙道通郦山。作甘泉前殿，筑甬道，自咸阳属之。”

“乃营作朝宫渭南上林苑中。先作前殿阿房……周驰为阁道，自殿下直抵南山。……为复道，自阿房渡渭，属之咸阳。”

“令咸阳之旁二百里内宫观二百七十，复道、甬道相连。”

“隐宫徒刑者七十余万人，乃分作阿房宫，或作丽山。”

“先王庙或在西雍，或在咸阳。天子仪当独奉酌祀始皇庙。”

——以上均引自《史记·秦始皇本纪》

“渭水贯都，以象天汉；横桥南渡，以法牵牛。”

——《三辅黄图》

“秦为驰道于天下，东穷燕齐，南极吴楚，江湖之上，滨海之观毕至。”

——《汉书·贾山传》

“二世立，又欲漆其城。”

——《史记·滑稽列传》

“武安君既行，出咸阳西门……”

———《史记·白起列传》

“二世二年七月，具斯五刑，论腰斩咸阳市。”

——《史记·李斯列传》

从摘引的这几段文字中，我们会受到这样一些启示：

第一，咸阳具有城市、帝宫、市肆、苑囿、陵墓、交通等内容，确已具备了构成首都的基本要素和骨干；

第二，大体确知其地理位置和分布；

第三，感觉出其构成的博大、雄浑的气势。

明人熊鼎驻足故都废址，感叹秦亡汉兴，写下了这么一首《长安怀古》诗：

立马平原望故宫，关河百二古今雄。
南山双阙阿房近，北斗连城渭水通。
龙去野云收王气，鹤巢陵树起秋风。
英雄事业昭前哲，看取秦皇汉武功。

南山双阙，北斗连城，秦皇汉武，东逝之水。翻开昨日的一页历史，再援引今日的考古发现，给以确证、补充，人们将感悟到咸阳故宫那时凝聚“三气”（天、地、人）的力量，及其展现出来的辉煌。秦咸阳这座帝王之都的历史面貌，不就更加明晰起来了吗？

第一节 关于“咸阳城”的辩证

一、理当有“城”

秦都咸阳考古从20世纪60年代展开，至今（2022年）已经过去了60多年，尽管野外工作时续时停，但寻觅咸阳城始终是我们不能忘却的目标。谁都知道：城市考古首先得明确有没有城、城在哪里、形制怎么样……如果不回答“城”的问题，见宫殿遗址就急着去“挖”、捞取现成，再大谈“城市布局”，岂非“无皮之毛”吗？但是，忠实的考古工作者多少年来都埋头在田野工作，希望能找到有关城的一些蛛丝马迹。但很遗憾，踏破铁鞋却始终没有都城遗存的发现。这，就不能不引起人们对咸阳城的有或无、存与毁的怀疑了。

（一）中国具有漫长的都城史，秦不该空白

原始部落的中心聚落，已经具备了“都”的雏形。作为防御设施，属于新石器时代中期的仰韶文化半坡、姜寨遗址环沟的出现，被视为是地上之城诞生的前奏。

“中国”作为国家形态最早是河南巩义市的双槐树庄遗址，距今5300多年，时代相当于黄河流域仰韶文化的中晚期。有3重大型环壕，有瓮城结构的围墙，有大型的中心居址，有多处大型夯土基址，有3处共1700余座的大型公共墓地，有3处夯土祭祀台遗迹……显然是古国时代的一处都邑遗址[①]。据今4300年时，长江下游的良渚文化、山西陶寺遗址、中原的王城岗遗址都发展成王权国家。良渚古城东西长1500 ~ 1700米，南北长1800 ~ 1900米，略呈圆角长方形，正南北方向，残高4米多；陶寺文化遗址距今4300至3900年，都城面积280万平方米，有城墙、宫殿，有贵族、平民、手工业等分区。结合文献显然是帝尧的都城。

城随奴隶制国家的出现而产生。夏王朝是我国建立的第一个奴隶制国家，豫西既是夏族的重要活动地域之一，又是建国后的统治中心。据载：“禹都阳城”（《续汉书・郡国志》注引《汲冢书》），“夏都阳城”（《世本・居篇》）。《史记・夏本纪・集解》引刘熙曰：“今颍川阳城是也。”河南省文物考古研究所于1975年起，在今嵩山南登封市告城镇王城岗龙

① 《距今约5300年！河南发现迄今为止黄河流域唯一大型城址群》，“人民网”2020年5月7日。

山文化二期中发现东西相并的两个方形城址及其“奠基坑”。东城残，西城每边长约90米，转角近90°，有“马面”设施。测定年代距今4000±65年、3885±80年，约为公元前2050年和公元前1935年，正当夏代纪年范围（公元前22或21世纪~前17世纪）之内。[①]

商王朝早期处在一个“居无定处”的状态，“自契至汤八迁”（《史记·殷本纪》），“自汤至盘庚凡五迁都”[②]。今河南省偃师区尸乡沟发现的商城，除南墙被洛河破坏外，西墙长1710米，北墙长1240米，东墙长1640米。城中南部有小城3座，居中者内有宫殿建筑群。城门与道路相通，构成棋盘式的城市格局[③]。据碳14年代测定，偃师商城距今3500年左右，当是汤都“西亳”[④]。20世纪50年代发现的郑州商城呈方形，每边长1700米左右，城内东北属宫殿区，城周围分布着手工业作坊。有人认为郑州商城是仲丁王的“亳都”，郑州西北的小双桥遗址才是“隞都”[⑤]。安阳小屯一带的“殷墟”，从1928年至1937年作过15次发掘，1949年之后的工作也很少间断，从而查清了这座商代晚期都城的分布范围。在西起北辛庄、孝民屯，东到大司空村，北至后小营，南迄铁路苗圃的24平方公里的地域之内，宫殿、王陵、平民墓区、各类手工业作坊的分布非常清楚。但未找到城垣，是否也属一个例外？

周武王“自丰居镐”建立“宗周”（金文之称，即镐京），于公元前1057年灭商，公元前770年平王东迁雒邑，其间历经十二王计287年。镐京有城有郭，非常规正，据说是“方九里，旁三门。国中九经九纬，经涂九轨。左祖右社，面朝后市”（《周礼·考工记》）。在今西安市西南马王镇、斗门镇一带的沣河两岸，当是西周丰、镐两京的所在。位于沣东

① 河南省文物研究所、中国历史博物馆考古部：《登封王城岗与阳城》，文物出版社，1992年。

② 《史记·殷本纪·集解》引孔安国语。《正义》：“汤自南亳迁西亳，仲丁迁隞，河亶甲居相，祖乙居耿，盘庚渡河，南居西亳，是五迁也。”实际在灭夏之前，“自契至汤八迁”，加上汤后五迁，所以说“无定处”（《史记·殷本纪》）。自“盘庚迁殷，至纣之灭，凡二百七十三年，更不徙都”（《竹书纪年》）。

③ 段鹏琦、杜玉生、肖淮雁：《偃师商城的初步勘探和发掘》，《考古》1984年第6期。

④ 对此城的时代，学者意见颇不一致，主张“汤都西亳”者，认为“尸乡”同文献记载一致，为二里头文化早期属早商文化的观点提供了新证据；主张郑亳说者认为此属商代初期太甲逐放的“桐宫”所在地，偃师商城是商王的离宫。

⑤ 郑州小双桥商代遗址于1995年春起，由河南省文物考古研究所发掘。查知该遗址面积144万平方米，在中心区已发现夯土建筑基址3处，面积最大者有数百平方米。还出土祭祀坑、铸铜遗存，以及青铜器、玉器、原始瓷器、象牙器、石磬和朱书陶文等。

小双桥遗址的商文化年代属商代的白家庄期，正是郑州商城废弃、小双桥都邑兴起的时间，前后相接，同仲丁自亳迁隞的文献记载相符。见陈旭：《小双桥遗址的发掘与隞都问题》，《中国文物报》1996年12月8日。

的镐京遗址上发现了10余处西周宫殿建筑基址，其中五号宫室主体建筑面积达851平方米。[①] 墓葬、车马坑、铜器窖藏和灰坑的出土，大大丰富了人们对这一城址及西周物质文化的认识。

以上前王国时代到夏商周三代的王权国家的都城，均陆续地被揭示了出来，而且都是以成熟状态的面貌屹立于世的。随后的中央集权制王朝汉代之首都，更是明晰如镜。前后相接,形成中国都城史的一根链条。那么,秦都咸阳作为这一长链中的一环,岂能是空缺的?

（二）同秦国相并的诸侯国均有都城，秦不应例外

东周时期的列国都城均陆续发现，东周的洛阳王城、鲁国曲阜、齐国临淄、燕下都、晋都新田、新郑的郑韩故城、赵都邯郸、魏都安邑、中山国灵寿城、楚郢都纪南城的被揭示，[②] 不但使我们明了都城的形制、布局、建筑工程及其反映的设计思想、技术水平，且大量的遗迹和遗物还从深层意义上表现了它的物质文化面貌。

城市作为大型的防守性建筑工程，对于保卫统治阶级的政治和经济利益无疑是有效的军事手段。特别是东周时代，强凌弱，众暴寡，国与国之间战争频仍，阶级矛盾尖锐，设防城市普遍出现。国都的城防更是固若金汤，秦都之有城也在情理之中。

（三）秦国历次迁都必筑城，最后定都咸阳也应当遵循老规程

秦自襄公“立国”徙都汧、文公居汧渭之会、宪公徙居平阳、德公居雍、献公城栎阳，既有文献关于都城及其地望的记载，又有不少城址得到考古的证实。而雍都及栎阳城经过考古钻探，已确知其形制与布局。秦先公既是如此重视都城的建设，难道最后居咸阳长达144年的诸王及始皇帝就无动于衷?

（四）文献记载中的咸阳城也是极好的提示

关于咸阳都城的位置、形制、城垣结构、走向等问题，虽没有直接的文献记载，但就我所知，古人啧啧称道者也往往是详宫而略城的。因此，关于城的片言只语应当引起我们的重视。秦昭王信谗负气要把白起迁之阴密（今甘肃灵台县西南），使“不得留咸阳中。武安君既行，出咸阳西门十里，至杜邮”（《史记·白起列传》）。秦二世奢想给咸阳城涂上漆，滑稽多智的优旃就风趣地讥讽道：“善！主上虽无言，臣固将请之。漆城虽于百姓愁费，然佳哉！漆城荡荡，寇来不能上。”(《史记·滑稽列传》)你当权的君主虽然不说出来，臣下就能猜你的心思来拍马屁。百姓愁苦算什么？因为你能把胡作非为说成是最佳的举措。

---

① 陕西省考古研究所：《镐京西周宫室》，西北大学出版社，1995年。
② 中国社会科学院考古研究所：《新中国的考古发现和研究》，文物出版社，1984年。

要漆城，说明有城，有城必有门。咸阳城是什么样子？在这里，我们只能求诸反证。《水经注·江水》："秦惠文王二十七年（公元前311年），遣张仪与司马错等灭蜀……仪筑成都，以象咸阳。"成都如何像咸阳？《华阳国志·蜀志》载："仪与若城成都，周回十二里，高七丈。造作下仓，上皆有屋，而置楼观、射兰（吴何本作"圃"）。成都县本治赤里街，若徙治少城内城，营广府舍，置盐铁市官……"《成都记》说成都城"每面三里"，按1汉里=417.53米折算，则成都是个周长5010.36米的方形城制。又据《文选·蜀都赋》李善注，汉代的成都有东西二城。既然张仪、张若所筑的成都城有两个，"少城—内城"作为蜀都的府舍与铁官之寺署，城之"每面三里"，是"象咸阳"的，那么，秦咸阳城也必然是"大城包小城"的方形城制了。当然，还可据左思《蜀都赋》"亚以少城，接乎其西，市廛所会，万商之渊。列隧百重，罗肆巨千"之句，还可以说明咸阳是大小相并的两城制。

文献记载具体如此，考古旁证发现也给出了答案。那么，再讨论咸阳城的有无似乎无此必要。但事实并不是人们想象得这么简单。

二、何以寻觅不得咸阳城

（一）存毁两说

当提到秦都咸阳城时，人们总是用"山河千里国，城阙九重门"（骆宾王《帝京篇》）这样的诗句来想象它巍峨的雄姿。其实，在汗牛充栋的文献记载中有关咸阳城的却是鲜之又鲜。即使偶有涉及，也会出现两种情况：一种是比附相类，如"渭水贯都以象天汉，横桥南渡以法牵牛""筑成都以象咸阳"等等；另一种则是不着边际的陈陈相因之词。再从田野考古工作来看，陕西省考古研究所自1959年秋天起就对秦都咸阳故城遗址开始了调查和试掘。半个世纪过去，除了机构人员变更等原因，使工作多所延宕外，人为的因素加之技术原因，亦拉大了目标与现实的距离。我虽然在秦咸阳故地一待就是15年（中有空缺时间），后来又转移到秦俑、汉阳陵等考古工地，直至退休后的长时段里，也多次涉猎旧地，并在计划外采取了力所能及的考古调查手段，也获得了不少有价值的资料。但仍然没有获得有关咸阳城址的任何线索。

因为找不到城，对咸阳城的存毁问题就产生了两种截然不同的说法。一种认为"由于渭水的冲刷，咸阳古城遗址已很难究寻"[①]，"咸阳宫以及咸阳城址已因渭水长期泛滥和

① 武伯纶：《西安历史述略》，陕西人民出版社，1979年。

不断向北移动而被冲毁”[①]。持此论点者，可称之为“水毁说”。另一种是针锋相对地指出：“渭河北移冲掉了秦咸阳城南边八里宽的一部分”，并断言“秦咸阳城南界距渭河北岸在1500米左右”[②]，此论可称之为“临水说”。此外，还有一种新提法是在长陵车站一带存在一个没有城墙的郭城，“采取四面环水的形式，并在出入的要冲之处，设有类似城门之类的建筑，以便把守”[③]。

尽管“水毁”和“临水”两说都很肯定，但仍是事实根据不足，且有自相矛盾之嫌。特别是像“临水说”，信誓旦旦地断言：“尽管渭河北移，但其主要部分并未被冲掉。”似乎又承认了“水毁”之说，只是程度上有区别而已。况且绘制的“推测秦咸宫遗址范围”地跨渭河南北，其南界距汉长安城仅有3公里，竟把他所论的秦咸阳城挤得没有了空间！[④]至于“四面环水”的无墙之郭城，历史上从未见过一例。如若有，那也就不成其为“城”了。

（二）王学理“有宫城无郭城”理论的提出

1. 对“水毁”和“临水”两说发问

如果因渭水北移，使秦咸阳城全部沦入河底，则渭北区诸宫殿和手工业作坊、商业、居民区原来都处于咸阳城的北郊，其西段在今滩毛村一带向南突入4公里，这同城又是什么关系？显然，此论未经实测而又含义模糊，难以成立。

如果渭水北移冲去咸阳城的一部分，势必在今北岸的地层中留下东城垣和西城垣这两处墙基的断面。但迄今为止，在这一带并没有发现有关城的任何痕迹。显然，事实上“城”也不存在。

如果咸阳城还存在于渭北，但几十年来也有其他考古工作者的多人、多次的勘查，仍旧未获得蛛丝马迹的线索。对此不能不说在反证方面，给我们提供了一个重要的信息。退而言之，即使有一座东西跨度10多公里、包括咸阳原上下的城垣存在，其东部（即在窑店镇以南）竟是一片空白地带！那么，它在城内又是什么性质的地方呢？所以说，“有城说”在此显然是难以解释的。

① 杨宽：《西汉长安布局结构的探讨》，《文博》1984年第1期；杨宽：《西汉长安布局结构的再探讨》，《考古》1989年第4期。

② 刘庆柱：《秦都咸阳几个问题的初探》，《文物》1976年第11期；刘庆柱：《论秦咸阳城布局形制及其相关问题》，《文博》1990年第5期。

③ 孙德润：《秦都咸阳故城形制》，《泾渭稽古》1995年第1期。

④ 刘庆柱、陈国英：《秦都咸阳第一号宫殿建筑遗址简报》“图一”，《文物》1976年第11期。

2.《秦都咸阳》和《咸阳帝都记》作者的回答

笔者从1961年起就来到咸阳故地，是早期到达又长期坚守的一位考古业务人员，从野外调查、试掘到积累资料，都是从基础工作做起的；从开辟咸阳考古初期，到后期发掘大遗址，是同“民工”一起干活的劳动者与测绘者。虽然在这多年考古项目中，有过中断，但当1973年再次回到这块故土时，我建立咸阳考古工作站、恢复秦都咸阳考古，以便给学术界作个交代。但1975年我又离开咸阳，去参加秦始皇兵马俑博物馆的筹建工作和随后俑坑的发掘。鉴于已掌握咸阳的发现发掘历史及其动态，尽管我交出了亲手形成的资料而身无片纸，但根据多年的勘查与思考，在1985年挤时间写出了《秦都咸阳》一书。在书中本人首先大胆地提出“咸阳根本不存在郭城”的结论[①]，基本表述是：

“早期的咸阳城是以孝公时的‘冀阙宫庭’为基点向外展开的。而且仅有宫城，并不曾形成真正的外郭城，充其量也不过是向西南扩展的附郭而已。也许诸多宫城的连属，就是咸阳的大城。”

下面再从三方面来陈述自己的根据：

首先，谈咸阳无郭城的历史根源。

公元前350年，秦孝公迁都咸阳，筑冀阙宫庭作为变法改革的政治指挥中心。在取得初步胜利的基础上，急切地为收复河西地而转向伐魏的战争中去。当秦控制了关中之后，自惠文王开始，取巴蜀、胜义渠，稳定后方，又有充足的资源支持，便东出函谷关，向诸侯国夺取土地了。几乎是连年不断的战争，又多是节节胜利，于是，秦国君主“表河以为秦东门，表汧以为秦西门”（《三辅旧事》），竟把黄河和汧河当作国都的东门和西门，不但没有必要而且也无暇顾及在渭北筑咸阳的外郭城了。当秦始皇统一全国后，“收天下兵，聚之咸阳，销以为钟鐻、金人十二，重各千石，置廷宫中”，表明刀枪入库、马放南山，已是天下太平。帝国疆域“地东至海暨朝鲜，西至临洮、羌中，南至北向户，北据河为塞，并阴山至辽东”，在东海上朐界中立石为秦东门（《史记·秦始皇本纪》）。既然边界划定，国门高耸，又有重兵北筑长城、南戍五岭，一个巍然挺立的统一体内并无对立势力的存在，还有必要去建城防工程吗？秦始皇结束战争状态之后，立即转入另一种“建设”中，就是投入大量人力、物力和财力去修筑丽山陵墓和阿房宫，大概会以为筑起一座地跨渭河南北的大城是一种浪费。再从前后时间上看，商鞅变法后的秦国是伴随着战争这个大量吞噬人力、物力和财力的怪物，而走到胜利的终点的。形格势禁、疲惫有加，所以没有时间、也

① 王学理：《秦都咸阳》，陕西人民出版社，1985年。

没有精力进行筑城工程。由敌国并立，转到一统天下，这是当时历史条件下出现的一种极为特殊的情况。

其次，探讨一下秦统治者重宫轻郭的认识根源。

关东国家的都城在确立后，相对地较为稳定。除燕下都立都只有89年之外，邯郸和郑韩故城都存在一个半世纪左右的时间。楚之纪南城，从公元前689年楚文王“始都郢”，到公元前278年秦将白起“拔郢”，其间除昭王、顷襄王、考烈王一度迁都作流亡政府外，楚国在此建都达400年之久。齐国都城临淄从西周末年建立到亡国，竟长达638年。这些国家彼此为邻，领土相接，也有犬牙交错的情况，范雎曾形容说：“秦韩之地形，相错如绣。”（《战国策·秦策三》）充足的时间、军争的叩问，彼此又不能不深沟高垒以“御寇”。而秦都咸阳近有泾渭环带，远则黄河天险、秦巴阻隔，函关坚壁，多使联军铩羽。兼并战争的胜利推进使地域不断扩大，特别是有利的军事形势更加助长了秦君的政治贪欲。这不但未遑形成咸阳城，大概从思想深处压根就没有、或者不愿意考虑都城的防守功能。

再次，再说一下重宫城建设的思想根源。

有关咸阳的文献记载，多是详宫而略城的。前有“冀阙宫庭”建筑群的宫城，后有阿房宫的“阿城”，且都得到考古的验证。其他如咸阳宫、兴乐宫、章台宫等，无不是单独叙事的，因此我们不应把它当作一个孤零零的宫殿来看待，它必然是各自由宫城卫护的建筑群。至于《水经注》《华阳国志》说成都城“象咸阳”，甚至称它为“小咸阳”①，那也只能是像秦惠文王时期扩大了的宫城。即使“象”，也只能是说“同制”，未必全等。秦王的政治重心、决事地点，早期在渭北的冀阙宫庭、咸阳宫；中期时在咸阳宫，时在渭南的章台宫、兴乐宫或朝宫；而全国统一后，初以咸阳宫为中心规划城建，随后又全力建设庞大的阿房宫，显然有了政治中枢彻底南移的趋向。由此可以看出：长期以来秦王以宫殿群落处理政务，已经形成了习惯。点式活动，跳动性很大，形成无固定皇宫的一大特点。秦始皇曾“令咸阳之旁二百里内宫观二百七十，复道、甬道相连，帷帐钟鼓美人充入之。各案署不移徙”（《史记·秦始皇本纪》）。在这里要分清宫殿的性质、作用，似乎已是很难的了。宫自为城“各案署”，长作稳定。阿房后起，取代必然。多设宫城，卫星点点，再加上首都地域辽阔，就未必更筑咸阳大城——外郭城。

由连属的宫城构成的咸阳城，只有一个，这就是咸阳原上的“北阪宫城”（参见本书

① 《续汉书·郡国志》：“秦惠王二十七年，使张仪筑［成都］城以象咸阳，沃野千里，号曰陆海，所谓小咸阳也。”

第一章中的“更筑宫城”）。

（三）未能确知之秦门的考订

文献记载中会提到一些“门”，常识告诉人们：有门必有“墙”或是“城”。那么，我们就有必要把这些门的所属关系搞明白。

1. 咸阳西门。这是唯一见载的一座城门。《史记·白起列传》：“武安君既行，出咸阳西门十里，至杜邮。”这个“杜邮”即是《水经注·渭水》的“杜邮亭”。但郦道元说亭在“磁石门西”。因为磁石门是阿房宫之北门，地在渭水南，此说显然不确。秦杜邮地在今咸阳市的任家咀附近，往东十里，即今长陵火车站西的长兴村附近。这里确实属于渭北区咸阳故址的西界，其南部为民营的制陶手工业作坊区；其北部水井分布稠密，又有 3 批铜器窖藏的出土及大量的铜料、铜渣，反映出的是一处市府制铜手工业和居民杂居区。是否也有城的存在？起码白起所走的“咸阳西门”不可能是宫城之门，也不存在郭城之门，很可能是咸阳西界上交通要道的出入口。

2. 雍门。《史记·秦始皇本纪》说渭北咸阳宫殿的分布范围是“自雍门以东，至泾、渭，殿屋复道，周阁相属”。关于秦雍门的地位，史籍颇为歧异，解释也差之千里。[①]《汉书·外戚传》：“钩弋夫人父死长安，葬雍门。”颜师古曰：“雍门在长安西北孝里西南，去长安三十里。”“孝里”是个沿用较久的地名，《水经注·渭水》：“渭水北有杜邮亭，去咸阳十（七）里，今名孝里亭，中有白起祠。”杜邮亭遗址在今咸阳市东郊任家咀一带，即汉时孝里的所在。所以元人骆天骧《类编长安志》也说“孝里在雍门东”。

今咸阳市东北部塔儿坡靠近咸阳原边，是一处战国到秦的建筑遗址，虽遭经年取土地貌非旧，但仍有夯土遗迹和瓦当的存留，也时有建筑铜构件的发现。1966 年曾出土有包

---

① “雍门”位说有 5 种：a.“在高陵县”（《史记·秦始皇本纪·集解》引徐广说）；b.“在今岐州雍县东”（同上书《正义》）；c.指汉长安城“西出北头第三门”（《三辅黄图》）；d.在长安西北孝里西南，去长安三十里”（《汉书·外戚传》颜师古注）；e.秦咸阳城的西门。

我以为上列诸说均不能成立，揭示如次：

“高陵”之说同“自雍门以东至泾渭”的记载矛盾很多。因为高陵在泾河之东，无论“至县治”或是“指县境”，都同咸阳背道而驰。

“雍县东”之说，似嫌笼统。因为以雍名县者再未见同时名门。况且在雍都至秦咸阳几近三百里，从未见秦宫的记载或遗址的发现，更不可能殿屋复道、周阁相属。

若以汉长安城雍门作为计算的起点，是不尽习惯的。很明白，汉雍门在渭南，咸阳在渭北，司马迁在叙写秦事时怎么会混用汉事？为说明渭北秦宫分布范围却要从位于西南方向的渭南汉门打头，此行文之不严谨，为太史公所不为也。

自咸阳西门起，向东至泾渭说秦宫，还不如直截了当说东郊。诚如是说，那西郊再无秦宫殿耶？况且以“雍”而名门的解释也颇涉望文之嫌。

括魏国的“安邑下官钟”“修武府”温杯等在内的铜器20多件，1978年又在建筑遗址西南角扰土中出土铜錞于1件。多次出土铜器的这一地点，多年来并没有引起学者的注意。咸阳的同志推断为墓葬早年遭到破坏，实际上秦墓并不存在这种铜器组合。从地望看，周围再无战国、秦的宫殿遗址，而这里地当孝里之西，又遭历年取土的改变，所以这就是秦“雍门宫”的所在(《战国策·秦策四》高诱注）。如果我这一推断无误的话，“雍门”显然就是“雍门宫”的东门。对此，还有一条文献给了支持。司马迁说“自雍门以东至泾、渭，殿屋复道，周阁相属”（《史记·秦始皇本纪》），于此得到实际验证与合理的解释。[①]

3. 司马门。《史记·项羽本纪》：“章邯恐，使长史欣请事。至咸阳，留司马门三日，赵高不见，有不信之心。”《集解》：“凡言司马门者，宫垣之内，兵卫所在，四面皆有司马，主武事。总言之，外门为司马门也。”在这里，司马门指的是帝王的外宫门，绝不是咸阳外郭城之门。况且司马门也并非一处，不知它指的是哪一座帝宫之门？

第二节　巍峨的宫殿建筑

一、咸阳宫殿知多少

唐代著名诗人李商隐在其《咸阳》一诗中写道：

咸阳宫阙郁嵯峨，六国楼台艳绮罗。
自是当时天帝醉，不关秦地有山河。

宫阙楼台嶕峣崔嵬，“辇路经营，修涂飞阁”，至为壮观。秦始皇又修造六国楼台，居住“妃嫔媵嫱”以为秦宫人。这大概是天帝飨秦穆公以“钧天广乐”、赐之金策之后(《史记·赵世家》、张衡《西都赋》)，再次把这坐落千重的宫殿楼台铺洒在了咸阳。莫非天帝当时醉酒，竟没有制止项羽的暴行，失却关照秦地的美丽山河！诗人在这里把秦咸阳的美与六国的佳丽结合在一起，使之美化、神化，让后人看到秦火之后的废址，怎能不怅然神伤？秦都咸阳壮观繁荣，宫殿建筑嵯峨艳丽，辉煌的往日怎能不激起历代诗人思古之幽情？

① 王学理：《塔儿坡遗址——被遗忘了的秦雍门宫》，《咸阳师范学院学报》2013年第5期。

秦都咸阳在其鼎盛时期，宫殿楼台究竟有多少？各自的名称又是什么？由于文献资料所限，是难于立即找出答案的。但当我们梳理了所见的史料之后，就很自然地形成了这样一些印象和认识：

第一，不应以宫殿的坐落为一个计算单位，而要把主殿及其附属建筑看作是一个整体。也许它原来就处在一个宫城之内。

第二，那些宫殿原来应当是各有专名的，但史书有具体名称者却远远少于宫殿的总数。这种矛盾现象的产生，很可能是因为古人把一些群体建筑拆开来计算，或者是工程未竣不尽定名。

第三，史书上虽有名称，但今不见遗址。原因是废毁已久，沧海桑田，甚或永远也找不到它们的踪迹了。

第四，在咸阳故址上，或在其外围，以至于更远的地界，我们发现了不少秦宫建筑基址。其名称、性质则需要详考。

据《史记·秦始皇本纪》载："关中计宫三百，关外四百余。"《汉书·贾山传》："秦起咸阳，西至雍，离宫三百。"《三辅黄图》："南临渭，北逾泾，至于离宫三百。"……这应该说是包括了首都的正宫、离宫别馆，以及京师以外的行宫在内的宫殿总数。《黄图》总归有"惠文王初都咸阳""复起阿房，未成而亡"之语，显然有违史实，我们只能认为这些是都咸阳以来的笼统之说。但"离宫三百"一语，却应当是不易之论！

《史记·正义》引《庙记》："北至九嵕，甘泉，南至长杨、五柞，东至河，西至汧渭之交，东西八百里，离宫别馆相望属也。木衣绨绣，土被朱紫，宫人不徙，穷年忘归，犹不能遍也。"（《三辅黄图》文字同此）显然这说的是关中宫殿建筑的分布范围。（图 3–1）

关于咸阳的宫殿分布，《史记·秦始皇本纪》里有一条很重要的记载："诸庙及章台、上林皆在渭南。秦每破诸侯，写放其宫室，作之咸阳北阪上，南临渭。自雍门以东至泾渭，殿屋复道，周阁相属。"对于这段文字，过去史学家广泛引用，却鲜有区别对待。实际上，在这里有三点意思是很值得我们注意的，即：

第一，咸阳宫殿区可分为"渭南""北阪"和"渭北临水"这三部分。

第二，咸阳的四至及地理分布是——渭水之北，西起雍门，东到泾、渭交会处，宫殿连绵不断；渭水之南，有诸庙、章台、上林。虽然地分南北，实属一个整体。应该说，这范围包括了渭北宫城、渭南宫馆和近郊的宫城在内。

第三，仅仅举出刚统一天下时咸阳宫殿之大数，并未包罗秦都所有的宫殿在内，故有疏漏，需经考古发掘与研究成果来补充。

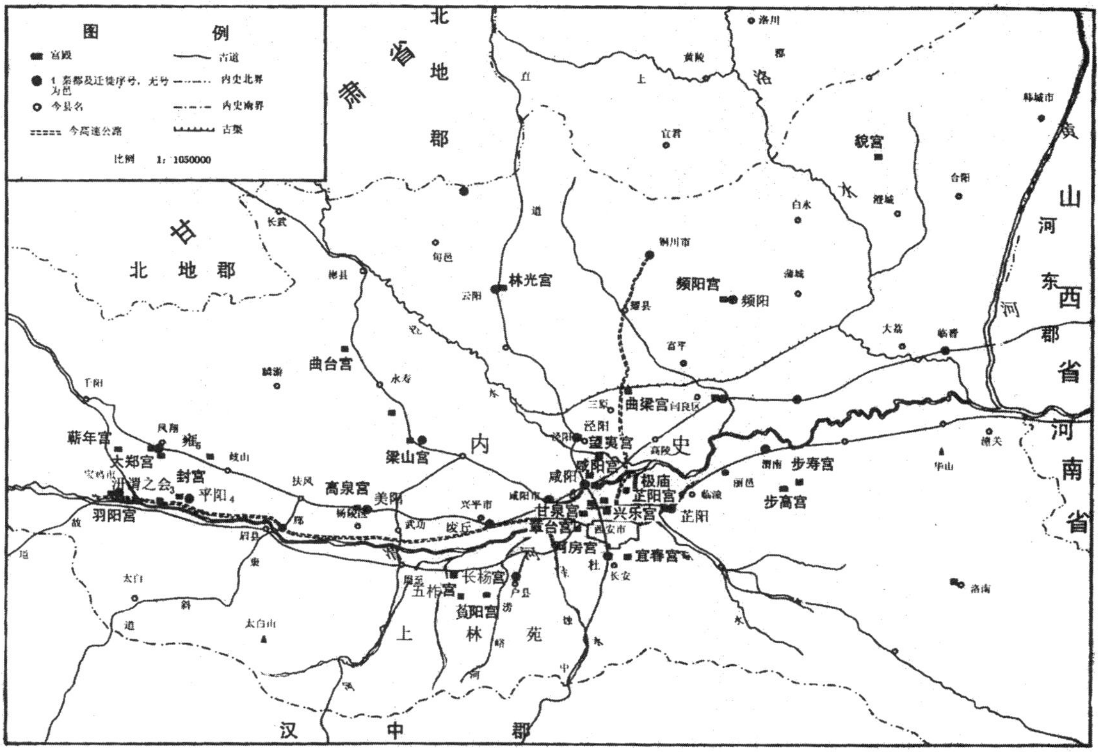

图 3–1　关中秦宫分布示意图

咸阳宫殿建筑密集，据《史记·秦始皇本纪》载：“咸阳之旁二百里内，宫观二百七十，复道甬道相连，帷帐钟鼓美人充入之，各案署不移徙。”在这里，宫殿数目固然很具体，但所言“二百里”的数字同前面所引“自雍门以东至泾、渭”的说法对不上。因为指东西距离，显然差距有似霄壤；若换作南北度量，更是不合拍。这又是何道理呢？

那么，我们换个角度看看如何？西汉 1 里合今 417.53 米，则“咸阳之旁二百里”折合 83506 米，习惯的表示就是 83.5 公里。正如前面说的，按东西向则大于“雍门—泾渭之交”的距离；反之，以南北较量又不知其起讫。在此，我们姑且仍以前者的东西直线距离为计，南北以“北陵—阿房”为限，结果，测得这个范围的周长是 80 多公里。于此，文献记载同实测数字才两相接近。由此可见，这所谓“二百里内”实是指“宫观二百七十”的分布范围，而“咸阳之旁”是解开“二百里内”的奥秘所在。我们再套接这“二百里内”的范围，大致是从今咸阳市塔儿坡（“雍门宫”的所在）起，循咸阳原（北阪）东北行，至泾渭之交，折而向南，过渭河，斜穿西安市的东北郊（闫新宫殿遗址所在）和西北郊（兴乐、章台诸宫遗址），绕过三桥镇南的阿房宫遗址，再转往西北，北越渭河，返抵今咸阳市东郊。

二、秦宫殿台观的分布与考存

（一）市中区宫殿群

1. 冀阙宫庭

这是秦都咸阳最早的宫廷建筑。商鞅先作既是政权的象征又方便秦君处理政务办公的“冀阙”，随之，孝公就把国都定在咸阳。《史记·秦本纪》载：秦孝公十二年（公元前350年）“作为咸阳，筑冀阙，徙都之”，并开始了变法的政治改革。同时，作为咸阳建设的开端，也围绕“冀阙”，扩大规模修建“宫庭”，形成功能齐全的配套建筑，就其整体而言，称之曰“冀阙宫庭”（《史记·商君列传》）。再于这一群体建筑外围以宫墙，就被看作是秦咸阳。《水经注·渭水》：“渭水又东北迳渭城南。文颖以为故咸阳矣，秦孝公之所居离宫也。”汉的渭城就是秦的故都咸阳，隔了200多年就在时人眼里成了“离宫”，足见其城址范围不是很大。

秦孝公初都的咸阳在渭河之北，具体位置就在今咸阳市东北窑店镇牛羊村、姬家道的咸阳原上下。“冀阙”建筑呈高台建筑的形式，处于宫城中后部的二道原头上。既靠北陵、俯瞰渭川，又具宽大的两翼，居高临下，规模宏大，气势夺人。（图3–2）

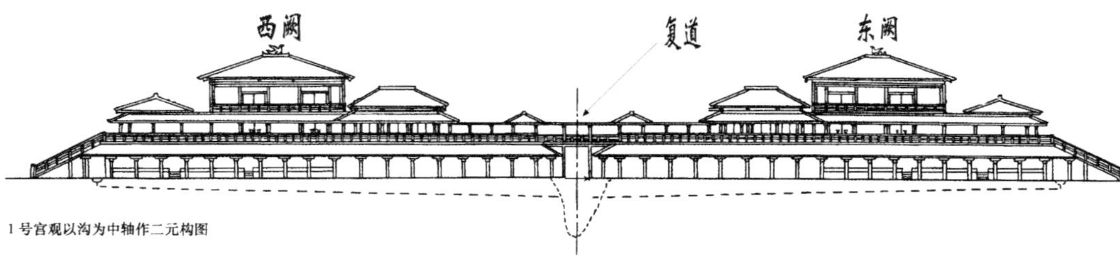

图3–2　冀阙遗址整体复原南立面图（杨鸿勋图）

处在宫城之内的建筑基址共发现8处，看来都是自秦孝公开始后陆续修建的宫殿，长时间以来是作为秦王的大朝之所在。咸阳宫位于其中。

2. 咸阳宫

先有秦孝公筑“冀阙宫庭”，随之惠文王“取岐雍巨材，新作宫室”（《三辅黄图》），作了较大规模的扩建。大约在秦昭王时才有了咸阳宫之名称，它是一个由多座宫殿组成的建筑群。鉴于咸阳宫的政治地位重要、国事活动频繁及渭南诸宫殿建筑的兴起，昭王就在渭河上架起我国古代第一座多跨式长桥——横桥。《三辅故事》：“咸阳宫在渭北，兴乐宫

在渭南。秦昭王通二宫之间，作渭桥，长三百八十步。”（《史记·孝文本纪·索隐》引）

秦始皇对咸阳宫的建设是全方位的。《三辅黄图》载：“始皇穷极奢侈，筑咸阳宫，因北陵营殿，端门四达，以则紫宫，象帝居。”首先，在设计思想上“法天”，仿照天帝居住的“紫宫”，洞开四门；其次，凭借咸阳原高亢平坦的地形，扩大规模，使原来的宫殿建筑又有了新的外延。那么，我们先得找出咸阳宫的位置，再验证其吻合的程度，并给以考古学说明。

《太平寰宇记》：“长安，盖古乡聚名，在渭水南。隔渭水，北对秦咸阳宫，汉于其地筑未央宫。”长安原本乡聚，此间已作汉都泛用。今未央宫遗址隔渭河，北同今咸阳市窑店镇牛羊村北原上的冀阙宫庭建筑遗址一线对直。横桥的位置也处在南北两宫遗址连线的渭水之上，较“连接兴乐宫与咸阳宫”的描述更迳直一些。冀阙宫庭确实处在咸阳原上这“北陵”之地，始皇既“筑咸阳宫，因北陵营殿”，必是对原来冀阙宫庭建筑群的增修、改造与扩大。这里原本有方正的宫城，所谓“端门四达”，实际也是经过大规模改造，使宫门同城门直通畅达，也包括了南正门的“棘门”。出棘门南下，经横桥，进入秦咸阳的渭南新区，南抵极庙，再到兴乐、甘泉二宫和上林苑的阿房宫，走的是一条南北向的主干道。

根据文献记载，我们作以上复原推测，也是得到了考古勘查资料验证的。今牛羊村的秦宫城，坐北朝南，地跨原之上下，符合“北陵”地望。其后部处于原上，有着密集又多连属的宫殿基址。一号建筑面阔130米，中部内凹，缺然为道，上架飞阁，可确知为“冀阙”建筑。在其两侧和后部，都有大型建筑，考古工作者已对二号和三号基址作过发掘。[①]

三号宫殿基址在一号宫基址西南，相距10米。破坏严重，1979年和1980年两次仅发掘了基址的东部。基址东西长123、南北宽60米。中央的主体建筑全毁，四隅仅存房址有东三室、北三室、南五室，西侧是一条南北向的“画廊”。殿基周围有回廊。房前有台阶，台基夯筑，台面铺花纹空心砖，保存最多的有七级。对宫殿门槽木炭采样，经碳14测定，距今2290±80年（即公元前340±80年）。再从此建筑平台看，系规正的长方形，位当冀阙之侧，有主殿，有廊有阶，装饰华贵。在宫城南的东隆村，有宽达50米的路土，当是“棘门大道”，过渭河正同横门外大道连接。这种地理与文献相吻合，正是咸阳宫的所在。（图3-3）

① 陕西省考古研究所：《秦都咸阳考古报告》，科学出版社，2004年。

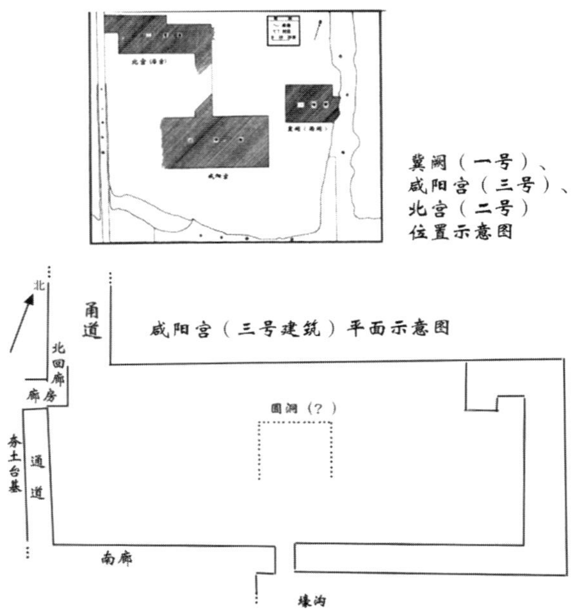

图 3–3　咸阳宫平面图（三号建筑）

咸阳宫存世的文物，见有“咸阳宫铜鼎”① 和三十三年银盘 ②。

3. 六国宫室

这是仿建六国宫室的一组组群体建筑。《史记·秦始皇本纪》：秦始皇“每破诸侯，写放其宫室，作之咸阳北阪上。南临渭，自雍门以东至泾、渭，殿屋复道，周阁相属。所得诸侯美人、钟鼓以充入之”。可见那些群楼下殿，基本用途就是仿造六国宫室。作为诸侯国建筑的精华，以宫馆的形式集中展现于咸阳北阪，不但给“诸侯国之美人”再现故国熟知的环境，不至于心理反差太大，而且也因建筑形体与风格的各异，给咸阳增添了别样的景致。

① 咸阳宫铜鼎，是欧洲保护中华艺术协会主席高美斯先生出巨资从巴黎的一个家族手中买下来，并无偿捐赠给陕西文物机构的。2006 年 4 月 10 日，捐赠仪式在秦始皇兵马俑博物馆举行。当晚，副省长赵德全在西安亲切会见并宴请了青铜鼎捐赠人。

该鼎原属战国时期的韩国，秦始皇灭六国统一中国后，“掳”进咸阳宫。清末从陕西咸阳出土，随后流到国外。

咸阳宫铜鼎为圆形素面盖鼎，通高 17.5 厘米、两耳间宽 24.5 厘米、口径 17.7 厘米。有刻铭 50 余字，在口沿处刻有“宜阳”“咸”“临晋厨鼎”等铭文，其中的“咸”“宜阳”等字，显然为秦朝时首刻，还有“一斗四升”等汉初记录重量和容积的文字。这刻有战国、西汉不同时期、不同地域的铭文，不但说明咸阳宫在汉代仍有部分保留，而且也是中国秦朝统一和汉代繁荣的见证，具有重要的历史文化价值。

② 咸阳宫银盘的口沿背刻“卅三年”，据考为秦咸阳宫中之物，系 1979 年山东淄博市窝托村出土，后由淄博调归中国历史博物馆。

仿作之六国宫室是散布在西至秦雍门宫，东到泾渭之交、南临渭水的咸阳北阪之上。“阪”同“坂”，属古地理学名词。《说文》：“坡者曰阪。”高起的“原”同低洼的“隰”相对，“阪”即是二者之间的过渡地带，如入鸿门的斜坡称“鸿门坂”，骊山西麓的慢坡叫“芷阳阪”，泾河南岸上咸阳原的北坡呼作“长平阪”。所谓“咸阳北阪”就是指渭城湾到杨家湾之间的咸阳原南坡之地。由我等考古调查知，在西起毛王沟东到杨家湾的咸阳原二级阶地上多有秦建筑遗址的分布，尤以聂家沟往东到三义村的一段最为稠密，达近 30 处。由我操持大平板测绘仪，把钻探结果绘在图纸上。平面形式各别，无一相同，大概也因为是“周阁相属”的关系，虽有建筑体量上主次之别，却难于分开各自的坐落。这些就应是秦仿造之六国宫室。同样，它也是同秦的其他宫殿混杂在一起，一定也距咸阳宫不会太远。宫城西侧的毛王沟附近出土过楚国形制的瓦当，路家坡出土过“陈爯”金版；东侧柏家嘴，据说有燕国“云山纹瓦当”的发现；在宫城之北的韩家湾乡怡魏村附近，还出土有战国时期齐地风格的“双兽树枝纹”半瓦当，而且是同秦的素面半瓦当、太阳纹、云纹瓦当、空心砖及汉初瓦当混在一起的；……这些情况既为确认仿建之六国宫室提供了考古学证据，也表明秦都咸阳有“秦化”，有“杂糅”，也有“并蓄”。在随后的时间里，只要“秦宫”未毁于火者，汉修葺之后，照样使用。

《后汉书·皇后纪》说：“秦并天下，多自骄大，宫备七国。”当然，秦仿作之六国宫室绝不会是六处独立的照搬的建筑形式，也不可能标注其国号。既是“写放”，就是绘图仿造，取其所长为秦所用的意思。应该说它是当时不同的建筑形式、不同的地域风格的融合和发展，代表着当时建筑学的新水平。

过去在西安、咸阳曾发现带“卫”字和“楚”字的瓦当，有些学者认作是秦仿卫、楚宫殿上之物，并断言“秦作六国宫室，用其国号以别之”[①]。陈直教授指出：“秦瓦皆为图画，有文字者绝少，‘卫’字瓦汉城未央宫大殿遗址前永兴堡出土甚多，应为未央卫尉官署所用之瓦。”[②]汉甘泉宫、钩弋夫人“云陵”邑遗址也都有“卫”字瓦当的出土，可见“卫”字瓦同秦仿卫国宫殿无关。同样，“楚”字瓦当也是汉物，是否同楚元王刘交建官邸于京师有关？也很值得研究。

4. 北宫

在文献中，没有关于秦北宫的记载，但文物中多见有刻铭。上海博物馆藏有作田字界

① 宋敏求《长安志》，李好文《长安志图》，马非百《秦集史》《秦始皇帝传》等。

② 陈直：《摹庐丛书七种 · 秦汉瓦当概述》，齐鲁书社，1981 年。

格的“北私库印”。1987年，陕西礼泉县出土有始皇与二世的两诏铜椭量，上刻“北私府”等字。可知二者系“北宫私库”“北宫私府”之省。特别是近年在汉长安故城中出土的秦封泥有“北宫”“北宫榦丞”“北宫宦丞”“北宫私丞”“北宫工丞”“北宫弋丞”[①]等印文，就是秦有“北宫”的最好说明。（图3–4）

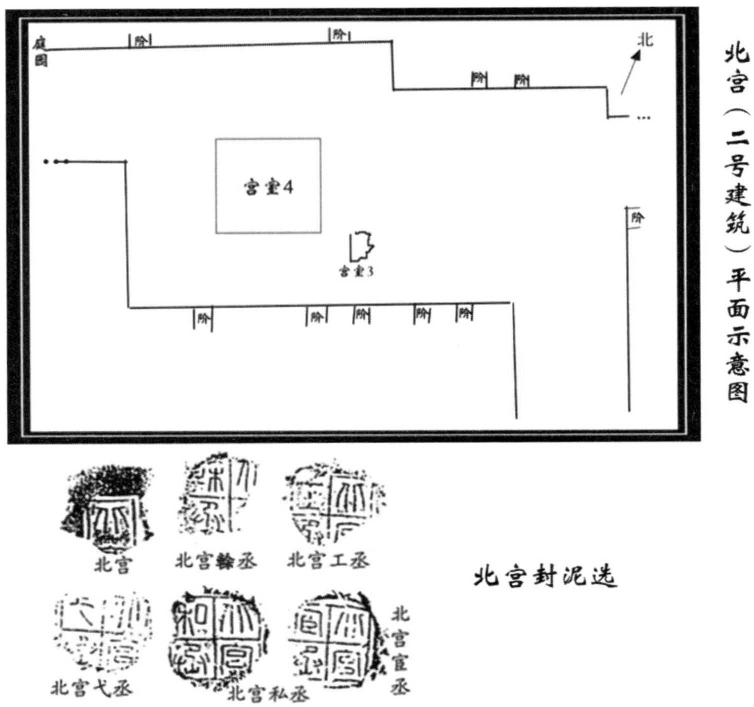

图3–4　北宫平面图与封泥（二号建筑）

《周礼·天官·内宰》郑玄注：“北宫，后之六宫。”因北宫系皇后之宫，才有“宦者”“私府”“私库”及“丞”的设立。[②]汉因袭此制，在长安也有专供后妃居住的“北宫”。《三辅黄图》：“北宫，在长安城中，近桂宫，俱在未央宫北，周回十里。高帝时，制度草创，

① 《汉书·百官公卿表》载九卿之一的少府，其属官有“考工室”、“左弋”等十六官令、丞。秦封泥“北宫工丞”可能是考工之省。据《史记·秦始皇本纪》有佐弋竭、《秦汉瓦当文字》有佐弋瓦知，“北宫弋丞”可能是北宫佐弋丞之省。佐弋是佐助弋射之事的。颜师古释佐弋为地名，显然是错误的。

② 《汉书·百官公卿表》：“詹事，秦官。掌皇后太子家，有丞。属官有……中长秋、私府、永巷、仓、厩、祠祀、食官令、长、丞。诸宦官皆属焉。”吴式芬、陈介祺《封泥考略》卷一第47页有“长信私丞”，即长信宫私府丞或长信宫私官丞的省文。“私府”在西汉也名“中宫藏府”，或作“私官”，主宫中衣服。第48页有“长信宦丞”，即长信宫宦者丞的省文。宦者即阉人，春秋时谓之“寺人”（《诗·秦风》）。后宫内由宦者作杂役，设丞管理，有署。《续封泥考略》有“北宫宦者”封泥，所以，秦“北宫私丞”“北宫宦丞”就是北宫私府和宦者之丞。

孝武增修之。中有前殿，广五十步，珠帘玉户如桂宫。”但当汉武帝建成桂宫之后，汉的北宫专居贬废后妃的性质就更加明确。据《汉书·外戚传》知，西汉初年，吕后死，诸吕被剪，孝惠张皇后（张嫣）废处北宫。哀帝时，王莽贬赵皇太后（赵飞燕）为孝成皇后，也退居北宫。当然，这是汉的北宫。

不过，秦之北宫处在渭北区，因其专为后宫，同帝宫并相重要，应当距咸阳宫也不会太远。秦冀阙宫庭后部有第二号宫殿建筑遗址，虽然破坏严重，但仍显示原来是以夯土台为核心、围绕土台分层筑屋的。整个建筑平面呈东西长条状，约 127 米，东段宽 32.8 米，西段向北突出宽可 45.5 米。其顶部三室中有一主要殿堂，平面基本呈方形（19.8 米 ×19.5 米），底层只有两室。外周环以回廊，多有壁画的残留。[①] 从其所处位置与规模看，应当就是秦后妃的“北宫”遗址。

秦都咸阳在渭北有“北宫”，在渭南还有“南宫”，名称相对，二者并存。

5. 曲台宫

《汉书·邹阳传》有邹阳奏书谏吴王：“臣闻秦倚曲台之宫，悬衡天下，画地而不犯，兵加胡越。”应劭解释说：“始皇帝所治处也，若汉家未央宫。”

在冀阙的西阙遗址（一号建筑遗址）东去 290 米处，有一大型夯土台遗址。编号为“六号宫殿遗址”的这个大夯土台，位于赛家沟与纪家道沟之间的断崖南端，同冀阙一样高耸咸阳原边，俯视渭川，尽收眼底。1961 年到 1972 年，我们多次调查，底部呈方形，长、宽 140 多米，顶部东西长 49 米、南北宽 34 米，高 5.8 米。南侧因村民打窑洞成了断崖。2018 年，陕西省考古研究院对六号宫殿遗址正式发掘。发掘人在中央电视台及新闻媒体上说这处“秦国政务大殿遗址，面积超 1000 平方米，比两个篮球场（标准为 420 平方米）面积还大。6 号高台建筑遗址，其规模相当宏大，高台顶部面积约 1000 平方米”，还说“荆轲刺秦在此发生”[②]，显然欠妥。

由“曲台宫”的名称上也可说明，曲折变化的高台是这一宫殿建筑的最大特征。秦始皇既居此宫能够“悬衡天下”，表明其政治地位相当重要。“若汉家未央宫”，并不等于有些学者断定的在汉长安故城内。《畿辅通志》说位于永寿县留村，不明其根据[③]。曲台宫起

① 陕西省考古研究所：《秦都咸阳考古报告》，科学出版社，2004 年。

② 《陕西发现秦始皇政务大殿遗址 荆轲刺秦在此发生》，《中国青年网》1 月 17 日。

③ 畿辅是清朝直隶省，即今京津两市和河北省一带。《畿辅通志》是李鸿章任直隶总督期间，由兵部尚书、直隶总督李卫等监修，延聘保定莲池书院主讲黄彭年纂修的。在同治十年（公元 1871 年）末开始，于光绪十二年（公元 1886 年）修成，历时 16 年，用银近 12 万两。该通志可说是一部河北省的省志。

造的时间当在战国末年，至迟在秦统一之初。（图 3–5）

图 3–5　曲台宫遗址（6 号建筑）

6. 乐器储库建筑遗址

秦咸阳府库建筑遗址位于今咸阳市渭城区窑店镇胡家沟，地处牛羊村宫城区西侧。2016 年 ~ 2018 年，由陕西省考古研究院进行发掘。共计揭露面积 4400 余平方米，确定该组建筑本体平面呈长方形，东西长 105.8 米，南北宽 20.3 米，围以垣墙。内部的 3 条南北向夯土隔墙将主体建筑分隔为 4 个房间（F1 ~ F4），密闭性甚强。房内有排列整齐的柱础石，在不同房间内存放有纺织品、铜钟、石磬、悬架、小型乐器和敲击的配件。另外，外围东南角小面积的附属建筑廊房（F7）内放置有质地细腻、擦磨痕迹光亮可辨的大型磨石（校音用）1 件。

门道设在东南一处，房间地面除了因火烧呈红色或青灰色之外，局部坑洼不平，扰动迹象明显。在主体建筑北墙外有水池、水管道、灰坑、废料坑、石料堆等附属遗迹。

在府库遗址东南部采集到大量建筑材料如板瓦、筒瓦、龙纹空心砖、柱石等，还有包括石磬制作在内的一些生产遗物[①]：

① 微信公众号“考古陕西”2019 年 3 月 13 日。

F2 内有封泥一枚，印文为“大府缯官”，小篆字体，印面无界格。F3 内有石磬残块 20 余件，残字有“乐府”“北宫乐府”“左宫”“右四”“八”“左徵”“矢右商子”“左终”等。[①]（图 3–6）

图 3–6　库藏“北宫乐府”石磬残段

通过对不同的金石乐器与器乐设备分析，此建筑遗址并非秦的“北宫”，不是北宫中的乐府，也不是秦宫的“乐府”，而是制作石磬并储藏各种乐器的库房遗址。

7. 六英宫

董说《七国考》引《广记》：“主父入秦，直至昭王所居六英之宫而人不觉。”主父就是在中原地区“变服骑射”、组建第一支骑兵部队的赵武灵王。据《史记・赵世家》记载，他在公元前 299 年传位于赵惠文王，自号“主父”。曾身着胡服，诈称使者来到秦都咸阳刺探情况。当秦昭王发觉时，“主父驰已脱关矣”。若在渭南，有大河阻隔，一旦发觉，岂可“脱关”！显然六英宫位于渭北的咸阳北阪之上。因为这里地势开阔，同陕北山塬相接，其间泾水易渡，单骑便于驰驱。

据说，帝喾时有一种乐曲名叫“六英”，也作“六莹”（《周礼・春官・大司乐・疏》

① 陕西省考古研究院《2017 年考古年报》。

引《乐纬》《列子·周穆王》《淮南子·原道训》)。天帝也曾飨秦穆公"钧天广乐",说明秦人已接受中原的礼乐教化。那么,秦六英宫的取名,可能同此有关。

8. 章台宫

章台宫曾是秦王在渭河南新区设立的一处朝宫,曾出土的秦"章台"封泥可证其存在。宫中因有章台而得名,在秦惠文王时期就具有相当大的规模。战国以来涉及秦的国事活动,莫不与之有关。苏秦曾警告楚威王:"今乃欲西面而事秦,则诸侯莫不西面而朝于章台之下。"(《史记·苏秦列传》)公元前299年,秦昭王诈骗楚怀王至武关,遂裹挟其"西至咸阳,朝章台,如藩臣,不与亢礼"(《史记》之《楚世家》《六国年表》)。赵国使臣蔺相如带了"和氏璧西入秦,秦王坐章台,见相如"(《史记·廉颇蔺相如列传》),演出了一场舌战秦昭王的闹剧,留下了"完璧归赵"的历史典故。

章台宫在何处?《史记·秦始皇本纪》载:"诸庙及章台、上林皆在渭南。"但"渭南"之地域广阔,此语过于笼统。东汉末年人繁钦在其《建章凤阙赋》中有句:"秦汉规模,廓然毁泯,唯建章凤阙,岿然独存,虽非象魏之制,亦一代之巨观也"(《水经注·渭水》)。《三辅黄图》说建章宫"在未央宫西长安城外",又引《三辅旧事》:"建章宫周回三十里。东起别凤阙,高二十五丈,乘高以望远。又于宫门北起圆阙,高二十五丈,上有铜凤凰。"可以看出,一般人把"建章"和"章台"连在一起,从而认为汉武帝所建的建章宫是在秦章台宫的基础上起造的,宫址在今西安市西北高低堡子一带,至今仍有"北双凤""南双凤"两个地名。但这还只是从字面上联系起来的推测之说。

《史记·樗里子甘茂列传》对上述推测做了否定:"昭王七年(公元前300年),樗里子卒,葬于渭南章台之东。曰:'后百岁,是当有天子之宫夹我墓。'……至汉兴,长乐宫在其东,未央宫在其西,武库正直其墓。"汉长安城内有大道取名"章台街"的,属八街之一。《汉书·张敞传》:京兆尹张敞"无威仪,时罢朝会,过,走马章台街。使御吏驱,自以便面拊马"。注:"孟康曰:'在长安中。'臣瓒曰:'在章台下街也。'"很明白,秦章台位于长安城中,其下有街,有学者认为它就是南北向的安门大街。经考古探明:武库遗址确处于长乐、未央两宫遗址之间,其东隔安门大街当长乐宫城西墙的中部,其西当未央宫城外的东北角。武库之南,就是樗里疾墓的所在。按樗里疾墓在"章台之东",其西正直约1500米即是未央宫前殿遗址。[①] 因此,我们有理由说汉未央宫就是在秦章台宫的基础上建造的,

① 汉武库遗址南围墙东西长710米,折半为355米,加上未央宫前殿距宫城东墙1150米,共1505米,约为樗里疾墓到未央宫前殿的距离。

汉未央宫前殿即是秦章台的重建与扩大。

未央宫前殿遗址位于今汉长安故城内西南部马家寨村西北、大刘寨村西南。原系利用此间的丘陵（即所谓“龙首山”），在四周筑土加夯增高再建殿的。现呈南低北高的三重阶地，南北长350米，东西宽200米，高15米。这当然并不是秦章台的原貌。在前殿遗址之下，压有战国晚期与秦代文化层，出土有砖瓦类建筑文物，可以断定这里是秦章台的遗存。（图3–7）

汉未央宫前殿遗址

秦章台宫封泥

图3–7　汉未央宫前殿遗址东侧（秦章台）

秦章台宫毁于秦末大火是没有问题的，但焚毁到何种程度却不能一概而论。汉江都易王刘非的太子刘建曾“游章台宫，令四女子乘小船，建以足蹈覆其船，四人皆溺，二人死”（《汉书·景十三王传》）。虽然未央宫早建于高祖七年（公元前200年，一说“八年”），但也许人们习惯于“章台宫”这一称呼，或因未央宫范围大，把存留着的章台宫包围在里面的缘故，总愿意用原来名称呼之，只是以后才统称为“未央宫”。所以《大清一统志》引《演繁露》时说：“汉章台即秦章台也。”刘建覆舟的水当是前殿西南的“沧池”（即“苍池”）。水中原有“渐台”。地址今系一片洼地，深1 ~ 2.5米，平面呈圆形，直径约为400米~500米。[①]

9. 兴乐宫

《三辅旧事》：“咸阳宫在渭北，兴乐宫在渭南。秦昭王通两宫之间，作渭桥。”说明

① 中国社会科学院考古研究所：《汉长安城未央宫——1980 ~ 1989年考古发掘报告》，中国大百科全书出版社，1996年。

兴乐宫至迟在秦昭王时代即已建成，也许它的创建年代还可早到惠文王“新作宫室”之时。至于《三辅旧事》和《三辅黄图》均作“秦始皇造，汉修饰之，周回二十余里”的记述，只能反映出一是规模后比前大，二是沿用时间久。

《史记·叔孙通列传·集解》引《关中记》：“长乐宫，本秦之兴乐宫也。”汉初，诸侯朝会高帝、刘邦接见大臣都是在长乐宫进行的，知其为当时的政治活动中心。未央宫建成之后，从汉惠帝起，移居未央宫听政，便取长乐宫的正宫地位而代之。此后，长乐宫仅供太后常居，因其在未央宫之东，就称之为“东宫”或“东朝”。

秦兴乐宫及至汉世，不但改了名，连范围规模也较前扩大，《三辅旧事》说长乐宫“周回二十里，前殿东西四十九丈七尺，两序中三十五丈，深十二丈”。据考古探测，宫城位于汉长安故城的东南隅，当今北到雷寨，南至阁老门，西迄讲武殿，东及霸城门遗址之西。平面略呈长方形，东西长 2900 米，南北宽 2400 米，周长 10600 米，面积 6 平方公里，约占汉长安城总面积的六分之一，比秦兴乐宫“周回二十余里”的文献记载扩大了近三分之一。[①]

兴乐宫中有“鸿台”。据《三辅黄图》载：“秦始皇二十七年筑，高四十丈（合 94 米）。上起观宇。帝尝射飞鸿于台上，故号‘鸿台’。”

《庙记》载：“长乐宫中有鱼池、酒池。池上有肉炙树，秦始皇造。汉武帝行舟于池中。酒池北起台，天子于上，观牛饮者三千人。”《水经注·渭水》：长乐宫前殿东北有池，“池北有层台，俗谓是池为酒池，非也”。杨守敬《水经注疏》：“长乐宫自有酒池，池北自有台，此盖别一池，而俗误以为酒池，故郦氏驳之。”汉武帝也泛舟酒池，还制作了重不可举的大铁杯，盛酒其中，并在层台上看少数民族使者和臣下三千人围绕酒池作“牛饮”以取乐。统治者奢侈无度地享受，不知这是秦皇汉武自创的娱乐节目还是学自夏桀、妹喜玩的那一套（《新序·刺奢》《列女传·夏桀末喜》）。

秦的“鸿台”毁于汉惠帝四年（公元前 191 年）的火灾，出土的飞鸿图像与“延年”文字结合的瓦当当是鸿台建筑的遗物。汉在秦兴乐宫基础上建造的长乐宫，幸免于汉末的战火，长期沿用。可能废弃于唐天宝年（公元 742 年 ~756 年）之后。

10. 南宫——甘泉宫

秦汉时代命名为“甘泉宫”的有三处，一在秦都咸阳的渭南新区（又名“南宫”），一在渭北的今乾县，另一处是汉甘泉宫，在淳化县北。

---

① 张永禄主编：《汉代长安词典》，陕西人民出版社，1993 年。

秦昭王三十五年(公元前272年),“宣太后诱杀义渠王于甘泉宫”(《后汉书·西羌传》),这是关于秦甘泉宫最早的记载。

秦王政九年（公元前238年），假阴人嫪毐和太后私通的丑行败露后，秦王车裂嫪毐，灭其三族，囊捕两个私生子，并把太后迁到雍都的棫阳宫去。次年，在吕不韦免相后，嬴政接受了齐人茅焦的劝说，才把太后迎回咸阳，使之“复居甘泉宫”(《史记》之《秦始皇本纪》《吕不韦列传》)。阴谋弄权的赵高，还曾使秦二世居“禁中”、近妇人，“在甘泉，方作觳抵优俳之观”。从宣太后到帝太后两次居甘泉宫，可知最早是一处太后之宫，位在国都。[按：帝太后入居咸阳的什么宫，有两种说法：一说“复居甘泉宫”(《史记·秦始皇本纪》)；一说“入南宫”(《史记·吕不韦列传》集解引徐广说)。清人梁玉绳在其《史记志疑》里说：“窃意咸阳南宫必在兰池南，乃太后之宫，若汉称太后宫为东宫矣。”此话分两重意思，定作“太后之宫”是对的，由“复居”二字定冠就不析自明。但作为“在兰池南”的判定，则矛盾甚多，比如：第一，甘泉宫同南宫，究竟是两宫还是一宫两名？如系前者，那么太后居咸阳九年多时间内（秦王政十年至十九年）就至少有两次搬迁（由雍入甘泉，再从甘泉到南宫，或者是次序倒过来）。况且史无明载此种过程，想来她的境况已是今非昔比，哪像秦王政那么自由；若系后者，当然不能再说两地。第二，同文献记载的迟早有抵牾。谁对？

“复居甘泉宫”说明“原居甘泉宫”，只是因秽见迁。既是“南宫”，顾名思义不在渭北，因为自惠文王以来渭南就已兴起很多宫殿建筑，“兰池南”也只是清人未申述什么理由的一种臆测。看来，甘泉、南宫属于一宫两名，或是一群建筑中的两个宫殿。

宋敏求《长安志》和毕沅《关中胜迹图志》均以为太后入居的甘泉宫，就是云阳的甘泉宫。实际上也是难以成立的，因为第一，云阳的甘泉宫是汉名，秦时系林光宫；第二，太后回咸阳后对茅焦感激涕零地说：“天下亢直，使败复成，安秦社稷，使妾母子复相见者，茅君之力。”(《史记·秦始皇本纪·集解》引《说苑》)如果由雍迁云阳，两地距咸阳都在数百里之外，谈何“母子复相见”？况且以改迁来对待太后，也是有违茅焦建议的本意。所以，这里说的甘泉宫只能在咸阳，而不应在别处。

很明显，秦汉均有甘泉宫，但地非一处。而秦咸阳甘泉宫却因汉云阳甘泉宫的历史盛名，久被湮没，以致弄到了后人张冠李戴的地步。

至于程大昌在《雍录》中说“秦之甘泉在渭南”的话，从大的地域上笼统地说，还勉强成立，但又说“甘泉前殿必近上林，即户县也。则秦之甘泉与隋之甘泉正同一地，安知隋宫不袭秦旧耶？”实则大误。顾祖禹《读史方舆纪要》、清康熙二十一年《户县志》均从程说，有辩正的必要。第一，秦之甘泉宫既是太后所居之宫，在渭南称“南宫”，必位于市中区，而不能太远。隋之甘泉宫遗址位于今户县（即鄠邑区）西南12公里栗峪口西侧之老牛坡下（《户县文物志》，陕西人民教育出版社，1995年），固然渭南有秦上林苑，但其范围并不像汉上林苑那么大，所以不可能把甘泉前殿建于远在牛首山麓处。诚若此，其性质就成了离宫别馆。第二，在秦汉史乘（《史记》《汉书》）和诗赋、笔记中从未提及今鄠邑区老牛坡一带有秦汉宫殿的存在，至今也没有得到考古材料的证实。所以，把秦甘泉宫和隋甘泉宫混同一地只能是望名的臆测。至于隋宫取名，是因涝峪河流出，其右岸有甘泉，水质甘冽，天旱不涸之故。明英宗正统元年（公元1436年）于此建明阳寺，武宗正德十五年（公元1520年）重修。寺已毁，今存《重修明阳寺记》石碑一通及残塔一座]

秦在渭河南岸设有甘泉宫，这是绝对的历史事实。阴谋弄权、列势次主的赵高把庸驽的秦二世抓到手，使之居“禁中”、近妇人，隔离同大臣的接触。丞相李斯招致谗言后去找皇帝，“是时二世在甘泉，方作觳抵优俳之观”。这里的“甘泉”是甘泉宫的省称，因为秦始皇二十七年（公元前220年）起造“甘泉前殿，筑甬道，自咸阳属之”，成了皇帝大朝的地方。①（《史记·秦始皇本纪》）

《太平寰宇记》引《三秦记》及《初学记》引《关中记》，都说汉武帝造的桂宫“一名甘泉宫”。从中似可看出汉桂宫就是在秦甘泉宫的旧址上建造的，故而在时人眼里认为桂宫实际是甘泉宫，在相当长的时间里还习惯于旧称呼。不过汉桂宫成了后妃之宫，它位于长安城内，未央宫之北，北宫之西，地当今夹城堡、民娄村、黄家庄一带。测知汉桂宫遗址南北长1840米，东西宽880米，周长5377.6米。中日联合考古队在1997年11月～1998年5月，对桂宫的南部二号建筑遗址发掘表明，其主殿与东西两侧的庭院建筑确为后妃使用的重要宫殿建筑。② 由此也不难确认秦甘泉宫的位置。

①《史记·秦始皇本纪》：“二十七年……作信宫渭南，已更命信宫为极庙，象天极。自极庙道通郦山，作甘泉前殿，筑甬道，自咸阳属之。”这就是说，始皇二十七年在渭南进行了两大建筑工程——信宫（极庙）、甘泉前殿。其附属工程则是甬道。

但新标点本《史记》在断句上显有欠当之处，似乎甘泉前殿在郦山。这样一来，“筑甬道，自咸阳属之”一语就成了使人不明所“属”，更不知所“之”的半截话。所以，这段文字应改作：“二十七年……焉作信宫渭南，已更命信宫为极庙，象天极。自极庙道通郦山。作甘泉前殿，筑甬道自咸阳属之。”

② 中国社会科学院考古研究所、日本奈良国立文化财研究所中日联合考古队：《汉长安城桂宫二号建筑遗址发掘简报》，《考古》1999年第一期；又，《汉长安城桂宫二号建筑遗址B区发掘简报》，《考古》2000年第1期。

因为早在秦昭王时就于渭南建造起甘泉宫，开始也未必取名，便相对于渭北诸宫而称之曰“南宫”。在一相家巷秦遗址里曾出土大量秦封泥，其中就有多枚“南宫郎丞”封泥。始皇从雍都迎回太后入咸阳，使“复居甘泉宫”，晋人徐广说入居的是“南宫”，可见到秦始皇时已经是两名并存。汉高祖刘邦由洛阳迁都长安，在未央宫起造之前，就居住在“南宫”（《汉书·高帝纪》）。由此可见，秦的甘泉宫并不尽毁于秦火，所以就成了汉武帝太初四年（公元前101年）改建桂宫的基础。于此，我们可以就宫名与宫址的变化得出这样的结论：秦南宫——→甘泉宫——→汉桂宫。当然，在宫名更替的过程中，往往也有新旧名称并存的情况。

发掘汉桂宫遗址时，在北部发现汉地层之下压有秦建筑堆积，出土“南宫郎丞”封泥的相家巷就在附近。说明这座太后所居的“南宫”不但设郎官负责宿卫，其长为丞，必受郎中令的节制。（图3–8）

甘泉前殿是甘泉宫的正殿，如阿房宫前有阿房前殿一样。同样，筑有甬道把甘泉前殿和渭北诸宫连接起来。我们所言的甘泉宫，绝不是孤立的一座建筑，而是一群功能不同、形式各别的建筑物的集合体。因此说，前殿是宫的正殿，当帝太后死后，在统一中国的第二年建造，是始皇一度大朝的地方。前有太后的入居，所以，“使妾母子复相见”（《说苑》载太后语）的话在此才有了着落。

11. 长安宫

长安宫系秦惠文王造，据《太平御览》卷958引郭氏《玄中记》载：“长安宫广四百里，南及终南山。”不难看出此宫在渭河之南，而范围又极其广阔。

因为秦惠文王时的政治活动还是在咸阳的渭北区，所以在渭南建造的长安宫被当作离宫。《水经注·渭水》：“长安有秦离宫。”范雎来到咸阳就是在秦离宫见到昭王的，《史记·范雎列传·正义》明确指出：“长安故城本秦离宫，在雍州长安北十三里。”长安宫作为秦都咸阳早期的一处离宫，其范围大概包括了今汉长安在内、远及终南的广大地域。主要宫殿则集中在以后的汉长安城内，地当秦的长安乡。但随着渭南宫殿的增多、政治活动频繁，其宫区被分割，其名声也由显而隐。所以，《三辅黄图》说“高祖七年方修长安宫城，自栎阳徙居此城。本秦离宫也”，已显得很笼统。《庙记》载：“长安宫中有鱼池、酒池。池上有肉炙树。”文同于兴乐宫的记载，说明长安宫与兴乐宫有着直接的关系。

12. 华阳宫

《七国考》：“秦孝太子妃曰‘华阳夫人’。华阳，秦太子宫名，在陕西西安府旧长安城内。”汉长安城故址内，曾出土“华阳丞印”封泥。

秦孝太子，即后来的孝文王嬴柱，系昭襄王之子，初封为“安国君”，后立为太子。其爱姬是楚国人，称作“华阳夫人”。华阳宫以嬴柱的爱姬命名，可见这是一处太子宫，后成为华阳太后的专有宫殿。“华阳丞”就是华阳夫人的家丞。（图 3–9）

图 3–8 “南宫郎丞”封泥

图 3–9 “华阳丞印”封泥

13. 阿房宫——拟建中的朝宫

阿房宫在渭南秦上林苑中，位于今西安市西约 15 公里的三桥镇一带。它东临潏河，西接沣水，南有周都丰镐故址。当秦咸阳渭南诸宫殿的西南隅，是代信宫而起，为皇帝大朝所设计的一座巍峨宏大的朝宫，乃秦王设朝施令的中心。

阿房宫为秦都咸阳宫殿建筑的后起者与最大者，充分体现了统一国家首府的气魄及皇权至上的威严。中国历史上的皇朝都建有象征国家权力与威严的“朝宫”，如汉初的“未央宫”，武帝以后的“建章宫”，唐初的“太极宫”，唐高宗以后的“大明宫”，唐玄宗以后的“兴庆宫”，明、清时的“故宫”，都是帝王常居之宫。朝会、庆典、决事等大事，都会在这里举行。

关于阿房宫兴建的时间和方位、指导思想和总体设计、主体建筑的规模和进展等等，司马迁在《史记·秦始皇本纪》中着重作了介绍：

“三十五年（公元前 212 年）……于是始皇以为咸阳人多，先王之宫廷小。吾闻：周文王都丰，武王都镐。丰、镐之间，帝王之都也。乃营作朝宫渭南上林苑中。先作前殿阿房，东西五百步，南北五十丈，上可以坐万人，下可以建五丈旗。周驰为阁道，自殿下直抵南山。表南山之巅以为阙。为复道，自阿房渡渭，属之咸阳，以象天极阁道绝汉抵营室也。阿房宫未成。成，欲更择令名名之。作宫阿房，故天下谓之阿房宫。隐宫刑徒者七十余万人，乃分作阿房宫，或作丽山。发北山石椁，乃写蜀、荆地材皆至。……二世皇帝元年（公元前 209 年），……复作阿房宫。"

《三辅黄图》："阿房宫亦曰阿城，惠文王造，宫未成而亡，始皇广其宫。"可见阿房宫是一处有主次、有配套设施的群体性建筑工程，绝不单单指人们通常说的"阿房宫前殿"。在上林苑中起造宫殿建筑也绝不自始皇三十五年始。那么，秦始皇所做的工作，只不过是对惠文王以来的阿房宫作了扩建而已（"广其宫"）。同时，阿房宫地区建筑遗址的地层和出土文物，也给我们提供了这一时代的有力佐证。其地层关系很简单，在耕土、扰土层之下就是夯土，最下层是生黄土。夯层时一般厚 6 ~ 8 厘米、窝径 7.8 厘米，表明建造时间上的一致性。出土的云纹瓦当、粗绳纹板瓦、回纹或网格纹铺地砖也基本是战国、秦流行的纹样。陶文有"左司""北司""大匠"等，和秦始皇陵区出土的陶文完全相同，属中央官署陶业作坊的产品。[①]

秦始皇因有"后嗣循业，长承圣治"（《东观刻石》）的思想，在他东巡的诸刻石上是广为宣传的。如"治道运行，诸产得宜，皆有法式。大义休明，垂于后世，顺承勿革"（《泰山刻石》），"端平法度，万物之纪"（《琅琊刻石》），"普施明法，经纬天下，永为仪则。大矣哉！宇县之中，承顺圣意"（《之罘刻石》）。刻石的目的在于为后世"垂著仪矩"（《碣石刻石》），将治邦安民的政治思想和既定典章制度二世、三世至于万世，传之无穷，不可稍有变革。所以，在咸阳建设上，同样也体现着这一思想。他既然要把首都的渭南地区作为他建设"帝王之都"的重点和体现圣治的"朝宫"，因之也就赋予了修建这一大型宫殿的性质。至于"咸阳人多，先王之宫廷小"的话，确属事实，虽然也称得上另筑宫廷的理由，但毕竟是服从于建设"帝王之都"这一总意图的。或说建阿房宫可"车行酒，骑行炙，千人唱，万人和"（《长安志》引《三辅旧事》），纯属享乐之用，那是一种不完全正确的理解。

秦阿房宫声势浩大，闻名于世，历来备受关注。1956 年，被公布为"第一批陕西省文物保护单位"。1961 年，被国务院公布为"第一批全国重点文物保护单位"。多年来，多位文物考古专家、文物保护人员，进行过多次考查、勘探。（图 3–10）2003 年，当秦阿房宫考古队对前殿遗址做了一些钻探和试掘工作之后，在神州大地上竟刮起了一股不小的风潮。一些新闻媒体说"杜牧撒了个弥天大谎，传世名篇《阿房宫赋》骗了国人千年"。

① 杜征：《秦阿房宫遗址考古调查报告》，《文博》1998 年第 1 期；阿房宫考古工作队：《上林苑 1、2 号建筑遗址考古发掘取得重要收获》，《中国文物报》2005 年 12 月 9 日第 1 版；又，《陕西西安发掘上林苑 3 号和 5 号建筑遗址》，《中国文物报》2006 年 11 月 1 日第 2 版；《西安秦汉上林苑四号、六号建筑遗址发掘》，《中国文物报》，2007 年 7 月 6 日第 5 版。

同时，“给羽平反——没烧阿房宫”“委屈了司马迁——火三月不灭”等奇谈怪论，不一而足。考古钻探的主持人，利用中央到地方的电视台、报纸及可以利用的场合，宣传非科学的错误论调。因为其身份与影响力的特殊，在社会上造成严重的误导。作为社会科学的研究者，其最大的错误就在于没有读懂司马迁对阿房宫阐述的文字，有意或无意地混淆了学术概念。现就《史记》原文，先滤出“上林苑”“阿房宫”“阿房前殿”和“前殿阿房”等四个名词，作一辩证。[①]因为这实际是由大到小、又有联系的不同概念。（图 3–11）

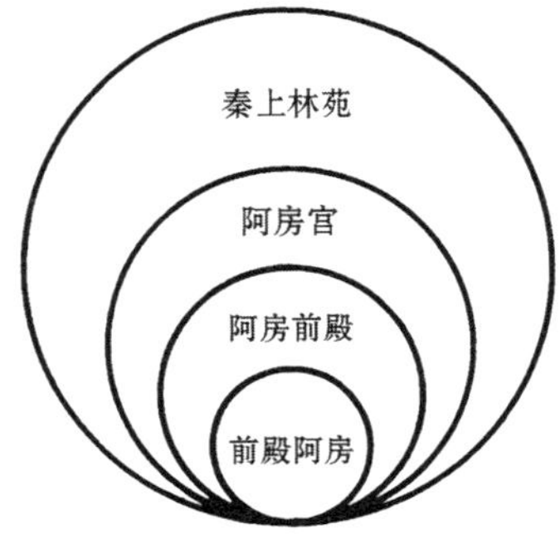

图 3–11　“阿房宫”概念示意图

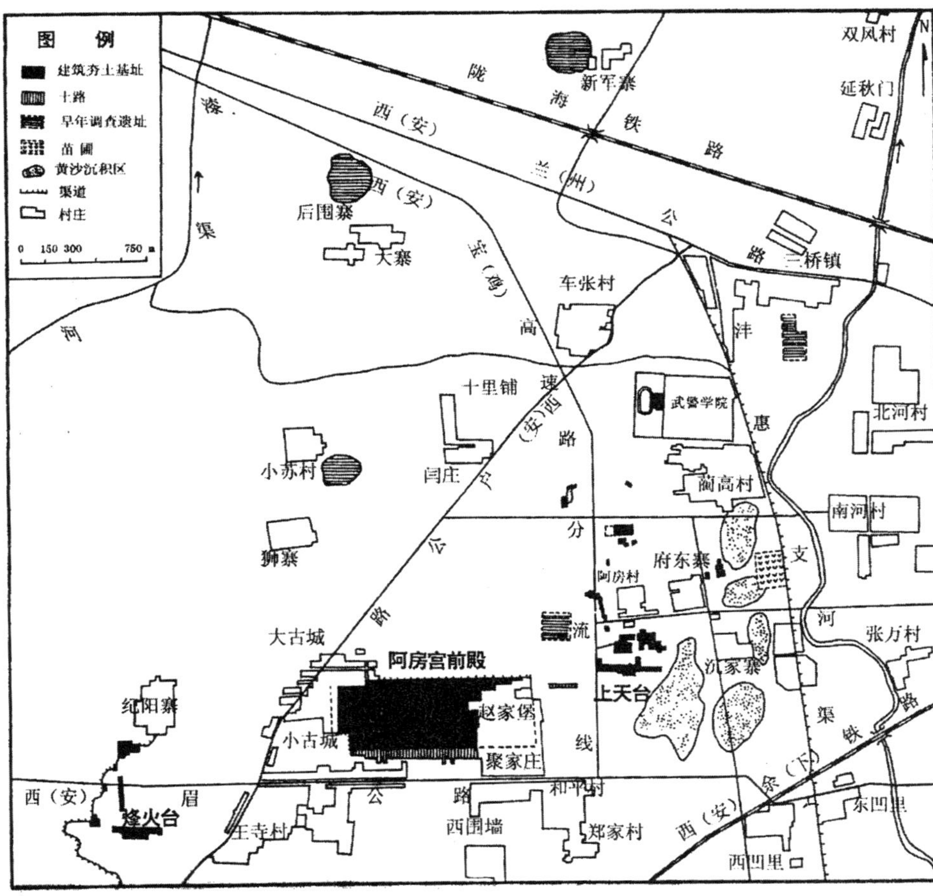

图 3–10　阿房宫遗址平面图

① 王学理：《“阿房宫”、“阿房前殿”与“前殿阿房”的考古学解读》，《文博》2007 年第 1 期。又收入《王学理秦汉考古文选》（第一辑），三秦出版社，2008 年。

（1）关于阿房宫四层次

▲上林苑

秦上林苑位于渭河南，其范围远远小于汉的上林苑，但作为秦的御苑却是众苑之冠。阿房宫建在上林苑中，“表南山之巅以为阙，络樊川以为池”（《三辅黄图》），说明南界在秦岭。“宫”不能大于“苑”，这南界也即是上林苑的南界。事实上，秦岭以北至今阿房宫遗址间并无秦遗址的存在。那么，上林苑的南界当在阿房宫前殿遗址南的不远处。其他三面的界限是：北至渭河南岸，东接“宜春苑”（今西安市大雁塔东南曲江池偏南），西至沣河东岸。①

自秦惠文王以来，在上林苑建有多处离宫别馆，连汉长安城都被认为是“秦离宫”②。

▲阿房宫

“营作朝宫上林苑中”，可知阿房宫处在上林苑里。

《三辅黄图》说阿房宫“规恢三百余里，离宫别馆，弥山跨谷，辇道相属，阁道通丽山八十余里，表南山之巅以为阙，络樊川以为池”。我们只能认为这是包括原先上林苑建筑和新建朝宫的构想，实际上并未完全付诸实现。“离宫别馆，弥山跨谷”虽然具有预设的成分，但毕竟说明阿房宫是一处群体建筑。

阿房宫遗址范围北起今西安市三桥镇西北之新军寨、后围寨，南至王寺村—和平村北缘一线，纵长 5 公里；东以滈河为界，西迄长安区小苏村—纪阳村，横宽 3 公里，占地约 15 平方公里。坐落在龙首原往西南延伸的台地上，海拔高度 394.2 ～ 401.4 米。建筑遗址密集区主要分布在三桥镇以南。在这一区间内，至今保留的地面夯土基址还有 20 余处，其中以阿房宫前殿遗址最大，又以阿房村和纪阳寨两地的台基最为稠密。建筑用的筒瓦、板瓦、瓦当、铺地砖、圆形和五角形陶质水道、漏斗、原石柱础等遗物随处可见。各类金属的、玉质的文物，历年来多有出土。

▲阿房前殿

“阿房前殿”是阿房宫群中的主体建筑，同长乐宫前殿、未央宫前殿、南宫前殿一样，是君主处事的地方。是“重威”思想在宫殿建筑中的集中反映，其规模恢宏、巍峨雄伟、设备精良当为群殿之首。为此，阿房前殿被列为一期工程。按施工程序，先夯实地基，再三面围墙、作附属建筑、大筑主体殿堂。尽管动用了几十万劳力，夯打地基才不过 3 年，

① 秦惠文王四年“瓦书”写着：取杜出丰丘到潏水的一段土地作为右庶长寿烛的“宗邑”。既是私人的封地，就不可能在上林苑里有“飞地”。

② 《史记·范雎列传·正义》：“长安故城本秦离宫，在雍州长安北十三里。”

便因秦始皇的“驾崩”而停辍。即使在始皇陵覆土之后，秦二世有“复作阿房宫”之举，但不到一年时间，也因陈胜起义军攻入关中，直驱戏水，致使阿房宫前殿工程和“丽山”的后续工程不了了之。

经调查，前殿基址是利用龙首原向西南延伸的余脉——台地（海拔 394.2 ~ 401.1 米），再经夯筑而成，当地人称“郿坞岭”，东起赵家堡、聚驾庄，西至大古城和小古城，东西横长约 1320 米（因夯台两端被村舍建筑破坏，考古钻探成 1270 米），南北宽约 426 米，总面积近 55.44 万平方米。长方形的巨型夯土台基，南低北高，一般高 3 米，最厚处至今仍高出地面 7 ~ 12 米。夯层清晰整齐、密实，夯层厚 7 ~ 8 厘米。早年，在殿址周围特别是北部取土时，曾挖出云纹瓦当、板瓦、残砖、石柱础及红烧土、灰土、陶水管道。

关于前殿的面积，文献记载中各不相同，今列表比较如下：

文献名称	古籍记载：长、宽、高 原文	前殿大小折算 （东西 × 南北 × 高）（米）	旗高（米）	长度折算根据
《史记・秦始皇本纪》	“先作前殿阿房。东西五百步，南北五十丈，上可以坐万人，下可以建五丈旗。”	750×116.5	11.65	1 步 =1.5 米 1 丈 =2.33 米
《三辅黄图》	“作阿房前殿，东西五十步，南北五十丈，上可坐万人，下建五丈旗。”	75×116.5	同上	同上
《关中记》	“东西千步，南北三百步，庭中受十万人。”	1500×450		
《三辅故事》	“二世胡亥起阿房殿，东西三里，南北三百步，下可建五丈旗。”	1252.59×450	11.65	1 里（汉）= 417.53 米
《史记・秦始皇本纪・正义》引《三辅旧事》	“阿房宫东西三里，南北五百步，庭中可受万人。”	1252.59×750		同上
《汉书・贾山传》	“殿高数十仞，东西五里，南北千步。”	2067.65×1500×16.3		1 仞 =7 汉尺 =1.63 米
《博物志・地理考》	“殿东西千步，南北三百步。”	1500×450		

我们从上表可以看出以下几个问题：

第一，关于阿房前殿的大小，《本纪》同《黄图》仅东西有“五百步”与“五十步”之差，显然是传抄漏字而造成的。而其余各书中除过《贾山传》有故意夸大之嫌外，大多同考古探测的结果竟有着惊人的接近！这说明汉代人在《关中记》《三辅故事》《三辅旧事》等书中记载的数据，是当时看到而经过实地丈量了的，足以可信。

第二，《史记・秦始皇本纪》原注本作：“乃营作朝宫上林苑中。先作前殿阿房，东西五百步，南北五十丈，上可以坐万人，下可以建五丈旗。”我以为，这里指的是两件事，因而应该重新断句。即：“乃营作朝宫上林苑中，先作前殿阿房；（主殿）东西五百步，南北五十丈，……”前者，指已付诸施工了的“前殿阿房”；后者，指“阿房前殿”中“主殿”的规划尺码。

第三，我以为，把“东西五百步，南北五十丈”应断定为“阿房前殿上的主殿”，而绝不是“前殿上的阿房”。因为“750 米 ×116 米”是建在东西横长的夯土台之上的建筑，“横”小于“纵”才符合“前堂后室”进深的宫殿格局。所以，《史记》上说的是阿房宫前殿中作为朝请的主殿，而其他史料只笼统地说是阿房前殿。因此，后世学者所理解的只能是那个夯土台子。只有作我这样的解释，才可明白殿前（下）竖立 11.65 米高的“五丈旗”的空间与位置。

▲前殿阿房

阿房宫前殿基本打好地基之后，在东、西、北三边筑起围墙，而南边空缺无墙。这围墙就是所谓“阿城”。那么，阿城之所以“三面有墙，南面无墙”，我以为同施工技巧和政治形势有关。从工程学而言，合理安排、提高时效是一条重要的原则。筑“阿城”时，先三面围墙，既是“阿房”的前一道工序，也便于现场的管理。“南面无墙”，为的是给进出人员和材料留出通道。当“阿房前殿”建起、门阙完工之后，必然是再筑南墙加以闭合。可惜秦末乱世，形格势禁，阿房宫工程被迫废弃，还谈什么“南墙”！因此，我可以断言：“阿城”不是阿房宫的宫城，而是“阿房宫前殿”的特殊外垣而已。

北垣墙在中段，墙基比西段和东段宽了很多。其范围是东西长 323 米、南北宽 15 米，现存高度 2 ~ 3 米。建筑倒塌后的堆积物，在其南侧竟宽达 7 米！其中以板瓦、筒瓦残片为主。这处有建筑的墙体，西端距前殿西边 286 米，东端距前殿东边 661 米。这就是说，前殿北围墙中段的建筑面阔 323 米、进深 15 米。

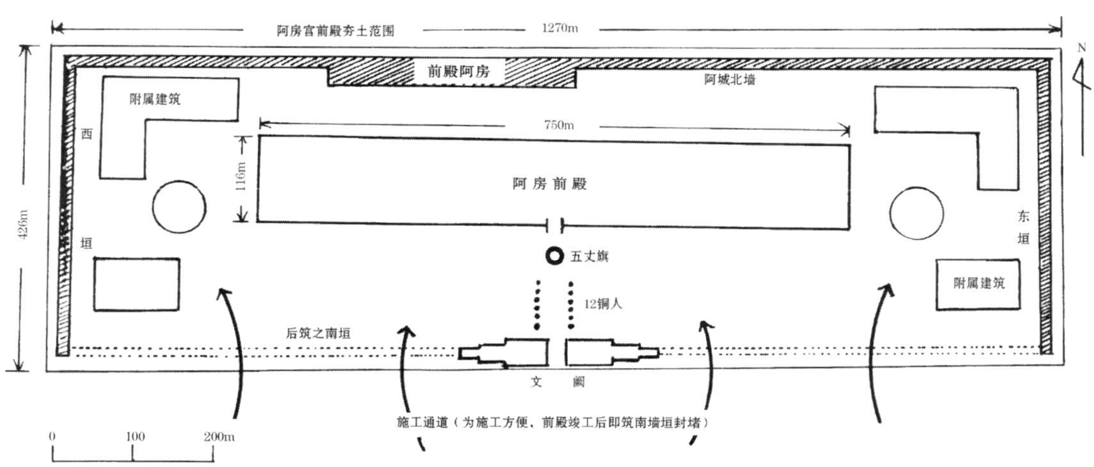

图 3–12　阿房前殿基础部设计方案（王学理复原）

很显然，这北墙上中段的建筑就是《史记》上说的“前殿阿房”。可惜的是，人们长期以来并没有把它同“阿房前殿”区分开来。我以为它实是“阿房前殿”的附属工程，即《史记》上所谓先作的“前殿阿房”。如果不加区别地把先作的“前殿阿房”当作未曾修建的“阿房前殿”，进而又把“阿房前殿”当成“阿房宫”。概念上混淆如此，害莫大焉。(图 3–12)

(2)阿房宫区的建筑遗存

阿城。《汉书·东方朔传》载：汉武帝建元三年(公元前 138 年)“举籍阿城以南，周至以东，宜春以西……以为上林苑，属之南山”。宋敏求《长安志》：“秦阿房一名阿城。在长安县西二十里。西、北、(东)三面有墙，南面无墙，周五里一百四十步。崇八尺，上阔四尺五寸，下阔一丈五尺，今悉为民田。”可见“阿城”这一名称早已有之，至于唐宋所言的“阿城”都是同“阿房前殿”连在一起的，其由来正同颜师古说的“以其墙壁崇广，故俗呼为阿城”。那么，这座“阿城”即是“阿房前殿”及其附属建筑的宫城。它从东西两侧和北面围护着阿房宫前殿上的群体建筑，整体俨然形成为一座厚重森严的城堡。之所以“三面有墙，南面无墙”，我认为这是建“阿房前殿”时施工程序的安排。其南面无墙形成的空缺是为了施工期间出入建筑材料和人员的方便，一旦竣工，即筑南墙与门阙封堵之。

阿房宫中有些建筑可能毁于秦末的毁坏，而“阿房前殿”基址上的“前殿阿房”可能幸免于难。所以，阿城地区在历史时期依然还是人事活动繁盛的地方。《十六国春秋》载：苻坚建元二十年(公元 384 年)，慕容冲据阿城。初，“民谣曰：‘凤凰、凤凰，上阿房’。坚以凤凰非梧桐不栖，非竹实不食，乃植梧桐数千株于阿城，以待凤凰之至”。北朝时，阿城曾是一座四方朝拜的寺院道场。在前殿遗址东端的赵家堡西有一巨大的缺头石像，高及 4 米。有人说是秦的翁仲，但细审此像只见着袈裟，右掌贴胸作“无畏印”，厚重的衣褶垂于足面。尽管因风雨剥蚀，漫漶过甚，但毕竟没有掩饰其为北朝佛像的真容。况且，这一带曾出土北周时期的鎏金造像与唐代的八棱石经幢，说明从北朝到唐代，此间曾是佛教寺院的所在。隋末，唐太宗李世民入关，自泾阳趋司竹(今陕西周至县东南)，也曾经屯兵阿城。(《旧唐书·高祖本纪》)

宋敏求《长安志》：“秦阿房一名阿城。在长安县西二十里。西、北、(东)三面有墙，南面无墙，周五里一百四十步。崇八尺，上阔四尺五寸，下阔一丈五尺，今悉为民田。”事实确是如此，阿城无存，今为田舍。不过，在前殿遗址的北边，有土梁地形，呈东西走向，基宽约 15 米，其西端有村庄名曰大古城、小古城。那么，这一土梁如果是“阿城”的北垣，村名的取得不是一条旁证？可惜西墙和东墙均被现代村庄所破坏，而中华人民共和国成立之初还有的高 1 米的南北向土梁只能留在乡间老人的记忆之中了！

门阙。《三辅黄图》说阿房宫“以木兰为梁，以磁石为门”。《水经注》：“门在阿房前，悉以磁石为之，故专其目，令四夷朝者，有隐甲怀刃入门而胁之，以示神，故亦曰‘却胡门’”，或称“却胡台”。(《长安志·宫室》引《括地志》）其实全用磁石作门，是不大可能的，因为经熔炼或敲击都会失去磁性的。唯一的做法就是“累磁石为之”(《元和郡县考》)。当时利用磁石（主要成分是 Fe_3O_4）“召铁”的性能(《吕氏春秋》有“磁石召铁，或引之也”，又见《精通篇》高诱注）向少数民族来朝觐者显示神奇，以恐吓具有二心者；若真正用以识别“隐甲怀刃”的刺客，那是不大可靠的。

磁石门，说“门在阿房前”，显然指的是“阿房前殿”之前。但也有的说是阿房宫的北门(《元和郡县志》)，还有说是西门的(《雍录》)。

《水经注·渭水》：“鄗水北迳清泠台西，又迳磁石门西……又北注入渭。”“迳磁石门西”不等于西门，该门位当镐水入渭处。但镐水在今长安区西南香积寺汇潏而西流，并在秦杜入沣河，所以《长安志》早就说：“今按镐池水北流入永通渠，不至磁石门，亦不复入渭矣。”可见镐水下游的地理古今变迁较大。古镐水在隋初因开凿永通渠入长安而消失。《元和郡县志》断定“秦磁石门，在咸阳县东南十五里”。中国科学院地理研究所黄盛璋先生确指在今双楼村(《中国古代地理名著选读·水经注·渭水》)。

磁石门作为阿房宫建筑群的北门，实际标示了宫区的北界。其地应该在今三桥镇之北。20 世纪 50 年代文物普查时，在新军寨村西还有大面积的夯土基址存在，深入地下数米，也曾有一批石刻出土。这里南距阿房前殿遗址 4 公里，正处于阿房宫的南北中轴线上。经实测，主要遗址面积还有 4000 平方米，夯土台基高出地面 1 米多。西安市文物园林局姜开任先生根据方位判断，磁石门就在新军寨附近。(《中国历史文化名城词典》条目）

前殿遗址东侧建筑遗址：在阿房宫前殿遗址东约 500 米的阿房村一带，原有单体建筑 10 多座，平面的夯基形状各不相同，从而组成一处密集的建筑群。

其中 5 号建筑遗址，被破坏殆尽。仅有断续残存的夯土台基，现地表以下 5.6 米深处有排水管道，横剖面呈“品”字形，可分为东、西二组：东组管道呈曲尺形，已发掘 69 米（其中东西向 59 米，南北向 10 米）；西组管道呈南北向，现发掘长度 18 米。出土水管道外，还有砖、瓦和瓦当。有葵纹、连云纹、蘑菇形纹等纹样，还有不少素面瓦当。

在俗称的“始皇上天台”（4 号建筑遗址）东面、北面、西面均有附属建筑，南面和东南面有池沼遗迹。夯土地基东西展开 400 米、南北宽 110 米。台基东西 111 米、南北 74 米，由西北向东南呈鱼脊状，分为 3 层，渐次升高 15.2 米。上部为宫殿建筑，底部周长 230 米，其北、西两侧都有大片夯土向外延伸，有门址和廊道，曾出土石柱础、砖瓦、瓦当、下水管道等遗物。据考古资料，此宫殿建筑群建于战国时期，部分毁于秦末大火，汉代一度修葺沿用。（图 3–13）

图 3–13 “上天台”遗址排水管道

前殿遗址北侧建筑遗址：

“秧歌台遗址”（8 号建筑遗址）位于阿房宫前殿遗址北 2300 米处。20 世纪 70 年代初，该建筑夯土台基仍高 3 米多，但平整土地时，已破坏殆尽。现存基址东西 95 米、南北 90 米，夯土厚仅为 0.1 ~ 0.3 米。从遗址建筑形制、遗址内出土和采集的空心砖残块、子母砖残块、瓦当及厚重的圆形水管道残片等遗物看，该遗址建于战国时期，沿用到汉代。

“后围寨遗址”（3 号建筑遗址）位于阿房宫前殿遗址北 3800 米处的后围寨村，1973 年平整土地时，我去查看过：它以花纹空心砖砌筑的踏步层层叠叠直上建筑顶部；底部有屋脊式的五角形陶水管道鱼贯连接，向东南延伸 30 多米；石柱础纵向排列，井然有序。经探测，分为底部、中部、顶部 3 层建筑。下部夯土台基，现存东西 84 米、南北 92 米，残高7米；中部建筑残存有廊房遗迹；顶部建筑无存。出土了大量战国时期制作粗糙的板瓦片和筒瓦片、绳纹铺砖和山形云纹及素面的半瓦当。此外，在该座建筑的底部建筑中还出土了一些表面为斜粗绳纹、内面为素面的板瓦片和表面饰中粗绳纹的板瓦。在建筑中部的倒塌堆积中，还出土了西汉的五铢钱。

“好汉庙遗址”（7号建筑遗址）位于后围寨建筑遗址东北2000米处。其下部夯土台基东西长105米、南北宽42 ~ 62米、厚4米；上部建筑物无存，仅存基址，现存高2.8米。该遗址出土了大量山形云纹半瓦当和个别文字瓦当，还出土了大量细密绳纹和粗绳纹的瓦片。该建筑遗址是战国时期的建筑，一直沿用到汉代。

后围寨的胡家村西南有一处600平方米的遗址，火烧寨北又有一处面积达8000平方米的遗址，都有建筑物的出土，文化层厚达1.5米。

阿房宫村北去约200米，有一处“北司”建筑遗址（1974年冬平整农田取土，因最早发现“北司”陶文而定名）。我等进行了访查，并在1975年配合北京大学实习而作了发掘。此处建筑结构特殊，既有大的遮蔽空间，巨型的石柱排列有序，间次繁复，又有螺旋形上升的环道之类的遗迹（可能是上登复道之路）。从地面几经整修的情况看，应是上林苑中一处时跨秦汉的高台建筑物。绳纹瓦片上多戳印“北司”“宫”“左宫”“右宫”“宫甲”“宫寅”“宫戊”“宫辰”“天官”“大匠”等字。[①]小篆书体，同渭北区陶文比，似更加规正娟秀。显系秦少府、将作大匠领辖下由中央官署制陶作坊制造的产品。

在前殿遗址东北方向2000米处的陕西武警学院内，有一座南北长、东西窄的高台宫殿建筑遗址。标志作“秦磁石门”。1997年，笔者随《中国皇帝》拍摄组采风时，根据夯土台基形状没有门址，见有战国至秦汉时期的筒瓦和板瓦，即断定这是一处宫殿遗址。经探测，编号为上林苑6号建筑遗址。下部夯土台基形状不规则，现存南北最大长度57.5米，东西最大宽度48.3米，夯土厚3.7米；上部建筑物已无存，故仅存基址，南北最大长度45米，东西最大宽度26.6米，残高1.5 ~ 2.4米。局部发掘后，出土了大量战国时期和西汉前期的板瓦、筒瓦及少量瓦当等建筑材料。澄清了长期以来作为“阿房宫磁石门遗址”的讹传。

前殿遗址西侧的建筑遗址：纪阳寨南200 ~ 500米的地方，有一处密集的建筑群，地当阿房宫前殿遗址的西部和西南部。这里起码包括7座大小不同、形制各异的建筑物，现仍有夯土台基、石柱础、砖瓦等遗迹、遗物的残留。

其中“纪阳寨遗址”（1号建筑遗址）位于阿房宫前殿遗址以西1150米处，可分为南

① 李家翰：《阿房宫区域内一个汉代建筑遗址》，《考古与文物》1980年第1期。

部宫殿区和北部园林区。部分夯土台基仍高出地表7米。

在“纪阳寨遗址”南500米处的“烽火台”遗址（2号建筑遗址）为最大，其平面呈向南的“凸”字形，东西长265米，南北最宽处40米，总面积6354平方米，夯土台基残高4米；有一3层台式建筑遗址，夯土厚10米以上，面积达4019平方米。（图3–14）

图3–14 “烽火台”建筑夯土（上林苑二号遗址）

另有一长廊式建筑遗址，南北长约230米，宽2.5米，夯土厚0.6 ~ 1.3米。遗址内多有灰坑。

云阁。《三辅黄图》：“云阁，二世所造。起云阁，欲与南山齐。”因为秦始皇建阿房宫“表南山之巅以为阙”，二世所造之云阁，想同南山等高，可知云阁一定在阿房宫内南部，属于宫内的高台楼阁之一。以上所举的阿房宫附属建筑中，有没有云阁？如有，又是哪一个呢？《文选·东京赋》有“（秦）乃构阿房，起甘泉，结云阁，冠南山”之句。《三辅故事》也说云阁是二世起造的。这些同《史记》说始皇死后，秦二世“复作阿房宫”的记载符合，所谓“复作”的事实，我以为就是建造“云阁”。

湖泊。阿房宫区原来水量丰沛，东有滗河，西有沣河，南有周之镐池，水位浮浅，形成多处湖泊。茂林修竹，花卉园圃，宫殿掩映，泛舟轻蓝，天然成趣。今日我们面对一派黄沙、处处取土烧砖、秦建筑遗址被涂抹得满目疮痍的景象时，是很难想它当年盛容的。只见北自蔺高村，向南经府东寨和苗圃间、沈家寨，再到“上天台”东南，分布着5处形状各异、大小不同的湖泊遗址，总面积约27.14万平方米。其湖相沉积是在地表1.2米以下，有大面积黄色细沙、泥沙分布。原来也许是地下聚水的天然湖泊，但也不排斥引滗河之水的可能。

交通。阿房前殿东通郦山，还“渡渭，属之咸阳，以象天极阁道绝汉抵营室也”。《史记·天官书·索隐》：“天极”即北极，又谓之北辰，有星五，是天帝（泰乙）所居的星宿。横过天河的是“阁道”六星。所谓“营室”，实际是北方玄武七宿中“室宿”二星（玄宫和清庙）同“壁宿”二星（东壁）的连体。按照占星家的说法，天帝是从天极出来，经过阁道，横绝天河而直达营室的。那么，秦始皇重新规划咸阳以法天，咸阳宫象天帝的“紫宫”，阿房宫犹如“营室”，横跨渭水的“横桥”就成了绝汉的“阁道”。这种交通设计，足见它是秦始皇刻意的追求。

（3）阿房宫的取名

《史记》说“阿房宫未成，成，欲更择令名名之”。正因为阿房宫是临时的称呼，其得名历来就有多种多样的说法。有说“阿，近也。以其去咸阳近，且号阿房”（《史记·秦始皇本纪·正义》引颜师古）；有说“作宫阿基旁，故天下谓之阿房宫”（《三辅黄图》）；有说“在山之阿”（《三辅故事》、《文选·东京赋》李善注）；有说因前殿高广，“此以其形名宫也，言其宫四阿旁广也”（《史记·秦始皇本纪·索隐》《雍录》）；或说因“墙壁崇广”而得名（《汉书·东方朔传》师古注）；近人有说“言其用，则曰朝宫；言其方，则曰前殿。谓之阿房者，阿房乃一地名，故天下咸以此称之”（马非百：《秦集史》）；有说“阿”字是名词的词头，并无意义；或有说“阿”是关中人的地方语，即“那里”的意思。古文字学者王辉先生据西周铜器中有“莽京”的铭文，以为是宗周（镐京）旁的丰京。莽，从方声，同房、方、旁音近相通，故而“房”是久无存在的地名。不过，在周末或春秋时称“方”，战国及秦才称“房”并加了没有含义的发语词“阿”，就成了“阿房”（《金文中“莽京”即秦之阿房说》）。

见仁见智之说，不一而足！但“阿房宫未成”，毕竟还是个临时的称呼。阿房宫处在西安之北呈东北—西南走向的“龙首原”（唐代之前称“龙首山”）西端，《诗·小雅·菁菁者莪》有“在彼中阿”的句子。其中的“阿”，就是指高起的地形。那么，阿房宫地势高、殿堂高，正吻合“大陵曰阿，言其殿高，若于阿上为房”的解释(《汉书》颜注、《长安志》)。殷人居住的“四阿重屋”，就是一种四坡流水的重檐屋顶。在这里，阿房前殿巍峙，地势高亢，加之四阿式重檐建筑，作为范围既大、作用又重要的朝宫，从设计到效果无形中就突出了这座庑殿的气魄。故而从“高广”的意思考虑，我以为还是较容易理解的。

14. 安台

是一处失载的秦台名。汉城内的秦封泥中有“安台丞印”多枚，再结合清朝吴式芬、陈介祺著录的“安台丞印”和“安台左塈”封泥（《封泥考略》)，就纠正了把“安台”当作县名的认识。(图 3–15)

图 3–15　“安台丞印”封泥印文

实际上，“安台”是台，有如秦咸阳之章台（在章台宫）、鸿台（在兴乐宫）、咸阳台（在咸阳宫）等。台作为一种建筑形式在东周时期的各诸侯国已较为普遍，秦的宫廷建筑已把高台建筑技术发展到登峰造极的地步。

“左塈”是主管筑土为台工程的官署。安台又设丞，可知同宫廷一样具有朝会、设宴的功能。

秦安台当距章台宫较近，因北、西、南三方没有太大的空间，很可能处于东南。因此，汉长安城南出三门中的中门取名“安门”，其北对直的就是城内的南北主干道“安门大街”。

（二）近郊的宫殿建筑

1. 兰池宫与兰池

兰池，又叫“长池”，是人工形成的“陂池”。陂，《说文》作“沱”，一作“池也。”

段玉裁注：“陂得训池者，陂言其外之障，池言其中所蓄之水。”[①]大约是因兰池广植有兰草而称“兰池”。《三秦记》载：“始皇作长池，引渭水东西二百里，南北二十里。筑土为蓬莱山，刻石为鲸鱼。长二百丈，亦曰‘兰池陂’。”

在兰池陂岸边建造兰池宫，兼融山水，风光秀丽，从而构成秦都东郊一处游览休闲的名胜区。《史记·秦始皇本纪》：三十一年（公元前 216 年）“始皇为微行咸阳，与武士四人俱，夜出。逢盗兰池，见窘，武士击杀盗，关中大索二十日”。也许兰池并非禁苑，吏民可以出入，可资日夜悠游。（图 3–16）

图 3–16 “兰池宫当”瓦当拓片（王世昌窑店采集）

《三秦记》说：“兰池陂即古之兰池。”《括地志》：“在咸阳县界。”秦之兰池汉改名为周氏陂、周氏曲或周曲。因为成国“故渠又东经汉丞相周勃冢南……故渠东南谓之周氏曲”（《水经注·渭水》）。《长安志》：“周氏曲在咸阳东三十里，今名周氏陂。”《太平寰宇记》：“周氏陂周回十三里，汉太尉周勃冢在陂，其子亚夫有功，遂赐此陂，故地以氏称之。”在今咸阳市东正阳镇杨家湾村北原上有汉周勃、周亚夫父子墓[②]。墓南的原边向内收缩成弓形，底部平坦，属渭北的一级阶地，南以咸（阳）—铜（川）铁路为限，西起柏家嘴，东到九张村，北至杨家湾，这就应该是秦兰池陂、汉周氏陂的所在。其西界至唐宋咸阳县三十里，正符合《长安志》的记载。

兰池既是始皇引水作的人工池，又曰“长池”，究竟有多长？《三秦记》说“东西二百里，南北二十里”。今渭河在秦时距柏家嘴南北不过 12 里多，况且当时也不可能把渭水从正

① 陂同阪，在《说文》里都释作斜坡，后学作解歧异。段说陂较为合理，可从。应该说“陂”是池边之坡（包括人工之“障”，“阪”是山塬边之坡）。

② 此二墓已于1970~1976年发掘，编为杨家湾4号墓、5号墓，系长陵的陪葬墓。参见陕西省文管会等：《咸阳杨家湾汉墓发掘简报》，《文物》1977 年第 10 期。

侧“引”上北岸来。如加上两千年来渭河北移的距离，约合“南北二十里”之数。那么，“东西二百里”之终点在兰池，然后只能沿渭水上溯其经行路线。此引水渠很可能同今之“渭惠渠”与“高干渠”的流经、方向基本保持一致。经度量，自眉县西北起，经扶风、杨陵、武功、兴平，至咸阳，计230里左右，正同“东西二百里”的文献记载基本契合。[①]这就是说，“长池”水的引水口在今眉县西之渭河上。大概也因为兰池源长曲折，人工筑“障”蓄水，又旁及支流，渠网纵横，跨度宽达“二十里”，所以就俗称“长池”。由于沿陂池两岸广种兰蒲，这里也出土过“咸蒲里奇”陶文，从而就取了“兰池”或“兰池陂”的名字。秦兰池遗址的主要部分已为今渭河发电厂占有，其地下土质为很厚的淤泥层，30米以下才接触原始生土。1972年农民打井时，在6米深处发现1尺多长的鱼骨遗骸及船板、船钉等遗物，当是兰池存在的实物证据。在兰池中有“刻石为鲸鱼，长二百丈”的记述，实际上是不可能有“二百丈”（合667米）长的石鲸雕刻。我以为，那指的应是兰池的长度，人们只是在断句上把两事混而为一。可惜秦都咸阳考古工作站在20世纪80年代错失良机，没有探测与清理，竟使渭河发电厂二期工程把遗址压在了厂下。

在原兰池岸畔，秦筑有兰池宫。《元和郡县志》：“秦兰池宫，在（咸阳）县东二十五里。”此里数比今周氏曲所在地距唐咸阳县城址少了5里，说明秦兰池宫必定位于兰池之西。在今杨家湾（周氏曲）之西是咸阳原向南突出的三角地带，地名叫柏家嘴。其西邻渭城湾，系秦都咸阳的所在。据调查，柏家嘴上有大片夯土区6处，在这一带仍散布有筒瓦、板瓦、瓦当、空心砖、铺地砖、水道及生活用品残片等遗物，其纹饰、质地、风格同秦都宫殿遗址的出土物无别。很明显，位于兰池西岸的这一处秦代建筑群，当是皇家赏景、游乐的兰池宫遗址。

---

① 兰池引水的渠道在史料中不见记载。近年来，在距眉县杜家村西南1500米的东门渡、祁家河、河池、白家下村、下宋，距武功县北6.5公里的今渭惠渠、高干渠附近，咸阳市多处，都发现了东西向的古渠道遗迹。考古工作者和地理工作者曾多次进行踏勘。这条古渠道的中下段，可能分为两支，分别在原上和原下东流。原下的是主流，原上的是支流。在兴平市东门外的窑头砖厂、咸阳市东北塔儿坡砖厂、石桥乡石何杨村和窑店镇东西等处见到的古渠道遗址都较为明显。其中石何杨村南200米处的断崖上有暴露，东西长1000多米，渠截面作上宽下窄的梯形，底宽11.5米、上口宽12.9米、深1.62米。渠底铺垫一层2~5厘米厚的石子，结合紧密，异常坚硬。此渠道穿过仰韶文化层，上口又为唐灰坑打破，渠内淤土中包含秦汉时代的陶片。窑店镇西之废品收购站南有一2米多高的断崖，暴露出一段渠道，被唐代灰坑打破，其上口宽18米，渠内填塞淤土厚达1.85米以上。因此地处于这条古渠的下游，渠深比石河杨段高差低23厘米以上。1974年，我们钻探宫城时，在窑店镇东门外通向渭河电厂的公路与北去韩家湾乡的公路分道处，也探出一段渠道，应该与窑店、石何杨村为同一条古渠的遗迹。由此可见，兰池之水是引自眉县段的渭河。

由于秦兰池宫在秦末遭到火焚，在汉景帝六年（公元前 151 年）就“伐驰道树，殖兰池”（《史记·孝景本纪》）。《集解》引徐广说：“‘殖’一作‘填’。”“刘伯庄曰：‘此时兰池毁溢，故堰填。’”后来因为汉太尉周勃与其子周亚夫将军死葬在兰池北之原上，时易势变，声名盖世，遂放弃兰池之称，呼之曰“周氏陂”“周氏曲”，或简称“周曲”。兰池两岸的秦兰池宫成为一片废墟，兰池也多有湮塞，水面所剩不多，约在汉武帝初年于陂南另筑新宫，这就是汉的兰池宫。《长安志》载：“陂南一里，汉有兰池宫。”这里曾有“兰池宫当”的出土与著录，即是汉兰池宫存在的物证（陈直：《秦汉瓦当文字》）。汉武帝欲令杨仆讨伐东越，曾责杨仆“受诏不至兰池宫”。《资治通鉴》载：公元 624 年，唐高祖“诏世民、元吉将兵出豳州以御突厥，上饯之于兰池”。宋人程大昌在其《雍录》里也说：“秦于兰池侧造宫……〔唐〕太宗出征，高祖至此宫饯之。”正如《周书·宣帝纪》说静帝大象二年（公元前 580 年）“幸仲山祈雨，至咸阳宫”一样，我们不能因此得出“南北朝时期仍存咸阳宫”“秦兰池宫至唐犹存”的结论。名称虽同，地非一处，史例甚多，可见唐高祖饯行的兰池不是秦宫，也不是汉宫，而是兰池的旧地罢了。

2. 望夷宫

望夷宫“临泾水作之，以望北夷（匈奴）”（《史记·秦始皇本纪·集解》），从宫名上就足以反映出建宫的意图及作用。既是“望夷”，为保卫国都安全，必定要建成亭障甚至城塞一类军事工程设施，因为宫殿是不具备攻防性能的。那么，之所以取名“望夷宫”，大概是由于这里处于咸阳北阪上最北、又临泾水屏障的一线，确实起着首都外围哨所的作用。

望夷宫的位处，据《集解》引张晏的说法是：“在长陵西北长平观道东故亭处是也。”《三辅黄图》作“在泾阳县界长平观道东”。长平观、故亭，均是些小地名，不知其处，但肯定在汉高祖长陵西北方向的今泾阳县界。泾阳县南部，秦设池阳县，苻秦二年（公元 352 年）增设泾阳县，北周建德三年（公元 574 年）才撤池阳尽归泾阳县。《泾阳县志》认为泾阳县治“在县东南三十里的故县村”。长陵西北的原边已属泾阳县界，可知《黄图》同三国时魏人张晏的说法是一致的。从而可以确认秦望夷宫位于长陵西北最高处的泾阳地界。

经调查，在泾阳县东南蒋刘乡同咸阳市东北韩家湾乡交界的咸阳原边，有多处秦建筑遗址，呈东西向展开，长达 6.6 公里。西起泾阳的福隆庄、余家堡，到咸阳的东史村北、徐家寨等4处，都有大片夯土和建筑遗物的存在。[①] 我以为，为拱卫首都咸阳，确在其北境临泾一线的高地上建设有军事性的据点，用来“望夷”的，其外侧有泾河环护无疑是一道天然的城防。所以，这些串珠似的军事建筑又以宫殿的形式出现，显然就带有双重性质。不过，泾阳县蒋刘乡余家堡北临泾河河谷、又是秦式的高台建筑，遗址范围大、建筑遗物丰富，其东南存在汉代建筑遗址，正反映出此处地理位置对拱卫秦汉首都的重要，判断这里是秦望夷宫的所在该不会有大的差错。

秦二世面对关东农民起义军的怒涛，又有赵高“指鹿为马”弄权惑主，神经错乱，先斋戒上林，以“日游弋猎”享乐，后又“斋于望夷宫”求泾水之神护佑。结果还是被贼势坐大的赵高及其弟郎中令赵成、女婿咸阳令闫乐，带吏卒千余人，里应外合，斩卫令而入，逼迫自杀于“望夷宫殿门”（《史记·秦始皇本纪》）。二世以矫诏杀兄夺权得势始，最后自己也成为帮凶者的刀下之鬼!

3. 雍门宫

这是秦咸阳北区西郊一处很重要的宫殿,同兰池宫一样,夹辅秦咸阳,一西一东地相对。

帝太后与嫪毐私通，生二子，赏赐厚。秦始皇九年（公元前238年）事发，秦王“验左右”“下吏治，具得情实”(《史记·吕不韦传》)，又把母后“闭之于雍门宫”(《战国策·秦策四》)。九月，夷嫪毐三族，迁太后于雍。二年，才迎太后回咸阳，复居甘泉宫。由此可见，雍门宫确实是咸阳通往雍都大道上的一处行宫，所以秦始皇为部署铲除后党而一度将之作为软禁太后的处所。

雍门宫在今咸阳市东北塔儿坡一带，这是我的推断。尽管此间没有宫殿的遗存，但曾有铜器窖藏的露出，像战国时期的安邑下官钟、修武府温杯、镎于等铜器即是出土物中最

① 临泾的几个秦建筑遗址的情况如下：

福隆庄在泾阳蒋刘乡之西，有大面积秦建筑遗址及建筑遗物的分布。

余家堡北临泾河岸，因水向南侧蚀使南岸不断崩塌。秦宫殿建筑悬于60米高的断崖上，夯土有多处暴露。余家堡遗址由村北向东北分布，迤逦不断，长达1000米，南北宽100余米。在村东北600米处有一大型宫殿建筑夯土基址，东西长98米，南北宽34米，中心厚达3.2米。经过火焚，为红烧土覆盖。地表有大量葵纹、云纹、素面的瓦当，回纹、素面的空心砖，回纹、光芒纹、素面的方砖，筒瓦和板瓦及春秋时期的槽形板瓦等。余家堡东南200米处，是一片汉代建筑遗址。

东史村位于咸阳市韩家湾乡，遗址东西长850米，南北宽500米。地下1.5米为瓦砾层，地表有大量板瓦、筒瓦、瓦当和铺地砖等遗物。时代为秦汉。

徐家寨西北50米有一处秦汉遗址，东西长150米，南北宽100米。地表有大量建筑遗物，还发现一段长18米的瓦碴路面，显系秦宫汉葺者。

有名者。我判断这里当是秦雍门宫遗址，绝对不会是猜想的墓葬。[①] 1980年，咸阳市文管会、博物馆在塔儿坡西南约千米处，发现不同时代的墓葬51座，其中有3座空心砖汉墓，不但发现吕不韦铸的“文信”铜钱，连有些空心砖也是来自前代建筑上的遗物。所以说，秦雍门宫遭到破坏，其遗物也被汉人所利用。据《史记》所说的雍门，再以汉孝里之西的地望观察，此间当是秦雍门宫宫城的东门了。

4. 宜春宫

宜春宫是秦设立在宜春苑附近的一座离宫。司马相如随汉武帝猎于上林苑，经宜春宫，见到近旁秦二世墓时，触景生情，写了一首《哀秦二世赋》。赋中有“登陂陁之长阪兮，坌入曾宫之嵯峨。临曲江之隑州兮，望南山之参差”之句（《史记·司马相如列传》）。曾，郭璞曰：“犹重也。”“曾宫”意为宫殿重重叠叠，这里虽指的是汉宜春宫，实际上却是经过修葺后再用的秦宫。《三辅黄图》：“宜春宫，本秦之离宫，在长安城东南杜县东，近下杜。”《汉书·司马相如列传》颜注：“宜春，宫名，在杜县东，即今曲江池，是其处也。”因此，要确定秦宜春宫的位置，就需要在杜县、下杜和曲江等方位上思辨文献记载并结合考古资料作出判断。

秦杜县故城在今西安市西南雁塔区电子城街道办杜城村，即汉的下杜。《汉书·宣帝纪》颜师古明确指出：“下杜即今之杜城。”《长安志》：“汉宣帝时修杜之东原为陵，曰杜陵县，更名此为下杜城。《庙记》曰：‘下杜城杜伯所筑，东有杜原，城在底下，故曰下杜。’”正因为杜县辖境较大，东到灞河，同芷阳、蓝田二县相接，所以《三辅黄图》说宜春宫“在长安城东南杜县东，近下杜”的话是对的。只有解作“在杜县的东部，距下杜城不远”，才可理会。杜城东南有黄土台塬，古名“杜县”，今作“凤栖原”。杜县之东原称“杜东”或“杜东原”，原上有汉宣帝杜陵。《史记·司马相如列传·索隐》引张揖曰：“（宜春）苑中有曲江之象，中有长州，又有宫阁路，谓之曲江，在杜陵西北五里。”从地望知，汉杜陵之西北确是宜春苑中的曲江故址。再由“近下杜”判断，宜春宫位当曲江之南。今调查出西安市雁塔区曲江南湖东南的春临村西南有秦汉建筑遗址，曾采集有“十二二月令”刻字的瓦（陈直：《秦汉瓦当概述》）和“富贵毋央”瓦当（《关中秦汉陶录提要》），也许这里就是宜春宫旧址。

5. 霸宫——芷阳宫

这是一座历史悠久的秦离宫。春秋时期，秦穆公为了纪念他“益国十二，开地千里，

① 王学理：《雍门宫室今安在塔儿坡前寻踪迹》，《中国社会科学报》2011年12月15日第12版。

遂霸西戎”（《史记·秦本纪》）的所谓“霸功”，就把发源于蓝田谷中的滋水（又名“谷水”）改名“霸水”，并在水旁营造了宫室，称之曰“霸宫”，宫城也名“霸城”（《三秦记》）。战国晚期，秦昭王在芷阳地为自己建造“芷陵”的同时，还修葺扩建了霸宫，因其地在芷阳县境，故改名“芷阳宫”。汉文帝筑“霸陵”于灞水西岸，遂将秦芷阳县改称霸陵县，王莽新朝又改作水章县。

《水经注·渭水》：“（庄）襄王芷阳宫在霸上。”《陕西通志》也沿袭此说：“芷阳宫在霸上。”“上”作侧畔解，《论语·子罕》有“子在川上曰：‘逝者如斯夫！不舍昼夜’”的话。那么“霸上”的本意应是“霸水之侧”或“霸水之畔”。

西安市东的白鹿原上有汉文帝“霸陵”，而原称为霸陵原，所以也把“霸陵原之端”这块地方称作“霸头”。应该说“霸上”或“霸头”就是指今白鹿原北端的霸岸某地。但《太平寰宇记》却说：“霸岸在通化门东三十里，秦襄王葬于其阪，谓之霸上。”秦东陵（即“芷阳陵区”）的位置在唐通化门（位于今西安东郊省火电公司东南角）之东，二者相隔也只有30里，而所言的这个“霸上”反倒落在了霸河之东、骊山西麓的芷阳阪（即洪庆原）这一广阔地域。由此看来，历史上把“灞岸”同“霸上”混为一谈。不过，从军事地理学考虑，此言“霸上”即位于今西安市灞桥区西北的桥梓口附近。[按：“霸上”是秦、汉、唐时期都城东部一处军事据点，对保卫咸阳—长安的安全具有重要作用，作为战略要地和交通枢纽，历来备受兵家的重视。据《史记》记载：王翦率兵六十万伐楚，秦始皇亲送至霸上；刘邦攻入关中，先诸侯至霸上，后入咸阳，再还霸上；汉文帝后六年（公元前158年）派将军分三处在长安外围驻防以备胡，其中周亚夫屯兵细柳，徐悍驻棘门，刘礼居霸上；汉景帝三年（公元前154年）吴、楚七国叛乱，周亚夫也是兵发霸上去平叛的；晋愍帝建兴四年（公元316年），华辑以京兆、冯翊、弘农和上洛等四郡之兵屯霸上，守护长安；晋穆帝永和十年（公元354年），桓温伐苻秦进军霸上，不渡灞水；晋安帝义熙十三年（公元417年），刘裕伐后秦，后秦主姚泓屯兵霸上对抗；唐时，黄巢农民起义军撤出长安，由霸上再返长安，歼灭唐军十之八九；……这些例子都说明霸上是首都长安东部的门户。

学界历来对“霸上”的位置说法不一。从字义的本源上，解释“霸上”“霸头”已如正文中所述。

“霸上”作为咸阳—长安东线的军事防守据点，其控制范围较大，正像“霸上”作为广阔地域名称似乎可以涵盖芷阳阪。那么，这里就涉及鸿门和霸上的距离问题，需要辩正。

《史记·项羽本纪》载：“当是时，项羽兵四十万在新丰鸿门。沛公兵十万在霸上。……

相去四十里。沛公则置车骑，脱身独骑，与樊哙、夏侯婴、靳强、纪信等四人持剑盾步走。从郦山下，道芷阳，间行。沛公谓张良曰：‘从此道至吾军，不过二十里耳。度我至军中，公乃入。’”《史记》这段话仅仅从孤立的两个地点给出了两个数字：“四十里”和“二十里”。汉“四十里”合今 16701.2 米（417.53 米 / 汉里 ×40），即今 33.4 里。经实测，从“鸿门”到“霸上”两地的直线距离是 19845 米，即今 39.69 里。两者比较，地面测量的数字更接近《本纪》的真实。

从太史公用“相去”“至吾军”等词语的区别，结合驻军的常识，我们就会明白它有着指挥部（幕府）与营守地区的区别。刘邦军队已占有霸河东的芷阳地，所以他才有“至吾军不过二十里”的话。而且“从郦山下，道芷阳，间行”，正是由芷阳地区走捷径才回到大本营的。

按人的正常速度步行，是 10 里 / 时。而刘邦骑着马，带领着手持短兵器的樊哙等四人作保护，快速脱离险境，为了保命，加快速度，离开鸿门进入自己的军事控制区顶多也不过 1 个小时。这样后面张良应付项羽的追问，才有了合情合理的解释］芷阳宫则在灞水之东。

《读史方舆纪要》说秦芷阳宫在“府东三十里”。西安东北 30 里当今临潼区斜口街道办事处韩峪、油王村一带，地属秦的芷阳邑，其东侧 1.5 公里已是确认了的秦芷阳陵区（东陵）。此间居灞河东岸的原区，文化层堆积厚达 2 米，包括战国晚期、秦、汉、新莽时期的文化遗物，陶器上多印有“芷”字的戳记，村南还有残存的建筑与水池遗址，这同秦芷阳、汉霸陵到新莽水章演变的历史是相符的。那么，芷阳宫也当在秦芷阳遗址的范围之内。

6. 阎家寺秦宫殿遗址

渭河南岸西安市草滩镇东南的阎家寺村，东临灞河，处在地势平坦的平原上。遗址范围较大，是一处多座的高台建筑群。在正轴线的北部，是一座大型夯土台基，方圆数百米，构成主体建筑。可惜遗址范围、形制、结构等还未查清，大台基即被工厂的专用铁路截断，1956 年曾作过部分清理。[①] 现高不及 3 米。由原来考察知，其构筑方法和渭北已发掘的“冀阙宫庭”建筑完全相同，时代属秦。在这里，后来成了汉长安城外东北部的一片旷野。[②]

① 刘致平：《西安西北郊古代建筑遗址勘查初记》，《文物》1957 年第 3 期。

② 在长安北郊的建筑，见载的是“渭阳五庙”。据《汉书·郊祀志》知，汉文帝十五年（公元前 165 年）听了赵人新垣平“望气”的胡诌，“作渭阳五帝庙，同宇，帝一殿，面五门，各如其帝色，祠所用及仪如雍五畤。明年，夏四月，文帝亲拜霸、渭之会，以郊见渭阳五帝。五帝庙临渭，其北穿蒲池沟水”。《庙记》：“五帝庙在长安东北。”

这一宫殿遗址至今没有正式公布清理资料，它同南面4座台基是何关系还不得而知，所以，造成了定性、定名上的争议。它同后来汉文帝建“渭阳五帝庙”、隔河祭祀的活动有无联系①却一下子难下结论。

7. 曲梁宫

秦曲梁宫所在的黄白城，《水经注疏》《读史方舆纪要》和《太平寰宇记》都记载在今陕西省三原县城西南。只有复旦大学历史地理研究所编的《中国历史地名词典》说在三原县东北十五里，即今西阳镇武官坊北。

（三）远郊的离宫、别馆、行宫与斋宫

1. 栎阳宫

秦献公二年（公元前383年）“城栎阳”（《史记·秦始皇本纪》），“徙都之”（《集解》引徐广）。栎阳作为秦都的时间，共有34年。但栎阳有多少宫殿，其名称与布局如何，均不得详知，见载者唯有栎阳宫，但另有“栎阳高平宫”鼎传世（藏陕西户县博物馆）。

《水经注·沮水》：“白渠东迳万年县故城北，为栎阳渠，城即栎阳宫。”因刘邦葬太公于栎阳之北原号“万年陵”，遂析栎阳置万年县以奉陵寝，治设“栎阳县城中，故栎阳城亦名万年城”（《元和郡县图志》）。万年县即栎阳城，以城名宫，可知栎阳宫既是栎阳城中宫殿群的总称，也是诸宫中的主体宫室。（图3–17）

《括地志》：“秦栎阳宫，在雍州栎阳县（东）北三（二）十五里，秦献公造。”这里所说的栎阳县是唐武德元年（公元618年）复置的县，与上述栎阳实际上是名称相同而地非一处。因为秦汉的栎阳县在东汉时废弃而并入万年县，城池也遭到毁灭。唐的栎阳县治所在，即今西安市临潼区渭河北的栎阳镇（原为后魏之广阳县，隋万年县），其东北25里即是秦栎阳城。说明秦献公建造的栎阳宫在秦栎阳城内，同唐栎阳县无涉。

由于项羽封秦降将司马欣为塞王，都栎阳，才使得栎阳宫免遭战火。汉高帝因“长安未有宫室，居栎阳宫”（《括地志》），于二年（公元前205年）才“都栎阳”的（《汉书·高帝纪》）。七年（公元前200年）二月，又“自栎阳徙都长安”（《汉书·高帝纪》）。随着

① 既名“渭阳五庙”，当在渭北。而汉文帝郊祀五帝时却亲拜“霸渭之会”，显然又在渭南。《括地志》明确地回答“渭阳五帝庙在雍州咸阳县东三十里”（《史记·封禅书》、《通鉴·汉文帝纪》注引）、“渭阳五庙在渭城”（《史记·孝文本纪》）。由此可见，汉文帝的“渭阳五庙”在霸、渭汇流的渭河之北，地当汉景帝阳陵之东南原下。如果以阎家寺高台建筑遗址为基点，向南作一轴线，在500多米的轴线两侧，有4座小土台基左右分开，两两对称。附近有村名“北辰”。1956年清理阎家寺土台，“并曾发现东汉的平民墓葬”，“在大土台南里许的小土台有五铢钱范甚多”。这说明此建筑废毁于秦末，自西汉中期之后这里成为一处冶铸作坊，东汉时有平民埋葬，唐代则划入禁苑。

政治重心的转移，栎阳地位下降，成了太公休闲养老之地。十年（公元前197年）“太上皇崩栎阳宫”（《史记·高祖本纪》）。汉末，栎阳宫室就完全荒废了。

图3-17　栎阳宫文物

秦汉栎阳遗址范围较大，位于今临潼区渭河北武屯街道办的任家村到耿西村一线，北至石川河，东西长2500米，南北宽1600米，面积合计36.51平方公里。发现建筑及手工业作坊遗址15处。古城发现3座，其中三号古城当为秦栎阳城。因遗址遭严重破坏，已不能确知栎阳宫的所在。

2. 步高宫

传世文物见有著录的“步高宫行镫”（《小校经阁金文》卷11）。《三辅黄图》：“步高宫在新丰县，亦名市丘城。”汉新丰县，即秦丽邑，治设在今临潼区新丰街道西南的刘家寨、沙河村一带。[①] 但新丰县辖境西邻芷阳，东隔赤水河（今渭南市华州区境内）与郑县（今华州区）相接，北迄渭河，南至终南山，包括了今渭河南的临潼与渭南两区市。

① 王学理：《秦始皇陵研究》，上海人民出版社，1994年。

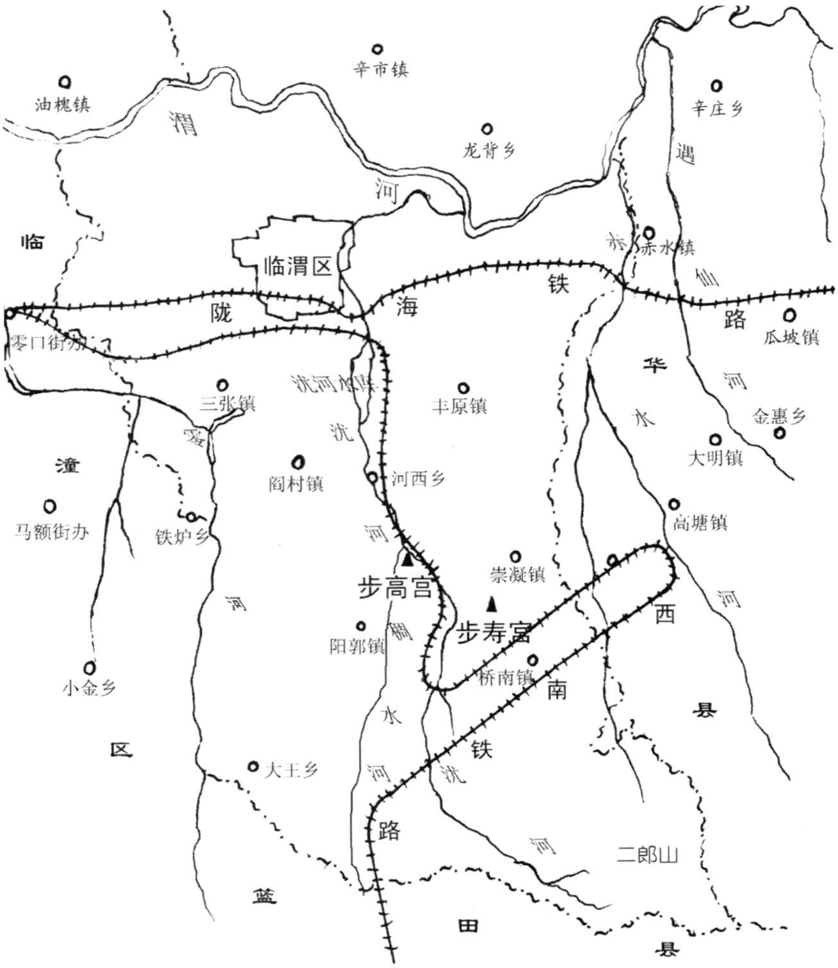

图 3–18　步高宫、步寿宫位置图

步高宫究竟在新丰县何地？《水经注·渭水》："首水（一本作酋水）出倒虎山，合五水，迳秦步高宫东，历新丰原东而北，迳步寿宫西，又北入渭。""新丰原"本指今临潼区东沙河（一名鱼池水，古为阴盘河）与零河间东西长 10 多公里的黄土台塬，也有把零河与渭南湭河之间的西原叫"新丰原"的。"首""酋"形近，作水即成"湭"，《博雅》："一曰水名，在雍州。"湭，今简化作"沋"。据杨守敬、熊会贞《水经注疏》，首水就是源于终南山、流经渭南市的沋河。"倒虎山"即杨说的虎侯山，也就是县东南的二郎山。由山中小溪汇成五股水，今称"五渠沟"，北流，即沋河（"首水"）的上游清水河，正同《水经注》"合五水"的情况。在今阳郭镇北张胡村、史家村，与稠水河相汇，北流入渭。张胡村东北距渭南老县城 30 里，位于沋河西岸的西塬（新丰塬）上，已有建筑遗址与遗物的发现，[①] 与宋宋敏求《长安志》、清雍正《陕西通志》引《雍胜略》所记秦步高宫的方位、里程相同。唯《元和郡县图志》作“二十里”，可能是李吉甫的估计之误。[②] 总之，唐宋以来所记，同《水经注》的实载及渭南沈河在张胡村的地望吻合，当属秦步高宫无疑。

秦步高宫遗址位于张胡村东南，其范围为1000米 ×400米，中心区有大型夯土台基(100米 ×80米)，当系高台殿址。宫城一段夯土残墙长约30米，厚约5米，高可4米。所见筒瓦、大板瓦、葵纹和云纹的瓦当及陶水道，都是典型的秦物。

秦步高宫居山前阶地上，背依终南，面对渭川，右带酋水，风景优美，是一处佳丽的离宫。(图 3–18)

3. 步寿宫

《三辅黄图》：“步寿宫，在新丰县步高宫西。”《水经注·渭水》：首水(一作酋水)“迳秦步高宫东，历新丰原东而北，迳步寿宫西，又北入渭”。可见《黄图》误“东”为“西”。首水，即今渭南市南的沈河水。秦步高宫遗址在沈河西岸的阳郭镇北之张胡村，其东岸当是步寿宫。

1988 年，考古工作者在今渭南市南崇凝镇靳尚村发现了一处大型宫殿建筑遗址。在东西长 600 多米、南北宽 300 多米的范围内，中心是两座东西并列的夯土台基址(东：28 米 ×36 米；西：40 米 ×35 米)。作为主体宫殿建筑，其南侧及西侧环以深沟。附近存留有大量的建筑材料，其中的龙凤纹空心砖、几何纹与云纹方砖，都是秦宫建筑中的常见之物。[③] 它同秦步高宫遗址仅一河之隔，从而为我们判定秦步寿宫提供了依据。

崇凝靳尚村秦宫遗址同阳郭张胡村步高宫遗址，分别位于沈河(古酋水)的东西两岸，呈“东南—西北”向。这同《水经注》中首水先“迳步高宫东”，再“迳步寿宫西”，后入渭的位置、次序完全相同，因此说它属于秦步寿宫遗址。

4. 萯阳宫

《三辅黄图》：“萯阳宫，秦文王所起，在今鄠县西南二十三里。”《汉书·地理志》

① 1985 年在我出版的《秦都咸阳》一书中对秦步高宫和步寿宫仅限于文献记载，有误。1987 年有陕西师范大学何清谷教授、1990 年有渭南市文管会的先生对张胡遗址先后作过调查，其考释精当，可从。材料见何清谷：《关中秦十宫觅踪》，《陕西师范大学学报》(社科版)1988 年第 2 期；《渭南发现秦大型宫殿遗址》，《陕西日报》1990 年 12 月 2 日。

② 《长安志》渭南县：“秦步高宫一名市邱城，在县西南三十里。”《元和郡县图志》渭南县：“秦步高宫在县西南二十里。”《雍胜略》：“步高宫，故址在渭南县西南三十里。”唐、宋渭南县治当今渭南市区。

③ 王兆麟：《渭南发现秦皇行宫遗址》，《西安晚报》1988 年 11 月 18 日。

《水经注》《雍录》同此。但秦无“文王”，只有惠文王与孝文王。因秦孝文王已是“生五十三而立”的垂暮老人，在位只有三天，而且他有着与其他秦王不同的“褒厚亲戚，弛苑囿”（《史记 · 秦本纪》）的善举，所以是不可能建造离宫别馆的。但变法后雄心勃勃的秦惠文王，曾“取岐、雍巨材，新作宫室。南临渭，北逾泾，至于离宫三百”（《三辅黄图》序），在渭南起造萯阳宫绝对是可能的。所以，《大清统一志》也就认定了秦文王在此实是“秦惠文王”。过去有“萯阳宫印”封泥的著录。

由于萯阳宫远离咸阳，未遭秦火厄运，至汉犹存。武帝游猎，常宿“长杨、五柞、倍阳”诸宫(《汉书 · 东方朔传》)。宣帝“甘露二年(公元前52年)冬十二月，行幸萯阳宫属玉观”(《汉书 · 宣帝纪》)。成帝元延二年(公元前11年)冬，“行幸长杨宫……宿萯阳宫，赐从官”(《汉书 · 成帝纪》)。可见萯阳宫的存在，自秦惠文王始，终西汉一朝，前后长达300余年。

《水经注 · 渭水》：“渭水又东合甘水。水出南山甘谷，北迳秦（惠）文王萯阳宫西，又北迳五柞宫东。又北迳甘亭西，在水东鄠县。”今陕西鄠邑区西有甘河（“甘水”），南出自秦岭北麓甘峪沟（即“甘谷”）。从甘水由南向北的流经次序（先萯阳宫，后五柞宫）和二宫的相对地理位置（宫在水东 / 宫在水西），结合已知五柞宫遗址（今周至县东南集贤镇集贤村），再据萯阳宫“在今鄠县西南二十三里”度量，推知秦萯阳宫的主宫位于今鄠邑区西南甘河出秦岭的富村窑一带。今富村窑原名“富阳窑”，显然是“萯阳”的音转。在今曹村的鸡子山上已有秦汉宫殿建筑文物的发现，[按：清康熙二十一年（1682年）康如琏撰修的《户县志》载：“秦萯阳宫在县西三里，秦文王所造也。……父老相传今陂头东岳宫即其旧址。旧志西南二十三里误矣。”此后，乾隆四十二年（1777年）的《户县新志》、民国二十二年（1933年）的《重修户县志》，均从康说，而且广为流传，以为户县西1.5公里的陂头村渼陂旁的东岳宫就是秦萯阳宫旧址。今又设陈列室、塑绘秦始皇迎太后入萯阳宫事。传说无证，考之无据，实不可信。

那么，秦萯阳宫遗址究竟是在“县西三里”还是在“县西南二十三里”？因为自唐至宋，鄠县、盩厔间曾两度设立过终南县，因而对确切位置的理解就出现了偏差。1982年，为编修《户县志》，曾于县西南白庙乡曹村的东门外发现元仁宗延佑六年(1319年)的《创建崇真碑》一通。碑文载有“秦之萯阳宫故址在焉，信夫天壤间自昔为佳处也”。时户县县志办的李养民于2002年10终于在鸡子山上找到秦汉时期的云纹瓦当两件、文字残瓦当1件，还有各类绳纹板瓦、筒瓦、回纹和雷纹铺地砖、青绿釉陶鼎残片及建筑饰件等（《华商报》2005年10月25日）。看来，秦萯阳宫在今鄠邑区西南二十三里的鸡子山的可能性很大］有可能是“属玉观”遗址。

5. 长杨宫

长杨宫是秦昭襄王建于秦岭北、渭河南的一座离宫。《三辅黄图》：“长杨宫，在今盩厔县东三十里，本秦旧宫，至汉修饰之以备行幸。宫中有垂杨数亩，因为宫名，门曰射熊观，秦汉游猎之所。”《汉书・地理志》盩厔注：“有长杨宫，有射熊馆，秦昭王起。”《史记・秦始皇本纪》二十六年说到内史之地宫室殿屋分布范围时，《正义》引《庙记》作“南至长杨、五柞”。

《水经注・渭水》：“东有漏水，出南山赤谷，东北流迳长杨宫东，宫有长杨树，因以为名。”漏水即今周至县东的赤峪河，由秦岭北麓的赤峪流出，东北流经今终南镇东，北流入黑河。据此，知长杨宫与今终南镇均位于赤峪河之西。《水经注・渭水》又云：“田溪水出南山田谷，北流迳长杨宫西，又北迳盩厔县故城西。”又，《史记・司马相如列传》正义引《括地志》云：“长杨宫在雍州盩厔县东南二里。”周至县故城是指西汉盩厔县治所，即今终南镇。田溪水即今周至县东田峪河，发源于秦岭北麓的田峪，北流经终南镇西，再北流入黑河。据此，知长杨宫与西汉盩厔县治（今终南镇）都在田溪水（今田峪河）东、漏水（今赤峪河）西，且终南镇在长杨宫遗址西偏北位置。

何清谷先生作过调查，① 随后有多位学者都涉猎这一带，人们看到的今赤峪河正流在长杨宫遗址所在地竹园头村西 1 公里，这与《水经注》所言“东北流迳长杨宫东”的记载严重不符，因而就怀疑它的非是。事实上，在竹园头村东已知有一条古河道。所以考虑到暴雨、洪水冲击迫使秦岭北麓的河流经常改道这一事实，就会明白：竹园头村东的古河道就是漏水的故道，那就是郦道元所述的赤峪河主流。同样，上述那种小范围的“不符”也是完全可以理解的。另外，《三辅黄图》和《元和郡县图志》两书均说“秦长杨宫在县东南三十三里”，那所言的“县”均指的是今周至县的所在地。② 那么，今县城到竹园头村的距

① 依据何清谷先生上述调查，今赤峪河正流在长杨宫所在地竹园头村西 1 公里，这与《水经注》此水“东北流迳长杨宫东”的记载不符。但如果考虑到暴雨、洪水冲击迫使秦岭北麓的河流经常改道这一事实，上述那种小范围的“不符”是完全可以理解的。只是郦道元著述《水经注》时，赤峪河主流是从今终南镇、竹园头村东而北流注入黑河的。那么，考虑到《三辅黄图》和《元和郡县图志》两书均说“秦长杨宫在县东南三十三里”，所言的县城均指今周至县。再由县城到竹园头村南的距离度量，正好是 15 公里，因此推定秦长杨宫遗址位于今周至县终南镇东南竹园头村南是可信的。

② 《史记・司马相如传・正义》引《括地志》：“长杨宫在雍州盩厔县东南三里，上起以宫内有长杨树，以为名。”《括地志辑校》据《三辅黄图》及《元和郡县志》补改，因引脱“十三”字，补为“三十三里”；而“上起以”三字衍，故删。

离正好是 15 公里，可见推定秦长杨宫遗址位于今周至县终南镇东南竹园头村西是可信的。

据调查，“今终南镇东南 3 公里有竹园头村，村西南有地名圪挞顶，原有高达 3 米多的大型夯土台基，10 年前平整土地时用挖土机铲平，当时周至县文化馆进行抢救性清理，得到大量秦汉建筑材料。《新编秦汉瓦当图录》中收有在此遗址采集的秦云纹瓦当 2 品，汉云纹瓦当 3 品，标志方向的白虎、朱雀、玄武瓦当各 1 品，还有‘汉并天下’‘与天毋极’‘长乐未央’‘宫’等文字瓦当。在圪挞顶土堆下看到几大堆秦汉残砖碎瓦，在附近农民一家厕所墙上看到盖着数十页秦汉绳纹板瓦。赤峪河下游，由于水利灌溉的需要河道曾多次变动。在 1968 年出版的地图上，还标有赤峪河支流从竹园头村南东北向流，今此支流已并入村西 1 公里的赤峪河正流。因此，竹园头村西南秦汉宫殿遗址的考古调查资料结合《水经注》的记载及河道的变迁，可以推定竹园头村的秦汉宫殿遗址就是秦长杨宫的旧址。”（图 3–19）

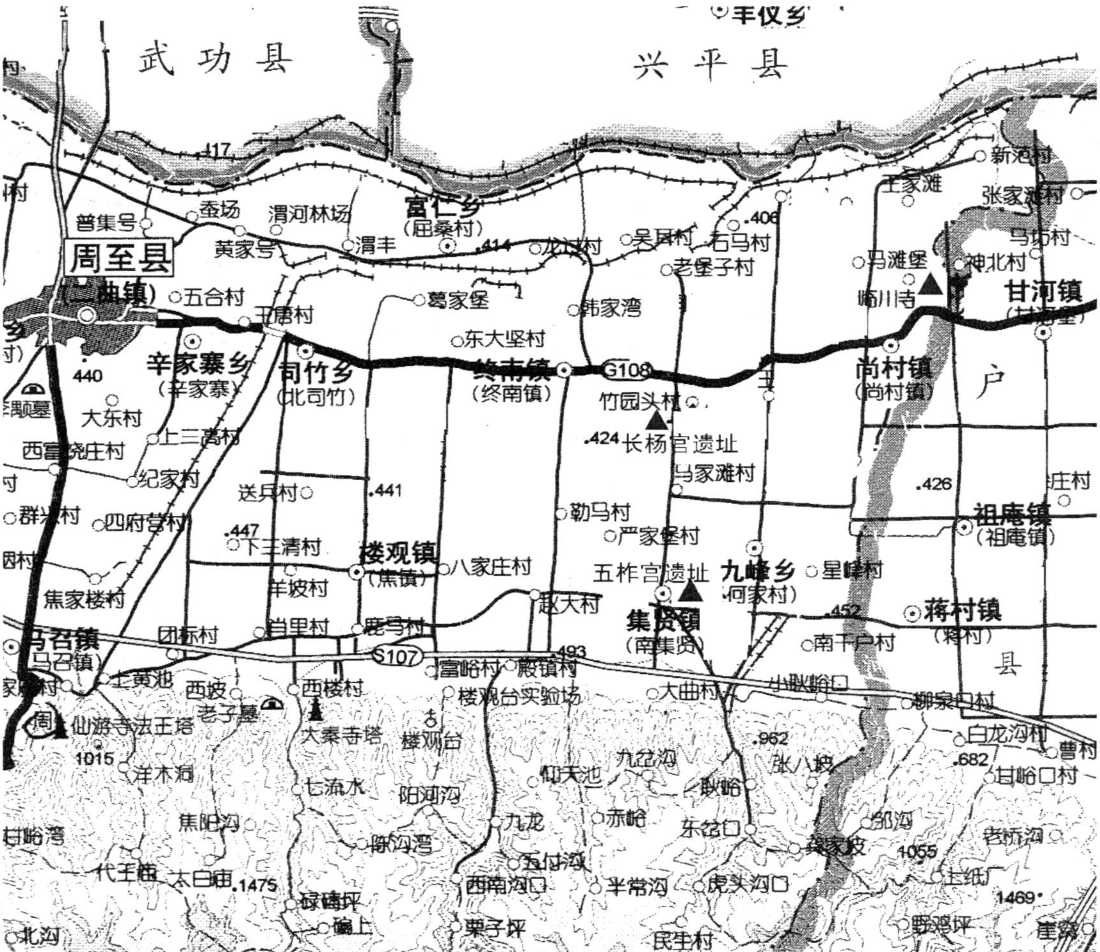

图 3–19　长杨宫与五柞宫位置图

另外，周至县东 48 里处的尚村镇临川寺，出土有云纹瓦当，临川寺与西凤头村附近发现“长生无极”和“长乐赤央”瓦当，神策庄（属鄠邑区，位于临川寺村东）发现“延年益寿”瓦当与云纹瓦当。临川寺也曾一度改名“射熊铺”，所以一般人认为这里是长杨宫的“射熊馆”遗址。但《水经注》说五柞宫在周至县东北 48 里，[①] 据此有人认为五柞宫不是在县东南 48 里，而是在东北。

据最新的考古调查，汉五柞宫在秦长杨宫之南偏东。《水经注·渭水》：“（耿）水发南山耿谷，北流与柳泉合。东北迳五柞宫西。长杨、五柞二宫相去八里，并以树名宫。”《雍胜略》：“五柞宫在盩厔县东南三十八里，汉武帝造。”这些里程数同《三辅黄图》所记盩厔县距长杨宫“三十里”是一致的。在集贤镇村东屠宰场一带，原有两个土岗，高可十多米，因多年取土竟成了一处洼地。在洼地的断层中，仍能见到夯土，并夹杂有陶水管道、云纹瓦当、回纹铺地砖、板瓦等。这里北距竹园头村也正好 8 里。所以说，汉五柞宫遗址在今周至县东南集贤镇的集贤村附近。

晋葛洪在《西京杂记》中说：“五柞宫有五柞树，皆连三抱，上枝阴覆数十亩，其宫西有青梧观。”元骆天骧《类编长安志》引《水经注》：“南山耿谷北，长杨、五柞两宫之间，有青梧观。”

长杨宫、五柞宫和萯阳宫以终南为屏，地处秦岭北之上林苑中，连峰错列，溪谷相杂，林木葱郁，禽兽繁多，可说是风景优美、气候宜人，是秦汉时期帝王游幸的离宫，也是皇家通过围猎进行搜、苗、狝、狩一类军事演习的野外场地。

6. 林光宫

《雍胜略》：“林光宫，秦时宫也。故址在甘泉山上。”《关中记》：“林光宫亦曰甘泉宫，秦起。在今池阳县西北故甘泉县甘泉山上。”《文选·西都赋》李善注引《汉宫阙疏》：“甘泉林光宫，秦二世造。”《三辅黄图》作“林光宫，胡亥所造，纵广各五里，在云阳县界”。《括地志》：“秦之林光宫，汉之甘泉，在雍州云阳西北八十里”（《史记·匈奴列传·正义》引）、“云阳城在雍州云阳县西八十里”（《史记·秦始皇本纪·正义》引）、“汉云阳宫在雍州云阳县北八十一里，有通天台，即黄帝以来祭天圜丘之处”（《史记·孝武本纪·正义》引）。在此，有几个问题是长期以来含混不清的，即：第一，林光宫同甘泉宫是两宫，还是一宫两名？有无时代的区分？第二，固然都承认是“秦起”，但具体说则有始皇与二世的不同；第三，林光宫、甘泉宫与云阳城同在唐云阳县北八十里之处，彼此的位置有

① 《水经注》说五柞宫“在盩厔县西”，当是“在盩厔县东”。但又有说在县东北 48 里的，显然有偏差。

无区别？

唐李泰在其《括地志》一书中把林光宫、甘泉宫、云阳宫虽作了一字（汉）的区别，但人们未作时空分析，就很随便地把它们混为一谈，正如他引《关中记》的话说：“年代久远，无复甘泉之名，失其实也。”时隔整整600年，对一地数宫、异地同名，统称之曰“秦造”。但有两点说得较对，一是林光宫为秦始皇所造，二是有一处作了时间的区分，即：“云阳宫，秦之林光宫，汉之甘泉宫。”（图3-20）

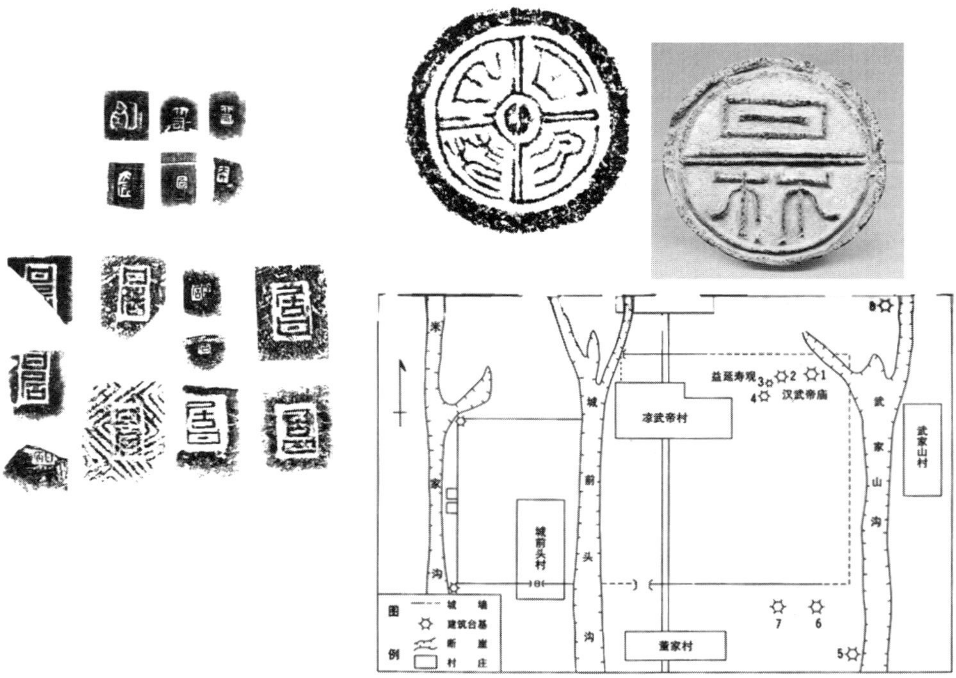

图3–20　林光宫遗址与文字拓片

学者虽有调查，但对秦、汉两宫所在的位置总是难于取得一致意见。[①] 在此，我谈一下自己的看法：

第一，秦始皇三十五年（公元前212年）修“直道”的起讫点是“道九原，抵云阳”（《史记·秦始皇本纪》）、“道九原，通甘泉”（《史记·六国年表》）、“自九原抵甘泉”（《史记·蒙恬列传》），还移民“五万家云阳”（《史记·秦始皇本纪》）。这说明云阳的甘泉之地本来

① 姚生民：《汉甘泉宫遗址勘察记》，《考古与文物》1980年第2期；王根权：《甘泉宫考辨》，《考古与文物》1990年第1期；王根权、姚生民：《淳化县古甘泉山发现秦汉建筑遗址群》，《考古与文物》1990年第2期；姚生民：《淳化县文物志》，陕西人民教育出版社，1991年；姚生民：《关于汉甘泉宫主体建筑位置问题》，《考古与文物》1992年第2期。

就有大型的宫殿群落，其主体就是秦始皇造的林光宫，绝无秦甘泉宫之说。有作“甘泉林光宫”者，在于强调林光宫所在地之有名；“林光宫亦曰甘泉宫”的说法，是后世的借称，或说是表达不确切的误称。正因云阳、甘泉齐名，竟可互为代称。既是直道的起点，向北至九原郡，南去首都咸阳就早有驰道直通首都咸阳。

第二，“甘泉”之名早有，是山名①，是地名②，也是水名③。并以“甘泉”取名者，非止一处④。前引《史记》所云的“甘泉”，实指的是地名。尽管直道起自“甘泉”地的秦宫，宫名也非“甘泉宫”。由于甘泉地享有盛名，以致“林光宫”之名隐而不显，竟俗谓甘泉地的秦宫为“甘泉宫”，以至于到了同秦之另一甘泉宫及汉之甘泉宫相混的地步。也使后世的学者，错把秦都咸阳渭南的甘泉宫（南宫）套接在云阳的甘泉宫上。明确地说，甘泉山之宫，秦称“林光宫”，汉名“甘泉宫”，两者不可相冒。

第三，同地两宫并存，继而融合为一。秦作林光宫在前，至汉犹存，其宫门曾遭到雷击。《汉书·郊祀志》：成帝时“震电灾林光宫门”。张衡在《西京赋》中有“觑往昔之遗馆，获林光于秦余”句，可见汉之甘泉宫规模宏大，先前之林光宫才被视为“秦余”“遗馆”。汉武帝建元中（公元前140年~前135年）在其旁再筑甘泉宫（因在秦汉的云阳县，宫又名“云阳宫”）。林光、甘泉并存。⑤《元和郡县志》称“甘泉上林宫”，遗址中常出土“甘林”

① 《括地志》：“甘泉山一名石鼓原，俗名磨石岭，在雍州云阳县西北九十里。”甘泉山俗称“好花圪垯山”，系子午岭南端的余脉，主峰海拔高1808.9米，在今淳化县城北30余公里处，东南距唐云阳县城（今泾阳县西北云阳镇东长街村）“九十里”（唐里）。

《史记·范雎蔡泽列传》载范雎对秦昭王说：“大王之国，四塞以为固：北有甘泉、谷口，南带泾、渭，右陇、蜀，左关、阪。”这里的“甘泉”即是甘泉山的省称，其山中腰有“鬼门口”，古称“鬼谷”，是甘泉山的一处关口，有秦直道从中通过。“谷口”当九嵕、仲山一线的泾水出山之处，是从山地通向关中平原的隘口。秦设谷口县，治在今礼泉县东北北屯镇北的泾河口西岸。很明显，甘泉、谷口在秦都咸阳之北，在军事上起着屏蔽的作用。

② 晋人潘岳在其《关中记》说修筑秦始皇陵的石材是采自北山，时人流行的歌词是“运石甘泉口，渭水为不流。千人一唱，万人相钩”。

③ 本指甜美爽口的泉水，名水者如隋甘泉宫在今鄠邑区栗峪口，对甘谷，有甘泉，味甘洌。礼泉县也有甘泉，《隋书·地理志》：“醴泉有甘泉水。”《太平寰宇记·奉天县》乾州：“甘谷水在州东北，从永寿县温秀岭流至县界，却入醴泉，合泾河。”陕北的甘泉县也有甘泉。

④ 以“甘泉”名宫者，秦、汉、隋均有。名县者在陕西有二，一是陕北的甘泉县，原秦汉上郡雕阳县地，隋为洛交县，唐天宝元年改曰甘泉县，属延州，宋改属延安府，明、清因之；一在礼泉县北，系西魏大统四年（公元538年）析宁夷县地置甘泉县，北周明帝元年（公元557年）废，辖地入醴泉县。江苏省杨州有甘泉县，系清雍正九年（公元1731年）析江都而设置。

⑤ 《小校经阁金文》卷11第91页收有“林光宫行镫，建昭元年造”“甘泉内者镫”。“建昭”系汉元帝年号。

文字瓦当，即是“甘泉上林”之省。据《长安志》引《关中记》说汉甘泉宫“周回十九里一百二十步，有宫十二，台十一。武帝常以五月避暑于此，八月乃还”，还把沿山谷“西入扶风，凡周回五百四十里”都划入“甘泉苑”（即“甘泉上林苑”）之中。[按:《三辅黄图》:“甘泉有高光宫，又有林光宫，有长定宫、竹宫、通天台、通灵台。武帝作迎风馆于甘泉山，后加露寒、储胥二馆，皆在云阳。甘泉中西厢起彷徨观，筑甘泉苑。建元中作石关、封峦、鳷鹊观于苑垣内。宫南有昆明池，苑南有棠梨宫。”《汉书·扬雄传》:“甘泉本因秦离宫，既奢泰，而武帝复增通天、高光、迎风。宫外近则洪崖、旁皇、储胥、弩阹，远则石关、封峦、鳷鹊、露寒、棠梨、师得，游观屈奇瑰玮。”

甘泉宫范围很大，现在淳化县除过林光宫、甘泉宫遗址外，还有洪崖宫遗址（铁王乡程家堡、红崖村，当甘泉宫南）、桑树嘴遗址（安子哇乡桑树嘴村西，当甘泉宫东）、庙沟梁遗址（秦庄乡林庄村西，当淳化县东南）、富家河遗址（马家乡富家河村东南，当甘泉宫西南）、长武山遗址（卜家乡长武山村东，当甘泉宫西南）、下常社遗址（固贤乡下常社村西，在淳化县东南）、好花圪垯山遗址（在甘泉山主峰上）、鬼门口南峰遗址、十七号电杆遗址、庙趟遗址（在主峰南）、孟家湾北峰遗址（主峰西）、箭杆梁遗址（主峰东北）等宫观台十多处。彬县的梁家遗址（在龙高乡，当甘泉山西偏南），旬邑县的沟老头村遗址（排厦乡）、新庄子村遗址（土桥乡）、姚家村遗址（清原乡，以上均在甘泉山的西侧）、石门山东峰遗址（石门乡石门山上、在甘泉山之北，以七里河为界）]

第四，秦、汉两宫位于山上。文献所记，均言宫在“甘泉山上”。这甘泉山就是今淳化县北 26 公里的黄花山，是桥山山脉南向的余支，其主峰好花圪垯海拔 1809 米。山顶遗址区长、宽各 200 米，其北段即峰顶有东西两个平台。西台中部有一夯土台，周长 30 米、高 3 米，内有秦汉建筑材料；东台长宽仅有 70 ~ 80 米。这里出土的文物，有建筑文物，有兵器和工具。另外，山上还有“孟家湾”“箭杆梁”“鬼门口南”“庙趟”“十七号杆”等 5 处遗址，但面积狭小，所见文物较少，均不具备建大型宫殿的条件。而“卫”字瓦当的发现，则表明是卫尉下属的官署所在，属于守护甘泉宫的兵卫之地。所以，秦林光宫、汉甘泉宫不在“山上”。而文献中所言的“甘泉山”，当是一个大的地域范围。

第五，云阳县同林光宫、甘泉宫在文献记载中，往往相提并论，且得到考古的证实。经考古勘查，在今淳化县北 25 公里的凉武帝（地）村、董家村和城前头村之间有故城遗迹，东西长 1948 米，南北宽 890 米，周长 5668 米（合 5.7 公里）。城墙残高 5 米，宽 7 ~ 8 米。《括地志》有“云阳城在雍州云阳县西八十里，秦始皇甘泉宫在焉”的记载，说明林光宫、甘泉宫就在云阳县城之内。城外东侧有两个夯土台基，东西相距70余米，高约16米，底围202米，多有秦汉时期砖瓦，当是“通天台”（东）和“通灵台”（西）遗址。云阳城遗址内外文物相当丰富，除过夯土台西南地面上现存有石鼓、石熊之外，建筑材料见有铺地砖、空心砖、条砖、子母砖、画像砖、板瓦、筒瓦。董家村附近出土动物纹瓦当有蟾蜍玉兔纹及龟、蛇、雁、鹿等纹，是典型的秦代图像瓦当。云纹瓦当的装饰性也很强，图案变化多，计达40余种；凉武帝村一带出土的文字瓦当有“甘林”“上林”“长生未央”“千秋万岁”“长毋相忘”“富贵□□”“卫”等。另外，淳化县收藏瓦当400余件，鲜见的文字瓦当有“益延寿”“宜富贵当千金”等，采集的瓦片上也多刻有“北司”“甘”“甘居”“居甘”等字。① 很明显，这些都是秦汉云阳县吏民生活的直接证据。作为离宫别馆的林光宫、甘泉宫建筑富丽堂皇，融山景为一体，同首都宫殿那种庄严静穆的气氛俨然有别。

第六，作为离宫别馆的秦林光宫和汉之甘泉宫，都是些群体建筑。据《三辅黄图》载，著名的汉代宫观建筑除甘泉宫主体建筑甘泉前殿之外，还有高光宫、长定宫、竹宫、棠梨宫、通天台、通灵台、迎风馆、露寒馆、储胥馆、彷徨观、鳷鹊观、封峦观、仙人观、石阙观等等。由于秦林光宫规模小，到汉代已经同汉宫融为一体。但甘泉宫宫区的范围也在不断地扩大，《关中记》说：“林光宫一曰甘泉宫，秦所造。在今池阳县西北故甘泉县甘泉山上，周回十余里。汉武建元中增广之，周回十九里一百二十步，有宫十二、台十一。”众多主体的、附属的宫殿建筑散布在广阔的山野之中，从而形成了“甘泉苑”。供皇帝游猎的甘泉苑，按陈直先生的意见也可以繁称作“甘泉上林苑”。其范围据《三辅黄图》载：“西入扶风，凡周回五百四十里。苑中起宫殿台阁百余所。”北界筑有守卫门户的“石关”，当今北面的旬邑县石门关遗址，其地形险峻，两侧悬崖壁立，山口仅宽百米，正是秦直道通过的地方。甘泉宫南，有昆明池。

秦林光宫所在的甘泉山，登者必自入淳化县境的“车箱阪”萦纡曲折而上。② 阪上平原宏敞，宫殿楼观相属。借山造景又富丽堂皇，休闲幽静的特点更为突出。此地受到秦汉统治者的重视，不仅因为是一处距都城不算太远的避暑胜地，更重要的还在于它具有战略

① 姚生民：《汉甘泉宫遗址勘察记》，《考古与文物》1980年第2期；姚生民：《淳化县文物志》，陕西人民教育出版社，1991年；王根权、姚生民：《淳化县古甘泉山发现秦汉建筑遗址群》，《考古与文物》1990年第2期；姚生民：《关于汉甘泉宫主体建筑位置问题》，《考古与文物》1992年第2期。

②《元和郡县图志》载，车箱阪“在县西北三十八里”。这里是从唐云阳县（治在水冲城，即云阳镇东）计方位及里程的，可见车箱阪实际指的就是淳化县境的黄土塬。又名长岭坂。1988年12月，在泾阳县口镇东三里的县水泥厂出土唐墓志有“葬于谷口之原”句。口镇西北即是台塬地带，迎面有东西横亘的长岭阪，其狭窄的峪口就是南北向的车箱阪。

意义。这里是防御匈奴，保卫咸阳、长安的前哨阵地。其南有驰道通咸阳，其北筑直道达九原，可使内地同当时的北部防地连为一气。出自首都与秦汉宫殿安全的考虑，北部诸峰都有设防，所以除过甘泉山前的主体宫室建筑之外，在主峰及邻近的山顶如箭杆梁、鬼门口南峰、孟家湾北峰、庙趟、十七号电杆及石门东峰都发现了秦汉建筑遗址，并有卫尉官署的“卫”字瓦当出土。

7. 谷口宫

范雎对秦昭王分析秦国的地理形势时，说：“北有甘泉、谷口，南带泾、渭，右陇蜀，左关阪。”（《战国策 · 秦策三》）这里尽管是从秦国首府所在地的防线说的，但表明谷口确实是北侧一处军事要地，作为一处离宫本身就带上了防卫的性质，这同秦始皇向北推移防地、建立的林光宫一样，具有双重功能。

秦汉时的谷口县辖今礼泉县东北和泾阳县的西北，北邻云阳县（今淳化县润镇城前头村），东南接池阳县（今泾阳县西北 2 里），即《长安志》说的“地在九嵕山东、仲山西，当泾水出山之处”。县治设今礼泉县东北 50 里的北屯镇北泾河口西岸，城址至今犹存。（图 3–21）

图 3–21　谷口宫铜鼎铭文拓片（淳化庄头村出土）

谷口在谷口县境内，《汉书 · 郊祀志》颜师古注：“仲山之谷口也，汉时为县，今呼之冶峪是也。以仲山之北寒凉，故谓此谷为寒门也。”冶峪河发源于淳化县北甘泉山东之竭子掌山，自北而南入泾阳县口镇，东南流入三原县。冶峪河出车箱阪（又名长岭阪）处的口镇就是战国时的谷口地（古寒门）。在口镇街西南、冶峪河东岸的二级台地上，就有谷口宫遗址。经我调查，其范围南北长约 900 米，东西宽 700 米，总面积 63 万平方米，文化层堆积厚达 2 米。北部一段夯墙残长 120 米，基宽 2.4 米，残高 3.3 米。地下埋有排水的陶管道，地面多有板瓦、筒瓦、云纹瓦当、“宫”字瓦当、几何纹铺地方砖、陶水道等建筑遗物。1976 年 7 月，在淳化县固贤村医院出土谷口宫铜鼎，铭刻“谷口宫元康二年造”。因地在县东，并无建筑遗址，不能证明汉谷口宫在此，但铜鼎确为谷口宫的专用之物。

西汉时，谷口仍是防卫京城长安的军事重镇。汉文帝六年（公元前 174 年），淮南王刘长遣其党羽等 70 人，以辇车 40 乘载兵器在谷口造反，并妄图勾结匈奴、闽越内侵，遭到汉朝廷的镇压。东汉建武二年（公元 26 年），赤眉军转战关中，也曾在谷口同汉中王刘嘉发生激战。

8. 甘泉宫

此甘泉宫是设在秦都咸阳渭河北岸远郊的一处离宫，虽与渭河南市中区的甘泉宫（南宫）同名，但性质有别。为使二者区分，以免混淆，故后者又称南宫。

《史记·秦始皇本纪·正义》引《括地志》：“云阳县西八十里，秦始皇甘泉宫在焉。”[①] 经考古调查，此宫遗址位于今乾县东北注泔乡的南孔头村。[②]

图 3–22　秦甘泉宫祭天坛残迹（赵旭阳摄）

① 《括地志》以唐云阳县为基点，对秦林光宫、汉甘泉宫和秦甘泉宫的方位表述是有区别的，如林光宫是在“云阳西北八十里”（一作“九十里”），说甘泉宫是在“云阳县西八十里”。但长期以来人们受云阳汉甘泉宫“只此一处”认识的影响，以致将秦汉两处甘泉宫混在一起了。

② 秦始皇甘泉宫遗址是 1988 年 4 月陕西省文物普查时，由咸阳市文物局发现的。5 月开了一次论证会，我也有幸被邀请参加，作了实地考察，随后听取汇报，并就考证结论发表了意见。这次论证成果见曹发展：《秦甘泉宫地望考》，《泾渭稽古》1995 年第 2 期。

秦始皇甘泉宫遗址西临泔河的支流——注入泔河，处在五凤山南麓一个缓坡的塬地。南北长 400 米，东西宽 250 米，总面积 10 万平方米。其北部中央是座夯土高台建筑，主体宫室东西残长 100 米，南北宽 80 米，高约 4 米。在台基东西两侧各有一座残高 11 米的"阙式台基"，形为两观。南部有东西相对的两座建筑基址。在遗址范围内采集到的文物有陶井圈、筒形下水道及其拐头、交龙抱璧空心砖、方形绳纹铺地薄砖、云纹瓦当、瓦片等，均是典型的秦建筑材料。（图 3–22）

甘泉宫取名得之于"甘泉"，有泉流而名"甘泉水"，进而演作"泔河"。西魏大统四年（公元 538 年）析宁夷县（今礼泉县东北）在此置甘泉县。连这"孔头村"之名都是因为沿袭"甘泉宫"称"宫城村"而音变为"空城村"——→"空头村"——→"孔头村"。

9. 梁山宫和梁宫

好畤县本来是秦人的一处祠天的中心，既有行宫又有离宫，其中的梁山宫就是秦始皇建造的又一处规模宏大的行宫，《汉书 · 地理志》注："梁山宫，秦始皇起。"大概是因其出巡驻留和议政的关系，所以一些重大的历史事件的发生都同梁山宫有关系。据《史记·秦始皇本纪》载：三十五年（公元前 212 年）"始皇帝幸梁山宫，从山上见丞相车骑众，弗善也。中人或告丞相。丞相后损车骑。始皇怒曰：'此中人泄吾语。'案问莫服。当是时，诏捕诸时在旁者皆杀之。自是后，莫知行之所在。"秦王朝倾覆后，梁山宫还被西汉用作抵御匈奴、保卫长安的前哨指挥中心。《金石索》收录有"梁山铜"一件，刻"元康元年"（汉宣帝年号，当公元前 65 年），可见梁山宫在西汉中、后期仍在沿用着。（图 3–23）

梁山宫因梁山而得名。梁山 ① 主峰在陕西乾县西北 2.5 公里处，其山脉迤逦向西，经永寿县到扶风县北境。《孟子》上说周太王去邠，逾梁山，至岐下周原，其地位异常重要。实际上，梁山宫在梁山之南的缓坡台地上，俗名"望宫山"。其地望据《括地志》载："梁山宫俗名望宫山，在雍州好畤县西十二里，北去梁山九里。"又说："好畤城在雍州好畤县东南十三里。"唐好畤县于贞观年间移治今永寿县西南好畤河西岸的好畤河村，而这里的好畤城仍指今乾县东阳洪乡之好畤村南附近的秦好畤县故城。那么，由此西去 12 里，即今县城西关 1 公里的地方，当是秦梁山宫的所在，其北也正好同梁山主峰对直。因为当时的宫城用"文石"（有斑斓花纹的石材）砌筑，又名"织锦城"（《长安志》卷三引《三秦记》）。

① 我国古代的梁山有好几处，如山东有，陕西汉中有。仅关中就有两处，一在韩城市西北，经黄龙佛爷岭到合阳西北的磨镰石，主峰大梁在韩城，海拔 1783 米，《诗 · 大雅 · 韩奕》有"奕奕梁山，维禹甸之"之句，即指此；另一处在乾县西北。

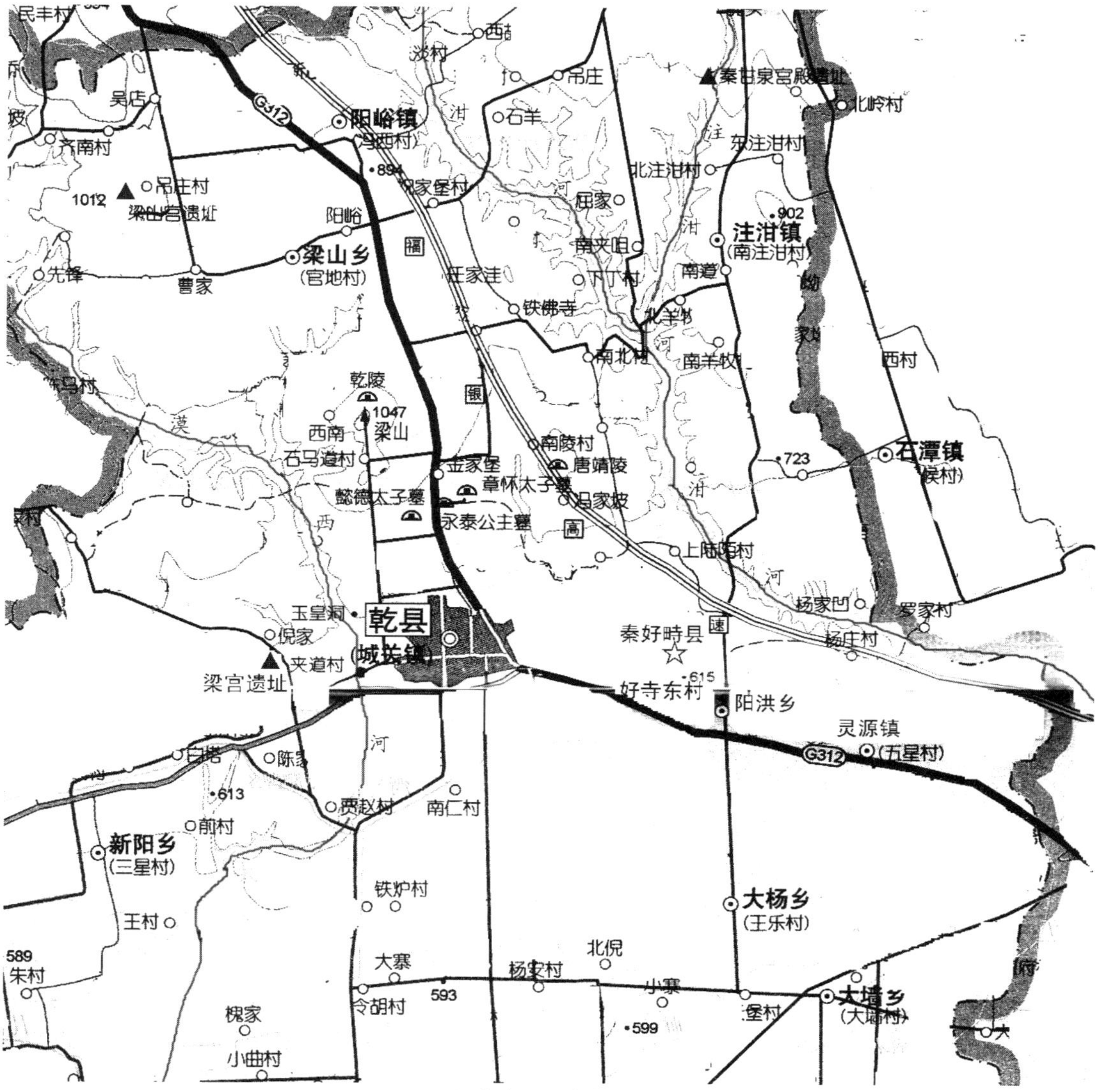

图 3–23　梁山宫、梁宫与甘泉宫位置图

今乾县西环公路上人称“鳖盖”的地方，宽阔平坦，地势较高，中心隆起，有一片古代建筑遗址。东西长约 1000 米，南北宽约 600 米，总面积达 60 万平方米，中部有一晚期的夯土台基，约 20 米见方，高 5 米，内夹杂着大量秦代遗物。在遗址范围内散布着半瓦当、云纹瓦当、外绳纹内网点纹筒瓦、板瓦、回形纹铺地砖、散水卵石和纹石等建筑材料。1992 年，当地群众栽树挖坑时，起出的秦汉瓦片，多达万数。特别可贵的是在一些筒瓦和板瓦上盖有篆体“梁宫”二字戳记，显然是“梁山宫”的简化，这就为确认梁山宫的存

在与地望提供了重要线索。①

有意思的是在今乾县城西郊至漠谷河一带“梁宫”遗址发现之前，在乾陵西北5公里的“瓦子岗”上还发现了一处秦宫殿遗址。该遗址是1988年春由咸阳市文物普查队调查时所见，位于吴店、梁山两乡交界处的台地上，南北长600米，东西宽400米，总面积达24万平方米。其中部有一大的夯土台基，底边东西长37.4米、南北宽25米，高出地表5米。台基周围的地面之下仍是大面积的夯土层，足见其规模宏大、等级较高。遗址内涵极为丰富，既有大量的散水卵石、砺石、文石等砌筑类材料，又有秦代的筒瓦、板瓦和各式云纹、葵纹的圆瓦当，素面半瓦当。最具秦意识形态的文化遗物，要数一些龙纹空心砖，其图案有交龙绕璧、腾龙玉璧和龙凤和鸣等，线条流畅生动，甚富艺术情趣和深刻的思想内涵。当时，普查队将该遗址判断为秦代的梁山宫。②

乾陵南北两处秦宫殿建筑遗址，该如何判断其名称呢？根据《括地志》所记，梁山宫同梁山、好畤县形成直角三角形的关系，即梁山宫“北去梁山九里”，东去“十二里”是好畤县，此相对位置及其里程同县西“鳖盖”秦宫殿遗址完全一致。《水经注》说杜水（漆水河）“又南，莫水（漠西河）注之。水出好畤县梁山大岭（即杜水与莫水间南北走向的山梁）东，南迳梁山宫西”。从漠水与梁山宫的相对位置证明梁山宫就在“鳖盖”这个地方。“梁宫”陶文独出土于此，表明它是梁山宫的简称。相反，“瓦子岗”遗址，虽处于梁山上，但位置不符文献记载。尽管此间地势高亢，也符合当年始皇下视丞相车骑的状况，但这涉及对《史记》记载的断句与理解问题。“始皇帝幸梁山宫，从山上见丞相车骑众”一语，似乎应看作“幸梁山宫”和“从梁山上看见”为两回事。

入主关中的秦先公祭天地五帝，先后在几个地方设立“畤”。“雍旁故有吴阳武畤，雍东有好畤”，但后来“皆废无祠”。秦始皇统一六国之后，大兴封禅的活动，凡名山大川、日月星辰，无神不祠，无鬼不祭，“令祠官所常奉天地、名山、大川、鬼神，可得而序也”，

① 何汝贤：《秦始皇梁山宫遗址初探》，《泾渭稽古》1993年第2期。

② 乾县北瓦子岗宫殿遗址是咸阳市文物局发现的，1985年5月16日我应邀参加了注泔乡秦甘泉宫及瓦子岗秦宫殿遗址复查与论证会。新闻报道见郭兴文：《乾陵附近发现的两处秦宫遗址》，《西安晚报》1988年5月18日第1版。

从而确立了一些法定的祭祀对象。[①]（《史记·封禅书》）那么，好畤本来就有立畤祭天的传统，加上“阴祠之必于高山之下、小山之上”的要求，对照瓦子岗建筑遗址的地理特征，两相吻合。那么，能否说梁山上瓦子岗就是秦始皇恢复了祠天的“好畤”遗址？

10. 高泉宫

《汉书·地理志》：美阳“有高泉宫，秦宣太后起”。《陕西通志》：“高泉宫在扶风县东美阳故城。秦宣太后尝居之。”《小校经阁金文》《陕西金石志》著录有“高泉宫共厨铜鼎”盖。

美阳县，秦孝公时设，因在美山之南故名，治在今扶风县北法门镇美阳村。美阳故城平面不太规正，略作抹角的三角形，南墙长 700 米，西墙长 500 米，北墙长 850 米。扶风县城周围的灵护、庄白、刘家和岐山县的青化、孙家等地多有戳印“美亭”印文的战国陶器出土，说明美阳市亭就设在美阳。既然这里是美阳故城，那么高泉宫肯定也在附近。高泉宫距咸阳较远，秦末大火未曾波及，汉代曾在这一带祭祀炎帝，它同秦的“吴阳下畤”可能存在承续关系。

11. 平阳封宫——平阳宫

秦宪公二年（公元前 714 年）把都城从今宝鸡市东卧龙寺西北的“汧渭之会”向东迁徙到了原宝鸡县东太公庙附近，建立平阳城。历经出子、武公，计 37 年时间。在平阳筑“封宫”，史书称为“平阳封宫”，也称“平阳宫”。《史记·秦本纪》和《秦始皇本纪》均提到武公“居平阳封宫”，其所言的“封”，很可能同建高台以便筑宫的做法有关，即所谓“聚土为封”（《周礼·地官·封人》）；或是为了祭祀而设坛，即：“封，坛也。”（《礼记·祭法》）总之，秦人在立国早期还没有足够的力量在都城内外建很多宫殿群时，就设立一座多功能的宫殿及其附属建筑，使之成为指挥中心，也足以应付政治的需要。我估计在人工堆筑的高台上建起的“平阳封宫”，大略就具有这种性质和作用。

平阳封宫历经战国、秦、汉，存在时间很长。即：秦世一个时期的朝宫演变成了秦、汉两朝相继的行宫。汉成帝时“雍大雨，坏平阳宫垣”（《汉书·郊祀志》），宫殿从此颓

① 以太祝“岁时奉祠”的，殽以东有名山五（太室、恒山、泰山、会稽、湘山）、大川有二（济、淮），华以西名山有七（华、薄、岳、岐、吴岳、鸿冢、渎山）、名川有四（河、沔、湫渊、江）。另外，如陈宝因“近天子之都”，灞、浐、长水、沣、涝、泾、渭等“皆非大川，以近咸阳”，汧、洛二渊、鸣泽、蒲山、岳嵴山，虽“为小山川”，同样也都列在祭祀之中。仅以雍州所在的关中而言，设庙祭祀的就有“日、月、参、辰、南北斗、荧惑、太白、岁星、填星、［辰星］、二十八宿、风伯、雨师、四海、九臣、十四臣、诸布、诸严、诸逑之属，百有余庙”。（《史记·封禅书》）

圯失修。著录文物见“平阳封宫”铜器（《积古斋钟鼎彝器款式》卷9）、“平阳宫鼎”（《小校经阁金文》卷11）和刻有两诏的“平阳斤”等。这些均系秦时平阳宫或平阳的专有之物。

平阳故城在今陕西宝鸡市陈仓区虢镇东5公里太公庙村到阳平镇一带。① 由于地当今凤翔、岐山、眉县交界，归属多变，历代文献记载不同，实则一地数说。② 此处北倚凤翔南原，在南临渭水的台地上，作为高台建筑的封宫位于平阳城内，在美丽的环境中更衬托出一种庄严的气势。20世纪60年代，在秦家沟发掘过秦墓，也有不少灰坑的发现。1978年1月，在太公庙村又出土秦武公钟、镈等公室重器，也可能同封宫的祭祀有关。③

12. 虢宫

《汉书·地理志》虢县注：“虢宫，秦宣太后起。”《三辅黄图》：“虢宫，宣太后起，在今岐州虢县界。”

岐州，北魏置，治设雍县。隋改扶风郡，唐武德元年（公元618年）复岐州。虢县，春秋时秦武公十一年（公元前687年）灭西虢置，西汉因之，东汉废，北周改洛邑县，隋复虢县，唐废而又复。辖今凤翔东南及陕西陈仓区千河以东，治设今宝鸡市陈仓区虢镇。

宣太后系秦昭襄王之母，楚人，在昭王即位初期，曾同相邦魏冉掌握大权，故能于秦国西部的美阳建造高泉宫，在虢县的渭水之滨兴建又一座离宫。虢宫当在今虢镇附近。

13. 羽阳宫

羽阳宫是秦武王起造的一座行宫。《汉书·地理志》就明确记在陈仓县下。

① 《史记·殷本纪》太史公言：殷契子姓，以封国为氏者不少，其中有“北殷氏”。《索隐》：“北殷氏盖秦宁（宪）公所伐亳王，汤之后也。”《史记·秦本纪》把徙居平阳和伐荡社事记作“宁公”，据宝鸡太公庙出土秦公钟铭文知，应为“宪公”。《索隐》：“西戎之君号曰亳王，盖成汤之胤，其邑曰荡社。徐广一作‘汤杜’，言汤邑在杜县之界，故曰汤杜也。”又《正义》引《括地志》云：“‘雍州三原县有汤陵。又有汤台，在始平县（今兴平市）西北八里。’按其国盖在三原、始平之界矣。”实际上，北殷氏以国而姓，都在杜（今长安区杜城村），周灭商，才迁今三原、兴平间。顾颉刚在其《史林杂识·秦与西戎》一文中说：“汤都于亳，或汤之子孙有散在西戎者，或西戎有以‘汤’为标识者，故有汤社、汤台、汤陵于其地而其自号曰‘亳’。其部族所居，或为渭南之杜，或为渭北、泾东之三原，或为泾西之兴平，莫能详也。”郭沫若在《两周金文辞大系》中据《小盂鼎》“从商”一语，认为“商当指北殷，亦即秦宁（宪）公所灭之荡社亳王。其地近戎，盖殷为周所灭，其遗民之一部分逃窜于西北者。是为北殷民奉汤之祀，而不臣服于周，且串诱戎人与周为难也”。

② 《史记·秦本纪》：“武公卒葬雍平阳。”《水经注·渭水》：“汧水东南历慈山东南，经郁夷县，迳平阳故城南。”《史记·集解》引徐广作“郿之平阳亭”。《括地志》：“平阳故城在岐州岐山县西四十六里。”清雍正《陕西通志》：“平阳封宫在眉县故平阳城内。”由于以上诸县区划的变化，所记平阳的归属也跟着变。实际上，作为平阳故城所在地，秦时属雍县，西汉属郁夷县，东汉属郿县，唐属岐山县，清初复郿县，今属宝鸡市陈仓区。

③ 卢连成、杨满仓：《陕西宝鸡县太公庙村发现秦公钟、秦公镈》，《文物》1978年第11期。

陈仓县，秦置，辖今宝鸡市金台区、陈仓区及太白县西部，治设宝鸡市东卧龙寺车站西北。陈仓县于唐至德二年（公元757年）改名宝鸡县。在宝鸡市陈仓区，自宋代以来多次出土过汉羽阳宫的文字瓦当，如北宋王辟之在其《渑水燕谈录》卷八中说“元祐六年（1091年）正月，直县门之东百步，居民权氏浚地得古铜瓦五，皆破，独一瓦完。面径四寸四分，瓦面上隐起四字曰‘羽阳千岁’，篆字随势为之，不取方正……”宋宝鸡县“直县门之东百步”约当今凤翔区长青镇南马道口附近。《陕西金石志》收道光中宝鸡出五六枚“羽阳千岁”瓦和藏于长安谢氏家的“羽阳万岁”瓦。特别是1940年在宝鸡东关修铁路时，竟掘出“羽阳千岁”“羽阳千秋”“羽阳万岁”和“羽阳临渭”4种瓦当“约有万余片”。[①]“羽阳临渭”瓦当最清楚地标志出羽阳宫处于渭水之滨，而“羽阳”瓦当的出土地则有宝鸡市东关、卧龙寺和凤翔马道巷几地的不同，东西跨越十多公里。而《汉书·地理志》的记述，也只是笼统的一句话：陈仓“有羽阳宫，秦武王起也”。由此看来，秦汉羽阳宫位于今宝鸡市东卧龙寺车站西北的陈仓县故城内大致是可靠的。此间也是秦文公“汧渭之会”旧都的所在地，建羽阳宫是可以理解的。

1973年，凤翔区长青乡马道口出土的“雝（雍）羽阳宫鼎”1件，附耳，三蹄足，腹有棱，通高17.1厘米，口径下刻有铭文。尽管铜器铭文有“雝（雍）”字，但还不能依据出土地就断定秦汉羽阳宫就在此地，因为“雍”是包括陈仓在内的大地名，即使雍县与陈仓县已经分置，作为大地域的这一名称仍然沿用。根据鼎上3次分刻的铭文知，它先后用在“郡邸”、“雍羽阳宫”和汉“高唐”县，当然这同汉武帝幸雍祀五畤、宣帝在羽阳宫祀陈宝、元帝幸雍祀吴阳上畤有关。[②]

羽阳宫所在的陈仓一带，北负三畤原，南临渭水，群峰叠翠，是秦人去西垂故地必经之道，在此建立行宫，地理条件优越。而“雍五畤”是秦汉以来祭祀上帝的地方，羽阳宫也就成了帝王西行必然驻足之处。（图3–24）

① 陈直：《秦汉瓦当概述》，《文物》1963年第11期。

② 王光永：《凤翔区发现羽阳宫铜鼎》，《考古与文物》1981年第1期；李仲操：《羽阳宫鼎铭考辨》，《文博》1986年第6期。

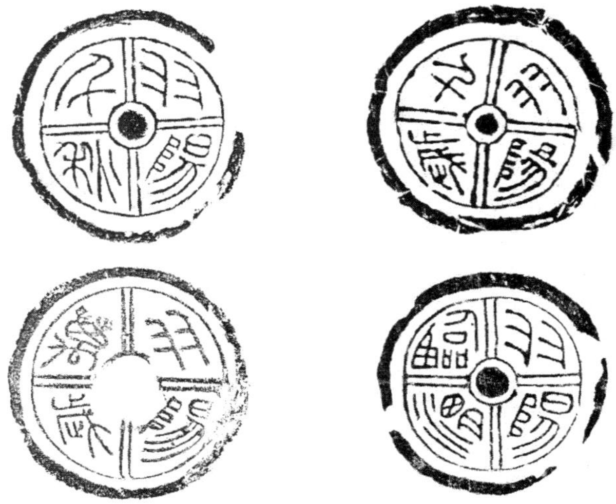

图 3–24　羽阳宫瓦当拓片

14. 大郑宫及雍都内的其他朝寝

秦自“德公元年，初居雍城”，至献公二年“城栎阳”，历时 294 年（公元前 677 年 ~ 前 383 年）。城内外建有很多宫殿，截至目前已发现的大型建筑基址就有 30 处。

大郑宫是雍都最早的宫殿建筑。《史记・秦本纪》：“德公元年（公元前 677 年），初居雍城大郑宫。”《括地志》：“岐州雍县南七里故雍城，秦德公大郑宫城也。”很明显，大郑宫位于今凤翔区南的秦雍都故城之内。2012 年，在城址东南角瓦窑头发现了大型宫室建筑遗址，南北残长 186 米，作五门、五院、前朝后寝的格局。从地层和建筑文物判断，可能是大郑宫中的“雍太寝”遗址。（图 3–25）

雍城遗址内共有六七处大型建筑遗址。截至 2012 年，在东区就发现 32 处遗址。有 3 处相对集中的建筑居址群，包括大型建筑“朝宫”、中型建筑“贵族居室”和小型建筑“国人居址”等 3 种类型。

姚家岗建筑遗址位于白起河左岸，该河由其西流入雍水。从夯土和石子散水结构看，原来面积很大，俗称“殿台”。1973 年冬至 1974 年 1 月曾在遗址内出土 3 批计 64 件青铜建筑构件——金釭（图 3–26）。作为加固壁柱与壁带的连接套饰，其结构之特殊与空腔之大反映出建筑物的豪华宏伟。

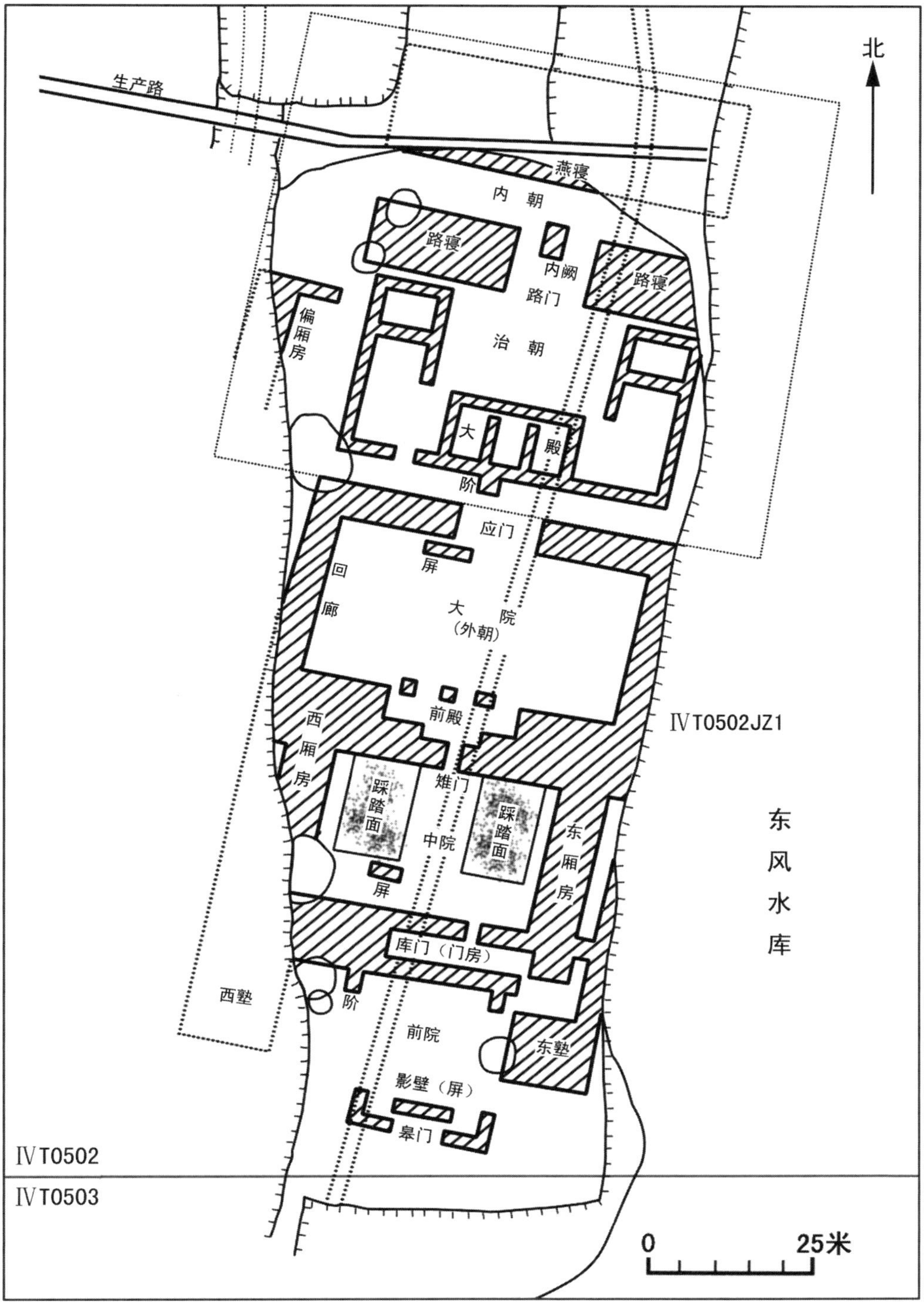

图 3-25 大郑宫之雍太寝平面图(瓦窑头)

图 3–26　蟠虺纹金釭

1977 年，还在建筑铜构件窖藏西侧百米处发掘了一座藏冰量达 190 立方米的凌阴。

由姚家岗建筑遗址发掘的出土文物与雍城其他遗址的内涵比较，玉璧所饰之花纹为勾连云纹，金釭表饰为蟠虺纹，素面半瓦当、细绳纹与抹光宽带纹相间的筒瓦，都是秦国春秋前期通行的纹饰，都早于其他遗址，这与大郑宫为德公所居正相符合。因此，姚家岗遗址当是《史记 · 秦本纪》大郑宫的所在地。

《史记·秦始皇本纪》秦世系说到居雍的诸公里，除德公居大郑宫外，还有阳宫（宣公）、“高寝”（康公、共公、景公等）、“太寝”（桓公）、“受寝”（躁公）。秦公居有寝，葬有地。其所谓“寝”，实则君王的宫室。周王有“六寝”（《周礼 · 天官 · 宫人》），其中的“路寝”是斋宿的“正寝”（《公羊传》庄公三十二年）。而何休注《公羊传》时却说：“天子诸侯皆有三寝，一曰高寝，二曰路寝，三曰小寝。父居高寝，子居路寝，孙从王父母、妻从夫寝，夫人居小寝。”《疏》：“父居高寝者，盖以寝中最尊。”高寝，自然是正室了。很明显，居雍时的秦人受周礼的影响还较深，但寝名不尽一致，也未必同处。诚如有人把姚家岗一带的春秋早期秦宫遗址定为“雍太寝”，把马家庄一带的春秋中晚期建筑（包括宗庙、朝寝）定为“雍高陵”，把铁沟—高王寺一带众多的战国时期建筑遗址说成“雍受寝”，是值得斟酌的，因为在朝寝遗址的第五进院落（燕朝）中“高寝”同两座“路寝”建筑却是呈“品”

字排列的。[1] 所以，我们认为雍都中的高寝、太寝、受寝都是一些规格很高的宫殿名称，是一些秦公理朝和燕息的固定宫室，若要确定其所在，还需要很多踏实细致切实的工作。

15. 棫阳宫

棫阳宫也是秦汉时的重要宫殿。对于它的始建年代及地理位置亦有不同说法。凡是道及棫阳宫，典籍均说建于秦昭王，唯独程大昌的《雍录》以为秦穆公造。

对其地理位置历来有两说，一说在今扶风县东北。《三辅黄图》曰：“棫阳宫，秦昭王所作，在今岐州扶风县东北。”《长安志》《清一统志》等亦从此说，近人也有持此说者，《中国历史地理集》第二册西汉“司隶部”图中亦标之于扶风县东北；另一说以为在汉之雍县，即今凤翔区境内。《汉书·地理志》云：“雍县有棫阳宫，秦昭王所起也。”同书的纪传中亦有相同记述。

棫阳宫究竟建于何地，从对典籍记载的分析研究及考古资料看，《汉书》的说法是正确的。棫阳宫与大郑宫一样，其名称的渊源有着悠久的历史。今凤翔区境内北部山岭，东西走向，西通汧阳、陇县，东延岐山、扶风。因其在县境之北，俗称之为“北山”。但在远古时期，则称“榆次山”“俞山”。《山海经·西山经》说：“又西七十里，曰羭次之山，漆水出焉，北流注于渭，其上多棫橿……”郭璞注曰：“棫，白桵也，音域。”《水经注》：“漆水出扶风杜阳县俞山东，北入于渭。”“俞山”即《山海经》“羭次之山”。汉代杜阳县在今麟游县，漆水发源于其西部山区，上游又叫“杜水”。由此可见，今麟游西部、汧阳东南部、凤翔北部的山脉古代叫“俞山”无疑。因为山上多生长棫橿，故叫“棫山”。俞与棫同音，可以通假。西周时期，凤翔为郑井国故地，宣王时成为郑桓公的封地，两国都邑均在今县城东北田家庄镇的西劝读村西南一带。因为郑桓公居此时间很短，又是在郑井国衰落后被封到此地的，所以其都邑仍用郑井国的都邑。这座都邑金文及文献屡见其名，且称谓略有不同：周穆王时期的戒簋称“贓林”；《世本》又称“棫林”。这些名称，表面看来好像不尽相同，其实只是字形结构有所差异，所指实即一地。

劝读村位于凤翔北山（即古代棫山）南麓的原地上，南临源于棫山的横水北岸，东与周族发祥地周原遗址遥相呼应，距周原腹地岐山京当 50 余里，并与之同处一个原地。这里有面积约 15 万平方米的西周遗址，遗址内西周早、中、晚 3 个时期的遗物均很丰富，堆积层一般在 2 米以上，有的甚至可达 5 米。陶质的鬲、罐残片俯拾皆是，带有灼痕的卜骨碎片也时有发现。1973 年，农民在遗址中部平整土地，曾发现数处大型宫殿或宫寝建筑的石

① 陕西省雍城考古队：《秦都雍城钻探试掘简报》，《考古与文物》1985 年第 2 期。

柱础，这些柱础直径1米以上，是用几大块多边形毛石块聚拢而成。这种情况与扶风召陈西周宫殿建筑铺置的石柱础完全相同。因此，此遗址当是这座古都邑内的重要建筑。正因为劝读村具有这样的自然环境，因此在古代用字还不规范化的情况就有上述数种写法。此地位于棫山之阳，山上多棫樌，故经传此字从木，为棫林；此地近水，故字又可从水，为淢；此处不仅靠近周原，又有周王宫室、庙寝之类重要建筑，故字又可从周，作䎋林。①

从上面分析知道，凤翔境内早在西周时期就有棫山之山名，又有下淢、域、周或林、棫林等地名，说明秦建立之棫阳宫当距这些地方不远。

对棫阳宫位置确定有决定意义的是，1962和1982年考古工作者曾两次在秦都雍城发现棫阳宫瓦当。1962年发现于南古城的瓦当有残失，当面仅有一“棫”字。1982年，采集于东社遗址的瓦当“棫阳”二字十分完整。根据两枚瓦当的出土地点分析，棫阳宫建在汉代的雍县当可无疑，而其具体位置很可能就在雍城南郊的东社、南古城及史家河这一范围内。

棫阳宫所在的这一范围内有几处秦汉时期的遗址，从内含的陶片、瓦片分析，其上限绝超不过战国。因此，程大昌说棫阳宫建于秦穆公时期不可从信，而典籍以为起于秦昭王时期则比较符合遗址内涵情况。秦昭王起棫阳宫时，一则其北部有古之棫地，二则宫在棫山之南，故名为棫阳宫。虽然这座新宫沿袭了旧有的棫地之名，但地理位置已南移了40多里，可以说是在新地起造的新宫。

棫阳宫的规模怎样，无明文记载，《汉书·郊祀志》云：“是岁，雍县无云，如雷者三，或如虹气，苍黄若飞鸟，集棫阳宫南。”看来是极其高大宏伟的。陈直先生在《三辅黄图校注》中说:“《小校经阁金文》卷十一，有‘雍棫阳宫共厨鼎’。”正是汉代棫阳宫配置的专用铜器。

16. 橐泉宫、蕲年宫

史料中多有橐泉宫器物的记载，像《长安获古编》卷二载橐泉铜锔，铭曰：“橐泉铜锔，一斗，重三斤，元康元年造。”又载橐泉宫铜鼎，铭曰：“雍橐泉宫金鼎，盖一，容二升，重一斤八两，名百卅二。杜阳五十四斤十四两。”《小校经阁金文》卷十一载有橐泉宫镫，铭曰：“橐泉宫铜镫，重一斤十二两，元康二年考工令史孺监省。”元康是汉宣帝年号。以上三器皆汉宣帝时橐泉宫用器。西汉在内地设的官马厩有橐泉厩，《汉书·百官公卿表》注引如淳曰：“橐泉厩，在橐泉宫下。”传世亦有“橐泉宫当”瓦当，皆不知出处。不过，

① 尚志儒：《郑、棫林之故地及其源流探讨》，《古文字研究》第十三辑，中华书局，1986年；尚志儒：《奠井国铜器及其史迹之研究》，载《中国考古学研究论集·纪念夏鼐先生考古五十周年》，三秦出版社，1987年。

这些都反映出汉有橐泉宫的事实。（图 3–27）

1. 蕲年宫当（孙家南头） 2. 年宫瓦当（南古城）

3. 棫阳瓦当（东社）

图 3–27 蕲年宫当、年宫瓦当、棫阳瓦当（雍都遗址）

另外，还有个“蕲年宫”（蕲、祈古字通，或作“祈年宫”）经常出现，并同“橐泉宫”相混。关于这二者的关系、位置和建筑时间，在史籍记载中颇多分歧。或说前者为宫，后者为观，前大后小；或说是两个不同的宫室；又说是同一宫室在同一时期有着不同的称呼。对其始建时间也有分歧，橐泉宫仅秦孝公造一说，而蕲年宫竟有德公造、惠公造二说。具体位置，橐泉宫仅有雍州城内一说，蕲年宫则有雍、雍州城内、雍城郊外三说。

1982 年夏，考古工作者在凤翔区长青乡孙家南头堡子壕的秦汉建筑遗址内采集到一枚“蕲年宫当”瓦当，1985 年冬又于此地采集“橐泉宫当”一方。[①] 孙家南头堡子壕位于汧河左岸的二层台地上，东北距雍城 30 余里。这两方瓦当的发现为确定两座宫殿的位置、了解它们之间的关系，提供了直接证据。孙家南头堡子壕秦汉建筑遗址，总面积至少有 2 万多平方米，秦汉夯土及秦文化层堆积层厚 2 米左右。汉代夯土层直接压在农耕土下，厚约 1.5 米。汉代夯土层下面是 20 ~ 30 厘米的秦文化堆积，内含有战国时期的绳纹陶片、云纹瓦当碎片等。再下为深 50 厘米左右的夯土层，夯层 8 ~ 12 厘米，夯窝密结而呈圆窝形，直径约 5 厘米，土质纯净。“蕲年宫当”与“橐泉宫当”就出土于堆积层中。根据两方瓦当出土的地层情况分析，孙家南头堡子壕秦汉建筑遗址就是秦汉时期蕲年宫与橐泉宫的所在地。

从孙家南头堡子壕秦汉建筑遗址的地层叠压关系和堆积层中所含瓦片、云纹瓦当残块

① 刘亮、王周应：《秦都雍城遗址新出土的秦汉瓦当》，《文博》1994 年第 3 期。

分析，这是一处战国中期至西汉时期的建筑遗址，堆积中绝无战国以前的遗物。因此，该遗址的始建年代绝对不会早到秦德公时期，应以“惠公”说较为可信。再根据两宫瓦当共出的情况结合历史看，在先秦时期，惠公建造蕲年宫在前，随后才有孝公扩大其规模，并建立新宫名之曰橐泉宫。于是，原蕲年宫就成了新建橐泉宫的一部分，甚至于把它称为“蕲年观”。所以《皇览》就有“秦穆公墓在橐泉宫蕲年观下”的说法。

综上所述，可得出如下认识：蕲年宫建于秦惠公时期，橐泉宫建于孝公时期。后起的橐泉宫与蕲年宫建在一起，并使蕲年宫成为它的一部分。这两座宫殿的位置，正处在雍城西南 30 里的汧河左岸孙家南头堡子壕村的台地上。而汉代的蕲年、橐泉二宫，实际是在先秦两宫的原址之上建造的。由此可见，橐泉宫、蕲年宫从战国中期一直沿用到西汉后期，历时数百年之久。

17. 年宫

“年宫”在典籍中未有任何记载。1962年在发现“棫”字瓦当的同时还采集到一方“年宫”瓦当。瓦当的采集者认为“年宫”就是史籍中的蕲年宫，“蕲”字被省略。陈直先生也从此说，他在《秦汉瓦当概述》及《三辅黄图校注》中均指出：“‘年宫’应即‘蕲年宫’之省文。”

对于这一说法，有研究者持不同意见：“一个行政区域或宫殿名称的省略简写，按照一般的约定俗成的汉语语法习惯，应先省去其表示行政区划的单位或宫殿等众所周知的建筑通称，例如：今人将凤翔区简称为凤翔，古人将棫阳宫省文为棫阳。同理，‘蕲年宫’不可能省文为‘年宫’。堡子壕遗址的发现及‘蕲年宫当’的出土，更充分说明‘蕲年宫’和‘年宫’并不是一个宫殿，‘年宫’应当是史籍失载的为数众多的秦汉宫殿中的一个。”①

发现年宫瓦当的南古城，以及附近的史家河、东社一带都有战国秦汉时期的建筑遗址，虽然农民在平整土地中已将其中绝大部分毁掉，但仍有零星遗迹可寻。年宫当建筑在这一范围之内。它与蕲年宫、橐泉宫、棫阳宫相同，都为秦宫汉葺者。年宫瓦当的发现可补史籍之阙如。

另据文献记载，雍城还建有阳宫、雍宫、雍高寝、雍太寝、雍受寝等宫室，均应在雍城之内，但具体位置尚难确定。

18. 成山宫

成山宫遗址位于眉县城西南 7.5 公里处的第五村，是一处建于战国秦、沿用至汉代的离宫遗址。

---

① 马振智等：《蕲年、棫阳、年宫考》，《陕西省考古学会第一届年会论文集》，1983 年。

成山宫处于巍巍太白山与滔滔渭水之间，西临斜水同岐山五丈原隔河相对，东依台原地势舒缓，北有西（安）宝（鸡）公路的南线东西穿过，南端台原横扼着斜谷。遗址南高北低，中心区面积30多万平方米，文化层堆积厚达2米。[①]发现多处夯土台基，鹅卵石铺成的散水、排水管道，灰坑，水井。建筑遗物主要有外绳纹内抹光的弧形板瓦、绳纹和布纹的筒瓦、素面和简化的饕餮纹半瓦当、各式云纹瓦当、夔凤纹大瓦当、空心砖、条形砖、铺地砖、陶水管道与拐头等。（图3–28）

图3–28　成山宫文字瓦当

各式瓦当和咸阳秦宫殿遗址、秦始皇陵园所出相同。特别是大型夔凤纹半圆瓦当，面径78.3厘米、高53厘米、边轮宽1.9厘米，尽管纹饰简化，但体量之大，在秦始皇陵园、兴平市田阜乡侯村黄山宫遗址、河北秦皇岛金山嘴与辽宁绥中石碑地秦行宫遗址中都有同类的出土。这种用于大型秦代建筑的“檩当”，表明成山宫兴盛于秦代，始于战国时期的秦国。而“长乐未央”文字圆瓦当与当心竖书“成山”二字的云纹圆瓦当，以及大量回纹空心砖、铺地砖则表明此宫殿建筑在汉代仍是处于繁荣时期。

成山宫的传世文物，多有发现。在刘体智《小校经阁金石文字》中，收有“陈仓成山共金匜”“神爵四年成山宫铜渠斛”，凤翔区博物馆收藏有“陈仓成山宫鼎”“第十六陈仓成山共金鼎……蘩成山宫”，山西朔县出土有“成山宫行灯”。[②]这明确无误地表明，这些都是成山宫中专用之物。至于“陈仓”当是秦的陈仓县，即今宝鸡市陈仓区戴家湾一带。当然，“陈仓成山宫”说明成山宫在陈仓地，并非在县治。过去以为成山宫在今山东荣成市的成山头，根据《三辅黄图》记“东莱不夜县”有“成山观”，在成山上“筑宫阙以为观”，从而断定“成山观不在三辅”。汉东莱郡不夜县，即今山东半岛上的荣成县。那么，陕西眉县秦汉成山宫遗址与成山宫文物的发现，可纠正“不在三辅”之错。

① 王力军、刘怀军：《陕西眉县成山宫遗址试掘简报》，《文博》2001第6期。

② 王学理：《秦始皇陵研究》，上海人民出版社，1994年；陕西省考古研究所：《陕西兴平侯村遗址》，三秦出版社，2004年；孔哲生、李恩佳：《金山咀秦代建筑遗址发掘报告》，《文物春秋》1992年增刊；陈大为、王成生、李宇峰、辛岩：《辽宁绥中县“姜女坟”秦汉建筑遗址发掘简报》，《文物》1986年第8期；信立祥、雷云贵、屈盛瑞：《山西朔县秦汉墓发掘简报》，《文物》1987年第6期。

（四）内史地待考的几处宫殿遗址

1. 咸阳西行大道上的宫殿

古代横贯关中的一条主干道，是同渭河的流向平行的，以咸阳为中心而向东西两个方向延伸。咸阳以西路线经行渭河北岸，通向陈仓、雍都、陇西；咸阳以东，路则在渭河南岸，是东通函谷的驰道。沿东西大道除途经诸多驿站之外，还建造了不少供帝王驻跸的行宫。

咸阳西行的大道上，在今兴平、武功和杨凌区的路段上，发现了6处滨渭的秦汉宫殿建筑遗址，彼此相隔7.5～10公里；其间的秦文化遗址较为稠密，延续时间也较长，汉后一段时间仍在沿用。

黄山宫，据《汉书·地理志》颜注，建于汉孝惠帝三年（公元前192年）。其地据《水经注·渭水》载："渭水又东北迳黄山宫南。"今兴平县东南田阜乡侯村西北侧有一处秦汉文化遗址，东西长1000米，南北宽400米，面积达60万平方米，文化层厚约2米。有夯土层、窑址、墓葬等。经发掘，多出土绳纹筒瓦、板瓦、虎纹空心砖、铺地砖、饕餮纹半瓦当、各类云纹瓦当、"长生无极"瓦当及圆形、脊形陶水管道。1984年2月，农民取土时，还发现刻铭"横山宫"铜灯一盏。1992年发掘，除生活陶器和各式瓦当等建筑遗物外，最珍贵的是出土有"黄山"瓦当和直径达76.5厘米的夔凤纹瓦当。古"横"与"黄"相通，故"横山宫"即"黄山宫"。汉黄山宫可能是在西周犬丘所建秦宫的基础上建造的，其遗址的确认也纠正了文献记载在"兴平县西三十里"（《三辅黄图》、《元和郡县图志》卷一、《雍录》）或"西南"（《元和郡县图志》卷二、钱坫《新斠注地理志集解》）之误。

兴平市境渭河北岸的秦文化遗址，除侯村的汉黄山宫遗址之外，由东向西还分布有小寨、杨村、南佐、汤坊、大金家村、武功县普集乡梅花寺村等处。其中以小寨遗址面积较大，有10万平方米。常见的建筑遗物是绳纹筒瓦、板瓦等。

2. 滨沣的东马坊秦宫遗址

此宫殿遗址位于今阿房宫西侧6公里处，当沣河西岸，同河东岸纪阳寨秦"烽火台"建筑遗址东西相望，地属今西安市长安区西北高桥街道办东马坊村西北，面积不详。残存的夯土台基1座，东西长只有50米，南北宽32米，高7.6米。台基中部有房迹残留，其居住面东西长17米，断墙残高1.4米，原来是围绕台基分层建筑、构架梁柱，形成很多隔间。经过火焚，堆积物有红烧土和秦代绳纹筒瓦、云纹瓦当、板瓦片、空心砖、脊形陶水道。①

在马坊村西南有一处面积达15000平方米的居住遗址，可见到战国秦的陶片，纹饰有

① 魏效祖：《长安县东马坊的先秦建筑遗址》，《考古与文物》1986年第4期。

绳纹、几何纹等。

东马坊宫殿是独立的，附近有居住遗址，但作为“表南山之巅以为阙，络樊川以为池”的阿房宫的近邻，在当时是否也算在阿房宫区之内？

3. 槽坊遗址

位于长安区高桥街道办马坊村西南150米处，面积约15000平方米。地面遗留有泥质灰陶片、夹砂黑陶片，纹饰有绳纹、几何纹。

4. 凤翔凹里秦汉遗址

凹里宫殿遗址位于凤翔区东横水乡凹里村，地当水口河（下游为横水河）西岸的台地上。因历年取土而破坏，仅剩下遗址西北部650平方米的范围。但从地下一条南北长200米的陶水管道看，此建筑原来的规模是相当大的。采集的文物有筒瓦、槽形板瓦、素面半瓦当、圆瓦当、回纹铺地方砖、陶水管道和陶罐等。其中的瓦当数量多，内容丰富，既有“长生无极”等文字瓦当，也有双獾纹、鸟鱼纹等动物纹瓦当，而图案瓦当与涡纹瓦当更是多彩多姿，极富装饰性。①

凹里建筑遗址位于雍都之东20公里处，当是雍都郊外的一处建筑，后成为秦汉的离宫。

5. 澄县的秦汉“貌宫”遗址

秦汉“貌宫”遗址位于澄城县北17公里的良周村，东西长约1000米，南北宽800米。中心部分有土沟环绕，似人工开挖，形为东西长的矩形，面积为650米×330米。经省文保中心钻探，东部有多处建筑夯土分布，地面存留有大量的建筑遗物。采集到谷璧纹空心砖、几何纹方砖、滴水砖、筒瓦、板瓦及各式云纹瓦当。文字瓦当见有“与天无极”“宫”“貌宫”等。②戳印陶文主要在筒瓦上，少数在板瓦内侧和陶器残片上，文为“大匠”、“犬亭”、“鬼”、“木”、“禄”、“匀”（以上筒瓦）、“栎市”（陶瓮）等。

“貌宫”遗址位于黄龙山与洛河间的平坦原地，近有壶梯山，风景颇佳。因处“河西地”，曾是秦晋、秦魏争战的重地，洛河两岸各有长城。从出土文物和遗址的人工环沟看，大概是战国晚期秦的一处兼有防御性质的行宫。沿用至汉武帝时，很可能同祀汾阴后途经此地驻跸有关。

在对秦都咸阳宫殿的考存中，笔者从1960年大学毕业后进入秦都咸阳故地以来，面对这些符号性的宫名与一抔抔黄土，经过多年调查、发掘与研究，循名责实，感慨于兹，

① 陕西省考古研究所雍城考古队：《凤翔凹里秦汉宫殿遗址发掘简报》，《考古与文物》1989年第4期。

② 姜宝莲、赵强：《陕西澄城良周秦汉宫殿遗址调查简报》，《文博》1998年第4期。

总括有以下几点认识：

第一，名实不符，必定各有原因。

在咸阳有宫名可考见遗存者只有17座，仅占“咸阳之旁，二百里内宫观二百七十”的6.3%。如果加上远郊及其以外有名有址或无名有址者，计得45座，才占“关中计宫三百”的15%。差距之大，必定是由两种情况造成的，一是当时按单体宫室计算，其数必大于群体，如阿房宫遗址范围内就有很多单体建筑，若总体统计则归一，分计则必多；二是古今悬隔、地形变易，残毁湮没者不知凡几，就近几十年以来，“寻室”“探宝”的刺激使得盗挖成风，文物走私猖獗，建筑遗址也难幸免。文物遗存破坏的速度之快、规模之大、范围之广，超过任何时代。而这还是在当今文物局眼皮底下发生的，更不要说在“恶秦”“毁秦”的2200年之间！今有存留，所剩几何？抱残守缺地“抢救”，那就有待于考古者去发现了。

第二，分布不均匀，首都最集中。

从理出的45座秦宫殿遗址中得知，以首都咸阳和旧都雍最为集中；在首都范围之内，其数量又是南多于北；在关中的分布上，也是咸阳以西多于咸阳东部。西线宫殿的时间跨度大，从春秋历经战国、秦汉，原因在于秦人越过陇东高原后，沿着汧河、渭水逐次经过了一个漫长的历程。尽管于公元前350年孝公定都咸阳，但秦人并没有忘却祖先西来的故地。所以它既有原来深厚的建筑基础，又是历代君王“雍五畤”的目的地。往还行动也多，建立的宫观自然必多。

第三，宫殿性质各有区别，等级作用有差次。

首都咸阳是政治中心，咸阳宫继冀阙宫庭成为朝会理政的正宫、寝宫与后宫，其他则系妃嫔之宫，渭南信宫是宗庙的所在，甘泉宫乃秦始皇处理政务与太后之宫；近郊的宫殿如兰池宫、望夷宫、芷阳宫等，多作燕居、悠游之用，因此秦始皇能做到“各案署不移徙”的地步；濒临大道处多设行宫，今兴平以西滨渭秦宫及宁夏的回中宫，都归属此类；在名山胜水之地，建离宫别馆，如步高宫、步寿宫、萯阳宫、长杨宫、美阳宫等，多是些赏心悦目的去处。当然，有些宫观的功能是兼而有之，区分没那么严格，如林光宫、望夷宫还具有军事性质。

第四，大道如织，起点都发轫于帝京。

咸阳地区宫殿270座，尽管看似一个个孤立的点，但各个宫殿建筑，通过复道、阁道、甬道等密闭型特殊道路连接为一个整体。进而又以驰道、御道等专有道路，把近郊的宫殿或远郊的离宫别馆联通在一起，从而构成以咸阳为中心的交通网络。

第五，文献记“关中计宫三百”，但分布地域并不局限在关中。

虽说关中有“宫三百”，这应该是指大地域概念上的略数，自然不以关中平原为限。在秦统一六国之后，蓝武大道上、自云阳抵九原的直道上，特别是在上郡段，沿线及风景区都有很多叫不上名的行宫和离宫的存在，这都应该包括在“三百”数之内。

第六，楚人对秦咸阳付之一炬，使多数宫殿化为焦土。

刘、项“鸿门宴”后，项羽入咸阳，烧、杀、虏、掠无所不用其极，使秦宫室和陵园建筑在3个月的延烧中化为灰烬。咸阳的冀阙宫庭、六国楼台、兰池宫、望夷宫、咸阳宫、诸庙、章台、信宫、甘泉、南北二宫、上林苑中诸多宫室、附属建筑，统统就在冲天大火中永远地从地球上消失了。大概只有兴乐宫作为当时楚军的止宿之处，才逃过了一场劫难。也只有远在郊野的离宫别馆，大概由于项羽急欲东归来不及“光顾”而幸存了下来。

第七，汉葺秦宫，换了新主人。

西汉在秦兴乐宫的基础上建造了长乐宫，至于宜春宫、芷阳宫、栎阳宫、步高宫、步寿宫、萯阳宫、长杨宫、平阳封宫、林光宫、好畤甘泉宫、谷口宫、高泉宫、羽阳宫、棫阳宫、蕲年宫、橐泉宫等离宫，经过西汉修葺或扩建，其规模较前更为盛大。名称依旧，形诸于文字瓦当，留给我们以断代的根据，也是一份美学遗产。

第八，留名的秦宫，毕竟打下了创始人的时代烙印。

历代秦君所建宫殿，依次可见的如下：

秦文公：西垂宫。

秦宪公：平阳封宫。

秦德公：大郑宫。

秦穆公：霸宫。

秦惠公：蕲年宫。

秦献公：栎阳宫。

秦孝公：冀阙宫庭、橐泉宫。

秦惠文王：咸阳宫、章台宫、长安宫、萯阳宫。

秦武王：羽阳宫。

宣太后：高泉宫、虢宫。

秦昭王：兴乐宫、南宫、六英宫、华阳宫、芷阳宫、谷口宫、长杨宫、棫阳宫。

秦始皇：在首都城仿六国宫殿，建阿房宫前殿、兰池宫、曲台宫、望夷宫、宜春宫、好畤甘泉宫、梁山宫，扩建咸阳宫、甘泉前殿等。

他如北宫、雍门宫，梁山宫、步高宫、步寿宫等，建造时间不详。但根据构筑技术及遗址包含物，建于战国晚期的可能性最大。

第三节　祖宗诸庙

一、都咸阳以来的庙制

（一）“诸庙”解义

祭祀在古代备受国家君主的重视，被看作是“国之大节”（《国语·周语》）。其政治地位同战事一样重要，故而特别强调“国之大事，在祀与戎”（《左传·成公十三年》）。而祭祀祖先的固定场所就在宗庙，那当然是国家最为庄严神圣的地方。即使对军国大事如兴师命将，也要在宗庙里举行授受军权的仪式。就连作战的决策会议也要在宗庙里召开，即所谓“庙算”，然后出师（《孙子兵法·始计》）。秦始皇一再强调“赖宗庙之灵，六王咸服其辜，天下大定”、“赖宗庙，天下初定”（《史记·秦始皇本纪》）。连秦始皇这样具有反传统精神的人，信奉先祖鬼神都如此之诚，祭礼敬仰之勤是可想而知了。

在雍都，已有春秋时期秦宗庙遗址的发现。其立庙者，首推“春秋五霸”之一的秦穆公。[①]

秦都咸阳有无宗庙？宗庙何在？《史记·秦始皇本纪》记群臣的话说：“先王庙或在西雍，或在咸阳。”从分布上是说雍都有，咸阳也应该有；又“诸庙及章台、上林皆在渭南”一语即指出咸阳庙的位置，且“诸庙”当然指的是都咸阳以后的诸秦君之庙。但仔细推究，深感此一记载失之笼统。确切地说，应是自秦昭襄王以后诸君之庙位于渭水之南。道理很简单：第一，孝公定都咸阳之后，直至惠文王时，在意识上、行为上并没有料到、事实上也没有出现政治重心南移的趋向，因而献、孝的葬地不是放在咸阳而是东去栎阳，其寝庙不可能提前安排在渭南。只有到惠文王后期、武王时，才定下咸阳西郊的毕陌，故择地而葬就成为“毕陌王陵区”。第二，秦二世议尊始皇庙时，群臣明白地说“先王庙或在西雍，或在咸阳”，约略地点明秦的诸公、王、帝之庙是按国都之所在而分段祭祀的。当然，咸阳也没有排除在渭北的可能性。第三，昭王庙在“渭南阴乡”有文献记载，显然可作为时

① 王学理：《秦物质文化史》，三秦出版社，1994 年。

间的分界线。

地跨渭河南北的咸阳，无论从政治或地域的概念出发，作为首都，都已经成了事实上涵盖诸都城因素的载体。那么，这个大咸阳内诸秦君的个庙当然是分布在渭河两岸的。

（二）庙制

咸阳的秦祖庙，从制度上讲，是在周人庙制的基础上创设和继承了先秦的祭祀传统。其可称说者，约有以下诸端：

其一，秦王差不多是各自立庙的。从设立宗庙的本意看，起初是通过祭祀祖先的活动，巩固等级制度，维系宗族利益，同统治者的国家联系在一起。即《书·太甲上》：“社稷宗庙，罔不祗肃。”《国语·鲁语》：“夫宗庙之有昭穆也，以次世之长幼而等胄之亲疏也。”之后的宗庙，慎终追远是表，美化神化当今的统治者为实。而都咸阳的秦王在生前立庙，这同过去的做法是截然有别的。《史记》单独提及昭王庙，又统言“诸庙”，就清楚地表明庙数非一二可止。

其二，祖庙设立在雍都，诸秦王庙建于咸阳。“先王庙或在西雍，或在咸阳”，具体区分就是秦穆公以来诸公的祖庙设立在雍，献公～武王时期诸庙在咸阳北区。秦惠文王、秦昭襄王、秦王嬴政等，到了成年要亲政，按照礼制还必须到旧都雍的祖庙里去举行“冠礼”。“始国”的秦襄公自然是祀于祖庙，以下的祧主对于都咸阳的诸王同样是祖，均是祭祀的对象。

其三，所谓“诸庙”位在“渭南”，实际上是统一后规划的宗庙位置，地处咸阳南区的市中区。因为古代的宗庙均建在都邑里，根据是：“天下有王，分地建国，置都立邑，设庙、祧、坛、墠而祭之。”（《礼记·祭法》）其同朝寝的区别仅在于它是祭祀祖先亡灵的地方，安放和供奉着祖先的神主（木牌位）及其生前的衣物。先祖是今主的精神支柱，所以秦重视宗庙之礼，同样也遵照传统习惯把宗庙设在都城之内。那么，从昭王庙到始皇的极庙，既然都设在渭南的市中区，想来其他各庙也当距此不会太远。

其四，庙的形制固然是“前庙后寝”，但在朝之君的“庙”并不举行祭礼活动，而是作为王宫使用的。潜意识地建“庙”，口头上却称之为“宫”，如西周时期就有两个宗庙，一个是“京宫”（包括大王、王季、文王、武王和成王等五庙），另一个是“康宫”（包括康王、昭王、穆王、夷王和厉王等五庙）。秦始皇在统一天下后的第二年（公元前220年），就开始建造“信宫”，虽是建庙，并非一开始就称庙。同样，到了西汉，仍然是称庙为宫的，像汉景帝的德阳庙称“德阳宫”，武帝的龙渊庙称“龙渊宫”，即使后来的孝元王皇后长寿庙也称作“长寿宫”，等等。

二、各庙

（一）渭北宗庙

秦人的祖庙在凤翔的雍都，所以建都咸阳后仍要去那里祭祖，连秦始皇行冠礼时还得去雍都进行。但渭北区的咸阳原来也应该建有先王之庙的，这同早期王陵区在毕陌是一个道理。究竟在咸阳的先王庙是一处还是几处，史无明载，不可妄言。想来所祀公王起码不少于秦献公、孝公、惠文王和武王。

但司马迁叙写这段秦史时所言“诸庙”只肯定在“渭南”，而对渭北的宗庙有无，从正面竟只字未提及，还是通过二世时大臣之口说出“先王庙或在西雍，或在咸阳”的话。这里的“咸阳”当然指的是渭北早期的咸阳了。揆其个中原因，大概是建庙时间早、规模小，到后来在渭南立庙时已经“铁毁”，于是把列宗神主迁到了渭南庙之祧中，因而司马迁后来面对既成事实讲咸阳布局时就没有再分段陈述渭北宗庙的必要了。

（二）昭王庙

《水经注·渭水》：明渠“东历武库北，旧樗里子葬于此……又东迳汉高祖长乐宫北……故渠北有楼，竖汉京兆尹司马文预碑。故渠又东出城，分为二渠，即《汉书》所谓王渠者也”。《史记·樗里子列传》：“昭王七年（公元前 300 年）樗里子卒，葬于渭南章台之东，曰：‘后百岁，是当有天子之宫夹我墓。’樗里子疾室在于昭王庙西渭南阴乡樗里，故俗谓之樗里子。至汉兴，长乐宫在其东，未央宫在其西，武库正直其墓。秦人谚曰：‘力则任鄙，智则樗里。’”泬水由少陵原西南的樊川西北流经皇子陂、杜城、阿房宫东，至汉长安城西南角，沿西城墙北流，在章城门附近分出支津入长安城，称作“明渠”，用以供未央、长乐二宫用水。既经武库北，附近便是樗里疾之室与墓的所在。已推知樗里疾墓在汉长安故城武库遗址南，当今大刘寨村东南。那么，樗里疾室也就在武库附近。由于东去不远即是昭王庙，其位置当在汉长乐宫中部，或稍偏北，即今西安市未央区未央街道办张家巷附近，但也绝对不会超出汉长安城东墙。①

昭襄王在位 56 年，是秦诸公、王、帝中享国最长的君主。作为武王的异母弟，在诸

① 杨宽先生认为昭王庙在“汉代长安城之东”的芷阳附近，“距昭王陵不太远”，当“今西安市东北灞河弯曲处的东岸”。（见《中国古代陵寝制度史研究》第 24 页、88 页）

《史记 ·樗里子列传》：“樗里子卒，葬于渭南章台之东……樗里子疾室在于昭王庙西渭南阴乡樗里，故俗谓之樗里子。至汉兴，长乐宫在其东，未央宫在其西，武库正直其墓。”汉之长乐宫、未央宫、武库遗址均已探明，都在汉长安城内，而且武库遗址已被发掘。昭王庙既距樗里疾墓不远，就不可能在相隔 40 多里的灞河东岸。因此，杨先生把昭王庙当作“陵侧立庙”的典型放在汉长安城东的推论是难于成立的，而且有违于起码的地理常识。

弟争权、国内大乱的情况下，以质子身份自燕入秦为王。他处于宣太后训政、相国穰侯操权的环境中不得亲政，又面对“太后擅行不顾，穰侯出使不报，华阳、泾阳等击断无讳，高陵进退不请……穰侯使者操王之重，决制于诸侯，剖符于天下。征敌伐国，莫敢不听。战胜攻取，则利归于陶，国弊御于诸侯。战败，则结怨于百姓，而祸归于社稷……自有秩以上，至诸大吏，下及王左右，无非相国之人”、“以太后故，私家富重于王室”（《史记·范雎列传》）、“穰侯之富，富于王室”（《史记·穰侯列传》）的局面，可说是朝廷上下拉帮结派、掌握大权，国有资产流入私囊，配以奸细特工、钳制民口，而“妒贤嫉能，御下蔽上，以成其私”，“恶纳诸侯客”更不在话下，可谓形势严峻，有亡国的危险。昭王用范雎、废太后、逐“四贵”、铲除恶势力，在内治外拓方面卓有建树，为秦最后统一天下奠定了基础。

也正因为秦昭襄王有大功于秦，属于“有德之王”，才有时间、也有力量来建立新的宗庙以代替渭北的旧宗庙。

（三）从信宫到始皇极庙

秦始皇二十七年（公元前220年）建“信宫”，竣工之后改名为“极庙”。秦二世元年（公元前209年）又奉为“始皇庙”，群臣尊作“帝者祖庙”。由“生祠”（信宫）到“祖庙”（始皇庙）的过程，见于《史记·秦始皇本纪》中的两条文献记载：

秦始皇廿七年“作信宫渭南。已，更命信宫为极庙，象天极。自极庙道通郦山。”

二世元年下诏“增始皇寝庙牺牲及山川百祀之礼”，“令群臣议尊始皇庙。群臣皆顿首，言曰：‘古者，天子七庙，诸侯五，大夫三。虽万世，世不轶毁。今始皇为极庙，四海之内皆献贡职，增牺牲，礼咸备，毋以加。先王庙或在西雍，或在咸阳。天子仪，当独奉酌祠始皇庙。自襄公已下，轶毁。所置凡七庙，群臣以礼进祠，以尊始皇庙为帝者祖庙。’”

秦始皇生前，对供祭祀自己的“庙”并不怎么重视。在他死后，立庙问题才由秦二世提了出来。自秦公以下诸先王庙废祀，按照最高的等级，始皇庙置七庙，并尊为“帝者祖庙”，把对秦始皇的个人崇拜沿着生前上尊号以来的路线，推向登峰造极的地步。

“极庙”本来是统一天下后的第二年在渭南建造的一座信宫。由于秦始皇经常在这里举行庆典、朝会群臣，简直成了“大朝”的地方，有如天帝常居的天极（北斗星）一样。为使“天人相应”，就把信宫改名为极庙，令各地奉献牺牲，并举行隆重的祀天活动。

信宫创建于秦始皇统一全国后的第二年（公元前220年），公元前219年即改名“太极庙”。（《史记·六国年表》）这本身就显示了它的重大意义绝不同于一般的朝宫性质，更非离宫建筑可比。而且名称由“信宫”到“极庙”的变化，也正反映出秦始皇的设计思想和功用转变的历程。宫，即庙。古代宫、殿二字通用。[①] 信，通“身”。信宫，即隐喻着秦始皇给自己建立的生祠，故而也叫“宫庙”（《索隐》）。正因如此，从位置选择到建筑气氛，它同样也应该像“众星拱之”（《论语·为政》）的天极星一样，[②] 同首都咸阳“以则紫宫象帝居，渭水贯都以象天汉，横桥南渡以法牵牛”（《三辅黄图》）的总体规划协调一致。

但是，渭北既有“因北陵营殿”的咸阳宫象征天帝所居的“紫宫”，渭南的极庙再“象天极”，岂不出现两“帝居”并存的多中心？这在理论上显然是矛盾的，说不通的。由信宫更名为极庙，我以为它正反映出这一建筑所具有的两重性：是宫，也是庙，即“宫庙”。就礼祠的信仰系统而言，极庙“象”的是“南斗”，是太阳的南极，而不是太阴的“天极”（北极）。说它“象天极”，实际是强调南极的地位同天极一样重要。因为南斗是北方玄武七宿的第一宿，由6颗星组成，位置同北斗相对，虽少一星，但状亦如斗，实是天帝的庙宇，所以又称“天庙”。它是天上太庙的中室（太室），最大，也称“清庙”，属于天子之星。其北方有弯曲像旗的“建星”，这也就更加突出斗宿在元龟之首的地位。古人认为南斗主寿命和爵禄，因此《星经》说“南斗六星，主天子寿命”。正因为如此，人们对南斗的信仰，同对日、月、北斗等的自然崇拜一样，由来已久。先秦时期，就建有专祀南斗的庙坛。秦始皇统一六国之后所建造的南斗庙实际就是极庙，所以又称“太极庙”。这也给以后改极庙为“帝者祖庙”埋下伏笔。

秦始皇在统一中国后的第二年，进行了两项宫殿建设工程。一个是“作信宫”，另一个是“作甘泉前殿”。信宫既是生祠，不可能设主，也没有像宗庙那样供奉祖祧。秦始皇生前一开始是把这里当作举行庆典、朝会群臣的大朝之处，随后又搬到了咸阳渭河南岸的甘泉宫（南宫）。直到三十五年（公元前212年）正式“营作朝宫渭南上林苑中”（《史记·秦始皇本纪》）时，政治中心才有最终确定在阿房宫的安排。正因为《三辅黄图》的作者看到有甬道把信宫、甘泉前殿、骊山陵墓及渭北诸宫连接为一体的实际，又看到信宫地位之

① 唐兰：《西周铜器断代中的“康宫”问题》，《考古学报》1962年第1期。

② 因为“天极星”位于天之中的“中宫”（即“紫宫”）里，故有此称。也称“北极星”（《尔雅·释天》，简称为北极、北辰，又称天枢，即现在的小熊星a星，也就是钩陈一星）。它在正北方，异常明亮，身份是天帝，被称为“太一星”（又作太乙、泰一）。《史记·天官书·正义》：“泰一，天帝之别名也。”在中宫里，以天帝的天极星为中心，旁有三星即为“三公”（或称太子星、庶子星），后面排列成弯曲状的4颗星皆为嫔妃之属（末尾一亮星为正妃）。环围中宫的12颗星，都是以藩臣命名的。

重要并有取咸阳宫而代之之势，所以就迳称“信宫亦曰咸阳宫”。

随着甘泉前殿的落成和信宫功能的转移，其“极庙”的性质才渐次明朗起来。而彻底完成这一转变者，却是秦二世元年的“议尊始皇庙”之举。至此，信宫才正式由朝寝变成了庙寝。至此，我们也可以这么说，信宫和极庙实际是同一建筑的前后两个名称。

由信宫更名为极庙、进而又改作始皇庙，过去因材料不足，加上对文献记载理解的偏差，对这“帝者祖庙”所在的推测就欠准确。既然“咸阳之旁，二百里内宫观二百七十”，且司马迁独言“诸庙及章台、上林皆在渭南”（《史记·秦始皇本纪》），可知庙、宫、苑三者作为政治都会中的建筑是最具有代表性与典型性的。据考古材料知，由咸阳渭城区窑店镇北原上的冀阙宫庭——咸阳宫遗址向南，有大道遗迹直通秦汉时期的渭河故道——秦“横桥”的所在。桥南的南北大道遗迹有1000多米长，北入汉长安城横门。在横门大街两侧与南端，正是秦都咸阳渭南新区的宫苑建筑的集中地：西侧有甘泉宫（南宫）——地当汉桂宫，在东北的相家巷有大量秦封泥出土；东侧向南有秦章台宫、兴乐宫；再偏西南，就是上林苑。那么，秦都咸阳由北而南形成一条轴线。按“冀阙宫庭（咸阳宫）⟶极庙⟶章台⟶上林苑”这一位序关系，极庙当坐落在汉长安城的北部，位置应在“北阙甲第”之北、东市之南。[①]

给始皇立庙时，“自襄公已下，轶毁。所置凡七庙，群臣以礼进祠，以尊始皇庙为帝者祖庙”（《史记·秦始皇本纪》）。作为秦的宗庙，其规格必然是顶级的——七庙之制。《礼记·王制》：“天子七庙，三昭三穆，与太祖之庙而七。”又：庙有五室，“凡大室有东西厢、夹室及前堂，有序墙者曰庙；但有大室者曰寝”（《尔雅·释宫》邢昺疏）。对于宗庙之制，历代学者多有探讨，但都局限在字面上而莫衷一是，即使画出图形，也是大相径庭。周秦宗庙建筑遗址的发掘，给人们提供了认识的依据。陕西岐山县凤雏周先公之宗庙建筑（甲组）坐北面南，平面呈长条状的“四合院”形。入门，过院，矗立的建筑是前有“堂”，后有“室”，两侧则由多间厢房并列。[②]同样，凤翔区马家庄秦宗庙遗址的布局与周庙有很多相近的地方。平面虽然趋于方形，但仍是由外围墙、门垫、中庭、东西厢和堂室几部分构成。[③]区别仅在于：“屏”移在了门内；室堂合一，有大的进深与面阔，建筑

① 刘瑞：《秦信宫考——试论秦封泥出土地的性质》，载《陕西历史博物馆馆刊》（5），西北大学出版社，1998年。

② 周人宗庙参见陈全方：《周原与周文化》，上海人民出版社，1988年。

③ 春秋秦庙参见陕西省雍城考古队：《凤翔马家庄一号建筑群遗址发掘简报》，《文物》1985年第2期；尚志儒、赵丛苍：《〈凤翔马家庄一号建筑群遗址发掘简报〉补正》，《文博》1986年第1期。

显得更雄伟，安排上当是祖庙；两厢不再是多间并列的长条状，成了有大的进深的独立建筑，研究认为是“昭庙”（东厢）和“穆庙”（西厢）的所在；而且在院落最后中心位置上，还另有一个独立的小型建筑，被确定为“亡国之社”。春秋中期雍都宗庙遗址，提供给我们的是“诸侯五庙”的实例。[①]那么，宗庙从周到秦之形有“同”有“异”。这应该看作“同”是继承的表现，“异”则属于变化。始皇庙作为帝者祖庙，在建制上当然接近雍都的祖庙，但“七庙”之形则出现了更新的因素。

三、秦始皇的陵庙

宗庙设立在都城之内，是同宗人共祭之所。而扫墓的祭祀之礼，则须到墓地去进行。

祭祀亡灵由来已久。原始先民面对亲人死而不可复生的现实，又往往生出在梦境中团聚的幻觉，从而产生出人有灵魂的观念。认定这是人存在的两种不同形式，前后相承，只是生活的环境有别而已，也就是说：一在阳间，一在阴间，但对生活的需求都是共同的。所以墓中放置随葬品，以及对死者的祭祀，都是基于对“死后有知”这一信仰而产生的行为。

安阳作为殷都，其王室墓地同宫区相邻，并在墓上筑有殿堂，以便进行祭祀活动。而周代更偏重宗庙的祭祖活动，以至于把它礼制化，延续到战国而盛行不衰。秦人也继承了这一传统，所以才有“先王庙或在西雍，或在咸阳，诸庙皆在渭南”的说法。当然，这也是当时客观存在着的事实。

秦始皇从做“始皇帝”开始，把“庙祀”作了根本的改变。即在陵侧起“寝殿”代替墓上建筑，使前此的宗庙祭礼与墓上祭祀合并一处进行。[②]

① 雍都凤翔区马家庄秦国宗庙遗址的总体布局同史籍有关诸侯宗庙的记载大体相同，但庙的数目略有出入。《仪礼·聘礼》贾公彦疏：“诸侯有五庙，太祖之庙居中，二昭居东，二穆居西。”这是周人的制度，其中的一昭一穆可能在太祖之庙里。如周天子七庙，有太祖庙一，昭二（祭祀享位天子的显考——曾曾祖父、王考——祖父），穆二（祭祀享位天子的皇考——曾祖父、考——父）。在二昭二穆之上，又列文、武二世室（后更立二祧庙），祀文王和武王。在秦人庙中不再有文、武二世室，而是以诸侯身份立三庙：祖庙一（祀始封君秦襄公及襄公以下到王考以上之祧主，实为文公和静公）、昭一（祀在位穆公之王考宪公）、穆一（祀穆公之考德公），从总体上讲还是五庙制。

② 《后汉书·祭祀志》及《明帝纪》李贤注引应劭《汉官仪》、蔡邕《独断》的话，都有“古不墓祭”的说法，现今的一些历史学者也坚持这一看法。杨鸿勋先生援引大量的考古资料，说明“墓祭”早于“庙祀”，而且在商周以来还是并存的，并指出“‘庙祀’应是从‘墓祭’中发展出来的”，“殷人有墓祭，也有宗（庙）祭。至周代，宗庙的祭祀逐渐发展，以至天子、诸侯乃至官师皆有宗庙。……战国时期，设于城防以内的宗庙，大约就成为祭祀的主要场所了。秦、汉时期，正如司马光所说：‘秦尊君卑臣，无敢营庙者，故汉人多建祠堂于墓所。’（《文潞公家庙碑》）这大约就是造成汉人‘古不墓祭’错觉的由来”（《关于秦代以前墓上建筑的问题》，载《建筑考古学论文集》，文物出版社，1987年）。

东汉大学问家蔡邕在《独断》中说：“至秦始皇出寝，起之于墓侧，汉因而不改，故今陵上称寝殿，有起居、衣冠、象生之备，皆古寝之意也。”古寝是什么样？有何讲究？他以庙制为例说：“宗庙之制，古者以为人君之居，前有‘朝’，后有‘寝’，终则前制‘庙’以象‘朝’，后制‘寝’以象‘寝’。‘庙’以藏主，列昭穆；‘寝’有衣冠、几杖、象生之居，总谓之宫。”因为“朝”是君主朝会群臣、理政之廷，“寝”是君主及其家族起居饮食之所，所以在格局上，二者同处一个宫垣之内，就形成了一组以“前朝后寝”为主体，配以附属设施的宫殿群。宗庙既是仿照君主生前的朝廷来布置的，就成了“前庙后寝”的状态。总之，前面所言，讲的都是“朝寝”与“庙寝”之制。正因为朝、庙之寝与陵寝有太多的相似，故而郑玄在《礼记正义》中说“天子庙及路寝，皆如明堂制”。秦都雍城的朝寝遗址，具有中轴线、呈递进式的五进院落，符合“三朝五门”的制度。那么，秦始皇在郦山陵墓之侧起“寝殿”也当是“朝”“庙”的沿袭。因为陵墓本身就是始皇的寝宫，“墓侧”之殿表示坐朝、接受群臣祭献，因而应视之为“陵庙”。由于此庙位于陵园之内又相对于国都的“极庙”，也许就是蔡邕所说出寝于墓侧的“寝殿”。

秦始皇陵庙——寝殿，是丽山园中初设的礼制建筑，既含“古寝之意”，又有新创之举，形式、内容、位置等均不同以往。在秦始皇陵园内城北部的小城西垣之西，是个向南开口的空间，由内城北墙向南至陵西北 53 米处，分布着一个南北并列、中有通道的十进群体建筑。[①] 其中第 1 至第 9 进两侧的院落，大小基本相同，但在内部平面布局上有明显的区别。只有位于南端的第 10 进院落呈东西的通体建筑，成为这一礼制建筑群中的主体。今以陵墓为基点，向北可分为 4 组：

甲组（第 10 进院落）：在第 10 道门之南有一复杂的整体建筑，其中的主体在陵北偏西 53 米处，地基呈方形的建筑台基，南北长 62 米，东西宽 57 米，总面积 3534 平方米。台基绕以回廊，门设东南角的东墙上，有阶。堆积物为遭火焚后的砖瓦及墙壁残块。

乙组（第 9 进东西两院落）：每院落内分布 4 座建筑，形成“田”字结构，南北各为主次。

丙组（第 4 ~ 8 进，东西计 6 对院落）：每院落内，北部东西并列 3 座连属的主体建筑，南部是贯通的廊房建筑。

丁组（第 1 ~ 3 进，东西计 3 对院落）：每院落内，北部是一东西向的廊房，南部是多所连属的建筑。

① 陕西省考古研究院：《2010 年度秦始皇帝陵园礼制建筑遗址考古勘探简报》，《考古与文物》2011 年第 2 期。

从始皇陵侧的4组院落式的群体建筑看，属于一个整体，当是多座不同性质与作用的寝殿建筑群落。甲组处于“墓侧”，又具有方形规整的大体量，是诸院中独有的形式，与文献所记相符，又和先秦时期墓上祭祀建筑形制相同，应判断为秦始皇陵庙的正寝建筑。而其他的院落，是为多所别寝，其中丙组建筑是否为《周礼·宫人》所说的“王之六寝”（路寝一、小寝五）、“后之六寝”（正寝一、燕寝五），有待进一步研究。

第四章

皇家园林

早期的秦都咸阳屈居于渭北狭小的范围，以今咸阳市渭城区窑店街道办北原上的冀阙为中心，开展政治改革，并与魏国为争夺河西地而战。既无更多注意力对都市进行大规模的建设，更无心思考虑改善生活环境以求安逸享受。“三晋攻夺我先君河西地，诸侯卑秦，丑莫大焉。献公即位，镇抚边境，徙治栎阳，且欲东伐，复穆工之故地，修穆公之政令。寡人思念先君之意，常痛于心”（《史记·秦本纪》）。这就是秦孝公当初引用商鞅变法的真实心态，也为以后的行为所证实。

立都咸阳后，经过24年的内修外攻，秦国崛起，诸侯来朝、天子致贺。惠文君嬴驷也跟着齐、魏称王，呼曰“秦惠文王”。随着秦都咸阳城区的扩大，渭河南岸的周王故土显然成了开辟园林、建造宫观的首选。如果说在渭北的池苑仅见兰池这一处风景区，那么渭南就是有意识地开建，由近及远，形式多样，已是林林总总、满天星斗了。“五苑”地跨渭河两岸，“宜春苑”“上林苑”分布在渭南新区的东西两侧，“杜南苑”“阳陵苑”“鼎湖苑”“华阳苑”等则是向外扩展的结果。这些供秦统治者休闲悠游的园林内，不仅多有富于灵性的池沼、姹紫嫣红的奇花异草、千姿百态的宫观楼台，还多有鱼虾与百兽的养殖。当然，有些禽兽是专设圈养的，如“虎圈”“狼圈”“麋圈”之类。天然的温泉或人工开凿的池沼，如骊山、蓝田的温汤（温泉），镐池和牛首池等，都是对前代遗产的继承、扩充与改建。

尽管诸多苑囿园池均只为皇家所有，但大范围、大面积的丛林水池，在美化环境、营造气候上的功绩也是可圈可点的。

秦国初年重视商业交流活动，曾在雍都设市，实行集中管理。但商鞅变法推行耕战政策时，错误地排斥商业、严厉打击商人。秦始皇尽管仍然奉行“重农抑商”政策，但毕竟把商业活动纳入了法治的轨道，对商业行为在政策上也有所调整。在全国统一后，“决通川防，夷去险阻”便利交通，特别是统一度量衡，普遍设市、集中管理，大大地促进了农业、手工业、商业繁荣，丰富了社会生活内容。首都的“咸阳市”规模最大，政府直接控制和管理，是有着固定地点的综合商场。大量市亭陶文、始皇和二世诏版的出土，即显示出咸阳商业的活跃。

第一节　苑囿

一、禁苑

《春秋左传集解·僖公三十三年·正义》：“囿者，所以养禽兽……天子曰苑，诸侯曰囿。”苑、园相通，实际是供人休闲悠游的园林。

秦自战国晚期以来，大筑苑囿，在继承传统成果的基础上，又广泛吸收各诸侯国的经验，这就使得其苑囿的拥有量和规模，都大大地超过了商周和同时代的其他国家。但是，秦苑囿遗迹保存至今的，却是少之又少，而且也只能指出其方位和大体范围。因而更多的苑囿材料只能从疏略的文献记载中去搜求，好在近年来秦封泥的陆续面世，加之钤印资料作为参考，大大地丰富了我们窥探秦苑囿的内容。尽管如此，毕竟还难于看到它当年的全貌。所以，唯有在串联起来的材料中，综合研究以便想象它昔日繁盛华丽的容颜了。

（一）五苑

《韩非子·外储说右》：“秦大饥，应侯请曰：‘五苑之草著、蔬菜、橡果、枣栗，足以活民，请发之。’”这是战国时秦有五处苑囿的最早记载，值得重视。

古代园林中多畜养禽兽，故称“苑”，有时直作“苑囿”。秦五苑中既有蔬菜的种植，还产橡实、栗、枣等副产品，就反映了秦重视园林的生产功能。既能接济饥民，说明其规模很大。五苑之设肯定在秦昭王时，甚或更早一些时间。但这时秦控制的范围有限，再从应侯的口气看，五苑当在畿辅一带，不可能远在外地。当然，“五苑”并非一苑之名，很可能是散布着的几处名苑的总称。那么，秦的五苑所在地当在渭河两岸，临近水滨。很可能就在今咸阳市窑店镇之南，西起西隆村、东到泾渭之交一线以南的渭河北岸，再傍渭河南岸到灞、渭之交的这一广阔地域。（图 4–1）

图 4–1　五苑封泥（部分）

（二）上林苑

上林苑是范围最大、景观最美、内藏最多的一处皇家园林。渭南的丰、镐之地早有周的“灵囿”存在，《诗·灵台》有“王在灵囿，麀（yōu）鹿攸伏。麀鹿濯濯，白鸟翯（hè）翯……于牣鱼跃”之句。秦扩大规模，后造阿房宫，将自然景观同人文景观结合，情景交融，使天人合一之美达到了极致。汉武帝于建元三年（公元前 138 年），在秦上林苑的基础上扩大范围与规模，建离宫 70 所，容千乘万骑，又养百兽于其中，广种奇花名果 3000 余种，使山环水绕，宫观掩映，花木扶疏，衬托着喧嚣繁盛的都城长安，显现着秦汉帝国那峥嵘博大又雍容华贵的气势。

秦上林苑的范围，史乘无载。不过，从秦始皇“尝议，欲大苑囿，东至函谷关，西至雍、陈仓”（《史记·滑稽列传》）看，约是对上林苑再扩大的一种设想。现在的规模大约是：东界灞、浐二河，西至沣河东岸，北起秦都咸阳的渭南新区，南到周都丰镐、秦杜县、曲江一线。在这一地域范围之内，其东、西、北三面受地理环境限制而较为清楚。我说上林苑的西界在沣河，根据是秦惠文王四年《瓦书》中记载：取杜县丰丘到潏水的一段土地作为右庶长寿烛的“宗邑”。既是私人的封地，就不可能在上林苑作“飞地”。同样，南面有“杜南苑”、东南有“宜春苑”之阻隔，上林苑的南界自然也不会到达南二苑的北界。（图 4–2）尽管《史记·秦始皇本纪》记建阿房宫于上林苑中，有“表南山之巅以为阙”的话，《三辅黄图》跟着还加了“络樊川以为池”一句，但这些只能看作是建造阿房宫时的一种设想。阿房前殿还没有建成，秦即灭亡，哪里还谈得上跨山弥谷到达终南山？

环境优美，是秦上林苑得天独厚、胜过他处苑囿、最富特色之处。它据有渭水之南的广阔地域，面对峰峦叠翠的终南锦屏，容纳沣、浐、灞、潏、滈、涝等北注于渭的 6 条河流，连同泾水、渭水，合称“关中八川”，汇集于都城周围，泉源充沛，溪涧如织，土壤肥沃，物产丰富，林郁干云，鹤翔鱼跃，生机盎然。

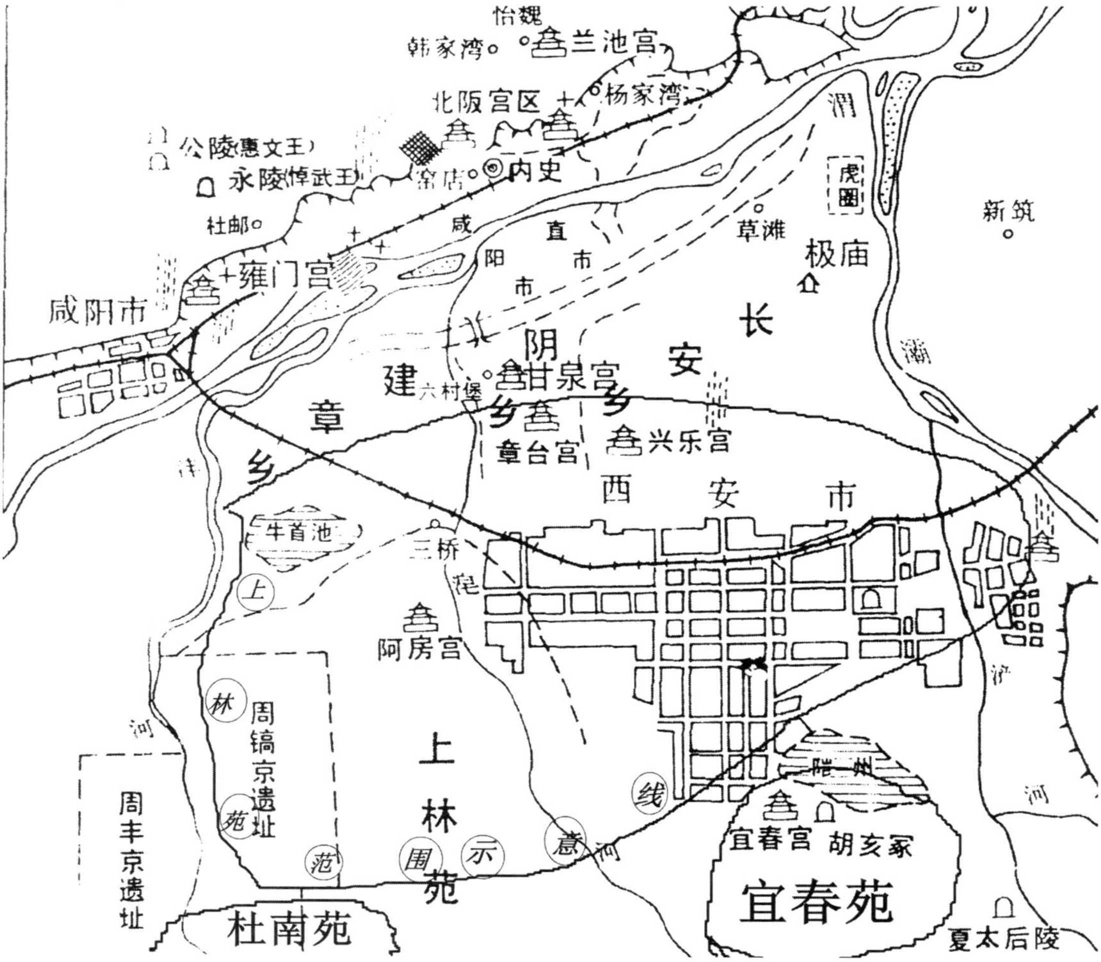

图 4–2　渭南区上林诸苑范围示意图

对上林苑的管理，有着一套严格的制度。秦封泥的“上林禁印”是上林禁苑之印，也许同“上林丞印”属于同级的印，而“上林郎丞”则低了一级，当是管理上林的郎官之长。另外，还见有“上林郎池”“池印”封泥。（图 4–3）

在上林苑中筑建，最早的是秦惠文王。随后是昭王把这里专辟为王室的苑囿。到了秦始皇时，先作“阿房前殿”的基础工程，稍后建造“前殿阿房”。进而扩大阿房宫的规模，竟有“离宫别馆一百四十六所”（《三辅故事》）。就是这样经过了几代人的全力经营，上林苑成了中外园林史上的杰作。

奸佞的赵高“指鹿为马”、欺主害国，昏庸的秦二世入上林“斋戒”“日游弋猎”，竟射杀活人（《史记·李斯列传》），使圣洁之地一度蒙上污秽！但秦二世也用血腥和罪恶制造了自己的末日。

秦上林苑中的前殿，虽然远远没有建成，但阿房宫的其他建筑，并没有完全逃脱秦末大火的厄运。而秦上林苑地理位置的优越，残存建筑的保留，就成了西汉王朝在秦苑废墟上以全新的面貌建起汉上林苑的基础。所以《三辅黄图》就明确地说：“汉上林苑，即秦之旧苑也。”汉之上林苑，其范围之大远远在秦上林苑之上。据《汉书·扬雄传》载：武帝“开上林，南至宜春、鼎湖、御宿（又名樊川，系今长安区韦曲、杜曲一带的盆地）、昆吾，旁南山而西，至长杨、五柞，北绕黄山，濒渭而东，周袤数百里”。我们对“鼎湖延寿宫”遗址作调查和试掘，更让人看到汉上林苑的大气，进一步才能联想到秦上林苑创意与实践的成功。[①]

图 4–3　上林苑封泥

（三）宜春苑、曲江与隑州

汉长安城内曾出土“宜春禁丞”封泥，为傅嘉仪先生所藏，应是秦宜春苑丞的印记。

宜春苑中最大的特点就是它是由一处天然的湖泊——曲江及“隑州”构成的风景区。《史记·司马相如列传·索隐》：“隑，即碕（qí），谓曲岸头也。张揖曰：‘隑，长也。苑中有曲江之象，泉中有长州，又有宫阁路，谓之曲江，在杜陵西北五里。’”汉宣帝杜陵

① 汉鼎湖宫在陕西蓝田县焦岱镇西侧的高阜上。这里处岱峪河（浐河上游）与洋峪河（岱峪河支流）交汇处的三角地带，地势高隆，又面对终南山，西有汤峪温泉，东为辋川，距西安 50 公里，环境优美，风景佳丽，交通方便，是古代的一处避暑胜地。1989 年，由我带领的陕西省考古研究所鼎湖宫考古队出自保护遗址的需要，对这里作了大量的地面调查和部分试掘。鼎湖延寿宫遗址范围较大，以焦岱村王爱琴的砖厂为中心，东至齐沟，西至洋峪河，北至焦岱镇，南至张村。经钻探，有大型的建筑遗址出露，在平面上显示了多种形状。发掘建筑基址，见有地面、柱础、水道及大面积的瓦砾堆积。除各式云纹瓦当之外，出土和采集到的文字瓦当见有“鼎湖延寿宫”“万秋”等。1992 年 4 月 20 日，陕西省已公布其为重点文物保护单位。

在今曲江池东南，同张揖记载相同。因为地势低洼，积水成池，又南北狭长，谓之“曲江”；水包长岸，称作“隑州”。（图 4–4）

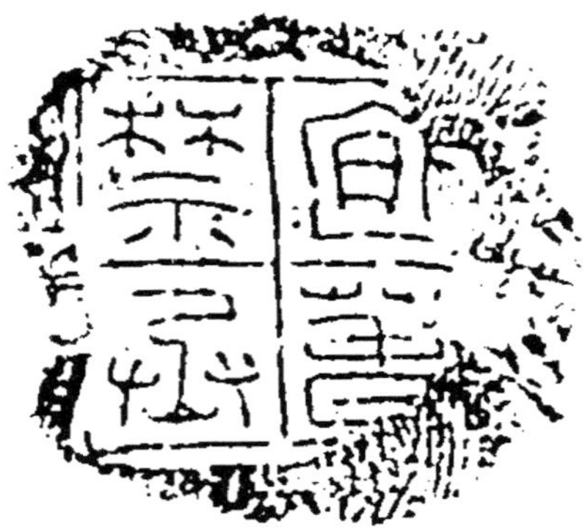

图 4–4 “宜春禁丞”封泥

秦宜春苑范围很大，宜春宫位于它的西南部，而秦二世墓则在曲江池的南岸。① 据《三辅黄图》载：宜春苑“在京城东南隅”。《汉书·元帝纪》注：“东南隅曲池是。”可知秦宜春苑在今曲江池与少陵原一带，地当今西安市大雁塔东南曲江池偏南一带。

汉时，把宜春苑分为上苑和下苑。汉武帝把宜春苑划入上林苑的范围之内，并造曲池，周回五里，池中遍生荷芰菰蒲，其间常为禽鱼翔泳，因水流多曲似嘉陵江，因改名“曲江池”。汉宣帝在池北建造“乐游苑”。唐开元中，再加以疏导美化，在其旁建慈恩寺、紫云楼，设芙蓉苑、杏园。江岸菰蒲葱翠，柳荫四合，成了三月三日仕女游春的胜地。唐玄宗作“曲江流饮”，更是千古流传的趣话。

（四）杜南苑

这是设立在杜县南的一处别墅性质的园林。

秦杜南苑因为有“杜南苑丞”封泥的出土而得到确认。杜，即秦杜县，故城在今西安市南山门口乡杜城村。秦汉时代，往往把杜城作为方位的参照物，因而就出现了很多“杜

① 《史记·秦始皇本纪》：“以黔首葬二世杜南宜春苑中。”这条记载有误，实际上杜南有杜南苑，地在今神禾塬一带，因此不可能再有宜春苑。况且秦二世墓位在少陵原的东北部，地当秦杜县之东，这里也是汉宣帝“以杜东原上为初陵”的所在。所以，秦二世不是葬在“杜南宜春苑中”而是葬在“杜东宜春苑中”。之所以有此倒置的情况，必定是《史记》在传抄中致误而来。参见王学理：《神禾塬秦墓墓主考》，载《陕西历史博物馆馆刊》15 辑，三秦出版社，2008 年。

东”“杜南”一类的地域性称呼。如秦夏太后“葬杜东”（《史记·吕不韦列传》）[①]、汉宣帝“以杜东原上为初陵”（《汉书·宣帝纪》）、张安世也“茔杜东”（《汉书·张安世传》）。由于“杜南苑丞”是杜南苑丞之印，苑地估计位于今长安区潏河与洨河合流的香积寺一带。这里以神禾塬为依托，二水交汇，南屏终南，风景优美，设立秦苑具有良好的自然条件。（图4–5）

图4–5　“杜南苑丞”封泥

（五）阳陵苑

阳陵是秦庄襄王与帝太后合葬的陵园，地在今西安市临潼区斜口镇的“东陵陵区”，当是考古探测出的4号陵园。“阳陵禁丞”封泥说明在阳陵有禁苑的存在，而且设丞管理（图4–6）。但阳陵禁苑在文献中未载，封泥揭示则属于首见。那么，阳陵有苑，其他陵墓是否也有苑？随之而来的问题是，秦在陵旁设苑是否形成制度？在神禾塬上的夏太后陵园附近有“杜南苑”，但在文献记载中并没有发现二者的关系。秦始皇陵园K0007从葬坑固然是秦王朝苑囿的再现，却还不能表明陵园就有禁苑之设，而鱼池、安沟遗址却是昔日一处风景独好的去处。亡国之君秦二世虽然是以“黔首”之葬对待，却为什么要埋在“宜春苑”？看来在陵旁设禁苑从秦庄襄王时已露出了苗头，秦始皇、二世才有了这些做法，只是还没有进入“葬制”的行列便因秦的覆灭而中断了。

① 《史记》说夏太后“别葬杜东”，说秦二世“葬杜南宜春苑中”。实际上，秦二世和汉杜陵都在杜东原上有陵冢的存在，秦二世就不可能葬在“杜南”，况且处于杜南的神禾塬上有“杜南苑”也就不可能再有宜春苑的存在。如果夏太后墓在“杜东”，汉宣帝也不会将这里选作自己的陵园。当陕西省考古研究院2004年在神禾塬上的贾里村发现秦夏太后陵园及其“亚”字形大墓之后，有人为文认定那是秦二世墓。我在《神禾塬秦墓墓主考》一文（《陕西历史博物馆馆刊》15辑，2008年）中，对《史记》的两条文献记载作了辩证，从而断定《史记》在传抄中把夏太后和秦二世的葬地弄颠倒了。

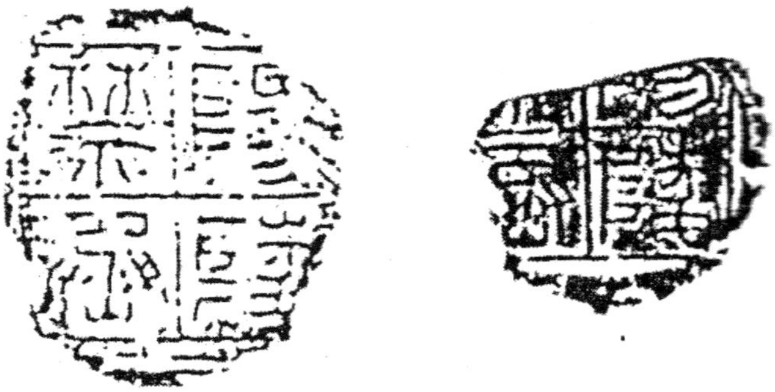

图 4–6　“阳陵禁丞”封泥印文

（六）鼎湖苑

在汉武帝扩大上林苑、建造鼎湖延寿宫之前，秦已经在今蓝田县焦岱镇，利用岱峪河（浐河上游）和洋峪河交汇的三角地带，建造了“鼎湖苑”。傅氏的“鼎湖苑丞”封泥，就是鼎湖苑丞之印记。（图 4–7）大量的“鼎湖延寿宫”瓦当出自建筑遗址上，是汉武帝利用秦鼎湖苑，加以改造、扩大、增添并建宫的证据。

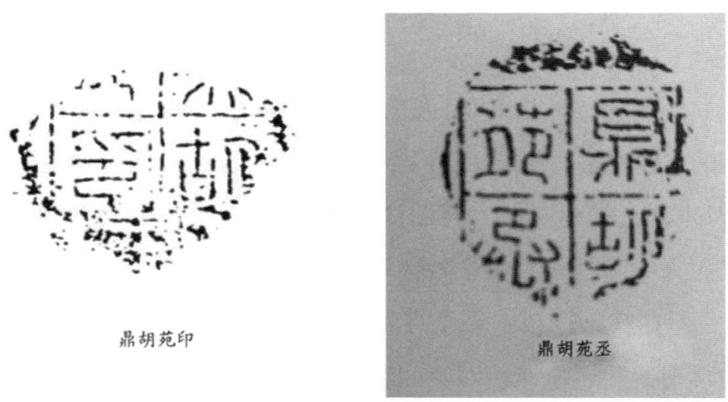

图 4–7　鼎胡苑封泥

（七）华阳苑

秦昭襄王之舅芈戎是其生母楚女芈八子（宣太后）之弟，封为“华阳君”。又：秦孝文王夫人号曰“华阳夫人”，庄襄王尊为“华阳太后”。秦时华阳地有两处，一是“韩地，后属秦”（《史记·穰侯列传·索隐》），秦昭王“三十四，攻华阳”（云梦睡虎地秦简《编年记》），即此，地在今河南新郑北；另一处指华山之阳，地在陕西秦岭之南，后扩及四川一带，东晋常璩就著有《华阳国志》一书传世。傅氏藏有“华阳丞印”封泥，表明有华阳禁苑的存在。（图 4–8）既以“华阳”命名，当同华阳太后有关，其地不可能距秦都太远，当在华山之阳的某地。今陕南洋县华阳镇是汉代傥骆古道的必经之地，现设立华阳景区，成为一处旅游的胜地。固然这里是秦岭之南，向阳，但不在华山之阳。不过，从华山之南看洛南、商州一带，山大沟深，并非古人设苑悠游的理想之地，而从秦岭之南的“大华阳”考虑，洋县的华阳似乎更靠近一些。

图 4–8　华阳苑封泥

（八）高栎苑

《史记·曹相国世家》：项羽“围好畤，取壤乡。击三秦军壤东及高栎，破之”。《索隐》：“栎音历。按：文颖云‘壤乡、高栎皆地名也’。然尽在右扶风，今其地阙也。”《正义》：“皆村邑名。壤乡，今雍州武功县东南一十余里高壤坊，是高栎近壤乡也。”那么，“高栎苑丞”封泥表明此地有秦高栎苑的设立。（图 4–9）

图 4–9　“高栎苑丞”封泥

（九）具苑

《左传》僖公三十三年：“（皇武子告秦帅曰）郑之有原圃，犹秦之有具囿也。”孔颖达疏：“天子曰苑，诸侯曰囿。”所以，秦之具囿也就是封泥中的“具园”，实即“具苑”。

鲁僖公三十三年和秦穆公之年相当，都是公元前 627 年。在凤翔高庄秦墓中出土有“北园吕氏缶”“北园王氏缶”，其北园正是《诗》中“游于北园”的游猎之地。可以肯定具苑就在秦的雍都，但不明同北园是何关系。（图 4–10）

图 4–10　“具园”封泥

（十）白水苑

白水苑（“白水之苑”）[①]，不见文献记载，但白水作为县邑，在秦孝公合并小乡时已因临近白水而设立。（图 4–11）

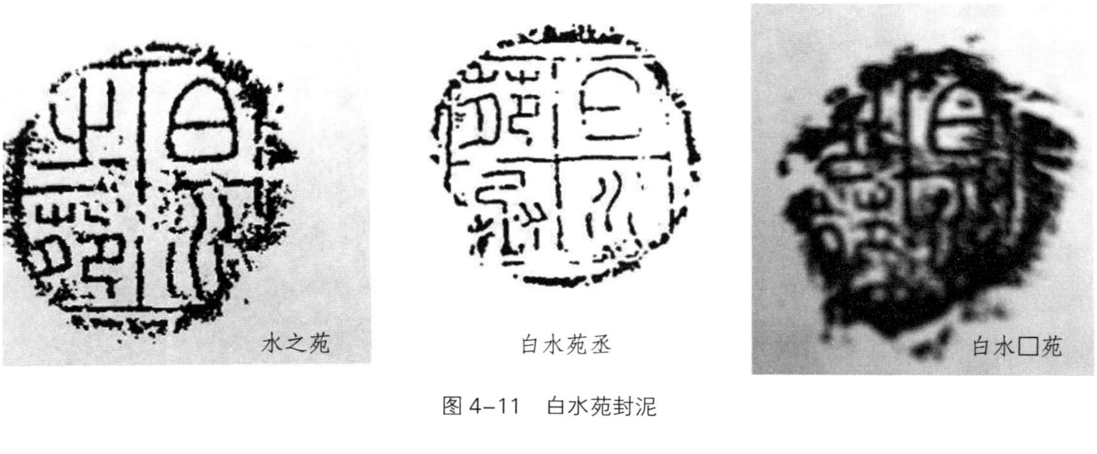

图 4–11　白水苑封泥

（十一）萯阳苑

秦惠文王起造萯阳宫（《汉书·地理志》），地在今西安市鄠邑区西南 23 里处，设苑。（图 4–12）

① 广汉郡有“白水县”。湖北枣阳、河南南阳也都有“白水”。

图 4–12　“萯阳苑丞”封泥

（十二）高泉苑

秦宣太后起造高泉宫（《汉书 · 地理志 · 美阳》注），地在今宝鸡市扶风县美阳镇。宫中设苑。（图 4–13）

1　　2

图 4–13　高泉苑印

秦的禁苑在内史之地的，当然远远不止上列 10 余处。至于关外之秦苑多半沿用了原六国之旧，从封泥中看到的苑还有：庐山苑（“庐山禁丞”）、沙丘苑（见云梦龙岗秦简）、平阿苑（“平阿禁丞”）、平原苑（“平原禁印”）、阿阳苑（“阿阳禁印”）、青莪苑（“青莪禁印”）、广襄苑（“广襄禁印”）、云梦苑、桑林苑、突原苑等。

云梦睡虎秦简《徭律》规定：“县葆禁苑、公马牛苑，兴徒以斩（堑）垣离（篱）散及补缮之，辄以效苑吏，苑吏循之。”龙岗秦简也有“禁苑啬夫、吏数循行，垣有坏决兽道出及兽出在外，亟告县”的条文。由此可见，苑有围墙，并设苑吏（苑啬夫、苑人等）管理看护。当然，这是对牧师诸苑说的，以防公马牛走失。实际上并不限于此，不然怎么称之为“禁苑”？所“禁”既防出也防入，汉萧何曾请示让百姓进入上林苑种田，说明一般人是不能随便到皇家苑囿里去的。

二、园囿

古代在园囿中养有动物，常称之为“兽圈”，即饲养“百兽”的地方，相当于今之动物园。不过，从下面的例子看，秦的“兽圈”是个统称，里面养着多种珍稀动物。而对有些同种的大型动物则采取择地单独豢养的方式。《太平御览》引《列士传》：“秦王召魏公子无忌。不行，使朱亥奉璧一双诣秦。秦王怒，使置亥于兽圈中。亥瞋目视兽，眦血溅于兽面，兽不敢动。”①

（一）虎圈

《长安志》、《太平御览》卷197引《汉宫殿疏》：“秦故虎圈周匝三十五步，长二十步，西去长安十五里。”《太平寰宇记》卷25、《太平御览》卷197引《郡国志》：“雍州虎圈，在通化门东二十五里。”《列士传》曰：秦王置朱亥于其中，“亥瞋目……虎不敢动”。《水经注·渭水》：昆明故渠“北分为二渠，东迳虎圈南而东入霸，一水北合渭”。因为《水经注》所记时代为早，方位明确，当可信从。秦虎圈当灞河以西、昆明渠故址以北，地在今西安市北偏东的北辰堡一带。而《汉宫殿疏》及《郡国志》均作长安之东，显系传抄致误，应以“北”为是。

（二）狼圈

《长安志》注：“秦故狼圈，广八十步，长二十步，西去长安十五里。”狼，也属“百兽”之一，既入皇家动物园，必距位于灞河西、昆明渠北的“虎圈”不远，很可能在“虎圈”之西，地当长安之东。诚若此，“西去长安十五”显系宋人传误。

（三）麋圈

《史记·滑稽列传》载：秦倡侏儒优旃讽谏秦始皇扩大苑囿东到函谷西至陈仓的奢侈，议曰：“善！多纵禽兽于其中，寇从东方来，令麋鹿触之足矣。”始皇辍止。

麋圈是麋鹿之圈，也许距上述兽圈不远。秦有“麋圈”封泥，同优旃言合。（图4-14）

图4-14　麋圈封泥

① 此处为《太平御览》卷197、483所引，而《水经注·渭水》引《列士传》作“秦昭王会魏王”。

第二节　汤池

一、温泉

（一）骊山汤

今陕西临潼区的骊山，自古以来即是一处风景名胜。作为秦岭的支脉，骊山峰峦叠嶂，林木葱茏，加上处于几个地质断层交会处，来自地下千米深的热水（循环深度 977 米）常年涌流，既便洗浴，又聚之为池，风景秀丽，深得人爱。其北即为母系氏族时代先民的姜寨村落遗址，在今华清池的地层下部也发现了石锛、石铲、陶环及大量的绳纹红陶片，从而表明骊山温泉在 6000 多年前，已成为原始人类徜徉生息之地。其后裔骊山氏在商代就于此建立骊戎之国，据有骊山及温泉。周代在骊山温泉地建立行宫，幽王偕爱妃褒姒行乐失国，是尽人皆知的历史故事。

秦始皇曾在温泉砌石作浴池并建造房舍，正式取名“骊山汤”（《三秦记》）。历史的记载，已得到考古的验证。在唐华清宫星辰汤遗址下，已经发现了颇为丰富的秦文化层，残存有温泉水源设施、殿宇建筑、汤池和供排水设施。汤池在殿内，平面略呈正方形，东西长 6.55 米，南北宽 6.2 米，残深 0.45 米，面积 40.92 平方米，可供多人洗浴。其引排水的管道分为两类，一是陶质管道（五角形和饰绳纹的圆筒形 2 种），一是用石块和方砖砌筑的水道。堆积物中还有常见的秦绳纹板瓦、筒瓦、条砖、小方格方砖及房屋构架物、门楣、门闩等。[①] 如果联系骊山汤有甬道通阿房宫及信宫的文献材料，就不难想象这处避暑与洗浴的风景胜地，当年殿屋重重、朱槛绕户、水环翠荫、飞阁相连的一派雄姿。其西接首都咸阳，东通丽山陵墓，南依绣岭，北邻驰道，不啻是人间天堂。

骊山温泉溢出地面的温度是 43℃，水含石灰、碳酸锰、碳酸钠、硫酸钠、氯化钠、二氧化硅等多种矿物质和稀有元素，还有多种离子。水质为中温、低矿化、弱碱性、中等放射性型水，对人体具有较高的医疗作用。经沐浴可疗疔疖癍疱。古人早已认识骊山温泉的价值，接踵而至，以一洗为快。据《三秦记》载：“俗云秦始皇与神女游而忤其旨，神女唾之则生疮。始皇怖谢，神女为出温泉而洗除。”因此，人们把骊山汤又称作“神女汤泉”。

① 骆希哲：《华清池春秋》，陕西人民出版社，1992 年；又《华清稽古》，陕西人民出版社，2011 年。

自秦之后，历代对骊山汤也多作修饰增建，名称也有更改。从皇帝佞幸、达官贵人、文人士子，到庶民百姓，多来这里享受上苍赐予的嘉惠。唐玄宗天宝六载（公元747年），改“温泉宫”为“华清宫”，汤池也统称“华清池”。李隆基同杨贵妃在此沉湎于管弦歌舞之中，“朱门酒肉臭，路有冻死骨”成了当时社会的真实写照。

（二）蓝田温汤

位于西安市东南38公里处的蓝田汤峪，又是一处洗浴疗养的胜地。汉武帝扩大上林苑，在今焦岱镇建起鼎湖延寿宫（即“鼎湖宫”），西侧的今汤峪一带，自然也包括在内。《汉书·昭帝纪》：“元凤元年（公元前80年）春，长公主共养劳苦，复以蓝田益长公主汤沐邑。”汤峪有温汤（温泉）作为“汤沐邑”，名实相符。以此断言，据有关中的秦人必定也早知道此温汤的洗疗价值。

蓝田汤峪南屏巍巍秦岭，汤峪河从山中自南而北流出，不舍昼夜，风景独秀。河西侧温泉出井温度62℃，含有硫酸盐、氟、铁、钼、碘、锰等多种矿物质和微量元素，是12类矿泉水中最优秀者。特别是氟离子和可溶性二氟化硅，更能够“去腻洁肤，治疗多种疾病”，水疗有效率可达到91.6%。对治疗关节炎、风湿、皮肤病的疗效尤其显著。唐玄宗曾在汤峪建“大兴汤院”，分设有玉女、融雪、漱玉、濯缨等5池，闻名京师长安。于此大兴土木的结果，是达官显宦，乐而忘归。“桃花三月汤泉水，春风醉人不知归”，就是称赞汤峪温泉的著名诗句。

二、池沼

（一）牛首池

牛首池属上林苑“十池”之一。(《三辅黄图》)《史记·司马相如列传》有“濯鹢牛首”之句,《集解》引张揖注云：“牛首，池名，在上林苑西头。”因池中有自生之韭，亦名“野韭泽”。汉又称“牟首”。

《括地志》：“在雍州长安县西北三十八里。”《太平寰宇记》：“地在内苑西，丰水西北。”秦上林苑的西界在丰水，则牛首池当在今咸阳市南钓台街道办西张村一带。这里地面有大量的砖瓦残片，也采集到一件汉“上林”文字瓦当。其西的马寨村西北约250米处，1957年调查时发现渭南台地上在20万平方米的遗址内，暴露有灰坑和窑址，出土战国到秦汉间的红灰陶罐、绳纹瓦、管道、铜矛、铜斧等。

（二）滈池

滈池为西周镐京地区的大池,《三辅黄图》：“镐池在昆明池之北，即周之故都也。”

又引《庙记》:“长安城西有镐池，在昆明池北，周匝二十二里，溉地三十二顷。”地当秦阿房宫前殿遗址的西南。汉昆明池故址的北界在今长安区西北斗门镇的丰镐村，滈池范围则在常家庄之北，“斡龙岭”以南，东至孟家寨，西到马营寨之间。

《史记·秦始皇本纪》载：三十六年（公元前 211 年）“秋，使者（郑容）从关东夜过华阴平舒道。有人持璧遮使者曰：‘为吾遗滈池君。’因言曰：‘今年祖龙死。’使者问其故，因忽不见，置其璧去”。“滈池君”指周武王，暗喻汤武革命，事涉离奇。秦滈池在汉代仍用以灌田，大概在唐代末年或宋初才堰废池涸。

（三）滮池

古池，在周代就用水灌溉。《诗·小雅·白华》有“滮池北流，浸彼稻田”的句子。《水经注·渭水》:“滈水又北流，西北注与滮池合。”因为“滈水源出雍州长安县西北滈池”（《括地志》），也即“滈水承滈池”（《水经注》），所以对照“西北注与滮池合”的话，就知道滮池在滈池的西北。《水经注》还有“池水北迳镐京东、秦阿房宫西”的记载，我们结合地望就可以确定滮池在今西安市长安区西北丰镐村西、王寺村西南 1000 多米的地方。至今这里仍然保持着低洼的地貌，当是滮池的故址。

滈池、滮池和牛首池都在秦阿房宫西侧不远处，呈扇形分布，很自然地构成一个环绕朝宫的风景线。对于调节气候、创造优美环境，有着积极的作用。可惜人类活动空间的扩大，引发了一系列互为因果的影响。《括地志》说滮池的范围是“今按其池周十五步”，显然成了一个缩小了的水潭。特别是唐修昆明池时，填塞了北流的注水口，陆续使滈池、滮池干涸淹废，夷为民田。唐文宗太和年间（公元 827 ~ 835 年），石堰堵塞，输水来源断绝，连昆明池也逐渐干涸了。

（四）长池

长池是秦始皇在渭北引水修建的一处人工湖。唐徐坚《初学记》引《三秦记》:“秦始皇作长池，张渭水东西二百里，南北二十里。筑土为蓬莱山，刻石为鲸鱼，长二百丈。亦曰‘兰池陂’。”

秦之“兰池陂”实则原来就有“兰池”，汉改名“周氏陂”。秦始皇为了扩大兰池的蓄水量，所以才从上源引渭水入池。不但流经长、流域广，而且引水同兰池结合使容量增大，从形状上看，确是个名副其实的“长池”。具体位置在今咸阳市东渭河发电厂的下面。至于引水工程详说，见本章第二节中的“兰池宫与兰池”。

第五章

城市商业

第一节　市肆

一、商业政策

（一）城市商业经济发展的趋势

随着秦人走出陇东沟谷、越过关山、沿汧渭而下，他们的行为方式逐渐产生变化，经济模式由游牧转向农耕，商品交换不再是以物易物，金属货币作为等价物加入到市贸行列。于是，秦国经济结构发生新的变化，也给城市的布局带来了直接的影响。陕西凤翔雍都市场遗址的发现，不但反映了秦国在战国早期已经产生了较为活跃的商业贸易，也体现了秦国对这一固定交换场所实行着集中的管理和控制。尽管秦国商品经济和市场贸易的整体水平，还远远落后于关东诸国。但是，随着生产的发展，商业行为毕竟是不可阻挡地发生了。因为这是社会发展的必然，也是人们生活需要的使然。

栎阳“北却戎翟，东通三晋，亦多大贾”（《史记·货殖列传》）。秦献公七年（公元前 378 年）“初行为市”（《史记·秦始皇本纪》）。可见城市商品经济发展，交易活跃，秦国设立市府机关，规范商业行为，开始把市场的集中管理纳入制度化的轨道。

但是，商鞅变法以后，错把正当的商业活动同耕战政策对立起来，从而推行了一项“重农抑商”的政策。他贬斥商业为“事末利”，把商人同懒汉视为一等，明令要“举以为收孥”（籍没其妻子，一律作为官奴）。规定“僇力本业，耕织致粟帛多者复其身”（《史记·商君列传》），使隶臣妾的身份变为自由民。同时，实行全民皆兵，奖励军功，加强国家的武装力量。总之，他是要把秦国朝野上下的注意力都凝聚在“农战”二字上。因为绝对化地抬高重农思想，轻视商业贸易，反对经商，就不适当地扩大了对商人的打击面。固然是因改变贫弱的心切，害怕工商业影响农战，以为既着眼于富国强兵，就得着手于发展农业生产，增强国家的经济实力。殊不知抑商的结果，使商品经济的发展变得缓慢，反倒使人民的经济生活与日常生活趋于单一化。

（二）秦始皇的商业观与工商政策

秦始皇继续推行重农抑商政策。公元前219年，他在琅琊刻石中明确宣称："皇帝之功，勤劳本事，上农除末，黔首是富。"（《史记·秦始皇本纪》）在这里，"上农"尚可，"除末"则未免太过。事实上，他在执行过程中是有所变更的，而且还把商业活动纳入了法制的轨道，给工商业的发展创造了有利的条件。这表现在以下诸端：

1. 把被灭国家的大工商业富豪迁往边地，没收其原有财富（包括一切不动产和奴隶），容许在新地重操旧业，经营工商业致富。最有名的例子就是临邛（今四川邛崃）的蜀卓氏，他原是赵国来的"迁虏"，程郑属于山东的"迁虏"，还把魏国的孔氏迁到南阳，[①]把楚国的班氏迁到晋、代之间。[②]"迁出"本土的目的在于消灭他们在六国之经济势力，"迁入"外地则是对其经营致富能力的再利用。

2. 褒奖富商大贾，鼓励有利于国家的商品生产。乌氏倮经营畜牧业，其数量大到"用谷量马牛"。他用自己的牛羊换取内地的丝绸，再把丝绸贩卖给长城之外的戎王，获利"十倍其偿"。秦始皇"令倮比封君"，可以"与列臣朝请"。[③]他还给巴蜀世代经营"丹穴"致富，给"守其业用财自卫"的寡妇清修筑了"女怀清台"，表彰其为"贞妇"。[④]对这些"穷乡鄙人"的奖励，使之"礼抗万乘，名显天下"的目的，就在于"交易之物通得其所欲"（《史记·货殖列传》），使内地同边陲的物资交流畅通，以满足国家财政的需要。

3. 全国统一，从宏观上给工商业的发展创造了条件；统一度量衡制与货币，便利了商

① 《史记·货殖列传》："蜀卓氏之先赵人也，用铁冶富。秦破赵，迁卓氏。卓氏见虏略，独夫妻推辇，行诣迁处。诸迁虏少有余财，争与吏，求近处，处葭萌。唯卓氏曰：'此地狭薄。吾闻汶山之下沃野，下有蹲鸱，至死不饥。民工于市，易贾。'乃求远迁，致之临邛，大喜。即铁山鼓铸，运筹策，倾滇蜀之民。富至僮千人，田池射猎之乐，拟于人君。"

"程郑，山东迁虏也，亦冶铸。贾椎髻之民，富埒卓氏，俱居临邛。"

"宛孔氏之先，梁人也，用铁冶为业。秦伐魏，迁孔氏南阳。大鼓铸，规陂池，连车骑，游诸侯。因通商贾之利，有'游闲公子'之赐与名。……家致富数千金，故南阳行贾尽法孔氏之雍容。"

② 《汉书·叙传》："班氏之先，与楚同姓。令尹子文之后也。……秦之灭楚，迁晋、代之间，因氏焉。始皇之末，班壹避坠于楼烦，致马牛羊数千群。值汉初定，与民无禁。当孝惠、高后时，以财雄边，出入弋猎，旌旗鼓吹，年百余岁，以寿终。故北方，多以壹为字者。"

③ 王学理：《乌氏倮的中介贸易与秦统一大业》，载《秦始皇帝陵博物院》，三秦出版社，2012年。

④ 王学理：《输丹之路——秦始皇与巴寡妇清》，载《秦始皇帝陵博物院》，西北大学出版社，2018年。

品流通和交换，也保证了国家赋税制的推行。秦始皇还“堕坏城郭，决通川防，夷去险阻”（《碣石门刻石》），即拆除了六国的某些郡县城郭，决通了原利用大河堤防扩建成的长城，[①]铲除了阻碍交通的关塞，加强了全国的经济联系，也解除了关卡林立对商旅的盘剥。

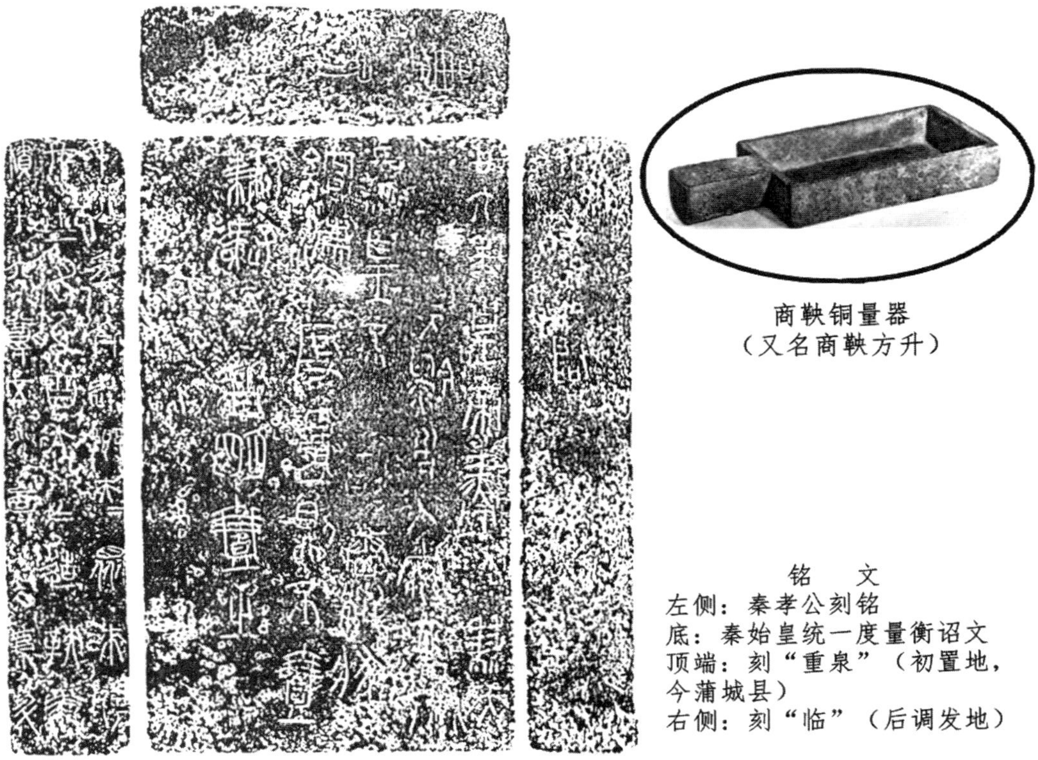

图 5-1　商鞅铜量器与铭文

① 春秋战国时期，各国以加固堤防作为战争的防御手段。

秦国：《史记·秦本纪》和《六国年表》载，秦国在公元前461年和前417年两度“堑河旁”（扩大黄河堤防），公元前408年“堑洛”（修筑北洛水的堤防）。

齐国：《竹书纪年》记齐国在公元前350年“筑防以为长城”，也就是常说的“长城钜防”（《史记·苏秦列传·正义》引）。

魏国：《史记·秦本纪》载魏国西境“筑长城，自郑（今陕西华阴）滨洛以北有上郡”。

赵国：《史记·赵世家》赵武灵王十九年（公元前307年）说赵国南边的长城是连接漳、滏二水的堤防而扩建的。

燕国：《战国策·燕策一》载，燕国西南的“易水长城”是利用易水堤防而成。（张仪说辞）

楚国：《吕氏春秋·下贤》说楚国北境的“方城”是利用瀙水、沘水堤防连接山脉和高地而成，被称作“连堤”。

秦始皇二十六年（公元前221年），即按商鞅“平斗桶权衡丈尺”后的秦制，把“一法度、衡石、丈尺”的法令推向全国，统一了各国计量单位很不一致的度量衡。（图5–1）［按：战国时期，各国计量单位很不一致，量制：秦国以升、斗、桶（斛）为单位；齐国则有升、斗、区、釜、锺，还增加了一个半区的单位——鉀，等等。

衡制：斤以下，秦国有两、铢，楚和魏则有锊（鍰），魏国还有大于斤的镒。

同时，公制与私制有所不同，进位又不统一，相当混乱］

度量衡实测异制列表

单位比值 / 国别	度	量	衡
秦	1丈=10尺=100寸≈230厘米	1斛=10斗=100升=1000合≈2010毫升	1石=120斤≈30750克，1斤=16两=384铢≈256.25克
两周	1尺≈23.1厘米	1斗≈1997毫升	1=？克，1两=24铢
三晋	？	赵：1斗=10升=20益≈2114毫升；魏：1斗≈7140毫升	1镒=？釿=？克 1寽=？
齐	？	1锺=10釜=50区=100鉀=250豆=1250升≈205000毫升	？
楚	1尺≈22.5～23.0厘米	？	1斤=16两=384铢≈251.5克
燕	？	？	？

据《汉书·律历志》记载，秦的单位及进位标准是：

度制：1引=10丈=100尺=1000寸=10000分

量制：1斛=10斗=100升=1000合=2000龠

衡制：1石=4钧=120斤；1斤=16两；1两=24铢

以标准器“商鞅方升”为准，结合“始皇方升”“高奴铜石权”及更多的秦权量文物测试，可以确知秦的1尺=23.1厘米，1斗=2010毫升，1斤=256.25克。

战国时期，流通的货币有布、刀、金版及圜钱4种形态，换算相当麻烦。[①]秦国虽用圜钱，前后也有变化，而且还夹杂着一种尚有争议的布币。［按：秦国在春秋时期曾用过贝币，如陇县边家庄五号秦墓中发现石贝290枚，宝鸡阳平镇秦墓出土海贝3枚、石贝4枚，凤翔八旗屯秦墓也有海贝38枚、石贝5枚。

① 战国时期，周和三晋地区主要流通布币，周多用空首布，三晋多用平首布。而三晋的布币有尖足和方足的不同，货币单位是“釿”和“寽”。赵、魏两国还兼用少量的刀币，如铸“邯郸”“晋阳”等地名的直刀。两周后来又分别铸行环钱。

燕国和齐国主要流通刀币，货币单位是“化”。燕国也用过布币，如“襄平”布。

楚国用金版，每版重1斤，称量计值。以铜的蚁鼻钱（或称“铜贝”“鬼脸钱”）作为辅币。

战国末期，除楚国外，各国都出现了圆钱，孔有圆有方。但货币单位则保持着刀币和布币的传统不变。

自春秋晚期起，各诸侯国相继铸造货币。战国中期前段稍后，秦国也开始使用金属铸币。秦献公七年（公元前378年）“初行为市”，有可能是秦用铸币的开端。但是，秦钱的形态、面文、重量在百多年间几经变化，也因地区及铸造技术而存在着些许差别。略如以下几种：

（1）一两圜钱和半圜钱：基本形态是一种圆孔、平幕、无郭的环钱。前者面文旋读，作“珠重一两十二”“珠重一两十三”“珠重一两十四”3种。珠，即铢，或为圆、圜之意。《古泉汇》说：“圜法以铢、两计者始于秦。”故“珠重一两”实指圜钱一枚之重是一两。经测定，直径3.7～4厘米，重量多为12～14克。“十二”“十三”“十四”，同重量无关，当系铸造编号；半圜铜钱形体较前述“一两”钱小，孔径比例略大，直径2.9厘米、重6.9～7克，钱文“半圜”二字分置孔侧。（图5-2）

图5-2 “一两”圜钱与“半圜”钱

“一两”钱过去有著录，北京、天津有传世的藏品。近年在扶风、凤翔秦公陵园、咸阳、西安都有出土或征集物。陈直《关中秦汉陶录》还载：在咸阳发现青石范（残）1块。“半圜”钱除著录外，还在西安、三原、宝鸡有藏品。（《陕西金融·钱币研究》）以上两种钱文作大篆书体，笔画粗细不匀，其“两”“半”两字与“半两”钱略近。两钱轻重相权，并行流通，当属于秦币初期的大小二等制。

（2）“半两”圆钱：圆钱方孔、无郭、背光平，钱文“半两”是基本形态。（图5-3）但从出现到秦末世的130年间，其重量与钱文书体是有变化的，经多位学者对出土实物的研究，排列的时间序列与鉴定标准，表式如下：

拓片（一）：
秦惠文王二年
（公元前 336 年）
“初行钱”

拓片（二）：
秦昭王至始皇免吕不韦相间
（公元前 306 年～前 237 年）

拓片（三）：
统一前始皇执政期
（公元前 236 年～前 221 年）

图 5–3　秦“半两”铜钱分期举例拓片（a）

拓片（四）：
统一后秦始皇统治期（公元前 221 年～前 210 年）

拓片（五）：
秦二世统治期（公元前 209 年～前 207 年）

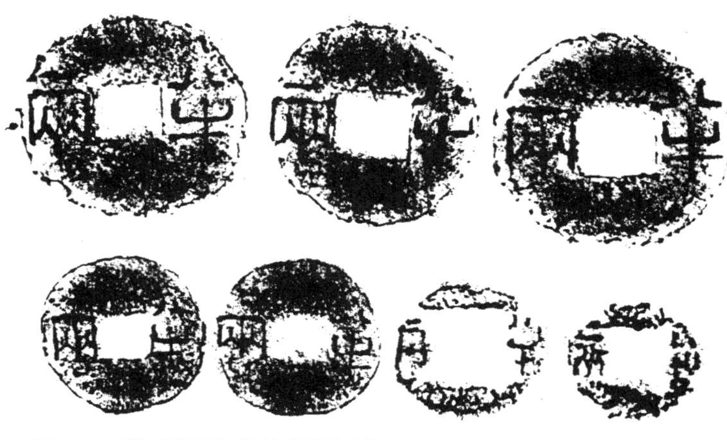

图 5–3　秦“半两”铜钱分期举例拓片（b）

"秦半两"铜钱鉴别标准表

附：半两钱分期拓片举例

阶段	时间	重量		钱文		材料出处	拓本举例
		钱体特征	重量（克）	书体特征	典型笔画		
一	秦惠文二年（公元前 336 年）"初行钱"	a. 铸造不精，周边有毛茬；b. 钱体厚重	平均6克以上，最重 11 克	a. 介于大篆与小篆之间 b. 二字大小不一	"半"上横划圆转，但不对称	四川青川郝家坪 M50、凤翔、咸阳黄家沟、长安首帕第一类	见拓片（一）
二	秦昭王至皇免吕不韦相期间（公元前 306 年～前 237 年）	a. 铸造粗糙；b. 小、轻薄	3~6 克（最轻 1.7 克）、径 2.5~2.8 厘米（最小 2.5 厘米）	a. 钱文高低不匀 b. 字大小不一	"半"上横方折	青川、首帕张第二类	见拓片（二）
三	统一前到始皇执政期间（公元前 236 年～前 221 年）	a. 周边光滑，穿孔方正；b. 大、重、厚回升	重 6 克左右，径 2.2~3 厘米	钱文规范，笔画方折，大小一致	"两"横划短	首帕张第三类	见拓片（三）
四	统一后秦始皇统治时期（公元前 221 年～前 210 年）	a. 周边修整形体规矩；b. 重、大	"重半两"（12 铢）8 克左右，径 3 厘米以上	标准小篆书体，字形宽博，笔画方折	"半""两"大小相同，"两"内双"人"修长	咸阳长陵车站窖藏、渭南同家村有残石范出土	见拓片（四）
五	秦二世时期（公元前 209 年～前 207 年）	a."复行钱"后的半两钱轻小，减重一半	重 2.29~4.97 克，径 2.8~2.9 厘米	小篆，字形长，笔画方折纤细	字小	咸阳宫殿遗址、始皇陵鱼池遗址有出土	见拓片（五）
		b. 出现榆荚钱	重不足 2 克，径不到 2 厘米	孔大字小	"半"字不全，"两"内双"人"平直	汉阴县出土、四川茂汶秦墓	

（3）"两甾"钱：外圆内方，有郭，或无。钱文"甾"作"甾"，显系异体。《说文》："甾，六铢也。"两甾即半两，合十二铢。1955年四川巴县冬笋坝战国墓出土2枚(《四川船葬发掘报告》)，陕西长安县韦曲乡首帕张村秦钱窖藏出土 1 枚（《考古与文物》1987 年第 5 期）。两甾钱数量虽少，但在战国晚期多同半两钱伴出，说明秦"初行钱"之后，它作为一种异体是与半两同时流通的，只是到秦统一六国之后才停止铸行。（图 5-4）

图 5-4 "两甾"钱

（4）"文信钱"与"长安钱"：属于战国末年秦私人在短期内铸造的圆钱，"形制类半两"。文信钱面有四曲文，无郭，幕平素，直径 2.4 ～ 2.5 厘米，重 2.9 ～ 3.4 克。河南洛阳汉魏故城遗址出土 3 枚，西安、咸阳各出土 1 枚，共计 5 枚。另外，传世的还有 10 余枚。洛阳汉河南县城遗址还出土过石范（左丘：《略谈"四曲文钱"》，《考古》1959 年第 12 期），当是吕不韦为秦文信侯 12 年间（公元前 249 年～前 237 年）私铸的铜钱；"长安钱"也是圆钱方孔，平幕，无郭，直径 2.1 ～ 2.3 厘米，重 1.8 ～ 2.1 克。据说出自咸阳，当是秦始皇之帝长安君成蟜所造。洛阳还在废品收购站拣选到一枚"长安钱"，为方孔，上有铸

“柄”（未打掉的毛刺），钱文作旋读，直径 2.4 厘米，穿径 1×0.9 厘米，重 4.4 克。（图5–5）

1　　2

1. 文信钱　2. 长安钱

图 5–5　“文信”钱与“长安”钱

（5）秦布币：见有两种，即特殊的三孔布和方足布。前者形作圆首、圆肩、圆裆、圆足，大者正面一般铸地名，如“鲁阳”“安阳”“上阳”“下阳”“上专”“下专”“杞”“雁乡”“北九门”“上苑”“阿”等，背文有“一两”二字；小布背文为“十二铢”三字。三孔布发现 30 余品，正面这些地名经裘锡圭、何琳仪、黄盛璋诸先生考证，都在战国晚期的赵国版图之内，故有学者认为它属于赵币，而有学者认为当属秦在新占领区为应急而临时铸行的货币，因而形用赵布，币值单位用秦的“两”“铢”。（图 5–6）

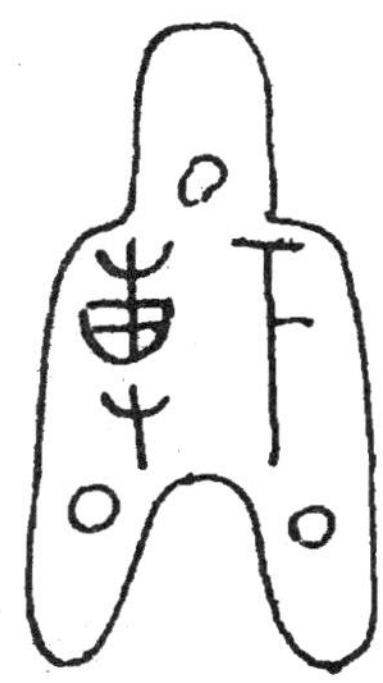

图 5–6　三孔布

甘肃庆阳出土一种带有“宝”字和“宁”字的方足布（《金文分域编》），有可能是秦国在个别地方铸造布币的试制品］及至秦始皇统一货币，就采用了三等制。《史记·平准书》：“及至秦，中一国之币为三等，黄金以镒名，为上币；铜钱识曰‘半两’，重如其文，为下币。而珠玉、龟贝、银锡之属为器饰宝藏，不为币。然各随时而轻重无常。”在此虽说币为三等却列上下，实际还应有一种“布帛”①。在这里，秦不但对货币的形制、重量有着明确规定，而且把铸造权统统收归中央。制如：

① “三等”的下币中，因未言明包括“布帛”，就引起误会。所以《汉书·食货志》改为“二等”。王先谦《汉书补注》、梁玉绳《史记志疑》等，都用后说。

黄金：以“镒”为称量单位。[①]秦栎阳遗址出土的金饼重312.5克，当是镒的标准重量。[②]

“半两”钱：形为圆钱方孔，无郭，正面钱文“半两”二字凸起，分列孔之两侧，背光平。较战国秦半两钱轻小，直径一般在2.5～3厘米，重4～6克。这就是说，面值虽然标重“半两”（12铢合8克），但往往因“钱善不善，杂实之”（秦简《金布律》），实则只有5～6铢。[③]（图5–7）

图5–7　秦“半两”铜钱

布帛：作为货币使用，其单位是“布”。一布的规格是“袤八尺，福（幅）广二尺五寸”（云梦秦简《金布律》），同半两钱换算的比值是“钱，十一当一布”（引同上）。十一钱抵一布，换算率为11∶1。不过，以布帛作货币是周人的货币形态，而秦以钱同布换算就反映出以半两钱取代布的趋势。所以计量单位的统一，有利于商品交换中价格的折算。

4.继续设市，集中管理，使货畅其流。当秦德公、穆公居雍时，“隙陇、蜀之货物而多贾”（《史记·货殖列传》），已有商品流通，都城已不仅仅是秦公居住的防御性堡垒，其商业经济职能也得到了充分的发挥。“市”设雍城内北部，完全符合营国规划中“前朝后市”的模式（《周礼·考工记》），这既是春秋战国以来秦国城制内容的反映，也是在商品经济缓慢发展中毕竟有着长进的表现。

秦献公适应形势，在栎阳“初行为市”，于城邑设置交换中心，用法令形式进一步明确商业活动的合法性。“栎市”陶文的发现，证实了此间“多大贾”和市的存在。张若治成都城，“置盐铁市官，并长丞，修整里阓，市张列肆”（《华阳国志·蜀志》）。

至秦始皇时，一些县邑都有了市的设立，有陶文可证的，如栎阳的“栎市”、频阳（今

① 镒，《食货志》作“溢”，系借字。其重有“二十两”（《国语》韦昭注、《战国策》高诱注）、“二十四两”（《孟子》赵岐注、《文选》李善注、贾逵《国语》注）两说。作注者除韦为唐人外，赵、高、贾都是东汉人，可知其所用重量单位都是秦汉之制。据吴承洛《中国度量衡史》与战国到秦汉时期出土物实测，秦汉时1两=16.14克左右，那么，镒重约合322.8克和387.36克两种。

② 1962年，陕西省临潼县武屯乡武家屯村的农民在平整土地时，发现了一个陶釜，内装有黄金饼8块，上面刻有各种数字，每块净重5市两，合312.5克。经鉴定，含金量高达99%。《史》《汉》中多记有奖赏和比价黄金多少“镒”的事实。

③ 战国秦“半两”铜钱较大而重，直径一般在3.2厘米左右，重量多为5.4～7.4克。因铸造技术等原因，也有超重或不足的情况。不可否认的是由于使用磨损，还存在着减重的现象。但出土者，均不及“十二铢”（半两）。随后，铸造的半两钱，即趋向轻小。这说明货币作为一种支付手段，在商品流通和交换过程中虽说起着等价物的作用，但为了携带方便，秦始皇通过政权的力量禁行六国货币，其统一使用的“半两”钱同称量货币的关系就越来越远。那么，其流通信誉不是依赖自身指示的实际重量，而是靠国家的法律来支撑的。

陕西富平县东北50里美原镇的古城村）的“频市”，美阳（今扶风县北20里的法门镇）的“美亭”，丽邑（今临潼区东新丰镇刘家寨、沙河村）的“丽市”“焦亭”，杜县（今西安市雁塔区杜城街道杜城村）的“杜亭”，安陆（今湖北安陆、云梦一带）的“安陆市”等。（图5–8）

图 5–8　亭市陶文

在首都咸阳更有多处市的存在，文献见载的就有“咸阳市”“直市”“奴市”和“军市”等，并且也得到“咸阳市”“咸阳亭”“咸亭”“咸隧阳”“平市”等出土陶文的证实。

5. 把商业活动纳入法制化管理的轨道。

其一，币制立法。

公元前336年，秦惠文王在咸阳颁布了“初行钱”的法令，不只把铜铸的圜钱作为秦国的主要货币形态，更重要的是禁止民间私铸，把钱的铸造权和发行权集中在王室。云梦秦简的《金布律》可视为我国第一部“钱币法”，秦始皇对钱币的形制、重量、铸造方面在统一全国货币的基础上，还对流通中的收纳、核算都作了明确的规定。半两铜钱是官府铸造的货币，因技术水平不一，在钱体和质量上都存在着很大的差别。但为维护半两钱的信誉，绝不允许择美拒恶。所以《金布律》规定：“官府受钱者，千钱一畚（竹或蒲草编的容器），以丞、令印印。不盈千者，亦封印之。钱善不善，杂实之。出钱，献封丞、令，乃发用之。百姓市用钱，美恶杂之，勿敢异。”《关市律》：“为作务及官府市，受钱必辄入其钱缿（盛钱的瓦器）中，令市者见其入，不从令者，赀一甲。”显然这是为了严格官府市的现金管理，防止官商贪占货款。

其二，校验计量器。

商鞅方升底部刻有秦始皇二十年的诏文，明确“法度量则不壹，歉疑者皆明壹之”，实是对原来“积十六尊（寸）五分尊壹为升”这一标准器的承认。而且在法定的铜、陶量器和铜、铁权上，都刻有始皇诏文，或者另制造一种有刻文的诏版，用来嵌在度量衡器上。秦二世篡权后，同样也在始皇刻诏之后加刻上另一维护原诏的诏文，虽属画蛇添足的钓名之举，但也表明贯彻如一的态度。[①]（图 5-9）

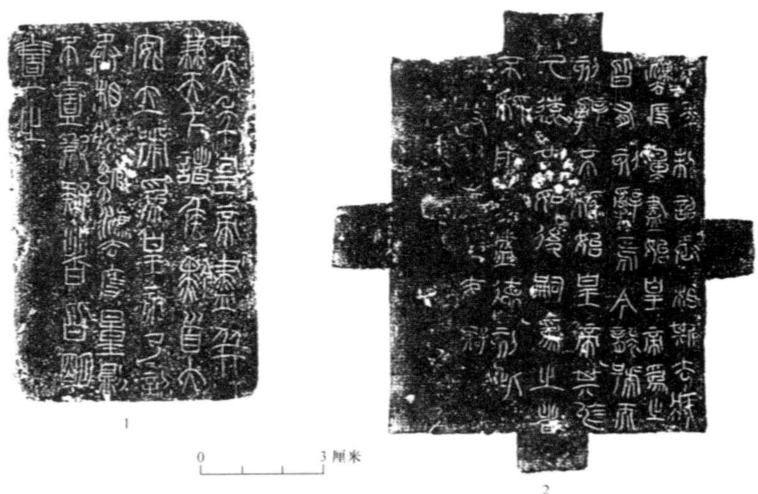

图 5-9　铜诏版（1961、1983 年出土）

① 权、量上的刻诏同铜诏版上刻文完全一致，文作：“廿六年，皇帝尽并兼天下诸侯，黔首大安，立号为皇帝，乃诏丞相状、绾：法度量则不壹，歉疑者皆明壹之。”

秦二世对调回的权、量，还要加刻自己的诏文：“元年，制诏丞相斯、去疾：法度量尽始皇帝为之，皆有刻辞焉。今袭号而刻辞，不称始皇帝。其于久远也，如后嗣为之者，不称成功盛德，刻此诏。故刻左，使毋疑。”

诏量和诏权过去多有著录，后在陕、甘、冀、晋、辽、鲁、苏、内蒙古等省也有不少出土。1961 年 11 月，我们在咸阳市长陵车站南沙坑中出土的千多斤铜铁器中，竟发现了我国第一块有明确地点及地层关系的始皇诏版。次年，我又在沙坑窖藏中发现了一块作横长形的残诏版。20 世纪 80 年代，还在西南沙坑中出土一块秦二世诏文的铜诏版，其中一些字模糊不清。

为了“易关市，来商旅”，保证度量衡统一无误，秦始皇建立校验和监督制度，并把这些写入法律条文之中，如《工律》规定：“县及工室听官为正衡石赢（累）、斗、用（桶）、升，勿过岁壶（壹）。有工者勿为正，叚（假）试即正。”即县和管理手工业的工室对发放的度量衡器要校正，至少每年一次。按照《吕氏春秋》记述每年检验度量衡的时间是二月和八月。对计量器具，允许有一定的误差限度，但超过或不足者则视为不准。秦简《效律》有对衡制、量制不准而按级处罚的详细规定。[按：秦简《效律》对衡制和量制不准的处罚条文，睡虎地秦墓竹简整理小组列表如下：

衡制			
石（120斤，1920两）	误差	16两以上	赀一甲
		8两以上	赀一盾
半石（60斤，960两）		8两以上	赀一盾
钧（30斤，480两）		4两以上	赀一盾
斤（16两）		3铢（1/8两）以上	赀一盾
黄金衡累		1/2铢（1/48两）以上	赀一盾
量制			
桶（10斗，100升）	误差	2升以上	赀一甲
		1升以上	赀一盾
斗（10升）		1/2升以上	赀一甲
		1/3升以上	赀一盾
半斗（5升）		1/3升以上	赀一盾
参（3又1/3升）		1/6升以上	赀一盾
升		1/20升以上	赀一盾]

其本意固然是为了便于秦政府收取租税、发放官吏奉禄，但在客观上也起到了公平交易、促进商业活动的作用。

其三，验质限价。

法制化的质量监督，第一步是严格把握商品生产的质和量。《工律》规定：“为器同物者，其大小、短长、广亦必等。”同类产品的规格标准化，从质量监督到市场管理，在这里已体现在国家的法规之中。同样，对出售的商品除过不足一钱的小商品外，一律明码标价：“有买及买（卖）殹，各婴其贾（价）。小物不能各一钱者，勿婴。”（《金布律》）对商品系签挂牌使买方明白、卖方不得抬价，也方便市场检查。

其四，严格控制商人。

对没有入秦市籍的外来商人须办“布吏”手续，《法律答问》：“客未布吏而与贾，赀一甲。可（何）谓‘布吏’？诣符传于吏，是谓‘布吏’。”凡是邦客的凭证经过地方官吏审验了的，登记后才允许经商。

为防逃税，售出商品后必须“入钱缿中”，否则要受罚。

报废的官物，经过查验无误，由大内于每年7月定时变卖。

特别规定“吏自佐、史以上负从马、守书私卒，令市取钱焉，皆迁”，避免官吏利用职权而动用官府的人力、畜力经商牟利。

二、管理与集市

（一）商业领导机构

“少府”作为中央级官职的九卿之一，其职责是“掌山海池泽之税，以给共养”（《汉书·百官公卿表》）。应该说，掌管工商税收以供养皇室度用是其主要职责之一，同“九卿”之一的治粟内史收农业税以供国家使用是不同的。

盐铁资源在古代笼统归之为“山林”“川泽”，为收入之大宗，商鞅曾专山泽，兴盐铁，其利“二十倍于古”。（《汉书·食货志》）惠王时，“咸阳、成都皆有盐铁市官及长丞”（《华阳国志三》）。始皇时，曾任司马迁之祖司马昌为秦主铁官。（《史记·自叙》）因此，盐铁官长丞及左、右采铁之设，都系少府的属官。

而平准物价、管理全国工商业的职官，则是少府的又一属官“平准令”，（《通典·职官八》《通典·职官四》）其副手有丞一人。（《宋书·百官志》）

秦的通都大邑、郡县城，以至于集镇村野内都有“市”的设立。都会的市可能有好几个，而县及属下的集市在一地只能有一个。

秦市设立管理机构并有配套的吏员，其衙署称作“市亭”。当然，它是与“乡亭”“鄣亭”在性质、作用和从属关系上绝然有别的市府。[按：秦汉时期的“亭”有多种，其职能也不尽相同。据文献记载与考古资料，大约有以下一些：

（1）乡亭——因设立于乡村，也称“野亭”，任务是“课徼巡”“收执贼”（《汉官仪》），作治安管理。

（2）都亭——顾炎武《日知录》：“其都亭，则如今之关厢。”陈直《汉书新证》：“都亭为各亭之首。”实是设立在郡国、县邑近郊之乡亭。

（3）街亭——秦简《盗马》爰书：“市南街亭求盗才在某里曰甲”。蔡质《汉仪》：“洛阳二十四街，街一亭。”(《续汉志》注引）是为城内之亭。

(4)邮亭——《汉官仪》:“十里一亭，亭长亭侯。五里一邮，邮间相去二里半，司奸盗。”当为保障邮路畅通的专职之亭。

(5)门亭——《汉仪》：洛阳“十二城门，门一亭。”为专职管理城门之亭。

(6)边亭——《韩非子·内储说上》：“秦有小亭临境，吴起攻亭，一朝而拔之。”《汉书·匈奴列传》：“单于既入汉塞……乃攻亭。”

(7)市亭——管理城市市场之亭，也叫“旗亭”。

由以上诸亭知，可归纳为三大系统：一是社会治安性质机构中的基层权力单位，相当于今之派出所。其中的“乡亭”为正常编制，归属于县尉，“街亭”“都亭”“邮亭”及“门亭”都属于专业的亭，相当于今之文物派出所、街道派出所、学校派出所等。二是市场贸易的商业领导、管理机构，即“市亭”。三是军事性质的边亭，即鄣亭。

“市亭”是独立的，同乡亭有别，湖北云梦睡虎地第14号秦墓出土的“安陆市亭”陶文即是很好的说明。它表明：安陆市府领导下的制陶手工业作坊在其生产过程中，经过对陶制品的胎质、形态和操作规程的检查，合格后加盖印戳，即可投入生产。可见，“安陆市亭”戳记无疑是一张“批准书”。而秦都咸阳的市亭陶文除了上面的意思外，还多有制陶工匠的里居和名字，显然是在“物勒工名，以考其诚”制度下的“保证单”］秦都咸阳遗址出土的“咸阳亭”“咸亭”及“亭”字陶文，就是“咸阳市旗亭”之省。他如“杜亭”“丽亭”等，均系县邑之市亭。“焦亭”“犬亭”等，属于始皇陵施工时在焦（即今上、下焦村）等地特设之市亭。在市亭掌管市务的市政长官称作“市亭啬夫”①，或简称“亭啬夫”。“咸阳亭久”陶文戳记，即是咸阳市亭啬夫之印。②其职责主要是检验商品、收取商税和管理市场。上海博物馆收藏有“咸阳亭半两”铜权，是咸阳市亭检验度量衡的标准器。县邑市的具体事务则是由“市啬夫”直接执行，“杜市”“栎市”陶文戳记显然属于杜县和栎阳市啬夫的印记。黄家沟秦墓出土陶罐上有“平市”戳印，同样是市啬夫有官印的反映，也说明市啬夫低于市亭啬夫。

市府对市实施的有效管理措施之一，就是按行业委派“长”或“丞”等专职官吏负责。

① 《观自得端印集》(古私印册）收录一枚传世的“亭市”小圆印，字体属秦篆系统而比较接近金文，裘锡圭先生断定此为战国时代较早期的秦国印。“亭市”当与“市亭”同义，“安陆市亭”印文可证。

② 咸阳遗址出土有“咸阳亭久”陶文，其“久”字在云梦秦简屡见，如“久识”“刻久”“必书其久”“受之以久”等。据整理小组注释：“久，读为记，记识指官有器物上的标志题识。”那么，“咸阳亭久”当是咸阳亭啬夫之印。

首都咸阳在秦惠文王时，就已设立了盐铁市官。所以，张若治成都市也“置盐铁市官，并长丞”。齐国印文中有“市师”“市相”，前者有可能是市官之长官，后者则属其副职。①

《周礼·地官》：“司稽，掌巡市，而察其犯禁者与其不物者而搏之，掌执市之盗贼，以徇且刑之。”纠察不法，维持市场治安的“市稽”即秦汉时期的“街亭”。从云梦秦简《盗马》爰书“市南街亭求盗才在某里曰甲”文知，街亭不只设于街，其辖区还有里数，这也是和乡亭的最大区别之一。那么，近市的街亭派出“求盗”徼巡商市就是可以想见的了。

（二）秦市的形制与位置

在秦都雍城内北部发现一座封闭式的露天市场，状近长方形。以最长处计，其南墙长2304米、西墙长166.5米，占地面积34030平方米。夯土围墙宽1.8 ~ 2.4米，高度不明。从墙体两侧瓦砾堆积知，原来墙头是有覆瓦作护坡的，四面辟门。1983年发掘的西门，面阔21.4米，进深12.8米，原有门楼建筑，还见有“半两”铜钱与带有“咸□里□”戳记的陶器残片。②雍市遗址位于雍都内马家庄宗庙遗址和豆腐村朝寝遗址之北千米处，几乎贴近北城墙，又位当城内纵、横两干道的交会处，既符合《周礼·考工记》关于营国制度“前朝后市”的传统模式，也与建市需交通畅达的设计思想一致。银雀山竹简《市法》说：“乃为市之广陕（狭）、小大之度，令必再（称）邑，便利其出入之门，百化（货）财物利之。市必居邑之中，令诸侯、外邑来者毋□（远）。”③雍都具有“隙陇、蜀之货物而多贾”的商业地位，因而就决定了秦市设置以方便贸易等规范问题。

雍市遗址提供给我们的毕竟是战国早期的实例，而秦都咸阳的“市”又是什么样子呢?

张衡在其《西京赋》中说“郭开九市，通阛带阓，旗亭五重，俯察百隧”，已经勾勒出西京市的一般性轮廓，显然比雍市要成熟得多。我们若再向前追溯，已知成都市“置盐铁市官，并长丞，修整里阓，市张列肆，与咸阳同制”（《华阳国志·蜀志》）。四川成都、广汉、新繁、彭州等地出土的一些市井画像砖，则为人们提供了形象的材料。④（图5–10）

① 《周礼·地官·司市》注：“市师，司市也。”即管市之吏。《荀子·解蔽》：“贾精于市，而不可以为市师。”

② 王学理等：《秦物质文化史》，三秦出版社，1994年。

③ 银雀山汉墓竹简整理小组：《银雀山竹书〈守法〉、〈守令〉等十三篇》，《文物》1985年第4期。

④ 《秦会要订补》引《说苑·反质》：“侯生逃，后得，始皇召见之，升东阿之台，临四通之街，将数而车裂之。”所谓“四通之街”就是南北两条街交叉的十字口，这里是城市行人密集的地方、商业贸易的黄金地段。古代多于此处斩罪犯，以扩大宣传和威慑作用，常有“市曹问斩”之语。市楼立于“四通之街”的中心，参见刘志远《汉代市井考——说东汉市井画像砖》，《文物》1973年第3期；刘志远、余德章、刘文杰：《四川汉代画像砖与汉代社会》，文物出版社，1983年。

它是在方形的围墙之内，有宽阔的十字大街道（即“隧”）把市内分为四区。隧两侧列肆（店铺）相对，有四望楼阁式的建筑——市楼（即“市亭”“旗亭”）位于“四通（隧）之街”的中心。于此，我们就可以概括出“市”的一些要点来：

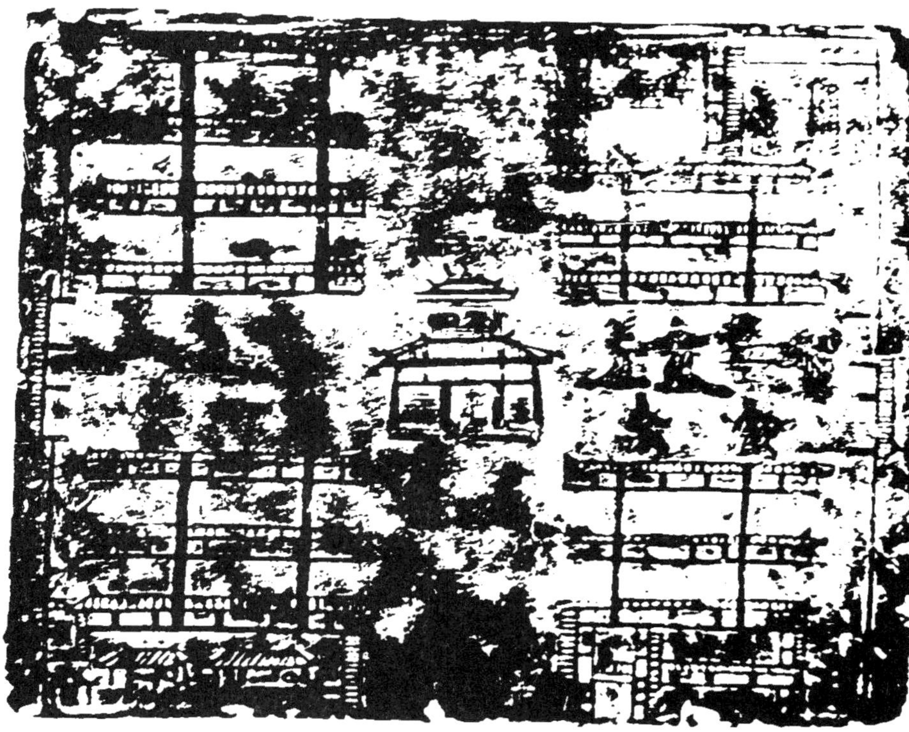

图 5-10　市井画像砖

第一，有围墙（“阛”）环绕，市门（“阓”）开向四个方向，外有道路畅通。

第二，在市中通衢处，矗立着市楼。据张衡说“旗亭五重”，可“俯察百隧”（《西京赋》）。《洛阳伽蓝记》说洛阳市的旗亭是位于高三丈土台上的两层楼房。市楼里悬鼓，击鼓则罢市。（图 5-11）

第三，店铺排在隧之两侧，即“市张列肆”。

第四，无论是贩卖鬻物的行商，或是设肆售货的坐贾，均按行业划区贸易，即所谓“九市开场，货别隧分”（班固:《西都赋》）。这样做，不只为了购物方便，主要还在于有利于“司市”进行物价评比、征取税收，（秦简《关市律》）还可防止奸商投机取巧、哄抬物价。

第五，“居列”的商贾，同市民一样，按秦法一律要入市籍，编为列伍。伍有“列伍长”（秦简《秦律十八种 · 金布律》、《汉书 · 晁错传》）。

图 5-11　市楼画像砖

（三）咸阳诸市

秦都咸阳在武王、昭王之后，商业活动比较活跃，“四方辐辏，并至而会，地小人众，故其民益玩巧而事末也”（《史记 · 货殖列传》）。因市区地域辽阔、人口稠密、都市工程接连不断，因此在多处设立市贸场所，其中除过综合性“大市”之外，还有不少专营的市场。据目前我掌握的市肆资料，渭北区有以下几处：

1. 咸阳市

咸阳市是最大又最久的一处固定的综合市场，由秦政府直接控制和管理，属于享有盛名的官市，交通便利、商贾云集、货物山积。当冀阙宫庭所在的北阪之南，约在今咸阳市东窑店镇一带。吕不韦曾以相国的身份公布《吕氏春秋》一书于咸阳市门，求改为名，声势浩大。(《史记 · 吕不韦传》) 能公布于“咸阳市门”说明有阛带阓的市存在，大市必位于人口集中的地方。除过“冀阙宫庭”附近，还能在哪里？但具体位置与形状有待探测。

作为商贸中心的都市，咸阳市除过商业活动之外，也成了政府行刑、告诫世人的地方。秦昭王五十二年（公元前 255 年），对有间谍行为的原河东守王稽“弃市”（《史记 · 六国年表》、云梦秦简《编年记》）。秦始皇三十四年（公元前 213 年）曾颁布“有敢偶语《诗》《书》者弃市”的命令。(《史记 · 秦始皇本纪》) 秦二世、赵高集团倒行逆施，举起屠刀“杀大臣蒙毅等，公子十二人僇死咸阳市”，李斯父子被“腰斩咸阳市”（《史记 · 李斯列传》）。

秦王子婴也“刺杀高于斋宫，三族高家以徇咸阳”（《史记·秦始皇本纪》）。历代处决犯人都在市曹，可以说是秦开的头。

2. 直市

直，端平之意。“直市”顾名思义，就是市场价格保持一致，不要拐弯抹角地叫价。《三辅黄图》的解释是“物无二价，故以直市为名”，并说地在富平津西南二十五里。《长安志》说“直市在渭桥北……直市平准物价，故曰直市”。

秦富平津在今高陵区西南的泾渭平原上，为一渡口，西魏时曾于这一带筑富平堰。[①]此间同“渭桥”（秦渭桥，汉中渭桥）呈东北—西南方向。所谓“渭桥北”，也当是泛指渭北的地理位置。那么，“在富平津西南二十五里”的直市约在咸阳北区的东郊，地当今柏家嘴一带。

或说“直市”是官方用以“平准物价”的实验性市场。秦国的市场交易因为国家统一管理的做法，远远落后于东方诸国，在“初行为市”后的一段时间里，商鞅等人偏激地只看到商人“奸”的一面而对其大加限制，但商品经济的发展毕竟促进了“城”与“市”的一体化和社会的繁荣。《市法》：“市者，百化（货）之威（隈），用之量也。中国能［利］市者强，小国能利市者安。市利则化（货）行，化（货）行则民□，［民□］则诸侯财物至……”[②]社会实践迫使秦统治者对商业活动态度有所转变，于是慎重地对物价实施平拟管理，以便推广他市。

3. 平市

此名称反映了它是一处经营民用产品的市场，也包含着公平交易的用意。黄家沟秦墓出土盖有“平市”戳印的陶罐，至少说明陶器是平市生产、经售的商品之一。其实附近就有玉制品和金属制品的加工地，想来官府作坊的部分产品也一定会作为商品推向这一市场。那么，平市有可能位于咸阳北区的西部，在制陶手工业作坊之北，当今长陵车站附近。（图 5–12）

图 5–12　平市陶文

4. 咸阳渭南新区的市

咸阳渭南新区的市亭未见文献记载，在秦始皇陵园范围出土有

① 富平津，据《水经注 · 河水》：“《尚书》所谓‘东至于孟津’者也，又曰富平津。《晋阳秋》曰：‘杜预造河桥于富平津，所谓造舟为梁也。’”《晋书 · 杜预传》确实也有“预又以孟津渡险，有覆没之患，请建河桥于富平津”的记载，但《三辅黄图》所说的富平津同孟津并非一地。

② 银雀山汉墓竹简整理小组：《银雀山竹书〈守法〉、〈守令〉等十三篇》，《文物》1985 年第 4 期。

“丽亭”“丽市”“丽器”“焦亭”“犬亭”“安亭”“□亭”“亭”“芷”等字的戳印陶器残片，说明这些地方都有市亭的设立并从事制陶业经营。

在始皇陵园秦墓，马厩坑、山任窑场和丽邑所在的刘寨遗址的陶器上，都有“丽亭”“丽市”戳印。（图 5-13）这不但表明在秦丽邑和始皇陵区有多处“市”的设立，而且市上销售的产品就是在其市亭作坊生产的日用陶器。还有些则是来自别地的，如马厩坑就有渭北生产的“咸亭当柳昌器”陶罐，山任窑场陶器上有“咸亭□□□器”戳印。至于陵园专用陶器上有“丽山飤官”“丽邑”“厨”“东园”等刻印文字的，本来同建筑用陶都属于中央官府作坊的御用产品，当然不能作为商品推上市场，所以在市场上就没有出售。

图 5-13　丽市陶文

咸阳渭南新区的中部和西南部是宫殿区，至今虽然还未见到有关“市”的材料，但我相信也必定有“宫市”的存在。东郊的芷阳宫遗址上发现有模印“芷”字戳文的陶器，乃是“芷阳”之省，当是芷阳制陶作坊的产品。但不能肯定此系官窑为宫廷烧造的专用品，还是芷阳市亭的产品。是否有“市”的设立？同芷阳仅有灞河相隔的半坡战国墓中就有“咸阳市亭”的陶器出土。可见，这一地区必定还是有“市”的存在。

5. 杜市

杜县有市，1962 年在城址附近的首帕张村出土千余枚“半两”钱，在盛钱的陶罐底部就有“杜市”二字的戳印。同文的陶器在清涧也有发现，在咸阳我还搜集到“杜亭”的陶片。（图 5-14）这些正是商品流通情况的反映。

图 5-14　杜亭、杜市陶文

6. 奴市和军市

奴市和军市是两种专业性质的官市。

《汉书·王莽传》载：秦“置奴婢之市，与牛马同栏”。云梦秦简的出土，证明了此一记载不属虚妄。不但国家和私家占有奴隶，而且买卖也是获得奴隶的途径之一。《司空律》：“百姓有赀赎责（债）而有一臣若一妾，有一马若一牛，而欲居者，许。”可见“百姓”（中小地主）家里拥有少量的男女奴隶和牛马。同样，也有资格从官府借用未成年的女奴隶，像《仓律》规定：“妾未使而衣食公，百姓有欲叚（假）者，叚（假）之，食就衣食焉，吏辄柀（bǐ）皮事之。”在《封诊式》“告臣爰书”中，有奴隶丙因为“桥（骄）悍，不田作，不听甲令”，经过一套法律手续，就按市场上的奴隶标准价（“市正价”）被卖给了官府。国家与私人的奴隶交易，同样按奴市的价格进行，生意也必定兴隆。

军市的设立，在战国末期是普遍存在着的。云梦睡虎地第四号秦墓出土两方木牍，记着名叫黑夫和惊的两个士兵给同母弟兄中（衷）的信。其内容主要是向家里讨钱索衣的，二月写的第一封信说如果老家安陆“丝布贵，徒［以］钱来”，黑夫就在淮阳买。三月以后写的第二封信则“愿母幸遗钱五六百，絺布谨善者毋下二丈五尺”。因为天气转热，如果赶不上换季更衣，就“即死矣。急急急”[①]。商鞅规定军市上不得有女商人，足见民市不受此限制。从《商君书·垦令》中可知，咸阳不但有百货交易市场，也有出售军需用品的“军市”。固然军队的粮食、武器和军装等是由国家配发的，但征发入伍的劳动人民充当士兵者，却要自备一定数量的口粮、衣服。军市上的商人须得密切注视军事动向，准备好铠甲、兵器和粮食，虽是买卖的关系，也不得临时有缺。

从前述秦都咸阳的诸市可以看出，在城市的市场规划上，市场的位置不但突破了传统的“前朝后市”的建设模式，又未必如唐长安城东、西市在皇城前区划得那么具有对称性，而且在大都会的市具有了多样性。这既是多市并存，又有综合与专业市的补充。此种现象的发生，是战国后期城市商业经济发展的必然结果，也是咸阳从秦国之都到大一统国家之首府，以及政治、军事与经济、文化职能迅速扩展的体现。析言市位移的原因，就在于城市、手工业和商业的蓬勃发展，自发形成或是人为规划的结果。但这都顺应了当时的形势，形成了“凡仕者近宫，不仕与耕者近门，工贾近市”（《管子·大匡篇》）、“百工居肆”（《论语·子张》）的情况。当然，在近市的地方，“湫隘尘嚣”，条件很差，哪能比得上“居宫”

① 湖北孝感地区第二期亦工亦农文物考古训练班：《湖北云梦睡虎地十一座秦墓发掘简报》，《文物》1976年第9期。

和“近宫”的“食肉者”！为了糊口生计，谁能像谋权者那样“礼义”的阔绰和“治人”的虚诈，只能落得“小人近市，朝夕得所求，小人之利也”（《晏子春秋·内篇杂》）的地步。咸阳的手工业作坊、商业区、居民和宫区，既有相对的独立聚集，大体又彼此杂处，正反映了早期城市在规划上作为散点布局的一大特点。

（四）市贸内容

上市的商品主要来自 3 个渠道：

一是来自官府手工业作坊的部分产品。秦律中有“为作务及官府市”（云梦秦简《关市律》）的话，其“作务”指的是手工业生产，“市”即官府经营市贸的商业。官府手工业制造铜器、纺织物及漆器一类的奢侈品，都是为官府、宫廷、贵族、官僚直接消费的，同民生无关。但受商品经济大潮的冲击，必然使其部分产品带上了商品的性质。至于推向市场销售的商品，如同民生有关，毕竟还是以盐铁类产品为多。地方官府手工业的产品中作为市贸盈利的那部分，占总生产额的比例相对地也要大一些。

二是来自民营手工业作坊的绝大部分产品，如陶器、竹木器、铜铁农工工具等。

三是个体农民生产的农副产品，如粮食、禽畜、皮毛、帛匹及生活用品。

综合市场上的货物是多种多样的，有禾、黍、稷、麦、稻、荅（小豆）、菽（大豆）等粮食及枲、麻类农作物产品，有马、牛、羊、猪、鸭、鸡等家禽家畜及其肉、皮、筋、角、脂、胶等畜产品（见云梦秦简的《厩苑律》《仓律》《司空律》等），有土特产品的卮（可制胭脂）、姜、丹砂（朱砂）、石、玉、铜、铁等原料及竹、木、枣、栗等山货（《史记·货殖列传》），还有占手工业产品大宗的陶器、铁器、木器、纺织品及日用杂品等。总之，多是些人民生产、生活的必需品。

三、开市时限

当远古时期的人们摆脱了“以物易物”的原始交换阶段之后，货币则以等价物的身份进入了买卖领域。从“日中为市”“交易而退”（《易·系辞》）再到有固定的交换地点、有限制的交易时间，就出现了由统治者插手管理的所谓“集中市制”。《周礼·地官·司市》说：“大市，日昃为市，百族为主；朝市，朝时而市，商贾为主；夕市，夕时而市，贩夫贩妇为主。”秦市是否按这不同时间进行不同交易内容的活动，不得而知。但有一点是可以肯定的，即：定时交易，击鼓罢市。

民间的集市在一月之内，有着固定日期开市。据云梦秦简《日书》记：“己亥、己巳、癸丑、癸未、庚寅、辛酉、辛卯、戊戌、戊辰、壬午，市日。”按干支计日，在 60 天中有

11天是交易的吉日。又“辛亥、辛巳、甲子、乙丑、乙未、壬申、壬寅、癸卯、庚戌、庚辰，莫市以行，有九喜”。莫，即暮。暮市，也就是夜市。在60天中，有9天是宜夜市的好日子。如此计算，平均每月就有10个“市日”，这就成了农村“立集”的日期，久而久之时间就固定化了。如果在集镇三天逢集，便显得太紧，于是各地据情况有所减少，那么在一个较大的区域内虽有数个集市，但逢集日期不一，有着互补的作用，既不违农时，又有利商贾。

第二节　商人及其地位

一、城市商贾

商鞅变法时，规定“令军市无有女子”。不只说女子不得入军市，更要紧的是女子不能经营军需物资。反言之，其他的市是允许有女人经商的。“军市无有女子”，并不完全是对女性的歧视，而是出自防止军事机密外泄的考虑。

事实上，秦时的商人确实有男有女。《日书》：“庚寅生子，女为贾，男好衣佩而贵。”

商人的社会地位很低，等同于罪犯。秦简《司空律》有“舂城旦出繇者，毋敢之市及留舍阓外；当行市中者，回，勿行”（《司空律》）的条文，这不唯是防止不法之徒窜入市内扰乱交易秩序，实是怕商人对社会罪犯的接触与支持。秦始皇三十三年（公元前214年），曾“发诸尝逋亡人、赘婿、贾人，略取陆梁地，为桂林、象郡、南海以谪遣戍”（《史记·秦始皇本纪》）。以“谪罪”流放岭南的这些人水土不服，死亡惨重。但为实现占领岭南的目的，就一再扩大征发对象的范围，竟发展为“七科谪”，即：“先发吏有谪（谪）及赘婿、贾人，后以尝有市籍者，又后以大父母、父母尝有市籍者，后入闾取其左。”（《汉书·晁错传》）竟使商人遭到致命的打击。但据刘邦说，谪戍岭南的是“中县之民”（《汉书·高祖纪》），即中原地区的人。如果结合过去对关东大工商业家“迁徙”的办法，似乎这仍是对六国商人的，并不包括秦本土的商人。

二、对商业资本家的态度与待遇

秦始皇为稳定中央专制政权、防止地方经济势力增长到军事对抗，对原六国的大工商企业家采取迁徙的办法使之脱离本土，如：秦破赵，迁卓氏于蜀之临邛（今四川邛崃）；把程郑从山东也迁到了临邛；秦灭魏，孔氏被迁到宛城（今河南南阳）。这些被称作“迁虏”

的人，凭借着自己的经营能力开矿铸铁，又成为一方巨富。他们不铸造兵器，其发展地方经济、潜在的文化交流作用还是受到了保护。

在统一中国的过程里，秦始皇对两位大企业主商人给予了少有的特别优待。一个是今甘肃东北一带的畜牧业主乌氏倮，另一位是今四川巴蜀的寡妇清。乌氏倮富到牛马不计其数，而是以山谷为单位来量（“用谷量马牛”）。秦始皇“令倮比封君”，同朝臣平起平坐；巴蜀寡妇清“其先得丹穴，而擅其利数世”，“用财自卫，不见侵犯”。秦始皇还“以为贞妇而客之，为筑女怀清台”（《史记·货殖列传》）。

乌氏倮和寡妇怀清做到了“礼抗万乘，名显天下”的人生顶峰，究其原因是他们二位支持了秦始皇的事业与理想。前者以资金支持了统一六国的战争，后者提供了丽山陵墓内对水银的需求。[①]

① 王学理：《乌氏倮的中介贸易与秦统一大业》，《秦始皇帝陵博物院》，三秦出版社，2012年；王学理：《巴寡妇怀清的矿业与秦始皇陵水银之需》，《唐都学刊》2012年第5期：又《输丹之路——秦始皇与巴寡妇清的情感纠葛》，《秦始皇帝陵博物院》，西北大学出版社，2018年。

第六章　城市手工业

第一节　中央手工业作坊与产品

一、制陶作坊遗址

（一）咸阳制陶业的性质与作坊分布

秦咸阳陶业生产的主要内容分为两大类，一类是建筑用陶，另一类是日常生活用陶。前者制作地在咸阳渭北二道原上，以秦咸阳宫城为中心，西侧起自黄家沟、东侧到柏家嘴长达 8 公里的条形带里。

生活用陶的作坊区主要分布在秦都咸阳渭北区的西南部，中心地带在滩毛村以南。（图 6-1）可惜这一处规模范围很大的民营制陶作坊区因渭水北移，估计南部约 4 公里的地面已没入河底。①

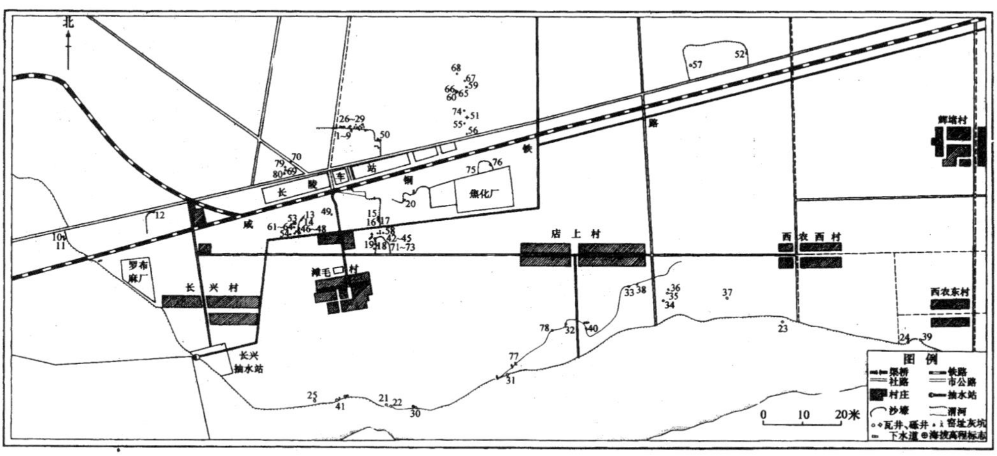

长陵车站作坊遗址水井、下水道分布图

（图中编号为水井编号，编号前"81XYCLSJ"省；81XYCLSJ81～81XYCLSJ89 在本图以外，未予绘出）

图 6-1　长陵车站一带水井与下水道分布图

① 王学理：《秦都咸阳》，陕西人民出版社，1985 年。又《咸阳帝都记》，三秦出版社，1999 年。

建筑用陶主要由秦中央政府控制的官营手工业作坊制作。生活用陶主要由民营手工作坊制作，其产品如罐、盆、钵、缶、瓮之类多带有商品性质，业主往往把自己的产品推向市场销售。

（二）历年对制陶官窑的调查

1974 年以来，经过多次调查。特别是 1980 年 9 月至 1983 年年初，陕西省考古研究所较为集中地调查，并作过部分发掘。[①]这一带共发现陶窑遗址 108 座，其中有秦窑 32 座、汉窑 75 座。[②]秦窑集中分布在黄家沟至胡家沟、聂家沟之间，以胡家沟最为密集。胡家沟发现陶窑 29 座，纵横排列有序，占地 7936 平方米，作坊在西北部，见有素面瓦当、绳纹瓦及龙凤纹空心砖残块。（图 6–2）而汉窑主要分布在聂家沟以东至三义村、柏家嘴一带。秦窑中出土板瓦、筒瓦、铺地砖、水道、井圈，知其为专为宫殿烧制陶质建筑材料的官窑。这些陶窑往往成组分布，如十数座连成一片。胡家沟西北又是一处作坊遗址，可见其生产规模之宏大。

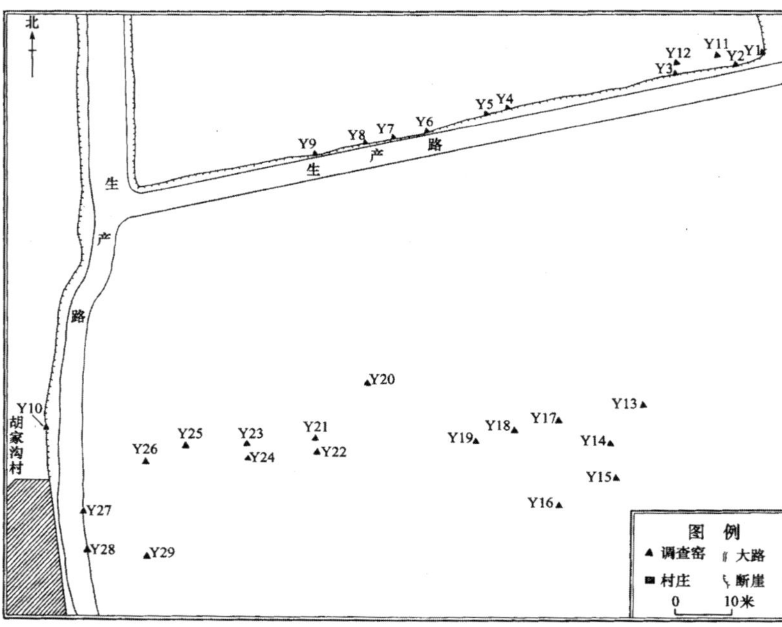

图 6–2　胡家沟窑群（1982 年）

从制陶的官窑分布地知，由冶铁、铸铜、制砖瓦组成的综合大型手工业作坊区，就在北阪宫殿群的西侧附近。在聂家沟尽头有陶窑 4 座，向西同密集的陶窑遗址相接。

① 秦都咸阳考古工作站：《秦都咸阳古窑址调查与试掘简报》，《考古与文物》1986 年第 3 期。

② 吕卓民：《从考古资料看秦汉时期咸阳的制陶业》，《文博》1989 年第 3 期。

二、冶铸作坊遗址

聂家沟村西北有一处地方，遍地可见铁渣、炉渣、铁块、红烧土和灰土，显然是冶铁作坊遗址。

在沟东岸一次就曾有大小不等的7个秦权出土。在村西北断崖上南北长150米、东西宽60米的范围内，有黄绿色铜锈的堆积物，还采集到铸造铜器的陶范。2002年曾发现陶质半两钱模和浇口等一批遗物。钱模为母范，钱型径为3.3厘米，所铸出钱币直径为3.1～3.2厘米。由此可以确认，这里是秦都咸阳一处官方铸钱的工场。

聂家沟遗址在地下铺设有南北向的圆筒状陶水管道，足见生产规模很大。

聂家沟制骨作坊遗址位于咸阳市窑店镇聂家沟秦汉大道东侧，东距咸阳宫城580多米，见有骨质堆积坑两个。2014年11月清理，得骨质遗物600公斤，骨料主要是牛骨，极少鹿骨。骨制品见有镳、笄、带钩、筹、环、棋子、琴轸、锥等。加工工具有铁铲刀、刮刀、削刀、刻刀、凿、斧、锛、铤、锥、石砧、磨石等。① 该简报既称“作坊”，看到的是“堆积坑”，却不见范围、加工场地与房舍。

另有铜饰品、带钩、半两钱和瓦当、板瓦、筒瓦、铺地砖、罐、盆、釜、盒、磨石等。

三、石铠甲制作点

在“宫城”北墙外，调查时发现地面有大型磨石、散落的石甲片。经勘探，发现有灰坑、踩踏面、烧土、夯土建筑及水沟。选择了羊沟东6号高台宫殿建筑之北约500米处，对百余平方米区域的试掘，发现有灰坑、房址、水沟、磨制石片、石粉末堆等遗迹，还有铁锥、钻、刀、磨石等工具。仅出土的石质遗物就多达60余公斤，包括制作甲片的原料、坯料和废品，还有编缀甲片的铜条及钻、刀等金属工具在内。②

青石（石灰石）甲质地、形状、大小，同秦始皇陵园从葬坑中的石铠甲非常相似。据推测，这里应该是石甲的又一加工地。③ 也许因为石铠甲制作量大、加工费时，所以从频阳运出青石石材之后，再分地加工。

① 陕西省考古研究院等：《2018考古年报》；又《陕西咸阳聂家沟秦代制骨作坊清理简报》，《考古与文物》2019年第3期。

② 陕西省考古研究院：《2019考古年报》。

③ 2001年，临潼新丰街道办长条村农民刘俊发在自家的棉花地里，捡到了与秦陵石铠甲很相似的碎石片。考古队即在秦始皇陵园之北约4公里处的一口废井中捞出了上千片石铠甲甲粗坯、半成品、废片、小石渣和石质磨具，另有一些残断扁铜条、残锈铁块、残瓦碎片及极少量陶器残片、动物骨骼残块、蚌壳等，以及几根连缀甲片用的扁铜条丝。此外还见有铁锥、钻、刀、磨石等工具。这些石甲片的质地、形制与秦陵石铠甲坑出土的石铠甲甲片完全相同，可能是在制作中因不合格而被废弃掷入枯井中的。

四、制玉作坊区

位于黄家沟南。1979 年，在这里一次就出土了半成品的玉环 100 多件，其中还有玉印坯一方。过去在黄家沟还征集到玛瑙环、龙首玉带钩等文物，现收藏于咸阳市博物馆。

黄家沟制玉作坊，有待今后考古确定其范围与文物内涵。

第二节　咸阳北区西南部民营手工业作坊

一、对咸阳西南区手工业作坊区前期考古的回忆与认识

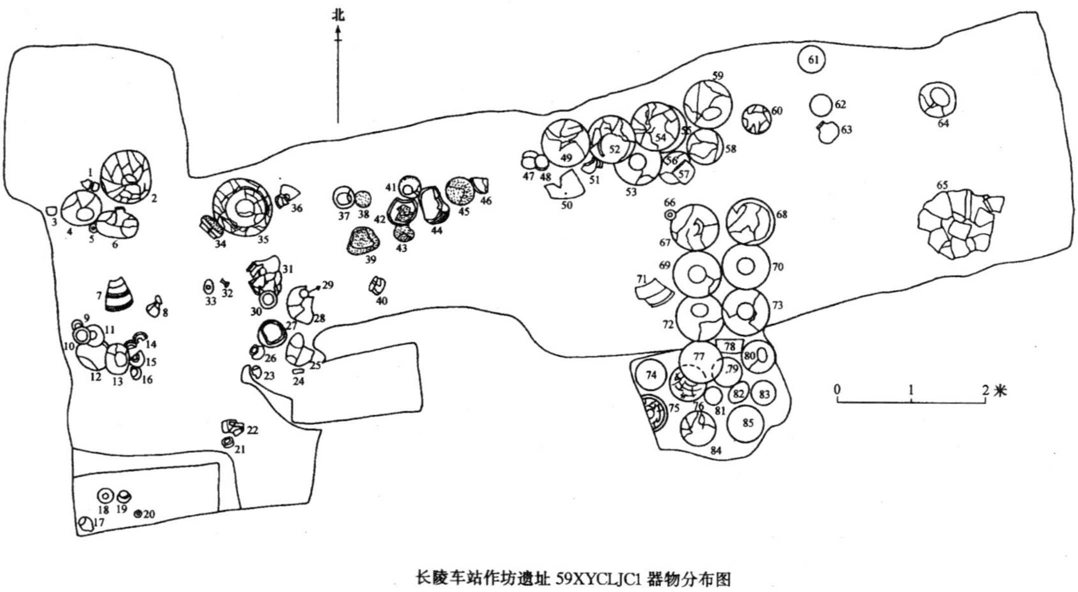

长陵车站作坊遗址 59XYCLJC1 器物分布图

1、7、16、22、23、36、48、61、62、71、78、80. 陶盆　2、27、39、42、43、44、54、56、58、75、76. 陶鬲　3. 石器　4、10、11、13、17、18、28、30、31、35、37、49、50、52、53、55、59、63～70、72、73、77. 陶罐　5、41. 陶器　6、9、12、25、33. 茧形壶　8. 陶壶　14、15. 陶器盖　19、21、26、34、38、40、45～47、51、57、79、81～85. 陶釜　20、29. 制陶工具　24. 陶圆形器　32. 陶豆　60、74. 带耳陶釜

图 6–3　滩毛南作坊陶器分布图

秦都咸阳考古肇始于 1959 年秋，先从陇海铁路的“咸铜支线”长陵车站附近的长兴、滩毛、店上 3 个自然村入手，对南起渭河北岸，北到源边聂家沟、刘家沟一线进行调查试掘。截至 1961 年，共发现灰坑 100 多处、水井 70 多眼、陶窑 1 座、水道 11 处、建筑 12 处。[①]

① 吴梓林、郭长江：《秦都咸阳故城遗址的调查和试掘》，《考古》1962 年第 6 期。

（图 6–3）

自 1962 年到 1963 年，陕西省社会科学院考古研究所渭水队集中对滩毛村南、渭河北岸的制陶遗址进行发掘，同时也对周围进行重点调查，也不断有考古新发现。特别是，在长陵车站南沙坑中先后发现 3 处金属文物窖藏，其存储物的多样性，更促进了我们对这一地区遗存的认识。

第一窖藏：1961 年 11 月，吴梓林同我一起清理北沙坑窖藏，得烧结成块又不成形的铜、铁 500 多公斤。除锈后可辨认出是有穿连关系的铜器新件、大型物构件，原有精细的花纹。最可贵的是，有一秦始皇二十六年（公元前 221 年）统一度量衡的文字诏版，较为完整。[①]（图 6–4）

图 6–4　始皇诏版文（1961 年沙坑）

第二窖藏：1962 年 3 月，由我在南沙坑清理出原藏在陶瓮中的铜器 280 多件、诸侯六国货币 15 种计 136 枚。铜器包括礼器、生活用具和兵器。[②]（图 6–5）

第三窖藏：1982 年 4 月，陕西省考古研究所秦都咸阳工作站清理西沙坑一方形铜盘，得铜器残件、铜锭、铜渣 75 公斤。其中铜器有车饰、构件、生产工具、生活用具、兵器、货币及装饰品计 320 余件。一件铜武士头和一秦二世诏版，可称稀品。[③]（图 6–6）

① 吴梓林、郭长江：《秦都咸阳故城遗址的调查和试掘》，《考古》1962 年第 6 期。

② 陕西省博物馆、文管会勘查小组（王学理）：《秦都咸阳故城遗址发现的窑址和铜器》，《考古》1974 年第 1 期。

③ 陕西省考古研究所秦都咸阳工作站对这一批窖藏铜器未作正式报道，仅见一些零星的透露。

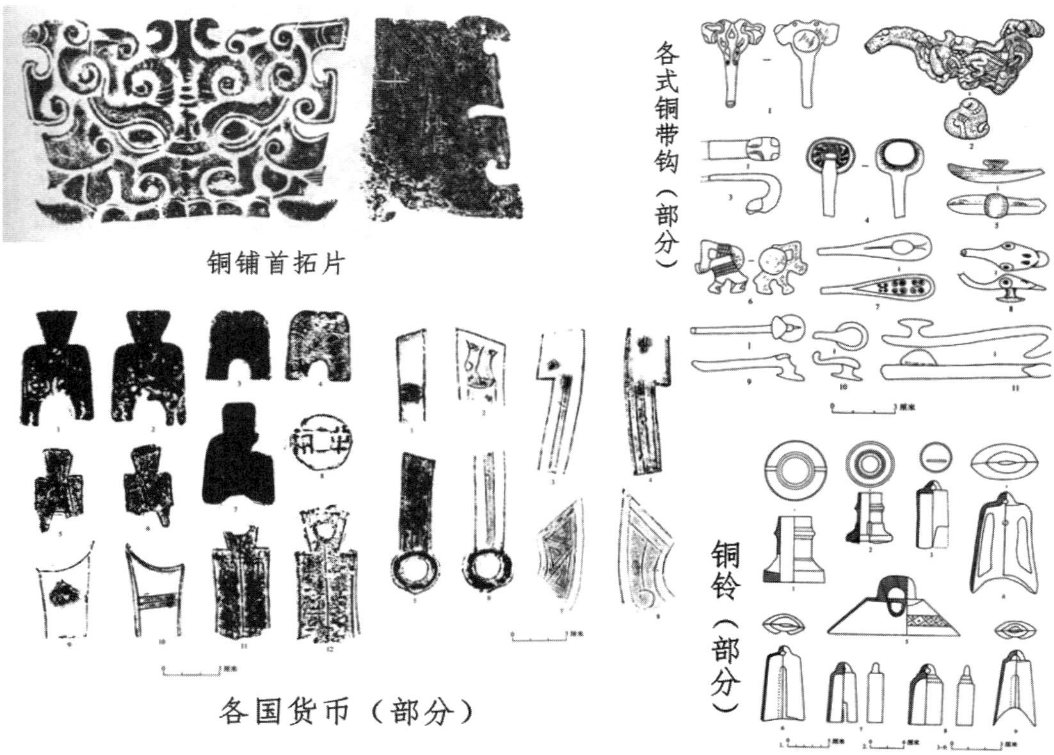

图 6-5　窖藏铜器（1962 年，部分）

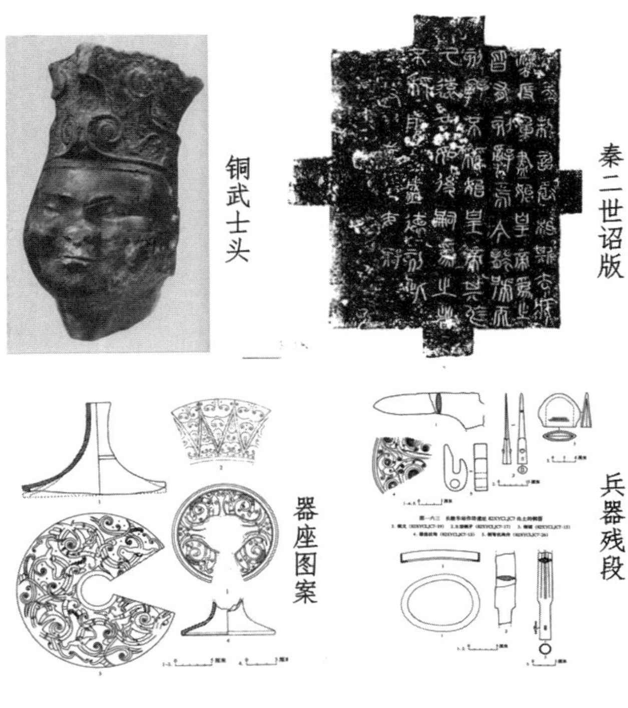

图 6-6　窖藏铜器组图
（1982 年，部分）

由长陵车站附近3处窖藏物就可以看出：这些并非躲藏战乱或兵匪而隐蔽的稀世珍宝。铜铁残块、铜锭、铜渣以及残损不完的器物，显是废弃待回炉的废品。如果再联系到滩毛村一带陶窑密集、灰土堆积地层较厚、水井数量多、房舍遗存多处、北塬黄家沟平民墓地广阔，显示人口众多，足以说明秦都咸阳北区西南部是一区冶铸、制陶的手工业生产基地。

遗憾的是1975年之后，我离开秦都咸阳故城遗址，去了秦始皇陵园、兵马俑考古。虽然我作为陕西省考古研究所秦汉研究室主任，也派驻几位队长并亲临现场，但时易势变，后来者忘了长陵车站一带的考古，去牛羊村的北塬上追求“短、平、快”。我们置买的工作房舍也被废弃，任经风雨。

二、长陵车站地区制陶作坊的幸运与尴尬

有学者为文说在滩毛村南“除过1961 ~ 1962年发掘4座陶窑及大量陶器之外，后来的人再没有做什么考古工作。对作坊的规模、结构、技术措施及相关的问题等，一直不清。恐怕随着岁月的流逝，渭水侧蚀，渭岸崩塌，对这个问题的解决就越来越困难了”。

这是实情，担忧也有道理。

1961年，我同渭水考古队队长吴梓林对秦都咸阳故城遗址作了全面的规划，在确认原来从咸阳龚家湾东到渭河电厂地面调查的基础上，为初步明了各部分的性质，对牛羊村北原上的6号建筑基址（后改编为1号建筑）顶部作了试掘。从出土房基地面、壁画残块、建筑装饰铜构件上，确认为一秦建筑遗址，从而解除了“冢圪塔”的误传。同时，鉴于滩毛村南河岸崩塌、制陶遗址日益遭毁的严峻形势，抱着抢救文物的态度，先在河岸边划探方开挖。用3000元买下滩毛村水渠北的一处小院，作为考古队的栖身之地。

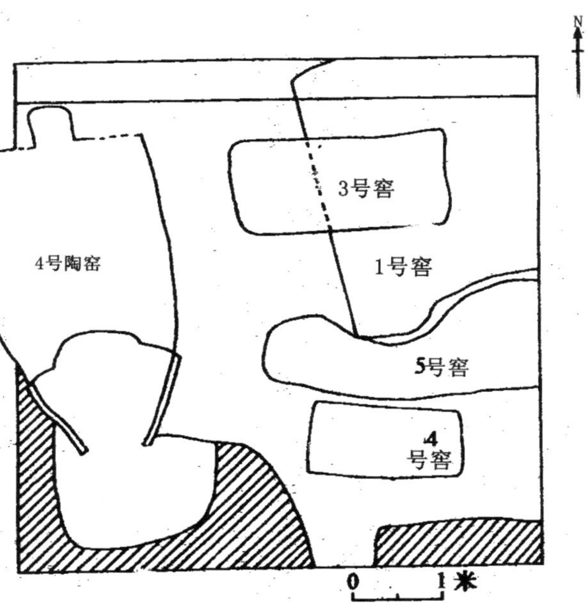

图6-7　4号陶窑与窑穴平面图（1963年滩毛南）

1962年，我们考古队集中力量下坑亲自发掘，灰土堆积把个个变成了黑大汉。1963年，郭长江同我一块下田野。他宴尔新婚常住西安，滩毛工地就剩我一人带着民工成天蹲探方。

我在距河岸 3.5 米的地方开了 4 个 6 米 ×6 米的探方，深可 2.65 米。在发掘中，时时都能听到河岸垮入水中的响声、看到溅起的水花。这一年颇有收获，清理 3 座陶窑、5 个窖藏，对其结构、内涵有了明晰的资料。（图 6–7）出土文物结合地层关系，为秦物质文化的断代提供了根据。

1972 年，我从下放地调回西安后，即奔走恢复秦都咸阳考古的事。1973 年随之给省文化局打报告，终于批准省文管会联合咸阳博物馆成立工作站，恢复考古发掘。接着，各家都开始挖掘 3 号、2 号宫殿遗址。

三、滩毛村南制陶作坊的考古发掘成果（仅限于王学理 1963 年的发掘）①

（一）陶窑：3 座马蹄形窑

1963 年发掘，在 4 个探方中清理出 3 座陶窑。其中的 4 号窑保存的材料比较详细。（图 6–8）

第 4 窑位于滩毛村以南，距渭河仅 3.5 米的 T17 第 3 层之下。建造在一个土台上，残存的窑口距地表 80 厘米，方向北偏东 8 度。陶窑北部较宽，向南逐渐收缩成马蹄状。窑顶为夹有碎块砖瓦的红烧土层，大部分已塌落，从北壁西侧残存较高作弧形收敛的墙面分析，窑顶似为券顶。东西窑壁外鼓呈弧形，但破坏很严重，现存高 10 ~ 40 厘米。北壁平直。壁面系青灰色硬面，厚 10 ~ 15 厘米，外为红烧土，厚 18 ~ 20 厘米。整体由窑门、火膛、窑床和烟囱 4 部分构成。陶窑的下部基本保存完整。

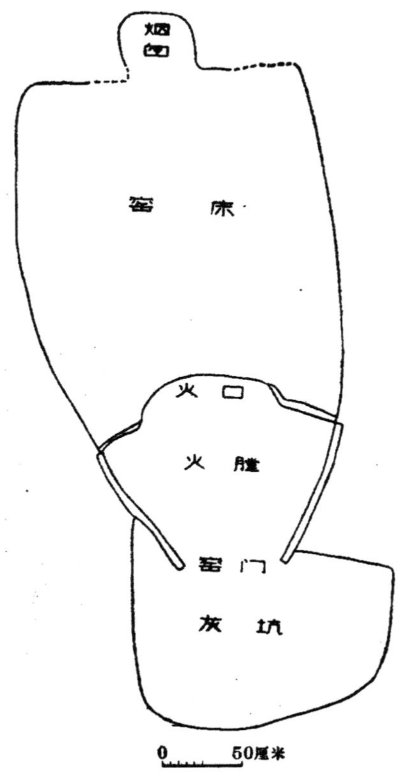

图 6–8　4 号陶窑平面图
（1963 年滩毛南）

窑床作为主体，有着较大的空间。北高南低，呈 7 度倾斜，南北长 2.7 米，窑床面中宽 2.2 米，南北两端宽分别为 1.7 米、2 米。窑床与火膛之间近火口处砌有一排砖块，砖长 0.39、宽 0.125、厚 0.08 米，用以加固窑床边沿以防塌陷。窑床表面用泥抹平，经火烧后结成一层平整的青蓝色硬面。火口两边砖砌，八字分开，各长 30 厘米，中部下凹，斜伸至火膛底。

① 陕西省博物馆、文管会勘查小组：《秦都咸阳故城遗址发现的窑址和铜器》，《考古》1974 年第 1 期。

火膛近似三角形，火膛南北长 1.35 米，四周用大小不等的砖砌成。底部呈锅底形，低于窑床 0.63 米。底部堆满柴灰。

窑门设在窑床之南，门宽 0.55 米。门外活动场地为一不规则的半圆形土坑，圜底，东西宽 1.8、南北长 1.2、坑深 0.9 米，北侧坑边已延伸至窑门下，坑内满填灰土。

烟囱位于窑床北侧，只有一个，平面长 0.45、宽 0.46 米。

在窑床上堆积有陶鬲、陶罐、陶釜、陶瓮和陶盆残片。[①]

（二）储藏窖穴：5 个

5 个窖穴均处在文化层中，里面堆满倒置的陶器，排列整齐，以鬲、瓮居多，次为罐、釜和盆。以 3 号窖穴为例，近在 4 号陶窑之侧，仅隔 85 厘米。是个长方形的坑，长 2.4 米，宽 1 ~ 1.1 米，深 1.1 米。坑口距地表 1.25 米，坑内倒置的陶器 22 件，排列成两行。每行二、三层叠压着。每层有四五个。共有陶瓮 12 个、罐 5 个、釜 4 个、鬲 1 个。（图 6–9）

图 6–9 陶器出土状况

很明显，这些窖穴附属于陶窑，是陶器烧成后暂存的储地。

（三）工作台：1 处

此工作台系用黄褐土筑成，土质坚硬，台面平整，位于 T18 北部的第三层中，距地表 1.3 米。东西向，方向 83 度。现长 5.46 ~ 5.5 米，宽 0.65 ~ 0.75 米、高 0.77 ~ 0.95 米。土台南是当时的地面，北是路，宽 1 ~ 1.75、现长 4.3 米，东端伸出探方外，西端绕过土台与南边的地面相接。在土台中夹杂有鬲、釜、瓮、罐等残片。

（四）出土器物

出土物既有陶窑的产品，也有窑工和管理者的用品。

此次发掘所获的陶器有两个特点：一是作为窑具的拍和垫在数量上较多，且是出自几座陶窑附近，多为灰陶，并附烟炱；二是出土有小型陶器，如鼎、甑、盆和罐等，高不及 6、

① 《秦都咸阳考古报告》的编写者未亲自参加制陶作坊的考古，故错误甚多。如 1963 年发掘陶窑 3 座而写成 4 座、窖穴 5 个而写成 3 个。在 4 号陶窑堆物中有鬲、釜、罐、盆等陶片，但写成有“筒瓦残片”，是混淆性质的误导。

径不过 7 厘米，还见有小陶兽，均属手制，但在质地、陶色、纹饰与制法上同前次发中陶器无甚差别。出土陶器有盆、钵、甑、镂孔器、小鼎、带孔盘、轮形器、器盖、纺轮、印章、鸟头饰、珠、球等，还有制陶工具陶拍、楔形陶垫。（图 6–10）

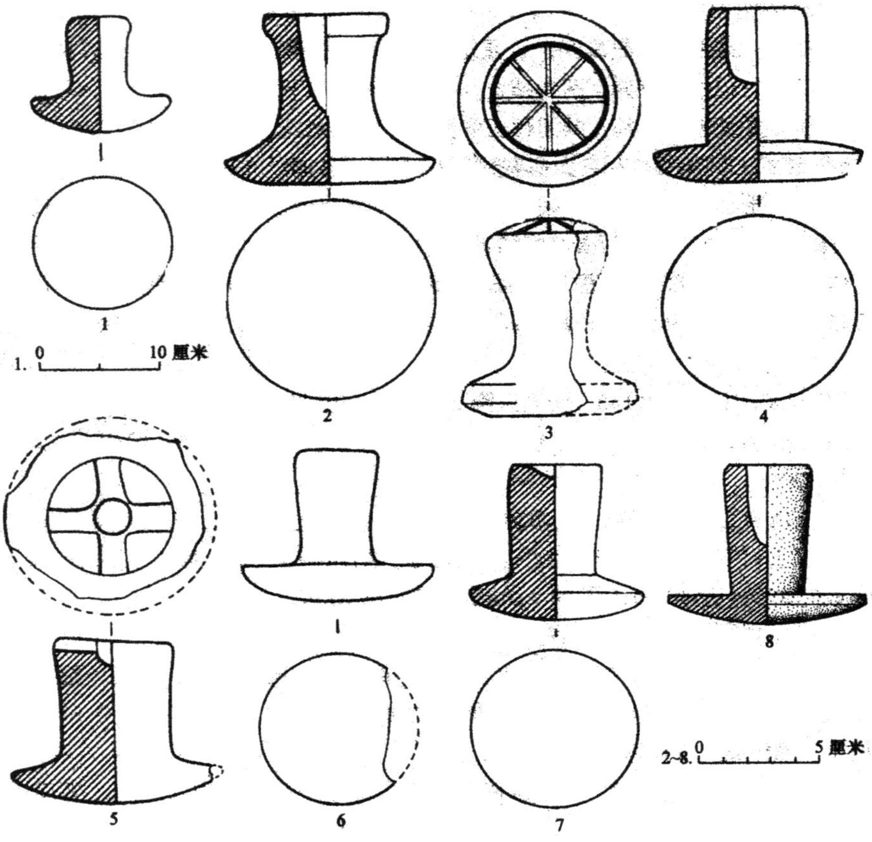

长陵车站作坊遗址出土的陶拍

1. 62XYCLT15③:183　2. 62XYCLT14③:3　3. 62XYCLT15④:205　4. 63XYCLT18③:39
5. 62XYCLT16③:41　6. 63XYCT19③:105　7. 63XYCLT18③:40　8. 82XYCLH2:24

图 6–10　陶拍

此外还有“半两”铜钱 3 枚、铜镞和铜带钩各 1 件、板瓦、筒瓦和瓦当残片。

新增陶文有“咸安新盼”“咸郿里驵”“咸郿里跬”“咸郿里贝”“咸郿里荟”“咸郘里奢”“咸郿小有”“咸亭阳安骍器”“王”“公”。

（五）水井

在制陶作坊区，因和泥作坯等作业需要，多有水井分布。井壁用多节陶井圈由下而上

垒加，圈外同井壁间填土。（图 6–11）

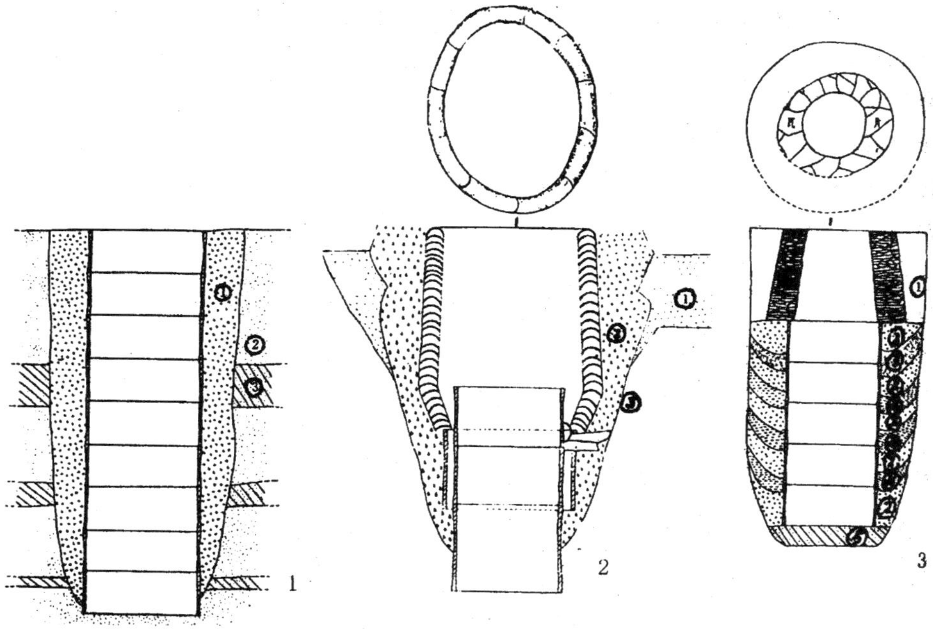

水井结构图

1. J14 剖面图：①井圈外填土　②沙　③沙土

2. J50 平、剖面图：①沙土　②胶泥　③沙

3. J59 平、剖面：①褐红土　②乱沙　③黄褐土　④土层　⑤反滤粗沙层

图 6–11　水井结构图

第三节　几处官窑作坊与陶窑结构线索

一、聂家沟：多行业的手工业作坊区

聂家沟作坊与长陵车站作坊有相似之处，是一处兼有制瓦、冶铜、铸铁几种行业并各自分区的作坊遗址。

制瓦作坊位于聂家沟以北的塬头上。这里因村民修建住宅，许多瓦窑被毁，至今只有 4 处瓦窑暴露于断崖。

在西北断崖上，暴露南北长 150 米、东西宽 60 米的黄绿色土层堆积，并出有坩埚和铸造铜器的陶范残块，其附近有南北向的圆形排水管道 1 处和东西排列的编号为 82XYNJH1 ~ 82XYNJH4 的 4 处灰坑。灰坑以 82XYNJH1 为大，坑口距地表 0.82 米，口大底小，呈不规则的锅底形，南北长 3、东西宽 2.6、坑深 1.74 米，内填灰土，包含陶范、铜渣残块、陶具和细绳纹板瓦、筒瓦残片、铜渣、木炭和烧土块等；82XYNJH2 位于 82XYNJH1 东北 23 米处，暴露于东西向土坎上，坑口距地表 0.8、东西长 2.6、坑深 1.3 米，坑剖面呈ひ形；82XYNJH3 位于 82XYNJH2 以东 4.5 米，坑口距地表 0.84、东西长 2.4、坑深 1.15 米，坑剖面形同 82XYNJH2；82XYNJH4 位于 82XYNJH3 东 8.3 米，坑口距地表 0.82，东西长 2.84、坑深 0.67 米，坑剖面呈ひ形。在沟头西北，发现铁渣遍地，铁块、炉渣、红烧土和草木灰皆有，是一处铸铁作坊遗址。①

此遗址的物质文化面貌，对近在宫廷遗址的意义非常重要。但以前没有及时发掘，失去了良机，使面目不清。随着时间流逝，对今后考古无疑会增加更大困难。即便如是，也得抢救，争取分清各手工业行业及其彼此关系。

二、胡家沟：官营的制陶区

胡家沟作坊遗址位于仓张砖厂西侧的塬头坡地上，东西长约 128、南北宽约 62 米。该区因村民平地，已被切割成南北高差约 3 米的两个台地，且两台地之间约 30 米的坡地窑址全部破坏，现存陶窑遗址共 29 座，编号 82XYHY1 ~ 82XYHY29，其中 82XYHY1 ~ 82XYHY10 已暴露于北侧断崖。②

在北侧断崖上有 10 座陶窑还大体保存着原有的地层关系。秦文化层，土色灰红，土质松散，内含大量红烧土块、青灰色窑壁块、细绳纹筒、板残瓦、木炭、素面铺地方砖、变形空心砖残块和井圈残片。部分残瓦戳印着与一、二、三号宫出土相同的“周”“王”“戎”陶文。在胡家沟村以北，南北向生产路 48 米处，距地表 1.3 米的沟坎上，遗存较多细绳纹具有秦特征的筒、板瓦残片和红烧土块。在其以东的南北向水渠旁，除出土秦瓦外，同样出有与一至三号宫殿出土的相同的龙纹空心砖残次品。因这里没有钻探，其范围不清。

窑址均依坡修筑，皆以生土为窑壁，经铲光修整后装坯燃烧。这种秦窑被称作“土壁窑”③。胡家沟窑址保存较好的 82XYHY23、Y25，窑体近似方形，即是所谓“方形窑”。窑壁呈弧线上敛，由窑门、火膛、窑床和单烟道组成。

胡家沟残存的 29 座窑址排列很整齐，东西成行，南北计 8 行。每行窑数不等，少则

① 陕西省考古研究所：《秦都咸阳考古报告》，科学出版社，2004 年。

② 秦都咸阳考古工作站：《秦都咸阳古窑址调查与试掘简报》，《考古与文物》1986 年第 3 期。

③ 根据秦都咸阳窑址调查可知，秦窑建于原生土上，称作“土壁窑”，容积较小，直径约 2.5 米、高 3 米左右；汉窑用土坯或砖砌壁，属于“砌壁窑”，容量显然增大，最大径都超过 3 米。

2 座，多可 8 座。从其地层堆积和窑内包含细绳纹筒瓦、板瓦及窑址周围遗物可以确定，这是一处为咸阳宫廷烧制建筑用材的砖瓦窑群，从砖瓦残片戳印与一、二、三号宫有同样的“周”“王”“古”“田”印记，说明这是直属中央官署控制的一处作坊。

三、柏家嘴：一处散窑

柏家嘴作坊位于塬边夯土建筑遗址的东西两侧。在当地一家居民赵氏的西北坡约 60 米处的断崖上，暴露出 3 座秦窑。其中两座窑体为长方形，弧形顶，由窑门、火膛和烟道三部分组成。[①]

此处仅限早先一般调查，但以后咸阳考古工作站长期未做工作。

① 王丕忠、李光军：《从长陵新出土的瓦当谈秦兰池宫地理位置等问题》，《人文杂志》1980 年第 1 期。

第七章

都下秦君陵墓

古代都城附近都有聚族而葬的墓地。从早商开始，君主墓葬改变了“葬之中野，不封不树”(《易·系辞下》)的“散葬”状态，一般建造在都城的范围之内，甚或就在宫殿附近。这种“王陵居都”的状态，一直也被春秋战国时期的诸侯国所仿效。不论是把陵墓安排在城内或是在城外，或是二者兼有，都表明了墓地作为城市的主要组成部分，是被纳入城建的总体规划之中的。因此，在谈论城市布局时就不能把墓葬区排挤在外。

秦人也不例外，但所不同的是他们把陵墓无一例外地都安排在了近郊，并不放入城内。君主陵墓同宫殿区、手工业作坊区、商业区、居民区严格分离，绝不混杂。这，应该看作是秦都城在布局上的一个显著特点。①

秦自襄公“始国”以来，从公元前770年护送周平王东迁洛邑、被封诸侯立国，到公元前206年秦二世胡亥亡秦，经历了571年。②随着秦人不断地从西到东发展，成为中国历史上唯一一个完成了从附庸到方国、方国到王国、王国再到帝国的三次大的政治升华，以及秦君称号由“公”而“王”再到“帝”的变迁；都城在关中沿渭水东移，君主陵墓也先后建造了“平阳墓区”“雍都墓区”“栎阳二陵”“毕陌陵区”“东陵（芷阳）陵区”和“秦始皇陵园”等六大茔域。在这漫长的近6个世纪中，形成了一个同都城建制相仿又有所区别的“自成序列的陵墓发展体系”。

秦都咸阳在秦陵园葬制史上，具有极为重要的地位。在此之前，秦处在一个自强扩展的时期，尽管襄公、文公父子已在关中建功立业，死后却要埋到秦人发源又有先祖宗庙的西犬丘，葬入“西垂墓地”（今甘肃礼县一带）去。只有武公、德公、宣公和成公4位君主，

① 王学理：《从“陵墓近都”到“自成茔域”——国君陵墓同都城关系探索之一》，载《王学理秦汉考古文选》，三秦出版社，2008年。

② 《中国历史纪年表》，上海人民出版社，1976年。

把自己的尸骨葬在了平阳都城附近。雍城立都294年，主政的秦君自德公开始只有19位，这是秦人在事业与制度上奠基的一个重要时期。在今陕西凤翔尹家务至宝鸡阳平的雍岭塬上，探知的14座分墓园内，实际上埋葬着自穆公至出公（出子）等17位秦君。① 秦孝公迁都咸阳以后，秦国处在一个向外开拓的时期，先后在都城范围出现了“毕陌、“东陵（芷阳）”和“丽山”3个陵墓区，显然是与国都发展同步发生的，故而形成了一个新的格局。“诸庙及章台、上林皆在渭南”，司马迁在《史记·秦始皇本纪》里这么记述，当然是指最后定型了的咸阳。“诸庙”是诸秦王之“寝庙”，既有先祖的“宗庙”，也包括“陵庙”，至于其间的变化、交替、定制也都发生在这里。

第一节　毕陌陵区

一、最早规划的咸阳王陵区

公元前350年，秦孝公在一场惊天动地的政治改革中把国都迁到了咸阳。他在仅有的“冀阙宫庭”中，处理繁多的政务，在还顾不上再多一点市政投入的情况下，就继续推行着更为全面而深刻的变法图强运动。同时，随着耕战政策的铺开，可以说秦国的全部注意力都集中到了增强国力、洗雪国耻上。再加上商鞅“立法度、严刑罚、饬政教、重功利”（《盐铁论·非鞅》）的行为，秦国社会上下充满了言法、执法的勃勃生机，使一切奸伪与虚妄之务无所施展。

为收复河西地，秦孝公、商鞅在变法制胜、稳定内部的基础上，接连向魏国开战。也正因为他在咸阳的12年中，是在国事繁忙、军事倥偬中度过的，形势、财力、人力、人事等因素都没有给予孝公为自己建陵、为后代子孙规划陵区的机会。或许是作为一位具有革新意识的国君，秦孝公想的是葬地应以先君献公的马首是瞻，所以当他死时，并不是埋葬在咸阳，也不是择葬雍地，而是追随着开创改革之业的先父献公东所葬栎阳之东的“弟围”而去。[按:《史记·秦始皇本纪》世系载，秦献公“葬嚣圉”，孝公“葬弟圉”。《水经注·渭水》汉白渠“东迳栎阳城北，……白渠又东迳秦孝公陵北，又东南迳居陵城北、莲芍城南，又东注金氏陂，又东南注于渭。故《汉书·沟洫志》曰:“白渠首起谷口，尾入栎阳是也。

① 王学理：《秦君葬地蠡测——君王陵墓同都城关系探索之二》，载《王学理秦汉考古文选》，三秦出版社，2008年。

今无水。”

这段文字在“东迳孝公陵北”之后的流经存在着错简致误的问题，而且同所引《汉书》也发生了矛盾。因为《沟洫志》明确记载汉白渠“穿渠引泾水，首起谷口，尾入栎阳，注渭”，根本就没有横绝石川河。只有唐代的“三白渠”（太白渠在泾阳县东北，中白渠和南白渠流入高陵县）之一的“中白渠”穿过石川河，在下邽县（今渭南下邽）注入金氏陂。但这些情况是生活在北魏时期的郦道元根本无法看到的，所以我说“这后面的话肯定是后人混入的”。但《水经注》关于白渠“东迳栎阳城……又东迳秦孝公陵北”的记载，毕竟为我们提供了秦孝公陵的相对位置。

当然，秦孝公陵在当时还未必有这一称呼，根据是：云梦睡虎地秦墓竹简《法律答问》中有这样的话：“可（何）谓‘甸人’？‘甸人’守孝公、谳（献）公冢者殹（也）。”所以郦道元称“孝公陵”是按以后帝王墓专称而表述的。无论称作“孝公陵”或是“孝公冢”也罢，其所在只能圈定在栎阳故城之东和石川河西岸之间的“弟圉”。那么，“献公陵”所葬的“嚣圉”也应该就在附近］

踌躇满志的秦惠文王踏着商鞅变法铺平的政治道路，对外用兵接连胜利，国都咸阳的建设也随之展开。历史上颇有影响的名宫如咸阳宫、章台宫、长安宫和萯阳宫等等，就是在惠文王时期建造的。我们从中不难发现这时不但有了作为政治权力标志的朝会中心，而且有了悠闲行游的离宫别馆。他在加强咸阳都城建设的同时，还跳出了渭北狭小地域的限制，开始向渭南更大的范围发展了。这些外拓的行为也足以反映出雄心勃勃的惠文王，具有一种更为进取的追求意识，既按照“营国”的要求对都城作礼制性的改造，又注意把首都的建设引上总体设计的轨道。当然，陵墓区作为都城的组成部分，这时也必然被纳入整个规划的蓝图中来。所以，“毕陌陵区”就是在这一时期出现的秦王茔域。而它在中国陵园建制史上展现的却是另一种姿态。［**按**：中国古代君主葬地近都，甚或与宫殿为邻，可说是原始氏族社会生死地相接习俗遗留给后世并规矩化了的一个传统。

商朝都城所在的安阳殷墟地跨洹河，其西南岸是宫殿区和居民区，北岸的武官村和侯家庄的西北岗则是王陵区。

西周的丰、镐二京位于西安市西南沣河两岸的长安县斗门、沣西地。有宫室、居住、制陶、手工业遗址，也有密集的周墓。王陵则在“镐东南杜中”的毕原上。平王东迁洛邑，都王城（位西周成周城之西，涧水两岸），有王城、周山（洛阳市西南）和金村（市老城东北）三大东周王陵区。

东周诸侯国也是王陵近都的，如：山东省曲阜鲁国故城的西部就有墓地四五处；齐国临淄故城是廓（大城）附于城（小城），小城内以“桓公台”为主体并设铸钱的宫殿区，大城则是平民居住、手工业作坊和贵族墓地的区域；河北省易县燕下都的东城内，固然是以“武阳台”和“老姆台”两大夯土台为主体，同其周围的建筑群组成宫殿区，但距此不远的西北隅就有两处封土存在，其中就包括有23座大墓在内的墓葬区；河南新郑的郑韩故城南部，在西城（宫城）内外分别有春秋和战国两期墓葬群；赵都邯郸故城西北，分布着赵王陵和贵族墓葬群；河北省平山县三汲乡有中山国于公元前378年复国后建都的灵寿故城，除城内有三座大墓外，城西还广泛分布着战国墓群，中山王譻及其后妃之一者的墓葬已被发掘，所获甚丰，特别是“兆域图”铜版的发现，提供了有关陵园规划的材料；湖北省江陵县北面的纪南城（即“纪郢”），内有宫殿台基80多处，并有制瓦、制陶、冶铸等手工业作坊遗址，西北部有春秋时期墓葬，而大量的春秋晚期到战国中期的墓葬则分布在郢城的周围，由北而南，有川店、纪山、八岭山、雨台山、孙家山、拍马山和观音垱等7个墓区。

秦都雍城之西、南部，在凤翔尹家务至宝鸡阳平的雍岭上，东西30余里，即南指挥南部一带，由14座陵园组成“秦公陵墓区”，埋葬着穆公至出公等17位秦君。紧靠雍城，即雍水两岸及其以南邻近秦公陵区的塬地上，则是国人墓地。两者对雍都形成曲尺形的拱卫之状。

古人聚邑而居，聚族而葬。原始社会时的村落遗址中，虽然居住地同墓地很近，但毕竟两者之间是有界隔的。殷周时期的墓地则营造于城外，东周时期的一些诸侯国竟把墓地搬入城内。相反，秦人的陵墓与城区是严格分离的，这在都城的总体设计上是一大显著特点。由于秦的统一，这一做法也为以后历代王朝继承并发展。如：

西汉11代皇帝，分别葬在咸阳原、长安城东南两个陵区。东汉都城洛阳，11座帝陵分别位于汉魏故城的东南和西北两个陵区（即“偃师陵区”和“孟津陵区”）。

西晋都洛阳，历4帝凡52年，除怀、愍二帝被刘聪杀死在平阳（今山西临汾西南）之外，武、惠二帝皆葬在“太阳陵”（邙山南麓）。东晋及以后的宋、齐、梁、陈四朝，均以建康（今南京市）为都城，其中东晋11帝除废帝葬江苏苏州市境内、穆帝葬南京幕府山之阳外，其他九帝分别葬在鸡笼山之阳（即史称“东晋四陵”）和钟山之阳（即“东晋五陵”）两处墓地。东晋和南朝王陵也都是在城郊外，选择了背山面原的地形作为葬地。

唐朝的帝陵远离首都长安，以山为陵，西自乾县的梁山起，经礼泉、泾阳、三原、富平，东至蒲城金粟山，绵延150多公里，分布着“唐十八陵”，埋着19位皇帝（其中乾陵葬着高宗李治和女皇武则天）及追封的四陵（太祖李虎永康陵、世祖李昺兴宁陵、让皇帝惠陵、杨氏顺陵）和唐陵的陪葬墓。唐十八陵中只有惠陵、庄陵、端陵和靖陵是“积土为陵”（覆斗形封土堆），其他的属于“凿山为葬”。唐的末代皇帝昭宗李晔、哀帝李柷分别葬在河南偃师和山东定陶。

北宋首都在开封，但帝陵却在巩义市的4个陵区，形成“七帝八陵”（包括追尊赵匡胤父之陵）、祔葬皇后陵21座及陪葬墓300余座，一律属积土为陵。偏安临安（杭州市）的南宋六帝，都埋在市东南攒官山下，亡国后又遭到了浩劫。

明朝初都南京，后迁北京。有陵区4处，即：南京的孝陵、安徽凤阳的中都皇陵、江苏盱眙的明祖陵和北京昌平的“明十三陵”（另有代宗的景泰陵在北京西郊）。这些陵墓均远离都城，择山为茔。

入关后统治全国的清朝，除末帝溥仪外，9位皇帝分别葬在“清东陵”（今河北遵化市）和“清西陵”（易县）两个陵地，东西各距京师100余公里。另有清初的“关外三陵”（分别在今辽宁省新宾县、沈阳市北郊），系在盛京（今沈阳市）的清祖陵。明清帝陵同制，规模宏大。

综览中国帝王陵墓同都城关系的发展史，很清楚地看到：秦代处于历史的分水岭。在此之前墓葬近都，或与城市宫殿、作坊、居民杂处，独立的墓区正在形成之中。而且墓区大而分散，但茔域的位置及其与城市的布局关系问题已被列入都城的总体规划之中。只有秦君陵墓和平民墓葬，才真正从城中分离出来自成墓区和茔地。虽然它仍属都城的主要组成部分，但秦始皇陵已从芷阳陵地分离选穴丽山，就带有同城建并行而作为另一工程的倾向。踵秦之后，汉代诸陵接受“堪舆”之术、选择“吉地”，离开京师，终成制度，延及后世近两千年］

咸阳原上的“毕陌”之地位于周时毕国的西部，其东部为“毕程〔郢〕”，地当今咸阳市渭城区周陵镇一带。首先葬入毕陌陵区的秦君是惠文王和悼武王，其“公陵”和“永陵”堆起封土，同以前“墓而不坟”的秦诸公大墓比，是最大的变化。[①] 汉人刘向对成帝营昌陵后又返延陵之举，颇有微词。他在上疏中说：“秦惠文、武、昭、严（庄）襄五王，皆作大丘陇，多其瘗臧，咸尽发掘暴露，甚足悲也。”（《汉书·楚元王传》）在这里，他把

① 今陕西凤翔区南发现秦公陵园14座，内有秦公大墓20座，但地面上并无封土，只在个别墓上探出建筑遗迹。栎阳地面也没有见到献公和孝公的陵冢，但已经有了地面标志，所以称“孝公、献公冢”。据此，我以为“嚣圉”“弟圉”并非是陵名，而是小地名。

起坟当作厚葬的典型加以抨击，固然有其对的一面，但也应看到，还有历史性的一面。实际上，坟丘墓早已在春秋时期的中原地区出现，[①]并非秦一家独创“大丘陇”。如早此之前，具有革新意识的秦献公、孝公已采取了丘冢形式，秦简《法律答问》就有“甸人守孝公、献公冢者”的话，时间在战国早期。而在战国中期，把高出地面的君王坟丘称作“陵”者，当由秦惠文王已著先鞭。[按：崔实说“古者墓而不坟……与平地齐”（《政论》）。因为没有封土的存在，当然也不会有什么称呼。一旦在墓口上有堆土的出现，人们就会习惯地借用“丘”“坟”“冢”“山”“陵”这一类中国古代地理学的名词。多种称呼并存，不但可单称，还可连称，如“丘墓”“坟墓”“冢墓”“山陵”“陵冢”。也不因人们的社会地位高低不同而专有。这种歧异、纷杂的现象，正是坟丘墓出现初期称谓还未统一、未礼制化的反映。

公元前335年，赵肃侯“造寿陵”（《史记·赵世家》），这是国君坟墓称“陵”的最早历史记载。接着便是公元前311年秦惠文王“葬公陵”、公元前307年悼武王“葬永陵”、公元278年白起拔楚都郢“烧先王墓夷陵”（《史记·楚世家》）。但是，“陵”之称在很长一段时间里并没有为帝王所接受，如秦始皇陵初名叫“丽山”，秦汉之后才约定俗成地追加成这一通称。汉高祖的“长陵”，在北魏时还有称“长山”的，把吕后陵叫“吕后山”（《水经注·渭水》）。晋人崔豹还把东汉帝王陵称作“山”或“山陵”（《古今注》）。在这时大概可以用得上郦道元的一句模糊话语：“秦名天子冢曰山，汉曰陵，故通曰山陵矣。”西汉皇帝之冢称为“陵”源于秦，从此而后称呼专有化（皇帝）、制度化（称呼），从而为历代所沿袭。那么，反过来说，西汉即使有称“陵”为“山”者，只能认为是一种俗称，属于暂时现象，不足为据。把东汉帝陵称“山陵”者，也只能认为又是一种风雅，也属特殊情况，不足为据。至于唐武则天母杨氏“顺陵”、懿德太子“号墓为陵”者，那是恩准的一种例外，是特定历史条件下的产物。所以在漫长的中国封建社会里，“陵”已成为皇帝

---

① 《易·系辞》：“古之葬者，厚衣之以薪，葬之中野，不封不树。”春秋时期之前的墓上没有封土和标志，是得到了考古证明的。在孔子（公元前551年～前479年）生活的那个年代，他见到坟丘就有4种形式，即所谓“吾见封之若堂者矣（如四坡流水屋顶的高堂建筑），见若坊者矣（高而狭长的堤防样），见若覆夏屋者矣（有如覆盖着的大屋顶），见若斧者矣。从若斧者焉，‘马鬣封’之谓也（狭长而顶部圆突如斧，又因像马鬃，故称马鬣封”（《礼记·檀弓上》子夏语）。多种坟丘并见，正是坟丘处在开始形成阶段，还未固定化的表现。河南固始县侯古堆发掘宋景公（名栾，公元前516年～451年）之妹勾敔夫人墓，其封土高可7米，直径55米，提供了公元前5世纪中期存在坟丘大墓的例证（参见固始侯古堆一号墓发掘组：《河南固始侯古堆一号墓发掘简报》，《文物》1981年第1期）。进入战国时期，坟丘墓则较为普遍。

墓葬的专称，百姓只能叫“坟”。等级制在封土堆的称呼上，同样打下了深深的阶级烙印。把埋葬行为称作“上山”，那是从山陵引申出来的礼貌（王学理：《“秦始皇陵原名丽山”的再议》,《考古与文物》1982年第1期）]随之在秦国产生历史传承的就有秦昭王、孝文王、庄襄王、秦始皇和秦二世等人。他们无不是“作大丘陇”的陵墓并“多其瘗臧（藏）”！汉代帝王墓踵秦之后，把封土堆做成覆斗形可说是定型化了的汉家制度。

二、陵区的墓葬概况

咸阳原上古代陵墓重重叠叠，20世纪以来，多个文物保护研究单位和学者从踏查、调查和勘探中，力图能区别出时代、墓主和性质来。新近形成的材料，当数咸阳市文物考古研究所。他们自2001年7月到2005年10月，经过4年多的时间，对汉陵作了一次全面的钻探，基本上使“毕陌中”的秦汉陵墓从混杂的传说中分离了开来。该所在2004年，对“毕陌陵区”的3处秦陵进行钻探，分别编号为Ⅰ、Ⅱ、Ⅲ。① 2007年，陕西省考古研究院会同咸阳市文物考古研究所对个别陵园又作了一次全面的复探。② 截至目前，终于把战国秦陵墓区圈定在今咸阳市周陵镇附近。

在“毕陌陵区”的秦陵墓约有以下几处：（图7–1）

第一处（Ⅰ号陵）：位于严家沟村附近，当汉成帝延陵东北。陵园内有两座南北并列的“亚”字形大墓。

第二处（Ⅱ号陵）：即误传的“周陵”，位于周陵镇。周陵中学占据着陵园内的南部。陵园内有两座南北并列的“亚”字大墓，均有封土。清代陕西巡抚毕沅在南北两陵墓前立有石碑，分别是“周文王陵”“周武王陵”（陵园情况，容随后展开）。

第三处（Ⅲ号陵）：在Ⅱ号陵园东北1300米处，当贺家村北。有南北并列的两座“中”字形墓，地面有封土，但无围沟与垣墙的发现。南墓封土呈覆斗形，底边长43 ~ 44米，高10米，东墓道长93米。墓前有清代陕西巡抚毕沅树立的石碑，刻“元圣周公之墓”；北墓封土呈圆丘形，底径22米，高6米，墓碑为毕沅所立，曰“鲁公伯禽之墓”。

第四处：在司家庄北（暂编Ⅳ号），有一座“亚”字大墓。

在“毕陌”的几座西汉皇帝陵墓，如渭陵、延陵、义陵、康陵和有些后陵，还是比较容易辨认的。但有的后陵和陪葬墓，因为同秦陵墓混杂在一起，特别是汉后妃之陵墓的规

① 刘卫鹏、岳起：《咸阳塬上“秦陵”的发现和确认》，《文物》2008年第4期。

② 陕西省考古研究院、咸阳市文物考古研究所、周陵文物管理所：《咸阳“周王陵”考古调查、勘探简报》，《考古与文物》2011年第1期。

模小于帝陵，或有四出墓道，又由于某种政治原因远离或偏离帝陵，在形制上同秦陵墓几乎相似。对这些陵墓在没有考古发掘的情况下，要做到秦、汉区分，确有很大的难度。

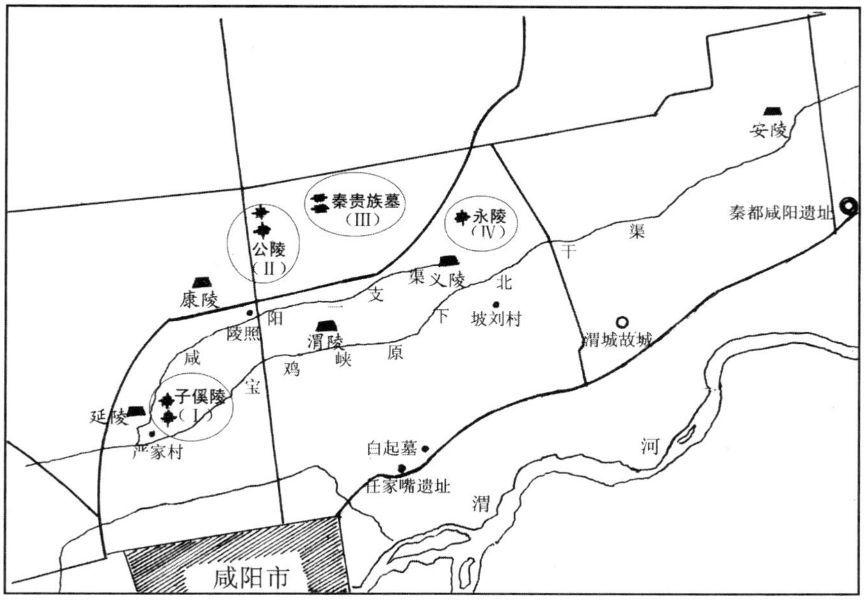

图 7–1　毕陌秦陵分布示意图

三、文、武二王陵与子傒陵

（一）公陵（Ⅱ号）

陵园位于周陵镇北，有内外两道围墙，外城有兆沟环绕，内城内有南北并列的两个陵冢。镇政府即压在南兆沟上，周陵中学占据陵园南端，其北墙即压在南陵的南墓道之上。

陵园平面呈长方形，有内外两重墙垣，外设围沟（兆）。外陵园夯墙南北长 833 米、东西宽 528 米，墙厚 3 ～ 4 米。外围墙四面辟门，正对南陵。兆沟距外城 34 ～ 50 米，沟长 950 米、宽 639 米、深 3.5 ～ 5.5 米，沟口宽 14 ～ 17 米。（图 7–2）

陵园内城南北长 422 米、东西宽 236.5 米。有 6 门，其中东西各 2 门，分别对着南北二陵；南北二门的连线使得两陵、外城门、兆沟都处在陵园的中轴线上。

内城的两座封土堆，中至中 221.5 米，边缘间距 146 米。

陵园内的地面设施是：发现了 5 处建筑遗址，其中分布在内城的有 2 处、外城与内城之间的 3 处。地下的从葬坑，已探测出 27 座，其中在内城的有 9 座，多分布在北陵周围；18 座分布在外城和内城之间，集中在内城外的北部和两侧。

陪葬墓有 168 座。分布在三区，即：外城内的西北为Ⅰ区，有南北向的长方形竖穴土坑墓和洞式墓 4 行计 73 座；东北角的Ⅱ区，有 3 行南北向墓计 34 座；Ⅲ区墓有 47 座，位于外城东墙和兆沟间，其中除 3 座为南北向外，余为东西向。

陵园内南北并列的两座封土堆，就是汉人说的“大丘垅”。最新的钻探资料如下：

南陵呈覆斗形，底边长是东 103.3 米、南 99.7 米、西 103.7 米、北 90 米；顶部边长是东 48.1 米、南 41.4 米、西 46.6 米、北 43 米。陵冢现存高度 14 米。墓圹呈“亚”字形，其中北墓道最长，南北 97 米、北宽 24.5 米、南宽 46.3 米，南端最深 18.4 米。

北陵封土不太规则，据测绘仍是覆斗形。底边长是东 57 米、南 66.2 米、西 55.5 米、北 65.4 米；顶部边长是东 10 米、南 9.5 米、西 9.8 米、北 9.5 米。陵冢现存高度 17.5 米。墓圹呈“亚”字形，其中东墓道最长，东西 79 米、东端宽 9.6 米、西端宽 30.3 米，西端最深 18.5 米。

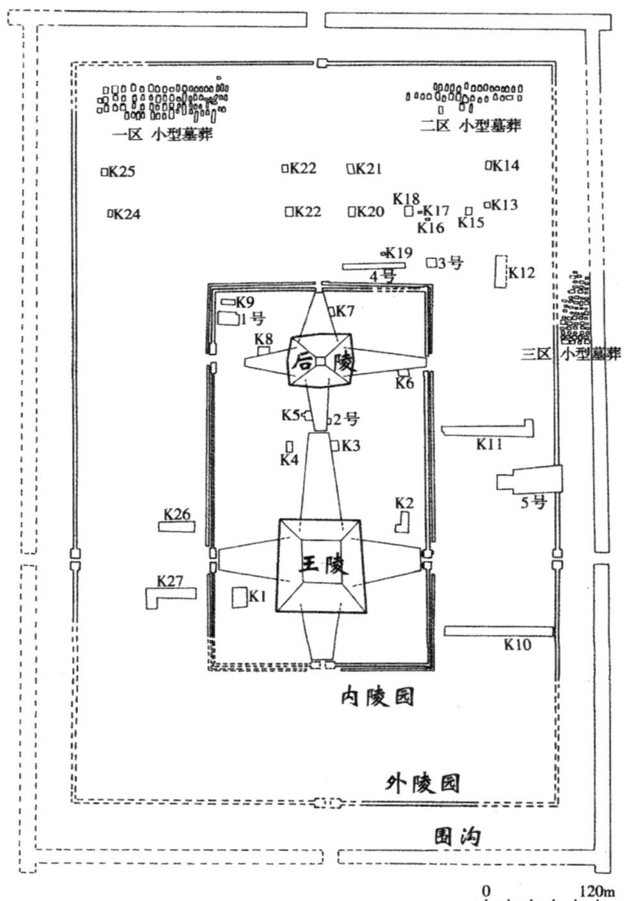

图 7–2　秦惠文王公陵平面图（据原图稍改）

对待入葬“毕陌陵区”的秦君和贵族，我们如何能把文献记载和考古资料相印证，真正地做到“对号入座”呢？在这里，我们还是先以秦惠文王和悼武王葬地入手，而且还应该知道熟悉秦汉陵墓的唐代人的记载较为可靠。[①]

《秦纪·正义》引《括地志》时说：“秦惠文王陵在雍州咸阳县西北一十四里”，“秦悼武王陵在雍州咸阳县西十里”。这是以唐咸阳县治（今咸阳市东五里）为基点，从方向和距离上，揭示出“公陵”远、“永陵”近的事实。（图 7–3）

图 7–3　秦惠文王陵

《秦纪》：“惠文王享国二十七年，葬公陵。”陵园内南北两座陵冢，规模都小于汉代帝后陵墓，南北一线的排列同“芷阳陵区”内一号陵园两座“亚”字大墓完全一致。所以

① 因为在唐之后，宋代人出自“政治需要”就有意无意地把涉及历史人物的事迹弄混，就像曹操在唐代以前的评价较为公允，但到宋代就由“起世之杰”一下子变成了“白脸奸臣”。原因的真谛在于：宋太祖赵匡胤因“陈桥兵变”得以黄袍加身，通过“杯酒释兵权”把手握重兵的将军剥了个精光。于是，唯恐别人学他的样子起来掀翻了自己的皇帝宝座，就采取了一系列“重文、轻武、防内”的措施，加强专制主义的中央集权制统治，为防止“叛臣”的出现，就一再要臣下“忠君”。想来，此时为迎合老百姓希望有明君良臣的心愿，便把周文王、周武王推在前边，来了个“李代桃僵”。从此，也就种下了聚讼千年的祸根。

可以断定此陵园绝不是“周陵”也不是汉陵，而属于秦公陵陵园。园内两陵的体量与形制，也显示出此属“公陵”，陵园建制气魄宏大，陪葬墓数量多，这同秦惠文王享国时间长是吻合的。其中南陵为秦惠文王陵墓，北陵应为惠文后陵墓。[①] 有人怀疑居北的陵冢不是惠文后，根据是《史记・秦本纪》和《穰侯列传》载：在秦武王死后，秦国发生了“诸弟争立”的内乱，魏冉扶昭王即位后，诛死了“季君”（即庶长壮）及参与叛乱的“昭王诸兄弟”，连惠文后也“不得良死”。但是，我们可以推想一下：因为昭王是武王的“异母弟”，惠文后毕竟是生父惠文王之妻“魏夫人”。她既“不得良死”，就不是正常死亡。是“处死”，是“逼死”都不清楚。用“不得良死”一语，可见同对叛乱者的“诛死”是有区别的。那么，惠文后已经死了，总不能把她弃尸荒野吧！况且“各为其主”的政敌已经被消灭，恐怕是无须再“不留情”的！于是，把惠文后同秦惠文王合葬在原先规划好的公陵陵园里，毕竟还是上对得起先父的在天之灵、下可收到按礼制行事的效应。

（二）永陵（Ⅳ号）

《秦纪》：“悼武王享国四年，葬永陵。”

《皇览》：“秦武王冢在扶风安陵县西北毕陌中。”（《史记・秦本纪・集解》引）《后汉书・郡国志》注：安陵“县西北毕陌，秦武王冢”。而且《括地志》说“秦惠文王陵在雍州咸阳县西北一十四里”，“秦悼武王陵在雍州咸阳县西十里”，很具体。这说明秦悼武王陵在秦惠文王陵之东，相距唐四里（合今 1663.2 米），同在“毕陌”中。《汉书・哀帝纪》：建平二年（公元前 5 年）七月，“以渭城西北原上永陵亭部为初陵”。汉之“永陵亭部”系沿用秦悼武王永陵名而设，汉渭城县治在今咸阳市东北 17 里的渭城湾。据知，西汉哀帝义陵位于今咸阳北塬上底张湾乡南贺村东南，显然这里也即是汉“永陵亭部”之地，义陵就建在此亭部管辖的地区。

经钻探，在汉哀帝义陵之北 900 多米处，当司家庄之北，有一大墓。封土作覆斗形，底边东西长 80 米，南北宽 63 米，高 13.4 米。探出有 4 条墓道，东、南、北 3 条墓道各长 60 米。东墓道小端南侧有一长 11 米、宽 5 米的从葬坑。[②] 这应当就是秦悼武王的“永陵”。

① 在殷墟王陵中未见合葬，周王陵情况不清。但在一些西周大墓中，就出现了夫妻异穴合葬（如陕西宝鸡茹家庄弛墓，河南浚县辛村的卫侯墓）。春秋战国时代，夫妻合葬更趋普遍。但凤翔的秦公陵园中，没有发现合葬墓。现在可以肯定的是：盛传的“周文王陵、周武王陵”绝不是周陵，也不是汉陵，而是秦陵。实际上，是秦惠文王与魏夫人同茔异陵合葬的“公陵”。恰当地说，秦国君与夫人的异穴合葬，应是从秦惠文王开始的。对此，我在 1985 年出版的《秦都咸阳》一书备注中肯定了秦陵。在 1999 年出版的《咸阳帝都记》一书中，展开论述，明确了墓主。

② 咸阳市文物考古研究所：《西汉帝陵钻探调查报告》，文物出版社，2010 年。

秦悼武王“取魏女为后，无子”，他死后发生“诸弟争立”的内乱。王后并没有参与，却带有一定的倾向性。所以，昭王当政后没有严惩，而是令“逐武王后出之魏”（《史记·穰侯列传》），让她回归娘家——魏国去。所以，在永陵没有武王后的合葬，正同探测的情况吻合。

（三）子傒陵（Ⅰ号陵园）

1. Ⅰ号陵园考古实测

经咸阳市考古研究所钻探，Ⅰ号陵园东北距Ⅱ号陵园（即“公陵”）3800 米，位于咸阳市渭城区周陵镇严家沟村北，当西汉成帝延陵东北。（图 7–4）陵园呈南北向的长方形，外有围沟，紧贴外园墙，内园墙里有南北两座“亚”字形墓。在内陵园西北角是建筑基址，园内外有从葬坑 7 个，北部有大型陪葬墓 6 座（其中“中”字形 1、墓道朝北的“甲”字形 5），在外陵园北部和外侧与围沟内有小型陪葬墓 604 座。[1]（图 7–5）

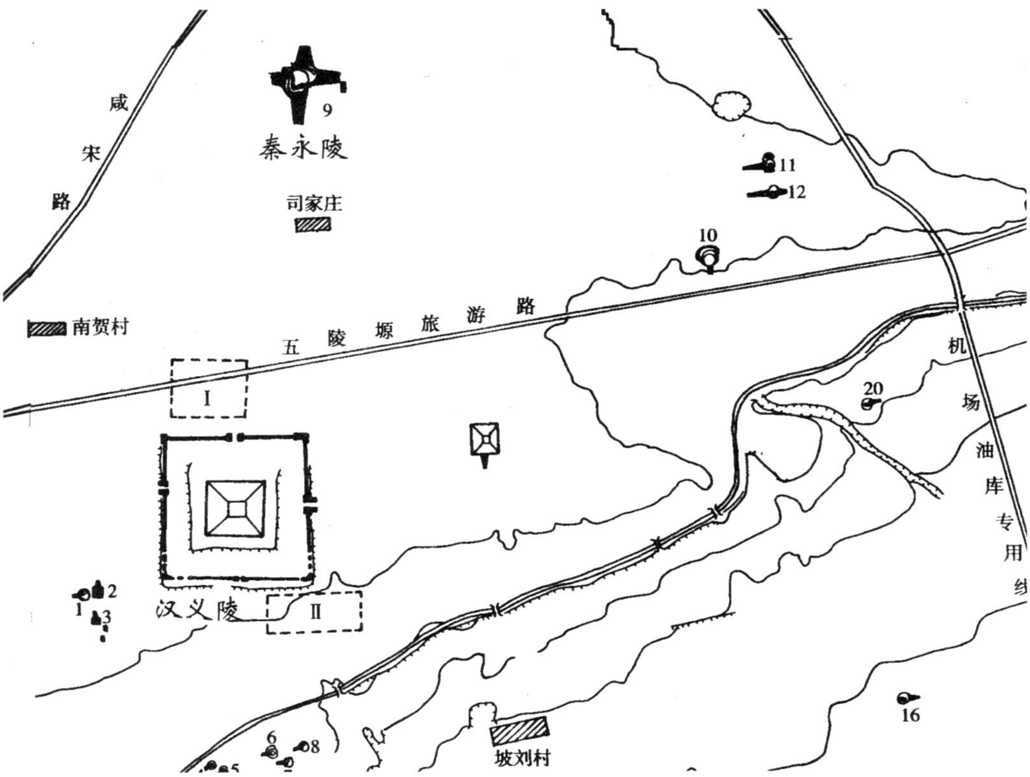

图 7–4　秦永陵与汉义陵平面位置图

① 陕西省考古研究院、咸阳市文物考古研究所：《陕西咸阳严家沟秦陵考古调查勘探简报》，《考古与文物》2021 年第 1 期。

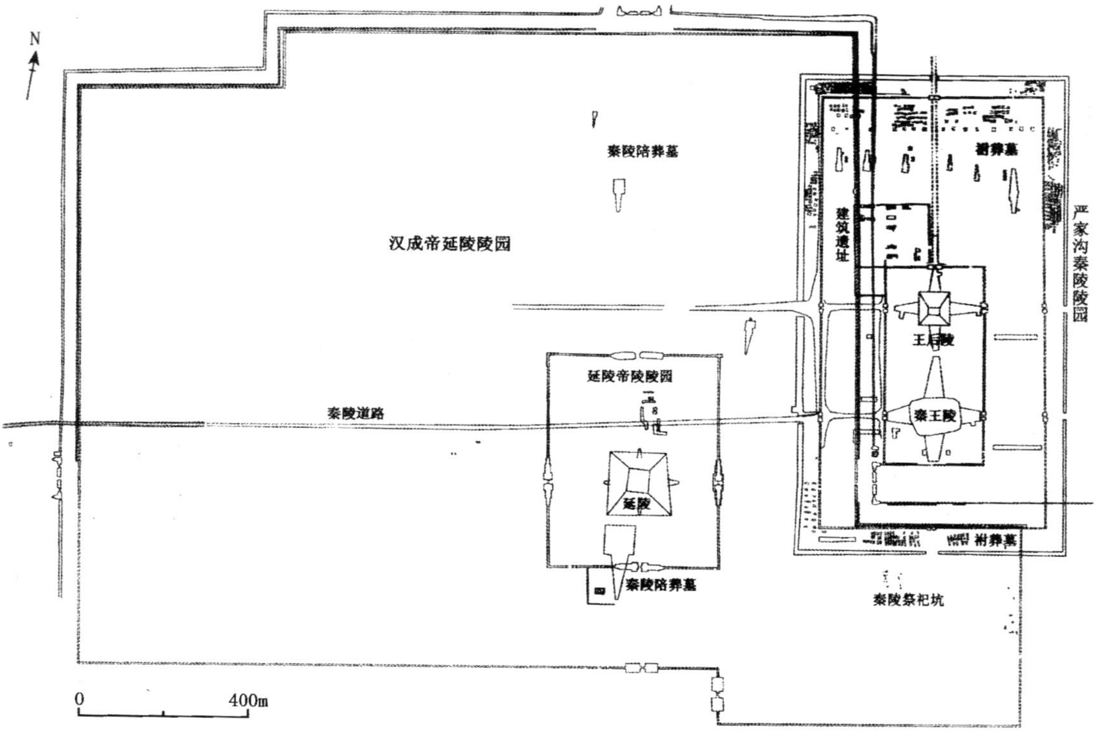

图 7–5　秦陵与延陵平面关系图（《考古与文物》2021 年第 1 期）

内陵园内的两座“亚”字形大墓，南北并列，封土边缘间距 176 米。南陵封土遭平毁，是仅高出地面 2 ~ 4 米的大平台，东西约 120 米、南北约 85 米。探测出墓道和墓室东西通长 218.6 米、南北通长 252 米。北陵封土保存较好，呈覆斗状，高约 16.3 米，底边南北长 80 米、东西宽 74 米。顶部呈正方形，边长 32 ~ 34 米。陵南有毕沅所立“周恭王陵”石碑一通。

陵园东北的中字形墓，未见封土。墓室平面呈方形，南北长 29、东西宽 19 ~ 20 米。南墓道长 38、宽 10 ~ 16 米；北墓道长 18、宽 14 ~ 16 米。

在西兆沟内，由北而南排列着 3 座建筑。地面多有绳纹瓦片、素面铺地砖、云纹瓦当残块和陶器残片。

2. 子傒陵墓求实

Ⅰ号陵园有围墙和兆沟环绕，其中两座“亚”字形大墓的主人，显然在秦国是具有最高级政治地位的。可是，在都咸阳以来的秦王陵墓多能确指其所在。翻拣秦史籍，还能选出谁呢？

有位公子傒，是孝文王的长子，曾被立为太子。内有母亲在禁中，外有杜仓的辅佐，大有“承国之业”的希望。但是，吕不韦的游说，却改变了子傒的人生轨迹。因华阳夫人的串通，孝文王废子傒而改立了他的异母弟子楚（异人）为太子。（《战国策·秦策五》）

那么，怎么能确定咸阳原上的Ⅰ号园就是子傒之陵呢？

我想：这同元老重臣杜仓有关。昭王九年（公元前298年），齐、魏、韩等“五国伐秦”时，杜仓曾以“先攻楚国”而取胜，还得到韩国10座城的“上地”。他在昭王二十六年至三十二年之间（公元前281～前275年）任秦相，在外交政策上同魏冉“亲楚攻魏”主张相反，力主“先攻楚国”，而且取得巨大的成就。他威望之高，可说是没有人能比得上。①

秦孝文王嬴柱是昭襄王儿子，母亲是唐八子，初封为“安国君”，在昭王四十二年（公元前265年）才立为太子，时年38岁。到公元前250年登基时，已经53岁了。在他20多个子嗣中，宠爱的华阳后又无子，只有长子子傒才有继承王位的资格。子傒有“承国之业，又有母在中，……杜仓又辅之”（《战国策·秦策五》吕不韦语）。可见孝文王对子傒承嗣是抱有极高希望的。

但是，围绕孝文王子嗣继承大统问题，在秦廷却展开了一场带有故事性的政治交易与厮杀。濮阳的大商人吕不韦把商场的投机术用在“建国立君”上，他串通孝文王爱姬华阳后之弟阳泉君，把在赵国作人质的又一“中男异人”认作华阳后之子。杜仓面对横飞而来的抢权者，为了避免秦国以前曾发生的“诸弟争立”的血的教训，意识到必须采取措施来巩固子傒的合法继承权。于是，就按照秦国生前营造寿陵的习惯，给太子在先王陵地——“毕陌陵区”规划陵园并立即实施。

吕不韦把杜仓和子傒当然地作为博弈的对手，在他劝说阳泉君时，就明确地表示了“争位固宠”的认识。华阳后认异人为养子，还把他名字改成子楚，再通过枕边风说通了孝文王，终于改立了太子。

孝文王即位3天就去世。子傒的异母弟子楚，登上了秦王的宝座，是为庄襄王。这位新王毕竟还有点亲民之风，能够“修先王功臣，施德厚骨肉，而布惠于民”（《史记·秦本纪》），当然也默认了给兄长营筑寿陵的既成事实。可惜秦庄襄王32岁而立，享国只有3年也呜呼哀哉，继承王位的就是生在邯郸的嬴政（后来统一中国的秦始皇）。那么，失意的子傒终其一生，死在何时，又与夫人何时归葬于咸阳原上的陵墓也成了待解之谜。

① 关于杜仓相秦一事，马非百经过考证之后，认为《韩非子》的记载无误。文见马非百：《秦集史·人物传37》，中华书局，1982年。

3. 子傒能否死享“亚”字形大墓的待遇问题

首先，严家沟村Ⅰ号秦墓不是秦孝文王与华阳后合葬的陵园。理由之一，秦定都咸阳之后把君主陵墓区作为都城建设的一项主要内容，因此先开辟了“毕陌陵区”。随后因城区扩展、都市重心南移，才在渭南新区开辟“芷阳陵区”（东陵）。这状况正是由传统的“陵墓近都”改变为“陵墓远都”的开始，以后汉承秦制。隋唐以降，陵墓不再列入都城规划之中。[①] 理由之二，秦定都咸阳后，改变了过去新都的前期君主追葬旧都的习惯，如西垂陵区大堡子山的二陵主，平阳、雍城、栎阳的王陵也无不如此。所以，秦孝文王不可能违反定制而离开芷阳、另辟茔域。理由之三，华阳后是楚国女，思乡情切，所以同孝文王的“寿陵”就选在东陵陵区西南边缘又靠近武关大道的地方。[②]

其次，秦的历代君主从“公”到“王”再到“帝”，都注重武力开疆拓土，在处理丧权失势的人事问题上比较开明。秦始皇在统一六国过程中，对亡国之君的族人并未斩尽杀绝。像韩国亡，韩王安被俘软禁在陈县，后来因参加反叛而被处死，但并没有波及其族人；赵亡，赵孝成王被流放；灭魏国，并没有处死魏王假；楚王负刍被俘，未处死，大将项燕拥立熊启为楚王，但反秦战死；燕王喜被秦军活捉，但未处死；只有信谗的齐王建被俘后，软禁在共，被活活饿死。既然，历史上留下“暴君”恶名的秦始皇对政敌、异族君主并未采取极端手段，难道会对本族的伯父子傒毁墓弃尸么？我们再反观历史上的亡国之君，多数人的下场非常凄惨，不是被凌辱就是被杀。当然，也有少数苟活者还受到一定的优待。像东汉末献帝刘协从傀儡皇帝降到“山阳公”，还死葬“禅陵”；蜀后主刘禅降魏，被晋封为“安乐公”，死后谥“思公”；司马炎篡魏建立西晋政权，把晋王曹奂降为“陈留王”，仍享受原来待遇，不称臣、受诏不拜，死后谥“元皇帝”（魏元帝）。后来还有吴末帝孙皓、陈后主陈叔宝、后晋出帝石重贵、后周恭帝柴宗训、清朝末代皇帝溥仪等，都在亡国后，终其余生。那么，历史上最早受到优待的例子应该算是嬴秦的子傒了。

再次，从考古调查看严家沟村Ⅰ号“亚”字形大墓，从长方形的双重陵园、从葬坑排列、陪葬墓以及文物看，确实属于秦陵。其时代晚于“公陵”而又比东陵几座王陵规整，简单的陶文与云纹瓦当显示出秦汉间的风格。如果联系大型陪葬墓和数量巨大的小型陪葬墓，是否反映出Ⅰ号陵园存续的时间较长？与子傒及其夫人的寿命长有关？杜仓及其幕僚陪葬于此也有可能。

---

① 王学理：《从君主“陵墓近都”到“自成茔域”》，《考古与文物》2007年增刊《先秦考古》，又入编《王学理秦汉考古文选》，三秦出版社，2008年。

② 王学理：《咸阳帝都记》，三秦出版社，1999年。

以上各方判断是否准确，有待来日考古发掘验证。

四、误秦“公陵”为周“文王陵”的再订正

千多年来，人们把秦惠文王陵和秦惠文后陵误传作周文王和周武王陵。几经订正，又几经讹传，始终在“正→误→正→误→正……”中徘徊。后汉人误，三国人订正；晋人误，南北朝订正，唐人再订正；宋人误，今人沿误，还欣喜地把此间地名称作“周陵”，校名呼曰“周陵中学”。在祭风盛行的时下，还在路上立有“周陵”牌坊，并多次举行祭祀大典。不谙史实与学术动态的所谓研究家，仍把今人的所谓“订正”当作一种“新观点”，实则是以己之“昏昏”在使他人之“昭昭”也。

我在《咸阳帝都记》一书的初版中，指出误传的“周陵”实为“秦陵”的根据是：

第一，文献中对“毕陌”和“毕原”，有着明确的记载。后人把两地混而为一，竟导致了地理错位。

《皇览》、《后汉书·郡国志》注、《括地志》等书明指秦陵茔域在渭北咸阳的“毕陌”，其记叙、方位同今陵园相吻合。

同样，《皇览》《帝王世纪》《关中记》《括地志》等书均记周文王、周武王、周公等葬于万年西南（或杜南）的“毕原”（或作“毕”）。所以，西周王陵在渭南长安之“毕原”。

后人往往把“毕陌”与“毕原”相混，而更多地把咸阳原误作“毕原”，加之情感的因素，竟使两地的周秦墓主发生了取代的现象。

第二，陵冢作为地面上标识性的封树，周无秦有。而后人不明葬制的迥异，很容易去作想象与推测，以致远离了历史的真实。

战国中期之前，君主“墓而不坟”“不封不树”，汉人刘向举例说周“文、武、周公葬于毕……无丘陇之处。……秦惠文、武、昭、严（庄）襄王、皆作大丘陇”的话，是符合历史的。今毕陌陵墓有高大的坟丘，是明显的封树标志。秦惠文王与惠文后合葬“公陵”，也有史可证。今毕陌二陵南北相距百米，同处于一个具有内外两重城垣的陵园之内，正符合“同茔异陵”的夫妻合葬制。所以，毕陌“周陵”之说显系误传。

第三，陵墓同都城的关系上，周居都，秦近都，汉去都，三者有别。

先秦时期，陵墓设在国都周围，二者存在密切不可分的关系。把陵墓区作为城市的组成因素，是被列入总体规划之中的。

周都在丰镐。经考古证实，丰邑在长安县“沣河西岸的客省庄、马王村、张家坡、大原村、冯村、曹家寨、西王村一带”，镐京在“沣河东岸昆明池故址以北的洛水村、泉北

村、普渡村、花园村、白家庄、斗门镇一带”。历年在沣西发掘的西周中小型墓葬达400座，以张家坡最为密集且多两墓并葬，[①]显系设置在国都的贵族墓地。那么，西周王陵所在的“毕原”就在“镐东南杜中”，绝不会北越渭河，爬上咸阳原，埋在“毕陌”的。

秦都咸阳的早期是以渭河北窑店镇为中心，西界到了长陵火车站、渭城湾一带。黄家沟、白庙嫣王、任家嘴等地处于国都西北和西部，分布有平民墓地，属于都城的内圈。秦“公陵”“永陵”设在毕陌，是国都咸阳规划的王陵区，属于国都的外圈。

汉都长安城的两个皇陵区——北线陵区、东南陵区，分别在咸阳原和白鹿原——少陵原上。这两大陵区均同都城拉开了距离，处在郊区，显然不再列入城市布局的规划之中。

很明显，从先秦到汉代，只有误传的周陵接近秦都咸阳，而同周汉之都拉不上关系。因此说把有明确记载又有合葬封土的秦陵当成周王陵，是张冠李戴的结果。

第四，咸阳原上秦汉陵墓的相对位置，是确定秦陵的参照物。

根据文献，关于“公陵”“永陵”的记载，涉及咸阳、渭城、安陵、义陵等地名、陵名。其相对位置和遗址的所在，正是确定咸阳毕陌的秦王二陵的根据。考如前，不赘述。长安毕原周陵之确定，也同样适用此法。

第五，考古实证，周秦自分。

对秦王二陵及周陵运用考古的地层学、文物学、建制史作出判断，更能取得令人信服的答案。前有详细例证，于此不再重复。

长期以来，把秦陵误传为周陵，孙星衍析其原因主要有五，即：一是人名、地名相同而混，周、秦都有文、武二王，两地的毕原与毕陌仅一字之差；二是魏石安县（即咸阳）有周文王祠，又有秦惠文王陵，便祠墓合一；三是周陵无封土，便以秦陵当之；四是文字传写之误，如宋敏求引《三辅故事》把“毕原”误作“毕陌”；五是误引误传。实际上，民间误传既久且广，崇尚周文、武的仁义，具有为民伐暴的“圣者之举”，秦正处在被诅咒的一方，自然就很容易泯灭无闻了！

① 中国社会科学院考古研究所：《新中国的考古发现和研究》，文物出版社，1984年；陕西省考古研究所：《镐京西周宫室》，西北大学出版社，1995年。

第二节　东陵陵区

一、东陵——咸阳新辟的又一秦王茔域

（一）秦昭襄王选陵

秦惠文王时，在政治、经济、军事上呈现出一派勃勃生机，改君称王。国都咸阳也随之繁兴，表现之一就是在渭南开始起造一些对后世都具有深远影响的宫殿建筑。

而昭襄王对咸阳的城市建设，重新部署、总体规划，是在一个更大的地域范围之内大兴土木，全面施工。他除过对原来渭北的宫阙建筑维护、扩修，并新增六英宫之外，一般取保持现状的态度，而把都市营建的重心转移到渭河之南更为广阔的领域里去。在原章台宫之侧，新建兴乐宫、南宫、华阳宫，分别作为王、后、太子的专有宫室。郊外由近及远地维修秦穆公的霸宫（更名芷阳宫），北筑谷口宫，西建长杨宫、棫阳宫，再加上宣太后起造的高泉宫、虢宫，就形成了一个环状的离宫群落。而对地跨渭河两岸分布着星罗棋布的宫殿建筑、城市人口稠密、商贾云集、外事繁忙、河面上舟船摆渡不迭的情况，便建造了“广六丈，南北三百八十步”的“横桥”（《三辅黄图》《三辅旧事》），便利了南北的往还。这些大型建筑工程及其合理的布局，既突破了原来咸阳的局限，又富于新的价值取向。如果不是调整计划后的统一实施，是很难使咸阳具备“渭水贯都”的规模的。

秦咸阳从一国之都到后来成为统一国家之首府，固然是政治地位的升迁，但作为都城的规模、格局及其设计思想，却形成于秦昭襄王之时。所以，我以为他是大咸阳的奠基者！

适应了国都扩大、政治重心南移的新形势，秦昭王调整咸阳城建规划，放弃“毕陌陵区”，重新开辟了一处秦王宗室的茔域。

这个新的王陵区设在秦的芷阳县地，故名“芷阳陵区”。实际上，它原来称作“东陵”。根据是《汉书·萧何曹参传》上这么一段文献记载：“召平者，故秦东陵侯。秦破，为布衣，贫，种瓜长安东，瓜美，故世谓‘东陵瓜’，从召平始也。”师古曰：“召读曰邵。”现西安市东郊，同临潼区交界处有个村子名叫“邵平店”。邵平因秦的东陵而封侯，大概是主管芷阳陵地的职官。秦既有“东陵”这一称呼，汉代人当然也是熟识的。芷阳陵区秦统称“东陵”，应该是相对于秦都咸阳西侧原来的“毕陌”王陵区而言的。虽然史书上并无“西陵”的称

说，也没有一开始作这样的叫法，但足以反映出“东陵”是昭襄王时才产生的新称呼。[①]“东陵”称呼之晚出，是都城建设随统一战争胜利展开规模扩大、中心南转、陵区重新安排的必然结果，更同“雍城陵区”无涉。[②]

（二）芷阳地望

据文献记载知，宣太后、秦昭王、悼太子均葬芷阳。因此，有必要弄清秦芷阳县的所在。《史记·秦本纪》注引《括地志》：“芷阳在雍州蓝田县西六里。”又引《三秦记》：“（白）鹿原东有霸川之西坂，故芷阳也。”《长安图》说：“自骊山以西，皆芷阳县地。”这些文献记载似显笼统，把秦芷阳县治同辖境相混，而且又有错讹。秦芷阳地的北界当以渭河一线为准，同高陵相接；南界则在渭河南岸台地的南缘，隔骊山西段同蓝田为邻；骊山北麓因秦始皇十六年（公元前231年）析地另设“丽邑”，从而构成了芷阳县的东界；西同国都咸阳的渭南新区邻近，以灞水划界，西南当白鹿原东侧同杜县衔壤。秦芷阳县治大致位于今临潼区斜口街道办的油王村一带。汉文帝九年（公元前171年）在灞河西岸的白鹿原东侧筑“霸陵”，因地近霸上、霸宫而把芷阳改名为霸陵县。

梦斋藏有“芷阳丞印”封泥。自20世纪70年代以来，在骊山西北方的阪原地带，西起灞水右岸，向南伸至西安市灞桥区洪庆乡老牛坡，东延至始皇陵地区，形成以临潼区韩峪乡油王村为中心的轭状地域，多有戳印“芷”“芷阳”文陶片的出土，也发现了多处建筑、制陶、墓葬等遗存及丰富的文物。油王村附近有大面积的建筑群落基址，特别是龙、凤、虎等纹样空心砖，各式瓦当等建筑材料及“半两”“五铢”“货布”等钱币的出土。不但时跨战国、秦汉，而且西面和南面为范围更广的制陶作坊区，和泥、制坯的陶窑及窑具、成品多有出土。综合观察，秦芷阳地与县治的轮廓就很清楚地呈现在我们的面前了。[③]（图7-6）

① 王学理：《东陵和西陵》，《考古与文物》1988年第C1期。

② 骊山学会载文说：“秦东陵之名，是秦代按照方位对其王室陵园的命名，它是与雍城三畤原上的秦公诸陵相对而言”，“雍城陵区，亦称‘西陵’，在今陕西凤翔”。并认为东陵是“幽都地宫与国都南北对应”，是“阴阳观念的客观反映”（见《秦东陵探查初议》），《考古与文物》1987年第4期）。此说未从秦都咸阳形成史上分析，单从臆想上推断，其结论必然是难于成立的。今取子之矛盾而言，第一，“按照方位”取名，既以远隔三百里的“雍城陵区”作为参照物，那么雍东之“公陵”“永陵”，雍西之“平阳墓地”，更远的“西垂墓地”又该如何称说？第二，在“墓而不坟”的雍都时代根本就无陵，“西陵”之称何来？第三，“幽都地宫与国都”是阴阳的对立，能否同“南北对应”而取名“东陵”？至于和“阴阳观念的客观反映”能扯上多少瓜葛，实在令人生疑！

③ 张海云：《芷阳遗址调查简报》，《文博》1985年第3期。

芷

芷阳丞印

图 7-6　芷字与芷阳丞印

二、东陵陵区的秦王宗室陵墓

（一）文献记载中的秦王宗室陵墓

1. 芷陵——秦昭襄王与唐太后合葬的陵墓

《史记·秦始皇本纪》的秦世系条载：昭襄王“葬茝阳”，《索隐》：“葬芷陵也。”茝即芷，陶文作“芷”。昭襄王陵名“芷陵”，地在“芷阳”。因为昭襄王妃八子先死，其子孝文王嬴柱继昭襄王而立，尊之为“唐太后”，“合葬于先王”。（《史记·秦本纪》）

2. 寿陵——孝文王与华阳太后合葬的陵墓

《史记·秦本纪·索隐》与《秦始皇本纪》均载秦孝文王“葬寿陵”。王后华阳夫人被庄襄王尊为“华阳太后”，死于秦始皇十七年（公元前 230 年），“与孝文王会葬寿陵”（《史记·吕不韦列传》）。而庄襄王的生母曰“夏姬”，死于秦始皇七年（公元前 240 年），虽被立王的子楚尊为夏太后，但因为生前同孝文王没有感情（“毋爱”）而单独“别葬杜东”（实为“杜南”[①]）。

① 王学理：《神禾塬秦墓墓主考》，《陕西历史博物馆馆刊》15 辑，三秦出版社，2008 年。

3. 阳陵——庄襄王与帝太后合葬的陵墓

《史记·秦本纪·索隐》说庄襄王“葬阳陵”，而《秦始皇本纪》和《吕不韦列传》均作“葬芷阳”。其实二者并不矛盾，同前说之昭襄王陵一样，“阳陵”是陵名，地在“芷阳”。

梦斋藏有“阳陵禁丞”封泥，也许在东陵地区设有禁苑，统归阳陵丞管理。

4. 宣太后冢

昭襄王的生母宣太后（即“芈八子”）于公元前265年（秦昭襄王四十二年）死去，后“葬芷阳郦山”[①]（《史记·秦本纪》），张守节《正义》说“在雍州新丰县南十四里”。

5. 悼太子冢

秦昭襄王悼太子为人质时，客死于魏国，据《史记·秦本纪》及《六国年表》载：昭王四十年（公元前267年）“归葬芷阳”。《集解》引徐广的话说，在“今霸陵”[②]。

（二）秦芷阳地的考古勘查

在临潼区斜口街道办韩峪一带的骊山西麓已经发现一处较为集中的墓地，西近韩峪，东到三冢坡，北及武家堡北100米，南至马斜村南，总面积约在150万平方米（合2250亩）。小峪河发源于骊山西侧，自东而西穿过墓地，经韩峪西南，再折而北流，傍陵地西缘，过斜口镇东，到西泉街道办的三府村入渭河。在该墓区探出了4座独立的陵园，其中3座陵园（1～3号）分布在小峪河的北岸一处面积较大的山前洪积冲积扇上，另一座陵园（4号）则位于南岸的又一冲积扇上。

以较大的1号陵园为中心，2号在东北，3号在西北，4号在西南。有些陵冢至今巍然犹存，连当地的村名也映现着秦陵所形成的地理特点，如军王岭（即“君王陵”）、三冢坡、冢底村等，即使一条通向陵冢的石铺路也直接呼之为“王路”。4座陵园内共探测出“亚”字形大墓3座、“中”字形大墓3座、“甲”字形大墓8座、陪葬墓区4处、从葬坑35个。

---

① 芷阳地位于骊山的西端与北面，故二者往往连称。

② 有人以为秦悼子冢在皇子陂上。《水经注》：“沈水上承皇子陂于樊川。”今西安市长安区南流经樊川的潏河，又名“沉水”，也就是古之沈水。《太平寰宇记》：“皇子陂在启夏门南三十里。陂北原上有秦皇子冢，因以名之。隋文（帝）改为永安陂，周迴九里。“唐启夏门是长安城南墙东端的城门，位当今陕西师范大学东墙外30米处，由此向南30里即是“皇子陂（永安陂）”。但《长安志》长安县条却说“永安陂在县南二十里，周七里”，显然有误。因为唐以后的长安县治设在唐长安城的长寿坊，地当今西安市西南的徐家庄附近，距皇子陂更远，就不止“二十里”。《十道志》说“秦葬皇子起冢坡北原上，因名皇子陂”。清毕沅案：“此即秦悼太子冢，前人俱未考耳。”实际上，此处所言的“秦葬皇子”，如是“悼太子”，则不应称“皇子”。《史记》说悼太子“归葬芷阳”，徐广又明确指出在“今霸陵”，显然就不能南移长安。

每座陵园原来都有人工兆沟围护，并有陵园建筑及其设施。[①]

2010 ~ 2013 年，经陕西省考古研究院重新钻探，对 20 世纪 80 年代的勘探资料作了较大的修正。（图 7–7）

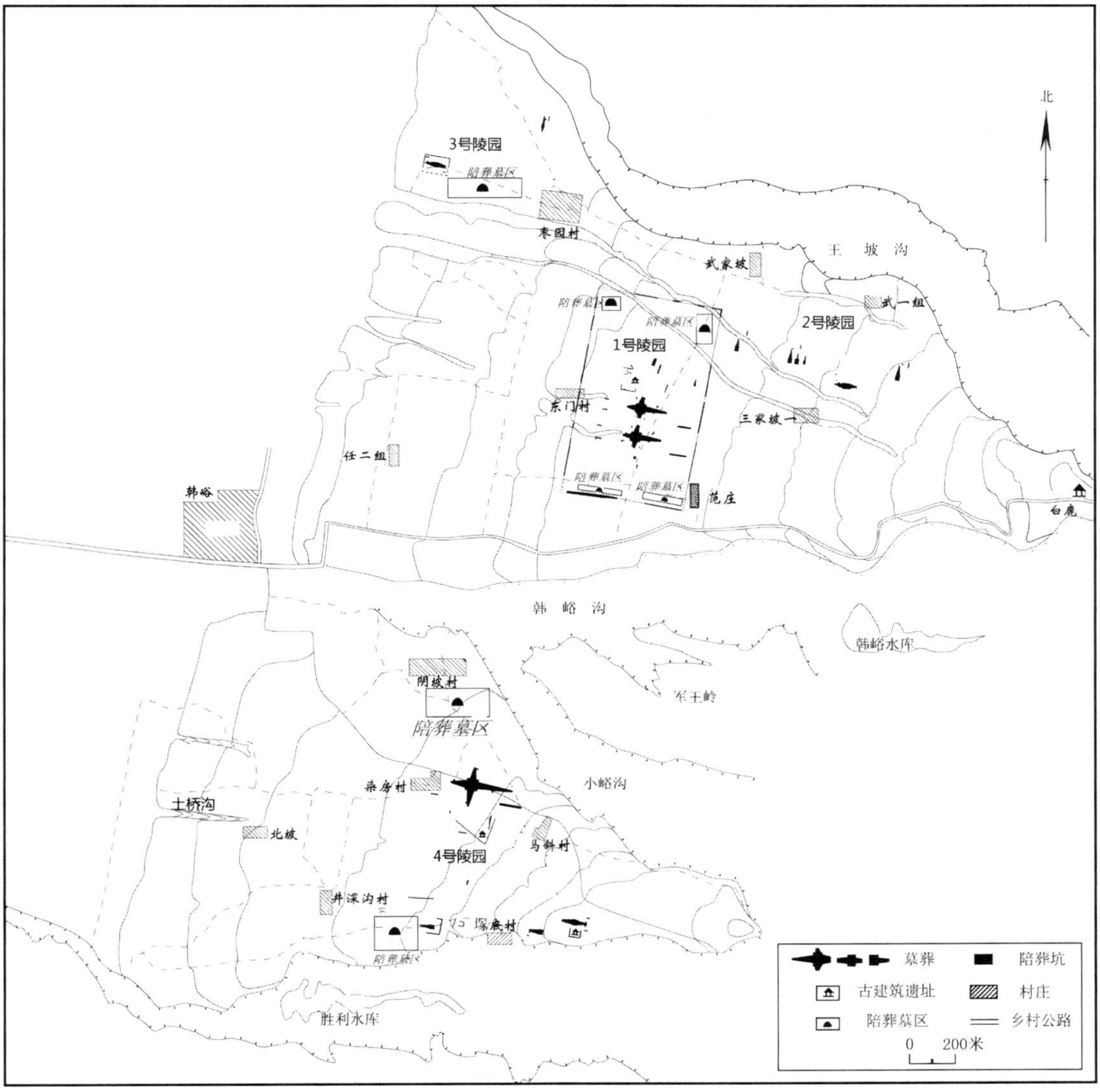

图 7–7　秦东陵探测平面图 (1)

1 号陵园：位于临潼区斜口街道办事处韩峪乡东北，陵园区域涉及范家庄、马庄、东门村、枣园村等村组。地处骊山西麓的板塬地带，西距秦芷阳城遗址 1.5 公里，地势呈东

① 陕西省考古研究所、临潼县文管会：《秦东陵第一号陵园勘查记》，《考古与文物》1987 年第 4 期。第 1 号陵园材料刊 1990 年第 4 期，第 4 号刊 1993 年第 3 期，又《秦东陵考察述略》（内刊）。

高西低的坡梁。坡度为10—30度，南依小峪河，北抵王坡沟，东起范庄及武家坡，西到马庄村东，海拔约557米。是个南北向的颇为规矩的长方形陵园。陵园是人工挖筑的壕沟，异常规整，陵园壕沟平面呈南北向长方形，北起枣园武家村三队的无名沟，南到范家村，西界在马庄及东门村西，东到范庄及武家村，南北长1180米、东西宽695米，四角连接处，除东北角完好外，其余三角均被自然和人为破坏，已不存在，特别是西北角地处现存冲沟外延的低凹地带，壕沟已不复存在。东、西壕沟中段偏南处（正对ZM2的东、西墓道）各有一处缺口，应为“1号陵园”的东、西门址。总面积82.423万平方米，合1236.34亩。

陵园中部偏南有结构相似、规格略同的“亚”字形主墓两座（ZM1、ZM2），南北并列，间距107米。墓室略作正方形，有四出的斜坡墓道。墓东西通长215 ~ 210.5米，南北通宽120.5 ~ 138米，其墓室东西58米、南北58米，深27米。地面上残留的封土高4米，东西长250米，南北宽150米。因为当今修渠穿过陵冢，在两侧壁上已明显地勾出了墓室上部的剖面。（图7–8）

图7–8　东陵1号陵园测绘平面图（王改绘）

两主墓有从葬坑14个，南北两侧及东部有地面建筑遗址 11 处；有小型陪葬墓 3 处共计 161 座，主要分布在陵园壕沟内侧 50 ～ 80 米范围之内，以陵园东北角及东南角最为密集，形制有长方形竖穴洞式墓和方坑竖穴墓两种；东西向的从葬坑有 14 座，分布在主墓道夹角处及东西方向。

2 号陵园：位于一号陵园东北 1500 米的范家村北。其范围北起武家沟，南到三冢坡村北的无名沟，西至枣园村，东达北沟村。在上述范围面积约 45 万平方米区域共发现与陵园相关的“中”字形墓葬 1 座，“甲”字形墓葬 5 座，从葬坑 9 座，小型墓葬 17 座，壕沟 1 段。其中的“中”字形大墓（ZM1），东西通长 77.4 米，地面封土残高 7 米。在此大墓的东西两端分别有南北向的“甲”字形墓葬，其中东侧 1 座，西侧 4 座；大墓墓道北侧有 2 座从葬坑，东墓道南侧有 1 座从葬坑。在“中”字形墓之西 200 米处有长方形的从葬坑，东西长 80、南北宽 10 米，于 1978 年毁于平整土地时，曾拣拾到数百件铜、银质的车马饰件及人、马骨骼，当为大墓 ZM1 的车马坑。3 座“甲”字形墓葬（ZM2、ZM5、ZM6）墓道东侧各有 2 个从葬坑。

3 号陵园：东南距 1 号陵园 1500 米。陵园南到武家沟（冲沟），北至王坡沟南岸，东到凤凰大道，西至武家保村东断崖。在面积约 50 万平方米区域发现与陵园相关的“中”字形墓葬 2 座，从葬坑 6 座，围绕其中一座“中”字形 ZM1 的壕沟 1 处，小型墓葬 106 座。在陵园的西南部，有一东西通长 103 米的“中”字形大墓 1 座（ZM1），封土残高 3.8 米，西墓道北侧有 2 座从葬坑，东墓道南侧有 1 座从葬坑；围绕 ZM1 有东西长方形的围沟，经复原，围沟东西长 117、南北宽 85 米，宽 2 米，深 0.3~2.5 米。东北部一座“中”字形墓葬为南北向（ZM2），通长 79.6 米。陪葬墓区则分布在陵园的西南部和东北部，已发现墓葬 106 座。

4 号陵园：此陵园位于小峪河南岸，地处又一山前冲积扇上，南抵井深沟，东北距 1 号陵园 2500 米。陵园四周仍是人工沟和天然沟结合的兆沟，东起塬底村，西到染房村，长 1000 米，南北宽 1200 米，总面积达 100 万平方米。陵园内有“亚”字形大墓 1 座（ZM1）、中字形大墓 1 座（M130）、“甲”字形大墓 3 座（M9、M125、M128），地面建筑遗存 3 处。主墓（ZM1）坐西朝东，处陵园内北部，墓室宏大（55 米 ×55 米），具有带耳室的四出斜坡墓道。其南侧的两座“甲”字形墓坐东朝西成行，前后相间约 500 米，地面仍有封土残留。

现将已经探测出的 4 座陵园列表于下：

秦东陵结构一览表　　　　长度单位：米

陵园编号	位次	编号	形状	方向	通长	通宽	墓室 长	墓室 宽 大/小	墓室 深	墓道 方位	墓道 长	墓道 宽 大/小	封土堆 高	封土堆 长	封土堆 宽	封土堆 周长
1号陵园	主墓	ZM1	“亚”	西→东	215	138	58	57	21	东西南北	114.5 42.5 39 41.5	14.5/35 12/31.5 13.5/31.5 12.5/31.5	4（残）	250	150	
		ZM2	“亚”	西→东	210	120.5	58	58	27	东西南北	120 32.8 28.5 34	13.5/32.5 17.5/35 21.8/35 13.5/35	4（残）	250	150	
2号陵园	大墓	ZM1	“中”	东→西	77.4	21.8	26.2	21.8	20.6	东西	23.6 27.6	9.5/18.6 3.1/17.6	7	22	18~19	
		ZM2	“甲”	南→北	50.8		25.8	20.4	12.2	北	35	6.5/17				
		ZM3	“甲”	南→北	37.1		18.1	13.8	9	北	19	6.3/9				
		ZM4	“甲”		43.9		24.4	18/19.3	9.8	北	19.5	5.3/13.8				
		ZM5	“甲”	同上	59		24	17.5	14.4	北	35	5.4/15.7				
		ZM6	“甲”	同上	52.3		23.9	18.4	14	北	28.4	7.8/14.4				
3号陵园	大墓	ZM1	“中”	东→西	105		26.8	24		西→东	41.2 35	5.9/21.6 8.1/21.6	3.8（残）			
		ZM2	“中”	南→北	79.6		17.7	14/15	10	北→南	40.4 21.5	6.5/12 6.2/11				
4号陵园	主墓	ZM1	“亚”	西→东	273.6	183	55	55	27	东西南北	153 68.6 74 54	11/32 10/32 9.4/33 10/30.2	破坏			
	大墓	M130	“中”	东→西	114		25	28	10.5	东 西	45 44	7.2/21 10/23.4				
		M9	“甲”	东→西	66.6		26.1	19.6	14.5	西	40.5	5.2/15.5	7.5	23	23	
		M125	“甲”	东→西	59		24.4	24.2	14	西	34.6	9.2/20.4	3（残）	15	15	
		M128	“甲”	南→北	22		14	9	4	西	8	3/4				
5号陵园	主墓	M11												19.3	46.5	45.2
		M12												12	52.5	51

陵园编号	墓号	从葬坑				陪葬墓区			地面建筑		其他
		关　系	长	宽	深	数量	位　置	墓数	数量	位　置	
1号陵园	ZM1	PK1 位于 ZM1 东墓道东南约 80 米	79	10.3	4~7.7	分为 A、B、C、D 四区	A 区位于“1 号陵园”东壕沟内北段 65 米宽范围内；B 区位于“1 号陵园”南壕沟内 50 米范围之内；C 区位于“1 号陵园”西壕沟北段 50 米宽范围内；D 区位于“1 号陵园”北壕沟内 90 米范围之内（含东壕沟北端）	161 座	11 处	JZ1 位于 ZM2 南墓道西南 82 米处；JZ2 位于 ZM2 南墓道南 48 米；JZ3 位于 ZM1 北墓道以北 150 米偏东 35 米；JZ4 位于 ZM1 北墓道北 150 米；JZ5 位于 ZM1 北墓道北 180 米；JZ6 位于 ZM1 西墓道以北 80 米；JZ7 位于 JZ6 南边约 98 米；JZ8 位于 JZ7 西 4 米；JZ9 位于 JZ6 以北 19 米；JZ10 位于 JZ9 北，西北邻 JZ11；JZ11 与 JZ10 西北角相邻	ZM1 东墓道南侧及北墓道东侧各有一耳室
		PK2 位于 ZM1 东墓道东端向西约 52 米	8.7~13.4	7.9~11.5	6.8~7.2						
		PK3 位于 ZM1 南墓道东 12 米	11	7.8~8.6	7.3						
		PK4 位于 ZM1 南墓道西 1 米	7.2	5	3.2						
		PK5 位于 ZM1 北墓道以西 15 米	16.2	8~8.2	6						
		PK6 位于 ZM1 西墓道西 108 米稍偏南	26.5	7.9	6.7						
		PK7 位于 ZM1 西墓道西端稍偏北 113 米	29.5	7.6	5~7.2						
	ZM2	PK8 位于 ZM2 东墓道东南 78 米	99	10.3~12.1	5.2						ZM2 东墓道南侧、西墓道北侧、南墓道西侧及北墓道东侧各有一耳室
		PK9 位于 ZM2 东墓道以北 15 米	7.9~25.5	8.8~15	4~4.7						
		PK10 位于 ZM2 南墓道东 17 米	10.6	8.8	6						
		PK11 位于 ZM2 西墓道南 12 米	7.5~21	8.7~18.9	5						
		PK12 位于 ZM2 北墓道西 27–30 米	13	8.8	4.8						
		PK13 位于 ZM2 西墓道西稍偏南 128 米	43~52.8	10~21.2	5.4~6.4						
		PK14 位于 ZM2 西墓道西偏北 128 米	37	10	4.4~5.2						
2号陵园	ZM1	PK1 位于 ZM1 东墓道东端南侧 3.5 米	3.2~3.8	3.2~3.5	1.7~2	分为 A、B、C 三区	A 区位于北部稍偏东，南距 ZM1“中”字大墓约 340 米；B 区位于中部，ZM1“中”字大墓的西北约 130 米；C 区主要在 ZM6 西北 70–130 米的区域内	17 座			ZM1 西墓道北侧边线上有一耳室
		PK2 位于 ZM1 西墓道西端北侧 4 米	7.8	4.6	2.9						
		PK3 位于 ZM1 西墓道西端北侧 24 米	20.2	3.5~3.8	2.1~3.6						
	ZM2	PK4 位于 ZM2 北墓道北端东侧 4 米	5	5	2.9						
		PK5 位于 ZM2 北墓道北端东侧 27 米	20.3	3.9	4.1~4.9						
	ZM5	PK6 位于 ZM5 北墓道北端东侧 1.2 米	6.5	5.7	4						
		PK7 位于 ZM5 北墓道北侧 23 米	16.9	3.9	1.8~2.1						
	ZM6	PK8 位于 ZM6 北墓道北端东侧 19 米	26	4.5	0.4~0.8						
		PK9 位于 ZM6 北墓道东侧 26 米	5.7	3.5	2.5						
3号陵园	ZM1	PK1 位于 ZM1 西墓道西部北侧	8.2	5.9	4.8		主要分布于陵园西南部（即主墓葬 ZM1 西南，东南）	106 座			ZM1 东墓道南侧有一耳室
		PK2 位于 ZM1 西墓道西部北侧约 20 米	20.30	4.4	2.3~3.4						
		PK3 位于 ZM1 东墓道东部南侧约 21 米	19.8	3.6	3.7~4.9						
	ZM2	PK4 位于 ZM2 北墓道北部西侧	2.9	2.9	1.2						
		PK5 位于 ZM2 北墓道北部东侧	9	5.3	3.5						
		PK6 位于 ZM2 北墓道北部东侧	27	3.9	2.4~5.9						
4号陵园	ZM1	K5 东北与 ZM1 相距 72 米	12.8	4.4	4.9		主要分布于陵园西南部及西北部	126 座	3 处	J1 位于 4 号陵园南部，ZM1 内南壕外侧。北与 G1 相距 8.3 米；J2 位于 4 号陵园中部，ZM1 内东壕内侧。东与 G1 相距 8.6 米；J3 位于 4 号陵园东南部，ZM1 内东壕内侧。北与 M130 相距 14 米	ZM1 东墓道南侧、西墓道北侧、南墓道西侧及北墓道东侧各有一耳室；M130 东墓道南、北两侧各有一耳室
		K6 东与 ZM1 西墓道相距 70.6 米	36	8	4						
		K7 北与 ZM1 东墓道相距 55.7 米	98	10.8	5.5						
	M130	K9 南与 M130 相距 13.5 米	15.6	5.4	4.8						
		K10 北与 M130 相距 14.38 米	15.9	5.4	4.42						
	M125	K11 北与 M125 相距 8.5 米	11.4	2.4~4	1.8						

在西安市灞桥区洪庆乡路家湾和田王村，有2座高大的作四棱台体的墓冢，呈东北—西南向排列，间距1100米，周围地势平坦开阔。过去多以为是汉墓而忽略之。虽未经考古探测，还不能确知其墓葬结构、陵园规模及其设施，但地处灞水之东、骊山以西的秦芷阳地，其西南与半坡、堡子村的秦都平民墓地隔河相望，东北距秦东陵的4号陵园也不过5公里之遥，况且同汉都长安的墓区绝不相混。[①] 我等几经踏查，取得一些资料，认为很可能是两座秦墓，对其编号暂定为M11和M12。

第11号秦墓（M11）位于路家湾之东，当蓝田向阳公司家属住宅区东围墙外，封土堆呈覆斗状，底边东西长46.5米，南北宽45.2米；顶部方形，每边长10.5米。现高19.3米。（图7-9）

图7-9　东陵V号陵园陵东南角（航天4院家属院）

第12号秦墓（M12）在庆华机械厂内，作为一种景观而受到人们自觉的保护。陵冢上荆棘丛生，旁有大树参天。在电线如织、厂房栉比的紧张环境里，黄土堆和着一片绿，平添了许多乐趣。封土堆夯筑，仍是覆斗状，底边东西长52.5米，南北宽51米；顶部呈

① 西汉帝陵方位明确，一处在汉长安城北的咸阳原上，从阳陵到茂陵，有9座陵园东西一字排开；另一处则在京都的东南部，即薄太后“南陵”和霸、杜二帝陵。除过各帝陵的陪葬墓群随主之外，贵族和平民墓葬主要分布在汉长安城的东郊、南郊偏东二部。东郊的汉墓越过灞河，又沿铜人原北缘向东分布。而铜人原东、南两面属秦芷阳地，早有秦人埋葬，西汉人是知道的，所以达官贵人是不会来此选择自己墓地的。在汉长安城东、东南隅，秦汉陵墓的分区、交叉，甚至有重叠现象。

正方形，每边长 7.5 米，现高约 12 米。

三、芷阳陵园属主的确认

据史籍记载知，死葬芷阳地的秦国统治集团人物主要有宣太后、秦昭襄王、唐太后、悼太子、孝文王、华阳太后、庄襄王及帝太后等 8 位。而考古探测出的秦王陵园有 4 处，其中等级高、规模大的墓葬计“亚”字形的 3 座、“中”字形的 4 座、“甲”字形的 8 座，共 15 座。

葬入芷阳地的秦王族成员，按文献记载，依时间先后是：

悼太子——秦昭襄王四十年，即公元前 267 年。

宣太后——昭襄王四十二年，即公元前 265 年。

唐太后（？）——昭襄王五十六年，即公元前 251 年。

孝文王——孝文王元年，即公元前 250 年。

庄襄王——庄襄王三年，即公元前 247 年。

华阳太后——秦始皇十七年，即公元前 230 年。

帝太后——秦始皇十九年，即公元前 228 年。

从悼太子先入葬芷阳陵区起，最后到帝太后，前后时间长达 39 年。而他们都属于秦始皇之前的三代国君、王后、王太后和太子，或者还有陪葬的个别公子和公主。王陵分别名曰“芷陵”“寿陵”和“阳陵”，入葬称谓则有“归葬”“葬”“合其葬”与“会葬”的不同。也正因为 36 岁的秦昭襄王处于盛年，又具内富外胜的优势，在国都急趋扩大的形势下，重新选择王陵区，并遵照公墓“辨其兆域而为之图，先王之葬居中（《周礼·春官宗伯》），沿袭雍都以来的葬俗（国君的“公墓”与国人的“邦墓”分开、公自为园等），全面展开陵墓工程。就在这陵区开工 20 年后，悼太子客死于魏国，所以才有回归秦国，入葬先人茔域的安排。由此可以确知，芷阳陵地从秦昭王开始营陵，到帝太后最后入葬，陵墓工程进行了大约 59 年，之后只是作为先王茔域依礼按时祭祀而已。

陵和墓是判别墓主生前阶级身份和社会地位的主要依据之一，是被经常地运用的。《吕氏春秋》说“茔丘垅之大小、高卑、厚薄之度，贵贱之等级”，足见不再是春秋末年一出现坟丘就当作“封”的那种情况了，而且封随时间的推移而略有增高的趋向。但墓圹形制所代表的级别，由考古提供的资料表明是较为稳定的，即：“亚”字形墓圹是三代以来帝王级的墓葬形式，“中”字形墓圹属于诸侯王级别，“甲”字墓多半属于王室成员了。[按：关于“亚”“中”“甲”三形的墓葬是等级制的反映，今举考古的例证如下：

我国大约公元前 3000 年至前 2100 年之后的历史，进入了黄帝、尧、舜等人统治的“传说时代”，而浙江反山、山西陶寺和山东西朱封等三地大墓的发现，证明那时不仅小国林立，而且王墓与众不同。河南偃师二里头遗址，作为夏代太康王所都的斟鄩，有大型宫殿建筑，也有宗庙和王墓的发现。虽然商代早期的都城“西亳”（在河南省偃师区尸乡沟）和“隞都”（今郑州市），还没有王墓的发现。

但在盘庚迁殷后的商代晚期，安阳市殷墟为我们提供了较为翔实的王陵区资料。侯家庄西北岗的西区有7座大墓，东区有1座大墓和4座较大的墓，高楼庄后岗也有4座较大的墓，墓室都作具有四出墓道的“亚”字形式。至于一些方国首领的墓葬，如山东青州市苏埠屯一号大墓也仿效商王，采用了四向的墓道，还只能认为这是等级制初期的一个特例。

周天子的王陵至今还处在调查阶段，不明其形制。但春秋战国时期的诸侯王墓较有名的河南浚县辛村卫侯墓地、三门峡市虢国墓地、山西曲沃县曲村晋侯墓地、北京房山琉璃河燕国墓地、河北平山县中山王墓、邯郸赵王陵、河南辉县固围村魏王室墓等，特别是陕西凤翔秦公陵园，其墓葬形式都遵照等级制作“中”字或“甲”字形，在埋葬制度方面基本上继承了殷商又有所变化］那么，在没有考古发掘，没有地层关系、出土文物和铭记资料的情况下，要正确无误地确认墓主身份是有相当难度的。结合文献记载、对照历史背景，析理释疑，我们只能对芷阳陵地的墓主先作如下的推测：

（一）芷陵

1号陵园是秦昭襄王与唐太后异穴并列合葬的“芷陵”茔域。根据是：

第一，该陵园是芷阳陵地已探明的陵园中最大的一座（面积72万平方米），处于中心位置，符合“先王之葬居中”的礼制要求，应该说同秦昭襄王在国都建设中新辟东陵以为“始祖”排列辈次的主观意图相吻合。

第二，园内两座东向的“亚”字形大墓属于僭用天子、帝王的陵墓形式，当同秦昭襄王一度以“西帝”自居的心路历程一致。

第三，ZM1和ZM2这两座大墓南北并列，间距只有40米，其形制、大小基本相同，而且各自具有的地面建筑和地下从葬设施均由墓间东西中轴线向外展开，作对称排列，非常规正，没有错位现象。这同“毕陌陵区”的“公陵”葬制相似，既表明时间相近具有继承性，也显示了合葬陵园统一设计的完整性。

第四，再由陵园工程内容多、工程量大的特点看，同秦昭襄王修陵费时三十五六年，以及唐太后相随死葬的时间不谋而合。

第五，ZM1有珍贵文物高柄漆豆的盗出，针刻“八年相邦薛君”的铭文同《史记》载秦昭襄王任相孟尝君的时间完全吻合。（图 7–10）残豆底座烙印“大官”二字，表明是为宫廷“主膳食”（《汉书·百官公卿表》颜注）的专用食具，与之相印证的还有汉长安城中出土的“大官丞印”“泰官丞印”秦封泥。绝不同于专事太后的食官——“私官”[①]，器主当为秦昭襄王。由此可以断定：居于右上位（以东向计）的ZM1是秦昭襄王的陵墓，正北的ZM2就是唐太后陵。[②]

图 7–10　高柄豆与铭文

陕西省考古研究院现正对一号墓进行发掘。

芷陵的丧事在秦国的国家生活中，曾是一桩具有重大影响的政治活动。公元前 250 年，秦昭襄王死葬、孝文王立为储君、尊唐八子为太后而又死葬，四事相随，可说是合并举行的。[③] 各诸侯国都派出自己的“将相来吊祠，视丧事”（《史记·秦本纪》）。楚国派来的是战国有名的“四公子”之一春申君黄歇(《楚世家》)，而韩桓惠王还是“披麻戴孝”（“衰绖”，

① 2010 年 10 月 20 日，秦东陵 1 号陵园南侧“亚”字形大墓被盗。11 月，经西安市公安局刑侦二处立案侦查，追回了部分被盗文物：“八年造”漆木高足豆 1 件、“大官”铭漆木高足豆座 3 件、长 48 厘米的螭龙纹竹筒（造型同竹筒）7 件。根据勘查，该墓墓室为方木砌筑的黄肠题凑结构，保存状况较佳，这些保存程度完好的漆木器在我国北方地区也实属罕见。追缴回来的 3 件漆器中，一件漆器上有“八年相邦、八年丞相”及“大官”字样，可以确定 1 号陵园当为秦昭襄王陵园所在。

由漆豆可以看出，在战国晚期的秦国，“相邦”与“丞相”为两个官职；同时这些漆文不但证明“战国四公子”之一到秦国任相，还订正了《史记·秦本纪》中关于孟尝君（薛君）相秦的时间记载。《史记·秦本纪》中记载孟尝君于昭王九年相秦，但在同书的《六国年表》及《孟尝君列传》中均记为昭王八年。那么，漆豆铭文可证《秦本纪》记载有误，“九年，孟尝君薛文来相秦”应为（昭襄王）八年。

② 高柄漆豆髹黑漆，红彩云纹图案，盘直径 16.7 厘米，座径 14.6 厘米，通高 28.6 厘米。盘底内凹，两侧针刻极细的铭文，分别是“八年相邦薛君造，雍工币（师）效，工大人申”“八年丞相殳造，雍工师效，工大人申”。同出的残豆上还有“大官”的烙印文字。

《史记·秦本纪》载：昭襄王“九年，孟尝君薛文来相秦。奂攻楚，取八城，杀其将景缺”，“十年……薛文以金受免。楼缓为丞相”。相邦薛文同丞相殳，同时出现在同一件由太官专供君主使用的漆豆上，说明器主的身份异常高贵，在这里除过位极人臣的秦昭襄王还能有谁呢?

对 1 号陵园的属主，多位学者都有称说。我在《咸阳帝都记》一书初版中，认定 1 号陵园系秦昭襄王与唐太后合葬的陵园，并提出判断的根据有五。现在八年相邦薛君漆豆的出现，则更进一步证实我 12 年前判断无误。

③《史记》载：公元前 251 年，即秦昭襄王“五十六年，秋，昭襄王卒。子孝文王立，尊唐八子为唐太后，而合其葬于先王。韩王……视丧事。孝文王元年赦罪人……。孝文王除丧，十月己亥即位。三日，辛丑卒。”一般人以为“孝文王立”即是第二年，但从原文知，这还算作先王享国之年。只有到公元前 250 年才算孝文王元年，而且也只有服丧一年期满才算即位。由此可见秦昭襄王死、立储君孝文王尊生母为唐太后、唐太后死葬都是发生在公元前 251 年。特别是唐太后在昭襄王秋天死后不久，跟着去世而“合其葬”，不知是否为生死的巧合?

丧服）来奔丧的。用现在的话说：各国政府都派出自己最高层领导人作为特使，去参加某国元首的葬礼。看来，这也是古今同理（礼）。不过，当时各诸侯国的“入吊”与其说是“礼节的需要”，还不如说是受秦的武力威胁，乘“视丧事”之机而来观察秦国政治动向的。但表面的国事活动最终竟是发生在东陵，而且第一次显示了芷阳茔域在国都咸阳的重要地位，也表明了“芷陵”及陵园在整个陵区具有显赫的独立性。从这个意义上揆度，我们也不难理解陵名独冠“芷”字的原本考虑。

（二）阳陵

具有“亚”字大墓的4号陵园当是秦庄襄王与始皇母帝太后合葬的陵园。这里处于小峪河之南一面积较小的台地上，同东北以“芷陵”为中心而又较为集中的陵园群比较，远去2500米，自成一个独立的地域单元，海拔600米，甚符合“阳陵”取名的原义。《括地志》：“秦庄襄王陵在雍州新丰县西南三十五里，俗亦谓子楚〔陵〕,〔因〕始皇〔陵〕在北，故俗亦谓‘见子陵’。”唐新丰县在今临潼区东北新丰镇附近，其与4号陵园及始皇陵的方位均符合记载。[①]《太平寰宇记》：“霸岸在通化门东二十里，秦庄襄王葬于其阪，谓之霸上。”唐长安城的通化门址当今西安市东郊陕西省火电公司东南角，由此东去20多里正是灞河东岸的秦汉“霸上”故址，其紧邻的洪庆原上，当是秦庄襄王的葬地。在4号陵园内的“亚”字形大墓（ZM1），墓室的面积虽同1号陵园的主墓（ZM1、ZM2）接近，但四出的墓道都较之长了许多，且左侧各设有一个耳室。其建造时间似乎较1、2、3号陵园为晚，属于秦庄襄王“阳陵”的可能性较大。（见图7–7）

在4号陵园内除过一座“亚”字形墓可能是庄襄王墓外，还有1座“中”字形墓（M130）和3座“甲”字形墓（M9、M125、M128）。会葬阳陵的帝太后墓何在？其中一座“中”字形墓有可能是帝太后。如果是，这算不算降低了等级？

赵姬被庄襄王立为王后，嬴政即位后尊其为太后。因与阴人嫪毐私通生子、篡逆之事，母子有隙。虽然帝太后比庄襄王晚死19年，但正值秦始皇向外接连发起长达10年的统一战争、国内设丽邑使修治丽山陵墓的工程专业化，猜想秦始皇不愿意、也不可能对修太后

①《水经注 · 渭水》霸水条：“又北迳枳道……水上有桥，谓之霸桥……霸水又北，左纳漕渠。〔漕渠〕绝霸右出焉，东迳霸城北，又东迳子楚陵北……又东迳新丰县，右会故渠，渠上承霸水。”据此，“阳陵”当在霸水东岸的汉晋霸桥北与漕渠之南，坐落在霸城之东。据考，汉灞桥约在今西安东北郊光泰庙附近的灞水上，位当汉长安故城霸城门东，是过灞水的重要桥梁，王莽更名长存桥。那么，庄襄王“阳陵”不但按漕渠的流经（霸城北—子楚陵北）位移到今临潼区斜口街道地界，而且《渭水》提供的方位也造成了错乱。想来这段文字的叙述应当是：〔漕渠〕绝霸右出焉，东迳霸城北，〔渭水〕又东迳子楚陵北。因为过去对错简的文献资料未加详审，以致闹到以讹传讹的地步。

之墓给予更多的关心，更不按礼制作陵。当他从前线回到咸阳时，太后已经死了，这才“谥为帝太后，与庄襄王会葬于芷阳”（《史记·吕不韦列传》）。对这后死的帝太后，能使之入葬庄襄王的陵园，并给予追谥，也算是对世人最好的回答。

（三）悼太子墓

遵照秦人的传统葬俗，东陵主墓的朝向仍然是东面。昭襄王所葬的 1 号陵园居于这一茔域的“居中”之位，在规划上其左侧必然是留给第二代君主的。悼太子已确立为合法的继承人，不幸质死于魏。在没有登上王座的情况下，不得以王礼事葬，所以就以诸侯级的“中”字形墓制埋在东陵的 2 号陵园之内。

（四）宣太后墓

宣太后在秦国的历史上是曾扮演重要角色的人物，为其他女流所不能及。前有惠文后在“季君之乱”中被处死，没有留下英名；昭王的叶阳后“不听郑卫之乐”（《汉书·张敞传》），但清高也无用，她留下的贤名，并不被只重“实用”的秦人敬重；以后还有个出身“豪家”的赵姬，但不过是以淫乱引发了一场政治丑闻罢了。而宣太后和她们不同的是：虽然以淫丑著称，像诈杀义渠王于甘泉宫、死爱魏丑夫、以房事对求救的韩使尚靳作答等等，几近于恬不知耻，但竟能以“八子”的低微身份[①]伙同异父长弟魏冉迎立昭王于燕、守卫咸阳、伐灭义渠，左右着秦国政治 40 年，被称为“战国四后”（秦之宣太后、赵之惠文后、齐之君王后、韩氏一女）之一，可说是历史和胆略给了她以机遇。按说，宣太后死后应该“合其葬”于秦惠文王的“公陵”，但偏偏要“葬芷阳骊山”，是何道理？循情度理，既然有参与“季君之乱”又“不得良死”的惠文后合葬“公陵”，出自厌恶情感与对亲子昭王的偏爱，加上她特立独行的性格，便“在雍州新丰县南十四里”（《史记·秦本纪·正义》）给自己另选了葬地。也许在国都咸阳扩大的情况下，新辟东陵陵区还是这位宣太后的主意哩！所以，在总体规划中她在亲子昭王之上“左”位独占一席之地——3 号陵园就不足为怪了。其墓形和悼太子一样，都用“中”字形，正是其地位尊崇的表现。

在没有考古发掘的情况下，我们断定 3 号陵园是宣太后的陵园，其中仅有的一座“中”字形墓墓主就是宣太后，除过有文献可征之外，还找到了有力的考古文物证据。1956 年，

① “八子”是秦汉时期宫内女官的一种名号，《史记·集解》：“八子者，妾媵之号。”《汉书·外戚传》：“汉兴，因秦之称号，帝母称皇太后，祖母称太皇太后，适称皇后，妾皆称夫人。又有美人、良人、八子、七子、长使、少使之号焉。至武帝制婕妤、娙娥、傛华、充依，各有爵位，而元帝加昭仪之号，凡十四等云。昭仪位视丞相，爵比诸侯王。……八子视千石，比中更（注：即第十三等爵）。”汉诸侯王也有“八子，位相当于六百石”。

在临潼区斜口办附近的地窑村出土过1件“私官”鼎[①]，此地正接近3号陵园。据朱德熙、裘锡圭先生研究，“私官应是皇后的食官”[②]。裘先生也指认此“私官”鼎为秦器。在鼎铭中虽无年号，但宣太后专秦之政有年可稽。她大权在握，能设立工室，生产专用的器物。封泥有“北宫工丞”印，表明由丞主办工巧之事，专为太后制器。咸阳塔儿坡出土过三十六年“私官”鼎，《陶斋》也著录有“邵宫私官”盉等。经我亲手清理的长陵车站沙坑铜器中，在铜车軎上还錾刻有“太后”二字。现藏美国旧金山亚洲艺术博物馆的二十九年漆卮上，也提到“太后”。所以，这些“私官”和“太后”的器物，学者们都定在秦昭襄王时代。那么，近3号陵园的地窑村“私官”鼎，必为宣太后生前食官所专用，死后也作了随葬品。

（五）寿陵

《史记·吕不韦列传·正义》：“孝文王陵在雍州万年县东北二十五里。”唐万年县治在唐长安城宣阳坊内，故址当西安南郊李家村空军医院附近。由此东去30里，就是灞河东岸的洪庆。这里的路家湾、田王村一带，是骊山西麓的一片开阔台地，今人称之为“洪庆原”。这里有两个相近的土冢（M11、M12），从方位、距离正符合孝文王与华阳太后合葬的“寿陵园”[③]。它同“阳陵”呈“西南—东北”向，一东一西，也符合别葬杜东的夏太后所谓“东望吾子，西望吾夫”的位次。[④]但这处被我确认为“寿陵”的陵园，脱离了“东陵陵区”本部，为什么要独居5000多米（东北距4号陵园）之外自成一个独立的茔域呢?推想有以下两个原因：

其一，孝文王是昭襄王和唐八子所生，初封为“安国君”，同悼太子是弟兄关系。当悼太子入葬芷阳陵园两年之后，他才被立为太子。公元前250年，当他给昭襄王、唐太后服丧期满之时，已经是位53岁的老人了，即王位三日而卒。那么，在悼太子先入葬“东陵”的情况下就只有自己另择吉地了。

① 朱捷元：《介绍陕西省博物馆收藏的几件战国时期的秦器》，《文物》1966年第1期。

② 朱德熙、裘锡圭：《战国铜器铭文中的食官》，《文物》1973年第12期。

③ 学者有不同看法，秦或汉的说法都有。

④ 夏太后是秦庄襄王的生母，但不为孝文王所爱。她目睹丈夫安国君为太子时已立华阳夫人为“正夫人”、后为王后，当孝文王入葬“寿陵”，就知道那里没有自己会葬的份，尽管华阳夫人那时还健在。接着是儿子庄襄王葬在“寿陵”之东的“阳陵”，她便很理智地把自己的葬地选在“杜东”。杜，即杜县，故址在今西安市南的杜城村。“杜东”即杜县之东的少陵原，也称杜陵原。实际上，这个“杜东”应是“杜南”，是传抄中弄颠倒了。夏太后之墓在“杜南”的神禾原上，由这里东北望芷阳陵地，东是阳陵，西是寿陵，夏太后生前看到后才有“东望吾子，西望吾夫”的这句话。

其二，同华阳太后的思乡情结有关。她是楚人，见幸于孝文王，因为见到着“楚服”的异人，一时高兴便视作己生（“自子之”）。于是，夏姬所生的异人从此改名“子楚”，从20多位弟兄中脱颖而出，成了秦国合法的继承人——庄襄王。所以，当孝文王入葬寿陵后，曾深得厚爱的庄襄王，必然会圆满思乡情切的养母华阳太后魂归故里的愿望，给其规划茔地。华阳太后死在秦始皇十七年（公元前230年），除过政治上的因素之外，还有祖孙的感情，很自然地使之“会葬寿陵”。

今庆华机械厂内的大墓（M12），正处于向阳公司家属区东大墓（M11）之右，葬埋的当是秦孝文王。而向阳公司家属区东的大墓（M11），接近通往楚国的“蓝武大道”，必定是华阳太后的陵墓。尽管王、后二陵相距千米，同样也应该属于同茔异穴的合葬。

5号陵园的2座有封土的大墓，是秦，是汉，还需考古的进一步探查。

秦东陵墓主表

<table>
<tr><th>陵　名</th><th>夫妻合葬者</th><th>陵园编号</th><th>墓号与墓主</th><th>园内方位与现址</th></tr>
<tr><td rowspan="2">芷陵</td><td rowspan="2">昭襄王与唐太后</td><td rowspan="2">1号陵园</td><td>ZM2：王</td><td>北：范庄西北</td></tr>
<tr><td>ZM1：后</td><td>南：范庄西</td></tr>
<tr><td rowspan="2">寿陵</td><td rowspan="2">孝文王与华阳太后</td><td rowspan="2">5号陵园</td><td>M11：后</td><td>北：向阳公司家属院</td></tr>
<tr><td>M12：王</td><td>南：庆华厂内</td></tr>
<tr><td rowspan="2">阳陵</td><td rowspan="2">庄襄王与帝太后</td><td rowspan="2">4号陵园</td><td>“亚”墓：王</td><td>北：马斜村西</td></tr>
<tr><td>M130：后妃</td><td>南：井深沟、冢底村</td></tr>
<tr><td>宣太后墓</td><td>宣太后</td><td>3号陵园</td><td>ZM6（“中”字形）</td><td>西：武家沟北</td></tr>
<tr><td>悼太子墓</td><td>悼太子</td><td>2号陵园</td><td>ZM3（“中”字形）</td><td>东：武家坡东</td></tr>
</table>

对东陵几座陵园中的墓主，学者们还没有取得一致的看法。过去有些提法已被事实否定，而近期从事东陵考古探测的孙伟刚提出了新的认识：1号陵园2座“亚”字形大墓为昭襄王和其太后的合葬陵园，南侧大墓为昭襄王之陵，北侧大墓为昭襄王之王后叶阳后陵；2号陵园为悼太子之墓，另外3座“甲”字形大墓为太子嫔妃之墓；3号陵园“中”字形大墓为唐太后之陵墓所在；4号陵园为宣太后之骊山陵园。[①]

① 孙伟刚：《新发现秦漆器及秦东陵相关问题探讨》，载《人类文化遗产保护》（5），西安交通大学出版社，2012年。

第三节　丽山与丽山园——秦始皇帝的陵园

一、择地建陵

秦始皇帝的陵园，位于今陕西西安市临潼区东 5 公里的骊山北麓。这里处在山地与渭河南岸三级阶地之间的台原上，突兀于苍穹间的高大陵冢有如一座孤峰，坐落于带状的山前冲积扇群之中，雄伟奇谲中又有几分袅娜的秀姿。渭川流过关中盆地的平畴沃野，如带似练的一条驰道横枕渭河南岸，西去省会西安不过 35 公里，东出潼关连接着中原大地。山水形胜、交通方便、居高临下，皇帝的至尊地位在这陵墓地望上也同样得到了充分的展现。

公元前 247 年，秦庄襄王去世，即位的是他的儿子嬴政。这位出生在赵国又名赵政的少年秦王当时只有 13 岁，所以大权就很自然地落在了母后和丞相吕不韦之手。面对由秦国统一天下的形势，吕不韦这个出身于商人的丞相（即“相邦”）把商场投机的本领用在政治上——扶立子楚为王，继则又当上嬴政的“仲父”，事事成功。在为新的君主选择茔地上，他同样也表现出了远见卓识。

遵照古来生前营墓的习惯和秦人先公先王的传统，嬴政在即秦王位不久就开始了自己的陵墓工程。主事的吕不韦大概认为芷阳的先王陵区不足以显示将来统驭天下的君主的威仪，就产生了脱离先王东陵茔域的构想，最终选择了骊山北麓。此间属于“背倚山峰，面临平原”的“山冲”之地，渭水又从新丰原下自西而东不舍昼夜地奔流，使骊山处在限曲中的“汭位”。于是，整体规划、统一施工，从而形成了以秦始皇为始祖的又一个新的陵区——“丽山园”。

《史记·秦始皇本纪》载：“始皇初即位，穿治郦山，及并天下，天下徒送诣七十余万人，穿三泉，下铜而致椁。”《汉旧仪》说秦始皇“使丞相李斯将天下刑人徒隶七十二万人作陵。凿以章程，三十七岁”。这两段经典的文献材料告示给我们的是，始皇陵墓工程经过了前后两大阶段，即：秦始皇 13 岁初即秦王位不久，就开始了陵墓工程，主持这一大事的最高官员，当然还是丞相的吕不韦；当统一天下之后，便集中全国的人力、物力和财力，由丞相李斯统领、交由少府及其相关的属官分工负责，使工程规模和速度达到前所未有的盛期。虽然在公元前 209 年始皇入葬之后，秦二世还继续进行复土和结尾工程约两年时间，但终在秦末农民起义的怒涛冲击之下被迫停止。从秦国劳力到全国征发的“郦山徒”（由自由民、社会罪犯、替债者和奴隶等 4 种人组成），前后用了 72 万人，经过 37 年多时间，终于建成中国历史上第一座罕有其匹的皇帝陵墓。

所谓“秦始皇陵”，这是后代人习惯上的称呼。其本名叫“丽（郦）山”，陵园叫“丽山园”，陵墓工程叫“穿治郦山”（《史记·秦始皇本纪》）。“山”同坟、丘、冢、陵等古地理学名词一样，被后来移作土丘墓的称呼，似乎又成了帝王陵墓的别称。

在秦始皇发动统一战争的初期，为确保丽山陵墓工程不受战事的影响，于十六年（公元前 231 年）从芷阳东部划地设置了陵邑——“丽邑”，以作服从修陵、便于管理的特别行政区。战争与修陵，双轨并行。始皇陵作为古代土木工程的杰作，有关修建过程中的组织管理、施工、材料等科学技术问题，都是一些未解之谜。1974 年秦兵马俑坑被发现，随之有我们考古工作者对陵园全面探测、试掘，获得了大量的珍贵资料，研究上也取得了积极的成果，这就为逐次掀开笼罩在始皇陵墓上的迷雾，作出了有意义的准备。①

二、丽山园

“丽山园”是指丽山陵区，即古代所谓的“兆域”，也就是秦始皇陵园所在的地域。在范围表示上，存在着广、狭二义的区别。狭义的秦始皇陵园，是指秦始皇陵寝及其礼制建筑集中的外垣墙之内；而广义的，包括内外垣墙内外及同拱卫陵墓设施有关的地方。后者的范围很大，具有一定的伸缩性。从陵园文物遗迹分布着眼，可以看出东自代王镇东晏村西侧的古鱼池水一带，向西至姚池头、赵背户、五里沟西边的古河道（董沟水）；南接骊山山前的挡水堤，向北临近鱼池、安沟一线。陵园大体处在由挡水堤逼使大水沟水和董沟水东西流，曲而北转所形成的区域之内，纵横各 7500 米，占地约 56 平方公里。在这一广阔的丽山园内，由于有严密的整体规划，在长时间遵循“章程”的“照图施工”中，虽然增添着新的内容，但作为陵城的形制、冢墓与寝便殿的位置、御府与从葬的外藏安排，以及陪葬墓的区域等礼制要素则保持着基本框架不变。所以，在外观上始终可以看到陵城之内，以始皇陵墓为中心，屋宇森然，在布局规正、结构严谨中又灵活多变，浑然一体，更加突出陵寝巍峨雄伟的气势。（图 7-11）

① 王学理：《秦始皇陵研究》，上海人民出版社，1994 年。

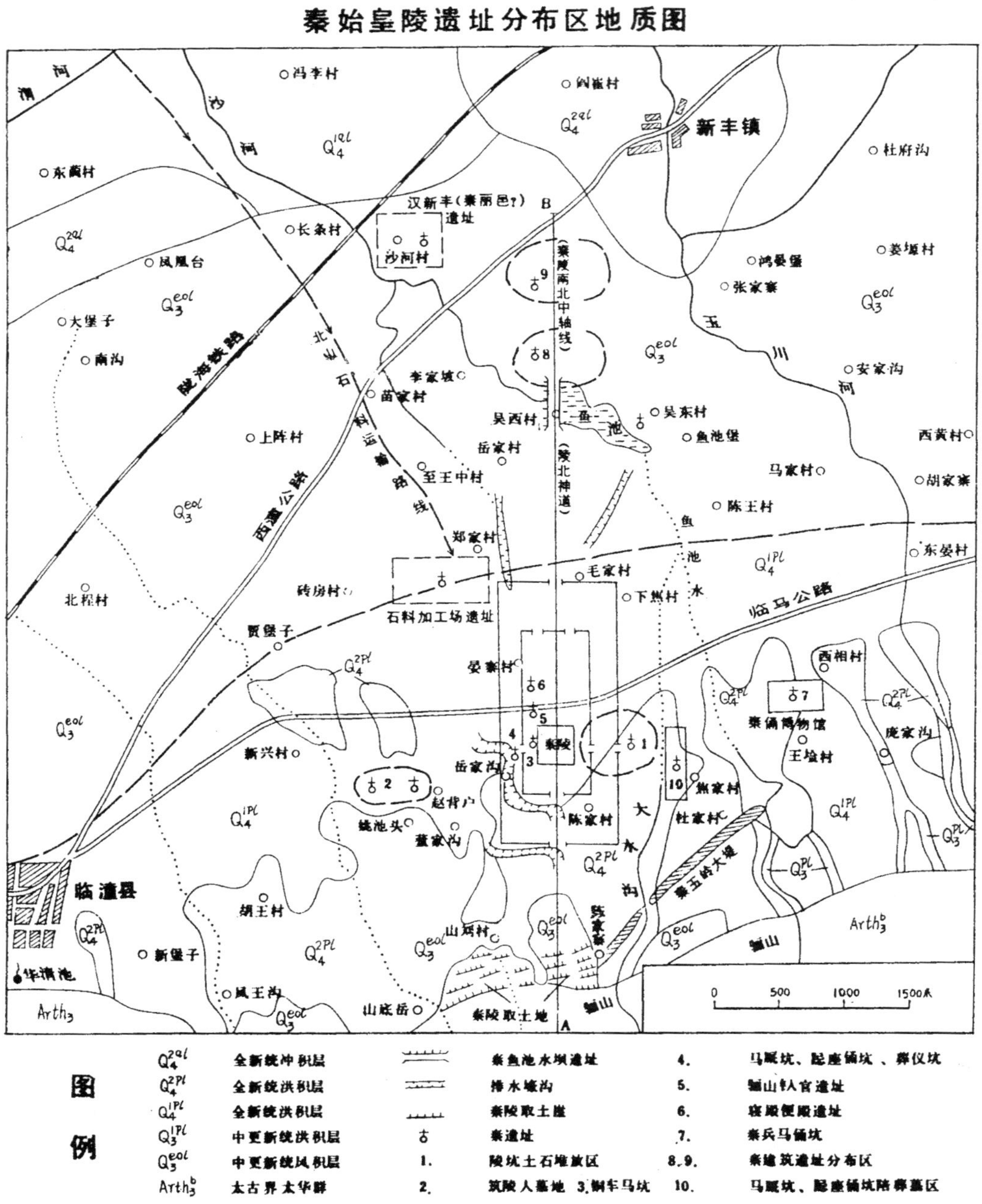

图 7–11 丽山园地区遗址分布地质图（孙嘉春图）

始皇陵寝和一些礼制建筑原来有垣墙围护着。经测知，陵垣作内外两重，形成一个南北长的“回”字形。外城墙经 GPS 定位测量，西墙南北长 2188.378 米、东墙长 2185.914 米、北墙长 971.112 米、南墙东西长 976.186 米，周长 6321.59 米；内墙南北长 1355 米，东西宽 580 米，周长 3870 米。虽然两城套合，但内城的位置稍偏南和偏东一些，两北墙间距 415 米，比两南墙间距大 20 米；同样，两西墙的间距是 187.5 米，比两东墙的间距大出 15 米。另外，在内城的东北角，借其一段东、北两墙，别筑一个南北长 670 米、东西宽 330 米、周长 2000 米的小城。小城的西墙，原以为是“夹墙”，中有甬道。实际上属于实墙，基宽约 8.4 米，墙厚 3.64 米。陵园三城中以外城面积最大，占地 203.51 万平方米；内城占地 78.59 平方米，占大城面积的 38.62%；小城占地 22.935 万平方米，又占内城面积的 29.18%。城四角原来筑有角楼。

残断的墙基给我们提供了复原的根据。外城墙基厚 7.2 米，内城墙基厚 8.3 米，说明内城高于外城。我据《九章算术》有关墙的一道命题推算出外城顶宽 3.6 米，高 9 米；内城顶宽 4.15 米，高 10.375 米。[按：汉代《九章算术》上有命题曰：“今有城，下广四丈，上广二丈，高五丈。”今依相似图形的对应关系作如下计算：

首先，统一计算单位，西汉一尺合今 23.2 厘米，一丈合 2.32 米；

其次，相似图形的计算过程为：

（1）已知外城基宽 7.2 米，据底与顶为 2：1 的关系，

则外城顶宽为 3.6 米，

据底与高之比为 4：5 的关系，

则外城之高为 7.2 米 ×5÷4 ＝ 9 米

（2）已知内城基宽 8.3 米，据底与顶为 2：1 的关系，

则内城顶宽为 4.15 米，

据底与高之比为 4：5 的关系，

则外城之高为 8.3 米 ×5÷4 ＝ 10.375 米]

陵园三城，计开 10 门。重城四面各自有门，其中东、西、南三面的六门是两两相对，直通陵冢。外城的北门、陵冢、两南门虽然在一条直线上，但因小城南北有门而使得内城的北门位置西移，使得内城南北二门不能对直。小城的南北二门也是错位的。这些门原来也是建有门楼的，现在仍能在门址附近见到夯土和瓦砾的遗存。内城南门台基的面积可达到 48.5 米 ×52 米，至今仍高出地面 3 米有余。明人都穆在其《骊山记》中说：“自南登之，二邱并峙。人曰：此南门也。右门石枢犹露土中。”这“二邱”实际指的是内城南门的门楼建筑遗址。测知外城门址宽 12.2 米，内城门址一般宽 8.9 米。1969 年夏，在陵园外城

北门附近的毛家村一石板下，发现一柄重约半斤、手柄上篆刻“北城门钥”四字的铜钥匙。可以想见陵园门楼巍峨雄壮、园门定时启闭，定是一派庄严非凡的气势。

在东西内外城之间，各有一处阙门建筑。以东门阙为例，首先以两道间隔 113 米的东西向夯土墙，把东内外连接起来，形成东西长 173 米的封闭空间。然后在南北隔墙中心部位，修筑阙门建筑。阙作三出形式，平面长 45.9 ~ 46.9 米，最宽 15 米，最窄 3.2 米。两阙之间为神道。

在陵园四门外，原来有着宽阔笔直的司马道。在迹残断的情况下，可见北门大道为最好，南北笔直，长达 2200 多米，其中塬坡上的一段路基宽 60 ~ 80 米。两侧多有板瓦、筒瓦、瓦当、条砖、空心砖、陶水道等建筑遗物。《史记・秦始皇本纪》有“自极庙道通郦山”的记载，唐诗人杜牧也留下“骊山北构而西折，直走咸阳”的佳句（《阿房宫赋》），不仅说明北门大道是首都咸阳通往丽山陵墓最便捷的主干道——神道，而且预示着陵墓坐南面北的可能性。（图 7–12）

在秦始皇陵地区，自 1974 年发现兵马俑从葬坑以来，考古工作做得比较多，获取的资料也丰富。由于本书作者在初期就进入这一考古工程，愿借此机会将亲历的资料公之于众，为学术界提供参考。

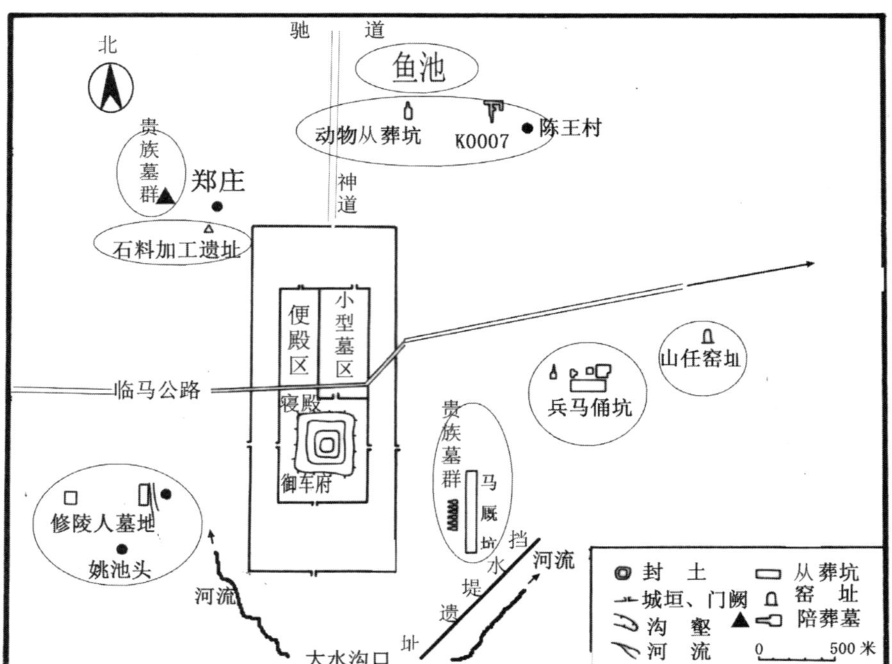

图 7–12　秦始皇陵区兆域示意图（王学理绘）

三、陵墓

秦始皇陵墓位于陵园内外两重城间的南半部中心，处于东、西、南六门正方向的交叉点上。方中距外城北垣 1380 米，距南垣 720 米。

（一）陵冢

《汉书·楚元王传》载有刘向的话，他说："秦始皇帝葬于骊山之阿，下锢三泉，上崇三坟，其高五十余丈，周回五里有余。"郑玄注《礼记》时说："土之高者曰坟。"今天我们看到的秦始皇陵是一座人工堆起来的四棱台体封土堆，其中腰确有几处向内收缩的回形平台，真像 3 个大小相次的覆斗叠加而成。但如按刘向给的数据折算，坟高就是 116 米，底边周长为 2087.65 米。现存封土实高 51.668 米，底边南北长 350 米，东西宽 345 米，周长合 1390 米。（图 7–13）

陵貌有变化，古今显不同。时经 2200 百年，由于风雨剥蚀、水土流失，加之樵牧不禁，致使丘垄残毁，高度有所降低，在所难免。但现在封土四周散落的后期堆积土只有 1 ~ 4 米，若把它恢复到陵顶上去，还是难以达到最早刘向说的那个高度。据我查阅《皇览》（注引）、《博物志》、《水经注》、《两京道里记》、《太平御览》等书的有关记载，其数字非大即小，显系传抄致误。至于近人多次的测量结果又各不相同，载之于书，远播四方，实缘测点标准不一。我以为"陵"既是当年地面以上的"覆土"，当然就应从陵基算起（包括后期冲积土）。换言之，历史误把坟高"三十丈"传抄为"五十丈"，其原来的高度只有 69.6 米。2000 年间，自然的、人为的原因使它降低了将近 18 米！［按：笔者在写《秦始皇陵研究》一书时，将始皇陵的高度列了一张统计表，第一次把历史给予的尺码作了换算（《汉书·楚元王传》为 116 米；《史记·秦始皇本纪·集解》引《皇览》、《太平御览》引《皇览》为 120.5 米；《水经注》为 14.5 米；《两京道里记》为 347.2 米；《太平御览》为 154.5 米），并辑录出近人测量的数据（足立喜六《长安史迹考》为 76 米；维克多·萨加伦为 45.72 米；省文管会 1962 年测 43 米；《文物》1975 年介绍用足立喜六数据；北京大学《战国秦汉考古》为 71 米；秦陵保管所 1982 年测为 55.05 米），指出古人之误与今人测点的不同。

笔者以为既是说"陵高"，必然是从原地面上的基部起算。因此，笔者据航测的海拔高程给出的数据是 51.668 米。之所以出现陵冢现高与记载原高的差距，很可能是在传抄中把"坟高三十丈"的"三"因形似而误成"五"。如果原来是"三十丈"，则折合为 69.6 米。那么，经过 2000 多年，实际上只降低了 18 米！

有意思的是，在我引申出这一题目之后，随后的研究者就陵高问题竟提出几种说法。

一种是沿着我的“抄误法”思路，却把坟高“五十丈”换成“十五丈”。但是，这种误法在古时是少有发生的，只能是想“自成一家”的臆测。

另一种说“五十丈”的测点在外城的北门附近，所测出的才符合116米。竟然还冒出来多种高度的表示法，即在不同地点就拿不同的高度说“高”。看来，这是维护“面子”的“削足适履”之法。正如站在椅子上量体高是从地面算起的一样可笑！那他如果站在山顶上，又该怎么量呢?

还有学者提出“《汉书》所记‘五十余丈’很可能是陵墓封土的设计高度”（陕西省考古研究院等:《秦始皇帝陵园考古报告 2000》)，这也很难使人信服。因为第一，陵墓的设计者大概不会做这不科学又无力办到的设计；第二，刘向举例在于说明始皇之奢导致败亡的教训，如果用前朝的“设想”那还有什么说服力呢？因而此论仍不能成立］

按理，陵冢降低后的落土应该使陵墓封土的周长加大，但实际上现存封土周长的数字却变小了。这是为什么？我以为这一矛盾的问题实际反映出两个决定性因素：一是原来的陵基底盘大，而向上的坡度很缓，当高锐的顶尖部分滑落时，流失的土就首先由上而下地堆积在陵坡之上；二是陵冢底部那不很厚的夯土基座，很容易被周围“剥蚀”。今天我们看到四周，特别是陵东侧，成了壁立的悬崖，应是历史的人为和自然“剥蚀”的结果。所以，竟使得本来覆盖在封土之下的“方中”（墓圹外口）、“方城”暴露在现陵冢外面2.7 ~ 4米，以致陵基向内缩进了3.70 ~ 82.5米。

《史记》载，始皇陵冢上“树草木以象山”。按天子制度，陵上大约栽植的是松柏。

（二）地宫

秦始皇陵的封土覆盖着地下的墓室，因其恢宏富丽有如地下的宫殿，人们就称之为“地宫”。

始皇陵墓内的设施，在古文献记载中往往有着绘声绘色而引人入胜的描述。《史记·秦始皇本纪》作如是记载：

“始皇初即位，穿治郦山。及并天下，天下徒送诣七十余万人。穿三泉，下铜而致椁，宫观百官奇器珍怪，徙臧满之。令匠作机弩矢，有所穿近者，辄射之。以水银为百川、江河、大海，机相灌输。上具天文，下具地理。以人鱼膏为烛，度不灭者久之。”

汉人刘向、贾山都有类似的说法。《三辅故事》《三秦记》则带有趣味化的倾向。到了王嘉的《拾遗记》就演变得具有神奇的色彩，说什么：“昔始皇为冢，敛天下瑰异。生殉工人，倾远方奇宝于冢中。为江海川渎及列山岳之形。以沙棠沉檀为舟楫，金银为凫雁，以琉璃杂宝为龟鱼。又于海中作玉象鲸鱼。衔火珠为星，以代膏烛。光出墓中，精灵之伟也。”

传统的看法认为秦始皇地宫平面呈“亚”字形，但据最近的探测资料显示，只存在东西墓道。而且《报告》编写人认为“或许南北墓道在失去其最初的作用后被回填夯实”①。但是这个说法难以使人信服，如是“回填夯实”，那在考古钻探中还是容易分辨出来的，特别是秦始皇陵的墓道，其宽度与长度之大是难以漏探的。如果超大型的秦始皇陵墓采用“中”字形，那不但有违礼制，而且同其“始皇帝”的身份极不相符。所以，此钻探结果是难以采信的。

始皇陵地宫结构的主体实际是一座超大型、很深的、由多级台阶组成的口大底小的竖穴方坑。施工程序是：先在平地起坑，作为墓圹的外口（即《汉书》中一再提到的“方中”）。再下掘一定深度，再内缩一段距离，就砌筑一道宫城（即“方城”）。在方城之内，再缩一段距离，便向下深挖椁室（即“明中”，也称“玄宫”）。测知的方中南北长 515 米、东西宽 485 米；方城南北长 460 米，东西宽 392 米；明中的上口未知，但“强汞区”显示的底部是东西长 160 米、南北宽 120 米。但因为有“汞晕”的关系，上口与下底同这数据一定有出入。方城是由绳纹砖坯砌垒的，墙体宽 3.5 ~ 4 米，现存高度 3 ~ 4 米，上距地表 4 ~ 8 米。宫城北墙有两处缺口，一在西北隅向东 75 米处，宽 8 米，上有棚木盖顶，是由地面通地宫的斜坡道；一在前一缺口之东 95 米处，宽 18 米，与北侧御府坑相通。放置棺椁的明中，从口到底估计是由 6 个或 9 个回廊式的台阶组成。（参见图 7-13）换言之，椁室是这几层从大到小的斗状空间叠次深入地下，在环周的收分平台上，另有建筑，可能是宫观与百官座次。②

① 陕西省考古研究所等：《秦始皇帝陵园考古报告 2002 ~ 2003》，文物出版社，2007 年。

② 关于地宫情况，《秦始皇帝陵园考古报告 2002 ~ 2003》中提到用物理探测取得的数据是：开挖范围主体约东西长 170、南北宽 145 米；封土堆下有一周细夯土墙，东西长约（外沿）145、南北宽约（外沿）125、高约 30 余米；在细夯土墙之下，是一周石质宫墙，东西长 145、南北宽 125 米；细夯土墙与石质宫墙位置、范围基本一致，高 30 余米；墓室东西长约 80、南北宽 50 米，高约 15 米。

上述测定与前秦俑考古队在 1979 ~ 1981 年钻探的数据，大相径庭，而且其复原的结构令人疑窦丛生。封土大、墓室小之间的矛盾未作解释；细夯土墙与石质宫墙叠加，高约 60 米，墙内壁立陡峭，有何作用？即以探知的东西墓道而言，穿过围墙，使围墙变成［ ］形，那墙外是什么形态？如果按“细夯土墙的外侧均为渐次收缩的台阶状，各为九级……台阶上发现了筒瓦、板瓦遗物”，可见“细夯土墙”并不是“墙”，“石质宫墙”也不是“墙”。鉴于什么重力异常、弹性波法反异常、磁异常、高电阻异常等地球物理方法，还没有取得考古验证，目前此结论还缺乏合理的解释，因此本书对其成果还不能轻易采信。

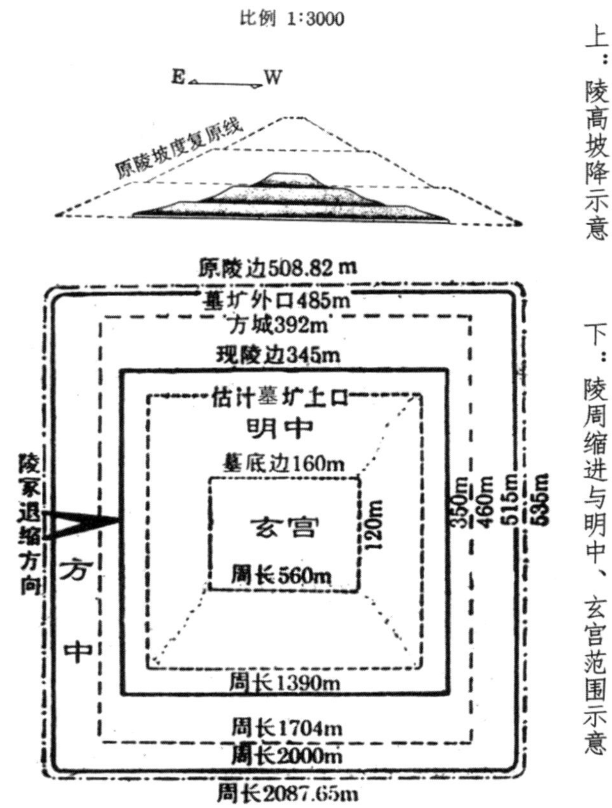

图 7–13　秦始皇陵墓范围及其变化示意图（王学理图）

从当时地面进入地宫，是从陵墓的 4 个方向由斜坡墓道穿过方城下行的。墓道穿过方城的四门，原来安装有道道墓门。据文献记载，起码包括了“中羡门”“外羡门”。探测的东墓道有 5 条，中间的一条长达 60 米，近墓端宽 20 米、远端 13 米。北墓道总出口即是方城北墙两端的缺口。

除过主椁室，还有多个侧室与之相通。《汉旧仪》载：丞相李斯将郦山徒作陵，“深极不可入。奏之曰：‘丞相臣斯昧死言：臣所将隶徒七十二万人治郦山者，已深已极，凿之不入，烧之不然。叩之空空，如下天状。’制曰：‘凿之不入，烧之不然，其旁行三百丈乃止。’”这“深极不可入”和“旁行三百丈”绝不会发生在张口向天的墓圹（“方中”和“明中”），必然是在平行、斜行或曲行的隧道中。那么，指的一定是侧室。而只有在山前洪积扇的地质地带才可能发生大石挡路的情况。由此可以断定，始皇陵墓中的侧室，一定在陵南。民间传说秦始皇埋在陵南的骊山之下，似乎也折射出侧室方向的影子。“三百丈”合今 693 米，结构应作成拱顶，弯弯曲曲，从而营造出一个“中成观游”的地下环境。

秦始皇墓内（主要是“明中”）规模宏大、结构复杂、设置奇特、随葬多样，是难以想象的。我同省地矿研究所合作物探，测知的墓深是33.18米，空间居高10多米。结合文献记载，参稽考古资料，可以推知：地宫周壁用石垒砌，回环的上下数层台阶上筑有百官寺署，四向的墓道连接着多个幽深的侧室。整体以石、砖、木作成多级、多种桁架式建筑，拱卫着中心的穹隆顶主室，构成一个特有的地下群体建筑。

《史记·秦始皇本纪》说始皇陵墓内“以水银为百川、江河、大海，机相灌输”。地矿部物化探研究所于1981年年底，对秦始皇陵封土采样，用汞量测量方法发现了一个面积达12000平方米的汞异常区，汞含量变化为70 ~ 1500PPb，平均值为205PPb，比背景平均值35PPb竟高出5.9倍。[①]足见司马迁论始皇陵内存储有水银的记载不虚，也是我们推断陵墓未盗毁的有力根据。据估计，藏有水银百吨左右，如果靠机械的力量推之流动，我们无妨把这看作中国人最早发明“永动机”的一种尝试！[②]

四、陵园建筑

（一）陵园的礼制建筑

1. 寝殿

把墓上用作祭祀活动的“享堂”搬到陵侧建寝，从秦始皇陵开始，“汉因而弗改”。“园寝”设立，遂成一代制度（《后汉书·祭祀志》）。秦以前的祭祀活动，可以说实行的是“双轨制”，即庙祭和墓祭。都邑的宗庙，作“前庙后寝”的平面布置，前边是“庙”，供奉先祖的神主；后边是“寝”，陈放其生前的用具（衣帽、几案、手杖等）。之所以作如此形式，完全是对君主生前所居宫殿那种“前朝后寝”式格局的模仿。当然，除过祭祀之外，军国大事也往往要在那里举行。比较之下，在墓区祭祀的内容相对单一，但祭祀的频率则繁而多。原来的墓祭，是在墓室之上的地面进行。后来由于丘冢产生了，原来墓上的享堂也跟着发生了位移。而秦始皇对墓祭之礼的创新有两点：第一，首先在陵墓之侧的平地上建起寝殿，有了正规行礼之地；第二，把宗庙的“寝”移到陵园里来，从而加强了陵寝的祭祀功能。

秦始皇陵的寝殿遗址在陵北53米偏西的地方。现存的台基南北长62米，东西宽57米，占地3534平方米。形状近方，环以回廊，门在东南角的东墙上，外有散水。大量堆积物中有砖块、筒瓦、板瓦及壁面碎块，杂有木烬，显系寝殿毁于火焚后的塌落物。经复原，

① 常勇、李同：《秦始皇陵中埋葬汞的初步研究》，《考古》1983年第7期。

② 王学理：《秦代的科技珍闻》（一）（二），《文博》1986年第2、3期。又见《秦始皇陵研究》第2章。

它是作单檐四阿顶的方形建筑。这也正是殷周以来墓上建筑的形式，是这座建筑属性的最好说明。

2. 陵庙

在寝殿之北 150 米到小城间的东西狭长地带，其中段和东段东西长约 270 米，南北宽 80 米。1976 年冬和 1977 年 3 月，发掘了“1 ～ 4 号”建筑基址，虽是东西排列，由 4 个单元构成，却是有联系的一个整体，总面积达 5000 平方米。它们彼此以承重墙隔开，墙系夯土筑成，厚度不一，有 1.5 米、5 米、6.55 米。室内地面经过夯筑，或铺以石板，贴近内壁则用片石或卵石铺成环形路。堆积物中，多见瓦当、陶屋脊。其中有一种夔纹瓦当特大，正面虽只有多半个圆的形状，但直径已有 61 厘米。被称作“瓦当王”的这种当，在关内外的一些大型秦建筑遗址中也有出土，它绝不是施之于椽前，而是用来遮挡檩头的“檩当”。由此可见，这一建筑群必是巍峨雄阔而毗连勾结的。[①]（图 7–14）

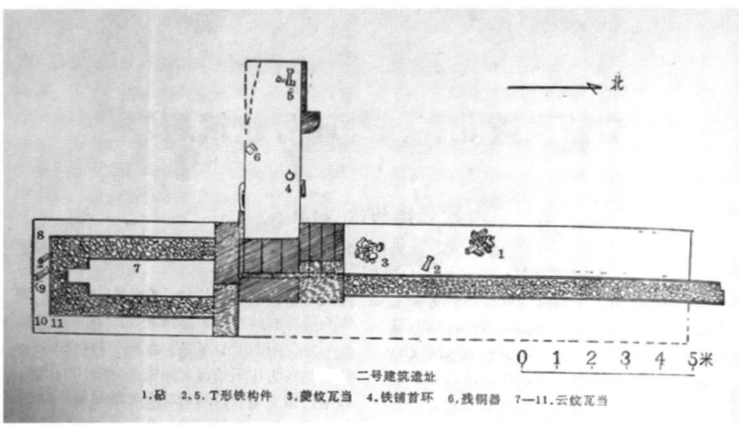

陵庙二号建筑平面图

陶文

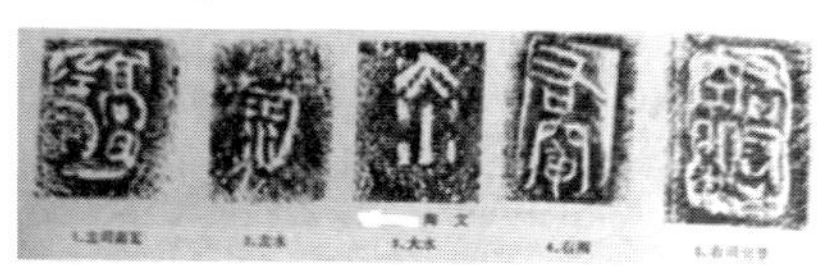

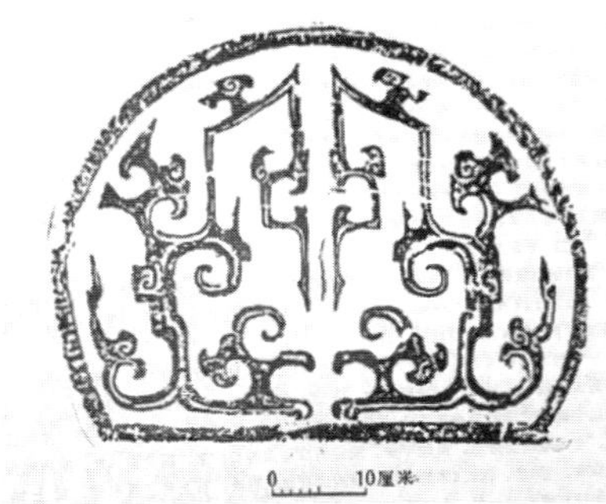

夔纹大瓦当（高48、径61厘米）

云纹瓦当、半瓦当（高9厘米）

图 7–14　陵庙二号建筑与出土物

① 赵康民：《秦始皇陵北二、三、四号建筑遗迹》，《文物》1979 年第 12 期。

在 4 个单元建筑中，以 2 号基址的轮廓和格局较为完整清晰。该建筑平面呈南北向的长方形，长 19 米、宽 3.4 米，面积 64.6 平方米。门道在西侧，同南北长的主体建筑形为“T”式相接。进门后往北，登上四级石阶，才能入室内。由于门内侧竖起曲尺形的“石屏”，从而将室内隔成南北两部分。在南部室内的夯土地面上距墙壁 40 ～ 50 厘米处有一环形片石路面，宽 50 厘米。在北部室内的夯土地面的中线上，则是一条南北长的片石甬道，直通室外的渗井，路宽 50 厘米，全长约 25 米。堆积物中多见有瓦当、陶屋脊。

1995 年 3 月，陕西省考古研究所又在该建筑群之南发现了一组六座建筑，北与 4 号建筑相距 2 米，西与西内城垣相连，面积约 4800 平方米。其中的 4 号建筑当是坐南面北的廊院式四合院建筑。东西长 28、南北宽 14 米，四周设有廊房，北边辟有一门。廊房内发现带有榫卯的青石壁柱，东廊房基础下还发现南北向排列的五角形水管道。廊房内地面的处理显示出当初建筑的豪华程度：首先是在夯土地面上施一层薄薄的草拌泥，其上再抹一层细泥，细泥层烘干后其上再涂刷一层类似于地板漆的深红色涂料。5 号建筑东西长约 50、南北宽近 20 米，遗址的南边和东边各有一道片石散水，出土物除建材外，还有几块彩绘陶俑残片及 10 余枚铁铤铜镞。6 号建筑面积最大，东西残长近 80、南北宽 10 米许，南北两侧均有河卵石铺就的散水，散水外又有沙石铺砌的凹形排水沟，在基址北侧还有一排 4 个 55 厘米见方的柱础，柱与柱间距仅 1.15 米。

3. 便殿

所谓“便殿”，是相对正殿的“寝”而言。《三辅黄图》说汉高祖的陵园（“高园”）“既有正寝，以象平生正殿路寝也；又立便殿于寝侧，以象休息闲晏之处也”。《汉书·韦玄成传》师古注：“凡言便殿、便室者，皆非正大之处也。寝者，陵上正殿，若平生路寝矣。便殿者，寝侧之别殿耳。”陵园内设正寝，寝侧立便殿，这实际是“汉承秦制”。用意都一致，前者是墓主灵魂起居饮食之所，后者则是供其游乐休息之处。

秦始皇陵园内“便殿”遗址的分布，足以反映出它是“休息闲晏”的“非正大之处”。

2010 年，陕西省考古研究院在内城之内的西北部勘探，发现小城西墙和内城西墙之间，南北 610 米、东西宽 250 米，面积约 15 万平方米，其间布满了建筑，其南北界限与小城等长。在这一范围之内，中部是一南北向的“甬道”，两侧对称地有 9 排计 18 座院落建筑。9 排之间，在甬道中以门垣相隔。从南端的门进去，就同陵北原先发现的便殿建筑连成一片，因而这一群体建筑从北到南就形成 10 进的格局。（图 7–15）

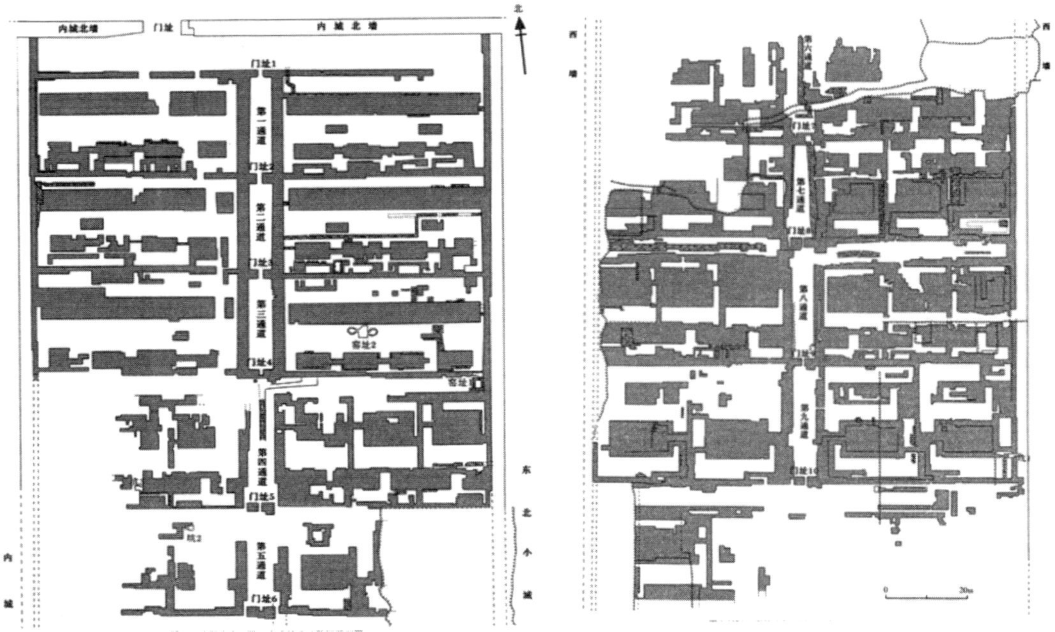

图 7–15　秦始皇陵寝便殿勘测平面示意图（采自《考古与文物》，稍改）

以上建筑群落，都属于始皇陵园的便殿遗存。形式多样、占地范围广，正是“休息闲晏之处”、日常事务多于寝殿的反映。有学者把这些称作“陵寝建筑”，致使“陵”“寝”“便”混在一起，似有欠妥。

（二）丽山食官

“食官”是指掌管宫廷饮食的官，也就是“饲官”。“饲”字在秦汉器物铭刻中多写作“飤”。所谓“丽山食官”就是掌管始皇陵园膳食之事的官员。《后汉书·百官志》：“先帝陵，每陵食官令各一人，六百石。”食官每日要进奉 4 次饮食给墓主灵魂享用，逢到望晦日的祭祀供应更为充足。而皇帝上陵时，由“太官上食”（《后汉书·礼仪志》），更丰盛异常。此外，陵园的管理人员的日常饮食也由食官提供。

在始皇陵西北 126.4 米的一处大型地面建筑遗址内曾发现有刻“丽山食官”的器盖。（图 7–16）经探测知，在西内外城之间的门址之北，是建筑遗址。北及陕缝机架厂，东西地跨 169.5 米（东距西内城 8 米，西距西外城 10 米），南北纵深 200 米，面积达 33900 平方米。1981 年 11 月至 1982 年 5 月，我们对“丽山食官”南端的东段作过抢救性清理。在东西 77.5 米、南北 29 米的范围之内，包括 6 座巨型的单元建筑，由东向西排列，整体为两个相连的“山”字形平面布局。有主体、有东厢。其中的 5 号占地 1073 平方米，南侧东西排开6个础石，室内有巨型地槽（东西长28米，南北宽5米，深0.4米），下铺石块隔以肋木上设铺板。其北侧是倾水池，南同地槽、北同渗井相连。在食官遗址里，除存留大量的板瓦、筒瓦、瓦当、脊瓦、方砖、条砖、石柱础、管道及陶井圈等建筑遗物外，出土的器物还有错金银的“乐府”铜编钟、秦始皇与二世的两诏斤权、铜镦、铜镞、铁剑、铜鼎足、雁足灯及多种器物构件。容器见有瓷罐、大陶瓮、茧形壶、陶罐、盆、碗之类。刻在陶器上的文字见有“丽山食官”“丽山食官左”“丽山食官右”“丽邑五升”“丽邑九升”“丽邑二斗半，八厨”“六厨”“丽山厨”等。由刻文判断，丽山寝园的食官不但分“左”“右”，而且供厨也是编号的。（图7–17）

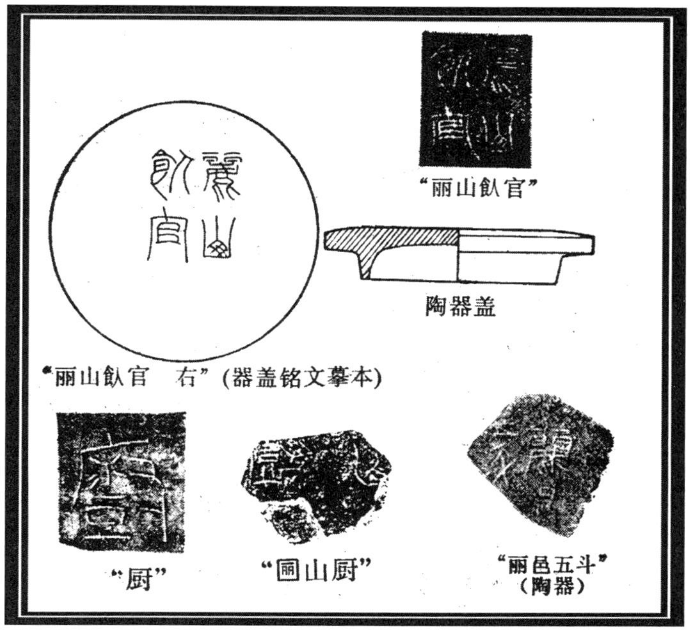

图7–16　“丽山食官”陶文

图7–17　“丽山食官”（东段）建筑群复原鸟瞰图

（三）园寺吏舍

“丽山园”作为秦始皇的寝园，有着一套完整的管理机构。《汉书·百官公卿表》：“奉常，秦官，掌宗庙礼仪，有丞。”同陵墓有关的属官，就有均官、诸庙、寝园食官令长丞等。这些衙署及其办事机构、馆舍，在秦代也应该是设立在寝园里的。

秦始皇陵园的园寺吏舍在陵西北的内外陵城之间。在丽山食官遗址之北有两处大型建筑群落遗址，一处在陕缝机架厂以北至晏寨村南，南北长约 200 米，东西宽 180 米，散见有大量的瓦类、红烧土、河光石。陕缝机架厂基建时曾发现两座房基，坐东面西，在各自的前檐及两侧有散水，房之间有陶水道。似乎此处建筑呈“四合院”式布局；另一处压在晏寨村之下，情况不明，村东曾见有夯土、房基、瓦砾、杂土、河光石散水等。

园寺吏舍遗址实际原是守陵人员的生活区，也住有侍奉陵寝的宫女、陵园守护及勤杂人员，同陵寝分开，有主有次。

（四）垣墙外的几处地面建筑

1. 鱼池村官邸、军防建筑遗址

在始皇陵东北 5 里的鱼池村、鱼池堡和吴家寨子东部有一宫殿建筑群遗址，东西近 2 公里，南北宽 500 米，也有城址的发现。采集到的文物，除过各种建筑遗物中很有特色的各式花纹砖和瓦当外，还有铜刀、戈、矛、盂、“半两”钱、铁斧、铧、铲、锸、锄、刀等。[①]

鱼池遗址的筒瓦和板瓦上，戳印“宫甲”“宫水”“左司空尚”“右司空□”“北司”等文字，可知这些建筑材料乃中央制陶作坊的产品。县邑的工匠也参与了烧制砖瓦的工作。陶文上反映出他们来自栎阳、杜县、频阳、蓝田、美阳、好畤、临晋，也有来自韩国的新城（今河南伊川北）、宜阳（今河南宜阳）的。

吴西村附近的鱼池水两侧，各有一处高岗，东西对峙，很明显是军事制高点。

2. 安沟建筑遗址

安沟在始皇陵园外东北 7 里，遗址西接鱼池遗址，东达代王镇之西，建筑遗物遍地皆是。1958 年修水库时，曾出土“丽山园”铜锺一件，腹部錾刻铭文两行：“丽山园，容十二斗三升，重二钧十三斤八两。”锺高 44 厘米，重 19.25 公斤。经测定，容水 24.57 毫升。此锺是始皇陵园专有的铜器。

① 始皇陵秦俑坑考古发掘队：《陕西临潼鱼池遗址调查简报》，《考古与文物》1983 年第 4 期。

五、从葬坑

（一）陵园东侧的兵马俑阵营坑

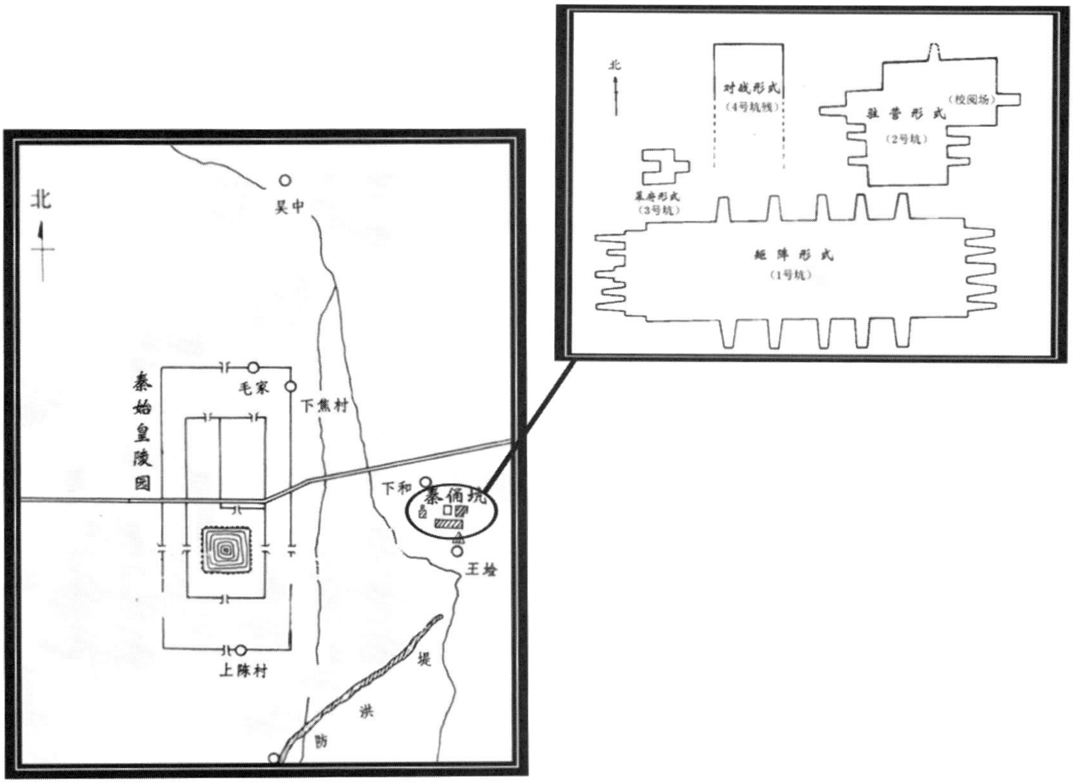

图 7–18　秦俑从葬坑同始皇陵的关系图

秦兵马俑从葬坑位于始皇陵园之东 1225 米的地方。如果按陵冢中心到坑边，间距是 1695 米。这组坑正当东司马道的北侧，共计 4 个，分南北两行，呈坐西面东的并列。1 号坑在南，其北侧 20 ~ 25 米，由东向西依次排列着 2、3、4 号 3 个坑。（图 7–18）

俑坑是坑道式的地下土木结构。在下挖深 5 米的大坑里，东西向夯起一道道承重的隔墙（即“隔梁”），两墙之间形成一条条通道（即“过洞”）。陶俑、陶马、木车等文物按军事序列放置在墁铺条砖的过洞中，再在隔梁上横排密集的圆形棚木，上面铺盖席子，最上部覆土封盖，使之同当时地面一般平整。

1 号坑是个东西向的大坑，坑体东西长 210 米，南北宽 62 米，下深 4.7 ~ 6.5 米，面积 13020 平方米。坑东西两端及南北两侧各有并列的斜坡门道 5 个，两端的门道长 15 ~ 20 米，宽 3.8 ~ 6.6 米；两侧门道长 12 米，宽 1.6 ~ 4.8 米。1 号坑的总面积为

14260平方米。坑底有东西向的过洞11条，其中边洞同坑两端的通道相连，从而构成环坑体内壁的一周回廊。坑内由手执各类实战兵器的武士陶俑和军吏俑6000多尊及40多乘驷马战车按“矩阵”的要求，布置成雄壮的阵体。前三列是“锋”，后三列是“卫”，南北两侧各有一行为“翼”。锋、翼、卫三者就构成阵之“表”，而表之内安排9行武士俑与战车相间，构成阵之“本”（体、中）。（图7–19）

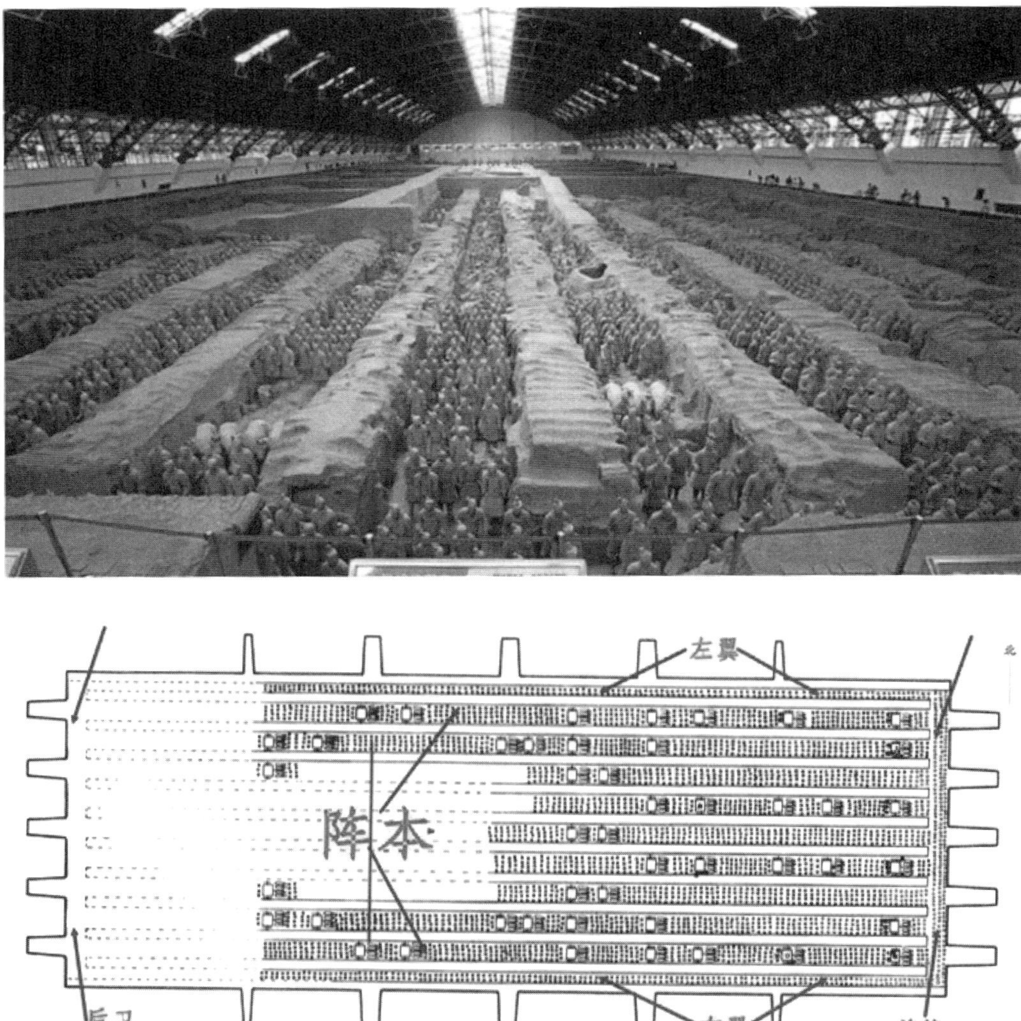

图7–19　1号坑兵马俑布置与示意图

2号坑位于1号坑东端北侧，间距20米。平面呈东北角突出的曲尺形，东西各有斜坡道4条，北侧2条。该坑东西通长124米，南北通宽98米，深约5米，面积约6000平方米。兵马俑分为弩、车、步、骑 4 个兵种，计 939 尊、陶马 472 匹、战车 89 乘，采用单独或混合编队、练射的方式，分别组织成 4 个兵力单位——弩兵习射场、车兵小营、车骑小营和车步骑混宿小营。（图 7–20）

图 7–20　2 号坑现场与兵马俑布置示意图

3 号坑位于 1 号坑西端北侧 25 米的地方。东西通长 17.6 米，南北通宽 21.4 米，总面积约 520 平方米。斜坡道只有 1 条，开在东面正中，平面呈向西的“凹”字形。正面的前庭放一乘驷马华盖车，后随铠甲武士俑 4 尊。其余 64 尊手执长殳的侍卫甲俑分处在两厢。3 号坑是秦俑诸坑中最小的一个，其布置和内容表明是军事指挥部的形制。（图 7–21）

4 号坑在 2、3 号坑之间，作南北长的长方形，是座未建成的空坑。因遭破坏，南北残长 96 米、东西宽 48 米，面积约 4600 平方米，深 4.8 米。估计原来是模拟对战场面的。

关于秦俑四坑的性质，长期以来争论不休的人群可分为两类，一类是考古历史学者，另一类是学术外行的社会人士。前一类学者从俑坑实际出发，并能结合历史文献，但除过对 3 号坑的认识较为一致之外，对其余几坑的看法产生了分歧，如有的学者以为俑坑表现的是左（2 号坑）、中（4 号）、右（1 号）“三军”及幕（3 号），有的认为属于主军（1 号）、佐军或偏师（2号）、后勤部队——即“左追蓐”（4号）、莫府（3号）；后一类外行人士，往往仅凭一些皮相材料或传说，便脱离了学术轨道，恣意狂放，引申联想，把奇谈怪论捧作“学术见解”，在社会上博取共鸣，以致使所谓“研究”走入歧途。

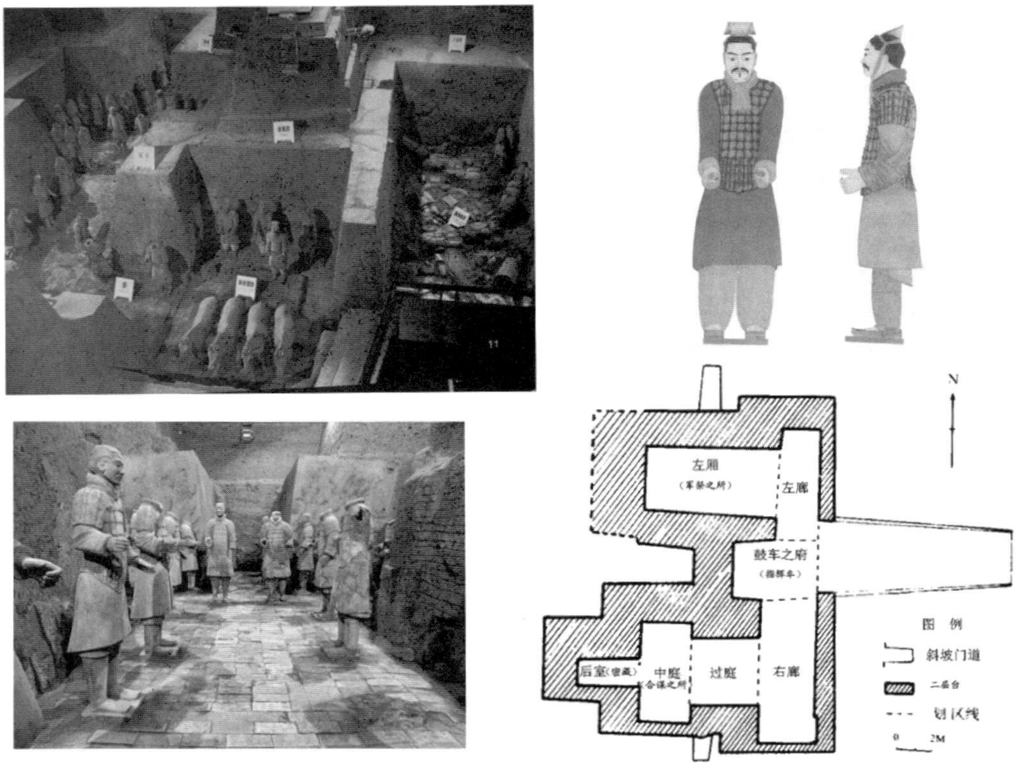

图 7–21　3 号坑现场与兵马俑布置示意图

我参与始皇陵考古与兵马俑发掘 14 年，经研究认为，说秦俑四坑都是“阵”，实是缺乏对“阵”的了解；“三军”之说，也缺乏根据，新论并不足以表明对军事学的起码了解；至于秦俑作用的种种提法，更是对设坑性质的混淆。由从葬用意结合内容，我提出“陈兵”的学术见解。[①] 认为一组秦兵马俑四坑同始皇陵园里诸多从葬坑一样，是死者生前主要活动内容的缩影，是那个时代军事生活、宫廷生活的反映。兵马俑坑之设，应是在统一战争取得决定性胜利之时，秦始皇增添的从葬内容，旨在表现秦军队的强大、体现削平群雄的功绩。基于此，在表现手法上就选取了最能体现军事生活的主要内容（列阵、营练、对战、军幕），以数量多、体大如真的 7000 多个兵马俑和战车，采用“陈兵”的形式，从而收

① 王学理：《秦俑专题研究 · 一幅秦代的陈兵图》，三秦出版社，1994 年。

到良好的视觉效果。具体讲，1号坑属于“矩阵”，具有壮阔的主体阵本，又锋、卫、两翼齐备，既表现了出战程序，又显示了阵形变换的关系；2号坑属于兵营和教阅的暂驻形式，弩兵在前，车兵单列，车步相间以骑殿后，导车随以骑队，从单体到全部，都是为了出战调兵的方便；4号坑表现为大排面的作战队形；3号坑则为指挥部的军幕。

秦兵马俑体大如真，高可1.98米，一般高在1.8米左右。塑造细腻，施彩鲜明，是一批写实主义的佳作，在中国乃至世界美术史上都占有重要的地位。

（二）马厩坑

秦始皇陵园的马厩从葬坑有两处，一在陵园东墙外，一在西内外城之间。估计埋马700匹左右。

1. 陵东马厩坑

陵东马厩坑位于东垣墙外400米处，南自杜家村之西，经上焦、西孙等村西侧，北达下焦村。在南北纵长1900余米、宽50米的范围内原来有近400个马坑，呈东西两行并列。但因历年破坏，只探测出剩下的130个小坑，其中93座坑关系明确，包括马坑74座、俑坑4座、俑马同坑6座。目前只清理了其中的51座。①

马坑是东西向的长方形竖穴土圹，一般长2.4 ~ 3.5米、宽1.2 ~ 2.8米、深1 ~ 2.8米。每坑一马，头西尾东，作侧身或伏卧状，系处死后埋入的。在马头前放陶盆、罐、灯，系喂马具和照明设施。俑坑略小，作椎髻的跽坐陶俑高63 ~ 72厘米，放木箱中面东。俑前放汲水的陶罐、起土的铁锸、割草的镰刀或斩斫的铁斧，还有一盏照明的陶灯。俑就是厩苑中的小吏，或是喂马的“皂啬夫”。俑马合坑较大，梯形土圹长4.5米，西宽1.5米、东宽1米，深1米；长方形竖圹长3.5米、宽1米、深2米。坑中马东俑西，放置在大木箱中，伴出的器物同样是养马具。这种俑可以是教养良马的“趣马”（《周礼》）。

马厩坑器物上的陶文见有“大厩四斗三升”（铜盆）、“中厩”（陶罐）、“小厩”（盆、罐）、“宫厩”（罐）、“左厩容八斗”（盆）等。秦封泥有“章厩丞印”“宫厩丞印”“右厩丞印”“下厩”，再同《史记·李斯列传》中提到的“外厩”联系可知，秦代天子之厩苑有大、中、小、下、宫、章、右、左、外等九厩。（图7–22）《汉旧仪》说汉“天子六厩”，厩有“马皆万匹”，此制度一定也是承秦而来。

① 秦俑坑考古队：《秦始皇陵东侧马厩坑钻探清理简报》，《考古与文物》1980年第4期。

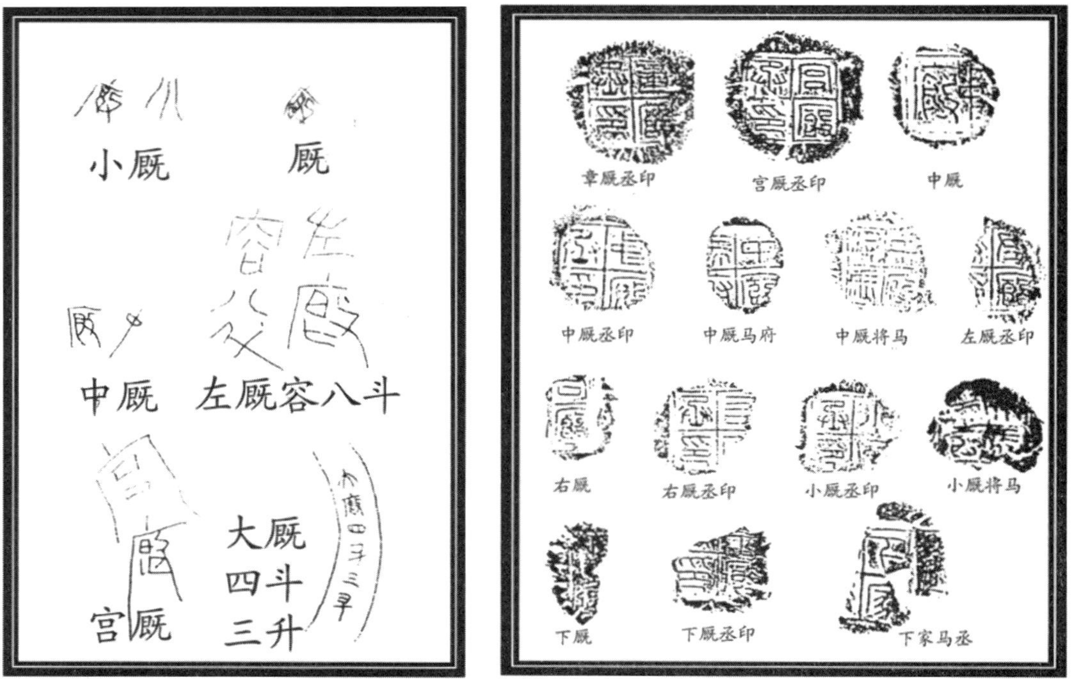

秦始皇陵东侧马厩坑器物上厩名　　　　秦封泥有关厩名

图 7–22　秦陵马厩名刻文与厩名封泥

2. 陵西内外城之间的马厩坑

在两西门之间的南侧有两个形制特别的马厩坑。一个是有两斜坡道并行的“双门道马厩坑”，一个是向南再西折的“曲尺形马厩坑”。（图 7–23）

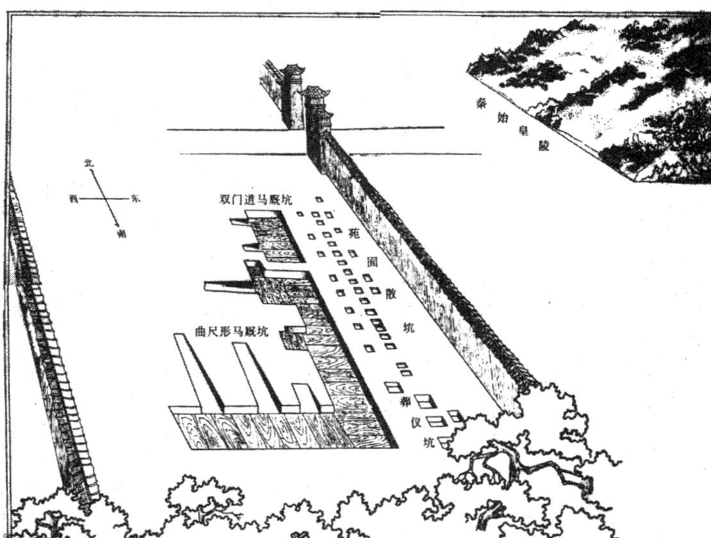

图 7–23　陵西马厩坑、苑囿鸟瞰图

曲尺形马厩坑东西长 117 米、宽 6.6 ~ 8.4 米，与之相连的南北坑体长 84 米、宽 8.6 ~ 9.4 米，深 4 米。坑中马骨架基本完整，每 3 匹置于一木槛中，作卧姿。

密集排列，估计被杀的马有数百匹。陶俑辫髻，穿褐，登履，计 11 尊。俑姿有戴长冠袖手者，有曲肘拄长兵者，均立姿，体高 1.82 ~ 1.9 米。前者可能是厩中的"皂啬夫"，管理着厩中的饲养人员；后者，当是马厩的守护人员。

（三）封土四周的"御府"诸坑

在秦始皇陵四周分布着多个形状不同、方向不一的御府坑。

在陵北侧和东北侧的砖坯围墙之内，有 4 个大型从葬坑，即 K0101、K0201、K0202 和 K0205。其中 K0101 全部露在封土之外，其余的斜坡道在现封土之外，坑体都隐藏在封土之下。同东墓道平行的 K0202、K0203、K0204 三坑，方向都指向封土之内。① K0101 的坑体南北长 59.8 米、东西宽 49 米，K0201 东西长 75.5 米、南北宽 48.7 米，K0205 东西长 85 米、南北宽 46.7 米，在结构上都有多个大小不同、排列整齐的过洞、砖坯台，棚木构架。奇怪的是新的钻探材料显示，虽未经火焚，也没有被盗痕迹，但内部空无一物！

陵南和东南侧情况不明。

封土西侧有一组大型的从葬坑，在"巾"形坑内出土有两乘彩绘铜车马，其他四耳室中埋有铜的或木质车马，共计 10 乘。（图 7–24）

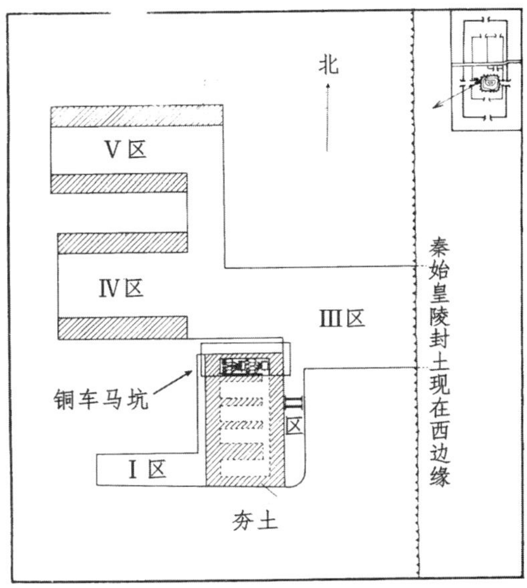

图 7–24　铜车马坑位图

1980 年 11 月，发掘的两乘彩绘铜车马前后相随，马东车西，直指墓室，成组地放在深 8.6 米的坑中。车作单辕、双轮、方舆，驾四白马。车马通体彩绘，形体大小为真人真马的二分之一。御俑戴切云冠，着袍，腰系绦带，饰流苏，佩剑，双手揽辔，目视前方，全神贯注，装束同秦俑坑的将军俑基本相同（但未擐铠甲）。铜马通体白色，络头衔镳、鞶辔、项圈齐全，均作伫立服驾的姿态。前后两车最大的区别在于篷盖，即：前车竖一柄圆盖伞，车体较小，名曰"立车"（又名"高车""轺车"，或"驷马立车"），通长 2.25 米，高 1.68 米（至盖顶），全重 1061 公斤，由 3064 个零部件组成。四马各高 66 厘米，体长 1.1 米。

① 以下介绍武库、百戏、苑囿诸坑，考古材料多出自陕西省考古研究院的《秦始皇帝陵园考古报告》，在此恕不一一注明。

御俑站于车箱前部，通高 92 厘米。车上的武器装备，除御俑佩剑外，还有架在轼上的弩、插在箙中的箭，另有盾牌。（图 7–25）

左：彩绘铜车马位置示意图

右：两乘铜车马出土现状

下：修复后铜车马的主从关系

图 7–25　秦始皇陵彩绘铜车马

后车较前车为大，通长 3.17 米，高 1.06 米，总重 1241 公斤，由 462 个零部件组成。四马通高 90.2 ～ 93.2 厘米。跽坐御俑高 51 厘米。车形是方舆上以箱板围成车蕃，蕃上覆以穹隆顶的椭圆形篷盖。车蕃前面及两侧有可启闭的窗户，后部辟门。车箱内三边围以台阶，前为轼，两侧为輢较。车箱前另设御者的“育”座。这种车型名曰“安车”（又名“辒辌车”）。

秦陵的立、安两车表面，以白为地，彩绘着变体龙纹和几何图案。连同白马看，显然是“白马素车”的基调。其性质应是“随五时之色”（《通典》）的“五时副车”，作用在于充作皇帝“卤簿”中的随行车乘。两车编组，前为导，后为主，同陵侧其他坑的车马联系起来看，当是秦代銮驾制度的反映。[①]

① 王学理：《五时副车铜偶所反映的秦代銮驾制度》，载陕西省秦俑考古队等编《秦陵二号铜车马》，《考古与文物》编辑部，1983 年。

（四）“百兽”园囿坑

在内城西门之南、双门道马厩坑之北，东距内城西垣 25 米处，有一处苑囿坑。其范围南北长 80 米，东西宽 25 米，面积达 2000 平方米。有 31 个长方形竖穴土坑作 3 行排列，其中西排有 8 坑、东排有 6 坑，均放跽坐俑；中行 17 坑，内置长方形陶棺，动物藏棺中。伴出文物极少，仅见陶罐、盆一类汲水具与食具。骨骼已腐朽，从残留部分及牙齿看，既有食草类的鹿、麃和杂食类动物，也有飞禽。估计动物属皇家苑囿中豢养的珍禽异兽，跽坐俑则是负责管理禽兽的仆役，即所谓“兽人”。

秦汉时，“上林苑方三百里，苑中养百兽，天子秋冬射猎取之”（《三辅黄图》），秦二世在上林苑中曾“日游弋射”取乐（《史记・李斯列传》）。当时豢养动物的圈舍有综合性的如“兽圈”，单养的“虎圈”“狼圈”和“麋圈”等。那么，从上林苑的兽圈中提取珍禽异兽从葬，在汉文帝霸陵和薄太后南陵从葬坑中就有同样的例子。南陵从葬坑出土过大熊猫、犀牛、仙鹤等珍稀动物骨骼，秦始皇陵侧的珍禽异兽从葬坑则是秦代“百兽”园囿存在的反映。

（五）甲库坑（K9801）

这是一个基本呈方形的大坑，位于始皇陵东南角的内外城之间。坑东西长 130 多米、南北宽 100 米，4 个斜坡道分别在坑四角的南北两侧。陕西省考古研究所秦陵工作站于 1998 年 10 月试掘，见有军士穿戴的细叶石铠甲多领、石兜鍪，马甲，并有车马器和兵器等遗物，石质甲片细小，由铜丝编缀，同秦俑甲式迥异。（图 7–26）

图 7–26　石铠甲坑

这些石甲胄分区、分类，密集排列，从铜构件分析，估计原来是悬挂在木架之上的。因遭严重火焚，木构无存，些许文物也灰化。种种迹象表明，这是一座模拟秦王朝武库的从葬坑。

（六）百戏坑（K9901）

位于武库坑南 35 米处，平面呈向北的“凸”字形，东西长 40 米，中部宽 16 米。内设 3 条过洞，试掘中出土有上身裸露穿短裙的陶俑 11 尊，多作握物、举臂等姿势。另外，还有三枚铜镞 8 只、铁矛头 1 件，以及石甲片、马蹄套等文物。特别是棚木之上斜放一个大铜鼎，鼎作扁球状，附耳、兽足腹部凸棱上下饰蟠虺纹，口径 71、通高 61 厘米，重 212 公斤。是当今最大的秦代铜鼎，弥足珍贵。（图 7–27）

K9901 中的陶俑，与秦兵俑迥异，同圉俑也截然有别。其体态、姿式、服饰，表明是一批技艺者的形象。那么，此坑当是表现秦宫廷娱乐活动中的百戏内容。而大铜鼎内的填土与该坑填土的土质、土色完全一致，说明它同坑内文物没有内在联系。其状态正是仓促中隐匿之物。①

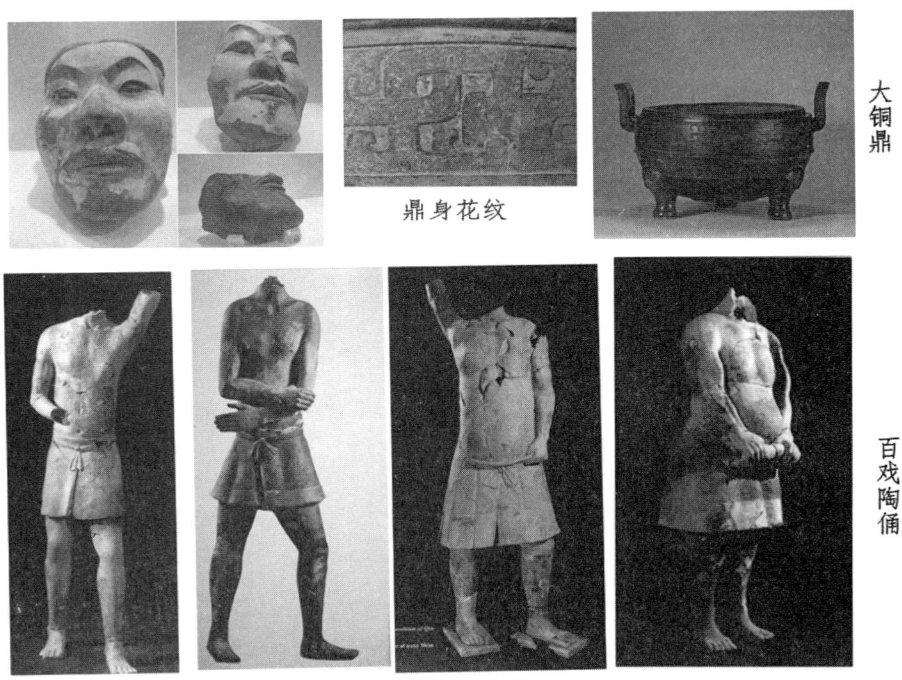

图 7–27　百戏陶俑与大铜鼎

（七）“巨”形动物坑（K9902）与神道 10 坑

在东内外城之间，当东阙门南墙之外、甲库坑之北。形状奇特，为宽 6 米左右的长条

① 王学理：《丧乱庙堕失重器》，《陕西日报》2000 年 8 月 8 日。又载《秦文化论丛》（第八辑），陕西人民出版社，2001 年。

坑按正方向转折，平面形成“巨”字形。最西边的条坑南北长 95.3 米，连接各条坑的南边坑最长达 153.4 米。坑底铺木板，探出红烧土、木炭和动物骨骼。

东外城内侧，由南到北有 4 个小坑，在神道北也有 6 个小坑。坑内未探出文物，内涵不清。

（八）天子车府坑（K0006）

在始皇陵封土西南角 50 米处，地当岳家沟东侧的台地上，有一东西向的近似“中”字形坑。东西长 47、南北宽 2.7 ～ 11.8 米。该坑未经火焚，保存状况良好。从西端斜坡道下去，通过封门进入前室，停木车 4 乘在南壁站立陶俑 12 尊，通高 184 ～ 193 厘米。其中 8 尊戴双版长冠，穿袍束带，袖手胸前，右腰间塑有削和砺石。另外 4 尊为御俑，穿戴同前，双手作揽辔状。南侧的厢房地板上有铜钺 4 柄、陶罐 1 件；后室，马骨凌乱，估计有 24 匹。

由坑中的文物内容看，这些“刀笔吏”属于文官，钺是权力的象征物，又有马群、有车，这种组合的排列次序是车、文吏、钺、马匹。如果把“权力”“记录”这几个概念串连起来，特别是结合 4 车、4 钺同 24 匹马看，正好形成“天子驾六”之制。文献中常提到秦始皇乘坐的“金根车，驾六马”，而五时副车才驾四马，那么，K0006 有四乘驾六马之车，就可以断定它属于“天子御驾的车府”。（图 7–28）

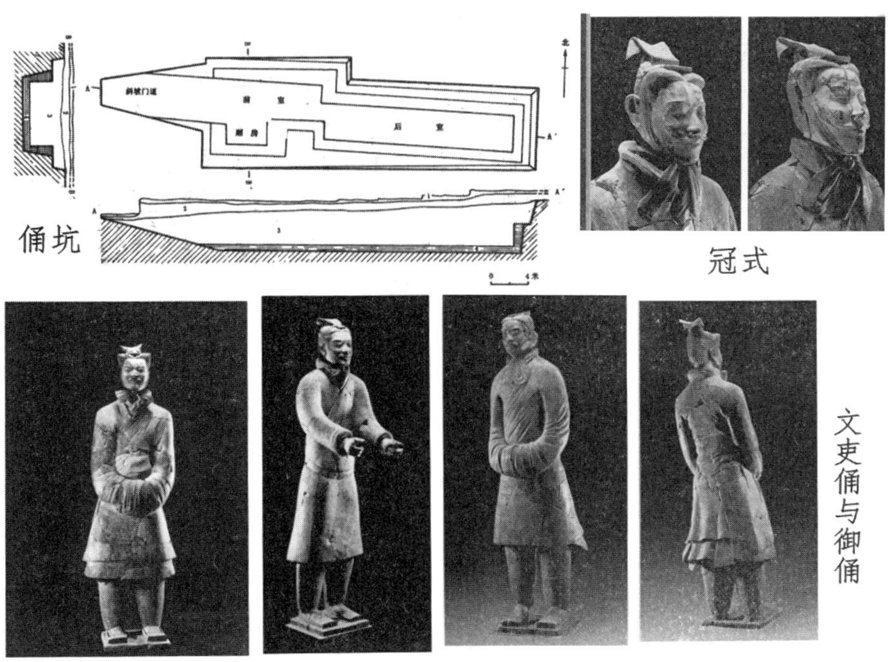

图 7–28　御府文吏俑

（九）禁苑坑（K0007）

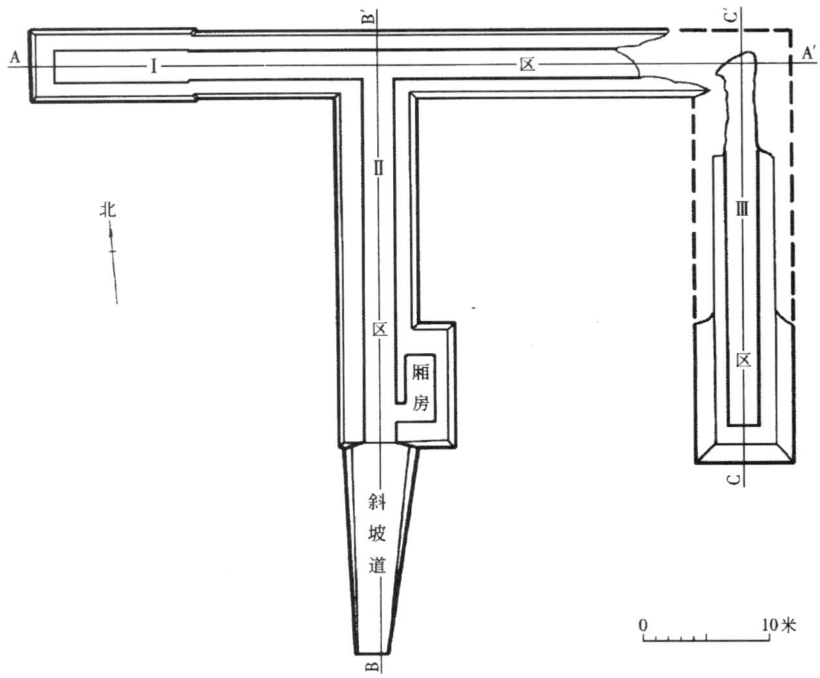

图 7–29　禁苑水禽坑（K0007）平面图

1996 年，在秦始皇陵外城东北角直北 800 多米处发现动物坑。由此向东 500 米，又有一个平面向东作“F”形的大型从葬坑，编号为 K0007。一条东西向的条形坑长 60.2 米、宽 6 ~ 6.2 米，编为“Ⅰ区”；Ⅰ区中部向南开一条形坑，南端是斜坡道，坑体南部坑长 46.6 米、东西宽 2.8 ~ 10.6 米，编为“Ⅱ区”。南端东侧向东突出一个空间，南北长 11 米、东西宽 4.72 米，取名“厢房”；Ⅰ区东端南折，长 31.24 米、东西宽 6.4 ~ 8 米，编为“Ⅲ区”。（图 7–29）

Ⅰ区南北两侧是夯土二层台，中间夹着长 55.52 米、宽 2.36 ~ 2.76 米的沟道。沟道是河流的模拟，在两旁的二层台相当于河岸。河流西部的两岸上，整齐排列着向水的仿真青铜水禽。由西向东，有天鹅 20 只、鹤 6 只、鸿雁 20 只，计 46 只。（图 7–30）

Ⅱ区东西两侧夯土台上有 11 个壁龛，原来放置着 15 尊陶俑。陶俑戴软帽，颈围曲领，着右衽长袍，腰束革带（右侧系有一长条囊袋），穿长绔，脚蹬布袜。箕踞姿势的陶俑箕坐，头微低垂，双臂伸直置于腿上。左手半握，掌心向上；右手环握，掌心向下。跪姿陶俑双膝并拢着地，挺身直起，头微低垂。左臂下垂，伸手向前。右臂上举前伸，手四指并拢半握，拇指向后。

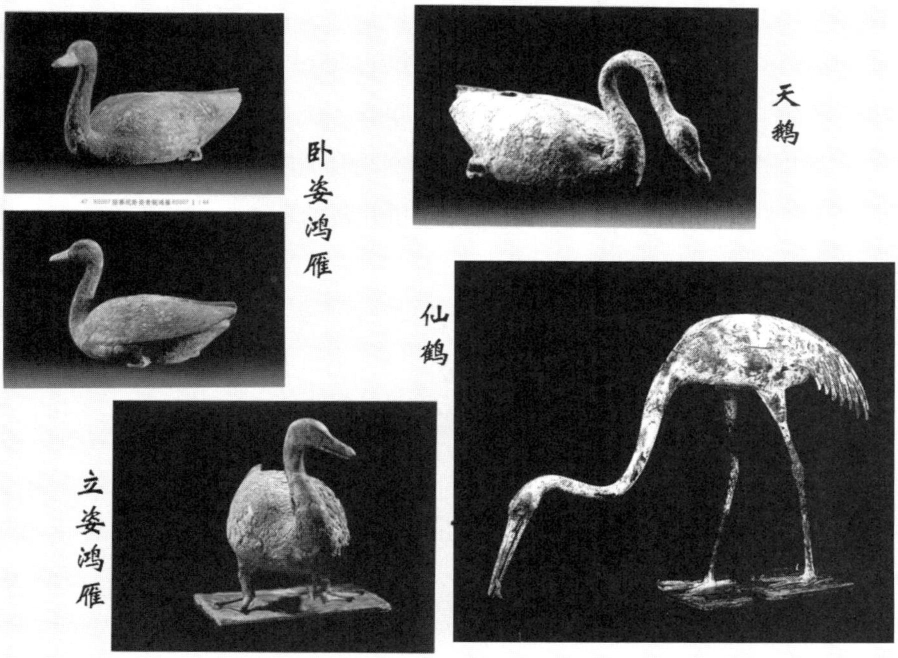

图 7–30　禁苑坑水禽

Ⅲ区象征河道，应是Ⅰ区河道的延长，仅见一只鹤腿及一些零碎的动物骨骼。

青铜水禽与陶俑共处一坑，从环境与姿态看，可以复原这么一个场景，即：在弯弯曲曲的清流两岸，鹤、雁、鹅悠然自得地戏水、觅食。而溪水环绕着的是一处歌舞楼台，随着指挥者的节拍，乐人正弹奏出绕梁三日的旋律。

秦都咸阳有多处御苑，无论是上林苑、宜春苑、杜南苑，或是兰池，往往有山环水绕、花木扶疏、宫观掩映，自然也少不了豢养各种珍稀动物。“麀鹿攸伏，白鸟翯翯”“日游弋射”“轻歌曼舞”，是统治者悠闲生活的内容之一。那么，K0007 从葬坑透露出的信息，就应当是秦禁苑的模拟。或有诘者问道：不见舞也听不到歌，何言歌舞？秦俑三号坑既是“幕”，不见将军坐帐，那此间“缺席以待”岂不更有艺术的余韵！

（十）食府之一的动物坑

1996 年在禁苑坑之西，西南距陵园外城东北角 750 米处发现此动物坑。坑作南北向的长条状，6 米长的斜坡道在北端，坑主体部分南北长 23.5 米、东西宽 10 米，面积约 300 平方米。坑内中轴线部分是一条甬道，东西两侧由矮墙隔开的 16 个小间出土有动物骨骼，经鉴定，有近似于鹤的大鸟、鸡、猪、羊、狗、鱼、鳖、獾（或水獭）等，计 10 余种。

另在坑内还出土一些陶俑的头、腿、手等残块，估计有跽坐姿俑 2 尊、立姿俑 3 尊。

截至 2016 年，在秦始皇陵区探测出各类从葬坑 400 多个，涉及动物活体的仅见于马厩坑和珍禽异兽坑。前者系丧失役使力的老马，单独入坑。后者用陶棺盛放，也是单独入坑。表明其受到重视的程度较高，定性为马厩苑囿是合适的。而此坑中的禽兽，既有疑似的“鹤”，更多的是普通的肉食类动物，并非可供观赏的珍稀动物。那么，此坑的定性就不能无视其作用而泛称为“动物坑”。

秦代的“奉常”一职是中央的九卿之一，由周代的“春官宗伯”而来，汉景帝改名“太常”，主管宗庙和陵庙礼仪。此职属官众多，陵园令丞即是其一。因为祭祀频繁，供应牺牲，就须从专设的府库中提取。秦始皇陵园有真实的食官与府库，陵北的动物坑反映的应该是丽园令之食府。

（十一）封土南部及西南部勘探出的几个从葬坑

K0001：在内城内东南角，情况待查。

K0002：在封土正南，当石道遗迹之间，东西长 194 米。呈向南的“凹”字形，两端是带隔间的主室，中间是连接两主室的通道。两主室大体相等，南北长 35 米，东西宽 15 米。探出有红烧土、木炭、动物骨骼、石质器片。

K0003：位于现封土西南角 7 米处。呈曲尺形，南北最长 157 米，北端最宽 64 米。坑体北部有多处小隔间，探出遗物有红烧土、木炭、动物骨骼和陶片。

K0004：位于西内外城之间，东邻双坡道马厩坑。平面略呈“十”字形，东西最长 42.3 米，南北最宽 39.2 米。内有多个隔间，探出遗物有红烧土、木炭、动物骨骼和陶俑残块。

K0005：位于西内外城之间，在 K0004 之南，东南与曲尺形马厩坑为邻。平面略呈“U”形，西部遭受破坏，南侧过洞残长 13.5 米、宽 4.8 米。

六、陪葬墓

（一）陪葬墓群

秦始皇陵陪葬墓群已发现 4 处，分别在陵园西北的砖头房村、陵园东侧的上焦村、陵园小城内、内外城之间。另外，还有一些零星单墓，分散在陵区。

1. 砖头房陪葬墓区

据《秦始皇帝陵园考古报告 2001 ~ 2003 年》载，为配合秦始皇陵遗址公园建设，陕西省考古研究院对陵园西北的砖头房村移民点进行勘探。随后再作复探，又有新的发现。此墓地有“中”字形墓 3 座、“甲”字形墓 4 座、小型墓葬 30 座、从葬坑 1 处，呈东西向一线排开，墓葬均为南北向。[①]

2011 年开始，秦始皇帝陵博物院对秦陵外城西侧的陵区展开详细的考古调查与勘探工作，勘探和复探面积约 50 余万平方米，发现古代墓葬 20 多座，大墓从葬坑 14 座。其中有 9 座大型墓葬，东侧 4 座为“中”字形，靠近秦始皇帝陵（最东侧的一座“中”字形墓葬东距秦陵外城仅 100 多米）；西侧 5 座为“甲”字形，距秦陵稍远。（图 7–31）

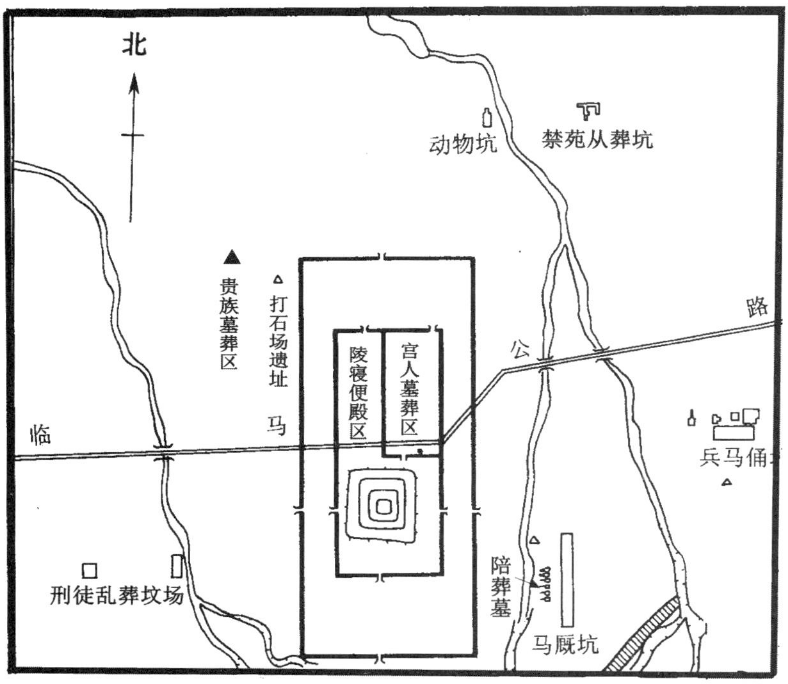

图 7–31　贵族墓区位置示意图

一号墓葬（QLCM1）位于秦始皇帝陵园外城西侧约 440 米处，平面呈“中”字形，坐南面北，由南、北墓道与墓室三部分组成。经发掘，通长 109 米，宽 7.5 ～ 26 米，总面积约 1900 平方米。北墓道长于南墓道，北墓道长 48.7 米，宽 9.5 ～ 18.9 米；南墓道长 32.6 米，宽 7.5 ～ 18.4 米。墓室口长 29、宽 26.4、深 15.5 米，在室内的东、西、南三面为生土二层台。棺椁位于墓室正中偏南，四周环绕回廊，外侧为边箱。东侧边箱，放置大量陶器与铜器。陶器破损严重，可见器形有茧形壶等。铜器有鼎、钫、豆、匙、盘、甑、釜等；西侧边箱被盗，余少量铜器及少量漆器残迹。器形有铜鉴、铜洗、铜灯。此外，西侧回廊北端分布

① 陕西省考古研究院等：《秦始皇帝陵园考古报告 2001 ～ 2003》，文物出版社，2007 年。

玉器，数量较多，有玉圭、玉璧等。出土的金银骆驼、舞俑尤为珍贵。[①]（图 7–32）

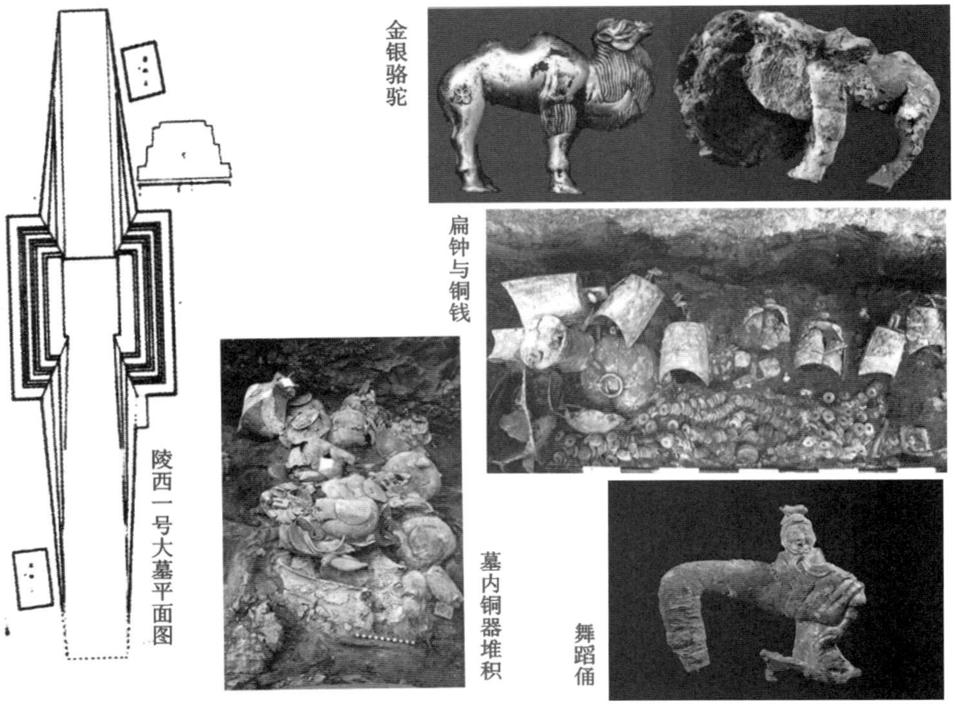

图 7–32　陵西大墓与部分文物

此墓的形制、构成、内容等方面均不同于秦墓。从秦统一之战中，军事统帅与秦廷的关系上作历史性考察，本文作者认定此墓地当是蒙骜一系的家族墓地。[②]

2. 陵东上焦村陪葬墓区

这片墓地位于始皇陵东垣墙外 350 米的上焦村西，东邻马厩坑，墓间距 5 ~ 10 米，共 17 座，南北一字排开，但地面无封土。（图 7–33）一律为斜坡道朝西的“甲”字形墓，其中只有 7 号墓的墓道向东。1976 年发掘了 8 座墓葬，形制分两种：一是带斜坡道的方室土圹墓，一是带斜坡道的竖穴土洞墓，均为一椁一棺。除过第 11 号墓女性肢体完全、第 18 号墓无骨殖外，其他 7 墓中有 5 男 2 女，但都是身首异处、尸骨狼藉。经骨骼鉴定，M17 的墓主是一年仅 20 岁的女子，其余年龄均在 30 岁左右。

① 秦始皇帝陵博物院 ：《秦始皇帝陵考古的新进展——秦始皇帝陵陵西墓葬勘探与发掘取得重要收获》，“文博中国”微信公众号 2020 年 6 月 19 日。

② 王学理 ：《蒙氏家族墓地探寻——秦始皇陵园外西北角墓群试析》，为秦始皇陵兵马俑发掘五十周年国际学术讨论会提交的论文。

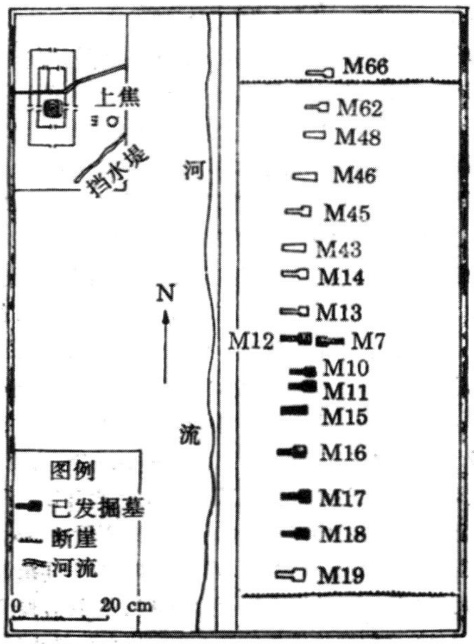

陵东上焦村秦墓位置与分布图

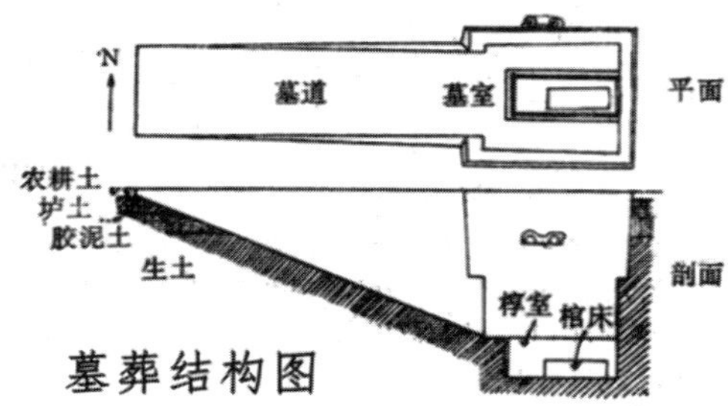

两枚印章

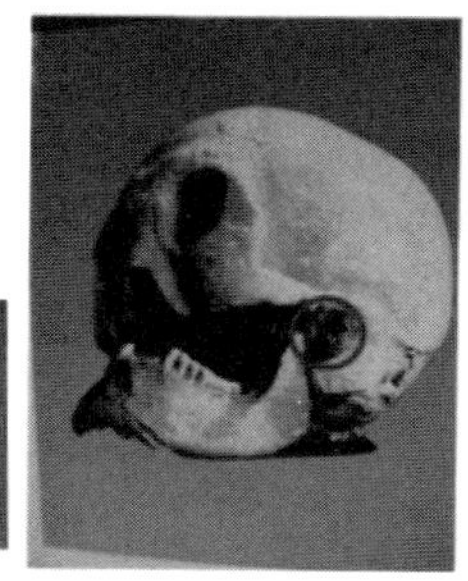

头颅存有箭头

图 7–33　陵东秦陪葬墓群

发掘的 8 座秦墓列表

墓号	性别	年龄	骨骼状况	主要随葬器物				
				金器	银器	铜器	陶器	其他
17	女	20	头、身、下肢分离，左脚骨与胫骨分离，双臂伸张				陶盆 1	
16	男	30	下肢骨在填土中，头骨在椁盖上			“荣禄”印 1、带钩 1	仓 1、釜 1	
15	男	30	头、身、四肢分离，置于椁盖上，头骨在洞室填土中，右颞骨有铜镞 1 枚		蟾蜍 1	“半两”铜钱 1、铃 1	罐 1	玉璜 1，银蟾蜍上有“少府”字
12	男	30	头骨在椁室上，其他骨骼在椁内头箱中			匜 1、策 1、环 1、泡 2	罐 1、蒜头壶 1	
11	女	30	骨骼完整，仰身直肢向西，但上下颚骨错位	金箔 2		“阴嫚”印 1、带钩 2、镜 1	釜、蒜头壶、鼎、甑、钵、盒各 1，豆 2	
10	男	30	头、身、四肢分离，倒插在椁室头箱内	金箔 1				
18	空	空				铜剑、釜、甑、鏊、勺各 1	罐、盆各 1	残玉璧
7	男	30	头、身、四肢分离				仓 1	

从上表中可以看出，死者葬式紊乱、尸骨残缺、死相惨苦，显非正常死亡，必同当时的政治形势有关。

秦二世是被赵高串通丞相李斯扶上台的，其逼杀公子扶苏、囚杀蒙氏兄弟等罪恶行径败露之后，常常是“战战栗栗，唯恐不终”。于是，赵高建议秦二世要“灭大臣而远骨肉”（《史记·李斯列传》），他就真的举起了屠刀，“乃行诛大臣及诸公子，以罪过连逮，少近官三郎”。把“六公子戮死于杜”、逼杀公子将闾弟兄三人于内宫（《史记·秦始皇本纪》），还把“公子十二人僇死咸阳市，十公主矺死于杜。财物入于县官，相连坐者不可胜数（《李斯列传》）。他诛杀的手段极其残酷，其所用“戮”刑，除了砍头，还得陈尸，更用腰斩。“矺”同“磔”，属于车裂之刑。今发掘陵东的这些秦墓，所见尸骨不全，同记载是吻合的。而在墓道发现有灰烬的遗迹，当为筑墓人因天冷烤火所为。这也和胡亥、赵高集团杀害始皇亲生骨肉于寒春的季节相符。另外，在随葬的银蟾蜍上刻有“少府”二字。可见这里就是秦王室宗族成员被残害后的葬身之地，而按礼制陪葬始皇则体现着这些历史丑类们虚伪的德行。

据《李斯列传》记载，始皇有子 20 余人。实际上，其中未包括女儿。有名者，史载仅有扶苏、胡亥、将闾、公子高、子婴几位而已。但陵东 M16 出土“荣禄”私印一方，M11 出土“阴嫚”私印一方。前者墓主是男性，后者是女性，当属于始皇的公子与公主。

3. 陵园内小城中的陪葬墓区

小城位于内城东北角，是个封闭式的小城。在小城中部及偏北的两侧已探查出有墓葬 99 座。其中有 3 座竖穴土圹墓（M1、M3、M4）为东西向，深 10 米、长 6.4 ~ 8 米、宽 4.3 ~ 4.8 米。其余均是小型墓，均呈南北向，有“目”字形竖土圹墓 1 座、斜坡道洞式墓 8 座、台阶斜坡道竖穴洞式墓 9 座、斜坡道竖穴洞式墓 13 座。最大的 M5，属于斜坡道竖穴洞式墓，长 36.5 米，深及 10.5 米。在竖穴土圹墓中探出木炭、漆皮，壁龛中有陶器。其余墓葬内有陶器、朽木痕迹。

此墓区未经发掘，情况不明，但能在陵区内辟地而葬，身份应不一般。《史记·秦始皇本纪》载始皇下葬时，二世曾说：“先帝后宫非有子者，出焉不宜。”“皆令从死，死者甚众。”这里是否为宫女们的葬区，有待日后发掘验证。

4. 西内外城之间陪葬墓区

此墓地位于西门以北的内外城之间，北邻食官遗址，其范围东西长 170 米，南北宽 90 米，面积 15300 平方米。发现的 61 座陪葬墓集中于这一区域的东部，形制多样，有甲字形、长方形、“刀”形、曲尺形几种。探查中未发现任何文物，似为一些徒具墓形的空墓，如果这样，应是预先按陵园规划所作之墓。只是秦亡，还无入葬者。

（二）从葬墓

在秦始皇陵冢西墓道北侧，有一坐东面西的墓葬，正当西内城和封土之间。墓作“甲”字带二层台的竖穴土圹。斜坡道在西，通长30余米，其中墓室东西长15.5米，南北宽14.5米，深6.2米；墓道长15.8米，同墓室几乎等长，宽3.6 ~ 4.4米。墓室除西边接墓道口外，其他三面皆环列宽近2米的二层台。方形墓圹收分，至底部呈10米 ×10米的正方形。从探出的朱红色漆皮与板灰看，此墓规模大而随葬品丰富，墓主必定有较高的社会地位。或说这是公子高的墓，根据是他面对二世、赵高集团借故杀害先帝近臣和皇室宗族时，唯恐“收族”连坐，上书“臣请从死，愿葬郦山之足”而得到“恩准”，并“赐钱十万以葬”。（《史记·李斯列传》）

在秦俑3号坑正西90米处，当今下和村小学南墙两侧，有一座坐南面北的“甲”字形带二层台的竖穴土圹墓。墓室平面近方形，南北长约18.2米，东西宽约16.5米，深12米。斜坡墓道长40米。在墓室探出有板灰。关于墓主，有可能为公子将闾。因为二世曾指责他弟兄三人“不臣，罪当死”。在被囚禁时，他怨气冲天，呼喊什么“天乎！吾无罪”，最后不得不吻剑自裁。(《史记·秦始皇本纪》）公子将闾和公子高一样，身份、地位和影响力都较为突出，必然引起有偏狭心理的统治者注意，自然有故事流传下来，其埋葬地就不一定放在上焦村的陪葬墓群里。还有人认为此墓的主人是宣太后、是统帅兵马俑的指挥者、是蒙恬等等，但都是缺乏文献与事实根据的臆测。

（三）郦山徒墓地

郦山徒在繁重的劳役中致死，他们的墓不能算作陪葬，也列入不到始皇陵区的总体规划之中。但因修陵时间长、人数多、死者众，也就只有在陵园以外择地而葬。

郦山徒墓地有两处，都在始皇陵园外，处于西南方向。一在赵背户村西，一在姚池头村南。前者距陵西外城500米，后者又在前者西南450米处。

1. 赵背户—姚池头的“居赀”役人墓地

这处墓地位于赵背户村西边的台地上，东邻干涸的董沟水，西至姚池头村北，由此迤逦而北，直抵“临马”公路，形成南北狭长千米的大面积墓地。仅1979年12月至次年6月，秦始皇陵考古队在赵背户到姚池头一带选地钻探，在南北长180米、东西宽45米的范围内就先后探出墓葬160余座。墓作3行排列，墓向不尽一致，如中行和西行东西向，东行南北向。墓距0.2 ~ 1米，分布十分密集。有的还在一个大墓坑内，再挖出若干小墓坑，小坑之间有10厘米宽的隔梁。（图7–34）

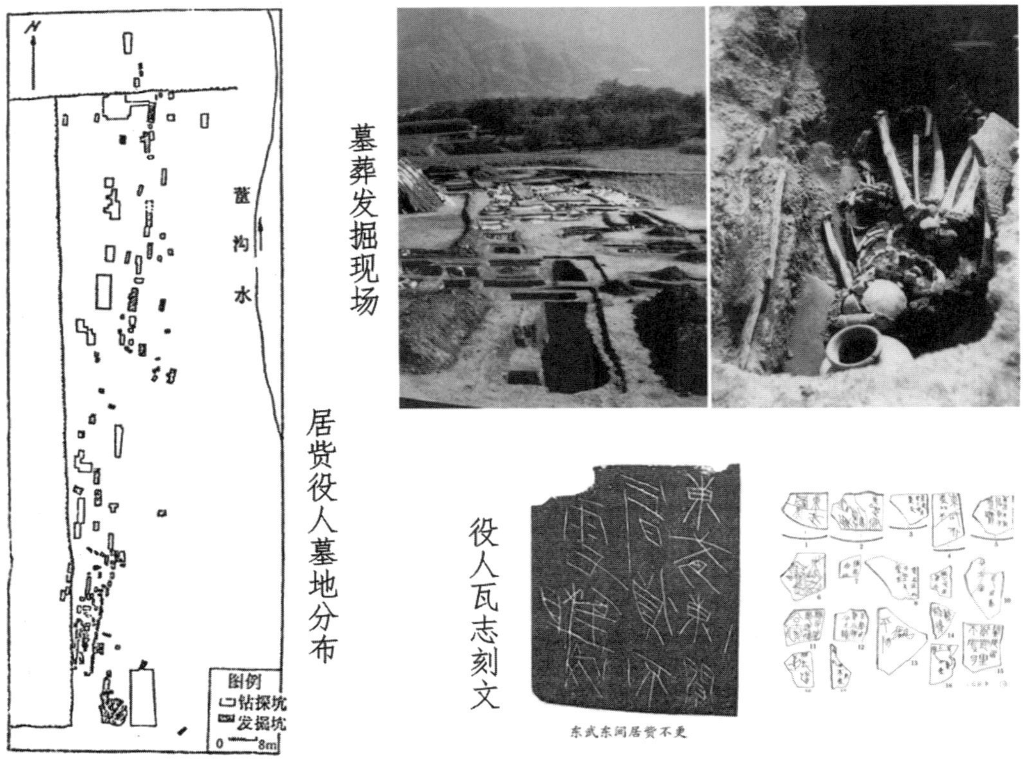

图 7–34　陵西居赀役人墓群

经过清理的 32 座墓，均为竖穴土圹墓。虽墓圹多系长方形，但变异较多，如在墓侧中部突出一块似“卜”字（M14、M22），有的突出两块（M27），有的在一侧有突有凹。一般墓长 1.1 ～ 1.76 米，宽 0.5 ～ 0.76 米，距地表 0.2 ～ 0.76 米。最大的墓是 M34，长 10.6 米，宽 1.1 米，距地表 1.2 ～ 1.7 米。小型墓居多，最小的 M10 长 0.8 米，宽只有 0.6 米，仅可容身。有的墓形作正方形（M9），或带柄斧形（M43）。

墓坑中多无葬具，有的在底部留一层淡黄色灰烬。只有 M2 用 10 块粗绳纹板瓦砌成长方形棺具，通长 1.16 米，宽 0.5 ～ 0.6 米，高 0.3 米。坑中一般葬两三人，甚至有 14 人共坑的，尸骨平放、叠压者均有。葬式混杂不一，在清理的 103 具骨架中，除 4 具采用仰身直肢葬外，余为蜷曲特甚的屈肢。M33 出土骨架 8 具，其中仰身曲肢 2 具，侧身屈肢 5 具，俯身屈肢 1 具。

对 32 座墓中出土的 103 具骨架作鉴定，其中有女性 3 具，年龄在 25 ～ 30 岁；儿童 2 具，年龄只有 6 ～ 12 岁；余为青壮年，年龄都在 20 ～ 30 岁。多系被杀戮之后掩埋的，有的骨架上刀痕犹在，俯身作挣扎状（M33 之一），有的身首异处，四肢与躯干分离，堆置叠压，

显系被肢解。（M34 之 3）

墓中的随葬品主要是铁生产工具，如锸、锛、錾、凿、镰、锄、刀等。日常生活用品的陶器是罐、瓮、钵。出土有铜“半两”钱 43 枚。

死者身边往往放置着一块刻有文字的瓦片。这些瓦片上的文字，除过戳印“宫眏”“寺水”“左水”“延陵工□”“左司空□”“王”等陶文之外，有 18 件明确地显示了死者的身份属于“居赀役人”。这些刻文瓦片，我们暂以“瓦志”称之。[①] 这些阴刻着小篆间隶意书体的瓦文，见有“东武罗”“东武□（遂）”“赣榆距”“东武居赀上造庆忌”“东武不更所资）”“东武东间居赀不更瞗”“东武□契”“博昌去疾”“博昌居此（赀）用里不更余”“杨民居赀大（教）”“杨民居赀公士富”“杨民居赀武德公士契必”“平阴居赀北游公士滕”“平阴驿”“赣榆得”“阑（兰）陵居赀便里不更牙”“媢（邹）上造姜”“居赀□□不更□必”“觜（訾）□……（不）更滕”“□”等。从中可以看到：有地名、人名者，死者定是平民；有地名、爵名、人名者，死者属有低级爵的自由民；有地名、刑名、人名和地、刑、爵、人名俱全者，死者都是“居赀役人”。《睡虎地秦墓竹简·金布律》：“官啬夫免，复为啬夫，而坐其故官以赀赏偿及有它债，贫窶无以赏偿者，稍减其秩，月食以赏偿之，弗得居；其免殴，令以律居之。”同书《司空》也载：“居赀赎债者归田农，种时、治苗各二旬。”瓦志中的刑名所谓“居赀”，就是以服劳役抵偿借债，或因有罪而罚交财物的犯人，这显然同文献中所谓“徒刑者”的身份是相符的。

瓦志中提到死者的籍贯，见有东武（今山东武城县西北）、博昌（今山东博兴县南）、杨民（今河北宁晋县附近）、平阳（今河北临漳县西）、平阴（今河南孟津县东）、赣榆（今江苏赣榆东北）、兰陵（今山东兰陵县）、邹（今山东邹城市东南）、武德（今河南武陟县东）、訾（今河南巩县西南）等 10 个秦县，涉及今山东、河北、江苏、河南四省。这同《史记·秦始皇本纪》“及并天下，天下徒送诣七十余万人，穿治郦山”的记载也相符。但是，我们必须看到：此间出土的瓦志只是郦山徒死者中极少的一部分，如果再引证应劭“秦始皇葬于骊山，故郡国送徒往作”（《汉书·高帝纪》）的话，足见修建始皇陵的大批郦山徒都是从原六国征调而来的。另外，这批居赀役人的入葬时间，从文献记载看也只能局限在秦始皇二十六年（公元前 221 年）到二世二年（公元前 208 年）之间。上限时间定在统一六国之后，是因为有中央集权国家的力量，才具备“郡国送徒”的条件。秦二世授兵器给郦山徒，交给少府章邯率领，击走周章军，于史有征，（《史记·秦始皇本纪》）显然应当是征

① 始皇陵秦俑坑考古发掘队：《秦始皇陵西侧赵背户村秦刑徒墓》，《文物》1982 年第 3 期。

发骊山徒修墓的下限时间。

2. 姚池头村南刑徒乱葬坟场

在姚池头村南，有一片形状极不规则的墓地，面积约1020平方米。由于历年平整农田，原来的地貌发生极大的变化。在今农耕土下，距地表只有50 ~ 70厘米处，就埋着凌乱的尸骨，其肢体不全，横七竖八。在这块残长60米的地段上，骨骼堆积层就厚达5 ~ 8厘米，叠压的骨骼2 ~ 5层。出土的器物是秦代的铁锛、锸一类工具及陶罐、茧形壶等日常生活用品，还有铁钳等刑具。①

这处乱葬坟场无异于“万人坑”，死者的身份应是修筑始皇陵墓的刑徒和奴隶。

3. 第五砂轮厂“郦山徒”墓地

1990年在临潼区骊山街道办之东，当第五砂轮厂东墙外侧的南北向台塬上，发现23座秦墓，1997年又勘探出墓葬220座。在这些长方形竖穴土圹墓里，有砖棺、瓦棺和木棺等几种。只是在个别墓中用陶器随葬。②

4. 山任窑场乱葬坑

秦俑博物馆东1000米的山任村北有一处窑场遗址，总面积有76平方米。2003年，在两座窑地西侧清理出121具人骨架。骨架摆放凌乱又层层叠压，足有4.85米厚。葬式复杂，俯身、仰身、曲肢均有。伴出有锛、锸、铲、镰、錾、凿、钎、刀、削、斧、锤、钩等铁制生产工具和铁钳、环等刑具。对人骨鉴定，年龄在15到45岁之间，其中以20到25岁的成年人占绝大多数。大量的绳纹板瓦、筒瓦和瓦当及陶器，即是此处窑场的产品。瓦及陶器上有“丽市”“丽亭”“大水”“左水”“左司”等戳印文字。这些文物和陶文，同始皇陵园的同类具有一致性。足见这里是为陵园建筑烧制用瓦和生活用陶器的窑场，当两座陶窑废弃之后，低洼的地势使这里变成了埋葬郦山徒的坟场。

山任窑场人骨乱葬没有隔层，表明是短时间内埋葬的。骨架上刑伤少见，病理鉴定为“死者多属正常死亡”。因此，考古报告的编写者提出一个待解的疑问：“在短时间内集中死亡多人，且不属刑戮而亡，其背后可能有更复杂的事件发生。”③

① 王学理、秦勇：《秦始皇陵工程与兵马俑从葬坑浅探》，《人文杂志》1980年第1期。

② 临潼县博物馆等：《临潼县城东侧第一号秦墓清理简报》，《考古与文物》1993年第1期。林泊：《临潼发现秦人砖室墓群》，《中国文物报》1990年5月10日；又《临潼新发现建陵匠师墓》，《中国文物报》1999年11月20日。

③ 陕西省考古研究院等：《秦始皇帝陵园考古报告2001 ~ 2003》，文物出版社，2007年。

第四节　亡国之君的陵墓

秦二世在公元前 207 年，被赵高逼死于咸阳望夷宫，“以黔首葬二世杜南（东）宜春苑中”（《史记·秦始皇本纪》）。《括地志》：“秦胡亥陵在雍州万年县南三十四里。”唐万年县治在唐长安城内“宜阳坊东南隅，万年县廨”（徐杉：《唐两京城防考》），地当今西安市南郊雁塔路与友谊路交叉口东侧，即中国人民解放军第 541 医院（原西安空军医院）。由此向南，在今大雁塔东南的曲江池村有一土堆，地当曲江池（秦隑州）之畔。当地人称作“红孩冢”，实是“胡亥冢”的音转。清毕沅立有“秦二世皇帝陵”石碑一通。冢高约 5 米，底边周长 70 米。1984 年，村人修筑陵园，泥塑“指鹿为马”群像。2010 年，西安市曲江管委会将其地改建成“曲江秦二世陵遗址公园”，内设“秦殇展室”，对外开放。（图 7–35）

司马相如随汉武帝去上林苑，过秦二世墓，曾作《哀二世赋》：“持身不谨兮，亡国失势；信谗不寤兮，宗庙灭绝。”

子婴是在赵高逼杀二世之后上台的，改帝为王。但只过了 40 天，子婴就向入关的沛公刘邦交出了“天子玺符”。再过一个多月，他和秦诸公子宗族又死在项羽的屠刀之下，弃尸郊野或死葬何处，当时已无人顾及，史无可记。

图 7–35　秦二世墓组图

第五节 夏太后墓园

一、墓园形制

2004年7月初，为配合基建，陕西省考古研究所在对长安区神禾原一带进行考古勘探时发现了一座大型战国时期陵园。平面呈长方形，南北长550米，东西宽310米，占地面积约260亩。陵园外设兆沟、内筑夯土垣墙。在东、南、西、北的垣墙中部各辟一门，原来建有门阙。陵园布局完整，规模宏大，现状保存较好。[①]（图7–36）

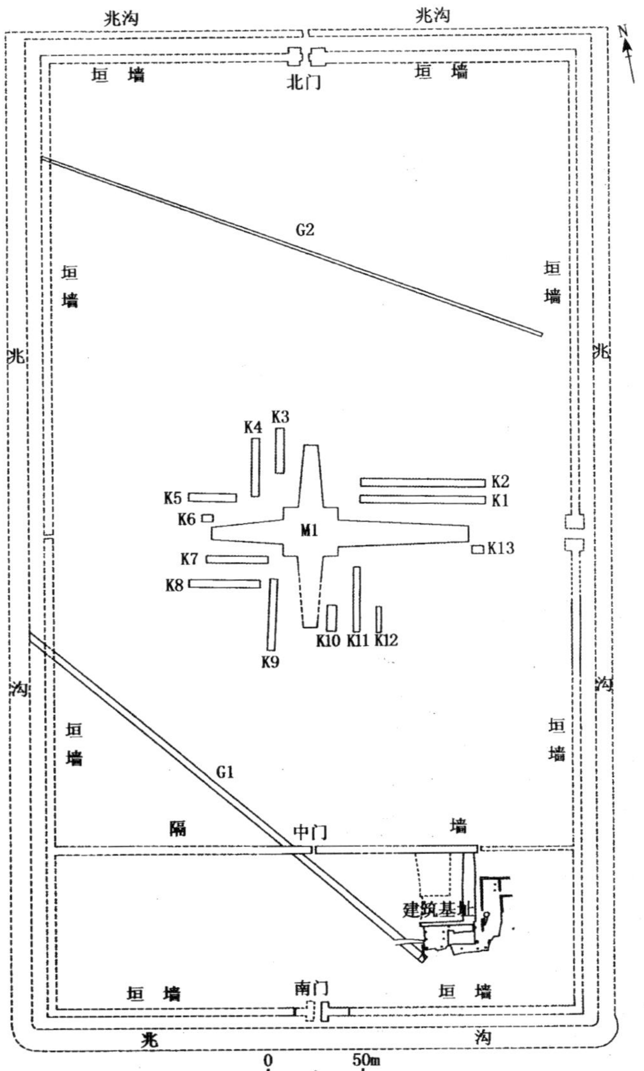

图7–36 夏太后陵园（《考古与文物》2021年第5期）

夯土隔墙将园内分为南北两区，隔墙中部也开设一门。北区南北长410米，中间偏南有一座带4条斜坡墓道的“亚”字形大墓，从葬坑分布在墓道旁；南区有大型礼制建筑和灰坑。

“亚”字形大墓位于陵园北区，东西长约135米、南北宽约110米。墓室近似方形，东西长12.1米、南北宽10.5米，深15米。4个斜坡墓道中，东墓道最长，约67米，其他3条墓道长度为38 ~ 42米。椁室

① 陕西省考古研究院：《陕西长安神禾塬战国秦陵园遗址田野考古新收获》，《考古与文物》2008年第5期。

位于墓室中间，四周用枋木堆筑成椁壁。从盗焚遗迹看，似有棺椁三重（内外棺及椁）（图 7–37）。

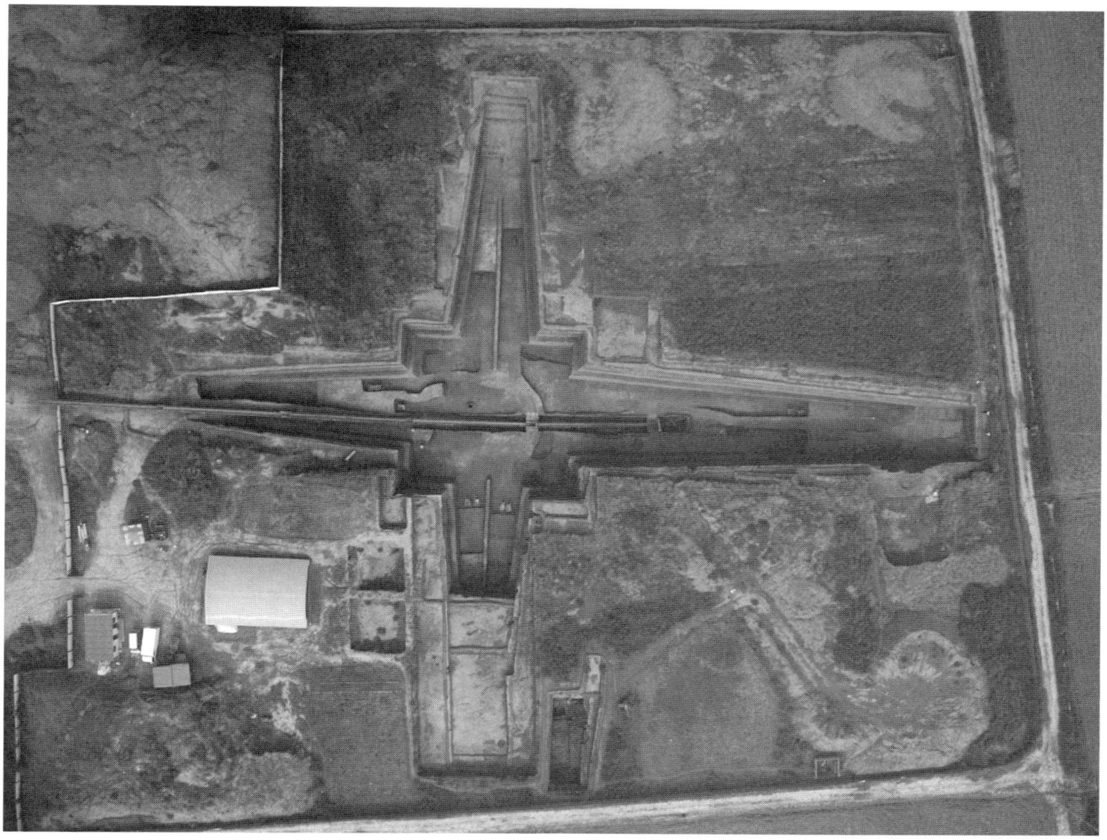

图 7–37　夏太后大墓

大墓早期曾经遭到严重的盗掘，墓室盗洞内遗留较多的随葬器物，出土有石磬、刻字茧形壶、青铜器、金银玉饰件、琉璃、珍珠、算筹、陶罐等。

礼制建筑在陵园南区。主体建筑遭破坏，夯土台基残高约 60 厘米。周围多有房屋倒塌后堆积的外粗绳纹、内素面的板瓦，外细绳纹、内麻点纹的筒瓦，云纹瓦当，柱础石等。从础石和夯墙分布分析，原来应有 3 个单元建筑。

二、从葬坑及其主要内容

13 个长条形从葬坑分布在大墓 4 条墓道的周边，最长的 68 米，短者仅有 8 米。宽度和深度一般为 3.5 ~ 5 米。

从葬坑 K7 东西长 28 米，出土了大量的“茧形壶”（或称“鸭蛋壶”）。多数刻有涉及宫殿、官署、纪年、地名、工匠的文字。除一件小型茧形壶有圈足外，多数为圜底。个体特别大，长高均达到六七十厘米。

陵园从葬坑中出土“天子驾六”的车乘具有 4 辆：西墓道南侧的 K8（东西长 30 米，宽 4.1 米，深 4 米），内有 6 套车马，其中 2 辆木车在坑东部，均有挽马骨架 6 具；K10（长 14.3 米，宽 4.9 米，深 4 米），有两辆车均架 6 马，其中一车侧有大量玉瑗、玉环等玉器，似属于“天子玉路，以玉为饰”的性质。

在 K12 坑从葬坑中，发现了许多珍禽异兽的骨骸，共有 16 个个体，有豹、熊、长臂猿、羊、鹤等动物。其中一豹被圈在铁条箱中，另一只熊颈戴铁链。

三、对墓主的推断

出土物中带有文字的材料较多，如“今，宜春，厨”（陶罐，盗洞中）、“北宫乐府”（石磬）、“私官”陶文 10 组、“五十九年”（K8 车马器）等，对判断时代有重要意义。“北宫”“私官”等文字，结合独立墓园与“亚”字形大墓、“天子驾六”的车马，表明墓主身份极其高贵。刻铭“五十九年”，确与东周末代天子周赧王在位年号（公元前 256 年）及入秦的史实相符。同样，茧形壶、釜、折腹盆等陶器也具有战国晚期的时代特征。而墓室又被汉代早期的灰坑打破，这些都表明此墓园始建年代早不过公元前 256 年，建成当在西汉早期之前。

对神禾塬战国秦的墓主问题，发掘者最早提出是秦夏太后。有人发表文章，肯定是秦二世皇帝。当“五十九年”刻文出现后，又被认为是周赧王墓。本书作者据《三辅黄图》“宜春下苑在京城东南隅”之说，指出宜春苑当今西安市大雁塔东南曲江池偏南一带，而且有秦二世墓的存在。那么，处于杜南的神禾原既有“杜南苑”（估计地在今香积寺一带的神禾原上），就不可能再有“宜春苑”与之并存。因此，推断《史记·秦始皇本纪》载“以黔首葬二世杜南宜春苑中”是传抄中的错简造成的，“杜南”应是“杜东”。同样，以出土文物遗存证实“夏太后独别葬杜东”（《史记·吕不韦列传》）的记载应为“杜南”之误，[①]刻“五十九年”文字的车马器属于秦的俘获之物。他为神禾原陵园是“夏后园”、墓主是夏太后的看法提供了有力支持。[②]

夏太后即秦孝文王为“安国君”时的“夏姬”。因为不受宠爱，其所生之男“异人”在安国君 20 余子中成了赵国的人质。悼太子客死于魏、安国君立为太子后，异人受到华

① 《史记·吕不韦列传》载“夏太后独别葬杜东”，王学理早在其《咸阳帝都记》中指出“在杜南”。见第三章第四节中的“杜南苑”。

② 王学理：《神禾塬秦墓墓主考》，载《陕西历史博物馆馆刊》（15），三秦出版社，2008 年。

阳后的钟爱并改名“子楚”。当子楚继孝文王而立为秦庄襄王时，才尊封亲母夏姬为“夏太后”。夏太后死于秦始皇七年（公元前240年），隔了10年之后华阳太后才死。由于夏太后有自知之明，“独别葬杜东（南）”，使华阳太后与孝文王会葬寿陵，从而留下了“东望吾子，西望吾夫”的遗言。

第八章

平民墓地

第一节 渭北区秦人墓

为使人了解平民墓葬同秦都咸阳布局的关系，就以冀阙宫庭所在的宫城为中心，向外展开对秦人墓的介绍。在此，暂不论其埋葬、延续时间与方位。

一、宫城附近的平民墓地

（一）牛羊村墓群

在窑店镇牛羊村北约 100 米处，1980 年曾发掘墓葬 16 座，其中 15 座属于竖井式或有斜坡道的洞室墓，另一座是瓦棺葬。在墓区出土文物中，陶器有罐、瓮、壶、鼎、甑、盆、豆等 150 件，其中有少量的釉陶；铜器有带钩、铺首、花饰、戈、弩机等 50 余件；铁器有铲、环、钩等；货币有“半两”“货泉”“货布”等 1500 枚。

（二）路家坡墓群

位于渭城区窑店镇路家坡村北 1 公里的一处台地东侧，在冀阙宫庭城西北角外 2100 米处，西距黄家沟墓地 1 公里。1972 年，发现楚国钤“陈爰”金版，在东、南两面各向外扩 1 米左右又见秦“半两”铜钱、大口小底陶瓮、小口折肩小底罐、战国素面铜镜、东周的银空首布（网传）等。这里有土坑墓及瓮棺葬多座，在周围地面和断崖上还能看到人骨。有小孩骨骸装在两个椭圆形粗绳纹小瓮棺内。因未经勘探，墓地面积不详。[①]

① 咸阳市博物馆：《咸阳市近年发现的一批秦汉文物》，《考古》1973 年第 3 期。

二、宫城近郊的墓地

（一）黄家沟墓地

秦都咸阳早期的平民墓地近都者，主要分布在西北隅的塬上。东邻宫城，西去毕陌陵区，三者一线，处于交通大道上。其范围西自今咸阳市渭城区石桥镇摆旗寨，中经沙家沟、黄家沟，东达窑店镇毛王沟之西，长达 4000 多米。再由此东西一线往北推进 3000 米，就是墓地南北的宽度。整个墓地占地面积约达 120 万平方米。这里南下北阪（咸阳二道原），即是范围广大、平民集中的制陶手工业作坊区。从烟王、黄家沟墓地分布着中小型墓葬看，也许这里就是城建规划中给都城平民的葬身之地。（图 8–1）

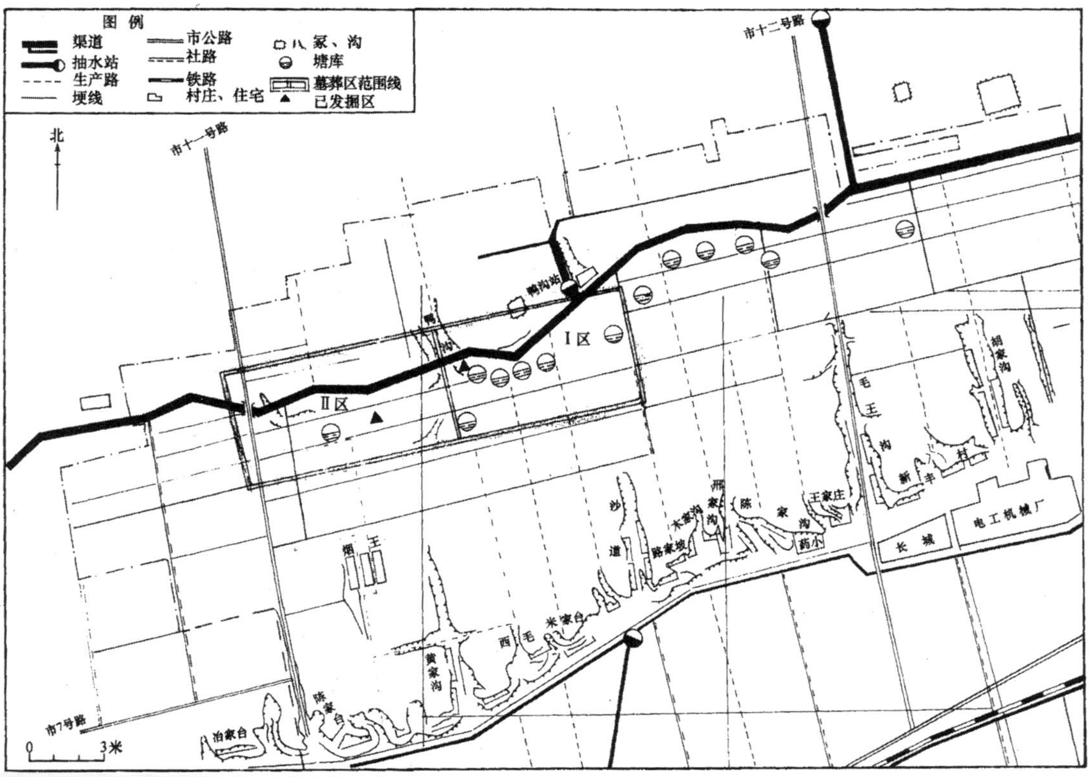

图 8–1　黄家沟墓葬区位置图

黄家沟墓地位于窑店镇鸭沟村和烟王村之间。以烟王为中心，战国秦墓葬分布密集。在 1975、1977、1983 和 1984 年，前后进行过 4 次发掘，计清理墓葬 125 座，出土随葬器物 451 件。[①] 表现出很有特色的秦人风气与时代烙印。（图 8–2）

① 陕西省考古研究所：《秦都咸阳考古报告》，科学出版社，2004 年；《中国考古学年鉴 1985》文物出版社，1985 年。

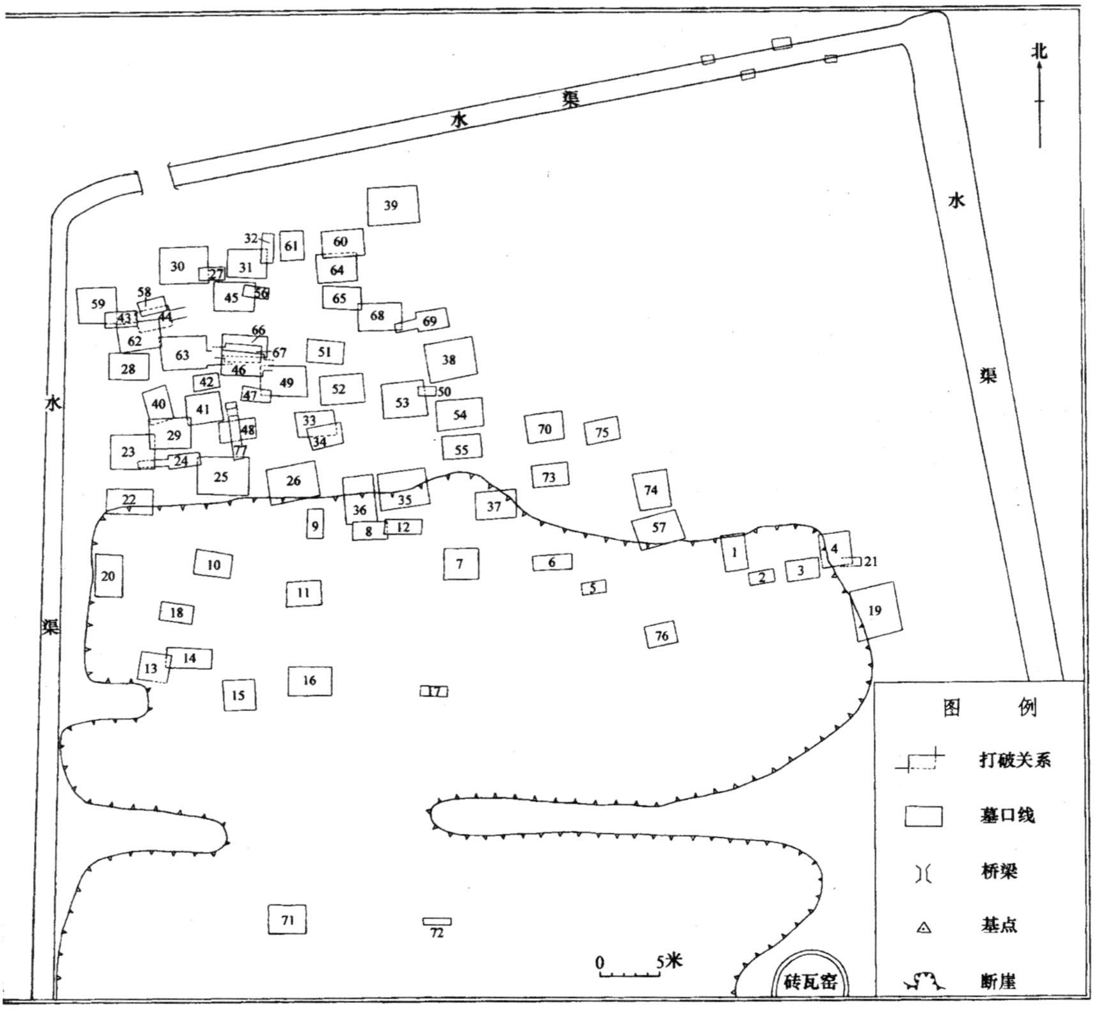

图 8-2　黄家沟 II 区墓葬分布图

墓葬属于中小型，形制有竖穴与洞式两类。头向各方的都有，以西首葬者居多，占 47%；其次是东向，占 34.3%；向北的占 9.8%；向南的最少，只占 8.82%。葬式同墓穴形制有关，竖穴墓中屈肢为主要葬式，屈度大，占 65%；在洞式墓中，以仰身直肢为主，屈肢仅占 39%，且屈度趋小，几乎同直肢没有区别。在随葬器物的种类和数量上，竖穴墓中的较洞室墓为多。

黄家沟秦墓的形制、构筑与随葬品的组合及数量的多寡，反映出入葬的时代性变化。根据墓葬间的打破关系与器物种类比较，时代早到战国中期，晚至统一后的秦。考古学的具体分期如下：

早期：墓葬形制以宽敞式竖穴墓为主，也有偏洞室墓出现。竖穴墓四壁留二层台，少数有腰坑。竖穴墓中的宽敞式平面略呈方形，口的长、宽之比小于1.5：1。四壁向下收分，整体如斗状，如M41，墓口南北长4.92米、宽3.5米、深4.2米，附筑壁龛。在底、壁和二层台上有木构架，内置棺，死者作仰身屈肢葬式。随葬品有陶罐、壶、釜、铜镜、带钩、削、印、铁带钩、玛瑙珠、玉环、鼻塞等。M43是最大的一座，椁室内置一椁一棺，头东向、作侧身屈肢。随葬品置头箱内，有铜鼎2、壶2、勺1、带钩1、玉片1、骨器6、木钵1、木盒1，在头向的二层台和椁盖上置牲骨。竖穴墓中另有一种狭长式，形体小，墓壁直，留二层台（生台或熟土的），如M32，口长2.54米、宽1米、深1.8米；较大的如M37，口东西长5.22米、宽3.11米、深4.82米，内放木棺一具，下垫枕木两根，棺室底有腰坑，西北角有头龛，内置陶罐1只，二层台上有牲骨，死者头向东，作仰身直肢，具铜带钩、玉片、玉环。在早期的竖穴墓中，多棺椁并用，以屈肢葬式为主。随葬品也少，主要为铜带钩、玉石等小件饰物，少数随葬陶器是壶、釜、盆。时代约当战国中期。

中期：墓葬形制以宽敞式洞室墓为主，间有狭长式竖穴墓。洞式墓由长方形竖穴土圹墓道（天井）与拱顶或平顶的洞拱两部分构成。天井有宽、狭两种，洞式位置也有开在井侧、顶端之别。前者有称“偏洞墓”，或曰“滚堂式”“平行式”；后者有称“直洞墓”或“直线式”。在凤翔雍都的秦墓中，有一种是洞室横向挖在墓道的顶端成为“垂直式”，而咸阳黄家沟秦墓中则有一种两洞室分开在墓道的两侧，构成“一穴二墓”（M24）。洞室墓中葬具多用木棺，均单人葬，如M18，墓道东西长3.3米，南北宽2.6米，深1.8米，死者直肢，随葬单耳釜2件，铜带钩1件、玉环1只。中期墓的随葬品主要是陶鼎、壶、盆、釜、罐、铜镜。时代约当战国晚期。

晚期：墓葬形制主要是狭长式洞室墓，还有宽敞式洞室墓与狭长式竖穴墓的存在。葬具多为木棺，葬式以直肢为主，屈肢极少。随葬品主要是陶茧形壶、“蒜头壶”、盒、罐与圆唇小罐，也有铜镜、“半两”钱、带钩、玉环、漆盒等。时代约当战国末期。

黄家沟墓群地处国都咸阳西北近郊，与同期凤翔的小型墓比较，墓葬形制变化滞后而墓向多方，随葬品简单而组合关系不够严格，具有其特殊性，当与入葬此墓地死者的身份、来源、习俗、社会地位有关。看来这里是咸阳下层劳动者的墓地，成分复杂，有秦人也有关东之人。

（二）冶家台墓群

该墓群当海拔线420米以北一带，位于渭城街道办冶家台以北、高干渠之南。2014

年曾发现无封土的古墓1774座，其中有秦墓1100余座，均分布在一条古道路北侧。墓葬结构多样，以竖穴土圹为主，多为单墓道，个别是双墓道。墓向多呈东、西、南几面。是秦都咸阳西区一处规模很大的战国至秦时期的平民墓群。

（三）白庙墓地

白庙墓地是近都的一处葬地，位正阳街道办，东南距秦冀阙宫庭遗址仅有2200多米，南距路家坡墓地约1000米。20世纪90年代，因盗墓和取土暴露出秦墓多座，未作探查，范围、内涵不清。[①]

（四）坡刘村贵族墓地

咸阳市渭城区渭城镇坡刘村东，有一处叫“鳖盖”的地方，地势高隆，实属咸阳原的阳坡地带。

1.第一次发掘

2011年，欲建“张裕瑞那城堡酒庄”，咸阳市文物考古研究所对施工工地进行探查，发现是一处秦都咸阳渭北区西侧的墓地，随即进行了科学考古发掘。[②]（图8–3）

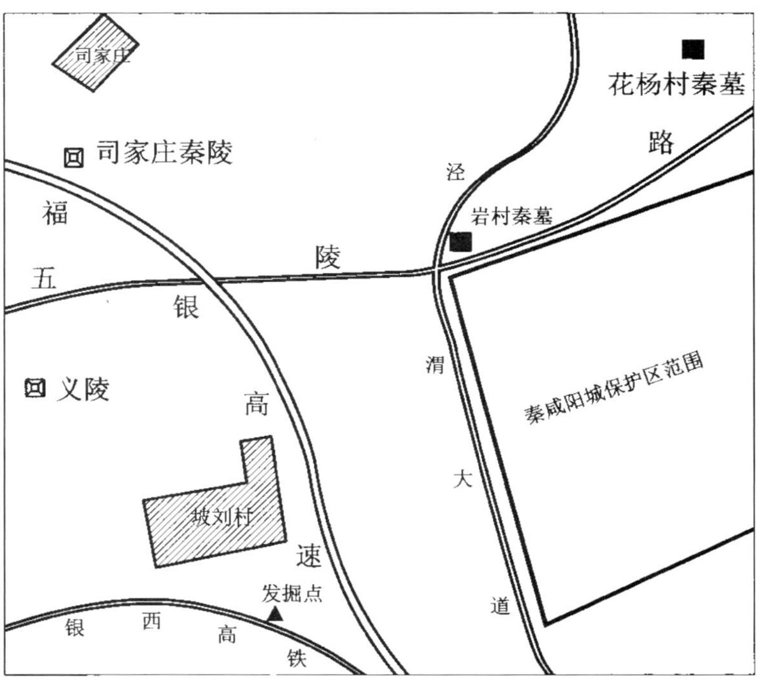

图8–3　墓地位置

① 王学理：《咸阳帝都记》，三秦出版社，1999年。

② 坡刘墓地正在发掘中，承蒙咸阳市文物考古研究所岳起、谢高文二位所长陪同，于2011年6月8日参观工地现场。报道见《发现陕西之一·揭开周秦谜团》，《三秦都市报》2012年1月11日。

坡刘村秦墓地范围，东西长200余米，南北宽60多米，有中小型墓108座，极少有打破关系。按组分布，内部排列整齐。形制有竖穴土坑墓和竖穴洞室墓，其中以洞室墓为多。因盗扰严重，骨骼多已腐朽，对判断头向带来困难。洞室墓的竖穴墓道，形状趋方，较大型的面积达到100多平方米，墓室属于直线形。另外，在竖穴墓道上有两个特点：一是四角有两行“脚窝”，但跨度大，不错位，又不见使用痕迹，不像施工时供人上下之用；二是壁上凿有三角形小龛，内放陶豆。有的墓道两壁上各有一龛，有的各有两龛。这些特异之处，其实用价值和礼仪有无关系？

在秦墓中，共出土文物741件（组），其中有陶器444件、铜器136件、铁器45件和玉器45件，以及部分骨器、瓷器、银器、泥器、铅器等。随葬品中，陶器以鼎、盒、壶、缶、盆、灯最为常见，少数墓中出土有仓、釜甑等。铜器有鼎、壶、盆、带钩、镜、印章等。铁器有环首刀、锸、凿、釜等。玉器则有璧、环、璜、龙形佩、剑饰、玉人、玉塞等。泥器常见的有泥球、泥仓等。

6月15日，在一座秦代墓葬中出土有铜鼎、铜带钩、铜印章、环首铁刀、柱形石器、陶饼各1件，墓室口南侧随葬有兽骨，在墓室口北侧发现两个漆盒痕迹。棺内葬一具人骨，盗扰严重，但略知死者为男性，年龄40至50岁，葬姿仰身直肢，头向西，面朝北。腰间有一枚小篆字体的印章，印文“赵旗”二字。在墓室有一绿色铜蒜头壶，摇动可听到液体之声，疑似“美酒”的液体，已送往相关研究单位鉴定。

2. 第二次发掘

发掘简况：

2017年冬，陕西省考古研究院为配合银西高铁建设，在坡刘村发掘了一批古墓葬，其中M2、M3未经盗扰，属于并穴合葬形式的竖穴土圹墓。墓葬中出土铜、玉、铁、漆木器、玻璃等遗物共155件（组）。[1]

铜器有鼎6、鉴1、钫4、壶2、盘7、提梁盉1、匜1、鍪1、灯4、勺2、镜5、带钩3、车器2套4件、铺首3组6件、玉具铜剑2、戈1。（图8–4）

出土物的铁器主要是锸、刀、斧、凿、镰等生产工具。银器中以带钩最华丽。漆器仅存痕迹，数量甚多，可惜无存。玉器中的礼玉（璧）、佩饰也很精致。而陶器只有14件，均为泥质灰陶，有缶、灯、带盖罐等，是战国秦的日用生活器形。

① 陕西省考古研究院：《陕西西咸新区坡刘村秦墓发掘简报》，《考古与文物》2020年第4期。

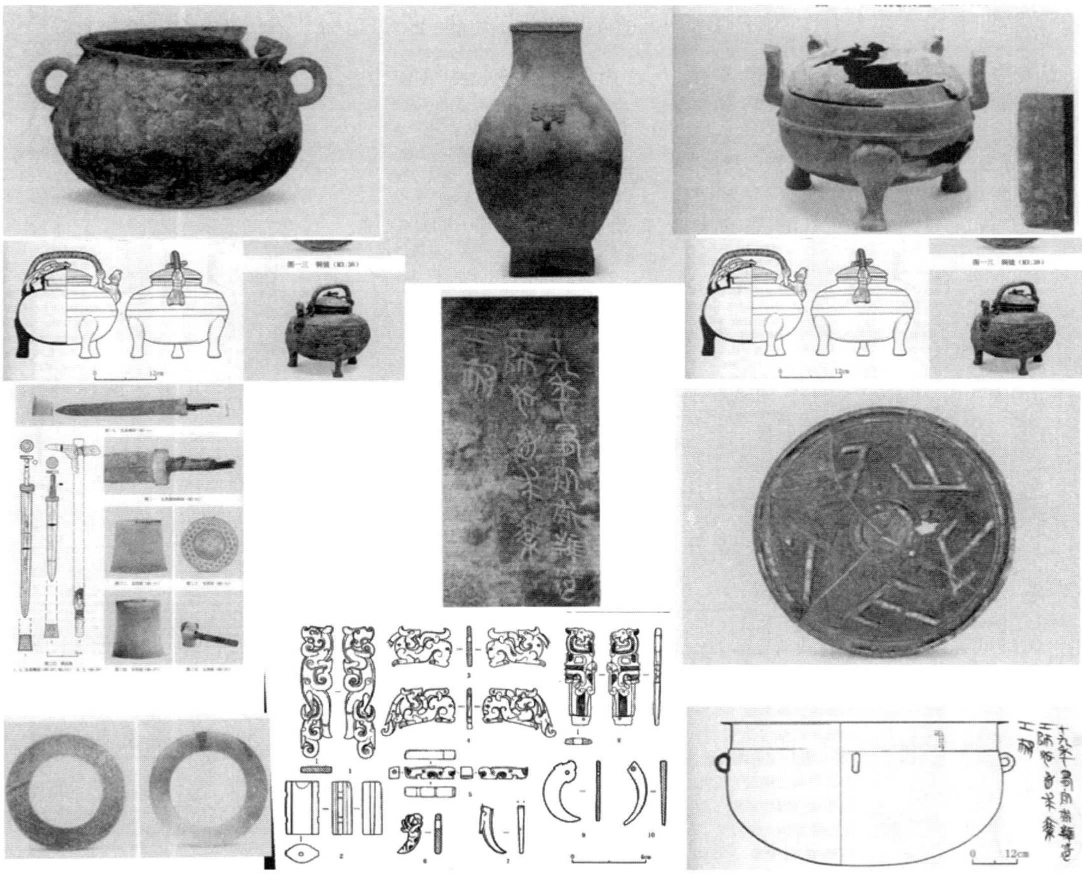

图 8-4　坡刘墓地出土文物（部分）

关注点提示：

第一，出土疑似秦美酒的墓主是“赵旗”。特别是铜鉴腹部“十九年蜀守斯离造工师狢丞求乘工耐”的刻铭，不仅是铸器三级管理制的明确反映，更主要的是“蜀守斯离”几字揭示了其身份并为郡造兵器增添了新资料。玉具剑不仅是身份的表示物，联系到伴出的长兵器戈，可知墓主也是靠武功而享受贵族待遇的。这正符合商鞅变法确立的“宗室非有军功论，不得为属籍。……有功者显荣，无功者虽富无所芬华”的原则(《史记·商君列传》)。

第二，陶缶标本 M2：1，下腹部有“咸完里马”几个戳印文字，说明是秦都咸阳制陶作坊的产品。①

第三，随葬品级别高、品类多、数量大。有不少规模较大的墓葬，长宽均在 10 米左右，

① 王学理：《秦都咸阳》，陕西人民出版社，1985 年；又《咸阳帝都记》，三秦出版社，1999 年；陕西省考古研究所：《秦都咸阳考古报告》，科学出版社，2004 年。

深度达11米多，葬具用两椁一棺或一椁一棺。随葬品中的玉具剑、银带钩、铜扣贴玉漆卮、铜扣镶玉漆卮等，件件精美华贵，M3内漆器推测总数不少于42件。特别是龙形玉佩、玉带钩显示墓主具有着皇族或贵族的身份。

3. 时代判断

坡刘墓地的第二号墓出土陶缶上的“咸完里马”戳印，表明是咸阳遗址西南区民营制陶作坊的产品。①

第三号墓上漆器扣边、铜鉴腹部刻文有：二十六年左工章、十九年蜀守斯离造工师狢丞求乘工耐、王、公以及十三、升、十等。铜鉴铭文格式为纪年、监制者、制作机构、制作者，“升”为计量单位，“左工”为少府左工室的简称，均属于秦制。

秦国孝公时期迁都咸阳，其间在位时间与铭文纪年相合者，分别有昭襄王和秦始皇两位。依照铜鉴文字风格和随葬品不见秦代典型器的情况看，器铭所指为昭襄王的可能性最大。

M2和M3的墓主均为男性，同性并穴合葬形式在以往的工作中比较少见，二者之间应该存在血缘或依附关系。据周礼记载，大夫一棺二椁，士一棺一椁。两座墓葬分别使用二椁一棺和一棺一椁，覆盖编织席和织物的荒帷，又均陪葬有玉具剑和兵器，可见墓主身份较为显赫。初步判断M3属大夫级，M2属士级，生前为武士且拥有一定的军功。

两座墓葬中杂糅了多种文化因素。填土层中所见多处动物牲肉和陶器说明下葬过程中曾举行了数次祭祀活动。随葬品除秦器外，还有“外来型青铜礼器”、铜鍪、山字纹镜、玻璃棋子和玻璃珠，均具有巴蜀、楚等多种文化特色。结合M2：21鼎耳有“张氏”以及M3：46铜鉴腹部“蜀守斯离”铭文，初步推测或许墓主和《史记》所载昭襄王时期参与乐毅伐齐之战的秦将斯离、蜀地的主要管理者张若有关。②

结合两座典型墓例，可以明确坡刘秦墓地在战国晚期至秦统一期间，是秦都咸阳城市规划中为秦贵族专设的墓地。

（五）店上村墓群

该墓群在靠近秦都咸阳西南的店上村西80米处，西距制陶手工业作坊区的滩毛

---

① 王学理于1962年清理了长陵车站南沙坑铜器窖藏，1963年发掘咸阳市东滩毛村南的制陶作坊遗址，随之写出简报发《考古》。1974年，以“陕西省博物馆、文管会勘查小组”名义发表，即《秦都咸阳故城遗址发现的窑址和铜器》。对秦咸阳陶文的搜集、划区考释，最早发表在《秦都咸阳》专著中，随后又有详尽的《咸阳帝都记》一书。

② 对坡刘两座贵族墓时代的判断，我以为可以成立，引文照录，稍作调整。参见陕西省考古研究院：《陕西西咸新区坡刘村秦墓发掘简报》，《考古与文物》2020年第4期。

村约300米，南邻生产路，北距陇海铁路咸铜支线500米，墓群面积约3000平方米。1961 ~ 1962年，陕西省考古研究所清理了一批土坑墓与洞室墓葬，其中大部分是秦墓，少部分为汉墓。

秦墓葬具有木棺、陶棺（瓦棺、瓦槽、瓦鬲、陶釜）。土坑木棺墓形制是宽敞式竖穴墓，随葬品很少，主要是带钩和玉石小件，少有陶壶、釜、盆、罐；洞室墓时代偏后，从宽敞式到狭长式均有，葬具用木棺。前段出土物有陶鼎、壶、盆、釜、罐和铜镜，后段随葬品主要是蒜头壶、茧形壶、盆、罐等陶器及陶鱼饰，这些与滩毛村窑址出土物相同。

店上村墓群很可能是陶工和管理者及家属的葬地。为战国晚期到秦统一后的葬俗及有关问题，提供了资料。

（六）童墓

秦人爱小儿，重视人丁兴旺，对死去的婴幼儿并不是弃之荒野，而是沿袭埋在父母居地附近的古老习俗。咸阳的童墓比较分散，因为未成年而夭折，是不能入葬族墓地的。

童墓多见于秦都西南隅的手工业作坊区域。1959 ~ 1961年，在长陵车站一带以南至渭河北岸到店上村之间，清理过9座童墓。在冶家台等塬边，也有童墓的发现。这些墓葬都作长方形竖穴土圹或方形土圹，大小不一，看来是按死者的体高掘穴的。一般的长1米左右、宽0.5米。最小的长边只有64厘米，大的仅及1.1米还带有二层台。墓向不定，多作东西向。葬具采用大型日用盛器，如陶瓮部覆盖陶盆，或两陶瓮相扣合，或两陶鬲相并，或瓦槽口部覆盖板瓦，或陶盆口部覆盖板瓦等等。葬式作侧身屈肢，或仰身直肢。随葬用小型的陶盆、盒、鬲、罐等冥器。

1972年，路家坡村在出土8枚陈爰金版之地的附近，又发现瓮棺两具，内有小孩骨骸。

三、宫城远郊的平民墓

（一）贺家村墓群

贺家村秦墓，位于咸阳周陵镇贺家村北，东南距秦咸阳城遗址直线距离10公里，西距两座“周陵”（秦惠文王“公陵”）1.7公里。发掘秦墓163座，多为直线洞室墓，出土鼎、盒、壶和釜、盆、罐等常见的陶器，部分陶器上戳印有“咸□里□”“咸亭□里□”等陶文。有一座墓主髌骨和骶骨留有箭镞，推断可能死于箭伤，或者是为国家服兵役的平民。

贺家村墓群当是秦都咸阳为城市居民设立的另一墓地。年代在战国晚期偏晚至秦代。[1]

---

① 《中国文化报》2013年10月7日。

（二）陵照墓群

陵照墓群位于周陵镇陵照村南1公里处，1989 ～ 1990年修建陵照导航台时发现，发掘11座秦汉墓，M6、M8是竖穴墓道洞室墓，出土陶盒、陶缶、陶瓮等，时代推测为统一秦。[①]

（三）尹王村墓地

尹王村墓地是一处战国中晚期到秦代的平民墓地。

该墓地位于咸阳市渭城区尹王村西。2006 ～ 2007年由陕西省考古研究所发掘了战国秦墓134座。墓葬形制分竖穴土坑墓、洞式墓，其中以洞式墓居多，竖穴土坑墓仅有7座，瓮棺葬1座。头向西、西北者占80.6%，屈肢占84.9%。出土器物有铜器34件，有鼎、带钩、镜、铃、半两钱及“重珠四十两”铅币1枚，陶器153件，其中有鼎、盒、壶、罐、缶、盆、豆、釜、鍪、鬲、瓮、骨器、料珠等。[②]

尹王村M226是一座有二层台的竖穴土坑墓，被战国晚期的M221打破，出土的单耳陶罐在关中少见，陇县店子竖穴秦墓仅有1件。时代为秦。关中秦墓出土双耳罐者较多，同单耳罐一起被认为是义渠戎或乌氏戎之物。

（四）西耳村墓地

西耳村位于咸阳市渭城区渭阳街道办，东北距尹王村1公里。该墓地在西耳村西北，陕西省考古研究所在2005年发掘了秦墓52座。其中竖穴土坑墓14座、偏洞室墓6座、直线洞室墓32座、瓮棺葬墓2座。直肢葬式9座，占23%，屈肢葬式30座，占76.9%。头向西、北者31座，占79.4%。出土陶器55件，有鼎、盒、罐、缶、囷、茧形壶、三耳杯壶、瓮棺，铜器46件，有铜带钩、镜、半两钱、料珠等。[③]

西耳村秦墓M33是直线洞室墓，墓道口大于底，单棺，仰身屈肢，出土小口罐、大口罐、袋足鬲，不出仿铜陶礼器。可见在秦墓中含有西戎文化的因素，或许墓主就是融入秦人族群中的戎人。

西耳村秦墓地的时代当为战国晚期。

（五）碱滩村墓群

碱滩村位于咸阳市渭城区渭城镇，是关中监狱的所在地。曾发掘秦墓278座，其中有竖穴墓40座、直线洞室墓86座、平行线洞室墓150座。葬具除过一椁一棺墓2座、瓮棺葬2座外，均为单棺。葬式以屈肢葬为主，直肢葬只有38座。出土文物700余件（组），

---

① 马志军、孙铁山：《咸阳机场陵照导航台基建工地秦汉墓葬清理简报》，《考古与文物》1992年第2期。

② 陕西省考古研究院：《咸阳东郊秦墓》，科学出版社，2018年。

③ 陕西省考古研究院：《咸阳东郊秦墓》，科学出版社，2018年。

陶器以鼎、盒、壶、罐、釜、盆为主。[①]

碱滩村墓群的时代属于战国秦。

（六）任家咀墓地

任家咀地处秦都咸阳的西郊，当今咸阳市东渭城区东郊，处于渭河北岸的二级台地上。在任家咀的黄土台塬之下，东南起自缓坡地带，西北至塬边，横长 201 米，纵宽 103 米，是一处秦都咸阳的平民墓地。此间地域辽阔、墓葬密集，因此这一独立墓区被称为“任家咀墓地”。（图 8-5）

1984年，在这里曾清理过一座战国中期秦墓，形制上还采用传统的竖穴土圹，留二层台，用棺椁，殉葬 2 人。出土铜鼎 3 件、甗 2 件、敦 1 件、钫 2 件、壶 3 件、陶囷 3 件，还有圭等。铜器中除一残甗为明器外，其余 10 件都是高达 20 ～ 40 厘米的实用礼器。数量多，不具有随葬的组合关系，器形作风都属三晋之物。特别是一件高柄钫上饰双凤、鸟纹和翼人起舞等图案，甚为生动奇特。

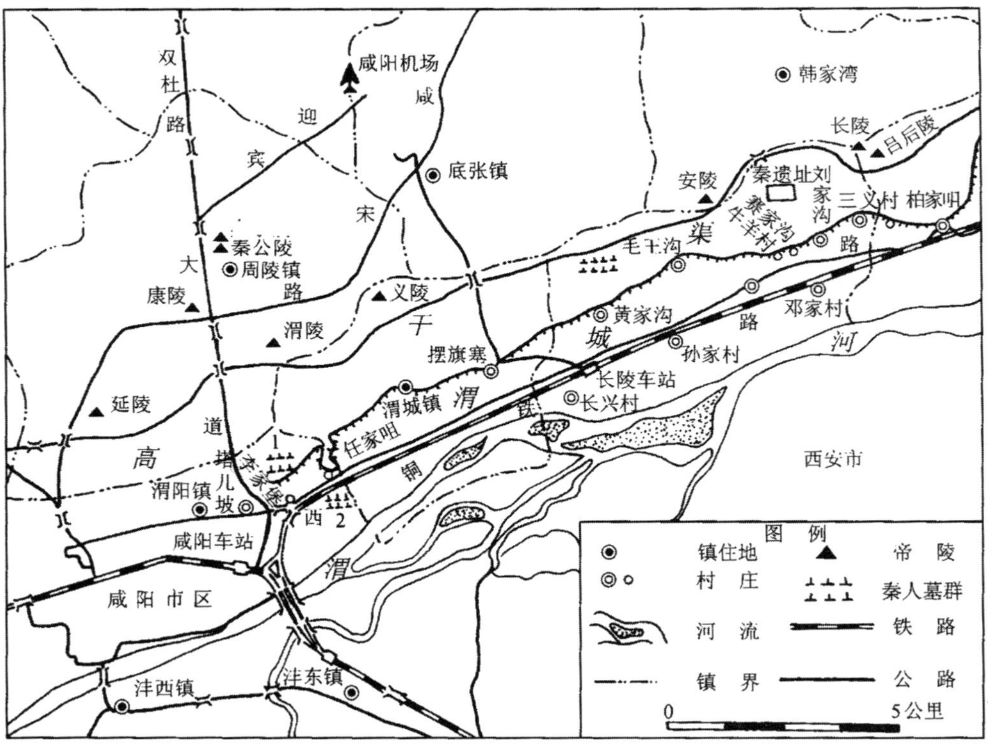

1. 塔儿坡墓地　2. 任家咀墓地

图 8-5　任家咀、塔儿坡墓地位置示意图

① 刘卫鹏：《关中监狱战国秦墓群发掘概况》，载《秦汉研究》（第 6 辑），陕西人民出版社，2012 年。

1990 年 11 月，为配合长庆石油管理局在任家咀建石油助剂厂清理地基的需要，咸阳市文物考古研究所对这一占地 20 万平方米的墓葬区作了清理，共发掘春秋至汉代墓葬 285 座，其中有春秋时期的墓葬 24 座、战国时期墓葬 142 座、秦代墓葬 45 座、无随葬器物的秦墓 32 座、汉代墓葬 42 座。① 因为陇海铁路“咸铜支线”从墓地北部由西南向东北穿过，应该说这里原有的一些墓葬在 20 世纪 30 年代即遭到破坏。此次发掘的秦墓以中小型的竖穴土坑墓为主，出土陶鼎、簋、甗、壶、匜、盘、囷、盆、盂、鬲、豆、罐、茧形壶、蒜头壶、盒、仓及铜器、玉器计 1650 件。（图 8–6）

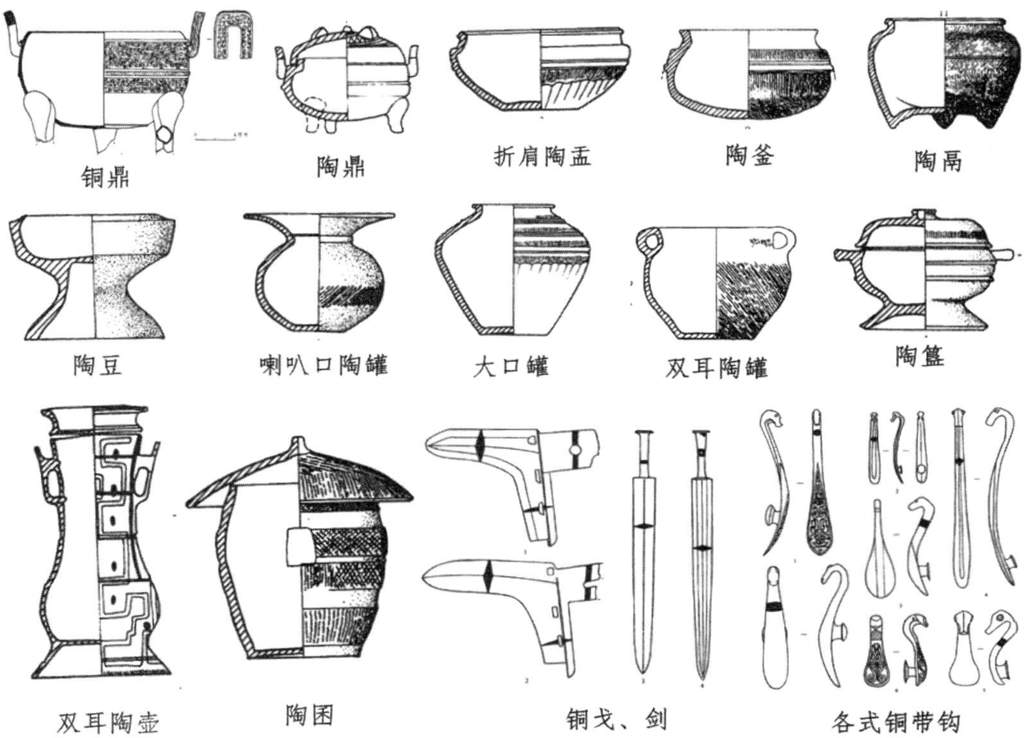

图 8–6　任家咀墓地出土器物图例（部分）

任家咀墓葬形制多为春秋时期口底同大的竖穴土圹，少数为战国晚期到秦代的口大底小墓。葬式多屈肢，头向以西为主。而墓地的墓葬分布集中、数量多、时代连续又跨度大，秦人的葬俗在此得以充分的展现。结合墓间的打破关系与器物类型学，有的学者把任家咀

① 咸阳市文物考古研究所：《咸阳任家嘴春秋墓清理简报》，《考古与文物》1993 年第 3 期；又，《任家咀秦墓》，科学出版社，2005 年。

墓地春秋中期至秦的墓葬分为6期9个时间段。① 研究秦咸阳都城布局时，从这里的秦人墓看，起码我们可以得到如下一些认识：

第一，墓葬形制稳定，变化滞缓。任家咀的秦墓从春秋到战国一直沿用竖穴土圹的形式，在时间流程中的变化只表现在四壁的直与斜的程度上。如果把战国中期作为分水岭，其墓壁垂直，形成口与底同大的“箱式”，平面上有着宽敞、狭长和梯形3种。在此之前，虽以口底同大为主，而口小底大作“覆斗”状的一种形式还占相当的比例。但在此之后，覆斗竖穴墓基本上消失，而口大底小的“仰斗”竖穴墓却成了上升的趋势（凤翔一带的秦墓是春秋时期出现仰斗墓的）。可见这里竖穴土圹墓是经过了“覆斗→箱式→仰斗”的变化历程，但平面大小一般都在3米 ×2米左右。都有二层台，少见壁龛，更没有腰坑的存在。这里洞式墓出现在秦代，与黄家沟、塔儿坡及其他地方的战国中期秦墓已有洞式的情况不同。能否说它与驱逐关中戎人、最早生活在咸阳、一直沿用周人墓制的一支秦人有关？诚如是，任家咀就是秦孝公建都咸阳之前秦居民固有的墓地了。那么，其墓主也就是咸阳最早的市民。

第二，接受周人丧葬制影响，但趋向生活世俗化。任家咀的春秋秦墓普遍用棺椁，其中有6座使用一椁两棺，占墓总数的1/4。M43还是两椁一棺，按说级别较高，墓主当属大夫，却用大口罐和陶盆随葬，同身份不相符。用鼎的多寡，本是严格的等级制的反映，像天子九鼎、诸侯七鼎、大夫五鼎、元士三鼎、中士二鼎。而任家咀春秋秦墓最高者虽用二鼎，但还是陶鼎。绝然不见铜礼器。虽然有鼎（或盘）、簋（或豆）、甗、壶、匜等基本的器物组合，但鼎、匜或有或无，而且在使用礼器的10座墓中也多不成套，像M42、M82无鼎，多数墓又缺少豆、盘、甗、匜，只有M88才使用两只陶壶。即以主要礼器的鼎、簋、壶而言，有的墓用鼎2、簋4、壶5，有的用鼎2、簋2、壶3，完全不符合簋、壶成双的礼器配备原则，甚至有的墓只随鼎、壶或鼎、簋，而无其他。此种不如礼的情况，在宝鸡一带使用多重棺椁的春秋墓中是见不到的。或许这本身就是一种僭越意识的反映。可作佐证的是这里在春秋中期已经出现了陶囷，不但时间较其他地方要早，② 而且数量大、形式多样。有意思的是陶囷与其他礼器同出一墓，甚至一墓中随葬两件陶囷，但绝不再有鼎。以贮粮设置的囷代鼎，是显示墓主社会地位与等级的新现象，用粮食的多寡代表拥有财富的数量，正同秦简公七年（公元前408年）“初租禾”，按土地亩数征收租税、封建

① 曹发展：《咸阳任家咀秦人墓地发掘的主要收获》，《泾渭稽古》1995年第2期。

② 出现陶囷的最早材料见于春秋晚期，参见王光永：《陕西宝鸡市茹家庄东周墓葬》，《考古》1979年第5期。

地主制的被承认、农业生产发展的历史吻合。也正因为此，秦国人的思想观念自然发生新的变化，反映到墓葬中也就是“礼”的动摇。战国早期的秦人墓，其陶礼器本身就是明器。到战国中、晚期，秦人墓随葬器物组合已基本上同礼制脱离，变成了生活实用器，完全地世俗化了。

第三，具有一定的社会地位，保持秦人固有传统。从任家咀春秋秦墓随葬礼器的情况看，墓主的身份属于士一级，是四级以下的低爵。但是，他们一直沿用竖穴土圹墓，取西首葬墓向和屈肢葬姿（蜷屈特长，胫骨与股骨的夹角小于30度），保持着西周中期以后甘肃秦人的葬俗，属于秦文化中固有的主要内容之一。从甘肃甘谷毛家坪的秦人墓地到陕西凤翔雍城的秦公墓地，可说是一脉相承。[①] 有意思的是任家咀墓中出土一种双耳罐，同毛家坪春秋战国时期秦墓中那种双耳深腹平口罐相似，虽然都与口作马鞍形的辛店文化“安国式”陶罐存在很大的区别。但不可否认的是，它固然为东周时期生活在陇东戎人的文化遗留，毕竟被秦人所接受。［按：马鞍形口双耳陶罐是寺洼文化中很有特色的器物，广泛地分布在泾水上游及渭水上游。像甘肃临洮寺洼山最早发现这种陶罐，之后在洮河流域的岷县及漳河一带也有出土。1958年，在甘肃平凉安国镇一座墓中出土与马鞍形口双耳罐伴出的其他陶器20多件，同寺洼山的俨然有别，就称之为“安国式陶器”。之后在泾河流域调查，发掘多处寺洼文化遗址，特别是1980年一次在庄浪县徐家碾寺洼文化墓地就清理了100多座墓葬。实际上，早在1955年，陕西凤县就曾出土过马鞍形口的双耳陶罐。1974年，在白龙江流域调查就发现寺洼和安国式遗址15处。1976年，又在宝鸡竹园沟的一座西周墓中发现这种罐，在附近的濛峪口也采集到几十件西周小墓出土的陶器，除过马鞍形口的，还有大口、侈沿、平底、双大耳的深腹陶罐。（参见宝鸡市博物馆等：《宝鸡竹园沟等地西周墓》，《考古》1978年第5期》）

寺洼文化在地层上晚于甘肃的齐家文化而早于西周文化。其下限据宝鸡竹园沟中马鞍形口双耳陶罐与西周早期铜器共存的情况看，可以晚到西周早期。无论“安国式”陶罐或是双耳深腹平口罐，都不是周文化、也不是秦文化的东西，系古代甘青地区少数民族之物。但文化的交流、融合一直在进行着。所以，在咸阳任家咀秦墓中出土的双耳罐也就可以理解了。其罐口作平沿，耳也不大，正是秦人改制的结果］由此可以看出，埋在任家咀墓地的秦人大概是秦宪公伐戎至汤社、秦武公伐彭戏氏至华山，随杜、郑的设县，先后迁到咸

① 1983年，在甘肃甘谷毛家坪发掘了从西周至战国时期的秦人墓葬31座及居住遗址200平方米。其葬俗与随葬陶器同周墓或甘青地区其他古文化有着严格的区别，当是我们追溯屈肢葬、死者头西脚东等秦文化因素的源头。材料见赵化成：《寻找秦文化渊源的新线索》，《文博》1987年第1期。

阳地（公元前7世纪初）的一支。作为纯粹的秦人族墓，其固有的传统也就比较稳定。但另一方面因为这一部分早到咸阳的秦人，远离当时的雍都，随着社会生产力的发展，内部奴隶主势力相对地较为薄弱，其文化面貌就呈现出一种多元状态。表现在丧葬方面，是既保留原来竖穴土圹、西首屈肢葬的习俗，表现等级身份的棺椁制、随葬礼器，又随着封建制较早的萌芽，在经济生活、思想意识方面都发生了很大的变化。而这些也许就构成了秦献公、孝公实行封建改革，选取栎阳、咸阳为都的社会基础。

（七）塔儿坡墓地

塔儿坡是秦都咸阳渭北区的第三处墓地。

该墓地位于秦都咸阳的西郊，距“北阪宫城”11公里许。中间经行“杜邮亭”，当秦咸阳西行的大道上。北去5公里，同秦惠文王的“公陵”相望，东南1公里许是任家咀墓地。其地理位置属今咸阳市北郊渭河二级台地上渭城区塔儿坡村东北侧、李家堡北一带。

在这一区域里前后发掘过430座秦墓，其中有381座位于咸阳钢绳厂内，占地80余亩，是咸阳市文物考古研究所1995年一次性钻探发掘的。[①]（图8-7）尽管墓葬形制有着竖穴与洞式的区别，但长方形的竖穴土圹在外观上毕竟相同，在平面布局上极少有打破关系。再结合西首葬、屈肢为主的葬式及随葬器物共同的特点，就可以判定这是一处秦人的“邦族墓地”。其排列整齐、分布密集的情况正是墓大夫按照邦墓兆域图，“令国民族葬，而掌其禁令；正其位，掌其度数”（《周礼·春官宗伯·墓大夫》）规划的结果。

钢管钢绳厂内的381座墓葬中，竖穴土圹墓100座，占墓总数的26.35%；洞室墓281座，占73.35%。除两座墓外，均有葬具，但多数仅有一棺，有一棺一椁者只占11.34%。极个别的用瓮棺（计9座）。葬式两种，屈肢葬268座，占墓数的73.04%；直肢只有45座，占11.81%；葬式不清者68座，占17.85%。有仿铜礼器的39座墓，墓葬形制及规模没有更为特殊之处，椁制也严重退化。墓间随葬品差别不大，数量以3～5件为常，最多不过27件。这种葬制及随葬品的一致性，说明墓主身份及其财富占有情况没有太大的区别。再结合时代考察，可见塔儿坡是一处战国晚期到秦代居住在国都咸阳的秦人平民墓地。

① 咸阳市文物考古研究所：《塔儿坡秦墓》，三秦出版社，1998年。

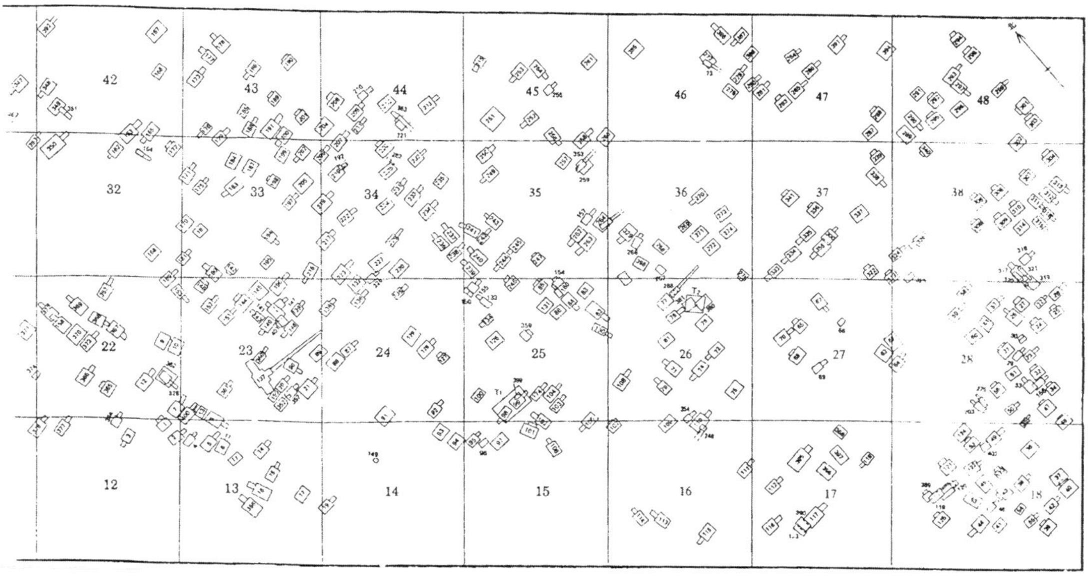

图 8–7　塔儿坡秦墓平面图（部分）

在钢管钢绳厂秦墓群中，发掘出各类随葬器物 1374 件，其中的十九年商鞅殳镦和骑马俑尤值得重视（骑马俑见彩版四）。镦铭作“十九年大良造庶长鞅之造殳犛郑”（图 8–8），这不但反映出塔儿坡墓地时间上限不会超过秦孝公十九年（公元前 343 年），也为存世较少的商鞅器（过去仅见商鞅量及戟）增添了新资料。两件骑马俑高仅 22.6 厘米，虽系捏制的泥质灰陶，绘彩唯用朱绘勾勒马的络头、辔绳及人的冠、衣缘，造型也显得简单、拙朴，但它毕竟提供了秦人早期乘骑的形象，再次证实了秦人最先乘马并用于军事的见解。[①]

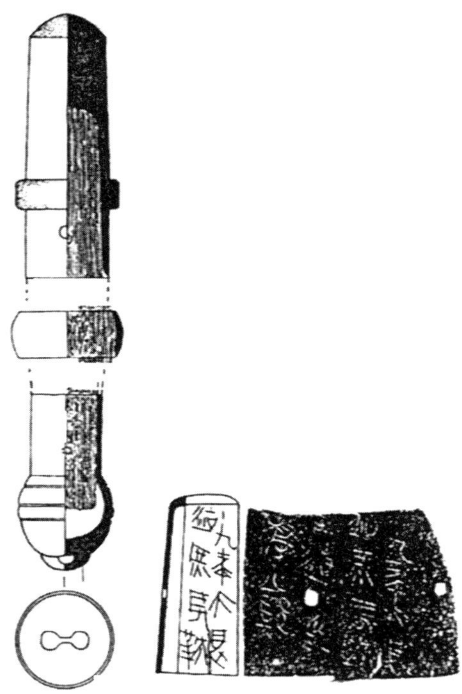

图 8–8　十九年商鞅殳及镦铭

塔儿坡墓地科学发掘，提供的有学术价值的资料是多方面的。

① 王学理：《秦俑专题研究 · 云骑凌厉中原 蹑影追风胡域》，三秦出版社，1994 年。

（八）马家湾墓群

马家湾益尔秦墓位于高陵区泾渭街道东营村东南 100 米处，南临渭河，西距秦都咸阳宫东城墙 14.2 公里，距兰池宫遗址约 10.7 公里。。2002 年发掘秦人墓葬 51 座，其中竖穴墓 46 座，直线洞室墓 5 座。葬具清晰者 45 座，两椁一棺 2 座，一椁一棺 27 座，单棺 16 座。葬式均为单人屈肢葬，其中仰身屈肢葬 37 座，侧身屈肢葬 14 座。出土器物 205 件（组），陶器 125 件，其中鬲 32 件、盂 32 件、罐 34 件、壶 9 件、釜 3 件、囷 3 件、豆 3 件、甑 1 件；铜器 24 件，其中剑 1 件、戈 1 件、镞 1 件、削 1 件、带钩 10 件；铁环 6 件；玉璧 2 件、玉璜 2 件；石圭 1 件、石球 2 件、石饼 1 件，泥人俑 1 件、泥牛 1 件、泥马 1 件、泥蛇 1 件、泥鸟 2 件、泥质牛拉车 1 件；等等。

从时代上观察，马家湾墓区时代跨度较大，可从春秋晚期到战国晚期前段。[①] 但其中包含春秋晚期、战国早中期墓葬，说明在秦咸阳建都之前该墓地已经存在。而且此次发掘的益尔秦墓全为屈肢葬，可见在"实有关中"之后，正如任家咀墓地的居民一样，秦人中的平民阶层早早就移居到这地方来。M38 出土折断的剑与戈，墓主或是原来服役的士兵。

马家湾墓群还包括新纬的秦墓，但资料还未发表。

（九）榆楚张卜墓群

高陵张卜战国秦墓位于高陵区张卜街道张卜村东北，2000 年发掘墓葬 14 座，其中竖穴墓 8 座、直线洞室墓 5 座、偏洞室墓 1 座。直肢葬 2 座，屈肢葬 5 座。出土器物 76 件，陶器 55 件，其中罐 21 件、盆 8 件、壶 5 件、钵 5 件、盒 5 件、釜 4 件、鼎 3 件、甑 3 件、鬲 1 件；铜器 8 件，其中带钩 2 件、印章 2 枚、镜 2 件、鼎 1 件、环 1 件；铁削 1 件。时代为战国中期、晚期。[②]

高陵张卜战国秦墓的时代为战国中、晚期，数量只有 14 座，却有 2 座直肢葬，也出土了陶器 13 件，其中陶鼎 3 件、陶壶 5 件、陶盒 5 件。铜器 2 件，含铜鼎 1 件、铜壶 1 件。与益儿秦墓差别较大，值得注意。

榆楚张卜墓区位于马家湾墓区之西，西距兰池宫遗址约 18 公里。包含上马渡战国墓、坡底战国墓、高陵张卜战国秦墓、白龙沟墓群。上马渡、坡底、白龙沟墓群都出土铜提梁卣、铜匜、铜扁壶、陶茧形壶等，但是资料不详，故从略。

① 陕西省考古研究所：《陕西高陵县益尔公司秦墓发掘简报》，《考古与文物》2003 年第 6 期。

② 陕西省考古研究所：《高陵张卜秦汉唐墓》，三秦出版社，2004 年。

第二节　渭南新区秦人墓

一、尤家庄墓地

这是秦都咸阳渭南宫殿区东侧的一处墓地，西距汉都长安城遗址 2 ~ 3 公里，当今西安市北郊张家堡以南。以尤家庄为中心，扩及翁家庄、南里村一带，西及北康村，向东可到西十里铺。从 1994 年到 1998 年，西安市文物考古研究所等单位为配合省交通学校、西安电信第二长途局、西北管道局、长庆油田等单位基建，清理古墓葬 2000 座左右，其中有战国墓葬八九百座。陕西省考古研究院于 1998 年 5 月至 2001 年 10 月，在尤家庄、北康村、翁家庄，清理战国中期至统一秦晚期的墓葬 123 座，其中除 4 座墓形较大之外，余 119 座都是小型墓；[①]1998 年 7 月至 2001 年 5 月，陕西省考古研究所在尤家庄南的 12 处发掘点共清理战国中期至统一秦晚期的小型秦墓 197 座。[②] 村东的陕西移动通信大楼也有一批秦墓，再向东长庆油田征地千亩之内还有一批墓葬，但至今还没有公布发掘材料。不过，从上述材料中可以看出：在这一地区秦墓葬分布密集、数量巨大，是秦都咸阳渭南新区一处重要的平民墓区。到了西汉时代，此间仍是长安的东郊墓区。秦汉两代墓葬交叉分布，但并不重叠，很少有打破关系。（图 8–9）

从公布的尤家庄墓地材料看，分为两批。前一批墓葬中，共有竖穴土圹墓 33 座，占墓葬总数的 26.8%；竖穴墓道土洞墓 87 座，占 70.7%；斜坡墓道土洞墓 1 座，占 0.8%；瓮棺葬 2 座，占 1.6%；其余形制不明。葬式有曲肢、直肢和瓮棺葬。头向朝 4 个方向的都有，以向西者居多。

具有随葬品的墓葬有 98 座，无任何器物的有 25 座。据随葬品的有无与品种，秦墓可分为 5 类：一是随葬铜礼器、日用铜器和陶器的（仅 1 座，即 98 交校Ⅱ区 M24）；二是随葬仿铜陶礼器，或伴有铜容器、日用陶器的（共 37 座墓）；三是随葬日用陶器，或伴出铜容器、陶明器的（共 47 座墓）；四是仅随葬小件器物，或出有漆器、铜钱币的（共 13 座墓）；五是无任何随葬品的墓（共 25 座墓）。

① 陕西省考古研究所：《西安北郊秦墓》，三秦出版社，2006 年。

② 陕西省考古研究院：《西安尤家庄秦墓》，陕西科学技术出版社，2008 年。

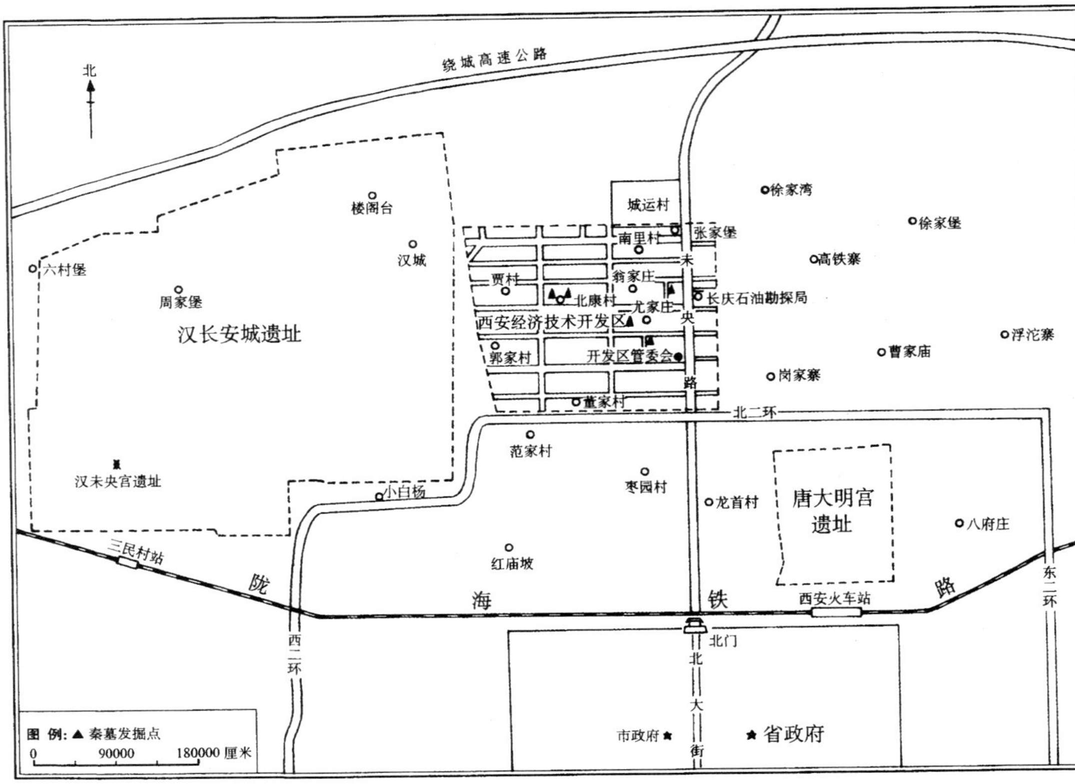

图 8-9　西安北郊尤家庄秦墓地发掘点示意图

在器物组合上，分为两类，一类是仿铜陶礼器的组合，有 35 座墓，如鼎、盒、壶为基本组合，在此基础上加罐、盂、瓮、盆、釜、鬲、灯、灶等；鼎、盒、罐为基本，加盂、盆、瓮或盆、缶、瓮；鼎、罐、盂，加缶、钵或瓮；鼎、壶（或蒜头壶）、罐；鼎、壶；鼎、缶。另一类是日用陶器组合，如罐、盆，加瓮、盂、甑、缶；罐、缶，加灯、灶或釜、灶；盒、壶，加盆、瓮；罐、缶，加盂；盒、罐、盆、缶、瓮，加明器壶、甗；罐、盂、鍪、瓮；瓮、缶；盒、缶；缶、灯；盒、灯；壶、罐；壶、钵。

墓葬中随葬品的品类与器物组合及其多寡，既反映了社会等级与贫富的差别，也是时代变化的反映。

乐百氏 M34，被认为是一位铸铜工匠的墓葬。从铜印章知，这位叫“苍”的匠师在墓中除了随葬日用陶器外，还把他生前使用的铁镊子、铁凿、铁刻刀和砺石随葬在身边。特别是 25 件陶模具异常精美，其中 5 件人物纹饰牌模和动物纹饰牌模的图案具有浓郁的鄂尔多斯式青铜文化风格，在全国都是首次发现。其他的模件，还见有泡饰、车马器（軎、衡末、盖弓帽、轴等）、器物配件（环、弩机悬刀、鼎足、雁足灯等）等，造型与图案相当漂亮。

后一批墓葬的形制、葬具、器物等，同前一批材料没有太大的区别。最重要的发现是明珠花园13号出土有19座乱葬墓和1座殉人墓。乱葬墓中有单人乱葬、双人乱葬，还有多人乱葬。最多的乱葬墓中，竟有8具骨架！乱葬人骨凌乱放置，叠压、交错，以青少年女性较多。死者多无葬具与随葬品，即使有也不过一只陶罐而已。这种乱葬墓，在全国范围内还是首次发现。发掘者认为，这些青少年死者可能是遭连坐罪罚没而来，在繁重的劳役中染传染病而死亡。

二、山门口墓地

山门口秦人墓地位于西安市南郊山门口村，当秦都咸阳渭南区与杜县交界处。1988年秋天，西安市文物管理处在电子城205工地清理出战国时期的秦墓11座。[①]

这里的墓葬作长方形竖穴、侧有拱顶的平行式偏洞。墓圹中有二层土台，除洞室一侧外，多留在其他三面（M2、3、6、7、9 ~ 11），个别的留在两端（M1、8）或顶端一处（M4），也有不带台的（M5）。洞室的头端或带小龛，内置随葬品、动物骨骼。棺床下或有横向垫木，洞口以横木封堵，留有沟槽。

头向有朝西的或是朝北的，多作屈肢，也有直肢的。据观察，东西向墓，洞室一定开在北侧，也是头向西的屈肢葬（个别的头向东，如M8）；凡南北向墓，洞室开在东西两侧的都有，但东侧洞的死者作屈肢，西侧的死者作直肢。虽然随葬器物较少，但大部分墓中都有铜带钩1件，只有M3出2件，出在头顶或腰侧。随葬器物多为陶器，还见有鬴、罐、盂、甑、壶、鸭蛋壶等，放在小龛内。个别墓有的小龛内有漆器（M3）。少数墓中死者口含或手握白石子、玉瑗、石璧断节。

山门口秦墓葬制较为简单。如M10，圹口东西长3.62、宽2.18、深3.2米。三面留二层台，高1.1米。洞室开在北侧，东西长2.24、宽1.18、高1.5米。棺材原来髹漆，下垫横木2根。死者屈肢，头右侧有一形体略大的铜带钩。随葬品见有夹砂陶鬴和陶盂各1件，盂内有动物骨架1具；又在洞室内头端的小龛中放2只鸭蛋壶和动物骨架1具。与此墓相似的M11，其随葬品也不过是陶罐、盂、鬴各1件，盛小动物骨架2具。其他有随葬陶器的墓，组合关系也不稳定，如M7为陶鬴、甑、鸭蛋壶，M9为鬲、壶，M2有玉瑗1件，

① 王久刚：《西安市南郊山门口战国秦墓清理简报》，《考古与文物》1994年第1期。

M5 有铁削 1 把。其他墓是什么也没有。

同黄家沟、任家咀的平民墓比较，渭南的山门口墓葬有自己的特点：采用竖穴式土洞墓室，以屈肢葬式为主，有棺无椁。随葬简单，仅日用陶器而已，有的或无。器物组合是釜、鬲、盂、壶，墓地的时代当在战国晚期到秦代，属于秦都咸阳渭南新区的一处平民墓地。

三、杜城墓群

西安市文物保护考古所自 1989 年开始，至 2003 年，发掘了 1500 多座秦墓。2018 年 9 月至 2020 年 4 月，西安市文物保护考古研究院等单位发掘清凉山墓地。涉及秦杜县的平民墓葬有 4 个墓地，计 864 座墓葬。[①]（图 8–10）

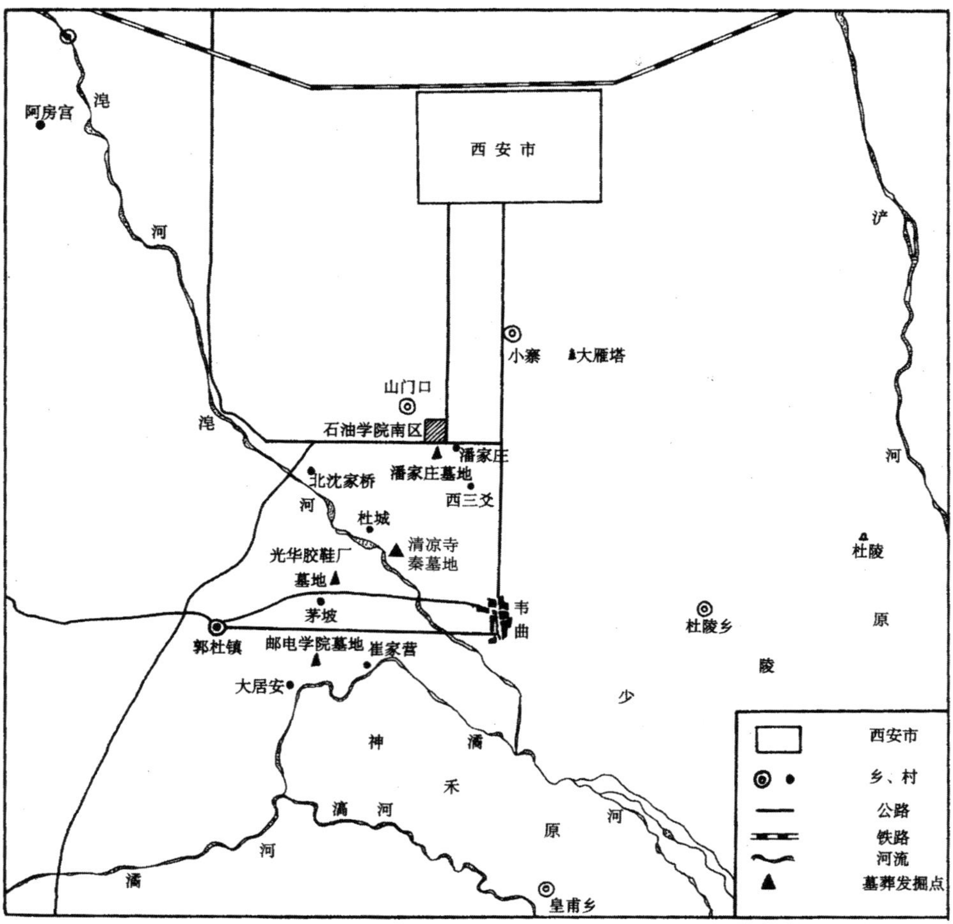

图 8–10　西安南郊秦墓地位置图

① 西安市文物保护考古所：《西安南郊秦墓》，陕西人民出版社，2004 年；西安市文物保护考古研究院等：《陕西西安清凉山秦墓发掘简报》，《考古与文物》2022 年第 4 期。

秦杜县在汉宣帝修建杜陵于东原之后改名下杜城，故址在今西安市南郊山门口南的杜城村附近。杜城之南过潏河，去光华胶鞋厂茅坡墓地2000米，再向南500米是邮电学院茅坡墓地。杜城东北2500米，是潘家庄墓地。这3处墓地南临神禾原，东为少陵原，分布在潏河两岸的二级台地上，应属于杜县的地方性葬地。

（一）光华胶鞋厂墓地

距杜城最近，南过潏河在郭杜镇茅坡村东北200米处。规模小、规格低，但排列有序，有打破关系的仅是个别现象。共发掘秦墓93座，形制可辨者89座，其中竖穴土坑墓30座，占总墓数的32.2%；偏洞式墓33座，占总墓数的35.5%；直线洞式墓26座，占总墓数的28%。69座葬式清晰，其中屈肢葬58座，占葬式清晰的84.1%；直肢葬11座，只占16%。头向西是主要葬式。竖穴土坑墓中的葬具多为一棺一椁，在洞室墓中多用一棺。随葬器物的陶器有钫、簋、盘、壶、蒜头壶、鼎、盒、鬲、釜、鍪、喇叭口罐、小口罐、大口罐、双耳罐、双孔罐、缶、瓮、盆、盂、鉢、甑、囷、灶、纺轮、丸等；铜器有剑、削、镞、环、璜、带钩、镜、钱币等；铁器有刀、削、带钩等；杂器有玉石片、玉塞、料珠、骨镞等。

所见陶文多为“杜亭”“杜市”和“武南”3种印戳。刻画有“杜”“咸”“千”“之”等字，字数最多的是一缶肩上刻“西奂苏氏十斗”六字。

据综合研究，茅坡光华胶鞋厂秦墓的埋葬时间，最早在春秋晚期，经过战国、秦统一，延续到西汉早期。时跨300年，墓序整齐，葬制、葬具简单，显然是统一规划的结果。结合随葬日用陶器普遍的现象，应属于秦杜县的一处平民墓区，具有“邦墓”的性质。

“杜”字陶文出现在20多件陶器上，既反映了杜县制陶业的产品投入市场须受市亭机构管理的实际，也为确认秦杜县的地望提供了有力的支持。《史记·秦本纪》载：秦武公十年（公元前688年）“初县杜、郑”。1973年在北沈家桥发现秦惠文王时的“杜虎符”，东南3公里有杜城村，仍有秦城址的遗存。那么，近距杜城2公里的茅坡墓地的市亭陶器正是“杜”县的产品。

（二）茅坡墓地

西安市长安区郭杜镇茅坡南500米的邮电学院南区，西北距秦阿房宫遗址14公里。发掘古墓200余座，其中有战国秦墓162座，墓葬东西成行、南北并列，非常整齐。除3座竖穴土坑墓一棺一椁外，均为竖穴洞室墓。而洞室墓中直线式土洞墓154座，占秦墓葬总数的95%，均属单人葬的“单棺”，占葬具清晰的97.5%。死者头向西。放置器物的小龛，留在洞室左侧。直肢葬 16 座，占葬式清晰的 11.3%；屈肢葬 124 座，占葬式清晰的 88%。出土器物共计 877 件，其中：陶器 560 件，有鼎、盒、壶、罐、瓮、缶、釜、鍪、折腹盆、钵、盂、甑、灶、俑 8 件、球；铜器 119 件，有盂、镜、带钩、兵器等；铁器共 47 件，有鼎、璜、带钩、削、锥、农具；玉器共 31 件，有环、饼、带钩、口含、塞、管饰、佩饰残片、圈；石器共 10 件，有环、塞、器柄；煤精器共 12 件，均为塞；骨器共 16 件，有管、骨塞、器柄、桥形饰、骨梳等；料器 4 件。

墓制简单，规模不大，出土器物风格一致，同咸阳塔儿坡墓地有很多相同与相似之处，埋葬时间当在战国晚期后段至秦统一，死者为当地平民。

茅坡邮电学院秦墓的 M123 出土施彩的人俑 6 件，最高的圆髻女俑 9.3 厘米，乘马俑 2 件，造型准确，具有一定的写实风格。

（三）潘家庄墓地

潘家庄秦墓位于西安市南郊潘家庄村，发掘清理墓葬 200 多座，其中 62 座为秦墓。

竖穴土圹墓 3 座，占秦墓葬总数的 4.84%；竖穴墓道直线洞室墓 59 座，占墓葬总数的 95.16%。除墓室带小龛之外，在墓道内带小龛的数量加大，而且有的体量大到与墓室相同。葬具不详 6 座，占墓葬总数的 9.7%；葬具一棺的 55 座，占葬具清晰的 98.2%；一棺一椁 1 座，占葬具清晰的 1.8%。葬式可辨的 34 座，占墓葬总数的 54.8%；葬式以仰身直肢为多，屈肢较少，直肢葬 25 座，占葬式清晰的 73.5%；屈肢 7 座，占葬式清晰的 20.6%。62 座秦墓随葬数量也在加多，多数墓葬中有随葬器物 8 ~ 13 件，最多的 M185 竟有 57 件之多。出土陶器 29 种 547 件，占随葬品总数的 76.93%。分别有鼎、盒、蒜头壶、细颈壶、茧形壶、长颈壶带盖、釜、鍪、钵、甑、盆、盂、罐、灶、瓮、灯、囷、方仓、熏炉、响铃、纺轮、球、陶鱼等；铜器共 18 种 92 件，占随葬品总数的 12.94%，分别为鼎、甑、壶、勺、盆、鍪、铃、镜、带钩、镦、剑、印、盖纽、环首刀、“半两”钱等；铁器共 7 种 30 件，占随葬品总数的 4.22%，分别为铁灯、削、舌、斧、锄、杈等；玉、石、料、杂器共 7 种 13 件，加上残玉片共 18 件，占随葬品总数的 2.53%，分别为玉环、玉剑首、玉剑格、玉剑镖、玉饰，石凿、石片、石球，串珠；金币 1 件；骨块饰 8 件、骨管、煤精体；蚌壳 1 件。

潘家庄出土的陶器近 1/5 有陶文，见戳印“杜亭”“杜市”“咸亭完里丹器”等 20 种。其中刻画姓氏与容量的如：“乐定王氏九斗”“母方母方杨”“南阳赵氏十斗”“杜氏十十”“易九斗三升”“李氏九斗二升”“赵”“王”“伯”“里”等。

这批墓葬的时代多在秦统一，个别可上到战国晚期，下限时间在西汉早期，但晚不过武帝时期。死者大约是定居于杜县的徙民。

（四）清凉山墓地

清凉山墓地位于西安市南郊韦曲镇北凤栖原上的上塔坡村西北，西北距出土杜虎符的北沈家桥村 3 公里。该墓地东西长 220 米、南北宽 150 米，外有抹角的长方形围沟。墓葬密集，主要分布在北部，少有打破关系。排列整齐，东西成行，南北基本成列，显然是一处有规划的墓地。（图 8–11）

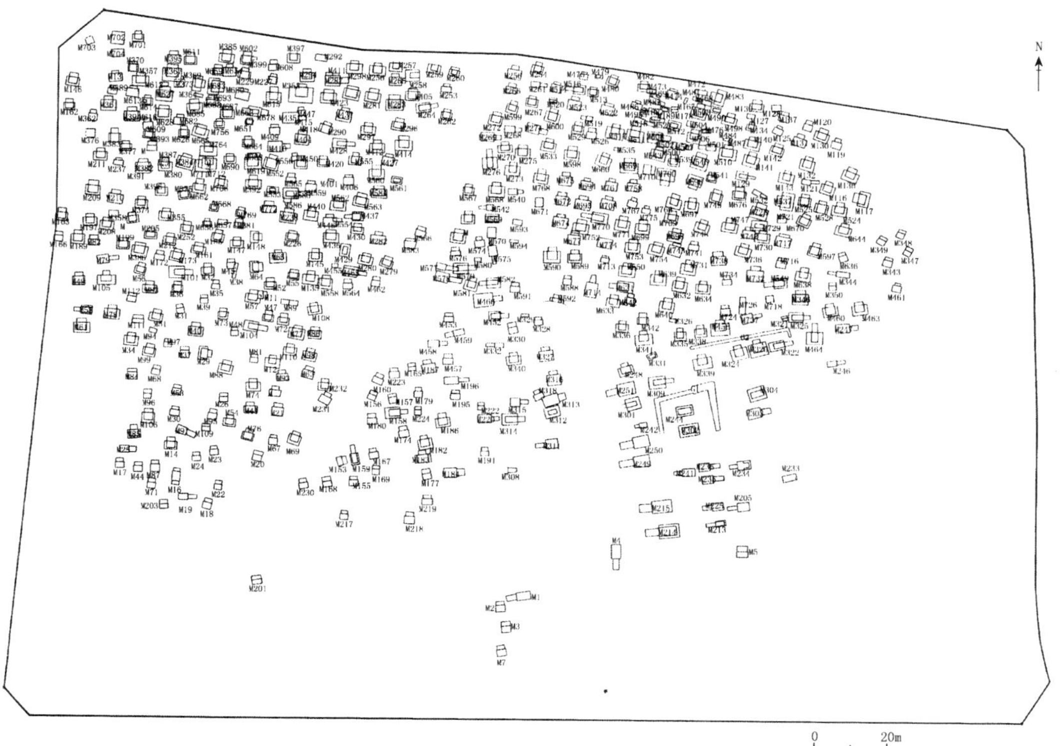

图 8–11　清凉山墓地秦墓分布图

清凉山墓地有长方形竖穴土坑墓 57 座，占总墓数的 10%；洞室墓 492 座（其中直线洞式 89 座、偏洞式 403 座），占 90%。

出土器物有铜鼎、鍪、镜、匜、剑、带钩、钱、印，环首铁削、小刀、锛、凿，陶罐、釜、壶、盂、盒、鬲、卮、高柄豆、三足罐、蒜头壶、茧形壶、钵，玉印、玻璃珠等。

具有判断时代、文化属性的代表文物是秦“半两”铜钱、楚蚁鼻钱、私印“翦玺”、“杜亭”印戳陶文、圈足茧形壶。不见长颈方壶，陶鬲仅有 3 件。再结合历史与地理，可以确认清凉山秦墓的时代在战国中期后段到秦统一。简报编写者据 M215“蔇玺”半通印与铜剑并出，结合杜虎符，表明“这是杜地核心区域内一处由士大夫级贵族管理、经过统一规划的国人公共墓地”。[①]

四、半坡墓地

半坡墓地位于大咸阳的东南隅，西距南区市中 14 公里多。地在浐河以东 800 米的河谷第二台地上，背倚白鹿原，当今西安东郊纺织城西北的半坡与堡子村之间。这里在古代是一片安宁静谧的地域，环境优美，西临浐水，东近灞河，属于二水夹傍白鹿原又交汇的三角洲上源。背山（原）面水，前有驰道通过，地在京都与芷阳之间，东北去即是灞上和东陵陵区。在人口稀少、城邑分明的古代，这里是理想的平民茔域，所以从战国以后至汉唐，古墓垒垒，历代不绝。只是由于近现代人类活动地域扩大，修铁路、拓公交，从墓地中心作了切割式的破坏，夷毁古墓不知凡几。中华人民共和国成立之初考古队配合基建时，才把周围残留的几处地段作了最后的发掘。尽管这仅是拾余性的收获，但毕竟给了我们从零星资料的拼凑中想象它原来规模的机缘。

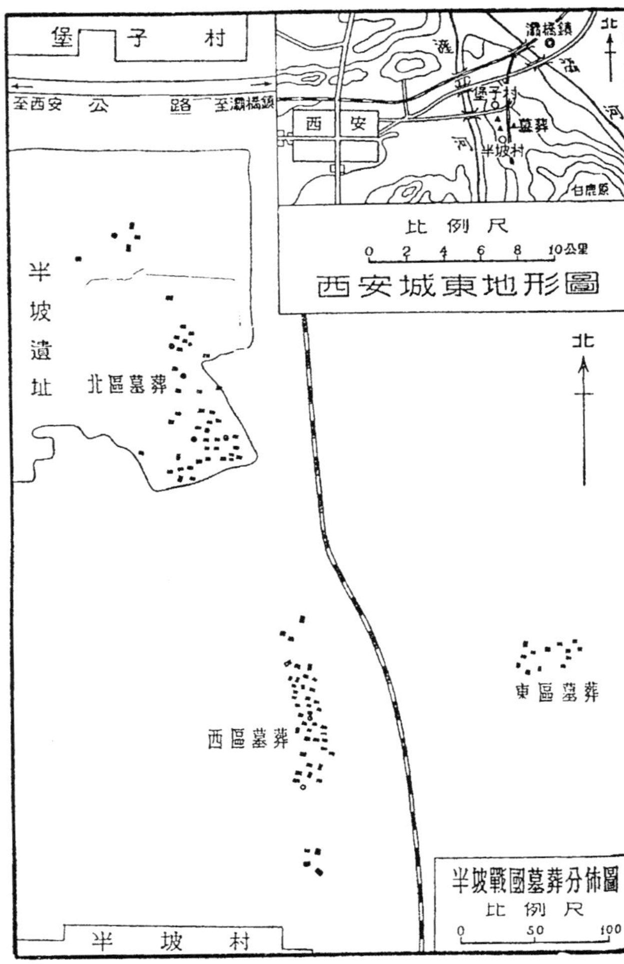

图 8-12　半坡秦墓地平面图

从半坡墓地的墓葬分布看，它原来相当稠密，时代延续长，占地范围也大。但因南北向的铁路支线和东西向公路从墓中心十字穿过，很自然地把剩余的墓葬分成了东、西、北三区。1954

① 西安市文物保护考古研究院等：《陕西西安清凉山秦墓发掘简报》，《考古与文物》2022 年第 4 期。

年至1957年，中国科学院考古研究所在三区计20000平方米的范围之内，清理发掘了古墓240余座。分布整齐、排列有序、保存完好，是这一墓地的一大特点。这里有战国秦墓112座，显然是秦咸阳城市规划的又一处平民墓地。[①]（图8–12）

残留三区的墓数中以北区为最多，计有53座。西区次之，46座。东区最少，只有13座。但西区分布的密度大，南北呈一带状，作东西向三行排列，个别虽有错位乱行情况，但绝无相互打破关系。墓间距一般只有5～7米，最稠密处仅1米之隔。

这处墓地的墓形结构以洞式墓为主，墓向仍是以“西首葬”为多数。在112座秦墓中，洞式墓有101座，占总数的90.2%。竖穴墓只有11座，仅占9.8%。墓向东西者92座，占82.1%；南北向者18座，占16%，另有两座洞式墓的方向不明。

竖穴墓11座都为口大底小的长方形土圹，其下部四壁留有生土二层台，上架棚木以护椁室。墓室长2.8～1.94、宽2.3～1.2、深2.5～5.2米。M9最大，墓室残长3.58、宽3、深4.52米。墓室填土，大墓经过夯筑。根据洞室在竖穴的位置，洞室墓101座可分为三式。其中的平行式（即Ⅰ式）89座，占88.1%，墓东西向的有75座，南北向的12座。前者的洞室都开在竖穴天井的北侧，后者是或在东，或在西。洞室顶拱形，边壁或头端角隅开壁龛，洞口以木板或笆封堵，撑持以木柱；口大底小的长方形竖穴墓，底部留二层台，或环在除洞室外的其他三边，或在洞室的对侧，或只留在两端。竖穴最大的长3.9、宽2.8、深6.3米，最小的长3.1、宽1.5、深1.9米。而洞室之长约是竖穴的2/3，宽约是竖穴的1/2，底部略高于竖穴之底。竖穴的填土，是分层夯筑的；垂直式的土洞墓（Ⅱ式）10座，其竖穴均作东西向，平面梯形的洞室都掏挖在北侧的中部，而且垂直于竖穴的长边，这是其他地方少见的一种。直线式土洞墓（Ⅲ式）只有两座，洞室开在竖穴的顶端。

半坡墓地均属单人葬，用单棺，无椁。葬式分直肢和屈肢两类，前者存在于5座墓中（竖穴墓2座、洞式墓3座），后者存在于104座墓中（竖穴墓9座，洞式墓95座），另有三座墓不明。在这112座墓中，有随葬品和食肉的墓共67座，空无一物的有45座。有随葬器物的墓，少者1件（或陶罐、带钩、鬴、珠、陶壶、茧形壶），最多的有9件（M53随葬品有陶鬴，罐、石璧各1件，铜铃，璜形饰，铁板属棺饰），一般为2或3件（或陶鬴、盂，或陶盂、壶，或陶鬲、茧形壶，或铜印、铁带钩、玉饰，或陶罐、饼与铜镜，或陶盒、壶、铜镜与带钩）。铜质的镜、带钩、印章、环，铁质的带钩、凿、板片，玉饰、珠、石璧，环、角柱和料珠等随葬物，一般置于棺内。M53棺材上原有铜璜形饰和角铃，是较特殊的

① 金学山：《西安半坡的战国墓葬》，《考古学报》1957年第3期。

一例。陶器放在竖穴墓内棺材两端的土台上，洞室墓中则放入壁龛。祭肉多同龛内的陶壶或陶罐在一起。M24的棺内，死者左侧有一拐杖，全长66厘米，木柄已朽，仅存铸造精致的铜动物杖首。

从墓葬形制、随葬品内容等总体因素观察，半坡墓地的时代，个别墓可早到战国早期，大部分还属于战国中、晚期到秦代。商鞅变法实行按军功晋爵，“名田宅、臣妾、衣服以家次。有功者显荣，无功者虽富无所芬华”。(《史记·商君列传》)半坡秦墓中有40.1%没有随葬物。即使有者，也为数不多，且无组合关系，唯有等差而已。这些足以反映出这一墓地的平民性质。M86的骨架左股和胸部有铜镞两枚，M110骨架的头部和左肩有铜镞三支，墓内无任何一件随葬品，他们如果是因犯罪被射杀是不应入墓地的，因此可以断定，他们很可能是在战场上被敌人射死、还没有建立战功的平民。半坡墓地同山门口墓地接近，同渭北的平民墓地鲜有差异。

第三节　丽山区的几处秦墓

一、洪庆村秦墓

洪庆秦墓位于西安市灞桥区洪庆镇洪庆村，东临骊山，与华清宫相连。1955年发掘清理墓葬65座，其中秦墓2座。秦墓M118为竖穴墓道，长条形洞穴墓室，葬具葬式不详，出土夹砂棕色篮纹陶釜1件、环柄刀1件；M86为竖穴墓道洞室墓，墓室中部置一大瓮，以盆覆盖口部，内有腐朽骨架1副，出土夹砂篮纹陶釜1件、陶盆1件、瓮棺1件[①]。时代当在战国。

二、向阳公司秦墓

向阳公司秦墓位于西安东郊洪庆原西坡。2001年至2002年7月发掘秦汉墓葬300余座，其中包含多座围沟墓，出土器物九百余件，有铜器、铁器、陶器、玉器、漆器等。秦墓形制有竖穴土坑和竖穴墓道洞室墓，葬具有一棺一椁和单棺两类，墓地时代为战国晚期至汉初[②]。

① 陕西省文物管理委员会：《陕西长安洪庆村秦汉墓第二次发掘简记》，《考古》1959年第12期。
② 《西安东郊惊现秦汉古墓群，墓主为一屈肢葬女性（图）》，《三秦都市报》2002年1月31日。《西安市东郊发现罕见秦汉墓葬群，出土文物近千件》，中国新闻网2002年3月16日。

三、高坡墓群

高坡墓群位于西安市临潼区斜口镇杨家村、高坡村，面积约63万平方米。历年暴露土坑墓、土洞墓数十座，出土陶罐、瓮多件，数件陶罐上有“芷”字陶文。时代推测为战国①。

刘家底村秦墓，曾出土铜蒜头扁壶，当为秦墓；东岭墓群、井深沟墓群、街子墓群，资料不详，年代未知。

四、临潼刘庄墓地

刘庄墓地位于临潼区西2公里，在秦东陵东北，处在骊山西北麓韩峪河与三里河间的山前冲积扇上。墓地东西长160米、南北宽65米，面积约10400平方米，有墓葬49座，惜早年被盗，20世纪80年代又遭取土烧砖而破坏殆尽②。

墓葬分布基本规整，排列有序，未见打破关系。墓向基本呈东西向。1987年9月和次年3月对五座墓葬进行了抢救性清理。

从清理的刘庄五座墓知，其形制为带长方形竖穴墓道的洞室墓。墓圹上口长4.2～4.6、宽3.3～3.8、深3.2～4米。洞室平顶，进深3.5～4.6米，高与宽度相近，为1.1～1.2米。M3和M19用木棺，砖椁、带耳室，是过去未见过的。其椁底用青色条砖平铺，周壁则平卧错缝叠砌，顶盖横木（圆木纵向对开，平面向下，曲面向上）。M19砖椁长2.75、宽1.23、高1.16米。棺具与尸骨无存。随葬品分别置于耳室、头箱与墓室外，在M3的上层填土中发现有带盖陶壶、罐、灶、熏、盆及散乱的兽骨。器物组合，M1是陶鼎、壶、罐、盒；M2是陶瓮、罐、盆；M18是陶瓮、罐、盆、壶。

刘庄秦墓作竖圹洞室，是战国以来常见的形制。未用斜坡墓道，不同于始皇陵的陪葬墓，却已用青砖砌筑椁具，技法高于秦俑坑墁地的对缝砌。陶器上多有标记市亭陶业的“芷”“丽市”“栎”等戳印，也有官署工名的“宫屯”“宫昳”“大水沈”等印文及一些刻画符号，这同始皇陵园出土的陶文又是一致的。③

刘庄墓地当是战国晚期，即秦统一前后，按规划开辟的一处平民墓地。地处芷阳，临近东陵，墓主很可能同秦王室有关。

---

① 国家文物局：《中国文物地图集陕西分册》（下），西安地图出版社，，1998年，第80页。

② 陕西省考古研究所秦陵工作站等：《陕西临潼刘庄战国墓地调查清理简报》，《考古与文物》1989年第5期。

③ 王学理：《秦始皇陵研究》，上海人民出版社，1994年。

五、临潼新丰屈家村秦墓地

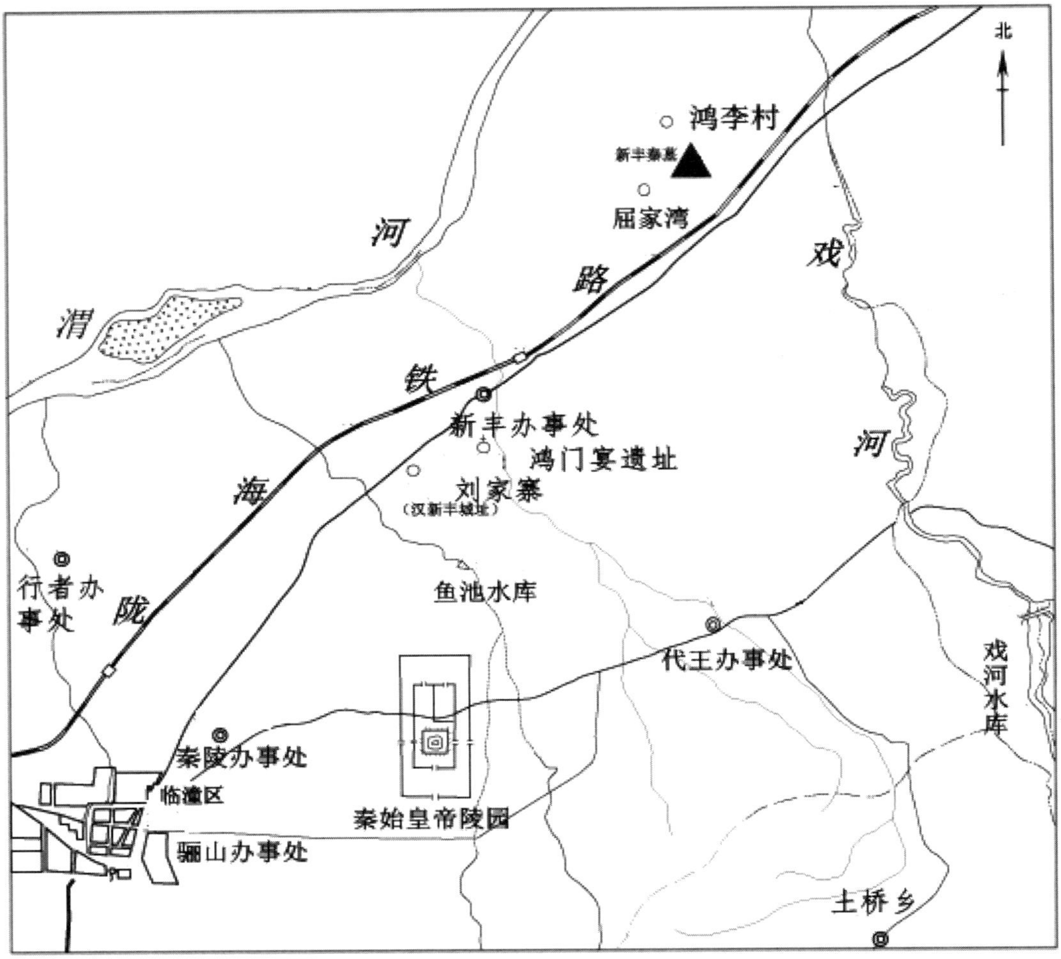

图 8–13　临潼新丰秦墓位置示意图

新丰战国秦墓位于西安市临潼区新丰街道办事处屈家村东南、渭河南岸的二级台地，西南距新丰街道办事处 3.6 公里、距秦始皇帝陵 6 公里。（图 8–13）2007 年，陕西省考古研究院在这里发掘古墓 729 座，其中秦墓 597 座。秦墓排列整齐，分布规律，少见打破关系。形制分为竖穴土坑和洞式两种，后者又有直线和偏洞的区分。竖穴土坑墓 52 座，占墓葬总数的 8.8%；偏洞室墓 129 座，占墓葬总数的 21.7%；直线洞室墓 413 座，占墓葬总数的 69.5%；葬具不明的 175 座，占墓葬总数的 29.5%；一棺一椁的 21 座，占葬具清晰者的 5.1%；单棺 389 座，占葬具清晰者的 92.9%；葬式不明的 165 座。M39 为双洞室双人合葬墓，M196 为单洞室双人合葬墓，余为单人葬，均头向西。屈肢葬 397 座，占葬式清晰者的92.8%，直肢葬32座，占葬式清晰者的7.5%。596座墓葬有随葬器物的墓葬434座。偏洞室墓分布在墓地的北部，随葬品少见，甚或没有。而部分竖穴土坑墓与直线洞式墓随葬铜鼎、铜壶等礼器，或仿制的陶礼器。随葬器物有陶器、青铜器、铁器、玉器、骨器等。新丰编组站的这一屈家村秦墓地出土陶器1603件，有鼎、盒、壶（细颈壶、茧形壶、蒜头壶）、鬲、囷、敞口罐、双耳罐、小口罐、大口罐、缶、钵、釜、盆、豆、盂、甑等；铜器70件，有鼎、壶、钱等。[①]

在32座墓葬的78件各类器物上，发现陶文与刻画符号文110个，其中陶文90个。戳印有“杜市”“栎市”“丽市”“丽亭”“戏市”“戏亭”“右司”“芷”“戏”等；刻文有“秦王己肖□”“霸阳广庄□”“德己德中□□”“午阳□李侈”“王平”“王”“宣”“德”“义”“山”“吉”等。

本次发掘的596座秦墓位于渭河南岸的二级阶地上，根据分布与历年调查墓数当不止千座。时代为战国晚期丽邑或戏亭内的居民墓葬区，其中个别墓主当为下级官吏。从时代上看，第一、二段属战国中期晚段至战国晚期，反映出秦文化的主导地位，第三、四段随葬陶器变化，显示出受三晋文化的影响[②]。

六、临潼苗家坡秦墓

苗家坡秦墓位于临潼区东北2.5公里处，东南1公里许即是秦始皇陵外城的西北角。1989年，因柿园砖厂取土破坏，经过清理。仅存的墓室，东西长3.1、宽1.04、高0.99米。椁室为条砖对缝平垒而成，椁盖圆木，覆之以席。椁内棺木已朽，长约2.1、宽0.67、高0.7米。残留腿骨，也未见随葬器物，砖上戳印陶文，模糊不清，可辨者唯“丽市”“王”等字[③]。

七、临潼马额秦墓

2013年7—10月，为配合关中环线天然气管线调峰工程，陕西省考古研究院在西安市临潼区马额街道办事处塬王村西南发掘45座战国晚期秦墓。地理坐标为北纬34° 23'58.7"，东经109° 22'02.9"，高程546米。

此次发掘的45座秦墓，形制为竖穴土坑墓和竖穴墓道洞室墓，其中竖穴土坑墓3座，竖穴墓道土洞室墓42座（其中围沟墓两座），均为一棺结构、单人屈肢葬。45座秦墓中

① 陕西省考古研究院：《临潼新丰——战国秦汉墓葬考古发掘报告》，科学出版社，2016年。

② 孙伟刚：《临潼新丰秦墓研究》，西北大学2010年硕士学位论文。

③ 林泊：《临潼骊山北麓发现秦人砖室墓》，《文博》1991年第6期。

随葬器物中有鼎、壶等仿铜陶礼器的墓葬30座，多为鼎、壶、罐、盆、甑、釜组合；随葬日用陶器的墓葬10座，多为罐、盆、甑、釜组合；另有5座墓葬无随葬陶器或随葬器物。

根据墓葬形制及出土器物，这批秦墓时代较为集中，为战国晚期至秦；部分陶器上有“戏”字陶文，初步判断该墓地为从属于丽邑或戏的一处重要的小型秦墓地，与秦始皇帝陵建设密切相关。该墓地的发掘对于研究丽邑、戏的地望及秦始皇帝陵周边小型秦墓分布等意义重大。

第四节　长安秦墓

一、客省庄墓地

长安客省庄战国秦墓在客省庄村北和村西①，发掘东周墓71座，墓圹不清的3座；竖穴墓68座，占墓葬总数的95.8%；有木棺痕迹的44座，占墓葬总数的62%；14座无木质葬具，占墓葬总数的19.7%。48座东西向，23座南北向。65座葬式清晰，屈肢葬60座，占葬式清晰的92.3%；直肢葬5座，占葬式清晰的7.6%。随葬器物有铜剑1件、铜鱼钩2件、磨石2件；青铜容器共11件，有方甗1件、鼎2件、簋2件、方壶2件、盘1件、匜1件、鑑2件；陶器56件，有鬲17件、鼎1件、盂1件、盆17件、豆3件、罐7件、壶7件、仓模型1件；服饰和装饰物有带钩4件、带饰3件、璜1件、玦16件、圭16件，小玉、石饰物17件、骨管1件。

客省庄秦墓铜器组合是鼎、簋、方壶等；陶器组合当以鬲、盆、豆、罐、壶为主。时代为战国早期或可早到春秋晚年，由此可见在秦咸阳建都的公元前350年之前，已经有秦人在客省庄一带居住了。

K140号墓，形制为竖穴土坑墓，葬式为仰身直肢葬，葬具不详，随葬器物有鄂尔多斯式长方形透雕铜饰2件、圆形透雕铜饰2件、金丝圈1件、铜环1件、铁刀1把和圆形带纽铁器1件，时代为战国末期至西汉武帝以前。

二、花园村北秦墓

花园村北秦墓位于长安区斗门街道花园村。1983年暴露竖穴土坑墓，发现屈肢葬骨

① 中国社科院考古研究所：《沣西发掘报告》，文物出版社，1962年。

架 1 具，死者口含贝，手、足腕部亦置贝，出土陶器不详。时代战国[①]。

第五节　鄠邑区禹王庙秦墓

2013 年，陕西省考古研究院在鄠邑区秦渡镇禹王庙村南，发掘 15 座战国晚期的屈肢葬秦墓。地理坐标为北纬 34° 04'32.8"，东经 108° 44'14.3"，高程 413 米。

15 座秦墓除 4 座为带生土二层台的竖穴土坑墓外，11 座墓葬为偏洞式墓；葬式均为屈肢葬；绝大多数墓葬在墓室东北部有一龛，随葬品多为陶罐、釜、茧形壶等。

从墓葬形制和出土器物初步判断，禹王庙秦墓时代为战国中期。该墓地西南距 20 世纪 70 年代发掘的宋村春秋秦墓约 1.5 公里，西距南关春秋秦墓约 3 公里，该地西周时为京畿之地，东周为秦的领辖区域，该墓地的发掘，对于研究关中地区战国秦墓的分布、文化特征、该地区战国秦墓的身份认定等提供了不可多得的新资料。

① 国家文物局：《中国文物地图集陕西分册》（下），西安地图出版社，1998 年。

第九章

城市管理

从原始聚落到城市的出现，行政管理自然如影随形地跟上。“国”与“野”是西周王城与远郊在称谓上的一种区别，即：居住“国中”的是统治阶级上层，也包括构成“国人”的“士”、部分农民和工商业者；而更多的农人则是散布在“郊野”的。当然，这时的所谓“国中”，实际上也包含了近郊。于是，针对国中居民成分的复杂性，城市管理意识很自然地在统治者头脑中萌生出来，随之便产生了与之相应的一套制约机构。

尽管我们缺乏商、周时代有关城市管理的资料，先秦典籍中零星的涉及却使人们在窥视前朝时有所凭借。《周礼》说小司徒的职责是：“掌建邦之教法，以稽国中，及四郊都鄙之夫家……”因为国中和四郊居住着“六乡”之民，按“卒伍”的军事组织编制户口，便于起军旅、作田役、比追胥（追捕贼寇）、令贡赋。当然，这主要只是从贯彻政令上说的，还属于宏观的方面。而具体分管的属官，最直接的还要算是“闾师”掌人口、六畜，“县师”掌土地，“遗人”掌储备了。

特别值得一提的是，同宾客往来、师役活动有关的是对道路的重视，从而形成“路政”制度。按规定，“周野之道”：“十里有庐，庐有饮食。三十里有宿，宿有路室，路室有委。五十里有市，市有候馆，馆有积。”（《周礼·地官·遗人》）这周密的设计，确实带有理想主义的色彩。事实如何，有待进一步研究。

但面对发展起来的城市商品经济，管理市贸的组织变得更加严密，确属不争的事实。如“司市”掌商业政策，“质人”掌交易，“廛人”掌税收，“胥师”“贾师”掌价格，“泉府”掌平调，“司稽”“胥各”“肆长”都具有纠察的性质，“司行”则负责国门的启闭。

这些各司其职的分工，显示出来的是一套都城管理网络。

最能体现城市特色的，商业的繁荣当属于其中之一。据《说苑·臣术》载：“秦穆公使贾人载盐，征诸贾人。”在陕西凤翔雍城遗址的北部确也发现了“市”的遗址[1]，足见春秋时期的秦国统治者不但已经在国都介入商业活动，而且也用法律手段对商贸和市场进行着控制与管理。公元前378年，秦献公“初行为市”（《史记·秦始皇本纪》），开放商业，正式使商人行为合法化，并有了固定的交易场所。商鞅变法，“平斗桶、权衡、丈尺”“令民为什伍，而相牧司连坐”“令民父子兄弟同室内息者为禁”。（《史记·商君列传》）统一度量衡、编制户口、建立个体家庭单位，同样使都城的管理走上法制化的轨道。从此开始，咸阳的市政设置愈益完备。

第一节　人口管理

一、首都人口的构成

（一）居民成分及其来源

我过去在《秦都咸阳》一书中对咸阳的常住户口作了如下的推测，认为首都的居民由九部分人组成。现在依然坚持这一观点：

1. 皇室宗族

商鞅变法规定：“宗室非有军功论，不得为属籍。”（《史记·商君列传》）这只是从政治待遇上对原来宗族奴隶主实行的一项限制。但当新兴的地主阶级登上政治舞台之后，其掌权的代表人物怎么能受自己的限制呢？“变通”的理由充作“合法的借口”，这向来是古代政客们玩弄的一般把戏，何况对君王而言，有何质询的必要！孝公之后，继立的秦惠文王就没有按商鞅的规定做，如公子繇（惠文王子，一名通，又名通国）在公元前328年曾质于魏（《史记·张仪列传》），当司马错定蜀后又被封为蜀侯，公元前324年为蜀相陈庄杀害（《史记·秦本纪》）。公元前309年，秦武王封公子恽（惠文王子）为蜀侯，后又冤死于昭王六年（公元前301年），葬于成都。其子绾，继封为侯。（《华阳国志·蜀志》）秦昭襄王的同母弟公子悝为高陵君（一曰叶阳君），初封于彭（《史记·秦本纪·索隐》），公元前291年改封邓（《史记·秦本纪》）。又一同母弟公子市为泾阳君，后封宛，与悝同列诸侯，当昭王废除“四贵”后都被逐出关外。（《史记·吕不韦列传》）这些封侯的或是

① 王学理、尚志儒等：《秦物质文化史》，三秦出版社，1994年。

为人质的公子们毕竟是少数，而且居留京师，抑或是率族人就国问题上也是个可变的数字。

全国统一后，尽管丞相王绾曾经“请立诸子”，受到了认为“有侯王”是“树兵”论者的驳议。但对其政治特权的限制，并不等于对经济权利的限制，更不等于对皇族享受生活特权的限制。既不封侯，就不可能也不存在皇族迁离京都的问题。始皇有子三十余人(《史记·秦本纪》)，确实没有留下建立军功的什么记载，仅知长子扶苏曾受权监护蒙恬北守上郡。秦二世、赵高阴谋集团篡权后曾把“六公子戮死于杜”(《史记·秦始皇本纪》)，逼杀公子将闾昆弟三人，使得“宗室震恐”，又把“公子十二人僇死于咸阳市，十公主矺死于杜，财物入于县官，相连坐者不可胜数”。就连公子高想逃走，还怕连累自己的宗族，而自愿从死。(《史记·李斯列传》)

嬴氏宗族自春秋以降，历经五个半世纪计32世，子孙繁衍，已是一支人口数量庞大的家族，他们当然地居住在京都这繁华之地。

2. 官员及眷属宾客

秦王朝是一架庞大的统治机构，官员很多。其中绝大多数应是常住首都咸阳的，仅吕不韦“食客三千”，嫪毐也是“诸客求宦为嫪毐舍人千余人”(《史记·吕不韦列传》)。始皇平嫪毐之乱，光夺爵迁蜀的舍人就有四千余家，估计连同家奴也有四五万人之多。丞相李斯家“诸男皆尚秦公主，女悉嫁秦诸公子。三川守李由告归咸阳，李斯置酒于家，百官长皆前为寿，门廷车骑以千数”。(《史记·李斯列传》)“始皇帝幸梁山宫，从山上见丞相车骑甚众”。(《史记·秦始皇本纪》)

3. 宫廷侍女及杂役

“咸阳之旁二百里内宫观二百七十，复道、甬道相连，帷帐、钟鼓、美人充之，各案署不移徙”；(《史记·秦始皇本纪》)“后宫列女万有余人，妇人之气上冲于天”；(《三辅旧事》)上林苑的朝宫竟是“车行酒，骑行炙，千人唱，万人和”。(《三辅黄图》)这些生活在上层，而实际处于下层的奴隶们，供人驱使，是寻欢作乐和奴役的对象，其数量之多应是统治者的几倍?

4. 京师的禁卫军

中尉所领兵数不确知，不过从两丞下有属官侯、司马、千人各二人看，估计在万人以上。

郎中令的属官大夫“多至数万人”，郎“多至千人”、谒者“员七十人”。(《汉书·百官公卿表》)

卫尉掌管宫廷警卫，秦二世曾“尽征其材士（傅籍后经过训练的地方武装）五万人屯

卫咸阳，令教射狗马”。(《史记·秦始皇本纪》)

以上三部分人数总在七八万人。

5. 手工业劳动者

这部分人数恐怕要大于前列各项人数的总和，因为在古代的生产条件低下的手工劳动中，人少了不行；再者，其劳动产品是供给社会需要的，其门类很多，像出土和传世的“相邦戈”多是咸阳的产品；始皇陵的铜车马及其金银细工饰品，无一不是官营手工作坊生产的。仅就滩毛一地的制陶作坊区而言，其文化层堆积厚（3 米左右）、地域广阔（东西 800 多米，南北除沦入河底外，尚留 400 多米），说明它绝不是短期内少数人活动的遗留。从牛羊村到刘家沟、始皇陵西侧都分布有烧制砖瓦的陶窑遗址，足以说明这部分劳动者是一个庞大的人群。

6. 中小地主和农民

首都郊区人口最多的是农民。丰、镐间“民犹有先王之遗风，好嫁穑，殖五谷”（《史记·货殖列传》)，可说是久负盛名的农作区。农民包括自耕农、“耕豪民之田”的佃农和“为人佣耕”的雇农这三部分劳动者。一些没有爵位的成年男子，有着独立户籍的“编户之民”[①]，虽从事农作，有家室、臣妾、衣服、畜产，其中有些人还可能通过土地买卖上升为地主，竟可以到了“千金之家，比一都之君，巨万者乃与王者同乐”（《史记·货殖列传》)的地步。

7. 奴隶

秦代的奴隶还是大量存在的，首都似乎更多一些。政府占有很多的官奴（如“隶臣”“隶妾”），贵族地主和商人又占有不少私奴（如厮、舆、徒、僮、舍人等），如吕不韦有“家僮万人”，嫪毐也有“家僮数千”。

8. 商人

公元前 378 年，秦国“初行为市”，说明秦政府已正式承认了在城市进行商业活动的合法性。尽管“重农抑商”是秦国奉行的一项政策，但并未禁绝正当的商业活动。对城市“贾市居列者”编制什伍，设“列伍长”，颁布标准的度量衡器，立市亭统管交易。既然政府加入商业，也就无形中给了商人以合法的地位，由此可见，取得了市籍的商人在城市人口中必定占有相当的比例。

9. 服徭役者

这部分人虽属于流动性质的人口，并不注册于咸阳属籍，但从长期的土木工程建设上

① 汉卫宏：《汉官旧仪》秦制：“男子赐爵一级以上，有罪从减，五十六免。”“无爵为士伍，年六十乃免者。”从免老年龄知，有爵者受到优待，而无爵者则为“编户之民”。

看，它却是个经常性的数目。众所周知，光修筑骊山陵墓和阿房宫两项工程的役人即达到七十二万人之众。

（二）咸阳城市人口数量的估计

关于秦都咸阳的人口数量没有文献可证，只能从比对中，作出估量。

随着农业和手工业的发展，商品贸易的活跃，外事活动的频繁，战国末年在列国相继涌现了很多繁华的城市。其中以首都为先，人口增长的幅度与数量是其他县邑无法相比的。齐都临淄有七万户，苏秦按每户以三个丁男计算，战时就可抽出二十一万人来补充军队。那么，每户至少有六至七人，或更多。保守地估计，临淄城约有42万人。那里的市民都很富有，从事吹竽、鼓瑟、弹琴、击筑，以及斗鸡、走狗、六博、蹋鞠（踢球）等文体娱乐活动。街上行人拥挤，擦肩而过，车轮相撞，尽管有“六轨之道”，街道仍显得狭窄。(《史记·苏秦列传》) 楚都郢城（今湖北荆州郢城村）存在411年，是楚国鼎盛时期政治、经济、军事、文化中心，为南国最大的城市和工商业都会。从楚怀王时的《鄂君启节》铭文看，150艘商船走遍湘、沅，上溯漓江之源，贩运岭南、南海的特产与珍奇，每年将数以千吨计的物资输入楚国，再通过陆路辗转中原。舟车相继的壮观，行商的规模，反映的是市井的繁荣和手工业的兴盛。歌台暖响，“阳春白雪”与“下里巴人”，道出郢都文化的深厚。诗人屈原与他的诗篇光耀千秋，是这座城市的骄傲。① 纪南城的考古发现，证实文献记载不虚，估计城区人口可达30万人之多②。其他的城市如赵都邯郸、郑韩故城、魏都大梁、燕下都、卫的濮阳等，同样具有历史久、规模大的特点，也自有一番热闹的景象。

在诸国的都市中，秦咸阳人口增长的趋势与相伴的繁盛，可说是遥遥领先的。

咸阳的户数与人口总数，人们多以秦始皇“徙天下豪富于咸阳十二万户”（《史记·秦始皇本纪》）来推算，似有不确。秦法不允许父亲同成年的儿子、成年兄弟在一家生活，目的是以便确立小生产者的家庭单位，提高劳动生产而增加服役力。因此社会上形成了“家富子壮则出分，家贫子壮则出赘”（《汉书·贾谊传》）的风气。男子十五岁就算成年，是要为封建国家服役和出军赋的③，女子也当在此年龄出嫁。一旦发现“民有二男以上不分

① 《北堂书钞》卷一二九、《太平御览》卷七七六引桓谭《新论》。

② 湖北省历史学会等：《南国名都江陵—它的历史与文化》，湖北教育出版社，1993年。

③ 《史记·白起王翦列传》：长平之役时，昭王曾“发年十五以上悉诣长平”。云梦睡虎地秦简《大事记》载，喜这个人于始皇元年（公元前46年）服役，当时他年十五岁。这些记载，都说明秦是以十五岁作为起役、起赋的年龄的。《汉书·高帝纪》如淳引《汉仪注》：“民年十五以上至五十六出赋钱。”班昭也曾说“窃闻古者十五受兵，六十还之”。（《全后汉文》卷九六）可见西汉初年也还是十五岁作为服兵役的起始年龄。

异者”则采取“倍其赋”的经济制裁办法。(《史记·商君列传》) 因此，秦的一户以三人为常，多不过四人。同时，战国时期的各诸侯国也都在控制人口，不使外流，以增殖财富。秦始皇刚刚统一天下，为削弱地方割据势力以巩固中央集权，在咸阳“销兵铸鐻”的同时，便徙“高赀富户”于秦土。这时，既要对大量的被迁者按原来秦国的制度重新编制户口，又要分散安置。所以，这里的“十二万户”应是“徙天下豪富于咸阳”编户后的总数。既是徙居的富户，也就成为秦的贫户，因为他们是秦王朝打击和削弱的对象，其待遇似更为苛刻一些，竟被称之为“迁虏”。据《史记·货殖列传》载：“蜀卓氏之先，赵人也，用铁冶富。秦破赵，迁卓氏。卓氏见虏略，独夫妻推輂，行诣迁处。”夫妻见迁而同行，当然算作一户。如此，徒来咸阳的“十二万户”，充其量也不过四十万人左右，而且也未必全部聚居在秦的首都[①]。我们如果扣除徙居内史其他地方的人数，留居在咸阳的折半计算，落户国都者大概不过十几万左右，如再加上原有的城市居民，我姑且列表估算如下：

咸阳城市人口估算表

成分	估算人数	备注
皇室宗族	约 500 人	1. 在咸阳立都期间，经过九代（实则七辈）国君。据载，除昭王时“诸弟争立，不善者皆灭之”，子嗣最多者孝文王和始皇均“有子二十余人”；2. 公主无载，应包括在内；3. 每户按五口计算
列侯、封君、官吏	约 5000 人	阿房前殿可坐万人，留京者折半算
前者的亲属、门客	约 35000 人	平均按每户五口计算。1. 史载：后宫列女万有余人；2. 杂役应多于宫女之数，合起来至少应同前三类人相抵
宫女杂役	约 40000 人	
奴隶	约 30000 人	主要指从事生产的官奴和封建地主、官僚的私奴
商人	约 10000 人	
驻军	约 30000 人	秦二世时曾调材士五万人到咸阳，似不应看作是常驻军，但常驻的屯卫部队也不应少于此数
手工业工人	约 50000 人	
地主、农民	约 150000 人	分布在首都郊区
徙民	约 120000 人	徙咸阳十二万户，多分散在内史，留居首都者占少数

因资料不完备且是相对的估算，只能为我们勾勒出一个大致的轮廓。秦统一后，作为全国的首府——咸阳人口达到了顶峰，大约在五十万人左右。这个数字高于临淄的人口，应该说是可信的。“咸阳人多，先王之宫廷小”，这是秦始皇对首都现实所产生的感触。当然，

① 《广韵》卷三十五《马韵》：“马姓，扶风人，本自伯益之裔。赵奢封马服君，后遂氏焉。秦灭赵，徙奢孙兴于咸阳，为右内史，遂为扶风人。”在《新唐书·宰相世系表》中也有记载：“马氏出自嬴性，伯益之后。赵王子赵奢为惠文王将，封马服君，生牧，亦为赵将，子孙因以为氏，世居邯郸。秦灭赵，牧子兴徙咸阳，秦封武安侯。”在这里，马兴名为徙咸阳，实则居扶风。他的祖父赵奢和父亲赵牧都是赵将，也即是秦的敌手，本人也在秦灭赵之年（公元前 228 年）而被迁徙。大概因为马兴是嬴姓之后，和始皇同宗，而且也是来自太后娘家之邦，所以在被徙的六国宗族中例外地受到任官封爵的政治待遇。尽管如此，也还不是留居在咸阳的。

比起晚此二百多年的西汉京城长安盛期末，还要高出近一倍，[①] 从情理上讲不是不可能的。

二、管理制度

（一）组织

对咸阳的城市居民以家庭为单位按“什”“伍”编制户口，分别由“伍老”和“什长”管理，一统于法。商鞅变法时，推行“连坐法”，使彼此监督，以防“奸邪”的滋生，以后实际成了固定不变的基层政治单位，做到兵、民合一，有利于统一战争的进行。

有市籍的商人，实际是受着双重管理的，一面按家庭编制什伍，受“列伍长”的直接领导；另一面从事商业活动，按行业要接受市府“长”或“丞”的管理，至于是否还建立有“商会”性质的组织，因为没有文献凭借，就不好推断。

（二）接待设施

舍，这里指古代行旅者中途休息住宿的地方，相当于今天的旅馆。古时行军止息，要除草而舍，也就是《周礼·夏官司马》量人“营军之垒舍”。这种军舍也叫“茇（bá）舍”或“草舍”。(《左传·襄公二十八年》)因为战车辎重行动滞缓，就规定路程“三十里”为“一舍”。但在地方上，舍作为食宿休憩兼路程的距离单位，就小于这数字，“二十里有舍”(《逸周书·大聚解》)，所以在通都大邑和大道沿线的集镇，普遍设有舍。

舍，也称“馆”。(《左传·僖公十五年》)在首都，舍是分等级的，有专为贵宾设立的“上舍”。公元前645年，秦、晋的韩原之战，晋惠公被俘，由于周天子出面求赦，再加上穆公夫人（晋君夷吾的姐姐）营救，才“更舍上舍”，由阶下囚一变而为贵客，秦穆公也以诸侯的“七牢”之礼招待。(《史记·秦本纪》)“上舍”在各国国都内都有设立，像“楚怀王闻张仪来，虚上舍而自馆之”。(《史记·秦本纪》)

舍和驿，虽属于不同性质，但多有关联。因舍多设驿站，故又称“传舍”。蔺相如持玉璧来秦咸阳，曾舍“广成传”。(《史记·廉颇蔺相如列传》)

秦国的舍，除便利行旅之外，还增添有新的内容，可以说它成了政府侦稽逃犯和奸邪的盘查哨。商鞅变法时就规定：店主必有执照，旅客住宿要验证，来去要登记。否则，要

---

① 《汉书·地理志》载，西汉的户口以平帝元始二年（公元2年）为最多。当时的京兆尹有属县十二个，“户十九万五千七百二，口六十八万二千四百六十八”，其中京都所在的长安城有二十四万六千二百人。

治罪[①]。所验之通行证，就是木制而书信加封印的“传”（zhuàn）[②]，汉名“过所”[③]。

在咸阳，国家还专设“馆”接待一般宾客，相当于现在的招待所。对各国君主及使者的接待，似专立“邸”。《史记·范雎蔡泽列传》载：魏使须贾来到秦国，“范雎闻之，为微行，敝衣间步之邸”。《正义》引刘氏云：“诸国客馆。”[④]

第二节　行政区划

一、地方行政管理系统

（一）郡、县、乡、里

要探明秦都咸阳的行政区划，仅根据文献记载和出土实物的罗列与描述，还有失偏颇。必须作出历史的考察，并从中找出内在联系，方为上策。为了对这一问题有个明晰的概念，在这里无妨对秦的地方行政管理系统作一历史性的回顾。

因为关中本是周地，其基层组织按《吕氏春秋·怀庞》的说法，有着国、邑、乡、里等级的区分。国，当然指的是国君所处的都城。邑，有多义。或单指京城，如“夏邑”“商邑”。又往往同“都”连称，也是对城市的一种区分性的称呼，即所谓“大者曰都，小者曰邑”。或作侯国的专称，或指大夫的封地。如果邑同“国”作垂直联系的话，“国”则指的是王畿之地，“邑”就成了与县同级但又小于县的区域单位了。虽然邑有大有小，其大也不过县。《汉书·食货志》说：“在野曰庐，在邑曰里。五家为邻，五邻为里，四里为族，五族为党，五党为州，五州为乡。乡，万二千五百户也。”师古注：“庐各在其田中，而里聚居也。”这里说的乡、州、党、族、里、邻等，是一套周代的行政系统，显然有着垂直的领属关系。

① 《史记·商君列传》：“商君之法，舍人无验者，坐之。”

② 《古今注》：“凡传，皆以木为之，长五寸，书符信于上，又以一板封之，皆封以御史印章，所以为信也，如今之过所也。”

③ 《汉书·文帝纪》注：张晏曰：“传，信也，若今过所也。”李奇曰：“传，棨也。”师古曰：“古者或用棨，或用缯帛。棨者，刻木为合符也。”不过，汉文帝十二年（公元前168年）已明令取消用“传”的规定，即：“除关无用传”。但孝景帝四年（公元前153年）后九月，又“复置关津，用传出入”。（《史记·孝景本纪》）

④ 汉代的邸，实际是各郡国在京师设立的办事处，像平定诸吕之变后，汉文帝是以代王的身份“入代邸”以观时变的。《汉书·文帝纪》师古注：“郡国朝宿之舍，在京师者率名邸。邸，至也，言所归至也。”

那么，都、邑指的是城市，乡、里则是按户口编制的行政单位。另外，对农村（鄙、野）的自然村落有称之为“聚”的，表明它还是氏族社会按一定血缘关系聚族而居的遗留。

这些居民单位在战国时期都发生了变化，非存即并，名实不符。所以，商鞅变法时，针对这种十分紊乱的情况着手整理，曾“集小乡、邑，聚为县”，并“令民为什伍”。(《史记·商君列传》）革除奴隶主势力盘踞于乡、邑组织，把户口纳入地方行政的编制之中，从而奠定了郡县制统治机构中县级的基础。

春秋末年，晋国在边地上始设“郡”一级组织，管辖的地面比较大，而且都是些人稀而荒僻的地方，其地位也低于“县”。只有到了战国时期，郡的地位上升并在郡内分设若干县，从而形成以郡统县的两级制地方组织。

秦国在兼并土地的过程中，设郡派守（由武官担任）统管郡内的军政和民政，目的在于调发地方武装力量，以便统一指挥。秦始皇统一六国后，在行政体制上就把郡县两级制推广到了全国。分全国为36郡，后在五陵南的南越地设立南海、桂林、象郡三郡。北取阴山南之地，置九原郡。以后又陆续析出东海、恒山、济北、胶东、河内、衡山等郡，湖南里耶秦简还出现了洞庭郡，最后增加到48郡。

郡守为地方最高的行政长官，郡尉管武事，监御史主监察。县设立“令”或“长”（也称“县啬夫”），下以“丞”作助理，以“尉”管军事。少数民族地区的县则称“道”。

县内分“乡”，乡下辖“里”。乡政权在商鞅变法后，其建制、职能都有很大的改变，具体任务是派徭役、征田赋、查案情、督粮仓（云梦秦简《法律答问》《告臣》《仓律》）。其乡吏，据《汉书·百官公卿表》载，有三老、啬夫、有秩。里是基层政权中最低的一级行政单位，按秦简《法律答问》的描述，似有垣墙，正如现在的自然村庄有围护一样。《诗·郑风》：“将仲子兮，无逾我里。”秦简《法律答问》：“越里中之与它里界者，垣为‘宅（院）’不为隧巷相直为‘院’，宇相直者不为‘院’。”在咸阳渭北的私营制陶业作坊区，虽地面不大，但发现不同“里”的陶文甚多。《汉书·食货志》说“在野曰庐，在邑曰里。五家为邻，五邻为里”。一里只有25家，里同里相邻足见里的范围很小。因为里以墙垣围护，就得辟门。《法律答问》规定：“燧火延燔里门，当赀一盾，其邑邦门，赀一甲。”郦食其在秦时曾做过“里监门”(《汉书·郦食其传》)，也不过是门卫类的小吏而已。里的长官称作“里正”，秦简中则作“里典”，其职责是按政府布置，直接派徭役、督户口、管治安、抓生产。里内的百姓以“家”为单位编制什、伍，即五家为“伍”，十家为“什”，都得接受“什长”“伍长”的直接管理。“伍长”也称作“伍老”。(《韩非子·外储说右》)

秦的地方政权组织，其垂直关系由上而下是：郡——→县——→乡——→里。

咸阳，作为首都及其所在的内史之地，在编制上则省去了郡、县，仅有乡和里。

（二）关于“亭”的性质与职能

文献记载秦咸阳有“杜邮亭”“长平亭”“轵道亭”“白亭”等，多是同地名有关。在咸阳故址上也常见带“亭”字的陶文，如“咸阳亭”（图 9–1）、“咸亭”、“□里”，这就是常说的“亭里陶文”。那么“亭”是否为一级行政组织？

图 9–1　咸阳亭陶文

《汉书·百官公卿表》：“大率十里一亭，亭有长。十亭一乡，乡有三老、有秩、啬夫、游徼。三老掌教化，啬夫职听讼，收赋税；游徼徼循，禁盗贼。县大率方百里，其民稠则减，稀则旷；乡、亭亦如之。皆秦制也。”这段文献资料长期来给人形成固定的印象是：秦的地方行政层次是郡、县、乡、亭、里。即亭上承乡，下辖里。但这同实际矛盾，似应重新理出个认识来：

首先，既然乡的三老、啬夫、游徼的职责同中央的三公（丞相、太尉、御史大夫），郡的守、尉、监，县的令（长）、尉、丞对应，而亭的职能是什么？班固并没有讲。《后汉书·百官志》刘昭注引《汉旧仪》说：“亭长课徼循。尉、游徼，亭长皆习设备五兵……亭长持二尺板以劾贼，索绳以收执贼。”这里是否即“秦制”？云梦秦简见到的亭吏有“校长”“求盗”，而且无一例外的活动是同“徼循”“捕盗”有关，[①]虽同乡之“游徼”业务对应，却不见行政民事，同“里典”的任务也有别。如果一亭管十里，其机构设置绝不可避免会有行政事务（教化、收税、听讼），但还看不到。足见班固所言的“十里一亭”并不是亭下辖十个“乡里”，而是十里路程设一逐捕盗贼、维护社会治安机构的“乡亭”。那么，文中所言“十亭一乡”显是“十里一乡”之误。[②]

其次，文中的“里”，既不是行政单位的“乡里”，那就是指路程距离的“步里”。虽然“亭”

① 云梦秦简《封诊式·群盗》：“爰书：某亭校长甲，求盗才（在）某里曰：乙、内缚男子丁，斩首一……”校长能率求盗去捕盗，说明他是一亭之长。大概在秦统一六国之后，才把亭的“校长”改为“亭长”。“求盗”系亭吏。

② 王毓铨先生认为《百官公卿表》中“十亭一乡”中的“亭”实是“里”字之误。此看法是可从的。王文参见《汉代“亭”与“乡”“里”不同系统说辨证》，载《历史研究》1954 年第 2 期。《史记·司马相如列传》：“相如往舍都亭。”此都亭即临邛之亭。

不是乡下的一级行政组织，但“亭”却同行政区划的乡、邮传、驿馆作了等距离的配合，因而有“十里一乡”“十乡一亭”“五里一邮”的设置。目的是便于“亭”执行治安任务。

复次，秦汉的“亭”，既属于地方治安组织，有如今日之派出所，当然属于行政之外另一编制的公安系统。但它在所管辖范围的划分上，却是沿驿道两侧、水路津要、通都大邑，以地域方便为根据的。以十里为单位，尽可能作到乡、亭同级配合。但亭却是可以跨乡的。

现在，我集中地谈亭。

亭的设立具有普遍性。前引《百官公卿表》所说的亭，实则是“乡亭”。因农村地域广阔，设立数目必多，也叫“野亭”。其总的工作方针是治安防盗，确保政令施行的社会秩序。因此，捍盗办案是最为突出的工作内容。实际上，它已渗入到民事诉讼、诏狱判断、遣送役徒、保障邮传、管理道路、检查逆旅各个部门与系统的治安中去。此外，还有一些专业性质的亭，如在通都大邑、郡国治所附近设立有“都亭”①，在城市内设立有“街亭”②，在城市商贸区设立有“市亭”③，在邮路上设立有“邮亭”④等。这些特殊的亭，虽同某项专业有关，但不是对职能部门的取代，服从于执行治安司盗仍是其第一要务。

亭有一套独立的管理机构。第一，我们应看到，在秦汉文献中往往是“乡里”连称的，绝不见在二者之间有亭的记叙。恰恰相反，亭长受县任免和派遣，直接归主管全县武事的尉领导，其地位同乡平级。因而，就有了“乡、亭”并提的事例⑤；第二，因为亭不属于行政系统的地方组织，因而下不辖里。至于咸阳出土“咸亭□里”的陶文，只能表明该里生产的陶制品是专由咸阳市亭监制的，同“物勒工名，以考其诚”的用意一致，不能作为街亭管理的例证；第三，亭有完备的官吏设置。“亭长”，是一亭之长，由县尉领导。亭

① 《史记·司马相如列传》：“相如往，舍都亭。”此都亭即临邛之亭。

② 云梦秦简《盗马》爰书说“市南街亭求盗才（在）某里曰：甲缚诣男子丙……告曰：‘丙盗此马、衣，今日见亭旁，而捕来诣。’”这里的“街亭”位于市场之南，可见它不同于《群盗》中说捕村落之盗的那种“乡亭”，也同“市亭”有区别。其设立在市内也不止一处，性质同今日城市之派出所。

③ 市亭管市，专有亭吏巡察，纠拿商品质量、价格、货币中的欺诈行为，商人逃役漏税和混杂奸细的活动，以确保商品流通领域中的治安防范。秦简《金布律》规定：“贾市居列者及官府之吏，毋敢择行钱、布；择行钱、布者，列伍长弗告，吏循之不谨，皆有罪。”对通用的铜钱与货币这两种货币，不允许选择取舍的贪嫌，要求“百姓市用钱，美恶杂之，勿敢异”。又规定“有买（卖）及卖殹（也），各婴其价”，即在货物上系有标明价格的标签。湖北睡虎地秦墓陶器上有“安陆市亭”、咸阳故址出土“咸亭”陶文，说明管理制陶作坊、验收产品合格后加盖印戳，无疑是发给生产与销售者的合格证。

④ 《汉官仪》：“五里一邮，邮间相去二里半，司奸盗。”《汉旧仪》：“五里一邮，邮人居间，相去二里半。”按：邮乃今之俟也。

⑤ 《后汉书·王景列传》：“训令蚕织，为作法制，皆著于乡、亭。”王符《潜夫论》：“乡、亭部吏，足以断决。”

吏则有“亭佐”（亭长的副手）、“亭啬夫”（管经济事务）、“求盗”（掌捕盗贼的武卒）、“有秩”（书吏）、“亭候”（侦探）、“亭父”（“掌开闭扫除”的勤杂工）等。

对亭探讨的结论只能是：亭既不是乡下里上的一级地方行政组织，也同乡不属一个系统，而是一个地区性的社会治安机构。统归县管，与乡平行，辖区不尽受“十里一乡”的限制。县市内数亭并列，其本身就构成了一个严密的社会治安网。

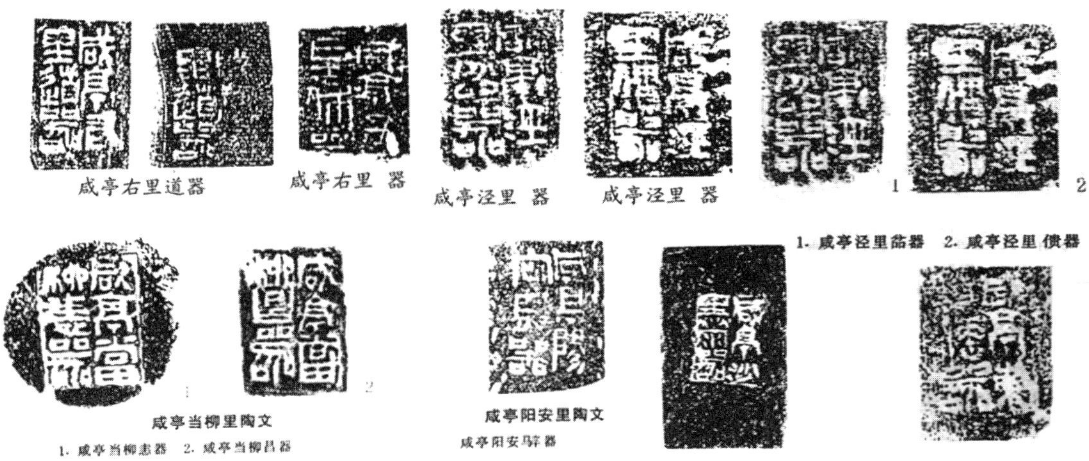

图 9–2　市亭陶文：“咸亭”

最后，还有一个问题就是如何区分“市亭”和“乡亭”，因为这对研究咸阳的“亭里陶文”至关重要。“亭”字陶文在渭北区仅有“咸阳亭”“咸亭”“杜亭”，始皇陵区有“丽亭”。文献中还见有“杜邮亭”“长平亭”“轵道亭”“白亭”等等。对亭的性质、职能，已如前述，而“市亭”设在都会县邑或要地，是具有特殊性质的专业亭。其主要职责就是监管民营手工业生产与商业经营中的奸邪不法行为，其所设立也只能有一个。由于它是政府专设的市府机关，具有领导部门的权威，在市的管理上同样体现着一统于法的法制精神。作为市亭的“咸阳亭”在陶器的戳印中，往往省略成“咸亭”两个字，或一个“咸”字。如秦咸阳的六字章如“咸亭鄘里絭器”“咸亭右里道器”等，都是以“咸亭”两字打头的，从未发现第二个什么“亭”的。（图 9–2）虽然渭北区发现戳印“杜亭”的陶器、清涧县米家崖遗址也出现过“杜市”陶文，那当是秦杜县市亭管辖的商品，同始皇陵马厩坑出土戳印“咸亭当柳昌器”章的陶罐、秦杜县附近秦墓出土的“咸亭完里丹器”陶器一样，是作为商品运销外地的结果。既有“咸阳亭”印文陶器的发现，联系“咸亭”和“咸”文，即知均属“咸阳市亭”之省。同理，“芷”字是“芷阳市亭”的缩写，“丽亭”“丽市”“丽”

都“丽邑市亭”的简化。由于这些“亭”字陶文都是出现在日常用品的陶器上，就很清楚地说明这种“亭”只能是“市亭”，而绝非“乡亭”或其他性质的亭。

但这也并不排除这些领导商业贸易活动的“市亭”或“市”自己从事商品生产的可能性。像长陵车站出土的直口盆沿上只钤印“咸阳亭”三字，毛王沟采集有“咸阳亭久”，黄家沟秦墓出土“平市”陶文，就是很好的说明。

那么，迄今为止，没有发现“杜邮亭”“轵道亭”“白亭”的陶器，这说明它们属于“乡亭”。由此，我们还可以得出第二个判断的标准，那就是“市亭”是设在县邑的，如“杜亭”为杜县之市亭，“丽亭”为丽邑之市亭，其数必少，而“乡亭”在县邑内则有多处设置。既然有“十里一亭”的设置，所以乡亭名也多同地名相关。

二、咸阳的行政建制

（一）渭北里名索解

今日关中平原和商洛的一部分，在秦代属于“内史”之地，不再设郡。有直辖县26个，内史治所设在咸阳。

首都咸阳所在的京畿范围较大，周边是由池阳、弋阳、高陵、芷阳、杜、鄠、废丘等七县构成的密闭圈。圈内的京畿，也不再设县。

京畿的渭北区，只见有“里”一级的基层单位。而在渭南区，里之上还有“乡”一级的建制。

从出土的亭里陶文研究，渭北的里有如下一些：[按：秦都咸阳发现的亭里戳印陶文，多系阳文印章捺压而成，故呈凹下的白文，且有陶质印戳的出土。阳文印记少见。陶章最多六字，以四字为常。也有两字和一字的。前者模印，后者有模有刻。

4	1
5	2
6	3

过去因为对冠“亭”“里”印记的读法有误，致使里名隐没，解义也嫌勉强。如“咸亭□里□器”六字章，文作两行，行三字，本用自右向左的竖读法，如图所示，义作“咸阳市亭管辖下□里□（工名）所作之器（器具）”。章中的“咸亭”，很明确，是咸阳的市亭。“□里”是制器工人籍贯所属的里名。“□器”，是指工人所作之器物，前者□是工人名字。这样做，正是“物勒工名，以考其诚”监管制度的体现。

2	1
4	3

但对同是“□里”的四字章，过去有如图示那样的横读法。例如把“咸屈里□”读成了“咸

里屈□”。如此一来，就在“屈里”之外又生化出一个“咸里”来。同样，“咸亭屈里綦器”就被读成了“咸里亭綦屈器”。这不仅在读法上自相矛盾，其义也难以通晓。

过去，我在咸阳遗址考古时曾思索过印戳陶文如何读法的这一问题。恰巧在“咸亭(完)里丹器”六字章之后，见到了陕西历史博物馆藏的一方“咸完里夫”印记。从对读中破解了读法规律，再加之“咸完里□”四字章的陆续发现，更为我的见解提供了实物依据。

就目前掌握的资料知，秦都咸阳的陶文凡是两行章者，六字全属、四字多属于自右而左的竖读，即次序是先由右侧自上而下，再到左侧向下的接读。仅个别的四字章既有右起竖读的，也有左起竖读的，如“咸完里□”“咸完里牝”“咸巨阳戏”章，但除左起顺时针旋读的之外，绝无右起横读的。始皇陵区陶文，湖北的云梦第十四号秦墓三件陶瓮的“安陆市亭”印文，无不右起竖读。如果见到“咸”“阳”“邑”“原”诸字同处一章的，硬要使“咸阳”“咸邑”“咸原”相连，就势必引起对角线读法的混乱，产生了无章可循的随意性。至于两字章者多取上下排列，如“左禹”“左登”“平市”。横向排列者，有右起的读法（如“左李”），也有左起的（如“左如”）。

在此，我归结一下有关研究秦都咸阳亭里陶文的体会。

第一，书例是“咸亭→□里→工名→器”。六字章有时省略“里”(如“咸亭当柳恚器”)；四字章省“亭”“器”二字（如“咸东里K”）；有时因里名为二字者，就省“里”字（如“咸市阳于”“咸新安盼”等）；工名多以一字为常，若为二字者，必省前边的“里”字。

第二，陶文章读法三种：右起竖读（绝大多数），左起竖读（仅限于四字）和左起顺时针读（极少）]

1.屈里——陶文中“屈”字多加邑旁作“郿”(图9-3)。屈里陶文所见最多，六字者有“咸亭郿里綦器”“咸亭郿里芮器”“咸亭□里禄器”；四字者有“咸郿里荟”“咸郿里且”“咸郿里跬”“咸郿里宦”“咸郿里驵”“咸郿里疆”“咸郿里射”“咸郿里新”“咸郿里角”“咸郿里贝”“咸郿里夸”“咸郿里举”“咸郿里致”“咸郿里专”“咸郿里就”“咸郿里台”“咸郿里长”“咸郿里寓”“咸郿里壮”“咸郿里尻”“咸郿里果”“咸郿里宣”“咸郿里砮”“咸郿里□”“咸郿里亥”“咸郿里善”“咸郿里其”“咸郿里泰”“咸郿里郿”“咸郿里纪”“咸郿里段”“咸郿里道”“咸郿里尼”“咸郿里致”“咸郿里果”“咸郿里组”“咸郿里郿”“咸郿里队”“咸郿里逋”“咸郿里及”“咸郿里绥”“咸郿里信”“咸郿里彊”“咸郿里段”等。另见“咸郿小有”“咸郿小颖”“咸郿小□”等，也当是屈里的制品。

以上“屈里”陶器多为滩毛村一带发掘或采集的。1961 ~ 1963年，我在这里发掘，有陶窑及多种窑具出土，确认是秦都咸阳北区西南隅的一处民营制陶作坊区[①]。只可惜发掘区早已因渭河北岸崩溃而沦入河底。“屈里”陶文集中出土在滩毛村南一带，说明屈里当在这一带。

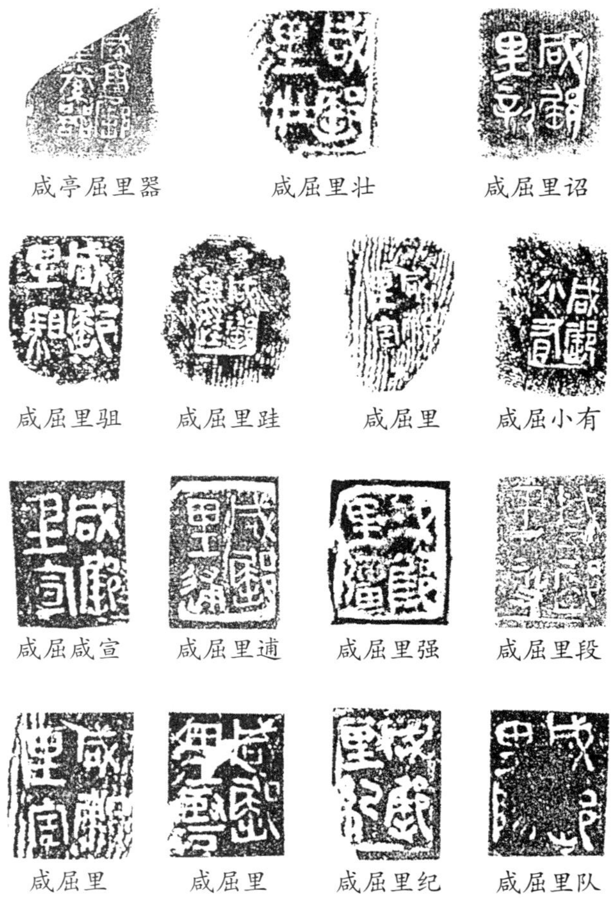

图 9–3　咸屈里陶文

2. 完里——在秦都遗址采集的六字章，见有“咸亭完里丹器”“咸亭完里□□”“咸□完里□器”。四字章的，“完”字多加邑旁，作“郍”。“咸郍里夫”“咸郍里奢”“咸郍里昧”“咸郍里□”。长陵车站一带有“咸郍里□”“咸完里黄”等陶文。秦东陵、芷阳遗址和西安市南郊潘家庄秦墓地，也都有“咸亭完里丹器”陶器的发现。塔儿坡秦墓中则出土有“咸郍里欣”“咸郍里杭”“咸郍里驾”陶器。另外，在秦都咸阳遗址的井圈上有一方印文作“咸亭里完意器”，从前面多方“完里”印戳看，“里完”二字颠倒，显然是“完

① 陕西省博物馆、文管会勘查小组：《秦都咸阳故城遗址发现的窑址和铜器》，《考古》1974 年第 1 期。

里”的误刻。（图 9–4）

咸亭完里□器　咸亭完里丹器　咸完里昧

咸完里奢　咸完里欣　咸完里

咸完里夫　咸完里□　咸完里黄

图 9–4　咸完里陶文

3. 右里——西北大学藏有“咸亭右里道器”陶文，不知其出土地。1973 年，我在店上村南采集到“咸亭右里□器”陶片，在渭河北岸还采集到“咸右里□”陶片。1975 年，又在黄家沟战国秦墓中出土盖有“咸亭右里道器”印记的陶罐。塔儿坡墓的陶缶口沿上，戳印“咸□□里道器”，模糊的二字当是“亭右”。从方位上看，店上村正处于横桥北端通往市中大道的右侧，所以可以判断出右里就在店上村一带。（图 9–5）

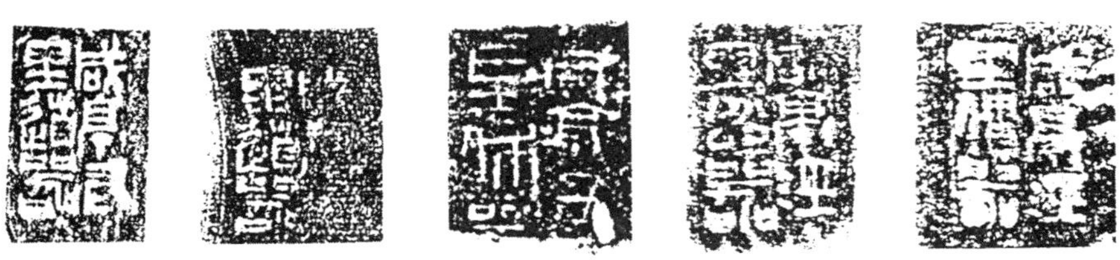

咸亭右里道器　咸亭右里器　咸亭泾里器　咸亭泾里器

图 9–5　咸亭右里陶文

4. 泾里——咸阳博物馆有“咸亭泾里奙器”陶井圈，我在孙家村也采集到同文陶片。渭城湾还见有“咸亭泾里僨器”陶文。（图 9–6）

咸亭泾里奙器

咸亭泾僨里

图 9–6　咸亭泾里陶文

咸阳北临泾水，“泾里”可能位于北阪上临泾的某地。

5. 当柳里——陕西历史博物馆旧藏“咸亭当柳恚器”陶壶盖，但出土地不详。据“咸亭”判断，地当渭北。秦始皇陵马厩坑发现“咸亭当柳昌器”陶罐，也当是当柳里工匠制作的产品。（图 9–7）

咸亭当柳里陶文

1. 咸亭当柳恚器　2. 咸亭当柳昌器

咸亭阳安里陶文

咸亭阳安骍器

图 9–7　咸亭当柳里陶文

6. 芮柳里——始皇陵上焦村墓葬群陶罐上戳印“咸亭芮柳婴器”，后在秦都一号遗址出土“咸芮里喜”陶文知其为里名。塔儿坡墓陶器中，也有“咸芮里臣”印记。（图 9–8）

“芮里”当是“芮柳里”的简称。

咸亭芮柳□器

咸芮里喜

咸芮里臣

图 9–8　芮柳里陶文

7. 阳安里——"咸亭阳安骍器"陶文出自滩毛南陶窑遗址中，又见"咸亭阳安吉器"陶片。

这里的"阳"，没有具体名位的限制，当是一个大的地域概念，很可能指渭水之阳。而渭水之南有咸阳的长安乡，那么二者结合为里名就很自然。由此可见，"阳安里"可能在"屈里""右里"的附近，当是三里东西一线排开。（图 9–9）

图 9–9　"咸亭阳安骍器"陶文

8. 沙寿里——"咸亭沙寿□器"陶文出自滩毛陶窑遗址，陶片上也见到"咸亭沙里縈器"戳印。陕西历史博物馆有"咸沙里壮"陶井圈，在聂家沟又采集到同文陶片。遗址中还伴出"咸沙里突"陶文器片。长陵车站采集有"咸沙里卫""咸沙里疢"陶器。（图 9–10）

沙里当是"沙寿里"的省称。地当长陵车站附近，位"屈里"之北。

咸亭沙寿□器

咸亭沙里荣器

咸沙里冢

咸沙里壮

咸沙里卫

图 9–10　沙寿里陶文

9. 东里——咸阳博物馆藏有“咸亭东里倕器”“咸东里儆”陶器。毛王沟还采集到同文的六字章陶片（图 9–11）。

10. 直里——秦遗址残陶片上有“咸亭直里广器”戳印，陶罐残片上有“咸直里文”“咸直里缭”印文。在淳化县寨子渠汉墓也出土“咸直里章”陶壶，在马家山村出土“咸直里缭”陶壶（图 9–12）。

11. 隧阳里——秦都第 4 号建筑遗址的陶盆上戳印“咸亭隧阳醜器”的六字章，另外还见有“咸隧阳便”陶文。塔儿坡墓也有“咸隧阳戏”印文。（图 9–13）

隧，系市中的道路。也许该里就位于咸阳某市之南。

12. 咸里——塔儿坡墓中出土 3 件“咸里”陶文，各有特色：在陶壶腹下按“咸里甘周”印记，阳文，笔划纤细，印边光滑，当是金属白文印模所为；在陶盆腹下戳印“咸里隧阳”四字；在一陶罐肩部，自左向右横向地以楷兼行的书体，刻画有“咸里綵磘”四字。（图 9–14）

“咸里”是烧造陶器有名的地方，可能是市亭直接生产的作坊，因此不需要在印戳上再出现“咸亭”字样，里后即署工名。在里名中确有“隧阳”，此章前冠“咸亭”、后署工名，如“咸燧阳戏”；而以“燧阳”为工名的，则前必定冠有里名加以限定，“咸里燧阳”戳记[①]即属此类。从中可以看出“咸里”就在市亭附近。“元平元年咸里周子才”陶器印文的存世[②]，说明咸里迟到西汉中期还在生产陶器。“元平”是汉昭帝的年号，元年即公元前114年。至于“咸阳綵燧”印文，疑点甚多。

图 9-11　“咸亭东里倕器”陶文

咸直里广器

咸直里章

图 9-12　咸直里陶文

咸燧阳戏

咸市阳牛

图 9-13　燧阳里、市阳里陶文

咸里綵窖

咸里燧阳

咸阳甘周

元平元年咸里周子才

图 9-14　咸里陶文

13. 市阳里——有“咸市阳牛”和“咸市阳于”两方陶文，表明市阳里在咸阳市井之南。

① 咸阳市文物考古研究所：《塔儿坡秦墓》，三秦出版社，1998 年。

隧咸
阳里

过去对四字章用横读法，固然有“咸里”的里名出现，但因其读法有误，掩盖了很多实有的里名，就一统于“咸里”。“咸里”确实是存在的一个里名，这次从塔儿坡陶文“咸里甘周”印模得到印证，以致于印文（如示例）仍以“咸里隧阳”为是；另一印文（如示例），同样读作“咸隧阳戏”。二者中的“隧阳”，前为人名，后为里名。

② 陈直：《关于秦汉陶录》第一卷。

有将此横为“咸阳市牛”、交叉读成“咸阳市于”，从而得出“咸阳市”之例，随意联系，无章可循，混乱至极。因为“牛”和“于”均是普通制陶工人，又非咸阳市亭永恒不变的固定籍贯。如果把咸阳市亭之官吏刻名于器上，同“物勒工名”之制相悖，在陶文中又绝无此文例，所以此章中横读与交叉读都不能成立。

14. 訚里——黄家沟战国秦墓的陶缶上戳印“咸亭訚里□器”六字章，遗址中有“咸訚里成”陶罐，另见陶片上有“咸訚里眩”戳印。塔儿坡墓的陶盆内底上有“咸訚里林”陶文，也有“咸訚里陵”陶罐（图 9-15）。

15. 闇里——秦都咸阳遗址有“咸闇里成”陶罐，塔儿坡墓也出土“咸闇里陵”陶罐。

16. 阑里——塔儿坡秦墓一陶盆内有“咸阑里林”印文。“阑”字原文作“䦨”。《说文解字》：“䦨，妄入宫掖也。从门，䜌声，读若阑。”

17. 旨里——有“咸旨里缭”陶瓮。

18. 少原里——秦都遗址出土有“咸少原申”“咸少原角”“咸少原婴”等陶文，陶器上还多处见“咸少原豫”戳印。塔儿坡秦墓的陶盆上还盖有“咸少原公”戳印。竟在淳化县汉钩弋夫人云陵的筒瓦上也有“咸少原角”陶文的发现。两地陶文章法、书体全同。（图 9-16）

咸亭　里□器

图 9-15　訚里陶文

咸少原申　　咸少原婴

图 9-16　少原里陶文

汉昭帝为母“起云陵”，上距战国一百三十多年，咸阳少原里的“角”，不可能如此高寿。云陵距咸阳百里，也不可能远输建筑用瓦。可信的解释只能是角的后人历代从事陶业，以致享有盛名，役使云陵时就使用祖上宝印以夸耀也。“少”，小也。居延汉简中，把“少府”都写作“小府”。秦咸阳一号遗址“咸小原婴”因少字下部模糊的成了“小”，恐系“少”字。少原的“原”在陶文中作“原”，所以陶文“咸小原□”就是“咸少原□”。地在秦都所在的咸阳原头上。有把“咸”与“原”连起来作自右而左的横读，得出“咸原”为“咸阳原”的省文，实在找不出历史根据。

19. 蒲里——在秦都遗址、嫣王秦墓陶鬲和塔儿坡墓中都出土有“咸蒲里奇”陶文。

秦都北区东郊有风景如画的兰池，由西而来的渭水引入，周流曲折形为长池，此间蒲草丛生，蒲里当在这一带（图 9–17）。

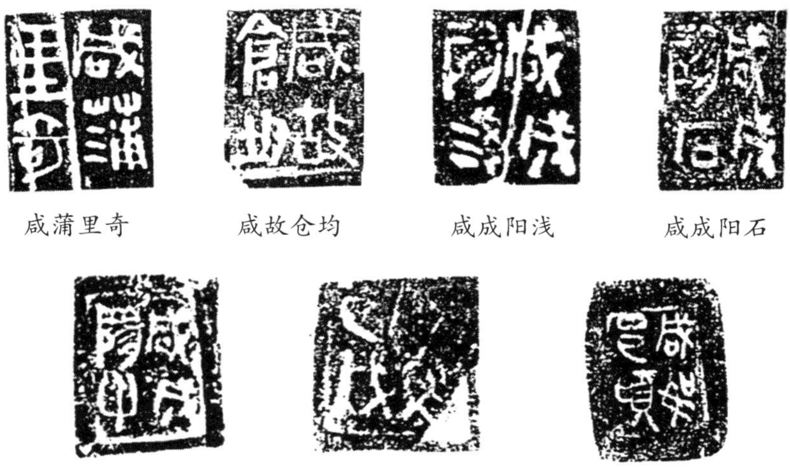

咸蒲里奇　咸故仓均　咸成阳浅　咸成阳石

咸成阳申　咸如邑戊　咸如邑

图 9–17　蒲里、故仓里、成阳里、如邑里陶文

20. 故仓里——在秦都咸阳 4 号建筑遗址的陶盆上，戳有“咸故仓均”陶文。

秦咸阳有粮仓，秦简中有“万积”的说法，今窑店镇西有仓张村，故仓里是否就在这一地区？

21. 成阳里——咸阳北阪的冀阙宫庭基址发掘中，在板瓦上见有戳印“咸成阳申”“咸成阳石”“咸成阳洛（？）”陶文。另见“成”字陶文，当系“成阳里”之省。

22. 如邑里——板瓦上戳印“咸如邑顷”“咸如邑戊”。（图 9–17）

在此遗址发掘中，同样在板瓦上还出现“如邑”“壮邑”“芮里”三个里名。由牛羊沟沿原边东去，到刘家沟，多有陶窑遗址，分布稠密，窑体也大。看来此三里就在这一地区，专供宫廷建筑用瓦。

23. 壮邑里——见有“咸壮邑□”戳记。

24. 巨阳里——秦都遗址陶器有“咸巨阳鬲”印文，钵上也盖“咸巨阳坐”印戳，长陵车站陶井圈上盖“咸巨阳戏”等。嫣王秦墓陶鼎和塔儿坡秦墓陶鼎上的“咸巨阳坐”与前述陶钵上的印文神似，另见两陶器上有“咸巨阳昌”印记，又见“咸巨阳臣”（图 9–18）。

咸巨阳坓　　咸巨阳鬲　　咸巨阳昌

图 9-18　巨阳里陶文

过去有人把“咸巨阳鬲”读作“咸阳巨鬲”。“咸阳”连续固然满足了熟知都城名的主观意愿，“巨鬲”作大型鬲也解释得通。但“咸阳大鬲”竟成了夸张性的商业广告语。不合文例，这是很明显的。鬲，过去是对奴隶的称谓，秦时作为人名也正符合劳动者取名的身份。鬲、坓、戏、昌、臣均系陶工之名，乃巨阳里人氏。如果把“巨”字当姓解，这诸多陶工都出自一门，是弟兄，是叔侄，均为咸阳市亭的巨家之人。这显然是不可能的。

1. 咸禾里玉　2. 咸广里高　3. 咸qj里辰
4. 咸反里逞　5. 咸重成颓　6. 咸閭里林

图 9-19　禾里、广里、彩里陶文

25. 陈里——黄家沟秦墓器物上有“咸陈里□”陶文。

26. 禾里——我在聂家沟采集有“咸禾里□”陶文。后来发掘咸阳1号建筑遗址还出土“咸禾里玉”陶盆。（图 9-19）

27. 广里——秦都遗址先采集到“咸广里高”陶文两片，后在塔儿坡秦墓陶盒、罐上都有戳印“咸广里高”的发现。

28. 彩里——陕西历史博物馆藏有“咸彩里□”陶文，但出土地不详。1995 年在塔儿坡秦墓出土的陶盒、鼎盖上发现戳印“咸矝里辰”章。

29. 商里——秦都遗址与塔儿坡墓均出土有“咸商里若”陶罐、“咸商里宣”陶片。（图9-20）

“商里”有可能在近市的商贾住地。

30. 高里——有“咸高里嘉”“咸高里缭”“咸高里午”“咸高里昌”等陶文。

31. 高止里——在滩毛村制陶作坊遗址上，采集到“咸高止郝”陶片。（图9-21）

32. 当里——咸阳原秦宫殿遗址区采集到“咸当里□”陶片。（图-22）

33. 利里——塔儿坡盆腹有“咸利里志”戳印，有“田”字界格。商人求利，故同“利里”相近。

图9-20　商里、利里、平泆里、臣西里陶文

图9-21　“咸高止郝”陶文

图9-22　“咸当里□”陶文

34. 反里——塔儿坡墓有“咸反里逎”文陶盆。

35. 重成里——长陵车站陶盆戳印“咸重成枚”章，恰巧塔儿坡秦墓也有“咸重成枚”

陶盆，书体钤印位置全同，知此二器系枚一人的作品。又有“咸重成鸟”陶文，秦咸阳二号建筑遗址也出土“咸重成頯”瓦片。

36. 平浃里——秦都遗址出土“咸平浃夤”陶片，塔儿坡墓出土同文陶器盒，另有一鼎口沿外侧只戳印“平夤”二字，是否为简化形式？

37. 臣西里——塔儿坡墓有“咸臣西辟”茧形壶。

38. 卜里——秦都一号建筑遗址发掘出有“咸卜里院”板瓦片，又在牛羊村采集到“咸卜里戎”“咸卜里队”“咸卜里□”板瓦片。（图 9–23）

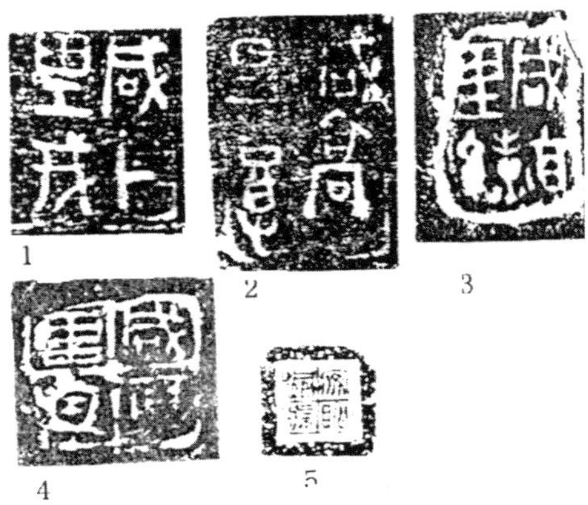

图 9–23　卜里、高里、新安里陶文

“卜里”很可能在牛羊村东的咸阳原边上。

39. 白里——滩毛村陶窑遗址出有“咸白里公”茧形壶。（图 9–24）

图 9–24　“咸白里公”陶文

图 9–25　“咸戎里旗”陶文

40. 桓里——有“咸桓里戎”陶鬴。

41. 于里——有“咸于里市”陶片。

42. 中里——有“咸中里□”陶盆。

43. 牛里——有“咸牛里□”陶瓮。

44. 螽里——有“咸螽里高”陶片。

45. 戎里——秦都遗址有“咸戎里旗”陶片。（图 9–25）

46. 重里——塔儿坡秦墓陶罐腹部有“咸重里禾”印戳。

47. 得市里——在陶器上见有“咸得市□”两方印戳，其左下角一字模糊。为使咸阳相连，有用交叉读法，将之释为“咸阳市得”，实为不妥。“得市”还是陶工籍贯所在的里名，当距咸阳某市不远。

48. 成重里——咸阳遗址采集有“咸成重页”陶文。“成重”是里名，“页”是陶工之名。

49. 武都里——咸阳故址采集到“咸武都□”陶片，仅此一见。“武都”当是里名。

50. 安处里——陶片与陶罐上见有“咸安处捍”印文。两方陶戳在文字安排上正相反，一是自右上下排列，一是自左上下排列，足见“安处”为秦都咸阳的一处里名。

51. 下处里——咸阳 3 号建筑遗址的板瓦片上有“咸下处疾”印戳按下的阴文。

52. 平阳里——陶片上有一阳文“咸平阳菲”的戳印。

53. 下阳里——陶釜上有一“咸下阳欣”的戳记。

54. 新安里——1963 年发掘滩毛村南的制陶作坊遗址时，我在一陶器上见到戳印“咸新安盼”陶文一方，有“田”字界格，书体作变化了的“摹印体”小篆，阳文，知为铜印模压出。奇怪的是印文作正体，故印在陶器上成了反书。文中的“新安”即是里名。（图 9–26）

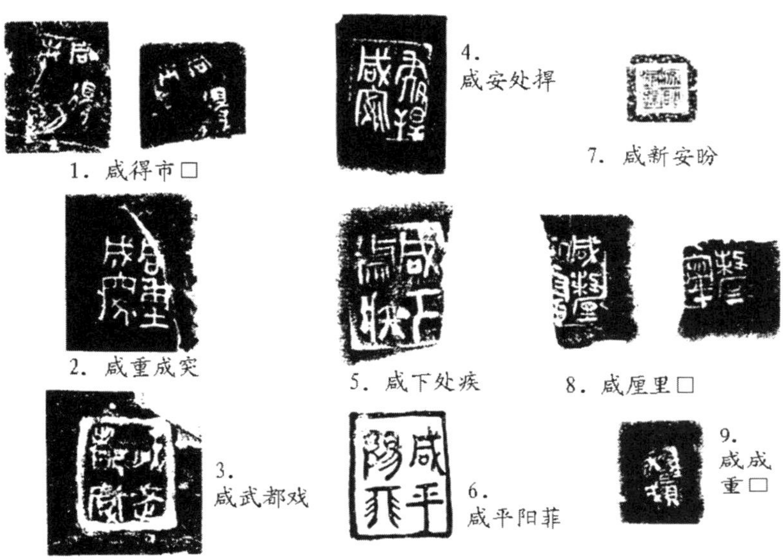

图 9–26 新安里陶文

55. 鳌里——在咸阳原上秦宫殿区遗址上，采集到“咸鳌里□”陶片。

以上搜集到的亭里陶文中，虽有 55 个里名，但我们必须明确地区分几种情况：

第一，所列里名毕竟是秦都北区里名的一部分，其中并不排除杂有渭南里名的可能性（如某里作坊的产品，或某里的工匠），因为陶器作为一种商品，销售并不限于生产地，况且还有馈赠、随迁的情况。

第二，戳记中的“里”名多是咸亭辖区作坊工匠所在的里名，但也未必全同制器的里名相符。北区所见陶制品的作坊遗址，主要集中在两个地区，一处是以滩毛村一带为集中，主要生产日常生活用陶，属于民营作坊的性质；另一处在窑店镇东北的咸阳原上下，服从宫殿建筑用材的需要，主要制品是砖瓦，如空心砖之类，属于官府手工业作坊。明白了这层关系，就知道为什么制陶作坊遗址不像里名那么多的道理。

第三，对“屈里”陶器过去定为“咸里”，是不对的。并根据汉“元平元年咸里周子才”陶盒，一律把“屈里”陶器定为西汉之物，显系“失之毫厘，谬之千里”。秦都有“咸里”，也有屈姓。早在汉高祖九年（公元前 198 年）“徙齐楚大族昭氏、屈氏、景氏、怀氏、田氏五姓关中，与利田宅”（《汉书·高祖纪》）之前，秦楚的长期往还岂能无屈姓工匠来秦？[①]

（二）渭南区的乡里

秦都咸阳的渭南区，据文献记载可考者，由东而西分为三乡。

1. 长安乡

秦始皇有弟名成蟜，曾封号“长安君”（《史记·秦始皇本纪》）。有一种方孔圜钱，无内外郭，背平素，面文作“长安”二字，径 2.1 ~ 2.3 厘米，重 1.8 ~ 2.1 克，人称“长安圜钱”，是长安君所铸铜币。不论是因地名号，或是因封名地，都说明“长安”从秦时就有此名。《读史方舆纪要》指出此地“本秦杜县之长安乡……楚怀王封项羽为长安侯，汉初以封卢绾”。《三辅黄图·序》：“汉高祖有天下，始都长安，实曰西京。欲其子孙长安，都于此。长安本秦之乡名，高祖作都。”可见汉都长安就建在秦长安乡。国都取名“长安”，音响亮，义吉祥，人熟知，可谓方便。

不过，长安乡秦时虽有，而长安县却是汉高祖五年（公元前 202 年）设置的，七年才自栎阳徙都于此。汉长安城是经过惠帝时三次扩修而成。《雍录》说“长安也者，因其县有长安乡而取之以名也，地有秦兴乐宫，高祖改修而居之，即长乐宫也”。可见这是“一地两代三易名”，其次序是秦长安乡→汉长安县→汉都长安（县治仍在都城内）；地望的

① 王学理：《亭里陶文的解读与秦都咸阳的行政区划》，《古文字研究》第 14 辑，中华书局，1986 年。

标志是：秦兴乐宫—汉长乐宫。

汉长安城遗址位于今西安市西北郊，据有未央区未央、汉城和六村堡三个街道办之地。渭河南岸的草滩农场在故城之北，陇海铁路经其南，西（安）—铜（川）高速公路从城东南穿过，皂河则从城西自南而北入渭。城周长 25700 米，总面积 35 平方公里。长乐宫位于汉长安城内东南隅，秦长安乡也当在此。不过，乡的范围必定大于宫。那么，秦长安乡应包括后来汉长安城内东南及城东到灞水一带的广阔地域。

2. 阴乡与樗里

阴乡地处渭水之阴（南）而得名，秦人又有以阴乡名号“阴君”的。据《吕氏春秋》载：有个叫公孙竭的人参与阴君之事，又向左丞相樗里疾告发，后来竟然官爵擢升到秦五大夫。但他被正直的人视为靠“打小报告”得益的无耻小人，是个无义之徒。(《无义》)

滑稽多智的樗里疾，是秦惠文王的异母弟。战功卓著，受人崇敬，称得上文、武、昭时期的三朝元老，本名“疾”，因居住在阴乡樗里，人尊称之为“樗里子”。卒于昭王七年（公元前 300 年），他的遗嘱是葬在渭南章台之东，他预言说：“后百岁是当有天子之宫夹我墓。”汉代秦而兴，高祖七年（公元前 200 年），丞相萧何主持建造了未央宫和武库，正是“长乐宫在其东，未央宫在其西，武库正直其墓”，时间也刚好是“后百岁”，所以人们对应验的这一事实流行着“力则任鄙，智则樗里”的谚语。(《史记·樗里子列传》)

经考古发掘，也验证了《史记》记载的关于长乐宫、未央宫和武库三处的相对位置。汉长乐宫是在秦兴乐宫的基础上营建而成，位于长安城的东南部。据载“周回二十里”，测知周长 10600 米，面积 6 平方公里，约占长安城总面积的六分之一。基本呈方形的宫城遗址，四至在讲武殿—樊家寨（横向）和雷家寨—李上壕（纵向）之间；未央宫位于汉长安城西南龙首山原上，前殿遗址至今仍高出地面 15 米。《西京杂记》说“周匝二十二里九十五步”，实测略小，计 8560 米，面积 5 平方公里，约占汉长安城的七分之一。宫城遗址呈横长形，四至在卢家口、周河—大刘寨、东张（横向）与小刘寨—南马寨（纵向）之间。长乐宫和未央宫虽占汉长安城的南半部，但相对地上下错位呈东北—西南向。武库则位于未央宫外东北角，地当长乐宫西墙的中部，但与二宫隔开，东距安门大街（章台街）82 米。实测，平面呈横向长方形，东西长 710 米，南北宽 322 米，地当今大刘寨东面的高地上。那么，秦樗里疾墓大概就在大刘寨东南的二宫址之间。

秦阴乡位处首都渭南区的中心地带，东邻长安乡，西界建章乡，北至渭河（今西安市草滩农场之南），有横桥直达咸阳宫。

樗里，系阴乡的属里之一。

3. 建章乡

《华阳国志·巴志》：“汉高帝灭秦，为汉王，王巴蜀。阆中人范目有恩信方略，知帝必定天下，说帝为募发賨民（四川一带的少数民族），要与定秦。……秦地即定，封目为长安建章乡侯。”

范目封侯缘原有建章乡。汉武帝太初元年（公元前 104 年）才在此地起造建章宫。宫址在今西安市三桥镇北，汉长安故城西墙外。规模宏伟侈靡，“度比未央”。今高低堡子的夯土台基，就是建章宫前殿遗址。宫城周回二十余里。遗址在今东西柏梁村—南北双凤村（横向）和焦家村—延秋门（纵向）之间。

秦建章乡在阴乡之西，位当今浥河以西的广阔地域，北接渭水，南及阿房宫所在的上林地。

（三）咸阳的官僚机构

咸阳是秦的京师之地，虽无县的设置，却有一个不完全的、又非一般县所不能比的县级官僚机构。由于咸阳超过万户，其行政长官称作“令”。“咸阳令”一职也就成了贵戚和野心家所攫取控制的显官，如奸臣赵高的女婿闫乐任咸阳令，当然就成了参与宫廷政变的主要帮凶。咸阳也设“丞”，作为咸阳令的佐官，为长吏。梦斋藏有秦“咸阳”“咸阳丞印”封泥。（图 9–27）

秦都的各乡、里等基层单位和亭，都设有官吏分管民政、应付差遣和治安。咸阳的陶器上盖有“咸阳亭”戳记，也有“咸阳亭印”封泥的出土。前者属市亭，后都即是都亭。

秦代的“内史”是职、地同名。换句话说，作为首都，不再设郡，直辖附近属县，是京畿所在的郡级行政地域；作为官职，实属中央辖区的最高行政长官，也当然地兼职京都的首席官，“掌治京师”。(《汉书·百官公卿表》) 梦斋有“内史之印”封泥。（图 9–28）

图 9–27　咸阳丞印封泥

图 9–28　内史之印

见载的“内史”有肆、腾、马兴、蒙恬、保等人。云梦秦简有《内史杂》一节，专门讲有关内史职务的各种法律规定。《厩苑律》就有“内史课县”的规定。内史掌握各县邑都官年终的“上计”，接受其对全年人口、钱粮、盗贼、狱讼等问题的报告。特别是在《仓律》中，反映出内史对粮食储备、保管、发放的高度重视，目的在于保障国家的度用和京师的供给。战时，内史又往往是军事指挥官，象腾在秦始皇十六年（公元前231年）因“发卒受地韩南阳”为假守有功得任内史，次年又“攻韩，得韩王安，尽纳其地，以其地为郡，命曰颍川”，二十年（公元前227年）还同王翦攻燕。（《史记·秦始皇本纪》）[①] 大将蒙恬也因为家世为秦将，攻齐有功拜为内史，后将兵三十万“北逐戎狄，居上郡。（《史记·蒙恬列传》）

内史的属官不详，起码不逊于郡。所见主祭祀的“廪牺令丞”，当是其属官之一。（《文献通考·职官考》）

第三节　市政设施

一、城市的供排水系统

（一）解决城区用水的途径

渭河在古代水量充沛，清澈见底，流经市中，形成“渭水贯都，以象天汉。横桥南渡，以法牵牛”（《三辅黄图》）的规模，作为秦中大川，它既给周、秦、汉、唐的都城提供了丰富的水资源，具有灌溉漕运之利，又美化园林环境，调节气候，起了重要作用。明人马中锡面对波涛浩瀚的渭河，长天一色的古渡，吟道：

野色苍茫接渭川，白鸥飞尽水连天。
僧归红叶林间寺，人唤夕阳渡口船[②]。

① 马非百先生考定“内史腾即南阳假守腾，亦即与王翦攻燕之辛腾”。（《秦集史》）

② 马中锡：《晚渡咸阳》，载《东田集》。作者故城（今河北故城县故城镇）人，字天禄，号“东田”，明成化乙未（公元1475年）进士，授刑科给事中。为人正直刚强，不畏权势，“居官廉所至，革弊任怨，以故有名”，甚得时望。万贵妃弟通骄横不法，被杖责疏斥之。公主侵占畿内民田，被勘还之。太监蒋琮为奸，被下狱。弹劾太监朱秀“置官店、擅马市”诸罪。太监刘瑾得势，其党羽朱瀛冒领边功，逮捕中锡入狱，并械送辽东。谨诛，马出任大同巡抚，次年授右都御史，统兵镇压刘六、刘七起义，因诱降计不成，为朝廷论罪，下狱死。后有御史卢雍给予平反。
马中锡的《晚渡咸阳》一诗写于明成化历陕西都学副使时。其小说《中山狼传》以讽刺李梦阳负康海之事，广传国内外，成为著名的寓言故事。

20世纪60年代初，我等在秦都遗址发掘，休息时入水游泳，不时还可捞到尺长的鲤鱼。时间过去不到30年，而水稠如浆，盛夏断流，见到的却是漫漫沙滩中流过的一条工厂“排污渠（河）”。古今巨变、沧海桑田，人们只能在洪涝季节领略两千年前渭川的盛容了。

唐诗人杜牧在其《阿房宫赋》中有“二川溶溶，流入宫墙”之句。“二川”有注家作“樊川和渭水”，既写阿房宫，渭水似显悬远，况且史无引渭入阿房宫的记载。而东西夹宫北流的是泬水（即“潏河”，源出秦岭太义谷，其上源在长安区杜曲到韦曲10余公里间，称“樊川”，在皇子陂以下西北流，今称“洨河）和滈水（源自秦岭石鳖谷，西北流至香积寺，与潏河在牛头寺分出的一支合流，名之“洨水”）。尽管古今名实有变，流经不同，但确实是经过阿房宫区。所以阿房宫“表南山之巅以为阙，络樊川以为池”之句，虽属夸张之词，但非无据。这两条水是阿房宫和上林苑中不竭的水源、咸阳南区的重要脉派。而泬河则是汉长安引入城内为“明渠”的凭借，同样，唐时流入京城的清明渠水也是引自泬河的。但渭河接纳南来的泬河后，水量大增，本身也承载着秦都咸阳的历史文化重任。

当咸阳规模增大、人口众多的时候，渭北区并不因城市重心的南移而萧条荒凉，同样还在繁荣发展之中。泾水在咸阳原北侧自西北向东南流过，只可看作屏障，却不能引入市区。那么，秦都咸阳城市大量用水，其水源何在？特别是咸阳宫阙集中的原上，地面看不到水流，凿井汲水也不是满足城市用水的良策。这种严峻的现实，当然不能不引起城市规划者的思索。

为探索秦都咸阳解决城市用水之策，我们对秦始皇“作长池，引渭水东西二百里”（《三秦记》）的这一条记载，不能因有“筑土为蓬莱山，刻石为鲸鱼，长二百丈”的话，就视作是不可想象的“神话”，从而忽略了它隐喻的真实性与史料价值。当然，在宫殿区所在的北岸是不可能直接引出渭水的。而聪明的城市设计者只有沿渭河上溯二百多里，从眉县西北引流，终于找到了解决秦都咸阳用水的唯一途径。现代渭惠渠的开通，很可能是对这一古渠的借鉴。至今在若干地段，还有这一古渠道遗址的残存[①]。由此看来，把这条东西长二百里、又在市内分支铺陈二十里的“长池”作为蓄水池，当是我国引水入城的创举！正因为它是人工渠道，随着以后成国渠等水利工程的开凿、利用、改造，沉没在历史的底层，不为人知就是可以理解的了。

北阪宫殿区坐落于窑店镇东北牛羊村的二道原上，其涉及的高程引水工程同样是个有趣的问题。我在1961年11月和1973年两度调查“冀阙宫庭”建筑时，在基址北约250

① 参见本书第三章关于兰池的一节。

米处的牛羊沟东西断崖上已查到古渠道迹露头。随后发掘一号建筑遗址时，我等作了进一步勘察，该渠道呈东西走向，向西可延伸到胡家沟一带。现地表以下 1.1 米即是渠口，宽 8 米，底宽 5 米，深 1.6 米，其中淤土厚达 1 米，证明确是一条人工水渠。有说是“成国渠”遗迹，但在淤土上堆积有秦代瓦片，与三号宫殿遗址附近的多处水池遗迹联系起来看，很可能同宫廷的供水有关，[①] 当是秦引渭入兰池的又一个分支。如果说是汉成国渠的话，那也只是对这秦支渠的沿用和扩大罢了。

咸阳供水主要是通过两个途径解决的，一是开源引水，有如前述；二是凿井汲水。在滩毛、长陵车站一带制陶作坊区，发现为数众多又分布密集的古井，就是很好的说明。

水井广泛地分布在渭河北岸的西龙村到长兴村之间，尤以店上、滩毛一线向北推进到长陵车站一带最为集中，在西北方的石桥镇摆旗寨也有发现。从 1959 年调查秦故城遗址以来，我们共发现了秦井 100 余眼，并对少数作了清理。这一地域土质结构疏松，下部沙层，上部黄土覆盖。黄土层一般厚一米左右，个别的地方仅有 30 厘米。当时为了固定井壁以防流沙，人们就采用了叠垒陶井圈的措施，办法是先凿好井筒深入水面下，再由井底往上一层层地垒陶井圈，后在圈外与井壁间隙填土以保证井体的稳定。这些陶制的井圈呈圆筒状，直径 65 ~ 90、高 30 ~ 34、壁厚 3 ~ 4 厘米，外饰斜行粗绳纹，内为麻点纹。各井垒放井圈数不等，少则 5 节，多可 9 节以上。有些井壁不用陶井圈，而是用瓦片杂以陶器碎片砌垒而成。或者是两种材料的结合，即下垒圈，上垒瓦。井深在 1.18 ~ 3.9 米之间。井圈往往有“咸亭”的戳印，堙废井中的堆积物多是秦代的陶器残片。个别井的上层还出有近代的抛弃物，说明其作为一口枯井长期存在着。

两千多年来水位下降，现在看到的秦井中无一接触到今之水面。从滩毛村西的水井观察，秦时在陶井圈上形成的“水锈”上距今地面 2 米左右，下距浮水 1 米多。若除去后期土层，秦代地面下深 1 ~ 1.2 米，即遇上浮水。由于制陶取土和汲水的方便，就有力地支

① 成国渠开凿于西汉武帝时，自眉县东北的渭水北岸引渭水东流，经扶风、武功、兴平，到咸阳东北，至灞、渭会合处复入渭。其上源可能同秦始皇引渭水入兰池的渠道相重，所以在《史记 · 河渠书》中并没有提及，而《汉书 · 沟洫志》只说了一句笼统的话，就是“关中灵轵、成国、漳渠引诸川”，如淳注作“成国，渠名，在陈仓”。《汉书 · 地理志》在眉县下有“成国渠首受渭，东北至上林，入蒙笼渠”。成国渠是对始皇引渭之渠的整修沿用，只是在“用事者争言水利”的情况下，把它的应用范围扩大到了农田灌溉。曹魏时为征蜀，引水东流，与成国渠相接。唐时，又有扩大。《长安志》说，除原引汧、渭水之外，又“集韦川、莫谷、香谷、武安四水，灌武功、兴平、咸阳、高陵等县田一万余顷”，俗号曰“渭白渠”。宋以后，成国渠堙涸。

由于感情的关系，民众对秦始皇滥用民力就有反感。加之时间有先后，人们对当时得益的事称道极多，就容易淡忘过去。以至于“成国渠”“渭白渠”的盛名掩盖了过去秦始皇开渠引渭的那段历史。

持了这一地区民营制陶手工业的发展。水井密度大，不仅是作坊生产规模大的反映，而且也是这里人口数量的指示。（图 9–29）

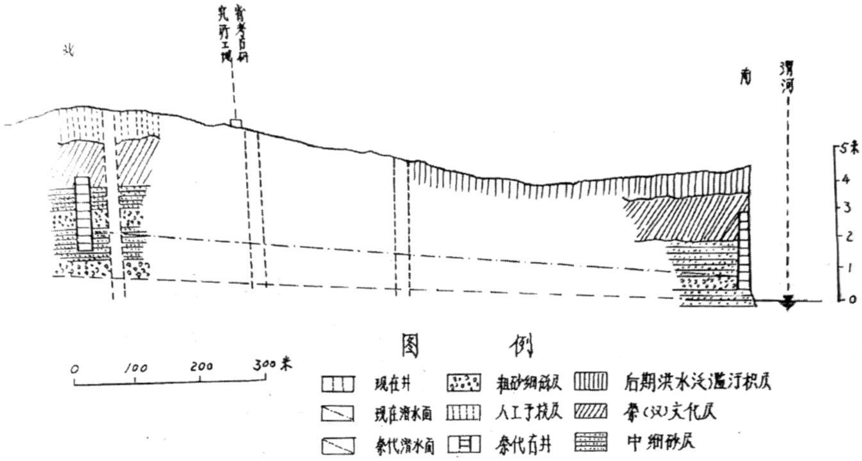

图 9–29　秦井水位下降示意图

咸阳城市的生活用水有着充分的保障，同样在排水设施上也呈现出它的管理水平。

在高台宫殿建筑的排水设计上，秦代取得了成功。表现之一就是它通过隐蔽管道，把上层的生活废水导流出建筑物，形成一套系统。最典型的例子就是我们 1974 年发掘过的一号建筑（即“冀阙宫庭”建筑的西阙）。这座围绕夯土作三层筑屋的建筑，在排水设计上很有特点：第一，每层都有一个倾水池，共计 4 个，而且分布在不同的方位，流向也不尽一致，具有一种错落参差的整体美；第二，把倾水池安排在户外，节省了室内空间，辟地排污也符合卫生要求。其结构如顶层的 PS1，位于西北角，先作成四边高、中心低的方形“倾水池”（边长 3 米左右，深 0.4~0.7 米）周边紧贴夯土壁，砌以空心砖片，底铺板瓦形成不同方向的垅状以减低倾水时乱溅的情况。池中心部位安装下泄的大型漏斗（口径 74 ~ 75、深 23 厘米，流管长 14、径 13.5 厘米），下以圆形的直角弯头与筒状的陶管道（长 59 厘米，两端口径大小相次以便衔接，径 25~28 厘米）鱼贯衔接，直到建筑底部，将水排出。（图 9–30）

以管道排水，多用在大型建筑上。现在，在咸阳北阪宫殿区所在的牛羊村、聂家沟、西姬家道、刘家沟的断崖上仍能看到 30 多处陶质圆管道露头。根据建筑排水量的大小，铺设管道数也有多寡，像一号建筑周围有单管道，也有双管道并列，十三号建筑多可四管道并列。（图 9–31）除过圆筒状管道节节相连者外，还有用筒瓦扣合彼此首尾相接的。这两种都用在建筑夯土和深埋地下的暗道，而在长兴村制陶作坊区，则是用板瓦作明渠。阿房宫区的后围寨建筑基址底部，用屋脊式陶水道（“五棱管”，即常说的“五角形水道”）对口接连 20 余米[①]。在秦始皇陵西内墙底部，竟有五个脊式陶水管并列，用以排除陵园内洪水季节地面径流。它通高 45 ~ 47 厘米、底边宽 40 厘米、全长 65 ~ 68 厘米，横截面积为 230 平方厘米。那么，五管总面积达 1.15 平方米，可见排水量是多么的大！有意思的是陵区还用一种青石做的水道，上下两块相合，水道孔数有单有双，也有三孔的。[②]（图 9–32）从以上说的四种排水管道知，筒状陶水管道在战国时代的秦已广泛地用在建筑物上。因为弯头可以改变水流方向（垂直变水平或平面上的纵向变横向），持续时间也久。大型的五棱管道和石水道则是秦统一后，适应了大型土木建筑工程需要的产物。

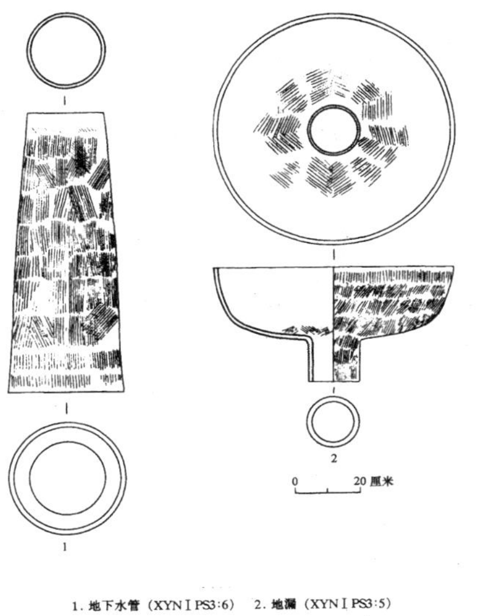

图 9–30　陶下水管与地漏

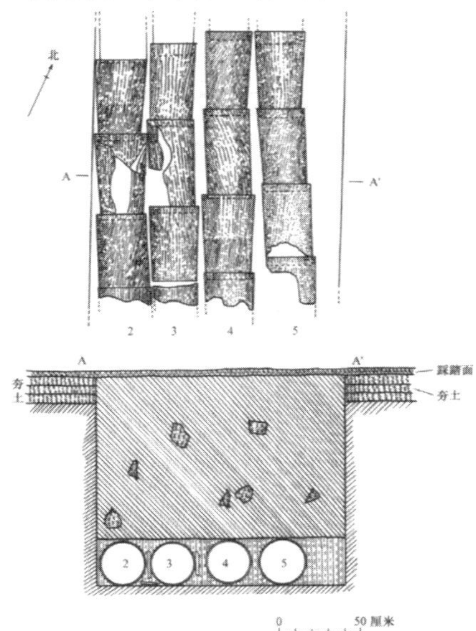

图 9–31　四管并列排水管道（咸阳 13 号建筑旁）

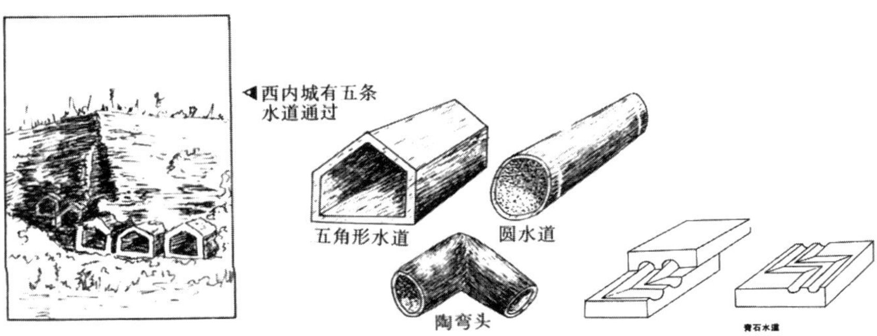

图 9–32　秦始皇陵园排水管

① 王学理：《秦都咸阳》，陕西人民出版社，1985 年。

② 王学理：《秦始皇陵研究》，上海人民出版社，1994 年。

（二）蓄水方式

都城中广布湖泊池沼，是对引入之水的最好储藏方式之一。其容量大、有注有排，常流常新，对改善环境、提供日常使用都具重大作用。始皇引渭入兰池，长达二百里、宽二十里，造成长池，因池筑兰池宫，形成首都咸阳的一大景观，也为都市的繁杂、戎马倥偬的气氛注入了几分恬淡幽静。面对今日干燥荒漠的咸阳北阪，怎能想象它当年是殿宇重重、繁复多变地掩映于万绿丛中，柳岸湖畔花红似锦的一派景象的呢？当时引渭支渠，的的确确带给咸阳宫以勃勃生机。在一号和三号建筑附近，我们已钻探到多处池沼遗迹。确定无疑地说，这些实是一些具有游览观赏价值的蓄水池。

渭河南岸，湖泊密布，早有盛名。周代的滈池、滮池、灵沼不只是君王的悠游之所，且其引水灌田、栽植禾稻，发挥经济效益，从而引出一代灿烂的文化成果。秦人经营的上林苑，地域开阔，把众多的天然湖泊囊括其中，还扩大、利用隑州、牛首池，为以后汉唐都城园林奠定了基础。在阿房宫遗址，探测出5处湖泊遗迹，总面积就达27.14万平方米。

室内盛水之器颇多，而尤为称道者莫如陶瓮。此物圆口、广肩，大腹，高可72厘米，腹径84厘米。过去有人戏谑为“始皇酒瓮”，实则赫然一水器。

二、绿化管护

（一）御道植树，市容立法

关中本来就森林茂密，到处芳草萋萋，景色优美。终南是天成的一座绿色屏障，函谷关柏林荫蔽，人称之为“松柏之塞”，山阴桃花灼人是为“桃林之野”，西岳苍翠，松涛阵阵，“南山檀拓，户杜竹林”……难怪荀子入秦，第一印象就是秦地“其固塞险，形势便，山林川谷美，天材之利多，是形胜也”（《荀子·强国篇》）。

秦都据有丰、镐之地，生活在这里的人们“有先王遗风，好稼穑，务本业”（《汉书·地理志》），也用自己淳厚与勤劳的品质换来了优美的生态环境与人文景观。

咸阳的城市绿化是从三个环节上着手的，分别是：一、植树造林；二、抓教育，树立管护意识；三、严惩违法者。从点滴的史载中，我们是不难从中抽绎出它的本来用意的：

秦修筑驰道，规定“道广五十步，三丈而树。厚筑其外，隐以金椎，树以青松”（《汉书·贾山传》）。路宽75米，夯筑路肩，避免塌陷。又隔约七米植一棵青松，形成林荫大道，从而建成标准化的国道。除过皇家苑囿的林木花草之外，连秦始皇陵上也是“树草木以象山”（《史记·秦始皇本纪》）。

公元前212年，秦始皇根据丞相李斯的上奏，掀起焚书运动，但“种树”的书并不包括在烧毁之列。林学专著受到保护，这从另一个侧面反映了秦统治者对发展林业的重视。因其祖先早在“山多林木”的天水、陇右时，“民以板为室屋”（《汉书·地理志》《诗·秦风·小戎》），爱林、护林的意识早已确立。后居关中，终南“有条有梅”（《诗·秦风·终南》），国计民生，更是深赖其利。

时序到了春之二月，农事兴作。《吕氏春秋》作者教民“无竭川泽，无漉陂池，无焚山林”（《仲春纪》）。还把“治唐圃，疾灌浸，务种树”（《尊师》）作为“尊师”的实际行动。把“无焚山林”“务种树”看作是一种美德，以此育人，并成为中国人的良好传统。

商鞅曾制定一条“弃灰于道者”要处以刑罚的法律（《史记·李斯列传》）。把垃圾倾撒在道路上，不唯是妨碍交通，更要紧的是影响了市容卫生。过去人们把这一条当作秦“滥用刑罚”加以责难，殊不知这是“城市管理法”中一个重要的条文。

（二）园林管理机构

在这个问题上，秦史没有资料。不过，法治思想强烈的秦统治者，不可能疏于城市园林的管理。而我们只能从“汉承秦制”的一般模式中，以汉况秦，捕捉一些线索，作一浮浅的探讨。

秦都故地出土有“少府”封泥，（图 9–33）《汉书·百官公卿表》也说属于秦官。其职责是“掌山海池泽之税，以给共养”，即是说它专管皇室供需。不过，从其属官之众看，它已大大地超过了管山海池泽之税的范围，居然有中央级的官办各类手工业作坊，从事大规模的生产，直接为皇室服务。值得一提的是它还有一个属官，就是专管上林的“十池监”。

图 9–33　“少府”封泥印文

上林苑设“丞”管理，梦斋藏有“上林丞印”封泥。秦亡后上林苑废弃，汉初的百姓都可入苑采樵耕作。武帝时，把这一废苑加以改造扩充，使之成为周围绵延 300 余里，有宫殿 70 余所，包罗山、川、池沼、森林在内的大苑。初池、麋池、牛首地、蒯池、积草池、东陂池、西陂池、当路池、犬台池、郎池等，即所谓的“上林十池”（《三辅黄图》）。另外，还有早先就有的“昆明池、镐池、牛首诸池”（《汉旧仪》）等。在这些自然的和人工的池沼中，有相当一些是周秦的旧池，有些则是对旧有无名池的重新命名。所谓“池”，实际也就是“湖”。依池设“监”，立署办公，录载的“上林郎池”印（《善斋吉金录·玺印录》卷中）即是证明。

看来秦都咸阳的城市绿化、道路管护、苑囿池沼及公共设施等等，统统归中央九卿之一的“少府”管。其下属的职能部门的级别也很高，像上林苑规模大、地位重要，就专门设有“上林丞”。到汉武帝元鼎二年（公元前115年），初置“水衡都尉”，专“掌上林苑，有五丞”，充分发挥其经济效益。

三、宫廷的取暖与食品冷藏

（一）暖炉

对于古代生活在关中平原上的人们，是如何度过漫漫长冬与沉沉黑夜的呢？穿棉衣、戴棉帽只是衣着御寒的方式。屋室选择阳向，烧木材取暖，也都是常用的办法。而“穴居”才是北方先民的创造，也是延续已久的传统。至今人们还沿着咸阳原斩壁削崖，开凿出土窑洞居住，发挥其“冬暖夏凉”的特性。

咸阳北阪的秦宫廷内如何抵御西北风，那是自有办法。1974年，我们发掘一号宫殿遗址（西）时找到了室内的暖炉。它由三部分组成，即火炉、储炭槽和灰坑。火炉作两坡流水的屋形，犹如五棱管状的陶水道。顶部起纵脊如∧，面平齐，炉门前开，炉堂弧曲整形如覆瓮，宽1.2、纵深1.1、通高1.02米。炉门前，即是深入地面下、砖砌的出灰坑，深26厘米。储炭槽设在火炉的左侧，用土坯垒一低于炉身的矮墙，二者间即可存放燃料——木炭。此种火炉，发现在底层的第8室和顶层的第3室内（图9-34）。据此，也解开了西安北郊闫家寺秦建筑遗址“小灶”用途之谜[①]。不过，它有横砌并隐蔽在墙内的“烟囱”通向室外的设施，则弥补了一号建筑清理工作上的不足。

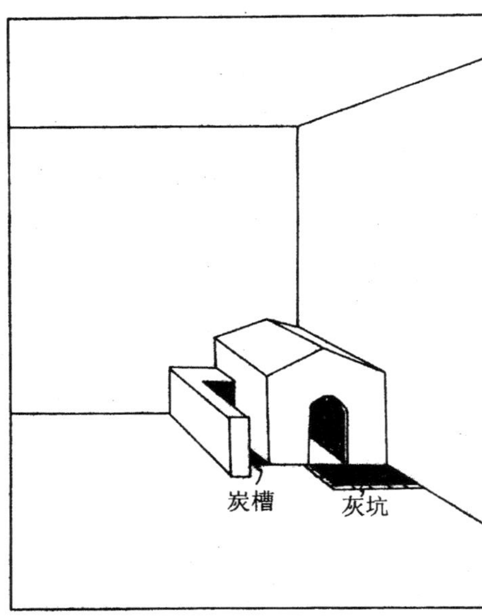

图9-34　暖炉复原图

① 刘致平：《西安西北郊古代建筑遗址勘查初记》，《文物参考资料》1957年第3期。

完整的暖炉设置，体现出科学的思想是很明显的。首先，都安放在墙角，有利于室内冷热气对流，容易达到温度平衡；其次，炉形采用屋脊式、烟囱横隐墙内，就能充分散热，还避免了污染。

（二）冷窖

降温防腐是古人早已掌握的冷藏食品的道理。《诗·七月》中就有“凿冰冲冲，纳于凌阴，献羔祭韭”的诗句。雍都姚家岗凌阴遗址的发掘，也给人们提供了春秋时期秦君藏冰设施的实例。

秦都咸阳发现的是保存现食食品的设置。在宫殿区的今牛羊、刘家沟等地有很多“陶井”，清理到底部才知道它原来并未触及水面。后来发掘一号建筑遗址，共得 7 个，一律名之曰“窖穴”。从底部清理出动物骨骼的情况看，推测出它是当时用于冷藏食品的设施。

秦冷藏窖的结构是这样的：作圆形、椭圆或方形，直筒深入地下 10 米以上，周壁垒以陶井圈。无井圈者，则在两壁对开脚窝 39 个，以供人上下，井底安置一个椭圆形的陶盆。以一号建筑的 J1 为例，它位于 8 室内的西北角，口部低于地面，周围墁以方砖。窖身作圆筒状，直径 97 厘米，下深至 6.67 米处则以 11 节陶井圈叠垒到底，总深 13.8 米，在口部边沿有 3 处凹槽痕迹，估计原有棚木支架。

把盛在篮筐中的食品用绳索吊入水井或窖中，绳端系在窖口的棚木上，食用时再提上来。这种做法在关中农村过去是很普遍的，说明此冷藏食品的土法具有悠久的历史。没有电冰箱之前，倒也经济实用。

第四节　府藏与仓库

一、府库的设置

（一）库管思想的确立

西周时期社会秩序井然，被认为“圣王量能授事”，士、农、工、商这“四民”能“陈力受职”。民有赋有税，“赋供车马甲兵士徒之役，充实府库赐予之用。税给郊社宗庙百神之祀、天子奉养、百官禄食、庶事之费。”老百姓只要计口出“赋”、按田缴“税”，男耕女织，丰衣足食，就能“五十可以衣帛，七十可以食肉”。因为，“衣食足而知荣辱，廉让生而争讼息”。上下同乐，就达到了“至德流洽，礼乐成焉”的境界。（《汉书·食货志》）

这虽则是理想主义者的美化，但也道出了长时间升平晏安的事实。

但是，社会毕竟变了。现实是“周室既衰，暴君污吏慢其经界，徭役横作，政令不信，上下相诈，公田不治”“上贪民怨、灾害生而祸乱作”。战国时代，同样是“贵诈力而贱仁谊，先富有而后礼让”。兵革不息，百姓遭殃，社会不宁。魏文侯同李悝作“尽地力之教”，平衡籴粜，使得民不散，国以富强。其发挥国库的杠杆作用，创造出“民毋伤而农益劝”的“为国”之道经验。就连后来《汉书》的作者在批评“秦孝公用商君，坏井田，开阡陌，急耕战之赏，虽非古道”的同时，也看到秦之所以能够“倾邻国而雄诸侯”，就是缘于“务本之故”。(《食货志》)

仓库，作为储备粮食的设施，其规模实际是藏粮多寡的标志。粮食，这在以农为本、以民立国的中国，是维系国家安危的物质基础，当然被古代的思想家认作是“天下之大命”。储食丰沛，其意义就在于贾谊说的“苟粟多而财有余，何为而不成？以攻则取，以守则固，以战则胜。怀敌附远，何招而不至？”

秦国仓制的形成，也经历了一个从无到有的过程。穆公时，曾以粮食赈济晋国，使之度过饥馑，随之自己也发生了饥荒，不能不求救于晋。这些说明当时还未曾有赈灾的粮仓及储备。《华阳国志》载：张仪、张若筑成都、郫城、临邛城，又造作“下仓”。以地窖藏粮是原始人类的办法，秦人依然沿用着①。秦昭襄王时，“秦大饥，应侯请曰：‘五苑之草著、蔬菜、橡果、枣栗，足以活民，请发之。’”（《韩非子・外储说右下》）未说到请发仓廪之粟，可见国库还没有形成规模。

仓库储粮的用途在于支付庞大的官吏俸禄，巨额的军队粮草、刑徒的口粮、驿站传食和农业再生产的籽种。商鞅变法之后，秦国日趋富强，成为当时的军事强国。为了保障统一战争的顺利进行，秦统治者对粮食的分配以法律为强制手段、实行高度垄断的政策，排挤了商业资本的渗入，使军队和统治集团的基本物资得以保障。

有效的政治措施下，储粮取得的效益也是非常显著的。从当时纵横家不无夸张的话里也透露出一些真情：张仪对楚王说秦“虎贲之士百余万，车千乘，骑万匹，积粟如丘山。……秦西有巴蜀，大船积粟，起于汶山，浮江以下至楚三千余里。舫船载卒，一舫载五十人与三月之食，下水而浮，一日行三百余里，里数虽多，然而不费牛马之力，不至十日而距扞

① 《史记・货殖列传》：“宣曲任氏之先为督道仓吏。秦之败也，而任氏独窖藏粟。楚汉相距荥阳也，民不得耕种，米石至万，而豪杰金玉尽归任氏。”穿地为藏的“窖”，在秦汉时仍然用作储藏粮食，特别在农村的富豪之家较为普遍，这也得到考古的证明，如辽阳三道壕西汉村落遗址、江苏高邮邵家沟东汉村落遗址，都有地窖的遗迹。

关”（《史记·张仪列传》《战国策·楚策一》）。昭襄王二十七年（公元前 280 年），司马错发陇西巴蜀众十万，大舶船万艘，粟六百万斛，沿涪陵江“攻楚黔中，拨之”（《史记·秦本纪》）。十万人的一次军事行动，就需军食“六百万斛”，以供应“百余万”虎贲之士常年食用，若没有“积粟如丘山”的粮食储备确是难以想象的。

秦始皇同他的父辈一样，异常重视粮食的征集、贮存。《吕氏春秋·仲秋季》：“是月也……穿窦窖，修囷仓。乃命有司趣民收敛，务蓄菜，多积聚。”修治囷仓，穿窦通水，保持仓库干燥，准备多多收敛谷物。这时，从中央到地方，不但有官仓、民仓，还有神仓。设置完备，形成系统化的粮仓体制，而且其制度以法律形式确立下来。这足以反映秦代国家的高度重视和仓储的普遍。云梦睡虎地秦简中，专有《仓律》一节，律条 26，对粮食的收藏、保管、使用等各个环节，都有着明确的规定，可谓详备周全。

（二）府库种类及其作用考订

1. 储粮的都仓与民仓

【1】太仓——属朝廷直接掌管的收储粮食的机构，专设大型的粮仓。梦斋有秦咸阳渭南区出土之“泰仓”封泥，泰仓即太仓。云梦秦简有“大（太）仓课都官及受服者”（《厩苑律》）的条文，知其权限很大。汉兴，循而末改。萧何在首都长安修筑未央宫时，也建造了“太仓”（《汉书·高帝纪》）。据《三辅黄图》说汉太仓“在长安城外东南”，其规模之大、储量之多，由“太仓之粟，陈陈相因，充溢露积于外，至腐败不可食”（《史记·平准书》）一语即知其大概。（图 9–35）

图 9–35　“太仓”“太仓丞印”封泥

战国末年，由于铁器的采用，牛耕的普遍，大型水利灌溉工程的兴修，农业技术的提高，受重农重战政策的推动，生产劳动者身份地位的改善，秦国农业得以前所未有的发展，产量大增。仅郑国渠引泾入洛一项，全长 300 里，灌溉 4 万余顷（约合 251.1 万亩），亩产量一锺（约合谷重 251.1 斤），即可收粮 69404.04 万斤。

纳谷入仓，按规定是以“一万石”作为一个贮藏单位——“积”。规定“入禾仓，万石一积而比黎之为户”，其结构起码要隔以荆笆，设有仓门。由于咸阳是国都，聚集的粮食数量多，仓库规模也大，所以明令“咸阳十万石一积”（云梦秦简《仓律》《效律》）。同样，征收到咸阳的刍藁（喂马匹的干草）也是“二万（石）一积”，比其他地方大一倍（《仓律》）。

古代的粮仓是什么样式？作为一种地面建筑形式，其主体可分为两类，即圆筒状（包括椭圆）和方框状（包括长方）。《吕氏春秋·仲秋纪》：“修囷仓”句，高诱注“圆曰囷，方曰仓”，《考工记》也有“囷圆仓方”的注解，但《荀子·荣辱篇》中高又说：“圆曰囷，方曰廪。”实际上，廪也是方仓，是因用途有别。《周礼·廪人》郑玄注：“藏米曰廪。”《说文·仓部》：“仓，谷藏也。”《释名·释宫室》也说：“仓，藏也，藏谷物也”。正因为精米要求储藏条件高，保存期短（“米藏五年”），而粟是带皮壳的谷物，保存期较长（“粟藏九年”），所以相应地在体量上谷仓就比米廪要大。仓，有时同廪、庾通用。《史记·平准书》：“汉兴七十余年之间，国家无事。非遇水旱之灾，民则人给家足，都鄙廪庾皆满。……太仓之粟，陈陈相因，……”西汉京师仓遗址中同时出土有“华仓”“京师仓当”和“京师庾当”等文字瓦当。[①]也因质料和大小而名称有别，以竹荆编者曰“篅”（《说文·竹部》）、“笹（应变‘草’为‘竹’）”（《广雅》），以苇编者曰“囤”（《释名》）、“囷”（《说文·口部》），大囷名“京”（《管子·轻重丁》尹注）。无论是仓或囷，上有盖顶，下或作台阶、圈足或柱足，辟门开窗，留通风孔、透气眼，顾及空气流通，防霖防潮。随着时代的推移，其形状、材质、设施、规模等，均呈先进化的趋势。

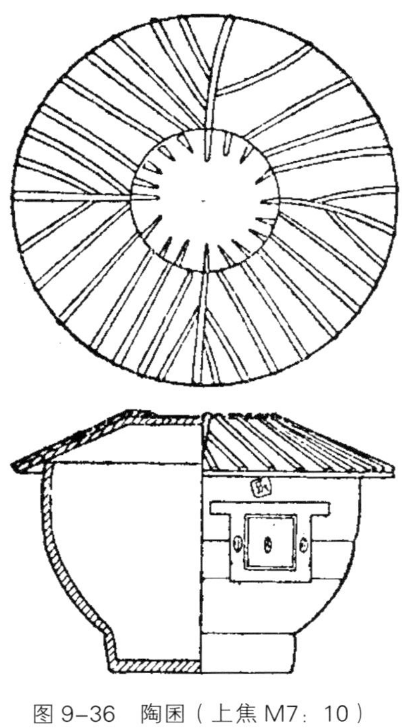

图 9-36　陶囷（上焦 M7：10）

作为明器的陶囷最早出现在春秋晚期的凤翔高庄秦墓中，随后在秦始皇陵东侧上焦村第 7 号秦墓里也出土一个圆形陶囷，门上部刻一“囷”字。（图 9-36）而方形陶仓最早的实例是咸阳杨家湾的西汉墓，数量也多。从囷早仓晚的这一事实中，我们能否说秦以前的“仓”实际就是储粮建筑的统称？或是群囷的集中地，

① 陕西省考古研究所：《西汉京师仓》，文物出版社，1990 年。

故曰“困仓”。困的储量也是以“万石”为一个单位，洛阳汉墓的陶困上常常书写有“小麦万石”“大麦万石”“大豆万石”之类的文字。[①]它除过分类贮藏，表现主人富有的含义外，“万石”大概表示的就是一困仓的集合体。因为秦时一斗约合今二升，“万石”则折合二千石，显然是一个困无法盛下的。事实上，我们在咸阳故址也没有发现西汉京师仓那种容积上万立方米的大型长方仓。那么，这个群困单位就应该是“积”。[②]

【2】霸上仓——《史记·高祖本纪》载：汉元年十月，刘邦先入关，秦王子婴降。西入咸阳，“封秦重宝、财物、府库，还军霸上”，并与关中父老约法三章，“秦人大喜，争持牛羊、酒食、献享军士。沛公又让不受，曰：‘仓粟多，非乏，不欲费人。’”刘邦屯军霸上，就近取食仓粟。此粮仓地当霸河东岸的秦芷阳地。

【3】栎阳仓——栎阳系秦献公夺取河西地、东伐魏国的前线指挥部，驻军与城市人口必多，储粮也较一般县邑要多，而分散置于乡野“离邑”的仓，更是不能望其项背。它有次于咸阳的仓库，“二万石一积”（秦简《仓律》）也当是旧都的“太仓”。栎阳当郑国渠灌区，有丰饶的平原，粮源广阔，储备也丰富，故秦亡后，项羽三分关中，司马欣为塞王都栎阳。后刘邦还定三秦，治其旧地，理其故城，仍以栎阳为都，至高祖七年（公元前200年）未央宫落成，才始迁长安。

【4】民仓——民间储粮食设施有两种，一是困，二是地窖。以苇编织成圆筒存粮，还可一节节地向上叠加。放在谷场上的往往带临时性质。放在屋内者，多以荆笆编织，置在积高之处，底部留小洞眼以泄粮。这种形式的仓称为“困”。至今民间还用砖砌和土坯做的困，称作“土圆仓”。秦汉时代也有用大陶瓮储粮的。

用地窖藏粮是一种古老的传统，原始社会遗址中常见的一种袋状窖穴，一般的口径1、底径1.5 ~ 2.1米，深2米左右。除过储藏物品外，有些则被认为是用来贮粮的，像在西安半坡的一个窑穴中还保存有已腐朽成壳的粟米达数斗之多。地窖古代称作“窌（jiào）”。《周礼·考工记·匠人》注：“穿地曰窌。”《荀子·荣辱篇》注：“窌，窖也，地藏曰窖。”

2. 咸阳的武库

“武库”就是俗称的“兵器库”，为储藏武器的仓库。作用是收藏、保管、发放，有着一套严格的制度。由于武器属于战斗装备，是在军事行动中直接杀伤敌人有生力量和破

① 洛阳区考古发掘队：《洛阳烧沟汉墓》，科学出版社，1959年。

②《云梦睡虎地秦墓竹简》：“入禾仓，万石一积而比黎之为户”。“积，堆，在此为贮藏谷物的单位。”作为堆起的禾秸，称之为“积”。至今，农村还呼“麦积子”“麦积”“草积”。但储存粮食时，就不能用“堆”。文中的“仓”只能作粮库解，不是方仓，“积”也不是一困。

坏敌方各种设施的技术手段，又往往是个人间的伤害性工具。即使在冷兵器时代，出于稳定统治秩序的考虑，对武器的使用都是要严加控制的。所以，武器的制造权牢牢地掌握在国家之手，民间私铸则视为犯法违禁的行为。出土的秦兵器上多刻铸“寺工”二字铭文，表明它归中央九卿之一的“少府”管，是设立在咸阳、专门从事军工生产的官署。由“相邦”（丞相）代表秦中央政府督造，铸造地点除在首都咸阳外，旧都雍、栎阳也有库铸。郡造兵器，由郡守代表国家督造，数量以上郡为最多，其地点见有“漆”、“漆垣”（今陕西铜川漆垣县葭县）、“高奴”（今陕西延川）、图等。他如蜀郡、上党郡、河东郡临汾、陇西郡西县都有制作。但都必须藏之于郡的武库里，不得分散存放。铭文中的“上郡武库”、陇西郡“武库”等都是藏器之所。始皇二十六年蜀郡守武之戈的“武”、临汾守曋戈之“库”字，应是“武库”之省。当然，这些武库还设有库冶作坊，也在制造武器。

首都咸阳的武库是秦中央政府直接掌握的大库。我们看到有“少府”“内史”直接制作的兵器，更多的是在他们领导下由“寺工”“诏吏”主造的兵器，直接存放在咸阳武库里。武库的作用归结起来有四项：

第一，储存军工产品。秦始皇五年（公元前 242 年）相邦吕不韦戈铭：“五年，相邦吕不韦造，少府工室阾，丞冉，工九武库”（刻内正面），“少府”（内背面）。[①]（图 9–37）

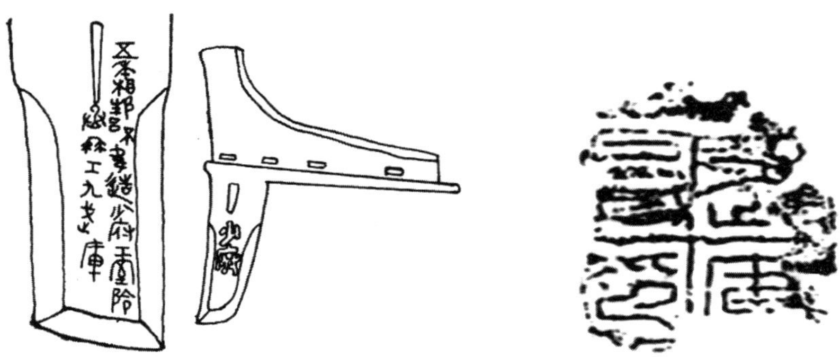

五年相邦吕不韦戈铭　　武库丞印封泥

图 9–37　咸阳武库

第二，兼造兵器。秦昭襄王十七年（公元前 290 年）丞相启状戈铭：“十七年，丞相启状造，郃阳嘉，丞兼，库脽，工邪”（内正面），“郃阳”（内背面）[②]。“启状”，史失其名，为相时间当在秦昭襄王十六年“封魏冉于穰，复益封陶”之后、“十九年，魏冉复为相”

① 张颔：《检选古文物秦汉二器考释》，《山西大学学报》1979 年第 1 期。
② 田凤岭、陈雍：《新发现的“十七年丞相启状”戈》，《文物》1986 年第 3 期。

的间隙。“郚阳”属内史之地的属县，设工官铸造兵器，由丞相督造。“库”则为郚阳武库“库啬夫”之省。

第三，供应军工原材料。秦简《效律》：“官府臧（藏）皮革，数穋（炀）风之。有蠹突然，赀官啬夫一甲。”

第四，发授兵器。京师兵在中央库领取，地方兵在该郡库领，边兵似取之于驻地的郡。秦始皇时期的“少府”矛铭：“少府”（正面），“武库受属邦”（背面）①。十三年（公元前234年）“少府”矛铭：“十三年，少府工檐，□□武库受属邦”。② 十四年“属邦”戈铭：“十四年，属邦工□蕺，丞□，工□”（内正面），“属邦”（内背面）③。“寺工”矛：“寺工”（矛筩穿下）、“武库受属邦”（穿右侧）、“咸阳”（穿左上）、“戌午”（穿左下）④。由少府或寺工制造的兵器要交给咸阳武库保管，若以后发授给专管少数民族“道”（同内地的县平行）的“属邦”，就特别注明“武库受（授）属邦”。秦简有《属邦》律文，《汉旧仪》：“内郡为县，三边为道。”县、道同级，故道也设有“道啬夫”一职。另有“属邦工室”“属邦工丞”封泥的出土。如联系属邦兵器，能否说明属邦也设立考工室制造兵器，交武库，后再领受而下发？

秦始皇陵兵马俑坑出土“寺工”铭刻的青铜兵器、车马器有二十多件，还有更多无铭兵器都应是领自咸阳武库的。估计秦俑坑将会出土武士俑七千左右，从其手姿看，至少每俑携带一件兵器，总量将是一个庞大的数字！从秦惠文王四年（公元前321年）“相邦樛斿戈”、秦昭襄王十四年（公元前293年）“相邦冉戈”、秦二世元年（公元前209年）“丞相李斯戈”看，栎阳武库一直是由相邦督造的。同咸阳武库一样，都是中央级大库，统一由秦王廷直接调配。

3. 少府

少府是主管全国生产税收的皇家领导机构，《汉书・百官公卿表》：“少府，秦官，掌山海池泽之税，以给供养。”颜师古注：“大司农供军国之用，少府以养天子也。”这也就是说，少府和“掌谷货”的大司农的分工沿袭了秦代的旧制，只是后者由秦代的“治粟内史”改名而来。秦二世时，章邯为少府，后领郦山徒对抗农民军。少府是官库同名。《汉书》应劭注：“名曰禁钱，以给私养，自别为藏。少者，小也，故称少府。”梦斋藏有“少府”

① 1966年5月出土于河北易县燕下都遗址，见《河北省出土文物选集》。

② 藏中国历史博物馆。

③ 广州市文物管理委员会：《广州东郊罗岗秦墓发掘简报》，《考古》1962年第8期。

④ 华义武、史润梅：《介绍一件先秦有铭铜矛》，《文物》1989年第6期。

封泥。《汉书·路温舒传》："上善其言，迁广阴私府长。"师古注："藏钱之府，天子曰少府，诸侯曰私府。"清王先谦《汉书补注》引钱大昭曰："颜说非也。汉制：诸侯王国亦有少府，不名私府。……私府，皇后之宫也，诸侯王之后亦有之耳。"说明这种专给皇帝"私养"、名曰"禁钱"的，实际是皇家金库。

少府不纯是钱库，还设官制造皇室用品，从其属官中的考工室、左右司空、东织、西织、东园匠等名称上可见一斑。梦斋有"少府工丞""少府干丞"封泥。秦始皇陵东 M15 出土的银蟾蜍饰件上刻"少府"二字。陵区和咸阳北阪上的宫殿建筑用瓦则多戳印"左司空""左司""左□""右司空□""右□"等陶文。

4. 大内

大内是设立在京都的国家物资总库。《史记·孝景本纪·集解》引韦昭："京师府藏。"

从秦简看，大内收藏、保管着国家的服装和铜铁器及其原材料，并有负责发放和回收的任务。《金布律》规定发放衣服的时间、做褐衣用料数量、剩余品交回大内要同账簿相符，在咸阳服役的则凭券向大内领衣[①]。

5. 少内

少内是国家主管财政的机构，收储钱财的仓贮也应是"少内"，大抵如金库。《周礼·天官·序官》郑注："职内，主入也，若今之泉所入谓之少内。"《十钟山房印举》卷二收有阑格的秦"少内"半通印。

都官也有少内。《汉书·丙吉传》："后少内啬夫白吉曰：'食皇孙亡（无）诏令。'"颜注："少内，掖庭主府臧（藏）之官也。"县同样有少内，秦简《法律答问》："'府中公金钱私貣用之，与盗同法。'可（何）谓'府中'？唯县少内为'府中'，其他不为。"

有阑格的"芷阳少内"印存世，虽出处失录，但印文明确指出是秦芷阳县的少内。

6. 御府

御府是供皇帝享用而设立的专用仓库。梦斋有秦"御府之印""御府丞印"封泥。（图

① 云梦秦简《金布律》："受衣者，夏衣以四月尽六月禀之，冬衣以九月尽十一月禀之，过时者勿禀。后计冬衣来年。囚有寒者为褐衣。为幪布一，用枲三斤。为褐以禀衣：大褐一，用枲十八斤，直六十钱；中褐一，用枲十四斤，直廿廿六钱；小褐一，用枲十一斤，直卅六钱。已禀衣，有余褐十以上，输大内，与计偕。都官有用□□□□其官，隶臣妾、舂城旦毋用。在咸阳者致其衣大内。在它县者致衣从事之县。县、大内皆听其官致，以律禀衣。""县、都官以七月粪公器不可缮者，有久识者靡蚩之。其金及铁器入以为铜。都官输大内，内受买（卖）之，尽七月而毕。都官远大内者输县，县受买（卖）之。粪其有物不可以须时，求先买（卖），以书时谒其状内史。凡粪其不可买（卖）而可以为薪及盖翳者，用之；毋（无）用，乃燔之。"

9–38）

1. 御府之印　2. 御府丞印

图 9–38　“御府”封泥印文

《汉书·百官公卿表》载，秦的御府属少府。师古注：“主天子衣服。”杜佑《通典·职官》也说御府的职责是“掌供御服”。御用品丰富且华贵，《史记·秦始皇本纪》：三十六年（公元前 211 年）“秋，使者〔郑容〕从关东夜过华阴平舒道。有人持璧遮使者曰：‘为吾遗滈池君。’……置其璧去。郑容奉璧具以闻。……使御府视璧，乃二十八年行渡江所沉璧也。”秦始皇死后，二世与赵高、李斯这些丑类掌权，诛杀大臣及诸公子，公子高为保族人不受株连，曾上书请从死，说“先帝无恙时，臣入则赐食，出则乘舆。御府之衣，臣得而赐之。中厩之宝马，臣得赐之”。（《史记·李斯列传》）

府库有几处？1961 年，我们清理咸阳长陵车站北沙坑的窖藏铜器中，有一铜铺首背刻“北库”二字[①]，足见御府之库绝非一处。想来，在秦始皇陵区出土的彩绘铜车马、诸多金银用品及饰件，必定也是府库中的藏品。那么，御府就不仅限于“掌供御服”。我们从历代史书中有《舆服志》一章，不是看到了府库中也包括了御用车马吗？

7. 酒府

酒府是专门制造和储藏醇酒佳酿的机构，以供皇帝祭祀及宴饮之用。秦二世曾下诏“增始皇寝庙牺牲及山川百祀之礼”，群臣皆言“天子仪当独奉酌祠始皇庙，自襄公以下轶毁”（《史记·秦始皇本纪》）。王引之据《说文》释“酌，盛酒行觞也”义，指出“不可言奉酌。酌当为酎字之误也。《说文》：酎，三重醇酒也。”

以酎奉祀先王，从秦发端，成后世之礼。在始皇陵园东北吴中村出土“郦山茜府”陶盘，咸阳博物馆收藏秦庄襄王二年（公元前 248 年）“寺工壶”“雍工敃铜壶”的圈足上都刻有“茜府”铭文。学者们认为“茜”即“酒”。“茜府”就是《周礼》中的酒府，制造三重醇酒

① 陕西省博物馆、文管会勘查小组：《秦都咸阳故城遗址发现的窑址与铜器》，《考古》1974 年第 1 期。

以供皇帝需要。

8. 外府、内府和中府

《韩非子·十过》："奚谓顾小利？昔者，晋献公欲假道于虞以伐虢。……荀息曰：'彼不假我道，必不敢受我币。若受我币而假我道，则是宝犹取之内府而藏之外府也，马犹取之内厩而著之外厩也。'"《谷梁传·僖公》二年作"取之中府，藏之外府"。

战国时期，府藏内容增多，分工有变化，同《周礼》所言"内府"掌贡赋货贿、精兵良器，"外府"掌邦布之出入有了很大的不同。秦时的外府、内府大概只是分类上的统称而已。御中诸府都可泛称内府，暂存从内府提取之物的仓库都可称作外府。

梦斋有秦"中府丞印"封泥。（图 9-39）《汉书·田叔传》颜师古注："中府，王之财物藏也。"也许秦之中府不在咸阳，因为它不属于御府。

图 9-39 "中府丞印"封泥印文

二、府库管理制度

（一）藏储原则

物质内容的复杂决定了国家府库的多样性，而分配对象的不同又确定其设立是独有的或是多级的。

粮仓设在都城的，是全国最大的太仓；而县仓或在治所，或分散于乡野。县仓由县廷主管，但其实施业务的上行文书却要通过县廷才能上达中央的内史或太仓。

内史掌握国有经济，"内史课县"（秦简《厩苑律》），因此各县每年终（秦以农历十月为岁首，当阳历八九月）"至计而上廥籍内史"（《秦律十八种·效》）。县的实官（粮仓）编制廥籍由县丞审核、签印，再由"县上食者籍及它费太仓"（《仓律》）。这虽属职能部门之事，但它却同秦国的政治体制保持了一致性。因为粮食供应面广，分配就由各级的国家粮仓进行，所以从中央到地方设置粮仓就大大方便了就地贮谷和发放。

武库的设立同粮仓有相似的一面，但也有特殊的一面。因为武器是提供给军队的装备，因而不能在郡县普遍设库，出自铸造原因和设防的关系，只是有选择地在几个郡进行。相反的，像御府诸藏，因为是直接为皇室服务，就无需在地方设库，只能设在都城，为中央独有。

仓储粮食主要来自“受田者”的“百姓”（中小地主）和农民交纳的田租。但田租不单是禾稼（粮食），还有刍（饲草）、稿（禾秆）。国家征收田租是按照授予土地的数量“按亩计征”，而不是根据垦种的实数，虽然我们不知秦国受田总数，也不明统一后租粮的具体税率，但从“咸阳十万石一积”、“栎阳二万石一积”、县仓“万石一积”看，“积”只是一个储藏单位，并非都邑仅此一积。那么，全国仓储的数额应是很庞大的。

禾与刍稿分贮，一个粮仓内也不是多品种的混杂。秦简《法律答问》：“有禀菽麦，当出未出，即出禾以当菽麦。”其中禾、菽、麦并列，而禾又是禾、黍、稻的统称。还见有荅（小豆）、麻等，而且同一种粮食还有颜色的区别。可知分类单存，也是储库存粮的又一原则。

仓库的作用在“藏”，而且是第一位的任务。但从自身的方便条件与需要出发，还有“造”的功能。

入库和储藏的粮食基本上都是带皮壳的原粮，是不能直接食用的。只有经过不同程度的加工，禾（粟）、稻才能舂成粝米、凿米（或糳米）、毁米，把小麦磨出面粉来。因为国家对粮食专营、禁止私售，所以粮食的加工、酿酒、制酱也多半是在官府手工业作坊进行的。

对粒食去皮的方法用“舂”，秦简《仓律》有“粟一石六斗大半斗，舂之为粝米一石”的条文。《说文》：“舂，捣粟也。”秦的徒刑最重者有“城旦舂”，《汉旧仪》说“舂者，治米也”。舂的工具是杵。1970年冬，秦始皇陵园内城北门外出土过一件石杵头，作圆柱状，顶端浑圆，另一端平齐，中有装木柄的铆窝，孔径3.5厘米。[①]当时被当作副食、同豆配合制酱的小麦，则用石硙加工磨成粉。秦的石硙文物发现了两件，分别出土在栎阳故城和始皇陵园，但都属于一合硙的底扇，径55厘米、厚2～8厘米。[②]其特点是：一、斡中部鼓起，高出周边；二、以插铁芯的轴孔为圆心，齿道分段向外辐射排列；三、中心部无齿。只是栎阳硙的齿作枣核状小窝，按同心圆排列七周，而咸阳硙则作四圈槽道，有似

① 陕西省临潼县文化馆：《秦始皇陵附近新发现的文物》，《文物》1973年第5期。

② 栎阳硙材料见陕西省文管会：《秦都栎阳遗址初步勘探记》，《文物》1966年第1期；始皇陵园出土石硙材料引自王学理：《秦始皇陵研究》，上海人民出版社，1994年。

光芒四射，同后来的“人”字形槽齿及中低外高的石磨相比，具有早期石硙的特点。但它毕竟是战国中期出现的石硙的实例，尤其是出土在秦之故都，同咸阳储粮“十万石一积”、栎阳“二万石一积”需要加工的史实吻合，从中也不难看出粮食加工业具有相当大的规模。

武库虽是藏兵器之所，但同粮仓储谷又兼粮食加工一样，也设作坊造兵器，从而体现着藏、造结合的原则。

（二）库管的法制性规定

1. 粮仓

秦简《秦律十八种·仓律》是关于粮仓管理的具体法令，有25条，择要选释如下：

谷粟入仓后，首先得由县啬夫或丞、仓啬夫、乡佐共同盖印封缄仓门，标识库粮名称及其数量。遵照县仓“万石一积”“栎阳二万石一积”“咸阳十万石一积”的法律规定，对粮食的出仓、入仓、增积都要随主管人员的去留而查封缄、验题识、称重量、赔不足、缴剩余。

谷物、刍稿入仓时，就要建立粮管档案（廥籍）上报内史。平时要记录粮食出入仓、增积的变化数字、禾谷的不同色种与数量、经办人的姓名等，年终止计。

粮管人员要做到相对稳定，据《效律》规定，仓库人员如变动，是要“效其官”的。效，即核验。发现作弊或是不效的，都要治罪。对管理失职和造成库粮损失的，如“户扇不致，禾稼能出”、“空仓中有荐，荐下有稼”、“有禀菽麦，当出未出”、“吏有故当止食，弗止，尽禀出之”、“城旦为安事而益其食”、实官“有不从令而亡、有败、失火”，粮食霉烂，发生鼠害等，都要追究一般人员和主管官吏的责任并处罚赔偿。

对种粮数额、舂米比率、领用口粮的各种人员（官吏、驿站、刑犯等）的月食标准，都有明确规定，违者受罚。

出自安全考虑，还建立有一套防卫设施。《内史杂》规定：“有实官高其垣墙。它垣属焉者，独高其置刍廥及仓茅盖者。令人勿近舍。非其官人也，毋敢舍焉。善宿卫，闭门辄靡其旁火，慎守唯敬。”“毋敢以火入臧（藏）府、书府中，吏已收臧，官啬夫及吏夜更行官。毋火，乃闭门户。”粮仓周围有高墙，紧闭门户，附近不得住人，夜间有巡逻，不能持火靠近，以防盗、防火。

2. 诸府

收钱入库时，规定千数装一畚，用令、丞印封缄。出钱时，令、丞验视后方能启封。

县与都官罪，经判处赔偿的，凭木券向少内缴纳，欠债超过当年要依法论处。（秦简《金

币律》)

入库器物都有标识、编号并登记簿籍，审验二者不合或次序倒置的，要罚官啬夫一盾。库藏皮革，要经常曝晒风吹，发现虫蛀，罚官啬夫一甲。

会计账目不合法律规定，实物与账不符，计账差错或不应销账而注销的，都要按律赔偿或治罪。(秦简《效律》)

3. 武库

国有武器都刻有标记和官府的名称，不能刻的则用丹或漆书写，并登记造册。(秦简《工律》)

殳、戟、弩上有明确的部位涂红、黑两色，如果标错次第，是要以法律论处的，不要认为那只是对超过或不足数的处罚。(《效律》)

皮革是制作甲衣的原料，入库的皮革和革铠要经常曝晒风吹。如果发现虫蠹咬坏，就要罚该官府啬夫一甲。(同上)

制作铠甲时，札叶数有规定。超过簿籍登记数的要上缴，不足者要赔偿。(同上引)

国有武器可以出借给百姓，但要登记武器上的标识编号。缴回时，武器上没有标记或有标记却非该官府之物，除过没收入官之外，还要依据《赍律》责令赔偿。(《工律》)

从传世和出土的秦青铜兵器看，多有标记。其法一是刻铭，二是涂不同颜色。以秦俑坑的兵器为例，即可知其库管制度。如青铜戟内、矛骹、铍身、剑基部都有铸铭或刻铭“寺工”二字。在一号坑有的铍鞘、二号坑的车马器上也朱书“寺工”。作为一杆长兵器，前端装金属的带刃或刺并有铭记的头，后安鐏，其积竹柄则表涂褐色漆。经我亲手清理的一支戟全长 2.88 米，其柄部竟绘有鱼水组成二方连续的图案。铭记、色彩、图案的不同，当是入库簿籍的根据。特别纪年兵器，像始皇三年、五年、七年戟，十五至十九年铍，更便于管理登记。再如箭杆，全长 68 ~ 72 厘米，其竹或木质的笴，表涂朱红和褐两种颜色：分两段的，前红后褐，分别占 2/3 和 1/3；分三段的，前段褐色，长 12 ~ 14 厘米，中段红色 38 厘米，后段褐色长 17 厘米。弩弓表面，一律涂褐色漆，同其弩臂保持一致。至于铜弩机部件上錾刻出数字编号、天干、地支或库名，不仅仅是制作上的需要，而且也是入库弩弓在登记和管理上的凭借。

(三) 组织机构

府库都有一套管理机构，设立寺府，任官职能。其中属于全国性的，一定是从中央到地方形成垂直关系，以上统下。直接为皇室服务的，仅设中央。咸阳作为首都，当然是最高管理机构的集中地。

1. 粮管系统

“内史”固然是“掌治京师”的行政长官（《汉书·百官公卿表》），但秦中央集权制国家专门设立有“治粟内史”一职来“掌谷货”。他并列为九卿之一，位在三公之下，其作用相当于现在国务院的国家粮食局局长兼中国人民银行行长。治粟内史有两丞，官署设在咸阳。其属官有太仓令丞，是主管太仓（国家仓库）的负责人。秦咸阳渭南区出土之“泰仓丞印”“秦泰令印”封泥，其下属当有分管具体事务的一些仓吏。像咸阳仓、栎阳仓、霸上仓等，既储禾粟，又藏刍稿，除过管理的官吏、事务人员，还有警卫“夜更行官”。

各县的实官（粮仓）是中央下设在县级的粮仓，受双重领导，管理上归县丞，业务上属内史的太仓。县仓在县邑，其主管官吏是仓啬夫，又称“主廥者”①。其属吏有佐、史、禀人等，承担着日常具体事务。仓啬夫又称“都仓啬夫”（秦简《效律》），表明是县仓的主管。佐，是仓啬夫的副手；史，大概是秘书；禀人当属出纳员②。

在乡野的离官（乡仓），其主管是“离邑仓佐”负责粮食的禀给发放。级别低于仓啬夫，略等于佐、史。

秦王朝的粮仓管理系统，自上到下，彼此对应，表解如下：

粮仓管理系统表

行政关系	中央	县	乡
粮仓名	太仓	实官	离官
官吏	治粟内史	仓啬夫、佐、史、禀人	离邑仓佐
所在地	首都	县邑	聚

2. 武器管理系统

武器的制造，固然多出自九卿之一的少府下设立的“寺工”，但藏储却要交给武库。《汉书·百官公卿表》载，中尉也是九卿之一，任务是“掌缴循京师”，专管都城的治安。

① 云梦秦简《效》：“大啬夫，丞智（知）而弗罪，以平罪人律论处之，有（又）与主廥者共赏（偿）不备。”

② 秦简《效律》记禾粟入仓后“籍之曰：廥禾若干石，仓啬夫某、佐某、史某、禀人某。’”从中即可看出啬夫、佐、史、禀人地位的次序——仓啬夫最高、禀人最低。《周礼·地官司徒》说廪（禀）人“掌九谷之数”，《仪礼·少牢馈食礼》注作“掌米入之藏者”，《国语·周语》韦昭注作“掌九谷出用之数”。显然，《周礼》的廪人权限很大，后渐次降低，到秦时只是仓库收藏出纳的一般人员。咸阳博物馆收藏有秦庄襄王二年（公元前248年）的“寺工壶”，铭有“廪人莽”是否同校核这一酒器的容量有关？

其属官就有“武库令丞”。渭南的咸阳故址，就出土有“武库丞印”封泥，为梦斋收藏。有如前述，武库不单藏储兵器，也制造兵器。因为武库管理着武器、战车等作战物资，在保管过程中就有修缮养护的任务，并据国家调令发授兵器。

郡的武库直接受郡守掌管，库啬夫负责。秦始皇二十二年（公元前225年）的临汾守曋戈有铭，作“廿二年，临汾守曋，库系，工歇造”[①]。“库”即临汾武库，也是临汾库啬夫一职之省。秦昭襄王十七年（公元前290年）的丞相启状戈铭中有“库脽”[②]，也当是郃阳武库的库啬夫。

无论是咸阳、栎阳的武库或是郡的武库，都有一批库吏，可惜史记失载。

3. 府库管理体制

御府设有令丞，府第在咸阳，属九卿之一的少府管。因为是“供御服”、饰用之器，所以不在郡县设立。

第五节　城防与治安

一、禁卫军

（一）侍从警卫部队

保卫首都和皇帝安全的禁卫军，包括三部分兵力。其中的侍卫是最贴近皇帝的侍从警卫，由九卿之一的“郎中令”掌管。《汉书·百官公卿表》：“掌宫殿掖门户，有丞。”（图9–40）这支由“郎”充任的亲兵，职责是充任殿中侍卫，把守宫门和掖门。（马端临：《文献通考·职官考》九）按照秦法、群臣上殿朝请皇帝，不得持尺寸之兵。即使是皇帝的贴身保卫的诸郎，也只能手执兵器列队站在殿下，非有诏召是不能上殿的。（《史记·荆轲列传》）所谓“陛戟”（《太平御览》卷三三八《燕丹子》），就是指这些站在殿下执着戈、戟、矛之类长兵器的侍卫。他们或者一手持剑，一手拥盾，故又称之为“陛楯郎”或“陛楯者”。

图9–40　郎中丞印

① 江西省博物馆等：《记江西遂川出土的几件秦代铜兵器》，《考古》1976年第1期。

② 田凤岭、陈雍：《新发现的“十七年丞相启状”戈》，《文物》1986年第3期。

《史记·滑稽列传》记载着侏儒优旃这么一段故事："秦始皇时置酒，而天雨，陛楯者皆沾寒。优旃见而哀之。谓之曰：'汝欲休乎？'陛楯者皆曰：'幸甚。'优旃曰：'我即呼汝，汝应曰诺。'居有顷，殿上上寿，呼万岁。优旃临槛大呼曰：'陛楯郎'！郎曰：'诺。'优旃曰：'汝虽长，何益？幸而立雨。我虽短也，幸休居。'于是始皇使陛楯者半相代。"持兵器侍卫殿下的武士，是否从此开始有了轮换值班的制度？

任职宫廷、侍卫皇帝的郎官，统称"郎中"。因天子所居的宫禁之地内外有别，就有了"中郎""郎中"和"外郎"等所谓"三郎"的设置。(《史记·秦始皇本纪》)虽然都是执兵宿卫，却有给事"禁中""宫中"和"宫外"的不同。皇帝居处，"门户有禁，非侍御者不得入"（蔡邕《独断》），只有"中郎"在诸郎中最接近皇帝，地位亲要，甚至可参与议谋，成为君主的心腹。"郎中"不得出入禁中，职责主要是执戟殿下，宿卫皇宫，优旃所称的"陛戟者"即是这类郎官。"外郎"，就是"散郎"，在皇帝出宫外行时充作车驾卫队，所以也称"骑郎"。

三郎各有长，秦名不知，但见汉有中郎将、郎中将与外郎将。而主管三郎的最高长官是郎中令，三郎之将是其属官之一，另见有大夫、谒者、仆射。(《汉书·百官公卿表》)

因为郎中令掌皇帝的宿卫，处于宫闱之中，多由亲近的大臣担任此职。昏庸的秦二世任用鄙佞恃才的赵高为郎中令，诛杀秦朝大臣及诸公子，断其股肱，再网罗罪名捕杀三郎，解除近卫，真正成了"孤家寡人"，逼死望夷宫，自食贪权害忠的恶果。(《史记·秦始皇本纪》)

有秦"郎中丞印"封泥的出土。

（二）宫门防守部队

这是一支守卫城阙、宫门的屯卫部队，相当于今之门卫岗哨。据《汉官解诂》讲，这些卫士护守皇宫和官府，在"诸门部各陈屯夹道其旁，当兵以示威武，交戟以遮妄出入者"。白天夹道交戟，审查印信，晚上巡逻宫中，捕捉不轨。

在禁卫军中，屯卫宫门的这支队伍——卫卒，由九卿之一的卫尉主管，其属官分别设丞，出土有"公车司马丞""卫士丞印"封泥。（图 9-41）既是把守皇宫的一支重兵，卫尉寺又居宫内、卫士在宫垣下为"区庐"驻扎（《汉旧仪》、《汉书》颜引胡广注）。因为有深居"禁中"的条件，所以权势炽盛的嫪毐就能串通卫尉竭、内史肆、佐弋竭、中大夫令齐等后党 20 人，矫王御玺及太后玺，发县卒及卫卒、官骑、戎翟君公、舍人在咸阳发动叛乱，向去雍蕲年宫的秦王进攻。(《史记·秦始皇本纪》)

公车司马丞　　卫士丞印　　卫士

图 9-41　卫尉属官封泥

秦二世曾“尽征其材士五万人，为屯卫咸阳，令教射狗马、禽兽。当食者多，度不足。下调郡县，转输菽粟刍藁，皆令自赍粮食。咸阳三百里内，不得食其谷。用法益刻深”（《史记·秦始皇本纪》）。秦代，男子在一生中要服两年兵役，其中一年当“正卒”，即在郡县当兵，接受军事训练；又一年在中央作“卫士”或者到国防前线当“戍卒”，守边关。而秦二世征调“材士”屯卫咸阳是事实，教射狗马、禽兽也非练兵的内容，实属用材官蹶张之士围猎取乐的荒唐之举！

（三）城防特警部队

事实上，郎中令主管的侍卫只能是皇帝近身的保卫，卫尉执掌的城防兵也只能是皇宫的门卫，都是对付正面来敌以虞不测的。而秦始皇的保卫工作，已注意到尚处于地下活动的反对力量，为防止其积聚和突袭，把他们消灭在萌芽状态，因此成立一支特警部队，开了历代统治阶级防乱维稳的先河。

一支由九卿之一的“中尉”领导的特种部队，在汉武帝时才更名“执金吾”。其任务是担当宫殿之外、京城之内的警卫，即所谓“徼循京师”“禁备盗贼”（《汉书·百官公卿表》）。《后汉书·百官志》刘昭注引胡广曰：“卫尉巡行宫中，则金吾徼于外，相为表里，以擒奸讨猾。”尽管汉代皇帝出行时，执金吾充任护卫及仪仗队，“舆服导从，光满道路”，但在秦汉间“掌京师盗贼，考案疑事”（《通典》卷二八《职官》十）依然是其主要的工作。秦始皇微行咸阳，夜出逢盗兰池，随行武士击杀之，“关中大索二十日”。中尉主管的“武士”，肯定是参加了这次以咸阳为重点、扩及关中的

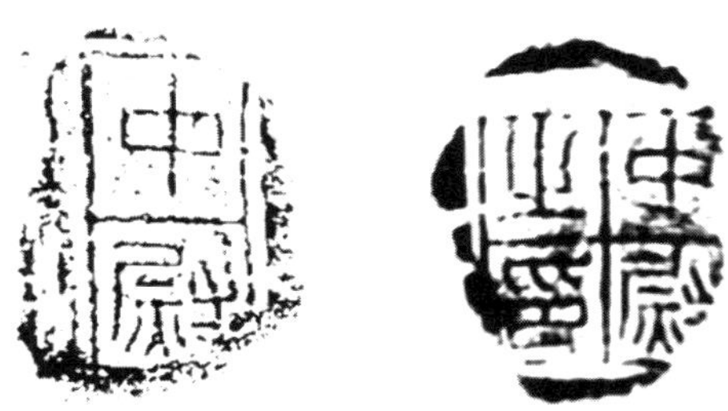

中尉　　中尉之印

图 9-42　中尉之印

大搜捕行动的。

"中尉"署设咸阳（图9–42）。据《汉书·百官公卿表》载，有两丞，属官有带兵的侯、司马、千人等军吏。汉有"中司马"、"执金吾侯"，后随人名。

二、由"亭"组成的社会治安网

（一）都亭组织

咸阳作为国都，治安防范工作是重中之重。"都亭"作为咸阳"各亭之首"（陈直《汉书新证》语），当然是具有"代表性之亭"。渭河南岸秦都故址出土"咸阳亭印"封泥，作"田"字界格，明显属于咸阳都亭之印。（图9–43）

从咸阳市中区到郊区，多处设有管治安的亭。据秦简《盗马》爰书有"市南街亭求盗"捕捉盗马者推知，咸阳诸市的各条街道都有亭的设立。可惜多个市的东、西、南、北街亭的具体名称没有留下来。见载的郊野之亭有杜邮亭、轵道亭、白亭等。

咸阳亭印

咸阳亭丞

图9–43　"咸阳亭印"封泥印文

所言治安之"亭"必有其管辖范围，即今之所谓辖区。这大概以"十里"为限，故曰"十里一亭"。因为稽查行旅的关系，所以秦亭多设在交通沿线，像咸阳西门外十里就是杜邮亭。当然，亭舍的所在也采用了同一称呼。

亭的官吏有"亭长""啬夫""校长""求盗"等，统称之为"亭人"。在亭长的领导下，围绕追捕盗贼、巡徼司奸、维护一方社会治安的中心任务而各执其事。汉高祖刘邦就曾做过秦的"泗水亭长"。

咸阳诸街亭、野亭都受都亭节制。为确保京畿重地的社会秩序，都亭必定受命于咸阳市丞。

（二）咸阳的治安网

自商鞅变法以来，咸阳一直重视城市治安。那时，编制户籍，实行什伍连坐，目的在于告发“奸人”。自从引进“亭”的机制之后，它就成了专门的治安组织，主要职责是徼巡防“盗”。所谓“盗”，不全指以偷窃为务的“贼”和具有暴力手段的“盗”。凡是奸邪、叛乱、反抗的行为都包括在内，大大地超出了商鞅变法时那种作为政敌的“奸人”范围。

咸阳的治安保卫形成一个多层面的网状结构，表现为以下三方配合：

其一，城乡的诸亭（都亭、街亭、市亭、乡亭、邮亭等）既是点与面，又是表与里的关系；

其二，亭与禁卫军分工，形成内外关系；

其三，亭同什、伍组织配合，发挥了“警”与民政的作用。

（三）几处乡亭的位置考索

1. 杜邮亭

在今咸阳市东郊任家咀附近。

《史记·白起列传》：“武安君既行，出咸阳西行十里，至杜邮。”秦咸阳遗址西部边缘当在今窑店镇西长兴村一带，这里有手工业作坊遗址，经考古发掘所获资料丰富。其西再无文物出土，可知越此线西行，即为咸阳的西郊。今任家咀当长兴村之西、约合秦汉十里之处，传有白起墓。《水经注·渭水》：“镐水上承镐池于昆明池北，周武王之所都也。……北流与滮池水合，又北经清泠台西，经磁石门西，又北注于渭。渭水北有杜邮亭，去咸阳十〔七〕里，今名孝里亭，中有白起祠。”镐水同今之滈河并非一水，在隋初因开永通渠入长安，改道而消失，仅有河床遗迹，故称古镐水。磁石门是阿房宫之北门，当今三桥镇北新军寨。《括地志》：“今咸阳县，古之杜邮，白起死处。”其所说“今咸阳县”实是唐初分泾阳、始平两县地所置，寄治鲍桥，武德二年（公元 619 年）徙白起堡，即秦杜邮。将秦咸阳西十里、滈水入渭之北、唐白起堡这几个相对方位对比，秦杜邮亭位于今咸阳市东任家嘴一带。

2. 长平亭

在今泾阳县城东南泾河右岸的咸阳原边余家堡附近。

《史记·秦始皇本纪·集解》：“张晏曰：望夷宫在长陵西北长平观道东，故亭处是也。临泾水作之，以望北夷。”所谓“故亭”即是长平亭。《三辅黄图》：“望夷宫在泾阳县界，长平观道东，北临泾水，以望北夷，以为宫名。”在今泾阳县东南蒋刘乡和咸阳市东北韩家湾乡交界处的咸阳原边发现多处秦汉建筑遗址，其中以余家堡北的一处为最大，有可能是秦望夷宫的主体建筑遗址。这里南同秦冀阙宫庭建筑遗址相望，北临泾水，地属泾阳县界，长平亭也当在这一带。

3. 白亭

秦白亭是咸阳南区的一处亭，地在今西安市西郊劳动公园之北。

《汉书·武五子传》："长安白亭东为戾后园。"戾后园是汉武帝戾太子之史良娣的寝园名，她是在"巫蛊"之祸中遇害于博望苑而葬在苑北（今西安市玉祥门西约一公里的大庆路之北）的。《太平寰宇记》："汉戾园故秦白亭。"《水经注·渭水》载昆明故渠"东迳明堂南，旧引水为辟雍处，……北三百步有灵台，是汉平帝元始四年立。渠南有汉故圜丘……故渠之北，有白亭、博望苑。……史良娣死，葬于苑北，宣帝以为戾园。"《唐两京城坊考》载唐长安金城坊北门有汉戾园。金城坊在今桃园路中段的西电职工医院、劳动公园一带。这里同汉长安城南圜丘、博望苑建筑遗址地望相合，说明秦汉白亭就在劳动公园之北①。

4. 轵道亭

轵道亭是咸阳南区东部一处重要的乡亭，位于今西安市东北的辛家庙一带。

《史记·高帝纪》："汉元年十月，沛公兵遂先诸侯至霸上。秦王子婴素车白马，系颈以组。封皇帝玺、符节，降轵道旁。""《索隐》引《汉宫殿疏》云'轵道亭东去霸城观四里，观东去霸水百步'。苏林云：'在长安东十三里。'"《括地志》："轵道亭在雍州万年县东北十六里苑中。""轵道"（《汉书》）又作"枳道"（《史记》），二者通用，秦汉为一地。由霸城观、霸水和万年县三者的相对位置看，轵道亭在霸水西岸。霸城观的取名当与同在汉长安的霸城门外有关，与霸陵县无涉。《史记·苏秦列传·集解》引徐广说"霸陵有轵道亭"，显然不准确，只能认作是方位相近。苏林是三国时期魏人，其言轵道亭"在长安东十三里"，则合今5636.28米②，地当今西安市东北郊的辛家庙。由此验证同霸城门、万年县治、霸水的位置距离皆合，也正处在唐禁苑之中。③

轵是车毂上的轴孔，轵道亭设在渭河南岸的驰道之侧，控咸阳东渡灞水的门户，位置重要，犹如轵对车与轮的不可或缺一样。

① 《汉书·武五子传》："以湖阌乡邪里聚为'戾园'，长安白亭东为'戾后园'，广明成乡为'悼园'。皆改葬焉。"很明确，"戾园"是刘据的墓地，"戾后园"是史良娣的墓地，皆是汉宣帝即位后诏置的。而《水经注》《唐两京城坊考》《太平寰宇记》都把"戾后园"误作"戾园"。

② 东汉1里合今443.56米。

③ 有以为汉霸城观在霸水之东，同汉文帝霸陵有关，显然是欠当的。因为它是一处宫观，并非陵庙建筑。其位置《汉宫殿疏》和苏林表述得很清楚，次序是：霸城门——13里——→枳道亭——4里——→霸城观——100步——→霸水。

5. 长安亭

秦有长安乡，治在汉长安城东南隅，其管辖范围可东及灞水一带。既然乡、亭同级，在长安乡地当有亭的设立，故而同名。

有关秦咸阳的史书，未见长安亭的记载，但汉博城侯张章父曾为“长安亭长，失官，之北阙上书，寄宿霍氏第舍”。(《史记·建元以来侯者年表》) 很可能汉长安亭就在秦长安亭之地，当在汉长安城附近。

6. 曲邮亭

《史记·留侯世家》：汉高祖率兵出长安，张良带兵追至曲邮。《集解》：“司马彪曰‘长安县东有曲邮聚。’”《索隐》引作“今在新丰西，俗谓之邮头”。汉初之亭名曲邮，很可能是原来秦驰道上的邮亭。

第十章

以首都为中心的道路交通网

第一节　周秦道路概说

一、周秦道路的沿袭与扩大

关中的道路畅通乡邑，具有悠久的历史。随原始人类的迁徙，村落间的往来，因定向践草成径，履窄为宽，接断续长，就成了道路。商周时期车马通行，促进了道路的发展，“周道如砥，其直如矢”（《诗·大雅·大东》）表明了关中的大道确实平得如砥（磨刀石），端直得像箭杆。商鞅变法时，“并诸小乡聚，集为大县”“为田开阡陌封疆”，对道路交通也做了一次整理。不用说，井田间原有的径、畛、涂、道、路这五种小规模的“野涂”，也随之发生了一次彻底的改变。但因咸阳地近周都丰镐，加之雍、栎阳曾一度为秦之政治中心，因而各自形成通往各诸侯国间的大道，早都构成了以后各代交通主干的基本框架。周王国中那“九经九纬，经涂九轨”（《周礼·考工记》）及京城外周的“环涂”之制虽已不复存在，但秦都咸阳市中及郊区除过重新形成干道支线外，还出现了专供帝王车马行驶的御道——阁道、复道和甬道。

首都咸阳作为秦国和秦帝国的心脏，由此为起点的陆路大道好似血管命脉流布全身，激越的政治活动、飞跃的经济营养才借以迸发出它存在的活力。

以咸阳为中心的交通结构的建立，经过了一个由小到大、从单一到繁复的历程。秦孝公立都咸阳，选址在周秦以来横亘关中的帝上，这里西经旧都雍，越陇阪直达秦人的发祥地；东向函谷，本来就有一条千里的“周道”。它从咸阳出发，沿渭河北岸，东过漫漫的河西地，渡黄河、经三晋，直达燕、齐；南越秦岭，分巴蜀与荆楚，可直驱江汉流域。

对秦国而言，这些四通八达的路线可称之为“国际大道”。它是秦人沿用或新拓的成果，大大地方便了“四塞之固”的秦国同外面世界的往来。当公元前 221 年秦始皇统一六国之后，“决通川防，夷去险阻”，拆除长城，不仅消除了诸侯割据中“壅防百川、各自为利”和“以邻为壑”的局面，解除了由此而造成水旱灾害的威胁，而且修筑道路、大力发展水陆交通的结果，在广阔的领域内更好地促进了各地的交流。（图 10–1）

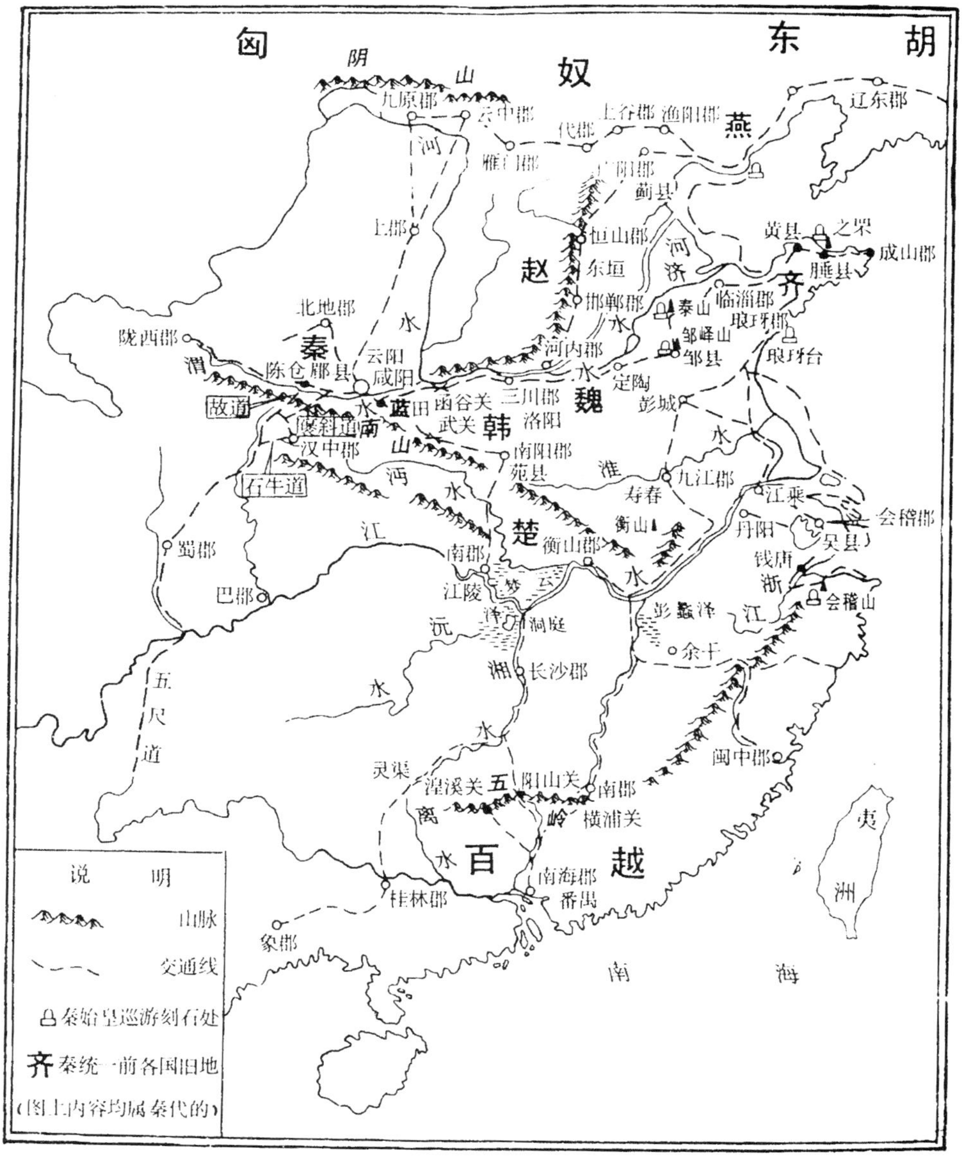

图 10–1　秦王朝主要交通路线图

二、由咸阳发轫的车马大道对秦的影响

由首都咸阳通向天下的这些车马大道，在秦帝国形成过程中确实起了重要的作用。其承载内容与运输事项，也因时间、周边环境而有所同异。（图 10–2）归纳发生往还的重大内容，大约包括了如下几项：

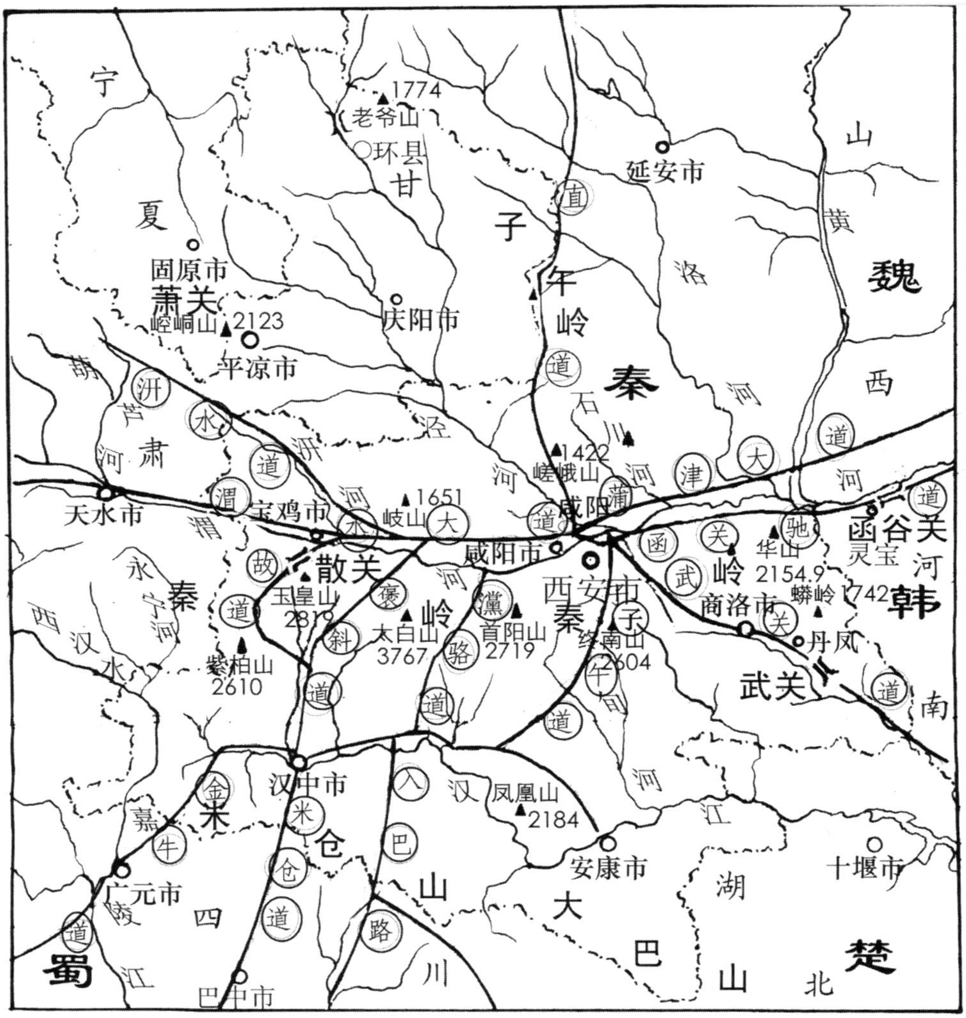

图 10–2　秦内史诸道示意图

其一，作为征战兵行之道：秦国经略燕、赵，必择临晋大道而行。而出兵关东，唯此函关一道。武关道则是秦、楚多次兵戎相见的孔道。固然关山重重，固若金汤，但这几条大道也成了后来刘、项进兵关中灭秦的必经之道。

其二，是物资调运的补给之线：军用物资的粮草、武器中有相当一部分要随军辎重而

行。但关中积粟有限，秦王朝不得不向广大农民苛重地征收田赋，“头会箕敛，以供军费”（《史记·张耳陈余列传》）。“蒙恬将兵北伐强胡，辟地进境，戍于北河，飞刍挽粟以随其后”（《汉书·严安传》）。栎阳仓储粮二万石一积，咸阳太仓十万石一积的屯粮，多半是通过漕运输转自关东而来。修建秦始皇陵墓的巨型木材，则采自湖北、川、陕交界的大山之中，即“乃写蜀、荆地材皆至”（《史记·秦始皇本纪》）。

其三，徭役与徙民的亡命之线：建造始皇陵墓是一项多年性大型土木工程，还有咸阳的诸多宫殿建筑，都是通过征发徭役、滥用民力完成的。《史记·秦始皇本纪》载：“秦每破诸侯，写放其宫室，作之咸阳北阪上”，“始皇初即位，穿治骊山，及并天下，天下徒送诣七十余万人”，“乃分作阿房宫，或作郦山”。始皇陵墓工程前后修建了三十七八年，[①]动用劳力72万人。仅陵侧32座居赀役人墓中出土的部分瓦文上，就刻着死者19人的籍贯，其中有东武（今山东诸城市）、平阳（今山西临汾南）、平阴（今河南孟津西北）、博昌（今山东博兴县南）、兰陵（今山东兰陵镇）、赣榆（今江苏赣榆区东北）、杨民（今河北宁晋县附近）、邹（今山东邹城市东南）、武德（今河南武陟县东南）、訾（今河南巩县西南）等10个原属三晋、齐、楚的地名，涉及今山东、江苏、河北、河南等省。陶文中的地名除了关中的临晋（今陕西大荔县东南朝邑镇西南），外省的还见有安邑（今山西夏县西北禹王城）、新城（今山西曲沃县境）、宜阳（今河南宜阳县）、乌氏（今甘肃泾川县）、郧阳（今湖北郧区）等地。

始皇二十六年（公元前221年）“徙天下豪富于咸阳十二万户”，三十五年（公元前213年），又将东海之民“徙三万家丽邑”（今临潼区）、五万家云阳（今淳化县）。（《史记·秦始皇本纪》）这些徙民虽属于豪富之家，但凤凰落架的境遇也只能让他们扶老携幼，以车载畜驮的办法，向指定地蹒跚进发。尽管这是通过强制手段，迫使大规模的人群在短时间内作长途运动，若比之服役于关内的人流来，显然又居于其次之位。

服徭役名目多、期限长，还得地方组织派专人押送，像汉高祖刘邦在沛县当亭长时曾“为县送徒骊山”（《汉书·高祖纪》）。全国各地通往关中的大道上，车马喧嚣、行人塞路，再加之秦政府向空旷地带大量移民、往边地发谪实边，使得这些大道呈超负荷的满载状态。“丁男被甲，丁女转输，苦不聊生，自经于道树，死者相望”（《汉书·严安传》）、“赭衣半道”（《汉书·食货志》）、“戍者死于边，输者偾于道”（《汉书·晁错传》），这是发生在国家大道上的另一种悲惨景象。

① 王学理：《秦始皇陵研究》，上海人民出版社，1994年。

其四，商贾贩运的黄金大道：旧都栎阳“北却戎翟，东通三晋，亦多大贾”、咸阳之民也“益玩巧而事末”。(《史记·货殖列传》) 作为四方辐辏、并至而会的国都，人口繁密，各地来人流动性强，货物集散频率高，是其他都邑无法比拟的。因此，咸阳通往关内外的各条道路就成了商贾贩运、牟利以富的黄金大道。

其五，巡行、信使、邮传、民间往来的通行之道：最早居民点间的小径，随着时势变迁和往还频率增大，着意拓修，遂成大道。特别是从城邑到邦国之间交往的专线，因所处地理形势，成为自然优选的对象，形成康庄，势所必然。由邮设驿，驰传相继，国际间信使往来不绝于道，这在函谷关道上尤为突出。孟尝君脱秦、范雎入关，莫不是由此道而行。秦始皇五次出巡中，有三次就是经由东方大道出函谷的。

咸阳的国中大道，其规模之大，形式之新颖，体现的是帝都的雄姿。而由此发轫，辐射全国的交通干道，在形成中华统一国家过程中的作用、地位，更具深刻的文化学意义。除却秦始皇旨在加强国防和对各地控制的主观意图之外，客观上则起到了促进全国经济联系、文化交流、移风易俗的重大作用。

第二节　首都的道路与桥梁

一、御道

《史记·秦始皇本纪》：“先作前殿阿房，东西五百步，南北五十丈。上可以坐万人，下可以建五丈旗。周驰为阁道。”“秦每破诸侯，写放其宫室，作之咸阳北阪上，南临渭。自雍门以东，至泾渭，殿屋、复道，周阁相属。”

阁道、复道、甬道和辇道是一种特殊的道路形式。在秦汉京都之内，专供皇帝通行于宫廷建筑之间，因而是短距离的通道。由于它不属于地面道路中的专用线，而是同建筑巧妙融合的产物，既具有二者的属性，遂成了一种别致又华美绮丽的交通建筑艺术形式。随着历史进程，各自发展又彼此渗透，从兴起到消失（或整体，或部分），以至后代的人们不明其原貌。注家歧义，或对或错，或言中而欠理，各执一端，更令后人的后人无所适从。若不追本溯源，辩证地解析，很难找到正确的答案。在这里，我们只有区分出秦代出现的这几种道路形式的功能，才可看到它的建筑学意义。

（一）阁道

阁道建于地面，其形式是在道路上架设顶篷，两侧或立护栏，中间形成廊道，以便行人。每隔一定距离，还建有一座可四望止息的亭阁。（图 10–3）

图 10–3　褒斜谷中的阁道

秦都咸阳的阁道，在《史记》里只有上引阿房宫“周驰为阁道”和北阪上仿作诸侯宫殿间“周阁相属”这两处[①]。既作“周驰”“周阁”，必是环周的意思。在阿房宫遗址上围绕“前殿”发现有几处路土建筑遗迹，其中第 11 号建筑基址位于殿址西侧，当纪阳寨之南，南北长 230、宽 2.5 米，面积 598 平方米。西安市文物保护考古所钻探队认为是“长廊式的阁道建筑”[②]。因为阿房宫遗址地区曾发生严重的历史性破坏，钻探的数据远非原

① 《三辅黄图》记阿房宫“离宫别馆，弥山跨谷，辇道相属，阁道通骊山八十余里”。而《史记 · 秦始皇本纪》作“自极庙道通郦山”，并没有阿房宫阁道通骊的说法。
对以上含糊的说法，我以为司马迁的记载是对的。因为从很多材料比较中知，阁道是用在群体及建筑之间的宫中道路，跨度不可能太大。况且唐诗人杜牧在《阿房宫赋》中也只是说“骊山北构而西折，直走咸阳”，并没有“直走阿房”，可见阁道这一建筑形式无论作怎样的变化也还有着确定的形态。
② 西安市文物局文物处等：《秦阿房宫遗址考古调查报告》，《文博》1998 年第 1 期。

状，但它的走向、构筑残留及连接 10、12、13 号建筑的情况，毕竟给我们提供了探讨其性质的凭借。再从我测绘咸阳北阪上从牛羊村到刘家沟之间的秦建筑遗迹看，均呈 90°的正方向转折，但占地面积很大的多个单体的或是群体建筑遗迹之间，往往是相通的，有些在中间形成空白地带，确也表现着“周阁相属”的情况。这就足以说明，阁道只能是咸阳北阪宫殿群和阿房宫两处建筑中特有的地面道路。作用在于使帝车于宫殿间“周驰”，与之配套的是“为复道，自阿房渡渭，属之咸阳，以象天极阁道绝汉抵营室也”（《史记·秦始皇本纪》）。虽取义天帝出，必经“阁道六星”的含义，实则又是复道把两处连为一体。

由于阁道回环曲绕于各建筑群落之间，再加之本身华美典雅，不单实用，而且还具有点缀的作用。既增加了变化，又使建筑不单调呆滞，从而获得了整体美的效果。也正因为这种道路形式产之于秦，附属于宫廷建筑，是一种特殊的道路建筑形式，同复道、甬道配合，专供秦始皇游乐行幸于咸阳宫廷之间，服务于帝王贵族，所以为以后两汉统治者及豪门贵族所承袭且有所发展变化。

有些人解释阁道，说是也叫“栈道”。实际上，二者是有区别的。前者顶上有篷可遮阳挡雨，两侧有护栏，可以四望；而后者是在悬崖上凿孔，横插棚木，上铺木板，形成悬空的道路。不过，二者在建筑手法上也有互相借鉴的地方，在栈道的一些路段上也可以搭盖顶篷，或建有亭阁，供行人止息。

（二）复道

复道确是一种架设在空中的道路，因为“上下有道”故名。（图 10–4）

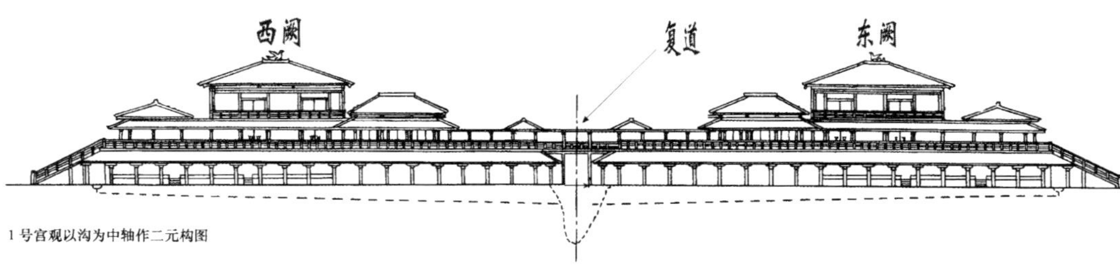

图 10–4　冀阙遗址整体复原与复道南立面图（杨鸿勋图王学理改）

秦始皇在关内外大治宫室，秦始皇二十六年（公元前 221 年）“自雍门以东至泾渭，殿屋复道，周阁相属，所得诸侯美人、钟鼓以充入之”。三十五年（公元前 212 年）“为复道，自阿房渡渭，属之咸阳。以象天极阁道，绝汉抵营室也。……令咸阳之旁二百里内，宫观二百七十，复道、甬道相连。帷帐钟鼓美人充入之，各案署不移徙”（《史记·秦始皇本纪》）。

从引文中可以看出，咸阳北区在统一后即于各宫殿间建有复道，随后建造阿房宫前殿时也以复道连通咸阳的渭河北区。当秦始皇听信方士卢生有关“真人”的胡诌之后，竟把复道、甬道扩大到整个咸阳二百里内的宫殿之间。出自“所居宫毋令人知”的考虑，复道就成了连接咸阳各宫殿的密闭式空中道路，以供秦始皇行幸专用。

如淳说“上下有道，故谓之复道”（《汉书·高帝纪》注引）。这是从“复”字含有“重复”“重叠”的本义上讲的。《广雅·释诂》：“复，重也。”有说复道是下走车上行人，或说尊贵者行上层的。虽然路线有如此的划分，但在实际使用上恐怕也不尽然如此。不过，这毕竟说明秦代复道是名实相符的两层，而且复道是通行于宫殿之间的。《史记·留侯世家》记载汉高祖刘邦在雒阳南宫“从复道望见诸将往往相与，坐沙中语”。他之所以能看见诸将，就是因其居高临下的缘故。

复道在以后的岁月里，还出现了两道分离的情况，如两座高层建筑间以平直的或拱形的空中廊道连接，甚至在上面建有亭阁，称之为“飞阁”“飞梁”“天桥”等，以至后来注家未能区分这演变之迹，竟把复道解释为阁道[①]。从严格意义上讲，它是桥梁、复道与阁道三者艺术结合的产物，当属于又一种建筑形式[②]。还有一种复道不是上下平行的，而是立体交叉的形式，像汉惠帝“为东朝长乐宫，及间往，数跸烦人，乃作复道，方筑武库南”（《史记·刘敬叔孙通列传》），使新筑的复道同高祖的“宗庙道”（又称“衣冠道”“游道”）“十”字相交。复道也有单独架设而同下层道路不重合的，汉梁孝王刘武受窦太后赏赐不可胜数，“筑东苑方三百余里，广睢阳城七十里。大治宫室，为复道，自宫连属于平台五十余里”（《史记·梁孝王世家》）。高架五十里的空中复道路不可能同地下道完全平行，必有上下正交与斜交的情况。

（三）甬道

甬道，是一种两侧筑有屏障的地面道路。

作为天子专用的特殊道路，秦首创阁道、复道的同时，也构筑了“甬道”这一隐蔽型通道。秦始皇二十七年（公元前220年）“作甘泉前殿，筑甬道，自咸阳属之”、三十五

① 《史记·留侯世家·集解》引韦昭语。

② 汉代还把楼阁宫殿间的空中通道称作“飞阁”或“辇道”的。《三辅黄图》：“帝于未央宫营造日广，以城中为小，乃于宫西跨城池作飞阁，通建章宫，构辇道以上下。辇道为阁道，可以乘辇而行。”很明显，能够乘车而行的阁道就是所谓辇道。《史记·孝武本纪》：“乃立神明台、井干楼，度五十余丈，辇道相属焉。”至于汉代以后还把栈道称作阁道的，那应该说是演化了的又一种形式了。总之，这些都不是原来意义上的阁道或复道了。

年（公元前212年）"乃令咸阳之旁二百里内，宫观二百七十，复道、甬道相连"（《史记·秦始皇本纪》）。甘泉前殿在渭河南岸的甘泉宫（即"南宫"）内，是母太后死后新建筑的正殿。大概在秦统一天下之后，始皇把大朝之处由渭北的咸阳宫转到了渭南的甘泉宫，但并没有废止渭北的国事活动与游幸北阪的嫔妃之宫及赏玩兰池的风景。为了皇帝的安全，就有了甘泉复道的建造，随后才有咸阳宫殿间"复道、甬道相连"的普遍设立。

甬道的形状，据《史记》裴骃《集解》引应劭的说法是"筑垣墙如街巷"。张守节《正义》引应劭的又一说法是"谓于驰道外筑墙，天子于中行，外人不见"。定义固然不严谨，意思却很明白，这就是：在天子之道两侧建造垣墙，形如街巷，使遮护之外的人不能窥视内中的行动。如果说"阁道"设在地面，围绕各宫殿群落，供皇帝车马"周驰"，虽有护栏，犹如曲廊，人行道中，可小憩阁中。里外通明的话，"复道"则升空，只可上视下，里视外，属于半隐蔽的状态。而"甬道"却里外隔断，同前二者带有悠游性质俨然有别，纯属急驱的秘密通道。也正因为出自"外人不见"的考虑，才往往有"复道、甬道相连"的情况。

"筑垣墙如街巷"的甬道，主要为了保障皇帝通行咸阳诸宫时的安全。因为首都只有宫城而无郭城，且咸阳的二百七十座宫殿分布分散，虽有禁卫军执勤、各亭分片包干的地方治安，但毕竟市内人员杂错，很难做到万无一失。那么，甬道这种遮护行动、保障安全的特殊道路，就从宫廷的御道进而成了军事上的一种防护掩体。秦末的巨鹿之战中，章邯筑"甬道而输之粟"给部将王离、涉间，项羽"九战，绝其甬道"（《史记·项羽本纪》）。楚汉战争中，刘邦、项羽都在荥阳筑甬道，或取敖仓之粟或供给东方，甬道作用尤显重要。因此，争夺甬道往往是取胜的关键一着。

二、桥梁

（一）渭水桥

1. 关于"横桥"的文献记载与考释

（1）建桥时间

古代水量丰沛，渭水流经咸阳到西安的这段河道既宽且深，人们只有凭借舟楫南北摆渡方可往还。周文王娶有莘氏之女太姒，曾"亲迎于渭，造舟为梁"（《诗·大雅·大明》）。有莘国据《史记·周本纪·正义》引《括地志》"在同州河西县南二十里"，今属合阳县[①]。大队嫁娶的人马自北而来，只有联结木板为"浮梁"才解决了渡渭问题。

① 杨东晨：《古史论集》，陕西人民教育出版社，1994年11月。

在宽阔的渭河上首次架设桥梁，是秦人定都咸阳之后的事。建桥的具体时间正史失载，杂记有两种说法，即：

“咸阳宫在渭北，兴乐宫在渭南，秦昭王通两宫之间，作渭桥，长三百八十步。”（《史记·孝文本纪》索隐引《三辅故事》）

“秦造横桥，汉承秦制，广六丈三百八十步，置都水令以掌之，号为石柱桥。”（《三辅黄图》）

看来在咸阳这段渭水河道上建桥始于秦昭王（公元前306年～前251年），秦始皇时（包括秦王时，公元前246年～前210年）只是作了增修与扩建。其规模之大，气势之雄伟，虽然经过了1000多年，唐诗人杜牧仍能发出“长桥卧波，未云何龙？复道行空，不霁何虹？高低冥迷，不知西东”的赞叹。（《阿房宫赋》）

渭水之桥，秦名“渭桥”。西汉在渭南建都长安，因桥南对横门，又名“横桥”“横门桥”“石柱桥”。自从汉在城西渭水上建了“西渭桥”、在灞水入渭处建了“东渭桥”之后，始有“中渭桥”之名，合称“渭水三桥”。

（2）横桥结构与技术特点

横桥的架设有如一条纽带，把咸阳的渭水南北两区连接了起来，使首都浑然一体。作为交通干线的咽喉，它也给这座城市增添了整体美感。

一座横空长桥，飞跨于浩瀚的渭水之上，诗人能不想象它是一条汲水的长天巨龙？而《三辅黄图》干脆把咸阳当作上天的再现：“始皇穷极奢侈，筑咸阳宫，因北陵营殿，端门四达，以则紫宫象帝居。渭水贯都，以象天汉；横桥南渡，以法牵牛。”

横桥的规模，据《三辅旧事》载：“桥广六丈，南北三百八十步，六十八间，八百五十柱，二百一十梁。桥之南有堤，缴（激）立石柱。”①《三辅黄图》作“桥广六尺，南北三百八十步，六十八间，七百五十柱，百二十二梁（今本作“二百一十二梁”、《长安志》引作“二百二十”、《玉海》引作“百二十”），桥之南北有堤，激立石柱。柱南京兆主之，柱北冯翊（《初学论》引《三辅故事》作“右扶风”）主之，有令、丞，各领徒一千人（《水经注·渭水》引作“千五百人”），桥之北首垒石水中”。关于桥的主要参数在各书或引文中大致相同，但桥面宽度却有“六丈”与“六尺”的不同。想来，长达“三百八十步”的桥，宽仅“六尺”是难于容载车马的，当以“六丈”为是。按秦“六尺为步”，1尺合今0.231米，经折算结果是：

① 据《二酉堂丛书》张澍辑本，引《三辅旧事》和《三辅黄图》两书，数字有出入，今改从后者：“横桥，秦造，汉承秦制，广六丈，南北三百八十步。”

横桥长度：0.231 米 ×6×380=526.68 米

横桥宽度：0.231 米 ×60=13.8 米

《三辅旧事》与《三辅黄图》所记无疑都是汉之横桥，但也都承认“汉承秦制”在渭桥上有所体现的这一事实。一般来说，所反映的秦桥风貌当不会有大的区别。而内蒙古和林格尔东汉墓壁画上的“渭水桥”，又给我们提供了形象的凭借。[①]

和林格尔“渭水桥”壁画的梁下有“渭水桥”榜题，桥上的车骑间有“长安令”三字，说明表现的是汉长安之渭水桥。这座中渭桥在东汉末年，董卓入关后焚毁。后经曹操重修，但桥面从原来的“六丈”减成了“三丈六尺”，桥头之忖留石像也坠毁水中。而“渭水桥”壁画所绘，一定是董卓未焚之前的横桥形象。其结构是一座多跨的梁式桥，在每跨的端点各有四根并排的立柱，柱上施两跳斗拱以承托木梁，梁上横铺木板，再在桥面两侧立以护栏。因为这幅壁画是绘在券洞顶部，桥身本来是平直的，却因墓顶拱形变成了带有斜形的边跨。当然，这是不符合历史实际的。虽然它没有表现出更多的间跨，也不见两岸的堤或石柱，但整体间架结构还是比较清楚的。若结合山东、苏北的画像石以及成都的画像砖，可知此类多跨的梁式木桥在当时是很普遍的。（图 10–5）

图 10–5　和林格尔汉墓渭水桥壁画

在这里，横桥工程所显示的技术特点有如下诸端：

第一，它是一座多跨的木排架梁式桥，跨数达 68 跨（间），总长度 526.68 米，比现在咸阳市南渭河上的钢筋水泥公路桥——咸阳市一号桥，还多出 80 多米。这在世界桥梁建筑史上也是少见的。

第二，桥腿固然用木柱，但在激流中立有石墩（或言“铁墩”），增加了横桥整体的

① 盖山林：《和林格尔汉墓壁画》，内蒙古人民出版社，1977 年。

稳定性[①]。

第三，“桥之南北有堤”，即桥所在的渭河两岸砌有护岸堤。因为渭水流经的黄土及沙壤地带，质地亦常疏松。采取砌堤护岸措施，以防浪涛侧蚀，对稳定桥基具有重要作用。这是黄土地带建桥积累和创造的经验，对后世有深远的影响。至今在桥梁、码头和水利工程中，砌筑“泊岸”的做法，都应看作是对古代优良传统的借鉴。

第四，“桥之北首垒石水中”，桥南也应如此。因为渭河河床是缓沟状，两岸不是壁立陡峭而是有较宽的河漫滩。和林格尔汉墓壁画上，桥中段下方水流翻浪并有行船竞渡，两端河滩宽，花木扶疏，反映着当时的真实情况，古今亦然。正因如此，在桥之两端垒石作“引桥”，势所必然。

第五，桥面宽“六丈”（13.8 米），接近我国现代大中城市“四车道”的城市桥梁设计要求（15 米）。因为它不但便利南北市民的往来，更主要的还是一条“御道”。可惜的是画面上没有表现出“阿房渡渭”的复道和甘泉宫通咸阳的甬道来。

（3）位置考索

横桥因汉长安城有横门而得名，二者相去当然不远。

汉都长安是在秦都咸阳南区的基础上建立起来的城市。固然渭北秦的诸多宫室在秦末之火中遭到不同程度的毁坏，但渭南秦宫幸免于难也就成了汉家利用、扩建的对象。秦、汉两都的中心区隔渭水南北对直，就很能说明汉不仅利用秦的旧宫，而且对秦的交通大道、关梁渡口也是一仍其故。横桥北对秦咸阳的冀阙宫庭——咸阳宫，南入横门，穿过华阳街，直达未央宫。这条交通线对西汉早期的长安城具有无可取代的重要作用，因为经过水上锁钥的横桥，有三个方向的大道，即过棘门后东北向长陵、阳陵，或西北行，沿驰道、经安陵，下长平坂，渡泾水，至池阳宫，直驱避暑胜地甘泉宫；向东，过泾河，沿渭北大道，去栎阳宫，太上皇陵；到渭城，西北行，经孝里（即秦之杜邮），可去汉诸陵，直接细柳（汉武帝后则多经西渭桥），沿渭河北岸大道西去。于此，我们也就明白了汉天子为什么把未央宫作为朝宫、其北阙还成了正门的道理。汉武帝造“千门万户”的建章宫于城西，直至

① 《水经注 · 渭水》：“秦始皇造桥，铁镦重不能胜，故刻石作力士孟贲等像以祭之，镦乃可移动也。”《太平御览》引文同此。《三辅旧事》：“桥北京（立）石水中，旧有忖留神像。”传说此像是鲁班用脚画出的，这实际是后人对这一雄伟工程的赞颂。

传说用铁墩，我以为不是不可能的。在高陵白家嘴西南的唐东渭桥遗址中，见到用木桩联结作桥墩，周围皆以青石条和卵石围砌，再以铁汁浇灌，使之凝结成一个整体。而相邻的两石条之间，则以铁栓板连接，这大概就是所谓的“铁镦”。

王莽造九庙于城南，也都是围绕这一实际上的南北轴线进行的。横门地区是个繁华的所在，内有东、西市的商业活动地，门外至横桥间“夹横桥大道，市楼皆重屋”（《三辅黄图》），形成又一个商业地带。

《三辅黄图》：“长安城北出西头第一门曰横门。门外有桥曰横桥。”《汉书·文帝纪》苏林注：渭桥“在长安北三里”。汉长安故城的横门遗址在今西安市西北六村堡街道办相家巷村东、关庙村北侧。由此北去“三里”（魏），即1300.68米，就是横桥南端的桥头。中国社会科学院考古研究所汉城队在横门外探出一条大道，长1250米，再向北便淤沙堆积，不见路土，说明已经到了秦汉时期的渭河南岸，路迹长度接近“三里”，也表明魏时人观测之准确。

渭水北移，近百年来形成南进北退的趋势，因而河床向南让给了沙滩，再变成陆地，从而就出现了今日可大面积种植作物的草滩农场。而秦时北岸几近四公里的广阔地域却没入了河底。[**按**：渭河在秦汉时代的长安段，流径偏南。三国魏人苏林说渭桥“在长安北三里”的话是可信的。东汉一里合今433.56米，三里也不过1300多米。据《汉书·成帝纪》载：建始三年（公元前30年），渭水涨溢，虒上（河边的地名）的小女子陈持弓急入横城门，误入“未央宫钩盾中，吏民惊上城”。一个小女孩急入未央宫，倾城受惊，足以说明渭水距汉长安城横门不远，水面同汉城的高差也不很大。而现在的渭河经过两千年，已北移五公里以上。

20世纪60年代，我发掘秦都咸阳遗址时，专门调查了从高庙到草滩农场的滩地。走访一高龄老人，他说父亲小时就在河边玩耍，有一年河水落下时，他还看到木桥桩。我专门到渭南去找一个三门峡水库的管理机构，复制了关中渭河迁移的资料。当时奇怪地感到渭河北移是近百年间的事。2012年，渭河考古队在汉长安城厨城门一号桥发掘中，出土了清代“康熙通宝”铜钱，说明至迟在清代中后期，渭河的主河道还在这里。近百年来，随关中人口增加、砍伐森林、水土流失，以致环境恶化，渭河北移的速度才会加快。看来，原以为秦岭抬升运动、促使渭水向北倒岸的看法并不准确。

渭河桥的最新考古资料见《秦汉渭桥遗址为同期世界最大木桥》，《陕西文化遗产》2013年1月25日。又见《中国文物信息网》]不过，今咸阳市窑店镇南的东龙村东150米处还残存着一段南北向的秦大道遗迹，保存在地下1.4米深处，路土厚30厘米，路面宽50米。该路段向南过渭河，同横门外大道相接，直对汉长安城横门遗址；该路北端直指牛羊村的秦“冀阙宫庭”遗址。这些足以说明它就是秦汉时期经过横桥、连接渭河南北的交通大道，这也无疑为探寻横桥的具体位置提供了方向性的线索。

2. 汉长安城北渭水桥的考古成果

2012 年 4 月，群众在取沙时，发现有古桥木柱露出。中国社会科学院考古研究所、陕西省考古研究院与西安市文物保护考古研究院联合组成“渭桥考古队”，对汉长安城遗址北侧，渭河南岸的西席村、高庙村古桥进行调查，发现有 3 组 7 座秦汉时期的木梁柱多跨的平桥。这一发现对研究西安古都交通发展史、桥梁建造史、渭水变化情况、生态环境变化情况等，都有极为重要的作用。（图 10–6）

图 10–6　厨城门外渭河桥发掘现场

根据发现古桥的先后顺序，依次为其编号。西席村北有 5 座桥，东西并列。向南 1200 米，正对汉长安城厨城门，故称之为“厨城门桥”。“一号桥”居中，东去 220 米是“三号桥”；一号桥西 200 米，是“二号桥”，再向西 80 米左右为“四号桥”；二号和四号之间的为“五号桥”。

位于高庙村北的古桥，正对着汉长安城北墙的洛城门，称为“洛城门桥”。

在草滩镇王家堡，又发现一座古桥。

截至 2013 年 12 月下旬，渭桥考古队已对厨城门一号桥、三号桥、洛城门桥开展了考古勘探与发掘，各项发掘工作目前仍在进行之中。

（1）厨城门桥

"厨城门一号桥"发掘面积1200平方米，知桥为南北向，长880米，两侧桥桩间距约15.4米（约合秦汉六丈六尺，是推算桥宽度的参考系数）。出土大量木桥桩（约70根）、五边形石构件，大量的半两、五铢、"大泉五十"铜钱，少量唐"开元通宝"、"乾元重宝"、宋"皇宋通宝"、清"康熙通宝"等钱币，还有绳纹板瓦、筒瓦、青砖块等。石构件上刻文有"第四""第五""官""官石""夏德石"等。桥桩顺河流方向东西排列，间距不等，南北两排桥桩间距约3至7米。桥桩材质系桢楠、铁杉、圆柏等。

"厨城门三号桥"，发掘面积460平方米，该桥为南北向木梁柱桥，其东西两侧桥桩间距8.3米，南北桥桩间距6～7米。由于发掘区南北两侧多为建筑或堆置现代垃圾，无法开展考古勘探与发掘。在发掘区东北，发现一条绳索，长约12米、直径0.048米，蜿蜒埋于沙层中，西端系在一木梁上。桥桩周围堆放大量卵石，当为护桩之用。堆石残留有铁榫迹，可知原用铁网罩住。在卵石之间的沙层中，含有较多的绳纹瓦片、青砖残块、钱范残块、陶器残片、褐釉瓷与青花瓷残片。

经碳14测年，一号桥建于战国到西汉早期，沿用至唐、宋，前后1000余年。至于"康熙通宝"铜钱的出现，说明渭河的主河道从有文献记载的秦至清代中晚期，都没有大的变化。四号桥建于战国晚期，三号桥为唐代。

（2）洛城门外渭水桥

位于高庙村北，桥址南距洛城门750米，西距厨城门桥1700米，发掘面积500平方米。桥南北向，长度不明，已发现东西3排桥桩，相邻两排的间距有9～10米。东西两侧桥桩间相隔15米左右，桥宽当不小于此数。采集到较多的汉代板瓦、筒瓦及"U"形铁构件。此桥始建时间当晚于厨城门一号桥，由于此桥受水流影响，毁坏严重，推测使用年限在秦汉至北朝时期。

（3）草滩王家堡古桥考古正在进行中。

（二）长夷泾桥——泾水桥

由首都咸阳北去林光宫，须下长平阪，过泾水。修筑秦始皇陵墓所用的大石，采自北山，传有"运石甘泉口"之谣。北通九原的"直道"是首都通往北边的国防大道。这种频繁的往还，涉经当自津要。除过船渡之外，必有桥梁。

《官印征存》收有"长夷泾桥"秦印一方，白文小篆，作"田"字界格。（图10–7）《说文解字》："夷，平也。"那么，"长夷"当是"长平"，恰有地名"长平坂"。在秦都咸阳的原上北行，到望夷宫，临近泾水的南岸坡地，即是长平坂。《汉书·宣帝纪》：甘露三年（公元前 51 年）“上自甘泉宿池阳宫。上登长平坂”。注：“如淳曰：‘坂名也，在池阳南。上原之坂有长平观，去长安五十里。’师古曰：‘泾水之南原，即今所谓眭城坂也。”《三辅黄图》：“长平观，在池阳宫，临泾水。”实际上，长平观确实“临泾水”，但并不在池阳宫，所以《元和郡县志》说：“长平阪在泾阳县西南五里，池阳宫在县西北八里。”经考古调查知，望夷宫址在今泾阳县蒋刘乡余家堡。由此北下“泾水之南原”，大概就是泾水桥。

图 10–7　“长夷泾桥”印

泾水桥之名称，原来也许就叫“长夷泾桥”。由咸阳北去林光宫，须渡泾水，长平坂乃必经之地，沿线则有望夷宫、长平观、池阳宫的设立。在泾水上架设桥梁，并置管理机构，正如渭水上横桥“有令丞各领徒一千五百人”（《三辅旧事》）一样。“长夷泾桥”印即专用于泾桥，同所有津渡、桥梁、关隘相似，都用专印，是秦“查验制度”的表现。

泾水桥址不知其具体的所在。但长平坂、眭城坂、临泾之地确是古今同一条大道必经的津渡。今有地名仍叫“修石渡”，或说同修始皇陵采北山之石有关。

（三）灞桥

灞水由东南蓝田谷中流来，从西安东侧北流入渭。在古代，因其流量巨大，列为“关中八川”之一。本名“滋水”，秦穆公为显示霸功，故而改作“霸水”。丰镐、咸阳、长安等周、秦、汉、唐诸朝都城均处于水之左岸，就是因为这条巨川具有屏蔽、拱卫的作用。函关、蓝武大道入都之前，必阻隔于灞水。同样，由京城东去，也得束于津渡。因此，在灞水上架设桥梁，直为历代所重视。

秦都咸阳南区通函谷关的是一条东西干道。芷阳、东陵、丽邑、始皇陵均居路侧，往来频繁。《史记·秦始皇本纪》说“自极庙道通郦山”，此“道”必定是渭南二级阶地上的东西大道，也就是后来的“驰道”。因为这条路在今“西安—灞桥”路之北，到汉世出长安城宣平门也是走的此一旧道。秦汉时期灞桥的位置，当在浐、灞两水交汇处的下端，据考，约在今西安市未央辖区东部的袁洛村东南与灞桥区段家庄西北之间的灞河上，即“浐灞生态区”的北部。在河东今有地名曰“桥梓口”或“桥子口”，我以为都是“桥之口”之误，这表明它是秦汉灞桥东口不远处的一处古老地名。桥东 10 里是魏晋的“霸城县”，向东南当是秦“霸宫——芷阳宫”、汉霸陵邑的所在；桥西则有秦子婴奉玺符来降的“轵道亭”，正西“十三里”对的就是汉长安城的清明门。（《史记·秦始皇本纪·集解》裴骃、

《汉书·高帝纪》均引苏林语）2002 年，在段家村西北的灞河东岸河床上，发现汉代的水上建筑遗存，除过木构件之外，还出土有汉代砖瓦、陶井圈、陶片、汉五铢钱、铜箭头、铁器等文物，在粗绳纹砖上有“亭”字陶文。

秦汉灞桥大概是木桥，《汉书·王莽传》载，地皇三年（公元 22 年）“二月，霸桥灾，数千人以水沃救不灭”。据说是“寒民舍居桥下，疑以火自燎”。王莽重修后，改名“长存桥”。

（四）潏（泬）河桥

潏河古名泬水（皇子陂以下一段），发源于长安区秦岭北坡的大义谷（大峪口），正源向北流，改名皂河（即潏河的下游），经樊川（杜曲到韦曲间 10 余公里的河谷盆地），过皇子陂、杜城、阿房宫东，在汉长安城西南角沿西墙外北向流，到章城门附近分水，主流一支北流，另一支以飞渠形式东入长安，成为“明渠”；主流到直城门南又分为两支，分水西入建章宫，主流继续向北，到长安西北角，又北入渭河主流中分出的一支，向东北流入藕池，称之为“泬水支津”。

泬河在汉长安城西南角形成一段东西流向的弯道。2004 年 9 月，在西三环东辅道穿越陇海铁路涵洞时发现木桩，经西安市文物保护考古研究所勘定，属于泬河上的古桥桥柱。于是，在 2005 年 8 月派员清理，至 2007 年 5 月，前后发现两座古桥，分别编号为“一号古桥”“二号古桥”。[①]（图 10-8）

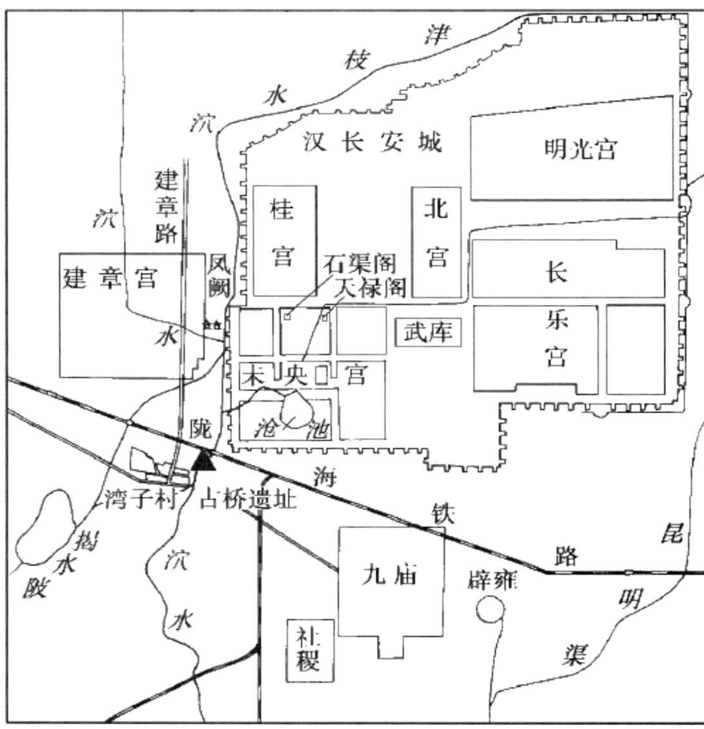

图 10-8　泬河桥位置示意图（王自力绘）

两座古桥遗址位于西安市西北、建章路东、陇海铁路南、新皂河西岸。地处西安市未央区三桥街办弯子村东北约 200 米，东距汉长安城西南角约 400 米。两座桥原来架在东西

① 西安市文物保护考古研究院：《汉长安城泬水古桥遗址发掘报告》，《考古学报》2012 年第 3 期。

流的泬河之上，相距 90 米。

一号古桥遗址：清理面积 200 平方米，揭露出木桩 5 排，排距 4.2 ~ 5.7 米，木桩直径 0.3 ~ 0.56 米、高 0.3 ~ 2.5 米。出土陶器、铁器、石器、铜器及鹿角等 972 件，建筑构件有筒瓦、板瓦、脊瓦、瓦当、砖、排水管等 796 件。还有大量的五铢钱、铁工具等。由于不见“半两”钱，最晚为新莽时的“大泉五十”，因此判断此桥建于西汉武帝时，新莽以后废弃。

二号古桥遗址：在深约 7 米、宽 20 米的辅道沟槽内发现东西排列的木桩计 5 排 32 根。桩距 0.8 ~ 1.0 米，形状有圆形、三角形、三棱形。据分析，二号桥建造时间比一号桥更早，可能二号桥废毁后，在其东侧才开始建造一号桥。二号桥被火烧过，说明二号桥在不能使用的情况下才建一号桥。那么，二号桥的建造年代可能早到汉初或秦代。

这一段古河床宽度约 70 米，加上引桥，推测古桥的长度在百米以上。推算桥宽 48 米以上，从大量的瓦片、瓦当看，一号桥上必定有建筑，有似于风雨桥。

两座木桥是跨越泬水的南北向大桥，位于汉长安城西南角城垣以西约 400 米，应是为从秦都咸阳渭南新区进入上林苑而建。

（五）沣河桥

1. 发现与状况

1986 年元月，咸阳秦都区钓台镇王道村农民淘沙时，先后发现两座大型的木桥建筑遗存。经考古发掘清理知，桥址西距渭河 3 公里、北距渭河 6.5 公里，地当资村西南、西屯正北的沙河古道上。一号桥在西，二号桥在东，间距 300 米[①]。

一号桥北偏西 5 度，残长 70 米，宽 16 米，存有木桥桩 16 排，每排间距 6 ~ 6.7 米，计 143 根。桥桩高 2 米左右，直径为 40 厘米。桥桩上端残缺不全，有火烧痕迹，桥面已不复存在。在桥南端最末一排桥桩内外，还发现了 8 块巨型铁板，最大的约 700 × 110 × 7 厘米，重约 4 吨。（图 10–9）

二号桥北偏东 30 度，残长 40 米，宽 20 米，发现木桥桩 5 排，排间距 8.4 米左右，计 41 根，高 2 ~ 3 米，直径 30 ~ 40 厘米。还发现方形大桥梁一根，长 6.54 米，榫卯俱在。

发掘清理中，在桥址附近还出土有秦汉时期的铜器、铁器、砖瓦等文物 100 件。出土文物中砖瓦数量最多，地面上到处可见。其中时代最早的是变形夔纹瓦当、五角水道、素

① 段清波：《咸阳沙河汉唐木桥》，《中国考古学年鉴 · 1990》，文物出版社，1991 年；陕西省考古研究院：《西渭桥遗址》，《考古与文物》1992 年第 2 期。

面半瓦当、绳纹筒瓦、板瓦等，特别是在一号桥南 30 米处发现一件大型铜饰件，外形呈叶状，长 116 厘米、宽 43 厘米、厚 3.3 厘米，重 32.5 公斤，两面都铸有精美的花纹。一面为简化夔纹，另一面由细线、连珠构成连弧纹、三角形几何纹、云龙纹图案。是一件典型的战国末期秦建筑构件。

图 10-9　沣河桥遗址与构件

2. 时代与定性

这两座古桥，志书无记载。根据碳 14 测定一号桥距今约为 2140 ± 70 年，结合桥桩周围伴出的秦汉筒瓦、板瓦、云纹瓦当及建筑构件，可以断定其建造于战国末期，使用在秦汉时代，可能毁于西汉末年；二号桥的时代当在西汉时期。

沣河桥是秦汉时期首都咸阳和长安跨渡沣水，南去上林苑，西向长杨宫、五柞宫、黄山宫及巴蜀等地的古沣河桥遗址。

第三节　内史通天下的大道

一、陆路交通

（一）西线诸道

由首都咸阳西去北地、陇西两郡，主要有两条通路，一条是溯泾水而上至北地郡治义渠（今甘肃宁县西北）的“泾水道”；另一条是沿渭水北岸经旧都雍，再溯汧水抵达秦人的陇东故地的“汧水道”。

秦始皇在统一六国之后的第二年，即“巡陇西、北地，出鸡头山，过回中”（《史记·秦始皇本纪》）。他北巡长城以内的北地、陇西两郡，目的大概有二，一是先到秦人的发迹地，带有“告祖”的性质；二是视察帝国北边与匈奴接壤处的社会治安。他先走“汧水道”越陇山，到达祖先生活过的秦与西垂地，远及陇西郡治狄道（今甘肃临洮）。再折而东北行，游览了山势峻峭、风景独特的鸡头山（今甘肃平凉市西崆峒山。[按：对崆峒山有多种说法，以为是今甘肃省成县鸡峰山、西和县东北二十多里的塔子山和云华山、镇原县茹河南岸的鸡头山、平凉市的崆峒山等等。其中的成县、西和说虽接近“西犬丘”的礼县，但偏在陇东南，秦始皇不可能拐个大弯先去游山玩水的；镇原鸡头山固然处在经行路线上，但山势平缓，无甚奇特之处。2011 年 7 月，我登上崆峒山作了一次考察，看到平凉崆峒山与前述诸山不同，作为秦始皇帝登临的“鸡头山”最有条件。这是因为：

第一，崆峒山是西北、东南向的六盘山之支脉，横亘在去北地郡的大道上。秦始皇此行的目的之一就是要沿长城内侧视察边关的防守，必然要穿过崆峒山到达萧关。所以，司马迁用了“出鸡头山”四个字，而其中的“出”字，就非常形象而恰当地点出了在交通不便的情况下又必须穿过的事实。

第二，崆峒山由大大小小数十座山峰组成，主峰固然是马鬃山（也称绝顶），但后面的翠屏山海拔 2123 米，是崆峒山最高峰。而突兀耸立的望驾山，又被交汇的泾河和胭脂河所环绕。由上三叠系紫红色坚硬砾岩构成的丹霞地貌，又给这里平添了些许神奇。那么，雄伟优美的崆峒山势耸立于苍穹间，同逶迤坚固的长城就构成了帝国西北方一道天然的屏障。可以想见，刚登上帝国巅峰的秦始皇这时的第一考虑，大概不是游山玩水，而是从政治角度出发，思量如何处置匈奴的问题。

第三，《说文解字》说“泾水，出安定泾阳开头山，东南入渭。”段玉裁注：“今甘肃平凉府附郭平凉县西南，有故泾阳城，汉县也。开头山亦作笄头山，《始皇纪》作鸡头山，在今平凉府西南四十里。”很清楚，笄头山，即鸡头山，从方位也表明就是崆峒山。当始皇“出鸡头山”巡视北边之后，就很自然顺马莲河—泾河回到关中］进入北地郡的泾水流域。沿长城内侧，直驱萧关（今宁夏泾源县北）。回程，顺“泾水道”而下关中。因为他所经行的这两条干道形成一个回环的闭合圈，故后世就统称之为“回中道”（或说途中因有“回中宫”则得名）。

“回中道”沿途常有秦文物的出土。据钟侃先生报：1967 年，在宁夏固原县头营乡坪东村出土“咸阳铜鼎、壶、卣、戈、剑、铃、镦”。[①]

陕、甘两省隔有陇山（古称“陇坻”“陇坂”“陇首”）。其北为主脉，绵延宁夏曰六盘山。陇山长约100公里，海拔高2000米左右，山势险峻，《三秦记》说“其坂九回，上者七日乃越。上有清水四注下，俗歌曰：‘陇头流水，鸣声幽咽，遥见秦川，肝肠断绝。’”（《通典》引）秦人要从“西垂”之地走向周文化昌盛的关中，就不能不从这让人悲愁的陇山中寻找通道。因此在汧水道开辟之前，人们早就在渭水峡谷及北岸的陇山山间探求着近捷的道路，从而形成“数道上陇”的情况，其中以“楚水道”和“渭水道”较为重要[②]。但越过陇山的诸道，其联结两个近端的点则是今陕西宝鸡和甘肃天水两个地区，由这两点又各自分道，其中有些路也同干道重合，接“汧水道”者即属此类。

1. 泾水道

由咸阳出发，经秦望夷宫，越泾水，过池阳（今陕西泾阳县）、云阳秦林光宫（今淳化县北），沿泾水西北行，经漆阳（今彬县）、循马莲河谷北上，至北地郡治义渠，进入陇东地区。由此可分别到今甘肃的合水、庆阳、宁夏固原等地。

秦伐义渠戎，多是沿泾水道进军的。

2. 咸阳—陈仓—汧水道

这是一条秦咸阳西通雍都、再接汧水道，走出关陇的通路。其经线是：出咸阳西门，经杜邮、废丘（陕西兴平南）、斄（即邰，今武功县西南）、郿县（今眉县东北）、虢县（今宝鸡市陈仓区东）、陈仓（今宝鸡市东），折向西北，沿汧河河谷上溯汧县（今陇县），折西南，越陇关（又名陇山关，故关，大震关），进入陇右地区。如沿通关河上游西北行，

---

① 钟侃：《头营公社出土的秦代铜器》，《文物》1978 年第 12 期。

② 王子今：《秦人经营的陇山通路》，《文博》1990 年第 5 期。

经今甘肃张家川可至秦安。

3. 咸阳—陈仓—渭水道

由咸阳到陈仓之后，进入幽深的渭河峡谷，沿北岸西行，过“燔史关”（今陕西宝鸡市西凤阁岭）到“虎谷”“苦谷”，转向南岸，过陇山，抵达邽县治所（今甘肃天水市清水县）。进入狭长的河谷平地后，沿渭河西行可达陇西郡治狄道（甘肃临洮）。

还有一条“南路”，在邽县渭河南岸的嶓冢山（今天水市、礼县间）前。据说，由邽县入东柯、永川河，经现在的甘泉、街子、麦积、党川、利桥乡，于嶓冢山下东去，直入咸阳，又可南达汉中郡①。

渭水流在陕、甘两省间，峡谷险峻，人迹罕至，但我们的先民还是随水开出一条道路来。甘肃天水放马滩一号秦墓出土的秦邽县地图上，已明确表示出一条顺沿渭河的道路，其东可延伸到邽县东界，在今宝鸡市西20公里的胡店附近、东到“燔史关”的地方。沿线均有关隘和亭鄣类符号，可为佐证的还有：1978年2月，在凤阁岭建河一座洞室秦墓中出土有铜戈、弩机、铁剑等武器②，从戈铭知系秦昭王二十六年（公元前281年）造，藏之于中央“武库”的③，有可能是调发给驻关守军的。设关防守，正显示了这条渭水道的重要。尽管这条道路险狭窄难以通车，毕竟还是方便人马行进的捷径。

4. 咸阳—陈仓—楚水道

从咸阳到陈仓城西，循陇山的余脉——陵塬北上，沿金陵河行至县功镇，西折吴山南端，经香泉、赤砂、通洞，西北可抵达今甘肃清水县。

金陵河在《水经注》中称作“楚水”“世谓长蛇水”。经行此道，虽不能通车，但在连接秦人早期活动的今甘肃天水地区和陕西宝鸡地区来说，确实堪称近便。

（二）通汉水、巴蜀的山间诸道

早在夏商时期，巴蜀地区自成一个文明中心，并同中原息息相通。殷末，就从这里走出一支军队，还参加了周武王伐纣的战争。在牧野之战的宣誓中，就有“庸、蜀、羌、髳、微、卢、彭、濮人”等八个少数部族的士兵（《尚书·牧誓》），其中的“彭”有可能就是

① 何双全：《天水放马滩秦墓出土地图初探》，《文物》1989年第2期。

② 王红武、吴大焱：《陕西宝鸡凤阁岭公社出土一批秦代文物》，《文物》1980年第9期。

③ 凤阁岭出土秦戈的年代多存争议，因刻文浅细、戈体锈蚀且有残损，故摩本释文互异。简报作者只定为秦戈而未对作器年代释评。李学勤先生定为秦始皇二十六年，李仲操先生断为秦昭王二十六年，黄盛璋先生考订则更为精博。

巴人[1]。他们作战很勇敢,《华阳国志·巴志》说"巴师勇锐，歌舞以凌殷人"。巴蜀原来是臣服于殷商的，但后来同岐周联盟，周原甲骨中就有"伐蜀""克蜀"的刻辞。成王在镐京大会诸侯时，有蜀人参加(《逸周书·王会解》)，还给夷王献过"琼玉"(《竹书纪年》)。这些举例，足见四川盆地与关中平原间的道路开辟，已经有了许久的历史。

古代的陕西与四川间有秦岭和大巴山阻隔，但我们的先民硬是跨越丛山峻岭和汉水，辟出许多山道来，克服了自然地理上的障碍。但王朝动用政府力量正式筑路并载入史册，以及被后人承认纪念的时间，那就是更后的事情了。只看重"果"而舍弃"因"的历史学，是不完整的。对道路的形成，同样也应持唯物史观。

关中通往汉水流域，翻越秦岭的主要道路有子午道、傥骆道、褒斜道和陈仓道（故道）等四条。由汉中盆地通往成都平原，翻越大巴山的有金牛道、米仓道和白水道三条，南北贯通，殊途同归。人们从史书记载上只知道，沟通川陕的这诸多道路都有筑路时间可稽，有早于秦者，也有晚于秦者，但实际上早已有路，只是为秦所用，或为后来选线更筑创造了条件。

通往汉水、巴蜀的山道多选线在南北向的山谷中，除了过河要设梁筑桥外，遇到绝崖峭壁不能辟地筑路之处，就在陡壁上接连凿孔，横插木梁，上铺木板，形成为"栈道"。在这悬空的栈道上，往往遇山泉飞泻，碎石易于滚落之处，故还要覆盖顶篷，保证行人安全又能避雨遮阳，这就是所谓的"阁道"。"栈道千里，通于蜀汉"(《战国策·秦策三》)，可说是筑路工程史上的一大奇迹。

1. 子午道

这是一条由咸阳出发，正南入子午谷，翻越秦岭，到达汉水流域，再分别往东通安康、西去汉中直至四川的道路，全程千余里。（图 10–10）

今西安到万源的"西万公路"，从长安到宁陕一段，基本上是同秦汉时期的子午道重叠的。具体经由路线是：从秦杜县（今西安市南郊杜城村附近）出发，向南到长安子午镇，入子午道的北口（即"子口"、"子午谷"口），沿谷而上十余公里，翻越土地梁，顺沣河上流，经砣子坪、子午关（今陕西宁陕县北），越秦岭正脊到宁陕县界。顺旬河而下到江口，再过腰竹岭，与今西万公路脱离，顺池河南下到石泉县池河镇。方向改成西北行，经上马岭、石泉县、饶峰岭，到子午道的南口（即"午口"，西乡县子午镇）。西行绕过黄金峡大弯曲，经龙亭、洋县、城固，抵达汉中。

① 童恩正：《古代的巴蜀》，四川人民出版社，1979 年。

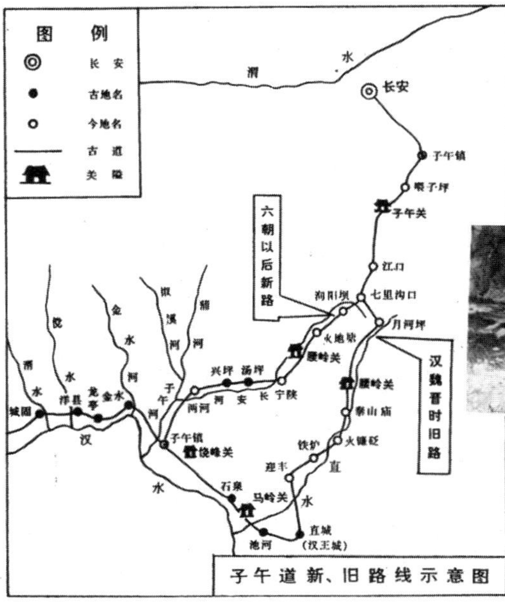

子午关河谷的栈道孔

图 10–10　子午道路线

晋以后的子午道在秦岭之南有一段改变，即从宁陕县江口镇起，向西南偏移，与今“西万公路”重合，经县城、汤平、两河，再接西乡县之南子午镇。这段路省略了绕道池河、石泉的弯路，故称之为“新路”。

子午道长达千里，穿行山间，多次翻越分水岭，道路崎岖，仅谷道就长达 440 公里[①]，是蜀道各线中官员、行旅少有来往的一条险路。因此，早期文献记载中提及者多同军事活动有关。我以为，从旬阳县公馆到两河关，再沿旬河水运到宁陕，后上江口镇以北的这段子午道，才将秦始皇陵墓所需水银运到施工现场。[②] 汉高祖刘邦在鸿门宴之后，去南郑屈就汉王位，随从数万人，也是由杜县南上子午道的（《史记·高祖本纪》）。他接受张良的建议，烧毁所过栈道，给项羽以示不返关中的假象，东汉《石门颂》就说“高祖受命，兴于汉中。道由子午，出散入秦”。

子午道作为交通道路，其沟通南北经济、文化的功能是在东汉以后才得以加强的。现在西安通四川万源的公路，除过西安市区到长安区砲子坪一段走沣峪之外，西乡以上的大段都是沿子午道旧路修筑的。

① 李之勤等：《蜀道话古》，西北大学出版社，1986 年 4 月。
② 王学理：《秦始皇陵研究》第二章，上海人民出版社，1994 年。

2. 傥（灙）骆道

在西行的道路上，由周至南过秦岭，直驱汉中，是关中去汉水最近的一条路。其入山的北口在周至西南15公里的西骆峪，南口在洋县北15公里傥水出山处，故名“傥骆道”或“骆谷道”。傥骆段长215公里，而作为两个端点（咸阳—汉中）间全程则有375公里。

傥骆道攀越秦岭，要穿行骆峪河、黑河上游、陈家河、八斗河、大蟒河、酉水、傥水等八条河谷及分水岭。因山高、谷深、路陡，途程极其艰险。经行路线大体是：循周至县的骆峪河上行40公里过官岭梁，经洛阳宫、老君岭、厚畛子。溯黑河正源而上秦岭正脊，到了汉、渭的分水岭。从都督门向西南，过太白县东境的兴隆岭入洋县，过华阳，越牛岭，顺傥水，至县城，再西折去汉中。骆谷上游，山路多绕行于河之两岸，凿山设栈，遗迹犹存[①]。

三国魏少帝正始五年（公元244年），曹爽攻蜀，率兵十万，入骆谷三百余里，遭到蜀将费祎由涪县（今四川绵阳市）援军进据三岭（今太白县二郎坝东北的马鞍山）的截击，伤亡惨重。这是发生在骆谷道上关于战争的最早记载，能进军骆谷，正是早就有路的最好说明。

3. 褒斜道

图10–11　褒斜道北口——斜峪

① 王开主编：《西安古代交通志》，陕西人民出版社，1997年。

这是一条利用褒、斜二水穿越秦岭的古道。入山的北口在眉县西南，当斜水（今石头河）出山处的斜峪关。出山的南口，在汉中市北褒城石门。全长约 250 公里。秦时由咸阳西行干道过渭河，南向入褒斜道，畅通汉中盆地，再接金牛道入川。（图 10-11）

褒斜道经线是：由斜峪关入斜谷，溯斜水南行太白县境，到老爷岭，西向，至碾子沟门，就到了褒斜的分水岭。翻越鳌山（古衙岭山）北麓的五里坡，进入褒水上游，向南绕行，顺水而下，出太白，经留坝，过石门，抵达汉中。道路工程中利用"褒斜林木"（《史记·河渠书》）架设栈道，并在褒谷口的岩石上凿出"石门"（南北长 14 米、东西宽 4 ~ 4.25 米、高 4.75 米）成为世界上最早的人工隧道。

在沟通关中平原和汉中盆地的诸道中，褒斜道的开辟时间最早，历史地位最为重要。周人"伐蜀"（周原甲骨文）、巴蜀之师随武王伐纣（《史记·周本纪》），都是此路贯通的证明。秦惠文王遣兵伐蜀，拓宽道路，"栈道千里，通于蜀汉"，使四川的大批物资源源不断地运到关中，同时也给那里带去了先进的科学技术和文化。汉武帝曾大力整修褒、斜二水，拟漕运，终因水流湍急而作罢，但把陆路和栈道修治得宽阔平夷。后汉顺帝令益州刺史罢子午道，再整修褒斜道。三国时诸葛亮六次出兵伐魏，其中有两次是经褒斜道到达关中的。建兴十二年（公元 234 年），以木牛流马运米到斜谷口邸阁，当同前次的整修道路有关。

自汉之后，褒斜道时或堙塞，屡有修复。斜谷道在五代以来失修，自褒谷北上者多走故道出散关达宝鸡。此后因斜谷道少有行旅，至今尚有栈道遗迹犹存。

4. 陈仓道（故道）

自陈仓故城（今宝鸡市东）西南行，渡渭河，溯清江河出散关（宋以后习称"大散关"，位在宝鸡市西南秦岭正脊北坡），越秦岭，沿故道水（今嘉陵江上游）河谷西南行至今凤县，折向东南，过柴关岭，经留坝县，入褒河谷，与褒斜道南段重，抵达汉中。

《史记·河渠书》说"抵蜀从故道。故道多阪，回远"。陈仓道虽然路程较其他诸道要远一些，但沿途坡道为缓，易于车马行走。公元前 206 年，刘邦"明修栈道，暗度陈仓"，即是由汉中，走故道，突入陈仓，还定三秦的。

五代之前，由褒谷北上，到留坝县北栈河入褒处分道，或东北走褒斜道出斜谷，或西北走故道出陈仓。宋以后，斜谷道湮废而行旅多从故道。自故道的草凉驿起，南至褒城北的鸡头关，栈道相连，元明以来称其为"连云栈""秦栈"，为区别汉中南下四川的栈道，就通称"北栈"。今宝成铁路的"宝鸡—凤州"段、川陕公路的"凤县—汉中"段，大致是沿陈仓道修筑的。

5. 金牛道（石牛道）

金牛道是褒斜道和陈仓道向南延伸去成都平原的路段。其经由路线是：自褒城南下，沿汉水北岸经今勉县境，再由宁强大安驿南下，折向西南，越嶓冢山，过七盘岭[①]，由四川广元市朝天区进入嘉陵江河谷，出市中区，过剑门关，直驱成都。

这条道路通行时间很早，是秦蜀交往的纽带，但大力整修却同秦惠文王灭蜀的军事行动有关。大巴山阻隔南北，"蜀道难，难于上青天"。据说，秦惠文王欺诈蜀王，称有5头可以屙金的石牛相赠，还有5名美女相随。贪财好色的蜀开明王极高兴，派了5个大力士沿途夹道迎接。随后，秦军就沿此道灭了蜀国。所以，把勉县以西到剑阁县剑门关口这段蜀道也叫"金牛峡"（或"石牛峡"[②]）。传说，汉中北箕谷口之石门、宁强的五丁关、剑阁县剑门关都是蜀"五丁"所凿。

在金牛道的险绝之处多架设栈道，筑有栈阁。为区别于褒斜道、故道上之栈，就称之"南栈""蜀栈"。同北栈连称"川陕栈道"。[③]

6. 米仓道（巴岭路）

川陕的界山，东有大巴山，西有米仓山。穿过米仓山的道路有三条，即：一条自汉中南行，沿濂水（汉江支流）河谷逆流而上，过米仓山（又名仙台山、玉女山），再顺巴江河谷，到达四川巴中地区，明清称之为"米仓道"（或"大巴路"）；一条稍东，从洋县南下越米仓山到四川通江，由洋县北上取骆谷道至长安；还有一条是由西乡县南下，过米仓山，经四川万源到达县市，由西乡北上入子午道抵长安，是为杨贵妃送荔枝的"贡道"。（图10-12）

米仓道三路作为官路开通较晚。但在秦汉时期民间早有往来，因危峰峻壑，猿径鸟道，鸷兽成群而商旅稀少，往往要结伴而行。

---

① 七盘岭是秦蜀分界处，也称百牢关。但只有《汉中府志》《褒城县志》说七盘岭在褒城北鸡头山北山。

② 此系《读史方舆纪要》的说法。而《剑门关志》则认为汉水源头所在的宁强县宽川与五丁关之间的五丁峡，即是金牛峡。

③ 我对褒斜栈道、小三峡长宁河等处的栈道遗迹作过几次考察，固然获得不少认识，但总觉浮浅。直到1997年12月16日，我随电视系列片《中国皇帝》摄制组到广元市朝天区明月峡拍摄"秦蜀古栈道"复原景观，才有了真切的体会。在嘉陵江右岸石壁上凿孔筑栈建阁，固然是随势就曲、有着高低起伏的变化，毕竟与水面保持一定距离。工程艰巨，确也壮观。

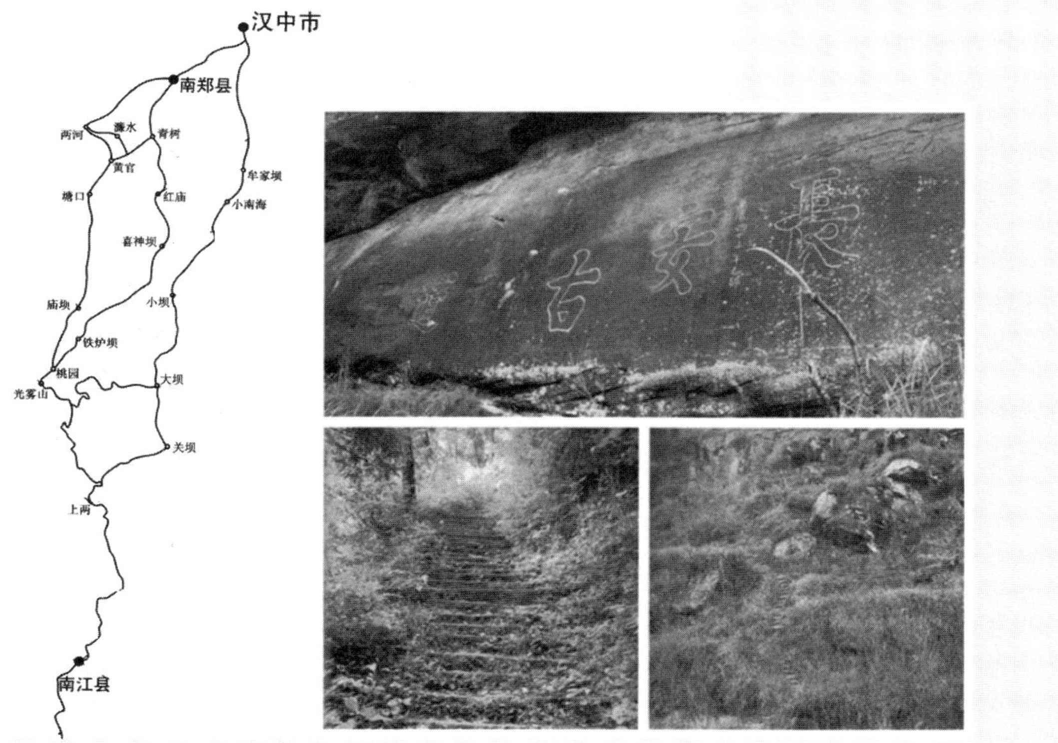

图 10–12　米仓道（多单位 2012 年考察）

7. 白水道

陈仓故道在今凤县出甘肃两当、徽县、成县、武都，同自天水南下的陇道合，南接白水道，沿白龙江（古羌水）、白水河谷，经四川广元白水关（即“关头”）东南抵葭萌（旧昭化），入剑门关，到达成都。

（三）咸阳—栎阳—蒲津大道

“咸阳—蒲坂”道，虽说地势平坦，但要经过泾河、沮水、洛水和黄河，绝非一苇可航的方便。

道路工程向称难治，如要畅通无阻，就要“逢山开路，遇水架桥”。秦国周围有大山阻隔，黄河为限，出入境需得跨越重重关隘、处处津渡。古人践草为径，再经拓宽，劈崖架桥，历经艰险，乃成康庄。秦昭襄王五十年（公元前 257 年）“初作河桥”，在浩渺汹涌的黄河上架起了浮桥（“蒲津桥”）直抵蒲津关（又名“蒲关”“蒲阪关”，今山西永济西）［按：《史记·秦本纪》载，秦景公三十六年（公元前 541 年），公子鍼奔晋，曾“车重千乘”。

《左传》昭公元年（公元前 541 年）记其“造车于河，十里舍车”。《初学记》卷七：“公子鍼造舟处在蒲坂夏阳津，今蒲津浮桥是也。”不过，公子鍼造的黄河浮桥是临时性的。因为经过二百年之后，秦昭襄王五十年（公元前 257 年）把舟船用索联结，上铺木板，两端系于岸上，即成为“舟梁”。因此史家称之为“初作河桥”，从而形成有规模的正式浮桥。

“蒲津桥”系唐代名称，地在今山西省永济市西蒲州镇的黄河上。但秦昭王建造的“河桥”是否也在唐桥之处？《史记》不曾明载，刘宋裴骃的《集解》、唐司马贞的《索引》也未注释。只有唐张守节《正义》说：“此桥在同州临晋县东，渡河至蒲州，今蒲津桥也。”既然“河桥”与“蒲津桥”同处一地，故此说可以成立。因为这里是黄河在秦晋两省南端最重要的一处渡口，早就称作“蒲津”。公元前 475 年“三家分晋”之后，魏在今蒲州镇筑有城邑，名“蒲坂”，所以蒲津又称作“蒲坂津”。公元前 409 年，魏文侯伐秦，在黄河西岸的今陕西大荔县东筑临晋城。魏在蒲坂津设临晋关，河东则称“蒲坂关”。汉武帝时，才更名“蒲津关”，简称“蒲关”。秦昭襄王时，在“蒲坂”多次发生攻取、归还、再取，并经此攻三晋地的战争。“初作河桥”之举，正是因当时的军事形势与地理形势的必然。

蒲津桥被称作“黄河第一桥”，因为随后有东汉和帝永元五年（公元 93 年）“居延都尉贯友代为校尉”在今青海省贵德县西的黄河上“筑城坞，作大航，造河桥”（《后汉书·西羌传》），是为第二座；晋泰始中（公元 265 ~ 274 年），“杜预启建河桥于富平津（即今河南孟津）”（《艺文类聚》卷九）又称“盟津桥”，唐称“河阳桥”，属第三座；唐贞观十一年（公元 637 年），在今河南三门峡市西北黄河上的大阳津（即古之“茅津”）造舟为桥称“大阳桥”（即“太阳桥”），这就是黄河上的第四座桥。明洪武五年（公元 1372 年）在甘肃兰州市的黄河上建有浮桥，九年移至白塔山下，直至 1909 年废止，其名“镇远桥”，是河上的第五座浮桥。

秦昭王的蒲津桥不但是古代黄河上五座浮桥中最早的“河桥”，而且在蒲津这地方建桥也是首次。此处是集渡口、关隘、河桥为一体的要地，故以后的西魏、隋、唐都曾在此建桥，仍称“河桥”。1989 年，在山西永济县西门外黄河边蒲津渡发现了唐的蒲津桥遗址，出土有唐开元十二年（公元 724 年）的铁牛 4 头、铁人 4 尊、铁柱 7 根，另见有铁山、石砌码头等贵重文物。其中铁牛长 3 米，宽 2 米，高 1.5 米，每头重 55~75 吨。当然，黄河西岸也应当有同样的设置，可惜至今还无踪迹可寻］这可说是人类驯服黄河野性的一大创举！

咸阳—蒲津是周秦时期开辟的通往河东地区的一条交通干道，对秦统一六国，汉征伐匈奴、隋唐抗御突厥，促进经济、文化交流，都起过重要的历史作用。

渭水北岸的这条东西大道，在秦献公都栎阳时，就“东通三晋，亦多大贾”（《史记·货殖列传》），是一条官吏往来，商贾贩运的通道。孝公迁都咸阳之后，则向西延伸，其经地就以首都咸阳为起点，东过泾河。东北走向，经高陵，抵栎阳故都。再向东过沮水，经下邽，越洛水，经临晋，东抵黄河，渡蒲津，达蒲坂，到达秦的河东郡，上党郡。其经地同现在的地名对照，在关内路过今咸阳市东北部的高陵、临潼、渭南等5个地区，至今一些村镇还叫“官道”“官路”等，显然这些名称都同当年那条古道有关。

历史上发生在蒲津道上的重大事件，足以反映出它的作用是令人瞩目的。周文王曾迎亲于莘国（都城今陕西合阳，辖境含大荔朝邑、渭南一部分）、调解过虞（今山西平陆县北）芮（今韩城北）的土地之争、攻伐过耆国（今山西长治市南），都是经行此道的。

春秋时期，秦晋的争战与交往，更离不开这条主干线。公元前708年，秦宪公兵伐芮国，执芮伯。公元前655年，秦穆公伐晋，战于河曲。公元前645年，“韩原之战”①，秦虏晋惠公，晋献黄河西岸八城。公元前636年，秦派兵三千，护送晋公子重耳由秦归晋，夺取君位。公元前625年，“彭衙（今陕西白水县境）之战”，晋襄公领兵击败秦军。公元前624年，秦穆公率军渡河，与晋战于王官（今山西闻喜县西），并占领临晋（今陕西大荔县）、平阳间的鄗邑。公元前617年春，晋伐秦，夺取少梁（今陕西韩城南）。夏，秦占晋地北征（今陕西澄城县西）。公元前578年，晋宣布绝交书，后进军秦的腹地，战于麻隧（今陕西泾阳北），秦军大败，秦将成差被俘，晋厉公迎师于新楚（朝邑，今陕西大荔境内）。

战国时期，秦、魏两国更是利用这条大道多次展开殊死的斗争。公元前413年起，魏越黄河，攻郑县（今陕西华州区），围繁庞（今韩城市东南）、取临晋（今大荔县东，秦灭大荔戎后改名王城，）、元里（今澄城县南），并占领了洛阴（今大荔西）、合阳（今合阳县东南）两城，设立河西郡，派名将吴起为河西守。秦退守洛河一线，筑重泉城（今陕西蒲城县东南钤铒镇重泉村）防守。公元前352年，商鞅率军穿过河西，攻取魏旧都安邑，随后攻魏之西鄙，俘公子卬。公元前330年，秦大良造公孙衍率军在雕阴（今陕西甘泉县南）打败魏国，俘龙贾。魏除少梁外，献出所占的河西地。在秦控制下的咸阳—蒲津大道，

① 韩原，一说在今陕西韩城西南的平原上，一说在今山西河津、万荣县之间。秦晋两国战于韩原，穆公为晋军所围，有岐下野人三百营救，反虏晋惠公。依当时形势看，秦遭受饥荒，晋背信弃义，不但不接济，反而乘人之危发兵进攻。后来秦被迫还击，因此战场不可能在河东。《括地志》说“韩原在同州韩城县西南十八里”。参见王学理：《“韩原之战”地望考释》，《陕西历史博物馆馆刊》第21辑，三秦出版社，2014年。

正好用来向河东的魏国进攻。公元前 303 年，秦攻取蒲阪、晋阳和封陵（均在今山西永济境内）先后占领魏的汾阴（今山西万荣西北）、皮氏（河津西）、曲沃（今曲沃）、焦（在曲沃附近）、蒲阳（永济北）。魏国在这条道路上节节败退，只有献上郡的全部十五县及黄河西侧的少梁。至此，秦国占有全部河西地，在军事战略上具有极有利的地位。公元前 262 ~ 前 260 年，秦昭王派白起，师出临晋、蒲坂，与赵军大战长平（今山西高平市西北），[①]坑杀赵卒四十五万，初建上党郡，治设长子（今山西长子县西南）。秦庄襄王又重建太原郡，使道路宽敞通达。所以，秦始皇第三次出巡时（公元前 218 年），由咸阳东出函谷道，返回时则“从上党归”。

咸阳—蒲津大道沿用历史长久，直至 1949 年后同蒲铁路向南延伸过黄河与陇海铁路接轨，陕西同山西的往来道路改走风陵渡，才使得从大荔朝邑东渡黄河的路线冷落。

（四）咸阳—函谷关间的驰道

陕西古代，东出关中的道路主要是渭水南岸的一条，西去则是沿渭水北岸行进的。其分界正好在今西安和咸阳两市之间。这条同渭水平行的道路，横穿富庶的关中平原中心地区，是连接中原和西垂两大文化区的纽带。从新石器时代遗址沿河分布的情况看，这条中枢干道早已形成。

秦建都咸阳之后，随首都范围的扩大，特别是自惠文、昭襄以来政治重心渐移渭河南区的情况下，东方大道的通行频率激增，路况也得以极大地改善。

由咸阳东去出函谷关的大道，穿行在秦岭与渭水间阶地之上，实际上早已形成了一条东西向的交通走廊。今潼关所在的位置又当河山的咽喉，成为关中盆地的东门。由此东去要经过槽形地带的“黄巷坂”“桃林塞”，而弘农涧西又是峰崖壁立、深险如函的地势。那么，在这里要辟窄为宽以形成畅通的道路，其艰辛可想而知。但是，古代人的聪明才智与吃苦耐劳的精神，总能使狭隘变成康庄。特别是，秦始皇统一六国之后的第二年，就在丞相李

---

① 公元前 260 年，秦、赵两国为争夺韩之上党，双方陈兵百万，在长平展开激战。赵军败，秦武安君白起“坑杀”降卒四十五万。1995 年 10 月，山西省考古研究所同地方文物部门在山西高平市北 7 公里处的永禄，对一号尸骨坑进行了发掘，推算出该坑有尸骨约 130 多个。由走访知，附近还有尸骨坑 28 个。从尸骨无一完整看，有砍杀的刃痕、骨折、砸痕，更多的是箭痕。这里经常出土战国时期的三棱铜镞，而且丹河左岸有村名叫“箭头村”。可知，所谓“坑杀”赵卒并非是活埋，而是杀而坑埋之。形容当年惨状是“流血成川，沸声若雷”（《战国策 · 秦策三》）、“露骸千步，积血三尺”（《太平记》），看来惨烈之状并非夸张。

清光绪十年（公元 1884 年）《重修骷髅庙碑记》，有文曰：“高平城西五里有地名杀谷，乃长平之役秦将白起坑赵卒四十万处。唐明皇幸路，见头颅似山，骸骨成丘，触目伤心。……建庙，颜其额曰‘骷髅庙’，易其谷曰‘省冤谷’。”

斯的主持下（《史记·秦始皇本纪》《李斯列传》），把这条线修成高标准、高速度的“驰道”，使“道广五十步，三丈而树，厚筑其外，隐以金椎，树以青松”（《汉书·贾山传》），达到了空前的规模。服虔注：“隐，筑也，以铁椎筑之。”既是“厚筑其外，隐以金椎”，在当时的历史条件下，必定是黄土、砂石与石灰搅拌，除过路基要夯实外，还要在路肩培土施以铁椎，使路面抬升，既坚固平整又便于排除积水。在路的两侧栽植青松，并非是贾山批评奢侈的那种“驰道之丽至于此”，它实际属于保障专用路线畅通的“隔离带”，具有实际意义，而美化作用则是在使用的前提下出现的视觉效果。“道广五十步”，即路面宽300秦尺（秦“六尺为步”），合今69.3米。据清末王先谦《汉书补注》说：“三丈中央之地，惟皇帝得行，树之以为界也。”即路中心宽三丈（6.93米）的一道名曰“中道”，是专供皇帝车马驰驱的“驰道”（蔡邕《独断》。《三辅黄图》：“汉令：诸侯有制得行驰道中者，行旁道，无得行中央三丈也。不如令，没入其车马，盖沿秦制。”[①]可见诸侯、令使即使有皇帝的命制特许进入驰道，也只能沿“中道”两侧行驶，而不能行于“三丈”的御道。“中道”与“旁道”固然体现着等级制的区别，但在交通上因“高速”和“中速”的分别，形成了多车道，其重要意义还在于它是世界交通史上最早出现的“高速公路”。另外，还要在路两旁“三丈而树”，即每隔7米栽一棵青松。

由咸阳渭南区东行的驰道，过灞水，经芷阳（今陕西临潼斜口西）、丽邑（临潼新丰镇西）、郑县（今华县）、宁秦（今华阴市），到了渭水注入北来东折的黄河之处，走出咽喉地带，经黄巷坂、桃林塞（今陕西潼关县东北、黄河南岸的吴村），至函谷关（今河南灵宝东北）。再东，经崤坂（今河南洛宁县西北崤山之阴），至洛阳。

函谷大道起过重要的历史作用，具有文化意义。公元前1122年，周武王率军伐纣时，就是师出函谷，由孟津渡河，进军牧野的。春秋战国以后，军事行动、信使往来更加频繁。公元前627年，秦穆公派大将西乞术、白乙丙和孟明视率兵袭郑（今河南新郑市），至滑（今河南偃师南）而返，顺道灭掉晋的与国——滑，晋败秦于崤（即崤山，在今河南洛宁县西北）之役。公元前615年，秦军攻占晋之羁马（今山西永济南），与晋军对峙于河曲，战不利，向南撤军，渡过黄河，却占了瑕（今河南陕州西南），由函关道回师。公元前318年，秦出兵函谷关，击败赵、燕、韩、楚、魏“五国伐秦”之举。次年，樗里子率军在修鱼（今河南原阳县西）打败三晋联军，使魏相公孙衍策划的合纵活动归于破产。但公元前296年，齐、韩、魏、宋、中山五国攻入函谷关，秦只得归还封陵给魏、武遂给韩。公元前294年

① 《汉书·鲍宣传》注引“如淳曰：‘令诸使有制得行驰道中者，行旁道，无得行中央三丈也。’”

起，秦出函谷关，攻打韩、魏，先后攻陷伊阙（今河南洛阳龙门）、宛（今河南南阳市）、轵（今河南济源东南）、垣。

直至秦始皇时出兵关东，统一天下，并征发徭役，更使民夫及财富源源不断地通过这条主干道输入到咸阳。另外，秦始皇在5次出巡中，有3次就是经由东方大道出函谷关的。

（五）咸阳—武关道

战国时，秦在同楚接壤处设立"武关"。从此出发，西北通首都咸阳，东南则下韩之重镇宛城（今河南南阳市）和楚之荆襄地区。这条连接关中和东南地域的大道因为经过蓝田谷和武关，所以也称"蓝武道"，或"武关道"，今有称"商於大道"的。

其实，武关道作为关中通向东南的主干道早在西周前已经开通。秦人立国后，在雍都就把这条道路作为军事大道充分地为统一战争服务。同样，定都咸阳以来，蓝武道的起点自然从这里算起。

秦武关道的路线起自咸阳渭南区，向东过灞水，折而向东南，循白鹿原东灞水右侧，经蓝田县，南过灞水约十里，登上素有"七盘十二綪"之称的七盘岭，绕芦山北侧，经六郎关，过蓝桥，溯蓝桥河谷而上，过峣关，入今商州区境。再上秦岭，过牧护关（又作"牧虎关""模糊关"），顺丹江支流的七盘河而下至黑龙口，入丹江正流的河谷，过境商州，到秦商县（今陕西丹凤县西商镇）。离开丹江河谷，向东南顺丹江的另一支流武关河，经唐武关（今丹凤县武关），南下再入丹江河谷，沿北侧东南行，穿今商南县境，过秦武关（今商南县东南湘河附近[①]），进入今河南淅川县。经荆紫关、老城，去南阳，或下邓州、襄樊，入荆州，远达岭南地区。

秦经营武关道，主要是同楚国有关。两国的军事较量也多是经行这一交通干道进行的，早在公元前635年，秦穆公就联合晋国攻打鄀国（今湖北钟祥市西北），直至公元前622年灭鄀，据有其地。公元前611年，秦康公助楚灭庸（今湖北竹山县）。公元前506年，

---

① 春秋时，秦为了向江汉流域扩展，曾联合晋国攻打丹、淅水之间的鄀国，而楚国认识到秦打通东南通道的企图，就立即出动申、胥之兵对抗。公元前622年，秦穆公终于消灭了鄀国，就使秦、楚两国疆域直接毗连。于是，战国时，秦针对争战夺地的形势，就在边界上设立了武关，其地当今陕西商南县南的湘河一带。六朝时，迁关到丹凤县稍偏东南八十余里的竹林关附近，这里扼丹江及其支流银花河的交汇处，是入汉江、下襄樊的水路，系交通的要津。唐贞元七年（公元791年），将武关又改移到今丹凤县东南七十里的武关街。

武关道在今丹凤县城以下一段，秦汉时与后来的线路稍有不同。这就是：陆路如前述，水路则一直沿丹江，过竹林关，向东，同武关河入丹江处陆路相接。唐时，从武关街向东南，改经今商南县的试马寨、县城、富水镇，进入河南西峡县，经内乡、镇平两县，到达南阳市，同今公路312国道走向一致。

吴国联合唐、蔡攻楚，入郢都。楚大夫申包胥到秦国，哭秦廷七日，秦哀公派兵车五百乘援楚。在当时穿行灞水、丹江河谷，翻越险峻的秦岭山脉，如果没有畅通的道路，要使尚处于车战时代的庞大队伍远征，是根本不可能的。战国时期，武关道上更是充满着秦楚相互攻伐、刀光剑影的厮杀。公元前 313 年，张仪赴楚，用诈以商於六百里地相许，拆散齐、楚联盟。次年，楚怀王怒而发兵攻秦，激战丹阳（今河南境内的丹江之北），楚败，被斩甲士八万，大将屈丐及裨将逢侯七十余人被俘，还失掉了汉中地（楚之汉中地包括今陕西安康地区和湖北西北部）六百里。于是，楚又倾全国兵力，进军蓝田，又遭惨败。公元前 299 年，楚怀王在节节败退之际，接受秦昭王修好的邀请，赴会武关结盟，结果被劫持到了咸阳。楚立曾在秦为人质、杀死秦大夫而逃归的太子横即位，是为楚顷襄王。次年，秦怒而发兵出武关，伐楚攻析（今河南内乡县西北），大败楚军，斩首五万级，取析等十五城而归。公元前 292 年，秦大将白起又奉命沿武关道南下，攻韩，次年取原属楚后属韩的中原重镇宛（今河南南阳市）。公元前 285 年，秦出武关，同楚顷襄王相会宛城，结盟攻齐。公元前 279 年，在秦赵“渑池相会”后，分两路攻楚，白起率一路走武关道攻鄢（今湖北宜城西南），水淹城坏，死数十万。次年，取安陆（今湖北云梦、安陆一带）、郢都，设南郡。公元前 231 年，秦王政派南路军出武关，经宛城，与北路军夹击，灭韩。公元前 223 年，秦大将王翦率六十万大军，再经武关道伐楚，攻入楚都寿春（今安徽寿县），俘楚王负刍，接着又攻占广大楚、赵地区，楚灭。

秦修筑始皇陵墓，其巨量木材有相当一部分是通过武关道，从湖北大山中采伐的。公元前 219 年，秦始皇“东行郡县”、又南向“衡山、南郡”，由武关道返回咸阳。公元前 210 年，秦始皇作最后一次出巡，由武关道出行东南，走云梦、上会稽、北至琅邪、芝罘。回銮途中，竟“崩于沙丘平台（今河北省广宗县西北）”。具有意味的是这条道路竟成了灭秦的进军线，先是农民起义军陈胜令铚人宋留率兵定南阳，入武关。随之是刘邦领兵至丹水，破武关，战蓝田，兵至霸上，秦王子婴降于轵道旁，结束了秦王朝的统治。

（六）直道

秦直道是秦始皇三十五年（公元前 212 年）修建的一条通向北边的国防大道。尽管工程浩大路线新辟，却完全是适应了防务的形势和帝国长久的考虑。

战国时期，活动于阴山南北、过着游牧生活的匈奴族，经常骚扰燕、赵、秦等国的北边，掠夺人丁、牛马和钱财。秦始皇统一六国之后，为了安定北部的广大地区，便采取了两项密切配合的措施：一是军事进攻，二是修筑长城。公元前 214 年，秦始皇派大将蒙恬“将三十万众，北逐戎狄（匈奴）收河南。筑长城，因地形，用制险塞，起临洮（今甘肃岷县），至辽东，延袤万余里”（《史记·蒙恬列传》）。修筑宽阔便捷的直道，并与之配备一套亭障烽燧的报警设施。一旦边防遇警，就可立即派兵增援，辎重相随。

《史记·秦始皇本纪》：“三十五年，除道，道九原，抵云阳，堑山堙谷，直通之。”《蒙恬列传》：“始皇欲游天下，道九原，直抵甘泉。乃使蒙恬通道，自九原抵甘泉，堑山堙谷，千八百里，道未就。……太史公曰：‘吾适北边，自直道归，行观蒙恬所为秦筑长城亭障，堑山堙谷，通直道，固轻百姓力矣。’”万世“史圣”司马迁，不辞劳苦，实地考察了直道的全程，给治史者留下重调查、求真知的优良作风，但在他的笔下除记下九原郡治（今内蒙古包头市西郊麻池古城）和甘泉宫（今陕西淳化北）这两个端点外，却没有说明长达一千八百里的途中经地。笼统的记载与道路的废弃，致使后人不知其所在。

一些志书关于直道遗迹的零星记述，也引发了近人探索的兴趣。[按：对秦直道的调查多年来多位学者多次分头进行过工作：

为撰写《陕西军事历史地理》，陕西师范大学史念海教授于1995年曾对子午岭段作了一次考察，撰文《秦始皇直道遗迹的探索》，刊《文物》1975年第10期。文中认定，直道起自秦林光宫（今陕西淳化县北梁武帝村的汉甘泉遗址），沿子午岭主脉北行，经旬邑县石门关、黄陵县艾蒿店、陕甘两省交界处的五里墩至黄陵县兴隆关（沮源关）后，沿子午岭主脉西侧的甘肃省华池县东，至铁角城、张家崾崄，又直北经陕西定边县东南，复折东北，再经过内蒙古乌审旗、红庆河、东胜县西、昭君坟东，至包头市西，到达秦九原郡治九原县。

长期生活在延安、在延安作画、中央美术学院的靳之林先生，因沿“秦直道”采风，他认定直道至黄陵县西境后，是沿子午岭东侧的富县、甘泉、志丹、安塞、子长北上，由榆林市西境进入内蒙古，直达包头市西。随之，记者卜昭文在《了望》周刊1984年第43期、《光明日报》1984年8月19日，作了专稿报道。《陕西日报》1984年8月21日第一版头条新闻报道，充分肯定了靳之林的观点。

史念海先生第一次给秦直道划出了沿途经地的路线。而靳之林先生经实地考察，第一次提出自黄陵县西境沮源关到内蒙古红庆河之间的另一条路线。

出自编写《陕西古代道路交通史》的需要，陕西省交通史志编写委员会组织有关人员于1986年6月中旬至7月下旬，对靳之林认定的路线作了重点考察。特别是王开先生详尽考述了这一路段的经地、道路遗迹、出土文物、群众传说，结合地方史志，写出了《“秦直道”新探》一文，刊登于《陕西交通史通讯》1986 年第 5 期、《兰州大学学报》1987 年第 2 期，随之被中国人民大学报刊资料选辑转载于 8 月号《秦汉史》。1988 年，经修改后又提交给汉中召开的石门国际学术讨论会，刊于《成都大学学报》1989 年第 1 期。

在陕西省交通史志编写委员会首倡和组织下，考察秦直道取得了初步的成果，集中反映在 1986 年第 5 期《陕西交通史通讯》。该期刊登有王开、陈耀邦、兰草、姚生民、姬乃军、张建海、李进等人的文章。随后，包括甘肃庆阳地区，内蒙古，陕西的延安、榆林等地区都对境内的秦直道进行了详细的调查。鄂尔多斯秦直道遗迹的考察成果，见有鲍相（廖文俊）：《鄂尔多斯秦直道遗迹的考察与研究》，《包头教育学院学报》1990 年第 1 期。可以说 1988 年到 1991 年，在各种报刊上登载秦直道的调查报告、发表见解，是最热闹的事情。特别是王开先生，虽然年事已高，以古稀之躯，凭着惊人的毅力，从 1985 年到 1988 年，曾 7 次深入考察，使人们对直道的认识从朦胧转到了明晰］据勘察材料知，秦直道的起点是今陕西淳化县北之秦林光宫遗址，其南有长 300 里的驰道直通首都咸阳，向北经旬邑、黄陵、富县、甘泉、志丹、安塞、靖边、横山、榆林、内蒙古伊金霍洛旗、东胜、达拉特旗到达包头市的九原郡治，计 13 个县、市，全程直线距离约 700 公里，已发现遗迹的道路全长约 750 公里。（图 10–13）

直道选线主要是沿子午岭主脊东侧北上（今淳化县甘泉山—志丹与安塞交界处），再沿横山西侧芦河左岸北上，经毛乌素沙地，过鄂尔多斯东部的平地，抵九原。其主要经地由南而北依次开列如下：

1. 子午岭上的秦直道经地

淳化县境：凉武帝村（秦林光宫址）⟶甘泉山⟶鬼门口⟶艾蒿湾⟶

旬邑县境：七里川⟶石门关⟶凤子梁⟶马栏⟶两女砦⟶杨家胡同梁⟶[①]

甘肃正宁：刘子店子⟶斜梁⟶

再入陕西旬邑境：沿子午岭向北，经陕甘两省交界处的雕灵关⟶北过洪山寺梁⟶

黄陵县境：沿陕甘交界的子午岭向北，经艾蒿店⟶五里敦⟶芦堡⟶南挂花⟶北挂花⟶沮源关（兴隆关）⟶午亭子［干线离开子午岭后东拐，在古道岭（蛐蜒岭）南侧向东北，而支线则向西北去甘肃华池］⟶椿树庄⟶

富县县境：直道在椿树庄穿过蛐蜒岭，向北，经槐树庄⟶车路梁（后和尚塬—望火

① 陕西省考古研究院张在明研究员于 2008 年调查时，在凤子梁段（石门关至马栏）未发现考古依据，应存疑；盘头坡至石门关段未发现路土，但不排除河流冲刷等自然原因；两女砦段北发现早期路土，为确定直道走向提供了重要线索。

楼）⟶

甘泉县境：墩儿梁⟶过洛河“圣马桥”，经方家河村⟶孟家湾⟶

志丹县境：“圣人条”（东境的艾蒿岭）⟶吕川⟶

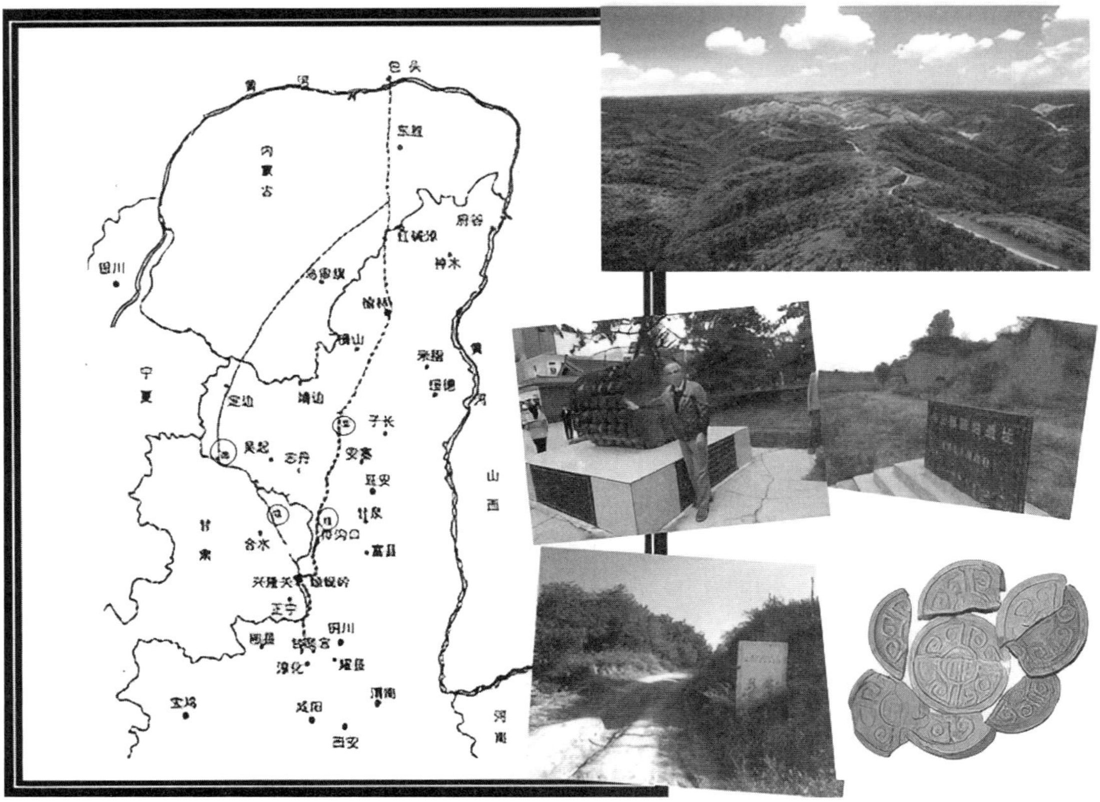

图 10–13　秦直道甘肃段线路图

2. 横山地区的直道经地

安塞区境：王窑乡东北圣人条⟶化子坪西⟶鸦行山西侧⟶

靖边县境：白于山东端小河乡郑石湾村⟶龙洲镇⟶经“阳周故城”（杨桥畔镇西北，陶罐刻文有“阳周塞司马”），过葫芦河⟶沿明长城东北行⟶

横山区境：在明长城与葫芦河之间东北行⟶过无定河⟶

榆林市境：榆阳区的毛乌素沙地中北行，在马合镇入内蒙古界⟶

3. 鄂尔多斯草原上的直道经地

伊金霍洛旗境：红庆河⟶掌岗图⟶

东胜市境：两顷半村⟶城梁⟶吴四圪堵⟶碱房滩（解放滩）⟶

包头市境：黄河——→九原郡（包头市西南麻池古城）。

直道旁附设大量的建筑设施。1986年，在旬邑县境子午岭山区的秦直道遗址上，发现一座大型的秦代建筑遗址。位于陕甘交界处的“雕灵关”南侧，相距约1600～2000米。遗址所在的山梁叫大古梁，平面呈葫芦状，占地约7000平方米。遗址内发现大量的秦代建筑材料，砖瓦残片俯拾皆是。

1988年延安地区文物普查队对黄陵、富县、甘泉三县境内的秦直道进行了考察。甘泉县桥镇乡安家沟村有一处秦汉建筑遗址，地当洛河南岸的台地上，同河北岸的“圣马桥”引桥遗址相对。总面积12000平方米，多见绳纹板瓦、筒瓦、云纹瓦当和罐、盆、甑等生活用陶器残片。凡在秦直道附近发现的古文化遗址和石窟寺，或多或少都与秦直道有直接或间接的联系，在一定程度上反映着秦直道在各个历史时期的盛衰，对于研究秦直道有着重要的意义。

秦直道是一项大型的筑路工程，司马迁有“堑山堙谷”一语，今在直道沿线所见的“垭口”即属于“堑山”的遗留。长时间以来，人们探索秦直道的走向、经地、沿线防务设施，做了大量的地面踏查。但以建筑而言，只有科学的考古才能给出正确的答案。陕西省考古研究院在黄陵县南挂花的子午岭主脊上，发现了一段垫方路基，则首次揭露了“堙谷”的真相。经2008年11月考古勘探与局部试掘，发现梯形路基系黄土夯筑而成，上部层厚8～10厘米，下部层厚12～16厘米，质地坚硬。此段堙山路基南北长214米，底宽50～60米、顶宽10～16米，高30～35米，土方量约为17万立方米，是迄今发现的秦直道上工程量最大的堙谷垫方路段。

2009年3月至7月，承担国家文物局大遗址项目的陕西省考古研究院秦直道考古队，为配合国家青（岛）兰（州）高速公路建设，对全国重点文物保护单位秦直道遗址陕西富县桦沟口段进行了考古发掘，同时，还对富县以南的陕西黄陵、甘肃合水的直道进行了调查。[①]

陕西境内已发现遗迹的秦直道全长498公里，其中富县段长125公里，其路面一般宽30～40米，最宽处达58米，是直道全程中路段最长、遗存最典型的地区。（图10-14）桦沟口段的直道正位于陕甘交界处，是自南而北下子午岭支脉后过葫芦河前的一段，呈西北—东南走向。发掘面积约2050平方米，鉴于这是对直道第一次进行的科学考古，其所

① 陕西省考古研究院秦直道考古队：《陕西富县秦直道考古取得突破性成果》，《中国文物报》2010年1月1日。

提供的信息是多方面的，故于此揭示以下要点：

地层关系：为耕土或植被层、自然堆积层和路土碾压层 3 层。

车辙：在揭露的长 71 米的路面上的车辙呈放射状分布，下方有 11~13 道车辙辙梁，宽度约 24 米。从车辙印看，当时的车辆轮距有 110 厘米、130 厘米和 140 厘米 3 种。

出土物：在多处路面上叠压有秦代和西汉时期的多种绳纹筒瓦、板瓦，两处路面上还出土了三棱三翼形铜镞和“大泉五十”铜币。

关卡遗址：在发掘中心区直道最狭窄处两侧的建筑基址中，揭露出数处夯土磉墩和置于磉墩之上的石柱础。由其布局知，在道路两侧，各建有一排房屋，有大量的秦汉时期绳纹筒瓦、板瓦及陶片堆积，当是秦直道上的关卡遗址。

弯道筑法：在直道转弯处，即在直道的外侧，顺路夯筑出数个平面呈方形的隔墙，隔墙内填土以形成护坡或路面，转弯处的宽度可达到 61 米。

“之”字形盘山道：有共 5 条。第一条向西，尽头后转向东，进入第二条。前行，再转向西，再向东、再向西，盘山道结束处向南，攀上子午岭支脉的山脊，群山尽在眼底。（图 7–4）解剖第二条，揭露出的直道路面（含排水沟）宽约 45 米，夯土护坡高约 4.1 米，路面靠山一侧是同直道平行的宽约 1.3 米、深 30~50 厘米的排水沟。

时代判断：桦沟口段直道及其附属建筑，始建于秦代，沿用至两汉之间或稍晚废弃。其中，直道下层路面的时代约为秦代和西汉早期，上层路面的时代约为西汉中晚期。

由今陕西淳化县北的秦林光北上子午岭、经过今毛乌素沙地、内蒙古鄂尔多斯的直道，同以汉长安为中心的南北向超长建筑基线比对，我们就可看到：连接首都咸阳和九原郡这两个端点的线型，也正是在汉长安城—朔方郡（今内蒙古鄂托克旗西北）的连线（地理坐标为东经 108° 42′ 50″）左右摆动，其中子午岭上的直道几乎同超长基线重合。①至于其更深层的文化内涵需另当别论，毕竟从“直”上体现了道路取名的用意。“直”同曲、邪相对，既然端直的道路少了迂回曲折，达到“直通之”的目的，自然就方便了车马的驰驱。子午岭主脉及其支脉呈南北走向，系风化石和砂岩结构，顶部大多平坦宽阔，筑路工程与视野条件极佳。直道作为一种“沿脊线”，其弯道半径不少于 40 米，最大坡度也在 10% 以下，现存路基宽度 30 ~ 55 米。良好的路况，再同沿途设在山顶上的烽燧、驿站成套配合，使传递信息速度加快，军队运输及时，对增强防卫能力无疑是极其有利的。

① 秦建明、张在明等：《陕西发现以汉长安城为中心的西汉南北向超长建筑基线》，《文物》1995 年第 3 期。

早在修筑直道之前，咸阳就有一条北去上郡、云中（今内蒙古呼和浩特市南）、九原的通路。苏秦曾说燕文侯："且夫秦之攻燕也，逾云中、九原，过代（治设今河北蔚县）、上谷（治设今河北怀来东南），弥地数千里。"（《史记·苏秦列传》）赵武灵王也曾着胡服"将士大夫西北略胡地，从云中、九原直南袭秦。乃诈自为使者入至秦……自略地形"，当秦昭王得知后，"主父驰，已脱关矣"（《史记·赵世家》）。秦始皇第四次出巡，归来也是经由云中、上郡而回到咸阳的。当修通直道之后，秦始皇第五次出巡病倒平原津（今山东平原附近），死于沙丘平台（今河北广宗西北），秦二世、赵高、李斯这些搞政治阴谋的丑类驱赶载尸的辒辌车，从井陉（今河北石家庄市北）不南下走蒲津道，而要北上绕道九原，目的就是拖延时间，以便除掉在直道途中驻守上郡的公子扶苏和大将蒙恬，再由直道回到咸阳发丧。蒙恬之所以能在两年多时间内修通这条堑山堙谷长达1800里的直道，就是在原来多条通路中选优，利用有效路段，部分取直，并增大规模而加以规范的。尽管"道未就"，却也是壮观可用的。

直道通于秦而用于汉。西汉多出兵直道抗击匈奴，像汉文帝"遣丞相灌婴发车骑诣高奴（今陕西安塞西北）击之"、"发边吏骑八万五千诣高奴"、文帝"自甘泉之高奴"（《史记·孝文本纪》）。汉武帝于元封元年（公元前110年）"行自云阳，北历上郡、西河（山陕交界北部的黄河两岸）、五原（即秦之九原郡），出长城，北登单于台，至朔方，临北河（黄河河套）。勒兵十八万骑，旌旗径千余里，威震匈奴。……还，祠黄帝于桥山（上郡阳周县），[①] 乃归甘泉（宫）"（《汉书·武帝纪》）。

二、内河水道

（一）渭河航运

两千多年前的关中，春暖、夏热、秋雨、冬寒，四季分明，是典型的暖温带半湿润气

① 桥山和黄帝陵的所在，有两种说法，即：一说在今黄陵县西境的子午山，《元和郡县志》："子午山，亦曰桥山，在县东八十里。黄帝陵在山上，即群臣葬衣冠之处。"《读史方舆纪要》："沮水至县北，穿山而过，因以桥名。"另一种说在秦的阳周县，即今子长市石家湾乡曹家坬村城墙梁上。《史记·封禅书》注引应劭："上郡阳周县有黄帝冢。"《汉书·地理志》上郡阳周县："桥山在（阳周县）南，有黄帝冢。"此，王莽更名上陵畤，上有黄帝冢故也。

黄帝葬桥山，山上有陵。《史记·五帝本纪》："黄帝崩，葬桥山。"桥山及黄帝陵所在的阳周县属上郡，这是史书上明载着的。而上郡的南界在今富县南六十里的长城原一带。原南的汉富县在今洛川县东南，翟道在今黄陵县（即北魏以后的中部县）西北，据《汉书·地理志》这两县都属左冯翊县。因此说葬黄帝的桥山不在中部县，当然也不能把今黄陵县说成是阳周县。据《嘉靖一统志》载："阳周故城，在安定县北九十里。"安定县是元代以来的称呼，民国时改子长县。

候，因而造就了山多林木，地多修竹，田畴沃野，一片葱茏的自然景象。气候湿润，雨量充沛，河流涨溢，渠道纵横，也是当时自然存在着的现实。“八水绕长安”的谚语不仅仅是赞美水将这座帝王之都罗织在一幅城市总体构图的秀丽之美中，起着不可取代的衬托作用，而且从国计民生的积极意义上来说，还蕴含有更深层的意义。咸阳、长安地区的河流中，不乏具有舟楫之便、航行运输的巨防大川。其中，渭河就是利河之一。

渭河发源于今甘肃渭源县西南海拔约3495米的鸟鼠山，流经陇右黄土高原、天水盆地，穿越宝鸡峡谷，淌过八百里秦川，于潼关港口注入黄河。主河道长达818公里，平均比降1.3‰，流域面积达到134766平方公里。由于关中平原有百余条大小支流、小溪的入注，使渭河水量自西而东地增加。宝鸡峡口之东，虽然河幅增宽，至眉县段，却是水浅滩多。上下行船固然困难，但沟通南北岸的交通唯有船渡而已。眉县至咸阳段，由于河道平坦，滩洲棋布，加之泥沙河床往往迁移无常，且咸阳以东有泾、沣、浐、灞的纳入，沙洲丛生，港汊迂回，流漕无定。渭南以下，淤积盛行，河床比降平缓，从而形成弯曲性河道。

但是，由于骊山隆起和秦岭北坡新构造运动的抬升作用，渭河便形成了北蚀侧移的变迁趋势。以秦汉时的咸阳、长安地区而论，经过2200年，时至今日，渭河已向北偏移了5公里多。秦始皇在渭水上架设有“渭桥”，因为地当汉长安城横门之外，汉称“横桥”。横门遗址在今汉长安故城西北的相家巷东，按苏林说桥在门北“三里”的距离看，昔日的河床已成了今日渭河南岸广袤的沙滩。古今变化之巨大，在不易察觉中拉远了历史的距离。因此，我们目触的地貌形态，这只能是两千年来自然重塑的结果，它绝不是古气候、古地理环境的代表。比如说，你看到这位发脱齿落、皱纹斑驳、佝偻而行的老太太，岂知她曾经具有过那天生丽质、风姿绰约、亭亭玉立、光彩照人的岁月！实际上秦以前的渭河环境，正处在它幼女、少女的时代。

古代的渭河流域，森林茂密，有着良好的植被，发挥了蓄涵水量和调节气候的作用，保障了水质的清澈和巨大的流量，具备通航的承载能力。公元前647年，晋国遭受旱灾，秦穆公本着“其君是恶，其民何罪”的博大胸怀，派送粮食接济。船漕车转，“自雍及绛相继，命之曰汎（氾）舟之役”（《左传》僖公十三年、《史记·秦本纪》）。从秦的雍都载粮上船，发自陈仓的渭河码头，顺流而下，入黄河后北上，再溯汾水，运抵晋国的绛都（今山西翼城县）。浩浩荡荡的运粮船队，来往于渭、河、汾的水道上，规模之大犹如一次泛舟的战役。那么，渭河水量之大，宜于行舟，具有“漕挽天下”的能力可见一斑（《史记·留侯业家》）。秦统一六国之后，渭河依然是通关东陆路之外的一条辅助线。

（二）“漕輓天下”的河、渭粮道

秦都咸阳虽处于“九州膏腴”“八百里秦川”，号称“陆海”“天府之国”的关中，但随着都城规模扩展和人口急剧增加，这个狭小的平原所生产的有限的粮食毕竟满足不了日益增长的需求。战国末年自占有丰饶的巴蜀之后，却因秦岭、巴山阻隔，虽架设有千里栈道，毕竟备极艰险、运输不易，所能提供给国都的粮食还是不敷度用的。秦始皇并灭六国之后，“决通川防，夷去险阻”，清除各国原来的河障，使河道畅通，漕运关东，特别是山东的粮食，就得倚仗黄河通渭的水路了。

中国在秦汉以前，主要的粮食产区集中在关中的泾渭平原、四川的成都平原、黄河下游右岸的豫东至鲁西南平原地区和山东半岛一带。秦始皇“使天下飞刍輓粟，起地黄、腄、琅邪负海之郡”（《汉书·主父偃传》），这是漕运关东粮食最远也是最早的记载。实际上，由胶东半岛运粮到关中途经的以定陶（今山东定陶附近）为中心的鲁西、豫东地区（东至海滨，西及河南荥阳，北起山东北部，南近淮水），同样也是一个农业经济发达的粮食产区。在这个富庶的广阔区域里，有济水和人工开凿的鸿沟系统，早已构成了发达的漕运网。同黄河连接，即可输入关中。[①]

咸阳通黄河下游的水路，即是渭水、黄河、济水（或鸿沟）的连通。由都城咸阳港口出发，顺渭水行船东经华阴境（秦之“宁秦县”）纳北洛河水，于潼关入于黄河。潼关至河南孟津县约240公里的一段河道，穿行在南北两岸殽山和中条山夹峙的峡谷之中，水流湍急，惊涛骇浪。特别是陕县县城下游35公里处的三门峡，河底多有暗礁，高出水面，屹立河心，巍然如柱。有鬼门、神门、人门三岛并立水中，水从岛间通过形为三门。虽有“三门六峰”的胜景称奇，人们也赞颂那“中流砥柱”的中华精神，但由于水流峡中，本来湍激，加之河床深浅悬殊，暗礁密布，漩涡连连，就给通过的船只带来极大的危险和困难，向来行船者视三门峡为航运的畏途。（图10-15）尽管人们在左岸开凿栈道、拉纤行船，但并没有放弃开辟陆路以避开三门峡危险的尝试。[②]三门峡以下至五户滩，约60公里的水路，仍多有险滩存在。只有黄河到荥阳后，形成河水与济水分流，再加之魏惠王时用人工

① 古时的黄河由今荥阳附近的东北流，入海口在天津附近。而今黄河下游实为济水的故道。战国时代，人们在济水和黄河分流的地方，开凿出一条自东南引黄河水，经今河南中牟、开封、通许、太康至淮阳入颖水的人工水道，名叫鸿沟。它连接了当时的汳水、获水、睢水、涡水等几条河流。而济水在定陶附近早有沟通泗水的荷水，在下游又开凿有连通淄水的人工渠道。这些水道，联接了济、濮、颖、涡、泗、荷等主要河流，都直接或间接地同黄河相通，形成了黄淮平原上的水道交通网。足见这一广阔地区的水路纵横交错，河运相当发达，对促进各地经济、文化交流具有重要作用。

② 中国科学院考古研究所：《三门峡漕运遗迹》，科学出版社，1959年。

开凿的鸿沟系统水道，［按：鸿沟是战国时期，魏惠王十年（公元前 360 年）凿通的一条引黄河水的运河。汉代以后改称“狼荡渠”，魏、晋以后，开封以上一段称汴水，隋唐称“通济渠”，开封以下称蔡水。由于鸿沟分别同济、汝、淮、泗等四条大川汇合，沟通了当时宋、郑、陈、蔡、卫等国，从开封、宛丘（淮阳）、下蔡（今安徽寿县）、定陶、濮阳等地都可循支流到达鸿沟口入黄河，水路交通十分方便。

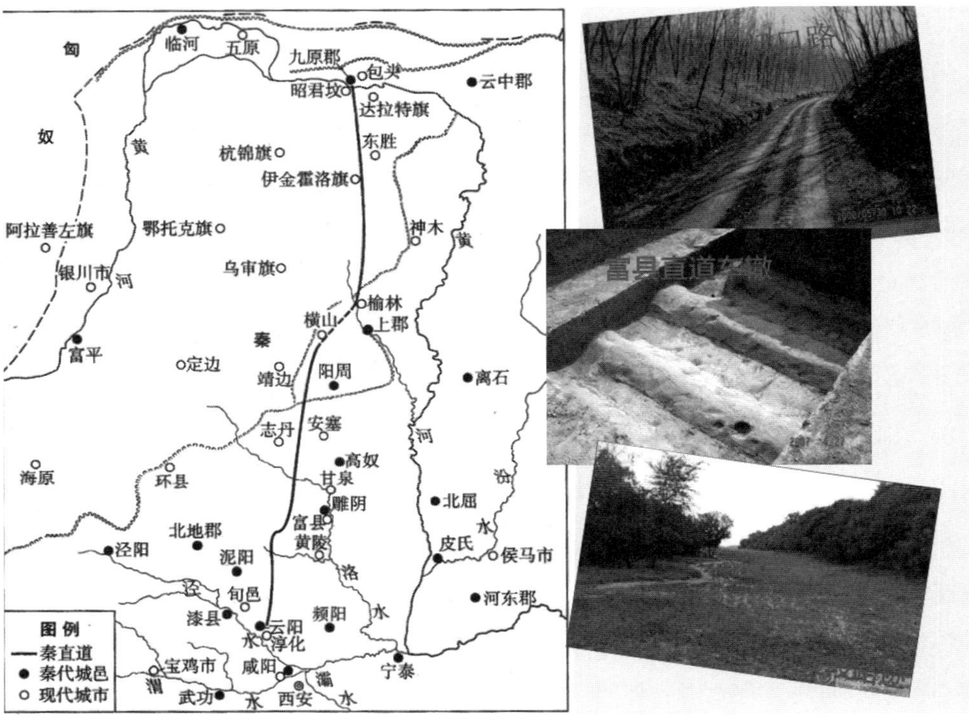

图 10-14 秦直道（陕西段）线路图

据荆三林等先生调查，在河南荥阳市西北黄河边的刘沟起有一条大沟向西南，长四里，宽三百米左右，深二百米左右。“沟两侧高出沟底两米多的土台上，有住家户。沟底两边有比较明显的水流冲刷痕迹，蜗牛壳、料礓石比比皆是。在四里左右处折向东，横跨广武山（今称邙山岭），直达上任庄，然后折向南，进入旃然河，又向东南流入开封一带。这道沟当地群众仍称之谓鸿沟，并传说是古代的运粮河。”（《敖仓故址考》，《中原文物》1984 年第 1 期）

1997 年 7 月 15 日，为拍《中国皇帝》电视片，在没有向导的情况下，我们在荥阳寻找鸿沟。从路标“洪界村”的名称上，我断定应是距鸿沟不远的“鸿界村”。果然，在村东我们找到了呈南北走向的鸿沟，地当荥阳市广武县境内，其构造有如荆先生描述的那样。

我还从吕树平老人门口的铺石上查出一块石碑，它原是乾隆三十三年（公元1768年）立的《观音堂碑》，系三十年前张西城从沟底挖出来的，额题“万善同归”，碑文已述及这里鸿沟的情况。鸿沟北接黄河，南临嵩岳，两岸耸立有汉霸二王城，还有广武镇……，这些地名、遗址，我是多么的熟悉！楚、汉两军对垒，刘、项广武相指斥……一幕幕生动的场景都浮现了出来。我也明白了正因鸿沟宽深，有水流淌，不易逾越，这才是赖以“鸿沟为界”的地理形势］才使得这一地带的农业区同黄河水运发生了联系。

秦始皇在河、济、汴三水分流处的敖山上设置有规模宏大的敖仓（今河南荥阳西北马沟、牛口峪一带的仓头村），“天下转输久矣……藏粟甚多”（《史记·郦食其列传》），作为集中各河运来的粮食并换装漕船的中转站，还筑有敖仓城专管漕运和安全事务。及至秦朝灭亡，仓内还储备有大量粮食，成为刘、项争夺以保军食的目标。(《史记·项羽本纪》)西汉时，在渭水入黄河处设立船司空县（今陕西华阴东北），县旁建有华仓（即京师仓），地在华阴县东北9公里的瓦碴梁上①，同样说明由河、渭组成的漕运水路“竭天下之资财以奉其政”(《汉书·食货志》)、“漕輓天下，西给京师”、“顺流而下，足以委输”(《史记·留侯世家》)，对秦汉王朝机动地控制全局具有重要的作用。

三门之岛原貌

黄河漕运遗迹

纤夫之道

纤绳在岩石上的磨痕

图10-15　漕运遗存

① 陕西省考古研究所：《西汉京师仓》，文物出版社，1990年。

（三）漆渠

《括地志》:“漆渠，胡亥筑阿房宫开此渠，而运南山之漆。”咸阳都城的建设浩繁，用漆量巨大，当属事实。难怪倡人优旃对秦二世“欲漆其城”的愚蠢之举，讽刺说“漆城荡荡，寇来不能上”(《史记·滑稽列传》)。

秦二世荒唐，短命速亡，所开漆渠规模如何，是否发挥运输效用，大可怀疑。湮废无存，以致没有留下通南山的蛛丝马迹！

第四节　关隘

古人把渭河流经陕西段的盆地称作“四塞之国”，这就是大家通常说的“关中”。这个地堑式构造平原（断层陷落区）西起宝鸡，东到潼关，北山为障，秦岭作屏，因为是秦国发展壮大到统一中国的根据地，所以号称“八百里秦川”。处在关塞之中的秦国，周边设立有诸多关口，形成固若金汤之态。（图 10–16）

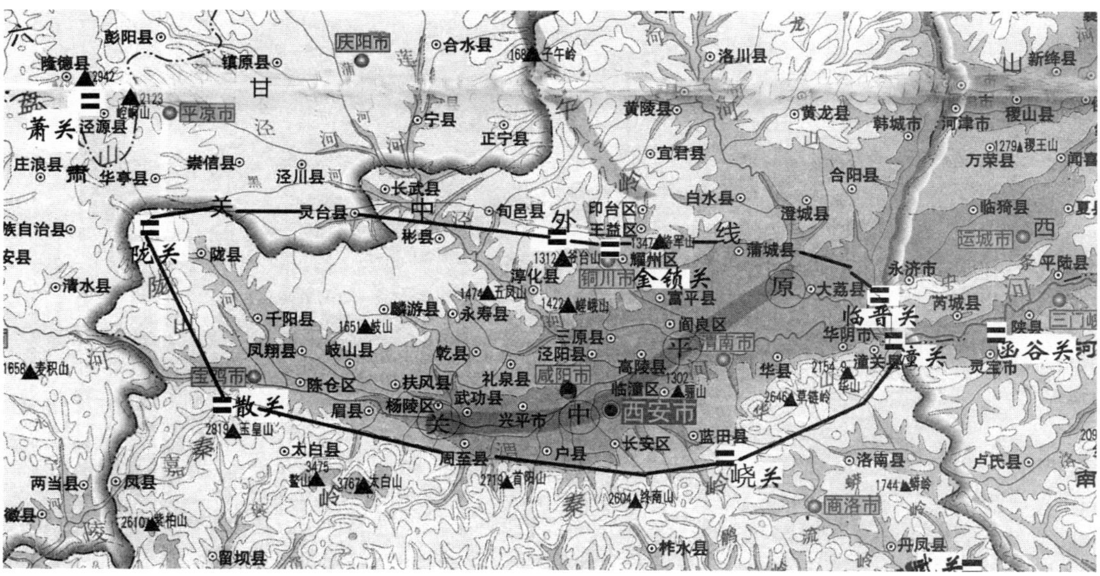

图 10–16　关中范围示意

一、临晋关

临晋关一名“蒲关”“蒲津关”。今陕西大荔县朝邑东部，春秋时属于秦地。因为处于黄河西岸“以临晋国”，故设县取名临晋县。战国初，魏文侯一度占据河西地，除过修筑临晋城，还在黄河西岸筑起一道防秦的长城。待秦夺回这一地区之后，就在临河的要津上建起“蒲津关”，以对河东魏之蒲坂（在今山西永济西）上的“蒲坂关”。秦昭王五十年（公元前257年），在水上架有“河桥”。因为此间地处蒲津渡口，是秦、晋间的交通要道，也成了历代兵家的必争之地。1989年8月，在山西永济市城西十五公里的黄河古道上，对蒲津渡遗址进行了发掘，出土有“开元铁牛”，足见临晋关就在今陕西大荔东30公里处，当在今陕西大荔县朝邑镇东黄河西岸。可惜由于黄河河道的移动，已经沦入河底。

二、函谷关

函谷关在今陕西潼关之东到河南省灵宝市西境，当崤山和潼津之间，深涧峡谷，山道迂曲之间，是“桃林之塞”上的“崤函古道”，构成晋国防秦的重要关隘。秦在献公之后，在今河南灵宝东北设立“函谷关”。这里地势险要，西据高原，东临绝涧，南接秦岭，北塞黄河。处在深谷之中，两壁陡峭，树木遮天蔽日。东西数百里内道路一线，“马不并辔，车不方轨”，属于攻守咸宜的重要关口。秦之后，函谷关址也屡有变动。（图 10–17）

图 10–17　函谷关（灵宝）

峣关：秦关在今商州区西北，北周移至今蓝田县东南，改名“青泥关”，后又易名“蓝田关”，简称“蓝关”。关址位于蓝桥镇蓝桥河村的河北岸，居高临下，前据峣岭，后靠蒉山，地形险要。在悬崖陡峭上，至今还留有两道安装关门的石槽遗迹。过去学者注释峣关时，多指在“武关之西”，应为“武关之西北”。西去长安、东去商州，必经此关，是关中东南防守的第二道门户。

三、武关

孝公二十二年（公元前340年），秦“封鞅为列侯，号商君”（《史记·秦本纪》），《楚世家》有“秦封卫鞅于商，南侵楚”的话，而且苏秦对楚威王也有秦军“出武关”“下黔中”的话，可见武关为商鞅所建，时间约在公元前340年～前338年之间，地当今陕西商南县湘河镇一带。汉代把武关设在今陕西丹凤县南35公里的“少习”山前，地当今县东南的武关镇。今存明清时土筑的关城，形状略成方形，周长1.5公里。东、西、南各开一门，以砖石包砌券洞。西门上有“三秦要塞”四字，东门上有“武关”二字，内门额上有“古少习关”四字。另有石垒墙长计4836米，有烽火台56处。

四、陇关

由甘肃平凉市至陕西陇县、宝鸡一段的六盘山南段，别称做“陇山”，是六盘山向南延伸的山岭，从而构成关中平原西部的屏障，张衡《西京赋》中就有“右有陇坻（又名“陇阪”）之隘”的句子。由于山势险峻，岭高谷深，在此设关正是关中西部防戎、胡内侵的险要之地。关名“陇关”“陇山关”，也叫“故关”。汉武帝当年经此曾遭遇过雷震，北周天和元年（公元566年）改名“大震关”。地在今陕西陇县西北的陇山老爷岭上，据《三秦记》载：“其坂九回，上者七日乃越。”关城早已废圮，从一路可通而不变的情况看，关址就在山顶的最高处。陇县西70里的“固关镇”，显然是“故关”的传讹。

五、散关

秦昭王任范雎为相，穿越秦岭修筑大道，形成“栈道千里，通于蜀汉”（《战国策》）的局面。大散关处在秦岭西段北坡的大散岭上，属于“陈仓道”的北口，当陕西宝鸡市渭滨区西南26公里处的清姜河岸。因置关于终南山的西端，紧接和尚原，又临散关水，故称“散关”（又名“大散关”）。（图10–18）北起益门谷口，南到秦岭梁南坡的煎茶坪，是一段幽深绝险、崎岖盘桓的峡谷，清江河曲折而北流，陡峭的山崖伸向河床，唯有栈道可通。“关当山川之会，扼南北之交”（《宝鸡县志》）。两山夹峙，处秦岭之分水岭上，“陈仓道”

（亦称“故道”）从中通过，是扼秦、蜀交通之要隘。在观音堂南 2.5 公里的南坡平台上，关址犹存，唯见石砌的关墙残段。大散关宜攻宜守，向来为兵家必经之地，前后曾发生激战 70 多次。

图 10–18　大散关

六、萧关

当秦昭王二十七年（公元前 280 年）攻灭了义渠戎之后，使北部国界向外扩展，并修筑起一条绵亘数百里的“拒胡长城”。(《史记 · 匈奴列传》) 在进出昭王长城的要道之上，设立的萧关就成了秦国的“北大门”。

对于萧关所在的具体位置，在学术界多有争论，考古调查也未能提供一个标准的答案。有说在今宁夏回族自治区固原市或彭阳县的，也有说在甘肃镇原县或环县的。即使圈定在某个县市，也会有多处地点可指。多个萧关的并提，大概是把汉、宋、明所筑同名异地的萧关混在一起的结果。如果泛指“萧关”的话，我们应当把这些看作是以上诸多关隘的集合体。因为“拒胡长城”的修建是对付北方胡人的，内外通行的关口也不可能局限在一处。换言之，诸关口都应当是“萧关”的组成部分。因为相对“关中”而言，毕竟它们都处在北部的防守要地上；若以秦国北部防守与交通重点关口而言，能直接挂上关系的大概只有两处：

一处是在今宁夏固原市原州区南到泾源县瓦亭之间。《史记·匈奴列传》载："汉孝文皇帝十四年（公元前166年），匈奴单于十四万骑，入朝那、萧关，杀北地都尉（孙）卬，虏人民畜产甚多，遂至彭阳。使奇兵入烧回中宫。候骑至雍甘泉。"此文中的"朝那"当是"朝那湫渊"（简称"朝那湫"，位于固原市原州区开城镇马场村东），并非偏在东边彭阳县古城镇的那个"朝那故城"。因为匈奴是先入朝那、萧关，再南下烧"回中宫"（今宁夏泾源县城郊果家山有城址）的，从此可以知道"萧关"的主关口必定处在固原市原州区之南。因为从"朝那湫"到泾源县六盘山镇的古瓦亭，是一段险要的峡谷地带，人称之为"瓦亭峡"。这里地处六盘山东麓边缘，位当"弹筝峡"（瓦亭至东南的三关口一段峡谷）的北口。此间群峰环拱，深谷险阻，易守难攻，具有独特的军事地理优势。其北有昭王长城，可作为第一道防线，在峡口之南设关，再加上沿线的烽燧建筑，就能形成天然的军事防御体系。可资证明的历史例子是很多的，汉武帝曾6次出巡边塞，都是由此经过，并且在那里祭奠了以死相拼的民族英雄孙卬，起着守边爱国的教育作用。从唐代反击突厥、吐蕃，到明清屯兵，这里都是一处戍守的要地。其中只有北宋时期，为防御西夏进攻，于1105年把萧关北移100公里，在今宁夏同心县又新筑了一座关址，为使前后二者区别起见，史称此关为"北萧关"。

另一处萧关在今甘肃环县城北二里的长城上。据调查资料显示为：关址犹存，在四五平方公里之内，以"城关"为重心，同周围的峰燧、亭障结合，从而构成高下、纵深都有机联系着的一套严密的立体军事防御体系。[①]在果儿山、城子岗、沈家台和城东沟口，原来都建有城障，又以果儿山、城东原与玉皇山的三大峰作为呼应。长城经果儿山，山上的烽燧高出河谷160多米，外有小城和壕沟围护，显然是环江口西北的制高点。在今地面上，除过长城、障城、烽燧等残迹外，还多有秦汉瓦片、"五铢"钱、"大泉五十"钱范和带字瓦当（"长乐无极""长乐未央"）的发现。

由文献记载再结合两处关隘位置看，后者虽是长城的进出口，作为萧关显得过于悬远。那么，萧关的具体位置应当确认在今宁夏泾源县北的瓦亭峡一带。

① 彭曦：《战国秦长城考察与研究》，江苏凤凰科学技术出版社，2017年。

第五节　路政立法

一、道路性质与法制管理

（一）京都御道与民道分离

咸阳地跨渭水南北，人口集中，车辆繁多，虽非齐临淄“车毂击，人肩摩，连衽成帷，举袂成幕，挥汗成雨”（《史记·货殖列传》）那样的拥挤，也不像“楚之郢都，车毂击，民肩摩，市路相排突，号为朝衣鲜而暮夜弊”（恒谭:《新论》）般的严重，但从秦国之都到秦帝国的升迁变化中，城市交通密度的增大是势所必然的。秦治以法，就自然要以严厉的手段强化交通管理。

“阁道”“复道”和“甬道”是皇帝的专用御道，同民道分开，也就是皇帝车乘同社会车辆的分离行驶。既是尊卑等级的差别，更重要的是减少了避让时间。

（二）国道严格标准化

国道主要指的是“驰道”和“直道”。是皇帝命令的、由中央政府派员直接监修的，秦始皇在统一六国之后的第二年就派丞相李斯“治驰道，兴游观”（《史记·李斯列传》），“东穷燕、齐，南极吴、楚，江湖之上，滨海之观毕至”（《汉书·贾山传》）。三十五年，令大将蒙恬修筑直道，自云阳至九原一千八百里（《史记·蒙恬列传》）。修建这些高速道路的浩大工程，其劳动力来源可说是社会性的，主要是役夫、戍卒和刑徒三部分人。

国道的修建，除过严格的组织领导进行勘测、施工外，还有一套法制性标准和管理使用规定，所谓“治道运行，诸产得宜，皆有法式”（《秦山刻石》），表现在以下几个方面：

第一，道路工程遵照标准要求。

“驰道”路面宽“五十步”（折合今 69.3 米）。路中心“三丈”（6.93 米）是供皇帝车马驰驱的专线，树立有界标。路基夯筑，路肩培土（“隐以金椎”），路旁隔 7 米栽一棵青松。

通行的道路具有时间和空间的延续性，新辟道路虽是点和线的起始与伸展，但往往都是旧路的连接与交换，故而在历史长河中常常是“旧貌换新颜”，往往使人“不识庐山真面目”。秦的驰道是对原来旧道的改造和扩大，具备一定规模。但正因为时间证明其路线选择合理、使用率高，随后就被历代利用和改造，以至于今日连它的踪迹也找不到。“驰道”的经行路线与路面遗迹至今难以确知，就是这个原因。

但“直道”却是个例外。因为它经行在子午岭上，后由于新线路的转移而荒废。虽因人迹罕至，林木遮护，随着陕北水土流失而被切割得累累伤痕，却有幸地存留了下来。我们从一些可识路段和众多“垭口”连线来看，路宽50米左右，路基坚实而平整，仍可供汽车行驶，其走向确也体现了一个“直”字。同驰道一样，直道也是标准化的国家级高速道路。

第二，按“中道”和“旁道”划分，具有速级差的多行车道。

驰道有别于普通道路的不仅是路面宽，而主要的还在于路面上根据车速的高低有着多车道的区别。路心“三丈”宽的“中道”是皇帝的专车道，两侧的“旁道”则是提供给官吏、军队和邮驿人员右行的单向道路。

行走驰道有着严格的规定。非经皇帝特许，不得行车于“驰道中”，也不得横绝驰道，无令而行“中道”者，则“没入车马”，或被拘禁。汉武帝曾“有诏，得令乳母乘车行驰道中”（《史记·滑稽列传》）；汉成帝为太子时，受诏迟到，说明因为绕道之故，元帝“乃著令，令太子得绝驰道”（《汉书·成帝纪》）。赐行驰道是一种政治荣誉和待遇，否则被视为违令。汉武帝姑母馆陶长公主擅行驰道中，虽有太后诏免，其车骑仍被江充“尽劾没入官”；太子家使乘车马行驰道中，“充以属吏”白奏皇帝。但江充这个以诈蒙上、“大见信用”的小人，竟以“铁面无私”“敢于碰硬”的执法，取得宣帝信任、“威震京师”的社会效果。实际上，他不过是钻了“法”的空子而已。（《汉书·江充传》）相反，司隶校尉鲍宣拘止了行驰道中的丞相孔光椽吏，没入其车马，却招来了杀身之祸。（《汉书·鲍宣传》）这些例子虽属汉代长安城的情形，但应看作是汉承秦制的反映。

第三，沿途设立驿站、皇帝的行宫。

传递文书、转运官物，最要紧的是缩短路程走捷径，加快速度抢时间。驰道、直道的修通，就为邮传提供了方便。当然，这只是就国道沿线而论的，此外的主干道或广阔的鄙远之地就另当别论了。按照“五里一邮”“十里一亭”的设置，检验，换人，快速传邮，过三十里的驿站，经过止息，换乘后再继续前行。驿站不但是办理邮传公务的机构，备有车马以供载传，还建有馆舍给邮人、驿使食宿，并接待官吏、信使。秦都的“轵道亭”位于驰道上，长平亭在咸阳去林光宫通直道的大道上，虽都属于乡亭，但因其地位的特殊，很可能具有邮亭的功能。

因为皇帝出巡东方必走驰道，“关外四百余”处宫殿中必有相当数量是设在大道上的行宫。秦始皇东巡渤海时的行宫遗址相继发现的就有：河北省秦皇岛市金山路的横山宫殿建筑群[1]，辽宁省绥中县石碑地的“碣石宫”遗址[2]等。秦始皇二十八年（公元前219年）东巡，由胶东半岛东北的芝罘南下琅琊台（今山东青岛市黄岛区南琅琊山上），望海刻石，“留三月”。经过九年，又南巡洞庭、会稽，“并海上，北至琅琊”（《史记·秦始皇本纪》）。两次到琅琊，建有行宫是毫无疑义的。在巡行大道的沿途也应有不少行宫，只是因为建筑不易存留，而只有有关山、水、泉、湖、石的传说故事在祖辈的口授心传中留在了民间。

直道上虽然有皇帝车驾驰驱，但作为国防大道的功能却是第一位的。故其沿途既有皇帝的行宫、驿站，又有关防、亭障和烽燧。经调查，这些遗址多有发现。例如，秦林光宫虽说是直道的起点，却处于首都通边防的大道上，应当说是离宫与行宫的性质兼备的。东胜市西的城梁古城位于直道东约百米处的高岗上，东西长350米，南北宽200米，遍地散见有回纹空心砖、绳纹筒瓦、板瓦、素面和云纹的半瓦当、云纹瓦当等建筑遗物[3]，显然是一处具有驿传兼宫殿的建筑。在陕甘交界处的雕灵关南侧山梁上，有“四十亩台”遗址，被认为是“兵站遗址”[4]。富县槐树庄农场西侧有个地方，至今仍叫“白马驿”。

（三）地方级官道由郡县负责

秦的道路以首都咸阳为辐辏中心，通向各郡府治、通都大邑，是为一级的交通干线或国道。而郡、县间的多向连通及县、乡之间的道路，均属于二、三级的地方道路。这就形成了大、中、小城市各自成中心、全国连接为一体的交通网络。其中除过大型的一级道路外，还有大量地方级官道和民道。

地方级官道是由郡、县的地方长官负责监修和管护的。乡村道路则由乡、里负责，分段交临路田主管护。“修利堤防，道达沟渎，开通道路，无有障塞”（《吕氏春秋·季春纪》）、“除陛甬道”、修治“阡陌津桥”（云梦秦简《为吏之道》）本是郡守、县令（长）的职责之一。劳力则来自本地区的百姓，修路时间选用每年冬季的三个月农闲季节，以不误农时为原则。

养护道路同修建高质量的道路一样被重视。路两侧有“道树”，春天种植，对毁坏者

① 陈应祺：《北戴河发掘出秦始皇父子行宫遗址》，《人民日报》1986年9月25日。

② 辽宁省文物考古研究所：《辽宁绥中县“姜女坟”秦汉建筑遗址发掘简报》，《文物》1986年第8期。

③ 1991年，我同王开等先生应邀复考直道半月。6月11日，我等在城梁古城作了实地考察，并同当地群众交谈。瓦砾遍地，完整的多藏老乡家中。城梁古城位在高阜之上，海拔1553米，由此南望伊克霍洛旗的红庆河镇、北到包头市西郊的麻池古城作一条连线，恰似鄂尔多斯高原之脊。在城梁西约100米处，有一个直道穿过的豁口，当地人叫“古路豁子”，宽约50米。从这里向南极目望去，在十里之内分布着六个等宽的豁口，处于一条连线上，体现着“直通之”的基本特征。城梁古城，则是直道上一处行宫与驿站兼备的所在。

④ 《陕西日报》1986年9月26日，一版。

则绳之以法。还要定时刈除阡陌上的荒草，但如果长出“鲜草，虽非除道之树”，也应及时铲除，避免“陷败不可行”[①]。“除道”就是整治修理道路，目的就是保障“道傷（易）车利”，因而有时必须“兴之必疾，夜以接日”（《为吏之道》）。如果修路和管护不合质量要求，除过返修，还要惩治主管官员。

在地方级的官道上，仍设有驿站、馆舍，备有车马、粮草，保障过往官员、邮驿人员的食宿和转换。这种制度的形成是一个古老的传统，《周礼·秋官司寇》野庐氏“掌达国道路至于四畿，比国郊及野之道路，宿息井树。……凡道路之舟车系互者，叙而行之”。《疏》：“宿谓十里有庐，三十里有宿，五十里有市。”不仅管道路畅通，供应食宿，还在隘处排除障碍，疏导交通。

二、帝轸辄动，止人清道，实行警跸

皇帝车驾出动，有前导，有护从，有伴驾，按一定的礼仪排列众多车乘及侍卫的次序，形成一套銮驾制度。从秦始皇开始，就把这种仪仗队列称之为“卤簿”[②]。《后汉书·舆服志》：“古者诸侯二车九乘。秦灭九国，兼其车服，故大驾属车八十一乘，法驾半之。属车皆皂盖赤里，朱轓，戈矛弩箙，尚书御史所乘。最后一车悬豹尾，豹尾以前比省中。”始皇陵西侧出土的彩绘铜车马，编组入坑，白马素车，安车为主，立车为导，配备弩盾。经我研究，最早提出它属于秦始皇车驾中五时副车的性质[③]。

銮驾启动，必先戒严，禁止人行，清理道路，保障皇帝车马先行。“跸，止行人也。

① 四川省博物馆、青川县文化馆：《青川县出土战国墓秦更修田律木牍——四川青川县战国墓发掘简报》，《文物》1982年第1期。

② 蔡邕《独断》：“天子出，车驾次第，谓之卤簿”。封績《封氏闻见记》也说：“舆驾行幸，羽驾导从谓之卤簿，自秦汉以来始有专名。”实际上，名称虽起自秦代，使用却非天子独断。汉以后连后妃、太子、王公、大臣出行时，都可使用卤簿，特别是皇后还可乘坐华贵的金根车，如《晋书·舆服志》：“皇太后，皇后法驾，乘重翟羽盖金根车”。辽阳棒台子屯东汉晚期壁画墓中的出行图，就是大臣用卤簿的图像（李文信：《辽阳发现的三座壁画古墓》，《文物参考资料》1955年第5期）。还有敦煌莫高窟唐代壁画张仪潮出行图，也应是一种卤簿。

③ 王学理：《五时副车铜偶所反映的秦代鸾驾制度》，载陕西省秦俑考古队等编《秦陵二号铜车马》1983年11月。

《大戴礼·韩事》孔广森补注：“贰车，副车也。乘车之副曰贰，田车之副曰佐，戎车之副曰倅车。少仪云：‘贰车者，诸侯七乘、上大夫五乘、下大夫三乘，亦异代之制。周时，大国贰车九乘，故秦灭九国，兼其车服，大驾属车有八十一乘也’。”

警，令戒肃也。天子出皆备此仪。”（《汉书·韩安国传》颜师古注）出警入跸[①]形成制度，不唯是皇帝车队出入京师时作为一种仪程，其实际用意是出自安全警卫的需要，更重的是显示皇帝的威仪、体现至尊的交通特权。只有当天子的车驾浩浩荡荡地从路上通过，看到殿后的豹尾车，“罢屯解围”，老百姓才能松一口气上路[②]。

三、都市巡夜，实行宵禁

周代的司寤氏“掌夜时，以星分夜，以诏夜士夜禁。御晨行者，禁宵行者、夜游者”（《周礼·秋官·司寇》）。郑玄注：“夜士，主行夜徼候者，如今都候之属。”秦汉时期，在都市禁止夜行是作为法令实行的，即使大臣、将军也得遵守。

秦禁夜行旨在防止奸邪。秦孝公死后，惠文王即位，商鞅面临被杀的危险，深夜逃离咸阳，但到达自己的封邑——商邑，城吏按秦律照样不予开城门接纳。据《史记·李将军列传》载：“广尝夜从一骑出，从人田间饮，还至霸陵亭。霸陵尉醉，呵止广。广骑曰：‘故李将军。’尉曰：‘今将军尚不得夜行，何乃故也！’止广宿亭下。”霸陵亭在汉都长安的近郊，将军李广同样得遵守不能夜行的禁令，可见秦汉在执行上是一致的严格。

《史记·秦始皇本纪》记三十六年（公元前 211 年）秋“使者从关东夜过华阴平舒道，有人持璧遮使者”，说明皇帝使者不受夜行禁令的限制。或者可理解为在一般城镇实行上要松动一些，正因如此，商鞅才能夜行商邑。

四、实行关禁制度

秦同关东各国一样，在交通大道的险隘之处设有关防。在统一天下之后，在拆除各国妨碍交通的关塞的同时，却在边陲重地、水陆要冲层层设卡，稽查行旅，征课赋税。

咸阳属京畿重地，内史周围的关防以仍其旧的有：临晋关（又名蒲津关）、函谷关、峣关（又名蓝田关）、武关等。

过关的行人，必须交验证明身份的“传”（即“符信”，汉称“过所”，用木或缯帛制成）。官吏则用“信”。

关门晨启暮闭。春申君逃出秦国，到函谷关下，天还未亮。为避追杀，随员中有作鸡鸣者，

---

① 《中华古今注》：“警跸，所以戒行也。《周礼》跸而不警。秦制：出警入跸，谓出军者皆警戒，入国者皆跸止也。”《史记·梁孝王世家》：“拟于天子，出言跸，入言警。”《韩安国传》同此。但《汉旧仪》又说：“皇帝辇动称警，出殿则传跸。”实际上，跸是禁止行人，警是清道警戒，两者是同时进行着不同内容的工作，无需按出入分开，所以颜师古说：“今云出称警入言跸者，互举之耳。”

② 王隆：《小学汉官篇》。

引得关城内众鸡齐鸣、关吏误以为天将亮，就开门放行，留下了“鸡鸣狗盗”的历史成语。

出入关防，交验符传，意在严防奸匪。但设卡的结果则限制了民间的广泛往来和物资交流。

第十一章

咸阳的邮传与交通工具

第一节　咸阳的邮传

一、邮传制度的确立

所谓“邮传”，就是对传递公文书信和邮人食宿、换乘的总称。内容包括“邮”和“传”两部分。前者，指食、宿的处所，有邮、邮亭、邮馆、邮置、驿站等多种称谓；后者，多指交通工具与传递的方式，分为遽（车传）、徒（步传）和驿（马传）三种。还有一种说法是“马传曰置，步传曰邮”。但用这来解释驿站，似嫌过于苛细。

秦以法治国、以吏为师，办事讲究效率，同样也使邮传制度化。传递方向主要是双向的上行和下行两种，即把皇帝的“制书”（即“命书”）、“署急”文书迅速下发到全国或某一重要地区、机关或个人，另一方面则要把各地有关政治、军事、经济情报等“奔命书”[①]报告给中央。

为了确保邮传的通畅，在中央设立九卿之一的“典客”主管。据《汉书·百官公卿表》：“典客，秦官，掌诸归义蛮夷，有丞。景帝中六年更名大行令，武帝太初元年更名大鸿胪。属官有行人、译官、别火三令丞及郡邸长丞。武帝太初元年，更名行人为大行令。”这里的“行人令”和“大行令”虽系汉大鸿胪的属官，故可看作原是在秦“典客”之下，属于专管邮传之事的官吏[②]。郡国一级的主邮官吏，唯见东汉有“督邮”一职（《续汉书·百官志》），

①《汉书·丙吉传》：“尝出，适见驿骑，持赤白囊，边郡发奔命书，驰来至。”颜注：“有命则奔赴之，言应速也。”

② 东汉时，主管邮传的职权，由大鸿胪转移到太尉府之下。《续汉书·百官志》载，在太尉府之下，设“长史一人，千石”。本注曰：“署诸曹事”，而诸曹中，有“法曹，主邮驿科呈事”。

"邮书掾"(《舆服志》刘昭引《风俗通》)。因为邮传具有全国性，因此在国道和地方干道上同驿道相异，每三十里设一驿站，有主管官吏，另有"传舍啬夫""厩啬夫"等吏员。因而就形成了内史和全国的邮传由中央统一领导，直接委派主管官吏，各县则监督本地给予协助的条条管理系统。

战国时的秦国，为传递文书专门制定了《行书律》。规定:"行命书及书署急者，辄行之;不急者，日毕，勿敢留。留者以律论之。"对于秦君主的"命书"和"书署急"这两种紧急文书，应随接即送。对非紧急文书，要当天送完。滞留文书者，要依法论处。还规定:"行传书、受书，必书其起及到日月夙莫(暮)，以辄相报殹(也)。书有亡者，亟告官。隶臣妾老弱及不可诚仁者勿令。书廷辟有曰报，宜到不来者，追之。"因为公文的传送，贵在速度，重在着落，更要保证文书传递的安全和保密性，所以规定：接送文书的要记时间，以便回复；丢失文书的，要急速报官；老弱的隶臣妾和不足信赖的人，不能派他们送文书；征召文书没有按时到达的，要追查。

对于"伪书""伪传"(假通行证)虽经检查却没有发觉，还县县依次传递，直至关卡才截获的，都要受到处罚。秦简《法律答问》中举了一个咸阳"发伪传"的例子："今咸阳发伪传，弗知，即复封传它县，它县亦传其县次，到关而得，今当独咸阳坐以赀，且它县当尽赀？咸阳及它县发弗知者当皆赀。"很清楚，秦对传递的文书及传送文书持有的通行证，都要经过县县开看，并重新封印。这当然属于防伪的措施之一。

防伪促进了"封传"制度的形成。汉长安城遗址出土的秦封泥，给我们提供了传递文书上加盖印章的实物凭证[①]。这批封泥的印面内容，既有中央三公九卿的长官、属官、为帝室服务的侍宦、苑囿等职官(图 11–1)，也有地方行政官署的(图 11–2)，还有外县级的(图 11–3)，都是经过封发的长官在钤章封检之后，才传递到首都的。

综前所知，邮传在国家生活中对强化中央集权制、促进各种信息的交流与各地的文化联系，都具有重要的意义。所以，特别受到秦始皇的重视，由中央的"典客""行人令"，到沿大道各郡、县的"厩啬夫""传舍啬夫"等小吏，就构成了一个不同于地方系统的邮传管理系统。并制定《行书律》《传食律》等法律，以保障邮传事业的畅通无阻。其邮传机构及其传递方式，既是独立的，但也同"司奸盗"的"亭"发生着横向的联系。

① 周晓陆、路东之等:《秦代封泥的重大发现》,《考古与文物》1997 年第 1 期。

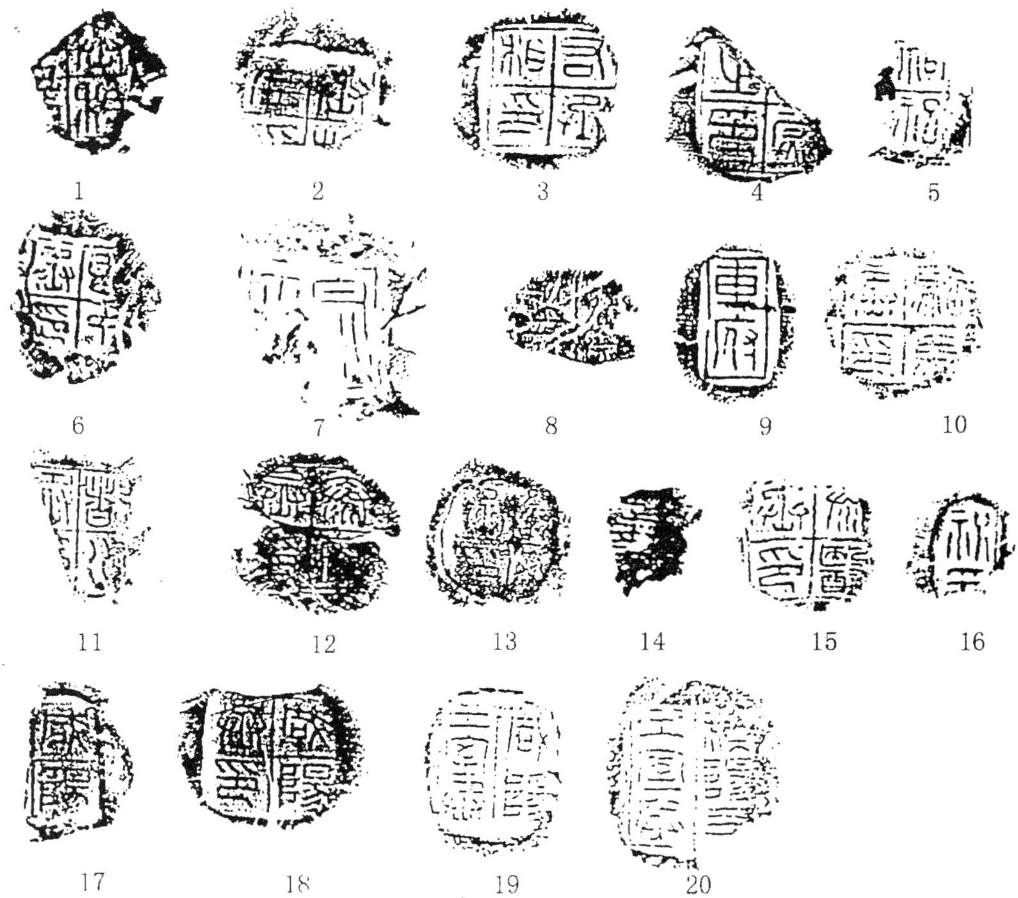

1. 丞相之印　2. 左丞相印　3. 右丞相印　4. 廷尉之印　5. 祠祝
6. 郎中丞印　7. 宗正　8. 卫尉之印　9. 车府　10. 骑马乘印
11. 都水丞印　12. 泰内丞印　13. 铁市丞印　14. 尚书　15. 泰医丞印　16. 祝印
17. 咸阳□□　18. 咸阳丞印　19. 咸阳工室丞　20. 栎阳□工室丞

图 11-1　秦中央官署、部分属官及都官封泥印文

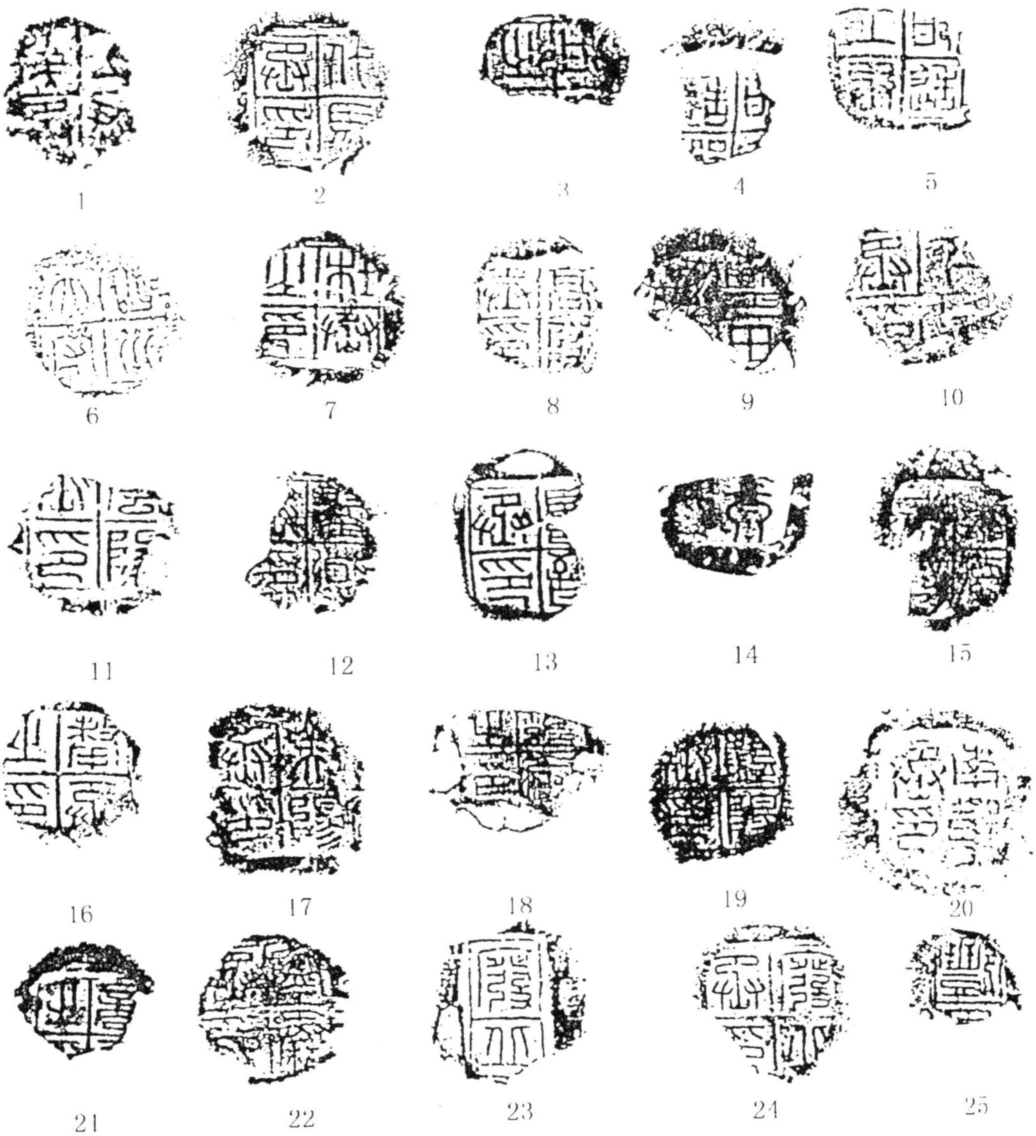

1. 上郡侯印　2. 代马丞印　3. 邯郸之[丞]　4. 邯郸造□　5. 邯郸工丞

6. 四川太守　7. 杜丞之印　8. 高陵丞印　9. 蓝田丞印　10. 下邽丞印

11. 云阳丞印　12. 翟道丞印　13. 临晋丞印　14. [重]泉[丞印]　15. 衰德丞印

16. 漦丞之印　17. 美阳丞印　18. 雍丞之印　19. 灊阳丞印　20. 南郑丞印

21. 商丞之印　22. 宁秦丞印　23. 废丘　24. 废丘丞印　25. 鄗邑

图 11–2　郡级官署及内史属县职官封泥印文

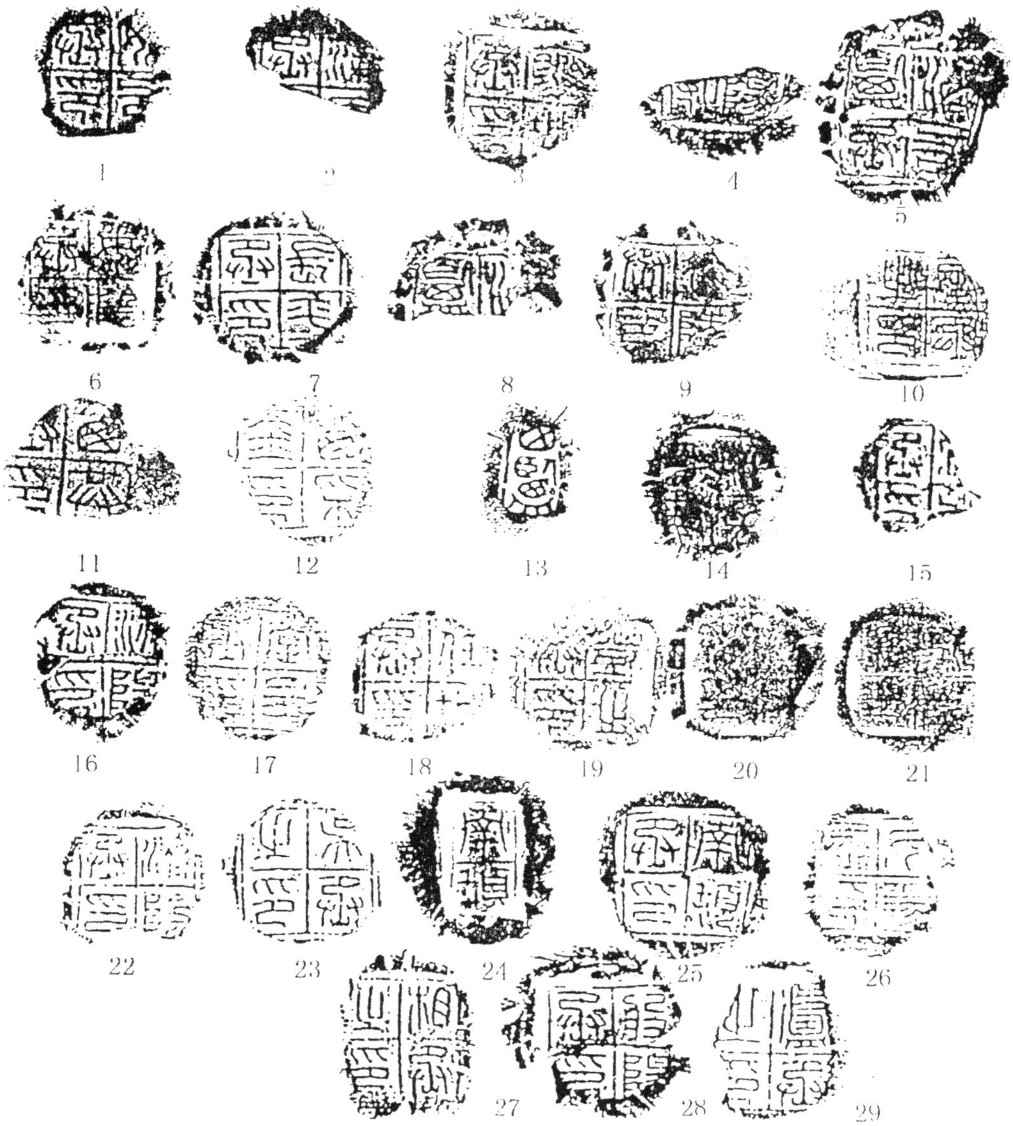

1. 安邑丞印　2. 蒲反丞印　3. 襄城丞印　4. □阳□守　5. 江右盐丞

6. 女(汝)阴丞印　7. 长平丞印　8. 海曲盐□　9. 建陵丞印　10. 季丞之印

11. 西共丞印　12. 西采金印　13. 西盐　14. 兰干丞印　15. 洛都丞印

16. 游阳丞印　17. 堂邑丞印　18. 任城丞印　19. 邓丞之印　20. 蔡阳之印　21. 成都丞印

22. 济阳丞印　23. 吴丞之印　24. 南顿　25. 南顿丞印　26. 女(汝)阳丞印

27. 相丞之印　28. 般阳丞印　29. 卢丞之印

图 11-3　关外县级职官封泥印文

二、邮传方式与咸阳的邮亭、传食

《史记·留候世家·索隐》引《汉旧仪》："五里一邮，邮人居间，相去两里半。"《续汉书·百官志》刘昭注列《汉官仪》："设十里一亭，亭长、亭候；五里一邮，邮间相去两里半，司奸盗。"亭，本来是在交通线上每隔十里设置的一个治安机构，但因检查邮传中的奸盗而成为"邮亭"。邮是专办公文转递业务的，却兼有"司奸盗"的任务。可见亭与邮虽有共同的任务，毕竟是各有自己的工作重心的。不过，从转递公文角度而言，都可看作是从事邮传的具体机构，其距离的差别当同规模、设置有关。

《史记·蔺相如列传》有秦王"舍相如广成传舍"的记载。舍，本是首都招待贵宾食宿的住所，《史记·孟尝君列传·索隐》："按：传舍、幸舍及代舍，并当上、中、下三等之客所舍之名耳。"秦简《传食律》规定关于驿站供应饭食的标准问题，说明"传"就是转递公文的机构。既然舍以传名，就有了"传舍"。另有用乘马传递的"驿"，《续汉书·舆服志》就有"驿马三十里一置"的规定。

邮、亭、传、驿四种传递公文的机构，均设于交通大道上。前二者是短距离设站，由"五里一邮"到"十里一亭"，以步递转运，使传递同治安兼备；而后二者分别以车递（"传递"）与马递（"驿递"）进行，是纯粹的传递机构。每隔三十里置站，正是马力所及需要换乘的限额，从而确保了传递的速度。

出咸阳西门，行十里，在干道上有地名曰"杜邮"，是大将白起引剑自刎的地方（《史记·白起列传》）。郦道元以为它就是咸阳"磁石门西"的"杜邮亭"。"邮"同"亭"连称，距都十里，显见是交通干道上一处传递与治安结合的机构。

同样，有名的"广成传舍"，因为是"传"的所在，又设"舍"，就成为咸阳供往来使者食宿的一处高级"传舍"。

作为京畿附近的几处乡亭，如白亭、轵道亭、长平亭、长安亭、曲邮亭等，由其地理位置和作用判断，同杜邮亭一样都兼有邮的任务。

亭、传的所在地都设有宅舍，供给来往使者、邮人止宿，因而称之为"亭舍""传舍""邮舍"。还有"食厨"供应饮食，有"厩置""乘传"以便换乘。

《晋书·刑法志》引《魏新律序》："秦世旧有厩置、乘传、副车、食厨，汉初承秦不改。"云梦秦简《传食律》《仓律》中就有"公使有传食"的规定。而传舍食厨供应饮食的对象，包括"御史卒人使者"及"使者之从者"这些传递者及使者。饮食标准依爵的有无及爵级高低有所区别，如"不更以下到谋人"（即秦爵四级"不更"到三级的"簪袅"）与"宦奄"（即

“宦官”阉人）同级，每餐的饮食内容包括“粺米（即加工后的精米）一斗，酱半升，菜羹、刍藁各半石”；“上造以下到官佐、史无爵者，及卜、史、司御、寺、府”等人同一标准，每餐供给“粝米（即稍加工的粗米）一斗，有菜羹、盐廿二分升二”（《传食律》）。

三、邮传的凭证

传递公文者的凭证就是“传”，秦汉时期统称之为“符传”。其作用不仅是止宿亭传、就食食厨和更换车马的信物，通过关梁要津也是不可或缺的凭证。安徽寿县 1957 年出土的鄂君启金节，有车节 3 件，舟节 1 件。从错金铭文知，它是公元前 323 年楚王颁发给封君鄂君启分由水陆两路从鄂（今湖北鄂城）至郢过关的免税凭证。（图 11–4）

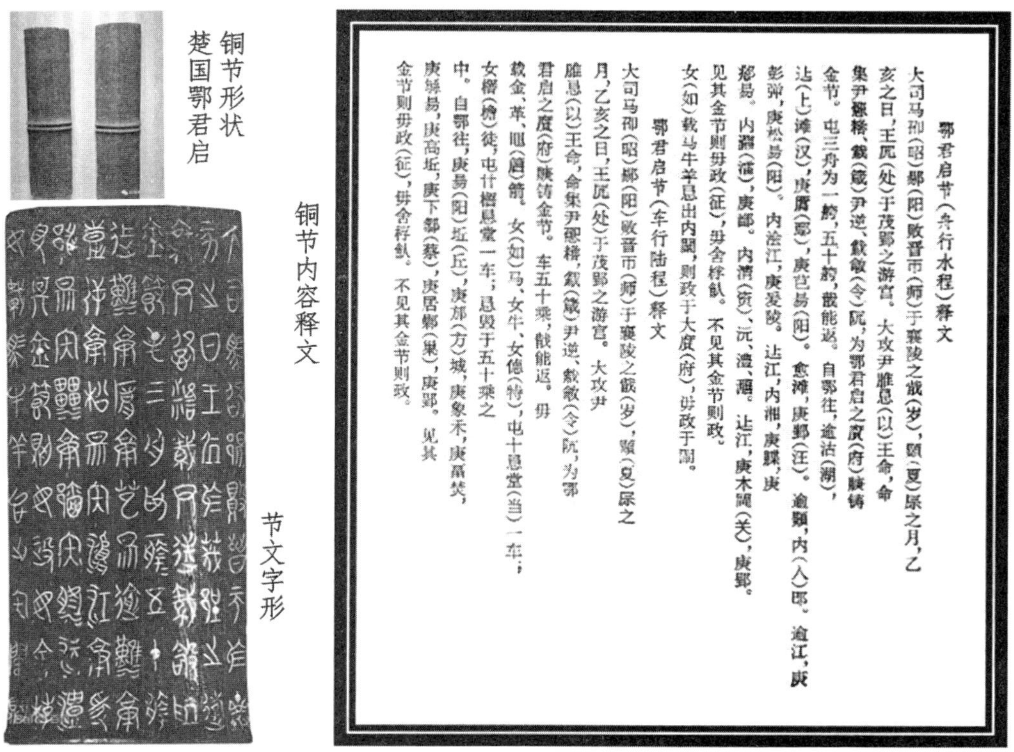

图 11–4　鄂君启节组图

“符传”因用途不同，而在形制、质地和名称上有所区别。军符是铜质、虎形，中分两半，如传世的“新郪虎符”“阳陵虎符”和出土的“杜虎符”。（图 11–5）一般符系竹或木制成，行人用“验”（《史记 · 商君列传》），游说之士用“符”（秦简《游士律》），官吏用“符券”（秦简《法律答问》），商贾用“符传”（同前）。邮传则用“传”，或称“封传”。

1. 新妻虓符　　2. 阳陵虎符　　3. 杜虎符

图 11-5　秦虎符

“封传”因传递的简牍文书经过封印而得名。汉时，由加盖印章和封泥的多寡，在用车的等级及驾马数上就有了区别。用一匹马驾轺车而“乘传”的是“一封传”。最多的用四马驾的“置传”，持的是“五封传”。所谓“封传”，即《汉书·平帝纪》如淳引《汉律》说的：“诸当乘传及发驾置传者，皆持尺五寸木传信，封以御史大夫印章。其乘传，参封之。参，三也。有期会累封两端，凡四封也。乘置、驰传，五封也，两端各二，中央一也。轺传，两马再封之，一马一封也。”这也可能是使秦封传完整化的结果。

第二节　交通工具

一、陆路乘载工具与行车礼制

（一）马的乘载作用

秦人有着养马、驭马的传统。其老祖先费昌“去夏归商”，为汤御车，败夏桀于鸣条（今山西运城市安邑县北）。帝太戊之后，秦人为商王赶车而“遂世有功”。造父为周穆王驾八骏西游昆仑，遇徐偃王叛乱，又“一日千里”赶回周都镐京。非子在西犬丘养马出了名，被推荐给周孝王，主持汧渭交汇处的马场，使马群“大蕃息”。嬴秦部族也因养马、驯马、御马而在政治上兴盛起来。

“马最早用来驾车”的传统说法，看来只能指发生在中原的情况。实际上，中国北部和西北部的草原地带才是马的家乡。《左传》有“冀之北土，马之所生”的话（《左传》昭公四年司马侯语）。燕代、秦地出产良马是早负盛名的（《史记·苏秦列传》）。始皇陵秦俑坑中所见之陶马，通高 1.72 米，蹄至鬐甲 1.33 米，体长 2 米许，机警神骏，属于军马中的“骑蓦”。据研究，是来自今甘肃南部与青海毗邻的黄河之曲。其实，这广阔的地域，一直是秦汉时代的畜牧业基地。汉代设立六牧师苑三十六所，就集中在天水、陇西以及安定、北地、上郡、西河这“迫近戎狄”又适合马匹生长（气候、青草）的河西六郡境内（《汉书·地理志》）。早期秦人，生活在陇右的沟谷中，同戎人长期杂处，过着逐水草而居的游牧生活，以养马、御马著称。立国后仍保持这一传统，秦穆公就有相马专家伯乐，九方皋等臣子。秦简《日书》中的《马》篇，即是中国最早的相马经。长期以来，秦同马结下了不解之缘，其精湛的养马术又促进了生气勃勃的养马业。

马匹作为劲捷的畜力，最早同人们生活发生直接关联的作用，首先当是乘骑、拉车，然后才是组建骑兵。这一历程，秦人是在西周时代（公元前 11 世纪 ~ 前 771 年）的中晚期（公元前 9 世纪 ~ 前 8 世纪）才完成的[①]。当秦国拥有一支“车千乘，骑万匹，带甲百余万”的威武之师时，车轮殷殷、马蹄得得，驰骋在贯通全国的大道上，马的乘载作用才得到了充分的发挥。秦俑坑中的乘马，抑或是车马，为我们提供的是驰驱型良马的鲜明形象。

① 王学理：《云骑凌厉中原蹑影追风胡域》，收入《秦俑专题研究》，三秦出版社，1994 年。

（二）车的种类及其主要设置

按照所有制关系，车辆同样有公与私的区别。官车系官府之车。王室之车专有，代表着国家，实际是最大的私人占有，所以《石鼓文》就有“吾车既工，吾马既同”的句子。秦君侯将相私人拥有车马的数量之大、华贵的程度，往往是惊人的，如穰侯魏冉免相出关就邑时，“辎车千乘有余”（《史记·穰侯列传》）。丞相李斯“置酒于家，百官长皆前为寿，门廷车骑以千数”（《史记·李斯列传》）。秦始皇在梁山宫上，也“望见丞相车骑众，弗善也”（《史记·秦始皇本纪》）。至于民间百姓与商人的车乘，只能是私人的牛车。都官的有秩吏及其分支机构的啬夫，因工作需要，官府按其人数多寡配给车马及仆的数量，是有定额的。而一般官吏及百姓，也可向官府借用车辆（（秦简《金布律》《司空律》）。

秦处于中国古代车制变化的交替时代，除过沿用商周以来的独辀（即辕）双轮车外，已经出现了双辕车。秦雍都遗址八旗屯 BM103 号墓出土一陶车模型，有两侧箱板，作双辕，时代当在春秋中期，是我国最早的双辕牛车的实例。在甘肃平凉、秦安的战国秦墓中，也有驾一马的双辕轺车的发现[①]。双辕车可驾一马或一牛，而单辕车起码要有两马服驾。秦俑坑的车乘，一律属于单辕的驷马战车。

从驱动车辆所役使的动力看，秦车可分为三大类。即马车、牛车和辇车。以马拉车是商周以来使用最为广泛的单辕轭驾方式，车型也多。作战、田猎、出行、交通，无不用马车。牛车，也称作“大车”，是“平地载任”的货车，双辕驾牛，一般庶民多用来乘坐上路。而用人力推挽的一种小型车，就是“辇车”（图 11–6）。1986 年，在陕西陇县边家庄五号春秋早期墓中出土了一辆辇车，单辕上扬，衡两端各有木俑一个，面前直立，作挽引状[②]。《说文》：“辇，挽车也。从车，从夫，在车前引之也。”两相对照，形义全合。辇车是秦汉宫廷中，皇帝、后妃们代步的工具，适用于距离短、范围小的情况，因而专辟有“辇道”。由边家庄五号墓用一棺一椁，随葬五鼎四簋等铜礼器组合看，墓主当是大夫级的贵族。其葬处秦襄公的汧都，此辇车也提供了宫廷用辇车的最早材料[③]。因为辇车有衡无轭，只能采用双手托衡，置于胸前两人推引的方式，车体轻小，民间时或有用。像卓王孙迁蜀时，夫妻就推辇而行。

---

① 魏怀珩：《甘肃平凉庙庄的两座战国墓》，《考古与文物》1982 年第 5 期。

② 陕西省考古研究所宝鸡工作站、宝鸡市考古工作队：《陕西陇县边家庄五号春秋墓发掘简报》，《文物》1988 年第 11 期。

③ 《通考 · 王礼》：“秦君以辇为人君之乘，以彫玉为之，方径六尺。或使人鞔之，或驾果下马。”前边说辇是秦的宫廷之车，说对了。但后边说“或驾果下马”，可能属于秦以后的情况。

1. 陕西凤翔秦墓出土双辕车模型复原图
（采自《文物资料丛刊》三）

2. 轺车（汉代车模型）
（甘肃武威汉墓出土）

3. 辎车（汉代画像石图）

4. 辇车（汉代画像石图）

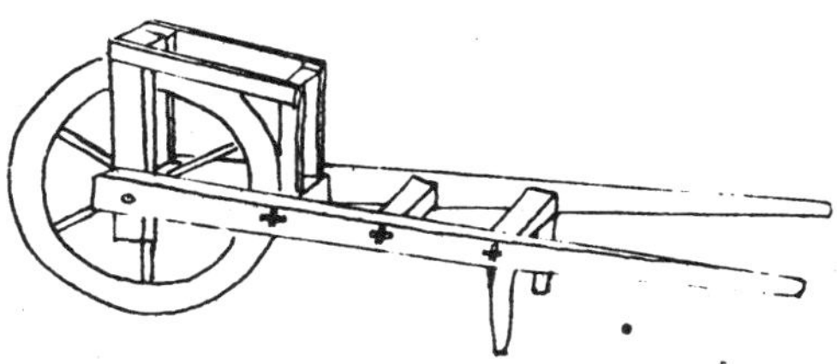

5. 鹿车复原图

6. 舆复原图

图 11–6　车舆示意图

由于显示等级不同而装备不同与使用功能的差别，车的种类与形制更是多种多样。秦车按此标准可分为御驾、华贵乘车、田车、战车、役车和丧车六类。应该说，这些车活动最集中的舞台还是在咸阳，并由此而发轫走向全国。

有盖之车多属高级乘车。据载，主要有王车、金根车、王后鸾车、大行载车、辇车、武刚车、轩车、高车和轺车等。（图 11–7）其明显的区别在于：

立车（高车、垂牵带的轺车）
（孝堂山石祠画像）

轺车（沂南画像石）

辎车（成都扬子山二号汉墓出土）

軿车（山东福山画像石）

图 11–7　秦汉时期常见的几种马车

王车（即天子车）“黄屋左纛”①；

金根车“驾六龙”（六马），以金为饰（《独断》《古今注》《通典》），秦始皇所乘之金根车，实是与王车的结合；

鸾辂和辇车都是皇后的乘车，“青羽盖，驾四马，龙旗九旒”（丁孚:《汉仪》）；

大行载车饰如金根，也极其阔绰（《后汉书·舆服志》）；

① 《汉书 · 高帝纪》:“纪信乃乘王车，黄屋左纛。”李斐曰：“天子车以黄缯为盖里。纛，毛羽幢也，在乘舆车衡左方上注之。蔡邕曰：‘以犛牛尾为之，如斗，或在騑头，或在衡。’”应劭曰：“雉尾为之，在左骖，当镳上。”
纛，是由竿撑的缨穗。秦始皇陵出土的彩绘铜车马上已见到它的具体形象。不过，它不是装在车衡的左上方，而是安在右骖马的头顶上，可称之为“右纛”，同蔡邕说的“或在騑头”的情况吻合。

武刚车虽“有巾有盖”，却是作为前驱的战车；

轩车有盖，两侧立屏藩，属于乘车。

在这里，我们应该看到作为秦始皇的御驾，实际是由驾六马的“金根车”，或随五时（春、夏、季夏、秋、冬）分乘五色的“驷马安车”并配备“驷马立车”的所谓“五时副车”组成。（《逸周书·大聚解》）周天子所乘之车称之为“路”，王与后均有玉、金、象、革、木“五路”。《诗经·秦风》有“何以赠之？路车乘黄”之句。其他如鸾车、辇车、大型载车、轩车、辎车、軿车[①]、轺车、安车等，都属于华贵的高级乘车了。始皇陵出土的两乘铜车马，就是轺车和安车的模拟物。

田车是秦君打猎时的一种快速车乘。《诗·秦风·驷铁》有“游于北园，四马既闲，輶车鸾镳，载猃歇骄”的句子，描写的是秦襄公打猎所乘之车酋车，也就是田车。

从秦俑坑提供的 140 多乘战车实例看，可概括为单辕、双轮、驾四马。舆略呈横向的长方形，广 100、进深 90 厘米，或广 143、进深 108 厘米。轴长一般 250 厘米，轮径可达到 180 厘米。车长是 370 ~ 396 厘米。无论是指挥车、攻击型的“轻车”、机动型的“阙车”，或是高速的“骑车”，在形制上一致，只是在体量上略有差别而已。[②] 春秋时代秦的兵车又称作“小戎”，《诗》“四牡孔阜，六辔在手”就是四马战车的生动描写。而陵西出土的彩绘铜车马，一组两乘前后相随，当是御府中华贵副车的模拟形体。（图 11–8）

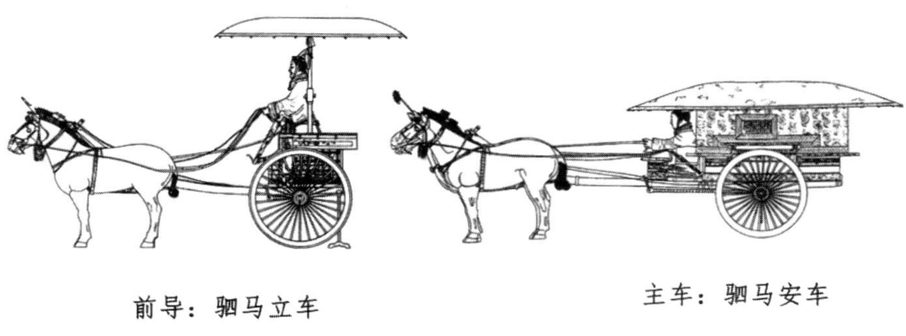

图 11–8　秦陵彩绘铜车马侧视图

① 辎、軿车多系妇人乘坐的有遮护的车。《释名·释车》：“辎车，载辎重，卧息其中之车也。辎，厕也，所载衣物杂厕其中也。軿车，车并屏也，四面屏蔽，妇人所乘牛车也。”《说文解字》：“辎軿，衣车也。”段注：“辎亦有蔽，軿也可载，故每浑言不别。”《重庆市博物馆藏四川汉画像砖选集》载成都扬子山二号汉墓画像砖有图像，车作双轮，曲辕，驾单马，在车舆两侧立屏蔽，上复有前后张大的篷盖。前作叶脉状的盖弓隆然可见。但该书定其为“小车”，似不确。《沂南汉画像石墓发掘报告》收有辎车图像，亦可参考。另如山东福山画像石上也有軿车图像，其两侧及后三面树板壁，上复挑檐的篷盖，前垂帷幕，两侧留窗户。

② 王学理：《无可奈何花落去，似曾相识燕归来》，载《秦俑专题研究》，三秦出版社，1994 年。

役车同大车一样，都是民间运载货物的一种牛车。车箱容积大，农民用以运输稼穑、粪土，商贾用以载物贩运，或为官府服役。

丧车，大约是秦始皇死在出巡途中，其所乘之辒辌车，后世多设为丧车。《汉书·霍光传》颜师古注："辒辌车本安车也，可以卧息。后因载丧，饰以柳翣，故遂为丧车耳。"秦汉之后，则有殡车、輀车，都是一种高贵的柩车。

（三）行车礼仪述要

秦都咸阳的阁道、复道、甬道，以及辇道，均是皇帝专用的"御道"。不仅一般的车辆、闲杂人等不得通行，即使官僚重臣也不能上道。违令者，即是犯法。

驰道路面宽阔，"广五十步"（合今 69.3 米），而路心的"三丈而树"（6.93 米）是皇帝车马驰驱的"中道"。即使诸侯、令使持有皇帝特许的"命制"，也只能沿中道的两侧行驶。只有"旁道"才是军运、令使和一般车马与行人的道路。

皇帝车驾出行，要让人清道，实行警跸。所有官车与社会人等，给皇帝让道，回避，这是天经地义的定制。

不仅皇帝的车队按礼仪制度，有着一定次序的安排，而且具有较高社会地位的皇族、三公、高层官吏也拥有一定数量的车马，其出行同样也体现着主从的关系。秦始皇陵西侧的两乘彩绘铜车马，同出自一坑的藏室之内，前为携带武器（弩、矢、盾）的驷马立车，后随驷马安车。在这里，安车是主人乘坐的主车，立车只是前导开道、负责安全的从车[①]。从汉代画像石的车马出行图可看出，那种前呼后拥的场面给我们提供的就是主从关系明确的礼仪说明。

关于秦的车礼不见记载，唯有《左传》僖公三十三年（公元前 627 年）的一条记载："春，秦师过周北门，左右免胄而下，超乘者三百乘。王孙满尚幼，观之，言于王曰：'秦师轻而无礼，必败。"军车过洛阳之周天子城，按天子之礼是需要"櫜甲（脱去铠甲）乘兵（捆束兵器），左右皆下"的。而秦师仅有车上的戎右（持戈盾的勇力之士）和射者下来，旋即又跳跃上车，虽表现出勇敢，却是对周天子的大不敬。

二、水上交通工具

（一）水上航行与船形

秦都咸阳地跨渭水，沿此东行，有渭水—河水—汾水、渭水—河水—济水、渭水—河

① 王学理：《秦陵彩绘铜车马》，陕西人民出版社，1987 年。

水—鸿（沟）等三条水路。人们凭着舟筏沟通了关中盆地同关东广大地区的联系，把黄河中下游广阔地域的粮食、物资源源不断地漕运到首都。这些水路实际是函关道、蒲津道之外又一重要的补给线，而行水之舟则是河面上运载的唯一工具。

渭河属于内河航道，周秦时期的水量远远较现在为大。“泛舟之役”“漕輓天下”表明了当时舟船相继运粮的规模。但水浅、沙深、河道弯曲，则是渭水固有的特点。又加之有三门峡天险，平添了古代漕运中不可忽视的困难。那么，适于航行在渭河上的舟船是什么样子呢？可惜我们今天仍然找不到任何文献与实物的有力证据。

《易·系辞下》说黄帝、尧、舜之时“刳木为舟，剡木为楫，舟楫之利，以济不通，致远以利天下，盖取诸‘涣’”。挖空木头作船、削尖木竿为桨，取自坎下巽上的“涣”卦，正是木船浮于水上的舟楫之象。但这只能说明活动在黄河流域的黄帝部落造独木舟浮水的情形，系舟船的早期形态，还不能勾绘出人工造船的特点。

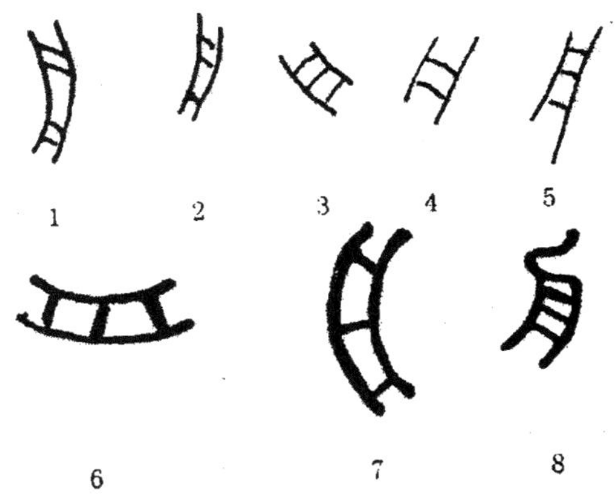

1. 粹 1059　2. 粹 901　3. 甲 1032
4. 粹 106　5. 粹 901　6. 父丁卣(周早)
7. 洹秦簋(周中)　8. 小篆

图 11–9　甲、金文中“舟”字写法举例

甲骨文中的“舟”字，从结构上已看出有首、尾及舷儿部分，整体呈长方形[①]，同现代渭河上通行的木船完全一样。（图 11–9）渭河木船船体宽、前后平齐，就是人们常说的“方头平底船”，无舵、无篷，用篙撑行，同江南那种精巧的轻舟与载船的风格迥异。可惜在渭河上多处架桥之后，在河水变小以至断流的情况下，人们再也看不到“长天一色渡

① 徐中舒主编：《甲骨文字典》，四川辞书出版社，1988 年。高明：《古文字学讲义》，北京大学历史系考古专业，1974 年。

中流，如雪芦花载满舟”（清朱集义:《渭阳古渡》）那种诗情画意的现实了。

宝鸡北首岭仰韶文化遗址出土有红陶“船形壶”，腹部黑绘斜方格网纹。（图 11–10）这既是一件船形雕塑与彩绘巧妙结合的艺术品，又是原始人类驾舟结网捕鱼生活的真实写照。还从另一个侧面反映了距今五千年左右的渭河上确有舟楫活动。

图 11–10　船形壶（宝鸡北首岭）

春秋战国时期到秦统一，渭河上的行船可说是多种多样的。除过小渔舟、民间的小木船，还有了官家的游船和大船。当晋国发生饥荒，秦国漕粮接济，“输粟于晋，自雍及绛相继，命之曰泛舟之役”[①]。（图 11–11）

1. 设舵楼的船（广川汉墓出土陶船）
2. 陶舵楼船（广东汉墓出土）
3. 西汉平底木船模型（江陵、广川汉墓出土）
4. 舸（广川汉墓出土）
5. 艇（山东武氏祠画像石）

图 11–11　秦汉时期的船模型数种

公元前 280 年，秦昭王派司马错攻楚，从陇西出发，经由巴蜀，率十万大军，乘大舶船万艘，载米六百万斛，沿江而下，攻取了黔中。这种大舶船固然是一种大型载船，但作军事攻击用无异是一种战舰。后来，秦始皇巡行衡山、南郡、湘山，都是乘楼船浮江而行的。而徐福入海求仙，载三千童男童女及工匠，一去不返，那只有乘海船才能办得到。

（二）造船业

秦将作少府是主管建造宫室工程的中央官吏，其属官之一的中校令则“掌舟车、杂兵仗厩牧”。（《通典 · 职官九》）

1975 年在广州市珠江北岸发现了秦始皇统一岭南后建立的造船工场遗址，发掘出部分船台区和木料加工场地。在船场的中心部位有三个呈东西向平行排列的造船台。一号船台的滑道长 100 米以上，由两道平行的大滑板组成，下置枕木，上搁

① 《左传》僖公十二年（公元前 648 年）。

承载船体的木墩两两相对。按二、三号船台的宽度推算，可分别建造身宽 5 ～ 8 米，长 20 ～ 30 米，载重 25 ～ 30 吨的大型木船[①]。

广州造船工场能够成批生产内河和沿海船只，是秦汉时期岭南的造船基地之一，反映了两千年前我国造船技术与造船生产能力已达到很高的水平。

① 麦英豪：《广州文物志》，岭南美术出版社，1990 年，广州。

第十二章

咸阳的文化科技活动

咸阳，作为都会，自然也是文化的中心。在这里，既强烈地映现出秦人固有的文化特色，又放射着当时华夏文化的光辉；既表现出对外来文化大胆吸收的兼容性，也发生过对传统文化采取愚昧措施的排他性。总之，咸阳处在一个错综复杂而灿烂斐然的文化氛围中。军事文化主义与奢靡享乐情绪，对文化本身也当然会产生深远的影响。

第一节　咸阳映射出“秦文化”形成的历程

由于咸阳经过了从秦国之都到秦帝国首府的转变历程，其文化面貌也呈现出一个不容忽视的复杂性。我们可以看到，自春秋战国以来由商周为主体的中国文化向多极发展，呈现出更为突出的地域性。按照一定的文化共同体具有特质的文化面貌这一概念，当时中国文化的发展主要地可分为两大系统五个地区。即燕齐地区、三晋两周地区和吴楚地区，属于“东土”文化系统（或称“关东文化系统”）；关陇的秦地及巴蜀地区，则属于“西土”文化系统。

或者再以当时文化比较接近的国别来划分，使“三晋”“齐鲁”“燕赵”“荆楚”“吴越”“秦”“巴蜀”等组合，则显得更细化一些。各个地区的文化，因其历史渊源和环境的影响就表现出各具特点的文化面貌来，所以我们把这统称为“区域文化”。当然，这些只是就相对意义而言。所谓“文化”，我们是不能拿像“三晋文化”“齐鲁文化”等等单纯的区域性文化笼统地审视之，因为它具有着特定的时空概念和具体内容。我们只有从它形成的历史分析，结合其生活环境，触及其行为方式到产品结果，才能看清它具有的丰富的物质和精神这两方面的文化内容。只有把秦人、秦国所形成的具有自己特色的区域文化和统一后包罗了各区域文化所形成的秦文化结合起来，也即是使狭义的和广义的文化结合起来，才能构成一个完整的“秦文化”概念。

秦文化的发展过程，可以分为三个时期，即：西周时代的秦人文化、东周时代的秦国文化和统一后的秦帝国文化。四个阶段是①：

第一阶段（秦襄公立国前，生活在陇右地区时期）：非子居犬丘，受封，为周附庸，以和西戎。从全盘接受到消化周文化，并逐渐孕育着秦人自己的文化。因为它是深深植根于周文化的大系统之中的，所以说这一时期的秦人文化只是处于初创阶段。

第二阶段（春秋至战国初期）：从秦襄公始国到献公，计 24 代君主（除不享国者外），以全面吸收继承周文化为主，融合戎、羌、狄等周边民族的文化，从而形成具有自己特色的区域文化。经过四世伐戎之战，取得关内大部分的周土，并从文公“收周余民有之”开始，在官制、文字、礼乐、经济等方面无不向“周制”学习，所以就出现了秦穆公时期的繁荣。但在丧葬制、城制、生活习俗等方面，则更多地带有秦人的特色。由秦简公实行“初租禾”“令吏初带剑”，到献公“止从死”、迁都栎阳“初行为市”、“为户籍相伍”等一系列改革中，拉开了秦文化大变革的序幕。

不难看出，第二阶段是秦国文化兼容并蓄的大发展时期，从中也很容易找出其物质文化和精神文化中所含有或周制、或秦制、或二者结合的成分。当然历史不允许也不可能使秦人全盘接受周文化，也不曾达到“郁郁乎文哉”（《论语·八佾》）的高度。但这时文化面貌呈现出多彩多姿的局面，正是此一阶段秦国文化崭露头角的时期。

第三阶段（战国中期至晚期）：从秦孝公到秦始皇统一六国之前计 140 多年时间，秦文化作为区域性文化，已经形成了具有稳定性的文化面貌，出现了秦文化的繁荣时期。商鞅变法为秦文化注入新的活力——法家思想，从而使之产生质的飞跃，使秦国走上法制轨道。“严刑峻法”“尚首功”，实行耕战政策，实际是此阶段秦文化的一大特点②。尽管秦国国力由小到大，从弱转强，也更多地吸收、融化六国文化，使秦文化变得更为充实、丰富，但对物质文化的创造，有别于上一阶段的成果，也和六国文化不同。王陵出现，中小型墓普遍采用洞室建造风格，除保持头西足东为主的屈肢葬外，出现陶釜、罐、盆、壶、鼎、盒等组合的随葬器群。秦文字也形成独有的简约风韵。这些显然是在法家路线的推动

① 黄留珠：《秦文化概论》，载《秦文化论丛》第 1 集，西北大学出版社，1993 年；王学理、尚志儒、呼林贵等：《秦物质文化史》，三秦出版社，1994 年。

② 黄留珠：《秦文化概论》，载《秦文化论丛》第 1 集，西北大学出版社，1993 年。

下，加强封建集权、社会风气趋于俭朴的反映。

第四阶段（统一后的秦朝）：秦始皇以武力统一六国，建立了中央集权的封建主义国家，实行郡县两级地方行政制度，政令统一，车同轨，书同文，运用政权的力量，强行把秦国的地域文化推向全国的广阔地域，使“秦文化”在内涵和外延上都发生了质的变化。但是，秦靠武力消灭六国政权，加之秦朝立国时间短暂，并没有立即产生文化心态的统一与融合，仍是原来六国文化的存在与延续。只是借助了政权的力量，使秦文化得以扩大与拓展，但又与多种地域文化并存，以致形成多头共融渗透的局面。所以，我们认为秦文化在秦王朝时期固然得以继续与扩展，但真正的秦朝文化统一体并没有形成，而只是开创了“秦汉封建文化”的先河。

秦文化最为辉煌的第三、四阶段都是在咸阳度过的，所以在这里集中地展现了继承与发展、吸收与传播等纵向的和横向的关系，在时空上形成了“彼此交叉”又“相互依托”的立体文化坐标。

咸阳，映显着秦人文化的影子，表现着秦国文化的博大气魄，更加突出了秦朝文化的构成模式。全面审视“秦文化”，实在给人以太多的启迪。

第二节　咸阳的宗教信仰活动

一、多神崇拜

（一）天

1. 秦人敬天的思想之源

“天”是中外一切原始先民普遍崇拜的神。由于古代生产水平低下，自然灾变对人的生存、生活产生着直接的影响。在冥冥之中人们觉得似乎有一种超人的支配力量，无形地主宰着社会与人生。于是就幻化出了那至高无上、被人格化了的茫茫上苍。

殷人敬“天”，周人也敬“天”。但周人把“天”视为道德、正义的神灵，因而提出了“敬天保民”的宗教统治思想。显然这是经过漫长的混沌历史岁月之后，从“畏天”到“敬天”的变化中赋予了“天”积极的含义，可说是人类社会进步的表示。

接受周文化影响较深的秦人，在原本“敬天”宗教思想的基础上，更是深信不疑地笃诚。《书·泰誓》：“天祐下民，作之君，作之师。”《诗·大雅·大明》：“天监在下，有命即集。”

天是无极之大、之高的神灵，有主宰人类命运的权力。执掌着万物生长，维护自然界秩序，干预人间百事，具有极高的权威。秦简《日书》就有“天所以张生”的话，可见这是秦人对“天”的总意念。

“天”干预人事，商周以来的统治者都把敬天、礼天、祭天的活动，同国家的政治与人事活动紧紧地捆绑在一起。所谓“天命”者，就是天安排了人的命运。当然，秦人也不例外。但他们把“天”和“上帝”这两个人格化的宗教观念放在平等的位置上，却带有明显的功利主义色彩。

“国之大事，在祀与戎。”在这里，古人把天与祖宗联系在一起，二者在国家政治生活中都具有同等重要的地位。祭祀与战争，即是立国大事的具体化。这在中国古代早期的历史中，代代不绝，因为这在对民众精神层面的支配上具有一种不可动摇的力量。

2. 秦人敬天的具体化

秦人虽然敬天，但目的性却是很明确的，绝不含混。“天、地、人”这“三界”观念异常明晰。其进取意识，促使他要同“天”沟通，也就是要把自己的统治天体化。

秦人祭天帝勤恳，志在天下。当秦始皇统一六国之后，志得意满，面对偌大的版图要实施有效的统治，“法天”意识油然而生。于是，他把指导思想变为行动，立即付诸实施。在首都咸阳的建设上，他有很多相应的做法，如：

“始皇兼天下，都咸阳，因北陵营殿，端门四达，以则紫宫象帝居。渭水贯都以象天汉，横桥南渡以法牵牛。”（《三辅黄图》）

秦始皇统一六国之后，以为自己德过三皇、功超五帝，审视过去，瞻望将来，同样对成为全国首都的咸阳也重新作了规划。在他的意识中，“天”是无边无际的大，至高无上，还是主宰万物的神灵。本着“法天”的设计思想，他把位居首都北部，又地势高亢的咸阳原作为重点，在原来冀阙宫庭、咸阳宫这些宫殿群的基础上，仿造天帝常居的“紫宫”，进行宫殿改造工程，使得“端门”（殿之正门）四开。既然帝宫居京都的上部，具有君临万民之势，同天帝的紫微宫对应，其下部的渭河就犹如亘空的“天汉”（银河），“横桥”也成了沟通咸阳南北两区往还的鹊桥。

“三十五年（公元前212年）……为复道，自阿房渡渭，属之咸阳，以象天极，阁道绝汉，抵营室也。”（《史记・秦始皇本纪》）

渭河北岸的咸阳宫是政治中枢，随后又在渭河南岸建造了更加宏伟的阿房宫作为朝宫，两处都属皇帝的行在，缺一不可。其间以跨渭河的复道相通，便于帝车南北往还。这种格局，又同天象相吻合。所谓“天极”，也就是我们经常说的“北极”星（又称“北辰”），是天帝（泰乙）所居的星宿。“营室”，即二十八宿之一的“室宿”。天极和营室这两个星座分别位于“天汉”（银河）的两侧，它们之间正好有“阁道”六星一线横向排列在天河之上。据占星家说，“天极”，只有经过“阁道”，横绝天河，才能抵达“营室”。

“焉作信宫渭南。已，更命信宫为极庙，象天极。自极庙道通郦山。”（《史记·秦始皇本纪》）

信宫是秦始皇统一天下的第二年在渭河南岸动工修建的一处生祠。竣工后改名“极庙”，秦二世时又奉为“始皇庙”，尊作“帝者祖庙”。

所谓“极庙”，象征天上的南斗星。“紫微”是北天区域的三垣之一，有右垣七星和左垣八星在两侧护卫着，北极（天极）五星和勾陈六星都处于紫微宫中。古人认为北极中最亮的“帝”星（二等星）就是天帝常居的星，那么，紫宫就构成了“众星拱之”（《论语·为政》）的局面。显然，人间的始皇祖庙确也对应了上苍的天极。在这里，“天人相应”，是秦始皇“法天”有意为之，还是况附的巧合？但“复道行空华盖外，勾陈横极紫微星”（刘纯《阿房宫》诗句）的交通设计，却是耐人寻味的。

不仅重新规划的咸阳“法天”，始皇陵墓也“法天”。地宫内“以水银为百川、江河、大海，机相灌输。上具天文，下具地理”（《史记·秦始皇本纪》）。在区区陵墓的有限空间里，展现的却是从天上到人间的无限宇宙。其影响所及，不仅扩大了“法天”的范围，而且也成了后代墓顶画天象图的滥觞。

3. 秦始皇祭天的圜丘处——甘泉宫遗址

秦人立畤祭天由来已久。早在秦文公作鄜畤之前，“雍东有好畤”（《史记·封禅书》），后废祠。秦孝公十三年（公元前 349 年）设立好畤县，辖今乾县和永寿南部，县治故城在今乾县东南阳洪镇的好畤村。

《史记·外戚世家·正义》引《括地志》：“秦始皇作甘泉宫，去长安三百里，黄帝以来祭天圜丘处。”《匈奴列传·正义》引文同此。那么，去秦都咸阳（长安）三百里的这处远郊甘泉宫在什么地方呢？

《史记·秦始皇本纪·正义》引《括地志》：“云阳县西八十里，秦始皇甘泉宫在焉。”①

① 《括地志》以唐云阳县为基点，所述的秦林光宫、秦甘泉宫和汉甘泉宫的方位，在表述是有区别的，如林光宫是在“云阳县北八十里”（一作“九十里”），秦甘泉宫是在“云阳县西八十里”。但长期来人们受云阳汉甘泉宫“至此一处”认识的影响，以致将秦汉三处甘泉宫混在一起了。

经考古调查，此宫遗址位于今乾县东北注泔乡的南孔头村[①]，处在五凤山南麓一个缓坡的塬地上。南北长400米，东西宽250米，总面积10万平方米。其北部中央是座夯土高台建筑，在台基东西两侧各有一座残高11米的“阙式台基”，形为两观。南部有东西相对的两座建筑基址。地面上多有典型的秦建筑材料。

甘泉宫所在的南孔头村南距秦好畤县10公里，祭天设坛。那大型的高土台是甘泉宫里最显著的建筑，当是秦始皇帝以来祭天的圜丘。很可惜的是在1988年之后因为取土、盖房，这一高台建筑被蚕食殆尽，就剩一个孤零零的夯土堆。至于原来那“八觚宣通八方，五帝坛周环其下”的三垓（三重坛）结构（《汉书·郊祀志》），恐怕难于重见天日了。（图12-1）

图12-1　乾县秦甘泉宫祭天坛残迹（赵旭阳摄）

（二）上帝

1. 立畤追踪

秦人虽然敬天，但目的性却是很明确的，绝不含混。“天、地、人”这“三界”观念异常明晰。其进取意识，促使他要同“天”沟通，也就是要把自己的统治天体化。秦人生

① 秦始皇甘泉宫遗址是1988年4月陕西省文物普查时，由咸阳市文物局发现的。5月开了一次论证会，我也有幸被邀请参加，作了实地考察，随后听取汇报，并就考证结论发表了意见。这次论证成果见曹发展：《秦甘泉宫地望考》，《泾渭稽古》1993年第2期。

活在陇右时期，秦襄公就设立了“西畤”祭祀白帝，地在礼县鸾亭山汉代祭祀遗址的附近。秦人进入关中之后，因为雍地周围的“武畤”“好畤”“皆废无祠”，所以秦文公先作“鄜畤”祭白帝；78 年之后，宣公在渭南立“密畤”祭青帝；又过了百年之后，秦灵公作“吴阳上畤”祭黄帝，又立“吴阳下畤”祭炎帝。这些就是历史上常说的所谓“雍四畤”，秦汉统治者祀之不绝。另外，在上、下畤建立 48 年后献公在栎阳作“畦畤”，祭白帝。汉代秦有天下，高祖二年（公元前 205 年）“立黑帝祠，命曰‘北畤’”。(《史记·封禅书》)

自襄公“始国”之后到战国初年，先后祭祀的上帝有白帝、青帝、黄帝、炎（赤）帝等四帝，其中对白帝祭祀次数最多，也最早。因为白帝是“少皞之神”，属于秦的祖先神，故而在对上帝的崇拜中就占主要地位，所用牺牲品多可到“三百牢”(《史记·封禅书》)。祭祀的场地名之曰“畤”，先后立有“西畤”“鄜畤”“密畤”“吴阳上畤”“吴阳下畤”“畦畤”等 6 处。由于随祭随撤，或即有保留也往往因年久而“皆废无祠”，所以至秦统一前常作祭祀的有“五畤”，即“鄜畤”“密畤”“吴阳上畤”“吴阳下畤”“畦畤”。除过在栎阳的畦畤，雍地的祭祀之地剩下了“鄜畤”“密畤”“吴阳上畤”和“吴阳下畤”，这就是秦的“雍四畤”。以后在雍地加上“北畤”，这就成了汉的“雍五畤”。

根据阴阳五行学说，五德配五色、五方，秦人对号入座的上帝分别有白帝、青帝、黄帝和炎（赤）帝，而独缺黑帝，是何缘故？应该看到这同先秦时期的祭祀制度有关。秦人祭白、青、黄、赤四帝而立六畤，都行的是祭天的“郊祀”之礼，必须以先祖作配。秦人本为东夷部族，主皞之神(《史记·封禅书》)。风姓太皞，为东夷鸟图腾集团的共祖(《左传》僖公二十二年)，因此自秦襄公、文公至宣公立畤郊祭的白帝、青帝均是秦人的始祖。而在秦穆公成为春秋五霸之后，国力强盛，大有成为天下共主的势头，故秦灵公僭越礼制而立上、下畤祀黄帝、炎帝。秦人对自己的高祖黑帝颛顼不立畤郊祀，① 而用“禘”礼，即对始祖所自出之帝必须在太庙中进行。这就是秦人不立畤祭黑帝的原因。②

秦人不立黑帝之畤，有着祭礼的根据。但后来汉高祖瞅了这个空子，乘机“立黑帝祠，命曰北畤”，也放在了雍地。

2. 雍畤遗存

（1）鄜畤——凤翔孙家南头堡子壕

---

① 凤翔秦景公大墓出土的石磬上刻文有“天子匽喜，龚（共）(桓）是嗣，高阳有灵，四方以鼐”16 字。“高阳”即颛顼之号(《史记·五帝本纪》)。在这里，秦景公视高阳氏颛顼为自己的先祖，所以祈求他的在天之灵，能够保平治四方。

② 王晖：《秦人崇尚水德之源与不立黑帝之谜》，《秦文化论丛》第三辑，西北大学出版社，1994 年。

在凤翔区西南的长青镇孙家南头堡子壕，当汧河东岸，是一处规模大可2万多平方米的秦汉建筑遗址。20世纪80年代以来，考古工作者从调查到发掘收获颇丰。出土的文字瓦当见有“蕲年宫当”10个、“橐泉宫当”7个、“来谷宫当”4个、“竹泉宫当”4个，戳印文字的板瓦、筒瓦200余件，其中“蕲年宫”和“橐泉宫”有文献记载，且多是同秦汉皇帝祭祀有关[①]。诸多宫殿的性质，应属于斋宫。（图12–2）

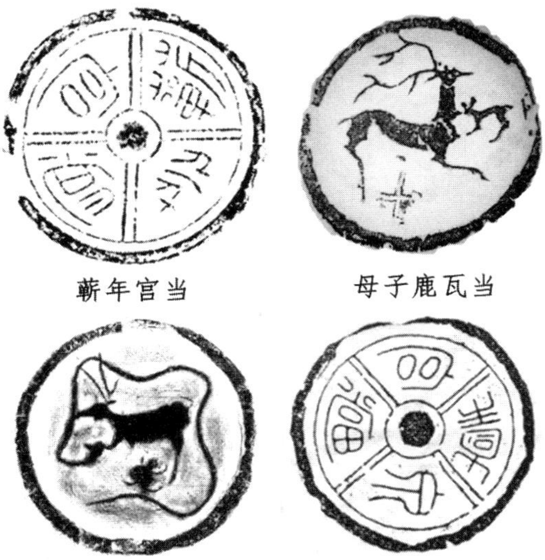

蕲年宫当　母子鹿瓦当

蛇缠鹿瓦当　橐泉宫当

图12–2　鄜畤遗址出土瓦当

从孙家南头向南到马道口村相距1.5公里，是一大片宫殿建筑群。此间距秦都“汧渭之会”东界的汧河东岸陈家崖不远。现在，多位学者都把秦文公设立的鄜畤圈定在凤翔孙家南头堡子壕一带的建筑群落里。

（2）密畤——宝鸡下站遗址

2018年通过田野调查，考古人员在陕西省宝鸡市陈仓区潘溪镇下站村发现了大量祭祀坑，基本确定了密畤的位置。这里地处秦岭北麓、渭河南岸的台塬上，总面积约23万平方米。发现祭祀坑多达1400多个，对其中的50多座进行了发掘和清理，长方形祭祀坑主要分布于遗址的西侧，坑内发现了大量用于祭祀的马骨。长条形祭祀坑分布于遗址的东侧，坑内发现大量用于祭祀的牛骨。

① 陕西省雍城考古队：《一九八二年凤翔雍城秦汉遗址调查简报》，《考古与文物》1984年第2期；马振智等：《蕲年、棫阳、年宫考》，《考古与文物》1983年丛刊第三号。

在遗址的核心区域发现一处较大的砖瓦堆积区，面积约 2000 平方米，清理发现筒瓦、瓦当等建筑材料以及用于祭祀的玉器残片，说明这里是一处规模较大的高等级建筑和祭祀场所①。

从地理位置到遗址内涵，对照文献记载，可以确认“下站遗址”就是秦宣公在渭河南设立祭青帝的“密畤”。

（3）吴阳下畤——宝鸡吴山祭祀遗址

吴山祭祀遗址位于陕西省宝鸡市陈仓区新街庙镇吴山东路的一个台地上，遗址范围有 8 万平方米，调查发现共有 94 个祭祀坑。2018 年发掘面积 800 平方米，清理出四匹马一辆车的祭祀坑有 8 座。除了 2 处被盗扰外，在 6 个祭祀坑的舆位置，都有祭祀用的男女玉人、玉琮和配套用的青铜车軎、马镳、马衔、箭镞等器物。

在 8 座祭祀坑内，发现了 9 件特殊的农具——铁锸。据载，炎帝自古以来被人们尊称为“农神”。那么，铁农具作为特殊祭品在每个祭祀坑出现，可以推断这里作为祭祀炎帝的“吴阳下畤”可能性比较大②。

由《史记·封禅书》记载知，秦灵公先作“吴阳上畤”祭黄帝，再作“吴阳下畤”祭炎帝。既然吴阳下畤已经找到，要找吴阳上畤也离不开吴山的阳坡地带。

（4）从秦的民祭到汉的“北畤”：凤翔血池遗址

“血池遗址”位于陕西省凤翔区柳林镇血池村以东至沟南村之间的三道山梁与山前台地上。遗址面积 470 万平方米，东南距秦雍城大遗址 12 公里。该遗存由两部分组成：沟南村夯土台遗迹是坛场部分，由“坛”形夯土台、围沟、三层台阶（为坛三垓）、八通神道等几部分组成；血池村东的中山梁上祭祀坑密集，有 570 处。坑底有马、羊骨骼，出土器物以模型铜车马小件、兵器、木马等为主，另有少量玉人、玉璜、玉琮、玉璋等玉器。③（图 12–3）

① 《宝鸡发现 2600 余年前密畤祭祀遗址》，《大众考古》2020 年 11 月第 3 期。

② 《陕西考古发现战国时期大型祭祀遗址》，《新华网》2018 年 12 月 8 日。

③ 陕西省考古研究院、中国国家博物馆、宝鸡市考古研究所、凤翔区博物馆、宝鸡先秦陵园博物馆：《陕西凤翔雍山血池秦汉祭祀遗址考古调查与发掘简报》，《考古与文物》2020 年第 6 期。

图 12–3　雍都北畤祭天遗址组图

经测年，血池遗址跨度在秦末到西汉时期。个别马骨在春秋战国时期，而建筑和祭礼遗物多为汉代。秦始皇加冕时驻跸蕲年宫，在鄜畤祭祀远祖白帝。我们还可以想象，当时有嫪毐之乱，鉴于形势紧迫，不便去密畤、吴阳二畤，是否就合并为“雍山”之祭？

据《史记·封禅书》载，雍地“百有余庙”。我们应该看到：生活在雍都的秦人早在战国时期就在雍山上祭天。但这些祠庙每年按时节祭祀，天子并不亲往。这就是说秦在雍四畤祭礼中，最为隆重的是祭祀上帝。在每年的春、秋、冬和五月都有“月祭”。要用“驹四匹，木禺龙栾车一驷[1]、木禺车马一驷，各如其帝色。黄犊羔[2]各四，珪币各有数，皆

① 秦时的车乘是独辕双轮木车，车辀（辕）呈前端上昂的龙形。栾通“銮”，栾车也即是“銮车”“鸾车”。帝王的乘车上装有铃铛，所以《索隐》有“谓车有铃，铃乃有栾和之节”的话。“木禺龙栾车一驷”，译成白话就是：一辆驾有四匹马装銮铃的木车。

② “黄犊羔”，黄色的牛犊和羊羔。

生瘗埋，无俎豆之具。三年一郊。”这样的礼制，遂被汉所继承。

《史记》《汉书》记汉家皇帝“郊雍”时，总是用“郊雍五帝”“天子郊雍”一类概括性的词语，说明汉既承认秦的“四畤”，再加上“北畤”，就成了雍地汉“五畤”合祭专一的场面。

如果说秦始皇使“四畤”合并在先，那汉集中一地为“五畤”祭祀就成为必然。

那这集中地又在哪里呢？回答：必在“北畤”。因为北畤地无疑指向了血池遗址。道理很简单：北畤祭黑帝，地理位置吻合；雍山上有无畤名而有民祭的基础，汉命名“北畤”顺理成章；雍地四畤式微，“北畤”后起，成为建设的重点。今天我们看到血池遗址的布局、结构是那么的完整，可说是秦汉畤址的典范，不是很能说明“天子郊雍”的实际内涵么？

血池遗址有“上畤”与“下祠”陶片同出，我认为并非雍地另有上、下二畤，实际上，它是代表血池祭地有着专器专用的区别。这类例子很多，如“长信宫灯”“上林铜鉴”等。所以，血池祭祀遗址的陶器用在坛场就标以“上畤”，用在祭地则标以“下祠”。

畦畤在栎阳，于此不再展开。

据《史记·封禅书》载，三年一郊，在岁首的十月，“上宿郊见，通权火（烽火）。拜于咸阳之旁而衣上白”。在这里，用桔槔升火只是为了照远显示隆重。

（三）自然神

秦人对自然神的崇拜十分广泛，设祠对象也多，所以称之为“杂祠”。即使秦统一后，也还是“未有定祠”的局面。他们认为，大凡日月星辰、风雨雷电、山川河流，甚至一草一木，种种动物，无不是具有意志的神灵。历代秦君在雍都建庙有百余处，供奉着各种天神、星神。其中的星宿神主要是二十八宿（《日书》），雍地还有日、月、参、辰、南北斗、荧惑、太白、填星（寿星）、风伯、雨师、四海、九臣、十四臣、诸布、诸严、诸逑之属。秦德公“作伏祠，磔狗邑四门，以御蛊灾”（《史记·封禅书》）。其伏日神，实是时令神的一种。土地是神权体系中尤为重要的神灵，其名目繁多，见有三土皇、土神、地冲、地杓神、田亳主、杜（社）主、田大人等。《日书》的“土忌”章，特别强调要人谨守土忌之日；动物神中的益神，有“马禖”、牛神、土羊神；妖神则有“神狗”“女鼠”“神虫”“地虫”等。人们需要记住马、牛、羊、犬、鸡、蚕的“良日”与“忌日”；妖神固然能祸害人，但秦人通过祭祀也能战胜它，这大概同今日灭菌除害一样，是一种积极的态度。另外，对“室中”（内中土、中霤）、“户”、“行”（租神）、“门”、“灶”等五种生活神的定期祭祀，是普通人为了祈求日常生活的平安。对“高禖”（生育神）、“貉猗”（梦神，也作“宛奇”）

以及农神、市神、财神都给予相当的重视。

秦始皇行封禅，礼祠名山大川及齐之八神。据《史记·封禅书》记，八神是：

天主：泉水“天齐”在临淄南郊山下，有五眼涌水。

地主：在泰山脚下的梁父祭祀。

兵主：主祠蚩尤，地在东平郡的陆监乡蚩尤山上。

阴主：祠在三山。

阳主：祠在芝罘山。

月主：祠在莱山。以上的三山、芝罘和莱山，都在齐北部，靠近渤海。

日主：成山角在齐国的东北角，插入海中。在此迎接日出，是祭日神的好地方。

四时主：祠地在琅邪山。

礼祠八神“皆各用一牢具祠，而巫祝所损益，珪币杂异焉”。始皇所祠的八神，都在今齐鲁地区，其中的“日主”设在成山之顶。《三辅黄图》：“成山观，成山在东莱不夜县，于其上筑宫阙以为观。”汉之东莱郡不夜县即今胶东半岛上的山东荣成市成山头，上筑成山观“日祠”。过去陕西也多有“成山”文物的流传，如“成山宫铜斛”、“陈仓成山共金匜”（《小校经阁金石文字》）、“陈仓成山共鼎”（凤翔区 1985 年出土）、“成山宫行镫”（山西朔县汉墓出土）等汉代铜器及“成山”瓦当（罗振玉、陈直著录）。成山既在山东又见陈仓，其地望久不能定。1990 年前后，终于在陕西眉县西南斜水东岸的第五村发现汉代文化遗址，面积达 30 万平方米，中心区有两处夯土建筑遗址，厚可 1 ~ 2 米，残存有卵石散水，调查所得建筑遗物中以瓦当为最多，共 120 余件，云纹占其大宗，一夔凤纹大半瓦当经复原，直径约 74 厘米，高 54 厘米；文字瓦当则有“成山”“长乐未央”。另有铺地砖、条砖、空心砖、板瓦、筒瓦等[①]。汉成山宫遗址及具秦风格的建筑文物的发现，能否说明这一汉宫是在秦祭祠自然神建筑的基础上建成的？因为《史记·封禅书》说“雍有日、月、参、辰、南北斗……百有余庙”。尽管秦汉异地同名，但汉宫因秦祠而建，由此说明眉县的成山宫同山东的成山观并无矛盾。（图 12-4）

五岳四渎皆在东方，及秦并天下后，就处在大一统的版图之内。于是，始皇“令祠官所常奉天地、名山、大川、鬼神”，四时致祭，牺牲用牛犊牢具珪币各异。

自殽以东名山五：太室（嵩高）、恒山、泰山、会稽、湘山。

① 赵丛苍、刘怀君：《陕西省眉县成山宫遗址的调查》，《考古》1998 年第 6 期。眉县文化馆：《陕西省眉县成山宫遗址的再调查》，《考古与文物》2002 年第 3 期。

大川二：济水、淮水。

自华以西名山七：华山、薄山（襄山）、岳山、岐山、吴岳、鸿冢、渎山（汶山）。

名川四：河水（祠临晋）、沔水（祠汉中）、湫渊（祠朝那）、江水（祠蜀）。

陈宝节来祠。因近天子之都，故加车一乘，駵驹四。

灞、浐、长水、沣、涝、泾、渭等，虽非大川，因为地近咸阳，“尽得比山川祠，而无诸加”。

汧、洛二渊，鸣泽、蒲山、岳壻山之属，为小山川，“亦皆岁祷塞泮涸祠，礼不必同”。

成山宫铜鼎

瓦当

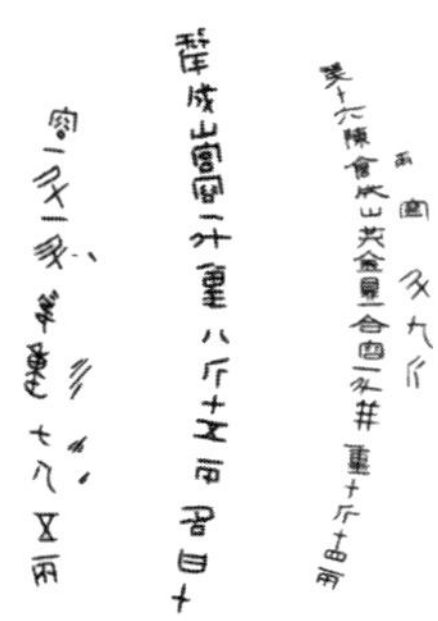

铜鼎铭文

图 12–4　汉成山宫文物

（四）宗祖神

秦人祭祖，是学自周人，有团结宗族的政治用意。凤翔秦雍都宗庙遗址的发现，证明“先王庙皆在西雍”是正确的。咸阳的“诸庙皆在渭南”（《史记·秦始皇本纪》），见载的就有阴乡东的昭王庙（《樗里子列传》），秦始皇追尊先父庄襄王为太上皇，二世尊始皇庙为“帝者祖庙”的（由信宫更名极庙后再改）。

普通秦人更偏重祭祀父母的亡灵，《日书》就列有“祠父母良日”“祠亲”的吉日。

（五）鬼神观念

从“万物有灵”的原始宗教观念中产生出对鬼神的崇拜，长期存在于中国古代人们的思想之中。宗教作为鬼神文化的载体，是哲学意识的反映，包括从人的生存直到宇宙的全部解释，起着沟通人类社会关系的渠道作用。因此，宗教在秦的社会生活，乃至社会机制中都是不可或缺的部分。

出自鬼神观念，从先秦到秦时已经形成上、下两个世界，即：神仙世界，在天上，有可能还未形成组织系统，故而缺少最高的统治神；鬼怪（包括妖魔）世界，在地下，常活动在暗处。神仙是具有超自然的力量、但已赋予了人格的神灵，是被当作扬善惩恶的偶像崇拜的。而鬼除过是人死后灵魂所变之外，妖魔鬼怪则是万物自生的精灵，都是以作祟害人为务，用现在的话说就是“捣鬼”（实际是“鬼捣”）。对付的办法，不是崇敬，而是回击。至于人死后轮回转世，或灵魂升天成仙，那是佛教传入中土之后产生的一套理论。

神还有“善神”与“恶神”的区别（《史记·秦始皇本纪》），鬼则是令人生厌而诅咒的幽灵。

《日书》中记载了很多鬼，如丘鬼、袴鬼、饮鬼（欲望鬼）、棘鬼、凶鬼、肇鬼（诱惑之鬼）、疠鬼（麻风病鬼）、匋鬼、饿鬼、宲（殍）鬼、哀乳之鬼、粲迓之鬼（露齿鬼）、阳鬼、明鬼、宇鬼、游鬼、外鬼、中鬼、幻殇不葬为鬼、夭鬼、不幸鬼、遽鬼、吕袜（魅）、刺鬼等 28 种。其鬼鬼祟祟的活动，常搞恶作剧以戏弄、纠缠、迷惑、威慑、恐吓等，至“夜鼓入门，以歌若哭”，还栖居人家、捉拿丈夫、调戏妇女、制造恶梦、骚扰牲畜、致人患病（垂涎、抽筋等）、勾人魂魄，严重地影响人的正常生活。

鬼怪无处不在，使人防不胜防。但又不能除却，原因就在于有成鬼的条件。驱鬼有八法，可用桃梗、桑杖条赶打，用良剑、溺器、粪便击之，以“沙人”“莎芾”等中草药治之，也用水泼、火攻、土攻除之。鬼害人、整人的重要手法之一就是装人，特别是装好人。此法因能迷惑人，也屡屡奏效。清醒者只有揭穿之，才能使之无所藏匿。如果夜行遇鬼挡道，可披发冲过。这些都是随机应变的驱鬼之法。因为捣鬼在暗处，逞凶在夜间，但一交子时，阳气降临，鬼头鬼脑的作祟气焰随着光明的到来就远遁而逝。

秦人以现实的世俗社会描绘了鬼的世界。认为鬼生活在幽冥之中，同样有着利益的追求与七情六欲的感情。那么，为了使鬼不作祟害人，在丧葬上尽量埋入丰富的随葬品，定期祭礼，尽量满足鬼对饮食生活的需要，希望人鬼相通相安，免祸得福。

秦始皇陵园东侧三坑中埋有 7000 余个兵马俑、陵园为数众多的从葬坑中又有不同内容的从葬品，在咸阳、西安地区的秦墓里出土有诸多的随葬之物。这些都是秦人“灵魂不灭”、鬼神人格化、冥域世俗化的宗教意识的反映。

二、信仰

（一）奉行阴阳五行学说

西周末年，人们就用“五行”（即水、火、木、金、土构成各种物质的“五材”）与八种自然景象（天、地、雷、风、水、火、山、泽）的交感变化，来研究宇宙万物的构造规律。建构起把复杂变化的事物分类图式的原始理论，这就萌生了“阴阳五行学说”（《尚书·洪范》《易》）。按照这一学说，它把事物看成是互有联系和消长变化的，这显然具有朴素的唯物主义辩证思想。但是这一理论的提出，最初采自巫、史兼一的太史，往往同“天人感应”的迷信思想结合在一起。及至战国时期，齐人邹衍又运用阴阳五行说来解释历史上朝代的兴替，创立了“五德终始”说，从而形成一个独立的思想理论体系。

邹衍认为，历史发展是按“五行相胜”的循环顺序进行，改朝换代以及人的各种活动也都和五行相通。一个新朝代的出现，必定是人君得到了五行（德）中的一德，并由上天显示符应。当其德衰时，也将被五行中另一盛德者起而代之。如此周而复始，循环不已。

秦始皇统一六国，建立了秦王朝，为寻找“受命于天”的理论根据，就完全采用了“五德终始”说。按照五行相克的次序来解释朝代的替换，如：土（黄帝）←—木（夏）←—金（商）←—火（周）←—水（秦）。《史记·秦始皇本纪》载：“始皇推终始五德之传，以为周得火德，秦代周德，所从不胜。方今水德之始，改年始朝贺，皆自十月朔。”他把老祖先秦文公在500年前出猎时曾获得一条大黑蛇的事，当作为秦代周的符应，还制订了一整套水德制度，列表如下：

秦水德命制表

内　　容	命　　制（规定）
岁首、朝贺	十月朔（以十月为正月，建亥）[①]
衣服、旄旌、节、旗色	上黑
数	以“六”为纪
符、法冠长度	六寸（合今13.86厘米）
舆广	六尺（合今138.6厘米，秦俑战车同此）[②]
御乘	驾六马
音	上“大吕”（六阴律中的第四）
步幅	六尺
河（黄河）	更名“德水”
政术	刚毅戾深，事决于法

按：水德色上黑，是说以黑为贵，属于上等的主色，并非一切皆黑。秦俑服色绚丽多彩，就有助于我们对“上黑”的理解。

水之生数为一，成数为六，所以“数以六为纪”。据此，秦初分天下为36郡；迁天下

① 王学理：《秦王朝的国庆“十月一”》，《西安晚报》2012年5月13日。

② 秦俑坑战车舆广，据三坑的12辆车的统计是100～150厘米，其中广140厘米左右的有5辆，占41.7%。造成舆广不合“六尺”的原因，我以为有二：一是同车的性质与用途有关；二是属始皇统一车制之前的车。参见王学理：《秦俑专题研究 · 无可奈何花落去 似曾相识燕归来》，三秦出版社，1994年。

豪富十二万户咸阳；销天下兵，铸金人十二；咸阳有宫观二百七十，关中“计宫三百”；祭泰山、禅梁父，筑墠皆广长十二丈，坛高三尺，阶三等；使蒙恬发兵三十万，北却匈奴；有“侯星气者三百人”（《史记·秦始皇本纪》）。这些都是六或六的自乘数、倍数或半数。

水主阴，主刑杀，体现在统治思想和方法上就是严刑峻法，是“刚毅戾深，事皆决于法，刻削无仁恩和义，然后合五德之数。于是急法，久者不赦”（《史记·秦始皇本纪》）。

“五德终始”是五行相生相克、历史循环论向社会学的移植与理论化，对秦王朝在统治中实施极端的法家思想起了推波助澜的作用。但神秘色彩异常浓厚的五德终始说，其臆造和迷信的成分往往陷入不能自圆其说的矛盾之中。如后来刘邦“斩蛇起义”时，编造老妪哭诉自己儿子是白帝子，为赤帝子所杀，兆示“火克金”，自己将代秦而取天下。但当发现“火胜金”的神话同秦尊黑帝、行水德对错了号，成了水胜火，于是，先说秦的水德不算数，汉是水德克周的火德；后又说汉是水德，才胜了秦的水德。当然，这是后话，而且是留给两千年来迷信之说的后话。但秦奉行阴阳五行、施水德的装饰，确实为其统治加上了一圈神圣的光环！

（二）方士求仙

鬼神世界里只有“仙”是不作祟害人、整人的，还会给人带来直接的好处。他居住在海中的神山上，如果能得到他的“不死之药”，人就可以“长生”。战国时，燕、齐地区出现一派神仙家——方士，编造了一套神话和通仙术，颇得统治者的信赖。

方士们渲染的海上仙境，是一个圣洁的天堂，现实中的人完全有可能到达。《史记·封禅书》：“自（齐）威、宣、燕昭使人入海求蓬莱、方丈、瀛洲。此三神山者，其传在渤海中，去人不远。患且至，则船风引而去，盖尝有至者，诸仙人及不死之药皆在焉。其物、禽兽尽白，而黄金银为宫阙。未至，望之如云；及到，三神山反居水下。”齐威王、宣王和燕昭王受到蛊惑曾多次派方士入海求仙，尽管一次次落空，但愚弄主上以求富贵的“怪迂阿谀苟合之徒自此兴，不可胜数也”，因为方士们天花乱坠的吹嘘，对处尊位、乞长生的君主们太富诱惑力了，当然“世主莫不心甘焉”。

秦始皇冀求长生，对海上仙山之事是早有所闻的，对“不死之药”寄有莫大的希望。他立国后曾五次出巡（公元前 260、前 219、前 218、前 215、前 210 年），后四次东巡都是到了燕齐海上的。其目的，除过宣传秦的威德之外，无非就是遣方士、求仙药罢了。

第二次东行，始皇登罢琅邪后，齐人徐福等上书，说海中有三神山，“请得斋戒，与童男女求之。于是遣徐福发童男女数千人入海求仙人”。第四次巡行碣石（今河北乐亭县西南)，“使燕人卢生求羡门高誓”，接着又“使韩终、侯公、石生求仙人不死之药”。最后一次出巡，始皇北至琅邪，再次见到徐福并听信了他胡诌什么“水神不可见，以大鱼蛟龙为侯。乃令入海者赍捕巨鱼具，而自以连弩候大鱼出射之”，但沿海自琅邪到荣成山，并没有见到什么大鱼。直至芝罘，始皇终于见到了一条巨鱼，还亲手射杀之，随后就折而西返。

海中有仙山，上居仙人，有不死之药，本系虚妄之事，而始皇为求长生是执迷不悟的。虽然耗资巨大亦在所不惜，尽管受到方士的哄骗和诽谤，引发出坑儒事件，但对求仙的徐福还是优待有加。其间，卢生入海求仙空手而返，先献上伪造的图书“亡秦者胡也”，致使始皇派蒙恬率三十万大军北却匈奴。后又骗说：“臣等求芝奇药仙者常弗遇，类物有害之者。方中，人主时为微行以辟恶鬼，恶鬼避，真人至。”他建议始皇“居室毋令人知，然后不死之药殆可得也”(《史记·秦始皇本纪》)。秦始皇这位精明的一世雄主，竟也相信，不再自称“联”而称“真人”，行动诡秘，“令咸阳之旁二百里内宫观二百七十，复道甬道相连，帷帐钟鼓美人以充入之。各案署不移徙。行所幸，有言其处者罪死”。

秦始皇仰赖方士求仙药，殊不知受方士的捉弄，长途劳顿，幸行美人，国事烦扰，使精、气、神损耗殆尽，长生不得，就在五十岁上离开了人间!

第三节　诸子在咸阳的活动及其地位

一、在咸阳推行的文化政策

(一)从“塞私门”到“纳六国士”的转变

孝公迁都咸阳，即按商鞅的部署进行变法，实施的是一条重用法家学说、厚赏农战、禁绝儒术的法治方针。“无书简之文，以法为教”(《韩非子·五蠹》)，这是人们在文化沙漠上所能看到的一切。

“重法反儒”是商鞅变法中不可免的政治问题。商鞅反儒是很坚决的，他把儒家的经典《诗》《书》和礼、乐列为危害社会的“六虱”之一，指出“农战之民千人，而有《诗》《书》辩慧一人焉，千人者皆怠于农战矣”“虽有《诗》《书》乡一束、家一员，独无益于治也”(《商君书·农战》)，认为这是有害于农战的两个政策，不利于法治。他教秦孝公“以连什伍，设告坐之过；燔《诗》《书》而明法令；塞私门之请，而遂公家之劳；禁游宦之民，而显耕战之士”（《韩非子・和氏》）。由此而后，秦国在相当长的时间之内是没有儒家人物活动的，儒家学说在秦的社会生活中也没有地位。

当变法富强起来的秦国需要一定的理论支持新兴的地主阶级政权、维持社会的新秩序时，在文化改革上也开始有了松动。秦昭王五十二年（公元前 255 年），儒家的优秀代表人物荀况应邀从赵国来到秦国游历。他对秦昭王强调“法后王”“以近知远”，比儒家“法先王”的观点进了一步；并对儒家的“礼”作了新的解释，主张“刑不过罪，爵不逾德”，同法家“法应阿贵”的意见相同（《荀子・儒效》、《君子》）。他对应侯范雎还谈了对富强起来的秦国的感想，指出：“四世有胜，非幸也，数也。”（《强国》）他尊重孔子，采取既主张“隆礼”又要“重法”的现实主义态度，使秦国统治者开始认识到儒家学派在国家政治生活中的积极作用，毕竟是“益于人之国”的。

秦国真正实行比较开明的文化政策，是吕不韦做相邦的十一二年内。当时，六国有四公子养士之风，“不韦以秦之强，羞不如，亦招致士，厚遇之”，于是诸侯之士斐然争相入秦。吕不韦致食客三千人，兼采各家学说，编纂成一部集大成的杂家著作，这就是包括八览、六论、十二纪总约二十余万言的《吕氏春秋》（《史记・吕不韦列传》）。

当秦王嬴政亲政后，虽然镇压了嫪毐集团、罢了吕不韦的相，摒弃了《吕氏春秋》及其规划的建国纲领，重新重用法家人物、推行法家学说，但还是接受了李斯的意见，取消了“逐客令”，继续执行召引六国之士为己所用的文化政策。

（二）博士备员

秦始皇执行了较为开明的文化政策，知识阶层的人多愿意投入到“事秦”的行列里来。当时的“知识分子”没有标准的称呼，有叫“文学方术之士”“诸生”“博士”的，也有因职业较明确而直呼“儒者”“候星气者”等等。其中的“博士”当是最高的衔称，意为“博古通今”的饱学之士。虽然战国时六国设有博士，但“秦博士”作为一种官职，最早见于秦始皇二十八年（公之前 219 年），是九卿之一奉常的属官，有员额 70 人。因为它是由有学问的人担任，博士本人也就成了皇帝左右的顾问。据记载，秦始皇周围有博士 70 人，诸生以千数，候星气者 300 人，他们为秦政权的建设起了重要的作用。从以后的史实看，秦博士的职责在于待问咨询和教授弟子两个方面。

在秦统一六国之初，始皇还能遵照秦孝公时开创的廷议制度。凡国家大事都经过群臣与博士公开讨论，供皇帝采行，像秦始皇二十六年在咸阳议帝号、立诸子为王与否的辩论（《史记・秦始皇本纪》），二十八年在泰山“与鲁诸儒生议刻石颂秦德，议封禅望祭山川之事”。

但有些“腐儒”不识时务，所论不入位，激起具有刚强自负性格的秦始皇的不满，往往触犯其逆鳞，以致后来廷议制取消，出现“天下之事，无大小，皆决于上”的独裁局面。如果说议帝号时，博士70人没有言中，只是引起始皇不快的话，而泰山封禅之议因乖异难用就变成了不满。特别是那些不知趣的诸儒借始皇遇暴雨的狼狈相，对封不如礼的事妄加讥讪，更激起尊大专一的始皇帝的厌弃之心，“由此绌儒生”。三十四年(公元前213年)，始皇设宴咸阳宫，博士70人祝寿，仆射周青臣“面谀”，博得龙颜大悦。但博士淳于越针对日益激化的社会矛盾而群臣颂德蒙主的情况，借古讽今，使用分封制的陈词，未料到在廷议中遭到李斯的痛斥，从而引出奏可的“焚书”事件。从此，颇具民主色彩的廷议之制被彻底取消。“博士虽七十人，特备员弗用”，成了摆设品，使秦始皇彻底地走上政治独裁的路。至于三十七年出巡海上，梦与海神战，问占梦一事，那纯属个人之间答疑解惑的性质了。

秦始皇重视儒生，而像淳于越这样出身于齐的儒生还是忠于秦王朝的。彼此诚心，也充分地体现了执行比较开明的文化政策带来的君臣关系之正常，曾对笼络知识分子和发挥其阶层作用、维护政治秩序都产生过积极的影响。只可惜在君主集权制下，彼此地位的不同、认识错位，必然导致最终的破裂。

二、咸阳诸子及其学术成就

(一)法家

战国初期，各诸侯国的封建制度逐渐确立。伴随着土地兼并与劳力争夺的日益激烈，新兴地主阶级的政治代表如何面对自己的统治，由此而产生了相对的古代民主制度。“士”这一特殊的阶层中，有些人收授徒弟专门从事学术研究活动，他们的思想言论也很受各国统治者的重视。由于诸子蜂起，争相发表自己的学术见解和政治主张，从而在思想领域里形成“百家争鸣”的局面。政治改革晚起的秦国，虽然没有完全赶上“争鸣”的热潮，但是各个学派的思想随后都直接或间接地传播到了这里。而最早进入并被秦君接受的就是法家思想。(图12–5)

商鞅(公元前390年~前338年)带着李悝的《法经》应了秦孝公的“求贤令”进入咸阳，走上了政治舞台，使法家思想通过变法而成为秦国的统治思想。

年仅28岁的商鞅，抱着变法必胜的信念，在秦孝公主持的辩论中，面对大夫甘龙、杜挚的诘难，针锋相对地回答他们，体现了他闪耀着认识论与方法论的思想火花。其精彩的见解，诸如“有高人之行者，固见非于世；有独知之虑者，必见敖于民。愚者闇于成事，知者见于未萌。民不可与虑始，而可与乐成。论至德者不和于俗，成大功者不谋于众。是以圣人苟可以疆国，不法其故；苟可以利民，不循其礼”（对孝公语），“常人安于故俗，学者溺于所闻。以此两者居官守法可也，非所与论于法之外也。三代不同礼而王，五伯不同法而霸。智者作法，愚者制焉；贤者更礼，不肖者拘焉”（对甘龙语），“治世不一道，便国不法古。故汤、武不循古而王，夏、殷不易礼而亡。反古者不可非，而循礼者不足多”（对杜挚语）。这些言辞，既富有战斗的激情，又蕴含深邃的哲理，确表现了商鞅“年虽少，有奇才”的个性。(《史记·商君列传》)

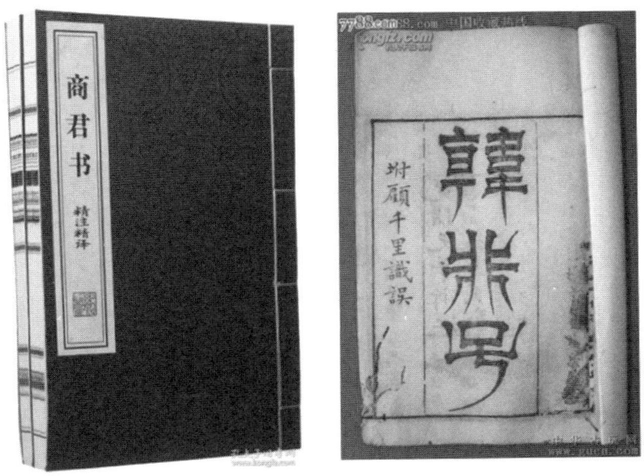

图 12-5　《商君书》与《韩非子》

秦国的变法，正处于新旧生产关系交替的时代，是由上层旧营垒中杀出来的代表人物发动的。其政治改革需要理论武器，因此就产生了商鞅那一篇篇既针对时弊又具解决办法的论文，结集成册就是《商君书》。《商君书》又名《商君》《商子》，成书于战国末年，是商鞅一派（商鞅及其后学）在秦国变法的理论和策略的汇编，属于法家思想实践的重要成果。《汉书·艺术志》著录《商君》29 篇（今存 24 篇），还有《刑约》一篇有目无文。其中的《垦令》《靳令》《外内》《启塞》等篇，可确认是商鞅在咸阳时期的作品。其余多是商鞅死后由门徒完成的，是对咸阳变法的追忆和总结。成书时间，前后长达 80 多年。不过，全书主旨明确，一直贯穿着提倡“耕战”的法家主张。从思想成果看，不难发现《更法》《开塞》等篇表现其“治世不一道”“便国不法古”的历史观，《定分》等篇反映其“以实定名”的认识论，《画策》等篇足见其重“时势”、据“必然之理”的办事思想。

商鞅最终死于当权者秦惠文王的挟私报复，小人公子虔之徒的卑鄙诬告也起了导火索的作用。但他的被害，并不意味着由他推行开来的法家政策在秦国有所改变，更不等于由商鞅变法所确立的中央集权制有所改变。法家人物在以后的年代里仍然受到重用，咸阳仍然是他们活动的中心。《商君书》在战国、秦汉时期仍然流传甚广，影响很大，韩非曾说："今境内之民皆言治，藏商、管之法家有之。"（《韩非子·五蠹》）

荀子（公元前 313 年～前 238 年），名况，字卿，汉人避汉宣帝刘询讳，称为孙卿。战国末年赵人，早年游学于齐。他广泛吸取各学派的精华，成为先秦百家之学的总结者，主张"隆礼"，又要"重法"，也就是说他既继承了儒家传统的礼制思想，又具法家法制思想的因素，属于从儒家到法家的过渡人物。公元前 266 年应秦昭王之聘入秦，以极大热情盛赞由商鞅变法强盛起来的秦国吏治与民风。主张由霸而王，强调"法后王"，改变了秦昭王对儒家学说的态度（《荀子·儒效》）。后，去秦归赵。有《荀子》一书传世。

韩非（公元前 280 年～前 233 年），出身于韩国贵族世家，是韩国的公子。他看到韩国丧师失地，受秦威胁，上书韩王安，建议变法图强。他的正确意见得不到采纳，就退而著书立说。当韩非的《孤愤》《五蠹》传到秦国，秦王嬴政读后大加赞赏韩非的政治主张，说："嗟乎！寡人得与此人之游，死不恨矣！"（《史记·老子韩非列传》）。可惜当韩非在公元前 233 年出使秦国，由于受到老同学李斯的嫉妒和姚贾的谗言，竟冤死在云阳狱中。

韩非是荀况的学生，"喜刑名法术之学，而且归本于黄老"（《史记·老子韩非列传》）。他完成了老师从儒家到法家的过渡，发展其政治思想，成了先秦法家思想的集大成者。他的《韩非子》专著综合商鞅的"法"治、申不害的"术"治、慎到的"势"治，形成了一套封建专制主义中央集权理论的核心。其法治理论的要点如："术者，因任而授官，循名而责实，操生杀之柄，课群臣之能者也。此人主之所执也。法者，宪令著于官府，刑罚必于民心，赏存乎慎法，而罚加乎奸令者也。此臣之所师也"（《定法》）；"威势者，人主之筋力也"（《人主》）、"权势不可以借人，上失其一，臣以为百"（《内储说下》）；"事在四方，要在中央。圣人执要，四方来效"（《扬权》）；"仁义爱惠之不足用，而严刑重罚之可以治国也"（《奸劫·弑臣》）；"明主之国无书简之文，以法为教；无先王之语，以吏为师"（《五蠹》）等。这些完全为秦始皇所采纳，并使韩非的学说从此成了秦国的显学。尽管韩非具有历史进化的观点，其哲学思想包含了"道"（事物运动的普遍规律）和"理"（事物的特殊规律）的唯物主义成分，但"以法为教""以吏为师"的主张却成了钳制人们思想、推行愚民政策的根据。

李斯（？～公元前208年）是荀况的又一名学生。虽没有理论著述，只能算作法家思想的实践者。在秦统一战争中，他力主各个击破，害杀韩非即刻取韩。统一后，在任丞相期间，议帝号，废分封，行郡县制，统一文字、度量衡，禁《诗》《书》，废私学，以吏为师等重大决策及巩固国家中央集权制的一些政治措施，多出自他的建议并实行。他盗用老同学韩非关于法、术、势并用的理论发展成君主独断专权，对臣下严刑峻法的“督责之术”，成就了以后历史上暴君、独裁者奉为圭臬的理论基础。其贪禄慕荣、不顾廉耻、缺德无义的品行是对“不别亲疏、不殊贵贱、一断于法”（《史记·太史公自序》）的法家的玷污。

（二）儒家

儒家学说传到秦国，大约可追溯到战国中期偏早一些时间。儒家人物在咸阳的活动，一直持续到终秦之世。但是，在法家思想成为秦国的统治思想的大环境中，儒家要争取自己的地位是颇费周折的。儒家及儒家思想，在秦国的境遇和地位随着政治斗争的形势，可说是经过了四个历史阶段，即：

1. 商鞅变法到秦昭王前期。最早的儒家学派是拥护周礼、维拥西周的政治统治的。其维护“天下有道”的理论很容易被奴隶制的卫道士用来为其政治服务。甘龙说“圣人不易民而教，智者不变法而治”、杜挚说“法古无过，循礼无邪”，其所抬出的“圣人”与“礼”不正是儒家的学说？商鞅为了推行新法，而要扫除思想障碍，就把《诗》《书》列为应当消灭的“六虱”之中，确也放火烧书以“明法令”。这些就表明，儒家思想被禁锢，在秦国是没有地位的。

2. 秦昭王后期至孝文王时期。秦昭王急功近利，见到荀况就直接问“儒无益于人之国？”得到的答复是“儒者法先王、隆礼义，谨乎臣子而致贵其上者也。人主用之，则势在本朝而宜；不用，则退编百姓而悫（què），必为顺下矣。虽穷困、冻馁，必不以邪道为贪；无置锥之地，而明于持社稷之大义。嗚呼而莫之能应，而通乎财万物，养百姓之经纪。势在人上，则王公之材也；在人下，则社稷之臣、国君之宝也。……何谓其无益于人之国也！”针对昭王问儒“为人上何如”的发问，指出：“志意定乎内，礼义修乎朝，法则度量正乎官，忠、信、爱、利形乎下。”其对各学派取海纳百川的态度和切中要义的答问，博得昭王连声称“善”（《荀子·儒效》）。他对应侯范雎除过盛赞秦的政绩外，也指出秦国的问题：“然而县之以王者之功名，则倜倜然其不及远矣。是何也？则其殆无儒邪。故曰：‘粹而王，驳而霸，无一焉而亡。’此亦秦之所短也。”（《荀子·强国》）

以荀子来秦为契机，昭王采取了较为开明的文化政策，为儒家思想在秦国的合法存在提供了条件。秦国也出了个大儒牛缺（《吕氏春秋·必已》，[①] 还有秦子（名祖，字子南）、燕子（名伋，字子思）、石作子（名蜀，字子明）和壤驷子（名赤，字子从）等人。[②]

3. 吕不韦任相邦时期。吕不韦在任相的十二年时间内，一改过去秦国推崇法家思想而排斥其他思想文化的传统政策，进行了大量的文化引进工作。在他蓄养的三千门客中，有众多诸子学派的文化名人，特别是儒生占有相当比例。其所编纂的《吕氏春秋》一书，主要是由儒生担当完成的[③]。书中有关政治、伦理的思想，多是因袭了儒家的观点。

在吕不韦执掌秦国政权的那段时间里，很多儒者被引进到秦国。按照吕不韦的意愿，《吕氏春秋》一书是给嬴政建立新王朝规划的政治纲领，儒家有可能取代法家而占据主要地位。所以说，这是儒家在秦与咸阳最活跃的光辉时期。

4. 统一后，儒家由受重视到被取缔的时期。秦始皇一开始颇信任儒生，从廷议到立博士都显示了他具有宽大胸襟的政治家气质。但晚年在求仙无果、遭到方士讥讪非议而有失皇帝面子的情况下，焚书坑儒，取消议事，皇帝独裁，继续推行法家路线，儒家就成了被排斥的对象。

儒生并没有因秦始皇实行文化专制主义而停止自己的活动，儒家思想仍是一股不小的"潜流"继续存在着。扶苏给秦始皇的谏书中，曾深怀忧虑地说："诸生皆诵法孔子，今上皆重法绳之，恐天下不安。"（《史记·秦始皇本纪》）当然，始皇坑儒只是镇压儒生中他的一部分政敌，大部分儒生依然存在。朝廷中仍有博士官的设立，仍然多由儒生担任。

"孔子西行不到秦"（韩愈:《石鼓歌》），这当然指的是儒家学说。要作历史的分析，经过变法富强起来的秦国，其统治者需要的是"霸道"，而不是"王道"，所以是排儒的。在随后的时间里，儒家思想不是也一度渗入到秦国的政治生活中了吗?

---

① 《吕氏春秋 · 必已》："牛缺居上地，大儒也。下之邯郸，遇盗于耦沙之中。"高诱注作牛缺"秦人也。"陈奇猷引《列子 · 说符》："牛缺者，上地之大儒也。"此文"者"误为"居"，又脱去"之"字耳。上郡当"上地"，原属赵，后属魏，至秦惠文王十年始入秦，则牛缺系战国后期人也。又引《史记正义》"今纳上郡，而尽河西滨洛之地矣"，则上地为西河之属地。
关于牛缺遇盗，《淮南子 · 人间训》说在车马、衣物被夺时"无惧色忧志"，盗赞曰"世之圣人也"，终被追杀。

② ［明］冯从吾：《关学编》，中华书局，1987 年。

③《吕氏春秋 · 序》高诱说："安国君立一年薨，不韦乃集儒士（'士'原作'书'，误。依清梁玉绳《史记志疑》改）使著其所闻，为十二纪八览六论训解，各十余万言。"

（三）墨家

墨子学说形成于战国初期的东方，既“学儒者之业”又“背周道而用夏政”（《淮南子·要略》），是唯一能同儒家抗衡的学术势力，当时称为“儒墨显学”（《韩非子·显学》）。其兼爱、非攻、尚贤、尚同、节用、节丧、非乐、非命、尊天、事鬼等十项基本内容，包括了他的政治、社会和哲学思想，形成一套完备的体系，影响也很大。

墨家学说传播到咸阳及墨者在秦国活动的时间，都发生在秦惠文王时期。

墨家钜子（对墨家学派中道行高者的一种尊称）腹䵍（也写作“黂”。tūn，吞）居住在咸阳，受到惠文王的尊敬，称之为“先生”。他的儿子杀了人，惠文王怜悯其年老，又只有这一孤子，特予赦免。但腹䵍说：“墨者之法，杀人者死，伤人者刑。……王虽为之赐，而令吏弗诛，腹䵍不可不行墨子之法。”（《吕氏春秋·去私》）可见墨家学派组织严密，反映了当时苦难灾重的小生产者阶级忠于信仰和自觉遵守纪律的高贵品质。

《吕氏春秋·去宥》记载了这么一段故事：“东方之墨者谢子将西见秦惠王。惠王问秦之墨者唐姑果[①]。唐姑果恐王之亲谢子贤于己也，对曰：‘谢子，东方之辩士也，其为人甚险，将奋于说以取少主也。’王因藏怒以待之。谢子至，说王，王弗听。谢子不悦，遂辞而行。”

齐人田鸠（又名田俅）学“墨子术”，据《汉书·艺文志》载有《田俅子》三篇。他来到秦国三年，见不到秦惠王的面，使他的主张推不出去。后来去了楚国，楚王“与将军之节以如秦”。转而才受到秦惠文王的接待，“见而悦之”（《吕氏春秋·首时》《淮南子·道应训》）。但是，秦国统治者并没有接纳“墨子之术”。因为商鞅变法之后，法治学术已经深深地植根于秦国的政治生活之中，法家政策是既定的国策，不能，也不允许改变，墨家学术自然占不了上风！

咸阳毕竟还是墨家活动的舞台，墨家思想对秦国的政治也发生过深刻的影响。《吕氏春秋》一书中多处录载着活跃在秦地的墨者，他们有来自关东的，也有秦国的。他们强化君权的主张，正是秦国确立君主专制制度所需要的，也为自己的存在提供了客观条件。有的学者研究指出：湖北云梦睡虎地秦墓竹简的简文同《墨子》城守诸篇“有许多共同之点，从而可推定为战国后期秦国墨家的作品”[②]。不难看出，墨家对秦代的法律也直接产生着影响。

① 《说苑》作“唐姑”，无“果”字。《淮南子·修务训》作“唐姑梁”。

② 李学勤：《秦简与〈墨子〉城守各篇》，载《云梦秦简研究》，中华书局，1981年。

（四）道家

道家的创始人李耳是东周管理王室图书的官吏。据《史记·老子韩非列传》记载，老子“居周久之，见周之衰，乃遂去。至关，关令尹喜曰：‘子将隐矣，强为我著书。’于是老子乃著书上下篇，言道德之意五千余言而去，莫知其所终”。老子其人其事扑朔迷离，高深莫测，正如孔子问道于老子之后的印象是：像一条乘风云而上天的龙一样不可把握。司马迁也说：“老子，隐君子也。”虽如此，他所著之《道德经》终究还是流传了下来，长沙楚墓就出土有汉文帝时的抄本帛书（图 12–6）。不过，帛书《老子》甲、乙两本却是《德经》属上篇，编次在前，《道经》属下篇，编次在后[1]。今陕西周至县的“楼观台”，据说是函谷关令尹喜在此结草为楼、迎老子著书授经的地方。

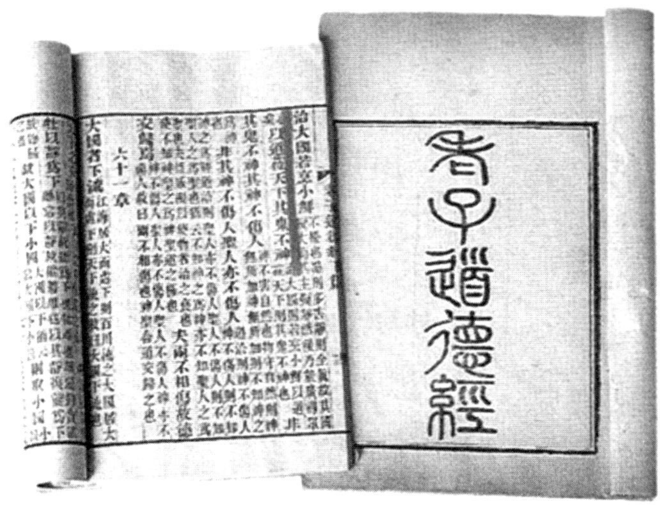

图 12–6 《道德经》

道家学说在战国中期的秦国就广为流传。据载，老子还同秦献公谈过“霸王出”的问题。但也有说，那个老子是周太史儋。（《史记·老子韩非列传》）尽管自孝公起，法家思想已居统治地位，但随昭王以后文化政策的宽松，道家学说在秦国也深有影响。吕不韦的三千“食客”，绝不是那种寄人门下乞食的“寒士”，而是饱腹经纶的各派学者。其中除过儒家，人数较多的大概就是道家了。他们参加《吕氏春秋》一书的编写，使之“以道德为标，以无为纲纪”（高诱《吕氏春秋·序》），全盘承袭了“道”的哲学概念。

尽管秦始皇摒弃了《吕氏春秋》一书为自己制定的建国纲领，但他还是不可回避地接

① 高亨、池曦朝：《试谈马王堆汉墓中的帛书〈老子〉》，《文物》1974 年第 11 期。

受了道家思想并身体力行着。在《琅琊刻石》中强调用“法度”“仁义”这些法、儒学说作为治理帝国的理论基础外，末尾还说要“昭明宗庙，体道行德，尊号大成”。道家认为道为体，德为用，德是道的具体表现，同儒家讲修养的“道德”不同。所以，“体道行德”无疑是属于道家的理论。[①]刻辞中如“秦圣临国”、“始定刑名”、“嘉保太平”(《会稽刻石》)、“大圣作治，建定法度”(《之罘刻石》)、“圣法初兴，清理疆内”(《东观刻石》)中的“圣”指的虽是秦始皇，但确是来自道家的专称。秦始皇为求仙，竟自称“真人”，更明显是接受了老庄思想的影响。以其“圣治”而言，在秦简《为吏之道》中教导官吏要“精絜（洁）正直，慎谨坚固，审悉毋（无）私，微密韱（纤）察，安静毋苛，审当赏罚。严刚毋暴，廉而毋刖，毋复期胜，毋以忿怒夬（决）。宽俗（容）忠信，和平毋怨，悔过毋重……”俗谚曰：“说的仁义礼智信，腰里自有连枷棍。”但表面上总是把道家学说用来规范秦帝国官吏的行为，把“安静毋苛”、“廉而毋刖”、“兹（慈）下毋陵”等当作道德和行为的准则，但又如何呢？

（五）兵家

战争由来已久。固然它是随着阶级和国家的出现而产生的斗争手段，但我国的历史由春秋进入战国时期之后，战争规模大，投入兵力多，战程长，都是前此所无的大变化。为了取得战争胜利，人们从战争实践中总结经验、找出规律，上升为理论，再用来指导战争。这种军事理论家和指挥家，就是古代所说的“兵家”。他们的系统的军事著作，就是“兵书”。从齐人孙武所著《孙子》开其端（成书约在公元前496年～前453年），成就兵书者代不乏人，国不乏人。但都不过是在新形势下，根据自己的经验，对《孙子》提出一系列带普遍性的战争指导规律的补充和延伸而已。

秦军将士勇武、战马精良，在兼并战争中攻城略地、斩将夺旗、胜多败少，足以显示出秦国军事力量的强盛。秦国前后出现过不少优秀的军事指挥家，带兵打仗，战功卓著者如商鞅、公孙衍（犀首）、樗里疾、司马错、庶长奂、芈戎、向寿、白起、蒙武、张若、魏冉、胡阳、王龁、张唐、五大夫陵、将军收、蒙骜、麃公、昌平君、昌文君、王翦、桓齮、杨端和、辛梧、羌瘣、王贲等30余人。有些人如蒙恬，出生在将门之家，长期过着戎马生活，追随祖业，经历了一些重大战役的锻炼，具有高超的指挥才能；有些人则是才德俱佳的智能之士，地位和形势造就了其军事才干。

商鞅不但是战国中期一位推行中央集权主义改革的法家，而且还是一位出色的军事

① 熊铁基：《秦代的道家思潮》，载《秦文化论丛》第三辑，西北大学出版社，1994年。

理论家和指挥家。《汉书·刑法志》说："吴有孙武，齐有孙膑，魏有吴起，秦有商鞅，皆禽敌立胜，垂著篇籍。"商鞅的军事著作《公孙鞅》27篇，在《汉书·艺文志》里被列入"兵权谋家"一类。可惜此书早已佚亡。而对商鞅的军事思想，我们只能从《商君书》的《画策》《去强》《境内》《兵守》等篇中来看他在秦国实行的一些军事制度和条令。但，这毕竟不是兵书。

所谓"兵权谋家"，据《汉书·艺文志》的解释是："以正守国，以奇用兵，先计而后战，兼形势，包阴阳，用技巧者也。"掌握政治与军事的关系，从战略的高度，根据指导战争的普遍规律与战况的特殊性，利用形势，兼及敌我，谨慎用兵而出奇制胜。只有具备了把握战争主动权这种高度艺术的人，才可称得上是"兵权谋家"。而"雷动风举，后发而先至离合背乡，变化无常，以轻疾制敌者"，只能叫作"兵形势家"，显然同"兵权谋家"是有所区别的。前者，注重战略又注意战术，后者，则更重视战术的变化。商鞅很符合班固划分的"兵权谋家"，其事迹也是极为有力的说明。商鞅先推动秦孝公变法，改革政治，坚决贯彻农战政策，打下富国强兵的基础，在军事上由保守转入进攻，才取得了收复河西地之战的一系列胜利。商鞅这位有学识、贤而有奇才的法家人物，贵在重视理论、又善于总结经验，其著述必然是代表时代潮流的高水平之作。从带李悝的《法经》入秦，变法制订规约（后形成《商君书》）、率兵作战形成兵书看，他很务实，其军事理论著作在战国时期具有很大的影响。故而《汉书》的作者在《刑法志》中把商鞅同吴国孙武、齐国孙膑、魏国吴起相提并论。同样，在《艺文志》的兵权谋十三家中，《公孙鞅》二十七篇仅排在《吴孙子兵法》《齐孙子》之后，列为第三，随后才是《吴起》四十八篇。可以肯定，兵书《公孙鞅》必定是秦在统一战争中的指导性军事理论，其作用和地位也是很明显的。此外，秦国再没有兵书的出现。[按：长期以来，有一部分学者认为秦始皇封的国尉、大梁人尉缭是《尉缭子》一书的作者。我曾在1985年出版的《秦都咸阳》一书中，也支持过这一看法。经过以后写《秦俑专题研究》这部专著时，认真研习《尉缭子》一书，觉得我们应该历史地分析尉缭及《尉缭子》才对。在此，我把华陆综先生的考释结果抄录于下：

关于尉缭子的作者，尽管说法很多，但主要不外乎两种意见。一种意见是根据尉缭子开头就有"梁惠王问尉缭子曰"的话，认为该书的作者尉缭是梁惠王时人。另一种意见是根据《史记·秦始皇本纪》记述，公元前二三七年（秦始皇十年），有一"大梁（今河南开封）人尉缭"来秦游说，为秦谋划统一，被秦始皇封为"国尉"（最高军事长官），因而认为该书的作者尉缭是秦始皇时人。

我们认为，从梁惠王到秦始皇，其间相距百年左右，就是梁惠王末年到秦始皇十年，也有八十二年的时间，很难说这两个年代的尉缭是同一个人。从尉缭子这部兵书本身和有关史料来看，它的作者应是梁惠王时的尉缭，而不是秦始皇时的尉缭。其理由是：（一）尉缭子开篇便有“梁惠王问尉缭子曰……尉缭子对曰……”的对话，全书前后语气一贯，表明君臣身份的语句有十处之多，始终以问对形式出现，在没有确实可靠的根据说它是“伪托”之前，就应该把它的作者尉缭看作是梁惠王时人。（二）尉缭在陈述政见和兵法中，反复强调农战和“修号令”“明刑赏”“审法制”等思想，这反映了包括魏国在内的山东六国于商鞅变法之后，力求变法图强的政治要求。这些政见如果献给力挽败局、图谋中兴的梁惠王，就比较适宜；如果献给经过变法、日渐强盛的秦始皇，则实属无的放矢。而劝秦始皇“毋爱财物，赂其豪臣，以乱其谋，不过亡三十万金，则诸侯可尽”（《史记·秦始皇本纪》）的那个尉缭的政治主张，在《尉缭子》中又不见提及，说明他与该书无关。（三）尉缭子两次提到“吴起与秦战”（《武议第八》），称赞吴起“舍不平陇亩”。从避嫌的角度讲，该书的作者有可能是梁惠王时的尉缭，而不可能是秦始皇时的尉缭。（四）《史记》所引用的史料好多从《战国策》而来，而《战国策·秦策》中记载有一个名叫顿弱的人给秦始皇献策，与《史记》中尉缭给秦始皇献策相比较，其言尤为近似。这究竟是《史记》的偶尔疏忽，误把顿弱记为尉缭，还是别的什么原因呢？这个问题尚待进一步探讨。上述理由说明，《隋志》关于“尉缭，梁惠王时人”的说法，有一定道理，较为可信。

关于《尉缭子》这部兵书的成书年代，我们只能作一个大概的推测。公元前三三四年（周显王三十五年，即梁惠王后二年），“惠王数被于军旅，卑礼厚币以招贤者”。之后，各派人物云集大梁，如“邹衍、淳于髡、孟轲皆至梁”（《史记·魏世家》）。尉缭很可能就在这时见到梁惠王。《尉缭子》这部兵书很可能就是梁惠王与尉缭谈话的一个记录。西汉前期贾谊在《陈政事疏》中有“夷狄征令，是主上之操也”的话。其中“主上之操也”后半句，宋代王应麟曾指出“语出《尉缭子》”（《困学纪闻》卷十《诸子条》）。《尉缭子》理应是西汉以前的著作。再者，1972年在山东临沂银雀山汉武帝初年的墓葬中发现有与今本《尉缭子》基本相合的残简，就更加有力地证明，《尉缭子》至迟在西汉前就已经流传于世了]

（六）纵横家

战国末年，一当由秦国兼并诸侯、完成统一的趋势渐次明朗时，就有了六国合纵抗秦，而秦又以连横破纵的往复活动。桴鼓相应，以影随形。游说之士往来各国，游说人主，朝秦暮楚。但秦国有如磁石召铁，异国的士子无不翘首西望，纷纷来到咸阳投在秦王麾下，愿为之效力。如张仪、甘茂、魏冉、田文、芈戎、范雎、蔡泽这些人，凭着自己的才干也都先后登上了秦国的相位，对秦完成统一事业起到了一定的推动作用。

纵横家形成于战国中后期，这一派人在各国间从事政治外交游说活动。班固说纵横家“言其当权事制宜，受命而不受辞，此其所长也。及邪人为之，则上诈谖而弃其信”（《汉书·艺文志》）。“权事制宜”，用现在的话说，就是“因事制宜”。受命于主，不囿成说，随机应变，达到目的，本无可厚非。仅凭一张三寸不烂之舌，颠倒黑白、信口雌黄，铺张扬厉，取悦人主，求得身荣显贵，就此而已。但那些奸邪利禄之辈靠着三分“才”、七分“诈”，一旦成为“家”，背信弃义、卖主求荣、欺诈逞私，就成为令人齿冷的无耻之徒。张仪花言巧语又弄手段，虽首倡“连横”有利秦国，但拆散齐、楚联盟，游说齐、赵、燕，取得“武信君”的卑劣行径却令人生厌。很容易引起“纵横家＝张仪＝诈骗无信的小人”的误解。正与负，对与错，好与坏，往往相伴而生，古今一理，岂可不察？趋利避害，唯善是举！

《汉书·艺文志》著录《张子》十篇，大概就是张仪弄巧的说辞。还有《秦零陵令信》一篇，注作“难秦相李斯”。

（七）杂家

所谓“杂家”，《汉书·艺文志》说它是“兼儒、墨，合名、法，知国体之有此，见王治之无不贯”，似乎是战国诸子学说的杂凑。长期来，儒林多以其“兼”杂各家、缺乏“派”性而非议之。殊不知，这正是它的长处。“知国体之有此，见王治之无不贯”的话，就道出了杂家的出现是历史的必然。

“干戈乱浮云”的战国时期，经过两个半世纪血与火的拼搏，结束割据、趋向统一，势在必行。根据政治、经济即将统一的客观要求，需要有一个统一的思想，为促成和巩固全国政治和经济的统一服务，就成为必然。秦国出现了以吕不韦一派为代表的杂家，其《吕氏春秋》则是吸收先秦诸子学说之精华，博采众长，形成了一个综合性的新学派。“杂家”虽则后出，但其不失为一支能同秦国传统法家相抗衡的劲旅。

秦相吕不韦招徕三晋和秦的宾客三千人住在咸阳，给予优厚的待遇，作为自己的智囊团。令他们“上观尚古，删拾《春秋》，集六国时事”（《史记·十二诸侯年表》），总结得失，又“各著所闻，集论”（《史记·吕不韦列传》），评品胜负，终于在公元前239年编纂成《吕氏春秋》这样一部“为《十二纪》《八览》《六论》，合十余万言，备天地万物古今之事”的煌煌巨著（《吕氏春秋》高诱《序》）。

《吕氏春秋》是我国最早的一部百科全书。（图 12–7）在体例安排上，以纪、览、论三部分加上《序意》，计一百六十篇，对儒、法、道、墨、兵、农、阴阳诸家的理论兼收并蓄。内容上，从哲学、政治、道德伦理等社会学，到天文、农业等自然科学，可说是无所不及。而这些又按阴阳五行家的五行相生说加以综合安排，从而形成自己的理论体系。

图 12–7　《吕氏春秋》

对先秦诸子的思想，《吕氏春秋》作了总结性的论述和批判性的吸收。取道家、阴阳家的观点和思孟学派的成分，形成自己的观点，以“道”作为哲学的最高概念，提出“万物所出，造于太一”的宇宙观。其《应同》一篇，则反映了阴阳五行家的“五德终始”论；取儒家和法家及农家的观点，形成自己的政治思想，如强调孝道，“夫孝，三皇五帝之本务，而万事之纪也”，把“孝”作为治国的根本；（《孝行览·孝行》）《慎世》《察今》《君守》诸篇是法家尚权势、论法治思想的反映；《荡兵》《振乱》则继承了兵家的观点；《上农》《任地》《辩士》和《审时》四篇，完全是农家的学说；《爱类》《知士》《义赏》《节丧》等篇，是《墨子》“兼爱”“尚贤”“节葬”思想的反映，但对墨家批判多于吸收。

对于将要出现的大一统国家，《吕氏春秋》认为必须是中央集权制的，说“今周室既灭，而天子已绝。乱莫大于无天子。无天子则强者胜弱，众者暴寡，以兵相残，不得休息”（《谨听》）。未来的“天子”应当是理想化的人物，既要做到“天子执一”（《执一》）、思想作风还要“去私”“求贤人”，需得“诛暴而不私，以封天下之贤者”（《去私》），懂得“身定、国安、天下治，必贤人”（《求人》）的道理；能够听取劝谏，因为“世主之患，耻不知而矜自用，好愎过而恶听谏，以至于危”(《似顺》)，做到“处虚素服而无智，……无智、无能、无为”(《分职》)，要明白“正则静，静则清明，清明则虚，虚则无为而无不为也”(《有度》)；做事要顺民意，即“凡举事，必先审民心然后可举”（《顺民》）；在执行农战政策上，天子“以导其民者，先务于农”，重视社会生产，认识“农攻粟、工攻器、贾攻货，时事不共，是谓大凶”(《上农》)的道理，从而做到“易关市，来商旅，入货贿，以便民事，四方来杂，远乡皆至，则财物不匮，上无乏用，百事乃遂”(《仲秋》)。至于在用兵时，要兴“义兵”，明白“古之圣王有义兵，而无有偃兵。兵诚义，以诛暴君，而振苦民”（《荡兵》）的道理；在维护和处理君臣、父子、夫妇的关系上，“主执圜，臣处方”的地位（《圜道》）是很明确的，但天子要“仁义以治之，受利以安之，忠信以导之，务除其灾，思致其福”(《适威》)，因为“义者，万事之纪也”（《论威》）。

当吕不韦编纂《吕氏春秋》一书时，秦王嬴政已趋于成年，继王位八年的政治阅历与目睹“仲父”吕不韦的思想作风，大概在很多问题上与自己独断专权、刚愎自用的性格不合。而吕不韦担心还政后，嬴政有可能改变自己确定的政治路线。因此，编书立意就是制订治国方案，给嬴政提供一部政治课本。在嬴政举行“冠礼”行将亲政的前一年，即公元前 239 年（秦王政八年），吕不韦把《吕氏春秋》一书公布于咸阳市门，还宣称给“有能增损一字者予千金”的赏格(《史记·吕不韦列传》)。但民众出自“惮相国畏其势”，得到“无能增损者”的客观效果，(《吕氏春秋》高诱序)) 借此给嬴政看，俨然以“仲父”的身份，学黄帝诲颛顼的样子(《吕氏春秋·序意》)，企图令嬴政就范。但事与愿违，嬴政在亲政的第二年就借镇压嫪毐叛乱集团牵连吕不韦，而将他免职，第三年迁蜀吕不韦被迫自杀。

尽管吕不韦饮鸩而死，其门徒或被逐、或流放、或迁徙，秦王嬴政崇尚法家，推翻了吕不韦设计的建国方案，但其执政前期仍能兼容各家，实行较开放的文化政策。这实际也是受《吕氏春秋》采集百家之长影响的曲折表现。实际上《吕氏春秋》一书是先秦时期最后一部文献，唯一的不存在真伪问题的文献，其内容之丰富、史料价值之高是不待言的。仅以保存后代散失了的先秦诸子思想的资料而言，就极其珍贵，如：关于儒家的史料有《劝学》《大乐》等篇，道家的史料有《贵生》《重己》《情欲》《尽数》《审定》等篇，阴阳家的史料有《十二纪》中各组文章的首篇，兵家的史料有《振乱》《禁塞》《怀宠》《论威》《简选》《决胜》《爱士》等篇，墨家的史料有《当染》《首时》《尊师》《高义》《上德》《去宥》等篇。总之，它的思想观点对汉代道家书《淮南子》的形成及两汉经学都有着直接的影响，确实开了秦汉哲学史之先河。

三、文化专制主义事件在咸阳的发生

（一）焚书

秦定都咸阳以来，曾经发生过两次大的焚书事件。第一次在孝公用商鞅变法之时（约公元前350年～前340年），第二次则在秦始皇三十五年（公元前212年）。前一次“燔《诗》《书》而明令”（《韩非子·和氏》），目的在于为推行新法而扫除思想障碍；后一次则是在“禁私学而相与非法教”（《史记·秦始皇本纪》）的口实下，使文化政策发生逆转，表明专权的秦始皇对文化界开始了思想禁锢与言路堵塞。

始皇焚书缘起的表面原因固然是宴会上就郡县制与分封制的争论，实则是面对严重的社会政治危机采取何种态度与对策的问题。功过集于一身的丞相李斯抓住了机会“上纲上线”，又出主意使坏而由上层引发了书的劫难和对于有识之士的镇压。其过程在《史记·秦始皇本纪》的三十四年（公元前313年）作了这样的记述：

始皇置酒咸阳宫，博士七十人前为寿。仆射周青臣进颂曰：“他时秦地不过千里，赖陛下神灵明圣，平定海内，放逐蛮夷。日月所照，莫不宾服。以诸侯为郡县，人人自安息，无战争之患，传之万世。自上古不及陛下威德。”始皇悦。

博士齐人淳于越进曰：“世闻殷周之王千余岁，封子弟功臣，自为枝辅。今陛下有海内，而子弟为匹夫。卒有田常、六卿之臣，无辅拂（弼），何以相救哉？事不师古而能长久者，未所闻下。今青臣又面谀以重陛下之过，非忠臣。”始皇下其议。

丞相李斯曰：“五帝不相复，三代不相袭，各以治。非其相反，时变异也。今陛下创大业，建万世之功，固非愚儒所知。且越言乃三代之事，何足法也？异时诸侯并争，厚招游学。今天下已定，法令出一。百姓当家则力农工，士则学习法令辟禁。今诸生不师今而学古，以非当世，惑乱黔首。丞相臣斯昧死言：古者天下散乱，莫以能一，是以诸侯并作，语皆道古以害今，饰虚言以乱实。人善其所私学，以非上之所建立。今皇帝并有天下，别黑白而定一尊。私学而相与非法教人，闻令下，则各以其所学议之。入则心非，出则巷议。夸主以为名，异取以为高，率群下以造谤。如此弗禁，则主势降乎上，党与成乎下。禁之便。臣请史官非《秦纪》皆烧之。非博士官所职，天下敢有藏《诗》、《书》、百家语者悉诣守、尉杂烧之。有敢偶语《诗》《书》者弃市。以古非今者族。吏见知不举者，与同罪。令下三十日不烧，黥为城旦。所不去者，医药、卜筮、种树之书。若欲有学法令，以吏为师。”制曰：“可。”

周青臣为取悦秦始皇，颂扬“日月所照，莫不宾服”“以诸侯为郡县，人人自安乐”“自上古不及陛下威德”。赤裸裸地在拍马屁，实则掩盖了暴政激起的潜在的社会危机。只有政治头脑清醒的淳于越才敢在众臣为秦始皇祝寿的场合指斥周青臣“重陛下之过”的面谀，指斥其并非忠臣，建议“封子弟功臣，自为枝辅”“无辅拂（弼），何以相救哉？”这话本来是针对当时社会现实的，并非在郡县制行了八年之久仍要恢复分封制。但是，具有诡诈性格、自恃有几分才气的李斯，既知百姓在严刑峻法下，苦于力役、酷政，生灵涂炭，社会危机将一触即发，自己当有不可推卸的责任，就凭借着近居帝侧，万人之上的显赫地位，也摸透了秦始皇要搞专权的思想、保持舆论一致的政治意图及其脾性，巧妙地把时局问题的对策争论提高到政治斗争的高度上，把出现的社会危机归罪于士人“不师今而学古，以非当世，惑乱黔首”。他充满霸气的宏论，压倒同僚，当然也得到首肯，竟成为后来士林投机政治者效法的楷模。岂知文化劫难带来的恶劣影响却不限于它本身！且看李斯奏可并付诸施行的三条意见的主要内容是什么：

第一，除《秦纪》以外的史书，非博士官所藏的《诗》、《书》、诸子著述，统统焚烧。若属于医药、卜筮、种树类的书，则不受此限制。

第二，焚书令颁布后，因从咸阳到全国边远地区的路程关系，限期一月时间，凡是不把禁书上交给郡守和尉的人，要处以“黥刑”（面额上刺字），并罚作“城旦”（筑城四年的苦役）。此后再有敢谈论《诗》《书》者，处以“弃市”的死刑。对以古非今的灭族，对知情不举报的官吏则以同罪连坐论处。

第三，今后要学法令，就以吏为师。

《诗》、《书》、百家语等典籍本身何罪？竟在始皇、李斯们点起的一把大火中化为灰烬。据传，陕西渭南市南五里有个长稔塬，沋河由南向北穿塬而过。蒋家村在河东岸，村北的市党校内有一大土堆，相传是秦始皇的“焚书台”。状作圆锥形，高可25米，底径50米，顶部平台直径20米左右，遗留有灰土及瓦砾。村南是秦步寿宫遗址。河西岸有村名“灰堆村”，或说是焚书处。无独有偶，在今咸阳市窑店镇西南，有个村子名叫“辉堵村”，实际在20世纪60年代写作“灰堵村”，传说也是秦始皇焚书的地方。地在咸阳，这是否为商鞅焚书的地方？这些地方的传说，并不可靠，录以备案。

秦始皇愚蠢的焚书之举，给我们的告诫大约是：

“秦燔《诗》《书》以愚百姓，六经典籍残为灰炭。”（《后汉书·天文志》）专权者显然在全社会推行一场弃智绝圣的“文盲运动”。

李斯以法家学说为基础，重申韩非“明主之国，无书简之文，以法为教；无先王之语，以吏为师”（《韩非子·五蠹》）的思想，故意把学习内容简单化，而“吏”有循、酷、清、浊、污的不同，又何从师之？①

（二）坑儒

因为谈论、讲授《诗》《书》，用古道评论、非议当时政治的，都是些儒生，属于对社会问题最先“觉醒”的知识阶层，往往充当革命的急先锋，但又容易被“政治家”所利用。儒生的历史就这么怪！秦的焚书同坑儒总是相连的，有趣的却是相连的事件总在重演着。商鞅变法时，在“燔《诗》《书》”的同时，于渭水边上一次就杀掉犯禁的儒生七百多人，渭水也为之变色，号哭之声动于天地（《史记·商君列传·集解》）。同样，秦始皇在焚书的第二年（即公元前 212 年），就坑杀了儒生和方士四百六十余人。[按：关于坑杀儒生的史料，有如下几条：

《史记·秦始皇本纪》三十五年：“于是使御史悉案问诸生，诸生传相告引，乃自除犯禁者四百六十余人，皆坑之咸阳，使天下知之，以惩后。”

《史记·儒林列传·正义》引卫宏《诏定古文尚书序》：“秦既焚书，恐天下不从所改更法，而诸生到者拜为郎，前后七百人。乃密种瓜于骊山陵谷中温处，瓜实成，诏博士诸生说之，人言不同，乃令就视。为伏机，诸生贤儒皆至焉，方相难不决，因发机，从上填之以土，皆压，终乃无声。”

《文献通考·学校考》：“始皇使御史案问诸生，转相告引，至杀四百六十余人。又令冬种瓜骊山，实生，命博士诸生就视。为伏机，杀七百余人。二世时，又以陈胜起，诏博士诸生议，坐以非所宜言者，又杀数十人。”

从以上两条文献记载看，坑杀人数有“四百六十余人”“七百人”；所用手段有“坑杀”和“弩杀”两种；地点则有咸阳和骊山谷两地。始皇因分封的争论引起焚书，进而因方士的欺骗和攻诘而坑儒，前后发生在相连的两年之内（公元前 213 年～前 212 年）。

卫宏和马端临都说始皇在骊山陵谷中种瓜结实，“令诸生就视”，还诈言“到者拜为郎”，后伏机射杀，再以土掩埋。看来，这些话似有传说演义之嫌。因为秦始皇既以令御史查办，

① 近人康有为在其《新学伪经考·秦焚六经未尝亡缺考》一文中说：“欲学诗书六艺者，诣博士受业则可矣。实则重京师而抑郡国，强干弱支之计耳。……秦博士如叔孙通还有儒生弟子百余人诸生不习诗书，何为复作博士弟子？”如按康的说法，“吏”就是“博士”，实则较为勉强，因为存活的博士是在坑儒时未查出同他们的牵连。焚书本来就在于毁灭儒家经典，怎能让儒生收授弟子去公开讲经呢？显然以后博士授徒不再是合法的了。况且李斯奏议中明明白白说的是“欲有学法令，以吏为师”。

又是儒生们"传相告引"而牵连的。"犯禁"也就是犯罪，自在惩戒之列，就用不着设计诱杀。所以，《史记》明白地记着"皆坑之咸阳"。这应当最符合当时的历史真实］

始皇坑儒在太史公笔下有一段寓意深长的文字记载，抄录于下：

"三十五年……侯生、卢生相与谋曰：'始皇为人，天性刚戾自用。起诸侯，并天下，意得欲从，以为自古莫及己。专任狱吏，狱吏得亲幸。博士虽七十人，特备员弗用。丞相、诸大臣，皆受成事，倚办于上。上乐以刑杀为威，天下畏罪持禄，莫敢尽忠。上不闻过而日骄，下慑伏谩欺以取荣。秦法：不得兼方，不验辄死。然候星气者至三百人，皆良士，畏忌讳谀不敢端言其过。天下之事无大小，皆决于上。上以衡石量书日夜有呈，不中呈不得休息。贪于权势至如此，未可为求仙药。'于是乃亡去。始皇闻亡，乃大怒曰：'吾前收天下书，不中用者尽去之。悉召文学、方术士甚众，欲以兴太平，方士欲练以求奇药。今闻韩众去不报，徐福等费以巨万计，终不得药。徒奸利相告日闻：卢生等，吾尊赐之甚厚，今乃诽谤我以重吾不德也；诸生在咸阳者，吾使人廉问，或为妖言以乱黔首。'于是，使御史悉案问诸生。诸生传相告引，乃自除犯禁者四百六十余人。皆坑之咸阳，使天下知之，以惩后。"（《史记・秦始皇本纪》）

从上引有关坑儒的记述中，同样也可抽绎出三个要点来：

侯生和卢生（名敖）的对话，从生性、作风的诸多方面批评了秦始皇，有伤皇帝的面子，同"天下一人"的自诩与颂词截然相反。这是他们激怒始皇决计惩戒的导火线。

第二，始皇求仙药急切，又遭非议，双方都直截了当。既非观点的争论，就用不着廷议，所以不假于人，直接交付御史查办。

第三，诸生们为了自保，相互牵连揭发，是书生劣根性的表现，以致涉及同罪案犯达到460余人。在专制时代用不着分清情况、分别处理，一律坑之。

坑儒何处？《史记》说"皆坑之咸阳"。只有东汉光武时人卫宏在《诏定古人尚书序》中提到"骊山陵谷中温处"。汉初，在"新丰县温汤之处"设"愍（即"悯"）儒乡"（《史记・儒林列传・正义》引颜注）。唐天宝年间，改愍儒乡为"旌儒乡"，并修建"旌儒庙"（《旧唐书・玄宗本纪》）。宋人鉴于唐之庙毁碑亡，按唐贾至碑文重刻作序，立于临潼孔庙大成殿前，惜再毁于1966年的"文化大革命"之中。无论汉之愍儒乡、唐之旌儒乡，都是为奠祀秦始皇所坑之儒，乡中当有坑儒之处。以骊山温泉向西南作为度量的起点，古文献记载有"三里有马谷"（颜师古说）、"五里坑儒谷"（《长安志》《临潼县志》）、"二十里骊山平原横坑村"（宋人旌儒碑序）的不同说法。经调查，今临潼区韩峪乡有沟名曰"马谷”，当地人称“坑儒谷”，东北距温汤二十余里。谷岸有冢，群众传曰“坑儒冢”。冢东是秦东陵，北为洪庆堡。据考，洪庆堡宋时叫“横坑村”，清改作“灭文堡”，民国时又称“兴文堡”[①]。村名的更迭，既寄托着人们良好的愿望，又现显着对被坑儒生的纪念，实际上隐示出秦之坑儒处就在今洪庆堡一带。当然，这里也就属汉之愍儒乡、唐旌儒乡了。

让人诟病的坑儒活动，留给人们联想的是：

人主始终“正确”，成了天经地义的结论！荒唐逻辑，导致了谬种的流传。

在拷问手段下，儒生自保与怯懦的劣根性，必然会导致悲剧发生。

（三）文化政策的逆转及其影响

秦的政治路线从根本上讲，实行的是法家路线。至于秦始皇在统一六国后实行较为开明的文化政策，设立博士、廷议制度、征询儒生意见等措施，其中除过秦国具有历史传统这一因素外，他也意识到：包括儒家在内的诸子并不是“无益于人之国”的“闲置品”，而是对治理国家同样具有补充的作用。但是，随着时间推移，始皇独断专行的性格与儒生的论理行为愈来愈不合拍。政见各别，就容易导致情绪上的对立。加之逐利怀私的李斯撺掇、移花接木地煽动和一些方士的作祟行为，就更加激起秦始皇的恶感，于是便采取了行政手段最易办到的镇压之法——“焚书坑儒”。从此在政治上直接导致了实行文化专制主义。用“焚书”、禁止“私学”的办法，结果是使“六艺从此缺焉”（《史记·儒林传》），使中国的古代文化遭到了一次空前的浩劫。“坑儒”摧残了思想领域里“百家争鸣”的学术气氛，推行愚民政策的“以吏为师”，结果是人们的思想被禁锢，使社会走向了政治极端化。

“焚书坑儒”从性质上讲，是野蛮的、反动的。以近期言，一把火烧掉了正常的应变能力，坑杀了有识之士进谏的言路。就远期影响看，极恶劣地开了中国文化专制的先例。为什么历代统治者变换形式地在搞禁书令或文字狱，这无不是悉心效尤秦始皇的结果。由此而导致的又一个影响就是：对学术思想的发展起了极为恶劣的阻滞作用。

但是，禁锢思想的愚民政策和文化专制主义，随着政治的极端化，必然导致王朝的迅速灭亡，这是历史验证了的逻辑。秦焚书坑儒并没有遏制社会的危机，相伴而来的是疯狂的镇压与屠杀，其结果反倒加剧了阶级对立与社会矛盾的爆发。终于在 4 年之后农民起义推翻了存在不到 15 年的秦王朝。

① 赵康民：《西安洪庆堡出土汉愍儒乡遗物》，《考古与文物》1984 年第 6 期。

第四节　文化艺术

一、国家藏书

（一）藏书历史

秦文公居汧渭之会，于十三年（公元前753年）"初有史以纪事"（《史记·秦本纪》）。有史官纪事，说明秦国开始有了自己的史乘典册，有档可稽。《诗》收《秦风》十首诗作，商鞅带入的《法经》，兵书《公孙鞅》，变法总集《商君书》，以及《吕氏春秋》等，都是藏之于官的。云梦秦简有"毋敢以火入臧（藏）府、书府中……新为吏舍，毋依臧府、书府"的法律规定（《内史杂》），可见在咸阳专门建有收藏文书的府库——书府。当然，那时的书实是手写的简牍，绝不是以后出版的印刷品。但我们不能由此否定它不是书，也不能说具有档案馆性质的"书府"不是图书馆。看来，秦藏书的历史几乎是从"始国"以后开始的，至秦亡大约有547年的悠久历史。

在咸阳的国家级"书府"中存有大量的政府档案资料和图书。《汉书·萧何传》载："沛公至咸阳，诸将皆争走金帛财物之府，分之。何独先入收秦丞相、御史律令图书藏之。沛公具知天下大局阨塞、户口多少、强弱处、民所疾苦者，以何得秦图书也。"咸阳的财富被掠夺、宫殿城阙遭焚毁、人民妄受屠戮，是刘、项入关后带给咸阳的劫难。但随刘邦先期到达的萧何，具有远见卓识，不为浮财动心，使秦的图书律令完整地保存了下来，对掌握当时的自然地理和经济地理都有极大的方便。这些秦书以后收藏在汉都长安的石渠阁里，[①]司马迁根据所藏的《秦纪》编写了《史记》一书的《秦本纪》和《六国年表》（《史记·六国年表》序）。人们也都很清楚：秦能使法令、政策和巩固中央政权的各项措施很快地推行至全国，效率之高，是令人称赞的。究其原因，既有严苛的法令和强制性手段，还有畅通的交通网络、系统的邮传，而完备的档案图籍资料则是参稽和了解情况的依据。今日我们所见云梦秦简，虽然只是部分法律条文，已是洋洋大观，如果是全部呢？倾其"书府"

① 《三辅黄图》："石渠阁，萧何造……所藏入关所得秦之图籍；至于成帝，又于藏秘书。"石渠阁是一座高台建筑，位于汉长安故城未央宫西北部，东邻天禄阁，因阁下础石为渠以导水，故名。遗址在今西安市未央宫乡小刘寨村西南，周家河湾村之东，现仍有一夯土台基存留，东西长67米，南北宽65米，高约8米。曾出土有"石渠千秋"瓦当。

所藏又该是什么规模？

诚然秦人“尚武”，缺乏文化教养，具有虎狼之野的民族性格。但他们早已走出了沟谷，接受了周人文化的影响，有了国家统治经验的需要与积累，可说图籍档案的收藏已弥足丰富的了。而秦始皇焚书的一把火却把人们的视线搅得迷蒙不清，从而发出秦“无书”或“少书”的浩叹。其实历史情况又如何呢？似有再申述的必要。

首先，“焚书”是秦以前典籍遭到的空前的一次浩劫。靠传抄的古代，书的数量有限，非博士官所职的《诗》、《书》、百家语，特别是诸侯国的史记被烧毁，[①]毕竟是不可否认的文化灾难。

其次，收缴与销毁的只是“天下书”，并不包括史官和博士所职的那一部分。收天下藏书焚烧之，对偶语者弃市，足见把框定的那部分书列为禁书。这只是对书的社会“流通量”企图扫地以尽，为推行愚民政策服务。实际上，合法的藏书却集中到了上层的少数人那里，表现在：一则咸阳有全国最大、保存最多的图书档案资料中心——书府；二则在皇帝史官和秦博士官处还藏有《诗》《书》及诸子百家著作；三则在秦焚书时，有不少儒生未受牵连，存活下来了如淳于越、叔孙通、伏生、黄公、正先、卢敖、桂贞、浮丘伯、高堂生等一大批秦博士（缪荃孙：《秦博士考》），凭着藏书和记忆，还能在秦亡汉兴之后继续收徒授经。

再次，即使在民间，毕竟还暗藏了不少古书，并没有按“挟书令”缴给“守尉杂烧之”。所以，当汉惠帝四年（公元前 191 年）取消了“挟书令”之后，一些古书就逐渐出现了，如秦时曾为“柱下御史”的学者张苍献出了古文《左传》，在鲁恭王的墙壁中还挖出用东土文字书写的《尚书》《礼记》等一大批“壁中经”。[②]

秦始皇愚蠢的焚书之举，没有征服人心，也不可能真正地阻止中国文化的发展。其残忍的坑儒之举，同样不能征服人，也不可能真正地阻断中国文化的传播。这，是历史的结论，也是一切霸道者永远弄不明白的真理。

（二）咸阳的图书馆与藏书人

咸阳的图书馆是国家的档案资料中心，规模大，收罗全，管理制度严格。秦简规定：不能带火入“书府”，给工作人员新盖的“吏舍”也不能靠近“书府”，以确保安全。把“严

① 《史记·六国年表序》：“秦既得意，烧天下《诗》《书》，诸侯史记尤甚，为其有所讥刺也。”

② 《汉书·景十三王传》：“鲁恭王余……初好治宫室，坏孔子旧宅以广其宫，……于其壁中得古文经传。”《汉书·艺文志》：“得古文《尚书》及《礼记》《论语》《孝经》，凡数十篇，皆古学也。”汉代从孔壁中发现的古书还有北平侯张苍献的《左氏传》，河南献王挖出的《周官》《礼经》，鲁三老献的《古孝纪》，鲁淹中出土的《礼古经》等。

禁烟火”的警示牌法律化，足见其保管的严格性。

书府的图籍资料，是通过三个渠道入藏的。一是秦国固有流传、积累的历史档案；二是收集六国的情报资料；三是统一前后所形成的存档资料。

除过书府外，图书资料还分散地保存在丞相府、御史及博士处。丞相是中央行政机构中的最高长官①，辅佐皇帝“助理万机”。御史是副丞相，其职责之一是“掌图籍秘书”（《汉书·百官公卿表》）②，又是监察群臣的长官，和丞相、太尉同列为中央的“三公”。其权限很大，不但要对全国各地的历史掌故、地理资料，经济状况了如指掌，以便能临机处断和应付问对，而且要对臣下的情况熟悉，“掌讨奸猾，治大狱”（《资治通鉴》始皇三十五年注）。始皇惩治儒生时，就是令“御史悉案问诸生”，以致“传相告引”，才坑杀460余人的。二世时，李斯被执，“赵高使其客十余辈诈为御史、谒者、侍中，更为复讯斯”（《史记·李斯列传》）。御史掌握图籍秘书及臣僚的档案资料，既有整人的便利条件，也有害人的合法借口。李斯整人又遭整，御史在黑暗政治下也只能充当被利用的工具而已。至于“掌通古今”的秦博士掌握着大量的图书典籍，其存在是被允许的、合法的，所以李斯的烧书建议中就不包括这一部分。

（三）书目辑存

集中咸阳的图籍资料，内容还是很丰富的，除过政治文书档案类的“秘书”外，大致还包括历史、法律、礼制、地理地图、天文历象、诸子百家、科学技术、文学艺术、字书等种。

据《汉书·艺文志》录载的秦书有如下一些：

《奏事》二十篇——“秦时大臣奏事，及刻石名山文也”。

《仓颉》一篇——“上七章，秦丞相李斯作；《爰历》六章，车府令赵高作；《博学》七章，太史令胡母敬作”。

《羊子》四篇——“百章。故秦博士”。

《商君》二十九篇——“名鞅，姬姓，卫后也，相秦孝公，有《列传》”。

《公孙鞅》二十七篇。

《韩子》五十五篇——“名非，韩诸公子，使秦，李斯害而杀之”。

《黄公》四篇——“名疵，为秦博士，作歌诗，在秦时歌诗中”。

《张子》十篇——“名仪，有《列传》”。

① 《吕氏春秋·举难》：白圭对曰：“相也者，百官之长也。”

② 《汉书·张苍传》：张苍“秦时为御史，主柱下方书”，汉初“迁为计相”。因为他“自秦时为柱下御史，明习天下图书计籍，又善用算律历，故令苍以列侯居相府，令主郡国上计者”。

《秦零陵令信》一篇——“难秦相李斯”。

《由余》三篇——“戎人，秦穆公聘以为大夫”。

《尸子》二十篇——“名佼，鲁人，秦相商君师之。鞅死，佼逃入蜀”。

《吕氏春秋》二十六篇——“秦相吕不韦辑智略士作”。

《诗经》二十八卷，其中《秦风》十首。

商鞅由魏入秦时，带来李悝的《法经》一书。清人姚振宗在《汉书·艺文志拾补》[①]中还录有《秦纪》与《秦地图》两种，其中是否包括荆轲刺秦王时带来燕国的《督亢地图》？这些都应藏于书府。

既然“博士官所职”的《诗》、《书》、诸子著作等不在秦焚书之列，无疑地也收藏在书府之中。汉时司马迁在写《史记》时仍能作为参考的先秦典籍，还见有《尚书》、《五帝德》、《帝系姓》、《春秋》、《国语》（《五帝本纪·赞》），《夏小正》（《夏本纪·赞》），《谍记》、《历谱谍》、《五帝系谍》、《尚书集世》（《三代世表·序》），《春秋历谱谍》、《左氏春秋》、铎椒《铎氏微》、虞卿《虞氏春秋》、《吕氏春秋》、《荀子》、《孟子》、《公孙固子》、《韩非子》（《十二诸侯年表·序》），《礼》（《六国表·序》），甘德《天文星占》、石申《天文》（《天官书·正义》），《周官》、《礼书》（《封禅书》），《易》、《中庸》（《孔子世家》），《老子》、《庄子》、《申子》、《老莱子》（《老庄申韩列传》），《主运》、《慎子》、《环渊子》、《接子》、《田骈子》、《驺子》、《公孙龙子》、《剧子》、《李悝书》、《尸子》、《长卢子》、《吁子》、《墨子》、《淳于子》（《孟子荀卿列传），《世家》（《卫世家》），《秦楚之际》（《秦楚之际月表·序》），《列封》、《传》（《惠景闲侯者列表》），《管子》、《晏子春秋》（《管晏列传》），《孝经》、《弟子籍》、《论语》（《仲尼弟子列传》），《商君书》（《商君列传·赞》），《太公兵法》（《留侯世家》），《司马穰苴兵法》（《司马穰苴列传》），《孙武兵法》、《孙膑兵法》、《吴起兵法》（《孙子吴起列传》），《魏公子兵法》（《魏公子君列传》），《报燕王书》（《乐毅列传·赞》），《离骚》、《宋玉赋》、《唐勒赋》、《景差赋》（《屈原贾生列传》），《禹本纪》、《山海经》（《大宛列传》），《周书》（《货殖列传》）等。这些未经火焚的秦书，有可能来自两个渠道，一是石渠阁中所藏，为萧何取自咸阳者；一是汉惠帝取消“挟书令”后，民间所献。

西汉刘向撰的书目《别录》20卷，其子刘歆撰的分类目录《七略》13299卷。特别是后者，成为班固撰《汉书·艺文志》的蓝本。从《艺文志》中约可辑出先秦典籍120种，其中有留传至今的，也有早已佚亡的，但林林总总的书目异常壮观。

① 姚振宗：《汉书艺文志拾补》，商务印书馆，1955年。

近年出土的竹简、帛书中有相当一批先秦古籍。如1975年发掘的云梦睡虎地第11号秦墓竹简1100多枚，其中就有《编年纪》《语书》《秦律十八种》《效律》《秦律杂抄》《法律答问》《封诊式》《为吏之道》和《日书》（甲、乙），共9种。1986年甘肃天水放马滩秦墓出土秦简460枚，其中有《墓主记》和《日书》（甲乙）两种。[①]银雀山1号汉墓竹简4900多枚，内容包括有《孙子兵法》《孙膑兵法》《六韬》《尉缭子》《管子》《晏子春秋》《墨子》等周秦诸子。[②]长沙马王堆三号汉墓29件计12万字的帛书，涉及战国的古书有《周易》、《春秋事语》、《战国纵横家书》、《战国策》、《老子》、《五星占》（其占文可能是甘氏或石氏天文书的一部分）、《伊尹·九主》等。[③]

存在咸阳书府、丞相府、御史所的图书有多少种，数量多少，是个很难弄清的问题。除过官府外，博士与民间私藏又有多少？《汉书·艺文志》所录秦时古籍显然只是萧何所得秦书的一部分，同出土的先秦典籍比较，有遗漏，也有重复。即使两者数量相加，也并非秦书府所藏的总和。云梦秦简上如此重要的法律文书，应该源抄于京都，但却未见有任何文献记载。那么，存留在民间传抄的岂是少数！

当然，咸阳的藏书是以秦本位而确定收录范围的。秦始皇焚书时，留的是《秦纪》，毁的是“六国诸史”。但秦国这部史书虽起自周元王，讫于秦二世，据司马迁说是“不载日月，其文略不具”（《史记·六国年表》）。其粗疏如此，连秦简《编年记》这部记录秦昭王元年至始皇三十年间大事的私家著述都不如。而所摧毁的“诸侯史记”看来是焚烧已尽，但在西晋太康二年（公元281年）汲郡人不准盗发魏安厘王冢，得竹简数十车，其《纪年》十三篇，记着自夏至魏安厘王二十年（公元前257年）的大事，“盖魏国之史书”（《晋书·束皙传》）。在这里，具有讽刺意味的是秦始皇烧了先秦史书，尤以六国史书遭受毁灭的程度最为严重，因为同秦相并，抗争关涉，即所谓“为其有所刺讥也”，但在秦亡之后它们又陆续见于世，以至于流传至今，而秦的《秦纪》却在魏晋时亡佚，永远地无人知晓。由此可见，历史揭示的真理是：弄权者，欺世盗名，收获的是“臭名昭著”；受压者，遭谗毁誉，反倒是“清白长存”。秦始皇想钳制人们的思想，借用暴力扼杀“异己”的文化是一种愚蠢的徒劳之举，也给先秦文化带来不可弥补的损失。如若不是焚书，咸阳的藏

① 除过《日书》，其他几种收入《睡虎地秦墓竹简》，文物出版社，1978年。放马滩秦简见何双全：《天水放马滩秦简综述》，《文物》1989年第2期。

② 山东省博物馆等：《山东临沂西汉墓发现〈孙子兵法〉和〈孙膑兵法〉等竹简的简报》，《文物》1974年第2期；又，《临沂银雀山四座西汉墓葬》，《考古》1975年第6期。

③ 晓菡：《长沙马王堆汉墓帛书概述》，《文物》1974年第9期。

书及民间献出的典籍岂止辑存的那么一点吗?

二、文学

(一)诗歌

同戎狄杂处，草原沟谷的空旷、游牧生活的恬适，养成早期秦人狂放的性格。随后受周文化的影响，加之关中平原优美的环境与秦人经济、政治生活发生的巨大变化，使秦人立国之后创作出《石鼓文》这样的雅体诗。同样，收入《诗经》中的《秦风》虽只有10篇，但从内容到形式，以及所表达的思想情感，都足以反映出诗歌远在秦穆公之前从上层到民间呈普遍发展的趋势。秦穆公曾对戎使由余说，"中国以《诗》、《书》、礼乐法度为政，……今戎夷无此，何以为治?"(《史记·秦本纪》)俨然以精通"《诗》、《书》、礼乐"自傲。他在一些宴会上也往往能以诗唱和，虽然这是在故弄风雅，但确实也代表了秦人的文化水平在提升。

但在秦穆公之后，再没有见到秦国有什么著名诗篇传世。据《史记·秦始皇本纪》载：三十六年(公元前211年)"始皇不乐，使博士为《仙真人诗》，及行所游天下，传令乐人歌弦之"。其他还有祠洛水之神歌、姬人鼓琴之歌等。虽有歌词谱曲，但终不得词。《汉书·艺文志》录《黄公》四篇，原注："名疵，为秦博士，作歌诗，在秦歌诗中。"也录有"秦时杂赋九篇"，均已失传。

秦始皇大兴徭役，人民苦不堪言，则以民歌的形式表达了怨恨与反抗的情绪。例如：

阿房，阿房，
亡始皇。
——《述异记》①

运石甘泉口，
渭水为不流。
千人唱万人钩，
金陵余石大如堰。
——张华《博物志》②

① 《述异志》属志怪小说，南齐祖冲之所撰十卷已佚，见《隋书·经籍志二》。鲁迅《古小说钩沉》有录。

② 引见《古今图书集成·坤舆典》。诗中的"金陵"，我以为不是战国时期楚威王所置之"金陵"邑(今南京市)，而是指始皇陵。因为它费时、费力、费人，奢侈过度如金，故形容成金陵。详说参见拙著《秦始皇陵研究》第一章注[23]。

生男甚勿举，
生女哺用脯。
不见长城下，
尸骸相支柱。

——《古谣谚》[①]

（二）韵文

秦诗虽未见欢快、明朗、昂扬之作，而“凄怨、悲愤、惆怅和无可奈何”的低调则倾诉着抑郁与希冀的心声。但它那押韵上口的形式，却带给其他文体以深刻的影响。

韵文的出现，虽则有政治的原因，以《峄山刻石》《泰山刻石》和《琅琊刻石》等为代表，内容上虽然是歌颂秦始皇削平群雄、建立帝国功德的颂词，性质上属于帝王的文告，而形式上用四字成句，三句或两句一韵的格律，从而打破了官样文章那枯燥乏味的训诫。尽管这些石刻的韵文不在咸阳，其作者却是随秦始皇从咸阳出发走到东海之滨的有才之士。

《泰山刻石》铭文：

皇帝临位，作制明法，臣下修饬。二十有六年，初并天下，罔不宾服。亲巡远方黎民，登兹泰山，周览东极。从臣思迹，本原事业，祗诵功德。治道运行，诸产得宜，皆有法式。大义休明，垂于后世，顺承勿革。皇帝躬圣，既平天下，不懈于治。夙兴夜寐，建设长利，专隆教诲。训经宣达，远近毕理，咸承圣志。贵贱分明，男女礼顺，慎遵职事。昭隔内外，靡不清净，施于后嗣。化及无穷，遵奉遗诏，永承垂戒。

基本上是四字一句，每三句一韵，计十二韵。

秦刻石铭文的总特色是：气魄雄伟，文字典雅，音节中和，把秦帝国的文治武功、版图广大、天下一统精神充分表现了出来。[②]

每四字一句或韵文宣教的格式，大约是先秦时期的一种特殊文体，具有加深印象、便于记忆的作用。两者可单独成文，也可结合为篇。云梦秦简《为吏之道》第五栏有韵文八

① 引见清杜文澜：《古谣谚》卷 23。汉人张捐之说“长城之歌，至今未绝”（《汉书 · 贾捐之传》），也许指的就是此首民谣。

② 王云度等：《秦帝国史》，陕西人民教育出版社，1997 年。

首，其格式称作“相”[①]，可见它是采用民歌的曲调写给官吏读的政府文件，用以训诫官吏，使之明白做吏的道理，并制定了应当恪守的信条，有如后世的《官箴》。其通俗、活泼、引人入胜，是否与写过《成相》（奏乐）的荀况在秦昭王时来咸阳的影响有关？至于每句四字的格式，最早见于《石鼓文》。《诗・秦风》同样继承了这一传统。秦的字书《仓颉篇》《爰历篇》和《博学篇》，也是每句由四字组成。

（三）散文

例1，《秦誓》与译文

早在秦穆公时作的《秦誓》一篇，以后收入《尚书》这部古老的散文集之中。虽属于“罪己诏”性质的誓词，但语言诚挚，采用对比手法，写得深刻有力，是春秋时期秦国散文的代表作。

公曰：嗟！我士，听！无哗。予誓告汝群言之首。

古人有言曰：“民讫自若，是多般。”责人，斯无难；惟受责俾如流，是惟难哉！

我心之忧，日月逾迈，若弗员来。惟古之谋人，则曰未就予㤅。惟今之谋人，姑将以为亲。虽则员然，尚䚡询兹黄发，则罔所愆。

番番良士，旅力既愆，我尚有之。仡仡勇夫，射驭弗违，我尚弗欲。惟截截善谝言，俾君子易辞，我皇多有之？

昧昧我思之：如有一介臣，断断猗！无他伎。其心休休焉，其如有容。人之有伎，若己有之；人之彦圣，其心好之，弗啻若自其口出。是能容之。以保我子孙，黎民亦职有利哉！人之有伎，冒疾以恶之；人之彦圣，而违之，俾弗达。是不能容。以不能保我子孙，黎民亦曰殆哉！

邦之杌陧，曰由一人；邦之荣怀，亦尚一人之庆。

译文（转自网文）：

公说：啊！我的官员们，你们都听着，不要喧闹！我将要告诉你们什么才是真理。

古人有句名言说：“假如有人认为他所做的事情都是对的，自以为是的心一天天发展

① 《礼・曲礼上》：“邻有丧，舂不相。”注：“相，谓送杵声”。相，是劳动人民舂米时随杵的节拍歌唱的一种曲调。荀况曾以“相”这种民间通俗的文艺形式写成《成相辞》，收入《荀子》一书中。节选几首如下：

请成相，世之殃，愚闇愚闇坠贤良。人主无贤，如瞽无相何伥伥！
主之孽，谗人达，贤能遁逃国乃蹷。愚以重愚，闇以重闇成为桀。
世之灾，妒贤能，飞廉知政任恶来。卑其志意，大其园囿高其台。
治之经，礼与刑，君子以修百姓宁。明德慎罚，国家既治四海平。

起来，将做出许多邪僻的事。"责备别人，这并不是什么难事，但被人责备却能够像流水般听从人家的话，这就非常困难了啊！我内心忧虑重重，经常感到光阴逝去，好像时机一错过它就不会再来（尽管我想改正错误，恐怕时间也不允许了）。

对于昔日的谋臣，我认为他们不能顺从我的心意，就憎恶他们；而对于今日的谋臣，由于他们曲意服从我的心意，我就一时糊涂，把他们视为亲信。虽然过去曾经这样，但是现在我要改弦易辙，打算就那些军国大计征询年高资深的老臣的意见，因为这样才能不犯错误。

那些白发苍苍的良臣，体力已经衰竭，我还是能亲近他们。那些壮健英武的勇士，虽然箭不虚发，驾车娴熟，我并不怎么喜欢他，认为他们有勇而无谋。那些浅薄无知，善于花言巧语，使君子轻忽怠惰的人，我难道能更加亲近这种人吗！

我心中暗暗思忖，如果有一名官员虽然对政务精诚专一，却没有别的本事，不过他心胸宽广，能够容人容物，别人有某种本领，好像是自己所有而不嫉妒；别人才能出众，品德高尚，他对别人所讲的话比出于自己口中的话还要信任，这就是他能容纳众善。这样宽厚有容的人，任命他保障我的子孙永享王业，黎民百姓也能跟着享福！

而别人有本领，他就嫉妒，而且厌恶；别人才能出众，品德高尚，他就竭力阻挠，不让君王知道。这样的人心胸狭窄，不能容人，任命他保障我的子孙永享王业，黎民百姓也跟着遭殃！

国家的动乱不安，是君王一人的过错所致；国家的繁荣安宁，也是君王一人的善行铸就的。

例 2.《谏逐客书》评析

李斯的《谏逐客书》写于秦统一的前夜，虽不离乞求为官、劝谏勿逐的主旨，但文章内容充实、说理性强、多用排句、善引比喻、语言形象、文字华丽，不失为秦代散文的典范。在这里，我们略去原文，只依行文次序，试看其逻辑推理上的特点：

首先，他举秦穆公、孝公、惠王、昭王四君招徕之“客”皆有功于秦的事实，责问“何负于秦？”再反问：如果“四君却客而不内（纳），疏士而不用”结果又怎么样呢？那只能是“使国无富利之实而秦无强大之名也！”

其次，问陛下所用数“宝”（即今所谓物质与精神文化），既然“秦不生一”，你为什么喜欢？如果这些穿、戴、声、色的享用“必出于秦然后可”的话，恐怕你只能看到“击瓮叩缶、弹筝、搏髀”、听到“歌呼呜呜”这些敲瓦罐、拍屁股、单音节哇哇叫的“秦之声”了！

再次，既然你采用“异国之乐”、重视不产于秦的“色乐珠玉”，而取人则“不问可否，不论曲直，非秦者去，为客者逐”。这种轻重倒置的行为，只能说是犯了“非所以跨海内制诸侯之术”的大错误，暗喻着“你还能算是有为之君吗？”

最后，反复晓之以理、动之以情，说明地广粮多、国大人多、兵强士勇的辩证关系。若不认识“物不产于秦，可宝者多；士不产于秦，而愿忠者众”的实际，硬要“弃黔首以资敌国，却宾客以业诸侯”，实际是在“藉寇兵而赍盗粮”。那么，“损民以益仇，内自虚而外树怨于诸侯”的结果，要“求国无危”，那是“万万不可得”的战略错误。

《谏逐客书》文字优美，富有节奏感，读起来琅琅上口，如“今陛下致昆山之玉，有随和之宝、垂明月之珠，服太阿之剑，乘纤离之马，建翠凤之旗，树灵鼍之鼓。此数宝者，秦不生一焉，而陛下说（悦）之，何也？必秦国之所生然后可，则是夜光之璧不饰朝廷，犀象之器不为玩好，郑、卫之女不充后宫，而骏良駃騠不实外厩，江南金锡不为用，西蜀丹青不为采。所以饰后宫充下陈、娱心意、悦耳目者，必出于秦然后可，则是宛珠之簪、傅玑之珥、阿缟之衣、锦绣之饰不进于前，而随俗雅化、佳冶窈窕赵女不立于侧也。”文中多以排句一唱三叹，语言生动，从而大大增强了说理的感染效果，如“臣闻：地广者粟多，国大者人众，兵强则士勇。是以太山不让土壤，故能成其大；河海不择细流，故能成其深；王者不却众庶，故能明其德。是以地无四方，民无异国，四时充美，鬼神降福，此五帝三王所以无敌也”（《史记·李斯列传》）。

一篇《谏逐客书》无论从文学角度或论说评比而言，都是一篇文理并用的佳作。从中不难发现它受战国策士们纵横说辞的影响，经过文学功底较深的李斯一运作，就文采斐然，引人入胜。而这邀宠固位、曲意承主的文章，却成了后世疏奏文的榜样。

同为李斯所作的另一篇《上督责书》是在奸臣赵高用权、自己失宠的情况下，写给秦二世的。该文强词夺理，曲为之说，缺乏文采，献媚地出坏点子，竟造成咸阳城内“刑者相半于道，而死人日成积于市。杀人众者为忠臣”的白色恐怖。这不仅是无耻，简直是罪恶！

三、音乐、歌舞与杂技

（一）音乐与歌舞

秦人原有的音乐、歌舞是简单而原始的，较多的还是西部游牧民族那种自由歌调。《吕氏春秋》说“秦穆公取风焉，实始作为秦音”（《音初》），说明春秋时代的秦国所谓的“采风”，实际上接受的还是西周音乐的影响。

在地域分类上，秦音即“西音”。李斯说这种“秦之声”的特点是“击瓮、叩缶、弹筝、搏髀，而歌呼呜呜”（《史记·李斯列传》），其风格较为粗犷、昂扬，结构简单、音律平直，缺乏变化，但却是秦自建国以来的传统音乐。秦昭王在渑池会上时，迫于蔺相如相逼，还为赵王击瓿（《史记·蔺相如列传》）。这当然是外交上“礼尚往来”的表示，秦国能拿出像样的乐器实在不多。

公元前544年（秦景公三十三年），吴公子季札到鲁国聘问，当听到为他唱秦歌时，就能敏感地立即指出，它是来自西周的“夏声”①。1978年时宝鸡县太公庙村曾出土秦公钟5件、秦公镈3件，虽然铭文叙述的是早期秦事，但其形状、纹饰都是变化了的周制，②从中我们不难看出，秦国早期的朝廷音乐也是因袭西周庙堂音乐的。

自战国中期以后，秦破关而出，吸收关东诸国文化的养料，出现了像《郑》《卫》《桑间》《昭虞》《武象》等“异国之乐”。其中前三者是长期流行于中原各国民间的“俗乐”，而后二者则是君王郊祀、朝贺等大典用的“雅乐”。

古人对乐歌的教育作用极其重视，常同“礼”配合，称之为“礼乐”。由于它可以起到“通神明，立人伦，正情性，节万事”的潜移默化作用。因此，庙堂乐舞都较为严肃、庄重、静穆。据载，“始皇平天下，六代庙乐惟《韶》《武》存焉”（《宋书·乐志一》《通典·乐一》）。汉高祖时，原为秦博士的叔孙通“因秦乐人制宗庙乐”，连高庙的《五行》之舞也是沿用秦始皇改过名的周舞。(《汉书·礼乐志》)

“俗乐”来自民间。“靡曼皓齿，郑、卫之音，务以自乐”（《吕氏春秋·本生》），系青年男女私会于溱、洧（濮水）唱和的情歌，即所谓《询訏（xū）》之乐、《芍药》之和一类，具有缠绵健美、悠扬细腻的音调，听起来轻松、悦耳。但在统治者守旧派的“大人君子”眼里，却把“郑卫之声，桑间之音”视为“乱国之所好，衰德之所说（悦）”（《吕氏春秋·音初》）的“亡国之音”。至于子夏说“郑音好滥淫志，宋音燕女溺志，卫音趋数烦志，齐音敖辟乔志，此四者皆淫于色而害于德，”是不能用于祭祀的（《礼记·乐记》），显然是犯了用“雅乐”来要求“俗乐”的错误。事实上，这些出自下层人民的乐歌虽则质朴有加，直抒胸臆，但清新、健康的艺术风格，毕竟是区别于沉闷、呆滞、艰涩的庙堂“雅乐”的。所以，连好

① 《左传》襄公二十九年：“吴公子札来聘，……为之歌《秦》，曰：‘此之谓夏声。未能夏则大，大之至也，其周之旧乎？’”沈玉成译公子札的话是：“这就叫西方的夏音。夏就是大，大到极点了，恐怕就是周朝的旧乐吧！”

② 宝鸡市博物馆、宝鸡县文化馆：《陕西宝鸡县太公庙村发现秦公钟、秦公镈》，《文物》1978年第11期。

古的魏文侯都对子夏说："寡人听古乐则欲寐，及听《郑》《卫》，余不知倦焉。"（《汉书·礼乐志》）不论怎样，这种"细已甚"（《汉书·地理志》）、"美哉渊乎，忧而不困"（《左传》载吴公子季札语）、能激发人情绪的郑、卫之声终于传到了咸阳，在统治者上层中流行开来，从而改变了秦固有的音乐结构。特别是在秦王朝的大力提倡推进下，俗乐进入宫廷，又经过提炼、加工、发展，就成了宴饮、娱乐演奏的"宴乐"（也称"燕乐"）。

在咸阳的宫廷中，有因词谱曲的歌手，名曰"乐人"。秦始皇三十六年（公元前211年）"始皇不乐，使博士为《仙真人诗》，及行所游天下，传令乐人歌弦之"（《史记·秦始皇本纪》）。词、谱、唱结合，形成了一个有分工的完整的音乐创作过程。歌和舞相伴而生，咸阳宫廷里的歌舞自是迷离轻盈、超绝时冠的。《绎史》引《琴苑要录》："秦为无道奢淫不制，征天下美女，以充后宫。乃纵酒离宫，作戏倡优，宫女侍者千余人。"（《秦会要订补》卷九《乐歌》）

咸阳的民间有自己的歌手。《列子·汤问》里记载着这么一则动人的故事："薛谭学讴于秦青，未穷青之技，自谓尽之，遂辞归。秦青弗止，饯于郊衢。抚节悲歌，声振林木，响遏行云。薛谭乃谢，求反，终身不敢言归。"秦、薛师徒二人，教学相长，成为秦国出众的"善歌者"[①]，他们的故事也成了千百年来虚心学艺的美谈，颇富于教益。

（二）乐理与乐歌

秦的音乐成分主要由三部分构成：一是带来陇右沟谷中游牧民族的传统自由歌调；二是沿袭了西周的庙堂音乐；三是接受了以郑卫为主的关东民歌。这三者在历史的发展中，经秦国民众吸收、消化，改变了各自原来的格调，从而形成秦国自己独特的音乐。

正因为"音乐之所由来者远矣"（《吕氏春秋·大乐》），加上秦人立国以来的音乐发展历程，到战国末年就在乐理方面积累了相当丰富的知识，从而建立起自己的音乐理论体系。对于音乐认识的成果，主要反映在《吕氏春秋》一书的《大乐》、《侈乐》、《适音》（又作《和乐》）、《古乐》、《音律》、《音初》、《制乐》和《明理》等八篇中。对乐产生的根源、作用、美学观点（即道德观点）以及乐的成型过程等，都有详尽的阐述。儒家在先秦诸子学说中最重乐的实用性，所以在宗庙之乐中，有八佾舞于庭；孔子阨于陈、蔡，仍然弦歌不辍。只有在阴阳之说兴起后，关于乐论的内容才逐渐丰富起来。从《吕氏春秋》的八篇乐论中，也很明显地反映出阴阳家治乐的观点。

所谓"乐歌"，即是为入乐而写的歌词。写于咸阳时期的乐歌，流传下来的有《罗縠

---

① 《列子·汤问》张湛注："薛谭、秦青二人，并秦国善歌者。"

单衣歌》《祠水神歌》《琴引词》和《仙真人诗》等。其中除《仙真人诗》失传外，其他几首的歌词如：

“罗縠单衣，可裂而绝。八尺屏风，可超而越。鹿卢之剑，可负而拔。”（《史记·刺客列传·正义》引《燕丹子》①）

“洛阳之水，其色苍苍，祠祭大泽，倏忽南临，洛滨醊祷，色连三光。”（清马驌《绎史》引《古今乐录》②）

“酒坐俱无，往听吾琴之所言。舒长袖似舞兮，乃褕袂何曼。奏章而却逢兮，愿瞻心之所欢。借连娟之寒态兮，假卮酒酌五般。泣喻而妖兮，纳其声声。丽颜歌长木翕兮，叹曰骑。

美人旖旎纷嬿椎。霜罗衣兮，羽旌夜袖圭玉琢参差妙丽兮，被云髻。登高台兮，望青埃。常羊啖何还厌兮，归来。”（《绎史》引《琴苑要录》③）

（三）乐官、乐器与演奏家

唐杜佑《通典》：“秦奉常属官有太乐令、丞”，“少府属官有乐府令、丞”。乐府有三长丞，出土有“乐府丞印”“左乐丞印”封泥。《汉书·百官公卿表》说奉常“掌宗庙礼仪”，少府“掌山海池泽之税，以给供养”。由中央这两卿所执掌的范围知，其属官之一的乐官所从事的工作也不会脱离这种性质。像“太乐”是宗庙礼仪中管奏乐的官署，

① 据《燕丹子》载：荆轲刺秦王时，右手把秦王袖，左手揕其胸。秦王曰：“今日之事，从子计耳。乞听琴声而死。召姬人鼓琴。”秦王听完琴声歌词后，“奋袖超屏风而走”。这段文字同《史记·刺客列传》记荆轲“左手把秦王之袖，而右手持匕首揕之。未及身，秦王惊，自引而起，袖绝。……秦王环柱而走……左右乃曰：‘王负剑！负剑’，遂拔以击荆轲，断其左股”的记载不同。从情理言，图穷匕见，荆轲以闪电般的速度刺秦王，岂容秦王从容地乞听琴声！所以司马迁的记载当是真实的。而《燕丹子》虽记燕太子丹的事迹，但成书时间很晚，在《隋书·经籍志》中才开始著录。据研究，当为六朝时的小说家所撰。

固然《罗縠单衣歌》不是秦姬鼓琴之词，我这里引用的道理在于使人看到，在秦时不纯有乐器演奏，还有为歌伴奏的。其歌就是歌词，合而称“乐歌”。词中的“单衣”，即是“禅衣”。

② 《古今乐录》记秦始皇祠水神于洛，有黑头公从河中出，呼“来，受天宝”，于是始皇乃与群臣作此歌。

③ 《琴苑要录》记“秦为无道，奢淫不制，征天下美女，以充后宫。乃纵酒离宫，作戏倡优，宫女侍者千余人。秦倡屠门高见宫女幼妙宠丽，于是授琴而歌之，作为离□之操。曲未及终，琴折柱摧，弦音不鸣，舍琴而更援他琴以续之。”

而“乐府”是储藏乐器以供天子调用的官署。秦都咸阳府库乐府遗址“北宫乐府”石磬残段、渭南新区乐府封泥和秦始皇陵园“乐府”钟的出土，不仅说明秦宫廷、郦山寝园定期定时祭祀活动中，都有器乐奏乐，而且为秦有“乐府”官的设立增添了实证材料，从而消除了汉武帝“始置乐府”的传统误解。[按:《汉书·礼乐志》:“至武帝定郊祀之礼……乃立乐府，采诗夜诵，有赵、代、秦、楚之讴。”颜师古注:“始置之也，乐府之名盖起于此，哀帝时罢之。”

颜注使后人误以为“乐府”的设立始自汉武帝。实际情况则否,《史记·乐书》:“高祖过沛诗《三侯之章》令小儿歌之。高祖崩，令沛得以四时歌舞宗庙。孝惠、孝文、孝景无所增更，于乐府习常肄旧而已”。这就是说刘邦在汉初回到老家沛县同乡亲聚会所作的《大风歌》的配乐——《三侯之章》已经入乐，令小儿歌唱。高祖死后，至孝景帝时，在其原庙仍四时歌舞之，无所增改。因为“少府”是秦官，其属官之一的乐府令丞也当然地一仍其旧。汉惠帝时，有乐府令夏侯宽“备箫管”之事，也可证汉初之乐府沿袭秦而来。

颜师古的误译，我以为源自他对《汉书·礼乐志》原文断句有错。原句应该是:“至武帝定郊祀之礼，祠太一于甘泉，就乾位也;祭后土于汾阴，泽中方丘也。乃立乐府采诗，夜诵有赵、代、秦、楚之讴。”他把“乃立乐府，采诗夜诵”断开，也不完全合乎语法关系。实际上，“乐府”系乐之府，即贮存乐器之所。“府”多出现在战国时代，秦咸阳就有“书府”。大约是汉武帝时,乐府的功能有了变化,从储藏、保管乐器的事业机构扩大到包括“采诗”在内的制乐领导机关。由乐府征集各地的俗乐，加以整理训练，故而夜诵的内容才有“赵、代、秦、楚之讴”]

秦统一六国之后,即“收天下兵聚之咸阳,销以为钟鐻、金人十二,重各千石,置廷宫中”(《史记·秦始皇本纪》)。战国末年，诸侯国虽有精良的钢铁兵器生产，但秦军队装备依然是以青铜兵器为主。① 所以秦始皇收缴天下兵器加以销毁，目的固然是削弱各地的反抗势力，但把其中的青铜兵器铸作成钟鐻、铜人，却是一种别具匠心的物质与精神享受。因为前者属于钟架，以便大型器乐组合演奏，可悬挂黄钟、大吕及编钟②；后者则属于宫廷建筑前摆设的铜雕艺术品。

据文献记载，秦时的乐器除过缶、瓮这些不登大雅之堂的原始性“土乐器”外，真正

① 王学理:《秦俑专题研究》中《兵器篇》诸文，三秦出版社，1994年。

② 湖北随县擂鼓墩的曾侯乙墓是一座战国早期的大墓。墓中的曲尺形钟架全长10米以上，分上中下三层，通高2.73米，由6个佩剑的青铜武士和几根圆柱承托，悬挂65个、重达3500多公斤的编钟，其中就有楚惠王大镈。材料引见湖北省博物馆等:《随县曾侯乙墓》，文物出版社，1980年。

称得上乐器的大概包括了由铜、石、陶、木、革、竹、弦等质料做成的打击、弹弦、腔管和簧管等四类。《吕氏春秋·仲夏纪》："是月也，命乐师修鞀、鞞、鼓，均琴、瑟、管、箫，执干戚戈羽，调竽、笙、壎、篪、饬鐘、罄、柷、敔。"其实还应有錞、铎、筑、筝、笛、琵琶、阮咸等。其中的鞞即是鼙，是军乐器；柷（zhù），也名椌，高诱说："如漆桶，中有木椎，左右击以节乐"；敔（yǔ），也名楬，"木虎，脊上有鉏铻，以杖擽之，以止乐"；鞀（tào），即长柄的拨浪鼓；筑，似琴，有弦，用竹击之，因以为名（《史记·刺客列传·索隐》）；钟、鐘、铎，都是铜制的打击乐器，形制略同，大小有差。

秦代的乐器有些奇巧玄妙，又往往同一些传说故事联系在一起，使人难以置信。《西京杂记》里载有一则自行联奏的乐器："秦咸阳宫中，有铸铜人十二枚，坐皆高三尺（合今 69.3 厘米），列在一筵上。琴、筑、笙、竽，各有所执，皆组绶华采，俨若生人。筵下有二铜管，上口高数尺，出筵后，其一管空，一管内有绳大如指。使一人吹空管，一人纽绳，则琴、瑟、竽、筑皆作，与真乐不异。"咸阳宫里还有两件珍贵的乐器，一个是"璠玙之乐"琴，"长六尺，安十三弦，二十六徽，皆用七宝饰之"；另一个是"昭华之琯"，即"咸阳宫中有玉管，长二尺三寸，二十六孔，吹之则见车马山林，隐辚相次；吹息亦不复见"。《古琴录》和《琴苑》一中都记有秦惠文王的两个名琴，一称"宣和"，一名"闲邪"。

秦公镈

秦公钟

图 12-8　秦公镈与秦公钟

考古发掘所见的几件秦乐器都是用于庙堂演奏的，如宝鸡太公庙发现秦武公初即位时（公元前 697 年）做的 5 件铜编钟和 3 件铜镈（图 12-8）；《考古图》收的秦公镈钟，过去称"昭和钟"或"盄和钟"，自宋以来对其时代众说纷纭，或说宣公时器，或以为康公时器，或认作景公时器。结合民国初年出于甘肃秦州的秦公簋和陕西凤翔秦公一号大墓出土的残磬铭文，可以认定，簋、镈、磬三者都是秦景公初即位时所作，时间约在公元前 576 年之后。这些大型的金石之乐器，虽非出自咸阳，我们却可从中看到春秋时期秦国庙堂之乐的一斑。而始皇陵“乐府”编钟的发现，则给我们提供了研究音乐史的重要资料。

铜“乐府”编钟1976年2月采集于始皇陵西北的“丽山食官”遗址内。钟通高13.3厘米、铣距7.2厘米、钮高3.8厘米，重538克。外错金银云纹或蟠螭纹，内壁仍铸出纤细的暗纹并有四条校正音高的“隧”（即凸起的条棱）。经测音，属于“C”调。钮上镌刻小篆书体的“乐府”二字。（图12–9）看来，这枚钟当是一组乐府编钟中最小的一枚。秦“乐府”铜编钟，由于有“隧”可以调整音高，所以就能做到音准一定、音阶分明。这也反映出具有传统的好乐的秦人在乐器制造方面，具有高超的技术。（图12–10）

1. 乐府丞印　　2. 左乐丞印　　3. 雍左乐钟

图12–9　秦乐府封泥印文

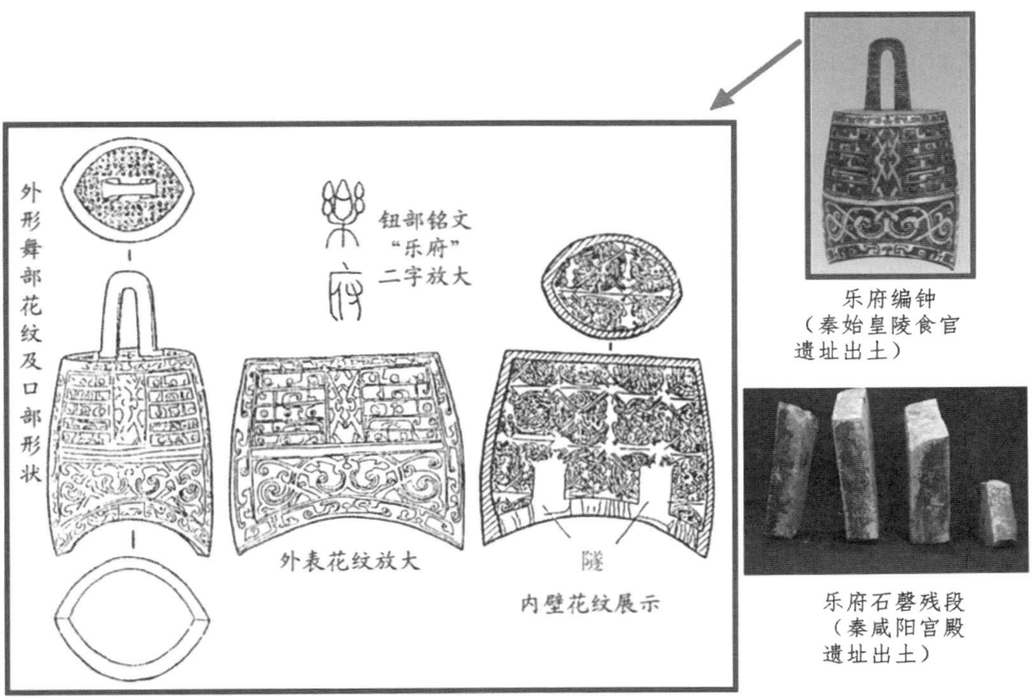

图12–10　秦乐府编钟与编磬

早在秦穆公时代，有位吹箫的高手名叫萧史。据说，他的箫声能引来孔雀、白鹤舞雍于庭。穆公把爱女弄玉给萧史作妾，学凤鸣。夫妇在“凤台”上居数年不下，竟随凤凰飞去。以后秦人在雍宫中筑“凤女祠”，不时还能听到箫声（刘向:《列仙传》）。神仙化了的萧史、弄玉，固然杂有道家伪托的成分，但事出有因。萧、笙合鸣，正是春秋时期秦国乐器演奏留给后人的一段佳话。北魏郦道元面对“凤台、凤女祠”遗迹，也发出了“今台倾祠毁，不复然矣”的感叹（《水经注》）。至于华山上的“箫史亭”“弄玉井”以及在明星岩下建立的“箫女祠”，那则是明、清道士们抬高道教身价之作。

秦昭王时，有一次应侯范雎听贾于子鼓琴，问:“今日之琴，一何悲也？”贾于子答道:“夫张急调下，故使之悲耳。张急者，良材也；调下者，官卑也。取良材而卑官之，安能无悲乎？”应侯说:“善哉。”（《说苑·尊贤篇》）生动的对话、透彻的析理，正是琴演奏家贾于子掌握了乐器材质与乐调关系的表现。

高渐离是位燕国的击筑演奏家，随荆轲刺秦失败后被逐。他隐姓埋名，“为人佣保，匿作宋子”，后被推荐给秦始皇。始皇爱其才，赦免原为刺客之罪，“乃矐其目，使击筑，未尝不称善”。但因渐离后来慢慢靠近秦始皇，竟以铅置筑中，用以扑打始皇，不中而被诛，留下刺秦的又一曲悲歌。（《史记·刺客列传》）

西汉齐哀王的将军魏勃，其父也是一位鼓琴的演奏家。曾见过秦始皇，为之鼓琴。可惜史书上没有留下他的名字。（《史记·齐悼王世家》）

屠门高知音，曾作《琴引》一书传世。他同样也没有留下自己的故事。（《通志·乐略》）

（四）杂技百戏

秦时，角抵、散乐、百戏等民间歌舞、杂技，作为一种文化，也是随着秦的统一形势相继集中到咸阳、涌入宫中，并成为统治者精神享受的一部分。（图 12-11）

角抵，写作“角觝”，含有两牛相抵的意思。又名“觳抵”。实际上就是现在的摔跤运动。这是春秋战国时期兴起的一种军事体育项目[①]。秦二世有声 色犬马之好，在咸阳的甘泉宫里以角抵娱乐[②]。到了汉代，它更加普及。唐代称其为“相朴”，为群众所喜爱，以至传播到日本。

---

① 《汉书·刑法志》：“春秋之后，灭弱吞小，并为战国，稍增讲武之礼，以为戏乐，用相夸视，而秦更名角抵，先王之礼没于淫乐中矣。……至元帝时，以贡禹议，始罢角抵，而未正治振旅之事矣”。

② 《史记·李斯列传》：“是时，二世在甘泉，方作觳抵优俳之观。李斯不得见……”这里的甘泉不在云阳，实是咸阳的甘泉宫，说详见前。

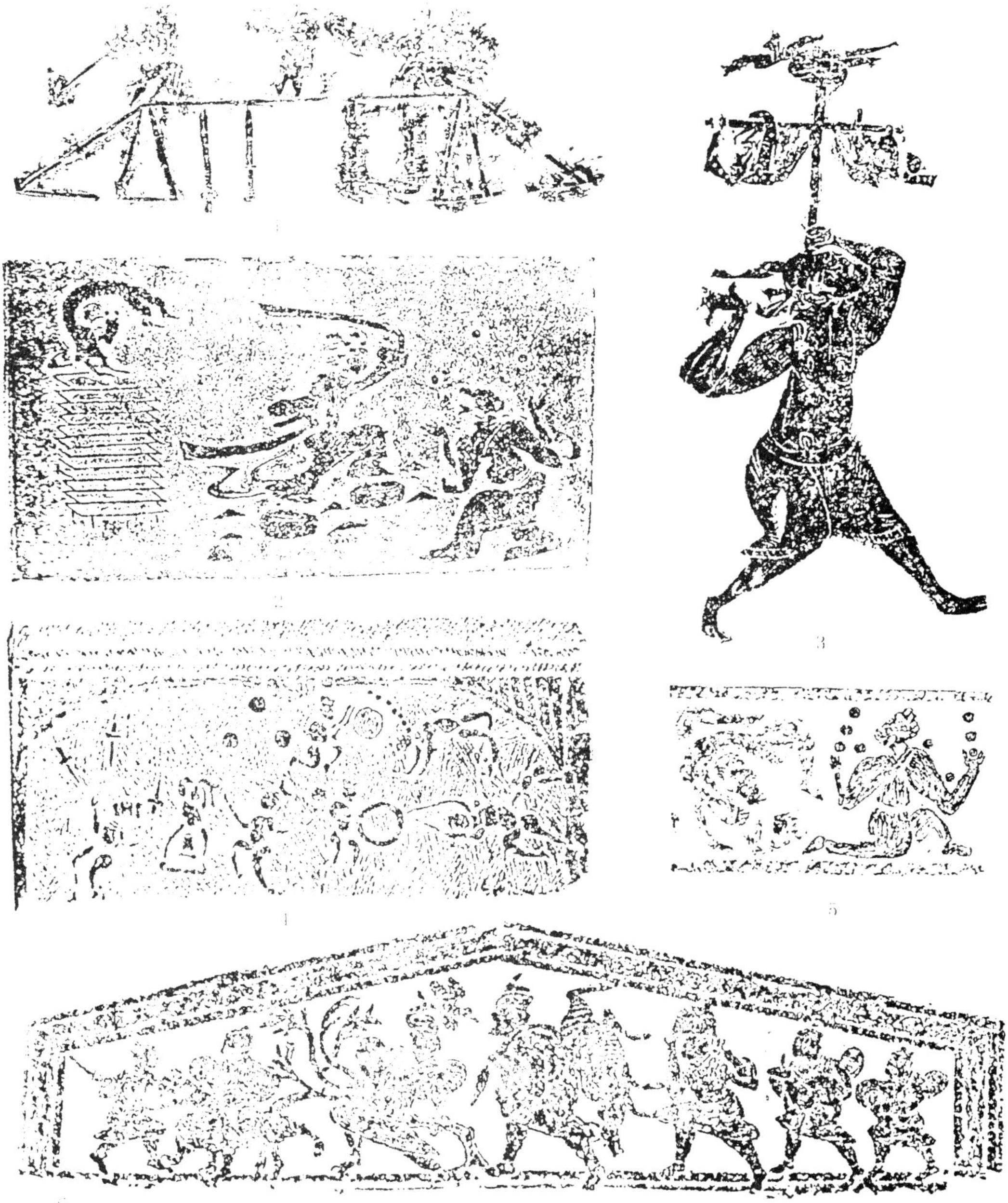

杂技百戏图

1. 高絙（沂南画像石）　2. 安息五案（汉画像石）　3. 都卢寻橦

4. 反弓丸剑（宜宾石棺画像石）　5. 跳丸　6. 乌获扛鼎（铜山汉墓画像石）

图 12–11　杂技百戏画像石

秦都咸阳的宫廷里杂技名目繁多，演技也相当成熟。据马端临《文献通考·乐考》简注如：“其杂戏盖起于秦，有鱼龙蔓延[①]（又名“曼延”“曼衍”，是鱼、龙形舞）、高絚（绳技，古亦称“履索”）、凤凰、安息（伊朗）、五案，都卢寻橦（即长竿杂技，“寻撞”指长竿，据说都卢国人“体轻善缘”，戏者在竿上做多种惊险动作）、丸剑（属于手技类杂技。也叫“跳丸剑”，是在东周时“跳丸”“跳剑”的基础上发展而来的。其法为把剑和丸抛向空中，随抛随接）、戏车（在驰骋的马车上立竿建鼓，竿上有小儿做多种惊险的动作）、山车、兴云动雷（杂技和魔术结合的节目）、跟挂腹旋（在竿上以脚跟倒挂或在竿顶以腹部旋转如飞）、吞刀（吃刀子）、履索吐火（前者和“高絚”基本相同，有如今之“走钢丝”。不同的是在履索过程中还要作喷吐火焰的表演）、激水转石、嗽雾（喷水成雾）、扛鼎（也叫“乌获杠鼎”，道具多用车轮、石臼、大瓮。今称其为“掷坛子”）[②]、象人（装扮各种兽的舞技）、怪兽、“舍利之戏”。这些大概就是后来盛行于汉代的“百戏”（包括杂技、武术、幻术、滑稽表演、音乐、舞蹈、演唱等多种技艺的串演）的前身。

当然，这些杂技未必都是秦廷中演出的原貌，如“安息五案”，显系汉武帝“闻天马蒲桃，则通大宛、安息”（《汉书·大宛传》）之后传来的节目；“嗽水作雾”也是来自西方[③]。但秦确实吸收了春秋以来各国创造的优秀节目。《国语·晋语》中就有“侏儒扶卢”（矮子爬上长兵器杆）的记载。谁能说秦统一天下后没有把临淄那一套“吹竽鼓瑟，击筑弹琴，斗鸡走狗，蹴踘六博”的乐舞、技艺、杂耍接收过来？

秦代的杂技艺术创造内容，在长期的历史过程中不断地充实。今日很多传统的杂技节目，如果我们索本求源的话，都会在秦汉时代的“百戏”中找到它们的雏形。

四、绘画、雕塑

（一）绘画

王嘉《拾遗记》上关于“刻玉善画工”烈裔的两则故事颇为有趣。

一是他“口含丹墨，喷壁即成云龙之像（或说‘使含丹青以漱地，即成魑魅及鬼怪群物之象’）；以指历地，若绳界之，转手方圆，皆如规度（或作‘以指画地，长百丈，直

---

① 曼延，兽名。张衡《西京赋》：“巨兽百寻，是为曼延。”薛综注：“作大兽长八十丈，所谓‘蛇龙曼延’也。”李善注“武帝作漫衍之戏也”。

② 扛鼎，举鼎。张衡《西京赋》：“乌获扛鼎，都卢寻橦。”乌获、孟说和任鄙是秦武王时的三个大力士，因为武王“有力好戏”，他们也当了大官。一次，孟说同武王举鼎，王“绝膑”而死。

③ 《后汉书·安帝纪》李贤注引《汉官典仪》：“作九宾乐，舍利之兽，从西方来，戏于庭，入前殿，激水化成比目鱼。嗽水作雾，化成黄龙，长八丈，出水戏于庭，煊耀日光。”

如绳墨’)，方寸之内，四渎五岳，列国备焉(或作‘方寸之内，画以四渎五岳列国之图’)。画为龙凤，皆轩轩若飞也(或作‘又画为龙凤骞举若飞，皆不可点睛，或点之必飞走也’)”。

又一个烈裔的故事是说，他“刻白玉为兽，毛发若真(或作‘刻玉为百兽之形，毛发若真，皆铭其臆前，记以日月’)。秦始皇叹曰：‘刻画之形，何得飞去？’使以淳漆点两玉虎眼睛，旬日失之。明年献两白虎，各一目，视其胸，果是年所刻玉虎也(或作“使以淳漆各点两玉虎一眼睛，旬日则失之，不知所在。山泽之人云：‘见二白虎，各无一目，相随而行。毛色相似，异于常见者。’至明年，西方献两白虎，各无一目。始皇发槛视之，疑是先所失者，乃刺杀之。检其胸前，果是元年所刻玉虎”)。”[①]

据说烈裔来自骞霄国(或作“蹇涓国”[②])，其画技之高，所画无不逼肖，令人惊叹。他不但是个画家，而且还是位雕刻能手和地理学家，堪称艺术全才。我们如果剔除人们因称羡而附加在他身上的那些传奇色彩，其精湛的艺术造诣，可说是来自域外、生活在咸阳的一代艺术之尊。

烈裔以“丹墨喷壁”反映了那时绘画的实际。古代宫廷建筑的装饰画多是涂绘在墙壁上的，即所谓“宫墙文画”。楚的爱国诗人屈原遭谗放逐，面对先王之庙及公卿祠堂壁上的图画，才向所绘的“天地山川神灵”自然现象、神话传说、“古贤圣”的怪物事迹，驰骋想象，发出愤懑的《天问》。《孔子家语》《韩非子·外储说》上，同样也有关于东方国家宫殿与庙堂壁画的论述，也正因为中国的古代建筑是土木结构，最后连鲁殿灵光也不存在于世了。但是，经过2000多年，于20世纪60年代初期秦都咸阳北阪宫殿遗址中出土的壁画残块，则给我们提供了管窥蠡测、稍睹秦画风采的机会[③]。

秦宫壁画遗迹见于冀阙宫庭群体建筑的第一号和第三号宫殿建筑。1961年11月，我同吴梓林对一号宫殿基址作过试掘，即发现壁画残块和装饰性铜构件。(图12–12)1974年正式发掘则出土更多[④]，于1979年又在三号宫殿基址中发现了长达32.4米的画廊建筑。[⑤](图12–13)概括起来，这些壁画内容包括两个方面，一是绘画，二是图案。

---

① 引自《太平御览》、张彦远《历代名画记》。括号内为《拾遗记》卷四及《太平御览》七五二。

② 马非百在其《秦集史》一书的按语中说：“骞霄一作骞涓(《渊鉴类函》三二七引)，当是由霄伪消，再由消伪涓耳。《庄子》书有建德之国，《汉书·地理志》谓之黄支，《大唐西域记》谓之建志补罗国(Kanchipura)。若骞霄者岂谓是耶？”

③ 陕西省社会科学院考古研究所渭水队：《秦都咸阳故城遗址的调查和试掘》，《考古》，1962年第6期。

④ 秦都咸阳考古工作站：《秦都咸阳第一号宫殿建筑遗址简报》，《文物》1976年第11期。王学理等：《秦都咸阳发掘报道的若干补正意见》，《文物》1979年第2期。

⑤ 咸阳市文管会等：《秦都咸阳第三号宫殿建筑遗址发掘简报》，《考古与文物》1980年第2期。

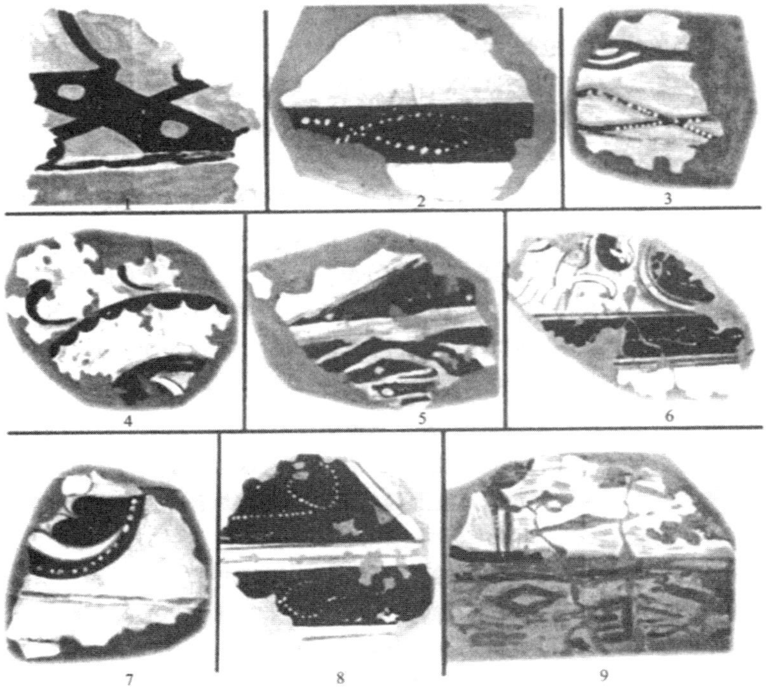

图 12-12　壁画残块（1 号建筑）

图 12-13　壁画图案

画廊所绘，是些有场景的具体形象，尽管支离破碎，如果把出土部位及其内容联系起来研究，一幅气势磅礴、风韵生动的横幅长画就展现在我们面前：

由红、黄、黑的“纯驷”分驾独辀轩车七乘，陪衬以道路、树木和建筑物，表现的是车马出行，由 11 个着各色长袍、戴武冠的人物，分上下排列，很可能是一组仪仗队列；

着戎装、载弁帻的武士乘棕红色马，转体弯弓欲射，显系一幅骑马驰射图；重檐建筑，附有角楼，柱间垂幔，屋顶立凤，下有门吏，俨然是一座宫廷建筑。

至于所见除马以外，有虎、麒麟、野猪、凤鸟等动物，松、竹、墨、柳等植物，甚至还有麦穗类农作物，均应是组成画面的点缀品，只是因画面遭到破坏而不明其所属罢了。

从这些秦宫的彩画看，其题材广泛、构图合理，生活气息强烈，给人以深刻的感染力。奔驰的驷马轩车，成组驰驱，前留有开阔的空间，以路旁树木为参照物，留给人以速度、力量、奋进和想象的余地。那幅武士力挽强弓、纵马驰射的图画，表现的正是一代英雄姿态。如果说秦陵兵马俑的战车兵和骑兵只是营垒和列阵时的静态，那么秦宫壁画则是被激活了的动态画面。宫殿建筑入画，往往显得厚重、呆滞，而这里的四重檐大屋分上下两层，在画家笔下用立凤、门吏衬托，正体现了当时盛行高台建筑的风格。即使一些小景的刻画，也颇见功夫。过去有“画工不画柳，画柳便装丑”之说（《绘画微言》），但这里画的柳枝婀娜多姿，似微风荡漾。由于画作表现的是客观存在着的现实生活、重视人的本质，就使得一幅幅画面栩栩如生，这是秦宫壁画区别于前此描写神灵鬼怪的庙堂绘画的根本点。其次，用黑、赭、黄、大红、朱红、石青、石绿、蓝、白等颜色及其间色造型，以线为辅，经过渲染，浓淡有致，就能产生出立体感和较强的质感；平涂，跳动性的对比设色，则绚丽多姿，就有深刻的视觉效果。总之，纯熟地运用色形语言艺术，成功的现实主义作风，就造就了秦代伟大的艺术作品。

图案，本来是一种装饰画，但秦宫壁画中图案的构成及其装饰的位置很有特色。把图案作为大幅墙壁的边饰，现在我们看到的只有下部的残存，从堆积土的图案画残块中可以断定墙壁上部也有同样的边饰。再由图案构成的条带边饰看，图案构成有两类。一类是单色图案，即在粉底墨绘的条带上，用粉白的一颗颗连珠组成几何纹样，或黑、白、红三色套绘作卷云纹；另一类是彩绘的图案，即用黑、褐、朱红、湖蓝、橘黄绘成流云纹或四方连续的几何纹图案。图案母题多是变化着的菱形纹、钷菱纹，线条处理则据粗细穿插、宽窄疏密而变化，给人以有节奏的运动感。总之，八种边饰多彩、多变，造成了稳重、庄严、富丽而欢快的艺术效果，从而表现出秦艺术家对色彩及其色阶关系的深刻理解和对菱形图案的高度驾驭能力，肯定也对后代图案装饰艺术产生着深远的影响。

（二）雕塑

1. 十二个大铜人——巨型铜铸圆雕艺术品

说到秦代的雕塑，我们不能不首先提到秦始皇销毁兵器铸造的十二个铜人。因为它们是雕塑成型、铜铸的艺术品，体现着那时审美意识、工艺技术的最高水平。可是，两千年来笼罩在它们身上的是一重重扑朔迷离的轻纱，使人看不真切，再加之它自有的神奇色彩和历史性的附会传说，使人难以置信，甚至怀疑其历史的真实性。在此，我根据史载承认其有，而且可以断言它是世界上立体造型艺术的极品。（图 12–14）

《史记·秦始皇本纪》：二十六年“收天下兵，聚之咸阳，销以为钟鐻、金人十二，重各千石，置廷宫中”。《三辅黄图》：“销锋镝以为金人十二，以弱天下之人，立于宫门，坐高三丈，铭其后曰：‘皇帝二十六年，初兼天下，改诸侯为郡县，一法律，同度量。’大人来见临洮，其大五丈，足迹六尺。铭李斯篆，蒙恬书。董卓悉破铜人、铜台，以为小钱……余二人，魏明帝欲徙洛阳清明门里，载至霸城，重不可致，便留之。”

图 12–14　十二铜人模拟像（部分）

关于金人历经沧桑之变，据《三辅旧事》说“秦作铜人，立在阿房殿前，汉徙著长乐宫大夏殿前”（《长安志》引）。但铸铜人在前（公元前221年），建阿房宫在后（公元前212年），相差十年时间，况且阿房宫的前殿至秦灭亡还处在施工的停辍状态，不可能过早地把铜人迁来，很可能是“甘泉宫前殿”之误。台湾学者王裕民认为立在咸阳宫前，也可备一说。但这应是刚铸成的情况，随后因为政治重心由北而南地转移，就将之迁到了渭南的甘泉宫前殿。《三辅旧事》载：“汉徙长乐宫。”《关中记》说“董卓坏铜人，余二枚徙清门里，魏明帝欲将诣洛，载到霸城，重不可致。后石季龙徙之邺，苻坚又徙入长安而销之”（《史记·秦始皇本纪·正义》引）。但《后汉书·方术蓟子训传》作“后人复于长安东霸城见之，与一老公共摩挲铜人。相谓曰：‘适见铸此，已近五百岁矣。’”在此，我们先撇开始皇铸造铜人的缘起、取名“翁仲”的由来、未入洛而徙邺的真假、全部销毁还是留在霸城等考释问题，就其艺术价值而言，我以为起码有两点值得称道：

第一，体量之大，堪称雕塑之奇。

“重各千石”，即每个铜人重30750公斤，合30.75吨①。“坐高三丈”，即连同底座高7.26米。[按：《三辅黄图》一书最早的著录见于《隋书·经籍志》，晁公武定为梁、陈间人所作。程大昌则定为唐肃宗以后人所作。经我师西北大学陈直教授考订，认为“原书应成于东汉末曹魏初期”，后经多次补缀，在中唐以后才形成全本。先生之成果见《三辅黄图校证》，陕西人民出版社，1980年。

尽管“今本序言，既乏汉魏醇古之气，又无六朝骈偶之体”，又有《黄图》引用《汉书》颜注之嫌，且“经过各次之补缀，原书之成分存在者已属不多”（陈序中语）。毕竟“东汉末、曹魏初期”人所见的秦汉遗迹、遗物不会有大的差错。故这里引用《黄图》关于铜人“坐高三丈”的数据当为时人目见所测的结果。

今人曾武秀在其《中国历代尺度概述》一文中，据《九章算术·商功》刘徽注，推算出“魏尺约当今24.2厘米弱”。那么，秦铜人“坐高三丈”即合今7.26米。

另外，关于铜人“坐高”的理解问题，似有必要确定。有说铜人作坐姿，理由是张衡《西京赋》有“高门有闶，列坐金狄”之句，而且《汉书·王莽传》有“梦长乐宫铜人五枚起立”的记载。我以为铜人的姿势采取立相而非坐相，根据是：

---

① 《三辅旧事》说“铸铜人十二，各重二十四万斤”（即二千石），而清梁玉绳在其《史记志疑》里据《三辅旧事》中之数及《三辅黄图》中“钟鐻高三丈，钟小者皆千石”而认为“千石者及钟鐻重数，史误并之”。此间，我还是以《史记》为据。秦1石=120斤。由高奴铜石权测知，秦1斤合今256.25克，则秦1石折今30.75公斤。那么，“千石”等于30750公斤。

首先，器物托底的基础部件为“座”，《正字通·广部》：“座，古作坐，俗作座。”铜人的“座高”，即是铜人连同其放置的底座之高度，也就是考古学上常说的“通高”。

其次，大型的人体雕像多取立姿。因为立姿比坐姿更雄伟、更有气魄。在军队操练动作中有一种称作“坐”的姿势，《左传·昭公二十七年》杜预注说“坐行，膝行。”《礼记·玉藻》孔颖达疏就明确说“坐，跪也。”既然秦陵兵马俑坑是表现秦代军事生活的主要场景，数千件武士俑除过少数习射的跪姿俑外，多为立姿，而且阵形也没有采用坐阵。如果在巍峨的兴乐宫前跽坐着十二件铜人，气氛是何等的不协调！尽管它“坐高三丈”。平地跽坐三丈，无底座则不相称；若底座升高再置跽坐铜人，又有失比例。故而铜人取立相的可能性最大。

再次，铜人置宫殿前，既表示销毁兵器，不再有战争，“以弱黔首之民”（贾谊：《过秦论》），又是仿造出现在临洮身长五丈、足履六尺的“大人”（《汉书·五行志》），所以没有以跪坐表现其“大”的道理]《汉书·五行志》载：“秦始皇二十六年，有大人长五丈，足履六尺，皆夷狄服，凡十二人，见于临洮。……销天下兵器，作金人十二以象之。”此“大人长五丈，足履六尺”，分别为 11.55 米和 1.39 米，显然是不可信的。出自何种原因，我们暂不理会。“十二”是六的倍数，符合秦“数以六为纪”的规定。因为始皇统一六国，志得意满，又有“大人”出现在临洮并视之为祥瑞，故铜铸“以象之”。那么，“皆夷狄服”，站高可 7.26 米，就是我们获得关于铜人艺术形象的全部内容了。但我相信这十二个铜人的塑造，必定是在秦始皇陶质兵马俑和铜车人马等艺术实践与经验积累的基础上产生的。[①]其面相各别，形象生动、神韵具备，及由之体现出塑造技术技法更趋成熟，是一批无与伦比的艺术佳作。

秦十二金人作为铜铸的人像雕塑艺术品，虽不是空前的孤品，却属于前此所无的雄伟之作。四川三星堆出土古蜀文化的青铜立人像及方座高才 2.62 米，而灵彻三界的青铜通天神树被认为“是迄今发现的中国青铜文物中形体最大的一件”，残高只有 3.95 米，比起秦十二个金人还矮了 3.31 米。但不同地域，又不同时代的两个不同内涵的文化，其诡谲神秘的艺术意义，却永远是个难解的谜。

第二，铜人与环境的协调，更能显示整体的艺术效果。

秦始皇销兵铸作钟鐻、金人十二，并非无为之举。金人作为喜庆的纪念物，只有同皇帝的国事活动联系起来才有意义。从秦“立咸阳宫前”、“汉徙长乐宫大夏殿前”（《三辅

① 我在《秦始皇陵研究》一书中认为兵马俑的塑造约在秦统一战争取得决定性胜利的局势下开始的，具体时间可能是秦始皇二十四年（公元前 223 年）灭楚之后。秦始皇筑坑置俑，取“陈兵”形式的想法也只能是在这时产生，此说我在《秦俑专题研究》一书的《一幅秦代的陈兵图》中也有论述。

旧事》）、东汉明帝徙置洛阳不得而另“发铜铸为巨人二，号曰翁仲，置之司马门”（《晋书·五行志上》）的情况看，只有把高大的铜人竖立在朝宫殿前或司马道两侧，壮丽威严，才更能体现出帝王之气、皇家风采。

秦十二金人铸成后最早置于大朝的咸阳宫，这里位居高亢的“北陵”之地，周围既有“冀阙宫庭”扩建增修后的群体建筑，又有仿造的六国宫室，星罗棋布，蔚为壮观。渭河南岸的甘泉宫建于昭王时，秦始皇又起了前殿，还筑甬道直通渭北，成了皇帝又一大朝的地方。前后这两处随皇帝转移的政治中心，布局严整，建筑巍峨，殿前放置两排共计十二个金光灿灿、高可7.26米的大铜人，就显得浑然一体，相得益彰，既突出了它在坐落重重的宫殿建筑群的地位，显出了主次，又使都城高居郡县城之上，特别是压倒了原来六国都市，营造气势夺人之美，无怪服役于咸阳的刘邦也发出“大丈夫当如此”的喟然长叹。

2. 始皇陵彩绘铜车马——铜铸艺术的奇葩

1980年，在秦始皇陵西侧出土的两乘彩绘铜车马，以驷马安车为主，前有驷马立车为导，真实地再现了宫廷副车的形象。（彩版七：5）尽管它们仅及真物的一半大小，但四马入套，驾具齐全，御手握辔，表现的正是待令欲驰的静态。

作为写实主义的作品，铜俑、马和车造型准确、装饰齐全，铸造手法细腻，成功地雕塑出一个个活生生的艺术形象。铜俑两件，作一立一坐（跽）的姿态，其头与躯干的比例正符合古代艺人“立七坐五盘三半”的歌诀，“面大如手”，五官“三停五部”的安排也得到了印证。他们脸庞丰满，目视车前，双唇紧闭，又带着一丝淡淡的微笑。戴切云之冠，着袍，登履，挎剑，即可望知是些英俊、潇洒又御术娴熟的美男子。铜马八匹，姿势略同，其头高仰，棱骨分明而肉少。颈浑圆而长，挺胸，广膺，大腿宽厚，汗沟（由尾基到会阴的褶缝）分明。铜马全躯丰肥，四肢劲健，显然是挽曳型的“良马”。其眼眶四满，上弓下直；睛如悬铃，口裂深长；双耳前倾，坚厚有如削竹。其机警神骏与力大耐久的表征，使人佩服相马学之发达与雕塑家的观察力与表现力之高超。

静中寓动，神态生动，再加之白马素车、彩绘龙凤，就使得皇帝车驾的模拟物具有艺术造诣。虽然车马处于静态，但御俑双手前举，目视白驷；马的胸筋暴起，两耳前耸，两骖受靳的牵动而头向外偏，纛、缨略往后飞扬，这些细节的刻画，正预示着车马待发的动势。四马纯白、御者颜面粉红，车的不同部位彩绘多种图案纹样，特别是车盖、箱围上的变体夔龙戏凤及流云纹、杯文既使铜车绮丽多姿又典雅高洁。

在铜车马成型上，圆雕、线雕结合，铸、錾并用，做到了雕塑与冶铸相济、绘画与装饰同工。一整套科学的工艺流程、精到细腻的浇铸技术和设计者高超的审美意识，使之成为铜铸艺苑中的一枝奇葩。

3. 秦陵兵马俑——气势磅礴的陶塑艺术群像

7000个左右陶质武士俑，或簇拥战车，包括步、骑、车、弩四个兵种，按照“阵、营、战、幕”这几种军事生活中的主要场景，布置在四个不同形状的、占地24780平方米的地下坑，罗织在一个统一的构图之中，这在宏观上就构成为一种整体的艺术美。在武士俑与车马的布置上，采用对称结构（如一号坑和三号坑）与方块（或长方块）结构（如二号坑）两种手法。前者在轴线关系上具有延伸、展开的特性，能使画面更加整齐划一，给横向或纵向以宽度或深度的变化留下了无限的空间；后者给人的视觉效果是均衡、稳定、严密，具有无穷的连续性的，可使数千件兵马俑延展成一个浩浩荡荡的军事实体。这两种布置手法的交互运用，使得高大如真的秦俑这一造型艺术群像在立体空间上气势磅礴、威威赫赫，具有一种艺术的震撼力（彩版七）。

作为刻画将卒形象的武士俑群，大多数个体比例合适，造型准确，面貌不一。塑绘匠师能注意到对不同类型人物性格的细腻塑造（将卒、民族、年龄、军职等），从而形成秦代写实主义雕塑的伟大丰碑。通过脸盘、眉目、鼻梁、嘴唇、下颏的“搭配”，再对眼角、胡须、嘴角、发型等细部的“刻画”，不但显现出喜、静、思、怯、骄、慢、猾的不同表情，而且形神兼备表现出老将多谋善断、稳健大度的风姿（彩版七：2、4），壮年“智将”血气方刚、威猛刚毅的气质，一般士卒坚定沉着、机智勇敢、威武刚强的性格特征，深刻地揭示了武士们“勇于公战”的精神境界。即以这些将卒形象的冠戴、服饰而言，从战袍、铠甲、胫缴、跗注、行縢、履靴到带钩、甲扣、发带等，都刻画得细致真切，符合实战的需要。再加之俑表绘彩，在不同部位敷色达15种，浓淡相间，对比强烈。那么，塑型与绘彩成功的统一，就使得秦俑这些黄泥塑造、经陶窑焙烧再经染色的模拟物获得勃勃生机，呼之欲出。

秦兵马俑群雕是杰出的艺术佳作，是两千年前划时代的成就。在佛教传入中国之前，秦俑拔地而出，作为前此传统造型艺术的最高成就，土生土长的创造，当为民族的骄傲，是秦代艺术家对人类文化财富的特别贡献。①

4. 始皇陵园的陶俑——小吏与劳动者的形象

秦始皇陵园出土的陶俑，见有管理和饲养马匹的圉俑，有官长随员的文吏俑，也有伎

① 王学理：《秦俑专题研究 · 雄浑的气魄写实的艺术》，三秦出版社，1994年。

乐百戏俑。

最早见到的圉俑有两种：一种是陵西曲尺形马厩坑出土的十余尊与真人同大的立姿袖手陶俑，戴长冠，着长袍；另一种是陵东侧垣墙外马厩坑出土的跽坐陶俑，因为着袍，头梳椎髻，长期来人们误作“女俑”，实际是些男性马夫的形象。周代把养马的劳动者称作“圉人”，而管理圉人的称“圉师”。《云梦秦简》对前者叫“小隶臣”“皂者”或“徒”，对后者叫“厩啬夫”。这两者往往是师徒关系。无论是啬夫俑或是圉俑，都是富有艺术价值的陶塑珍品。姿势或取侍立拱手，或取跽坐伸手搭膝，均五官端正，造型准确，其恭谨唯命、尽职尽责的安详态度艺术地再现了秦代下层劳动者的形象。

文吏俑出自陵冢西南角的 K0006 坑中，有 12 件，除御手俑外，文吏俑戴双板长冠，着长袍，袖手胸前，右侧腰带上垂有砺石与削刀。个个表情安详，显出一副唯命恭谨的姿态。

百戏俑有 11 件，出自陵园内城外的东南角 K9901 坑中，无衣着，仅腰部围以短裙束带。姿势或右臂曲肘举手，一指向天；或双手在胸前握物，其体格健壮，肌肉外鼓。秦代多种杂技表演，在这里只是露出的冰山一角。

陵北的苑囿坑（K0007）出土原大的陶俑 15 件，戴软帻，着长袍，穿薄袜，或作长跪举右臂，或箕坐伸手膝上，似为在园林水边演奏的一批乐人。

（三）工艺美术

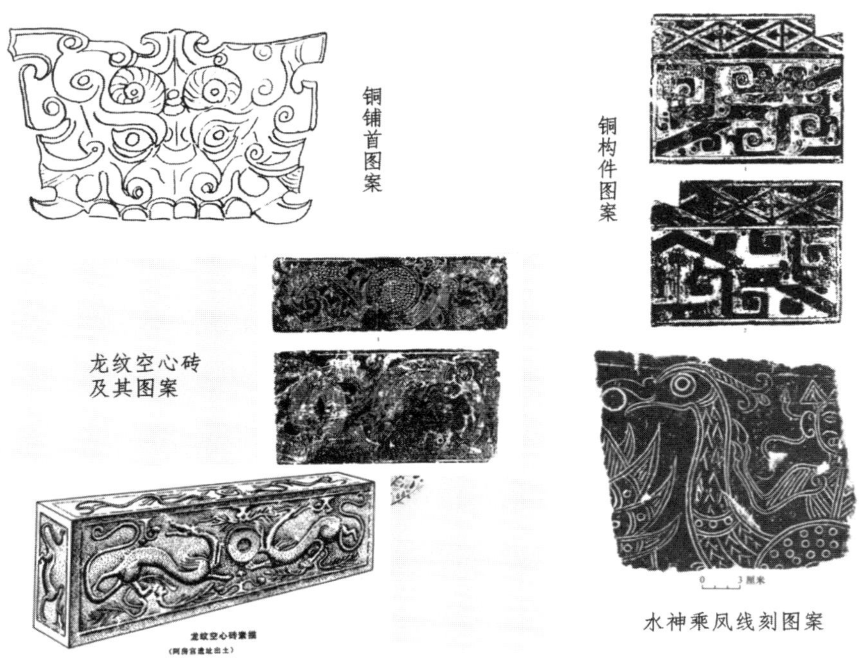

图 12-15　工艺作品举例

图 12–16　花纹砖纹样

秦都咸阳的宫殿巍峨雄壮，其建筑装饰继承了春秋以来的传统，并进一步发展，无论是从其建筑空间、体量与细部配置表现的生动场景的内容分析，或是从工艺美术的角度看，都达到了很高的水平。同时，也烘托出整体建筑博大瑰玮的艺术风格。

在咸阳宫殿建筑遗址和长陵车站沙坑窖藏中出土的铜铺首，线条流畅，勾勒出兽头的凶猛形象。建筑构件表饰是各式二方连续图案，显得规整严密。特别是一块线刻珥蛇的水神乘着驮璧的凤鸟花砖，属于反映神话题材的艺术珍品（秦北阪宫殿遗址区采集）。渭北多块线刻苍龙抱壁空心砖、渭南浅浮雕双龙戏璧空心砖，其龙纹躬体反首，四爪伸张，呈现出“飞龙在天”的艺术形象。（图 12–15）而宫殿的一些壁面、台阶、地面铺砌以饰有方格纹、回纹、菱纹、米格纹、花卉及“∽、X”等多种纹样的方形砖。其中规正的云纹、柿蒂纹和回纹是组成复合纹样的母体纹样。这些地面建筑材料再同屋檐上各式纹样的瓦当、脊饰结合起来就大大增加了建筑物外观的艺术美。它同屋内朱红色地面、彩画墙壁配合，互为呼应，从而构成建筑的整体美。（图 12–16）

瓦当的各式纹样变化多端，极富艺术美感。早期流行半瓦当，随后出现圆瓦当。纹饰有葵纹、叶纹和辐射纹、变形云纹、动物纹。动物纹样在春秋时期的秦国已经出现，如雍都故城址有鹿纹、双兽纹瓦当。而咸阳宫殿遗址的瓦当纹饰繁多，云纹是装饰性图案的主体，一号宫殿遗址则有以鹿、鸟、昆虫、蜻蜓和青蛙等动物纹样组成的四区圆瓦当。渭河南岸宫殿用瓦还见有四鹿、四兽、子母鸟（阿房宫）、豹（西安北郊）等多种动物纹样，构图清新而严谨。特别是始皇陵园的一种大型夔凤纹檩当，面径 61 厘米，布局对称遒劲。诸多的画瓦，当年施朱或涂白垩，整齐地列于檐前，同木衣绨绣、土被朱紫、雕梁画栋的建筑设施交相辉映，就使宫殿楼阁更显雄伟壮观。（图 12–17）

图 12–17　宫殿遗址出土的瓦当图案

模印画像砖表现的是另一种装饰艺术风格。它是用印模在砖坯未干时捺印的，因此画像砖上既会出现不同印模的画面，也有同一印模的重复。1957 年临潼出土的一块画像砖上，模印着线条凸起如浅浮雕的乘马射猎图，武士纵马追逐，受惊野猎奔逃，一种紧张竞速的场景跃然画面。藏于陕西历史博物馆的秦代狩猎纹空心砖，运用五种印模，分别捺印出宫廷侍卫、宴享宾客、苑囿景色和骑马射猎的四区画面，异常生动传神。侍卫五人相向而立，虽是侧面的剪影，但戴武弁大冠、着过膝战袍、拱手握戟的姿势则是对其严于职守的深刻描画；宾主对坐宴乐的画面，二人的手势似在对语，前有盘、杯，后置酒尊，侧有一乐人演奏，具有呼应关系；表现苑囿的画面，则是山峦起伏、野兽出没，有着一派自然风光；射猎的画面，把猎手的飞骑、猎犬逐鹿的场面表现得淋漓尽致，而又以树木、屋舍和流云作背景，在对比中产生一种紧张的运动感。总之，整个画像砖构图明快、造型自然，具有强烈的艺术感染力。（图 12–18）

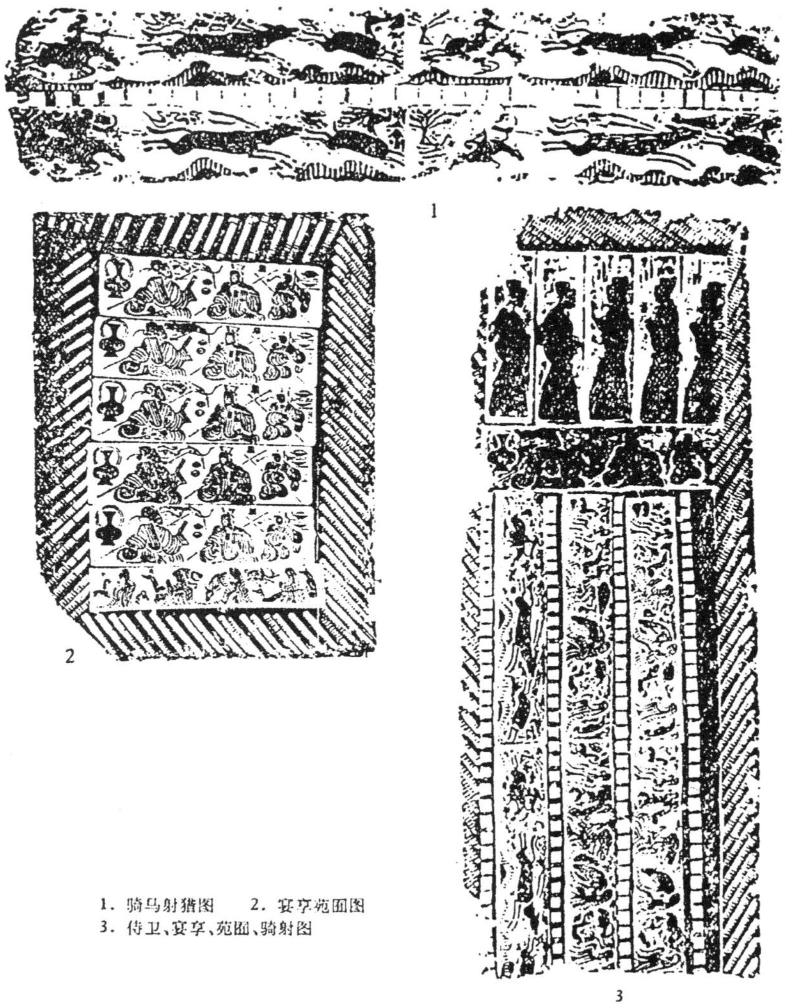

图 12–18　模印画像砖（临潼出土）

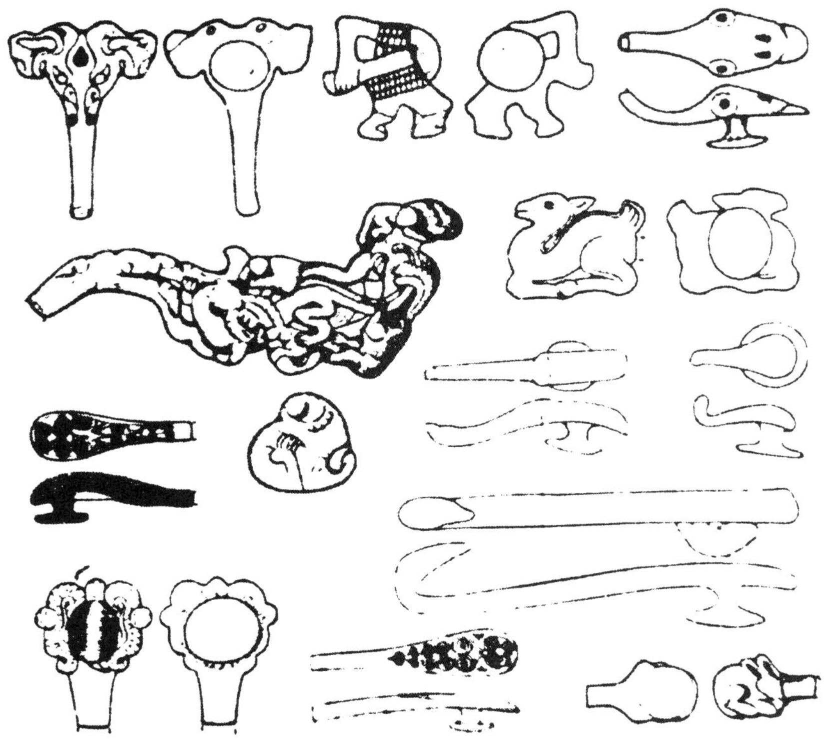

1

2

图 12–19　带钩与车軎花纹（长陵车站沙坑中出土）

器物的装饰首先是在服从实用的前提下，才作艺术性处理的。塔儿坡铜錞于的龙钮，曲体反首，卷尾接臀，膂背相连，首尾上翘而均衡，体躯阳雕双翼，阴刻鳞甲，弓腰以便悬挂，但四爪伸张紧踞顶盘的中心，则显示龙有无所不能的力度。长陵车站沙坑中出土的铜带钩，尽管可被利用的面积十分有限，但仍要铸出雏鹿、鸭、兔等动物形象，特别是在一枝盘曲错节的树干式铜带钩上铸有五只猴子，嬉戏枝间，甚富艺术情趣。（图 12–19）西安出土的鎏金铜卧虎，双目凝视前方，张口喘息，富有随时猛扑的动势。（图 12–20）值得一提的是长陵车站沙坑铜器窖藏中出土的一个铜武士俑头，戴极为罕见的雕饰云纹的武弁大冠，其面庞丰满，五官端正，表情严肃，雕刻手法极为成熟。（彩版七：2）另外，从一些器物造型或器物附件造型上，都可以看到秦代人的审美情趣及工艺美术的水平，即如秦陵铜车马的金当卢（金钖）、络头的银泡，咸阳宫殿的铜铺首、雁足灯等等，都显示了装饰艺术的水平之高。

图 12–20　鎏金铜虎（西安市）

把图案花纹织进丝织品，在咸阳一号宫殿遗址发掘中找到了实例。由 11 种丝、麻制作的衣服已经炭化，但仍可辨认出丝绸的质地，其种类大致有锦、绮、绢等。在锦和绢地锁绣（又称“编织绣”）上的图案是杯菱纹，间以豹纹，上下夹以几何条带，空间以三角、团点、弧线及多种连线填充。整个横幅作二方连续排列，显得规正大方。以举爪回望的豹纹图案打破机械连续的构图，有静有动，动静结合。可以想见，这种质地细微的编织绣（绣线径 0.6 毫米 / 根；两根合股，拈向 5 拈）原来色彩鲜艳、图案华丽，不但是技艺高超的丝织品，而且是实用的工艺美术品，无论在纺织史或美术史上都具有重要意义。（图 12–21）

秦俑将甲上的图案，排列整齐，色彩艳丽，或作二方连续、四方连续，都是别开生面的美，也反映了当时锈绘的水平。（图 12–22）

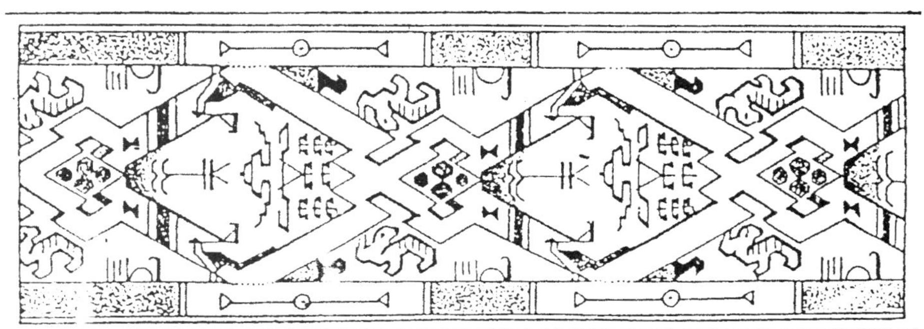

图 12–21　丝绸图案

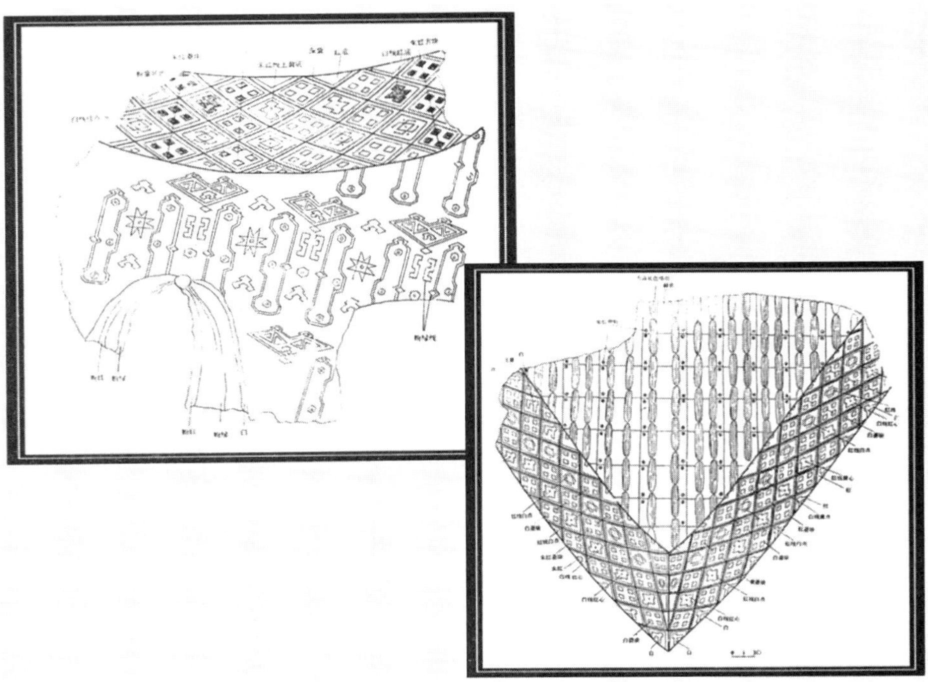

图 12–22　将甲衣饰花纹

五、书法艺术

（一）秦书法资料检索

1. 铜器、金属权量上的铸铭或刻文（图 *12–23*）

1978 年宝鸡县（2003 年撤县为陈仓区）太公庙发现秦武公初即位时（公元前 697 年）的铜编钟 5 件、镈钟 3 件，通常称“秦公钟”“秦公镈”。甲、乙两钟铭文连读，计 135 字，其中重文 4、合文 1。丙、丁、戊三种为另一组，下缺一钟。三件镈钟铭文与甲、乙两钟完全相同，唯行款有别①。

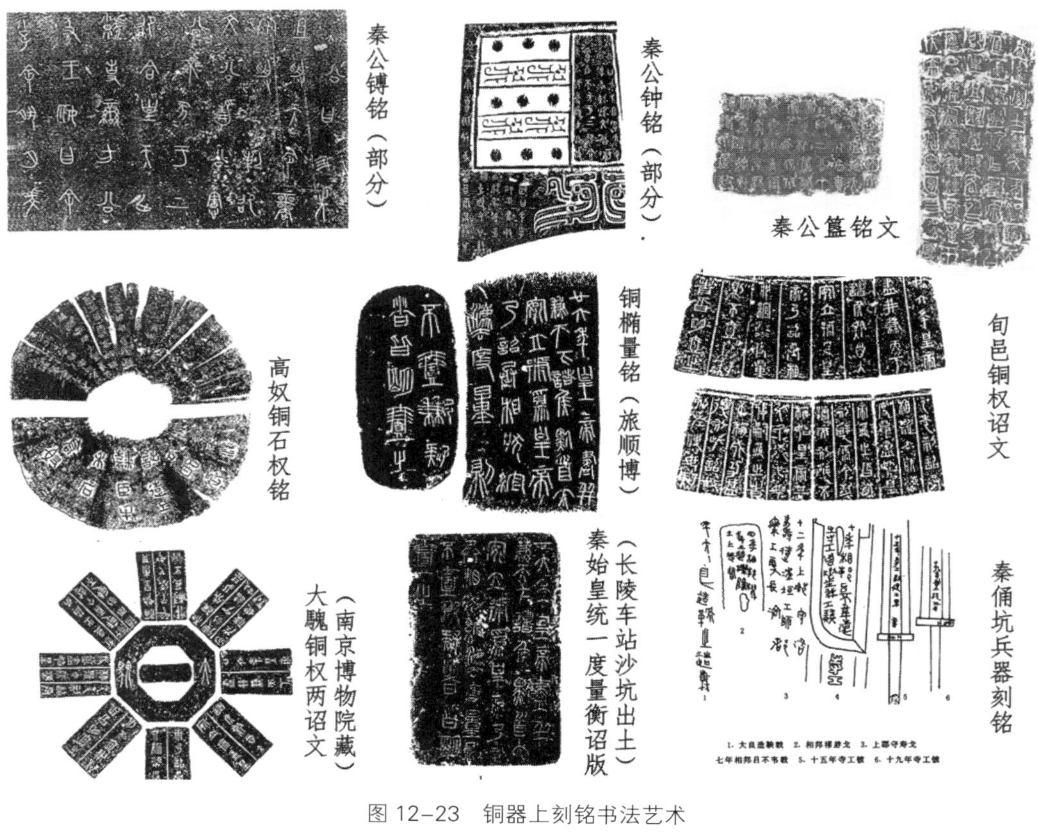

图 12–23　铜器上刻铭书法艺术

1921 年，在甘肃天水附近出土了考订为公元前 576 年左右的“秦公簋”。器、盖共有 105 字，其中合文 1、重文 4，另刻款 18 字，合计 123 字。② 现收藏于中国历史博物馆。

以上两器虽然分别制作于秦建都咸阳前的春秋早期与晚期，受周的影响较明显，但

① 宝鸡市博物馆：《陕西宝鸡县太公庙村发现秦公钟、秦公镈》，《文物》1978 年第 11 期。

② 郭沫若：《两周金文辞大系图录考释》，科学出版社，1958 年。

其书体毕竟属于秦系文字。从以下辑录的资料中，我们还可以窥见秦文字书法艺术演变的轨迹。

秦孝公十八年（公元前 344 年）铸造的“商鞅方升”（也称“商鞅量”），现藏于上海博物馆。器左侧刻 32 字，内合文 1，前端刻“重泉”（今蒲城县东南）。秦统一全国后，调回商鞅方升，重新校量，在底部刻始皇二十六年（前 221 年）诏文 40 字，并在一侧刻上新的置用地“临”字[①]。此外，录载或传世始皇诏的铜方升椭量有十多件，诏文均同。还有始皇二世的两诏铜椭量数件。

秦阿房宫遗址范围内的高窑村，于 1966 年曾出土一件秦昭王三年（公元前 304 年）铸造的铜石权。现藏于陕西历史博物馆。因为是秦政府颁行给“高奴”称量粮食的，所以常称作“高奴禾石铜权”或“高奴铜石权”。权正面铸出凸起的阳文 16 字，反面后加刻始皇和二世的两《诏书》及“高奴石”三字[②]。此外，录载、传世或出土始皇诏的铜权、斤权、铁石权有 40 多件。著名的“大騩权”“旬邑权”“平阳权”“美阳权”都是置用地特有的标准权。

秦始皇统一六国后，为推行度量衡制的统一，把皇帝命令颁行的诏书刻在量器和权上。往往又将此诏文刻在一块铜板上以便镶嵌在度量衡器上，此物就是常说的“秦诏版”。二世元年依葫芦画瓢地也作诏版，或在权量上始皇诏文后加刻上自己的诏文，表明继续贯彻统一度量衡的既定方针。这两诏铜板在长陵车站沙坑中都有出土，其文字，同样是研究秦书法的资料。

2. 刻石文字（图 12–24）

迄今为止所知的我国最早的刻石文字莫过于“石鼓”，而它又是迄今所知的我国最早的文字刻石。因为文字是刻在如鼓的石上，就称之为“石鼓”，其内容是歌颂秦君游猎苑囿的，所以又称其为“石碣”“猎碣”，其文字曰“石鼓文”。刻字的“石鼓”共有 10 个，每石高约 90 厘米，直径 60 厘米，竖向环刻一篇有韵的四言诗，仿《诗经》大小雅体裁。石鼓于唐初贞观年间发现于陈仓县（今陕西宝鸡市陈仓区）的石鼓山原野中。肃宗驻跸凤翔时，县令迁石鼓于“雍城南”。唐末又迁至凤翔文庙。宋迁石鼓于汴京（开封），金人又掳至燕京（北京），并弃之于荒野。这时，其中的第八鼓已漫漶无字。日本侵华时，马衡、吴玉章等先生保护石鼓南迁上海，后又费尽千辛万苦，辗转宝鸡、汉中、成都、峨眉

---

① 罗振玉：《秦金石刻辞》，1914 年。马承源：《商鞅方升和战国量制》，《文物》1972 年第 6 期。

② 陕西省博物馆：《西安市西郊高窑村出土秦高奴铜石权》，《文物》1964 年第 9 期。

等地。1958年，才得由南京运到北京，现藏于故宫博物院内。石鼓制作年代至今并无定论，断为秦国者，亦有秦襄公、文公、穆公、灵公、献公之说。[按：关于石鼓年代，自唐以来，众说纷纭。据马非百先生统计有五说：

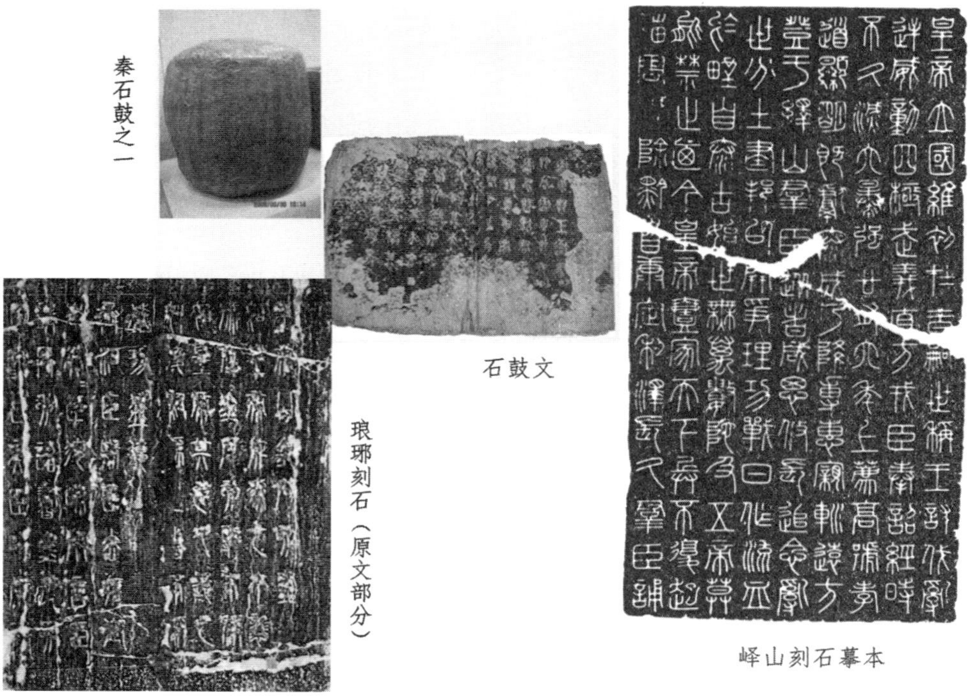

图12–24　石刻文字举例

一、周代说

1.周成王时：宋董逌、程大昌、洪适，清翁方纲、古华山农（沈梧），近人郑业敩等主之；

2.周宣王时：唐苏勗、张怀瑾、韩愈、郑余庆，宋释梦英、沈括、赵明诚、薛尚功、郭忠恕，明王世贞、赵官光，清朱彝尊、段玉裁、钱大昕、洪颐煊、孙星衍等主之。

二、秦代说

1.秦襄公时：明杨慎、清全祖望、近人郭沫若主之；

2.秦襄公至秦献公时：宋巩丰，清程廷祚、陈鳣（编者按：据郑州大学朱梁梓《清代石鼓文文献之研究》陈鳣主张“文公说”）等主之；

3.秦文公时：震钧、罗振玉、马叙伦，日本中村不折等主之；

4.秦穆公时：马衡主之；

5.秦惠文王至始皇时：宋郑樵主之；

6. 秦灵公时：唐兰主之；

7. 秦昭王时：蒋志范主之。

三、汉代说：清武亿主之。

四、后魏说

1. 元魏世祖太武帝太平真君七年时：清俞正燮、姚大荣主之；

2. 西魏文帝十一年时：元陆友主之。

五、北周说：金马定国，明焦竑，清顾炎武、万斯同、庄述祖等主之。

经王辉先生考证，石鼓文的时代定在秦景公五至三十二年（公元前577年～前545年）。参见其著作《秦文字集证·论石鼓文的时代》（台湾）艺文印书馆，1999年。

宝鸡文理学院的彭曦先生从成诗的季节、石质与技术研究，认为石鼓“作成于战国中、晚期”。参见其《中华瑰宝石鼓文——石鼓新韵共赏析》，三秦出版社，2010年］时间跨越春秋时代到战国中晚期，刻石文字的书法特点呈现出籀文到大篆的转变，其价值更具历史意义。如果按10个石鼓的字数计算，有700余字。现流传最早的是明人安国旧藏的三种北宋拓本（称为石鼓先锋本，中权本或后劲本），共501个字。而今因岁月风尘的消磨，石鼓上也只留下272字。

诅楚文刻石共计有3件。《秦祀巫咸神文》刻石据苏轼记出于凤翔开元寺，《祀朝那湫文》石出朝那湫旁，《祀亚驼文》石出要册（今甘肃正宁县东30公里原有要册湫）。此三石均发现于宋代，刻文相同，埋于山川。神名巫咸、大沈厥湫（即《史记·封神书》之“湫渊”“沈湫”“朝那湫”）、亚驼三位。原疑诅楚文刻石为伪，经先后多位学者辨正确系战国秦物。文有“昔我先君穆公及楚成王，是缪力同心，两邦若壹，……今楚王熊相，庸回无道，……兼倍（背）十八世之诅盟，……”秦自穆公之后，经18世，正是秦惠文王。刻石时间当在秦惠文王更元十三年、楚怀王十七年，即公元前312年。楚受张仪之欺欲伐秦，秦命宗祝向三神祷告，祈求降祸给楚。文是诅咒，书体则表现了秦文字发展到小篆的阶段。三石佚亡于南宋之后，字存《张帖》《汝帖》本，容庚重刊在《古刊零拾》上，后在郑振铎《中国历史参考图谱》一书中亦有收录。

秦开刻石的先河，到秦始皇时发展到了极致。据《史记·秦始皇本纪》载，秦始皇五次出巡，就在邹峄山、泰山、芝罘、东观、琅邪台、碣石、会稽等地立石刻文。秦二世巡行时，“尽刻始皇所立刻石，石旁著大臣从者名”。而《史记》只录载泰山、琅邪台、东观、碣石和会稽等五石文字，唯峄山和芝罘第一次的刻文失载。芝罘、东观、碣石和会稽刻石，早已遗失。今残留的刻石文字只见：峄山刻石——西安碑林博物馆藏宋郑文宝复刻南唐徐铉的摹本。另有宋邹县县令张文仲获长安摹刻拓片，再刻衙后峄阴堂，元代宋德因其残缺而再度复刻，现存孟庙中；泰山刻石——今藏泰山泰庙中，仅存十字，其中有三个是半边字。北宋存留的220字本今已难觅，明存29字的翻刻本较多；琅邪台刻石——清光绪二十六年（1900年）崩毁于雷雨，1921年在诸城县琅邪台拾得断石数块粘合，今藏中国历史博物馆，但剥泐严重，字迹漫漶。罗振玉据明拓本收入《秦金石刻辞》中。据前述略，泰山与琅邪台刻石残字、峄山刻石摹本我们虽是管窥豹斑，但李斯手书的秦篆毕竟是弥足珍贵的资料。

今临潼博物馆收藏有一块秦石，上刻“右卯”“廿六”等字编号。其出自工匠之手，同始皇刻石相比似有文野之别。

3.戳印、刻画、模压在陶质制品上的秦文字（图12–25）

陶量上的诏文

秦俑身上的刻画文字

十二字方砖

图12–25 刻画文字举例

把君主的命书刻在泥坯上，经窑烧制陶的处理，成为政府文件的凭证，也是秦人的一种管理性创造。这种被称作“瓦书”的最早实物，就是1948年出土于陕西户县沣河沙中的战国“秦封宗邑瓦书”。埋在封疆地下，作为右庶长歜（即寿烛）宗邑的凭证，时在秦惠文王四年（公元前 334 年），全铭正背面共 9 行，121 字，内合书 3、重文 2，书体为秦式小篆，间有隶书。[①] 这是以瓦书作为陶文载体的最长的一篇陶器铭文。

研究秦国书法和统一后秦系文字的流布，陶文是万万不可忽视的材料。秦陶文大量地涌现还是 20 世纪 60 年代以来的事，多出土于秦咸阳、栎阳和始皇陵园。表现形式，一是用印章戳印在砖、盆、瓮、罐、釜、壶等陶器和武士陶俑身上，可称为“戳印陶文”；二是用锐器刻画在上述制品上，可称作“刻画陶文”；三是模作的“文字瓦当”或“文字砖”。这些多成自于泥坯未干之时，由工匠或监工的小吏所为，篆隶混用，文野并存，具有一种自由活泼的质朴美。

始皇统一度量衡的诏书有模印在陶量上的。以二行四字的阳文反书印戳，依次钤印在陶量器上，再经窑烧。全篇诏文需要 10 个印戳。由于陶器易碎，今见到的陶量诏文都是些残片。[②]

4. 青铜兵器上的铭文（图 12–26）

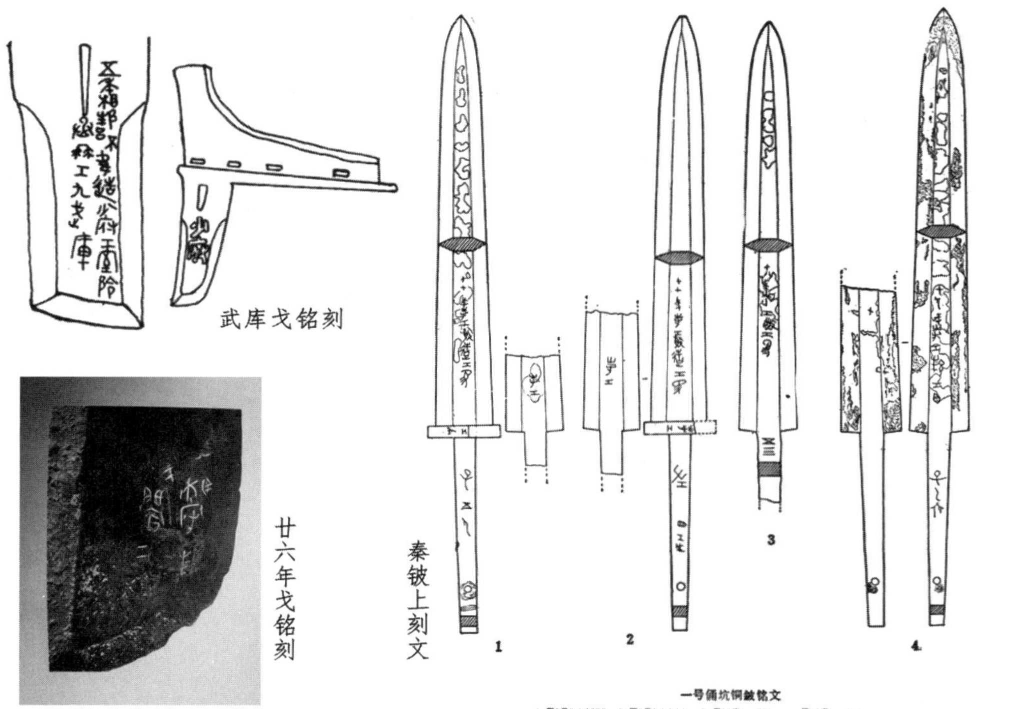

图 12–26　青铜兵器刻画文字举例

① 陈直：《史记新证 · 秦本纪》，天津人民出版社，1979 年。郭子直：《战国秦封宗邑瓦书铭文新释》，《古文字研究》第 14 辑，中华书局，1986 年。

② 罗振玉：《秦金石刻辞》，1914 年。

青铜兵器上的铭文多为錾刻，细如发丝，因受到工具材质及刻者技术的限制，字体往往走形。但字体、书风因带有时代烙印，仍不失其书法研究的价值。刻铭字数多，成篇；铸铭仅一二字。

秦的铭文兵器多有传世、录载。发掘出土者从春秋早期的秦子戈、秦子矛起，战国兵器除过在咸阳由中央铸造之外，还有授权于郡造的。依时间顺序略见如下：

秦孝公十六年（公元前 346 年）大良造鞅殳之镦、大良造鞅戟、“十九年商鞅殳镦”①；

惠文王更元四年（公元前 321 年）相邦樛斿戈、王五至七年上郡疾戈、十三年相邦义戈、吾宜戈；

秦昭襄王七年（公元前 300 年）上郡守闲戈、十二年守寿戈、广衍矛、□□年上郡守戈、十四年相邦冉戈、□□年丞相触戈、十七年丞相启状戈、十八年上郡戈、廿年相邦冉戈、廿五年上郡守厝戈、廿六年戈、丞广铜弩机、廿七年上郡守趞戈、卅一年相邦冉戈、卅三年诏吏戈、卅八年上郡守庆戈、廿廿年上郡守起戈、廪丘戈、广衍戈；

庄襄王二年（公元前 248 年）上郡守冰戈、二年少府戈、三年上郡守冰戈；

秦王政（始皇）二年（公元前 245 年）寺工詟戈、三年相邦吕不韦矛、三年相邦吕不韦戈 2、四年吕不韦戈 2、四年吕不韦矛、五年吕不韦戈 4、七年吕不韦戈、八年吕不韦戈、少府矛、高奴矛、十三年少府矛、十四年属邦戈、十五年寺工铍 3、十六年寺工铍、十七年寺工铍 6、十八年寺工铍、十九年寺工铍 5、二十二年临汾守曋戈、寺工矛 4、寺工铜錞二十六年蜀守武戈、属邦矛、蜀西工戈、武都矛、诏吏矛、栒矛、秦二世元年（公元前 209 年）丞相斯戈等。

在秦俑坑铜弩机的部件上多錾有编码刻记，如数字、天干、地支、库名、图案、符号等。均甚简单，却有艺术趣味。②

5. 竹简与木牍文字（图 12–27）

秦竹简和木牍的发现，上面确是墨书文字。在湖北云梦秦墓中与之伴出的还有墨、石砚及毛笔。这才使我们看到真正的秦代书法。

云梦睡虎地第 11 号秦墓发掘于 1975 年，其主人狱吏喜下葬于秦始皇三十年（公元前

① ”十九年商鞅殳镦”，1995 年发掘塔儿坡秦墓时出土于 27063 号墓中。与之相邻的 28057 号墓中，出土有两件彩绘的陶骑马俑。此两墓的时代，约为战国中期秦惠文王、武王时。

为减少注释的工作量，以下秦兵器不再赘引原始出处，一律用王辉先生的《秦铜器铭文编年集释》一书。

② 王学理：《秦俑专题研究 · 秦俑铭文兵器汇释与造器编年的完善化》，三秦出版社，1994 年。

217 年），在他周围堆放的墨书竹简总数达 1150 多支，大致包括了九种书稿。[①] 从《编年记》所记自秦昭王元年（公元前 306 年）至秦始皇三十年（公元前 217 年）的情况看，这批墨书资料反映的是秦统一前后“古隶”的面貌。

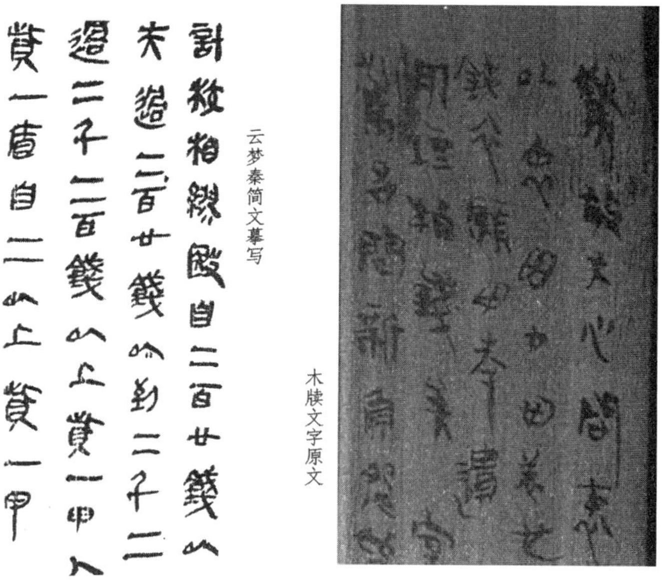

图 12-26 秦简文字与家信木牍

在云梦睡虎地的第 4 号秦墓出土木牍两件，上面是士卒黑夫与惊于秦始皇二十四年（公元前 223 年）写给家中的信，两面墨书。[②]

湖北云梦县龙岗秦墓出土竹简 200 余枚，文字多有残缺。有《禁苑》《驰道》《马牛羊》《田嬴》等，时间为秦王政二十四年（公元前 223 年）至二世三年。

2002 年，湖南省龙山县里耶镇一秦代古井内发现简牍 37000 余枚，是迄今秦简出土最多的一次。这批简牍多为文书，时当秦始皇后期至二世时。

从书体角度往前追溯，战国晚期到秦统一前的“古隶”资料要数 1980 年发现的四川青川县郝家坪秦墓出土秦武王二年（公元前 309 年）的两块木牍最有价值，内容是关于田地律令的，近 200 字。[③] 其次是 1986 年发掘的甘肃天水放马滩一号秦墓，出土竹简 460 支，

① 湖北孝感地区第二期亦工亦农文物考古训练班：《湖北云梦睡虎地十一号秦墓发掘简报》，《文物》1976 年第 6 期、9 期。

② 黄盛璋：《云梦秦墓两封家信中有关历史地理的问题》，《文物》1980 年第 8 期。

③ 四川省博物馆等：《青川县出土秦更修田律木牍——四川青川县战国墓发掘简报》，《文物》1982 年第 1 期。

保存完整，字迹清晰。[①]

6. 兵符信节文字

兵符文字有三，分别刻在杜虎符、新郪虎符和阳陵虎符上。虽属战国以来有关军事行为的信物，但其文字书体因时间有先后而别呈异趣。

杜虎符 1975 年冬出土于西安市南郊北沈家桥，地属秦杜县。从虎颈起，錾刻错金 9 行 30 字："兵甲之符，右才（在）君，左才（在）杜。凡兴士被甲，用兵五十人以上，必会君符乃敢行之。"[②]（彩版八：4）虎符年代当为秦惠文王十四年（公元前 324 年）称"王"之前。

新郪虎符现藏法国巴黎，文字错金，计 4 行 40 字。[③]文中右半在王，不称君，不称皇帝，左半在新郪（魏地，在今安徽太和县东），用符时间当在秦灭韩至统一之前（公元前 230 年 ~ 前 221 年）。

阳陵虎符据说出自山东峄县，现藏中国历史博物馆。错金铭文最短，只有"甲兵之符，右才（在）皇帝，左才（在）阳陵"12 字。时间为秦统一后。

符传信物用竹、木制作，但易腐朽。至今未见"验""符""符券""符传"类实物，更没有见到鄂君启金节那样的秦"节"。

7. 货币、鉩印和封泥文字（图 12-28）

货币文字很具书法艺术特色，又是时代的见证，有着多方面的研究价值。秦的货币形态主要是铜圜钱，最早的是"一两圜钱"，面文作"珠重一两"后续"十二""十三""十四"等三种编号。较小者，则有"半圜"钱，属于秦惠文王二年（公元前 336 年）的"初行钱"。

"半两"圜钱外圆内方，其体量是中国钱币的基本形态，影响达 2200 多年。秦"半两"最早的实物，是四川青川县郝家坪第 50 号秦墓中出土的七枚"半两"铜钱。秦始皇统一货币，把"半两"钱推行全国，其字文更为规正。

战国末年，作为"半两"钱的变异品"两甾"钱、吕不韦的"文信"钱、成蟜的"长安"钱，数量极少。这种以"两"为单位的货币，也只是在统一战争中占领区暂行的秦钱。

历来人们喜爱秦汉玺印，其书体、布白的影响深远，治印人常有"印宗秦汉"之说。

① 甘肃省文物考古研究所等：《甘肃天水放马滩战国秦汉墓群的发掘》，《文物》1989 年第 2 期。同期刊何双全《天水放马滩秦简综述》文。

② 黑光：《西安市郊发现杜虎符》，《文物》1979 年第 1 期；朱捷元：《秦国杜虎符小议》，《西北大学学报》1983 年第 1 期。

③ 罗振玉：《秦金石刻辞》，1914 年。

1962 年在长陵车站南沙坑窖藏铜器中，经我手清理出“彭祖”“徒唯”两枚有日字界格的白文铜印章[①]。1976 年，在秦始皇陵东的陪葬墓中出土“荣禄”和“阴嫚”两枚有日字界格的铜私印[②]，印主前为男后为女。塔儿坡墓群出土四枚印章，印文分别是“孱印”“士仁之印”“安众”“郑印”。此外，湖北江陵秦墓里还出土两颗秦昭王时期的玉印，都刻“冷贤”两字，作有边栏的白文。两印文体，一用小篆，一用草篆。

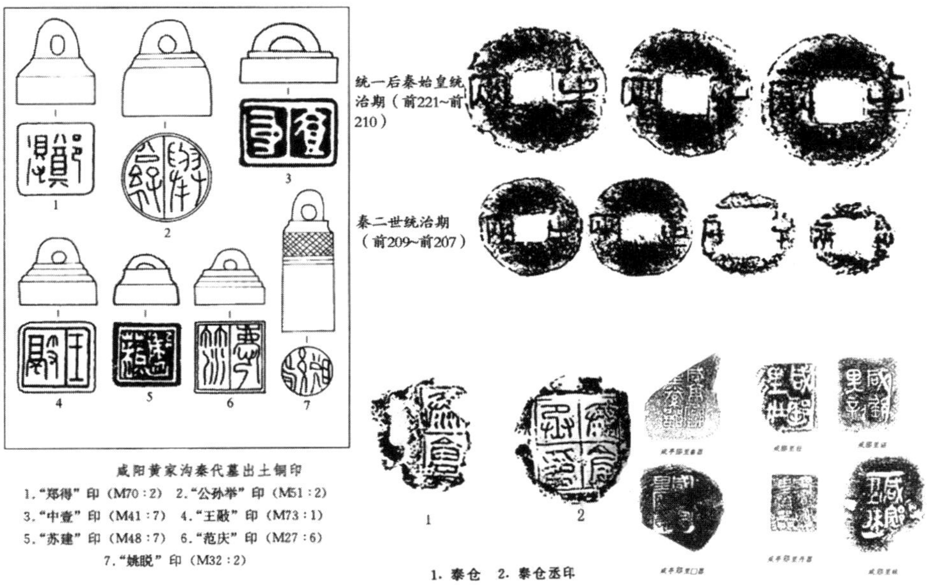

图 12-28　钵印文字举例

近年在汉长安故城内的桂宫东北部（当相家巷和黄庄之间）出土 2000 多枚秦代封泥。最先流落在北京的一批，为梦斋收购，共得千余枚，归类 200 余种。其内容包括中央、首都、郡县等官署的官印及一部分私印，印面为有田字或日字界格的阳文，标准小篆字体纤细而规正。[③]

① 陕西省博物馆、文管会勘查小组：《秦都咸阳故城遗址发现的窑址和铜器》，《考古》1974 年第 1 期。

② 秦俑考古队：《临潼上焦村秦墓清理简报》，《考古与文物》1980 年第 2 期。

③ 秦封泥出土地在汉长安城相家巷之南、黄庄之北。据知已有四批封泥资料面世，其中一大批为北京梦斋先生求得，藏北京古陶文明博物馆；西安市书法艺术博物馆傅嘉仪先生又收藏了一批约 300 多枚秦封泥；西安市文物考古研究所于 1997 年 3 月发掘了一批秦封泥，约 300 多枚。中国社会科学院考古研究所 2000 年又发掘出土 325 枚，计 100 种。

已公布的资料有周晓陆、路东之：《空前的收获重大的课题——古陶文明博物馆藏秦封泥综述》，《西北大学学报》1997 年第 1 期；又：《秦代封泥的重大发现——梦斋藏秦封泥的初步研究》，《考古与文物》1997 年第 1 期。中国社会科学院考古研究所汉长安城工作队：《西安相家巷遗址秦封泥的发掘》，《考古学报》2001 年第 4 期。

在咸阳、临潼的秦代陶器、砖瓦和兵马俑身上的陶文，同封泥一样，都是使用印戳戳印上的。过去，我在咸阳的制陶作坊遗址中也发现过陶印章。可见这些陶工的印，实际是专为其产品负责的，同“物勒工名”制度一致。其印文粗疏，具有自由的风格，同金属鈢印显然有别。

前面所述，只是按秦书法资料赖以存留的载体之材质分类。如果依研究家按载体及其形成文字的特点，则有另一种分法，即常说的金文、陶文、玺印、货币、契刻等类。

（二）秦书法艺术鉴赏

1. 文字发展史呈现着书法的变化

文字同书法是一体的两种表现形式。书法依附文字而存在，是外在的美，同时也随文字的发展而变化。

文字是交流思想的重要工具和传记手段，我国的汉字同自己民族的文明史一样源远流长。早在 6000 多年前，处于母系氏族公社阶段的西安半坡人，就在陶器上刻画出 20 多种符号。同样，在姜寨新石器时代遗址里，不但见有 38 种类似文字的刻画符号，而且也有了原始笔、砚、颜料的发现。显然，中国文字这时已经萌芽。郭沫若先生就肯定这些刻画符号是“中国原始文字的孑遗”“创造它们的是劳动人民，形成是草率急就的，从这个观点出发，我认为广义的草书先于广义的正书”。①

殷周时期的文字结构，尽管笔画和形体不尽相同，但从甲骨文到金文，其整形结体比较固定，遵循着严密的构成规律，反映出前后承续的关系，表明都属于同一的汉文字系统。《汉书·艺文志》《说文解字·叙》《周礼》释注所谓的“六书”，即“指事”“象形”“会意”“形声”“假借”“转注”这六种造字的原则，都可从“金文→甲骨文”的溯本求源中找到发展轨迹。但是，它是构成汉字的因素，便于学童识字，却不是字体。

由于我国幅员辽阔，文字在长期的书写过程中渐渐产生了差别。特别是春秋以降到战国时期，因为封建割据状态的存在，使汉字在演化中逐渐形成“文字异形”的局面；另一方面随着经济、文化的发展，各地商品交换、公务往来的频繁和交通的畅达，使文字得以广泛应用，特别是下层公务人员和民间为了书写方便，常使文字趋向简化、草率，于是，不但各国间的文字书写按文化区域有所区别，就是同一字在同一国家内往往也会有不同的写法。统而言之，从书法角度讲，统一而工整严谨的“正体”与多形而急就简化的“俗体”并行着。

① 郭沫若：《奴隶制时代 · 古代文字之辨证的发展》，科学出版社，1956 年。

按照王国维先生的研究，将周代文字分成籀文与古文两大派系，实际上秦国用的是“籀文”，六国用的是古文。据他考证：“古文、籀文者，乃战国时东西二土文字之异名，其源皆出于殷周古文。而秦居宗周故地，其文字犹有丰、镐之遗风，故籀文与自籀文出之篆文，其去殷周古文反较东土文字（即汉世所谓“古文”）为近。”①（参见马非百《秦始皇帝传》第526 ~ 529页附：《统一前六国文字异形情况举例表》）

统一前六国文字异形情况举例表

今字	国别	对本字的不同写法	出处
马	齐	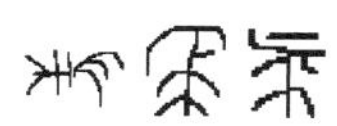	《古匋文孴录》10.1 《尊古斋古鉨集林》一集 1.27“右闻司马”印 《簠斋古印集》1.17“闻司马鉨”
	楚 燕	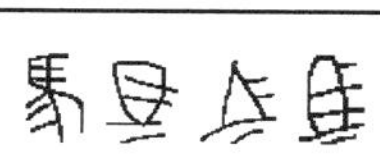	鄂君启节（《文物参考资料》1958年4期） 仰天湖楚简第6号（《考古学报》1957年2月） 《两周金文辞大系》郾侯载簋 辽宁北票新出郾王职戈
	三晋	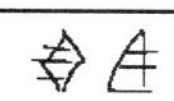	《古钱大辞典》“马雍”布 《集古印谱》6.27“萦易氏马”印
襄字偏旁的字	齐		《古匋文孴录》附36
	楚	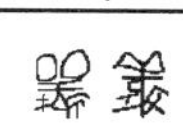	《尊古斋古鉨集林》一集1.3“下蔡戠□”印 楚信阳楚简212号襄字偏旁（《文物参考资料》1957年9期）
	燕	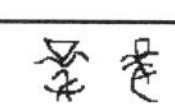	《古钱大辞典》“襄平”布“纕”字偏旁 《燕陶馆藏印》“□纕”印“纕”字傍
	晋	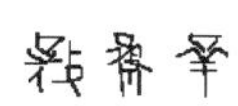	《古钱大辞典》“襄垣”布 纕安君饼“纕”字偏旁，《三代吉金文存》18.15 《古钱大辞典》“襄城”布“襄”字偏旁
安	齐	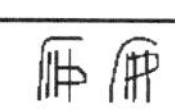	《两周金文辞大系》陈猷釜 《古陶文孴录》7.2
	楚		《西周金文辞大系》曾姬无恤壶
	燕	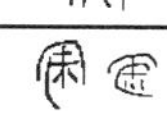	《古钱大辞典》“安阳”布 《簠斋古印集》1.10“文安都司徒”印
	晋		《古钱大辞典》“武安”布 《古钱大辞典》“安阳”布 《古钱大辞典》“安邑一釿”布 《古钱大辞典》“安臧”布
乘	齐	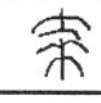	《古陶文孴录》
	楚	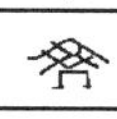	《两周金文辞大系》鄂君启节
	燕		《三代吉金文存》廿年距末
	晋		《三代吉金文存》十三年鼎“乘力”（合字）

他这个以潼关为界分“东土”和“西土”两大系统的文字，除过西土的秦系文字较为

① 王国维：《观堂集林·战国时秦用籀文六国用古文说》，中华书局，1959年。

稳定外，东土文字在繁衍中仍有新的分化，像以齐、晋为代表的北方大国（包括燕、中山、两周和卫）就同以楚为代表的南方大国（包括吴、越、徐等）分道扬镳。所以，当时在我国至少就存在着“黄河流域、江淮流域、渭河流域”这三大文字地区。即使处于同一地区的各大国之间的文字也是有差异的，甚至一国之内的同一字的写法也多种多样，像“马”字在齐国有三种写法，在楚、燕和三晋也各有两种写法；“安”字在三晋有四种写法，而在齐、楚、燕各国又不尽相同。容庚先生在其《金文编》一书中所收录的“宝”字竟有194种形态，“眉”字也有104种。

既然古文与籀文同源于“殷周古文”，二者的区别何在？看来“古文”实际是春秋战国之间的六国文字，而“籀文”在古文字学界仍是个众说纷纭尚未取得一致看法的字体。《汉书·艺文志》小学类载《史籀》十五篇注作“周宣王太史作大篆十五篇，建武时亡六篇矣”，叙录又说：“史籀篇者，周时史官教学童书也，与孔氏壁中古文异体。”由此可见，所谓《史籀》十五篇实际上是经过太史整理后用以教授学童的大篆字书，从时间上又被后世称为“古文”。在这里，有一点可以肯定：秦人早就接受了周文化，春秋时期确实用的是大篆书体。秦公钟、镈钟铭文以及石鼓文，就是以大篆为基础所形成的秦系文字。显然，西土的古文（籀文）比东土的古文还要“古”。

无论怎样，文字异形对社会经济发展和文化交流所产生的阻滞作用是异常明显的。那么，统一文字，成了社会前进的要求。实际上，不但大篆文字在不停地演化，出现了秦式的“小篆”，而且民间也早已采用了“隶书”。齐国有“临淄人发古冢，得铜棺，前和外隐起为隶字，言齐太公世孙胡公之棺也。惟三字是古隶，同今书。证知隶自出古，非始于秦”（《水经·谷水注》）。

秦“大发吏卒，兴戍役，官狱职务繁，初有隶书，以趋约易，而古文由此绝矣”（《许慎《说文解字·叙》》。高奴铜石权的“奴”字、睡虎地秦墓竹简上的“好”字，其“女”旁都不是篆体，而可称之为“草篆”，也就是早期的隶书，很早有人就管它叫“古隶”。同样，在简牍上凡是从“水”的偏旁都作三点。有意思的是江陵秦墓出土的两颗玉印，都刻“冷贤”二字，却一印用小篆，一印用草篆，其中的“三滴水”“令”“又”等偏旁迥然不同，风格异趣。由此可见，早在秦昭王时期，篆与隶两种书体已同时存在。况且比起东土多形的文字来，秦系文字要简约得多。所以，当秦始皇进行“书同文字”改革时，与其说含有“秦本位”的思想，毋宁说是历史优选的结果。因此，秦统一文字是以西土的秦文字为基础，“罢其不与秦合者”，把原来已比大篆有所简化的小篆作为官书，用来书写庄重的石刻铭文，同时在官府文书中大量采用更为简化的隶书，并以法令的形式把官方统一的标准文字推向全国，从而取代了“东土文字”(《说文解字·叙》。

要达到“书同文字”的目的，秦始皇当时采取了一项积极的措施，就是颁发了统一文字与书法的范本。令丞相李斯，中车府令赵高、太史令胡母敬三人对长期来已经在演化着的大篆字形结构、笔画走向等作以省改，削繁就简，分别写出《仓颉篇》七章、《爰历篇》六章和《博学篇》七章三个小篆样本——字书，做到字形规矩（大小、位置笔数）、走向匀称（书写次序）、偏旁部首统一（形体、位置、形态和性质），得到结构紧凑、笔画整饬的总体效果。①我们现在从泰山、琅邪的刻石残字上，仍能看到李斯书法古朴秀逸的神韵。据载，西汉初曾将李斯的《仓颉》同《爰历》《博学》合并为五十五章，仍称《仓颉篇》，但以后失传了。1977 年，在安徽省阜阳的西汉汝阳侯夏侯灶墓中出土了《仓颉篇》竹简，虽然残缺严重，仍清理出 360 多个字，比前见两次汉简中保留的要丰富。这些字运笔苍劲，是研究秦汉书法的重要资料。

2. 秦书八体

《说文解字·叙》：“秦书有八体，一曰大篆，二曰小篆，三曰刻符，四曰虫书，五曰摹印，六曰署书，七曰殳书，八曰隶书。”这些指的当然是书体，绝不是异形的文字。虽然其中明显还包括李斯等人规范化的书体之前的秦文字，但毕竟属于秦系文字，表现的是秦之书体。

我们再从秦都咸阳范围出土的文字资料看，所谓“八体”未必那么多，我以为那不过是在遵循篆、隶的前提下，或保留大篆书体之美，或创意美术体，再加之受到书写、刻画对象材质的限制，也同用途、施书工具和方法的不同而不同，形成效果各异的“八体”。

下面结合咸阳、始皇陵等地出土的文字材料，来探索一下秦书八体的书法艺术。

（1）大篆

许慎说秦文字“皆取史籀大篆，或颇省改，所谓小篆者也”。可见大篆是小篆的前身，犹如父子关系。

秦人开始接受周文化是循序渐进的，西周末年的“不其簋”，其铭文同周金文在书体上并无二致。（图 12–29）应该说大篆是秦人早已熟悉了的字体，对其吸收、改进就顺理成章。早已享名的“石鼓文”，书体整齐，体态长方，布局严谨而骨肉停匀，书法上字画圆润凝重而雍容大雅，明显是继承了西周金文大篆体或“玉箸体”某些传统，由大篆向小

① 《汉书·艺文志》：“文字多取《史籀篇》，而篆体复颇异，所谓秦篆者也。”

篆过渡并为秦篆的普及奠定了规范化的基础。春秋时期的“秦公钟”“秦公镈”“秦公簋”，其笔画纤细有如游丝，但精神劲健，字体近似“石鼓文”，已开小篆之先河，章法也多严整宽裕。其他如“商鞅量”“大良造鞅镦”上的铭文，同样是纯粹西土的秦系文字，但已流露了走出大篆的倾向。

不其簋铭

秦公簋铭

石鼓文

秦镈钟铭

图 12-29　大篆

在秦始皇统一文字之后，大篆虽不再是通用字体，但从秦人的书写习惯与书法艺术角度考虑，却保留了一定的合法性。

（2）小篆

秦始皇五次出巡中的七次刻石，其文多是出自丞相李斯的手笔。从泰山刻石、琅邪刻石的残铭中可以看到，虽然原来是书写于石再施刀刻，对书写风味有所降低，不露锋芒波磔，不显徐疾弹动，但形态稳定、沉厚大度、笔画整齐，转折圆润，布局上字体端正、间架结构疏朗有致，是标准化了的小篆。同石鼓文的风格存在着继承的关系。

小篆字体的秦代作品还有：符刻、权量、鉨印等。新郪虎符与阳陵虎符的铭文字体笔画虽然前瘦后肥，但笔道圆融，结体严密，是如出一人之手的小篆书体。（图 12–30）秦 12 字砖上文作“海内皆臣，岁登成熟，道毋饥人”（中国历史博物馆藏），书体小篆，布局饱满，笔画圆润有力。同杜虎符、商鞅方升书体风格显有区别，同秦俑坑出土吕不韦戟内上“寺工”二字的铸铭接近。陶量上的始皇诏文、陶俑身上的印戳及陶器上模印“咸亭”章，字体均规正娟秀，风格一致。而铜诏版上的刻铭，虽属小篆，但因系錾凿之故，在笔画转折处往往坚挺趋方，走刀涩滞，留有明显的痕迹。至于二世诏版，其刀法散乱，浮浅潦草，则是些缺乏小篆精神的败笔。

琅琊刻石

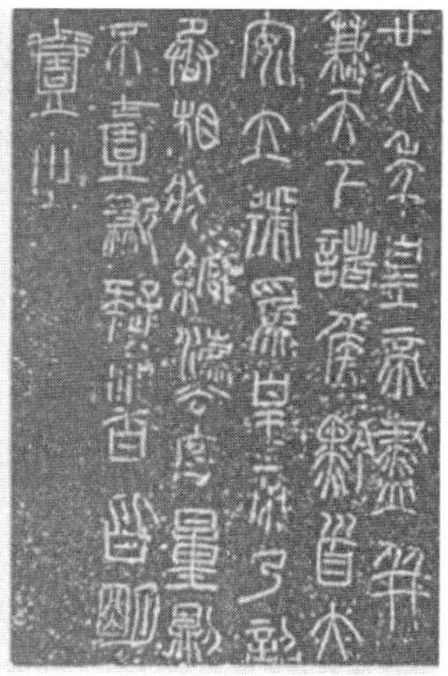

秦诏版

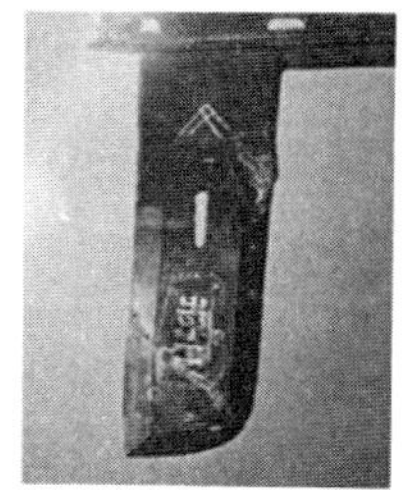

戈铭：寺工

陶文

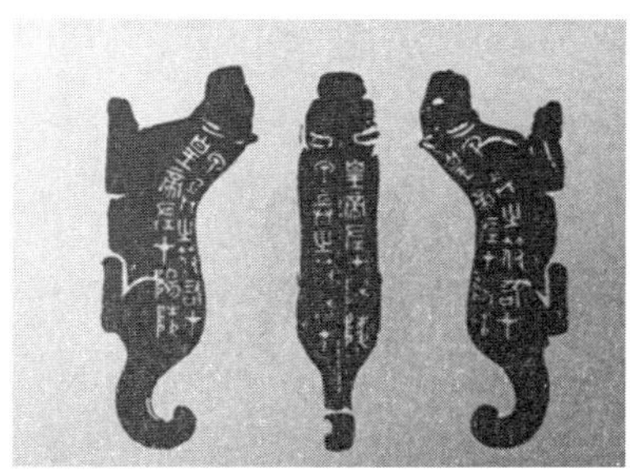

虎符

图 12–30　小篆

小篆是秦代的一种标准字体，常用于皇帝刻石、符玺等庄重严肃的环境之中。

（3）刻符

“刻符”是指兵符车节上的书体，但“兵符”只见到如杜虎符、新郪虎符和阳陵虎符等铜质错金文字，未见金、玉、竹木制作者，还不能具体说清刻符书体的情况。若按秦虎符上的篆书言“刻”，是没多大意义的，必另有所指。或说像楚鄂君启节一样，但似乎也

不尽恰切。（图 12–31）

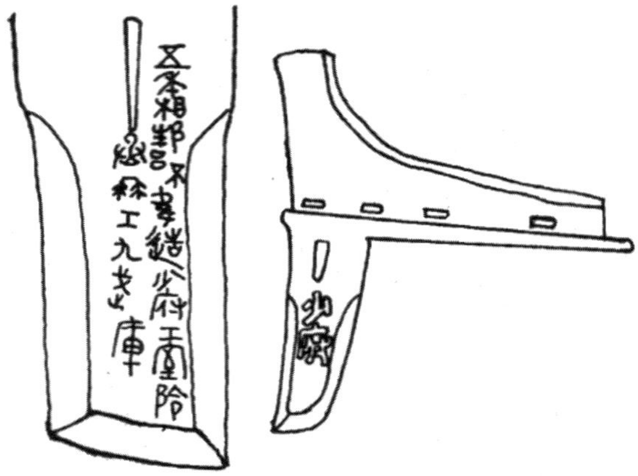

戈　铭

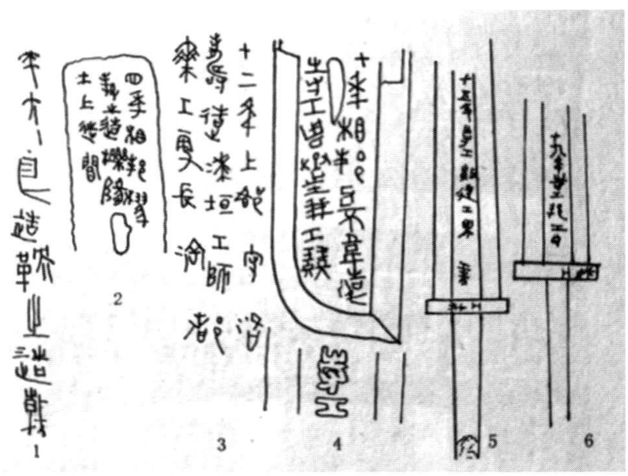

兵器铭

图 12–31　秦兵器刻铭

（4）虫书

在春秋战国的兵器上，出自装饰美化，有时刻意使笔画流动盘回，或粗细变化如飘带，或趋锐尖似麦芒。把字端增饰鸟、虫、鱼形象的一种书体称作“鸟书”“虫书”，或合称“鸟虫书”。这种很抽象的动物形态被注入书法，在南方诸国的铜器上也常可见到。汉代还有错以金银的，繁复至极。有一种“永寿嘉福”汉瓦，其文也属于虫书。

秦的“虫书”文字实物未见到，但可以断定，它必是小篆的美术字体。（图 12–32）

永寿嘉福

1　　2

1. 灶　2. 莽胥

图 12-32　鸟虫书举例

（5）摹印

摹印体实际是稍加变化了的小篆。因为战国以来的秦印质地以青铜为主，并有少量的金、玉印，陶工多用陶印戳，而印面又有方形、半通、曲尺的不同，先围边栏（秦代又加界格）。于是，在治印前对印面的布局就不能不有疏密、简繁的考虑，字形也不能不有屈曲缠绕的变形，再加之印文用篆又参以隶意，从而就形成了“摹印篆”。所以，古人把这种书体专列，另命名称之。

江陵秦墓出土的两枚“冷贤”印章，属昭王时的玉印，字体分为小篆和隶意的草篆。虽刻文只有两字，但印面方正，围以边栏，阴文笔画变化灵活，既有厚重沉稳的一面，也有起落弹性之感，充分体现了战国秦印的特点。

“彭祖”“徒唯”“荣禄”和“阴嫂”都系半通铜印，用“日”字界格。字用阴文草篆体，比较方正，唯“阴嫂”笔画拉长，但都是印面布满，很少露白。只有“咸新安盼”的陶文铜印用反阳文篆体，是很少有的印例，但具“田”字界格，是典型的秦印风格。（图 12-33）

咸阳的戳印陶文无论是六字章或四字章，都呈长方形，字形也同印面保持一致。文字雄浑严整，笔画宽博有力，布局疏朗有致。“咸亭右里道器”“咸亭当柳昌器”等印文规正，笔画光洁而转折徐缓，是具有更多隶意的草篆。“咸鄙里驵”“咸蒲里奇”一类四字章，印面宽大、字体粗犷，在规矩中透漏出更多的奔放，隶意甚浓。兵马俑身上的戳印多为阳文，如“宫係”“宫彊”“係”等，不讲对称、均衡，显得自由、拙朴；“得”还用反字；知其为陶工所作。看来戳印陶文作为“摹印”的一种补充，也许是出乎许慎意外的。

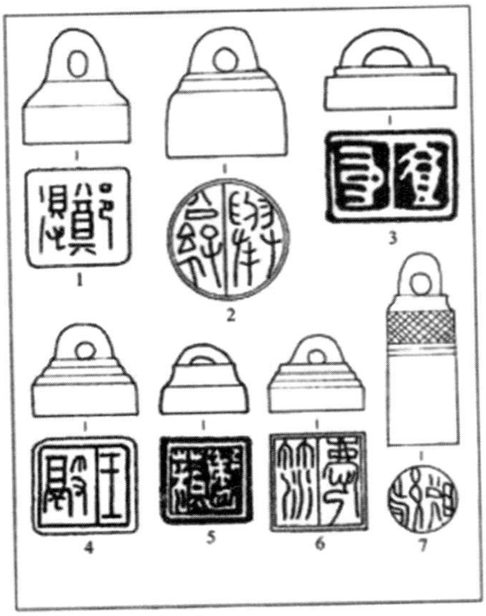

咸阳黄家沟秦代墓出土铜印

1."郑得"印(M70:2) 2."公孙举"印(M51:2)

3."中壹"印(M41:7) 4."王敞"印(M73:1)

5."苏建"印(M48:7) 6."范庆"印(M27:6)

7."姚脱"印(M32:2)

秦印

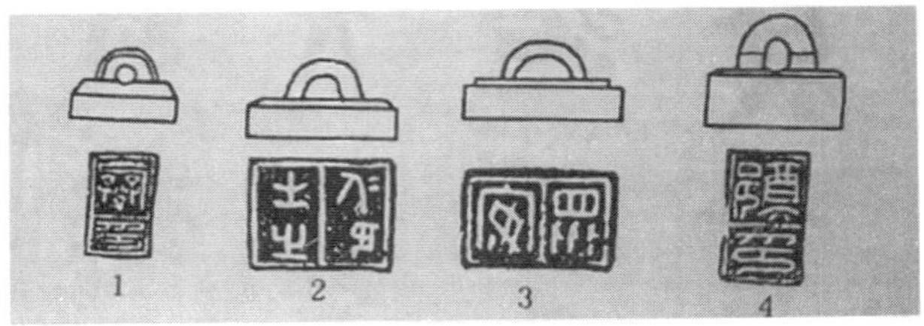

日字界格

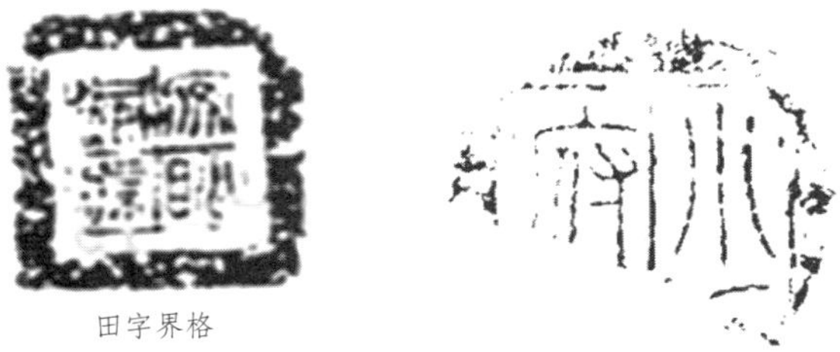

田字界格

无界格

图 12–33 秦印格式

汉长安故城内出土的秦封泥都是钤封的印记，印面多有田字界格（方印）、日字界格（半通印）、横日字界格。文字疾浅纤劲，凸起不高，是接近小篆体的“摹印篆”风格。印面尺码是：方印 1.62×1.6 ~ 2.2×2.2 厘米，半通印 1.6×0.9 ~ 2.1×1.2 厘米，接近传世的秦代玺印。这批秦公用玺印封泥用于呈送给皇帝的物品护封，钤印的是官印，专物专印。其印文书体风格同白文秦印俨然有别。

（6）署书

段玉裁在《说文解字注》中说：“凡一切封检题字皆曰署，题榜亦曰署。”既是题字，必然用毛笔，无论是用之于封检或是榜木上，也无论书体用篆用隶或是其他，都不应该脱离秦统一规范了的文字，当不会有太大的区别。退言之，“署书”既已专列为一种书体，可见有其特殊之处。但可惜的是秦署书材料，至今还未确知。既是“封检题字”，那岂不是“封泥”上的钤印之章吗？但那是“章”不是“题字”。如果是“题字”必然要用毛笔，那同“题榜”不是一样了吗？只是大小有别而已。（图 12–34）

（7）殳书

在秦俑坑出土的22支青铜殳头上未发现刻铭或书写文字。如果字体笔画状若由粗趋锐的殳头，显然有点近似于公元前三世纪苏美尔人、巴比伦人及亚述人写在软泥板上的楔形文字，但这在中国历史上是没有过的事。相反地在我国青铜兵器的戈、戟、矛、铍、剑、刀、弩机上多有铭刻文字，所以我认为："殳"只是作为兵器的代称，"殳书"实际是指刻在兵器上文字的书体。

秦俑坑所出与传世的吕不韦戈（戟）、"寺工"铍、郡铸兵器上的铭文，除过戈内上"寺工""诏事"等铸铭的字画宽博粗深又较规正外，其他錾刻铭文都纤细如毫发，字体草率急就，甚或笔画艰涩阻滞，通体大小、行距不一，篆隶兼有，别具一格。这，应该就是秦的"殳书"（同图12–26）。

（8）隶书

篆书的笔画要求书写时圆转勾连，力度均匀。反之，潦草急就会使圆转变为方折，均衡变成散开，整个字形和笔法就成了"以趋约易"的隶书。

秦用隶体书写带有普遍性。

图12–34　榜书示例（云梦秦简）

秦简的书体是典型的早期隶书——"古隶"。如果说青川秦墓的秦武王二年（公元前309年）更修《田律》木牍的"古隶"还遗留有较浓重的小篆气息的话，那么，时在统一前夕的天水放马滩秦简的隶意就明显地加重了。反映出"古隶"的真实面目者，具有代表性的当推云梦睡虎地秦简了。其字"书写较重倚斜，率意多变，使字具有飞扬的动感，笔画多用藏锋，也有露锋，少见波磔，这批秦简在稚朴间见秀丽，其章法不一，既有端庄齐整的，也有灵动而随活的。例如《效律》《秦律杂抄》体态端庄，或圆笔藏锋，或稍露锋芒；《封诊式》用笔疾厉沉着，表现了沉雄的气势，每字向左上耸起的倾斜之姿，为前所罕见；《法律答问》则向右上耸起，笔势精严；这些都为后世书法创作横竖正倚轻重的笔法、章法变化，提供了最早的范例"。[①]（图12–35）

① 周晓陆：《汉字艺术——结构体系与历史演进》，贵州人民出版社，1997年。

更修田律木牍

放马滩秦简

云梦睡虎地秦简

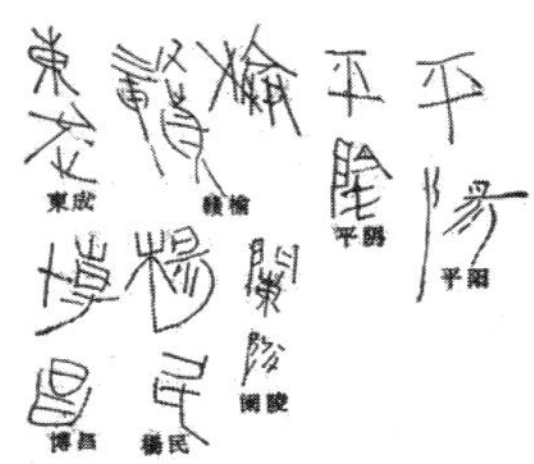

临潼居赀役人瓦志刻文

图 12–35　由古隶到秦隶书体示例

始皇陵陶俑身上的刻画陶文，虽然同运笔书写的简牍文字在书法风格上迥异，但能使我们充分体味到“草篆”急就的真谛。如“六”字不作“[illegible]”而作“介”；“咸”字的“口”竟用三道竖划代替，成了“咸”；“马”字同楷书繁体的“馬”相同，只是把下面的四点拉成四竖划；“咸阳赐”的“耳”旁之折，竟是一笔飞快地“扭”出来的。这些如果再同陵西居赀役人墓的瓦志刻文联系起来看，其约易简从的书写方式是可以想见的。因为出自工师或小吏之手，风格同书法大家比，有如山野村姑，却具有天然质朴之美。宁夏固原头营乡坪乐出土的战国秦鼎口沿錾刻“咸阳一斗三升”六字，整体隶书，而“阳”字把“日”变作“口”，下部又少一横划，同秦俑刻字全同，足见由篆而隶的趋势与写法的普遍性，故而我称其为“黔首的书法”。[①]

① 宁夏铜鼎材料见钟侃：《宁夏固原出土文物》，《文物》1978 年第 12 期。论书法文参见王学理：《秦俑专题研究 · 篆隶混用异乎其妙——论秦俑文字的书法艺术》，三秦出版社，1994 年。

3. 秦通行文字的书法归纳

秦“书同文字”的真正内容，不仅是小篆的统一，而且是隶书的统一。因为篆与隶早已经在各国发展，只不过因地区不同而发生了“异形”的情况。秦始皇统一文字，实际是以秦人习用的小篆和古隶为基础，吸收了“古文字系统”中的合理成分，统一篆和隶的字形、笔画和书体，再推行至全国。

统一后的文字，书体仅用小篆和古隶。从“秦书八体”的排比看，总的形体不外乎“大篆”（小篆的前身，即古篆或说是小篆的古体）、“小篆”（统一后的正体）和“古隶”（“以趋约易”的俗体）三种。此外，还有一个美术字的“虫书”（即“花体”），那不过是篆或隶体的变态或说是装饰体而已。至于刻符、摹印、署书和殳书，只是小篆用在不同场合因材质、工具不同而形成不同风格的书体而已。从许慎排列书体的次序看，大篆最前，表明它是秦通行文字之前的字体，如同今在汉字简化后仍有人在某种场合用繁体字的情况一样，给予合法的存在正是行将过去的必然。隶书列在最后，也正是它最具文字社会基础的表现。那么，“秦书八体”实际只有篆、隶两种。由于二者早已萌发于西土文字之中，篆书又是“书同文字”的基础，隶书最具实用性，两者都成为并行的官书。只不过前者用在记功刻石、兵符印信、权量诏书一些更为庄重的场合，属于标准的官书；而后者因草率急就，容易辨识，方便书写，就广泛地用在书写公文、简牍和日常记事上，故而定之为常用文字。

（三）秦书法家及其遗事辨识

秦的书法大家首推丞相李斯，其贡献之一是帮助秦始皇统一文字，同赵高、胡毋敬一起省改大篆整理小篆，并写出了习字的范本《仓颉篇》七章。随始皇巡行刻石、销兵铸造铜人上的铭文，都是出自李斯之手。他说：“上古作大篆，颇行于世，但为古远，人多不能详。今删略繁者，取其合体，参为小篆。”他删略大篆，取其合体的认识和参与小篆的行动，有益于文化的发展。其次，他总结自己的书法经验，论用笔之法是“先急回，后疾下，如鹰望鹏逝，信之自然，不得重改。送脚若游鱼得水，舞笔如景山兴云，或卷或舒，乍轻乍重。善深思之，理当自然矣”（《蒙恬笔法》）。这一理论，对后人学习书法具有参考价值。

说到秦的书法家，还有一个受历史唾弃并为正直人所不齿的卑鄙小人，那就是靠阴谋奸诈、玩权术、制造血腥恐怖的中车府令赵高。他靠一手好字所作之《爰历篇》六章，竟成为当时人学“小篆”的范本！原来这位生于“隐官”（相当今之劳教所）的孽种曾犯了死罪，本该由秦三代忠良的上卿蒙毅依法惩治，但秦始皇被赵高“强力，通于狱法”“私事公子胡亥，教之决狱”“敦于事”的表面现象所蒙蔽，而赦免了他。（《史记·蒙恬列传》）懂法、知道“决狱”，就能钻法律的空子；私通皇帝的小儿子，就有政治后台和保护伞；“敦于事”就是工作勤恳、态度谦和、很能得到领导赏识和群众称赞。这条钻营谋权的投机之道，赵高创之于前，其子孙行之于后。学赵高的书法，当然也使人的良心受到折磨。庆幸的是历史没有留下他的真迹，这大概是因他缺德又挟势而被正人所唾弃的原因。

参与“省改大篆”的第三位小篆书法家胡毋敬，曾写出《博学篇》七章。据说他原来是栎阳狱的官吏，因为“博识古今文字”，后官至太史令。[①]可惜他的字学书到西汉就失传了。

变革文字，力图从籀文、古文的书写繁难中跳出来，创出一种急速便写的隶书、草书，早在战国时期的各国民间已经开始。面对千百万人长期书写实践中约定俗成的新体字，从搜集、整理，加以规范化，配合流行着的正体字再推广开来，就成为“书同文字”前后汉字发展的必然趋势。这时候涌现出两个功不可没的文字学家：王次仲和程邈。

王次仲，秦上谷郡（治今河北怀来县南）人。年少好学，对天文、术数、哲学的研究都有很深的造诣。但“隐居庸山中，不为禄仕”。鉴于苍颉所造的“古文”难于掌握，年次弱冠（20岁）时就立意改造，“更为隶法，简略径直，急速即可成章。时秦方燔书，废古训，官狱多事。得次仲所易书，大喜。遣使三召，次仲皆辞不至。始皇怒，因令程邈增损其书行之”[②]。

程邈，字元岑，下杜人（今西安市南郊杜城村[③]）。据《书断》载：程“始为县吏，以罪系云阳狱中。得令后，覃思十年，益小篆方圆而为隶书，凡三千字。奏之，始皇善之，用为御史。以其书为可施诸徒隶，最便者也，故谓之隶书云”（《太平广记》引）。

从王、程事迹中，我们可以得到这么些认识：第一，次仲着手规范隶书在前，程邈完成在后，只因为王不愿做官、不赴诏，随之程邈得到始皇的诏令后拿到王稿，“增损其书”，再参考小篆，终于完成隶书的通用本三千字；第二，他们既不是凭空“创造”隶书，也不是简单地搜罗散字，而是花费了“覃思十年”的创造性劳动，可说是一次文字改革活动；第三，秦尚严刑峻法，在处理众多的民事问题上或刑事问题上，公文往来繁忙，因为这种字体书写方便急就，才取“隶书”。

小篆，或小篆走样、急就的隶书，以至隶书走样带草的情况，在秦俑身上的刻画中都

---

① 马非百：《秦集史》引张怀瓘《书断》。

② 《秦集史》引《水经 · 瀔水注》，《古今图书集成 · 职方典》162引《镇志》。

③ 汉宣帝“杜陵”位于秦汉杜县之东9公里的杜东原上（今西安市南郊三兆村南），故名。并在陵旁设立杜陵邑，杜县改名杜陵县，把县治迁至杜陵邑。因原来的杜县城较杜陵邑地势低下，遂改称“下杜城”，故《汉书 · 宣帝纪》颜师古注：“下杜即今之杜城。”

可找到例证，如四、八、九及耳旁等。可见下层社会的这些劳动者，既是文字改革的参与者，也是书法活动的推动者。最后才由程邈等知识分子做了搜集、研究和加工整理，形成书写体字——初期的隶书，也称“古隶”或“秦隶”。

小篆源自大篆（籀文），同时也孕育了隶书。二者并行，用场有别。篆书用在庄严场合，像皇帝的诏书、军令如山的虎符与兵器刻铭、歌功颂德的刻石、社会流布的货币、玺印封泥。而隶书多见于简牍。秦始皇“书同文字”，不仅推行秦篆，给予其正统地位，而且减少了文字的图画成分、确立了偏旁的形体与位置。应该说，这是汉字演进史上一次最大而又深刻的变革。因为它彻底改变了小篆及其以前古文的面貌，使汉字由形象化改变为笔画化，并为以后楷书的诞生奠定了基础。至于隶书的产生，则是汉字走简化道路的必然产物。因为篆体书写不便，要急速省时就使得字体走形。战国时期，各国都有隶书的流行。秦高奴铜石权的“奴”字是隶篆混合，青川木牍用隶书写成，可见秦始皇用程邈不过是规范定型整理而已。

第五节　应用科学与技术

一、天文与气象

（一）天象观测与制历

古人观察天象，辨明季节，是为了授时以指导农业生产（播种、管理、收获、储备）和生活（迁徙、建筑工程等）。秦人继承周人观象授时的优秀传统，在建立人为的、与天象相符的历法方面，也取得了积极的成果。首都有一支三百人的队伍，专门观测星气（《史记·秦始皇本纪》），而咸阳的建设既是在“法天”思想指导下，按天象规划布局，又作为国家观象中心，总结天文学成果，把当时编制出较为先进的《颛顼历》推向全国。

《吕氏春秋》一书的“十二纪”，记载着秦人观星定月的成就。对一年12个月中，太阳分别在天空的位置、晨昏的中星，以及相应的天气、物候等都有详细的观察记录，如“孟春之月，日在营室，昏参中，旦尾中”即是说：孟春这个月，太阳位置在二十八宿之一的“营室”（北方），黄昏时参宿中天（正南），日出前尾宿中天。书中提到立春、立冬、日短至（冬至）、蛰虫始振（惊蛰）、始雨水、小暑、溽署、白露、霜始降等等，表现出同农事有关的二十四节气正在形成过程之中。应该说，它对12个月天象及二十八宿的描述，都是现存古籍中最早的记录。

《史记·封禅书》载，德公二年（公元前676年）“初作伏祠”。在此之前周无伏，只有秦人把夏至后第三个庚日开始的30或40天最热的时期称作“伏日”（又称“三伏”）。这是秦人对中国历法的一大贡献。特别是取消了各诸侯国使用的不同历法，把“颛顼历”颁行全国，历法统一，使之成为中国第一部通行历法。[按：西周后期，随着“朔”（是看不到的月象，只能靠计算确定月亮的位置）的概念产生及其后二十八宿体系和二十四节气的建立，太阳周年运动和回归年的规律也被人们所掌握，按之排年、月、日的分法逐渐形成。

据《汉书·艺文志》载，汉时历谱十八家中尚有《黄帝五家历》33卷、《颛顼历》21卷、《颛项五星历》14卷、《夏殷周鲁历》14卷。可见春秋战国时期各诸侯国行用的历法是不同的。人们就把黄帝、颛项、夏、殷、周及鲁历合称为“古六历”。因为它采用的365又1/4日为一年，故又称“四分历”。实际上，“古六历”按历元（即历法的计算点）看，其年首的月份不同，可以合并为三种历法，即夏历、殷历和周历。此三历的主要区别在于岁首的月建不同：

夏历——以冬至所在的建寅之月为岁首（即后世常用的阴历正月）；

殷历——以建丑之月为岁首（相当于阴历的十二月）；

周历——以建子之月为岁首（相当于阴历的十一月）。

秦采用《颛项历》，以建亥三月（即阴历的十月）为岁首，与夏、殷、周三历皆不同。一直沿用到西汉中期，前后长达100多年。由于误差积累渐大，历日与天象不符，所以太史令司马迁等人提出改历的建议。经过仪器制造、观测和激烈的学术争论，终于采纳了邓平、落下闳等人制订的历法，并于汉武帝太初元年（公元前104年）颁行，这就是著名的《太初历》。《太初历》以正月为岁首，冬至所在月为十一月，以无中气之月为闰月。这些规定就形成了中国历法的基本格局，在以后2000年间改历50次而基本不变。其所记日蚀、月蚀周期，为日月蚀预报打下基础。它所测定的五星运动也比过去有显著的进步。西汉末，经天文历法家刘歆加工整理，改名为《三统历》。到东汉章帝时，因《太初历》行用近200年，误差又渐大，才由李梵、编䜣等人测算，编制了“四分历”]

出自制定历法的需要，我国古代对恒星的观测也取得了阶段性成果。春秋时期，已能由月亮的位置推算出每月太阳的位置。在此基础上，战国时期就建立起二十八宿体系。《吕氏春秋·有始览》将地球上看到的北天极划作“天有九野，……中央曰钧天，其星角、亢、氐。东方曰苍天，其星房、心、尾。东北曰变天，其星箕、斗、牵牛。北方曰玄天，其星婺女、虚、危、营室。西北曰幽天，其星东壁、奎、娄。西方曰颢天，其星胃、昴、毕。西南曰朱天，其星觜巂、参、东井。南方曰炎天，其星舆鬼、柳、七星。东南曰阳天，其星张、翼、轸”。人们又将这二十八宿所对应的地球赤道和黄道带附近的星空，划出东、南、西、北四个星区，分别用苍龙、朱雀、白虎、玄武这“四象”命名。每象分七宿，四象共二十八宿。表次如下：

东方苍龙七宿：角 2、亢 4、氐 4、房 4、心 3、尾 9、箕 4；

北方玄武七宿：斗 6、牛 6、女 4、虚 2、危 3、室 2、壁 2；

西方白虎七宿：奎 16、娄 3、胃 3、昴 7、毕 8、觜 3、参 7；

南方朱雀七宿：井 8、鬼 4、柳 8、星 7、张 6、翼 22、轸 4。

二十八宿犹如太阳、月亮的行宫，古人则根据日、月在二十八宿的位置来推算一年的季节。（图 12-36）

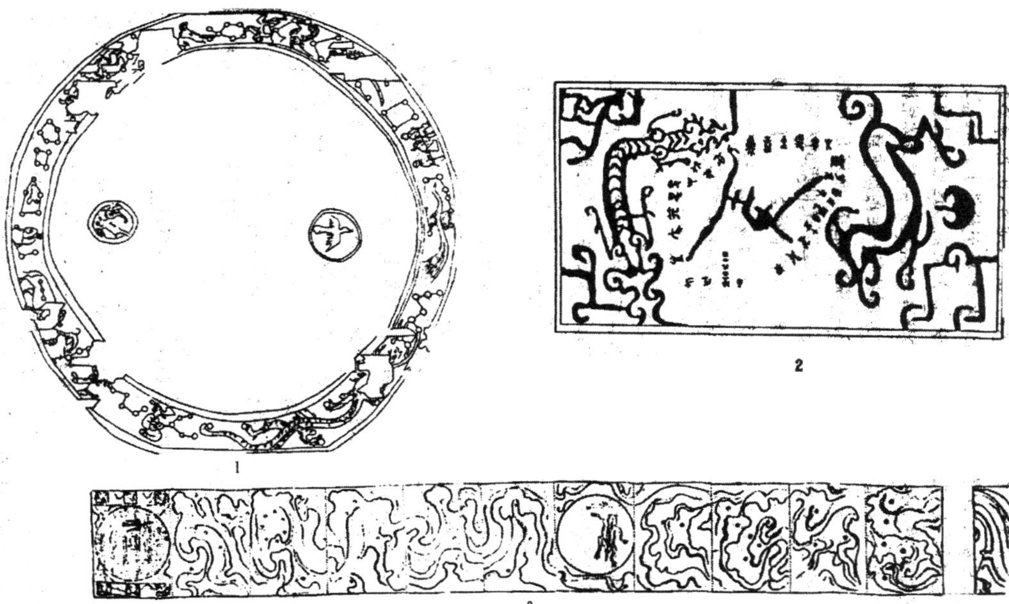

星象图

1. 西安交通大学西汉墓壁画中的二十八宿图　2. 湖北曾侯乙墓漆衣箱盖上的二十八宿图　3. 洛阳西汉壁画墓中的星象图

图 12-36　星象图

（二）“盖天说”的宇宙理论

在天文观测的基础上，周秦时期已经形成最早的天文科学理论——盖天说（又叫《周髀说》)。

盖天说系统化与数学化的论说，见于战国末期的《周髀算经》一书。这一学说起初认为“天圆如张盖，地方如棋局”，即天圆，在上，地方，在下。具体的描述则是《晋书·天文志》：“天象盖笠，地法覆盖。天、地各中高外下。北极之下，为天地之中，其地最高，而滂沲四隤，三光隐映，以为昼夜。”这记载虽为生活在关中地区的周人、秦人对天象观察所作的解释，毕竟是人类对天体结构最原始、最直观的认识。它在描述天体的视运动方面具有一定的历史意义。

《吕氏春秋》力主天圆地方的盖天说观点，说“天道圜，地道方”(《圜道》)、“大圜在上，大矩在下”(《序意》)，并提出“太一”(即“道”)是世界的本源这一哲学基本问题。《大乐》载：“太一出(生)两仪(事物的两个对立面)，两仪出阴阳。……日月星辰，或疾或徐，日月不同，以尽其行。……万物所出，造于太一，化于阴阳。”这些论说是秦人继承周人的“盖天说”而有所发展，同样也是对这一理论所做的积极贡献。

盖天说理论反映的只是自然界的一些表象，随天文计算方法的进步，它就陷入了不能自圆的矛盾之中，逐渐为后起的“浑天说”所替代。西汉武帝时的落下闳制造了浑天仪，昭帝时的天文学家鲜于妄人用其测量、检验数据，宣帝时的大司农耿中丞创造浑象，都为这一学说奠定了基础。

(三)天人理论的实践

《周礼·春官宗伯·保章氏》：“掌天星，以志星辰日月之变动，以观天下之迁，辨其吉凶。以星土辨九州之地所封。封域皆有分星，以观妖祥。”周王朝设职观天，其作用之一就是从星象的变动来预测人事的吉凶，为此也把天上的星宿分野同地上的封域一一对应起来。“天垂象，圣人则之”(《易》)就表明人对天象的应策。这种思想，实际是来自天、人同处于一个大的、息息相通的系统的认识，是早期占星术所建立的“天人感应”(或作“天人相应”①)理论。

“天人感应”的本来含义是天与人双向感应的神秘学说，即天能干预人事，人的行为也能感应上天。那么，秦始皇在统一六国之后，重新规划秦都咸阳时极力“法天”，俨然同天帝对应，已超出“感应”的意义。例如：

① 战国时，子思和孟子提出“天道”和“人道”(或“自然”和“人为”)合一的观点，到西汉董仲舒则强调“天人之际，合而为一”(《春秋繁露·深察名号》)，这就是“天人合一”的理论。他在“天人一也”的前提下，提出“天亦有喜怒之气，哀乐之心”，从而把“天人感应”说作为封建神学体系的基础。

第一，以咸阳宫为中心，对应天帝（泰一，或太一）居住的“紫宫”，按北天规划咸阳。

文献：“始皇兼天下，都咸阳。因北陵营殿，端门四达，以则紫宫象帝居。”（《三辅黄图》）

提示：“紫宫”，是天帝的居所。中垣有紫微十五星分左右，成为屏藩，作为天皇大帝的北极星居中。始皇在冀阙宫庭群落的“北陵”之地，突出咸阳宫的地位，以象天帝居紫宫有众星拱卫，临制四方，上下相应。

第二，渭水流经咸阳比附天上银河，横桥连接北南二区恰是便利牛郎、织女相聚的鹊桥。

文献：“渭水贯都，以象天汉。横桥南渡以法牵、牛。”（《三辅黄图》）

提示：织女、河鼓（牛郎星）隔河相望。“维天有汉，监亦有光。跂彼织女，终日七襄（织女星白天移七次）。虽则七襄，不成报章（文采）。睆（huǎn）彼牵牛，不可以服箱（母牛拉车）”（《诗·大东》）。春秋战国时期，民间最早构筑的神话框架，已被秦始皇巧妙地用在都市建设上，既具有深层寓意，也是两种美的结合。

第三，信宫改名为“极庙”，以象中宫的天极星。

文献：始皇二十七年（前220年）“作信宫渭南。已，更名信宫为极庙，象天极”，二世元年“今始皇为极庙……尊始皇庙为帝者祖庙”。（《史记·秦始皇本纪》）

提示：把信宫改名为极庙是为了像天帝之有“天庙”一样，其地位之重要犹如处“紫宫”的天极。“天极”，即北极星。“南斗为庙”（《史记·天官书》），所以，“天庙”也就是南斗。天极星处中宫，有北斗绕行。二十八宿虽分属青龙、玄武、白虎、朱雀等四宫，却是众星朝北斗的。秦始皇按天都有天极、天庙，在帝都就安排有咸阳宫、极庙。亦步亦趋地仿效，表明他追求的是无论生前或死后都要同百神中最尊贵的天帝一样，永远处在中心位置。

第四，阿房宫有复道凌空，横绝渭水，连接渭北诸宫，同“天极”星有“阁道”跨过天河到达“营室”相似。

文献：始皇三十五年（前212年）“乃营作朝宫渭南上林苑中，先作前殿阿房……为复道，自阿房渡渭，属之咸阳，以象天极阁道绝汉抵营室也”（《史记·秦始皇本纪》）。“始皇作离宫于渭河南北，以象天宫”（《水经注·渭水》）。

提示：秦都咸阳是政治中心的所在，在144年间随着政治、军事形势的发展，有着历史阶段性的变化：秦惠文王“筑冀阙宫庭”处理政务军机大事；秦昭襄王以后则有转移渭南的倾向；秦始皇一开始，也并没有放弃咸阳宫，随后转向信宫，继而甘泉宫，最后才确定阿房宫为朝宫。阿房宫规划宏大，“表南山之巅以为阙，络樊川以为池”，通过跨渭的复道连接北区的宫殿，[1]不仅占地范围辽阔，其布局构思也同天象契合；天帝出自"天极"，经过横绝天河的"阁道"，抵达作为离宫别馆的"营室"（《周礼·冬宫》："营室，北方玄武之宿，与壁连体为四星"。在室宿二星之周围又有"离宫"六星分三处作为附座）。

第五，咸阳的宫苑、池囿、府库等重大设施，似都能在天上找到相应的星宿。

文献："自雍门以东，至泾、渭，殿屋复道，周阁相属。""令咸阳之旁二百里内宫观二百七十，复道、甬道相连。"（《史记·秦始皇本纪》）

提示：天地对应关系如下：

毕宿"五车"与"咸池"——兰池宫与兰池形似；

昴宿"天苑"——宜春苑、上林苑；

奎宿是"天府"、胃宿有"天囷""天廪"——咸阳诸库；

娄宿——厩囿；

牛宿"辇道""奎宿""阁道"——咸阳御道……

咸阳城市规划"法天"主要是采用秋季的北天天象，以正投影对照，天、地暗合（渭河与银河的走向、宫苑与星宿位置）。秋夜的天幕，明星朗朗，银汉斜挂，不只气爽肃杀，是否同尚水德、崇法的政治思想有关？（图 12–37）

当我们研究始皇重新改造首都时，由文献明载的"法天"来对照天象，或依天象在地上找对应物，都应该看到那是一个相对的比附或象征，绝不是位置不差的全等。如极庙所示的南斗，本不应在渭南的正南方向，而应在西南。况且咸阳建筑所涉及的星象主要是北方七宿和西方七宿中的部分星宿。而天上星宿的命名，多是春秋战国时期的星占家按地上中央政权建制确定的。后来的秦始皇却本末倒置地仿效，不过是强调君权神授、维护至高无上的地位而已。其间没有太多的神秘之处，我们也就无需硬性地对照与苛求。

规划咸阳"法天"的意识，我们也找到了一些考古学证据。在北阪的秦宫遗址中，出土有苍龙绕壁纹空心砖和凤纹空心砖。凤，是传说中的瑞鸟，同麟、龟、龙合称"四灵"（《礼·礼运》）。凤，即朱雀（也称"朱鸟"），在天上作为二十八宿中南方七宿的总名，

① 秦始皇既确定阿房宫为朝宫，对渭北的诸宫就视若离宫别馆，"令咸阳之房二百里内宫观二百七十，复道、甬道相连，帷帐钟鼓美人充入之，各案署不移徙"（《史记·秦始皇本纪》）。
阿房宫有"阁道"直抵南山，又东通郦山。独筑"复道"渡渭，直通咸阳北区的离宫别馆，这完全是取法于"天极阁道绝汉抵营室"的天象的。《史记·天官书》："紫宫左三星曰天枪，右三星曰天棓。后六星绝汉抵营室曰阁道。"《正义》："汉，天河也。直度曰'绝'。抵，至也。营室七星，天子之宫，亦为玄宫，亦为清庙，主上宫，亦天子离宫别馆也。王者道被草木，营室历九象而可观。阁道六星在王良北。飞阁之道，天子欲游别宫之道。"

汉代制作成瓦当图像用以表示方位。《三辅黄图》："苍龙、白虎、朱雀、玄武，天之四灵，以正四方，王者制宫阙殿阁取法焉。"而秦宫遗址的龙、凤纹空心砖虽然不完全具有四灵，也没有明确的方位，但其用意毕竟是清楚的。

始皇陵墓内"上具天文，下具地理"（《史记·秦始皇本纪》），可说是天地一体的宇宙模拟，既是法天范围的扩大，也是大千世界的缩小。

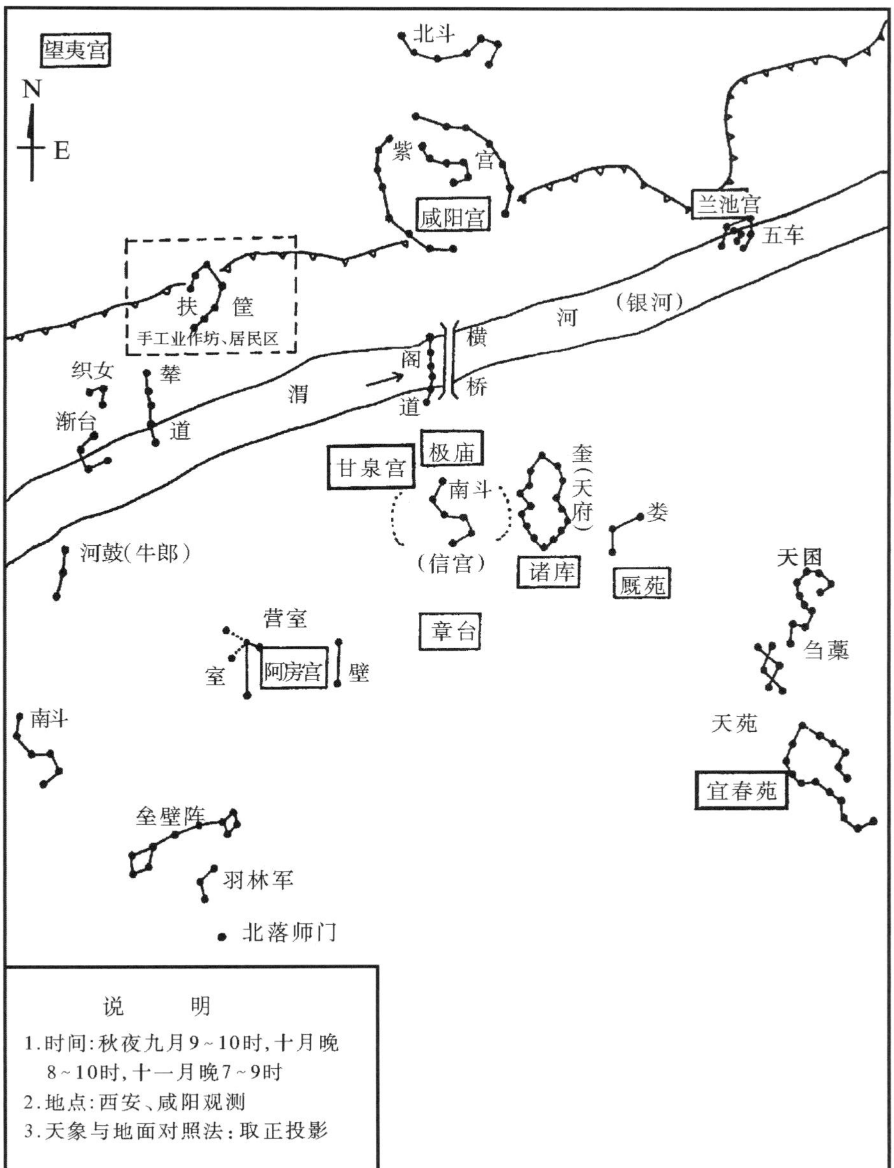

图 12–37　秦都咸阳"法天"意识示意图

（四）气象观测、纪录与农事关系

秦国对水气在大自然中的循环运动，经长期观察已能作出科学的解释。《吕氏春秋·圜道》："云气西行，云云然，冬夏不辍；水泉东流，日夜不休；上不竭，下不满；小为大，重为轻。圜道也。"云向西行，必雨。否则，正如农谚说的："云向东，一场风。"水向东流，日夜不息，是因为上流不竭，下至海不满。集源泉溪流变为大海，是为重。水升为云变轻，又西行为雨，永不止息。

《吕氏春秋》一书中对于雪、霰、霜、雹等，都有明确的记载与合理的认识。

对正常的物候知识，集中地表现在《吕氏春秋》"十二纪"的二十四节气中。叙述上采用韵文形式，可看作千百年农谚的滥觞。如"东风解冻，蛰虫始振（惊蛰）。鱼上冰，獭祭鱼，候雁北"，"始雨水（雨水），桃李华。苍庚鸣，鹰化为鸠"，"日夜分（春分），雷乃发声，始电。蛰虫咸动，开户始发"等等。同时，在该书的"十二纪"中还记叙了很多物候反常现象，以告诫人们采取防范，如"孟春（初春）行夏令（出现夏季天气），则风雨不时（不按时来），草木早槁（枯），国乃有恐（因农业歉收而发生动乱）；行秋令，则民大疫（流行疾病），疾风暴雨数至，藜莠蓬蒿并兴（田间野草疯长）；行冬令，则水潦为败（天气严寒，池水结冰），霜雪大挚（频繁），首种不入（不能播种）"。对其他各月出现错行节令的情况，都举出气候反常带来的影响。而这些都同农业生产的利害攸关，因此在《上农》等四篇中都有论述，特别是《任地》篇中强调了物候在农事活动中的应用。

二、地理

（一）大地测量与地图编绘

出自统一战争的军事目的，战国时期秦国就注意到地图的绘制与搜集。那时，既有各诸侯国的全图，也有大比例的区域性地图。荆轲刺秦王时，进献的就是燕国都亢（今河北涿州市东南）的地图。

甘肃天水放马滩秦墓出土的7幅邽县地图，是我们目前能看到秦国，也是中国最古老的地图。成图年代为秦始皇八年（公元前239年），图示范围虽是秦国的邽县，东西312里、南北204里，包括今天水市秦城区、北道区、清水县、秦安县。而实际上已经南到两当、徽县北缘，东近陕西宝鸡市。除过图七，其余六幅图可编缀成《邽县地理全图》，而由内容侧重点的不同可分为《政区图》（标出县、乡、里治所的位置）、《地形图》（描绘地形、地貌、河流走向、道路、关口位置和形状）、《经济图》（在地形图的基础上，注明森林分布，木材种类，各地相距里程）。经过对古今该地区地理、地形的勘比，放马滩的秦地图相当准确，显然是经过实地测量后绘制的。读图方式，取上北下南、左西右东，与今之正读方向完全相同。除过没有明确的分率（比例尺）之外，其他诸项如表示准望（方位）、道里（距离）、高下（地势起伏）、方邪（倾斜角度）、迂直（河流道路的曲直）等，都是符合制图六原则的。其采用的统一图例一直为后代所沿用，足见绘图技术水平是相当高的。①

秦始皇巡行天下，既有地图为本，又作实地考察，所形成的地图数量必多。看来藏之秘阁、后为汉所得的《秦地图》绝不是一份地图，而是多幅具有不同用途的地图总称。它代表秦代的地理科学水平，也是大地测量、实用数学水平的反映。

20 世纪 60 至 70 年代，我在咸阳的秦都宫殿遗址上发掘和测量时观察到一个有趣的情况：固然在所有的建筑平面上，墙基走向无论作何种转折，其拐角走向始终都呈 90°，但所有南北墙同磁北方向都呈北偏西 14° 的夹角。这可能是秦咸阳所在地，磁子午线与真子午线间的磁偏角所致，故而有西偏的情况发生。不论如何，通过现代科学仪器检测出秦代的测量精度还是相当高的。

秦始皇修建阿房宫时，“表南山之巅以为阙”。从文字表面看，似乎气魄大到把终南山作为宫之南阙门，实际上那是以南山之巅作为控制点对这一范围极大的园林进行施工的。同样，修筑始皇陵墓时，据《两京道里记》载：“陵南岭尖峰作‘望峰’，言筑陵望此为准。”经我测定，始皇陵园的围墙不但四角呈 90°，异常规正，外城南北垣均同望峰的象限角呈 90° 对称，从而形成以望峰为顶的等腰三角形；而且望峰同南城的外内两重门、陵冢、北城外垣门、北门外神道，在一条正南北向的连线上，长近 10 公里，同真子午线的夹角不超过 ±0° 30'。这条以始皇陵冢为中心的南北向主轴，就使得内外两重城垣及九道门作左右对称式排列，完全符合中国传统的建筑格局②。以望峰作为始皇陵施工测量的控制点，代表了当时工程测量技术的最高成就。

战国时期秦国的大地测量技术，达到的水平使人惊奇。骊山本是秦岭向北延伸的一个支脉，首起陕西临潼东南九岭会合的仁宗庙（海拔 1302 米），然后山势稍杀，并随主脉迤逦而东，尾抵河南灵宝，长达 150 多公里。整个山势南缓北陡，从卫星影像图上看，恰似一条腾空的巨龙，背依渭河、黄河，南浮于有如云海的群峰之上。秦始皇陵位居龙额，极像一颗明珠。如果对大地地貌没有了如指掌的熟悉，择地而葬只能是在小的区域里进行，

① 何双全：《天水放马滩秦墓出土地图初探》，《文物》1989 年第 2 期。
② 王学理：《秦始皇陵研究》，上海人民出版社，1994 年，第 29 页及注 [20]。

而不可能做到如此准确、妥帖的安排的。(图 12–37) 可见蒙恬“绝地脉”的感悟，并非凭空而发(《史记·蒙恬列传》)，同他监修长城一样，完全是基于对于大地准确测量结果的掌握。所以，始皇陵选穴龙首不是偶然的巧合，而是已经超出一般立表定向、北极星定位的技术水平。

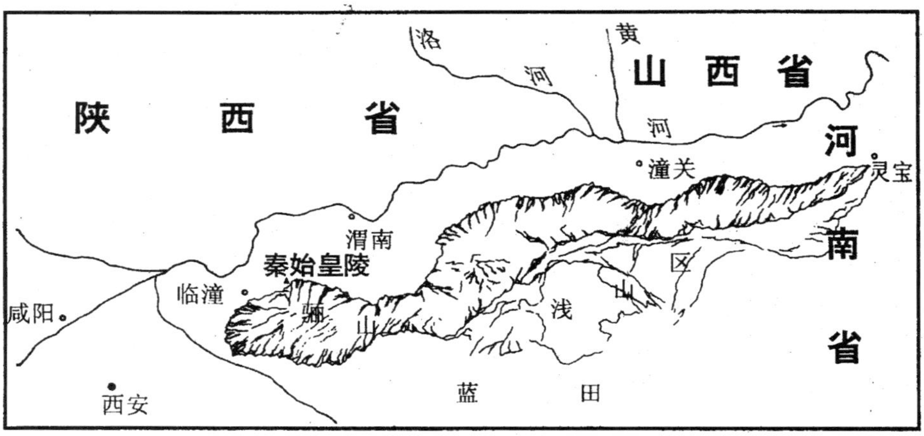

图 12–38　骊山走向与始皇陵选穴位置示意图

(二) 地理模型与进军路线的选择

秦始皇陵墓里“上具天文，下具地理”，并以“水银为百川、江河、大海，机相灌输”(《史记·秦始皇本纪》)。我著文坚持认为，这是我国“最早的一幅山河模型图”①。

“地理”据《易系辞》疏释作“地有山川原隰，各有条理，故称理”，所以郦道元就具体为“下以水银为四渎、百川、五岳、九州，具地理之势”(《水经注·渭水》)。可见“下具地理”的重要内容，就是国家的疆界范围。秦始皇既统一天下，他的这幅具有陆疆与海疆的地理模型必定是“东至海暨朝鲜，西至临洮、羌中；南至北向户，北据河为塞，并阴山至辽东”(《史记·秦始皇本纪》)的秦帝国之版图。毋庸置疑的是：模型采用立体的造型，既表现出当时的行政区划(即 46 郡)，又显示了华夏气魄的“五岳”(即岱、华、恒、衡、嵩等五大名山)、奔流不息的“四渎”(即入海的江、淮、河、济等四大水)。而山林、川泽、丘陵、原隰、通谷、险塞、通都大邑等，无不包罗其中。

立体的地理模型，是以表现平面的地貌、地物为基础的。而缩小比例的平面地图，却是大地测量的结果。战国以来，形成的总图和各种不同要求的分图，首先是为了保证军事

① 始皇陵墓内“上具天文，下具地理”是我国“最早的一幅山河模型图”的观点，我在《秦代的科技珍闻》一文中作了论述(《文博》1986 年第 3 期)。随后，香港的《龙语》又全文转载(1991 年第 9 期)。在《秦始皇陵研究》一书中，对此，我就“地理模型”“水银河”作了专题研究，可参阅。

行动与防守的需要。

秦惠文王更元九年（公元前316年），张仪、司马错、都尉墨率军，经石牛道入蜀，次第灭了蜀、巴和苴。秦昭襄王二十七年（公元前280年），司马错从陇西出发，经蜀郡，进攻楚的黔中，又割取楚的上庸、汉北地。随后，秦军兵分两路攻楚，一路由大将白起攻鄢，另一路由蜀守张若攻巫、笮、黔中，并沿长江顺流而下，使楚首尾不能相顾。这种大范围、长距离、多路军配合的运动战，如果没有地图作为指挥的凭借那是不可想象的。

秦始皇消灭六国之后，为进军岭南曾派史禄测绘地形。后派尉屠睢统领五十万大军，分五路进攻东越（又称瓯越）、闽越、南越和西瓯地区。这一带地形复杂，进军路线的选择尤为重要，详尽的地图更是不可缺少。

三、建筑技术

（一）咸阳宫殿分布概况

以首都咸阳为中心，宫殿建筑遍及关中以至全国。即以咸阳而论，这些宫殿建筑以秦始皇时兴起为最多。据《史记·秦始皇本纪》记载："秦每破诸侯，写放其宫室，作之咸阳北阪上，南临渭。自雍门以东至泾渭，殿屋复道，周阁相属。"《三辅黄图》划出南北分布的界限是"南临渭，北逾泾，至于离宫三百"。而划定东西界限是"秦起咸阳，西至雍，离宫三百"（《汉书·贾山传》）。这个"西至雍"的"雍"，绝不是旧都雍，而是咸阳西郊的"雍门宫"[①]。那么，这些宫殿应该说是包括了首都的正宫、离宫别馆在内的宫殿总数。但是，《史记·正义》引《庙记》说"北至九嵕，甘泉，南至长杨、五柞，东至河，西至汧渭之交，东西八百里，离宫别馆相望属也。木衣绨绣，土被朱紫，宫人不徙，穷年忘归，犹不能遍也"（《三辅黄图》文字同此）。这个分布范围很具体，显然说的是关中宫殿建筑的分布范围。

至于咸阳的宫殿分布，有一条文献记载较为具体。就是秦始皇听信了方士卢生编造"真人"的胡言后，"乃令咸阳之旁二百里内宫观二百七十复道甬道相连，帷帐钟鼓美人充之，各案署不移徙"（《史记·秦始皇本纪》）。这270座宫殿分布在咸阳渭河南北两岸，既有仿照的六国宫殿，也有秦自己设计建造的。从我对咸阳原上自聂家沟到刘家沟的钻探与测绘的平面图上看，这些宫殿形式多样，无一雷同。由此可见，当时咸阳聚集了一支庞大的从设计到施工的建筑队伍。建筑学作为一门科学，在秦时已达到了前所未有的水平。

① 王学理：《雍门宫室今安在　塔儿坡前寻踪迹》，《中国科学报》2011年12月15日第12版。

（二）夯土版筑的高台建筑

中国的地质构造决定了土木建筑体系的方向，特别是古代的北方人利用黄土团粒结构细密、具有粘结力的特性，加夯以增加密实度，就能在干燥状态下使其具有较好的稳定性和承载力。因而夯筑技术早为新石器时代的人们所掌握，逐渐被后人广泛用于处理建筑地基、墙体工程。

秦国夯土版筑城垣，从春秋雍都到战国栎阳遗址上就足以反映出城防工程的浩大与夯筑技术的高超。雍城坐北朝南，临雍水北岸，因地势关系平面呈南北向的平行四边形。曲折的东墙南北长 3300 米、南墙全长 3200 米，总面积 11 平方公里。筑城施工程序是先处理墙基后筑城，即平整地面后，再下挖 1~3 米深、宽于墙垣的基槽。从底部层层夯筑出地面，接着版筑厚约 6 ~ 10 米的垣墙。木板夹筑，分层施夯，虽城墙高度不明，但确实是采用束状夯杆施夯的，其夯面直径为 2 ~ 4 厘米。在南垣和西垣上留有版筑的夹棍眼，孔径 8 ~ 10 厘米。城垣拐角处的夹棍眼直径稍大，为 12 ~ 15 厘米，眼间距为 0.75 ~ 1.25 厘米[①]。夹棍眼遗迹给我们提供的是版筑墙垣时夹版的构造方法。战国时期兴起的高台宫殿建筑，在秦国得到广泛的推广。秦孝公的“冀阙宫庭”建筑群之一号遗址，其东端已遭破坏，但残留西端的夯土台基东西长 60 米、南北宽 45 米，仍高出地面 6 米。台基系层层夯筑而成，用平夯方法，夯径 7 ~ 8 厘米；夯土纯净、坚实，夯层厚 6 ~ 9 厘米。（图 12–39）。咸阳原上除过一号建筑遗址和东去 400 米仍有一座高 8 米的夯土台基残存外，其他的高台多已平毁。

秦阿房宫建筑宏伟，把居高临下、气势宏大的高台建筑物发展到了顶点。《史记》说“前殿阿房，东西五百步，南北五十丈，上可以坐万人”。实际上，这说的是“阿房宫前殿”夯土基址上的建筑。至于今存留的遗址经测量，东西长 1320 多米，南北宽 420 余米，总面积近 55.44 万平方米。这才是“阿房前殿”的夯土台基，属于朝宫建筑及“前殿阿房”等附属建筑的高台基础。现在，我们看到的这座大型夯土台基，虽然遭到历年的破坏，仍高出地面 7 ~ 12 米，其夯层一般厚 6 ~ 8 厘米，窝径 7.8 厘米。夯层平整，处于同一水平，反映出当时对建筑持平的严格要求。今阿房宫村周围有 10 多座单体建筑遗址，其中俗称的“始皇上天台”，其夯土地基东西长 400 米、南北宽 110 米，残留的台基仍高出地面 15 米。在阿房宫遗址区，夯土台基有多处存留，当是“夏屋广大，沙堂秀只”（《楚辞·大招》）的见证。

① 王学理主编：《秦物质文化通览》，科学出版社，1997 年。

图 12-39　建筑夯土

我们今天所能见到的秦咸阳城附近的离宫别馆遗址，其主体建筑无不采用夯筑的高台形式。望夷宫、步高宫、步寿宫、林光宫、渭北甘泉宫、梁山宫及咸阳西侧六处滨渭的宫殿遗址，都有夯土台基的存留。至于咸阳附近 270 多座宫殿至今不见踪影，大概由于后期的破坏使它们在地平线上永远地消失了。

（三）木构架技术

高台建筑是秦代大型建筑普遍采用的一种土木混合结构方式。在空间上，它增加了建筑的高度；在平面上，连接附属建筑具有无限的拓展功能。总之，高耸凌空、翼戴宽宏、结构灵活、错落有致，就构成了它气势独有的建筑风韵。

经过考古发掘与建筑史家复原的秦咸阳一号宫殿建筑遗址，可作为高台土木结构的杰出代表。（图 12-40）其特点概括如下：

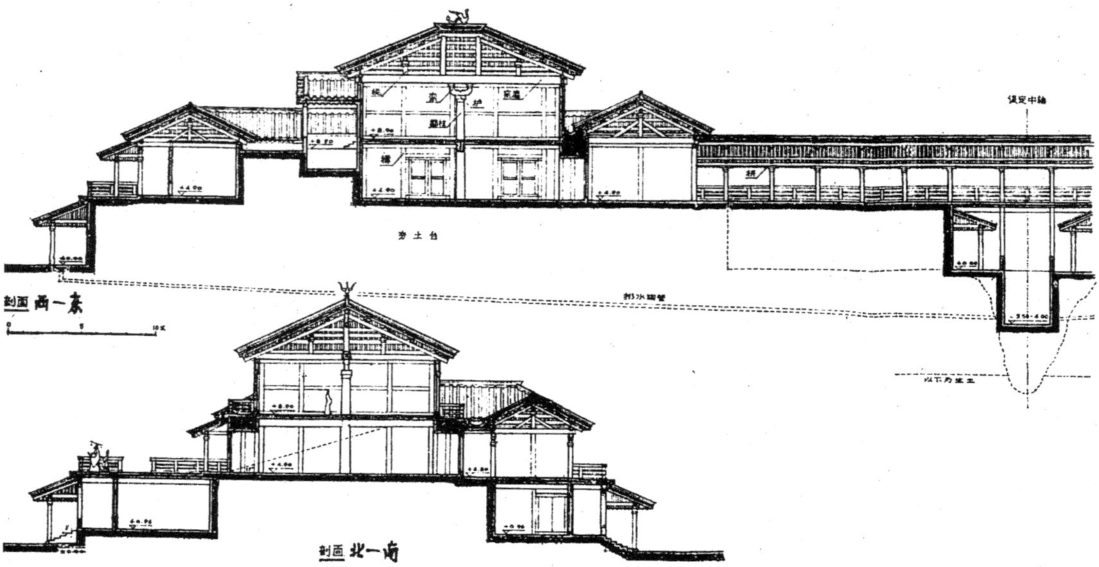

图 12–40　秦咸阳一号宫殿遗址复原剖面图

第一，高可 6 米的夯土台基作为核心是它赖以支撑的基础。顶部作主体殿堂（1 室），其他 10 室分别位于台面或台侧，底部南北与西侧三面环卫曲廊，从而形成自上而下的三重层次。

第二，建筑结构从宏观上看，同横跨牛羊沟的已被破坏的另一半建筑有飞阁连结成一，构成对称的“二元构图的两观形式”①。而作为两观之一的西端台基顶部为四阿顶大屋，脊高达 17 米。屋内居高 3.5 米，内部跨度 12 米、进深 13.4 米，是为主体宫室，呈现出一种博大峥嵘的气魄。木构屋架中有都柱（俗称“将军柱”），顶部则以栌（柱上的大斗）栾（初期的拱）承托宗廇（大梁），再上立棁（即“侏儒柱”）载栋，从而取得逐层抬梁举高的效果。

第三，围绕夯土台筑屋的木构部分有特殊的做法，主要表现在墙体上。房间的墙壁有两种，一种是在夯土上挖出台壁，壁内隔一定距离嵌以壁柱，拐角处用并柱。壁柱同土墙连为一体，其负荷的楼层大梁或屋顶梁架，不一定安放在柱头上，而是压在柱顶（或墙头）的枋木上，故而无需布置成对应的柱网，柱底以原石作础；另一种承重墙，则是夯土与土坯（墼块）混用的。至于承重木柱间的墙体，另用竹笆或荆笆固定，两面涂泥。一般墙面的做法是底层涂掺有麦草茎的粗泥（墐），表涂掺有谷糠的细泥。

① 杨鸿勋：《建筑考古学论文集 · 秦咸阳宫第一号遗址复原问题的初步探讨》，文物出版社，1987 年。

第四，高台建筑上的排水管道是夯筑台基时预设的，底层冷藏窖则是后期凿挖的。

始皇陵兵马俑坑，提供给我们的又是一种特殊的地下建筑形式。它是在平地上下挖 5 米多深的大坑，在坑底并行地夯筑一道道隔墙（承重墙）。沿坑的周壁及隔墙两侧立木柱，柱下垫以地栿。在排柱顶部搭接一根根枋木，使之同隔墙顶保持水平。然后在枋木上横向密排以木桁（棚木），最后盖席、覆土。

秦俑坑的构筑，也有如下一些特点：（图 12–41）

1. 在排柱下不设础而采取地栿，对分散压力有实际作用；

2. 由棚木、席子和覆土三部分构成的静荷载，堆积厚度可达到 3 ～ 4 米，是由承重墙同柱、枋组成的受力整体；

3. 地栿顶端以舌形榫头套合，再嵌入细腰形栓板，也增加了拉力和抗扭曲力。

以上这些措施固然从整体上解决了大跨度建筑的难题，但在木构架中还存在一定的缺陷，像不用斗拱，而由立柱直接上顶枋木，就使得支承面狭小，以致二者容易发生脱离；拐角处用两根并柱，而枋木伸向不同方向，缺乏连接，没有相互牵制的力量。夯土墙承重过大，再加之地下潮湿的影响，大大削弱了它的稳定性，从而造成隔墙塌陷①。但秦俑坑毕竟给我们提供了纵架木结构的实例。

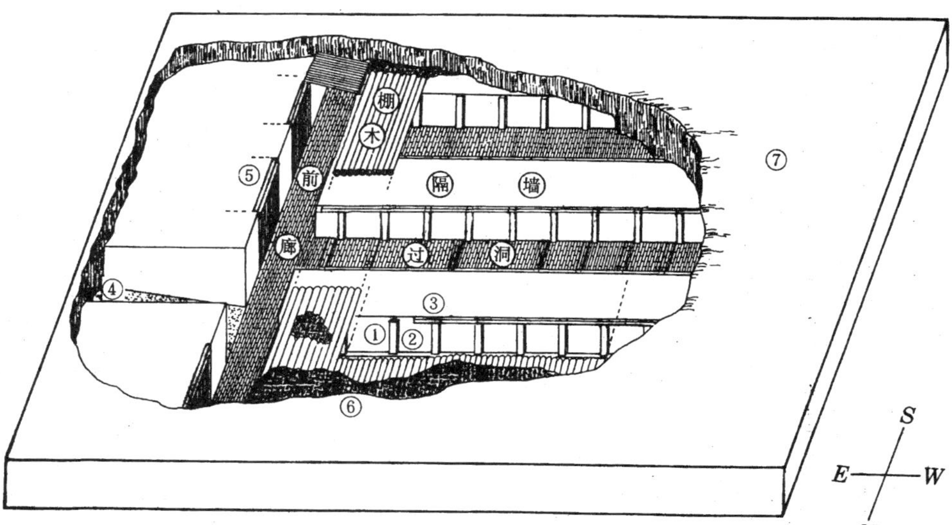

① 立柱 ② 地桁 ③ 枋木 ④ 斜坡门道 ⑤封门木 ⑥盖席 ⑦ 封土

图 12–41　秦俑一号坑建筑结构示意图

① 王学理：《秦俑专题研究 · 隐蔽性工程坑道式建设》，三秦出版社，1994 年。

（四）建筑材料科学

从考古资料看，咸阳宫殿的建筑用材不外乎木、石、沙、灰、砖瓦、管道、荆、箔、席等。但存留下来的多属石质和陶质类遗物。

秦砖有长方形条砖、方形薄砖和杂砖三种。条砖仅用于秦俑坑铺地，数量可高达 23 万块之多。其色青灰，表饰细绳纹，制作规矩，质地细密，烧成温度约 950 ～ 1000℃。有一种大型条砖重 14.5 公斤，群众称之为“铅砖”，实际是由云母类黏土矿物与多种低共熔混合物组成，其中含有较多的石英、少量的长石、白云母、黑云母、赤铁矿和极少量的岩屑等矿物。人们通常以“秦砖汉瓦”对称，但秦砖的使用并不普遍，所以珍稀可贵且机械性能良好。有 42（长）×19（宽）×9.5（厚）、42×14×9.5、28×14×7、37×14×6 和 23×19.5×9.5（厘米）的五种规格，其中以 28×14×7 厘米的数量最多，属于通用型，其长度大于宽度一倍，宽度又大于厚度一倍，这种递次减半的配比关系，正是出自搭接整齐的考虑。

方形薄砖有素面的，火候较浅，色呈浅灰。在咸阳一号宫殿遗址的第 8 号房中，用这种 53×38 厘米的素面砖铺地约 19.82 平方米。而花纹砖的图案花样繁多，是装饰性很强的艺术品。简单者只是一道道平行线，或棋盘状的乳钉纹；复杂的则是各种几何纹样组成四方连续排列或是作变化的图案。

咸阳和阿房宫宫殿区都出土过龙纹抱壁空心砖，而始皇陵区则有根据不同用途烧制的五棱砖、拐子砖、画像砖等杂砖。

板瓦与筒瓦二者配合覆盖屋面，而早期在雍都使用的槽形板瓦于战国时期已经消失。始皇陵园食官遗址出土的大板瓦，色青灰，质地坚硬，烧成温度较高。瓦长 52 厘米，前端宽而厚，分别为 43 厘米和 1.7 厘米；后端窄而薄，分别是 41 厘米和 1.5 厘米。其弧度的半径大，圆心角为 85 度，即占 1/4.2 规。板瓦的这种形制与结构，甚符合苫瓦时参互接缝的要求。

筒瓦弧度的半径小，圆心角大到 133 度，占 1/2.7 规。前有折唇，以便含接。通长 43 ～ 54 厘米、宽 10 ～ 16 厘米。

有一种“脊瓦”是带马鞍形的筒瓦，确实也是施之于屋脊之上的，通长 45.4 ～ 51 厘米。另一种顶端带瓦当的脊瓦，却是施之于屋脊之端的，竟长达 89 厘米。

施于檐口的筒瓦，其顶端护椽头的瓦当，是极富艺术色彩的部分。其花纹图案变化多端，是装饰性很强的工艺美术品，令人赏心悦目。

陶质下水管道有两种，即圆筒管道和五棱管道。前者的口径一端粗，径28.5～29.5厘米。另一端细，径22.5～23厘米，长56～59厘米；后者通长65～68厘米，通高45～47厘米。两种管道中的圆筒管道是细流水管，在秦宫一号遗址（西阙）中用于接引室内之水，拐角用“弯头”管道，节节相套，上承陶漏斗。五棱管属于地下引水的主管道，也是节节相连的。后围寨高台建筑遗址的地下，五棱管道接引长达30米。始皇陵西，穿过内城的五棱管道竟是五道并列，排水量之大可想而知！

石水道独见于始皇陵区。上下两石相合，中凿圆形孔道，有单、双之别，更有三孔的。

四、陶瓷

（一）陶质制品与陶窑

陶制品同秦人的生活联系得太紧密了，在使用者也并非都是“钟鸣鼎食”之家。“击瓮叩釜”可说是战国时期秦人物质文化生活的剪影，因为作为生活食具的陶瓮和锅、碗、瓢、盆都可充当演奏的乐器，登上大雅之堂而差强人意。舍弃了春秋时期赋诗和歌、故弄风雅的儒士风韵，剩下来的当然就是赤裸裸地对武力和抢夺的崇尚。所以，在当时社会生活中满目皆“陶”就成了值得社会学研究者注意的现象。

由于秦国在春秋时期受地理环境的限制，铜料不足，上层统治者的生活用品不能不以仿铜的陶礼器所代替。随着建筑、生活、随葬用陶量的增大，战国时期秦国的制陶业已发展成一个同国计民生攸关的手工业生产部门。其规模由中央官署、地方官营到民间私营三大类而走上制陶专业化的道路，从事着日常生活陶器、建筑材料和随葬品的制造。在咸阳市窑店镇西起胡家沟，东到柏家嘴一带长达8公里的原边，多有秦汉陶窑址发现，1982年还见到秦窑14座、汉窑75座。而胡家沟残存的窑场占地7939平方米，仍有排列整齐的陶窑近30座。其产品主要是为宫殿提供砖、瓦、管道等建筑用材。[①] 秦都北区遗址在南部的滩毛、店上村一带，是民营的制陶手工业作坊区，曾发掘过三座窑址，[②] 以生产日常用陶器为主。秦始皇陵区的制陶内容较为驳杂，既有一般陶器的生产，围绕陵墓工程则以建筑用陶为主，在赵背户、上焦村、西黄村、陈家沟、下和村及鱼池村都分布有陶窑，陵西的赵背户向北到郑庄，南北长达2公里，东西宽1公里的范围内，早年都有陶窑的发现[③]，7000件左右的陶兵马俑当然又是由一支庞大的独立的烧造队伍完成的。

① 秦都咸阳考古工作站：《秦都咸阳古窑址调查与试掘简报》，《考古与文物》1986年第3期。
② 陕西省博物馆、文管会勘查小组：《秦都咸阳故城遗址发现的窑址和铜器》，《考古》1974年第1期。
③ 秦俑考古队：《秦代陶窑遗址调查清理简报》，《考古与文物》1985年第5期。

秦国制陶尚处于灰陶工艺步入成熟阶段，秦代陶工业发达，表现在制烧技术提高、器形稳定且制品标准化、系列化的倾向。不但质量指数超过前代，也为铅釉陶的出现创造了条件。即使今天沿用的某些制陶工艺技术，也可以从秦汉时期找到渊源关系。

从测试秦陵文物给出的数据知，战国后期到秦代的陶制品质量堪称上乘。秦瓦的烧成温度最高，可达到 1000 ~ 1050℃，抗压强度为 224kgf/cm^2，抗弯强度为 125kgf/cm^2；砖的烧成温度次之，约为 950 ~ 1000℃，但偏近于 1000℃，其抗压强度为 465kgf/cm^2；抗弯强度为 113kgf/cm^2；陶俑和马的烧成温度，约为 950℃。尽管烧俑的陶窑至今没有发现，但从某些物理性能看（体积密度 1.84g/cm^3，吸水率 17.53%，孔隙率 32.24%），这体高 1.75 ~ 2 米、重达 105.5 ~ 265.35 公斤的庞然大物只能是在还原气氛中严格控制火候烧成。①

陶窑结构涉及温度控制，是产品烧成率和质量好坏的关键。首先，秦窑的容量比战国窑增大，其次，其结构更趋合理。滩毛村南制陶作坊遗址的第 4 号窑，经我发掘，是较为完整的一座由土坯砌筑的马蹄窑，由窑床、火膛、烟囱和窑门四部分组成。窑床长 2.3 米，中宽 2.2 米，床面前高后低呈斜面，坡度 7°。据研究，这种斜面窑床上放着的陶坯，其重心稍向后移，当焙烧时前半面首先接触火焰，受热发生收缩，重心即移到中心线，不至于发生前倾现象；而且窑床升高、火膛降低，使原来的立焰变成半倒焰，既增加了焙烧量，也利于火候的均匀提高。

烧砖瓦、水道之类的陶窑，其规模较烧陶器的窑稍大。除穹隆顶外，窑床平面有马蹄形、方形和三角形的。后者见于始皇陵园西侧的赵背户，其窑床、火膛呈等腰三角形，后壁有等距的 3 个烟囱，火膛低于窑床 20 厘米；窑床也是前高后低呈斜坡状，进深 2 米、宽 1.6 ~ 3.92 米。此三角形陶窑的火膛接窑床处呈弧形，再加 3 个烟囱的抽风作用，就使得火力均匀分布、窑温平衡，可说是创造性的窑烧工艺。

（二）秦代的瓷器遗物

陕西瓷器的历史以耀州窑的黑釉瓷和青瓷为代表，最早只能追溯到唐代。尽管中国的瓷器滥觞于商代，但过去考古发掘所获原始瓷的出土地点并不在陕西。周原凤雏村西周建筑遗址出土的瓷豆、瓷罍，内外施黄灰色或青灰色薄釉，却把陕西的原始瓷时限上推到 3000 多年前。②

秦都咸阳确已有瓷器的发现。1974 年在发掘一号宫殿遗址（西阙）时，在主室的秦

① 陕西省考古研究所等：《秦始皇陵兵马俑坑一号坑发掘报告（1974 ~ 1984 年）》，文物出版社，1988 年。

② 陈全方：《周原与周文化》，上海人民出版社，1988 年。

文化层中有瓷片出土，是一只残破的黄褐釉瓷碗。它同多块布纹瓦片，被发掘者当作“杂土”倾倒在牛羊沟里去，又囿于“汉瓦（布纹）”、“晋瓷”旧闻的影响，也没有敢写进《简报》中去，随后由我们亲自发掘的知情者作了补正。[①]

无独有偶，时过 8 年，于 1982 年发掘秦始皇陵园“丽山食官”遗址时，又出土了有完整器形的瓷器。计有瓷罐 2 件、器盖 5 件、瓷罐残片若干[②]。瓷罐作短颈、鼓腹、圈足的球体，盖有子母口，顶立半环纽，通体施青绿釉，腹径 22.6、口径 14.8、底径 14.5、胎厚 1、通高 24.5 厘米。有的瓷盖表面施茶黄色釉。（图 12–42）

丽山食官瓷器确属秦瓷，除过考古学地层的关系外，刻字瓷片则提供了不容置疑的时代证据。在 T2 出土的一片瓷片上阴刻“丽邑九升”四个秦篆字，这同该遗址伴出器物上的“丽邑五升”“丽山食官”陶文是一致的，当于“秦置丽邑”（《史记・秦始皇本纪》）之后，是专用于始皇陵园具有量化标准的用具。[③]

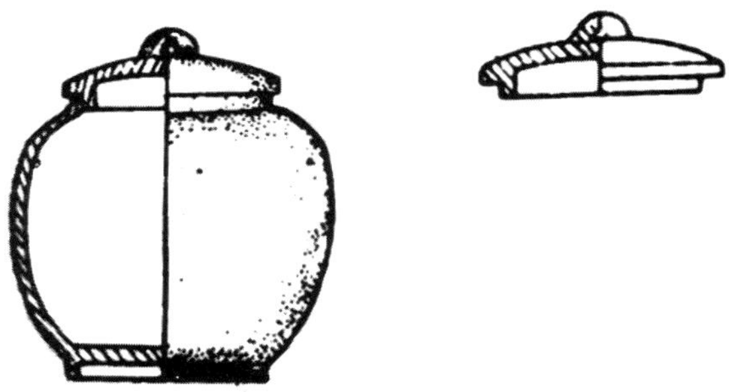

瓷罐与罐盖

瓷盖与残片

图 12–42　秦始皇陵园食官遗址出土瓷罐

秦瓷表施釉有黄褐、青绿等色，器形作碗、罐等食具，使人第一次看到秦代已经有了成熟的瓷器。因出土于秦宫殿与陵园内，数量较少，说明极为珍稀，只供皇室使用，在社会生活中还是难得一见的。

秦瓷的面世，把陕西生产瓷器的历史向前推了 800 多年！

① 秦都咸阳考古工作站：《秦都咸阳第一号宫殿建筑遗址简报》，《文物》1976 年第 11 期。学理等：《秦都咸阳发掘报道的若干补正意见》，《文物》1979 年第 2 期。

② 秦始皇陵考古队：《秦始皇陵西侧“丽山食官”建筑遗址清理简报》，《文博》1987 年第 6 期。

③ 王学理：《秦始皇陵研究》，上海人民出版社，1994 年。书中对秦始皇置丽邑及丽山食官有专文论述。

五、冶金与机械制造

（一）冶金的成果

作为秦代冶金技术的成果，有两种无与伦比的代表，这就是十二个大铜人和始皇陵西侧的铜车马。

秦始皇并灭六国，收缴天下兵器铸作钟鐻与十二个铜人，属于无可争辩的历史事实。但长期来人们对“重各千石”“坐高三丈”的数据则表示大惑不解。核心问题就在于每个铜人重 30.75 吨、高 7.26 米，在秦代是否能铸造得出？结论是 2000 多年前人们并没有条件和能力去掌握这种技术复杂的铸造工艺，因而只能把它当作表现秦始皇“贪大”的传说故事对待。现在，对铜人体量之重、之高的事实，到了应予承认的时候了。因为第一，始皇贪大求实的追求与实践已取得考古的验证：阿房宫以前殿为主体的宫殿群落遗址、始皇陵及陵园的各类从葬设施、7000 左右大同真人的兵马俑群、陵西的彩绘铜车马、陵东的石甲府库坑[①]等，就是存在着的真实再现；第二，属于整体浑铸还是分铸拼接，或是多种铸造手段结合运用的技术问题早已解决，有例可循的是四川广汉三星堆古蜀国的青铜立人像高 2.62 米，而灵彻三界的通天神树残高 3.95 米就是采用分段铸造法而成。那么，始皇铸造的十二个大铜人当是世界冶金史、雕塑史上的奇迹！

秦始皇陵西侧出土的彩绘铜车马与铜御俑，则以其铸造技术与金银细工见长。前导的驷马立车，全长 2.57 米，由 3064 个零部件组成，总重 1061 公斤。车上站有握辔挎剑的铜御俑，弩弓、箭箙、盾牌等兵器也全系铜制，车上撑起的一柄圆盖铜伞由地面至顶就高达 1.68 米；作为主车的驷马铜安车，通长 3.17 米、高 1.07 米，由 3462 个大小不同的铜、金、银零部件组成，重 1241 公斤。这两乘彩绘铜车马与铜御俑，采用了浑铸、嵌铸、焊接、镶嵌成型的方法，表面加工彩绘，再以子母扣连接、转轴连接等十多种连接方法，拼接组装而成，多道、多种工艺手段交互并用的综合性技术，是把以青铜为主体的大件铸物同玲珑剔透的金银小件巧妙地组合成巨型金属工艺品的典范。

销毁兵器重新铸造钟鐻与铜人的冶炼场，据《元和郡县图志》记载，在户县东北二十五里的“钟官故城”（亦名“灌钟城”）。在今鄠邑区大王街道兆伦村的钟官城遗址内，近年来出土了大量的秦汉“半两”铜钱、汉五铢及莽钱与钱范、封泥、秦汉瓦当等。因为这里是秦代一处大规模的冶铸中心，不但进行过销兵铸鐻、铜人的活动，也铸造半两铜钱。

① 在始皇陵东南的内外城之间，有一个纵横百米以上的从葬坑，在过洞内有一领领石甲仆地，叠次参压，相当整齐，估计是原来挂在如兵有阑的木架上，经火焚而无存。甲衣如真，前后甲及披膊完全。札叶小于秦俑铠甲上的，均用青石片雕刻琢磨，再以铜丝连缀。

西汉时，水衡都尉的属官钟官在此基础上继续铸钱，成为上林三官之一。汉武帝元鼎四年（公元前 113 年）上林三官五铢钱的出土，证实了销毁旧钱、通行三官钱的那段历史。《三辅黄图》一书却因传抄而误将“钟官”当作“钟宫”①。

青铜铸造中，对合金成分配比的掌握极为重要。因为这是对合金实际效用的具体回答，不容含糊。青铜剑是随身便携式近刺武器，锋利而坚韧是人们对其物理性能的要求。我们对三柄秦俑坑出土的铜剑检测的结果是：铜含量占 71% ~ 76.32%，锡占 18.02% ~ 22.13%。二者的比例接近 3∶1，大体符合《考工记》一书中关于“三分其金而锡居一，谓之大刃之齐”的配比要求（3∶1，即铜 75%，锡 25%）。剑的希氏硬度为 106 度，大约相当于中炭钢调质后的硬度。青铜镞首的铜锡比为 6.6∶1 ~ 7.21∶1，虽不符合“削、杀矢之齐”，但锡铅总量达到 18.7% ~ 20.28%，却获得了“戈戟之齐”的坚韧性能。铜矛头的铜锡之比是 5∶2，正符合“削杀矢之齐”，但镦的铜锡比接近 6∶1，显然铜量高于矛头，这种反差说明这样一个道理：正因矛头是刺兵的着力点才需要加强，而镦则不需要。从秦青铜兵器冶金成分按人的需要配制，足见铸造技术达到很高的水平。②

对青铜器表面作铬盐氧化处理，是秦人一种独特的发明。对秦俑坑剑、矛、镞、殳、鐏样品经激光显微光谱、X 光荧光、电子探针、光谱分析，在其光洁而色灰的表面都有一层致密的含铬化合物的氧化层，如三棱铜镞表面铬的含量为 0.87% ~ 2.23%，平均 1.98%，厚度 10 ~ 15 微米；287 号剑表层铬量是 0.6% ~ 2%，厚 10 ~ 15 微米；戈镦表面含铬 0.23%。这种处理使合金表面发生铬盐氧化还原反应，从而生成浅灰或深灰色的薄层，以增加青铜抗腐蚀的能力。在 2000 年前的秦国，已能就地取材，通过用铬铁矿、火硝、草木灰的参与而实现。而德国人是 1937 年实验成功，美国人是 1950 年才掌握铬盐氧化处理技术的。③

（二）机加工的创造

咸阳的机械产品出自中央手工业作坊，规正大气，代表着国家级的水平。兵器铭刻、秦俑陶文，多有咸阳工师或匠工的名号。青铜及金银制成的兵器、车马器属于“王者之器”，多同民事无关，按照秦《工律》“为器同物者，其大小、短长、广（狭）亦必等”的规定，就能做出符合统一规范要求的产品。

① 《三辅黄图》：“钟官，在户县东北二十五里。始皇收天下兵销为钟鐻，此或其处也。”既是宫殿，又何言“销为钟鐻”？把“官”传抄作“宫”，是明显的错误。

② 王学理：《秦俑坑青铜兵器的科技成就管窥》，《考古与文物》1980 年第 3 期。经修改，收入《秦俑专题研究》一书中。

③ 同上。

经我测量和统计的秦俑坑 76 束箭表明：一般箭长 70 厘米左右，前端装镞，竹笴（杆）后设羽、括。箭杆表涂黑、红、赭三色漆，其占杆长的比例依次是 1 ∶ 9.6 ∶ 3.2。羽毛占后端 13 厘米，基本符合《考工记》“五分其长而羽其一”的规范要求。据 5769 支铜镞统计，其中三棱式“羊头镞”占 99.76%，首长、三底边与铤长也同《考工记》“刃长寸，围寸，铤十之”的杀矢标准一致。特别值得注意的是铜镞首作钝头三棱锥体，截面作凸边三角形，无论是每面或每边，误差甚微，表现出加工技术的高超。

秦俑铜弩机虽然没有郭，但悬刀的宽厚、望山下部的宽度与基厚、牛的厚度，因涉及咬合关系，加工要求严格，平均误差仅在 1.9192 ~ 1.7608 毫米之间。枢孔直径 8.54 ~ 12.9 毫米，销钉具有互换性。其他如戟、铍、剑等制作规正，都是些标准化的制品。剑无砂眼，内部结构紧密，表层硬度为 HRC22 ~ 24 度，高于内部，这除过纯熟的冶铸技术加持外，也同加热锻打、消除内应力、使组织细化有关。再经表面的抛光处理，光洁度可以达到 ▽ 9 ~ ▽ 10。

车属乘载工具，是多工种、多部件的综合产物，也往往是衡量工艺水平高下的标尺，所以就有“一器而工聚焉者，车为多”（《考工记》）的说法。从秦俑坑的戎车与辎重车这两种军车看，车舆宽 150 厘米、进深 120 厘米，辕长在 3.7 ~ 3.9 米之间。其毂、牙、辐、衡、轭及其他铜构件，都是些标准化了的通用件。而两乘秦陵彩绘铜车马尽管是真车的二分之一，但其机械加工和表面处理之精细，同今日车床产品比，都毫不逊色。但是，仅用锉、钻一类简单的工具是不可能对大型金属部件进行切削、锉磨、抛光、铆接、拉拔、弯曲和矫直的。由秦俑坑铜剑、铍、矛、戈、钺、殳、镞等看，其几何体对称、表面光洁、锋刃尖利，显然是经过切削加工的产品。河北满城汉刘胜墓的五铢钱上刀花痕迹均匀，振动波纹清晰，椭圆度很小，估计是把很多铜钱穿叠在方轴上夹于车床，用车刀或锉刀加工的。郑州二里岗商代铜钻、汲县三彪镇春秋时代青铜刀、锯、锉，河北满城刘胜墓的三棱青铜钻、铁凿、铁锉等工具的出土，我们有理由说像秦陵铜车马这样的大件，一定是用了多种机械加工的。[①]

另外，一些金银细工的金属制品非常精致，往往是冶金、机械加工、表面处理同造型美的结合。像咸阳出土的铜戈镦，金银错出涡纹与凤鸟纹，图案规矩而生动。他如秦陵铜车马上的革显、辔、联索、络头上的金当卢、金银泡，以及塔儿坡秦墓出土的铜镜、带钩等，都是一些华贵而实用的艺术品。

① 王学理：《秦陵彩绘铜车马》，陕西人民出版社，1988 年。

第十三章

社会风尚及域外往来

秦昭王时，新兴地主阶级杰出的唯物主义思想家、新儒家理论的优秀代表荀况来到秦国。当时的相国范雎问他："入秦何见？"荀子发了这么一通观感：

"其固塞险，形势便，山林川谷美，天材之利多，是形胜也。入境，观其风俗：其百姓朴，其声乐不流污，其服不佻，甚畏有司而顺，古之民也；及都邑官府，其百吏肃然，莫不恭俭敦敬、忠信而不楛，古之吏也；入其国，观其士大夫，出于其门，入于公门。出于公门，归于其家，无有私事也。不比周，不朋党，倜然莫不明通而公也，古之士大夫也；观其朝廷，其朝闲，听决百事不留，恬然如无治者，古之朝也。故四世有胜，非幸也，数也。"（《荀子·强国》）

第一节　纯朴的"秦风"处在变化中

咸阳所在的关中秦地，自然环境优美无污染，资源饶多无破坏，百姓质朴没有污秽下流的声乐与轻佻的妖艳之服。"民有先王遗风，好稼穑，务本业"（《汉书·地理志》），规规矩矩，服从管理。荀子称之为"古之民"，是一点没有错。秦自商鞅变法以来，经过秦孝公、惠文王、悼武王和昭襄王四代君主的治理，官吏忠于职守，朝廷办事效率高，整个社会呈现出一派生机，这也是事实。所以，荀况也有把秦国作为推行自己政治主张的场所的打算，但当看到"秦之所短"时，最后还是放弃了。

当然，荀子面对主人的诚恳与热情，只能发表感受最为突出的第一印象。事实上，社会风尚是一个不恒定的因素，既有固守稳定的一面，即所谓"古者""民性"；也有随势而变的一面，即“人心不古”“世风日下”。

风俗习惯是个群体行为，有着不容忽视的形成过程，即“系水土之风气，故谓之风；好恶取舍，动静无常，随君上之情欲，故谓之俗”（《汉书·地理志》）。既然地理环境与政治引导两大要素是形成风俗习惯的动因，就只能是相对地稳定，这也就是人常说的“山水易改，本性难移”。但也由于经济的、政治的影响，必然地发生着“好恶取舍，动静无常”的变化，风俗也就随变而变，于是社会贤达人士就有了“移风易俗”的要求。

稳定，是相对的；变化，是绝对的。稳定后于变化，这才是常理。也正因为荀子看到和盛赞的，只是秦国由政治上死气沉沉转到朝气蓬勃的风气，其间既有秦人带来强取即理的“悍性”，也杂有更普遍的“先王遗风”之民，因此二者合拍相应而治。但在随后的历史进程中，秦地的社会风尚因外来人口的不断增加，也发生着更为复杂的变化。

此即华夏族成员的秦人建立了国家，后又形成秦帝国而屹立在世界东方。于是，同外部世界的联系，就随时间的进程而扩大。文化的交往，向来都是在地域、民族、政权等方面双向地影响着的。无论是秦国抑或是秦帝国，其同域外的往来都不能不发轫于首都咸阳。

第二节　咸阳的社会风尚

一、政治舞台上的秦鸣曲

（一）廷议之制

古代国君出自巩固政治统治、避免重大国事问题失误，允许群臣当廷议事，甚至辩论，最后才作出裁决。这种颇具几分民主色彩的咨政形式，被称为“廷议制”。

秦国实行朝廷议事具有历史传统。最早见载的是秦穆公十二年（公元前648年），晋国发生饥荒，经过丕豹、公孙枝、百里奚等人的辩论，秦穆公决定输粟于晋（《左传》僖公十三年）。

穆公十五年，秦晋“韩原之战”，俘虏了背信弃义的晋惠公（夷吾）。秦公子絷主杀，公孙枝主放。在权衡利弊后，“归惠公而质子圉”（《国语·晋语）。

秦孝公用商鞅，就在栎阳要否变法的问题展开廷议。商鞅驳斥了甘龙、杜挚“法古无过，循礼无邪”的保守论调，提出“治世不一道，便国不法古”的进步主张（《史记·商君列传》），孝公终于“拘世以议，寡人不之疑也”（《商君书·更法》），实行变法，秦国卒强。

秦惠文王更元九年（公元前316年）在伐韩或是伐蜀问题上“犹豫未能决”，张仪同司马错意见相左，各陈利弊，后采纳司马错的看法，决定先伐蜀。“十日，取之，遂定蜀”，使“秦以益强，富厚，轻诸侯”（《史记·张仪列传》《战国策·秦策一》）。

从以上诸例中可以看出，这种君主虚心问询、臣下积极陈策的廷议，对秦国的发展起了积极的作用。

秦始皇继位的前期，仍能坚持君臣议事的做法。统一六国后，当廷令丞相王绾、御史大夫冯劫、廷尉李斯与博士共议“帝号”，特别是对立诸子、实行分封制或中央集权、实行郡县制的重大问题，经过明辨，终于废除分封同姓子弟为王的制度，坚定不移地实行郡县制以确保中央集权制国家统一。

但是，秦始皇三十四年（公元前213年）“置酒咸阳宫”，周青臣的“面谀”、淳于越又提分封，却遭到李斯盛气凌人的反驳，竟诱发了全国性的“焚书”运动。加之次年因“求奇药”未果而发生的“坑儒”事件，廷议之制从此就被彻底地取消了。

廷议有利于集思广益。在有关国家的重大问题上，举凡涉及政治、经济、军事、文化、礼仪、人事等，秦君往往从君臣的争论中权衡利弊，都能找到解决的对策，从而避免了失误。君臣关系相睦，国家相安，事业发展，但随廷议制的取消，秦始皇面对一统的天下，唯我独尊，逐渐走上专制主义统治之路，致使奸邪的权臣钻了空子。由于政治昏暗，其必然的结果是导致了秦帝国的覆灭。

（二）招揽人才

秦国因为没有传统的、严格的宗法制，因而在选用人才上不以宗室贵族为限，而是唯才是举。秦拥立国君，不是嫡长子继承制，而是不论嫡庶，要“择勇猛者立之”。秦君用人，也重在能为秦统一战争效力的“客卿”。秦穆公、孝公、惠文王、昭襄王、秦始皇这五代国君重贤任能，有着积极的成就，如穆公西取由余于戎，东得百里奚于宛，得蹇叔于宋，来丕豹、公孙枝于晋，故能灭国十二，开地千里，遂霸西戎。

孝公用商鞅变法，实行耕战，走上富国强兵的道路。

惠文王用张仪、司马错，北收上郡，西并巴蜀，南取汉中，终拔三川、制鄢郢、散合纵，使版图更加扩大。

昭襄王用范雎，远交近攻，蚕食诸侯，奠定了统一的基础。

秦王政文用李斯，武用王翦、蒙骜等，离间各国君臣，攻城略邑，逐个攻灭六国，完成统一，终登帝座。

还有一大批曾在秦担任要职、卓有建树者，如春秋时代的内史廖、随会、白乙丙、西乞术、孟明视等，战国时代的公孙衍（犀首）、乐池、魏章、甘茂、向寿、陈轸、齐明、周最、屈盖、田文、楼缓、寿烛、芈戎、白起、任鄙、吕礼、蒙武、尉斯离、客卿胡伤、客卿灶、王龁、司马梗、张唐、蔡泽、将军廖、吕不韦、甘罗、蒙恬、王齮、茅焦、尉缭、桓齮、昌平君、王贲、李信、王绾、冯劫、王离、赵亥、隗林、冯无泽、王戊、赵婴、杨樛、宗胜等。他们同秦国统治者没有任何血缘关系，虽不是秦国人，有的甚至来自敌国，甚或出身下层，因其才干而给予信任、重用，竟进入统治者上层。相反，嬴姓同族的人进入上流政治集团者却很少，即使见载的公子挚、公子憗、公子鍼等在春秋时期也不见有多大作为。战国时期有公子虔、公孙贾、魏冉、高陵君、华阳君、泾阳君、成蟜等宗室贵族，不是被刑，就是被逐，其下场往往不终。所以，秦国择人标准不是任之以亲，而是任之以贤。

重用外来人才（即战国所谓的“客卿”）是秦国用人政策方面一大特点。而且待人以诚，表现出礼贤下士的态度：孝公与商鞅谈霸道，不自知膝之前于席，语数日不厌；始皇“见缭亢礼，衣服食饮与缭同”（《史记·秦始皇本纪》）。

秦君尊重人才，用之不疑，委以重任的例子很多，当韩人郑国修渠的“疲秦计”败露之后，秦宗室大臣趁机建议“一切逐客”，始皇一旦明白利害关系之后，就立即收回成命。他还听从客卿茅焦的批评，把太后从雍都迎回咸阳。这些都表现出一般治国者少有的大度来。

还有不少秦君即使听到合理的批评，也能虚心地接受，像秦武王同“中期争论，不胜，王大怒。中期徐行而去。或为中期说王曰：悍人也”，但武王并未怪罪；（《战国策·秦策五》）顿弱见秦始皇不但不参拜，还批评始皇是“无其名又无其实”，王竟勃然而怒。但听了他的献计之后，提供重金，使之成为己所用的间谍。（《战国策·秦策四》）

没有宗法制的约束，血缘关系也普遍地松弛，致使秦国引用外来人才时就没有太大的思想障碍。秦人原来落后，面对三晋与齐、楚改革出现的新局面，有被兼并的危险，所以改变自己积弱、富国强兵的欲望更为高涨。

争辩于朝，接受进谏，顾全大局，表现出秦君的胆识。沿用客卿，深得好处，也就形成制度。

但当天下一统的时候，君权膨胀到了极点，虚心就被傲慢所代替，有限的民主色彩就化作专制独裁。从秦王政到秦始皇，前后虽是一人，由地位、思想、语言一变而全变，到最后政治上导致秦的灭亡。

（三）争权夺利百态

宣太后芈八子在秦国掌权40余年，同两弟穰侯魏冉、华阳君芈戎结为“后党”，威威赫赫；另一派则是以昭襄王为中心形成的“帝党”，同母亲宣太后明争暗斗。昭王在公元前306年即位，时年20岁，已属成人，这时宣太后三十五六岁。两人均有才干，但在随后并行的时间里，宣太后把持政柄，虽然干了几件于国有益的大事，但并不应成为“霸权不舍”的理由。因为她明白，还权于帝（尽管是儿子），就是自己地位的丧失。也正因为有她的庇护，魏冉伐齐时才能扩大自己的封邑——陶，欲“长小国以朝天子”，成“五伯之事”（《战国策·秦策三》），泾阳君、高陵君也乘机捞钱“富于王室”（《史记·穰侯列传》）。帝、后争权，终于在秦昭王四十一年（公元前266年）画上了句号。这就是说60岁的国王终于把七十五六岁的太后从政坛上拉了下来。尽管儿子还是如此这般“客气”，但丢了权的妈妈在第二年就告别了人世。可见政治家那脆弱的生命全是靠政治生命支撑的。

宣太后这位生于南国楚地的女子，能耐与权欲使她在政治漩涡里不择手段地施展“才华”，生活作风之“开放”已近乎无耻。像她对韩国使臣靳尚来求秦伐楚时，举例说“妾事先王日，先王以其髀加妾之身，妾困不支也。尽置其身妾之上，而妾弗重也。何也？以其少有利焉。”在这里，风马牛不相及，哪是讲道理，简直是在宣淫！她同来朝不归的义渠王私通，生下了两个孩子，竟诱杀戎王，使秦乘机灭了义渠。从此秦除却心腹之患，有了安定的大后方，可全力东向，确有赖于她用的“女功”。不过，这又成了她“擅行不顾”的资本。尽管被赶下了政治舞台，但在弥留之际，仍公开要求情夫魏丑夫给自己殉葬，因有庸芮的说情，这才免了魏丑夫一死。（《战国策·秦策》）

秦始皇生前未立皇储，猝死于出巡的归途之中，竟给身边一帮表似恭顺、实则奸佞的丑类造成了篡权弄谋的可乘之机。秦二世开始也能意识到自己“能薄而才谫，强因人之功”（《史记·李斯列传》），但权位的欲望是不顾父兄之情的。在赵高的串通下，他同李斯结帮，害死长兄扶苏，矫诏篡位，迈出罪恶的第一步。随之把屠刀挥向宗室大臣及始皇诸公子。不要说右丞相冯去疾、大将军冯劫被杀，连同伙的李斯父子也未能幸免。剪除异己的结果，就是自己竟成了赵高玩于股掌之间的傀儡，最后也成了赵氏集团（赵高升为中丞相，弟赵成为郎中令，婿闫乐为咸阳令）的刀下之鬼。昏庸无能又荒淫残暴的秦二世是皇权的攫取者，也是皇权的牺牲品。他虽遭后人的唾弃，但“抢非所得”的哲学总不乏步其后尘者。

朝廷之臣拉帮结派，依着权位和私利在转。各自为达到目的，免不了要找政治靠山。于是，在同僚间便使出搞阴谋、耍诡计、纵横捭阖、借刀杀人、趁火打劫、偷梁换柱一类招数。在这里，“笑里藏刀”的一张脸、“三寸不烂之舌”的一张嘴，都能起到意想不到的作用。

张仪为了争宠固位，就要设法干掉可能挡自己仕路的所有人。他建议秦惠文王给樗里疾委以重任使楚，又跑到楚怀王那里唆使请相于秦。然后按照“敌人的朋友，就是敌人”逻辑，抓到樗里疾“叛国”的口实，进谗言给秦王，使“秦王大怒”。这时，就连以“智囊”闻名的樗里疾面对小人的使坏，也是有口难辩的。三十六计，剩下的只有“出走”一条路！张仪还曾在秦惠文王面前诋毁陈轸。说他“自为而不为国”而要“去秦而之楚”。这次，惠王来了个实际调查，直接问陈轸是怎么回事。陈轸不仅直言不讳，还来了个绝妙的回答：“吾不忠于君，楚亦何以轸为忠乎？忠且见弃，吾不之楚何适乎？”（《战国策·秦策一》）。待秦惠文王死后，李雠给公孙衍（犀首）出了个点子：召甘茂于魏、召公孙显于韩，重新起用樗里子三人，使这无仁义、善用口舌功夫的小人张仪无权失宠。他失相位之后离开秦国，同所有失权的政客一样，郁闷而客死在魏国。你方唱罢我登场，公孙衍升了相位。（《战国策·秦策二》）

嫪毐凭着帝太后的势力行事荒唐，他同吕不韦形成两大势力集团，造成门下人择主时发出“与嫪氏乎？与吕氏乎？”的感叹。

赵高、李斯的合与分，则是为了权位，凭阴谋手段，建立在利用关系上的噬杀行为。

尽管秦朝廷不排挤人才，经常吸收客卿作为“智囊团”，但官场的倾轧、明争暗斗正如一股潜流涌动。秦孝公刚死，惠文王就听信宗室的恶言中伤和挑拨离间，挟私怨，车裂了有功于秦的重臣商鞅，还残酷地杀害了他的全家。（《史记·商君列传》）

白起是秦昭王时的一员良将，善于用兵，一生战功卓著。由于秦王听信了范雎别有用心的一派说辞，不但从长平之役的前线撤兵，失去灭赵的战机，而且逼令白起带病出征，甚至将他夺爵削职，赶出咸阳，逼杀于西门外十里的杜邮亭。（《史记·白起王翦列传》）其实，置这位杰出的军事家于死地的直接原因不是别的，完全是身居相位又心胸偏狭的范雎出于嫉妒陷害的结果！

但这位用权整人、害人，还要装人的范雎也没能善终。因为他保举的王稽和郑安平二人，一个身为河东守，竟“与诸侯通”，一个率军攻赵时，在邯郸投敌。范雎也就因任人不善，食取了妒贤嫉能、结党营私的恶果——身遭弃市。[①]

本来韩非同李斯都是拜师荀卿门下的老同学，各有才学。韩非口吃木讷，但著作有成，曾受到秦王“寡人得见此人，与之游，死不恨矣”的赞赏。（《史记·韩非列传》）随后，韩非确实也来到了秦国。但这时，能言善辩、工于心计的李斯担心韩非受到重用而妨碍自己的仕进，就勾结“梁之大盗、赵之逐臣”姚贾，以韩国间谍的罪名进谗言于秦王政。结果韩非被囚于云阳狱中，李斯从速用权，步步进逼。不但送去毒药，逼令他自杀，还不准许韩非申诉。当秦王后来想赦免韩非并派人去了云阳狱查看时，韩非却早已被老同学害死了。

李斯害死有才的老同学之后，由此得意，官至廷尉，后任丞相，也圆了享尽人间荣华富贵、作“仓中鼠”的梦。但这位贪而无义、恃才无行的阴谋家尽管善用法、术、势的统治术，在说人话的背后暗藏着通向权力之门的杀机，既以害人取胜，也以被害而告终。（《史记·李斯列传》）

渤海郡鄚（今河北任丘）人扁鹊（又名秦越人）医病“随俗为变”，游历邯郸、洛阳等地，“名闻天下”。来到咸阳后，因秦人爱小儿，他就改治儿科病。也曾为秦武王诊治过，但遭到太医令李醯的排挤而只得离开咸阳东去。就是这位“自知技不如扁鹊”的李醯，竟派人把扁鹊刺杀在半道上。（《史记·扁鹊列传》）[②]

二、社会风尚

（一）变化中的民风

周文王都丰、武王治镐，利用优良的土壤条件和丰饶的水利资源，规划城市、发展农业、施行教化，使得民性敦厚，风尚纯朴。故而班固称赞跨有雍、梁二州的“秦地”之“民

---

① 云梦秦简《编年纪》：秦昭王“五十二年，王稽、张禄死”。同《战国策·秦策三》《史记·范雎蔡泽列传》不同。范雎从魏国逃出改名张禄，因王稽的引荐得幸于秦昭王，出任相。反过来，王稽因范雎的保举，由谒者擢升为“河东守”，恩人郑安平也拜为将军。《史记·六国年表》也记昭王五十二年（公元前 225 年）“王稽弃市”。据黄盛璋先生研究，范雎也是受了郑安平和王稽的牵连而一同与王稽弃市的。（黄盛璋：《云梦竹简编年纪初步研究》）

② 据传说，扁鹊殉难的地方在今西安市临潼区东 15 公里的戏河沟东岸。今南陈村旁有土冢，曰扁鹊墓。1983 年成立“临潼县东周秦越人扁鹊墓文物管理所”，1991 年更名“临潼县扁鹊纪念馆”，1997 年更名为“西安市临潼区扁鹊纪念馆”。馆内主要建筑由仿古门楼、神医殿、东西配殿及扁鹊堂五部分组成。陈列有“扁鹊生平及医学成就展”“中国古代医史展”“中国古代十大名医展”和“中草药保健品展”等。扁鹊一名卢医，在原籍有旧址，称“卢邸”，人也多称其为“药王”。其墓地或说在“鄚（今河北任邱市北鄚州镇）城东郊”（《河南府志》），或“在汤阴县伏道社”（《明一统志》《彰德府志》）均不可靠。其纪念地甚多，遍及河北、山东、河南、陕西等地，说明他行医范围甚为广阔。

有先王遗风”（《汉书·地理志》）。

秦人原来僻处西垂，同戎狄杂居。进入关中，虽积极吸取华夏文化，却不能完全摆脱旧日陋习。商鞅变法，固然使社会风气为之大变。在耕战政策驱动下，制订全新的授予爵禄的标准，使贵族与平民在军功面前人人平等。“功赏相长”，从而形成民人“勇于公战而怯于私斗”的社会风尚。秦统治者“以秦地旷而人寡，晋地狭而人稠，诱三晋之人，耕秦地，优其田宅，而使秦人应敌于外”（马端临：《文献通考·兵考》），正是利用了秦人强悍勇敢的这一性格特点。魏国大将吴起通过战场上的接触，作出概括性的总结：“秦性强，其地险，其政严，其赏罚信，其人不让，皆有斗心，故散而自战。”（《吴子·料敌》）

自战国以降，咸阳地区已是“五方杂厝，风俗不纯”（《汉书·地理志》）。商鞅实行什伍之法，相收司连坐，告奸之风兴起，加之严刑峻法与徭役苛赋，弄得人情菲薄，“暴戾刻核”，人心常惴惴不安。（《文献通考·职役考》）

固然秦的宗法观念本来就薄弱，加之变法中以强力手段涤荡着血缘关系的残余，使宗室之亲淡化、刻薄寡恩，到了秦二世时就能达到轻易地处死自己宗室子弟的地步！

严肃不华、质朴实用的风尚，在造器上也有着充分的反映。咸阳宫殿建筑经过夯筑，其夯层厚 5 ~ 7 厘米，面平如砥，密度大而质地坚硬，经得起风吹雨打，也足以承载重大的负荷。相反，暗柱之础多用原石，无需精雕细琢，以节省人力。砖瓦及水道等建筑材料，不但造型大，而且坚实牢固。他如塔儿坡铜器群中，固然有不少精品，但也不乏几经修补而继续使用的例证（如两个素面铜钫的颈部有多处补丁）。即使器物上的装饰纹样，如云纹、龙纹，本应流畅飞扬，但多呈拘谨规正而图案化之态。有以蟠虺纹为地的作品，排列整齐，使人无繁缛细腻之感，却显得呆滞而无生气。器物上多刻工匠与地名，兵器铭刻表明三级督造制异常完备。“物勒工名”为的是“以考其诚”，严防伪劣假冒。严肃务实，不尚奢华的风气可见一斑。

（二）功利主义的价值观

秦人“重功利、轻伦理”，不讲仁义道德与自我反省，而重视对自身物质需求的赤裸裸索取。汉代的贾谊对这种功利主义的价值观有着这么一段精彩的描述：

“秦人家富子壮则出分，家贫子壮则出赘。借父耰鉏，虑有德色；母取箕帚，立而谇语。抱哺其子，与公併倨；妇姑不相悦，则反唇而相稽。其慈子则耆利，不同禽兽者亡几耳。然并心而赴时，犹曰蹶六国、兼天下。功成求得矣，终不知反廉耻之节、仁义之厚。信并兼之法，遂进取之业，天下大败。众掩寡，智欺愚，勇威怯，壮陵衰，其乱至矣。”（《汉书·贾

谊传》)

这种对利的锱铢必较、迷信强力，贯穿于秦人的行为中，并不为之羞。连生活在咸阳的吕不韦也看不惯："秦之野人，以小利之故，弟兄相狱，亲戚相忍。"(《吕氏春秋·高义》)

受功利主义的驱动，秦人关心的"是生产、作战等与日常生活密切相关的利、害，而不注意仁义之兴废、礼乐之盛衰以及道德之完善"[①]。重视耕战，就规定"大小僇力本业，耕织致粟帛多者复其身。事末利及怠而贫者，举以为收孥""斩一首者，爵一级；欲为官者为五十石之官。斩二首者，爵二级；欲为官者为百石之官。官爵之迁，与斩首之功相称也"(《韩非子·定法》)，"五甲首而隶五家"(《荀子·议兵》)。这种非常明确的追求与具体的保障措施，使秦收到由小到大、由贫转富的实际效益。同样，在接受外来文化、用人制度等方面，选择的根据就是"有利于我者，都要"。

金钱在社会生活中的作用诱惑着人的贪欲。官府虽禁止私人铸钱，但私铸和盗钱的事，时有发生，《封诊式》《法律答问》中都有此案例。

有人曾戏说："秦始皇真伟大，喝酒用大瓮，生前住大殿，死后埋大墓。"贪大、求实、务多，不仅是秦始皇如此，可说是秦文化的一大特色。雍都诸公南指挥陵区有13座陵园，围沟内的陵区范围达13平方公里，其中秦景公墓（1号大墓）全长300米、深及24米。三岔村陵区虽只有一座陵园，占地仍有1.9平方公里；秦始皇陵封土原高69.6米，现在周长还有1390米，其陵城周长6321.59米。[②]陵园地面建筑宏伟，地下从葬品类多样，光陵东的兵马俑三坑计有7000左右，其多、大、真、神的构成特点为世界所无。至于秦的宫殿建筑、通天下的大道、万里长城，以及生活用具等，无不体现出一个"大"字。贪大求多的价值观，在政治上就表现出对权力和国土不断扩大的"进取"。即以秦都咸阳而论，早年只是占"山南水北"之地；随之"表河以为秦东门，表汧以为秦西门"；统一六国后，则成了立东门于海，"国"的概念已不限于"都"，真的成为"国家"一体。

"贪狠强力，寡义趋利"是对秦人价值观外在表现的概括。固然功利主义促使它"进取"成功，岂知"轻仁义"的结果是对人自身价值的损害。不恤民力，严刑峻法带来的是反抗，是复仇的火焰，是统治的覆亡。

（三）重男轻女

秦人偏爱小儿，名医扁鹊来咸阳后专治儿科疾病。商鞅变法时曾明令"民有二男以上

① 林剑鸣：《从秦人价值观看秦文化的特点》，《历史研究》1987年第3期。

② 王学理：《秦始皇陵研究》，上海人民出版社，1994年。

不分异者，倍其赋”（《史记·商君列传》），目的之一就是鼓励人口增殖。《韩非子·六反》记“产男则相贺，产女则杀之”的话，或说指的就是秦国。

出自战争的需要，“秦人应战于外”，是重视男丁的。生男致贺，形为风气。但是，战争的残酷、劳役的苛重，人们违心地唱出“生男甚勿举，生女哺用脯。不见长城下，尸骸相支柱”（《古谣谚》）的悲愤怨歌。

（四）厚葬与盗墓

筑墓与葬品，本赖于主人财富而定。二者未必匹配，当同习俗有关。但秦的统治上层都把筑大墓和厚葬紧密地连在一起，这已得到考古资料的验证。从甘肃礼县、陕西凤翔的秦公墓地，咸阳秦文、武二陵、临潼秦东陵、始皇陵无不是如此。

陵墓之宏大，随葬品之奢丽，形成厚葬之风气。《吕氏春秋》的作者作了如下的描述：

“世俗之行丧，载之以大輴，羽旄旌旗、如云偻翣以督之，珠玉以佩之，黼黻文章以饬之，引绋者左右万人以行之，以军制立之然后可。”（《节丧》）

“世之为丘垄也，其高大若山，其树之若林，其设阙庭、为宫室、造宾阼也若都邑。”（《安死》）

“国弥大，家弥富，葬弥厚。含珠鳞施，夫玩好货宝、钟鼎、壶鉴、辇马、衣被、戈剑，不可胜数。诸养生之具，无不从者。题凑之室，棺椁数袭。积石积炭，以环其外。”（《节丧》）

厚葬是对财富的浪费，也是对人力资源的浪费，毫无意义。生不及养，死则厚葬，对某些人也属欺世盗名之举。若是“侈靡者以为荣，节俭者以为陋”（《节丧》）形为风气，不为死者着想，纯系“生者以相矜尚”，就会诱发“奸人闻之，传以相告”，刮起盗墓之风，造成“今世欲大乱”。吕不韦在这里完全是采用墨家的主张，提倡节丧以安死，为统治者着想，并向即将主政的秦始皇发出警告：“自古及今，未有不亡之国也；无不亡之国者，是无不抇之墓。以耳目所闻见，齐、荆、燕尝亡矣，宋、中山已亡矣，赵、魏、韩皆亡矣。失其故国矣。自此以上者亡国不可胜数，是故大墓无不抇也。而犹皆争为之，岂不悲哉？……宋未亡而东冢抇，齐未亡而庄公冢抇。国安宁而犹若此，又况百世之后而国已亡乎？”

由于大墓中宝物的诱惑，那些“惮耕稼采薪之劳”又“祈美衣侈食之乐”的不逞之徒，终于掀起盗墓狂潮。他们“聚群多之徒，以深山、广泽、林薮、扑击遏夺。又视名丘大墓葬之厚者，求舍便居，以微抇之，日夜不休，必得所利，相与分之”（《安死》）。

第三节　周边关系

一、同周边地区的文化交流

（一）北逐匈奴

“匈奴”是活动在贝加尔湖南到阴山的古老民族，广袤的蒙古高原任其游猎迁徙，被中原人士看作是“北蛮”，战国时期才获得了“凶奴”这一雅号。[①]其族源甚为复杂，荤粥、鬼方、猃狁、戎、狄、胡等，可能是匈奴在不同时期的称号，或是先后活动于大漠南北的不同部族。中外学者对匈奴的族属问题，提出蒙古族、突厥族、芬族或斯拉夫族诸说。东方学者则多主蒙古族说[②]。

战国后期，剽悍的匈奴骑兵经常向南骚扰燕、赵、秦三国的边境，掠夺人畜和钱财。秦统一六国之后，面对居于河南又经常内侵、直接威胁秦都咸阳安全的匈奴，秦始皇采取了三大措施，即先军事进攻，再迁民实边，后筑长城防御。

公元前221年，秦帝国刚一建立，即派大将蒙恬率军驻守北部边境，居上郡（今榆林市南鱼河堡）巩国防。次年，始皇第一次出巡即选择了同匈奴接壤的陇西、北地地区视察。三十二年（公元前215年），始皇东游碣石后，取道北边，视察匈奴军事，从上郡返回咸阳。据《史记·蒙恬列传》载，接下来是两年连续用兵北伐匈奴：公元前215年“乃使将军蒙恬发兵三十万人北击胡，略取河南地”，匈奴放弃河南地及头曼城，向北退却七百里。公元前214年，蒙恬率军向“西北斥逐匈奴，自榆中并河以东，属之阴山，以为三十四县”，又“渡河取高阙（今内蒙古巴彦淖尔市北、大青山西南分支乌拉山西部的石兰计山口）、阳山（今内蒙古乌加河北）、北假（今内蒙古乌梁素海一带），使秦王朝北疆拓展到大河上下的阴山地区（《史记·秦始皇本纪》），在此设置了九原郡（治设今内蒙古包头市西南

---

①《史记·匈奴列传》服虔：“尧时曰荤粥，周曰猃狁，秦曰匈奴。”韦昭：“汉曰匈奴，荤粥其别名。”王国维在其《鬼方昆夷猃狁考》一文中说：“匈奴之名，始见于战国之际。”“荤粥”一名即道出匈奴人以肉为食的饮食特点。

② 王云度等：《秦帝国史》，陕西人民教育出版社，1997年。

麻池古城[①]）。

徒民实边有两次，始皇三十三年（公元前214年），当蒙恬西北斥逐匈奴到阴山，又渡河取高阙等地时，就迁徙谪戍充实“新秦”之地[②]。三十六年（公元前211年），又以拜爵的办法向今河套地区的北河、榆中迁徙去三万户。

秦始皇三十三年，蒙恬取得河南地及榆中后，即设军事防守——“城河上为塞”，随后又筑亭障。三十四年（公元前213年）开始修筑长城，次年又派长子扶苏“北监蒙恬于上郡”（《史记·秦始皇本纪》），参与主持修筑长城。“筑长城，因地形，用险筑塞。起临洮，至辽东，延袤万余里”（《史记·蒙恬列传》）。据考古查知，这条有名的“万里长城”除过新修几段外，主要是连接战国时期秦、赵、燕三国的旧长城而成。秦昭襄王修建的长城，西起甘肃岷县，沿洮河北上至今临洮，后沿黄河南岸过永靖、兰州、靖远等市县，抵宁夏中宁县境，北过黄河，沿贺兰山北上，在内蒙古“高阙”附近与赵长城相接。赵长城傍阴山东向，经呼和浩特市、卓资县、察右中旗，集宁市、察右后旗，到化德县与燕长城相接。燕长城自化德以东，经正蓝旗、多伦多县而折入河北围场县境，再东入赤峰县境，经奈曼旗入辽宁[③]，由阜新至开原，折向东南，直达今朝鲜境内的泪水（今大同江）东岸[④]。共经过我国今甘肃、宁夏、内蒙古、河北、辽宁等五省及今朝鲜国，长达5000公里。

为便于从国都直达对匈奴防务的前线，秦始皇三十五年（公元前212年）又令蒙恬修筑了一条“自甘泉至九原”（长）千八百里”的“直道”。这条连接京卫重地与边防重镇的国防大道，使战车与骑兵日夜兼程在三五天之内可驰抵阴山之下，不但有力地抗击了匈

① 1991年6月11日，我们西安一行四位学者考察秦直道时到达内蒙古包头市南的麻池古城。此城址分西北和东南两个方城，北偏东10度。东南城址基本呈正方形，南北长565米，东西宽525米，唯西南角内折。城无角楼，而东城南段有马面（南北22米，东西9米）。城墙走向规正，西北角无存，夯筑，土质夹砂，仅见南门和东门，城宽12米，高3～5米。城内西北部有几处方正的建筑基址。地面遗物见有方砖、筒瓦（内布纹，外竖绳纹）、板瓦（一种外饰交叉绳纹，内菱格纹，厚2厘米，另一种外绳纹，内方格纹）、瓦当。6月12日，我参观包头市文物管理处，承蒙郑隆、刘幻真先生接待。见到1981年在麻池古城出土的40枚计10余种布币，地名有“平阳”“安阳”“中都”“高都”“鄠氏”“襄垣”“戈邑”“文氏”“梁邑”“兹氏”等，还有刀币及秦“半两”。知其作为城邑，时代早在战国时期已经形成。麻池作为秦九原郡治，在汉代成为五原郡所属固阳县城，汉末至北朝初为五原县城。

② 《汉书·食货志》应劭注：“秦遣蒙恬攘却戎狄，得其河南造阳（今河北张家口市）之北千里，地甚好。于是为筑城郭，徙民充之，名曰新秦。四方错杂，奢俭不同。今俗名新富贵者为新秦，由是名也。”

③ 中国社会科学院考古研究所：《新中国的考古发现与研究》，文物出版社，1984年。

④ 《晋书·地理志》：“秦长城起乐浪郡遂城县。”《太康三年地记》和《通典》都说秦长城起自遂城县碣石山，遗迹犹存。遂城县在今朝鲜平壤南。在平壤石岩里，曾发现秦始皇“二十五年季上郡守”青铜戈（［日］梅原末治等：《朝鲜古文化综鉴》第一卷，养德社，1947年，第29页）。

奴的进犯，而且对促进边防与内地的经济文化联系也有重要的作用。

（二）统一百越

《汉书·地理志》注引臣瓒说："自交趾（今越南北部）至会稽（今浙江北部）七八千里，百越杂处，各有种姓。""百越"实是对战国以来分布在浙江、福建及岭南两广地区诸族的统称。原来主要有五支，其中于越分布在浙江北部，建立的越国于公元前306年灭亡，地入楚。余民进入瓯江流域，以温江为中心形成瓯越、闽越两个邦国。西瓯分布在广西和海南。骆越分布在两广南部至今越南北部。而南越分布在闽越和骆越之间，是岭南越人的主体。

秦始皇统一六国的第二年，兵分五路向百越进攻，遭到反抗。终于在三十三年（公元前214年）平定了百越，在岭南地区建立了桂林郡、象郡和南海郡。

（三）经略西南夷

所谓"西南夷"是秦代中原人对居住在今云南、贵州、四川等省几十个少数民族的统称。他们生活的地域相当广阔，东接百越，西达康藏高原，南同东南亚诸国为邻。《史记·西南夷列传》《汉书·西南夷两粤朝鲜列传》中叙述"西南夷"活动的区域是今贵州西部、云南滇池区域、洱海区域、四川西昌地区、凉山彝族自治州、雅安地区、阿坝藏族自治州、甘南武都地区。实际上，这些"巴蜀西南外蛮夷"少数民族按居住区域及语系可分为两大类，即：南夷包括夜郎（贵州北盘江两岸属古濮族）、僰人（四川岷江与金沙江交汇的宜宾地区）、句町（云南广南至广西百色一带）、且兰、漏卧等；西夷则有邛都（四川凉山西昌一带）、濮、徙、斯臾（属氐族）、筰都（大渡河两岸、四川汉原一带，属羌族）、冉駹[①]（四川阿坝州，氐族）、斯榆、滇（云南昆明周围）、昆明（洱海周围）、嶲等。另外，在澜沧江以西的广阔地域还生活着哀牢族。其中的夜郎、句町属越语系统，其他的多是羌语系统。

秦灭巴蜀之后，蜀郡太守张若夺取筰地，南渡金沙江。李冰为守时，由今四川芦山沿青衣江开凿了抵达僰道（今四川宜宾）的"僰青衣道"。中原的铁器已经输入西南夷地区，促进了那里的经济发展。秦统一全国后，派常頞征发役卒把原来的僰道拓宽为"五尺道"，过石门（今云南盐津）、朱提（今昭通）、味县（今曲靖），直达滇池，并在这一地区"置吏"实施统治。

---

① 秦汉之际，生活在四川西北地区的民族非常复杂，《华阳国志·蜀志》记其地有"六夷、羌胡、羌虏、白兰、蛔，九种之戎"）显然是一个民族杂处的地区，其中以冉駹为大。

经过秦王朝向周边的扩展，随着军事力量的注入，进一步加强的就是各地的联系，以及经济文化交流。这时的疆域也空前扩大："地东至海暨朝鲜，[①]西至临洮、羌中，南至北向户，北据河为塞，并阴山至辽东。"（《史记·秦始皇本纪》）国都咸阳成为封建帝国对外联系的政治中心。

二、同域外的往来

（一）朝鲜、韩国的秦之亡人

殷末周初，箕子率领族人早已到达朝鲜。战国时期燕国的势力也拓展到今朝鲜清川江西岸一带，卫满率领移民来此。秦的疆界迄于大同江，影响延伸到朝鲜半岛。

秦汉时期，朝鲜半岛有"三韩"计 78 国。三韩，即马韩、辰韩和弁韩。分布上马韩在西，辰韩在东，弁韩在辰韩之南。三韩中辰韩文化程度最高，能冶铁造器，马韩、濊、州朝（济州岛）、倭都从辰韩获得铁器，在交易中充作货币使用。据《后汉书·东夷列传》载，"辰韩，耆老自言秦之亡人，避苦役，适韩国，马韩割东界地与之。……故或名之为秦韩"。可见辰韩是秦之流亡人群与土著弁韩融合而成，其语言确是秦与弁韩的混合语，辰，秦通音。《三国志·魏书·东夷传》载，秦末世，"燕、齐、赵民避地朝鲜数万口"。

为逃避秦的徭役，流亡朝鲜的人数众多，竟使马韩"割东界地与之"。秦末又有数万人来此，除远去日本者外，这里都成了汉初燕人卫满建立政权统治下的臣民。

（二）徐福东渡日本

治史严谨的司马迁在《史记》中有五处提到徐市（本名徐福，福又作"芾"）渡海求仙的事，分别见于《秦始皇本纪》《封禅书》和《淮南王列传》。秦始皇巡视天下，曾三临琅邪，其间有两次召见徐福，均载入《本纪》中：二十八年（公元前 219 年）"南登琅邪，大乐之，留三月……齐人徐市上书，言海中有三神山，名曰蓬莱、方丈、瀛洲，仙人居之。请得斋戒，与童男女求之。于是遣徐市发童男女数千人，入海求仙人"。三十五年（公元前 212 年），侯生、卢生逃亡，被激怒的秦始皇再次提到徐市的名字"费以巨万计，终不得药，徒奸利相告日闻"。接着在咸阳坑杀了犯禁的儒生 460 人。9 年之后，即三十五年（公元前 210 年）始皇再来琅邪时，"方士徐福等入海求神药，数岁不得，费多，恐谴，乃诈曰：

---

① 《三国志·魏书·东夷传》注引《魏略》：燕将秦开攻朝鲜"取地二千余里，至满番汗（今朝鲜平安北道清川江下游西岸地区）为界，朝鲜遂弱。及秦并天下，使蒙恬筑长城，到辽东。时朝鲜王否立，畏秦袭之，略服属秦，不肯朝会"。马非百《秦集史》引谭其骧说，辽东郡"东南当逾今鸭绿江，有朝鲜半岛东北隅之地，南抵大同江"。《史记·朝鲜列传》载：汉与朝鲜以浿水为界。浿水即今朝鲜大同江。可知秦疆界"东至海暨朝鲜"，就是东到东海和朝鲜大同江一线。这里也是长城的终点。

‘蓬莱药可得，然常为大鲛鱼所苦，故不得至，愿请善射与俱，见则以连弩射之。’始皇梦与海神战，如人状。问占梦博士……乃令入海者赍捕巨鱼具，而自以连弩候大鱼出，射之。自琅邪北至荣成山，弗见。至之罘，见巨鱼，射杀一鱼，遂并海面”。随之，始皇病死于归途之中，求仙药再未提起。而徐福一行何去？所找的三神山又在哪里？（图 13–1）

图 13–1　徐福像

《三国志·吴志·孙权传》载：黄龙二年（公元 230 年）“遣将军卫温、诸葛直将甲士万人浮海求夷洲及亶洲。亶洲在海中，长老传言，秦始皇帝遣方士徐福将童男女千人入海，求蓬莱神山及仙药，止此洲不还。世相承有数万家，其上人民，时有至会稽货布。会稽东县人海行，亦有遭风流移至亶洲者。所在绝远，卒不可得至，但得夷洲数千人还”。此后成书的《后汉书·东夷志》《北史》《隋书·倭国传》所记徐福史迹多因此传相抄袭而已。夷洲，即今之台湾省，在大海东南，所以卫温等从长江口出发、顺流而下，很容易找到。但亶洲地望偏于东北，鲁人“有浮海而失津者至于亶洲”（《十六国春秋·北凉·刘昞传》）。“亶洲去琅邪万里”（《括地志》）。显然，亶洲这具有“平原广泽”的地理条件，指的就是日本。

秦帝国的版图东境“至海暨朝鲜”，设置的辽东郡已跨越大同江，为经过辰韩、渡海入日本列岛提供了方便。战国以来船舶制造业发展迅速，事实上，战国时期已经形成了一条从朝鲜半岛指向日本的交通线。在朝鲜半岛北起慈江道、平安北道、平安南道，南至全罗南道，直到日本本州的广岛县三原市、九州佐贺县唐津市、琉球群岛上冲绳县那霸市，都发现了燕国明刀铜铸币。楚已能建造两层以上的“楼船”。秦代的航船，载重量可以达到五六十吨。[①] 菲律宾大学来克教授说“中国商人常至菲律宾贸易绸、米等物，历三月至五月而返”。A·M·穆罗姆采夫在其《太平洋水文的基本特征》一文中指出：“远在公元前四世纪，中国已经在所有的邻海上航行，他们到达日本琉球群岛和东印度群岛，并且航进了太平洋。”[②] 所以，生活在海滨的徐福率众跨海远航，在国家支持下，利用海上“左旋回流”，或从弁韩、辰韩出发，走“海北道中”，经过对马海峡到达日本，完全具有物质

① 上海交通大学《造船史话》编写组：《秦汉时期的船舶》，《文物》1977 年第 4 期。

② 房仲甫：《中国人最先到达美洲的新物证》，《人民日报》1978 年 8 月 19 日第 4 版。

的和技术的条件。[1]

徐福带领三千童男女及身怀各种技艺的“百工”、载着五谷籽种，找到“平原广泽，止王不来”的地方，其文化意义极为深刻。当时正值日本绳纹文化末期，弥生文化（公元前3世纪～公元3世纪）兴起，处于原始公社向国家过渡的转折阶段。“这个时期的新生事物，如稻作农耕、环壕聚落、金属器的出现，都同大陆文化息息相关，这是由于长期的移民活动和文化交流的结果”。[2] 锻铁工具与粳稻改变了日本的生产条件和食物结构，带给了其文明。[3]

日本人民对徐福有着深厚的感情。从九州到本州，在和歌山、佐贺、爱知、山黎、青森、秋田、三重、广岛、东京等县的20多处地点，都建有徐福的神社、祠墓、庙宇，还有多处登陆码头、活动遗迹，其传说也广为流传。在和歌山县新宫市南有徐福墓，每年纪念徐福举行“御船祭”“灯祭”与“火祭”，有说东京都港区的青山是蓬莱山，或说熊野浦是徐福登陆的码头，纪伊半岛北之奈良平原、大阪平原和京都附近的琵琶湖就是汉代伍被说的“平原广泽”等等。当然，这些遗迹传说只能看作是一种传闻，虽不全对，但也是一种历史的影子，表达着日本人民对徐福的怀念，其年代可考者不早于江户时代（公元1600年～1667年）。至于日本文献记载中，以《神皇正统记》为最早（公元1339年），其他有关徐福传说的十余种大约都是十七八世纪的记载。

徐福确有其人，出海求仙确有其事，其东渡日本有史可证。[按：经江苏罗其湘等调查知，徐福原籍江苏赣榆县北金山乡南一公里的徐阜村。据始皇陵居赀役人墓地出土瓦文的“赣榆距”“赣榆得”知，赣榆在战国属齐地，秦时属琅邪郡，同《史记》载始皇登琅邪时齐人徐市上书所记相同。《赣榆县志》和徐福村多部家谱都记有“徐福村”“后徐福”“徐福社”“徐福河”等地名十余处。今徐阜村名，实是徐福村的音转。但今村中已无徐姓居民，据说是怕受徐福采药不归的罪名遭到牵连，遂改姓韦、王、刘等姓氏。

① 秦人（王学理）：《徐福东渡考略》，载《汉唐文史漫论》，陕西人民出版社，1986年。

② 安志敏：《论徐福和徐福传说》，《考古与文物》1997年第5期。

③ 在日本九州地区熊本县斋滕山遗址发现一件铁斧，长4.2厘米，属锻造制品，时代当弥生时代的初期。乙益重隆先生断定是从中国大陆输入的，此意见是正确的，因为这种铁器当时世界上只有中国能够制造。中国稻作较早的地区是陕西。在多处新石器时代遗址中，就有稻谷的遗存，最早的测定年代为7600年前。《诗·小雅·白华》有“滮池北流，浸彼稻田”之句，《诗·豳风·七月》也有“十月获稻”之句。可见周时的丰、镐之间及泾水中游都有稻的种植。而稻谷传到日本的时间，据研究在距今3000～5000年前。过去说日本的稻是从云南传入的，其实这种可能性极小，因为在云南发现的稻，最早不超过3000年。

徐福村位于古游水下游入海河段大港头北5华里处。游水下游，是当时水陆交通和入海航路的要冲。北上可入黄海，南下可通江淮，西北可达齐鲁，十分方便。徐福第二次起航地点，当在徐福村不远的海州湾沿岸的岚山头或连云港附近。经地质钻孔剖面显示，徐福村东龙王河下游平原深5米处，即出现全新世中、晚期淤泥质滨海相沉积地层。据此，秦代的海州湾的海岸线较今日偏西，海水也较今日为深。特别是海州湾北端的岚山头和南端的古朐山（今锦屏山）、郁州山（今云台山）一带，同琅邪台附近的徐山（位于石河入海河段，旧属山东诸城县，现归胶南县）一样，水深港阔，具有良好的起航条件。

据称，在徐福村附近的大港头村，地下出土带孔的石锚（古称“碇”或“矴”）5个。挖水渠或打井时，在下深几米或十几米处，经常出现大量的黑褐色淤泥（俗称“海淤”）和“海沙子”（兰蛤）。这里位于海州湾平原龙王河下游西侧，东距现代海岸约9公里，由海相地层知，原来古海州湾海水曾到达大港头村附近，当是古代东方一个重要的港口］徐福一行是否到达日本，虽未得到考古的证据，但徐福所处的时代有大批秦人在前人的基础上把中国大陆文化带给了日本，推动了日本步入文明的进程，确是不容否认的历史事实。

（三）印度的“支那”丝

中国同印度间很早就有一条古道相通，它见载于古蜀国时代，从成都出发，经邛都（今四川西昌），入滇，过昆明（今云南大理）、滇越（今云南腾冲），再经过缅甸北部，向西到达恒河流域。据考证，这条由蜀入滇去印度的“缅甸古道”，在民族大迁徙时已经形成。春秋时期的氐族原居四川西南部，后来分为几支向外扩展，其中一支向北到达黄河河套一带，即是“北狄”；另一支迁徙西南，今之印度人民即其后裔，属于雅利安人种。“德里”，就是“氐”音的古读[①]。

印度在公元前4世纪就有了中国的丝。摩揭陀国孔雀王朝（约公元前324年～前185年）初的旃陀罗笈多为王时（约公元前324年～前298年），月护王的侍臣乔胝厘耶在其《政事论》一书中记载着：“支那产丝与纽带，贾人常贩至印度。”[②]“支那”一词，是海外许多国家对中国的称呼。最早见于公元前4世纪的印度佛经中，是梵文“秦”的译音，如《历代三宝记》说“五天自此，东方总言支那，或云真旦，或作震旦”。“支那”也是“秦”的对音，实际上已同丝联系起来。可见当秦国占有巴蜀之后，这一称呼也随着此条“丝绸之路”传到了印度，并远播地中海上的希腊。当时贩运到印度的，除丝之外，还有犀角、

① 宫玉海：《〈山海经〉与世界文化之谜》，吉林大学出版社，1995年。

② 转引自方国瑜《中国西南历史地理考释》上册，中华书局，1987年。

象牙、枸酱和铁器。其实印度通过“缅甸道”得到的只是蜀地的丝绸，而北方那大宗的丝绸及其他物资则是由“西域道”而来。

（四）同“西域”的交往

秦帝国的西界在“临洮、羌中”，即甘肃、宁夏的黄河一线。这实是秦穆公“用由余谋伐戎王，益国十二，开地千里，遂霸西戎”（《史记·秦本纪》）所奠定的基础。以后虽有献公“兵临渭首，灭狄豲戎”；孝公威服羌戎，“使太子驷率戎狄九十二国朝周显王”（《后汉书·西羌传》），但秦的势力始终局限在今甘肃陇西一带。

秦始皇在统一中国的第二年巡行陇西、北地郡，即注意向西域、中亚各地炫耀武功。公元前220年，秦始皇第一次出巡，由咸阳沿渭河西行，穿过宝鸡以西的河谷，到达渭水之源的陇西郡，再折而东北行，至北地郡，直达泾水上游的鸡头山（今甘肃平凉市西崆峒山），沿“泾水路”，返回咸阳。这次“巡游”是在刚刚结束了东方战争之后的第二年进行的，目的是到今甘肃礼县祭祖、秉告完成统一中国大业的祖训。但更重的原因还在于填补长期来“务并六国，以诸侯为事，兵不西行”（《后汉书·西羌传》）所造成的真空。我们从“始皇巡陇西、北地，出鸡头山，过回中”（《史记·秦始皇本纪》）的这一记载中，就可以看出他出巡绝不是游山玩水，而是带有强烈的意识感而去的。因为陇西郡是祖业的起源地（西垂），又有秦昭王长城的起点（岷县）。而北地、上郡之外均被胡人占领着。因此他巡边就带有视察防守的任务。

秦人早期生活在陇右地区，早就同甘青一带的民族有来往。秦国自穆公“称霸西戎”以来，秦的声威已经沿着“河西走廊——→西域诸地——→中亚”这一条路线，远播西方。域外民族对“中国”称呼为“秦”，也是源自这条路线上的文化传播。因此，秦始皇西巡也正是想利用这一传播渠道，宣称秦帝国在东方诞生的消息并图谋向西发展的意愿。

通过河西走廊到达西域各地的通道早已形成。在陕西扶风县召陈村的西周建筑遗址中出土两枚蚌雕人头像，虽然高仅2.7 ~ 2.8厘米，但刻工逼肖，脸庞颀长，高鼻深目、扁长嘴，戴条纹平顶帽。一号头像顶刻“╳”（癸）字，可能是编号。[①] 此像显系白色人种的大月氏、乌孙等族形象（图13–2）。他们原来居留于今甘肃、宁夏之间与河西走廊的祁连、敦煌一带，因而同周人常有来往。汉初，大月氏西迁到阿尔泰地区。但后来乌孙西迁伊犁河流域，并占有巴尔喀什湖以东、以南的广大地区，就逼使大月氏往西南更远的地方迁徙。

① 陈全方：《周原与周文化》，上海人民出版社，1988年。

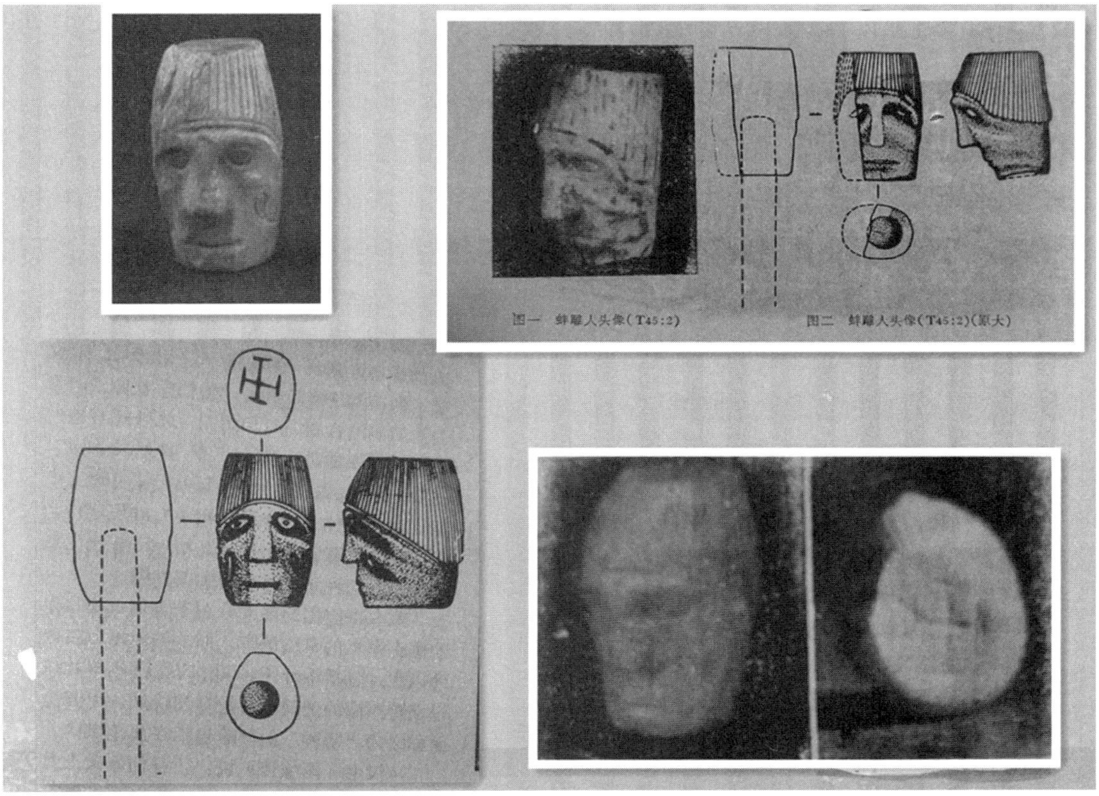

图 13-2　周原蚌雕人头像组图

距内地遥远的新疆阿尔泰（阿勒泰）地区处于北疆边陲，早在战国时期就同中原发生联系。在阿勒泰的克尔木齐石棺墓中就出土过黄色豆形陶器、素面铜镜[①]。苏联考古学家在与新疆为邻的戈尔诺－阿尔泰斯克乌拉干区巴泽雷克发现一处古代塞人的墓葬与文化遗址，其中第 6 号墓出土过一面秦式镜——战国“山”字纹铜镜。更重要的是这批墓中出土了不少我国的丝绣织物，其中属于公元前 5 世纪的第 5 号墓出土一块茧绸鞍褥面，宽 43 厘米，丝线绣有凤栖于树、凰翔于枝间的图案，色调优美。[②] 即使在地处偏僻的天山阿拉沟山区墓中，也同样有凤鸟纹丝线刺绣的出土。阿尔泰地区古塞人贵族墓葬与天山一带墓葬的文物，清楚地表明它是新疆一带少数民族同中原汉族文化交往的物证。

新疆是连接黄河流域与西亚、南亚次大陆的桥梁。在殷王武丁配偶“妇好”墓里的玉器有 756 件，占出土器物的 39.2%。经鉴定的 300 件玉器标本，除 3 件外，全是以青玉为主，

① 新疆社会科学院考古研究所：《新疆克尔木齐古墓群发掘简报》，《文物》1981 年第 1 期。
② ［苏］C.N. 鲁金科：《论中国与阿尔泰部落的古代关系》，《考古学报》1957 年第 2 期。

次有白玉、青白玉、黄玉、墨玉、糖玉等新疆玉。[①]（图 13-3）这说明至少在距今 3200 年前后，新疆与中原地区就有了经济联系。李斯在《谏逐客书》中说秦王用“昆山之玉”，当是有据之谈。骞霄国来的著名画工与刻玉能手烈裔，作为秦与中亚文化交流的使者，也是当之无愧的。

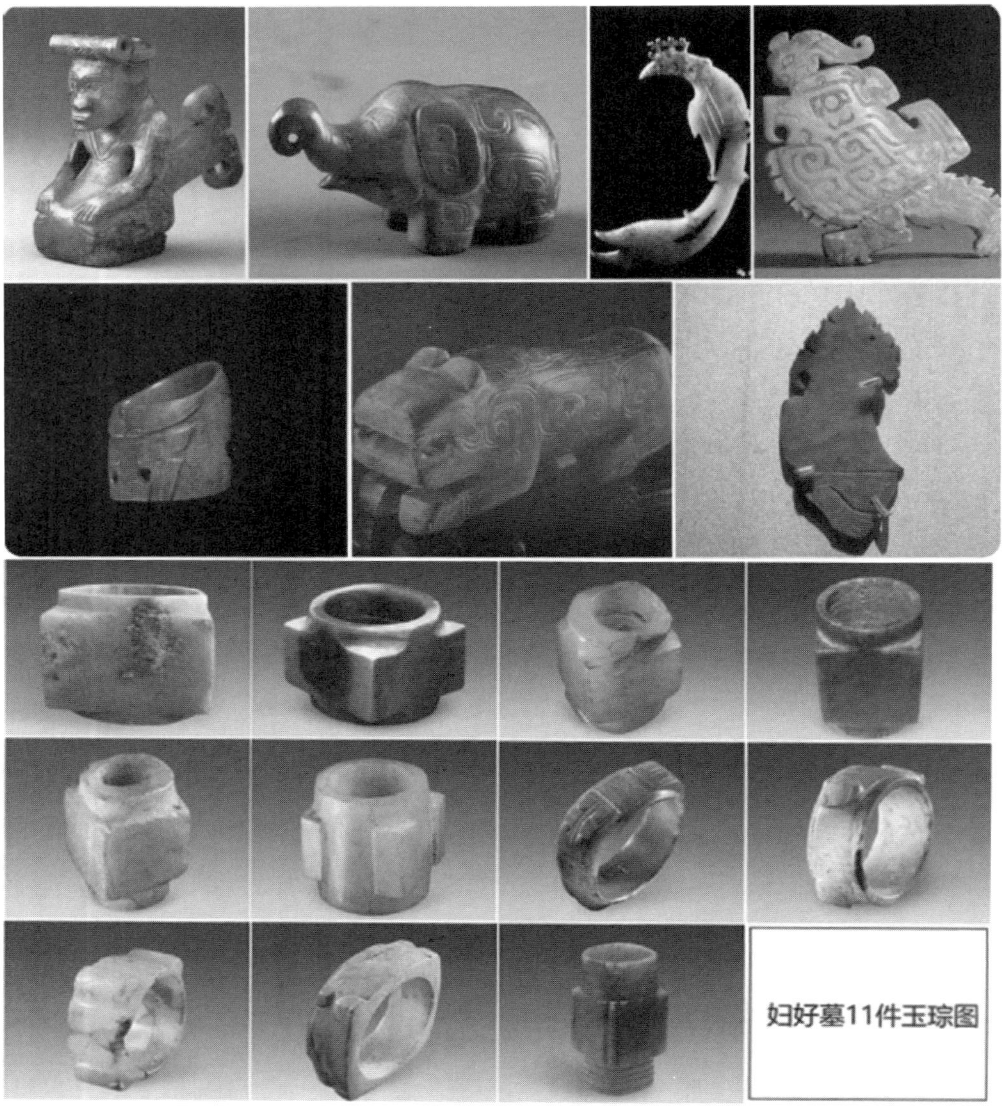

图 13-3　殷墟妇好墓玉器

① 中国社会科学院考古研究所：《殷墟妇好墓》，文物出版社，1980 年。

“西域道”的自然形成，必然促进文化的交流。河南新郑和汲县三彪镇战国墓出土的莲鹤纹铜壶，盖周围有莲瓣两层，中立白鹤，展翅欲飞（图13-4）。郭沫若先生研究认为：“莲花之中置以人物或它物者，此乃印度艺术中所习见之图案。……中国自来无此图案，中国自来亦无是大莲。……余恐于春秋初年或其前已有印度艺术之输入，故中原艺术家即受其影响也。”[①]

图13-4　莲荷方壶

莲花图案是印度艺术，印度的佛教又多以莲花作为装饰性母体[②]。佛教诞生在公元前6世纪末，正是我国春秋时代晚期。[③]经过300多年的传播、扩张，“西域道”自然成为佛教“东渐”的途径，声名远播的“秦”也不能不是佛教宣传的对象，况且这个时候正是印度孔雀王朝阿育王（约公元前273年～前232年）信奉佛教并派僧侣到邻国宣扬佛教最为活跃的时候。秦始皇与阿育王是同时代的人，都有着通过残酷的战争取得国家统一的经历。所不同的不仅是一位在中国、一位在印度，更重要的是阿育王在经过血光之后放下屠刀，一心向善，皈依佛门，而秦始皇则贪“慕真人”、求仙与长生不老之术。两种文化撞击的事终竟会发生，只是因为文化背景的不同而态度有别罢了。据载，“始皇之时，有外国沙门释利防等一十八贤者，赍持佛经来化始皇，始皇弗从，遂囚禁之。夜有金刚丈六人来，破狱出之。始皇惊怖，稽首谢焉”（马非百转自《广宏明集》，

① 郭沫若：《殷周青铜器铭文研究·新郑古器之一二考核》，又同书《新郑古器中“莲鹤方壶”的平反》。陈全方：《周原与周文化》，上海人民出版社，1988年。

② 印度的鹿野苑（今瓦拉纳西城西北7公里的萨拉那特）是佛陀成道后“初转法轮”之处，被列为佛教的四大胜地之一。这里的阿育王独石柱直径13.5米，高约44米，其柱头顶板之下，就有倒垂的莲花图案。著名的巴尔胡特“窣堵波”（塔）建于公元前2～前1世纪的巽伽王朝时代，“在浮雕中，并没有刻出佛陀形象，而是以暗示象征的手法代表某些宗教寓意，如用‘莲花’象征诞生时的佛；用‘菩提树’象征成道时的佛；用‘宝轮’象征说法时的佛；用‘浮屠’象征涅槃时的佛等等”（温玉成：《中国石窟与文化艺术》）。古印度笈多时期（公元320年～6世纪末），莲瓣纹、棕榈叶纹、郑草纹、花绳纹、连珠纹，往往是组成佛背光、佛座的图案。阿旃陀石窟是印度佛教壁画中最美的一处，开凿于公元前150年，持续到7世纪，前后长达800多年。其中一号窟开凿时间较晚，前厅墙上是大型佛传画，后廊墙上右边的菩萨像就手持莲花。

莲花被认为最为圣洁、高尚。印度佛教艺术始终以莲花作为自己的装饰内容。

③ 佛教诞生的时间即是释迦牟尼成佛的公元前527年，正当我国春秋时代的晚期。而佛教创始人乔达摩·悉达多（即释迦牟尼）生活的时代（公元前563年～前483年）同我国儒家学派建立者孔子的生卒年代相当（公元前551年～前479年）。他出生在尼泊尔的兰毗尼，是一个王子，29岁时出家修行，7年成佛，以后游方传教40多年，80岁涅槃。

《释迦方志》引释道安、朱士行等《经录》)。其中虽有佛徒夸大佛法之辞，但非事出杜撰。张星烺说："释利防为普通印度人名 Sribandhvin 之译音，其来自印度，可无疑也。"(《中西交通史料汇编》)《汉书·五行志》就记载始皇"二十六年，有大人长五丈，足履六尺，皆夷狄服，凡十二人见于临洮。……销天下兵器，作金人十二以象之"。始皇销兵铸鐻、金人十二，载于《史记·秦始皇本纪》，也是无可怀疑的史实。本来秦与戎狄杂处、交往有着长久的历史，互相是非常熟悉的。但对穿夷狄服大人的出现，深觉突然并载之于书，可见别有原因。临洮是秦的西界，西域道上早同葱岭外往来，来自印度的僧侣着架裟被视为"皆夷狄服"，还铸作铜人，立于宫门，足见佛教已渐东土。随之，又发生了一些佛事求仙化的处理，如"三十二年(公元前215年)，始皇之碣石，使燕人卢生求羡门高誓"(《史记·秦始皇本纪》)、"于是始皇遂东游海上，……求仙人羡门之属……而宋毋忌、正伯侨、充尚、羡门子高、最后，皆燕人，为方仙道，形解销化，依于鬼神事"(《史记·封禅书》)。"羡门"是梵文"沙门"的音译。卢生系燕地的方士，以求仙为务，受命求羡门高誓(子高)。最后，既说明始皇求仙药急切到途径不尽一道，也说明中国有了和尚。[①] 据此，《汉书·艺文志所录《羡门式法》二十卷与《羡门式》二十卷也当是中国最早的两部佛书。

通过"西域道"，从印度传来了佛教。同时，中国丝制品不但由此传到了印度，也传到了地中海、传到了更远的地方，把"秦"称作 china，把中国人称作丝之西利丝(即赛里斯)人(Si lk Wearing Series)，在这条有名的"丝绸之路"上留下他们往还的足迹。据报道，在塔克拉玛干沙漠中发现一座古城，不见任何史书记载，考古学家取名"圆沙古城"。该城残高 3 ~ 4 米，周长约 1 公里。经碳 14 测定，筑城年代距今 2150±50 年，"其下限早于西汉"。最有意思的是，在古城中发现一具男尸，"高鼻深目，应为欧罗巴人种；发掘到的一个带柄铜镜是古希腊罗马文化中独有的"[②]。新疆在秦代已有欧洲人出现，能说没有涉足咸阳？否则，只能把烈裔看作传说人物！

① 马非百：《秦始皇帝传》，江苏古籍出版社，1985 年，第 594 页。

② 《"死亡之海"又发现一座神秘古城》，《三秦都市报》1998 年 1 月 18 日。

第十四章

秦咸阳的毁灭

以农民为主体的劳动者被驱赶到战场上，通过血肉的拼搏，以生命为代价，建立起了秦王朝的帝国大厦。但在秦始皇的残暴统治下，各类社会矛盾日趋严重，终竟又刮起以农民为主体的反压迫风暴，最终还是摧毁了这座大厦。秦帝国威威赫赫，“初并天下，罔不宾服”（《梁父刻辞》），成为自诩的空言；始皇“威德”不可一世，“讨伐乱逆，威动四极”（《峄山刻辞》），至二世而亡。秦王朝只存在了15个年头，成了历史上短命政权的先行者。

首都咸阳，在秦王朝存在的年代里，曾有过前世所无的繁荣与辉煌。但在昌盛的外表之下，已是危机四伏。当农民起义的烽火连天、仇恨情绪洒向秦统治中心的时候，它又首当其冲。项羽的劫掠，一把无情之火竟使劳动人民百年来创造的结晶——所有的宫殿建筑、物质财富、文化艺术等等，化为灰烬，也使这个具有144年历史的世界名城在地平线上永远地消失了。

第一节　秦帝国的残暴统治

一、始皇统治下的社会灾难

（一）战争之灾

“国以民为本”。但“暴秦”之所以速亡，并非“安民”不当，而是“烦民”有过。“男乐其畴，女修其业，事各有序，惠彼诸产，分并来田，莫不安所”（《碣石刻辞》）。这，只是统治者为了自吹而撒下的弥天大谎。事实是民不聊生，已到了不能为继的程度。且看：

战争中人民遭屠戮，财物被劫夺，家园被毁弃。随着兼并战争激烈程度的增加，逾到战国末期，情况就愈加严重。此时战争规模大，又旷日持久，一次大战中双方投入的兵力可达到几十万人。由于兵器制造术提高，强弓劲弩的使用，杀伤力大大增加。作战方式也因车阵战改变为步、骑兵的野战和包围战，既使军事行动范围扩大，无疑地增强了战争的破坏力，而且也使战争带有长期的、持久的性质，如秦、赵的“长平大战”，战程长达三年之久，一次坑杀赵卒就有四十万之众，竟“流血成川”（《战国策·秦策三》）。秦国自孝公之后，在历次战争中杀了一百多万人，自己也付出了惨重的代价。

战争不仅使生灵涂炭，而且统治者也把沉重的军事负担都转嫁到人民头上。农民是战争的直接受害者，他们被编入军队，还要自备军衣、粮食，或从事运输。既负担战争费用，又耽误农时，使田园荒芜，无形中被逼到了饥饿的死亡线上。经过一场大战，死伤费用、车马武器损耗，足以超过农民十年的辛勤耕作，苏秦就说：“十年之田而不偿也。”（《战国策·齐策五》）实际上管子就曾指出战争的深远影响是：“一期之师，十年之积蓄殚；一战之费，累代之功尽。”（《管子·参患》）而战争的发生，又连绵不绝，一部“战国史”几乎就是一部战争的日程表。单以秦国而论，自昭襄王以后，可说是无年不战，无月不战。不战的时间，正是为战而准备的间歇时间。自秦始皇亲政至全国统一，一战就连续了十六七年。华夏大地，进攻与反攻的武装对抗，岂容百姓休息十年！

全社会卷入长期的战争，老百姓承受着无尽的灾难和损害。战国时期的二百多年间，群雄割据，战争频仍，其残酷的情景正如孟子说的：“争地以战，杀人盈野；争城以战，杀人盈城。”（《孟子·离娄》）墨翟描述道：当时的大国一旦攻入别国，就焚烧宗庙，割去庄稼，砍掉树木，拆毁城郭，掠夺家畜，见人就杀。男俘作“仆”“圉”“胥靡”，女的则成了“舂酋”一类奴隶（《墨子·天志下》）。

战争这个恶魔在吞噬着生命和财富。

（二）徭役之苦

岂料统一战争刚一结束，百姓还没有得以喘息，秦始皇就全国动员，发起百万之众大兴土木，把疲惫不堪的劳苦大众又投入到徭役工程和边防戍守上去。

建筑工程的情况是：这时，修筑郦山陵墓的劳役，从秦国范围扩大到全国征发；咸阳的宫殿建筑工程同战争并行不悖，接连进行，以至达到“关中计宫三百，关外四百余”的规模（《史记·秦始皇本纪》），随后在上林苑中营造“朝宫”阿房宫和始皇陵墓，竟动用七十万“隐宫徒刑者”；修筑“万里长城”，同南北戍守边防的道路工程（驰道、直道、岭南新道、凿灵渠、五尺道等）是配套展开的。这些使人苦不堪言的徭役，后世人谑之为

“秦始皇在磨民”。掌握生杀予夺大权的统治者，志得意满，开动“磨民”机器，把全社会都尽情地卷入到消磨中去。

秦王朝规定：一个成年男子，在一生中有一年时间“屯戍”或劳役，一年时间当“正卒”，每年还得用一个月时间给所在的郡县当“更卒”（《汉书·食货志》《文献通考·兵考》）。从表面看，似乎不算太重。但事实并非如此，“过年之徭”“逾时之役”已司空见惯，“法外之徭”更是弄权者延长役期的借口。据估计，秦时的全国人口不过2000万，其中的青壮年劳力至多不过1000万（男女共计），但征发来修筑郦山陵墓的有72万人，北筑长城40万人，蒙恬率军30万人，南戍五岭50余万人，总计达192万人左右。而转送粮草（即“转输”）的人数，最少还得超出这个数字一倍多。[①]那么，男丁中76.8%的人去当兵并从事劳役，再加之对死伤者的更替，从事生产劳动的人就所剩无几了。至于长途转输的徭役那更是无法估量的负担，汉主父偃算过一笔账：“使天下飞刍挽粟，起于黄、腄（今山东烟台市福山区）、琅邪负海之郡，转输北河（今内蒙古阴山南麓的黄河段），率三十钟而致一石，男子疾耕不足于粮饷，女子纺绩不足于帷幕。”（《汉书·主父偃传》）从东海之滨运输一石重（合今30.75公斤[②]）的粮食到河套地区，在路上就得耗费粮食“三十钟”（合秦1920斗，1秦斗=2010毫升[③]）。兵役和徭役几乎逼迫全部男丁离开了生产，下剩的不过是些老弱妇孺而已。这种“三十倍于古”的徭役负担（《汉书·食货志》），必然直接地落在占全国人口最多的农民（“黔首”）身上。

“丁男被甲，丁女转输，苦不聊生。自经于道树，死者相望”（《汉书·严安传》）、“戍者死于边，输者偾于道”（《汉书·晁错传》），是当时劳役之苦的真实写照。

（三）赋税之繁

秦代赋税之苛繁，同样是套在人民身上的桎梏。作为社会主体的农民，其所承担的赋税主要是两大内容，即土地税和人头税。表现形式为：前者为“物”，后者为“钱”。

秦土地征税制起自简公七年（公元前408年）“初租禾”（《史记·六国表》）。但不税田，孝公十四年（公元前348年）才“初为赋”，鼓励垦荒增产，赋田计功。田租租率是“收泰半之赋”（《汉书·食货志》《淮南子·兵略训》《史记·淮南衡山列传》《文选·东京赋》），

① 王学理：《秦始皇陵研究》，上海人民出版社，1994年。

② 此处主父偃说的“石”，指的是重量而不是后世量制中的“石”。否则，同后面他说的“钟”同制，就没有必要了。据高奴铜石权知，秦一石重61.5斤。

③ 1钟=6斛4斗，1斛=10斗=100升。由商鞅量测知1升=201毫升。故1钟＝640升×201＝128640升。那么，30钟＝（128640毫升×30）÷2010毫升＝1920秦斗。

即三份取二。例如“郑国渠”修成溉田，产量达到“收皆亩一钟（六斛四斗）”，秦政府取4.26石多，耕者留2.13石多。垦田数同缴、留数成正比，对国、对民都有利，从而达到民富国强的效果。但秦始皇在统一后征发不已，徭役繁兴，正常的生产秩序遭到破坏，使农民陷入困顿而不能自拔。

征课刍（饲草）稿（禾干）也是土地税的又一重要内容。云梦秦简规定：“入顷刍稿，以其受（授）田之数，无垦不垦，顷入刍三石、稿二石。刍自黄穌（干叶）及蘑（乱草）束以上皆受之。入刍稿，相输度，可也”（《田律》）；“入禾稼、刍稿，辄以为廥籍，上内史。刍、稿各万石一积，咸阳二万石一积，其出入、增积及效如禾”（《仓律》）。从中可知，征刍、稿是不论垦否，而是按授田亩数实收。按“石”的计量单位缴，按“积”的单位归仓。县不得截留，一律缴国库，上籍簿存内史。

秦的人头税有二：口钱和算赋。按人头计口征税虽沿自战国旧制，但口钱的税率及税额已无从查知。从7岁到14岁，要缴纳口钱。但自15岁起却要缴纳算赋。20至56岁是服役期年龄，虽然除却了口钱，但随时都将征召，照样出算赋，数额按《汉旧仪》记是“人，百二十为一算，为治库兵车马”（《汉书·高帝纪》如淳注引）。既缴税又服役，受着双重剥削。当时按人头出算赋有个说法叫“头会箕敛（《史记·张耳陈余列传》），从秦简《金布律》“官府受钱者，千钱一畚，以丞、令印印。不盈千者，亦封印之”的话知，“畚”是税钱的盛具，千钱为“一畚”。“畚”与“箕”虽然形非一物，但作为征税钱的用途是一致的。

赋税虽有比例限额，但随意性很强。《汉书·食货志》载：“至于始皇，遂并天下，内兴功作，外攘夷狄，收泰半之赋，发闾左之戍……竭天下之资财奉其政，犹未足以澹其欲也。”所以董仲舒说秦的“田租口赋，盐铁之利，二十倍于古”（《食货志》引）。

本来赋税属于国家财政收入，归大司农管，以“供吏禄，度官用”（《史记·平准书》），而皇室的费用则取之于“山海池泽之税”，由少府掌管。但秦始皇“头会箕赋，输于少府”（《淮南子·汜胜训》），把算赋的收入也统交皇室私有和享用，再加上地主剥削农民收获的十分之五，[①] 这种尽情搜刮的直接结果就造成了“贫民常衣牛马之衣，而食犬彘之食”的悲惨景象。

（四）失田之痛

地主阶级通过军功赏田和土地兼并，加速了土地私有制的进程。无论是大、小军功地主，豪强地主，工商业地主，都或多或少地在政治上发展自己的势力。皇帝是全国土地的

① 《汉书·食货志》引董仲舒语：“或耕豪民之田，见税什伍。”

最大占有者，三十一年（公元前216年）“使黔首自实田”（《史记·秦始皇本纪》），正是土地兼并激烈造成占有情况混乱而核实限制田数的措施。而土地兼并与掠夺，使广大自耕农逐渐丧失土地，成为依附于地主的佃农或雇农。

两极分化，贫富悬殊，出现了“富者田连阡陌，贫者无立锥之地，……邑有人君之尊，里有公侯之富，小民安得不困”（董仲舒语）。

（五）迁徙之难

秦迁徙“乱化之民”是自商鞅变法以来就实行着的传统政策，而秦始皇把它扩大化，及至秦帝国建立之后使被迁对象之广、人数之多、规模之大、地域之远，达到了空前的程度。

秦始皇的徙民活动，见载如下：

八年（公元年239年）“成蟜将军击赵，反，死屯留（今山西屯留区）……迁其民于临洮”（《史记·秦始皇本纪》）；

九年（公元前238年）“长信侯嫪毐作乱而觉。……战咸阳，斩首数百。……杀之，五十万。尽得嫪毐等……二十人皆枭首，车裂以循，灭其宗。及其舍人，轻者为鬼薪，及夺爵迁蜀四千余家，家房陵（今湖北西北）”（《史记·秦始皇本纪》）；

十二年（公元前235年）“吕不韦就国河南岁余，……王恐其为变，赐书令与家属徙处蜀[①]”（《史记·吕不韦列传》）；

十九年（公元前228年）“取赵地东阳，得赵王迁”（《始皇本纪》）、“流于房陵。思故乡，则为《山木之讴》”（《淮南子·泰族训》）；

二十五年（公元前222年）秦灭楚，“徙严王之族于严道”（今四川荥经县，《太平御览》引《蜀记》）；

二十六年（公元前221年）“徙天下豪富于咸阳十二万户”（《史记·秦始皇本纪》）；

二十八年（公元前219年）“徙黔首三万户琅邪台下，复十二岁”（同上）。

三十三年（公元前214年）“发诸尝逋亡人、赘婿、贾人略取陆梁地，为桂林、象郡、南海，以谪遣戍”（同上）。“秦时已并天下，略定杨越，置桂林、南海、象郡，以谪徙民，与越杂处”（《史记·南越尉佗列传》）。“秦徙中县之民南方三郡，使与百粤杂处”（《汉书·高祖本纪》。“尉佗逾五岭，攻百越，……使人上书求女无夫家者三万人，以为士卒衣补。秦皇帝可其万五千人”（《史记·淮南衡山列传》伍被语）。

① 《水经注·江水》：“汉明帝永平十二年，置永平郡，治不韦县。盖秦始皇徙吕不韦子孙于此，故以不韦名县。”地在房陵。

“西北斥逐匈奴，自榆中并河以东属之阴山，以为三十四县，城河上为塞。又使蒙恬渡河，取高阙、阳山、北假中，筑亭障以逐戎人，徙谪实之”（《史记·秦始皇本纪》），“临邛县郡西南二百里，本有邛氏，秦始皇徙上郡实之”（《华阳国志》），“秦遣蒙恬攘却匈奴，得其河南造阳（今河北张家口市）之北千里，地甚好，于是为筑城郭，徙民实之，名曰‘新秦’，四方错杂”（《汉书·食货志》）；

三十五年（公元前212年）“因徙三万家丽邑，五万家云阳，皆复不事十岁”（《史记·秦始皇本纪》）。

三十六年（公元前211年）“迁北河、榆中，徙三万家”（同上）。“定襄、云中、五原，本戎狄地，颇有赵、齐、魏、楚之徒”（《汉书·地理志》）。

三十七年（公元前210年）“徙天下有罪谪吏民，置海南故大越处，以备东海外越”，“徙大越民置余杭”，“徙越之人于乌程”。（《越绝书》）

秦始皇把政敌、亡国之君及其旧贵族迁徙，在于剥夺其政治权力与政治影响力；迁徙豪富及大商人，既避免了社会势力集团的形成，又乘机掠取其财富；而迁徙社会罪犯和人民，纯属一种处置措施。其目的在于巩固自己的统治。通过徙民实边和易地之迁[①]，固然被动地发生过各地区经济文化交流的作用，但动辄数万甚至四十多万的连年全国性人口大流动，使百姓奔波于道，生老病死不断发生，恓恓惶惶，苦不堪言，对家庭对社会都带来混乱和不安。

（六）天灾之殃

连绵不绝的战争、繁重的徭役负担、苛刻的横征暴敛、东西南北的人口流徙，使百姓死伤惨重，又使田园荒芜，国家到了民乏财匮的地步。且自然灾害接连发生，更是雪上加霜。

自然灾害的发生，往往同战争相伴。

---

① 易地之迁，我指的是内地进行的迁徙，如马非百先生搜集的资料：秦灭楚，迁班氏于晋代之间（《汉书·叙传》）；秦拔魏东地，徙卫元君于野王县（《史记·卫世家》）；秦灭魏，迁大梁都于丰（《汉书·高帝纪·赞词》）；秦灭魏，迁梁人孔氏到南阳（《史记·货殖列传》）；秦灭韩，徙天下不轨之民于南阳（《汉书·地理志》）；秦灭魏，迁冯城之氏于湖阳（《后汉书·冯鲂传》）；秦灭魏，徙晋士会后、魏大夫于沛（《新唐书·宰相世系表》）；赵亡，万石君徙居温（《史记·万石张叔列传》）；秦并天下，楚之柳氏迁于河东（《新唐书·宰相世系表》）；齐之莱氏后于秦末，徙于义阳之新野（《通志·氏族略》）；秦灭韩，徙韩哀侯少子后平氏于下邑（《通志·氏族略》）。秦徙天下豪富十二万户于咸阳，也属内地之迁。

秦迁西边，今属内地亦录载于此：秦灭楚，迁大姓权氏于陇西，居天水；秦灭赵、代，王迁兄嘉降，子公辅主西戎，居陇西天水西县；秦迁齐王建于共（今甘肃泾川县北）（《史记·太史公自序》）；秦灭楚，迁楚王上官氏于陇西上邽。（《通志·氏族略》）

秦始皇三年（公元前 244 年）秦“岁大饥”（《史记·秦始皇本纪》）；

四年“蝗虫从东方来，蔽天”（《本纪》《六国表》），“如严雪。是岁，天下无瓜瓠”“天下疫”（同上）；

九年（公元前 238 年）“四月，雨雪寒冻”（同上）；

十二年（公元前 235 年）“天下大旱，六月至八月乃雨”（《本纪》）；

十五年（公元前 232 年）秦“地动”（同上）；

十七年（公元前 230 年）“地动。……民大饥”（《本纪》），“赵亦大饥”（《赵世家》）；

十九年（公元前 228 年）“岁大饥”（本纪》）；

二十一年（公元前 226 年）“大雨雪，深二尺五寸”（《本纪》）。

在 19 年间发生饥馑、蝗灾、瘟疫、旱灾、严寒、地震计 8 次，严重地造成人命与经济的损害。至于在这时期接连发生的天象变异，如二年“流星大小西行”、五年“冬雪”、七年“慧星先出东方，见北方，五月见西方。……复见西方十六日”、八年“河鱼大上”、九年“慧星见，或竟天”、二十年“白虹贯月”（《本纪》）等，造成人心浮动，增加的辛苦也是不待言的。

诸种灾害，关系到国计民生大计的是粮食歉收，以至不收。缺粮的危机，自然也反映在粮价上。商鞅变法时，秦每石粟价是二十钱。[①]战国末年到秦统一前期，粮价是一石三钱。[②]但到了秦始皇三十一年（公元前 216 年）“为微行咸阳，与武士四人俱，夜出，逢盗兰池，见窘。武士击杀盗。关中大索二十日，米石千六百”（《史记·秦始皇本纪》）。当然，咸阳是首都，供粮有相当部分要靠关外输入。既然闭关搜查，使内外隔绝，米价就会出现临时上涨。不过，秦统一后粮价一直处于上涨的趋势。平时米石千钱左右，总是可信的。[③]因为楚汉战争时，粮食危机，粮食价飞涨到“凡米石五千，人相食，死者过半”（《汉书·食货志》）。

---

① 《商君书·去强》：“金一两生于境内，粟十二石死于境外；粟十二石生于境内，金一两死于境外。……国好生粟于境内，则金粟两生、仓府两实，国强。”高亨先生译作：“黄金一两输入国界以内，就有粮谷十二石输出国界以外。粮谷十二石输入国界以内，黄金一两就输出国界以外。……国家喜欢粮谷输入国界以内，那么，金钱和粮谷就都能获得，粮仓和金库都充实，国家也就强了。”

很多学者如吴慧、蔡万进都注意到商鞅所言“金”“粟”的生与死，是当时“国际贸易”中黄金同粮食的一般比价。当时黄金一斤值四千钱，每两为二百五十钱，合十二石粟价，则每石粟值 20.84 钱。

② 云梦秦简《司空律》：“系城旦舂，公食当责者，石卅钱。”凡属服“城旦舂”劳役而吃官府饭食的，都得付钱。标准是每石糙米三十个“半两”钱。

③ 尹振环：《从秦代前期粮价奇高谈起》，《贵州大学学报》1989 年第 3 期。

天灾人祸导致农业凋残，大量劳动力脱离土地。经济既没有恢复，更谈不上发展。国家无粮可征，民无余粮可食，粮价飞涨，直接受害者，首先还是百姓。民无粮自散，本属自然之理。

（七）刑罚之酷

法律是体现统治阶级意志的纸上条文，刑罚是体现统治阶级意志的手段。后者又不一定是以前者为根据的。凡是政治越黑暗、统治无术之际，当权者一定离不开“法”“刑”与“组织”手段。秦王朝滥用残酷的刑罚，给历代暴君带了个坏头。

秦推行法治路线，从严厉转向残酷。商鞅变法时，以法治秦，尽管“深刻寡恩”，但“公平无私，罚不讳强大，赏不私亲近。法及太子，黥劓其傅”，故而能收到“期年之后，道不拾遗，民不妄取；兵革大强，诸侯畏惧”（《战国策·秦策一》）的效果。但是，秦始皇“刚毅戾深”“刻削毋仁恩和义”的性格，参透“法”“术”“势”的帝王之术，独断专行。“事皆决于法”，竟“灭礼谊之官，专任刑罚，躬操文墨，昼断狱，夜理书，自程决事，日县石之一。不中程，不休息”（《汉书·刑法志》）。为了自己长久统治，拒绝扶苏的忠告、坑杀儒生，专任精通整人、害人术（狱法）又善结政治靠山的卑鄙奸诈小人赵高为中车夫令，“以吏为师”，“所习者非斩劓人，则夷人之三族”（《汉书·贾谊传》《新书·保傅篇》），把残酷的刑罚用来对付整个社会。而秦二世、赵高、李斯这帮贪暴篡权的阴谋集团，通过政变攫权，为掩饰自己的罪行与空虚，践踏法律，滥用刑罚，诛杀异己，“重以贪暴之吏，刑戮妄加，民愁亡聊，亡逃山林，转为盗贼，赭衣半道，断狱岁以千万数”（《汉书·食货志》），把全国变成一个大监狱。

秦法律涵盖面广、律文苛细、刑罚繁密峻急，轻罪重判，反为各级官吏利用职权徇私枉法、谋害无辜而造成方便。商鞅参照李悝《法经》制订《秦律》，后历经修订，就出现了像云梦秦简那样包括《田律》《厩苑律》《金布律》《关市律》《工律》《工人程》《徭律》《司空律》《置吏律》《效律》《军爵律》《传食律》《行书律》《内史杂》《尉杂》《属邦》等律文及释文、治狱文书的程式。文献中也有一些零星的律条，再经秦始皇参照六国法律，从而形成统一帝国时最为完备的法典。虽然它还保留着李悝《法经》分类时“盗”“贼”“囚”“捕”“杂”“具”等六个大的篇目，但细则却大大增加，见于秦简的律名就不下二十几个。

秦法严酷，刑罚名目繁多。

同样是死刑，处死之法就有20多种，如弃市（处斩于闹市，暴尸示众）、腰斩、车裂、矺（或作磔，肢解）、戮（砍头后陈尸）、僇（砍头）、枭首（悬头于竿示众）、剖腹、囊扑（盛袋中打死）、绞、凿颠（击头）、抽胁、镬烹（下锅）、大辟、生埋、定杀（淹埋）、赐死、具五刑（黥、劓、斩趾、笞杀、枭首次弟施刑）；

株连范围更广的，莫过于“族刑”，就是施刑于犯死刑者本人外，连他（她）的族人也被处死，有“三族”“七族”“九族”①，以至于“灭里”等；

肉刑有宫、刖、劓、笞、髡、髌、榜掠、斩左趾、矐、断舌、饿囚、鋈足等；判处的徒刑见有：城旦、城旦舂、完城旦、鬼薪、白粲、隶臣、隶臣妾、司寇、候、下吏等；

其他处刑、处罚的形式，还有迁、谪、逐、收、系、赀、赎、废、夺爵、削籍、囚等。

律文苛细，刑罚惨毒，使人动辄得咎。统治者借助重刑威慑无权者，各级官吏贪赃枉法，使全社会处在白色恐怖之中。

二、秦二世统治集团的黑暗

（一）政治上倒行逆施

秦始皇三十七年（公元前210年），他第五次出巡，行云梦、过丹阳、至钱塘、临浙江，上会稽、到琅邪、绕成山、行芝罘，然后踏上归程。由于长途跋涉，劳累过度，精神恍惚，噩梦连连，车驾行至平原津（今山东平原县东南）就一病不起。最后到达沙丘平台（今河北巨鹿与广宗县之间），悄然死去，年仅五十岁。（图14–1）在秦始皇弥留之际，这才想到公子扶苏，下玺书令速返咸阳奔丧并继位。就在历史的关键时刻，一个由赵高策划篡权的阴谋活动随之展开，那就是后世说的“沙丘之变”或“矫诏事件”。

---

① 族刑的施杀范围既广，对“族人”的多寡历来解释不一。

“三族”：《史记·秦纪·集解》中，张晏说是“父母、兄弟、妻子”；如淳以为是“父族、母族、妻族”等；《仪礼·士昏礼》注：“三族，谓父昆弟、已昆弟、子昆弟”；《周礼·春官小宗伯》注：“三族，谓父、子、孙”。

“七族”：《史记·邹阳列传·集解》引张晏：“七族，上至曾祖，下至曾孙”；《索隐》：“父之族，一也；姑之子，二也；姊妹之子，三也；女子之子，四也；母之族，五也；从子，六也；及妻父母，凡七”。

“九族”：汉儒之说分为两派，《今文尚书》认为是异姓亲族，即父族四、母族三、妻族二；《古文尚书》家认为是同姓亲族，即从自己算起，上至高祖，下至玄孙为九族。明清刑律均以为高祖至玄孙为同宗亲族的范围，九族以自已为本位，直系亲族可上推至四世高祖、下推至四世玄孙；旁系亲族则横推至三从兄弟，即以族兄弟、再从兄弟、堂兄弟、兄弟，同为高祖四世孙。

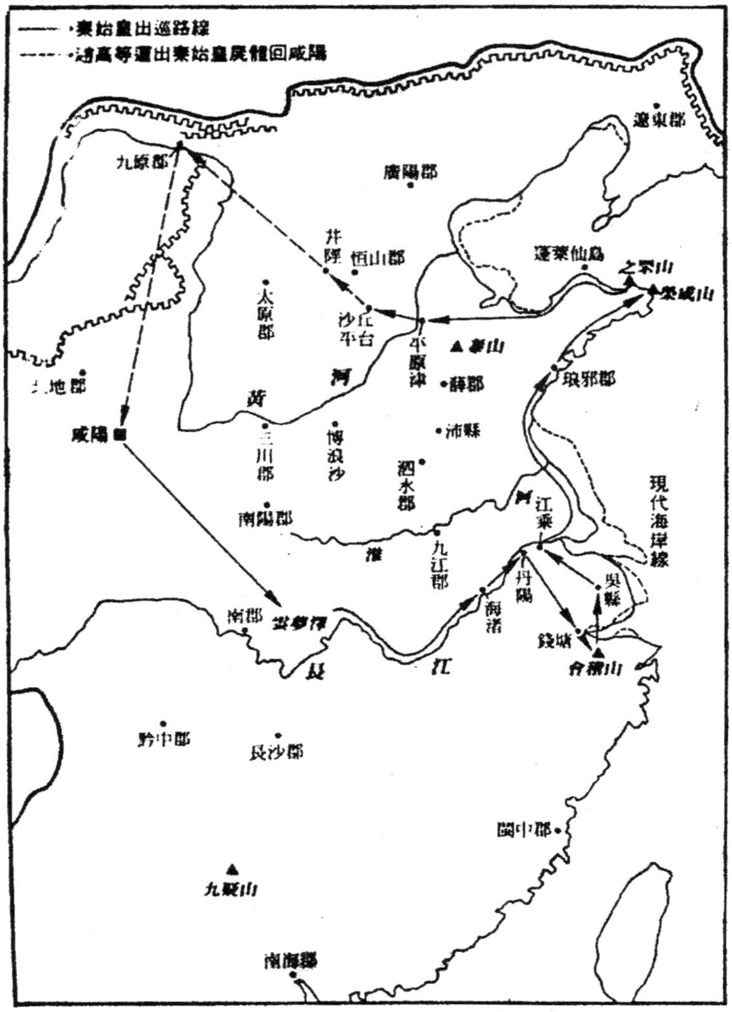

图 14–1　秦始皇最后一次出巡与回归路线图

秦始皇“有二十余子”（《史记 · 李斯列传》）[①]，长子扶苏最贤。他为人“刚毅而武勇，信人而奋事”（《史记 · 李斯列传》），是位德、信、智、勇俱全的人才。就是因为他预料到焚书坑儒的严重后果而多次上书直言极谏，惹得秦始皇很不高兴，才被派到上郡去，

① 《史记 · 李斯列传》说秦始皇“有二十余子。长子扶苏……少子胡亥爱……”，《集解》：“二世是始皇帝第十八子。”据载，二世篡权后，把六公子和十公主戮死于杜，把十二公子僇死咸阳市，公子将闾昆弟三人杀于内宫，公子高从死于骊山墓之足。再加上扶苏与胡亥，以上总计 24 人。项羽入关能“杀子婴及秦诸公子宗族”，说明还有秦公子存活着。另外，《古今图书集成 · 职方典》记大城县北段堤村有“秦太子墓”，是始皇巡行中埋幼子处；又记山东文登县烧车岭埋子，系东巡中妃子所生子死于此。如此总计，始皇有子 30 人左右，这比之“二十余子”的记载要更具体一些。

图 14–2　“中车府丞”封泥印文

在正主持修筑长城的大将蒙恬军中监军。这次，秦始皇出巡病归途中，料到不久人世，也才想到了扶苏。就写了遗诏，令其“以兵属蒙恬，与会丧咸阳而葬”。但诏书和“皇帝之玺”都落在中车府令、“兼行符玺令事”的赵高之手，（图 14–2）还没有看到派专使送诏书，他就咽气身亡了。

谋权、掌印的赵高心怀鬼胎，深恐“诸公子及天下有变”，封锁始皇死讯，秘不发丧，除同少子胡亥、丞相李斯及近身宦者五六人外，让百官奏事如常。始皇的尸体载在辒辌车上，摇摇晃晃。他们不南下走函谷关的快速“驰道”，也不选西南行的一条最近的“蒲关道”，而故意过井陉（也称“故关”，在河北井陉县西）北行，拖延时间，以便杀害扶苏、蒙恬，为篡权扫平政治障碍。此时恰逢七月的暑天，他们为了遮盖从车上散发出来的尸臭味，竟在车上放了一百二十斤鲍鱼，以掩人耳目。车驾绕道云中（治今内蒙古呼和浩特市与托克托县之间）、九原（治今内蒙古包头市西），等到扶苏、蒙恬一死，就南下“直道”，返回首都咸阳。这才发丧，使胡亥袭位，九月葬始皇于骊山陵墓。

身为丞相的李斯，首鼠两端，“患失权位，执志不坚”（郑樵：《通志》卷九四），唯恐扶苏立为皇帝，势必以蒙恬为相，出于贪权保位的考虑，竟依从了赵高“圣人迁徙无常，就变而从时”的一派胡诌。“有奶便是娘”的他，怕大权旁落，在“长有封侯，世世称孤，必有乔松之寿”的诱惑下（《史记·李斯列传》），私下篡改了始皇的遗诏，加罪扶苏并逼令其自杀，（按：扶苏墓位于陕西绥德县城内疏属山巅，状作长方形，长 30、宽 6、高 8 米，墓前碑刻“秦长子扶苏墓”六字。城北 1 公里处，当无定河与大理河交汇处，今有晋溪洞，相传是扶苏忧国忧民常于此赏月，以排遣抑郁的心情，名“赏月台”或“凉月台”，又名“月宫寺”。县南 1 公里卢家湾山崖壁立，有一股水从空中落地成泉，据说是扶苏赐死之处。对扶苏的死，连山泉也垂泪呜咽，故名“呜咽泉”。据《大清一统志》说，在绥德州城内有扶苏祠。

《关中胜迹图志》卷三十，记扶苏墓的还有临潼县滋水村、甘肃平凉东宁县西等两处。当属纪念性假墓。

唐诗人胡曾有《杀子谷》一诗：

“举国贤良尽泪垂，

扶苏屈死戍边时。

至今谷口呜咽泉，

犹似当年恨李斯。”）逮捕三世忠良的大将蒙恬，夺去兵权，药杀之，遂立傀儡“二世皇帝”，从根本上动摇了秦帝国的根基。

赵高本赵国远缘贵族的后裔，是生于“隐官”的孽种。其父母都做了秦国的俘虏，父犯法受了宫刑；母犯法，身被刑戮，“世世卑贱”。清人赵翼在其《陔余丛考》（《廿二史劄记》著录）中说赵高“痛其国为秦所灭，誓欲报仇，乃自宫以进”。实际上，他既不是像蔺相如那样的儒士爱国者，也不是荆轲侠肝义胆式的英雄，而是急于摆脱“卑贱”，不择手段、忍辱挣扎、不顾羞耻的卑鄙小人和阴谋家。靠了一身“强力”的膘，精通害人的“狱法”，深得秦“尚刑”的三昧，骗取了秦始皇的信任，当了太仆的属官“中车府令”。虽说此官不大，但对政治投机家说来却是难得的晋身之阶。他以教公子胡亥“决狱”为名，私结关系，虽然犯了死罪当杀，却因秦始皇被“敦于事”的假象蒙蔽而赦免了，使他再次蒙混过关而潜伏在秦政权内部。这择人不善的疏忽大意，竟为秦倾国灭门种下了祸根。

胡亥作为秦始皇的少子，自幼居深宫、受宠娇惯，任性无知，既没有受到良性教育，又缺乏实践得来的才干。他师从奸臣赵高，学整人、害人的“决狱”之术，起步就坏。后依赵高的阴谋策划，窃取了皇帝的宝座，自己也陷进了这张吞噬好人、自己又被吞噬的政治蛛网。

就是秦二世这么一个昏庸无能、残暴荒淫的傀儡皇帝，就是赵高、李斯这么几个心术诡诈、贪权弄势、妒贤嫉能、狠毒凶煞的佞臣，当然结成的就是这么一个靠阴谋和刑杀维持统治的政治集团。他们用伪诏逼杀了公子扶苏，又杀蒙毅于代（今山西阳高县），把蒙恬囚禁于阳周（今陕西横山南大理河）狱中，[①]继而药杀之。[②]这种害忠良、窃帝王的罪恶行径，诸公子及大臣已经怀疑到“沙丘之谋”，皆“怏怏不服”。秦二世、赵高他们为非心虚，常常是“战战栗栗，唯恐不终”（《史记·李斯列传》）。于是，又推出一套倒行

① 秦阳周县一般注释作陕西子长县北，《嘉靖一统志》载：“阳周故城，在安定县北九十里。”安定县就是今子长市（瓦窑堡）西16公里的安定镇（宋设安定堡，属延川县。元升为县。1942年改名子长县，治迁瓦窑堡）。由此北去45公里，据说在原石家湾乡曹家坬村城墙梁上有阳周城故址。

② 蒙恬墓位陕西绥德县城西南约0.5公里处的县第一中学内，墓前立石碑一通，题“秦将军蒙恬墓”，系清乾隆年间绥德知州张之材立。

1997年7月13日，因拍摄系列片《中国皇帝》赴绥德，题《蒙恬墓》：

三代忠良，
一世良将。
篡逆为奸，
龙脉何涉？

逆施的行动计划，一时间在首都屠刀乱舞，天下的百姓也跟着遭殃。

秦二世、赵高的做法之一是“收举余民，贱者贵之，贫者富之，远者近之”（《史记·秦始皇本纪》）。这就是说，把被秦始皇打倒的政敌重新启用，通过招降纳叛，从根本上破坏了统一大业的社会基础。

“灭大臣而远骨肉”“尽除先帝之故臣，更置陛下之所亲信者近之”（《史记·李斯列传》），这是赵高给秦二世献的又一毒计。他要砍断股肱之臣的势力，把孤单无辅的傀儡皇帝掌握住，以便实施自己攫权的计划。排除异己、培植亲信，大开杀戒，“行诛大臣及诸公子，以罪过连逮少近官三郎，无得立者”。[①]他们把“公子十二人僇死于咸阳市，十公主矺死于杜，财物入于县官，相连坐者不可胜数”（《史记·李斯列传》），把“六公子戮死于杜”，逼杀公子将闾弟兄三人于内宫（《史记·秦始皇本纪》）。公子高请死于始皇陵旁，经批准，“赐钱十万以葬”（《史记·李斯列传》），很客气地送给了他一个全尸。[②]随后，秦二世又把右丞相冯去疾、将军冯劫下狱问罪。二冯说“将相不辱”，就自杀了。接着，就是丞相李斯被囚，其“宗族宾客”全被收捕。李斯父子具五刑，腰斩咸阳市，被夷三族。秦二世诛杀自己的骨肉血亲兄弟姊妹，弄得“宗室振恐”；屠戮大臣、株连无辜，人人自危，“黔首振恐”。他们“严法刻刑”的结果是“刑者相半于道，而死人日成积于市，杀人众者为忠臣”（《史记·李斯列传》），竟给一些“无节行”的投机家创造了“持禄取容”的机会。

面对秦二世问“居三公位”何以不能禁盗的责难，李斯献媚上书，要皇帝行“督责之术”。意思是对臣下的过失用“薄罪重罚”，就能收“臣无邪则天下安”“国家富则君乐丰”的效果。他认为只有“督责之术设，则所欲无不得矣。群臣百姓救过不给，何变之敢图？”

① 郎，是帝王的侍从官，职责是护卫侍从，也具有随时建议、备作顾问及差遣的作用。无定员，也无实权。因为能接近皇帝，有着自我表现的机会，所以就成为出仕的重要途径。

赵高怂恿秦二世，杀戮始皇的大臣及诸公子，甚至连这些郎官也未能幸免。《史记·秦始皇本纪》：“……以罪过连逮少近官三郎。”《索隐》：“逮，训及也。谓连及俱被捕，故云连逮。少，小也。近，近侍之臣。三郎谓中郎、外郎、散郎。”《正义》：“《汉书·百官表》云，有议郎、中郎、散郎，又有左右三郎，谓郎中、车郎、户郎。”

② 1970年，在秦始皇陵东侧的上焦村，我们考古队探测出17座秦墓南北一字排开。经过发掘的8座墓都是一棺一椁，其中有五男二女，年龄20～30岁。他们尸骨不全，或零乱（M7），或身首四肢分离（M10），或颚骨错位（M11），或身首异处（M12、M16、M17）或头骨有铜箭镞（M15）……，显然都是非正常死亡。但墓形作规模较高的“甲”字形，具有棺椁，随葬金、银、铜器、玉器、陶器及车马器，丰富而珍贵，显然墓主具有贵族身份。这些情况说明，他们很可能是被秦二世杀戮的宗室大臣。因为同是一次下葬的，墓群排列有序，表现了秦二世虚伪地给予陪葬始皇的优待。

在始皇陵冢西墓道之北及下和村分别有“甲”字形大墓的发现，是否为公子高，公子将闾的墓葬？

(《史记·李斯列传》)。给群臣百姓找碴儿，使之自顾不暇，哪有眼睛盯着统治者的空子。李斯转移责任又害人的瞎点子，把整个国家变成了黑暗的地狱，自己也自食其果，被五刑，夷三族。

（二）腐败滋生

秦二世这位昏庸、残暴、荒唐的皇帝，一上台也要装腔拿势地给百姓显示一下自己的“五官端正”。但虚假的外表，很快就被其淫虐的实质所击破，留下的竟是劣迹斑斑，罪行累累的行迹！

“年少”的胡亥登台，先“尊始皇庙为帝者祖庙。皇帝复自称朕”。先借死者之威名抬高身价，以自己是这个国家的“法人”正名。接着兴师动众巡行郡县，履碣石，并海，南到会稽，凡是始皇去过的地方，现在仍然要走一遭，还要在始皇刻石之后再补上自己一段言之无物的铭刻。与其说是巡行在于“示强，威服海内”，刻石在于“奉先帝成功盛德”（《史记·秦始皇本纪》），不若说这是穷极无聊的折腾。劳民伤财之举，为历代大小掌权者“欺世盗名”树立了榜样！

大兴土木，加重徭役。“又作阿房之宫，治直道、驰道，赋敛愈重，戍徭无已”（《史记·李斯列传》）。还“尽征其材士五万人为屯卫咸阳，令教射狗马禽兽。当食者多，度不足，下调郡县转输菽粟刍藁，皆自赍粮食。咸阳三百里内不得食其谷”（《史记·秦始皇本纪》）。

饭饱思淫，是权贵者的本性，何况是当了皇帝的秦二世？他“燕居”无聊，就问：人生如六骥过隙一样的短促，我“欲悉耳目之所好，穷心志之所乐，以安宗庙而乐万姓，长有天下，终吾年寿，其道可乎？”而奸诈的赵高竟说这才是“贤主之所能”。赵高这时为郎中令，“常侍中用事”，既诱导二世及时行乐，又因“所杀及报私怨众多，恐大臣入朝奏事毁恶之”，更愿意使二世“深拱禁中”“不坐朝廷”（《史记·秦始皇本纪》）。为了架空这位傀儡皇帝，赵高动用“色刀”使秦二世“奢淫不制，征天下美女，以充后宫，乃纵酒离宫，作戏倡优，宫女侍者千人”（《秦会要订补》）。竟“日游弋猎，有行人入上林中，二世自射杀之”。不仅极尽声色犬马之淫乐，而且重演桀纣那灭绝人性之故技！

当李斯等人被害，赵高拜为中丞相，封武安侯，“事无大小，辄决于高”，他通过“指鹿为马”的试验，证明政变时机已稳操手中之时，终于在二世三年（公元前207年），伙同其弟赵成、女婿咸阳令闫乐攻入望夷宫，杀了傀儡皇帝胡亥。（图14-3）

本来秦始皇晚年已使各种社会矛盾上升，而秦二世、赵高集团的胡作非为更弄得天怨人怒。这时期，尖锐对立着的阶级矛盾达到了白炽化的程度，各种社会势力也在跃跃欲试。

“欲为乱者，十室而五”（《汉书·贾山传》），也因“法令诛罚日益刻深，群臣人人自危，欲畔者众”（《史记·李斯列传》）。这一切征候，都预示着一场革命的风暴即将来临。

图 14-3　指鹿为马（赵高）

第二节　起义的烽火与咸阳的毁灭

一、社会处在大动荡中

（一）反抗情绪

中国人是最具忍耐力的人民，对于人事的纷争、生计的重压，一般都能取容让的态度。但是，人心又是不可征服的，对于政治压迫、超量剥削和极度的精神侵害，自有一种反抗的精神。秦王朝徭役繁兴，横征暴敛，谪戍不已，把人民推入水深火热之中，又企图通过严刑峻法来巩固自己的统治地位。适得其反，反抗情绪在滋蔓，反抗力量在积聚。亡国的贵族人还在，新仇旧恨也没有因岁月的短暂流逝被忘却。

社会的反抗情绪在酝酿中，且看：

秦始皇二十九年（公元前 218 年），当他第三次出巡滨海和中原地区路过阳武的博浪（今河南原阳县东南），车行沙丘中，突然遇到刺客的袭击，险遭不幸。原来，派人行刺的是张良。他出身于“五世相韩”的贵族之家，当韩国被秦消灭之后，就破财结交刺客，图谋杀害秦始皇，为韩报仇。这次，仓海大力士用的是重120斤（合今61.5斤[①]）的铁锤，但遗憾的是并不曾击中秦始皇，而误中了随从的副车，使暗杀未遂。(《史记·留侯世家》)虽然张良与力士利用黄河北岸的这处沙丘地形隐藏，借沙尘弥漫便于狙击，但是目标不准，只得又乘机撤离。秦始皇惊魂甫定，即下令搜索，结果是一无所获。他于心不甘，接着又在全国范围内大规模地搜查了十天(《史记·秦始皇本纪》)。张良的这次刺秦，真是“报韩虽不成，天地皆震动”（李白:《经下邳桥怀张子房》)，其影响可谓具有“轰动效应”。为实现抱负，张良“乃更姓名，亡匿下邳”（今江苏睢宁县[②]），把暗杀计划变成研究兵法以便推翻秦王朝的行动。

三十一年（公元前216年），“始皇为微行咸阳，与武士四人俱。夜出，逢盗兰池，见窘，武士击杀盗，关中大索二十日”(《史记·秦始皇本纪》)。在首都咸阳竟“逢盗兰池”，使始皇很尴尬，可见不是偶然;“微行”既被侦知，必有预谋。所以，始皇不能容忍。在首都抓不到作案集团，就把范围放大到整个关中。在闭关搜查的二十天内，竟使粮价也直线上涨。

三十二年（公元前215年），燕方士卢生入海求仙归来，向秦始皇奏录图书，借鬼神的口气说:“亡秦者胡也。”(《史记·秦始皇本纪》)始皇竟一怒而发军攻胡，使匈奴由不满镇压变为直接的对抗。

三十四年（公元前213年），丞相李斯说“今诸生不师今而学古，以非当世，惑乱黔首。……率群下以造谤”。用“以古非今”的言论罪，诱发了一场全国性的焚书运动(《史记·秦始皇本纪》)。

三十五年（公元前212年），方士侯生、卢生“以始皇贪于权势，未可为求仙药，于是乃亡去”。始皇以诸生“或为妖言以乱黔首”的诽谤罪，在咸阳坑儒460人，“使天下知之以惩后”(《史记·秦始皇本纪》)。

三十六年（公元前211年），有陨石落在东郡（治今河南濮阳县西南）的地面上，“黔首或刻其石曰:‘始皇帝死而地分。’”秦始皇接到报告，立即派遣御史查问，没有追究出个结果来，就把陨石旁居住的人尽数杀死，还愤愤然烧毁了这块天外来石。刻写“寓言”，寄托着人民的不满情绪，正如夏王朝行将灭亡之际，国人指着太阳发出“时日曷丧？予及

① 此大铁锤重120斤，也就是秦的一石。由高奴铜石权知：1秦石=61.5斤。

② 《史记·项羽本纪·正义》：“下邳，泗水县也。应劭曰：‘邳在薛，徙此，故曰下邳。’按：有上邳，故曰下邳。”

汝偕亡”（《孟子·梁惠王上》）一样。

这年秋天，有使者郑容（《水经注·渭水》引《春秋后语》）从关东返回咸阳，夜过华阴平舒道，有个人捧着一块玉璧挡住他说“为吾遗滈池君”，还说“今年祖龙死”。接着，就不见了人影，只是把玉璧留给了郑容。始皇令御府检验，原来这是二十八年始皇渡江时沉入水中的那块玉璧。他默然良久，虽然口里说那不过是“山鬼”，但心里明白那所谓“祖龙”实际指的就是自己。因为“祖”者，始也；“祖龙”乃是人君之象。“滈池”就在首都咸阳的南侧，是周武王所建之都。把代表秦始皇的玉璧交给伐纣灭商的“滈池君”（指周武王），不是寓意秦的灭亡吗？这个带谶纬色彩的预言，固然不足凭信，但它却是被司马迁郑重地写进了《史记》的《秦始皇本纪》里的，反映了秦施暴政引起人心愤怨的情绪。

作恶施暴于人者，未必不知自己也将受到清算。但秉性难改，害人不忘被害，既要多疑，又要防范。按秦法，臣下是不能带兵器上殿的，即使宫廷中的宿卫也只能执兵站在殿下“陛戟”而立。所以，当刺客荆轲同秦王政在殿上发生了你死我活的搏斗时，没有诏进命令，“诸郎中”也不敢近前（《史记·刺客列传》）。以后，尽管始皇认出了燕人高渐离是当年的刺客，但想听他击筑而赦免之，仍不忘记“矐其目”（据说用马屎熏眼，使之失明）。据载，秦始皇建阿房宫时，北门作成“磁石门”（又名“却胡门”）使“隐甲怀刃”者不能通过（《三辅黄图》《水经注·渭水》）。对宫廷人员也是严加控制的，以提防其怀有二心，更不允许越轨，一旦可疑即行处置。《西京杂记》有这么一则故事：“秦宫有方镜，广四尺，高五尺九寸，表里洞明。……女子有邪心，则胆张心动。秦始皇帝以照宫人，见胆张心动者，则杀之也。”方镜能有如此功能？很不合乎科学。不过，一连串的遇刺，确使这位不可一世的统治者神经紧张得很！

被压迫、被剥削、被损害者，当无路可走时，反抗必有一线生机。在秦始皇统治的晚年，小规模的反抗斗争已在全国各地发生：

黥布“论输郦山”，同修筑始皇陵墓的“郦山徒”的“徒长豪杰”结交。率领一批人逃亡到“江中为群盗”，后来参加了讨秦的起义军。（《史记·黥布列传》）

彭越，昌邑（今山东金乡县西北）人，在钜野泽[①]（今山东巨野县北）捕鱼为生。秦末，聚集渔民为盗百余人，后起义。（《史记·彭越列传》）

① 钜野，大泽名，又作“大野泽”。《书·禹贡》：“大野潴。”元代末年，黄河泛滥淹没钜野泽，水退后，泽干涸为平地。

刘邦是原楚属沛县丰邑中阳里人（今江苏沛县）①，作泗水亭长时，常以吏的身份到咸阳。后押送服役的人到郦山修筑陵墓，半路上“徒多道亡”，就干脆隐匿芒砀山（今河南永城东北②），积蓄力量，等待反秦时机。(《史记·高祖本纪》)

秦始皇毕竟是以武力统一天下的，六国的贵族地主对国破家亡不甘心，同秦政权有着新仇旧恨，他们时刻都在企图夺回失去了的“天堂”。像“世世为楚将”的项氏家族在地方拥有党徒，存在势力。曾被秦将王翦所杀的楚将项燕，其子项梁教其侄项籍（字羽）学剑法及兵法，后因杀人，从家乡下相（今江苏宿迁市西）逃到吴中（今江苏吴县），暗中“以兵法部勒宾客及子弟”，崇信楚南公“楚虽三户，亡秦必楚”的训示，伺机起事(《史记·项羽本纪》)；韩国贵族之后张良狙击秦始皇未中，后藏匿下邳，研究圯上老人所赠《太公兵法》，也在等待机会。

（二）起义烽火

秦始皇极端专制统治、秦二世政治上倒行逆施，把秦王朝推上火山之巅。社会上各阶层的人再也难以生活，火山终于爆发了。

公元前209年7月，一支被征发去戍守渔阳（今北京密云西南）的队伍，约900人，屯驻在蕲县大泽乡（今安徽宿州市南大泽乡涉故台村③）。适逢阴雨连绵，泥泞载道，无

① 现在丰、沛分为两县，刘邦出生地应在沛县。今江苏沛县围绕《大风歌碑》建起“歌风台”“泗水亭公园”“高祖原庙”“汉街”“汉城公园”等一大批现代人文景观，规模宏大，《大风歌》不绝于耳。

1997年7月22日，我等《中国皇帝》拍摄组到沛县采风。在县博物馆指出几处误释，并见到刘邦的71世孙刘忠新。交谈甚欢，其乐融融。并题《游汉高祖原庙》诗一首：

大风卷神州，
猛士守四方。
同是归故里，
刘项差霄壤。

② 芒砀山位于河南永城市东北30余公里处，是芒山、保安山、夫子山、铁角山、僖山等小山峦的总称，面积约10余平方公里，主峰海拔只有156.8米。这里今有刘邦斩蛇碑、高祖庙银杏林和陈胜墓。

芒砀山是西汉梁国王陵区，多已探明并作发掘。1996年11月20～22日，我应邀到商丘市参加“中国汉梁文化研讨会”，参观了芒砀山汉墓群。1997年7月16日，同《中国皇帝》摄制组第二次来此拍摄，晚上持灯照“斩蛇碑”，十步之内即可见碑上有戴鍪擐铠的幻象出现，均以为奇。

③ 1997年7月19日，我同电视系列片《中国皇帝》摄制组在安徽灵壁拍过虞姬墓、垓下古战场之后，进发宿州市南境，从西寺坡才找到了当年的“大泽乡”。

大泽乡涉故台村有陈胜、吴广起义纪念馆——“鸿鹄苑”，北有“涉故台遗址”，台高5米，顶长、宽各60米。台前立巨型石雕群像，通高11米，系1986年所建。台上有“龙眼井”一口，傍多近人题碑数通。大泽乡至今仍是一片汪洋的“泽国”。据说南有陈胜妹之墓。

鸿鹄苑题联曰：“义旗动天地／丰碑照日月”。

法行进。按照秦法，失期当斩。在这生死的关头站出来两个人，举起义旗，这就是陈胜和吴广。

陈胜（又名陈涉），阳城（今河南登封东南）人[①]，是出卖劳力、“为人佣耕”的雇农阶层的一员。吴广（字叔），阳夏（今河南太康县）人，也是位贫苦的农民。当大泽乡遇雨，他们二人看到“天下苦秦久矣”的民情，私下计议：“今亡亦死，举大计亦死。等死，死国可乎。”于是，以公子扶苏和楚将项燕之名为号召，通过“鱼腹丹书”和“篝火狐鸣”活动聚集群众[②]，杀掉押送这批“适戍”的将尉，发出“王侯将相宁有种乎”的呐喊，自立为将军，提出“伐无道，诛暴秦”的战斗口号，正式率众起义，在占领陈县（今河南淮阳）后，正式称王，竖起“张楚”旗帜。没有武器，就“斩木为兵，揭竿为旗”。这支以陈胜为首的起义军，以陈为根据地，建立起了中国封建社会第一个农民起义的政权（《史记·陈涉世家》）。这，在汉代人眼里标志着秦的灭亡，所以把“张楚”政权直接承接在秦始皇三十七年之后。（图 14–4）

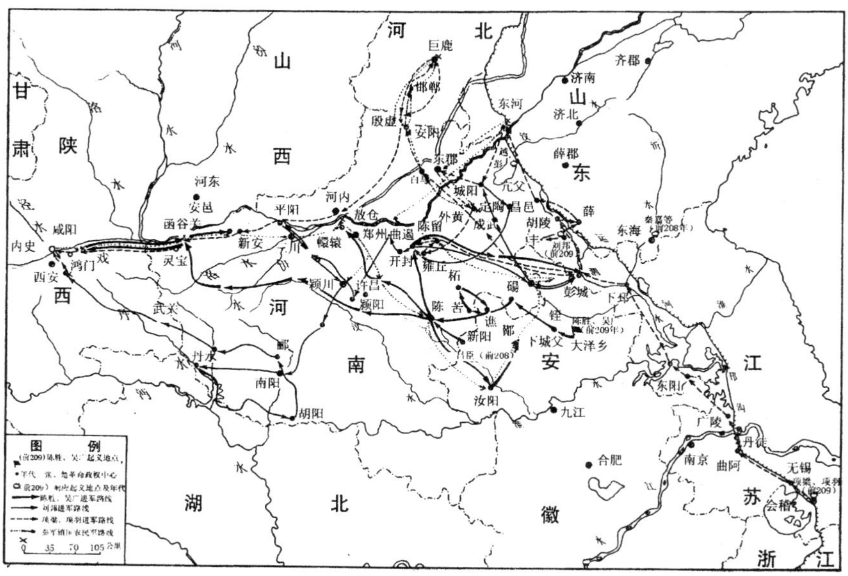

图 14–4　秦末农民起义图

---

① 陈胜的籍贯有说在今河南商水县，或在安徽宿县（今宿州市）湖沟一带。均是“阳城”一地解释上的歧异，应以今河南登封为是。

② 陈胜起义时，忧虑众人服否，为制造舆论、鼓动人心、树立威信，就在帛上用朱砂书“大楚兴，陈胜王”几字，藏于鱼腹。然后又把鱼暗藏进网中，以使民兵买到这条鱼，并发现此帛，从而让人相信陈胜为王属于天意。还在夜里把火放在笼里，使隐隐约约有如磷火，同时又学狐叫。假托狐鬼发动群众起义，这在迷信天意的古代往往是很有效的手段。

受陈胜起义的影响，各地反秦力量迅速作出反应。“诸郡县苦秦吏者，皆刑其长吏，杀之以应陈涉”（《史记・陈涉世家》）。“家自为怒，人自为斗，各报其怨而攻其仇，县杀其令丞，郡杀其守尉”（《史记・张耳陈余列传》）。这时，“陵（今江苏泗阳县）人秦嘉、铚人董緤、符离（今安徽符离集）人朱鸡石、取虑（今江苏睢宁县西南）人郑布、徐（今江苏泗洪县南大徐台子）人丁疾等皆奋起，将兵围东海郡守庆于郯（今山东郯城县北）”（《史记・陈涉世家》）。黥布“聚兵数千人”叛秦，活跃在鄱阳湖地区（《史记・黥布列传》）。彭越在钜野泽聚集百余人起事，“乃行略地，收诸侯散卒，得千余人”（《史记・彭越列传》）。

当刘邦得知陈胜至陈而王，号为“张楚”时①，即纠集数百人，杀沛令，自立为“沛公”，率领“沛子弟二三千人，攻胡陵（今山东鱼台县东南）、方与（今山东鱼台县西旧城集），还守丰”（《史记・高祖本纪》）。

一些地主阶级、野心家也乘机起兵，如项梁、项羽在会稽郡治所在的吴县（今江苏苏州市）以欺诈的手段杀了郡守殷通，“遂举吴中兵，使人收下县，得精兵八千人……梁为会稽守，籍为裨将”（《史记・项羽本纪》）。

还有一些原来出逃的旧贵族，也纷纷投奔到反秦的起义队伍中来，如魏公子魏咎、陈国的“贤人”周文、孔子的八世孙孔鲋等。

秦之大地，遍举反字旗，帝国统治摇摇欲坠。

陈胜的“张楚”政权一建立，就抓紧时机，向秦王朝展开了全面攻势。部署三路大军，分别南攻九江郡、北略河北、西进关中。

陈胜派将军周文（即周章）率领十万大军、带车千乘，向秦的统治中心进攻。当时，由假王吴广统帅的农民军把秦的三川郡守李由（李斯子）带的政府军围困在荥阳城内，使得周文军得以顺利地穿过这一咽喉地区，突破函谷，攻入关内，直抵今陕西临潼区东北的戏水一带。此时，秦二世才如梦初醒。但调发近县的军队显然是来不及了，就采纳了少府章邯的建议，赦免了还在修筑始皇陵墓的刑徒和“奴产子”（奴隶）。把这些被奴役的人临时编入军队，授予武器，来同农民军对抗。

周文率领的农民起义军同章邯领的“郦山徒”军进行了激战。由于孤军深入，又缺乏战斗经验，几经搏击，终因寡不敌众，义军被迫退出函谷关。面对善于指挥的秦将章邯，

① 1973年，长沙马王堆三号汉墓中出土帛书《五星占》，记录了秦王政元年至汉文帝三年这七十年间五星运行的情况。其中的五星行度和刑德佚书的干支表中，都有“张楚”国号的记录。但是，“张楚”是直接同始皇三十七年相接，并不出现秦二世年号，可见张楚政权早已被汉人所承认。见马王堆汉墓帛书整理小组：《〈五星占〉附表释文》，《文物》1974年第8期。

周文军节节失利，从曹阳（今河南灵宝东北）败到渑池（今河南渑池西），于十一月自杀。军中无将，溃散不战。此时，适逢吴广攻荥阳不下，“不知兵权”又同李由军呈僵持状态，无法抽兵策应周文，竟被部下田臧杀害。

至此，起义内部发生分裂倾向，如武臣徇赵地，受赵国贵族出身的张耳、陈余鼓动，自立为王，非但不出兵援助关内，还派韩广带兵徇燕以扩大地盘；韩广一入燕地，自立为燕王；齐贵族田儋自立为齐王，反击周市；周市败回魏地，拥立咎为魏王，自任魏相。

起义军分裂，出现割据，从内部削弱了战斗力，给章邯造成各个击破的可乘之机。

章邯指挥秦军猛扑义军。在敖仓击破田臧主力军，田臧死；攻破荥阳，李归死；在郏县，击败邓说军；在许县，击败伍余军。接着，猛攻张楚的国都陈县，房君、张贺均战死。十二月，陈胜退到汝阳（可能是今河南商水县汝水之南），还至下城父（今安徽蒙城县西北），即遭到自己的车御庄贾的杀害。

陈胜、吴广领导的起义，从秦二世元年（公元前209年）七月至十二月（秦以十月为岁首，当二世二年），前后只有半年时间。虽大军被击败，陈胜死，但他的部下依然奋起反秦。故涓人、将军吕臣组织“苍头军”，在二世二年（公元前208年）的春天，攻下陈，杀了庄贾，“复以陈为楚”。随即，陈又被秦军攻陷。吕臣军后同黥布的当阳军联合，在青波败秦军，再次夺得陈县，恢复“张楚”，继续反秦。

二、秦帝国的覆灭与项羽的复仇主义暴行

（一）刘邦、项羽入关的灭秦之战

陈胜、吴广领导的农民起义军被章邯统帅的秦军各个击败，而那些乘机起兵的旧贵族、地主武装力量，在争权扩地中不可避免地成为反秦的骨干。经过军事力量的重新组合，最后形成项羽、刘邦为代表的两大军事集团。

项梁、项羽叔侄本是凶残斗狠之徒，当诈杀会稽守殷通、得吴中八千精兵后，听广陵人召平的矫命，拜项梁为楚王上柱国。遂渡江而西，先有陈婴率众归附，渡淮后又有黥布、蒲将军率兵投奔，兵力迅速发展到六七万人，屯下邳（今江苏宿迁市境）。此时，秦嘉立景驹为楚王，军驻彭城（今江苏徐州市）东，对抗项氏。项梁在胡陵杀死秦嘉，景驹也走死梁地。项氏队伍在粟邑（今河南夏邑县），同章邯军遭遇。项梁派别将出击，余樊君战死，朱鸡石军败后被杀。项梁攻取薛（今山东枣庄市西），项羽攻下襄城（今河南襄城县），随后把秦的降军全部坑杀。

二世二年（公元前208年）六月，项梁得知陈胜遇害，即在薛召集各路义军将领计事。

这时，刘邦也从沛地来薛参与。项梁听信了谋士、居巢（今安徽巢县）人范增“立楚之后”的建议，从民间找来前楚怀王之孙心。把这位沦为牧羊儿的楚裔拥立为王，并用了容易激起楚人仇秦情绪的称号，仍称“楚怀王”。陈婴为上柱国，项梁自号“武信君”，立都盱台（今江苏盱眙县北）。

七月，项梁、刘邦救齐，大破秦将章邯军于东阿（今山东阳谷阿城镇）。九月，章邯夜袭项梁于定陶（今山东定陶西北），楚军大败，项梁战死。正在攻打陈留的项羽、刘邦闻讯东返，把楚怀王从盱台迁到彭城。共保彭城的是三员大将：吕臣驻军城东，项羽驻军城西，刘邦驻军砀郡（治砀县，在今河南永城北）。

章邯败项梁后，移兵攻赵，派王离、涉间围巨鹿（今河北平乡西南）。赵王赵歇求救。出自救赵即自救的战略考虑，楚怀王命宋义为上将军、项羽为次将、范增为末将，引兵救赵。宋义在安阳（今山东曹县东）驻留四十六日按兵不动，不顾被围困城内赵军的死活、不顾“天寒大雨，士卒冻饥”，也拒绝项羽引兵渡河夹击秦军的建议，而是坐观秦、赵相拼，自己整日饮酒高会。项羽怒杀宋义，报于楚怀王。怀王任项羽为上将军。于是，项羽派当阳君、蒲将军率二万人渡漳水救赵，不胜。于是，项羽率楚军渡河，“破釜沉舟”，遭遇秦军。楚军勇敢，以一当十，杀声震天，救赵的诸侯军都不敢攻秦，只作“壁上观”。经九战，绝秦甬道，杀苏角，虏王离，打败秦军，取得了“巨鹿大战”的彻底胜利。

巨鹿一战，秦军失败，驻棘原，同漳南的项羽军呈相持状态。章邯派长史欣请事，赵高拒见。章邯受到秦二世的责备，面对赵高专权，“有功亦诛，无功亦诛”。就在项羽引兵大破秦军于汙水之际，章邯在洹水南殷墟上投降了。(《史记·项羽本纪》)

当项羽引兵救赵时，楚怀王已在安排向秦的统治中心——咸阳进军的问题。他“与诸将约：先入定关中者王之”。当时，诸将看到秦兵尚强，谁也不认为先入关有利，唯独项羽出于为项梁报仇的心态愿同刘邦入关攻秦。楚怀王考虑到项羽为人“僄悍猾贼”、刘邦“素宽大长”，出于“秦父兄苦其主久，今诚得长者往，毋侵暴，宜可下”，就确定刘邦入秦。刘邦西略地，一路上收陈胜、项梁的散兵，取道砀（今安徽砀山县），到达城阳，在杠里败秦军，在城武南击破王离军。过高阳（今河南杞县西南），攻陈留（今河南杞县西北）夺粮草。西行，在曲遇（今河南中牟东）败杨熊军。略韩地轘辕（今河南偃师东南关口）。攻平阴，绝河津，战洛阳，还阳城（今河南登封东南）。略南阳，封宛守，“引兵西，无不下者”。由于刘邦“所过无得虏掠，秦民喜”，就能很顺利地沿武关道北上，绕道峣关（今陕西蓝田东南）。在蓝田一战，堵截的秦军全线溃败。公元前206年10月，刘邦先诸侯一步到达霸上。秦王子婴虽然英明果断地除去祸国殃民的“猾臣贼酋”赵高，但在不可挽回政治颓败的形势下，只有“素马白车，系颈以组，封皇帝玺、符节，降轵道旁”（《史记·高祖本纪》）。秦始皇建立的秦帝国只存在了 15 个年头，就被推翻了。

（二）三月不熄的秦火使咸阳毁于一旦

刘邦受降后，进入首都咸阳，“欲止宫作舍”。他听从了樊哙、张良的进谏，“乃封秦重宝、财物、府库”，“萧何尽收秦丞相府图籍文书”，即还军霸上。此时，刘邦召集诸县的“父老豪杰”约法三章：“杀人者死，伤人及盗抵罪。”尽除秦的严刑峻法，各级官吏不予更动，百姓也可守其业。派人与秦吏将这些安定社会秩序的措施在关中的各县、乡、里广为宣传，赢得了秦人的热烈欢迎和拥护。“秦民大喜，争执牛羊酒食献享军士。沛公曰：‘食粟多，不欲费民。’民又益喜，唯恐沛公不为秦王”（《汉书·高帝纪》）。

就在这年 11 月，项羽听到刘邦已入定关中，大为恼怒，派出黥布攻破函谷关（今河南灵宝北）。12 月进军戏下，正准备进攻驻军霸上的刘邦。当时，项羽有兵四十万而号称百万，刘邦虽说有二十万，充其量也不过十万。力量对比的悬殊，刘邦自知莫如。于是，刘邦听从张良的建议，亲自带了百余骑到鸿门（今陕西临潼区新丰街道东南鸿门坂）同项羽会见。在宴席上，项羽的谋士范增设计要杀害刘邦，而项羽不作理会。接着，项庄出来舞剑，名曰“助兴”，实际是想伺机刺杀刘邦。但有项伯出来对舞，遂使范增谋刺计划未能得逞。酒席宴上，剑来剑往，杀气腾腾，使人屏息。刘邦借故退席，便带了樊哙、夏侯婴、靳强、纪信等四人，从郦山脚下，取道芷阳，逃回自己营中。留下张良献出玉璧、酒杯辞谢，项羽也无可奈何，只得作罢。这，就是历史上有名的“鸿门宴”。

在鸿门宴后不多日，志得意满、骄横逞力的项羽带兵进入秦都咸阳。烧、杀、掳、掠，无所不用其极。据《史记·项羽本纪》载：“项羽引兵西屠咸阳，杀秦降王子婴，烧秦宫室，火三月不灭。收其宝货妇女而东。”

宏伟的咸阳都城及其宫阙建筑，在项羽的一把火下，统统化为灰烬。有名的冀阙宫庭、咸阳宫、阿房宫地区的宫殿建筑等等，从地平线上消失了。留下来的是累累夯土，火红色的瓦砾！

项羽不但把咸阳的财富席卷而去，即使死人的随葬品也未能幸免。后来，刘邦在广武战场上当面历数项羽的罪状，把“烧秦宫室，掘始皇帝冢，收私其财”列为第四大罪（《汉书·高祖纪》）。郦道元在其《水经注·渭水》中记下了这一历史的细节：“项羽入关发之，以三十万人，三十日运物不能穷。关东盗贼销椁取铜，牧人寻羊烧之，火延九十日不能灭。”

（按：这条记载，我在《秦始皇陵研究》一书中作过辩证，认为是一种误传，不可靠。事实证明，始皇陵墓没有被项羽掘开。不是说项羽没有追求珍宝的欲望，而是说陵冢高大、地宫深远，警戒设施严密，要在短时间内挖开陵墓，其难度之大，在当时是绝对办不到的。我们考古队经过探测，在陵冢周围、方城、墓道上，均未发现通向地宫的盗洞。1981 年，中国地质科学院物探所用汞测量方法，发现在封土表层有一个面积达 12000 平方米的强汞区，证明《史记》记载墓室内“以水银为百川、江河、大海”确属事实。据测，汞含量在 70 ~ 1500ppb 之间变化，比周围正常地带高出 6.83 倍。如果地宫被盗焚，水银早就挥发殆尽，岂能保留到今日继续挥发！

不可否认项羽确实在始皇陵园盗宝并作了抢劫、焚烧。我据考古事实，认为秦末兵燹破坏包括三项内容，即：烧毁了地面建筑；掘毁了地下的从葬设施；劫取了陵园的地面财物）同样，始皇陵园的礼制建筑留给我们的仍然是一片废墟而已。从发掘的兵马俑坑看，这处地下建筑遭到焚毁，俑仰马翻，兵械被“缴”，大概就是那次厄运光顾的结果！

项羽为人“僄悍祸贼”，生性残暴，攻襄城（今河南襄城县），人民无复活者（即“无噍类”），一次坑杀秦降卒就有 20 万人。他“所过无不残灭”，已使人民恐惧不安，而对咸阳屠城，更使“秦民大失望”。他自伐其功，兵力过人，把刘邦封为汉王，领巴蜀、汉中地，而把关中分给三个秦降将：咸阳以西属雍王章邯，咸阳以东至黄河间地属塞王司马欣，上郡地属翟王董翳。三分关中的目的是阻塞刘邦向关中发展的道路。另外，他割地分封，一共封了 18 个王，自己为“西楚霸王”，领有九个郡的地方，都城设在彭城（今江苏徐州市）。在这一系列倒退措施完成之后，在“富贵不归故乡，如衣绣夜行”的夸富思想支配下，把关中破坏成一个烂摊子，带着从咸阳抢走的财宝、宫女，扬长而去。①

“富十倍于天下”的秦中，经过项羽的破坏，已是满目疮痍。在项羽同刘邦的 5 年楚汉战争之后，这段“逐鹿中原”的历史以刘邦建立西汉王朝而结束。（按：笔者 1997 年随同《中国皇帝》拍摄组野外采风，涉及项羽这位末路英雄“业绩”的景点有：咸阳原宫阙、阿房宫前殿、始皇陵墓与兵马俑的焚毁遗址，使笔者想到火烧咸阳三月不灭，人民逃亡的

① 流落海内外的秦器，不可否认的是，其中有相当一些同这次劫掠、散失、流传有关。1978~1980 年，在山东淄博窝托村西汉齐王刘襄墓从葬坑出土银器 130 余件，其中一件鎏金银盘口径 37、高 5.5 厘米。在盘的口沿、内外腹部各饰六组龙凤纹图案，内底饰盘龙 3 条。盘外底、口沿背面刻 4 组铭文，其中有“卅三年”等字。汉初不论汉帝还是齐王均无在位 33 年的，再从龙凤纹图案看具有战国时代特点。据此推断，此鎏金银盘系秦始皇三十三年（公元前 214 年）制作的宫廷用物。大概是项羽劫掠去以后流散到齐国的器物。现存中国历史博物馆。

惨状；在荥阳的“鸿沟”，领略了刘、项对垒，似乎听到刘邦历数项羽十大罪状的指斥声，似乎看到项羽恼羞成怒，无言以对，用“伏弩射”作答的窘相；在徐州周围见到的有关景物，更是能勾起人对那段风云变幻历史的回顾。

小说《水浒传》第四回有这么一首山歌：

九里山前作战场，

牧儿拾得旧刀枪。

顺风吹动乌江水，

好似虞姬别霸王。

彭城曾作楚怀王之都，伐秦诸将从这里出发，推翻了秦的专制政权。随后，又成了西楚霸王项羽的都城，王九郡。胜利于斯，失败于斯，彭城城墙残迹似乎告诉了我们这段曲折的历史：

“霸王戏马台”项羽的塑像固然英俊，纪念性浮雕描述着赫赫战功，过多地寄托着今人对这位“霸王”的惋惜。但却掩饰不住他残暴、凶狠的性格。就在他足下的土地上，“放杀义帝”，可谓大逆不道。逼死王陵之母不算，还要将她的尸体再放进锅里去煮。

“彭城之山，岗岭四合”，城周山头44座，其中的九里山是徐州北面的天然屏障。韩信伏兵、樊哙挥旗，大战项羽。双方投入兵力60万，战斗激烈，至今仍有“旗眼”“旗磨石”遗迹。

7月19日，《中国皇帝》拍摄组在安徽灵璧县寻迹垓下古战场，并访虞姬陵园。笔者赋诗一首：

垓下数百里，灵壁接大荒。

兹事越千载，犹闻鼓角狂。

大营香玉焚，旷野争战忙。

乌骓不逝兮，无颜过江东。

英雄安在哉，令人涕感伤）汉高祖终于在秦帝国首都咸阳的废墟上，又建立起更为强盛的汉帝国的新都长安。使渭水两岸这“天地之隩区”，迈入了一个新的历程。

政权易手，昔日繁盛的北阪宫区经过大火也日趋荒僻。在牛羊村秦宫遗址内，发现多座中小型汉代洞室墓。1980年经过清理的16座汉墓中，除过一座瓦棺葬外，其余均为竖井或斜坡道洞室墓。出土各类文物1912件。其中铜钱1555枚，时代最早的是汉初四铢半两，大量的是王莽时的大泉五十、货泉、货布。有一块刻东汉明帝年号的“永平十三年”

（公元 70 年）文字砖。事实说明，北阪的秦宫殿建筑，有些在西汉中期以前尚被利用，到了西汉晚期已彻底毁弃，而这一地区竟成了汉人的墓葬区。

汉人对秦的个别旧宫除过修葺再用者外，或有沿用故名而重建的，如汉之兰池宫；也有择地新建的，像毛王沟和后排村的汉宫虽处于北阪的秦宫殿区范围之内，却纯属汉的建筑物。毛王沟建筑遗址面积约 10 余万平方米，地面散布有大量的绳纹板瓦、筒瓦、陶水管道、陶井圈。也发现过汉文帝时轻薄而不规则的“半两”铜钱 140 枚。1968 年，在村东平整土地时出土马蹄金 1 枚，直径 5.2 厘米，重 265 克，含金量 98%，同出的文物还有西汉五铢铜钱、表饰卷云纹的金器圈等。①1978 年 5 月，在村北耕地时又发现马蹄金、麟趾金各 2 枚，分别重 256.47 克、266.510 克、284.095 克和 244.34 克，均系赤金成分，錾刻重量的铭文有“廿朱”“十五两十朱”和“斤一两廿三朱”等字。②

出土金器的地区内发现建筑遗址，有秦有汉，正是那里历史交替与变迁的反映。以毛王沟为中心，村北出土马蹄金和麟趾金各二枚，村东 250 米出土马蹄金一枚，村西北 1000 米处的路家坡出土“陈爯”金币八枚、村南下塬的灰堆村也出土过金饼。可以想见在这东西 2.5 公里、南北 2 公里的范围之内，自战国末年到汉武帝年间，虽然中经秦末大火与丧乱，仍不失其繁华殷实的地位。至于后排村北遗址，地表见有大量的几何纹或方格纹铺地砖及绳纹板瓦、筒瓦和云纹瓦当，文化遗存面积达 3.7 平方公里，这当同高祖长陵有关。

由于秦咸阳的城阙宫殿毁废，汉高祖元年（公元前 206 年）择地渭城湾设立新城，名新城县。七年并入长安县。武帝元鼎三年（公元前 114 年）复设，因邻近渭河而改名渭城县，辖属右扶风。后赵石勒元年（公元 319 年）改置石安县。隋文帝九年（公元 589 年）改泾阳为咸阳，十一年迁治秦杜邮亭附近。唐高祖六年（公元 623 年），县治由鲍桥迁到白起堡（任家咀一带）。武则天天授二年（公元 691 年）曾更名赤县，过了 15 年又复咸阳旧名。虽然前后隶辖与县治多有变更，但咸阳之名沿用至今。据调查，虽汉渭城县故城形制不明，但地当今长陵车站西北的渭城湾一带，是大体可定的，现看到残存的南北向城垣有 3 段，分别长 10 米、94 米和 2 米，基宽 3 米。地面也多散布有绳纹瓦片等遗物。

① 咸阳市博物馆：《咸阳市近年发现的一批秦汉遗物》，《考古》1973 年第 3 期。

② 王丕忠、许志高：《咸阳市发现的麟趾金和马蹄金》，《考古》1980 年第 4 期。

第十五章

追寻咸阳的历史脚步

秦都咸阳，尽管有着峥嵘的岁月，以及令六国望之莫及的雄伟，但毕竟在秦末的兵燹中遭到了彻底的毁灭。它度过那近一个半世纪的盛衰历程，在距今两千多年前已经被深深地埋入到了历史的底层。

第一节　漫漫荒原寻秦路

为剥开笼罩在秦帝国首府上的迷雾，凭借的资料来自两方面。一是文献记载，二是考古材料。

当我们研究秦都咸阳存在的那段历史时，借助的古代文献就不能不首推伟大的史学家、文学家司马迁的名著《史记》了。而对宫殿苑囿记载较为具体者，当数《三辅黄图》。他如《三辅决录》《三辅旧事》《关中记》《三秦记》等所记，均是后人的辑录。《水经注》、《元和郡县图志》《太平寰宇记》《长安志》《雍录》等书中均有引录，《括地志》也有涉及。可惜年代久远，典籍散佚，拾掇错简，讹误难免。引用时，无不需要详审且加以辨正。

考古资料是研究不可或缺的凭借，已为治史者所重视。秦都咸阳的考古工作，是从20世纪60年代开始的，经过大面调查、选点试掘、部分发掘，在今咸阳市渭城区、西安市、临潼区这广阔的地域上有着重大的发现。其中有些考古项目已有发掘报告的出版，如秦始皇陵园、秦俑一号坑和秦陵铜车马[①]，塔儿坡秦墓群和任家咀墓群[②]，随之也有一批颇具影响的专题研究成果问世[③]。

具体到秦都咸阳城制考古这一主要项目，我们就有必要陈述一下咸阳“渭北老区”和“渭南新区”的考古历程。从20世纪60年代起至今，可分为四个“工作阶段”、两个大的“停滞期”：

第一阶段（1959年～1963年），初期阶段，可称之为“调查试掘时期”：

这一阶段最佳的工作状态是1961年后季至1963年。陕西省考古研究所渭水队在吴梓林主持下，从大面调查入手，随后试掘秦宫一号宫殿建筑遗址并给予正确定性、长陵车站两批铜铁器出土、对滩毛村南制陶作坊遗址开方发掘。出土有地层关系的陶器、陶文及其他文物资料，对确定秦都位置和认识秦物质文化面貌的意义都相当重要。他们由调查进入解剖（试掘）的这一做法，完全符合科学考古工作的惯例。1963年底，对全所工地的资料进行检查，以渭水队的纪录最为详细完全。这为40多年后编写《秦都咸阳考古报告》提供了翔实的文、图资料[④]；

1963年12月18日，陕西省哲学社会科学研究所来了工作组搞起“四清运动”。创家立业、颇有能力的首任所长王家广成了审查对象，业务瘫痪。从此之后，连接着“文化大革命”。业务干部同技术辅助人员下放农村15名、留城人员27名。1970年，在“工宣队”主持下，陕西省考古研究所同陕西省文管会、博物馆合并。这整整10年，秦都咸阳考古陷入第一个停滞期（1963年12月18日～1973年5月）；

第二阶段（1973年～1979年），是“咸阳原宫殿区钻探发掘时期”：

1973年5月，由“文化大革命”下放干部、“业务归队”的王学理对秦咸阳故址再作调查。

---

① 陕西省考古研究院秦始皇兵马俑博物馆：《秦始皇帝陵园考古报告（1999）》，科学出版社，2000年；又《秦始皇帝陵园考古报告2000》，文物出版社，2006年；又《秦始皇帝陵园考古报告（2001～2003）》，文物出版社，2007年；陕西省考古研究所、始皇陵秦俑坑考古发掘队：《秦始皇陵兵马俑坑一号坑发掘报告（1974～1984）》，文物出版社，1988年；又《秦始皇陵铜车马发掘报告》，文物出版社，1998年。

② 咸阳市文物考古研究所：《塔儿坡秦墓》，三秦出版社，1998年。又《任家咀秦墓》，三秦出版社，2005年。

③ 王学理：《秦都咸阳》，陕西人民出版社，1985年；又《咸阳帝都记》，三秦出版社，1999年；又《秦陵彩绘铜车马》，陕西人民出版社，1987年；又《秦始皇陵研究》，上海人民出版社，1994年；又《秦俑专题研究》，三秦出版社，1994年。又《轻车锐骑带甲兵》，百花文艺出版社，2002年。又《解析秦俑——考古亲历者的视角》，学苑出版社，2011年；袁仲一：《秦始皇陵兵马俑研究》，文物出版社，1990年；又《秦始皇陵考古发现与研究》，陕西人民出版社，2002年。

④ 陕西省考古研究所：《秦都咸阳考古报告》，科学出版社，2004年3月。

写出恢复考古的报告，经陕西省文化局批准，由文管会、博物馆同咸阳博物馆联合成立了“秦都咸阳考古工作站”。

1973年，“秦都咸阳考古工作站”钻探了咸阳原上由聂家沟到刘家沟之间的宫殿遗址区。随后，咸阳地区文管会介入，发掘了一号建筑遗址（西阙）和三号建筑遗址的“长廊”部分，对黄家沟平民墓地也作了部分清理。

第三阶段（1980 年～ 1991 年），是“重复踏查时期”：

咸阳地区文管会在取得了考古资料之后，离开工作站。秦都咸阳的田野考古，又回归到机构已经恢复了的陕西省考古研究所。重新组建“秦都咸阳考古工作站”，咸阳市博物馆仍旧留下参与考古工作。

这个以陕西省考古研究所为主体的“考古工作站”，在 12 年内的前段时间，除发掘 2 号建筑遗址用了两年时间（1980 年 10 月至 1982 年 9 月）、零散地对黄家沟墓地进行清理外，在此后的大段时间内，都在“踏查”，无显著成果。

从 1990 年起，秦都咸阳考古又彻底地进入了第二个停滞期。

第四阶段（2011 年～ ），“重新启动田野工作的新时期”：

20 世纪 90 年代初，随汉阳陵陵园考古成果的面世，令同处于咸阳地面的秦咸阳遗址也振奋起来。特别是盗墓狂潮席卷陕西时，国家强调对大遗址保护的重要性，于是在秦一号建筑遗址上征地建馆。“秦咸阳宫遗址博物馆”于 1995 年 9 月 5 日正式开馆，这对已发掘过的遗址就地保护、利用出土文物展现秦风秦韵无疑是有益的善举。但是，除过各级领导和相关学者外，每年来参观的不超过千人，外宾也只有 50 位左右。怎样才能摆脱当前的窘境？

从 2011 年起，陕西省考古研究院加强人力，随后吸收咸阳市考古研究所、渭城区秦咸阳宫遗址博物馆参加，正式铺开摊子，实地开展野外工作，也多有收获。

先是对聂家沟北的秦汉大道一带调查勘探，后围绕宫城、再集中柏家嘴到牛羊村的二道原调查。再次确认宫城南部和西侧有建筑基址 117 处、城北区有夯土建筑基址 15 处、冶家台墓区有墓葬 1774 座。

2014 年 11 月，对聂家沟制骨作坊作了局部清理。

2016 ～ 2017 年，对胡家沟建筑遗址和墓葬作了发掘。

2018 年起，对 6 号高台建筑遗址进行连年发掘。

鉴于前几章分专题研究了秦都咸阳所含有的主要内容，下面分区简单地介绍一下考古发现、研究动态与本人的主要观点。这可说是对秦都咸阳考古的回顾，也可以是对待解之谜的期望。

第二节　考古记忆与历史检索

一、四大区域内的重大发现

（一）渭北区

1. 最早的考古调查与发掘

1959年秋，陕西省考古研究所派出渭水队来到咸阳故地进行调查，从此揭开了秦都咸阳考古的序幕。

渭水队于1960年春和1961年，再对今咸阳市龚家湾到杨家湾这一渭北区间进行了广泛的考古调查和试掘。确认以滩毛村为中心的渭河北岸是一处重要的制陶作坊区；也确认了牛羊村北阪的宫殿区。①

1961年11月，渭水队的吴梓林、王学理二人对咸阳原的第六号建筑遗址（后改编为第1号）作了勘测，并在顶部试掘（即后编的第5室）。红褐色的硬土地面、彩色壁画残块、部分烧熘的具有精致图案的青铜梁架构件等，使人耳目一新。

1962年到1963年，我等在滩毛村南作重点发掘，出土陶窑3座，结构完整，陶具清楚，器物有了地层关系。②

2. 长陵车站沙坑的3处铜器窖藏，丰富了对“秦文化”的认识

1961年11月，吴梓林和王学理清理北沙坑，出土500多公斤铜器和铁器烧结的残块，提供了多方面研究信息，特别是秦始皇统一度量衡的铜诏版出自秦都遗址，大大胜过传世之品。“廿六年皇帝尽并/兼天下诸侯黔首大/安立号为皇帝乃诏/丞相状绾法度量则/不壹歉疑者皆明/壹之”40字刻文作小篆书体，秀丽娟美。③

1962年初，本书作者即赶赴滩毛村工地。在长陵车站南沙坑中，又清理出一个铜器窖藏。其中有铜器280多件，诸侯国货币140枚和一些铜料。铜器包括鉴、鼎、鍪、罐、

① 陕西省社会科学院考古研究所渭水队：《秦都咸阳故城遗址的调查和试掘》，《考古》1962年第6期。
② 陕西省博物馆、文管会勘查小组：《秦都咸阳故城遗址发现的窑址和铜器》，《考古》1974年第1期。
③ 陕西省社会科学院考古研究所渭水队：《秦都咸阳故城遗址的调查和试掘》，《考古》1962年第6期。

盒、勺、三足架、镜残片等生活用具，铜弩机件、戈、矛、镞等兵器，戈内铭刻“郁郅”（今甘肃宁县北）二字。货币除秦“半两”钱外，还有齐、燕、魏、楚等国的铜货币十五种136枚之多，其中的“蚁鼻钱”竟有124枚。车马器、始皇诏版（残）、铜印章及装饰品，也相当精美。而动物造型的各式铜带钩和金银错铜戈镦，甚富艺术美感。铜镞与铜铃样式繁多，也很具特色。[①] 在铜车軎的面上铸一“公”字，而阴刻“太后”二字，是否为秦昭王之母宣太后的专用车乘？而铺首的背面錾“北库”二字，表明这批铜器绝非私人之物，而是专属宫廷的库藏品。这批铜器窖藏的出土，大大增长了人们对秦文化及其同关东诸国文化关系的认识。

1982年，在车站西南的沙坑中清理的铜器有车饰、构件、生产工具、兵器、生活用具、货币及装饰品，计320余件，其中一件铜武士头像和一件秦二世诏版尤为珍贵（图15-1）。武士面庞丰满、五官端正，戴云纹的武冠，通高11厘米，是一件极为罕见的铜雕艺术品，个性描述上与秦始皇陵兵马俑、陵墓彩绘铜车马之御俑比，有着异曲同工之妙！二世诏版完整，四边出耳、长12.6、宽0.3厘米，刻诏文60字，但部分诏文漫漶不清。

图15-1　铜武士俑头

3. 北阪宫城与几处宫殿建筑遗址的发掘

（1）探测北阪宫城建筑遗址47处（原确认33、新探14处）

都城考古首先得摸清城制，因为它是其他设置附着的载体，有如“皮”同“毛”的关系。咸阳城的有无、如有又在哪里等等，一直是困扰人们的一大难题。因政治运动使咸阳考古工作第一次停工10年（1963年12月18日之后，研究所“四清运动”又接续“文化大革命”。我1969年被下放劳动并转公安战线，1972年才“专业归队”）。1973年开春，我即踏上久违了的秦咸阳故土。考虑到人去物非的情况，于六、七月份对遗址又作了一次大面积复查，随后向省文化局写了情况报告。9月15日成立“咸阳考古工作站”，我同廖彩梁、孙德润以牛羊村为中心，对原上下展开钻探测绘工作。终于在地表之下探出一座东西长方形的城墙遗迹。根据选点解剖，从地层与包含物断定，这是初建“冀阙宫庭”时的宫墙，随后即为咸阳宫群的宫城。大体可确认它就是历史上所谓

① 陕西省博物馆、文管会勘查小组：《秦都咸阳故城遗址发现的窑址和铜器》，《考古》1974年第1期。

的“咸阳城”。[①]

咸阳原上的宫殿建筑群主要集中分布在西起聂家沟、东到刘家沟之间的广阔地域。目前探明的夯土遗址，虽多连绵相接，但大体可以划出27处独立的单元建筑。其中的8处分布在宫墙之内，有3处还保留着夯土台基，最高者可达6米。经正式发掘的有3处，即一、二、三号宫殿建筑遗址，即：

▲第一号高台建筑遗址（西阙）

第一号建筑遗址（1961年编为第六号）是1974年3月4日至1975年11月发掘的。原由陕西省文管会（省考古研究所于“文化大革命”中并入）与咸阳博物馆组成“咸阳工作站”发掘，后有咸阳地区文管会的介入。经探测知，此遗址平面呈“凹”字状，地跨今牛羊沟，东西长130米，南北宽40米。牛羊沟是后期形成的，正从遗址中部穿过，至今沟的东西断崖上仍可看到殿基的夯土层和预埋的下水陶管道。在“凹”字遗址的西端即牛羊村西侧是一个现残高6米的大夯土台，略呈长方形，东西60米，南北45米。在沟东对应的位置上，原来也应有同样的一个夯土台，只是在岁月的流逝中被夷毁了。对此建筑发掘、复原，不但使我们获得了对秦宫殿建筑的一般认识，更从壁画的出土中，明白了众多遗存同建筑本身的依存关系。[②]

▲第三号建筑遗址（画廊）

于1979年3月至9月对咸阳第三号宫殿建筑遗址进行了部分发掘。在长廊内相对的东西壁上原来绘有连续性的大幅壁画。[③]

▲第二号高台建筑遗址（咸阳宫）

咸阳第二号宫殿建筑遗址位于一号建筑西北约93米处，南距三号建筑遗址70余米。1980年10月至1982年9月，由陕西省考古研究所重新组建的“秦都咸阳考古工作站”进行了正式发掘。该建筑仍是以夯土台为核心、围绕土台分层筑屋的。整个建筑平面呈东西长条状，长约127米，东段宽32.8米，西段向北突出宽可45.5米。其顶部三室中有一主要殿堂，平面基本方形（19.8米 ×19.5米），底层只有两室。外周环以回廊，多有壁画

① 王学理：《咸阳帝都记》，三秦出版社，1999年。

② 秦都咸阳考古工作站：《秦都咸阳第一号宫殿建筑遗址简报》，《文物》1976年第11期。同期有陶复：《秦咸阳宫第一号遗址复原问题的初步探讨》。

③ 咸阳市文管会、咸阳市博物馆、咸阳地区文管会：《秦都咸阳第三号宫殿建筑遗址发掘简报》，《考古与文物》1980年第2期。

的残留①。

（2）府库建筑遗址

位于渭河以北的宫区西部，2016 年 ~ 2018 年发掘，揭露面积 4400 余平方米，平面呈曲尺形，方向 80 度。东西长 105.8 米，南北宽 20.3 米，四面垣墙宽 2.4 米，复原高度约 4.9 米。内部夯土隔墙宽 3.3 米，三层夹筑，将主体建筑分隔为 5 个房间。另外还有一处小面积的附属建筑。出土骨质遗物 600 多公斤，另有 23 件编磬残块上刻秦小篆书体“北宫乐府”，以及“大府缯官”封泥等。该建筑毁于大火。②

（3）第六号高台宫殿建筑遗址发掘

咸阳原上第六号高台宫殿建筑遗址，在窑店镇牛羊村的“冀阙宫庭”东侧。陕西省考古研究院于 2018 年开始发掘至 2020 年。已知夯土基址东西长 127、南北残宽 124 米，平面近方形。由底到顶，截面由大到小，分为三个台阶。顶部建筑面积残存不足 1/4。自秦代地面至现存台基顶部高度达 11.3 米，顶部结构完全揭露，发现曲尺形墙体与壁柱、台阶与斜坡通道、涂朱地面等，顶部复原面积约 1000 平方米。高台底部夯土台基近方形，面积达 1.6 万平方米。

六号高台建筑西北部发现附属建筑一组，为曲尺形高台建筑围合“四合院”式地面建筑的组合形式。此中心建筑外有围墙，周长不清，有待进一步探测；高台北部有西汉中期房址一座，南部、东部有大量西汉晚期灰坑。高台西北的建筑，揭露出房址 4 座，出土遗物的时代不早于西汉中期。③

4. 近郊几处宫殿遗存

（1）柏家嘴宫殿群遗址

今咸阳市渭城区正阳乡曾有秦宫殿建筑群，因毁于秦末大火而夷为平地。今传为汉“戚夫人墓”的周围和封土中，还多夹杂战国秦时的瓦片、夔龙纹瓦当、几何纹方砖、空心砖残块及烧渣，说明此汉墓是埋在秦建筑区内，而对原地基有所破坏的。目前残存的夯土基址有 6 处，在文化堆积层中，包含有细绳纹筒瓦、云纹瓦当等。其中的一号遗址已有房屋地面露头，居住面长及 6.5 米④。这里曾有“兰池宫当”文字瓦当的出土，当是秦兰池宫的旧地。

① 秦都咸阳考古工作站：《秦咸阳宫第二号建筑遗址发掘简报》，《考古与文物》1986 年第 4 期。
② 参见《西安晚报》2018 年 1 月 24 日，《考古陕西》2019 年 3 月 13 日。
③ 陕西省考古研究院：《2019 考古年报》。
④ 王丕忠：《秦咸阳宫位置推测及其他问题》，《中国史研究》1982 年第 4 期。

（2）望夷宫建筑群遗址

今咸阳市东北韩家乡东史村、徐家寨和西侧泾阳县蒋刘乡福隆庄、余家堡四地，都有大片夯土和建筑遗存。其中余家堡东北，夯土范围东西长 1000 米，南北宽 100 余米，其中一宫殿基址东西长 98 米，南北宽 34 米，夯基残厚 3.2 米。地表存有战国到秦时期的各式瓦当、方砖、空心砖等建筑遗物。由临泾的地位判断，这里当是秦的望夷宫遗址。汉代仍有沿用的迹象。[①]

（3）雍门宫所在地

咸阳市塔儿坡附近原有秦雍门宫，可惜地面已遭破坏，无迹可寻。但经常有宫廷铜器出土。[②]

5. 散见的手工业作坊与库藏遗存

（1）手工业作坊遗存

详见本书第六章，这里有选择地从略。

▲制陶

生产建筑材料的陶窑遗址集中分布在西起黄家沟、东至柏家嘴长达 8 公里的塬坡一线。1974 年以来，经过多次调查，特别是 1980 年 9 月至 1983 年初，陕西省考古研究所秦都咸阳考古工作站较为集中地调查，并作过部分发掘。[③] 这一带共发现陶窑遗址 107 座，其中有秦窑 32 座、汉窑 75 座。[④] 秦窑集中分布在黄家沟至胡家沟、聂家沟之间，以胡家沟最为密集。胡家沟发现陶窑 29 座，纵横排列有序，占地 7936 平方米，作坊在西北部。而汉窑主要分布在聂家沟以东至三义村、柏家嘴一带。胡家沟西北又是一处作坊遗址，可见其生产规模之宏大。

从制陶的官窑分布地知，由冶铁、铸铜、制砖瓦组成综合大型的手工业作坊区，就在北阪宫殿群的西侧附近。聂家沟村西北有一处地方，遍地可见铁渣、炉渣、铁块、红烧土和灰土，显然是冶铁作坊遗址。

▲制骨

聂家沟制骨作坊遗址位于咸阳市窑店镇聂家沟秦汉大道东侧，东距咸阳宫城 580 多米，

① 参见本书第三章《望夷宫》注①。

② 王学理：《雍门宫室今安在塔儿坡前寻踪迹》，《中国科学报》2011 年 12 月 15 日第 12 版。

③ 秦都咸阳考古工作站：《秦都咸阳古窑址调查与试掘简报》，《考古与文物》1986 年第 3 期。

④ 吕卓民：《从考古资料看秦汉时期咸阳的制陶业》，《文博》1989 年第 3 期。

见有骨质堆积坑两个。2014 年 11 月清理，得骨质遗物 600 公斤。[①] 该简报既称“作坊”，看到的是“堆积坑”，却不见范围、加工场地与房舍。

▲石铠甲的制作点

牛羊沟东六号高台宫殿建筑之北约 500 米处发现。[②]

▲制玉作坊区

位于黄家沟南。1979 年，在这里一次就出土了半成品的玉环 100 多件，其中还有玉印坯 1 方。

（2）库藏

▲石磬库区

秦咸阳府库建筑遗址位于今咸阳市渭城区窑店镇胡家沟，地当牛羊村宫城区西侧。2016 年 ~2018 年，由陕西省考古研究院进行发掘。共计揭露面积 4400 余平方米，确定该组建筑本体平面呈长方形，方向 80 度。东西长 105.8 米，南北宽 20.3 米，四面垣墙宽 2.4 米，复原高度约 4.9 米。内部夯土隔墙宽 3.3 米，3 条南北向隔墙将主体建筑分隔为 4 个房间（F1 ~ 4），密闭性甚强。房内有排列整齐的柱础石，如 F1 内有 3 排 4 列计 12 个石柱础，F2 内有 10 个，F3 内有 3 排 4 列计 12 个。在不同房间内存放有纺织品、铜钟、石磬、悬架、小型乐器和敲击的配件。另外，外围东南角小面积的附属建筑廊房（F7），内放置有质地细腻、擦磨痕迹光亮可辨的大型磨石（校音用）1 件。

主体建筑可确定的门道只有东南一处，宽 2.8 米，不设门槛、础石。房间地面除了因火烧呈红色或青灰色之外，局部坑洼不平，扰动迹象明显。在主体建筑北墙外有水池、水管道、灰坑、废料坑、石料堆等附属遗迹。

主体建筑北墙外有水池、水管道、灰坑、废料坑、石料堆等附属遗迹。

填埋坑以板瓦、筒瓦残片为主，形体较大，石料与房间内的柱石属类材质，这些遗迹体现了建筑完成后对废料的处置。

通过调查，在府库遗址东南部采集到大量包括建筑材料如板瓦、筒瓦、龙纹空心砖、柱石等，还有包括石磬制作材料在内的一些生产遗物。[③]

F2 内有封泥一枚，印文为“大府缯官”，小篆字体，印面无界格。F3 内有石磬残块

① 陕西省考古研究院等：《2018年考古年报》《陕西咸阳聂家沟秦代制骨作坊清理简报》，《考古与文物》2019 年第 3 期。

② 陕西省考古研究院：《2019 考古年报》。

③ 微信公众号“考古陕西”2019 年 3 月 13 日。

20余件，残字有“乐府”“北宫乐府”“左宫”“右四”“八”“左徵”“矢右商子”“左终”等。[①]

此建筑遗址并非秦的“北宫”，也不是“乐府”，而是制作并储藏石磬的库房遗址。

6. 几处大型的士民墓地

（1）胡家沟墓地

2015年发现竖穴墓48座。其中平面呈梯形的2座、长方形的45座、正方形1座。多数深在5 ~ 13.5米。较大的墓室长7、宽4.5、深9米，时代不晚于战国晚期。距宫城区最近。

（2）黄家沟墓群

黄家沟墓群是1975年初平整土地时发现的，清理了32座墓。1975年秋和1977年春，又分段清理了两次，除2座唐墓外，发掘战国墓48座。在6年之后，即1983年和1984年又作了第四次发掘。前后总计清理墓葬136座，出土器物623件。[②]

黄家沟墓葬分布密集，从战国中期到秦统一，在时间上有连续性，葬俗上有其特点。

（3）冶家台墓区

在陕西咸阳渭城街道冶家台村发现1774座墓葬，是咸阳周边已知最大一处秦平民墓地。

（4）任家咀墓群

1990年冬，清理任家咀古墓葬285座，其中有春秋时期墓葬24座，战国时期墓葬142座、秦代墓葬77座，汉代墓葬42座。出土文物计1650件。[③] 墓葬时代上起春秋中期，下至汉代，中间无缺环，表明秦孝公迁都之前，秦人已进入此地，当是一处延续时间较久的墓地。对探讨都城布局提供了新线索。特别是墓葬形制、葬俗、器物组合关系的变化，对研究秦文化的形成具有重要作用。

（5）塔儿坡墓秦墓群

1995年，咸阳市文物考古研究所发掘塔儿坡墓地，共清理古墓葬399座，其中战国

① 陕西省考古研究院：《2017年考古年报》。

② 秦都咸阳考古队：《咸阳市黄家沟战国墓发掘简报》，《考古与文物》1982年第6期。中国考古学会：《中国考古学年鉴1985》，文物出版社，1985年。

③ 咸阳市文物考古研究所：《咸阳任家嘴春秋墓清理简报》，《考古与文物》1993年第3期。曹发展：《咸阳任家咀秦人墓地发掘的主要收获》，《泾渭稽古》1995年第2期。又咸阳市文物考古研究所：《任家咀秦墓》，科学出版社，2005年。

秦墓381座、汉墓11座、唐墓6座、宋墓1座。于1998年8月即出版了《塔儿坡秦墓》考古发掘报告。① 塔儿坡墓群分布密集，极有规律，是战国到秦统一的都城平民墓地。随葬器物1374件，有彩绘的骑马陶俑2件，殳镦铭刻“十九年大良造庶长鞅之造殳”等14字，尤为重要。带钩237件，造型别致、体型特大，是极为珍贵的艺术品。

（6）坡刘墓地

2011年7月，对坡刘墓地考古发掘。共有108座战国至秦统一的秦墓，主要分竖穴土坑墓、竖穴墓道洞室墓两种类型。共出土文物741件（组）。

7. 零星出土的重要文物

塔儿坡一带既是秦都咸阳北区的一处墓地，又距雍门宫不远，经常有重要文物的出土。

1966年4月，塔儿坡塬边取土，清理出20多件铜器，有鼎、锺、修武府温杯、钫、提梁钫，提链炉、盆、蒜头形扁壶、雁足灯，鎏金器座。② 没有“遗迹”，也不点墓葬。我断定这是一处秦代末年设置的铜器窖藏。有相当一些器物是关东诸侯国的铜器作为战利品俘获来秦的。此地当是秦都咸阳西郊的雍门宫遗址。③（参见彩版三、四）

1978年11月，在塔儿坡塬边取土时，又挖出来铜錞于1件。④

1970年，咸阳柏家咀一处建筑遗址中出土1件错金银云纹球形盖鼎。

1972年2月，窑店镇路家坡村北在陶器内盛陈爯金版8块，周围也采集到秦“半两”铜钱和素面铜镜。陈爯金版，应是秦人在战争中取自楚国的战利品。

1974年，黄家沟出土青铜提梁盉1件，刻铭“僇大”“大官四斗”“四斤”。

1980年，在窑店镇北出土陶瓮1件，内存秦“半两”铜钱25公斤。

渭城湾多年来屡有秦戈、铜矛、货币等文物的出土。

咸阳市博物馆，于1973年征集到2件带铭文的铜器。一件是“寺工壶”；另一件是“雍工敃壶”，圈足有“莤府”铭刻⑤。

---

① 王学理：《秦都咸阳》，陕西人民出版社，1985年；又《咸阳帝都记》，三秦出版社，1999年；又《秦陵彩绘铜车马》，陕西人民出版社，1987年；又《秦始皇陵研究》，上海人民出版社，1994年；又《秦俑专题研究》，三秦出版社，1994年；又《轻车锐骑带甲兵》，百花文艺出版社，2002年。又《解析秦俑——考古亲历者的视角》，学苑出版社，2011年；袁仲一：《秦始皇陵兵马俑研究》，文物出版社，1990年；又《秦始皇陵考古发现与研究》，陕西人民出版社，2002年。

② 咸阳市博物馆：《陕西咸阳塔儿坡出土的铜器》，《文物》1975年第6期。

③ 王学理：《雍门宫室今安在　塔儿坡前寻踪迹》，《中国社会科学报》2011年12月15日第12版。

④ 王丕忠：《咸阳塔儿坡出土秦代铜錞于》，《考古与文物》1981年第4期。

⑤ 李光军、宋蕊：《咸阳博物馆收藏的两件带铭铜壶》，《考古与文物》1983年第6期。

8. 道路

在咸阳市渭城区窑店镇南东龙村东150米、邓家村南，有一条古道路，北对“冀阙宫庭”，南及渭河北岸。相对的南岸，也有一条位于汉长安城横门外的南北向古道路，长1250米。由此可见，渭河南北两条对直一线的道路是跨过横桥的大道。①

（二）渭南区

“渭南”是指秦都咸阳渭河南岸的新区，其范围很大，在这里暂定为沣、灞二水之间的渭河南岸广阔地域，北起今草滩镇、闫新村一线，向南包括汉长安城遗址直到阿房宫遗址。“渭南”原来是秦咸阳的离宫别馆之地，虽然兴起时间比渭北要晚，但发展很快。所谓“渭南”，固然《史记》有“诸庙、章台、上林皆在渭南”的话，我也常以“秦都咸阳渭南新区”相称，但考虑到“上林”占有很大的地域，为叙事方便，就把上林作为“阿房区”单独列出，于此仅谈诸庙、章台、兴乐、甘泉等重要宫殿集中、道路交通频繁的区间。

“渭南”在战国到秦代虽然是繁华的所在，但也遭到秦末大火的波及。不过，由于汉长安城的兴起，渭南的一些秦宫曾被改造、扩修，还保持了200多年兴旺的势头。西汉之后，随长期动乱而陷入了荒凉。隋、唐长安城南移，汉代故都及其东北郊被划入禁苑。历史沧桑，兴衰无常，因为这块地方长期来人事活动稀疏，竟使秦汉的一些建筑基址和陵墓保存了下来，竟为我们考知那段消逝的历史提供了机缘。

1. 阎家寺秦宫殿建筑遗址

阎家寺村位于今西安市北郊草滩镇东南。它东临灞河，正处灞、渭交汇的广阔平原上，隔渭水西北与秦都北区相望。这里有成组的高台建筑夯土台基；在一大型夯土基址前面，有对称的4座台基分布在中轴线两侧。大土台基的东南角已被修筑厂区铁路时截断，对下剩的部分，1956年上半年由陕西省文管会作过抢救性清理。②

由打破关系看，这一处建筑持续的时间很久。可惜前面4个土台与地面设施早已平毁，无材料可凭，只可付之阙如，而剩下的主殿建筑已被取土弄得面目全非，恐怕也“不久人世”了！

2. 章台宫的影子

秦惠文王的异母弟樗里疾，臣事三代国君，死葬章台之东。其墓北有汉武库，左侧临长乐宫。汉张敞“走马章台街”的台下之街也就是安门大街。武库遗址已经发掘，长宫、

① 王学理：《咸阳帝都记》第六章，三秦出版社，1999年。

② 刘致平：《西安西北郊古代建筑遗址勘查初记》，《文物参考资料》1957年第3期。

未央两宫的范围、安门及安门大街也被勘定。那么，汉未央宫前殿遗址当是秦章台改制的遗留。

章台，必有台，这同战国以来盛行高台宫殿建筑的风格是一致的。现在汉长安故城内西南部的未央宫前殿遗址，位于今西安市未央区马家寨村西北、大刘寨西南。当然，汉未央宫前殿是萧何利用秦章台所在的龙首山丘陵建造的，在“重威”的指导思想下“毋令后世有以加”[①]，所以雄伟壮丽的程度在当时是空前的。那么，未央宫前殿既非全是秦章台之旧，汉未央宫也全非秦章台宫的原貌。这些只是给我们提供了追溯秦宫的启示，也是不容忽视的线索。

3. 追寻兴乐、甘泉宫的线索

渭南秦宫在市中区有迹可考者，在本书第三章提供的线索是：

秦兴乐宫——→汉长乐宫（《关中记》）

秦甘泉宫（南宫）——→汉桂宫（《三秦记》《关中记》）

汉宫范围经考古探测，较为明确。不再赘述。

对汉桂宫二号建筑遗址发掘，出土有砖瓦类建筑材料和兵器，时代当在西汉中晚期。文字瓦当有“长生无极”。发掘者认为“桂宫第二号建筑遗址的主殿遗址与未央宫皇后所居椒房殿遗址和孝宣王皇后陵寝殿址之规模、布局结构基本相同。……应属于桂宫之内的后妃使用的重要宫殿建筑”[②]。

4. 秦代封泥的重大发现

1995 年，汉长安故城遗址内的相家巷村村民发现了大批秦封泥，随即流向市场。此消息一传出即引发了学术界的振奋。在前后 3 年间，收藏并拥有封泥资料的主要是 4 家，情况是：1955 年夏天，北京古陶文明博物馆馆长路东之首先收藏一批，并于次年举办瓦当封泥展，还将其中一部分捐赠给西北大学文博学院博物馆。西北大学文博学院提前于 1996 年 12 月 26 日借考古专业成立 40 周年之机，召开了学术座谈会，并在《西北大学学报》（哲社版）上率先公布了这批约 2000 余枚的瓦当资料，同期也刊载了李学勤、周晓陆等

① 《汉书 · 高帝纪》：“萧何治未央宫，立东阙、北阙、前殿、武库、太仓。上见其壮丽，甚怒。谓何曰：‘天下匈匈，劳苦数岁，成败未可知，是何治宫室过度也？’何曰：‘天下方未定，故可因以就宫室。且夫天子以四海为家，非令壮丽亡以重威，且亡令后世有以加也。’上悦。”

② 李毓芳：《汉长安城桂宫二号建筑遗址发掘有重大收获》，《中国文物报》1998 年 12 月 13 日第一版。

多位学者的研究文章。随后，周晓陆、路东之出版了《秦封泥集》，公布了封泥1360枚。[①]还在1997年的《考古与文物》第1期上公布了170幅拓片；[②]西安市文物园林局考古研究所于1997年3月份，在相家巷、六村堡、铁锁、黄庄、何家寨之间发现封泥的地方，重新布方，作了抢救性发掘，获得封泥300多枚；就在这年春天，傅嘉仪及西安市中国书法艺术博物馆又从民间获得一批相家巷出土的秦封泥，有300多枚，资料最先发表在《收藏》1997年6期上，后又结集成多种版本；2000年，中国社会科学院考古研究所汉长安城工作队又对相家巷秦封泥遗址进行考古发掘，获封泥325枚。[③]除以上4批外，上海博物馆、北京文雅堂及西安、东京个别藏家也收有少量秦封泥。据估计，就目前出土的加上传世的秦封泥，总数或在4000枚以上，品种有数百。

年轻学者刘瑞编著的《秦封泥集释》（上下）一书收录秦封泥达到2300多枚，集释的文字有140多万。[④]（图15–2）。从秦中央职官、地方职官到未能归类释读的封泥，以及私名、吉语的封泥，一概收录。内容之广、集释之精，在收藏、研究秦封泥方面，是一部权威性的煌煌巨著，对借用封泥进行研究的学人有着极大的方便。

图15–2 《秦封泥集释》

现就《秦代封泥的重大发现》[⑤]一文，摘录如下：

（1）中央三公九卿的职官及属官：其中包括丞相以下分管宗庙礼仪、宫廷事务、宿卫、武官、刑律、仓储、府库、厩苑、田官、工官、食货、交通、民族事务、市亭等类的官印，如：丞相之印、左丞相印、右丞相印、御史之印、奉常之印、卫尉之印、中尉之印、郎中丞印、宗正、少府、少府工丞、车府、

① 北京梦斋先生将多批流入市场的秦封泥收购，得1000余枚，几近200种，并将部分封泥捐赠给西北大学文博学院历史博物馆。路东之：《秦封泥图例》，《西北大学学报》1997年第1期。

② 周晓陆、路东之、庞睿：《秦代封泥的重大发现——梦斋藏秦封泥的初步研究》，《考古与文物》1997年第1期。周晓陆、路东之：《秦封泥集》，三秦出版社，2000年。

③ 西安市所的资料一直还未公布。而傅嘉仪的封泥资料见载于《历代印匋封泥印风》，重庆出版社，1999年。又《新出秦代封泥印集》，西泠印社，2002年。又《秦封泥汇考》，上海书店出版社，2007年；中国社科院考古研究所汉长安城工作队张建峰：《西安相家巷秦封泥遗址的发掘》，《考古学报》2001年第4期。

④ 刘瑞编著：《秦封泥集释》（上下），上海古籍出版社，2021年12月。

⑤ 周晓陆、路东之、庞睿：《秦代封泥的重大发现——梦斋藏秦封泥的初步研究》，《考古与文物》1997年第1期。

中车府丞、廷尉之印、泰内之印、都水丞印、尚书、泰医丞印、祝印、祠祀都水丞印、郎中左田、永巷、永巷丞印、驺丞之印、公车司马丞、宦走丞印、卫士丞印、骑马丞印、家马、上家马丞、下家马丞、泾下家马，中车府丞、章厩丞印、宫厩丞印、中厩、中厩丞印、中厩马府、中厩将马、下厩丞印、左厩丞印、右厩、右厩丞印、小厩丞印、小厩将马、泰行、郡左邸印、郡右邸印、宫司空印、宫司空丞、内者、内官丞印、泰仓、泰仓丞印、泰官库印、泰官丞印、榦廥都丞、少府榦丞、泰官丞印、乐府、乐府丞印、外乐、左乐丞印、雍左乐钟、佐弋丞印、居室丞印、居室寺从、寺从、寺从丞印、寺工之印、寺工丞印、铁市丞印、谒者之印、西方谒者、御府之印、御府丞印、宦者丞印、左司空丞、右司空丞、采司空印、泰匠丞印、上林丞印、御羞丞印、中羞、中羞府印、中行羞府、中羞丞印、武库丞印、都船丞印、内史之印、诏事之印、诏事丞印、属邦工室、属邦工丞、寺车丞印、私府丞印、御府之印、御府丞印、弄阳御印、弄阴御印、宫司空印、宫司空丞、上寝、尚佩、尚衣府印、尚浴、尚浴府印、中官丞印、中府丞印、中宫、中谒者、永巷、永巷丞印、内者、宦走丞印、郡左邸印、郡右邸印、南宫郎丞、北宫、北宫榦丞、北宫工丞、北宫弋丞、北宫私丞、北宫宦丞、章台、高章宦者、高章宦丞、安台丞印、华阳丞印、泰厩丞印、章厩丞印、宫厩、官厩丞印、中厩、中厩丞印、中厩将马、中厩马府、左厩、左厩丞印、右厩、右厩丞印、小厩丞印、小厩将马、御厩丞印、宫厩丞印、下厩、下厩丞印、东苑丞印、杜南丞印、白水之苑、麋苑、具园、左云梦丞、左礜挑支、右礜桃丞、左田之印、内史之印、典达、罟趋丞印、吴炊之印、走士丞印、走翟丞印、特库丞印、官臣丞印、宰胥、隧夫、咸阳、咸阳丞印、咸阳亭印、咸阳工室丞、阳陵禁丞、东苑丞印、咸阳工室丞等。

（2）都郡等地方职官：其中包括国都到郡、县道、乡里、市亭，如咸阳、咸阳丞印、咸阳工室丞、雍丞之印、雍左乐钟、栎阳右工室丞、茝阳丞印、杜丞之印、高陵丞印、蓝田丞印、下邽丞印、翟导（道）丞印、频阳丞印、云阳丞印、犛丞之印、美阳丞印、废丘、废丘丞印、鄠丞、宁秦丞印、重泉丞印、临晋丞印、南郑丞印、商丞之印、洛都之印、上郡侯丞、四川太守、成都丞印、西共丞印、代马丞印、邯郸之丞、邯郸造工、邯造工丞、代马丞印、安邑丞印、蒲反丞印、襄城丞印、女阴丞印、长平丞印、建陵丞印、西盐、兰干丞印、西采金印、江右盐丞、游阳丞印、堂邑丞印、任城丞印、邓丞之印、蔡阳丞印、济阴丞印、吴丞之印、南顿、南顿丞印、相丞之印、般阳丞印、卢丞之印等。

（3）私印：司马歇、苏段、桓段、上官□、聂华等。

秦都咸阳南区封泥的出土，更加证实了我原来提出秦昭王以后政治重心南移的看法。

由此还可以进一步指出的是：这批封泥的印文中有“丞相”，分左、右而无“相邦”，其于断代尤为重要。铭年兵器中，相邦戈最晚的是四川青川出土的秦始皇九年（公元前238年）相邦吕不韦戈[①]，最早的丞相戈是秦始皇十七年（公元前230年）丞相启状戈[②]，但“丞相”一职早在秦武王二年（公元前309年）已经设立，并得到四川青川“更修田律”木牍的证实。可见“相邦”同“丞相”并存，只是到吕不韦免相于秦始皇十年（公元前237年）之后，再没有“相邦”铭器的出现。可见由此不但废除了自秦惠文王以来“相邦”的称号，而且为避免相权独专有数相的并设。封泥中职官级别最高的“丞相之印”有3枚，“左丞相印”3枚、“右丞相印6枚，以右为尊，自是明显。换言之，这批始皇封泥的时间上限不应早于公元前237年。这也同他亲政后每日阅奏简册120斤、不中程不得休息的记载是相互印证的。那么，除过大典庆封之事得去咸阳宫之外，他日常处理政务必在渭南皇宫了。秦封泥出土地在汉桂宫东北角、按本书第三章考订，汉桂宫是在秦甘泉宫基础上建立的，原有甘泉前殿，正是秦始皇处理政务之所。由此不难说明，时代与出土地既明的这批秦封泥对研究咸阳布局、城制演变史是极为重要的资料。

秦咸阳南区封泥提供给学术界研究的价值是多课题性的。举凡历史、官制、地理、文字、书法、玺印、封简等等，无不涉及。

5. 平民墓区

渭南的平民墓地，前有专章介绍，于此不再赘述，仅提示发现要点：

（1）尤家庄墓地

墓地西距汉都长安城2 ~ 3公里，当今西安市北郊张家堡以南。以尤家庄为中心，扩及翁家庄、南里村一带，西及北康村，向东可到西十里铺。西安市文物考古研究所等单位清理古墓葬2000座左右，其中有战国墓葬八九百座。陕西省考古研究院于1998年5月至2001年10月，在尤家庄、北康村、翁家庄，清理战国中期至秦统一晚期的墓葬123座，在尤家庄南的12处清理战国中期至统一秦晚期的小型秦墓197座。再向东长庆油田征地千亩之内还有一批墓葬，但至今还没有公布发掘材料。

（2）山门口墓地

1988年秋天，西安市文物管理处在电子城205工地清理出战国时期的秦墓有11座，属于秦都咸阳渭南新区一处平民墓地。

① 尹显德：《四川青川出土九年吕不韦戈》，《考古》1991年第1期。
② 田凤岭等：《新发现的“十七年丞相启状”戈》，《文物》1986年第3期。

（3）杜城墓群

西安市文物保护考古所自1989年开始，至2003年，发掘了2500多座秦墓。其中茅坡村光华胶鞋厂墓地发掘了春秋战国墓93座、邮电学院南区墓地的战国墓葬162座、潘家庄墓地的战国至西汉的秦墓62座、清凉寺战国至秦统一的秦墓549座，共计866座。

（4）半坡墓地

分布稠密，时代延续长，占地范围也大。1954年至1957年，中国科学院考古研究所在三区清理发掘了古墓240余座。分布整齐、排列有序、保存完好，其中有战国秦墓112座，墓形结构以洞式墓为主，墓向仍是以“西首葬”为多数。洞式墓有101座，占总数的90.2%。竖穴墓只有11座，仅占9.8%。墓向东西者92座，占82.1%；南北向者18座，占16%，另有两座洞式墓的方向不明。

（三）阿房区

1. 阿房宫遗址的残毁

阿房宫遗址在西安市西咸新区的沣东新城管辖范围内，包括主要的朝宫——阿房前殿及众多的附属宫殿建筑、池沼。秦始皇原计划“表南山以为阙，络樊川以为池”，但施工仅及朝宫的基础部分，尚未完成，秦朝即已灭亡。

阿房宫不仅享有历史盛名，其所在地又是历史上人类活动频繁的区域。历来是破坏与保存结伴而行，留给我们的结果只能是残缺、零碎的。出土重要文物时有所闻，但面对隐现在茫茫广野中的建筑群落遗址及复杂的人事关系，面对夯土台被鲸吞蚕食（砖瓦厂、城市建筑、农民生活取土），考古工作者往往望而兴叹，所以长期来不能明其范围及其构筑布局。当20世纪90年代初期，盗掘古墓与文物走私狂潮席卷关中时，阿房宫遗址在1994年的公路施工中也遭到破坏。在社会各界人士的关注、专家学者的多次呼吁下，才引起上级部门的重视。西安市文物局、文物保护考古研究所在保护区10平方公里的范围内进行了文物普探与现状调查，拟定了《秦阿房宫遗址保护规划》。尽管亡羊补牢、抱残守缺，是多年来“破坏—保护—破坏……”老规矩的重复，但毕竟还是比“没有保护”好得多。

在阿房宫遗址10平方公里的保护区内，据1994年11月的统计，有国营及乡镇企业232家，其中有造纸厂18家、砖瓦厂18家、钢厂11家、化工厂24家，占地面积2409亩。他们一方面在遗址上展开“吃土”竞赛，另一方面排放污染物，使得这一重要遗址在日益恶化的自然环境中被改造、侵蚀，迅速地改变着自己的容颜。但对“蚀”余夯土遗迹的钻探和调查所得，经过整理，毕竟是关于这一重要遗址的第一份报告[①]。

2. 阿房宫前殿的台基

西安市文物保护考古研究所阿房宫考古队，近几年对阿房宫展开大面积钻探，除过探清阿房前殿基址之外，对其他宫殿建筑遗址也进行了详探，取得一定成果，为文物保护与研究提供了第一手田野资料。2003年，当秦阿房宫考古队对前殿遗址做了一些钻探和试掘工作之后，由于没有读懂司马迁对阿房宫阐述的文字，混淆了学术概念，在社会上造成恶劣的影响。后由本书作者就“上林苑”“阿房宫”“阿房前殿”和“前殿阿房”等四个名词，作了有根据的科学辩证。[②]

3. 阿房宫附属建筑

从阿房宫地区今残存20多处夯土遗迹的整个平面布局看，占地范围大、地面标志显著的“前殿”遗址居中前部正位，坐北面南，前有广场，形为主体；右侧以纪阳寨南到“烽火台”，形成又一个小区域的建筑群；左侧南起“上天台”北到武警学院，东至浥河西岸，散布有湖泊、宫殿建筑群，构成一处风景区；后部经小苏村、闫庄、十里铺，北迄后围寨、车张村一线，分布着一些大型宫殿建筑，但由于“西安—户县”公路的开通与人事活动而被破坏殆尽，唯见后围寨还残存一个夯土台。

蔺高村（原高窑村）位于前殿遗址东北1000米的地方，其西侧的夯土基址残存已支离破碎，但秦代那种麻点纹板瓦、筒瓦、云纹瓦当和屋脊式陶水管道等建筑材料及陶釜、盆之类的生活用器，还是常有所见。

关于阿房宫的主体建筑、附属建筑及其他设施的探测、内容定性，可参看本书第三章中有关阿房宫的记述。

4. 阿房宫遗址范围之内，常有秦汉文物的出土

（1）高奴铜石权[③]

1964年3月被村民发现，上有三段铭文，分别为秦昭王三年（公元前304年）铸铭、秦始皇和秦二世的刻诏。前属秦王廷颁发给高奴县（今陕西延安市境）以称量谷物的标准衡器，后两次是调回校核后刻诏令以发还的纪录。可惜二世未及发还高奴而秦亡。所以说

① 韩保全：《秦阿房宫遗址》，《文博》1996年第2期。西安市文物局文物处、西安市文物保护考古所：《秦阿房宫遗址考古调查报告》，《文博》1998年第1期。

② 王学理：《“阿房宫”、“阿房前殿”与“前殿阿房”的考古学解读》，《文博》2007年第1期。又收入《王学理秦汉考古文选》（第一辑），三秦出版社，2008年。

③ 陕西省博物馆：《西安市西郊高窑村出土秦高奴铜石权》，《文物》1964年第9期。

高奴铜石权不仅是秦统一度量衡的物证，而且也是秦廷政治重心南移的物证。（图 15-3）这里出土的铜环，制作精美，也当是宫廷的装饰器。

图 15-3　高奴铜石权

（2）汉代的铜器窖藏

1961 年，在蔺高村发现一处窖藏，内储武帝天汉四年（公元前 97 年）经宣帝、元帝到成帝鸿嘉三年（公元前 18 年）四个时期的大型铜器 22 件，其中有铜鉴 19 件、鼎 5 件、锺 5 件、钫和铜各一件。围绕这批“上林”铜器出土地的四周都是大型的建筑基址，其中有些是两次修整后的建筑。[1]“上林”铜器群的出土，表明蔺高村至少是秦、汉两代的重要宫殿之所在。（图 15-4）

（3）小苏村建筑铜构件

小苏村在蔺高村之西 2000 米处。这里是一处被平毁了的秦代建筑区，尽管夯土地基无存，但地面上仍留有一些绳纹瓦的残片。1974 年 1 月，在村东南 100 米的地方曾出土有固定铜柱的外箍、户枢等三种六件铜建筑构件。[2] 其造型厚重粗大，正是这批建筑宏伟

① 西安市文管会：《西安三桥镇高窑村出土的西汉铜器群》，《考古》1963 年第 2 期。
② 朱捷元等：《陕西长安县小苏村出土的铜建筑构件》，《考古》1975 年第 2 期。

富丽的反映。

（4）高足玉杯

1976 年 9 月，在车刘村出土一件高足玉杯，质地属青玉，色呈桔黄，通体以点阵式的虺纹为主，口沿（上部）与杯底（下部）由云纹和柿蒂纹组成条带，造型由长筒形的杯体与短束腰的柄构成，极其精美高贵。通高 14.5 厘米，口径 6.4 厘米，足径 4.5 厘米（参见彩版六）。

（5）铜车马饰件

1978 年，阿房宫村西出土错银的铜车马饰件，工艺精湛，堪称上乘。

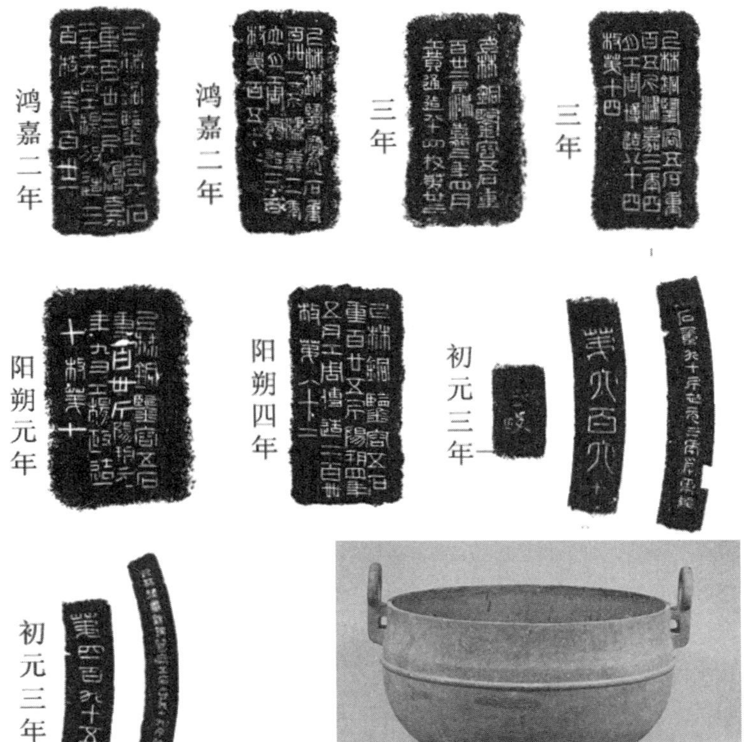

图 15-4　上林铜鉴与铭文

（四）骊山区

骊山区也包括芷阳地在内。秦始皇陵位居骊山之阴，“东陵”在骊山西麓。二者在地理上比邻，所以很自然地归在一个大的范围之中。

“东陵”（即“芷阳陵区”）虽然是秦都咸阳范围扩大及政治重心南移之后重新规划的王陵区，但芷阳城与半坡的战国秦人墓地，都应属于骊山区。

1. 秦芷阳与东陵

1982 年 10 月，从调查和试掘知：秦芷阳宫——→秦芷阳县——→汉霸城县就在西安市临潼区油王一带。①

1986 年初，在骊山西麓发现了 4 座独立的陵园，都有人工水沟围护。

2010 ~ 2013 年，重新钻探，除原探出 4 座陵园外，其中有“亚”字大墓 3 座（一号陵园内有“亚”字形主墓两座 ZM1、ZM2，四号陵园内有“亚”字形大墓一座 ZM1），“中”字墓 4 座，“甲”字形墓 8 座，陪葬墓 284 座，从葬坑 29 个，地面建筑 14 处。②

2. 秦始皇陵园考古成就盘点

日本学者足立喜六于 1906 年考察并测量了始皇陵，尽管他所言的陵墓实属于墓圹上口的施工范围，但毕竟是涉足此陵做科学记录的第一人。法国人维克多·萨加林等三人于 1917 年又做了一次实地考察，他们描述陵冢“像是三座小山重叠在一起”，实际就是“上崇三坟”（《汉书·楚元王传》）的反映。③

1956 年 8 月，秦始皇陵被列入“陕西省名胜古迹第一批重点文物保护单位”。1961 年 3 月，始皇陵被国务院正式公布为第一批全国重点文物保护单位。1962 年 2 月，陕西省文物管理委员会对陵园进行调查和初探，获得了大量有关陵园形制、建筑遗迹和文物的资料。

当 1974 年 3 月，临潼县西杨村农民凿井时，无意中掘出陶武士俑残片和铜兵器后，7 月 15 日由陕西省成立考古队先行试掘。秦兵马俑坑的面世，才正式揭开了陵园考古的新纪元。

秦始皇陵园的形制规模、地面建筑遗迹、陪葬墓群、从葬设施、工程保障等具体内容，由调查、探测、试掘到正式发掘并取得一系列惊世的成果，基本上是前后两个考古队奠基与完成的。陕西省文物管理委员会的“秦俑坑考古队”和陕西省考古研究所的“秦始皇陵考古队”，给世人勾绘出始皇陵园的平面布局及各项具体内容，从而掀起秦文化与“秦俑学”研究的热潮。自 20 世纪 90 年代以来，先后由陕西省考古研究院（所）与秦始皇帝陵博物

① 张海云：《芷阳遗址调查简报》，《文博》1985 年第 3 期。

② 陕西省考古研究所等：《秦东陵第一号陵园勘查记》，《考古与文物》1987 年第 4 期；第二号陵园材料刊 1990 年第 4 期；第四号陵园材料刊 1993 年第 3 期。又：《秦东陵考察述略》（内刊）。王学理：《秦物质文化通览》（上下），科学出版社，2017 年。

③ 王学理：《秦始皇陵研究》，上海人民出版社，1994 年。

院对陵园作重点复探与试掘，取得了更丰富的成果。

秦始皇陵园的考古工作，从1974年以来，除过对陵园内外围墙、小城及陵冢重新勘测之外，发现地面建筑遗址8处、陪葬墓150座、郦山徒墓404座、大小从葬坑464个。鉴于前面对其面貌多有详述，在此不再重复，只围绕陵墓这个中心点，由里到外，分三个同心圆。因为在本书《都下陵墓》中有详细论述，在此只简单罗列于后：

（1）内圈（陵冢边缘到内城墙之间）（图15-5）

【1】秦陵彩绘铜车马（陵西侧）

两乘驷马铜车是1980年11月从陵西侧一御府坑出土的，是有主有从的编组，当为秦始皇卤簿中的“五时副车”之一种。[①]前曰“立车”（又名“高车”），属于前导之车；后车名“安车”（又名“辒辌车”），[②]属于主人坐的华贵车乘，皇后、皇太子、公列侯、中二千石、仕老专用，但装饰有别。

【2】陵冢四周的御府坑（近陵）

除1980年在陵西发掘的秦陵彩绘铜车马坑外，其他三面也都探测出有大型的从葬坑，总计在二十六七个，内容各不相同。

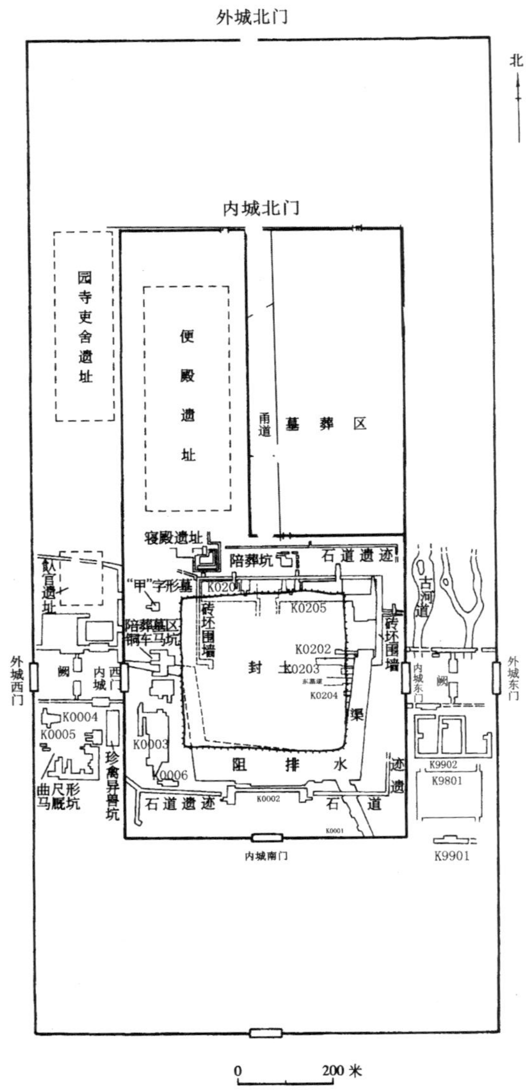

图15-5　陵周与内外城间遗迹分布图

经最新探测资料，封土北半部有一未闭合的长方形砖坯围墙，其西边南段和南边西段深入到陵冢内，是否封口不清。只有北边和东边暴露在封土之外的地下。御府坑在陵冢东侧有K0202 ~ K0204计3个东西向长条状的组合从葬坑，北侧砖坯墙内有K0201、K0205和

① 王学理：《五时副车铜偶所反映的秦代銮驾制度》，载《考古与文物丛书》第一号，1983年11月。
② 王学理：《秦陵铜车马——辒辌车的再现》，《陕西日报》1983年9月20日

K0101 3 个大型从葬坑，墙外中部也有一个从葬坑。[①]

【3】文官俑坑和散坑（陵西南）

在秦始皇陵南侧阻排水渠之外、石道遗迹之北，探出的有 K0001 ~ K0003 和 K0006 等 4 个不同形状的从葬坑。除 K0006 外，其他坑钻探出木炭、动物骨骼。

经发掘的文官坑（K0006），出土有乘车、刀笔吏陶俑 8 尊、御俑 4 尊、20 匹马骨及铜钺 4 柄。[②]

【4】公子高墓（陵西北角）

位于陵冢西北角，作墓道在西的“甲”字形。

【5】寝殿建筑遗址（北偏西）

在陵北偏西 53 米处。

【6】便殿建筑（陵北）

寝殿北、小城南到东城间地带。1976 年冬和 1977 年 3 月，临潼县博物馆对 1 ~ 4 号建筑作了清理，出土有巨型夔纹瓦当。[③]

【7】陵园内小城墓区

秦俑考古队在小城内探出中小型墓 99 座，墓作南北向，墓道在北。未经发掘，情况不明。

（2）中圈（内城之外与外城之内）

【1】阙门建筑（东西内外城间）

在东西内外城之间，各有一处阙门建筑，分别同内外城门直对，由东到西的图式，应该是：外城东门——→东阙门——→内城东门——→陵墓中心——→内城西门——→西阙门——→外城西门。

【2】珍禽异兽坑（陵西南）

西内外城城门之南，从葬坑 31 座，对其中的 4 座进行了清理。分 3 排南北展开排列，中间一排 17 坑全是放动物的陶棺，东西两排坑均放跽坐俑。动物坑中伴出的有陶盆、铜环等物[④]。

【3】双门道马厩坑（陵西南）

① 陕西省考古研究院、秦始皇兵马俑博物馆：《秦始皇帝陵园考古报告 2001 ~ 2003》，文物出版社，2007 年。

② 陕西省考古研究所、秦始皇兵马俑博物馆：《秦始皇帝陵园考古报告 2000》，文物出版社，2006 年。

③ 赵康民：《秦始皇陵北二、三、四号建筑遗迹》，《文物》1979 年第 12 期。

④ 秦俑坑考古队：《秦始皇陵园陪葬坑钻探清理简报》，《考古与文物》1982 年第 1 期。

在西阙门之南、珍禽异兽坑之西，面积 580 多平方米。内有马骨。

【4】曲尺形马厩坑（陵西南）

东西长 117 米，南北宽 84 米。马骨密集排列，还有大型陶俑。

以上两处马厩坑中埋入的活马约 700 多匹。

【5】两个不明动物坑（陵西南）

K0004 和 K0005 在曲尺形马厩坑西北，平面分别呈“十”字形和“U”形。

【6】空墓区（位于陵西）

当西门以北的内外城之间，北邻食官遗址。发现的 61 座空墓内未发现任何文物。

【7】食官建筑遗址（陵西北）

“丽山食官”建筑遗址，在西城两门之北的内外城间，北及陕西缝纫机架厂。过去发现“丽山食官”器盖，对南端东段清理，发现有 6 座单元建筑，出土有大量建筑遗物、错金银“乐府”铜编钟、两诏斤权及生活器具、兵器等。①

【8】园寺吏舍建筑区遗址（陵西北）

在“丽山食官”以北的内外城间，有两处大型建筑，各作四合院形式，多有建筑遗物及红烧土。

【9】百戏坑（K9901，陵东南）

位陵东内外城间的南段，在内城东南角正东。出土有百戏俑，但在棚木之上有歪放着的一个大铜鼎，应该说二者之间没有内在联系。铜鼎作为宗庙的重器，原来可能放在寝殿中。当秦末丧乱之时，有忠秦之士在慌乱中临时藏入该坑的上层。②

【10】武库坑（K9801，陵东南）

位陵东内外城间的南段，当陵冢的东南方向，在百戏俑坑之北。多有石甲衣及车马器、兵器等③。

【11】“巨”形动物坑（K9902）与东神道 10 坑（陵东）

在东内外城之间，当东阙门南墙之外，平面形成“巨”字形。东外城门内在神道附近

① 秦始皇陵考古队：《秦始皇陵西侧“丽山飤官”建筑遗址清理简报》，《文博》1987 年第 6 期。王学理：《丽山食官遗址（东段）复原的构想》，《考古与文物》1989 年第 5 期。

② 王学理：《秦鼎甲二论》，载《秦文化论丛》第八辑，陕西人民出版社，2001 年。

③ 陕西省考古研究院、秦始皇兵马俑博物馆：《秦始皇帝陵园考古报告 2000》，文物出版社，2006 年；又《秦始皇帝陵园考古报告 2001 ~ 2003》，文物出版社，2007 年。

有小坑 10 个[①]。

（3）外圈（外城之外的四周）（图 15–6）

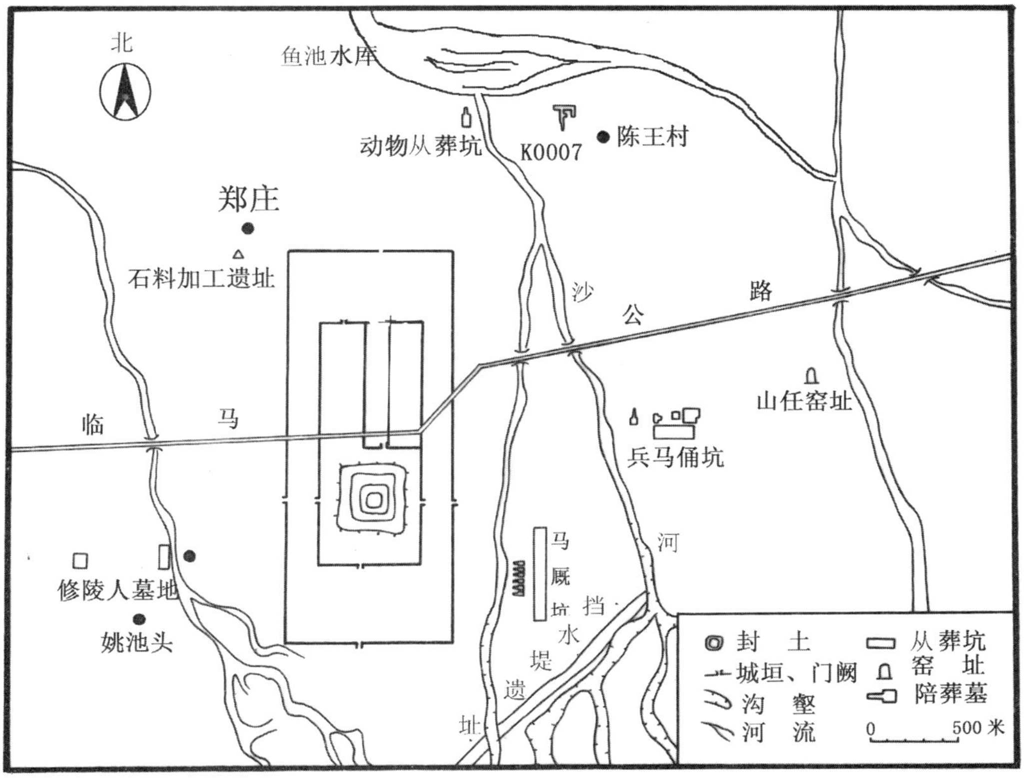

图 15–6　秦始皇陵城外重要遗迹分布图

【1】上焦村陪葬墓（陵东）

东城外上焦村探出陪葬墓群 17 座，均作面西的“甲”字形，南北一字展开。经发掘的 8 座墓尸骨凌乱、不全。[②]

【2】马厩坑（陵东）

上焦村马厩坑作南北向展开，有两行，约 400 余坑。清理了其中的 51 座。[③]

【3】秦兵马俑阵营坑（陵东）

① 王学理：《秦鼎甲二论》，载《秦文化论丛》第八辑，陕西人民出版社，2001 年。

② 秦俑考古队：《临潼上焦村秦墓清理简报》，《考古与文物》1980 年第 2 期。

③ 秦俑坑考古队：《秦始皇陵东侧马厩坑钻探清理简报》，《考古与文物》1980 年第 4 期。

4个地下巨型土坑，[①]组成矩阵（一号坑）、营垒（二号坑）、示战（四号坑）和帐幕（三号坑），展示秦国军事生活的主要场景。[②]根据探测，估计可出土陶武士俑7000件左右、陶马634匹、木质战车130乘。按兵种，可分为步兵近5000、骑兵116、车兵（含指挥车）387、弩兵1400。4个兵种携带戈、矛、戟、铍、殳、剑、钩、弩弓等兵器，体大如真，塑造写实，在雕塑艺术史上占有极重要的地位。

【4】食府之一的家养动物坑（陵北偏东）

动物坑中有马、羊、猪、狗等动物骨骼。底层伴有铜镞，半两铜钱。

【5】禁苑坑（K0007）（陵东北）

有象征性河道，Ⅰ区有水禽（天鹅20只、鹤6只、鸿雁20只）计46只。Ⅱ区放置着15尊奏乐陶俑。[③]

【6】石材加工场遗址（陵西北）

从砖头房村到郑家庄，出土劳动工具、石料与刑具等[④]。

【7】砖头房陪葬墓区（陵西北）

有“中”字形墓1座（M1）、“甲”字形墓5座（M2～M6）、小型墓葬30座、从葬坑1处，呈东西向一线排开，墓葬均南北向。[⑤]随后，秦俑博物馆又探出“中”字形墓2座。

【8】障堤遗址（陵南）

陵南大水沟口有东西向的大堤，起自陈家窑，向东经杨家、李家、下杜家，至王土佥村南，修筑了一条长3000多米的夯土大堤。堤南是人工渠，同堤平行，使来自大水沟的水东入鱼池，西入董沟，后再入渭[⑥]。

【9】下和村陪葬墓（陵东）

在秦俑三号坑之西，坐南向北。平面呈“甲”字形。

【10】赵背户的“居赀”役人墓地（陵西）

① 陕西省考古研究所、始皇陵秦俑坑考古发掘队：《秦始皇陵兵马俑坑一号坑发掘报告》（1974～1984年），文物出版社，1988年；秦俑考古队：《秦始皇陵东侧第二号兵马俑坑钻探试掘简报》，《文物》1978年第5期；又《秦始皇陵东侧第三号兵马俑坑清理简报》，《文物》1979年第12期。

② 王学理：《秦俑专题研究·一幅秦代的陈兵图》，三秦出版社，1994年。

③ 陕西省考古研究院、秦始皇兵马俑博物馆：《秦始皇帝陵园考古报告2001～2003》，文物出版社，2007年。

④ 秦俑考古队：《临潼郑庄秦石料加工场遗址调查简报》，《考古与文物》1981年第1期。

⑤ 同②。

⑥《史记·秦始皇本纪·正义》引《关中记》：“始皇陵在骊山，泉本北流，障使其东西流。”王学理、秦勇：《秦始皇陵与兵马俑浅探》，《人文杂志》1980年第1期。

从赵背户到姚池头探出墓葬 160 余座，清理过 32 座。①

【11】姚池头刑徒墓地（陵西南）

在姚池头村南，尸骨凌乱，上下叠压者厚 5 厘米左右。②

【12】第五砂轮厂“郦山徒”墓地（陵西）

在临潼区骊山街道办东街、第五砂轮厂东侧的南北向台塬上，发现 243 座秦墓。③

【13】山任村郦山徒墓（陵东）

山任村一秦窑场遗址的一乱葬坑中，清理出尸骨 121 具。

【14】鱼池村官邸、军防建筑遗址（陵东北）

在“鱼池”东北，建筑群遗址迤逦而东，经安沟，直抵代王镇一带。在吴中到吴东村之间有夯土城垣，吴东村有房屋建筑遗迹，有多处排水设施和灰坑。吴西村附近有两处高岗，东西对峙，很可能是设防的所在。出土兵器、生产工具、生活用具。④

【15】陶窑遗址（陵周围，分散）

始皇陵周围分布有很多陶窑。陵南的陈家沟，陵东的上焦村、西黄村、下和村，陵北的鱼池村等地，1973 年以来都有窑址的发现，并进行过清理。而陵西南自赵背户北到郑家庄，长达 2 公里、东西宽 1 公里的范围之内，早年都有密集的窑址。这些陶窑多半在陵园建筑或从葬坑周围。⑤

3. 半坡墓地的发现与发掘

半坡墓地位于浐河以东 800 米的河谷第二台地上，当今西安东郊纺织城西北的半坡与堡子村之间。1954 年至 1957 年，在三区计 20000 平方米的范围之内，清理发掘了古墓 240 余座。其中有战国秦墓 112 座，显然是秦咸阳城市规划的又一处平民墓地。

（五）远郊区

今临潼区渭河以南，如刘庄、新丰火车站、苗家坡的秦墓，多属秦芷阳县的平民墓地，鉴于前面多有详解，故于此从略。

---

① 始皇陵秦俑坑考古发掘队：《秦始皇陵西侧赵背户村秦刑徒墓》，《文物》1982 年第 3 期。

② 王学理：《秦始皇陵工程与兵马俑从葬坑浅探》，《人文杂志》1980 年第 1 期。

③ 临潼县博物馆等：《临潼县城东侧第一号秦墓清理简报》，《考古与文物》1993 年第 1 期。林泊：《临潼发现秦人砖室墓》，《中国文物报》1990 年 5 月 10 日；又《临潼新发现建陵匠师墓》，《中国文物报》1999 年 11 月 20 日。

④ 始皇陵秦俑坑考古发掘队：《陕西临潼鱼池遗址调查简报》，《考古与文物》1983 年第 4 期。

⑤ 秦俑考古队：《临潼县陈家沟遗址调查简记》，《考古与文物》1985 年第 1 期。又：《秦代陶窑遗址调查清理简报》，《考古与文物》1985 年第 5 期。

二、关于秦咸阳城研究动态的几点认识

陕西省考古研究院对秦都咸阳故址的考古调查，从20世纪50年代末一经展开，就受到历史、考古学术界的关注。尽管向社会公布资料的时间，往往要晚于野外工作，况且中间又经过十年的停滞，但随着有关城市调查、一至三号宫殿建筑遗址、窖藏铜器、陶窑遗址、墓葬等9篇考古简报的发表，为20世纪80年代开始研究秦都咸阳城制提供了凭借。

秦都咸阳周边的考古成果陆续问世，先有1988年《秦始皇陵兵马俑一号坑发掘报告》的出版，尽管涉及内容只限于一号坑的五分之一，但毕竟在这一考古领域中迈出了第一步；时隔21年，又出版了《秦始皇陵二号兵马俑坑发掘报告》（第一分册），但仅仅公布了棚木以上的资料，固然详细，却因工作停滞，所以对研究起不了多大作用；《秦始皇陵铜车马发掘报告》的出版（1998年），对考古界对这一世界奇珍的研究有所帮助；至于对秦始皇陵区多年的钻探与试掘，除过一些简报之外，未能形成考古报告，资料则由个人在研究中透露了出来；自1999年以来，陵区的考古成果，结集出版的有三大阶段性报告，这就是：《秦始皇帝陵园考古报告1999》、《秦始皇帝陵园考古报告2000》和《秦始皇帝陵园考古报告2001 ~ 2003》。

同秦都咸阳有直接关联的，是渭河南北两区的几处秦墓考古报告。它们是：《塔儿坡秦墓》[①]《任家咀秦墓》[②]《西安南郊秦墓》[③]《西安北郊秦墓》[④]和《西安尤家庄秦墓》[⑤]。

资料是研究的基础，不是目的。但研究却是以资料为凭借的，资料是前跨的一级台阶。秦都咸阳本部的考古资料，除过几篇简报之外，2004年才拿出一本零碎资料汇总的《秦都咸阳考古报告》。这就制约了学者对这个从封国到帝国都城的研究。

当把秦都咸阳作为一个大课题，进入王学理的研究视野之后，结合自己参加这一都城考古与长期琢磨，笔者1985年出版《秦都咸阳》一书时，即冲破了传统的观念，大胆地提出了一些看法，也为后来好多学者所接受，现在对这些观点再稍作申述，也许对进一步深入研究有所帮助。

第一，咸阳作为帝国首都，经历了一个由小到大的发展历程。

公元前350年商鞅变法，秦孝公迁都咸阳，筑“冀阙宫庭”（《史记·商君列传》），实开“因

---

① 咸阳市文物考古研究所：《塔儿坡秦墓》，三秦出版社，1998年。
② 咸阳市文物考古研究所：《任家咀秦墓》，三秦出版社，2005年。
③ 西安市文物保护考古所：《西安南郊秦墓》，陕西人民出版社，2004年。
④ 陕西省考古研究所：《西安北郊秦墓》，三秦出版社，2006年。
⑤ 陕西省考古研究院：《西安尤家庄秦墓》，陕西科学技术出版社，2008年。

北陵营殿”（《三辅黄图》）之端绪，地在今咸阳市东窑店镇牛羊村北的原上。自秦昭襄王之后，咸阳范围急趋扩大，政治重心逐渐南移，寝庙遂迁渭南，王陵区重新规划于芷阳。公元前 221 年秦始皇统一六国前后，是咸阳土木工程以前所未有的规模急趋膨胀的时期，“殚天下财力，以事营缮”（《三辅黄图·序》）。当然，这时建设的重点仍在渭北，尽管处理政务常在渭南诸宫，但朝会、庆典、祝寿、群臣议定国家大事仍在咸阳宫举行。只在到了秦始皇统治的后期，即三十五年（公元前 212 年）在上林苑中重新营造朝宫。前期工程是在“阿房前殿”的基础上先作“前殿阿房”，其用意是宣示它将取咸阳宫的地位而代之。只有到了这个时候，原来带有离宫别馆性质的渭南诸宫，才发生了同北阪诸宫倒置的变化。

《关中记》说“孝公都咸阳，今渭城是也，在渭北。始皇都咸阳，今城南城是也”（《史记·高祖本纪》注引）。把秦孝公和始皇建都截然分成渭北和渭南，难免过于绝对，当属于缺乏分析的武断之论。若以营建阿房宫为时间界标，倒有点近似。但晋人潘岳说的“今城南城”是否指的就是汉长安城南的“阿城”？诚若此，诸庙、章台、兴乐、甘泉又该何属呢？我们知道：秦惠文王时，已在渭河南岸建造离宫别馆。昭王时，政治重心已有了南移的趋势，从而在渭河南岸形成了一座“新城”，这就是我命名的“渭南新区”。秦始皇统一中国之初，仍想“因北陵营殿”，重新规划城市布局，但随后即意识到了历史形成的城市现实，只好在更大的地域范围内建设国都——把朝宫从咸阳宫移向阿房宫。秦始皇统治时期，咸阳达到了它繁盛的顶点，其市中区则相当于今咸阳市渭城区窑店镇辖区和西安市的北半部。所以说，秦都咸阳之所以具有“渭水贯都”的规模，这是经过 7 代秦君 130 余年的时间逐渐形成的。

那么，“咸阳”（古人以山南水北俱为阳）这个带有地域特点的称呼，作为国都之名，由于跨渭筑宫和国事往来而变得名实不符了，纯粹成了历史性的代号。而当人们提到“秦都咸阳”时，就不能把眼光局限在今咸阳市东的渭河北岸一带。也应认识到，在相对的渭河南岸——渭南新区，成了后来汉都长安的基石。秦汉都城在这里的重叠，正是两朝历史地位的翻转。同样，今日的咸阳市与西安市在这一地区演绎的历史，竟镜映出这么一个有趣的现象：当年，前者大于后者，前管后；今日，后者大于前者，后管前。“西咸一体化”，是个早已结缘的历史硕果。

第二，咸阳是个有宫城而无郭城的集聚型城市。

秦孝公筑冀阙宫庭时，随之夯筑宫城。它和以后诸多宫殿群落“各自为城”的不同之点，仅在于是秦君朝寝之所。从雍城、栎阳看，城垣仅有一座，无复大小。咸阳除早期小城外，秦国军事外拓、人民急赴耕战、国都范围自北而南地扩展、关中不存在敌军兵临城下等因素，致使秦咸阳很多宫殿并非是单体建筑，而是群体建筑，外围以城，从而形成“宫自为城”的格局。特别是秦国军事外扩的态势，形格势禁，军务倥偬，没有时间，也没有必要建立一座跨越渭水南北的大城，也不需要在南岸再筑一座所谓“城南城”（潘岳语）。

秦国的统治者气吞山河，国、都不分，早把关中看作是国都的门限，所以“表河以为秦东门，表汧以为秦西门”（《长安志》引《庙记》）。及至秦始皇并灭群雄、统一华夏之后，竟“立石东海上朐界中，以为秦东门”（《史记·秦始皇本纪》）。既然国门面向大海，已经同域外未知之国为邻，何须再筑咸阳城？咸阳既然没有外郭城，就同诸侯国都那种郭附于城，或两城相并的城制截然不同。历史上所谓的“咸阳城”实际指的就是早期的“咸阳宫城”。故址就是今牛羊村经我测绘的那座城。[①] 也许无郭的“单城制”原本就是秦都城的历史性特征。学者们还在这“无郭城”论之外申说“郭城”似乎无异于缘木求鱼。

第三，咸阳在布局上，中轴线关系朦胧，整体呈散点交错型结构。

咸阳在其发展过程中，由小到大地突破原先的城市规划，日益增多的土木建筑工程择地而上，不可避免地带有很大的堆砌性倾向，以致形成城市有范围、无郭城，有重心、轴线关系朦胧的格局。

由冀阙宫庭遗址向南，端直跨渭河上的横桥，是一条南北向的横门大道。入汉长安城横门，便是南北向的横门大街。入未央宫，对直的又是未央宫前殿。正南是南宫门和西安门。联系冀阙、横桥、章台（汉未央宫前殿）这几个点，似乎构成一条南北向的轴线，但纵观秦都咸阳的宫殿、府市、寝庙、工商、居民区、陵墓等等，从北向南则呈块状的散点交错分布，因此整个城市总体布局既不体现“左祖右社，前朝后寝”（《考工记》）的周制，也不是宫城在上、俯察百业的封建都制（如隋唐长安城、明清北京城）。

从中国都城发展史看，秦都咸阳属于由战国都城向汉、唐长安城转变的过渡类型。既有战国时代都城的共同特点，也有在特定历史环境中形成的特殊性。

第四，秦始皇对首都咸阳的建设，是其“法天”意识的实践。

秦都咸阳的城市建设，在秦始皇统治期间是一个大发展的时期。统一战争正在进行，他仿作六国宫殿于咸阳北阪之上；秦帝国刚一建立，他就重新调整城市规划，统统纳入统一安排的轨道。至此，正宫、行宫和离宫别馆的总数就达到“关中计宫三百，关外四百”的规模，“咸阳之傍二百里内，宫观二百七十，复道、甬道相连”，“自雍门以东至泾渭，

① 参见本书第一章第三节《更筑“冀阙宫庭”之城》。

殿屋复道，周阁相属”（《史记·秦始皇本纪》）。以咸阳为中心的渭河两岸宫殿密集，形为“既成事实”，不能改变。那么，秦始皇就把穿过都中的渭水、水上之横桥、渭北的咸阳宫等三处地上景物，同天上的“天汉”（银河）、阁道、紫宫等三处天象联系起来，在确定咸阳宫象征天帝所居的紫宫后，就开始了模拟建筑：

“因北陵营殿，端门四达”，是对咸阳宫的改建与扩大。

“更命信宫为极庙，象天极”，同样在确定“帝者祖庙”的地位之后，作到“天人相应”；

在渭河南岸上林苑中新作朝宫——阿房宫，以复道联系渭北的咸阳宫，则是刻意仿效天极、阁道和营室的结果；

始皇陵墓内“上具天文，下具地理”，更是微缩“法天”计划的实施。

第五，对“诸庙、章台、上林皆在渭南”等宫址给予明晰的确认。

《史记》所言“诸庙”指昭襄王以下至秦始皇的寝庙。昭王庙位当汉长乐宫中部偏北处，即今张家巷附近。始皇庙在今西安市汉长安城遗址的北部。

章台宫在西汉改建为未央宫。未央宫前殿即秦之章台，遗址在今汉长安城西南，即马家寨西北的大夯土台基。

秦之甘泉宫有二，渭北的甘泉宫是一处离宫，地不在今淳化县北，那里的汉甘泉宫是在秦林光宫的基础上建造的。而郊外的秦甘泉宫在乾县东北注泔乡南孔头村，那里有建筑基址的存留。秦又一甘泉宫，又名“南宫”，地在渭河南区。这里系秦宣太后到帝太后所居之宫，一度还是秦始皇的朝寝之处。汉武帝时，才改建为桂宫。宫址位于今汉长安城故址西北部，即今六村堡乡夹城堡、黄家庄一带。

秦汉的“北宫”，同名而异地。秦北宫在渭北咸阳北阪宫城的后部（即二号宫殿遗址），而汉北宫则位于渭南汉长安故城内桂宫之东，地当今北徐寨、何家寨一带。

上林，系秦之苑囿。早在秦惠文王时，就于苑中建造离宫。秦始皇扩大阿房宫规模，先建朝宫“阿房前殿”。在基本完成阿房前殿的地基处理之后（今见之夯台），在东、西、北三面围墙（阿城），并在北墙中段建起了“前殿阿房”这一附属建筑。在前殿的主体工程、门阙、南墙还未展开之际，秦亡。阿房前殿遗址，地在今三桥街道古城村到赵家堡一带。但阿房宫范围则大到三桥街道以南的沣河与洋河之间，其间当然包括了战国以来的秦离宫建筑。

秦芷阳宫是秦昭襄王在秦穆公“霸宫”的基础上修建的，地在芷阳县，汉改霸陵县，位于今临潼区西韩峪乡油王村一带。

第六，陵墓和都城建设，有借鉴，但是形成两个发展系统。所以秦始皇陵园绝不是对秦咸阳城的模仿，秦兵马俑坑也绝不是咸阳的东门禁卫军。

秦始皇陵是从芷阳茔地独立出来的一座陵园。从严格意义上讲，还应属于东陵范围。它同芷阳地诸陵、咸阳西部之二王陵一样，都属于秦都咸阳的组成部分，但脱离城市的倾向已经抬头。“丽山园”在性质上系陵城，是从雍都秦公陵园中兆、外兆沟，经公陵园的演变，由地下之“沟”转为地上之“城”的，同咸阳的“都城”（事实上的宫城）有着本质的区别。因此，“秦始皇陵园”并非“秦咸阳城”的模拟。人们必须明白：陵园和都城的建设互有借鉴，但属于两个发展系统，不可机械地套用。不能认为秦始皇陵园的二重城就是对咸阳城的仿效。更不能用始皇陵园来复制秦都咸阳城。[①] 同理，陵东的兵马俑坑和陵园内外诸多坑的性质一样，都是供亡灵在阴间世界享用的从葬坑，是阳间生活的缩影。为数众多的兵马俑群按照“列阵”“营练”“示战”“幕府”几个典型的军事内容设置，绝非是仿都城的禁卫军而塑造的守陵部队。否则，对陵东独有、其他三面所无的情况既不能自圆其说，又有违军事学的守备常识。同样，秦俑面东，旨在“防备六国反扑”的说法也嫌勉强。

第七，揭示了秦“陵墓近都”到以后“陵墓去都”的动向。

作者认为，研究都城必须注意到陵墓区是都城规划中一个重要的组成部分。秦“毕陌陵墓区”是早期咸阳规划的王陵区，昭王之后重新转移到“东陵陵墓区”。而“秦始皇陵园”，则是从东陵独立出来的一座帝陵陵园。秦人这种“陵墓近都”的历史性演进，导致了后来“汉陵去都”的发生，隋唐陵墓则彻底从“都城的组成部分”分离出去“选穴而葬”。

第八，首次提出“大咸阳”与“渭南新区”的概念。

“秦咸阳”由一国的“王都”变成统一天下后的“帝都”，中间曾经历了由北而南、从小到大的发展历程。所谓“秦咸阳”绝不仅仅指早期渭河北岸的地域，也不应同今咸阳市混淆，还应包括渭河南岸的今西安市北郊和西郊。尽管秦始皇力图改造都城，重新规划布局，但改变历史形成的城市现实，在无机具的古代谈何容易？所以，后来汉建都长安城不是择地而起，而是很方便地在秦渭南新区的基础上建立起新的都城。

第九，解开“雍门”和“雍门宫”之谜，“二百里内”的宫数也迎刃而解。

作者对《史记》有“自雍门以东，至泾渭二百里内……宫殿二百七十”的文献记载，指出“雍门”不在凤翔的秦雍都，而是指长期来被忽视又被破坏了的“雍门宫”，地在今

① 杨宽先生在1984年第3期《文博》上著文《秦始皇陵园布局结构的探讨》，曾引《吕氏春秋·安死》上的话，说天子、诸侯陵园“设阙庭，为宫室，造宾阼也，若都邑”的话，认为秦咸阳城与始皇陵园同制。还说咸阳城是“以西边宫城连接东边大郭的布局”，显然同事实不符。

咸阳市塔儿坡一带。由此向东，跨渭河，向西绕过今西安市北郊，再向西北，二度跨渭至塔儿坡，从而形成“二百里”的一个闭合圈。在这地跨渭河两岸的地面上，建有宫殿二百七十座。

第十，解读“亭里”陶文，破绎工匠的里居，对研究秦行政建制很有意义。

咸阳范围内陶文资料极为丰富，作者改过去对陶文自右而左的“横读法”，提出自上而下再向左的“竖读法”，不但能通晓其含义，而且也能揭示出咸阳市亭管辖下的里名，从而理顺了“物勒工名”的关系。作者用多年搜集的陶文资料加以分类分析，从中发现咸阳行政系统中的里名多达56个。渭南区在“里”之上还有“乡”一级的行政建制，这可能同早期咸阳在渭北有关。①

第十一，秦始皇海洋意识的尝试。

秦都咸阳“无城”，秦国曾“表河以为秦东门，表汧以为秦西门”（《三辅旧事》），竟成了“王都”的东西界限。统一天下之后，“立石东海上朐界中，以为秦东门”“南至北向户”（《史记·秦始皇本纪》），把秦帝国东、南两边的国界推向东海南海，既显示出秦人扩土进取的精神，更是秦始皇立“关”走向海洋的朦胧意识。那么，徐福出海、临洮大人、西域沙门、烈裔作画、越南内附、印度支那丝等史实，大概是“丝绸之路”正式形成的信息前奏。

第三节　秦都咸阳考古的意义

一、研究都城史中不可缺少的一环

古今中外的城市，从功能到性质，其类型多种多样，因而追溯其形成的历史，受到地理条件的制约结果就千差万别，表现出来的特点也就婀娜多姿。咸阳从秦国的国都到秦王朝的首府，一直是政治、经济、文化的中心，其在世界都城文化史上都具有极其重要的地位。那么，在我们展开秦咸阳历史画卷的同时，就不能不放开视野，环顾一下当时的世界古都。只有如此，才会明白秦都咸阳的世界地位。

如果把目光拉回中华大地，看看同秦都咸阳并存的诸侯国都城，也会明白其兴起晚、

---

① 王学理：《亭里陶文的解读与秦都咸阳的行政区划》，载中国古文字研究会等编：《古文字研究》第十四辑，中华书局，1986年。

一统天下后仅独存了15年又迅速消逝的内在道理。

秦咸阳处于四关之中的盆地，除过渭北区毁于突发性的秦火之外，渭南新区后来出现了秦汉两代都城重叠的现象。那么，历史的、地理的因素就赋予了这座历史文化名城以更多的鲜明的特色，也给城市史研究者提供了更多的、更有意义的课题。

实际上城市史的研究，总是围绕城市的形制与布局展开的。那么，咸阳有没有城？如果有，又在哪里？如果没有，就得有个道理。因而，这两者都需要作出考古学的回答。但后来的秦都咸阳工作站主持者惮于田野的辛劳，没有切实地大面积钻探与重点试掘，只是停留在前人踏查的基础上转悠，徒劳耗时，失去了多少机会。而我早已离开咸阳工地，交出手头掌握的发掘与测绘的所有资料，去了秦始皇陵兵马俑发掘工地。出自为咸阳人还良心债的意愿，根据过去多年来的调查研究，在《秦都咸阳》一书中首先提出了“秦咸阳无城”的观点。自此开始，对秦都咸阳城的看法，在学术界分为两派意见。我当然属于少数派了，但这种观点还是慢慢地被学人所理解并给予申说。我说的“无城”，是指没有人们意念中那种外郭城；而有城论者，在其内部只存在着“毁”与“存”（或部分“存”）的争论。“有城”论者认为，不但秦咸阳有城，而且还是“有大小二城”。不过，主张城“存”的学者，多年来也未能提供“存”的事实；主张城“毁”的学者，则用渭水北移被冲毁，或以始皇陵园的形制来复原咸阳城。我以为，“陵制”与“都制”，彼此虽有借鉴，但二者性质不同。因为各有自己发展完善的轨迹，所张类比也就形同参商，其结论也显然难以成立。

秦都咸阳的布局，体现着秦人城制上继承与发展的关系：

第一，多次迁都，均有都城的设立。汧渭之会、平阳这些春秋早期的秦都虽未发掘，却有线索可寻。[①] 雍、栎阳，随地势而走向不正，但咸阳宫城却是较为规整的。

第二，宫殿区多分布在都城的中北部。在雍都城内三大宫殿区中，姚家岗（包括凌阴遗址）和马家庄（包括宗庙，朝寝）两处春秋秦宫殿建筑区位于城西部偏北处，凤尾、高王寺宫殿建筑区位于东北部。[②] 而秦咸阳宫城内布满的八处宫殿建筑遗址，从早期咸阳的范围看，仍然居于北部。

第三，墓葬划区，安排在近郊。雍都的秦公陵园在南郊三畤原上，一般平民墓区则在城南同陵园之间的八旗屯一带。栎阳王陵在东北郊，一般墓区在东南郊[③]。而早期咸阳把王陵安排在西郊的毕陌中，平民墓区则处在宫城与毕陌陵区之间。只有中期以后，才把王

---

① 王学理：《秦物质文化通览》（上下），科学出版社，2017年4月。

② 陕西省雍城考古队：《秦都雍城钻探试掘简报》，《考古与文物》1985年第2期。

③ 中国社会科学院考古研究所栎阳发掘队：《秦汉栎阳城遗址的勘探和试掘》，《考古学报》1985年第3期。

陵、帝陵安排在秦都的东南部。这种城制布局的一致性，即可说明秦之立都，尽管因时间和条件而有所变化，毕竟还是遵循着这个“近都”的传统的。

张光直先生针对夏商周三代都城屡迁，提出“俗都围着圣都团团转”的都制观点。他说“圣都是先祖宗庙的永恒墓地，而俗都虽也是举行日常祭祀之所在，却主要是王的政治、经济、军队的领导中心”[①]。我们不难看出，难怪立都294年的雍城，其宗庙、朝寝遗址的结构是那么的完备尽礼，符合古之庙制！这一论点解开了秦始皇加冕之礼要去雍都、秦始皇改信宫为极庙、二世改作“帝者祖庙”之谜。

随着秦国政治、军事的发展，带着传统烙印的都城咸阳也在变化着，也接受着新时代因素的影响。同诸侯国相比，在城制上既有共性，也有其特殊性，这表现在：

1. 单城制，没有六国那种双城；

2. 咸阳仅有宫城而无大的郭城；

3. 墓葬区在都城近郊，呈分离状态，绝不杂处；[②]

4. 官营手工业作坊区接近宫殿区。城市这种接近与相区别的情况，就为人们的研究提供了新的课题。

由于秦王朝的建立，声播域外，咸阳有如一颗耀眼明珠镶嵌在世界东方的天宇之上，与它同期的一些世界古国如印度、埃及或古希腊的首都一样，它们都随文明的昌盛而熠熠闪光。咸阳在世界都城中占有重要的一席之地，因此，研究世界都城史同样也少不了秦都咸阳。

二、蕴含着丰富的物质文化史内容

都城不同于一般意义上的城市。它既然首先是政治中心，在古代必然也是经济、文化的中心。财富集中，包含着两个重要的内容，一属物质方面的，二属精神方面的。举凡本书所述各项，无不属此，恕不再增赘。但人们要研究都城的深度与广度，却不在书里，而在书外。

研究都市史的凭借，很重要的近期对象是考古资料。但对都城考古资料的研究，所开拓的领域却不受都城史本身的限制。物质文化史、科学技术史、礼制思想史、管理制度史、军事史等等，无论是综合的或是专题的，都可以从这里吸取养料。

① 张光直：《考古学专题六讲 · 三代社会的几点特征》，文物出版社，1986年。

② 关东诸国的都城如东周洛阳王城、齐临淄、燕下都、中山国都、楚郢都内，多有王陵和贵族墓的分布，但在秦的各时代都城内没有这种情况。

三、对秦咸阳考古有着社会期盼与希望

我1976年离开了咸阳故都遗址，进入了秦始皇陵区考古领地。在发掘秦兵马俑的同时，出自从事古都工作十多年的情结，在交出手头资料的情况下，拾散集零，终于在1985年出版了《秦都咸阳》一书。大概以此为开端，学者们才对这一课题展开了探索。虽然见解迭出，但仍嫌浮浅，也不能从总体上给予把握。又14年过去，在零星研究性文章未见有突破性进展的情况下，我于1999年又推出了一部专著《咸阳帝都记》。那么，对秦咸阳的今后考古工作应从两方面进行：

首先，认识前人的考古调查、勘探、试掘，已经勾画出了秦都咸阳的基本构成与框架，但在城制、建筑、手工业、交通、居址、墓葬等专题考古中，将会因细化工作而多有发现，从而丰富秦咸阳的内容。

其次，在前人的基础上开展深入的研究。王学理的《秦都咸阳》和《咸阳帝都记》两部专著是在“前无古人”的情况下，做了开拓性的研究铺垫。时隔24与40多年的现在，再作修改与补充，而且两书体例与文字不同却互有参照，可以说给中国城市史研究者、史学家以及好学人士提供了参考。

秦都咸阳是部读不尽的史书，有待于深化的课题还很多。今后有待继续考古发掘，获取更多的地下资料，深入研究还可以从下面一些问题着手。

1. 咸阳立都的历史背景与地理选择；
2. 建设咸阳的指导思想；
3. 咸阳有无郭城的认识；
4. 咸阳的范围，形制与布局；
5. 宫殿建筑遗址性质与作用的确认；
6. 手工业、商业专题调查与讨论；
7. 出土壁画的分析；
8. 陶文、封泥的释读与使用；
9. 墓葬分期与性质；
10. 对出土物本身的研究。

秦都咸阳地域辽阔，内容多样，由所做工作的多寡，就显出资料完备的程度。自然，在研究工作上也就表现出它的不平衡性。秦始皇陵兵马俑的考古工程，后来居上，研究的深度和广度已略胜一筹。

学术是在争鸣中发展的。对前出的见解，承认者，援引；不足者，补充；错误者，纠谬；未及者，新发。这是不言而喻的规范，往往又是后来者研究更上一层的可敬之处。

两千多年前渭水两岸的这座都城，曾是宫阙嵯峨、市廛鼎沸的一派热闹景象。但赫赫烈烈的秦家王朝却在短促的十五年里走到了自己的尽头，留给后人的倒是些残垣颓壁、断砖破瓦、一抔黄土，难怪踏访者触景伤秦，发出思古之幽情。刘沧在《咸阳怀古》一诗中写道：

经过此地无穷事，
一望凄然感废兴。
渭水故都秦二世，
咸原秋草汉诸陵。
天空绝塞闻边雁，
叶尽孤村见夜灯。
风景苍苍多少恨，
寒山半出黄云层。

但是，咸阳毕竟是奠基中华版图的第一个封建王朝的首府，确确实实是一个伟大时代的缩影。钩沉终竟可以发现精粹，也可以透过它窥见我们这个民族具有一种蓬勃的创造精神。熊鼎在《长安怀古》诗里则表达了一种更为积极的情绪：

立马平原望故宫，
关河百二古今雄。
南山双阙阿房近，
北斗连城渭水通。
龙去野云收王气，
鹤巢陵树起秋风。
英雄事业昭前哲，
看取秦皇汉武功。

今日生活在秦都故土上的咸阳人们，在“西咸一体化”的道路上前进，也为秦都咸阳考古工作提出了迫切的要求，千万莫让现代化建设毁掉文物古迹而留下永远的遗憾！

附 录

附一 秦都咸阳大事年表

公元前	秦公纪年	大 事 择 要
350	孝公十二年	1. 令卫鞅在咸阳营筑冀阙宫庭 2. 合并小乡聚，普遍设县。计立 31 县 3. 开裂原“井田”上的阡陌封疆 4. 正式迁都咸阳
349	十三	1. 正式迁都咸阳 2. 初在县设立秩史
344	十八	1. 秦派公子少官帅师参加诸侯的逢泽之会，并朝见周天子 2. 各诸侯向秦祝贺 3. 齐君率卿大夫到秦国聘问
343	十九	周天子始封秦孝公爵，为“伯”（霸）
340	二十二	1. 卫鞅率兵攻魏，计擒魏公子卬。迫使魏交还一部分河西地 2. 封大良造鞅于商、於，为列侯，号“商君”
338	二十四	1. 秦军渡河，与魏战于岸门，虏其将魏错 2. 孝公去世，惠文君立，车裂商鞅于彤
337	惠文王元年	楚、韩、赵、蜀派使来咸阳朝见
336	二	1. 周天子祝贺 2. “初行钱”
335	三	秦惠文王行冠礼
334	四	1. 周天子“致文武胙” 2. 魏夫人来咸阳
333	五	阴晋人犀首（即公孙衍）被任命为秦大良造
330	八	魏献纳河西地给秦
328	十	1. 秦始设相邦，张仪为秦相 2. 魏献纳上郡十五县给秦
322	更元三年	1. 韩、魏太子来咸阳朝秦 2. 张仪免相后，去魏国为相
320	五	惠文王抵达戎地北河，到灵、夏州黄河一带
318	七	乐池为秦相
317	八	张仪复相秦
315	十	伐取韩地石章，韩太子苍来咸阳作人质
313	十二	1. 秦惠文王与魏襄王会于临晋 2. 张仪相楚
311	十四	蜀相壮杀蜀侯来降
309	武王二年	1. 张仪死于魏 2. 秦初置丞相，樗里疾、甘茂分别任右、左丞相
308	三	秦武王与韩襄王会于临晋城外
307	四	1. 魏太子来咸阳朝见 2. 武王同大力士孟说举鼎，绝膑，八月死。族孟说

续表

公元前	秦公纪年	大　事　择　要
306	昭襄王元年	1. 武王死，诸弟争立。异母弟昭王为质于燕，送归而立。魏冉支持最力，于是任冉为将军，卫守咸阳 2. 严君疾为相 3. 甘茂去齐
305	二	1. 武王弟庶长壮勾结大臣诸公子在首都进行反对昭王的叛乱，魏冉受命镇压 2. 公子壮、公子雍及其党羽全被处死，支持作乱的惠文后忧死，武王后被驱逐
304	三	1. 昭王行冠礼 2. 与楚王会于黄棘
302	五	魏襄王来朝应亭（一说临晋）
300	七	樗里疾死。魏冉为相
298	九	孟尝君薛文来相秦
297	十	1. 楚怀王受骗朝秦，被扣留 2. 孟尝君薛文“以金受免”，逃回齐国 3. 赵楼缓入秦为相
296	十一	楚怀王走赵，不受，还之秦，即死，归葬
295	十二	秦免楼缓相，用魏冉为相。
292	十五	魏冉因病辞谢，免相，以客卿烛寿为相
291	十六	分别封公子市、悝为诸侯，魏冉为相
290	十七	东周君及城阳君来咸阳朝秦
288	十九	1. 十月，魏冉约齐称帝，齐为东帝，秦为西帝 2. 十一月齐用苏秦计放弃帝号，秦也放弃帝号
287	二十	昭王之汉中，又去上郡、北河
285	二十二	秦昭王会楚王于宛，与赵王会中阳
284	二十三	秦昭王会魏王于宜阳，与韩王会新城
283	二十四	秦昭王与楚王会鄢，又会穰；魏冉免相
282	二十五	秦昭王与韩王会新城，与魏王会新明邑
281	二十六	魏冉复为相
278	二十九	1. 周君来咸阳 2. 秦昭王与楚王会襄陵 3. 封白起为武安君
267	四十	质于魏的悼太子死，归葬芷阳
266	四十一	1. 昭王用范雎谋，除宣太后支持下的穰侯、华阳君、泾阳君、高陵君等结成的“四贵集团” 2. 魏冉被罢相，其他人不得留咸阳，均出关就封邑。昭王拜范雎为相，封应侯
265	四十二	1. 安国君为太子 2. 九月，穰侯魏冉出关赴封地陶 3. 十月，宣太后死葬芷阳
259	四十八	正月，嬴政生于赵都邯郸
257	五十	1. 武安君白起遭贬，不得留咸阳，出咸阳西门至杜邮，自杀 2. 异人得吕不韦助，逃出邯郸，返秦
256	五十一	西周君武公背秦，秦使将军摎攻西周。西周君来咸阳谢罪，尽献其邑三十六城，口三万。灭西周，西周君迁居惫狐，旋死
255	五十二	1. 周赧王去世，周民东逃，秦收取周的九鼎宝器，除一丢失，其余八器入秦 2. 处死有间谋行为的王稽于咸阳市 3. 范雎谢病免相
254	五十三	1. 诸侯宾客来咸阳 2. 韩王入秦朝见
253	五十四	昭王郊礼，祀于雍
251	五十六	1. 秋，昭王死，韩王着丧服来咸阳吊，各诸侯国也都派使来参加葬礼 2. 昭王子柱五十三岁，继立为秦王
250	孝文王元年	1. 十月，除丧，柱继位，立三日而亡 2. 减少首都及国中的苑囿建设和娱乐

续表

公元前	秦公纪年	大　事　择　要
249	庄襄王元年	1. 在首都纪念先王的功臣，布惠于民 2. 用吕不韦为相。灭东周，迁其君
246	秦王政元年	1. 嬴政初立，年十三 2. 吕不韦仍为相，封十万户，号文信侯 3. 开凿郑国渠
243	四	秦质子归自赵，赵太子出归国
241	六	庞煖组织最后一次合纵，率赵、楚、魏、燕、韩五国兵攻秦至蕞（今临潼东北），被击败
240	七	夏太后死
239	八	封嫪毐为长信侯，予山阳地，令居之，又以太原郡更为“毒国”
238	九	秦王嬴政满二十二岁，在旧都雍举行冠礼，嫪毐借机发兵欲攻雍蕲年宫。相国昌平君、昌文君率军截击，战于咸阳，平定此次叛乱
237	十	1. 丞相吕不韦因嫪毐叛乱坐免 2. 齐、赵来置酒 3. 迎太后于雍，入居咸阳甘泉宫 4. 撤销“逐客令”，任用李斯为国卿 5. 魏人尉缭来咸阳，任国尉
235	十二	吕不韦畏惧自杀
234	十三	王至河南洛阳一带视察
233	十四	韩非使秦，李斯逼死于云阳狱中
231	十六	1. 登记成年男子（即“令男子书年”“自占年”） 2. 设置丽邑
228	十九	1. 秦王到邯郸，与母家有仇者皆坑之，从太原、上郡回到咸阳 2. 母太后死
227	二十	燕太子丹派荆轲入秦献图，在咸阳宫刺杀秦王未遂，被杀
222	二十五	因秦平定韩、赵、魏、燕、楚五国，五月令天下欢庆饮酒作乐
221	二十六	1. 灭齐，统一中国，隆重庆祝（“大酺”） 2. 议帝号，除去谥法，嬴政由秦王改称始皇帝 3. 分天下为三十六郡，设守、尉、监 4. 收天下兵器，销以为钟鐻、铜人，置咸阳宫前 5. 把诸侯国家的豪强富户十二万户迁徙到咸阳 6. 秦每破诸侯，仿作六国宫室于咸阳北阪上，地在今牛羊村北原上
220	二十七	1. 秦始皇第一次由咸阳出发，巡视陇西、北地 2. 在渭南建造信宫，后更名为极庙，并筑复道通郦山、筑甬道连接渭北咸阳诸宫 3. 作甘泉前殿 4. 修治驰道，起自咸阳，东通燕齐，南极吴楚
219	二十八	1. 第二次出巡，上邹峄山、泰山、芝罘、琅邪，刻石纪功 2. 过彭城，临泗水捞鼎 3. 南至衡山、南郡，浮江祠湘山 4. 经武关回到咸阳
218	二十九	1. 第三次出巡，东游至阳武博浪沙遇刺客 2. 登芝罘，刻石 3. 经琅邪由上党返回咸阳
216	三十一	1. “使黔首自实田”，即核实田数，把土地私有权推向全国 2. 始皇微服私行咸阳，夜间在兰池遇“盗”，有武士救护，在关中大搜捕
215	三十二	1. 第四次出巡至碣石，刻石纪功 2. 拆除旧日城郭，并决通阻碍交通的堤防 3. 巡视北边后由上郡返回咸阳 4. 遣将军蒙恬发兵三十万人北击匈奴，略取河南地
213	三十四	咸阳宫设宴、因群臣争论分封，采纳李斯建议焚书

续表

公元前	秦公纪年	大 事 择 要
212	三十五	1. 修筑直道自云阳到九原 2. 营造朝宫于渭南的上林苑中，先作前殿阿房 3. 移民三万家到丽邑，五万家到云阳，免除其赋税徭役十年 4. 继续修骊山陵墓 5. 把咸阳旁二百里内的二百七十座宫观用复道相连 6. 群臣朝会、决事都去咸阳宫 7. 在咸阳坑杀犯禁的儒生四百六十余人
210	三十七	1. 第五次巡行游云梦，望祀九疑山 2. 沿江而下，至钱塘临浙江，祭大禹，刻石会稽 3. 傍海北至琅邪，经芝罘，返至平原津染病，死在沙丘平台 4. 宦宫赵高勾结胡亥、李斯密谋篡权，矫诏，赐死公子扶苏，载灵柩至咸阳始发丧 5. 胡亥袭位为秦二世皇帝，赵高专权；九月葬始皇于骊山
209	秦二世元年	1. 十一月作兔园于咸阳 2. 十二月就阿房宫，登帝位 3. 轶毁襄公以来的先王庙。只设七庙，尊始皇庙为帝者祖庙 4. 春天，秦二世东行郡县，到碣石，会稽，刻石始皇所立石之旁。至辽东返咸阳 5. 二世、赵高集团杀先帝大臣、诸公子、公主，下及三郎，使得“黔首振恐” 6. 复作阿房宫 7. 征材士五万人屯卫咸阳，令教射狗马禽兽。令郡县输送粮草到首都，“咸阳三百里内不得食其谷” 8. 用法苛刻严峻 9. 七月陈涉起义，天下响应
208	二	1. 陈胜起义军在周章（即周文）率领下攻入关中，抵戏水，秦朝廷大乱 2. 郦山陵园工程停辍，秦二世免郦山徒人，授予武器编入队伍，由章邯带领对抗起义军 3. 用赵高计，把进谏的右丞相冯去疾、左丞相李斯，将军冯劫逮捕办罪。李斯入狱就五刑，其他二人不肯受辱先行自杀
207	三	1. 李斯父子被腰斩咸阳市 2. 赵高欲为乱，在殿上指鹿为马，逼杀二世于望夷宫 3. 立子婴为秦王，子婴刺杀赵高于斋宫，夷其三族 4. 子婴立四十六日，奉天子玺印，于枳道旁投降入关的刘邦 5. 刘邦入咸阳，封存宫室府库，还军驻霸上 6. 月余，项羽入关。杀子婴及诸公子宗族，屠咸阳，烧秦宫室，火三月不灭。焚毁始皇陵园及其设施 7. 咸阳毁弃，关中残破。项羽虏得妇女宝货而出关

附二　秦世系表

说明：

（一）鉴于过去学者所作的秦世系或简略，或名号有误，或承接关系错乱，今对文献记载作详细梳理，故成此表式。或有违误，待后作改正。

（二）谥前（ ）内数字为秦立国后世系顺序代数，谥世数字为即位年，表示公元前（bc）。[ ] 括号内数字系在位之年。如：孝公（渠梁）~ 361 [24]，即是渠梁谥秦孝公，于公元前 361 年即位，执政 24 年。

（三）横线后按辈分垂直继承，拉通为计；同辈相承者，则并列，横线中折。

（四）万国鼎《中国历史纪年表》、陈梦家《六国纪年》中，均在秦简公之后有秦敬公（公元前 405 年 ~ 前 493 年），但不见秦《二世纪》，故省略不计。

（五）秦襄公至二世的秦世总年数，各书不同，如：

610 年——《史记 · 秦始皇本纪》后秦世系；

576 年——《史记 · 秦始皇本纪 · 正义》引《秦本纪》；

617 年——《史记 · 秦本纪 · 索隐》；

571 年——《中国历史纪年表》。

秦世系表

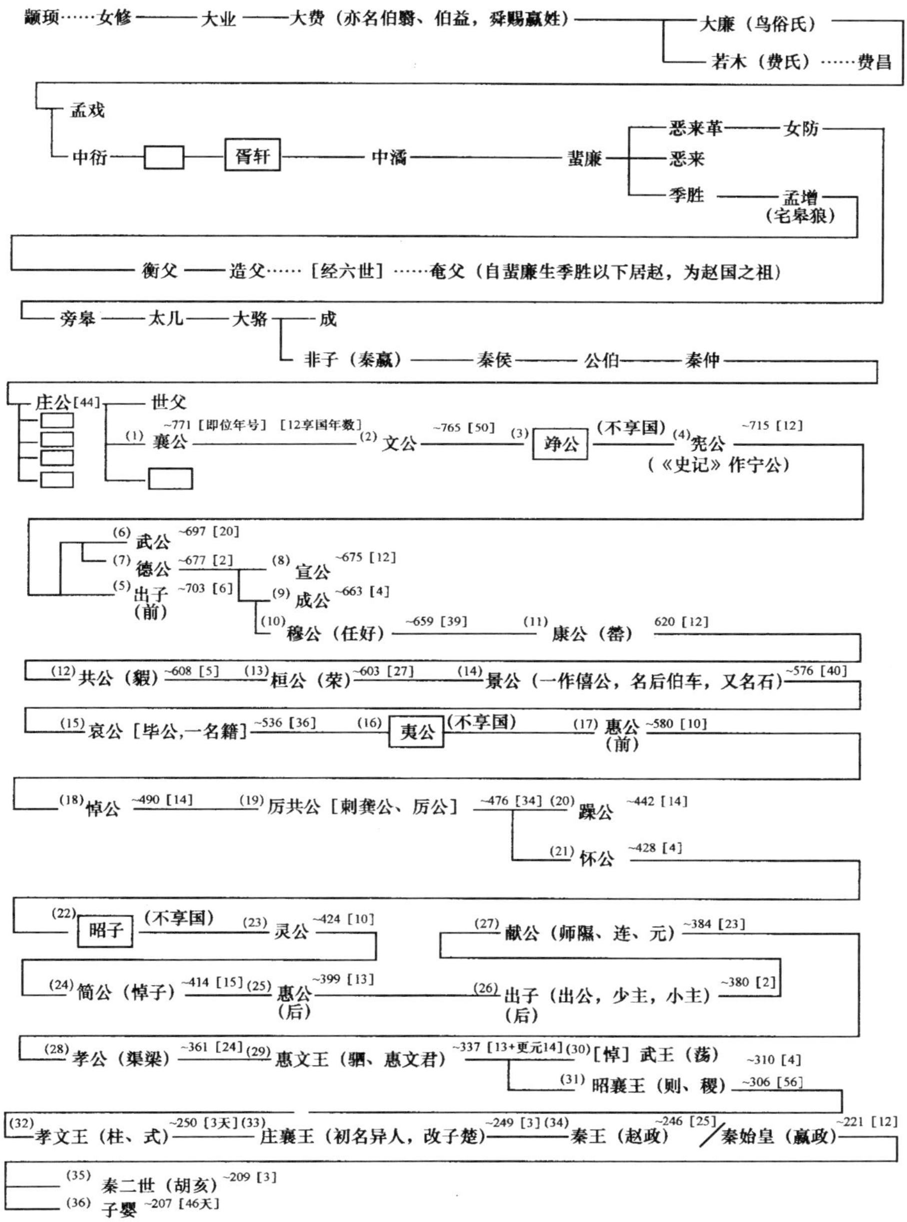
颛顼……女修
大业
大费（亦名伯翳、伯益，舜赐嬴姓）
大廉（鸟俗氏）
若木（费氏）……费昌
孟戏
中衍
胥轩
中潏
蜚廉
恶来革
女防
恶来
季胜
孟增（宅皋狼）
衡父
造父……［经六世］……奄父（自蜚廉生季胜以下居赵，为赵国之祖）
旁皋
太几
大骆
成
非子（秦嬴）
秦侯
公伯
秦仲
庄公[44]
世父
(1) 襄公 ~771［即位年号］［12享国年数］
(2) 文公 ~765［50］
(3) 竫公 (不享国)
(4) 宪公 ~715［12］
（《史记》作宁公）
(6) 武公 ~697［20］
(7) 德公 ~677［2］
(5) 出子（前）~703［6］
(8) 宣公 ~675［12］
(9) 成公 ~663［4］
(10) 穆公（任好）~659［39］
(11) 康公（罃）620［12］
(12) 共公（貑）~608［5］
(13) 桓公（荣）~603［27］
(14) 景公（一作僖公，名后伯车，又名石）~576［40］
(15) 哀公［毕公，一名籍］~536［36］
(16) 夷公 (不享国)
(17) 惠公（前）~580［10］
(18) 悼公 ~490［14］
(19) 厉共公［刺龚公、厉公］~476［34］
(20) 躁公 ~442［14］
(21) 怀公 ~428［4］
(22) 昭子 (不享国)
(23) 灵公 ~424［10］
(27) 献公（师隰、连、元）~384［23］
(24) 简公（悼子）~414［15］
(25) 惠公（后）~399［13］
(26) 出子（出公，少主，小主）（后）~380［2］
(28) 孝公（渠梁）~361［24］
(29) 惠文王（驷、惠文君）~337［13+更元14］
(30)［悼］武王（荡）~310［4］
(31) 昭襄王（则、稷）~306［56］
(32) 孝文王（柱、式）~250［3天］
(33) 庄襄王（初名异人，改子楚）~249［3］
(34) 秦王（赵政）~246［25］
秦始皇（嬴政）~221［12］
(35) 秦二世（胡亥）~209［3］
(36) 子婴 ~207［46天］

附三　本书编写参考书目

一、古籍文献

（1）［汉］司马迁：《史记》，中华书局，1959年。

（2）［汉］班固：《汉书》，中华书局，1962年。

（3）［清］阮元校：《尚书》，入《十三经注疏》（上、下册），中华书局，1980年。

（4）［晋］孔晁注：《逸周书》，《丛书集成》3692–5。

（5）《诗经》，入［清］阮元校《十三经注疏》（上、下册），中华书局，1980年；又［宋］朱熹集注：《诗集传》，上海古籍出版社，1980年。

（6）《周易》，入［清］阮元校《十三经注疏》（上、下册），中华书局，1980年。

（7）杨伯达注：《春秋左传注》（全四册），中华书局，1981年。

（8）《国语》（全二册），上海古籍出版社，1980年本。1978年。

（9）高诱注：《战国策》，上海书店，1987年。

（10）《周礼》，入［清］阮元校《十三经注疏》（上、下册），中华书局，1980年。

（11）《论语》，入［清］阮元校《十三经注疏》（上、下册），中华书局，1980年。

（12）《尔雅注疏》，入［清］阮元校《十三经注疏》（上、下册），中华书局，1980年。

（13）《列子》，入《二十二子》，上海古籍出版社，1990年。

（14）《孟子》，入［清］阮元校《十三经注疏》（上、下册），中华书局，1980年。

（15）章诗同注：《荀子简注》，上海人民出版社，1974年。

（16）陈奇猷校注：《韩非子集释》，上海人民出版社，1974年。

（17）《管子》，入《二十二子》，上海古籍出版社，1990年。

（18）高亨注译：《商君书注译》，中华书局，1974年。

（19）陈奇猷校释：《吕氏春秋》（全四册），学林出版社，1984年。

（20）《淮南子》，入《二十二子》，上海古籍出版社，1990年。

（21）［清］段玉裁注：《说文解字注》，凤凰出版社，2007年。

（22）王国维校：《水经注》，上海人民出版社，1984 年。

（23）陈晓捷注：《三辅决录 · 三辅故事 · 宋辅旧事》，三秦出版社，2006 年。

（24）何清谷校注：《三辅黄图校注》，三秦出版社，1995 年。

（25）［晋］潘岳撰、［清］王谟辑：《关中记》，《汉唐地理丛钞》，中华书局，1961 年。

（26）《燕丹子 · 西京杂记》，中华书局，1985 年。

（27）［唐］李泰等著：《括地志辑校》，贺次君辑校，中华书局，1980 年。

（28）［南宋］程大昌撰：《雍录》，中华书局，2002 年。

（29）［清］顾祖禹撰：《读史方舆纪要》，中华书局，2005 年。

（30）［唐］李吉甫撰：《元和郡县图志》，中华书局，1983 年。

（31）［北宋］宋敏求、［元］李好文撰：《长安志 · 长安志图》，三秦出版社，2013 年。

（32）［清］徐松撰：《唐两京城坊考》，李健超增订，三秦出版社，1996 年。

（33）［宋］乐史著：《太平寰宇记》，中华书局，2000 年。

（34）［唐］徐坚等著：《初学记》，中华书局，1962 年。

（35）［清］毕沅撰，张沛点校：《关中胜迹图志》，三秦出版社，2004 年。

（36）［清］梁禹甸纂：《长安县志》八卷，清康熙七年，1668 年刻本。

（37）张仲清校注：《越绝书》，国家图书馆出版社，2009 年。

（38）［汉］刘向撰，石光英校释：《新序》（全三册），中华书局，2009 年。

（39）［汉］刘向撰：《列女传》，哈尔滨出版社，2009 年。

（40）［汉］刘向撰：《说苑译注》，北京大学出版社，2009 年。

（41）［汉］张衡：《西京赋》，入［南朝梁］萧统《昭明文选》（全五册），华夏出版社，2000 年。

（42）［汉］贾谊：《过秦论》，附《史记 · 秦始皇本纪》，中华书局，1959 年。

（43）［汉］蔡邕撰：《独断》，入《蔡中郎集》外集。见邓安生《蔡邕集编年校注》，河北教育出版社，2010 年。

（44）［五代］马缟撰：《中华古今注》，李成甲校点，辽宁教育出版社，2000 年。

（45）［魏晋］刘徽撰：《九章算术》，肖作政编译，辽宁人民出版社，1990 年。

（46）［唐］杜佑撰：《通典》（全五册），中华书局，1988 年。

（47）《古今图书集成 · 坤舆典》，中国戏剧出版社，2008 年。

（48）睡虎地秦墓竹简整理小组：《睡虎地秦墓竹简》，文物出版社，1978 年。

（49）王子今著：《睡虎地秦简〈日书〉甲种疏证》，湖北教育出版社，2003 年。

（50）［明］冯从吾：《关学编》，中华书局，1987 年。

（51）［汉］卫宏：《汉官旧仪》，收入［清］孙星衍等辑，周天游点校：《汉官六种》，中华书局，1990 年。

（52）［清］张澍辑：《二酉堂丛书》，甘肃人民出版社，1992 年。

（53）姚振宗：《汉书艺文志拾补》，商务印书馆，1955 年。

二、近现代学人著作

（1）罗振玉：《三代吉金文存》20、21 卷，中华书局，1983 年。

（2）罗振玉：《贞松堂集古遗文》6、12 卷，北京图书馆出版社，2003 年。

（3）罗振玉：《秦金石刻辞》，1914 年。

（4）柯昌济：《金文分域编》（全四册），1935 年。

（5）刘体智：《小校经阁金文拓本》（全十八册），中华书局，2016 年。

（6）徐子静辑：《观自得斋印集》，西泠印社，2020 年。

（7）容庚：《秦金文录》41，1931 年。

（8）于省吾：《双剑誃古器物图录》49，1940 年。

（9）郭沫若：《两周金文辞大系图录考释》，科学出版社，1958 年本。

（10）康有为：《新学伪经考》，中华书局，2012 年。

（11）王国维：《观堂集林》，中华书局，2004 年。

（12）郭沫若主编：《中国史稿》，人民出版社，1976 年。

（13）郭沫若：《奴隶制时代・古代文字之辨证发展》，人民出版社，1954 年。

（14）杨宽：《战国史》，上海人民出版社，1980 年。

（15）林剑鸣：《秦史稿》，上海人民出版社，1981 年。

（16）马非百：《秦集史》（上下），中华书局，1982 年。

（17）马非百：《秦始皇帝传》，江苏古籍出版社，1985 年。

（18）陈直：《史记新证》，天津人民出版社，1979 年。

（19）陈直：《汉书新证》，天津人民出版社，1979 年。

（20）陈直：《摹庐丛书七种・秦汉瓦当概述》，齐鲁书社，1981 年。

（21）陈直：《关中秦汉陶录》（上下），中华书局，2006 年。

（22）李学勤：《东周与秦代文明》，文物出版社，1984 年。

（23）李仲操：《西周年代》，文物出版社，1991 年。

（24）武伯纶：《西安历史述略》，陕西人民出版社，1979 年。

（25）王学理：《秦都咸阳》，陕西人民出版社，1985 年。

（26）王学理：《秦陵彩绘铜车马》，陕西人民出版社，1988 年。

（27）王学理：《秦始皇陵研究》，上海人民出版社，1994 年。

（28）王学理、尚志儒、呼林贵等：《秦物质文化史》，三秦出版社，1994 年。

（29）王学理：《秦俑专题研究》，三秦出版社，1994 年。

（30）王学理：《咸阳帝都记》，三秦出版社，1999 年。

（31）王学理：《轻车锐骑带甲兵》，百花文艺出版社，2002 年。

（32）王学理：《解析秦俑——考古亲历者的视角》，学苑出版社，2011 年。

（33）袁仲一：《秦始皇陵考古发现与研究》，陕西人民出版社，2002 年。

（34）杨鸿勋：《建筑考古学论文集》，文物出版社，1987 年。

（35）王开主编：《西安古代交通志》，陕西人民出版社，1997 年。

（36）童恩正：《古代的巴蜀》，四川人民出版社，1979 年。

（37）李之勤等：《蜀道话古》，西北大学出版社，1986 年。

（38）方国瑜：《中国西南历史地理考释》上册，中华书局，1987 年。

（39）张维华：《中国长城建制考》，中华书局，1979 年。

（40）彭曦：《战国秦长城考察与研究》，西北大学出版社，1990 年；又《战国秦长城考察与研究》，江苏凤凰科学技术出版社，2017 年。

（41）陈全方：《周原与周文化》，上海人民出版社，1988 年。

（42）周晓陆：《汉字艺术——结构体系与历史演进》，贵州人民出版社，1997 年。

（43）宫玉海：《〈山海经〉与世界文化之谜》，吉林大学出版社，1995 年。

（44）中国社会科学院考古研究所：《新中国的考古发现和研究》，文物出版社，1984 年。

（45）王云度等：《秦帝国史》，陕西人民教育出版社，1997 年。

（46）郭沫若：《殷周青铜器铭文研究·新郑古器之一、二考释》，又同书《新郑古器中“莲鹤壶”的平反》，科学出版社，1961 年。

（47）张光直：《考古学专题六讲·三代社会的几点特征》，文物出版社，1986 年。

（48）杨鸿勋：《建筑考古学论文集》，文物出版社，1987 年。

（49）骆希哲：《华清池春秋》，陕西人民出版社，1992 年。又《华清稽古》，陕西人民出版社，2011 年。

（50）黄留珠：《秦文化概论》，载《秦文化论丛》第 1 集，西北大学出版社，1993 年。

（51）杨东晨：《古史论集》，陕西人民教育出版社，1994 年。

（52）周晓陆、路东之：《秦封泥集》，三秦出版社，2000 年。

（53）傅嘉仪的封泥资料见载于《历代印匋封泥印风》，重庆出版社，1999 年。又《新出秦代封泥印集》，西泠印社，2002 年。又《秦封泥汇考》，上海书店出版社，2007 年。

（54）刘瑞编著：《秦封泥集释》（上下），上海古籍出版社，2021 年。

（55）杨建华：《外国考古学史》，吉林大学出版社，1999 年。

三、考古报告与简报

（一）考古报告

（1）中国科学院考古研究所：《三门峡漕运遗迹》，科学出版社，1959 年。

（2）中国社会科学院考古研究所：《殷墟妇好墓》，文物出版社，1980 年。

（3）中国社会科学院考古研究所：《汉长安城未央宫——1980 ~ 1989 年考古发掘报告》，中国大百科全书出版社，1996 年。

（4）陕西省考古研究所：《秦都咸阳考古报告》，科学出版社，2004 年。

（5）陕西省考古研究所：《西安北郊秦墓》，三秦出版社，2006 年。

（6）陕西省考古研究院：《西安尤家庄秦墓》，陕西科学技术出版社，2008 年。

（7）陕西省考古研究所等：《丹凤古城楚墓》，三秦出版社，2006 年。

（8）陕西省考古研究所：《西汉京师仓》，文物出版社，1990 年。

（9）陕西省考古研究所：《镐京西周宫室》，西北大学出版社，1995 年。

（10）陕西省考古研究所：《陕西兴平侯村遗址》，三秦出版社，2004 年。

（11）陕西省考古研究所、秦始皇兵马俑博物馆：《秦始皇帝陵园考古报告》（1999），科学出版社，2000 年；又《秦始皇帝陵园考古报告 2000》，文物出版社，2006 年；又《秦始皇帝陵园考古报告 2001 ~ 2003》，文物出版社，2007 年。

（12）陕西省考古研究所、秦始皇兵马俑博物馆：《秦始皇陵铜车马发掘报告》，文物出版社，1998 年。

（13）陕西省考古研究所、始皇陵秦俑坑考古发掘队：《秦始皇陵兵马俑坑一号坑发掘报告》（1974 ~ 1984），文物出版社，1988 年。

（14）西安市文物保护考古所：《西安南郊秦墓》，陕西人民出版社，2004 年。

（15）咸阳市文物考古研究所：《塔儿坡秦墓》，三秦出版社，1998 年。

（16）咸阳市文物考古研究所：《任家咀秦墓》，三秦出版社，2005 年。

（17）麦英豪：《广州文物志》，岭南美术出版社，1990 年。

（18）咸阳市文物考古研究所：《西汉帝陵钻探调查报告》，文物出版社，2010 年。

（19）河北省文物研究所等：《金山嘴秦代建筑遗址发掘报告》，《文物春秋》1992 年增刊。

（20）［苏］С.И. 鲁金科：《论中国与阿尔泰部落的古代关系》，《考古学报》1957 年第 2 期。

（21）四川省博物馆：《四川船葬发掘报告》，文物出版社，1961 年。

（22）唐兰：《西周铜器中断代中的“康宫”问题》，《考古学报》1962 年第 1 期。

（23）洛阳区考古发掘队：《洛阳烧沟汉墓》，科学出版社，1959 年。

（24）中国社科院考古研究所：《沣西发掘报告》，文物出版社，1963 年。

（25）盖山林：《和林格尔汉墓壁画》，内蒙古人民出版社，1978 年。

（26）中国社会科学院考古研究所：《殷墟妇好墓》，文物出版社，1980 年。

（27）湖北省博物馆等：《随县曾侯乙墓》，文物出版社，1980 年。

（28）方国瑜：《中国西南历史地理考释》，中华书局，1987 年。

（29）陕西省考古研究所：《西汉京师仓》，文物出版社，1990 年。

（30）河南省文物研究所、中国历史博物馆：《登封王城岗与阳城》，文物出版社，1992 年。

（31）湖北省历史学会等：《南国名都江陵—它的历史与文化》，湖北教育出版社，1993 年。

（32）陕西省考古研究所：《镐京西周宫室》，西北大学出版社，1995 年。

（33）陕西省考古研究院：《咸阳东郊秦墓》，科学出版社，2018 年。

（34）陕西省考古研究院等：《秦始皇陵园考古报告 2201 ~ 2203》，文物出版社，2007 年。

（35）西安市文物保护考古所：《西安南郊秦墓》，陕西人民出版社，2004 年。

（36）咸阳市文物考古研究所：《任家咀秦墓》，科学出版社，2005 年。

（37）西安市文物保护考古研究院：《汉长安沉水古桥遗址发掘报告》，《考古学报》2012 年第 3 期。

（38）陕西省考古研究院：《临潼新丰——战国秦汉墓葬考古发掘报告》，科学出版社，2016年。

（39）陕西省考古研究所：《高陵县张卜秦汉唐墓》，三秦出版社，2004年。

（二）考古简报

（1）陕西省社会科学院考古研究所渭水队（吴梓林）：《秦都咸阳故城遗址的调查和试掘》，《考古》1962年第6期。

（2）陕西省博物馆、文管会勘查小组（王学理）：《秦都咸阳故城遗址发现的窑址和铜器》，《考古》1974年第1期。

（3）秦都咸阳考古工作站：《秦都咸阳第一号宫殿建筑遗址发掘简报》，《文物》1976年第11期；秦都咸阳考古工作站：《秦咸阳宫第二号建筑遗址发掘简报》，《考古与文物》1986年第4期；咸阳市文管会等：《秦都咸阳第三号宫殿建筑遗址发掘简报》，《考古与文物》1980年第2期。

（4）秦都咸阳考古工作站：《秦都咸阳古窑址调查与试掘简报》，《考古与文物》1986年第3期。

（5）秦都咸阳考古队：《咸阳市黄家沟战国墓发掘简报》，《考古与文物》1982年第6期。

（6）咸阳市文物考古研究所：《咸阳任家嘴春秋墓清理简报》，《考古与文物》1993年第3期。

（7）曹发展：《咸阳任家嘴秦人墓地发掘的主要收获》，《泾渭稽古》1995年第2期。

（8）咸阳市博物馆：《陕西咸阳塔儿坡出土的铜器》，《文物》1975年第6期。

（9）王丕忠：《咸阳塔儿坡出土秦代铜錞于》，《考古与文物》1981年第4期。

（10）李光军、宋蕊：《咸阳博物馆收藏的两件带铭铜壶》，《考古与文物》1983年第6期。

（11）陕西省文管会等：《咸阳杨家湾汉墓发掘简报》，《文物》1977年第10期。

（12）西安市文物局文物处、西安市文物保护考古所：《秦阿房宫遗址考古调查报告》，《文博》1998年第1期。

（13）西安市文物管理委员会李家翰：《阿房宫区域内一个汉代建筑遗址》，《考古与文物》1980年创刊号。

（14）陕西省博物馆：《西安西郊高窑村出土秦高奴铜石权》，《文物》1964年第9期。

（15）西安市文管会：《西安三桥镇高窑村出土的西汉铜器群》，《考古》1963年第2期。

（16）朱捷元等：《陕西长安县小苏村出土的铜建筑构件》，《考古》1975年第2期。

（17）韩保全：《秦阿房宫遗址》，《文博》1996 年第 2 期；西安市文物局文物处、西安市文物保护考古所：《秦阿房宫遗址考古调查报告》，《文博》1998 年第 1 期；阿房宫考古工作队：《上林苑 1、2 号建筑遗址考古发掘取得重要收获》，《中国文物报》2005 年 12 月 9 日第 1 版；又《陕西西安发掘上林苑 3 号和 5 号建筑遗址》，《中国文物报》2006 年 11 月 1 日第 2 版；《西安秦汉上林苑四号、六号建筑遗址发掘》，《中国文物报》，2007 年 7 月 6 日第 5 版。

（18）赵康民：《秦始皇陵北二、三、四号建筑遗迹》，《文物》1979 年第 12 期。

（19）秦始皇陵考古队：《秦始皇陵西侧“丽山飤官”建筑遗址清理简报》，《文博》1987 年第 6 期。

（20）秦俑考古队：《临潼上焦村秦墓清理简报》，《考古与文物》1980 年第 2 期。

（21）秦俑坑考古队：《秦始皇陵东侧马厩坑钻探清理简报》，《考古与文物》1980 年第 4 期。

（22）秦俑考古队：《临潼郑庄秦石料加工场遗址调查简报》，《考古与文物》1981 年第 1 期。

（23）始皇陵秦俑坑考古队：《秦始皇陵西侧赵背户村秦刑徒墓》，《文物》1982 年第 3 期。

（24）始皇陵秦俑坑考古发掘队：《陕西临潼鱼池遗址调查简报》，《考古与文物》1983 年第 4 期。

（25）秦俑考古队：《临潼县陈家沟遗址调查简记》，《考古与文物》1985 年第 1 期。

（26）秦俑考古队：《秦代陶窑遗址调查清理简报》，《考古与文物》1985 年第 5 期。

（27）秦俑坑考古队：《临潼县秦俑坑试掘第一号简报》，《文物》1975 年第 11 期。

（28）秦俑坑考古队：《秦始皇陵东侧第二号兵马俑坑钻探试掘简报》，《文物》1978 年第 5 期。

（29）秦俑坑考古队：《秦始皇陵东侧第三号兵马俑坑清理简报》，《文物》1979 年第 12 期。

（30）临潼县博物馆等：《临潼县城东侧第一号秦墓清理简报》，《考古与文物》1993 年第 1 期。

（31）林泊：《临潼发现秦人砖室墓》，《中国文物报》1990 年 5 月 10 日。

（32）林泊：《临潼新发现建陵匠师墓》，《中国文物报》1999 年 11 月 20 日。

（33）陕西省考古研究院：《2010 年度秦始皇帝陵园礼制建筑遗址考古勘探简报》，《考古与文物》2011 年第 2 期。

（34）陕西省博物馆:《西安市西郊高窑村出土秦高奴铜石权》,《文物》1964 年第 9 期。

（35）赵康民:《西安洪庆堡出土汉愍儒乡遗物》,《考古与文物》1984 年第 6 期。

（36）张海云:《芷阳遗址调查简报》,《文博》1985 年第 3 期。

（37）陕西省考古研究所等:《秦东陵第一号陵园勘查记》,《考古与文物》1987 年第 4 期；第二号陵园材料刊 1990 年第 4 期；第四号陵园材料刊 1993 年第 3 期。

（38）刘致平:《西安西北郊古代建筑遗址勘查初记》,《文物参考资料》，1957 年第 3 期。

（39）中国社会科学院考古研究所栎阳发掘队:《秦汉栎阳城遗址的勘探和试掘》,《考古学报》1985 年第 3 期。

（40）卢建国:《陕西铜川发现战国铜器》,《文物》1985 年第 5 期。

（41）王兆麟:《渭南发现秦皇行宫遗址》,《西安晚报》1988 年 11 月 18 日。

（42）姚生民:《汉甘泉宫遗址勘察记》,《考古与文物》，1980 年第 2 期。

（43）姚生民:《淳化县古甘泉山发现秦汉建筑遗址群》,《考古与文物》1990 年第 2 期。

（44）姚生民:《汉甘泉宫遗址勘察记》,《考古与文物》，1980 年第 2 期。

（45）刘向阳等:《乾县发现秦始皇梁山宫确凿遗址》,《中国文物报》1993 年 4 月 11 日第 1 版。

（46）卢连成、杨满仓:《陕西宝鸡县太公庙村发现秦公钟、秦公鎛》,《文物》1978 年第 11 期。

（47）王光永:《凤翔区发现羽阳宫铜鼎》,《考古与文物》1981 年第 1 期。

（48）罗昊:《武功县出土平安君鼎》,《考古与文物》1981 年第 2 期。

（49）雍城考古工作队:《凤翔区高庄战国秦墓发掘简报》,《文物》1980 年第 9 期。

（50）陕西省雍城考古队:《秦都雍城钻探试掘简报》,《考古与文物》1985 年第 2 期。

（51）陕西省考古研究所雍城考古队:《陕西凤翔凹里秦汉遗址调查简报》,《考古与文物》1989 年第 4 期。

（52）陕西省考古研究院、咸阳市文物考古研究所、周陵文物管理所:《咸阳“周王陵”考古调查、勘探简报》,《考古与文物》2011 年第 1 期。

（53）刘亮、王周应:《秦都雍城遗址新出土的秦汉瓦当》,《文博》1994 年第 3 期。

（54）陕西省考古研究院秦直道考古队:《陕西富县秦直道考古取得突破性成果》,《中国文物报》2010 年 1 月 1 日。

（55）宝鸡市考古队、眉县文化馆:《陕西眉县成山宫遗址试掘简报》《文博》2001 第 6 期。

（56）西安市文物局:《长安县东马坊的先秦建筑遗址》,《考古与文物》1986 年第 4 期。

（57）姜宝莲、赵强:《陕西澄城良周秦汉宫殿遗址调查简报》,《文博》1998 年第 4 期。

（58）春秋秦庙参见陕西省雍城考古队:《风翔马家庄一号建筑群遗址发掘简报》,《文物》1985 年 2 期; 又尚志儒，赵丛苍:《〈风翔马家庄一号建筑群遗址发掘简报〉补正》,《文博》1986 年第 l 期。

（59）咸阳市文物考古研究所:《西汉帝陵钻探调查报告》，文物出版社，2010 年。

陕西省博物馆:《介绍陕西省博物馆收藏的几件战国时期的秦器》、《文物》1966 年第 1 期。

（60）陕西省考古研究院:《陕西长安神禾塬战国秦陵园遗址田野考古新收获》,《考古与文物》2008 年第 5 期。

（61）陕西省考古研究所宝鸡工作站、宝鸡市考古队:《陕西陇县边家庄五号春秋秦墓发掘简报》,《文物》1988 年第 11 期。

（62）赵丛苍、刘怀君:《陕西省眉县成山宫遗址的调查》,《考古》1998 年第 6 期。

（63）眉县文化馆:《陕西省眉县成山宫遗址的再调查》,《考古与文物》2002 年第 3 期。

（64）王久刚:《西安市南郊山门口战国秦墓清理简报》,《考古与文物》1994 年第 1 期。

（65）金学山:《西安半坡的战国墓葬》,《考古学报》1957 年第 3 期。

（66）王红武、吴大焱:《陕西宝鸡凤阁岭公社出土一批秦代文物》,《文物》1980 年第 9 期。

（67）秦建明、张在明等:《陕西发现以汉长安城为中心的西汉南北向超长建筑基线》,《文物》1995 年第 3 期。

（68）中国社会科学院考古研究所:《偃师商城的初步勘探和发掘》,《考古》1984 年第 6 期。

（69）尹显德:《四川青川出土九年吕不韦戈》,《文物》1979 年第 12 期。

（70）田凤岭等:《新发现的“十七年丞相启状戈”》,《文物》1986 年第 3 期。

（71）辽宁省文物考古研究所:《辽宁绥中县“姜女坟”秦汉建筑遗址发掘简报》,《文物》1986 年第 8 期。

（72）山西省考古研究所《长平之战遗址永录 1 号尸骨坑发掘简报》,《文物》1996 年第 6 期。

（73）平朔考古队：《山西朔县秦汉墓发掘简报》，《文物》1987 年第 6 期。

（74）陈应祺：《北戴河发掘出秦始皇父子行宫遗址》，《人民日报》1986 年 9 月 25 日。

（75）辽宁省文物考古研究所：《辽宁绥中县“姜女坟”秦汉建筑遗址发掘简报》，《文物》1986 年第 8 期。

（76）四川省博物馆、青川县文化馆：《青川县出土战国墓秦更修田律木牍——四川青川县战国墓发掘简报》，《文物》1982 年第 1 期。

（77）魏怀珩：《甘肃平凉庙庄的两座战国墓》，《考古与文物》1982 年第 5 期。

（78）山东省博物馆等：《山东临沂西汉墓发现〈孙子兵法〉和〈孙膑兵法〉等竹简的简报》，《文物》1974 年第 2 期。

（79）山东省博物馆等：《临沂银雀山四座西汉墓葬》，《考古》1975 年第 6 期。

（80）宝鸡市博物馆：《陕西宝鸡县太公庙发现秦公钟、秦公镈，《文物》1978 年第 11 期。

（81）甘肃省文物考古研究所等：《甘肃天水放马滩战国秦汉墓群的发掘》，《文物》1989 年第 2 期。同期刊何双全《天水放马滩秦简综述》文。

（82）宁夏铜鼎材料见钟侃：《宁夏固原出土文物》，《文物》1978 年第 12 期。

（83）新疆社会科学院考古研究所：《新疆克尔木齐古墓群发掘简报》，《文物》1981 年第 1 期。

（84）西安市文物保护考古研究院、西安市长安博物馆、陕西文物保护专修学院：《陕西西安清凉山秦墓发掘简报》，《考古与文物》2022 年第 4 期。

（85）刘致平：《西安西北郊古代建筑遗址勘查初记》、《文物参考资料》1957 年第 3 期。

（86）陕西省文物管理委员会：《陕西长安洪庆村秦汉墓第二次发掘简报》，《考古》1959 年 12 期。

（87）广州市文物管理委员会：《广州东郊罗岗秦墓发掘简报》，《考古》1962 年第 8 期。

（88）陕西省文管会：《秦都栎阳遗址初步勘探记》，《文物》1966 年第 1 期。

（89）咸阳市博物馆：《咸阳市近年发现的一批秦汉遗物》，《考古》1973 年第 3 期。

（90）咸阳市博物馆：《咸阳附近发现的一批秦汉文物》，《考古》1973 年第 3 期。

（91）陕西省博物馆、文管会勘查小组（王学理）：《秦都咸阳故城遗址发现的窑址和铜器》，《考古》1974 年第 1 期。

（92）山东省博物馆等：《山东临沂西汉墓发现〈孙子兵法〉和〈孙膑兵法〉等竹简的简报》，《文物》1974 年第 2 期；又《临沂银雀山四座西汉墓葬》，《考古》1975 年第 6 期。

（93）晓菡：《长沙马王堆汉墓帛书概述》，《文物》1974 年第 9 期。

（94）秦都咸阳考古工作站：《秦都咸阳第一号宫殿建筑遗址简报》，《文物》1976 年第 11 期。学理等：《秦都咸阳发掘报道的若干补正意见》，《文物》1979 年第 2 期。

（95）江西省博物馆等：《记江西遂川出土的几件秦代铜兵器》，《考古》1976 年第 1 期。

（96）湖北孝感地区第二期亦工亦农文物考古训练班：《湖北云梦睡虎地十一座秦墓发掘简报》，《文物》1976 年第 9 期。

（97）钟侃：《头营公社出土的秦代铜器》，《文物》1978 年第 12 期。

（98）宝鸡市博物馆等：《宝鸡竹园沟等地西周墓，《考古》1978 年第 5 期》。

（99）王红武、吴大焱：《陕西宝鸡凤阁岭公社出土一批秦代文物》，《文物》1980 年第 9 期。

（100）王丕忠、许志高：《咸阳市发现的麟趾金和马蹄金》，《考古》1980 年第 4 期。

（101）咸阳市文管会等：秦都咸阳第三号宫殿建筑遗址发掘简报》，《考古与文物》1980 年第 2 期。

（102）王丕忠：《咸阳塔儿坡出土秦代铜錞于》，《考古与文物》1981 年第 4 期。

（103）新疆社会科学院考古研究所：《新疆克尔木齐古墓群发掘简报》，《文物》1981 年第 1 期。

（104）四川省博物馆等：《青川县出土秦更修田律木牍——四川青川县战国墓发掘简报》，《文物》1982 年第 1 期。

（105）始皇陵秦兵马俑坑考古队：《秦始皇陵西侧赵背户村秦刑徒墓》，《文物》1982 年第 3 期。

（106）始皇陵秦俑坑考古发掘队：《陕西临潼鱼池遗址调查简报》，《考古与文物》1983 年第 5 期。

（107）中国社会科学院考古研究所栎阳发掘队：《秦汉栎阳城遗址的勘探和试掘》，《考古学报》1985 年第 3 期。

（108）田凤岭、陈雍：《新发现的“十七年丞相启状”戈》，《文物》1986 年第 3 期。

（109）秦都咸阳考古工作站：《秦都咸阳古窑址调查与试掘简报》，《考古与文物》1986 年第 3 期。

（110）陕西省考古研究所、临潼县文管会：《秦东陵第一号陵园勘查记》，《考古与文物》1987 年第 4 期。第二号陵园材料刊 1990 年第 4 期，第四号刊 1993 年第 3 期，又《秦东陵考察述略》（内刊）。

（111）陕西省考古研究院等：《2018 年考古年报》、《陕西咸阳聂家沟秦代制骨作坊清理简报》，《考古与文物》2019 年第 3 期。

（112）陕西省考古研究所秦陵工作站等:《陕西临潼刘庄战国墓地调查清理简报》,《考古与文物》1989 年第 5 期。

（113）华义武、史润梅：《介绍一件先秦有铭铜矛》，《文物》1989 年第 6 期。

（114）林泊：《临潼骊山北麓发现秦人砖室墓》，《文博》1991 年第 6 期。

（115）马志军、孙铁山：《咸阳机场陵照导航台基建工地秦汉墓葬清理简报》，《考古与文物》1992 年第 2 期。

（116）陕西省考古研究院：《西渭桥遗址》，《考古与文物》1992 年第 2 期。

（117）临潼县博物馆等：《临潼县城东侧第一号秦墓清理简报》，《考古与文物》1993 年第 1 期。

（118）路东之：《秦封泥图例》，《西北大学学报》1997 年第 1 期。

（119）周晓陆、路东之、庞睿：《秦代封泥的重大发现——梦斋藏秦封泥的初步研究》，《考古与文物》1997 年第 1 期。

（120）周晓陆、路东之等：《秦代封泥的重大发现》，《考古与文物》1997 年第 1 期。

（121）韩保全：《秦阿房宫遗址》，《文博》1996 年第 2 期。

（122）李毓芳：《汉长安城桂宫二号建筑遗址发掘有重大收获》，《中国文物报》1998 年 12 月 13 日第 1 版。

（123）陕西省考古研究院等：《陕西咸阳聂家沟秦代制骨作坊清理简报》，《考古与文物》2019 年第 3 期。

（124）陕西省考古研究院：《陕西西咸新区坡刘村秦墓发掘简报》，《考古与文物》2020 年第 4 期。

（125）中国社科院考古研究所汉长安城工作队张建峰：《西安相家巷秦封泥遗址的发掘》，《考古学报》2001 年第 4 期。

（126）陕西省考古所：《陕西高陵县益尔秦墓发掘简报》，《考古与文物》2003 年 6 期。

（127）陕西省考古研究院：《陕西长安神禾塬战国秦陵园遗址田野考古新收获》，《考古与文物》2008 年第 5 期。

（128）西安市文物保护考古研究院等:《陕西西安清凉山秦墓发掘简报》,《考古与文物》2022 年第 4 期。

四、学术论文

（1）谭其骧:《秦郡新考》,《浙江学报》2 卷 1 期。

（2）陈直:《考古论丛・秦陶券与秦陵文物・秦右庶长歜封邑陶券》,《西北大学学报》1957 年第 1 期。

（3）陈直:《秦汉瓦当概述》,《文物》1963 年第 11 期。

（4）唐兰:《西周铜器中断代中的“康宫”问题》,《考古学报》1962 年第 1 期。

（5）马承源:《商鞅方升和战国量制》,《文物》1972 年第 6 期。

（6）李学勤:《秦国文物的新认识》,《文物》1980 年第 9 期。

（7）李学勤:《秦简与〈墨子〉城守各篇》，载《云梦秦简研究》，中华书局，1981 年。

（8）李学勤、艾兰:《最新出现的秦公壶》,《中国文物报》，1994 年 10 月 23 日。

（9）高亨、池曦朝:《试谈马王堆汉墓中的帛书 < 老子 >》,《文物》1974 年第 11 期。

（10）黄留珠:《秦文化概论》，载《秦文化论丛》第 1 集，西北大学出版社，1993 年。

（11）黄盛璋:《云梦秦墓两封家信中有关历史地理的问题》,《文物》1980 年第 8 期。

（12）熊铁基:《秦代的道家思潮》，载《秦文化论丛》第三辑，西北大学出版社，1994 年。

（13）白光琦:《秦公壶应为东周初期器》,《考古与文物》1995 年第 4 期。

（14）李朝远:《新出秦公器铭文与籀文》,《考古与文物》1997 年第 5 期。

（15）郭子直:《战国秦封宗邑瓦书铭文新释》，载《古文字研究》第 14 辑，中华书局，1986 年。

（16）朱德熙、裘锡圭:《战国铜器铭文中的食官》,《文物》1974 年第 7 期。

（17）王丕忠:《秦咸阳宫位置推测及其他问题》,《中国史研究》1982 年第 4 期。

（18）吕卓民:《从考古资料看秦汉时期咸阳的制陶业》,《文博》1989 年第 3 期。

（19）晓菡:《长沙马王堆汉墓帛书概述》,《文物》1974 年第 9 期。

（20）王子今:《秦人经营的陇山通路》,《文博》1990 年第 5 期。

（21）何双全:《天水放马滩秦墓出土地图初探》,《文物》1989 年第 2 期。

（22）荆三林等:《敖仓故址考》,《中原文物》1984 年第 1 期。

（23）王晖：《秦人崇尚水德之源与不立黑帝之谜》，《秦文化论丛》第三辑，西北大学出版社，1994 年。

（24）瓯燕、叶万松《“上郡塞”与“堑洛”长城辨》，《考古与文物》1997 年第 2 期。

（25）周晓陆、路东之：《空前的收获重大的课题——古陶文明博物馆藏秦封泥综述》，《西北大学学报》1997 年第 1 期；又《秦代封泥的重大发现——梦斋藏秦封泥的初步研究》，《考古与文物》1997 年第 1 期。中国社会科学院考古研究所汉长安城工作队：《西安相家巷遗址秦封泥的发掘》，《考古学报》2001 年第 4 期。

（26）李仲操：《羽阳宫鼎铭考辨》，《文博》1986 年第 6 期。

（27）姚生民：《关于汉甘泉宫主体建筑位置问题》，《考古与文物》1992 年第 2 期。

（28）黑光：《西安市郊发现杜虎符》，《文物》1979 年第 1 期。

（29）朱捷元：《秦国杜虎符小议》，《西北大学学报》1983 年第 1 期。

（30）朱德熙、裘锡圭：《战国铜器铭文中的食官》，《文物》1974 年第 7 期。

（31）裘锡圭：《战国货币考》，载《北京大学学报》1978 年第 2 期。

（32）杨宽：《西汉长安布局结构的探讨》，《文博》1984 年第 1 期；《西汉长安布局结构的再探讨》，《考古》1989 年第 4 期。

（33）刘庆柱：《秦都咸阳几个问题的初探》，《文物》1976 年第 11 期；刘庆柱：《论秦咸阳城布局形制及其相关问题》，《文博》1990 年第 5 期。

（34）孙德润：《秦都咸阳故城形制》，《泾渭稽古》1995 年第 1 期。

（35）尚志儒:《郑、棫林之故地及其源流探讨》，载《古文字研究》第十三辑，中华书局，1986 年。

（36）尚志儒：《井国铜器及其史迹之研究》，载《中国考古学研究论文集·纪念夏鼐先生考古五十周年》，三秦出版社，1987 年。

（37）马振智等：《蕲年、棫阳、年宫考》，载《陕西省考古学会第一届年会论文集》，1983 年。

（38）何汝贤：《秦始皇梁山宫遗址初探》，《泾渭稽古》1993 年第 2 期。

（39）常勇、李同：《秦始皇陵中埋葬汞的初步研究》，《考古》1983 年第 7 期。

（40）陕西省博物馆：《介绍陕西省博物馆收藏的几件战国时期的秦器》，《文物》1966 年第 1 期。

（41）曹发展：《咸阳任家咀秦人墓地发掘的主要收获》，《泾渭稽古》1995 年第 2 期。

（42）林剑鸣：《从秦人价值观看秦文化的特点》，《历史研究》1987 年第 3 期。

（43）上海交通大学《造船史话》编写组：《秦汉时期的船舶》，《文物》1977 年第 4 期。

（44）房仲甫：《中国人最先到达美洲的新物证》，《人民日报》1978 年 8 月 19 日第 4 版。

（45）刘卫鹏、岳起：《咸阳塬上“秦陵”的发现与确认》，《文物》2008 年第 4 期。

（46）刘卫鹏：《秦孝文王寿陵位置蠡测》，《秦俑博物馆开馆三十周年秦俑学第七届年会国际学术研讨会论文集》，三秦出版社，2010 年。

（47）［苏］С.И. 鲁金科：《论中国与阿尔泰部落的古代关系》，《考古学报》1957 年第 2 期。

（48）安志敏：《论徐福和徐福传说》，《考古与文物》1997 年第 5 期。

（49）秦人（王学理）：《徐福东渡考略》，载《汉唐文史漫论》，陕西人民出版社，1986 年。

（50）王学理《东陵和西陵》，《考古与文物》1988 年 5、6 期。

（51）王学理：《从“陵墓近都”到“自成茔域”——国君陵墓同都城关系探索之一》，载《王学理秦汉考古文选》，三秦出版社，2008 年。

（52）王学理：《秦君葬地蠡测——君王陵墓同都城关系探索之二》，载《王学理秦汉考古文选》，三秦出版社，2008 年。

（53）王学理：《秦代科技珍闻》，《文博》1986 年第 2、3 期。又见《秦始皇陵研究》第 2 章。

（54）王学理：《秦俑专题研究・一幅秦代的陈兵图》，三秦出版社，1994 年。

（55）王学理：《丧乱庙堕失重器》，《陕西日报》2000 年 8 月 8 日。又载《秦文化论丛》（第八辑）。

（56）王学理：《秦始皇陵工程与兵马俑从葬坑浅探》，《人文杂志》1980 年第 1 期。

（57）王学理：《神禾塬秦墓墓主考》，《陕西历史博物馆馆刊》（15），三秦出版社，2008 年。

（58）王学理《秦俑专题研究・云骑凌厉中原蹑影追风胡域》，三秦出版社，1994 年。

（59）王学理：《五时副车铜偶所反映的秦代銮驾制度》，载《考古与文物丛书》第一号，1983 年 11 月。

（60）王学理：《秦陵铜车马——辒辌车的再现》，《陕西日报》1983 年 9 月 20 日。

（61）王学理：《以讹传讹“咸阳宫”一扫蒙尘显“冀阙”——对秦都咸阳 1 号宫殿遗址定性的匡正》，《文博》2011 年第 2 期。

（62）王学理：《雍门宫室今安在塔儿坡前寻踪迹》，《中国社会科学报》2011 年 12 月 15 日第 12 版。

（63）张颔：《拣选古文物秦汉二器考释》，《山西大学学报》1979 年第 1 期。

（64）黄盛璋：《云梦秦墓两封家信中有关历史地理的问题》，《文物》1980 年第 8 期。

（65）王学理：《秦俑坑青铜兵器的科技成就管窥》，《考古与文物》1980 年第 3 期。

（66）王学理：《五时副车铜偶所反映的秦代鸾驾制度》，载陕西省秦俑考古队等编《秦陵二号铜车马》1983 年 11 月。

（67）王学理：《秦陵铜车马——轀輬车的再现》，《陕西日报》1983 年 9 月 20 日。

（68）荆山林：《敖仓故址考》，《中原文物》1984 年第 1 期。

（69）秦人（王学理）：《徐福东渡考略》，载《汉唐文史漫论》，陕西人民出版社，1986 年。

（70）王学理：《秦代的科技珍闻》，《文博》1986 年第 3 期。

（71）王学理：《亭里陶文的解读与秦都咸阳的行政区划》，《古文字研究》第 14 辑，中华书局，1986 年。

（72）赵化成：《寻找秦文化源渊的新线索》，《文博》1987 年第 1 期。

（73）王学理：《秦俑专题研究 · 雄浑的气魄写实的艺术》，三秦出版社，1994 年。

（74）王学理：《秦俑专题研究 · 云骑凌厉中原　蹑影追风胡域》，三秦出版社，1994 年。

（75）王学理：《无可奈何花落去，似曾相识燕归来》，载《秦俑专题研究》，三秦出版社，1994 年。

（76）王学理：《秦俑专题研究 · 秦俑铭文兵器汇释与造器编年的完善化》，三秦出版社，1994 年。

（77）王学理：《隐蔽性工程坑道式建设》，载《秦俑专题研究》，三秦出版社，1994 年。

（78）王学理：《篆隶混用异乎其妙——论秦俑文字的书法艺术》，收入《秦俑专题研究》一书中，三秦出版社，1994 年。

（79）王学理：《丧乱庙堕失重器》，《陕西日报》2000 年 8 月 8 日。又载《秦文化论丛》（第八辑）。

（80）王学理：《秦鼎甲二论》，载《秦文化论丛》第八辑，陕西人民出版社，2001 年。

（81）王学理：《“阿房宫”“阿房前殿”与“前殿阿房”的考古学解读》，《文博》2007 年第 1 期。

（82）王学理：《秦君葬地蠡测——君王陵墓同都城关系探索之二》，载《王学理秦汉考古文选》，三秦出版社，2008 年。

（83）王学理：《从君主“陵墓近都”到“自成茔域”》，《考古与文物》2007 年增刊《先秦考古》。

（84）王学理：《雍门宫室今安在　塔儿坡前寻踪迹》，《中国科学报》2011 年 12 月 15 日第 12 版。

（85）孙伟刚：《新发现秦漆器及秦东陵相关问题探讨》，载《人类文化遗产保护》（5），西安交通大学出版社，2012 年。

（86）刘卫鹏：《关中监狱战国秦墓发掘概况》，载《秦汉研究》（第 6 辑），陕西人民出版社，2012 年。

（87）王学理：《乌氏倮的中介贸易与秦统一大业》，载《秦始皇陵博物院》2012 年院刊，三秦出版社。

（88）王学理：《秦王朝的国庆“十月一”》，《西安晚报》2012 年 5 月 13 日。

（89）王学理：《巴寡妇怀清的矿业与秦始皇陵水银之需》，西安文理学院《唐都学刊》2012 年第 5 期；又《输丹之路——秦始皇与巴寡妇清的情感纠葛》，《秦始皇帝陵博物院院刊》（总 7 辑），2018 年。

五、外文与翻译

（1）［英］格林・丹尼尔，黄其煦译：《考古学一百五十年》，文物出版社，1987 年。

（2）［英］赛顿・劳埃德，杨建华译：《美索不达米亚考古》，文物出版社，1990 年。

六、工具参考

（1）《中国大百科全书》，中国大百科全书出版社，1986 年。

（2）《中国历史纪年表》，上海人民出版社，1976 年。

（3）中国历史地图集编辑组：《中国历史地图集》，中华地图学社，1975 年。

（4）国家文物局：《中国文物地图集陕西分册》（下），西安地图出版社，1998 年。

（5）徐中舒主编：《甲骨文字典》，四川辞书出版社，1988 年。

（6）高明：《古文字学讲义》，北京大学历史系考古专业，1974 年。